Studien zum deutschen und europäischen Arbeitsrecht

Band 120

Franziska Kohl

Das Nutzungsentgelt für Außenseiter-Arbeitnehmer als Instrument zur Stärkung der Tarifautonomie

Zugleich ein Beitrag zur Debatte um einen Solidaritätsbeitrag im deutschen Tarifrecht

Nomos

Erster Berichterstatter: Prof. Dr. Clemes Höpfner
Zweiter Berichterstatter: Prof. Dr. Heinz-Dietrich Steinmeyer
Dekan: Prof. Dr. Peter Oestmann
Tag der mündlichen Prüfung: 25.06.2024

Die Deutsche Nationalbibliothek verzeichnet diese Publikation in der Deutschen Nationalbibliografie; detaillierte bibliografische Daten sind im Internet über http://dnb.d-nb.de abrufbar.

Zugl.: Münster (Westf.), Univ., Dissertation der Rechtswissenschaftlichen Fakultät, 2024

ISBN 978-3-7560-2327-1 (Print)
ISBN 978-3-7489-4976-3 (ePDF)

Onlineversion
Nomos eLibrary

1. Auflage 2025

Meinen Eltern und Sebastian
gewidmet

Vorwort

Die vorliegende Arbeit wurde im Sommersemester 2024 von der Rechtswissenschaftlichen Fakultät der Universität Münster als Dissertation angenommen. Sie entstand maßgeblich während meiner Zeit als wissenschaftliche Mitarbeiterin am Institut für Arbeits-, Sozial- und Wirtschaftsrecht, Abt. II an der Universität Münster. Gesetzgebung, Rechtsprechung und Literatur sind bis November 2023 berücksichtigt.

Dank gebührt zunächst meinem Doktorvater Herrn Prof. Dr. Clemens Höpfner für die Betreuung der Arbeit sowie die schöne und lehrreiche Zeit, welche ich als wissenschaftliche Mitarbeiterin und Doktorandin an seinem Lehrstuhl in Münster verbringen durfte. Ferner danke ich Herrn Prof. Dr. Heinz-Dietrich Steinmeyer für die zügige Erstellung des Zweitgutachtens sowie den Herausgebern der Schreiftenreihe „Studien zum deutschen und europäischen Arbeitsrecht" für die Aufnahme meiner Dissertation in diese Schriftenreihe.

Danken möchte ich zudem den Kolleginnen und Kollegen am Institut für Arbeits-, Sozial- und Wirtschaftsrecht, Abt. II an der Universität Münster, die nicht nur zum Gelingen dieser Arbeit, sondern auch zu einer schönen und lehrreichen Zeit am Institut beigetragen haben. Daneben gebührt mein Dank auch meinen Kolleginnen und Kollegen aus der Zeit der sich anschließenden Anwaltstätigkeit bei Wolter Hoppenberg, die mich auf dem Weg zur endgültigen Fertigstellung der Arbeit begleitet und stets ermutigt haben.

Abschließend danke ich vor allem meiner Familie, die mich seit jeher und in jeder Hinsicht bei meiner akademischen und persönlichen Entwicklung unterstützt und gefördert hat. Mein besonderer Dank gilt dabei meinem Partner Sebastian, dessen bedingungslose und liebevolle Unterstützung, Rückhalt und Zuspruch entscheidend zum Gelingen dieser Arbeit beigetragen haben.

Meinen Eltern und Sebastian ist diese Arbeit gewidmet.

Hinweis:

In dieser Arbeit wird aus Gründen der besseren Lesbarkeit das generische Maskulinum verwendet. Weibliche und anderweitige Geschlechteridentitäten werden dabei ausdrücklich mitgemeint, soweit es für die Aussage erforderlich ist.

Inhaltsübersicht

Inhaltsverzeichnis

Abbildungsverzeichnis

Kapitel 1 – Einführung und Gang der Untersuchung

A. Rückblick: Die Forderung eines Solidaritätsbeitrages in den 1960-iger Jahren

I. Trittbrettfahrerproblem der Gewerkschaften in der Nachkriegszeit

Zu Beginn der 1960iger verfügten die deutschen Gewerkschaften über einen Organisationsgrad von circa 30 %. Im Vergleich zur heutigen Situation, in der dieser Wert nur noch bei 17,4 % (2021) liegt, standen sie also geradezu blendend da.[1] Schon damals befanden sich die deutschen Gewerkschaften aber in einem Dilemma, für das sich die Beschreibung als „Trittbrettfahrerproblem“[2] etabliert hat. Vom Rechtswissenschaftler *Franz Gamillscheg* wurde dieses im Jahr 1966 wie folgt beschrieben:

> „Immer noch ist eine aktive Minderheit der Motor des sozialen Fortschritts, der allen zu Gute kommt. [...] Für die Gewerkschaften bleibt als Ausschnitt dieses großen Problems die Frage der Außenseiter, die sich alle durch die Gewerkschaften errungenen Erfolge gefallen lassen, aber nicht Mitglied werden, weil sie die Beiträge sparen wollen.“[3]

Bereits in den 1960iger-Jahren hatte sich die Entwicklung der gewerkschaftlichen Mitgliederzahlen von der Entwicklung der Beschäftigtenzahlen abgekoppelt. Letztere waren in den Zeiten des wirtschaftlichen Aufschwungs nach Kriegsende von circa 14 Mio. auf über 20 Mio. gestiegen, während

1 *Gamillscheg*, Differenzierung nach der Gewerkschaftszugehörigkeit, S. 7 geht von einem Organisationsgrad von 28 % aus; *Schwaabe*, Solidaritätsbeiträgen, S. 14 von 30 %; laut *OECD/AIAS*, ICTWSS Database (2021), Zeile 1018 belief er sich 1960 sogar noch auf 34,7 %; demgegenüber lag der gewerkschaftliche Nettoorganisationsgrad im Jahr 2019 laut *OECD/AIAS*, ICTWSS Database (2021), Zeile 1077 nur noch bei 16,3 %; neuste Zahlen aus der ALLBUS 2021(siehe dazu unter Kap. 2 B. II.) weisen einen Organisationsgrad von 17,4 % in 2021 aus.

2 Daneben auch unter dem Begriff des „Schwarzfahrer-/free rider Problems“ bekannt, vgl. etwa *Breschendorf*, Zweiteilung der Belegschaft, S. 152; *Leydecker*, Der Tarifvertrag als exklusives Gut, S. 29; *Löwisch/Rieble* TVG, § 1 Rn. 2113.

3 *Gamillscheg*, Die Differenzierung nach der Gewerkschaftszugehörigkeit, S. 7 f.

erstere auf einem Stand von circa 6 Mio. verharrten.[4] Insofern bescheinigte man den Gewerkschaften schon damals ein Organisationsproblem.[5] Dieses führte man maßgeblich auf das Nachlassen ideeller Bindungskräfte und vor allem auf die Zunahme wirtschaftlicher Zweckmäßigkeitsüberlegungen auf Seiten der Arbeitnehmer zurück.[6] Tatsächlich hatte der infolge der guten wirtschaftlichen Entwicklung der Nachkriegszeit entstandene Arbeitnehmer-Markt den Tariflohn zu einer bloßen Vergleichs- und Berechnungsgrundlage des Effektivlohns degradiert. Da der Tarifvertrag im Grundsatz (vgl. §§ 4 Abs. 1, 3 Abs. 1 Tarifvertragsgesetz (TVG)) nur dann unmittelbar und zwingend (also normativ) die Arbeitsbedingungen für Einzelne bestimmt, wenn der Arbeitnehmer Mitglied in der tarifschließenden Gewerkschaft und der Arbeitgeber entweder Mitglied im tarifschließenden Arbeitgeberverband oder selbst Partei des (Haus-)Tarifvertrages ist, bestand für Arbeitgeber seit jeher die Möglichkeit, nicht gewerkschaftlich organisierte Arbeitnehmer – sogenannte Außenseiter-Arbeitnehmer[7] – untertariflich zu bezahlen und somit schlechter zu behandeln. Von dieser Möglichkeit machten Arbeitgeber der Nachkriegszeit jedoch oftmals keinen Gebrauch, sondern entlohnten ihre Arbeitnehmer unabhängig vom Organisationsstatus nach Tarif.[8] Die theoretisch durch Tarifverträge entfaltbare Werbewirkung für den Beitritt in einer Gewerkschaft ließen die Arbeitgeber mit dieser Gleichstellungspraxis schlicht ins Leere laufen.[9] Da sie den Arbeitnehmern die Möglichkeit zur *kostenlosen* Partizipation am Tarifvertrag auf breiter Fläche eröffneten, erschien eine *kostenpflichtige* Gewerkschaftsmit-

---

4 *Gamillscheg*, Differenzierung nach der Gewerkschaftszugehörigkeit, S. 7: „Immer noch bilden die fatalen 30 % eine Hürde, die zu überwinden nur wenigen mächtigen Gewerkschaften gelungen ist."; *Schwaabe*, Solidaritätsbeiträge, S. 14.

5 Vgl. etwa *Biedenkopf*, JZ 1961, 346 oder *Becker*, SozFort 1962, 50.

6 Vgl. *Biedenkopf*, JZ 1961, 346; siehe zur Bedeutung wirtschaftlicher Zweckmäßigkeitserwägungen heute unter Kap. 2 D. (insbesondere Abschnitt III.).

7 Die Bezeichnung „Außenseiter" fungiert oft als eine Art Oberbegriff, der vorausgesetzt und nicht näher definiert wird, vgl. *Gebhardt*, Außenseiter im Arbeitskampf, S. 24. Begrifflich sind jedoch die Nichtorganisierten auf Arbeitnehmer- und Arbeitgeberseite von den Andersorganisierten zu trennen. Da streng genommen nur die Nichtorgansierten „außerhalb" des auf Mitgliedschaft aufbauenden Tarifvertragssystems stehen, sollen nur diese im Rahmen der nachfolgenden Untersuchung als Außenseiter bezeichnet und somit begrifflich von den Andersorganisierten unterschieden werden.

8 *Gamillscheg*, Differenzierung, S. 7; *Heußner*, RdA 1960, 295; vgl. mit dem Hinweis auf die Korrelation mit der konjunkturellen Lage auch *Leventis*, Tarifliche Differenzierungsklauseln, S. 13 sowie *Hölters*, Harmonie normativer und schuldrechtlicher Abreden in Tarifverträgen, S. 20.

9 Vgl. nur *Biedenkopf*, Grenzen der Tarifautonomie, S. 115 f.; *Ridder*, Rechtsgutachten Solidaritätsbeiträge, S. 1.

gliedschaft aus der Perspektive der Arbeitnehmer nicht nur obsolet, sondern bei einer einfachen Kosten-Nutzen-Rechnung sogar unwirtschaftlich. Zusammenfassend könnte man sagen, das Fernbleiben von einer Gewerkschaft war also (finanziell) attraktiv.[10]

II. Erfolgloser Versuch der Gegensteuerung durch die IG BSE mit Hilfe des „Solidaritätsbeitrages" im deutschen Recht

Diese Situation verbitterte nicht nur die organisierten Arbeitnehmer zusehends, sondern drohte mit Blick auf die fortschreitende personelle Auszehrung der Gewerkschaften auf lange Sicht auch deren Funktionsfähigkeit zu gefährden.[11] Im Jahr 1961 löste die Industriegewerkschaft Bau - Steine - Erden (IG BSE) schließlich eine hitzige Debatte in Rechtswissenschaft, Politik und Gesellschaft aus, als sie angesichts dieser Entwicklungen forderte, eine „Selbsterhaltungsmaßnahme" in den abzuschließenden Tarifvertrag aufzunehmen. Die Gewerkschaft beabsichtigte konkret, alle im Geltungsbereich des auszuhandelnden Tarifvertrages Beschäftigten einer (Solidaritäts-)Beitragszahlungspflicht zu unterwerfen. Damit sollte die kostenlose Vorteilsnahme der Außenseiter-Arbeitnehmer an den tarifvertraglichen Leistungen beendet werden.[12] Einerseits sollte der Beitrag einen faireren Lastenausgleich zwischen Organisierten und Außenseitern herbeiführen, die faktisch

---

10 Siehe zur Bedeutung der kostenlosen Partizipationsmöglichkeit für die Organisationsentscheidung unter Kap. 2 D. I., II.

11 Vgl. plakativ *Leber* (Vorsitzender der IG BSE) in der FAZ v. 27.11.1959, S. 4: Der Anspruch der Außenseiter auf Tariflohn rühre „an den Kern und an die Existenz der Gewerkschaften" und sei „ihnen in besonderem Maße schädlich"; *Karakatsanis*, Die kollektivrechtliche Gestaltung von Arbeitsverhältnissen, S. 62: „Es ist nicht zu leugnen, daß das Außenseiterproblem einen brennenden Punkt der Koalitionsproblematik darstellt. Daß Verbandsinteressen, ja die Wirksamkeit der Verbandstätigkeit und somit die Existenz der Verbände selbst durch das Bestehen der Außenseiter weitgehend bedroht werden können, liegt auf der Hand."; siehe zu diesem Zusammenhang unter Kap. 2. A.

12 Auf Initiative ihres Vorsitzenden Georg Leber hatte die Gewerkschaft ihren Vorstand auf dem 5. Ordentlichen Gewerkschaftstag damit beauftragt, „durch eine entsprechende Politik im Rahmen der verfassungsmäßigen Bedingungen Vorsorge zu treffen, daß die Ergebnisse der gewerkschaftlichen Arbeit nicht wie bisher allgemein auch den Arbeitnehmern in der Bauwirtschaft gleichermaßen zuteil werden, welche sich weigern, am Ringen der organisierten Arbeitnehmer teilzunehmen, oder geeignete Maßnahmen zu treffen, durch die nicht nur einseitig den Gewerkschaftsmitgliedern allein Belastungen auferlegt werden, aus denen auch diejenigen, die nicht Mitglied der Gewerkschaft sind, gleichermaßen Nutzen ziehen.", Protokoll über den 5. Ordent-

beide von den Tarifverträgen profitierten, aber nicht gleichermaßen die Lasten des Zustandekommens trugen. Und indem er die finanzielle Vorteilhaftigkeit eines Fernbleibens reduzierte und den davon ausgehenden „Negativanreiz" beseitigte, sollte der Beitrag andererseits der Mitgliedererosion bei der Gewerkschaft entgegenwirken (organisationspolitisches Anliegen).[13] Dies war die Geburtsstunde des sog. „Solidaritätsbeitrags" im deutschen Recht.[14]

Anders als im Ausland[15], das der IG BSE als Inspiration gedient hatte, hat sich diese Forderung nach der finanziellen Heranziehung der an der tarifvertraglichen Ordnung partizipierenden Außenseiter-Arbeitnehmer in Deutschland bisher jedoch nicht durchsetzen können.[16]

B. Aktualität des Trittbrettfahrerproblems angesichts abnehmender Schutzwirkung von Tarifverträgen in jüngerer Vergangenheit

Heute – rund sechzig Jahre nach der erstmaligen Debatte um die Einführung eines solchen Solidaritätsbeitrages im deutschen Recht – findet man das Problem der kostenlosen Außenseiterpartizipation im deutschen Recht noch immer ungelöst und das Problem der Mitgliedererosion der Gewerkschaften erheblich verschärft vor.[17]

---

lichen Gewerkschaftstag der IG BSE 1960, S. 501 (B 15); siehe im Einzelnen unter Kap. 2 C. III. 3.

13 Zu dieser doppelten Zielsetzung *Leber* in FAZ v. 27.11.1959, S. 4 und FAZ v. 14.1.1961, S. 3; s. a. *Hueck*, RdA 1961, 141 (141 f.).

14 Auch wenn die Gewerkschaft selbst die Bezeichnung der geplanten Belastung als Solidaritätsbeitrag tunlichst vermied und stattdessen von einem „Vorteilsausgleichsbetrag" sprach, konnte sie nicht verhindern, dass sich diese – insbesondere dank entsprechender Medienberichterstattung – bald als gängig etablierte. Soweit es um die Debatte der 1960iger Jahre geht, wird sich daran angeschlossen und der Einfachheit halber einheitlich der Begriff des Solidaritätsbeitrags verwendet.

15 Zur Lösung in der Schweiz siehe unter Kap. 4 B. II.

16 Siehe zum Scheitern der Bemühungen der IG BSE unter Kap. 2 C. III. 3. c).

17 Unlängst erst titelte die FAZ: „Tarifverträge und Betriebsräte verlieren an Bedeutung", vgl. FAZ online v. 20.7.2023, abrufbar unter https://www.faz.net/aktuell/wirtschaft/warum-betriebsraete-immer-mehr-an-bedeutung-verlieren-19047693.html (letzter Abruf am 22.7.2023).

I. Stetig sinkende Mitgliedszahlen in Gewerkschaften und sinkende Tarifbindung

Im Jahr 2021 standen einem organisierten Arbeitnehmer nicht mehr zwei Außenseiter gegenüber, wie es noch 1960 der Fall war, sondern fünf.[18] Da die Gewerkschaften gewissermaßen der Motor der tarifautonomen Regulierung der Arbeit- und Wirtschaftsbedingungen sind, verwundert es nicht, dass sich ihre Schwierigkeiten mittlerweile auf das gesamte Tarifwesen im Sinne der „Produktion" von Tarifverträgen ausgeweitet haben. In nicht wenigen Verbänden der Arbeitgeber bilden die sog. „OT-Mitglieder" (ohne Tarifbindung) – zumindest auch infolge der bröckelnden Herausforderungshaltung der Gewerkschaften –[19] mittlerweile die Mehrzahl.[20] Zudem steuert der Grad der normativen Tarifbindung, der durch §§ 4 Abs. 1, 3 Abs. 1 TVG mit der Organisationsstärke der Koalitionen verknüpft ist, immer neuen Tiefpunkten entgegen. Erhebungen zufolge arbeiteten im Jahr 2021 nur noch 52 % der Beschäftigten in Betrieben, in denen ein Branchentarifvertrag (43 %) oder ein Haustarifvertrag (9 %) galt.[21] Während daneben immerhin noch 22,56 % der Beschäftigten in Betrieben arbeiteten, die sich nach eigenen Angaben zumindest an Tarifverträgen „orientierten", unterfielen ganze 25,44 % keinerlei Tarifgeltung.[22] Die Schutzwirkung von

---

18 Laut *OECD/AIAS,* ICTWSS Database (2021), Zeile 1077 bis 1018 belief sich der gewerkschaftliche Nettoorganisationsgrad nur noch auf 16,3 % [2021:17,4 %], was gegenüber dem im Jahr 1960 verzeichneten Wert i.H.v. 34,7 % mehr als eine Halbierung darstellt; mit leicht abweichenden Werten, aber gleichem Trend: Allgemeine Bevölkerungsumfrage der Sozialwissenschaften (ALLBUS, 2018): 16,7 %; European Social Survey (ESS; 2014: 15,6 %; siehe auch *Höpfner/Lesch/Schneider/Vogel,* Tarifautonomie und Tarifgeltung, S. 39 und im Einzelnen unter Kap. 2 B. I., II.

19 Man spricht insofern auch von einer „Gegnerkrise", vgl. *Schlachter,* SR 2020, 205; *Schröder/Greef,* in: Handbuch der Gewerkschaften, S. 123 (124); Näheres dazu unter Kap. 2 B. III.

20 *Bepler,* in: FS Schmidt (2021), S. 67 (71); *Henssler,* RdA 2021, 1 (4); *Höpfner/Lesch/Schneider/Vogel,* Tarifautonomie und Tarifgeltung, S. 42.

21 Da in diese Statistik auch normative Taftbindung infolge staatlicher Erstreckungsmaßnahmen fallen, dürfte der Grad an mitgliedschaftlich veranlasster Tarifbindung noch geringer ausfallen.

22 Da die jüngsten Daten der ICTWSS Database (2021) für 2018 ausgewiesen werden (UnadjCov_s, Zeile 1076: Tarifbindung iHv 51,6 %) wurde für folgende Jahre auf die Ergebnisse des IAB-Betriebspanels, für 2021 veröffentlicht in *Ellguth/Kohaut,* WSI-Mitteilungen Entwicklung der Tarifbindung (4) 2022, 328 (329) zurückgegriffen – Werte zur Tariforientierung basieren auf eigenen Berechnungen nach der dortigen Tabelle 1.

Tarifverträgen, die im Falle der Normativität am höchsten ist,[23] hat also erheblich abgenommen und es finden sich zunehmend sog. „weiße Flecken“ in der deutschen Tariflandschaft.[24] Das gilt insbesondere für den Osten des Landes, in dem die Gewerkschaften nach der Wiedervereinigung nur schwer Fuß fassen konnten und in dem die Tarifbindung traditionell niedriger ausfällt als im Westen.[25] Mit den Worten *Dietrich Creutzburgs* von der FAZ lässt sich 2023 konstatieren: „Tarifverträge und Betriebsräte verlieren an Bedeutung“.[26]

II. Gesetzgeber im Spannungsfeld zwischen gesetzgeberischer Ausgestaltungspflicht und staatlichem Neutralitätsgebot

Diese Entwicklungen setzen den Gesetzgeber unter Druck. Mit Rücksicht auf die in Art. 9 Abs. 3 GG garantierte Tarifautonomie legt er bei der Regulierung der Arbeits- und Wirtschaftsbedingungen grundsätzlich eine gewisse Zurückhaltung an den Tag und „überlässt“ die autonome Vereinbarung von Arbeits- und Wirtschaftsbedingungen (insbesondere des Arbeitsentgelts und anderer materieller Arbeitsbedingungen) zum großen Teil den Koalitionen.[27] Diese legislative Zurückhaltung ist jedoch nur so lange aufrechtzuerhalten, wie die Tarifautonomie funktionsfähig ist und die aus ihr hervorgegangenen Tarifverträge somit das Mindestmaß an sozialem Schutz gewähren, welches der Gesetzgeber den Arbeitnehmern in letzter Verant-

23 Siehe hierzu Näheres unter Kap. 2 A. IV.

24 Vgl. *Thüsing*, in: BT-Auss. 19(11)1159, S. 2: „Wo der Tarifvertrag fehlt, da kann es sein, dass der Gesetzgeber eingreifen muss; weiße Flecken in der Tariflandschaft haben zum Mindestlohngesetz (MiLoG) geführt.; *Waltermann*, ZfA 2020, 211 (215): „große weiße Bereiche (nicht nur weiße Flecken)“; zur Problematik der zunehmenden Tariforientierung auch *Berwing*, Tariforientierung, S. 93, passim.

25 Laut IAB-Betriebspanels 2020 (veröffentlicht in *Kohaut*, IAB-Stellungnahme 3/2021, S. 7) lag die Tarifbindung der Betriebe (Flächen- und Haus-TV) im Westen bei 26 %, im Osten jedoch nur bei 16 %; bzgl. der Tarifbindung der Beschäftigten zeigt sich ein ähnliches Bild: Westen 53 % - Osten 43 %; Veranschaulichung der disparaten Entwicklung im Zeitverlauf bei *Dribbusch/Birke*, Gewerkschaften in Deutschland, S. 15 Abbildung 2.

26 Vgl. FAZ online v. 20.7.2023, abrufbar unter https://www.faz.net/aktuell/wirtschaft/warum-betriebsraete-immer-mehr-an-bedeutung-verlieren-19047693.html (letzter Abruf am 22.7.2023).

27 Vgl. nur BVerfG v. 11.7.2017 – 1 BvR 1571/15 u.a., E 146, 71 Rn. 146; v. 11.7.2006 – 1 BvL 4/00, E 116, 202 (219); v. 3.04.2001 – 1 BvL 32/97, E 103, 293 (304); v. 27.4.1999 – 1 BvR 2203/93 u.a., E 100, 271 (282); v.24.4.1996 – 1 BvR 712/86, E 94, 268 (283) – jeweils mwN.

wortung selbst schuldet (vgl. Menschenwürdegarantie des Art. 1 Abs. 1 GG iVm dem Sozialstaatsprinzip aus Art. 20 Abs. 1, 28 Abs. 1 S. 1 GG).[28] Maßgeblich ist in diesem Zusammenhang vor allem die Frage, ob zwischen den Tarifvertragsparteien Parität herrscht, denn diese ist der Grund für das Vertrauen in die Angemessenheit der Tarifverträge und damit für die Sonderstellung, die Tarifverträge in der deutschen Rechtsordnung im Allgemeinen und gegenüber Individualarbeitsverträgen und Betriebsvereinbarungen im Speziellen einnehmen.[29] Sollten Gewerkschaften angesichts des nunmehr seit Jahren schwindenden Rückhalts in der Gesellschaft nicht mehr dazu in der Lage sein, den Arbeitgebern paritätisch gegenüberzutreten, stehen alle Ableitungen, die sich auf diese zentrale Prämisse stützen – angefangen von der Angemessenheitsvermutung über die Herausnahme der Tarifverträge aus der AGB-Kontrolle gem. § 310 Abs. 4 BGB bis hin zur Heranziehung von Tarifverträgen als Leitlinie (etwa iRv § 612 Abs. 2 BGB oder § 138 Abs. 2 BGB) –, in Frage.[30] Zu beurteilen, wann aufgrund tatsächlicher Anhaltspunkte ein legislatives Eingreifen geboten ist, obliegt – auch im Hinblick auf drohende Funktionsstörungen der Tarifautonomie – dem Gesetzgeber selbst, der dabei über einen großen Einschätzungsspielraum verfügt.[31] Durch die oben skizzierten Entwicklungen verengt sich dieser Spielraum jedoch zusehends. Das BVerfG hat zudem unlängst betont, dass es den Gesetzgeber für verpflichtet hält, die Rahmenbedingungen für das Handeln der Koalitionen anzupassen bzw. zu verbessern, wenn er eine

---

28 Grdl. BVerfG v. 24.5.1977 – 2 BvL 11/74, E 44, 322 (340 f.); unlängst auch BVerfG v. 11.7.2017 – 1 BvR 1571/15 u.a., E 146, 71 Rn. 146 mwN; siehe hierzu auch unter Kap. 2 A.

29 St. Rspr., zuletzt ausdr. BVerfG v. 11.7.2017 – 1 BvR 1571/15 u.a., E 146, 71 Rn. 146: „Funktionsfähig ist die Tarifautonomie folglich nur, solange zwischen den Tarifvertragsparteien ein ungefähres Kräftegleichgewicht - Parität - besteht. Die Vermutung der Richtigkeit des zwischen den Tarifvertragsparteien Ausgehandelten greift also nur unter diesen Voraussetzungen."; zuvor BVerfG v. 4.7.1995 – 1 BvF 2/86, 1 BvF 1/87 u.a., E 92, 365 (395).

30 Vgl. *Giesen*, ZfA 2016, 153 (181) „Umfeldwirkung des Tarifvertrages"; siehe zur weitreichenden Strahlkraft der Tarifverträge im Einzelnen unter Kap. 2 B.V., C. I.; der Tarifautonomie werden folgende Funktionen zugewiesen: Schutzfunktion, Verteilungsfunktion, Ordnungsfunktion (str.), staatsentlastende Funktion, Orientierungsfunktion sowie Friedensfunktion, vgl. überblicksartig *Treber*, in: Schaub ArbR-HdB, § 195 Rn. 3 ff.

31 Expressis verbis in BVerfG v. 11.7.2017 – 1 BvR 1571/15 u.a., E 146, 71 Rn. 157; vgl. auch BVerfG v. 18.12.1968 – 1 BvL 5/64, E 25, 1 (13) mwN.

nachhaltige Störung der Funktionsfähigkeit der Tarifautonomie feststellen sollte.[32]

Tatsächlich hat sich der Gesetzgeber schon vor Jahren alarmiert gezeigt.[33] Sein erster Versuch, eine entsprechende Anpassung vorzunehmen, muss jedoch als gescheitert bezeichnet werden. Der Erlass des „Gesetzes zur Stärkung der Tarifautonomie“ aus dem Jahre 2014 (TASG I)[34] hat nämlich weder das Absinken des gewerkschaftlichen Organisationsgrades noch die weitere Verringerung des Grads der Tarifbindung aufzuhalten vermocht – im Gegenteil: beide Werte haben ihren Abwärtstrend fortgesetzt.[35] Zugleich sah sich die gesetzgeberische Maßnahme erheblicher Kritik ausgesetzt. Darin läge ein erster Schritt in Richtung „Verstaatlichung“ der Tarifautonomie, der die historische Entwicklung der Tarifautonomie als Mittel der staatsfernen Selbsthilfe und ihre dogmatische Rekonstruktion als kollektiv ausgeübte Privatautonomie außer Acht lasse.[36] Wiederholt wurde bemängelt, dass schon die Stoßrichtung des TASG I falsch gewesen sei, weil es das Symptom der nachlassenden Tarifbindung zu kurieren versucht habe, während es das Grundproblem – die Mitgliedererosion – unbehan-

32 BVerfG v. 10.1.2020 – 1 BvR 4/17, AP TVG § 5 Nr. 42 Rn. 17; v. 11.7.2017 – 1 BvR 1571/15 u.a., E 146, 71 Rn. 147 zuvor schon BVerfG v. 4.7.1995 – 1 BvF 2/86 u.a., E 92, 365 (397), siehe zur Verpflichtung zur Korrektur von Maßnahmen, die auf Fehlprognosen zur Tatsachenentwicklung gestützt wurden BVerfG v. 18.12.1968 – 1 BvL 5/64, E 25, 1 (13) mwN; *Scholz,* in: HdStR § 175 Rn. 48 verwendet hierfür den treffenden Begriff der positiven Neutralitätspflicht.

33 Vgl. Koalitionsvertrag 18. Legislaturperiode (2013), S. 67; ins Rampenlicht gerückt wurde die Thematik nicht zuletzt auch durch die Befassung der arbeitsrechtlichen Abteilung des Deutschen Juristentags (DJT) in Hannover im Jahr 2014 mit dem Thema „Stärkung der Tarifautonomie – Welche Änderungen des Tarifvertragsrechts empfehlen sich?“, vgl. *Bepler*, Verhandlungen 70. DJT, Band I, B 1 ff.

34 Gesetz zur Stärkung der Tarifautonomie vom 11. August 2014 (BGBl. I, S. 1348); mit Blick auf die Planungen des „Zweiten Gesetzes zur Stärkung der Tarifautonomie“ nachfolgend mit dem Zusatz „I“ versehen.

35 Im Zeitraum v. 1996 bis 2014 war die Tarifbindung bereits von 71,6 % auf 55,1 %, also um 16,5 % gesunken (vgl. OECD/AIAS, ICTWSS Database (2021), UnadjCov_s, Zeile 1054 bis 1072; s. mit leicht abweichenden Zahlen, aber gleichem Trend auch die Begründung des TASG I in BT-Drs. 18/1558, S. 26; nach Erlass des TASG I Rückgang um weitere 4,1 % (vgl. bis 2018 Daten des OECD/AIAS, ICTWSS Database (2021), für 2019/2020 *Kohaut*, IAB-Stellungnahme 3/2021, S. 7); s. zum fortgesetzten Abwärtstrend bei der gewerkschaftlichen Mitgliederentwicklung Vgl. Kap. 2 B. I., II.

36 So etwa *Lobinger*, JZ 2014, 810 (811 f.); im Nachgang zudem *Franzen*, SR-Sonderausgabe Mai 2017, 14 (15 f.); *ders.*, Stärkung der Tarifautonomie, S. 13, 16; Junker, ZfA 2016, 81 (90 f.); *Löwisch/Rieble* TVG, § 5 Rn. 9 ff., insb. Rn 11: „Der im TASG angelegte Systemwechsel gefährdet den Freiheitscharakter des Tarifvertragssystems.“; *Waltermann*, RdA 2018, 137 (138); *ders.*, Differenzierungsklauseln, S. 21.

delt gelassen habe[37] oder es mit der die Attraktivität der Gewerkschaften vermindernden Ausweitung der AVE sogar noch vergrößere.[38]

III. Verschärfung der Lage durch Handlungspflichten aus Europa und die Ankündigung eines Paradigmenwechsel durch das BMAS

Nunmehr droht sich der Handlungsdruck für den Gesetzgeber sogar noch weiter zu vergrößern, denn die Europäische Union (EU) hat nach jahrelangen Debatten eine Richtlinie über angemessene Mindestlöhne in der Europäischen Union (im Folgenden Mindestlohn-RL) erlassen, welche auch eine Förderpflicht für Tarifverhandlungen enthält.[39] Art. 4 Nr. 1 lit. a der Mindestlohn-RL sieht vor, dass alle Mitgliedstaaten zur Erhöhung der tarifvertraglichen Abdeckung Maßnahmen zur „Förderung des Auf- und Ausbaus der Kapazitäten der Sozialpartner“ sowie „konstruktiver, zielführender und fundierter Lohnverhandlungen zwischen den Sozialpartnern“ ergreifen müssen. Alle Mitgliedstaaten mit einer tarifvertraglichen Abdeckung von weniger als 80 % der Arbeitnehmer – also die meisten –[40] müssten nach Art. 4 Abs. 2 der Mindestlohn-RL zusätzlich dazu „einen Rahmen vor[sehen], der die Voraussetzungen für Tarifverhandlungen schafft, entweder durch Erlass eines Gesetzes nach Anhörung der Sozialpartner oder durch eine Vereinbarung mit diesen, und […] einen Aktionsplan zur Förderung von Tarifverhandlungen [erstellen].“[41] Lange war angesichts

37 Bspw. *Henssler*, RdA 2021, 1 (8); *Höpfner/Lesch/Schneider/Vogel*, Tarifautonomie und Tarifgeltung, S. 393; *Waltermann*, ZfA 2020, 211 (228 f.).

38 Treffend zugespitzt etwa durch *Löwisch/Rieble* TVG, § 5 Rn. 10: „Warum sollen Arbeitnehmer beitreten und Beiträge zahlen, wenn sie angemessenen Schutz bereits vom Staat erhalten?“; kritisch auch *Klumpp*, in: MHdB ArbR § 248 Rn. 19; *Waltermann*, RdA 2014, 86 (90).

39 Vgl. RICHTLINIE (EU) 2022/2041 DES EUROPÄISCHEN PARLAMENTS UND DES RATES vom 19. Oktober 2022 über angemessene Mindestlöhne in der Europäischen Union; der erste Entwurf (COM (2020) 682 final) war schon 2020 veröffentlicht worden.

40 Schon die ursprünglich angedachte 70%-Grenze hätten nur die wenigsten der 27 EU-Staaten erreicht, vgl.*Schneider*, in: Zukunft soziales Europa, S. 20 (23): 10 von 27; eine Abdeckungsrate von 90 %, für die sich einige Mitglieder des Europäischen Parlaments zwischenzeitlich politisch stark gemacht hatten (FAZ. 24.4.2021, S. 18; FAZ v. 3.5.2021, S. 17), würden aktuell sogar nur fünf Länder aufweisen: Belgien (93 %), Finnland (91%), Frankreich (94 %), Österreich (98 %), Schweden (90 %), siehe zu allen Werten *Schneider*, in: Zukunft soziales Europa, S. 20 (23).

41 Der zunächst bei 70 % Schwellenwerts wurde durch Änderungsanträge des EU-Parlaments vom 11.11.2021 nachträglich auf 80 % erhöht, vgl. Pressemittteilung, abrufbar

von Kompetenzstreitigkeiten unklar, ob es zum Erlass der Mindestlohn-RL überhaupt kommen würde.[42] Während die Kommission ihren Vorschlag auf Art. 153 Abs. 1 lit. b, Abs. 2 UAbs. 1 lit. b AEUV stützte, die die EU zur Regelung von „Arbeitsbedingungen“ mit Hilfe von Richtlinien mit Mindestvorschriften ermächtigt,[43] wurden in der Literatur Stimmen laut, die der Kommission eine Kompetenzüberschreitung vorwarfen.[44] Mit der vorgeschlagenen Richtlinie würde das Arbeitsentgelt geregelt und in das Tarifvertragsrecht eingegriffen, welches als Teil des Koalitionsrechts jedoch der Mitgliedstaatlichen Regulierung vorbehalten sei (siehe Ausnahmetatbestand in Art. 153 Abs. 5 AEUV). Diese Debatte spielte sich im Kontext einer grundsätzlichen Meinungsverschiedenheit zwischen dem Parlament und dem Rat ab. Während das Parlament eine möglichst weitgehende und spezifische Regelung auf europäischer Ebene zu erzielen suchte, plädierte der Rat für einen weitgehenden Gestaltungsspielraum der Mitgliedstaaten. Unter Vermittlung der Kommission konnte in einem Trilog schließlich am 7. Juni 2022 eine vorläufige Einigung erreicht werden, die am 16. Juni 2022 vom EPSCO-Rat der Arbeits- und Sozialminister mit großer Mehrheit bestätigt wurde.[45] Knapp zwei Jahre nach Veröffentlichung des ersten Entwurfs ist das Verfahren um die Mindestlohn-RL mit Verabschiedung einer überarbeiteten Fassung am 19. Oktober 2022 beendet worden. Die Mitgliedstaaten sind aufgefordert, die Mindestlohn-RL bis zum 15. November 2024 umzusetzen.

Nachdem der Schwellenwert für die Förderpflicht aus Art. 4 der Mindestlohn-RL auf Drängen des EU-Parlaments von den ursprünglich vorgeschlagenen 70 % auf 80 % angehoben wurde, ist Deutschland nunmehr betroffen. Denn selbst wenn man bei der Bestimmung des Abdeckungsgrads die günstigste Betrachtungsweise zugrunde legte und somit neben

---

unter https://www.europarl.europa.eu/news/de/press-room/20211107IPR16808/new-rules-for-fair-minimum-wages-in-the-eu (letzter Abruf am 2.12.2021).

42 Siehe zum Gang des Gesetzgebungsprozesses und den Konflikten in der Rückschau *Müller/Schulten*, WuG 2022, 335 (340 ff.) sowie unter Kap. 5 A. II. 2 a).

43 Vgl. COM (2020) 682 final, S. 7.

44 *Franzen*, ZfA 2021, 157 (173); *Klumpp*, EuZA 2021, 284 (297); wohl auch *Höpfner/Lesch/Schneider/Vogel*, Tarifautonomie und Tarifgeltung, S. 465 f.); aA *Eichenhofer*, AuR 2021, 148 (155); *ders.*, Statthaftigkeit eines EU-Rechtsrahmens für gesetzliche Mindestlöhne nach dem Entwurf der Kommission_über eine Richtlinie für angemessene Mindestlöhne, Rechtsgutachten, S. 20.

45 Vgl. Pressemitteilung vom 07.06.2022, abrufbar unter https://www.consilium.europa.eu/de/press/press-releases/2022/06/07/minimum-wages-council-and-european-parliament-reach-provisional-agreement-on-new-eu-law/ (letzter Abruf am 25.06.2022).

der Tarifgeltung infolge normativer Tarifbindung (52%) auch die sog. Tariforientierungen infolge schuldrechtlicher Bezugnahmen (22,56 %) berücksichtigte,[46] erhielte man nur eine Abdeckungsrate von 74,56 %.[47] Der deutsche Gesetzgeber ist gut beraten, die Umsetzungsfrist aktiv zu nutzen und sich nicht auf den Erfolg eines ggf. wegen Kompetenzüberschreitung der EU angestrengten, wahrscheinlich sehr langwierigen Kontrollverfahrens zu verlassen.[48] Denn eine Förderpflicht von Seiten der EU könnte das ohnehin schon schwierige Unterfangen einer Tarifautonomie-stärkenden Gesetzgebung weiter verkomplizieren.

Schon jetzt bewegt der Gesetzgeber sich mit seinem zwischenzeitlich angekündigten Vorhaben, im Rahmen eines „Zweiten Gesetzes zur Stärkung der Tarifautonomie" (TASG II) gezielt Anreize zur Koalitionsmitgliedschaft setzen zu wollen,[49] auf einem schmalen Grat:

---

46 Für die Berücksichtigung schuldrechtlicher Tarifgeltung infolge von Bezugnahmen spricht der Wortlaut der Definition der tariflichen Abdeckungsrate in Art. 3 Abs. 5 RL-E als Ausweis des Anteils an Arbeitnehmern, für die auf nationaler Ebene ein Tarifvertrag „gilt". Die dort anstelle vom deutschen „gelten" verwandten Worte „apply" und „s'applique" lassen sich nämlich auch mit dem deutschen Wort „anwenden" übersetzen. Anwendung finden Tarifverträge aber schließlich auch, wenn nur eine schuldrechtliche Bezugnahme vereinbart wurde. Für ein derartiges (weites) Verständnis des Begriffs spricht zudem der Umstand, dass die beiderseitige normative Tarifbindung in Europa wenig verbreitet ist (siehe dazu die umfängliche Untersuchung von *Kamanabrou,* in: Kamanabrou (Hrsg.), Erga-Omnes-Wirkung von Tarifverträgen, S. 21ff., 36). Das übliche Verständnis des Begriffs der Taftbindung geht daher dahin, damit schlicht den *tatsächlichen* Einfluss von Tarifverträgen auf die Arbeitsverhältnisse im Land abzubilden (vgl. *Schlachter*, SR 2020, 205). Dies lässt es unwahrscheinlich erscheinen, dass man bei der Gestaltung der Richtlinie auf die normative Verbreitung abstellen wollte.

47 Zu den Zahlen siehe *Höpfner/Lesch/Schneider/Vogel*, Tarifautonomie und Tarifgeltung, S. 33, Grafik 3; für diese Betrachtungsweise *Franzen*, ZfA 2021, 157 (166); *Klumpp*, EuZA 2021 284 (306);

48 Es bestehen zwei Wege, mit denen sich die Einhaltung der Kompetenzausübungsregeln (Subsidiaritätsprinzip und Verhältnismäßigkeitsgrundsatz n. Art. 5 Abs. 1 S. 1, Abs. 3 und 4 EUV) durch die Legislative überprüfen lassen: *ex ante* mit einer Subsidiaritätsrüge (Art. 6, 7 Protokoll Nr. 2) oder *ex post* mit einer Subsidiaritätsklage (Art. 8 Protokoll Nr. 2), vgl. hierzu sowie zur Reformdebatte um EU-Kompetenzstreitigkeiten allgemein *Lührs,* VerfBlog vom 10.2.2023, abrufbar unter https://verfassungsblog.de/kompetenzausschuss-statt-kompetenzgericht/ (letzter Abruf am 25.6.2023).

49 Erstmals *BMAS*, Ergebnisbericht (2019), S. 26; konkretisiert in *BMAS/BMF*, Eckpunkte zur Weiterentwicklung (2020), passim; siehe nun auch Koalitionsvertrag 19. Legislaturperiode (2021), S. 71; am 21.1.2022 hat der Gesetzgeber mit dem Entwurf eines Mindestlohnerhöhungsgesetzes (MiLoEG) bereits einen ersten Schritt getätigt; im September 2022 kündigte *Hubertus Heil* an, im Jahr 2023 das TASG II zu erlassen, vgl. SZ vom 30.9.2022, abrufbar unter https://www.sueddeutsche.de/karriere/einko

Einerseits kommt es ihm laut BVerfG mit Blick auf die Garantie des sozialen Schutzes der abhängig Beschäftigten im Wege der „kollektivierten Privatautonomie" in Art. 9 Abs. 3 S. 1 GG sowie mit Blick auf das Sozialstaatsprinzip des Art. 20 Abs. 1, 28 Abs. 1 S. 1 GG[50] zu, „strukturelle Rahmenbedingungen dafür zu schaffen, dass Tarifverhandlungen einen fairen Ausgleich auch tatsächlich ermöglichen" und dazu gegebenenfalls auch Regelungen zur Wiederherstellung der Parität der Tarifvertragsparteien zu erlassen.[51] Insoweit ist die erklärte Agenda des BMAS, mit den Maßnahmen des TASG II nunmehr gezielt Anreize zur Stärkung der Mitgliederbasis setzen zu wollen, grundsätzlich zu begrüßen.[52] Es hat den Anschein, dass das BMAS mit dem TASG II also eine Abkehr von der alleinigen Fixierung auf den Grad der Tarifbindung vollziehen und sich der Gesundheit und Parität der Koalitionen als wesentliche Funktionsbedingung der Tarifautonomie zuwenden möchte. Ob sich aber wirklich ein Paradigmenwechsel vollzieht, wird maßgeblich davon abhängen, ob das BMAS ein Konzept umsetzt, das über die zwingende Unterwerfung der Arbeitsmarktteilnehmer unter Tarifbedingungen zur Koalitionsmitgliedschaft drängt (so im Falle der Tariftreue) oder eines, welches nur eine selbstbestimmte Beitrittsentscheidung der Betroffenen ermöglicht, indem es aktuelle Hürden abbaut.

Andererseits hat der Gesetzgeber zu beachten, dass es den Tarifvertragsparteien in erster Linie selbst überlassen ist, ihr Handeln den sich wandelnden Umständen anzupassen, um ausgewogene Tarifabschlüsse zu erzielen. Um es mit den Worten des BVerfG zu sagen: „Der Organisationsgrad einer Koalition, ihre Fähigkeit zur Anwerbung und Mobilisierung von Mitgliedern und ähnliche Faktoren liegen außerhalb der Verantwortung des Gesetzgebers. Er ist nicht gehalten, schwachen Verbänden Durchsetzungs-

---

mmen-heil-will-paket-zur-staerkung-der-tarifbindung-vorlegen-dpa.urn-newsml-dpa-com-20090101-220930-99-958355 (letzter Abruf am 4.1.2023); zuletzt erfolgte die Ankündigung eines Bundestariftreuegesetzes, siehe hierzu unter Kap. 5 B. III. 3. a).

50 Siehe zu den Inhalten des fundamentalen Staatsstrukturprinzips *Voßkuhle/Wischmeyer*, JuS 2015, 693 ff.

51 BVerfG v. 11.7.2017 – 1 BvR 1571/15 u.a., E 146, 71 Rn. 147.

52 Im Fokus des BMAS stehen Anreize finanzieller Art, wie die steuerliche Privilegierung von Gewerkschaftsbeiträgen (siehe hierzu *Franzen*, Stärkung der Tarifautonomie durch Anreize zum Verbandsbeitritt, S. 35 ff.; *Waltermann*, ZfA 2020, 211 (225 f.) oder „tarifgebundenem Arbeitsentgelt" (diesen Vorschlag als verfassungswidrig ablehnend *Loritz*, in: FS Preis (2021), 795 (802)) sowie das Vorhaben, nur noch tarifgebundene Unternehmen im Rahmen der Vergabe öffentlicher Aufträge zu berücksichtigen („Tariftreue"), einen Überblick über die aktuell diskutierten Maßnahmen geben *Höpfner/Lesch/Schneider/Vogel*, Tarifautonomie und Tarifgeltung, S. 409 ff.

fähigkeit bei Tarifverhandlungen zu verschaffen, denn Art. 9 Abs. 3 GG verlangt keine Optimierung der Kampfbedingungen, sondern verpflichtet den Staat auch insoweit zur Neutralität."[53]

Mit diesen Grundsätzen könnte der Gesetzgeber in Konflikt geraten, wenn die beim Unterschreiten des Schwellenwerts in der Mindestlohn-RL auferlegte Pflicht zum „Ausbau der Kapazitäten der Sozialpartner" (vgl. Art. 4 Abs. 1 lit a Mindestlohn-RL) – wie manche meinen –[54], den Staat zur Verbesserung der materiellen Ausstattung der Koalitionen verpflichtete. Denn sollte der Staat die Koalitionen mit finanziellen Mitteln maßgeblich unterstützen (müssen), wäre die Unabhängigkeit der Sozialpartner, die in Deutschland für die Anerkennung als Koalition im Sinne von Art. 9 Abs. 3 GG konstitutiv ist,[55] wohl nicht mehr gewährleistet.[56]

Hier zeigt sich die Schwierigkeit einer einheitlichen und ohne Rücksicht auf mitgliedstaatliche Besonderheiten aufoktroyierten Lösung des europaweit zu beobachtenden Problems der rückläufigen Tarifbindung.[57] Da das Koalitionsrecht nun mal in den Kompetenzbereich der Mitgliedstaaten fällt (vgl. Art. 153 Abs. 5 AEUV), haben sich in Europa ganz unterschiedliche Tarifvertragssysteme herausgebildet, die von einem Kammersystem mit Pflichtmitgliedschaft in Österreich,[58] über ein erga-omnes-System in Frankreich[59] bis hin zu einer Integration der Gewerkschaften in die Arbeitslosen- und Rentenversicherung im sog. Genter-Modell der nordischen Staaten[60] reichen und damit auch verschiedenste Vorgaben für eine systemverträgliche Stärkung machen.[61] Angesichts der teilweise fundamentalen

53 BVerfG v. 11.7.2017 – 1 BvR 1571/15 u.a., E 146, 71 Rn. 150.

54 So verstanden von *Franzen*, ZfA 2021, 157 (167).

55 Statt aller *Greiner*, in: HMB Teil 2 Rn. 49; *Schubert*, in: JKOS § 2 Rn. 57 ff.; speziell zur Unabhängigkeit vom Staat: *Oetker* in: Wiedemann TVG, § 2 Rn. 439 mwN.

56 Laut BAG v. 20.4.1999 – 3 AZR 352/97, AP TVG § 1 Tarifverträge: Rundfunk Nr. 28; v.14.12.2004 – 1 ABR 51/03, AP TVG § 2 Tariffähigkeit Nr. 1 bestehe bei einer Finanzierung durch Dritte die Gefahr, dass die interne Entscheidungsfindung von der Erwartungshaltung der über die Mittel entscheidenden Stelle beeinträchtigt wird; s. auch *Franzen*, ZfA 2021, 157 (167 f.); *Löwisch/Rieble*, TVG § 2 Rn. 104.

57 Siehe zu diesem Trend Figure 2.11 „Trends in collective bargaining coverage rate" in *OECD*, *OECD*: Negotiating Our Way Up, S. 46.

58 Vgl. § 10 Arbeiterkammergesetz (BGBl. Nr. 626/1991), hierzu im Überblick *Pelzmann*, in: ArbR in Europa, Österreich, Rn. 218 ff.

59 Vgl. hierzu *Dopheide*, in: Kamanabrou (Hrsg.), Erga-Omnes-Wirkung von Tarifverträgen, S. 180 (181 f.).

60 Vgl. hierzu *Leonardi*, WSI-Mitteilung (2) 2006, 79 passim; *Seiwerth*, NZA 2014, 708 (709).

61 Veranschaulicht durch die Übersichten „Use of erga omnes clauses" und „Scope and coverage of extensions (or functional equivalent) mechanisms in place in OECD

Unterschiede – z.B. verböte das deutsche Recht eine Pflichtmitgliedschaft nach österreichischem Vorbild – empfiehlt es sich dringend, individuelle Problemlösungen zuzulassen bzw. für Deutschland, einer Handlungspflicht aus Europa zuvorzukommen.

C. Renaissance des Solidaritätsbeitrages – die Lösung?

Jedenfalls lässt sich an dieser Stelle konstatieren, dass die schon seit Jahren geführte Diskussion um die Stärkung der Tarifautonomie keineswegs zum Erliegen gekommen ist, sondern im Gegenteil neue Fahrt aufnimmt. In diesem Kontext hat es sich die vorliegende Arbeit zur Aufgabe gemacht, die Idee des Solidaritätsbeitrags einer erneuten Prüfung zu unterziehen und zu klären, ob sie als Instrument zur Stärkung der Tarifautonomie eine Renaissance erleben kann. Schließlich hat der Große Senat des Bundesarbeitsgerichts (BAG) in seinem Grundsatzurteil zu der mit der Solidaritätsklausel artverwandten sog. Differenzierungsklausel erklärt:

> „Man mag de lege ferenda für das Verhältnis zwischen Gewerkschaft und Außenseitern in Betracht ziehen, daß ein Beitrag der Außenseiter für die Inanspruchnahme der gewerkschaftlich errungenen tariflichen Leistungen der Sache nach gerecht und billig erscheinen könnte."[62]

Aus später noch zu erläuternden Gründen[63] soll im Folgenden für die Idee der Kommerzialisierung der gewerkschaftlichen Tätigkeit gegenüber Außenseiter-Arbeitnehmern jedoch nicht der Begriff des Solidaritätsbeitrages, sondern vielmehr der neutrale Begriff des „Nutzungsentgelts" verwendet werden.

---

countries" in *OECD*: Negotiating Our Way Up, S. 49 f.; s.a *Rebhahn* EuZA 2010, 62 (65) (75), der die Arbeitsbeziehungen in Europa in fünf Typen einteilt: Nördlicher Korporatismus; Kontinentale Sozialpartnerschaft, Mediterrane Konfliktorientierung, Pluralistisch –Marktorientierung (Post-)Transition.

62 BAG (GS) v. 29.11.1967 – GS 1/67, AP GG Art. 9 Nr. 13, juris Rn. 164; zur Maßgeblichkeit des Beschlusses für die vorliegende Frage siehe unter Kap. 2 II. 3., 4.

63 Siehe hierzu unter Kap. 2 F. V.

D. Gang der Untersuchung

Soll die Einführung eines Nutzungsentgelts als Instrument zur Stärkung der Tarifautonomie erörtert werden, so hat dieses Vorhaben verschiedene Perspektiven auszuleuchten und sich von der Fokussierung auf einzelne Aspekte der Fragestellung zu lösen, die die bisherigen Beiträge zum Solidaritätsbeitrag im deutschen Recht aufweisen.[64] Nur ein Beispiel ist in diesem Zusammenhang die Frage der Rechtsgrundlage, für die man – bis vor Kurzem –[65] allein eine tarifvertragliche Regelung in Betracht zog, obwohl die Schweiz mit dem Anschlussvertrag[66] oder die Türkei mit einer gesetzlichen Regelung[67] durchaus Vorbilder für alternative Gestaltungoptionen anbieten.[68] Auch hat die gesellschaftspolitische Dimension der Fragestellung in bisherigen Erörterungen allenfalls nebensächlich Erwähnung gefunden.[69] Die Lückenhaftigkeit und der vergleichsweise geringe Tiefgang der Debatte um den Solidaritätsbeitrag dürften maßgeblich darauf zurückzuführen sein,

---

64 Die jeweiligen Parteigutachten der Arbeitnehmer- und Arbeitgeberseite gestehen ihre Lückenhaftigkeit – entweder durch die Wahl des Titels oder auch ausdrücklich – selbst ein, vgl. *Galperin*, Rechtsgutachten, passim; *Hueck*, Rechtsgutachten, passim, unter dem Titel „Die Frage der tarifvertraglichen Zulässigkeit von Solidaritätsbeiträgen nach geltendem Recht" teilveröffentlicht in RdA 1961, 141; *Krüger*, Sieben Thesen zur verfassungsrechtlichen Problematik des sogenannten ‚Solidaritätsbeitrages', passim; *Müller*, Gedanken zum Solidaritätsbeitrag, passim; *Ridder*, Gestattet das Grundgesetz für die Bunddesrepublik Deutschland die Erhebung sogenannter Solidaritätsbeiträge?, S. 2 f., passim; *Scheuner*, unveröffentlichtes Rechtsgutachten zur verfassungsrechtlichen Zulässigkeit des Solidaritätsbeitrages, auszugsweise veröffentlicht in Jahresbericht BDA 1960, S. 36.

65 Eine Ausnahme bildet insofern der instruktive Beitrag *Höpfners* in ZfA 2020, 178, passim.

66 Vgl. hierzu Kap. 4 B.

67 Im türkischen System ist es möglich, dass Arbeitnehmer von einem Tarifvertrag begünstigt werden, ohne in der unterzeichnenden Gewerkschaft Mitglied zu sein bzw. zu werden, wenn sie der tarifschließenden Gewerkschaft einen Solidaritätsbeitrag entrichten. Für die Privatwirtschaft werden Solidaritätsbeiträge bis zur Höhe von zwei Dritteln des Mitgliedsbeitrags ermöglicht, vgl. Art. 9 Abs. 4 des Geset*zes* Nr. 2822 über Tarifverträge, Streik und Aussperrung; siehe hierzu *Hekimler*, in: Tarifrecht in Europa, S. 367 ff. passim, insb. S. 385; zum türkischen System auch *Kreis*, Der Anschluss eines Aussenseiters, S. 228; *Seitenzahl/Zachert/Pütz*, Vorteilsregelungen, S. 115; am Rande auch *Höpfner*, ZfA 2020, 178 (195).

68 Auch vermeidlich breiter aufgestellte Beiträge nach Beendigung der akuten Diskussion in der Tarifrunde 1961 widmen diesem Punkt ebenfalls nur wenig oder sogar keine Aufmerksamkeit, vgl. *Schwaabe*, Die Zulässigkeit von Solidaritätsbeiträgen im Arbeitsrecht, S. 19; *Faika*, Der Solidaritätsbeitrag der nichtorganisierten Arbeitnehmer im schweizerischen und deutschen Arbeitsrecht, S. 70 ff.

69 Kritisiert bei *von Lojewski*, SozFort 1961, 81.

dass der Beitrag nach durchaus intensiver, aber naturgemäß eher kurzen Auseinandersetzung in der Tarifrunde 1961 nahezu in Vergessenheit geraten und vielerorts zur bloßen Randnotiz bei der Erörterung des in der Rechtsprechung[70] und Literatur[71] viel beachteten organisationspolitischen Instruments der Differenzierungsklausel geworden ist.[72] Die vorliegende Arbeit möchte diese Lücke schließen und die Kommerzialisierbarkeit gewerkschaftlicher Tätigkeit im Lichte der ausgewiesenen Fragestellung umfassend betrachten.

Das sich an die Einleitung anschließende **Kapitel 2** widmet sich dazu zunächst der Frage, ob ein pathologischer Zustand der Tarifautonomie vorliegt, der ein Einschreiten des Gesetzgebers rechtfertigen oder gar erfor-

---

70 Grundlegend BAG (GS) v. 29.11.1967 – GS 1/67, AP GG Art. 9 Nr. 13; aus jüngerer Vergangenheit BVerfG v. 14.11.2018 – 1 BvR 1278/16, AP GG Art. 9 Nr. 153; BAG v. 15.04.2015 – 4 AZR 796/13, E 151, 235; BAG v. 21.08.2013 – 4 AZR 861/11, E 44, 191;v. 05.09.2012 – 4 AZR 696/10, AP TVG § 3 Nr. 53; v. 18.03.2009 – 4 AZR 64/08, E 130, 43; v. 09.05.2007 – 4 AZR 275/06, AP TVG § 3 Verbandszugehörigkeit Nr. 23.

71 Die belegt eine Fülle einschlägiger Monographien dazu, vgl. nur aus jüngerer Zeit *Bietmann*, Differenzierungsklauseln, passim; *Borchard*, Grenzen tarifvertraglicher Differenzierungsklauseln, passim; *Breschendorf*, Zweiteilung, passim; *Leventis*, Tarifliche Differenzierungsklauseln, passim; *Leydecker*, Der Tarifvertrag als exklusives Gut, passim; *Mayer*, Differenzierungsklauseln, passim.; *S. Neumann*, Tarifboni, passim; *Osteroth*, Zulässigkeit tarifvertraglicher Vorteilsregelungen, passim; grundlegend zuvor schon *Gamillscheg*, Differenzierung nach der Gewerkschaftszugehörigkeit, passim; *ders.*, NZA 2005, 146 ff.; *Hueck*, Tarifausschlußklauseln und verwandte Klauseln im Tarifvertragsrecht passim; *Zöllner*, Tarifvertragliche Differenzierungsklauseln, passim; siehe freilich nur als Ausschnitt für die umfangreiche Erörterung dieser Frage *Bauer/C. Arnold*, NZA 2005, 1209 ff.; *dies.*, NZA 2009, 1169 ff.; *dies.*, NZA 2011, 945 ff.; *Däubler*, BB 2002, 1643 ff.; *Franzen*, RdA 2006, 1 ff.; *Giesen*, NZA 2004, 1317 ff.; *Greiner*, DB 2009, 398 ff.; *ders./Suhre*, NJW 2010, 131 ff.; *F. Hartmann/Lobinger*, NZA 2010, 421 ff.; *Höpfner*, RdA 2019, 146 ff.; *Jacobs*, FS Bauer, S. 479 ff.; *Kamanabrou*, FS Kreutz, S. 197 ff.; *Kempen*, FS Bepler, S. 255 ff.; *Klebeck*, SAE 2008, 97 ff.; *Kocher*, NZA 2009, 119 ff.; *Lelley/D. Becker*, BB 2015, 1397 ff.; *Leydecker*, AuR 2006, 11 ff.; *ders.* AuR 2009, 338 ff.; *ders.*, AuR 2012, 195 ff.; *Lobinger/Hartmann*, RdA 2010, 235 ff.; *Richardi*, NZA 2010, 417 ff.; *J. Schubert*, ZTR 2011, 579 ff.; *Spielberger*, NJW 2010, 170 f.; *Thüsing/v. Hoff*, ZfA 2008, 77 ff.; *Ulber/Strauß*, DB 2008, 1970 ff.; *dies.*, Anm. zu EzA GG Art. 9 Nr. 104, S. 21 ff.; *Waltermann*, Differenzierungsklauseln, passim.

72 Überblick über die Entwicklungen geben *Seitenzahl/Zacher/Pütz*, Vorteilsregelungen, S. 3 ff.; nur noch als Randnotiz vermerkt ist der Solidaritätsbeitrag z.B. bei *Bietmann*, Differenzierungsklauseln im System des deutschen Tarifrechts, S. 91; *Breschendorf*, Zweiteilung der Belegschaft, S. 150; *Franzen*, RdA 2006, 1 (11); *Gamillscheg*, Kollektives Arbeitsrecht I, S. 353; *Kroll*, Der Außenseiter in der Arbeitsrechtsordnung, S. 84; *Leydecker*, Der Tarifvertrag als exklusives Gut, S. 252 f.; *S. Neumann*, Tarifboni für Gewerkschaftsmitglieder, S. 163; eine Ausnahme bildet insofern der Beitrag von *Höpfner*, ZfA 2020, 178 ff.; siehe aus verglw. jüngerer Vergangenheit etwas umfangreicher auch *Gebhardt*, Außenseiter im Arbeitskampf, S. 251 ff.

derlich machen könnte. Hierbei handelt es sich um Vorarbeiten für den im weiteren Verlauf der Arbeit zu erarbeitenden Lösungsansatz, dem eine Bestandsaufnahme und Ursachenanalyse sinnlogisch vorauszugehen hat. Denn jeder Versuch, die Rechtswissenschaft als Steuerungswissenschaft zu verstehen und umzusetzen, muss scheitern, wenn er nicht zugleich die intendierte Steuerungswirkung mit Hilfe der Nachbarwissenschaften rational rekonstruiert.[73] Einer Beleuchtung der Problematik abnehmender Organisationsgrade im Lichte rechtlicher Erwägungen (A.) wird sich daher die Betrachtung der tatsächlichen Verhältnisse (B.) sowie des Einflusses gewerkschaftlicher Organisationspolitik darauf (C.) anschließen, bevor schließlich die Partizipation der Außenseiter-Arbeitnehmer an Tarifverträgen aus rechtsökonomischer Perspektive beleuchtet werden wird (D.). So sollen sich einerseits ein verlässliches Bild von der Organisationssituation und etwaigen Lücken verschafft und andererseits die Gründe für das Fernbleiben der Außenseiter-Arbeitnehmer aufgearbeitet werden. Auf dieser Grundlage wird sich beurteilen lassen, ob ein Nutzungsentgelt geeignet wäre, der Mitgliedererosion der Gewerkschaften entgegenzuwirken und letztendlich zur Stärkung der Tarifautonomie beizutragen.[74] Dieser entscheidend im Rahmen der Verhältnismäßigkeitsprüfung in Kapitel 5 zum Tragen kommende Punkt ist so zentral, dass zu ihm vorgezogen bei den Grundlagen der Untersuchung in Kapitel 2 Stellung zu nehmen ist. Zugleich soll auf diese Weise die in Kapitel 1 herausgearbeitete These überprüft werden, dass die kostenlose Außenseiterpartizipation am Tarifvertrag maßgebliche Ursache für die Mitgliedererosion der Gewerkschaften und im Ergebnis auch für die Schwächung der Tarifautonomie ist. Schließen wird Kapitel 2 daher nach einer Zusammenfassung zum Status quo (E.) mit einer Untersuchung des Potentials, welches das Nutzungsentgelts für Außenseiter-Arbeitnehmer als Instrument zur Stärkung der Tarifautonomie haben könnte (F.).

Während Kapitel 2 sich also mit der Frage auseinandersetzt, ob und ggf. warum eine alarmierende Schwäche der Tarifautonomie vorliegt, wird **Kapitel 3** sich der Frage widmen, ob der ggf. pathologische Zustand der Tarifautonomie Folge eines strukturellen Defizits oder einer gewerkschaftlichen Zurückhaltung ist. Letzteres wäre der Fall, wenn Gewerkschaften *de lege lata* bereits die Möglichkeit hätten, ihre Tätigkeit im Wege eines Tarifvertrages (A.) oder durch Heranziehung allgemeiner Anspruchsgrundlagen (B.) gegenüber partizipierenden Außenseiter-Arbeitnehmern zu kommer-

73 Instruktiv insofern *Engel*, JZ 2005, 581 (582).

74 Für eine vorgeschaltete Ursachenanalyse auch *Loritz*, in: FS Preis (2021), 795.

zialisieren. Dann wäre die Fehlentwicklung infolge der kostenlosen Partizipation von Außenseiter-Arbeitnehmern allein auf ihren eigenen Unwillen und damit einen außerhalb des Verantwortungsbereichs des Gesetzgebers liegenden Umstand zurückzuführen. Diese Vorfragen sind zu klären, bevor sich Überlegungen zur Einführung eines Entgelts mit Hilfe des Gesetzgebers erlauben. Zugleich dient dieses Vorgehen der Identifikation aktueller Hürden auf dem Weg zu einer finanziellen Heranziehung partizipierender Außenseiter-Arbeitnehmer, die als solche zugleich Ansatzpunkte einer zukünftigen gesetzgeberischen Maßnahme sein könnten.

Im Anschluss an diese Vorarbeiten werden sich in **Kapitel 4** schließlich konzeptionelle Überlegungen zur Implementierung eines Nutzungsentgelts für Außenseiter-Arbeitnehmer als Instrument zur Stärkung der Tarifautonomie anschließen, welche die bis dahin herausgearbeiteten Ansatzpunkte aufgreifen. Während zunächst die Frage beleuchtet werden wird, ob das Nutzungsentgelt sich nach partieller Erweiterung der Normsetzungsbefugnis durch den Gesetzgeber als tarifvertragliche Regelung umsetzen lässt (A.), wird im Anschluss eine Auseinandersetzung mit der Frage erfolgen, wie und mit welchem Erfolg der Solidaritätsbeitrag in der Schweiz umgesetzt wurde und ob dies einer deutschen Regelung als Blaupause dienen kann (B.). Zuletzt wird schließlich ein eigener Regelungsvorschlag ausgearbeitet werden (C.).

In **Kapitel 5** der Untersuchung wird der Vorschlag, ein Nutzungsentgelt als Instrument zur Stärkung der Tarifautonomie einzuführen, einer verfassungsmäßigen Prüfung unterzogen werden. Neben der Klärung des Prüfungsmaßstabes (A.) wird im Einzelnen herauszuarbeiten sein, welche Verfassungsprinzipien und Grundrechte durch eine Nutzungsentgelt-Regelung betroffen wären und ob bzw. wie sich Eingriffe rechtfertigen ließen (B. bis H.). Dabei gilt es, sowohl grundsätzliche Fragen zum Verhältnis von Gesetzgebung und Tarifautonomie zu beantworten (Verstieße ein Gesetz, mit dem gezielt ein Anreiz zur Gewerkschaftsmitgliedschaft gesetzt werden soll, etwa gegen das Neutralitätsgebot?) als auch die Perspektive der Betroffenen einzunehmen (Würde eine Nutzungsentgelt-Regelung z.B. die negative Koalitionsfreiheit der Außenseiter-Arbeitnehmer und die positive Koalitionsfreiheit der Andersorganisierten verletzen?). Diese und viele weitere Fragen werden in Kapitel 5 einer Beantwortung zugeführt werden und mit der Formulierung eines Gesamtergebnisses (I.) schließen.

Kapitel 6 enthält eine Zusammenfassung der wesentlichen Ergebnisse der Arbeit.

Kapitel 2 – Pathologischer Zustand der Tarifautonomie? – Bestandsaufnahme, Ursachenanalyse und Lösungsansatz

A. Die Problematik abnehmender Organisationsgrade im Lichte rechtlicher Erwägungen

Um zu verstehen, ob und ggf. warum ein eklatantes Übergewicht von Außenseiter-Arbeitnehmern ein Problem für die private Festlegung von Arbeits- und Wirtschaftsbedingungen durch Tarifvertragsparteien in Deutschland ist, sind sich zunächst Funktion und Funktionsvoraussetzungen der Tarifautonomie vor Augen zu führen. Daraus ergibt sich zugleich der „Soll-Zustand", der Grundlage für den Abgleich mit dem „Ist-Zustand" und damit der Bestimmung des Gesundheitszustandes der Tarifautonomie im weiteren Verlauf der Untersuchung ist.

I. Funktionales Verständnis der Tarifautonomie als Ausgangspunkt der Untersuchung

Das Verständnis der Tarifautonomie ist maßgeblich mit ihrer Funktion im Kontext der privaten Rechtsetzung verknüpft. Zu Beginn der Untersuchung werden daher zunächst die Grundsätze der privaten Rechtsetzung beleuchtet. Davon ausgehend erschließt sich der (Ausnahme-)Charakter der tarifvertraglichen Normsetzung als Ausdruck der grundgesetzlich gesicherten Freiheit des Einzelnen zur Selbstbestimmung, die mit Hilfe des Staates zur Geltung gebracht wird.

1. Private Rechtsetzung als dreigliedriger Prozess (Grundsätze)

Jeder Private kann Regeln für das Zusammenleben mit anderen erdenken und in einem mehrgliedrigen Prozess auch Recht schaffen. Art. 2 Abs. 1 GG schützt die „Privatautonomie als Selbstbestimmung des Einzelnen im

Rechtsleben".[75] Die Privatautonomie bedarf jedoch der gesetzlichen Ausgestaltung durch den Staat als Souverän[76]. Fundamentalsatz unserer Rechtsordnung ist, dass nur das nach demokratischen Grundsätzen gewählte Parlament aus eigener Macht dazu in der Lage ist, verbindliche Rechtsregeln zu schaffen und damit gesetzgebende Gewalt auszuüben.[77] Wie maßgeblich *Ferdinand Kirchhof* herausgearbeitet hat, hat der Staat als solcher also kein Rechtsetzungsmonopol, wohl aber ein Rechts*anerkennungs*monopol. Er muss „der Selbstbestimmung des Einzelnen im Rechtsleben einen angemessenen Betätigungsraum eröffnen. Nach ihrem Regelungsgegenstand ist die Privatautonomie notwendigerweise auf staatliche Durchsetzung angewiesen."[78] Das heißt, es muss jede Rechtsetzung auf den Staat zurückgehen, aber nicht notwendiger Weise in der Art, dass er Private zur Rechtsetzung ermächtigt. Vielmehr kreiert der Staat eine funktionierende Zivilrechtsordnung, indem er „bestimmte, nach allgemeinen Merkmalen vorher beschriebene autonome Akte mit rechtsverbindlicher Kraft ausstattet"[79]. Diese Bereitstellung von Aktstypen ist eine Anerkennung der Rechtsschöpfungsbefugnis der Privaten und der dadurch geschaffenen Regeln.[80] So bindet z.B. ein Kaufvertrag die sich verabredenden Parteien und verschafft klagbare und letztendlich mit rechtsstaatlichen Zwangsmitteln durchsetzbare Ansprüche nur deshalb, weil das Bürgerliche Gesetzbuch (BGB) einem durch zwei übereinstimmende Willenserklärungen zustande kommenden Kaufvertrag diese Wirkung zuschreibt (vgl. §§ 145 ff, 433 BGB). Der Vertrag wird dabei als maßgebliches Instrument zur Verwirklichung freien und eigenverantwortlichen Handelns in Beziehung zu anderen betrachtet und die

---

75 BVerfG v. 26.07.2005 – 1 BvR 782/94 u.a., E 114, 1 (34); v. 19.10.1993 – 1 BvR 567/8989 u.a., E 89, 214 (231); *Di Fabio*, in: Dürig/Herzog/Scholz GG, Art. 2 Rn. 19; *Sachs*, in: StaatsR IV/1, S. 903 f.

76 Bezeichnet jemanden, der Gesetzes- und Gewohnheitsrecht einseitig ändern kann.

77 Vgl. statt aller nur *Seiwerth*, Gestaltungsfreiheit, S. 58 mwN; *Zöllner*, RdA 1962, 253 (257).

78 BVerfG v. 19.10.1993 – 1 BvR 567/8989 u.a., E 89, 214 (232); BVerfG v. 26.07.2005 – 1 BvR 782/94 u.a., E 114, 1 (34); v. 26.07.2005 – 1 BvR 80/95, E 114, 73 (89); vgl. *Kirchhof*, Private Rechtsetzung, S. 514; so auch *Lieb*, Die Rechtsnatur der Allgemeinverbindlicherklärung von Tarifverträgen, S. 58 ff.; vgl. auch *Zöllner*, Die Rechtsnatur der Tarifnormen, S. 14zur Ausgestaltungsbedürftigkeit der Privat- und Tarifautonomie als normgeprägte Grundrechte *Poscher*, RdA 2017, 235.

79 Zit. n. *Seiwerth*, Gestaltungsfreiheit, S. 59.

80 Maßgeblich *Kirchhof*, Private Rechtsetzung, S. 514, passim; s.a *Jarass*, in: Pieroth/Jarass, GG, Art. 2 Rn. 22; *Seiwerth*, Gestaltungsfreiheit, S. 59; *Thüsing*, in: Wiedemann TVG, § 1 Rn. 54; anschaulich auch *Zöllner*, Rechtsnatur der Tarifnormen, S. 14, ausdr. S. 25.

Vertragsfreiheit als Teil der Garantie der allgemeinen Handlungsfreiheit des Art. 2 Abs. 1 GG begriffen.[81] Die Vertragspartner binden sich zwar mit dieser Freiheitsausübung (Vertragsschluss) auch selbst, was wiederum eine gewisse Freiheitseinschränkung bedeutet. Der Staat geht aber davon aus, dass der übereinstimmende Wille der Vertragspartner im Vertragsrecht einen sachgerechten Interessenausgleich herbeiführt und hat diese Selbstbindung daher grundsätzlich zu respektieren.[82] Die Überlassung bestimmter Regelungsbereiche an selbstbestimmende Private verfolgt dabei das Anliegen, eine den Umständen des Einzelfalls angepasste, zweckmäßige Regelung zu ermöglichen.[83]

Zugleich trifft den Gesetzgeber mit der Pflicht zur Ausgestaltung der Privatrechtsordnung aber auch die Verpflichtung, eine praktische Konkordanz konfligierender Grundrechtspositionen herzustellen. Die unterschiedlichen Interessen und vielfach gegenläufigen Ziele der Beteiligten des Zivilrechtsverkehrs müssen so in Ausgleich gebracht werden (können), dass die grundrechtliche Gewährleistung der Privatautonomie für alle Beteiligten möglichst weitgehend wirksam wird. Das heißt, es „darf nicht nur das Recht des Stärkeren gelten",[84] der dem anderen Vertragsbestandteil seinen Willen kraft stärkerer Verhandlungsposition faktisch diktiert. Schon aus Gründen der Rechtssicherheit kann zwar nicht jede (leichte) Störung eines Verhandlungsgleichgewichts zur nachträglichen Korrektur eines Vertrages führen.[85] Für die Fälle, in denen Folgen eines Vertrages für den unterlegenen Vertragspartner jedoch gravierend und besonders belastend sind – sich mithin als Fremdbestimmung darstellen –[86], hat der Gesetzgeber im Rahmen der Ausgestaltung der Zivilrechtsordnung jedoch Vorsorge zu treffen und Korrekturen zu ermöglichen. Mit dem Erlass gesetzlicher Vorschriften,

81 BVerfG v. 23.06.1993 – 1 BvR 133/89, E 89, 48 (61); v. 8.4.1997 – 1 BvR 48/94, E 95, 267 (306); v. 3.4.2001 – 1 BvR 2014/9503, E 103, 197 (215); v. 25.1.2011 – 1 BvR 1741/09, E 128, 157 (176); *Di Fabio*, in: Dürig/Herzog/Scholz GG, Art. 2 Abs. 1 Rn. 19; *Isensee*, in: HStR § 150 Rn. 60; *Jarass*, in: Pieroth/Jarass, GG, Art. 2 Rn. 23.

82 BVerfG v. 26.07.2005 – 1 BvR 80/95, E 114, 73 (89); v. 6.2.2001 – 1 BvR 12/92, E 103, 89 (100): „Wechselseitige Bindung und Freiheitsausübung finden so ihre Konkretisierung."

83 Zutreffend *Zöllner*, Rechtsnatur der Tarifnormen, S. 35.

84 BVerfG v. 19.10.1993 – 1 BvR 567 ua., E 89, 214 (232).

85 Vgl. BVerfG v. 19.10.1993 – 1 BvR 567/8989 u.a., E 89, 214 (232).

86 Vgl. BVerfG v. 7.2.1990 – 1 BvR 26/84, E 81, 242 (255): „Hat einer der Vertragsteile ein so starkes Übergewicht, daß er vertragliche Regelungen faktisch einseitig setzen kann, bewirkt dies für den anderen Vertragsteil Fremdbestimmung. Wo es an einem annähernden Kräftegleichgewicht der Beteiligten fehlt, ist mit den Mitteln des Vertragsrechts allein kein sachgerechter Ausgleich der Interessen zu gewährleisten."

die sozialem und wirtschaftlichem Ungleichgewicht entgegenwirken, verhilft der Staat sowohl dem grundgesetzlichen Schutz der Privatautonomie in Art. 2 Abs. 1 GG als auch dem grundgesetzlichen Sozialstaatsprinzip aus Art. 20 Abs. 1, Art. 28 Abs. 1 S. 1 GG zur Geltung.[87]

Unter Beachtung dieser Grundsätze stellt sich die Schaffung verbindlicher Rechtsregeln durch Private als dreigliedriger Prozess dar:

Im ersten Schritt müssen Private eine Regel bilden und sich dabei in dem Spielraum bewegen, welcher ihnen zur selbstbestimmten und eigenverantwortlichen Regelbildung zur Verfügung steht. Mit anderen Worten müssen sich die Privaten in ihrem „Zuständigkeitsbereich" bewegen. Dieser Zuständigkeitsbereich Privater – man kann auch von der Reichweite der Privatautonomie sprechen – umfasst zunächst alles, was die persönliche Lebensgestaltung des Einzelnen berührt, und ist damit weit gefasst.[88] Demgegenüber sind z.B. der Zuständigkeitsbereich der Kammern, wie etwa die Industrie- und Handelskammern (IHK), begrenzt. Die als öffentlich-rechtliche Körperschaften konstituierten IHK sind vom Staat mit einer Autonomie ausgestattet worden, um bestimmte öffentliche Aufgaben auch unter kollektiver Mitwirkung privater Akteure zu erledigen (Aufgabendelegation).[89] In ihrer Kammertätigkeit und damit auch Zuständigkeit sind sie daher von vornherein auf den gesetzlich beschriebenen Aufgabenbereich begrenzt.[90]

87 BVerfG v. lv. 6.2.2001 – 1 BvR 12/92, E 103, 89 (101); v. 19.10.1993 – 1 BvR 567/8989 u.a., E 89, 214 (232); BVerfG v. 7.2.1990 – 1 BvR 26/84, E 81, 242 (255); vgl. auch *Voßkuhle/Wischmeyer*, JuS 2015, 693 (693).

88 BVerfG 13. 5. 1986 – 1 BvR 1542/84, E 72, 155 (170); v. 7. 2. 1990 – 1 BvR 26/84 E 81, 242 (254); v. 19. 10. 1993 – 1 BvR 567/89 E 89, 214 (231); *Canaris*, AcP 200 (2000), 273 (277); *Flume*, Allgemeiner Teil II, S. 1 ff.; *Flume*, in: FS DJT (1960), S. 135 (136): *Privatautonomie bedeute* nur „*Selbst*herrlichkeit", also die Freiheit zur Regelung der *eigenen* Lebensverhältnisse; *Richardi*, Kollektivgewalt und Individualwille, S. 35 ff.; *Seiwerth*, Gestaltungsfreiheit, S. 61, 63.

89 Die Selbstverwaltung der Kammern ist Ausdruck dezentraler Entscheidungsfindung und dient dazu, die Mitwirkung (Partizipation) der Betroffenen an den Verwaltungsentscheidungen zu fördern. Historisch und funktionell beruht die Kammer-Selbstverwaltung zudem auf dem Gedanken der Nutzung und Aktivierung bürgerschaftlichen Engagements und der damit verbundenen staatsentlastenden Verwaltungskraft und Problemlösungskapazität (Innovationspotential). Grundlage für ihre Tätigkeit ist allein die Delegation von Aufgaben durch den Staat, vgl. *Jellinek*, System der subjektiven öffentlichen Rechte, S. 263 ff., 275 ff; *Kluth*, HB Kammerrecht § 5 Rn. 4.

90 Vgl. BVerfG v. 12.7.2017 – 1 BvR 2222/12 u.a., E 146, 146 (170); *Kluth*, in: HB Kammerrecht § 5 Rn. 4; siehe zu den Eigenheiten des Kammerwesens im Hinblick auf die Frage der Zwangsmitgliedschaft unter Kap. 2 D. III.1.a)

Im zweiten Schritt ist die Anerkennung der Rechtsregel durch einen Aktstyp erforderlich. Da der Staat den Privaten in Ausgestaltung des Art. 2 Abs. 1 GG eben nur eine Selbstregelung, aber keine Fremdbestimmung ermöglichen möchte, verleiht er Abreden im Ausgangspunkt Rechtwirkungen[91] nur in Bezug auf die sich einigenden Personen. Man spricht von der Relativität von Schuldverhältnissen. Aus einem Vertrag entstehen Rechte und Pflichten somit im Regelfall nur zwischen den Vertragsparteien (§ 311 Abs. 1 BGB). Der Gläubiger, der die Leistung kraft des Schuldverhältnisses zu fordern berechtigt ist (§ 241 Abs. 1 S. 1), ist meist der Vertragspartner. Eine Ausnahme bildet der *Vertrag zu Gunsten Dritter* (§ 328 BGB). Damit hat der Gesetzgeber es ermöglicht, einem Dritten ohne seine Mitwirkung am Vertragsschluss vertragliche Leistungsansprüche, Schadensersatzansprüche oder Einreden zu verschaffen. Dadurch wird eine gewisse Heteronomie ermöglicht. Da der Dritte jedoch ein Recht auf Zurückweisung hat (§ 333 BGB), wird der Grundsatz der Selbstbestimmung nicht aufgegeben.[92] Ein Vertrag zu Lasten Dritter, durch den der Dritte ohne seine Mitwirkung unmittelbar vertraglich verpflichtet wird, ist demgegenüber mit der Privatautonomie nicht vereinbar und somit im BGB auch nicht vorgesehen.[93]

Zuletzt kann die private Rechtsregel nur dann Wirkung entfalten, wenn sie mit höherrangigem Recht vereinbar ist. Unterhalb des stets zu beachtenden Grundgesetzes hat der Gesetzgeber z.B. mit Schaffung der Rechtsinstitute §§ 134, 138 BGB und der Generalklauseln des § 242 BGB Einfallstore für eine Überprüfung des privatautonomen Handelns und damit zum Schutz der privaten Rechtsetzer vor Fremdbestimmung geschaffen.[94] Die

---

91 Zutreffend *Zöllner*, Rechtsnatur der Tarifnormen, S. 13: „Auch gewöhnliche Schuldverträge lassen sich als Rechtsquellen, die in ihnen enthaltenen Regelungen als Normen und als objektives Recht deuten."

92 Vgl. *Gottwald*, in: MüKo BGB, BGB § 328 BGB Rn. 1.

93 BGH Beschl. v. 30.4.2014 – XII ZB 668/12, BeckRS 2014, 10784 Rn. 16; v. 14.7.1995 – V ZR 31/94, NJW 1995, 3183 (3184); v. 8.11.1973 – VII ZR 246/72, NJW 1974, 96 (96); v. 9.3.1972 – VII ZR 178/70, NJW 1972, 942 (943); v. 9.4.1970 – KZR 7/69, NJW 1970, 2157 (2157); *Klumpp*, in: Staudinger BGB, Vor § 328 Rn. 54 ff.; *Gottwald*, in: MüKo BGB, BGB § 328 BGB Rn. 263; *Ulrici* ZfA 2016, 377 (395); *Zöllner*, RdA 1962, 453 (459); *ders.*, Die Rechtsnatur der Tarifnormen, S. 29 hält ihn jedoch für möglich, wenn gesetzgeberisch eine Verpflichtungsermächtigung geschaffen würde.

94 Vgl. BVerfG v. 19.10.1993 – 1 BvR 567/8989 u.a., E 89, 214 (232), wonach etwa der Wortlaut des § 138 Abs.2 BGB besonders deutlich zum Ausdruck bringe, dass Generalklauseln eine besondere Bedeutung für den er Ausgleich gestörter Vertragsparität im Zivilrecht habe. Darin würden typische Umstände bezeichnet, die zwangsläufig zur Verhandlungsunterlegenheit des einen Vertragsteils führten. Nutze der überlegene Vertragsteil eine solche Schwäche aus, um seine Interessen einseitig durchzusetzen,

Zivilgerichte haben insofern die Pflicht, bei der Auslegung und Anwendung der Generalklauseln darauf zu achten, dass Verträge nicht als Mittel der Fremdbestimmung dienen und somit die Ergebnisse strukturell ungleicher Verhandlungsstärken zu korrigieren.[95] Verstößt ein Vertrag etwa gegen die guten Sitten, trifft ihn die Nichtigkeitsfolge, sodass er keine Bindungswirkung zu entfalten vermag (vgl. § 138 Abs. 1 BGB).

2. Problematik der strukturellen Unterlegenheit von Arbeitnehmern und daraus resultierende Einschränkungen der privaten Rechtsetzung durch den Gesetzgeber

Für die vorliegende Untersuchung von Bedeutung ist dabei insbesondere die Erkenntnis, dass die formale Vertragsfreiheit als Recht zur Selbstbestimmung sich nicht zwangsläufig in faire und ausgewogene Abreden zweier Privater ummünzen muss. Ein Rückblick auf die Anfänge des Tarifwesens zeigt beispielhaft, welche essenzielle Bedeutung die Parität der vertragsschließenden Parteien für die Selbstbestimmung im Wege des Vertragsschlusses hat.[96]

So herrschte auf dem Arbeitsmarkt nach Abschaffung des Zunftwesens und der Einführung der Gewerbefreiheit im Jahr 1810 zwar formal Vertragsfreiheit, trotzdem waren die Arbeitnehmer massenhaft dem arbeitgeberseitigen Diktat prekärer Arbeitsbedingungen ausgeliefert, wurden also letztlich im Rahmen eines Vertrages fremdbestimmt. Grund dafür war ihre strukturelle Unterlegenheit gegenüber den Großindustriellen,[97] die auf den Umstand zurückging, dass für die „Ware Arbeitsleistung“ nicht die

---

führe das zur Nichtigkeit des Vertrags.; vgl. auch *Jacobs*, in: Wiedemann TVG, Einleitung Rn 709.

95 Vgl. BVerfG v. 19.10.1993 – 1 BvR 567/8989 u.a., E 89, 214 (234).

96 *Schmidt-Rimpler*, in: FS Raiser (1974), S. 3 ff.; *ders.*, AcP 1941, 130 ff.; vgl. auch *Hueck/Nipperdey*, Lehrbuch des Arbeitsrechts II/1, S. 25: „Das Prinzip des freien Arbeitsvertrages kann zum Diktat der Arbeitsbedingungen durch den Arbeitgeber führen.“; s. a. BVerfG v. 26.7.2005 – 1 BvR 80/95): „Privatautonomie setzt voraus, dass die Bedingungen der Selbstbestimmung des Einzelnen auch tatsächlich gegeben sind.“

97 Anschaulich *Krause*, in JKOS § 1 Rn. 1: „Die Entwicklung hin zur Maschinenarbeit, die sog. Bauernbefreiung (Stein-Harderberg'sche Reformen) mitsamt dem rapiden Bevölkerungswachstum sowie der Wirtschaftsliberalismus (Gewerbefreiheit und Vertragsfreiheit) schufen in jeder Zeit den Typus des „doppelt freien Lohnarbeiters“, der anders als zuvor die Landbevölkerung und die Handwerkerschaft nicht mehr in agrarischen, handwerklichen und ständischen Strukturen eingebunden war, sondern ohne eigene Produktionsmittel lediglich seine Arbeitskraft in den aufstrebenden

gleichen marktwirtschaftlichen „Gesetze" galten wie für andere Waren. So verringerte sich das Angebot an Arbeitsleistung bei sinkender Nachfrage nicht etwa, wie es zur Stabilisierung des Preises nötig wäre, sondern es stieg und trieb so den Preis für die Leistung herab. Dies fand seinen Grund wiederum darin, dass Arbeitnehmer gezwungen waren, mit den Einnahmen aus dem Angebot ihrer damals in der Regel zeitlich und örtlich unflexiblen „Ware Arbeitsleistung" trotz sinkender Preise ihre Existenz zu bestreiten. Sie waren also auf den Vertragsschluss zwingend angewiesen. Selbst wenn Nachfrage und damit Preis sanken, vergrößerten die Arbeitnehmer ihre Anstrengungen und ihr eigenes Angebot, um die gleichbleibenden Lebenshaltungskosten durch eine gesteigerte Masse an Arbeit aufzubringen, anstatt das Angebot zu verknappen und den Preis damit zu stabilisieren. Dieses Verhalten der Lohnarbeiter, das man von außen betrachtet als eigennützig bewerten könnte, führte dazu, dass die Konkurrenz der sich gegenseitig unterbietenden Arbeitnehmern sich zusehends vergrößerte und Arbeitgeber jegliche Arbeitsbedingungen – eben auch unangemessene – durchsetzen konnten. Für dieses Phänomen hat sich der Begriff des sog. „Stützel'schen Konkurrenzparadoxon" eingebürgert.[98]

In dieser prekären Lage erfuhren die Arbeitnehmer von Seiten des Staates zunächst wenig Hilfe. Zwar gab es vereinzelte gesetzgeberische Aktivitäten nach englischem Vorbild. So wurde z.B. in Preußen schon im Jahr 1839 das „Regulativ über Beschäftigung jugendlicher Arbeiter in Fabriken" erlassen, das Beschäftigung von Kindern unter 9 Jahren verbot.[99] Von einer flächendeckenden Arbeitnehmerschutzgesetzgebung kann aber keine Rede sein. Dies besserte sich zwar in mancherlei Hinsicht nach Einführung der Reichsgewerbeordnung ab 1869[100] und durch die Bismarck'sche Sozialgesetzgebung, mit der eine Kranken-, Unfall- sowie eine Alters- und Invalidenversicherung eingeführt wurde.[101] Gleichwohl änderte dies nichts daran, dass die entscheidende Vertragsfreiheit nur formell, aber nicht *materiell* bestand und die Arbeitnehmer sich gezwungen sahen, schlechte Arbeitsbedingungen – vor allem eine niedrige Entlohnung – zu akzeptieren. Dies widersprach dem Zweck, mit der Anerkennung der Privatautonomie

---

kapitalistisch organisierten Industriezweigen auf Grundlage privatrechtlicher Arbeitsverträge „verkaufen" durfte und musste, um seine Existenz zu sichern."

98 Vgl. dazu *Höpfner*, Tarifgeltung, S. 15 ff.; zur Schutzfunktion des Tarifvertrags vor diesem Hintergrund insg. nur *Jacobs*, in: Wiedemann TVG, Einl. Rn. 60 ff.

99 Vgl. *Hainke*, Vorgeschichte und Entstehung der Tarifvertragsverordnung, S. 3 ff.

100 Gewerbeordnung für den Norddeutschen Bund v. 21. Juni 1869 (BGBl., S. 245).

101 RGBl. 1883, S. 73 ff.; RGBl. 1884, S. 69 ff.; RGBl. 1889, S. 97 ff.

beiden Vertragsparteien gleichermaßen eine selbstbestimmte und subjektiv richtige[102] Ordnung ihrer Angelegenheiten zu ermöglichen[103].

Seit dem Ende des 19. Jahrhunderts haben sich die Rahmenbedingungen für das Aushandeln von Arbeitsbedingungen erheblich verändert. Der Gesetzgeber ist auf Grundlage seiner Gesetzgebungskompetenz für das bürgerliche Recht (Art. 74 Abs. 1 Nr. 1 GG) sowie für das Recht der Wirtschaft (Nr. 11) sowie für das Arbeitsrecht (Nr. 12) in erheblichem Umfang tätig geworden und hat mit Gesetzen wie zum Beispiel dem Arbeitszeitgesetz[104], dem Bundesurlaubsgesetz[105], dem Arbeitsschutzgesetz[106] oder zuletzt dem Mindestlohngesetz[107] einen Mindestschutz[108] der Arbeitnehmer etabliert. Eine Abweichung von den gesetzten Standards zu Ungunsten der Arbeitnehmer ist den Arbeitsvertragsparteien dabei verboten, um sie gleichsam vor sich selbst zu schützen.[109] Auch wenn das Fehlen eines streng wissenschaftlichen Nachweises für ein Kräfteungleichgewicht in der Vergangenheit kritisiert wurde,[110] geht man schließlich heute noch immer davon aus, dass einzelne Arbeitnehmer in Arbeitsvertragsverhandlungen

---

102 Maßgeblich geht der Gedanke der Richtigkeitsvermutung, die jeder vertraglichen Vereinbarung innewohne, auf *Schmidt-Rimpler*, in: FS L. Raiser (1974) S. 3 ff.; *ders.*, AcP 1941 (147), 130 ff.; zu beachten ist allerdings, dass – auch paritätische Verhandlungen – stets nur das wiedergeben, was die Parteien selbst als idealen Kompromiss empfinden. Anschaulich *Flume*, Allgemeiner Teil II, S. 7 ff.: „Jeder der Vertragsschließende sorgt für sich“ und eben auch nur für sich; für eine rein subjektive Natur der Richtigkeit auch *Krämer*, Richtigkeitsgewähr, S: 46 ff.; *Olbrich*, Tariffähigkeit, S. 36 f.; *Rieble*, Arbeitsmarkt und Wettbewerb, Rn. 1123 „vertikale Richtigkeit“.

103 Siehe zu dieser Zwecksetzung *Richardi*, Kollektivgewalt und Individualwille, S. 114; BVerfG v. 19.10.1993 – 1 BvR 567 ua., E 89, 214 (232): Es darf nicht „das Recht des Stärkeren gelten“; zum Vertrag als „vorrangiges Ordnungsprinzip unserer Privatrechtsordnung anschaulich auch *Olbrich*, Tariffähigkeit, S. 34 ff.

104 Arbeitszeitgesetz vom 6. 6.1994 (BGBl. I, S. 1170, 1171), zuletzt geändert durch Artikel 6 des Gesetzes vom 22. 12. 2020 (BGBl. I S. 3334), ArbZG).

105 Bundesurlaubsgesetz vom 8.1.1963 (BGBl. I, S. 2), zuletzt geändert durch Artikel 3 Absatz 3 des Gesetzes vom 20. 4. 2013 (BGBl. I S. 868), BUrlG.

106 Arbeitsschutzgesetz vom 7. 8. 1996 (BGBl. I, S. 1246), zuletzt geändert durch Artikel 6k des Gesetzes vom 16.9.2022 (BGBl. I, S. 1454), ArbSchG.

107 Mindestlohngesetz vom 11. 8. 2014 (BGBl. I, S. 1348), zuletzt geändert durch Artikel 1 des Gesetzes vom 28.6.2022 (BGBl. I, S. 969), MiLoG.

108 Ausdrücklich festgehalten bei der Begründung des Tarifautonomiestärkungsgesetzes, vgl. BT-Drs. 18/1558, S. 28.

109 Vgl. § 13 Abs. 1 BUrlG, § 3 MiLoG; 7 ArbZG allerdings mit der Möglichkeit der Übernahme abweichender tarifvertraglicher Vereinbarungen durch die Arbeitsvertragsparteien.

110 Wie etwa durch *Zöllner*, AcP1976, 221 (230 ff.).

strukturell unterlegen sind.[111] Unlängst äußerte das BVerfG noch die Ansicht, dass ein Arbeitgeber sich selbst gegenüber einer tariffähigen Gewerkschaft in einer Position der strukturellen Überlegenheit befinde, wodurch er allein die Entscheidungsgewalt über Produktionsort, Personalbedarf und Produktivität ihrer Standorte und damit über Arbeitsplätze und die Erzielung des Lebensunterhalts innehabe.[112] Der Gesetzgeber äußert Ähnliches. Das „Fall-Material der Rechtsprechung des BAG" belege, dass „eine ‚sich selbst überlassene' Vertragsfreiheit nicht in der Lage war, insgesamt einen ausreichenden Schutz der Arbeitnehmer vor unangemessenen Vertragsbedingungen zu gewährleisten", sodass ein Bedürfnis nach richterlicher Kontrolle der individuell ausgehandelten Arbeitsbedingungen bestehe.[113] Somit ist die Bestimmung des § 310 Abs. 4 BGB, der die Arbeitsverträge unter Berücksichtigung ihrer Besonderheiten der AGB-Kontrolle unterstellt, ein Ausdruck des gesetzgeberischen Willens zum Schutz der Selbstbestimmung des Einzelnen bei Ausübung seiner Privatautonomie, selbst wenn dies eine Einschränkung der Fähigkeit zur privaten Rechtsetzung bedeutet.[114] Die Vertragsfreiheit findet nämlich dort ihre Grenze, wo „ein Partner ein solches Gewicht hat, dass er den Vertragsinhalt faktisch einseitig bestimmen kann".[115] Da Art. 2 Abs. 1 GG einen Schutz vor Fremdbestimmung beinhaltet, ist im Falle eines fundamentalen oder strukturellen Ungleichgewichts

111 BVerfG v. 26.6.1991 – 1 BvR 779/95, E 84, 212 (229); v. 28.1.1992 – 1 BvR 1025/02 u.a., E 85, 191 (213); *Bayreuther,* Tarifautonomie als kollektiv ausgeübte Privatautonomie, S. 66; *Gamillscheg,* RdA 2005, 79 (81); *Hartmann,* Negative Tarifvertragsfreiheit, S. 128; *Höpfner,* Tarifgeltung, S. 49; *Richardi,* Kollektivgewalt und Individualwille, S. 113 ff.; *Säcker,* Gruppenautonomie, S. 211; *Ulber,* Tarifdispositives Gesetzesrecht, S. 138 ff.;

112 Vgl. BVerfG v. 9.7.2020 – 1 BvR 719/19 u.a., AP GG Art. 9 Arbeitskampf Nr. 191 Rn. 10.

113 BT-Drs. 14/6857, S. 53 f.; zutreffend *Seiwerth,* Gestaltungsfreiheit, S. 176 Fn. 605: die AGB-Kontrolle hat „im allgemeinen Zivilrecht weniger den Charakter einer Kontrolle spezieller Gefahren des Formularvertrages als vielmehr den einer allgemeinen Angemessenheitskontrolle".

114 So schon BGH 7.7.1976 – IV ZR 229/74, NJW 1976, 2345 (2346); *Eylert/Rinck,* RdA 2022, 146 (159); *Greiner/Pionteck,* SR 2019, 45, (57); entsprechend hieß es bereits in der Gesetzesbegründung zum AGB-Gesetz vom 9. 12. 1976, BGBl. I, S. 3317, BT-Drs. 7/3919, S. 13: Es gehe darum, „die durch eine ungehemmte Entwicklung im Bereich der AGB gestörte Funktion des Vertragsrechts wiederherzustellen"; grundsätzlich zur Rolle des Staates als „Koordinator privater Freiheit" *Seiwerth,* Gestaltungsfreiheit, S. 40, 91 ff.

115 BVerfG v. 602.2001 – 1 BvR 12/92, E 103, 89 (100 f); v. 26.07.2005 – 1 BvR 782/94, 114, 1 (34); v. 19.10.1993 – 1 BvR 567/89, E 89, 214 (232).

eine Korrektur vorzunehmen.[116] Weitere Einfallstore für eine Überprüfung des privatautonomen Handelns und damit zum Schutz der privaten Rechtsetzer bieten etwa die Rechtsinstitute §§ 134, 138 BGB und die Generalklauseln des § 242 BGB.[117]

3. Effektive Ausübung der Privatautonomie im Kollektiv als wesentliches Ziel der Tarifautonomie

In der zweiten Hälfte des 19. Jahrhunderts gab es, wie bereits dargestellt, ein umfassendes gesetzliches Schutzsystem noch nicht. Das ließ die Arbeitnehmer in der unbefriedigenden Situation zurück, dass sie ihre Arbeitsbedingungen mit den Arbeitgebern selbst gestalten durften und mussten, zugleich aber wegen ihrer unterlegenen Stellung ihre eigenen Wünsche bei der Arbeitsvertragsgestaltung oftmals gar nicht oder nicht derart durchsetzen konnten, dass es sich um eine ausgewogene Abrede handelte. Zum Ausgleich ihrer Unterlegenheit – also im Wege der Selbsthilfe – schlossen sich Arbeitnehmer schließlich aus eigener Initiative in Gewerkschaften zusammen[118] und bildeten selbst ein Kartell[119]. Zusammengeschlossen konnten sie den Arbeitgebern in Verhandlungen auf Augenhöhe begegnen und so gelang es im Mai 1873 als Ersten den Buchdruckern, einen Vertrag über die Tarife der Arbeitnehmer (Tarifvertrag) abzuschließen.[120] Sowohl die Arbeitgeber der „alten" Industrien (Schwerindustrie und Bergbau) als auch die der „neuen" Industrien (Chemie, Elektro, Maschinenbau) wehrten sich jedoch zunächst vehement gegen die Ausbreitung dieser vertraglichen Kompromisslösung, die ihnen im eigenen Hause „das Heft aus der

---

116 BVerfG v. 19.10.1993 – 1 BvR 567/89, E 89, 214 (232); v. 6.12.2005 – 1 BvR 1905/02, E 115, 51 (67 f.); BGH v. 24. 2. 1999 – IX ZB 2–98, NJW 1999, 2372 (2373); BAG v. 23.8.2012 – 8 AZR 804/11, AP BGB § 307 Nr. 67 Rn. 37; *Jarass*, in: Pieroth/Jarass, GG, Art. 2 Rn. 24; krit. *Isensee*, in: HStR § 150 Rn. 114 ff.

117 Vgl. *Jacobs*, in: Wiedemann TVG, Einleitung Rn 709.

118 Vgl. *Rudowski*, NZA 2021, 315 (315 f.).; zum Charakter als Selbsthilfeinstrument siehe auch *Hueck/Nipperdey*, Lehrbuch des Arbeitsrechts II/1, S. 83, der zugleich den Unterschied zur öffentlich-rechtlichen Körperschaft betont.

119 Vgl. *Giesen*, ZfA 2016, 153 (154), welcher das gebündelte Aushandeln von Arbeits- und Wirtschaftsbedingungen zutreffend als ein „übergreifendes Zusammenwirken zweier Kartelle auf Angebots- (Gewerkschaften) und Nachfrageseite (Arbeitgeberverbände)" beschreibt, das gesetzgeberisch gewollt ist.

120 Vgl. *Oetker*, in: Wiedemann TVG, Geschichte Rn. 4; ihm folgte erst 1899 der erste Bauarbeitertarifvertrag, vgl. *Krause*, in: JKOS § 1 Rn. 1.

Hand nehmen" wollte.[121] Auch einige Gewerkschaften standen dem einverständlich geschlossenen Tarifvertrag wegen des darin erblickten Widerspruchs zum Gedanken des Klassenkampfs anfangs kritisch gegenüber.[122] Hinzu trat die Bekämpfung durch den Staat in Form von Koalitionsverboten und später gezielt koalitionsfeindlich ausgestaltetem Vereins- und Versammlungsrecht.[123] Trotz all dieser Widerstände hat sich die Idee der organisierten Selbsthilfe der Arbeitnehmer in der zweiten Hälfte des 19. Jahrhunderts letztlich jedoch durchsetzen können. Im Zeitraum von 1890 bis 1900 versechsfachte sich die Zahl der Tarifverträge und stieg bis 1906 auf ca. 4.000 Tarifverträge an. Weitere sechs Jahre später waren sogar bereits über 12.400 Tarifverträge in Kraft, die annähernd zwei Millionen (fast ausschließlich gewerbliche) Arbeiter in über 208.000 Betrieben erfassten.[124]

a) Unmittelbare und zwingende Wirkung des Tarifvertrages durch staatliche Rechtsanerkennung

Die tatsächlichen Entwicklungen waren der rechtlichen Sanktionierung aber zunächst vorausgeeilt.[125] Unter Geltung des BGB konnten Gewerkschaften, zumeist nichtrechtsfähige Vereine, sich mit den Arbeitgebern oder ihren Vereinigungen zwar rechtsverbindlich auf Tarife einigen, Rechtwirkungen entfaltete dies aber nur für die unmittelbar am Tarifvertragsschluss beteiligten (juristischen) Personen, also Gewerkschaft und Arbeitgeber-

121 Vgl. *Bach/Lesch/Vogel*, IW-Analysen 148, S. 12; *Kittner*, SozR 2019, 118 (119); *Krause*, in: JKOS § 1 Rn. 2 differenziert hier und berichtet, dass sich der Tarifvertragsgedanke zumindest in der mittelständischen Wirtschaft (graphisches Gewerbe, Bau, Metallverarbeitung) vor allem nach der Wende zum 20. Jahrhundert durchgesetzt habe.

122 Vgl. *Bach/Lesch/Vogel*, IW-Analysen 148, S. 12; *Krause*, in: JKOS § 1 Rn. 2.

123 Mit der Gewerbeordnung 1869 wurde zwar das offizielle Koalitionsverbot zwar aufgehoben, auch in der Folgezeit blieb eine effektive Organisation jedoch schwierig, vgl. dazu ausführlich *Höpfner*, Die Tarifgeltung im Arbeitsverhältnis, 2015, S. 62 ff. m.w.N.; *Höpfner/Lesch/Schneider/Vogel*, Tarifautonomie und Tarifgeltung, S. 45 ff., zum Vereinsrecht auf S. 63 f.; *Oetker*, in: Wiedemann TVG Geschichte Rn. 2 ff.

124 Vgl. *Oetker*, in: Wiedemann TVG Geschichte Rn. 4; diese positive Entwicklung setzte sich – zumindest bis zur Wirtschaftskrise im Jahr 1929 – im Wesentlichen fort: Ende 1922 gab es bereits 10.768 Tarifverträge, die für 890.000 Betriebe und 4,2 Mio. Arbeitnehmer galten. Ein jähes Ende fand dies, als der Nationalsozialismus 1933 die Koalitionen und damit das freiheitliche Tarifvertragssystem beseitigte; vgl. *Oetker* aaO. Rn. 11; *Krause*, in: JKOS § 1 Rn. 6 f.

125 Vgl. *Hueck*, Tarifausschlußklauseln, S. 19.

verband. Die Einzelarbeitsvertragsparteien waren jedoch keine Parteien des Tarifvertrages, der zwischen Gewerkschaft und Arbeitgeberverband geschlossen wird. Die tarifvertraglich vereinbarten Arbeitsbedingungen galten selbst für in der Gewerkschaft organisierte Arbeitnehmer in ihrem Individualarbeitsverhältnis weder unmittelbar noch zwingend. Da wo Arbeitsbedingungen aber erst individuell vereinbart oder auch nur für anwendbar erklärt werden müssen und abänderbar sind, kann sich das Konkurrenzparadoxon wieder auswirken und die kartellähnliche Wirkung, die die Tarifvertragsparteien mit ihrer Abrede zu erzeugen suchen, torpedieren. Das heißt, die Arbeitnehmer konnten sich im Rahmen ihrer Privatautonomie weiterhin auf die Erbringung von Arbeitsleistung zu untertariflichen Bedingungen „einigen". Die somit für ein effektives Funktionieren des Tarifwesens unerlässliche[126] unmittelbare, (zumindest einseitig) zwingende und dauerhafte Berechtigung und Verpflichtung der Arbeitsvertragsparteien durch den Tarifvertrag ließ sich mit den Mitteln des Zivilrechts jedoch nicht konstruieren, denn weder mit Hilfe des Vertrags zu Gunsten Dritter (§ 328 BGB) noch mit Hilfe des Leistungsbestimmungsrechts nach § 317 BGB sowie der Stellvertretung (§ 179 BGB) ist eine Belastung Dritter bei dauerhaftem Entzug der Dispositionsbefugnis möglich.[127] Die Koalitionsfreiheit war und ist vielmehr auf die normative Ausgestaltung durch den Gesetzgeber angewiesen, der die Voraussetzungen zur effektiven Ausübung des Freiheitsrechts erst schafft[128] („Bewirkungsdimension").[129]

Angesichts der Schwierigkeiten hatte der Staat schließlich einen Geltungsbefehl geschaffen, der die Relativität von Schuldverhältnissen über-

---

126 Vgl. auch *Zöllner,* Rechtsnatur der Tarifnormen, S. 16. Siehe zu den Schwierigkeiten bei Fehlen einer normativen Wirkung unter Kap. 2 A. III. 1. b. aa).

127 An Versuchen der Rekonstruktion der Tarifwirkung mittels rechtsgeschäftlicher Institute fehlte es indes nicht: *Ramm* und *Radke* versuchten es mit der Stellvertretung, *Jacobi* mit der Vorrangwirkung des kollektiven Schuldvertrags, *Bötticher* mit der Gestaltungswirkung kraft Unterwerfung nach § 317 BGB und *Dürig* mit der privaten Verbandsautonomie; siehe zu diesen Begründungsansätzen und ihrer unzulänglichen Erklärungswirkung eingehend *Höpfner*, Tarifgeltung, S. 109 ff; zuvor schon *Zöllner,* Rechtsnatur der Tarifnormen, S. 9 ff., 37; der Vollständigkeit halber sei erwähnt, dass es daneben die Rechtssatztheorien gab, die Tarifnormen als objektives, autonom gesetztes Recht auffassten; zur Unmöglichkeit einer unwiderruflichen und verdrängenden Übertragung von Gestaltungsmacht *Höpfner,* Tarifgeltung, S. 328 ff.

128 Formulierung in Anlehnung an BVerfG v. 10.1.1995 – 1 BvF 1/90, E 92, 26 (42); vgl. auch BVerfG v. 4.7.1995 – 1 BvF 2/86, E 92, 365 (394).

129 BVerfG v. 10.1.2020 – 1 BvR 4/17, AP TVG § 5 Nr. 42 Rn. 17; *Höfling*, in: Sachs GG, Art. 9 Rn. 79; *Kemper,* in: v. Mangoldt GG, Art. 9 Rn. 141; *Scholz,* in: Dürig/Herzog/Scholz GG, Art. 9 Rn. 167.

wandt. Mit dem Erlass der „Verordnung über Tarifverträge, Arbeiter- und Angestelltenausschüsse und Schlichtung von Arbeitsstreitigkeiten“ vom 23. Dezember 1918 (TVVO)[130] hatte er den Tarifvertrag für die Mitglieder der tarifschließenden Verbände mit normativer Wirkung ausgestattet (Verbandsprinzip)[131]. Nach § 1 Abs. 1 S. 1 TVVO waren Arbeitsverträge zwischen am Tarifvertrag „beteiligten Personen“ insoweit unwirksam, als sie von der tariflichen Regelung abwichen. Beteiligte waren nach § 1 Abs. 2 TVVO wiederum „Arbeitgeber und Arbeitnehmer, die Vertragsparteien des Tarifvertrags oder Mitglieder der vertragsschließenden Vereinigungen sind“.[132] Die Rechtsnormwirkung ist damit hoheitlich erzeugt. Der ersten Sanktionierung in der ursprünglich nur als Provisorium gedachten TVVO aus dem Jahr 1918 folgten schließlich die Garantie der Koalitionsfreiheit in der Weimarer Reichsverfassung (Art. 159 und 165 Abs. 1 WRV) und nach der Unterbrechung der Entwicklungen in der Zeit des Nationalsozialismus später im Grundgesetz (Art. 9 Abs. 3 GG).[133] Als Teilbereich der in Art. 9 Abs. 3 GG garantierten Betätigungsfreiheit ist die Tarifautonomie mittlerweile zum festen Bestandteil der deutschen Arbeitsverfassung geworden.[134] Durch Schaffung des Tarifvertragsgesetzes (TVG) nahm der nachkonstitutionelle Gesetzgeber die Aufgabe der Ausgestaltung der Koalitionsfreiheit wahr und knüpfte dabei an die Weimarer Zeit an. Er erkannte die von den privaten Tarifvertragsparteien geschaffenen Bestimmungen zu Abschluss, Inhalt und Beendigung von Arbeitsverhältnissen an und stattete sie mit normativer Wirkung gegenüber den Mitgliedern der Tarifvertragsparteien aus (vgl. §§ 4 Abs. 1, 3 Abs. 1 TVG).[135] Die Bestimmungen wirken dadurch im Arbeitsverhältnis der Verbandsmitglieder unmittelbar und verbieten

130 RGBl. Nr. 6605.

131 Vgl. *Hueck*, Das Recht des Tarifvertrages, S. 67, 71; *Hueck/Nipperdey*, Lehrbuch des Arbeitsrechts II/1, 3.-5. Aufl., S. 135; den zuvor geführten Theorienstreit um die Frage der Vertragsparteien des Tarifvertrages hatte er damit zu Gunsten der Verbandstheorie beendet, vgl. *Höpfner*, Die Tarifgeltung, S. 209; siehe zu den weiteren Erklärungsansätzen im Überblick *Pionteck*, Stärkung der Tarifautonomie, S. 57 ff.

132 Im Volltext in der aktuellsten Fassung aus 1928 abgedruckt bei *Oetker*, in: Wiedemann TVG Geschichte Rn. 8.

133 Siehe zur Entstehungsgeschichte *Ulber*, Tarifdispositives Gesetzesrecht, S. 200 ff., insbesondere zum Gehalt der Art. 159 und 165 WRV S. 212 ff.

134 Siehe zur Verankerung im Gewährleistungsbereich des Art. 9 Abs. 3 GG beispielshaft BVerfG 2.3.1993 – 1 BvR 1213/85, E 88, 103 (114f.); *Franzen*, in: ErfK, GG Art. 9 Rn. 3; *Höfling*, in: Sachs GG, Art. 9 Rn. 87 f.; *Cornils*, in: BeckOK GG, Art. 9 Rn. 61.

135 Vgl. BVerfG v. 5.1977 – 2 BvL 11/74, E 44, 322 (345): „wie die Normativbestimmungen eines Tarifvertrags [...], die ihre Qualität als Rechtsregel aus der staatlichen Anerkennung gewinnen, welche im Art. 9 Abs. 3 GG wurzelt.“

eine einzelvertragliche Abweichung von den Tarifbestimmungen zu Lasten der Arbeitnehmer. Auch wenn Abweichungen „nach oben" möglich sind (daher einseitig zwingende Wirkung), ist mit der normativen Wirkung der Tarifbestimmungen eine (beabsichtigte) Einschränkung der individuellen Privatautonomie der Mitglieder verbunden.[136]

b) Überwindung der Delegationstheorie und Rückbesinnung auf den vorwiegend privatrechtlichen Charakter der Tarifnormsetzung

Unter Berücksichtigung des Umstandes, dass das Recht, zur Förderung der Arbeitsbedingungen Vereinigungen zu bilden und sich darin zu betätigen, gegen staatliche Widerstände erst durchgesetzt werden musste, wird die Tarifautonomie mittlerweile in erster Linie als gegen den Staat gerichtetes Freiheitsrecht verstanden[137] und in der so oder so ähnlich in zahlreichen Urteilen zu findenden Formel nunmehr folgendermaßen zusammengefasst:

> „Mit der grundrechtlichen Garantie der Tarifautonomie wird ein Freiraum gewährleistet, in dem Arbeitnehmer und Arbeitgeber ihre Interessengegensätze in eigener Verantwortung austragen können. Diese Freiheit findet ihren Grund in der historischen Erfahrung, dass auf diese Weise eher Ergebnisse erzielt werden, die den Interessen der widerstreitenden Gruppen und dem Gemeinwohl gerecht werden, als bei einer staatlichen Schlichtung. [...] Das Tarifvertragssystem ist darauf angelegt, deren strukturelle Unterlegenheit beim Abschluss von individuellen Arbeitsverträgen durch kollektives Handeln auszugleichen und damit ein annähernd gleichgewichtiges Aushandeln der Löhne und Arbeitsbedingungen zu ermöglichen. [...] Art. 9 Abs. 3 Satz 1 GG [garantiert] den sozialen Schutz der abhängig Beschäftigten im Wege der kollektivierten Privatautonomie [...]."[138]

Liest man dies, so scheint der privatrechtliche Charakter der Tarifautonomie außer Frage zu stehen. Tatsächlich hat die Rechtsprechung sich aber im Jahr 1955 zunächst der im damaligen Schrifttum mehrheitlich vertretenen sog. „Delegationstheorie" angeschlossen und Jahrzehnte gebraucht, um ihre

---

136 Siehe hierzu näher unter Kap. 2 A. IV.; zutreffend konstatiert auch durch *Junker*, NZA 1997, 1305 (1314).

137 Vgl. nur BVerfG v. 11.7.2017 – 1 BvR 1571/15 ua., E 146, 71 (114) Rn. 130; v. 10.1.1995 – 1 BvF 1/90 ua, E 92, 365 (393); v. 1.3.1979 – 1 BvR 532/77, E 50, 290 (368).

138 BVerfG v. 11.7.2017 – 1 BvR 1571/15 u.a., E 146, 71 (120 Rn. 146 f.).

Deutung der Tarifautonomie als staatlich delegierte Regelungsmacht zu überwinden.[139] Die Delegationstheorie basierte auf der Vorstellung, dass es sich beim Tarifvertrag um einen öffentlich-rechtlichen Normenvertrag handelt. Bei ihrem Abschluss sollten die Koalitionen als „beliehen Verbände" handeln, welche die ihnen vom Staat delegierte öffentliche Aufgabe der Gestaltung der Arbeit- und Wirtschaftsbedingungen autonom wahrnehmen.[140] Einher ging diese Deutung nicht nur mit einer Überbetonung einer vermeidlichen, von den Tarifvertragsparteien zu erfüllenden Ordnungsaufgabe, sondern vor allem auch mit der praktischen relevanten Annahme einer Grundrechts- und Gemeinwohlbindung der Tarifvertragsparteien.[141] Die effektive Wahrnehmung von Privatautonomie durch Einzelne ist unter der Ägide der Delegationstheorie nicht „zum Endzweck erklärt", sondern „als bloßes Mittel zur Schaffung von Vereinbarungen im Interesse des Gemeinwohls ‚degradiert' [worden], denen durch den Ausgleich und die möglichst breite Repräsentation von Interessen eine ‚objektive Richtigkeit' immanent sei."[142] Hand in Hand mit dieser Sichtweise geht schließlich ein Verständnis der Gewerkschaften als Berufsorgan anstatt als allein durch „Mitgliedschaft mandatiertes Mitgliederorgan"[143].[144] Als „Repräsentant" aller Arbeitnehmer

---

139 BAG v. 15.1.1955 – 1 AZR 305/54, AP GG Art. 3 Nr. 4 (im Volltext NJW 1955, 684); eine Skizze der Entwicklungslinien bietet *Waltermann*, RdA 2014, 86 (87 f.).

140 Vgl. hierzu maßgeblich *Huber*, Wirtschaftsverwaltungsrecht II, S. 431 ff.; *Hueck/Nipperdey*, Lehrbuch des Arbeitsrechts II/1, S. 193.

141 Auf die zwingende Verbindung von Delegationstheorie und Gemeinwohlbindung weist etwa *Seiwerth*, RdA 2017, 373 (374) zutreffend hin: „Denn wenn und soweit der Staat an das „Gemeinwohl" gebunden ist, hätte er keine größere Freiheit an die Tarifvertragsparteien „delegieren" können, als er selbst hat, nemo plus iuris transferre potest quam ipse habet.; siehe in kritischer Auseinandersetzung mit der „Ordnungsfunktion" als Schlagwort zwischen faktischer Ordnungswirkung der Tarifverträge und normativer Ordnungsaufgabe der Tarifvertragsparteien *Mayer*, Differenzierungsklauseln, S. 260 ff.

142 *Olbrich*, Die Tariffähigkeit von Arbeitnehmervereinigungen, S. 26, 35; interessant ist vor diesem Hintergrund *Lobingers* zutreffende Feststellung in JZ 2014, 810 (811): „Für die Verfasser des Tarifautonomiestärkungsgesetzes steht hinter der Tarifautonomie offenkundig keine Freiheit mit Selbstwert, sondern allenfalls eine solche mit Nützlichkeitswert."

143 Siehe hierfür *Nipperdey*, in: Hueck/Nipperdey, Lehrbuch des Arbeitsrechts II/1, S. 235 ff.; *Rieble/Klumpp*, in: Münch ArbR, § 162 Rn. 29 ff.; *E. Picker*, ZfA 1998, 573 (690 ff.); *Richardi*, RdA 2007, 117 (118 f.); siehe hierzu auch unter Kap. 3 A. I. 3.

144 Auf diese Verknüpfung von dogmatischer Konstruktion und Gewerkschaftsrolle hinweisend *Löwisch/Rieble*, TVG, Grundlagen Rn. 30; *Olbrich*, Die Tariffähigkeit von Arbeitnehmervereinigungen, S. 24; eingehend zu der Frage, ob es sich bei Gewerkschaften um Berufsverbände oder Mitgliederverbände handelt, *Wiedemann*, RdA 1969, 321 ff.

in ihrem Einzugsgebiet und unabhängig von deren Organisationsstatus setze es Mindestarbeitsbedingungen und ordne und befriede das Arbeitsleben so „mit Blick auf das große Ganze der Wirtschafts- und Sozialordnung“[145], um das gemeine Wohl zu verwirklichen.[146]

Die Einwände gegen die Delegationstheorie sind zahlreich und viel diskutiert. Es reicht an dieser Stelle derer drei zu nennen: Der Staat kann nichts delegieren, was nicht in seiner Hand liegt – wie eben die Tarifautonomie, die von der Verfassung originär den Tarifvertragsparteien zugewiesen ist.[147] Insbesondere sind die einfachgesetzlichen Regelungen des TVG keine Delegation, sondern eine Ausgestaltung der Tarifautonomie[148] und es taugt auch Art. 9 Abs. 3 GG nicht als Delegationsnorm. Wie sich aus der Einordnung der Rechtsetzung der Tarifvertragsparteien in das System der Rechtsetzung durch Private im Allgemeinen ergibt, überträgt der Gesetzgeber mit der Zulassung der Tarifautonomie „nicht eine ‚eigentlich‘ ihm obliegende Aufgabe auf die Privatrechtssubjekte, sondern übernimmt lediglich eine allem positiven Recht vorausliegende Gestaltungsmöglichkeit und stattet sie mit Rechtszwang aus.“[149] Eine Delegation ist außerdem untrennbar mit einer Staatsaufsicht verbunden, wie die Kontrolle der öffentlich-rechtlichen Arbeitnehmerkammern oder der kommunalen Selbstverwaltung belegen.[150] Diese ist den Koalitionen jedoch fremd. Es handelt sich bei ihnen um auf Freiwilligkeit basierende *privatrechtliche* Vereinigungen, welche gegenüber dem Staat unabhängig zu sein haben. Weder die Bestrebungen *Lujo Brentanos*, ein System öffentlich-rechtlicher Zwangsverbände zu schaffen, das die Gewerkschaften in die Verwaltungsorganisation eingegliedert und unter Staatsaufsicht gestellt hätte,[151] noch der Vorschlag *Hugo Sinzheimers*, eine „soziale Selbstbestimmung im Recht“ umzusetzen, die auch nicht

145 *Olbrich*, Die Tariffähigkeit von Arbeitnehmervereinigungen, S. 24.

146 In diesem Sinne noch BAG v. 10.11.1982 – 4 AZR, E 40, 328 (335) (=AP TVG § 1 Form Nr. 8); s.a. *Gamillscheg*, Kollektives Arbeitsrecht I, S. 291 ff.; *Herschel*, AuR 1978, 321 (324); *Nikisch*, Arbeitsrecht II, S. 47, 61 f.; *Wiedemann*, RdA 1997, 297 (300 f.).

147 Maßgeblich herausgestellt durch *Waltermann*, in: FS Söllner (2000), S. 1251 (1256 ff.).

148 Vgl. nur BAG v. 15.4.2015 – 4 AZR 796/ 13, AP TVG § 3 Nr. 57 Rn. 51; *Dieterich*, in: FS Wiedemann (2002), S. 229 (231 f.); vgl. auch *Höpfner/Lesch/Schneider/Vogel*, Tarifautonomie und Tarifgeltung, S. 159.

149 *Canaris*, AcP 1984, 201 (218).

150 Hierauf zutreffend hinweisend *Hueck/Nipperdey*, Lehrbuch des Arbeitsrechts II/1, S. 84; sowie *Krüger*, BB 1956, 969 (971); vgl. auch Nachw. in Fn. 155.

151 Vgl. *Brentano*, Die Arbeitergilden der Gegenwart II, S. 306 ff.

ohne Staatsaufsicht ausgekommen wäre, haben sich durchsetzen können.[152] Stattdessen haben sich die meisten Gewerkschaften als nichtrechtsfähiger Verein und damit als *privatrechtlicher* Verband organisiert und diese zunächst aus der Not und aus Furcht vor staatlicher Überwachung und Repression gewählte Organisationsform bis heute überwiegend beibehalten.[153] Allein die in Bremen und im Saarland noch existierenden öffentlich-rechtlichen Arbeitnehmerkammern[154] bilden ein Überbleibsel dieser kollektivistischen und durch staatliche Kontrolle inspirierten Vorstellungen. Arbeiterkammern und Gewerkschaften unterscheiden sich dabei maßgeblich: während mit der Zwangsmitgliedschaft in den Kammern eine staatliche Rechts- und Fachaufsicht einhergeht,[155] unterliegen die auf Freiwilligkeit basierenden Gewerkschaften – wie im weiteren Verlauf der Arbeit noch zu zeigen sein wird – nur sehr eingeschränkter staatlicher Kontrolle.[156] Jene haben sich schließlich gegen staatliche Restriktionen durchgesetzt und dem Staat eine Stellung abgerungen, in der sie eigenverantwortlich und „frei von staatlicher Einflussnahme" agieren können.[157] Zuletzt spricht gegen die Delegationstheorie außerdem der Umstand, dass nach Art. 80 Abs. 1 GG durch Gesetz allein die Bundesregierung, ein Bundesminister oder eine Landesregierung zum Erlass von Verordnungen ermächtigt werden. Demnach kann

---

152 *Sinzheimer* lehnte zwar Zwangskoalitionen ab, war jedoch – im Gegensatz zu *Lotmar* – grundsätzlich einem kollektivistischen Verständnis des Tarifrechts zugeneigt und hatte bei seiner ablehnenden Haltung weniger die Rechte des Einzelnen, sondern vielmehr die Vermeidung ausufernder Bürokratisierung im Blick, vgl. *Sinzheimer*, Ein Arbeitstarifgesetz, S. 34. In seinen Augen vereinigen sich in der Vertragsautonomie der Verbände „dispositive und legislative, privatrechtliche und öffentlich-rechtliche Elemente zu einer selbständigen Einheit. Diejenigen, die sie begründen, sind Privatpersonen und zugleich Organe der Rechtschöpfung.", vgl. aaO S. 49; zur systematischen Einordnung dieser Vorstellungen im Einzelnen *Höpfner*, Die Tarifgeltung im Arbeitsverhältnis, S. 194 ff.; den privatrechtlichen Charakter ausdrücklich hervorhebend *Hueck/Nipperdey*, Lehrbuch des Arbeitsrechts II/1, S. 83 f.

153 Vgl. *Koch*, in: ArbR A-Z, Gewerkschaften; siehe zu den historischen Entwicklungen Fn. 123.

154 Siehe hierzu eingehend *Mronz*, Körperschaften und Zwangsmitgliedschaft, S. 35 ff.; passim.

155 Vgl. nur *Mann*, in: HStR § 146 Rn. 39: „notwendiges Korrelat der ihnen zustehenden Befugnis zur Wahrnehmung öffentlicher Aufgaben"; BVerfG v. 23.1.1957 – 2 BvF 3/56, E 6, 104 (118); v. 5.12.2002 – 2 BvL 5/98 u.a., E 107, 59 (94); v. 13.7.2004 – 1 BvR 1298/94 u.a., E 111, 191 (218).

156 Vgl. nur *Däubler*, KJ 2014, 372 (379; siehe zur Unterschiedlichkeit von Kammern und Gewerkschaften auch unter Kap. 2 D. III. 1. a).

157 Vgl. beispielhaft BAG v. 1.3.1979 – 1 BvR 532/77, E 50, 290 (368).

kein Privater zum Abschluss von öffentlich-rechtlichen Normenverträgen ermächtigt werden.[158]

Nachdem *Canaris* auf der Zivilrechtslehrertagung in Aachen im Jahr 1983 die schon zuvor von *Zöllner* angebrachten Bedenken an der Außerachtlassung der privatrechtlichen Unterwerfung der Koalitionsmitglieder artikuliert und von der „auf die Kollektivebene gehobenen Privatautonomie" gesprochen hatte,[159] begann eine Phase, die sich als „Reprivatisierung des Tarifrechts"[160] beschreiben lässt.[161] Erstmals fand die Formel der „kollektiv ausgeübten Privatautonomie" im Jahr 1997 in einer Entscheidung des 7. Senats des BAG Eingang in die Rechtsprechung[162]. Seitdem hat sie einen regelrechten Siegeszug hingelegt und die Delegationstheorie mittlerweile gänzlich aus der Rechtsprechung des BAG verdrängt.[163] Bei der vom BAG[164] nunmehr verfolgten und im Übrigen auch in der Literatur[165] anerkannten Linie tritt die mitgliedschaftliche Legitimation der Tarifnormsetzung klar zu Tage. Dabei gelten folgende Annahmen:

---

158 Siehe *Däubler*, KJ 2014, 372 (378 f.).

159 Vgl. *Canaris*, AcP 1984, 201 (243f.).

160 Als Gegenbegriff zur „Entprivatisierung des Arbeitsrechts", die *E. Picker*, in: FS Richardi (2007), S. 141 (143) feststellte; *Höpfner*, Tarifgeltung, S. 182 hält bzgl. des Vorrang des Kollektivinteresses vor dem Individualwillen mit dem Begriff der „Entindividualisierung" für passender.

161 Die Entwicklung von der öffentlich-rechtlichen Deutung der Tarifautonomie zur privatrechtlichen Deutung anschaulich nachvollziehend *Däubler*, KJ 2014, 372 (373); siehe auch *Waltermann*, RdA 2014, 86 (87) sowie zur „Privatisierung" der Tarifautonomie auch *Wiedemann*, BB 2013, S. 1397 (1400 ff.).

162 Vgl. BAG v. 14.10.1997 – 7 AZR 811/96, AP Nr 155 zu § 1 TVG Tarifverträge: Metallindustrie Rn. 16.

163 Vgl. *Spelge*, ZTR 2020, 127: „aktuell von keinem Senat des BAG mehr vertreten"; s.a. *Pessinger*, ZTR 2021, 119 f.; zuvor plakativ *Waltermann*, RdA 2014: „Die Delegationstheorie ist heute zu Recht aufgegeben, sie lässt sich mit Art. 9 Abs. 3 GG nicht vereinbaren."

164 Vgl. BAG 15.4.2015 – 4 AZR 796/13, AP TVG § 3 Nr. 57 Rn. 44; 23.3.2011 – 4 AZR 366/09, AP GG Art. 9 Nr. 147 Rn. 40; 7.7.2010 – 4 AZR 549/08, AP GG Art. 9 Nr. 140 Rn. 22; 26.8.2009 – 4 AZR 294/08, AP TVG § 3 Verbandszugehörigkeit Nr. 28 Rn. 30; abweichend als „kollektivierte Privatautonomie" bezeichnet, aber unter Verweis auf die vorstehend genannten Entscheidungen des BAG jetzt das BVerfG 11.7.2017, 1 BvR 1571/15 u.a., E 146, 71 Rn. 147 (= AP GG Art. 9 Nr. 151).

165 Grundlegend *Bayreuther*, Tarifautonomie als kollektiv ausgeübte Privatautonomie, S. 57 ff.; *Dieterich*, in: FS Schaub (1998), S. 117ff.; siehe auch *Rieble*, ZfA 2000, 5 (8 ff.); *ders.*, Arbeitsmarkt und Wettbewerb, Rn. 1214ff.; zum Rückhalt des Verständnisses als kollektiv ausgeübte Privatautonomie siehe die umfangreiche Zusammenstellung der befürwortenden Stimmen bei *Höpfner*, Tarifgeltung, S. 229 Fn. 1654.

Mit dem freiwilligen Beitritt in eine Koalition geben die Privaten nach außen zu erkennen, dass sie sich der Verbandsgewalt und somit auch den Verbandsbeschlüssen unterwerfen. Obwohl die Bindung an den Vertragsschluss zweier eigenständiger Verbände rechtsdogmatisch davon zu unterscheiden ist, gilt dies auch für die Unterwerfung unter den Tarifvertrag. Denn „die Partizipation an den unmittelbaren Wirkungen des Tarifvertrags ist ein Hauptzweck des Koalitionsbeitritts",[166] sodass der Beitritt des Arbeitnehmers oder des Arbeitgebers von objektiven Dritten in der Position des Erklärungsempfängers als Unterwerfung unter die vom Verband zusammen mit den sozialen Gegenspieler ausgeübte Rechtsetzungsmacht aufgefasst wird.[167] Mit *Zöllner* kann man also durchaus annehmen, dass mit dem Beitritt ein Rechtsetzungsauftrag erteilt wird.[168] Während die Mitgliedschaft in der Koalition unmittelbar privatautonom legitimiert ist, gilt dies für die Verbandsbeschlüsse immerhin mittelbar. Eine gewisse Einschränkung ergibt sich daraus, dass im Vereinsrecht das Mehrheitsprinzip (vgl. §§ 32 Abs. 1 S. 3, 54 S. 1 BGB) gilt. Das heißt, dass Mitglieder im Einzelfall auch Entscheidungen unterworfen werden können, die ihrem Willen nicht (völlig) entsprechen. So hängt beispielsweise die Bindung an Tarifverträge nicht davon ab, ob verbandsintern für den Abschluss gestimmt wurde. Diese demokratisch ausgeübte Herrschaft der Verbandsmehrheit über die Verbandsangehörigen kann aus Sicht des überstimmten Mitglieds – wie im Übrigen jede demokratische Herrschaft aus Sicht der Minderheit – als Fremdbestimmung aufgefasst werden.[169] Entscheidend ist jedoch, dass das Mitglied sich der Geltung des Demokratieprinzips in freier Entscheidung unterworfen hat und sich dieser zudem jederzeit wieder entziehen kann (wenn auch auf Seiten der Arbeitgeber mit gewissen Einschränkun-

166 *Zöllner*, Rechtsnatur der Tarifnormen, S. 31.

167 So *Höpfner*, Tarifgeltung, S. 318; als privaten Normunterwerfungsakt verstehen den Beitritt ebenfalls zutreffend *Dieterich*, in: FS Schaub (1998), S. 117 (121); *Richardi*, Kollektivgewalt und Individualwille, S. 162 f.; *ders.*, AöR 93 (1968), 243 (266); *Rieble*, Arbeitsmarkt und Wettbewerb, Rn. 1200; *ders.*, ZfA 2000, 5 (13 ff.); *Schüren*, RdA 1988, 138 (138, 141); vgl. bereits *Zöllner*, RdA 1962, 453 (459) *ders.*, Die Rechtsnatur der Tarifnormen, S. 31; a.A. *Belling*, ZfA 1999, 547 (59

168 Vgl. *Zöllner*, Die Rechtsnatur der Tarifnormen, S. 31.

169 Zutreffend *E. Picker*, ZfA 2011, 443 (543); *Giesen*, ZfA 2016, 153 (155): „nach innen wirkende Fremdbestimmung"; *Hartmann*, Negative Tarifvertragsfreiheit, S.105; *Höpfner*, Tarifgeltung, S. 317; hierauf mit seiner Kritik entscheidend abhebend *Däubler*, KJ 2014, 372 (376).

gen[170]). Die zwingend demokratische Binnenstruktur der Koalitionen, die den Mitgliedern die Artikulation des eigenen Willens und eine Chance auf Durchsetzung sichert, sorgt gemeinsam mit der grundgesetzlich abgesicherten Freiheit der Beitrittsentscheidung also dafür, dass das Terrain der Selbstbindung nicht vollends verlassen wird.[171] Dass Minderheitsinteressen beim Tarifvertragsabschluss „ernsthaft und wirksam" berücksichtigt werden müssen, ergibt sich nach der Neufassung des Tarifeinheitsgesetzes bereits aus dem Gesetz (vgl. § 4 a Abs. 2 S. 2 Hs. 2 TVG). Soweit *Däubler* hingegen meint, dass es für Arbeitnehmer „völlig fiktiv" wäre, sich der „Tarifwirkung" durch Austritt entziehen zu können, da in den Arbeitsverträgen in der Regel pauschal auf einschlägige Tarifverträge verwiesen werde,[172] ist diese Sichtweise unzulässig auf die Frage verengt, ob am Ende die gleichen materiellen Arbeitsbedingungen „gelten". Entscheidend ist nämlich die Geltungsgrundlage. Mit dem Austritt streift der Arbeitnehmer die Unterwerfung unter die demokratische Mehrheitsentscheidung ab und kann somit ohne Einschränkung seiner Privatautonomie versuchen, auf individueller Ebene mit dem Arbeitgeber für ihn zufriedenstellendere Ergebnisse zu erzielen. Ob ihm dies auch gelingt, hängt einzig von seiner individuellen Verhandlungsposition ab. Gelten am Ende die tariflichen Arbeitsbedingungen kraft dann konstitutiver Bezugnahme, so geschieht dies einzig auf Grundlage seiner Privatautonomie.

Damit kann festgehalten werden, dass die Tarifautonomie sich funktional als Hilfsmittel zur effektiven Ausübung der Privatautonomie auf kollektiver Ebene versteht.[173] Das Individualgrundrecht der Mitglieder steht im Zentrum, die Koalitionen üben ihre Rechte treuhänderisch aus. Das heißt, die kollektive Koalitionsfreiheit hat keinen Eigenwert um ihrer selbst willen, sondern erklärt sich durch seine Funktion, die individuelle Koalitionsfreiheit der Arbeitnehmer und Arbeitgeber zu gewährleisten. Bei Abschluss von Tarifverträgen agieren die Koalitionen schließlich als private Grundrechtsberechtigte nach Art. 9 Abs. 3, 19 Abs. 3 GG für ihre Mitglie-

170 Namentlich der Nachbindung gemäß § 3 Abs. 3 TVG und der Nachwirkung des § 4 Abs 5 TVG. Damit will der Gesetzgeber letztlich seiner Ordnungsaufgabe gerecht werden, vgl. BAG v. 18.3.1992, 4 AZR 339/91, AP TVG § 3 Nr. 13.

171 Ebenso *Jacobs*, RdA 2023, 9 (18); ebenso *Höpfner*, Tarifgeltung, S. 319 f.; A.a. *Däubler*, KJ 2014, 372 (376), der meint, der Einzelne sei tariflicher Normsetzung genauso „ausgeliefert" wie staatlicher.

172 Siehe Fn. 169.

173 Auf dieses Rangverhältnis von Tarifautonomie und Privatautonomie weist treffen auch *Junker*, NZA 1997, 1305 (1306) hin.

der,[174] welche mit ihrem Beitritt „Legitimation“ für die Normsetzung, der sie später unterworfen sein werden, „von unten eingeben“.[175] Während die legitimatorische Rekonstruktion der Tarifautonomie damit rein privatrechtlich gelingt, ist für die Erklärung der Normwirkung auf einen staatlichen Hoheitsakt zurückzugreifen. Der Staat erkennt die Regelungen der Tarifvertragsparteien nicht nur als verbindlich an (vgl. § 311 BGB), sondern stattet sie mit einer anderen privaten Verträgen vorenthaltenen gesetzesgleichen Wirkung gegenüber ihren Mitgliedern aus. So ermöglicht er eine effektive Grundrechtsausübung. Es wirken also privatrechtliche und staatliche Elemente auf eine Weise zusammen, welche die Beschreibung der Tarifgeltung im Arbeitsverhältnis als „autonome Rechtsetzung, aber heteronome Rechtsgeltung“[176] zutreffend erscheinen lässt.

Dieses funktionale Verständnis der Tarifautonomie[177] bildet die Grundlage für alle weiteren Überlegungen der Untersuchung zu Dysfunktionalität und Stärkung „der“ Tarifautonomie.

II. Parität, Angemessenheitsvermutung und Rücknahme staatlicher Kontrolle – Überblick über die Sonderstellung der Tarifverträge in der Privatrechtsordnung

Diese Grundrechtsausübung der Koalitionsmitglieder hat der Staat, der in erster Linie aus der abwehrrechtlichen Dimension der Grundrechte

174 Ebenso *Burkiczak,* Grundgesetz und Deregulierung des Tarifvertragsrechts, S. 144 ff.; *Engels*, Verfassung und Arbeitskampfrecht, S. 180 ff.; *H. Hanau,* NK-ArbR, GG Art. 9 Rn. 14; *Höfling,* in: Sachs GG, Art. 9 Rn 66; *Löwisch/Rieble*, Grundl. TVG Rn. 114; *Kemper*, in: v. Mangoldt/Klein/Starck GG, Art. 9 Rn. 139; *Rieble*, ZfA 2000, 5 (23 f.); *Scholz,* in: Maunz/Dürig GG, Art. 9 Rn 239 f; *Sittard*, Tarifnormerstreckung, S. 86 f.; a.A. „Theorie vom Doppelgrundrecht“ mit gleichem Rang von individueller und kollektiver Koalitionsfreiheit BVerfG v. 26.6.1991 – 1 BvR 779/85, E 84, 212 (225); v. 2.3.1993 – 1 BvR 1213/85, E 88, 103 (114); v. 4.7.1995 – 1 BvF 2/86 u.a., E 92, 365 (393); v. 26.3.2014 – 1 BvR 3185/09 – NZA 2014, 493 f; *Bauer*, in: Dreier GG, Art. 9 Rn. 69 ff; *Jarass*, in: Jarass/Pieroth GG, Art. 9 Rn 44; *Linsenmaier*, in: ErfK GG, Art. 9 Rn. 39 ff; *C. W. Hergenröder, in:* HWK, Art. 9 Rn 73.

175 Anstatt einer Legitimation von „oben nach unten“, wie es unter Annahme der Delegationstheorie der Fall wäre, vgl. *Isensee*, in: Die Zukunft der sozialen Partnerschaft (1986), S. 159 (165); *Höpfner/Lesch/Schneider/Vogel*, Tarifautonomie und Tarifgeltung, S. 160 ff., 176.

176 *Höpfner*, Tarifgeltung, S. 340.

177 Siehe zur Bedeutung dieses funktionalen Verständnisses in übergeordneten Zusammenhängen auch *Löwisch/Rieble* TVG, Grundlagen § 34 ff.

zu Zurückhaltung verpflichtet ist, zu respektieren. Das heißt auch, dass er die von den Tarifvertragsparteien für ihre Mitglieder vereinbarten Inhalte unangetastet lässt und keine Tarifzensur durchführt. Dies ist (wie z.B. auch die Suspendierung des Arbeitslosengeldanspruchs bei mittelbar arbeitskampfbetroffenen Arbeitnehmern durch § 160 SGB III) Ausdruck der sog. passiven Neutralität des Staates.[178]

Der Staat ist aus dem Demokratie- und Rechtsstaatsprinzip zwar verpflichtet, seine Normsetzungsbefugnis nicht in beliebigem Umfang außerstaatlichen Stellen zu überlassen und den Bürger nicht schrankenlos der normsetzenden Gewalt autonomer Gremien auszuliefern, die ihm gegenüber nicht legitimiert sind.[179] Soweit es sich aber bei einem Vertragsschluss um die Ausübung von Autonomie im eigentlichen Sinne einer Selbstregelung handelt, liegt eine mitgliedschaftliche Legitimation der Normunterworfenen vor. Auch die Verpflichtung zur Gewährleistung der Privatautonomie veranlasst den Staat nicht zu Eingriffen. Nur dann, wenn der Vertragsmechanismus bei zu starkem Übergewicht einer Seite gestört ist,[180] ist der Staat aus dem Untermaßverbot verpflichtet oder berechtigt, sich in die Grundrechtsausübung einzumischen. Wie dargelegt, hat der Staat – zum Beispiel über die Generalklauseln oder auch die AGB-Kontrolle, die im Zivilrecht „weniger den Charakter einer Kontrolle spezieller Gefahren des Formularvertrags als vielmehr den einer allgemeinen Angemessenheitskontrolle hat“[181], Einbruchstellen geschaffen, die es ihm unter Berücksichtigung grundrechtlicher Wertungen ermöglicht, das Ergebnis privat gebildeter Rechtsregeln zu korrigieren.

Dafür besteht jedoch im Hinblick auf Tarifverträge (idealtypisch) gerade keine Notwenigkeit. Bei Verhandlungen auf kollektiver Ebene haben die Arbeitnehmer mehr Gewicht als allein und können sich vor allem als letztes Mittel der kurzfristigen „künstlichen“ Verknappung des Arbeitsangebots im Wege des Arbeitskampfes bedienen. Wenn die Gewerkschaft im Rahmen eines Arbeitskampfes Zwang ausübt, ist dieser nicht – wie sonstiger Zwang

178 Vgl. *Säcker,* Gruppenparität und Staatsneutralität, S. 121; zur Begrifflichkeit auch *Löwisch*, DB 1987, 1351 (1351); zum „Verbot der Tarifzensur“ siehe auch Fn. 200.

179 BVerfG v. 24. 5. 1977 – 2 BvL 11/74, E 44, 322 (347 f.); BAG v. 23.3.2011 – 4 AZR 366/09, AP GG Art. 9 Nr. 147 Rn. 42; maßgeblich vorgezeichnet von *Zöllner*, RdA 1962, 253 (256 f.); siehe statt aller nur *Waltermann*, Differenzierungsklauseln. S. 17.

180 Vgl. *Schmidt- Rimpler*, in: FS Raiser (1974), S. 3 ff.; *ders.*, AcP 1941 (147), 130 ff.

181 *Seiwerth*, Gestaltungsfreiheit, S. 176 Fn. 605; s.a. unter Kap. 2 A. I. 2.

im Zivilrecht –[182] verboten. Es herrscht vielmehr Arbeitskampffreiheit.[183] Obwohl die Arbeitnehmer, die den Lohn zum bestreiten ihres Lebensunterhalts benötigen, nicht endgültig auf eine Einigung mit der Arbeitgeberseite verzichten können, was sie in eine tendenziell schlechtere Verhandlungsposition bringt, können sie in der Gewerkschaft Druck auf die Gegenseite ausüben.[184] Die Arbeitskampffreiheit der Gewerkschaften verhindert, dass die Tarifverhandlungen sich als bloßes „kollektives Betteln" darstellen.[185] Im Ergebnis und bei idealtypischer Betrachtung zeichnen sich die Gewerkschaften also dadurch aus, dass sie in der Lage sind, den aus dem Stützel'schen Konkurrenzparadoxon folgenden Unterbietungswettbewerb der Arbeitnehmer zu beschränken und eine vergleichbare Machtposition wie die Arbeitgeber zu erhalten.[186]

Unter der Annahme eines ungefähren Kräftegleichgewichts – also Parität – zwischen den Tarifvertragsparteien wird wiederum die Angemessenheit der verabredeten Inhalte vermutet („Angemessenheits- oder Richtigkeitsvermutung").[187] Der Vertragsmechanismus ist bei zu starkem Übergewicht einer Seite gestört.[188] Sind die Arbeitgeber jedoch nicht mehr überlegen, können die Gewerkschaften den Interessen ihrer Mitglieder schließlich hinreichend Geltung verschaffen, wobei die Gewerkschaften alle Regelungen, die getroffen werden sollen und die Interessen *ihrer Mitglieder* potenziell beeinträchtigen könnten, auf ihre Angemessenheit hin überprüfen.[189]

182 Vgl. *Däubler*, KJ 2014, 372 (375).

183 Auch wenn der Funktionszusammenhang mit der Tarifautonomie schon früh betont wurde (vgl. etwa BAG GS v. 28.1.1955 – GS 1/54, AP GG Art. 9 Arbeitskampf Nr. 1) wurde sie erst 1991 vom BVerfG als Bestandteil der Koalitionsfreiheit anerkannt, vgl. BVerfG v. 26.06.1991 - 1 BvR 779/85, E 84, 212 ff; siehe hierzu nur *Linsenmaier*, in: ErfK, GG Art. 9 Rn. 69 ff. sowie *Höfling*, in: Sachs GG, Art. 9 Rn. 101 ff. mwN.

184 Zutreffend *Olbrich*, Tariffähigkeit, S. 105 unter Verweis auf *Richardi*, JZ 1985, 410 (418); *Schmidt-Rimpler*, in: FS L. Raiser (1974), S. 3 (13) selbst hatte die Übertragung der Richtigkeitsvermutung auf Tarifverträge hingegen mit dem Argument abgelehnt, dass anders als beim Individualvertrag keine Seite endgültig von dem Vertragsschluss Abstand nehmen könne und so in der Kampfsituation nur ermitteln werde, wer den längeren Atem habe.

185 Vgl. BAG 12.9.1984 – 1 AZR 342/83, AP Nr. 81 zu Art. 9 GG Arbeitskampf sowie nunmehr BVerfG v. 9.7.2020 – 1 BvR 719/19 u.a., AP GG Art. 9 Arbeitskampf Nr. 191 Rn. 14.

186 Vgl. *Höpfner*, Tarifgeltung, S: 46 ff.; *Olbrich*, Tariffähigkeit, S. 104 ff.

187 Vgl. nur BVerfG v. 11.7.2017 – 1 BvR 1571/15 u.a., E 146, 71 (120 Rn. 146 f.).

188 Vgl. *Schmidt- Rimpler*, in: FS Raiser (1974), S. 3 ff.; *ders.*, AcP 1941, 130 ff.

189 Ebenso *Krämer*, Richtigkeitsgewähr, S. 165 f.; es besteht keine Pflicht zur Berücksichtigung von Außenseiterinteressen, vgl. *Lorenz*, in: Däubler TVG, § 3 Rn. 279; 916; *Stein*, in: Kempen/Zachert TVG, § 3 Rn. 237.

Die grundsätzliche Annahme, dass der Vertrag das vorrangige Instrument zur Umsetzung der Privatautonomie darstellt, kann unter diesen Voraussetzungen somit (wieder/erstmals) greifen. Die Freiwilligkeit der Beitrittsentscheidung sowie die demokratische Binnenstruktur der Gewerkschaften sichert dabei ab, dass die Gewerkschaften tatsächlich im Interesse der Mehrheit ihrer Mitglieder agieren.[190]

Nur folgerichtig werden Tarifverträge mit der Bestimmung des § 310 Abs. 4 BGB aus der AGB-Kontrolle herausgenommen.[191] Die Kontrollausnahme gilt auch für den Fall der vollständigen Inbezugnahme von Tarifverträgen, da es nicht zur Inhaltskontrolle „durch die Hintertür"[192] kommen soll.[193] Selbst dann, wenn er mit der Allgemeinverbindlicherklärung (AVE) nach § 5 TVG die Wirkung der Tarifverträge auf Außenseiter ausweitet, hat der Staat keine Befugnis zur Änderung der Tarifverträge. Hinsichtlich des Inhalts und der Geltungsdauer unterwirft er sich vielmehr dem Willen der Tarifvertragsparteien. Er kann allerdings entscheiden, den Geltungsbereich des Tarifvertrags trotz Antrags auf AVE nicht auszudehnen, etwa wenn seine Bedenken im Hinblick auf die Belastung der Außenseiter-Arbeitnehmer zu groß sind.[194] Die staatliche Beteiligung bei der Ausdehnung der Tarifnormwirkung auf die Außenseiter-Arbeitnehmer erschöpft sich schließlich nicht in einer „bloßen unselbständigen Zustimmungserklärung zu autonomer Normsetzung der Koalitionen auch gegenüber den Außenseitern"[195], sondern stellt sich als selbständiger Entscheidungsakt über die Erfassung der Außenseiter-Arbeitnehmer dar, der zwar keine Einmischung des Staates in der Sache legitimiert, wohl aber einen Vorbehalt des öffentlichen Inter-

---

190 Vgl. *Löwisch/Rieble* TVG, § 1 Rn. 4.

191 Vgl. BAG 23.6.2009 – 2 AZR 103/08, AP KSchG 1969 § 1 Verhaltensbedingte Kündigung Nr. 59; v. 24.9.2008 – 6 AZR 76/07, AP BGB § 305 c Nr. 1; *Saeidy-Nory/Wank*, RdA 2022, 1 (5).

192 Wendung von *Saeidy-Nory/Wank*, RdA 2022, 1 (7).

193 BT-Drucks. 14/6857 zu Nr. 50, S. 54, linke Spalte, letzter Absatz: „Daraus folgt, dass auch Einzelarbeitsverträge, die Bezug auf einen Tarifvertrag nehmen, ohne dass eine beiderseitige Tarifbindung besteht oder die mit Kollektivverträgen übereinstimmen und lediglich deren gesamten Inhalt wiedergeben, ebenfalls nicht der Inhaltskontrolle unterliegen, sondern nur am Transparenzgebot zu messen sind."; vgl. auch *Giesen*, ZfA 2016, 153 (181) mit dem zutreffenden Hinweis darauf, dass kein Fall zwingender staatlicher Anordnung von Außenseiterwirkung vorliegt, welche eine unmittelbare Grundrechtsbindung und damit ein höheres Maß an Kontrolle zur Folge hätte.

194 Vgl. BVerfG v. 10.1.2020 – 1 BvR 4/17, AP TVG § 5 Nr. 42 Rn. 15; v. 24.05.1977 – 2 BvL 11/74, E 44. 322 (348).

195 BVerfG v. 24.5.1977 – 2 BvL 11/74, E 44, 322 [344] (= AP TVG § 5 Nr. 15).

esses beinhaltet.[196] Der Staat ist bei Ausübung hoheitlichen Handelns unmittelbar grundrechtsgebunden und nicht nur auf die Schutzpflichtenlehre verwiesen.[197]

Abseits der Ausweitung der Tarifwirkung auf Dritte bleibt allein die repressive Kontrolle der Tarifverträge durch die Gerichte, die nur auf Antrag vorgenommen wird und in der Sache eingeschränkt ist.[198] Die Kontrolle hat stets die Regelungsprärogative und die freiwillige Unterwerfung der Mitglieder unter die Normsetzung zu beachten und prüft angesichts der fehlenden unmittelbaren Grundrechtsbindung der Tarifvertragsparteien allein anhand der Schutzpflichtenlehre. Denn § 242 BGB begründet die Befugnis zur Kontrolle und Einschränkung der Grundrechtsausübung Privater durch Gerichte mit einem Verhandlungsungleichgewicht, das bei Abschluss von Tarifverträgen (idealtypisch) nicht gegeben ist.[199] Gerichte sind somit nicht befugt, Tarifverträge wegen fehlender Angemessenheit für unwirksam zu erklären (keine „Tarifzensur").[200] Noch weniger ist es ihre Aufgabe, zu beurteilen, ob die beanstandete Regelung die zweckmäßigste oder gerechteste Lösung darstellt.[201] Denn auch die Tarifvertragsparteien

---

196 BVerfG v. 10.1.2020 – 1 BvR 4/17, AP TVG § 5 Nr. 42 Rn. 15, 17.

197 Zutreffend *Giesen*, ZfA 2016, 153 (181).

198 Vgl. unlängst BAG v. 9.12.2020 – 10 AZR 332/20 (A), AP ArbZG § 6 Nr. 20 Rn. 50: „Nach deutschem Recht üben die Tarifvertragsparteien keine delegierte Staatsgewalt, sondern – privatautonom – ihre Grundrechte aus, wenn sie auf der Grundlage von Art. 9 III GG Normen setzen. Tarifvertragliche Regelungen sind gerichtlich deshalb nicht umfassend am Maßstab der Verhältnismäßigkeit zu überprüfen. Mit der privatautonomen Legitimation tariflicher Rechtsnormen ist eine umfassende gerichtliche Überprüfung tarifvertraglicher Regelungen am Maßstab der Verhältnismäßigkeit in der Regel nicht zu vereinbaren."; zuvor schon BAG v. 9.12.2020 – 10 AZR 334/20, AP ArbZG § 6 Nr. 21 Rn. 26 mwN; v. 25.9.2013 – 4 AZR 173/12, AP TVG § 1 Tarifverträge Musiker Nr. 26 Rn. 27; *Jacobs*, RdA 2023, 9 ff.; *Frieling*, in: NK-ArbR, TVG, § 1 Rn. 5; *Schmidt*, in: ErfK, GG Einl. Rn. 47.

199 *Krause*, in: JKOS § 1 Rn. 147; *Löwisch/Rieble* TVG, Grundlagen, Rn. 177.

200 BAG v. 6.2.1985 – 4 AZR 275/83, AP TVG § 1 Tarifverträge: Südwestindustrie Nr. 1; *Gamillscheg*, Kollektives Arbeitsrecht I, S. 695 ff.; *Krause*, in: JKOS § 1 Rn. 147; s.o. zum Zweck der staatlichen Kontrolle, für die bei Vorliegen der Parität kein Raum ist Kap. 2 A. I. 1; zum Verbot der Tarifzensur i.Ü. *Däubler/Heuschmid*, RdA 2013, 1 (5); *Linsenmaier*, in: ErfK GG, Art. 9 Rn. 81; *Löwisch/Rieble* TVG, Grundlagen, Rn. 177, 179, § 1 Rn. 8; *Olbrich*, Tariffähigkeit, S. 109 ff.; *Schmidt*, in: ErfK, GG Einl. Rn. 47.

201 Vgl. BAG v. 8.12.2011 – 6 AZR 319/09, AP TVÜ § 6 Nr. 5 Rn. 29; v. 18.12.2008 – 6 AZR 287/07, AP TVÜ § 11 Nr. 2 Rn. 21; s.a. *Linsenmaier*, in: ErfK GG, Art. 9 Rn. 81; *Löwisch/Rieble* TVG, Grundlagen, Rn. 177; *Klumpp*, in: MHdB ArbR, § 264 Rn. 20; verfehlt daher BAG v. 10.10.1989 – 3 AZR 200/88, AP TVG § 1 Vorruhestand Nr. 3 wonach die Regelungsbefugnis der Tarifvertragsparteien nur „in den Grenzen von Recht und Billigkeit bestehe".

sind bei der Lösung tarifpolitischer Konflikte schließlich nicht verpflichtet, die jeweils zweckmäßigste, vernünftigste oder gerechteste Vereinbarung zu treffen. Es genügt, wenn für die getroffene Regelung ein sachlich vertretbarer Grund vorliegt.[202]

Das „gemeine Wohl" müssen die Tarifvertragsparteien schließlich allenfalls moralisch berücksichtigen, verpflichtet sind sie dazu nicht.[203] Wie oben bereits nachvollzogen wurde, sind sie gerade keine Berufsorgane oder Repräsentanten der gesamten Arbeitnehmerschaft mit „öffentlichem" Status, worauf Verfechter einer Gemeinwohlbindung abstellten[204], sondern Mitgliederverbände, die als Grundrechtsberechtigte die Interessen ihrer Mitglieder vertreten.[205] Sie sind damit genauso wenig wie andere Private – ohne gesonderte Bestimmung – dazu verpflichtet, mit ihren Regeln das Gemeinwohl zu befördern.[206] Dies steht nicht im Widerspruch zu der zur Zulässigkeit der AVE ergangenen Entscheidung des BVerfG, in der es meint, die Koalitionen erfüllten mit ihrer in Art. 9 Abs. 3 GG gewährleisteten Gestaltungsvollmacht eine „im öffentlichen Interesse liegende Aufgabe".[207] Denn daraus lässt sich weder ein öffentlicher Status der Koalitionen noch deren Gemeinwohlbindung als Grenze ihres Handelns ableiten.[208]

---

202 BAG v. 31.1.2018 – 10 AZR 695/16 (A), AP TVG § 2 Tarifzuständigkeit Nr. 26 Rn. 70; ausführlich zur fehlenden Grundrechtsbindung der Tarifvertragsparteien unlängst *Jacobs*, RdA 2023, 9 ff.

203 *Bruhn*, Tariffähigkeit, S. 124; *Olbrich*, Tariffähigkeit, S. 111; *Ossenbühl/Richardi*, Neutralität im Arbeitskampf, S. 123 f.; *Scholz*, in: HStR, § 175 Rn. 36; unter ausführlicher Beschäftigung mit der Herleitung eines Gemeinwohlerfordernisses als Rechtsetzungsschranke ebenso *Seiwerth*, RdA 2017, 373 (377).

204 Vgl. bspw. *Galperin*, DB 1969, 704 (706) (708); *Gamillscheg*, Kollektives Arbeitsrecht I, S. 479 f.; *Wiedemann*, in: Wiedemann, TVG (7. Aufl.), Einl. Rn. 341 ff.; *ders.*, RdA 1969, 321 (327); ähnl. *Säcker*, Gruppenautonomie und Übermachtkontrolle, S. 281 f.

205 Vgl. nur *Bayreuther*, Tarifautonomie als kollektiv ausgeübte Privatautonomie, S. 268; *Junker*, ZfA 1996, 383 (392); *Richardi*, Kollektivgewalt und Individualwille, S. 146; *ders.*, ZfA 1990, 211 (220); *Seiwerth*, RdA 2017, 373 (378); *Wiedemann*, BB 2013, 1397 (1402); vgl. auch BGH v. 14.3.1978 – VI ZR 68/76, NJW 1978, 2031 (2032); siehe zum Ganzen auch Kap. 3 A. I, B. II.

206 Vgl. *Adomeit*, Rechtsquellenfragen, S. 82 f.; *Richardi*, Kollektivgewalt und Individualwille, S. 45 f.; stellvertretend für die jüngere Vergangenheit *Bayreuther*, Tarifautonomie als kollektiv ausgeübte Privatautonomie, S. 266 ff.; *Höfling*, in: Sachs GG, Art. 9 Rn. 136, 150; *Kirchhof*, Private Rechtsetzung, S. 194: „Ihre Herkunft ist diffus, ihr Inhalt undefiniert und nicht justiziabel"; *Linsenmaier*, in: ErfK GG, Art. 9 Rn. 80 f.; *Rieble*, ZfA 2000, 5 (19 ff.); *Seiwerth*, RdA 2017, 373 (378); *Wiedemann*, BB 2013, 1397 (1402).

207 Vgl. BVerfG v. 24.5.1977 – 2 BvL 11/74, E 44, 322 (340).

208 Zutreffend *Seiwerth*, RdA 2017, 373 (377) Rn. 60; so schon vgl. auch schon BVerfG v. 26.5.1970 – 2 BvR 664/65, E 28, 295 (306).

Soweit das BVerfG meint, die Koalitionen müssten das gemeine Wohl berücksichtigen, wenn ihre potentiell das gesamtwirtschaftliche Gleichgewicht beeinträchtigenden Kampfmaßnahmen erlaubt sein sollen,[209] so hebt das nur darauf ab, dass der Staat seinerseits zu Gesetzgebung im Bereich des Arbeits- und Wirtschaftsrechts veranlasst wäre, wenn tarifvertraglich vereinbarte Bedingungen das gesamtgesellschaftliche Gleichgewicht massiv beeinträchtigen würden.[210] Die Aussicht auf eine gesetzgeberische Maßnahme reicht oft schon aus, damit die Koalitionen ihr Verhalten - die Frage des Einsatzes von Arbeitskampfmitteln - ein Stück weit an objektiven Richtigkeitsgesichtspunkten orientieren.[211] Immer wichtiger wird in diesem Zusammenhang auch der Umstand, dass die Koalitionen zunehmend gezwungen werden, die mitunter unter großer medialer Aufmerksamkeit stattfindenden Tarifauseinandersetzungen gegenüber der Öffentlichkeit zu rechtfertigen,[212] sodass Einigungen zu Lasten Dritter oder der Allgemeinheit ein Stück weit begrenzt werden[213]. Hierbei handelt es sich jedoch um praktisch-faktische Aspekte und nicht um verpflichtende rechtliche (Kontroll-)Vorgaben.

Mit dem Vertrauen darauf, dass Tarifverträge das Ergebnis eines kontradiktorischen Interessenausgleichs von sachnahen Parteien sind, rechtfertigt sich schließlich auch die vom Gesetzgeber vorgesehene Privilegierung des Tarifvertrags, die in den gesetzlich geregelten Fällen zur Unterschreitung des gesetzlich angeordneten Schutzniveaus berechtigt (vgl. beispielsweise nur § 622 Abs. 4 BGB, § 7 ArbZG, § 13 BurlG).[214] Indem der Gesetzgeber die Unabdingbarkeit der arbeitnehmerschützenden Bestimmungen aufhebt,

209 Vgl. BVerfG v. 18.12.1974 – 1 BvR 430/65 ua., E 38, 281 (307).

210 Ebenso *Bruhn,* Tariffähigkeit, S. 124; *Olbrich,* Tariffähigkeit, S. 111; die auf das Arbeitskampfrecht gestützte Ableitung der Gemeinwohlbindung ebenfalls ablehnend *Seiwerth,* RdA 2017, 373 (373 f.); *Wiedemann,* BB2013, 1397 (1402); teilw. werden aus Gemeinwohlbelangen gewisse Einschränkungen in der Art und Wiese der Kampfführung in der öffentlichen Daseinsfürsorge abgeleitet (Aufrechterhaltung von Notstandsarbeiten und die Errichtung von Notdiensten), vgl. hierzu *Linsenmaier,* in: ErfK GG, Art. 9 Rn. 128.

211 So schon *Richardi,* Kollektivgewalt und Individualwille, S. 145 f.

212 Vgl. *Enderlein,* RdA 1995, 264 (276); zum Einfluss des öffentlichen Diskurses allgemein *Dorndorf,* AuR 1990, 65 (69).

213 Vgl. *Olbrich,* Tariffähigkeit, S. 112: „Rücksichtnahme auf Absatzchancen am Markt" ziehe gewisse Grenzen.

214 Vgl. nur BAG 25.9.2013 – 4 AZR 173/12, TVG § Tarifverträge: Musiker Nr. 26 Rn 27; v. 10.6.1980 – 1 AZR 168/79, AP Art. 9 GG Arbeitskampf Nr. 65 (A. I. 1. c. der Gründe); relativierend *Krämer,* Richtigkeitsgewähr, S. 204 ff.

führt er in der Sache ebenfalls Kontrolle zurück und eröffnet (wieder) Spielräume für private Rechtsetzung.

III. Korrelation von gewerkschaftlicher Mitgliederstärke und Sonderstellung der Tarifverträge

Voraussetzung für diese zurückgenommene Kontrolle des Staates ist, dass der Tarifvertrag in der Lage ist, die in ihn gesetzten Erwartungen tatsächlich zu erfüllen. An dieser Stelle wird nun die Bedeutung der Mitgliederzahlen in Gewerkschaften für die Funktionsfähigkeit der Tarifautonomie verstanden als Schutzinstrument relevant. Im Zentrum der Betrachtungen steht dabei die für die Vermutung einer Angemessenheit der Tarifabrede maßgebliche Parität zwischen den Tarifvertragsparteien. Das ursprünglich dem Arbeitskampfrecht entstammende „Paritätsgebot“[215] ist diesem längst entwachsen und seine Einhaltung zur Funktionsbedingung der gesamten Tarifautonomie erklärt worden.[216]

1. Abhängigkeit der gewerkschaftlichen Durchsetzungsstärke von Mitgliederzahlen

Die Frage, ob eine Gewerkschaft wiederum stark genug ist, um eine ausgeglichene Verhandlungssituation mit der Arbeitgeberseite herbeizuführen, hängt entscheidend von der Zahl der ihre Arbeit legitimierenden Mitglieder ab.

a) Soziale Mächtigkeit

Als tariffähig werden nur solche Gewerkschaften betrachtet, die eine „soziale Mächtigkeit“ besitzen,[217] also „in der Lage sind, den von der

215 Grundlegend BVerfG v. 26.6.1991 – 1 BvR 779/85, E 84, 212 (229) und BVerfG v. 4.7.1995 – 1 BvF 2/86 ua, E 92, 365 (395).

216 St. Rspr. siehe nur BVerfG v. 9.7.2020 – 1 BvR 719/19 u.a., AP GG Art. 9 Arbeitskampf Nr. 191 Rn. 14; v. 11.7.2017 – 1 BvR 1571/15 ua., E 146, 71 (120) Rn. 146; v. 4.7.1995 – 1 BvF 2/86 ua, E 92, 365 (395); *Jacobs*, in: Wiedemann TVG Einleitung Rn. 325.

217 Siehe zur Abhängigkeit der Tariffähigkeit von der einschränkenden Voraussetzung der Mächtigkeit nur *Franzen*, in: ErfK TVG § 2 Rn. 11 ff.; *Linsenmaier*, in: ErfK GG Art. 9 Rn. 66 f.

staatlichen Rechtsordnung freigelassenen Raum des Arbeitslebens durch Tarifverträge sinnvoll zu gestalten, um so die Gemeinschaft sozial zu befrieden."[218] Es wird verlangt, dass eine tariffähige Gewerkschaft genug Durchsetzungskraft besitzt, um den Gegenspieler bei Bedarf auch unter Druck zu setzen und zur Beachtung der eigenen Interessen zu bewegen. Diese Fähigkeit korrespondiert maßgeblich mit der Mitgliederzahl.[219] Je größer diese ist, desto mehr Arbeitnehmer kann die Gewerkschaft tendenziell zum Arbeitskampf mobilisieren und desto größer ist somit ihr Potential zur Druckausübung.[220] Nicht verschwiegen werden soll hier aber, dass neben der absoluten Zahl auch die Stellung der Mitglieder im Betrieb nicht unwichtig ist. Dies führen die Streiks im deutschen Bahn- und Flugverkehr eindrucksvoll vor Augen.[221] Besetzen Gewerkschaftsmitglieder Schlüsselpositionen, kann auch schon eine geringere Zahl erhebliche Betriebsablaufstörungen herbeiführen, die Arbeitgeber an den Verhandlungstisch zwingen können.

b) Umfang der Ordnungs- und Befriedungswirkung

Zugleich besteht auch ein gewisser Zusammenhang zwischen der Anzahl der Mitglieder und der Reichweite einer nach Abschluss eines Tarifvertrags eintretenden Befriedungs- und Ordnungswirkung (so jedenfalls bei idealtypischem Übergewicht der Tarifbindung infolge von Mitgliedschaft gem.

---

218 Zit. n. BVerfG v 13. 11.2019 – 1 BvR 1/16, AP TVG § 2 Tariffähigkeit Nr. 11, Rn. 9; zuvor schon BVerfG v. 06.05.1964 – 1 BvR 79/62, E 18, 18 (28); vgl. auch BVerfG v. 18.11.1954 – 1 BvR 629/52, E 4, 96 (108); v. 19.10.1966 – 1 BvL 24/65, E 20, 312 (317); v. 1.3.1979 – 1 BvR 532/77 u.a., E 50, 290 (367); v. 20.10.1981 – 1 BvR 404/78, AP TVG § 2 Tariffähigkeit Nr. 31 (B. I. 2. der Gründe); v. 14.12.2010 – 1 ABR 19/10, AP TVG § 2 Tariffähigkeit Nr. 6 Rn. 67.

219 *Andelewski*, Staatliche Mindestarbeitsbedingungen, S. 29, der den Nettoorganisationsgrad als entscheidend für die „Mächtigkeit der Gewerkschaft" betrachtet; vgl. auch *Pionteck*, Stärkung der Tarifautonomie, S. 86 f.

220 Man wird jedoch nicht außer Acht lassen dürfen, dass auch die Teilnahme von Außenseiter-Arbeitnehmern eine entscheidende Rolle für den Erfolg von Arbeitskampfmaßnahmen spielt, für die der geringe gewerkschaftliche Organisationsgrad ein Problem ist, vgl. *Frieling/Jacobs/Krois*, in: ArbKampfR-HdB, § 1 Rn. 13; zur Zulässigkeit der Unterstützung durch Außenseiter vgl. BVerfG v. 10.9.2004 – 1 BvR 1191/03, AP GG Art. 9 Arbeitskampf Nr. 167 (B. 2.b) der Gründe).

221 Stichwort ist hier das des „Funktionseliten"-Streiks, vgl. *Rieble*, BB 2003, 1227; siehe zur Auseinandersetzung im Jahr 2021 FAZ v. 11.8.2021, S. 15 (GDL bremst Kunden und Konjunktur).

§§ 4 Abs. 1, 3 Abs. 1 TVG gegenüber sonstiger Tarifgeltung).[222] Je mehr Arbeitnehmer die Gewerkschaft vertritt, desto weitreichender ist eine durch sie ausgehandelte Einigung und desto eher lässt sich mit einer Einigung ein sozialer Friede erreichen. Dieser Aspekt ist für die Arbeitgeberseite bedeutend[223] und kann schon bei Verhandlungen eine wichtige Rolle einnehmen. Zutreffend ist zwar, dass Arbeitgeber durch eine starke Gewerkschaft zu Zugeständnissen gezwungen werden können, die für sie mit unliebsamen Mehrkosten verbunden sein mögen. Insofern dürfte ihnen also eher an einer Schwäche der Gewerkschaften gelegen sein. Andererseits – und das sollten sich mehr Arbeitgeber vor Augen halten – dürften sie aber zugleich auch ein Interesse an starken Verhandlungspartnern haben. Denn eine Gewerkschaft mit hohen Mitgliederzahlen in der Branche kann besser dazu beitragen, mit Hilfe von Tarifverträgen einen Standard in der Branche zu schaffen und den über Arbeitskosten geführten Wettbewerb zu beschränken. Kurz gesagt befördern starke Gewerkschaften tendenziell die den Arbeitgebern angenehme Kartellwirkung von Tarifverträgen und die dadurch bewirkte Befriedung in der Fläche.[224] Wenn diese Voraussetzung vorliegt, verspricht dies den Arbeitgebern geringere Konfliktkosten, was wiederum zum Beitritt in den Arbeitgeberverband motivieren kann.[225]

Deshalb haben Gewerkschaften mit hohen Mitgliederzahlen in Verhandlungen mit der Arbeitgeberseite insgesamt eine bessere Position, sind also durchsetzungsfähiger. Demgegenüber „stören" Außenseiter-Arbeitnehmer die Ordnungs- und Befriedungswirkung. *Mayer-Maly* meint, der Außensei-

---

222 Der Zusammenhang zwischen Mitgliederzahl und Wirkungsumfang wird jedoch mittlerweile weitgehend ausgehebelt durch die zunehmende Verwendung von Bezugnahmen, teilweise auch über Erstreckungen gem. § 5 TVG, §§ 3, 7, 7a AEntG, siehe dazu unter Kap. 2 B. V.; siehe zur Partizipation aufgrund gewerkschaftlich forcierter Maßnahmen Kap. 2 C. II.

223 Vgl. *Weitbrecht/D'Antonio,* in: Handbuch Arbeitsgeber- und Wirtschaftsverbände, S. 455 (459).

224 Dies gilt unter Ausklammerung der Extensionsmaßnahmen wie der AVE, die jedoch historisch gesehen auch nur dann zum Tragen kommen sollte, wenn schon eine Mehrzahl der Arbeitsverhältnisse in der Branche vom Tarifvertrag erfasst wurde, vgl. *Walser,* Einfluss der Rechtsordnung auf die Tarifbindung der Arbeitgeber, S. 46; *Weitbrecht/D'Antonio,* in: Handbuch Arbeitsgeber- und Wirtschaftsverbände, S. 455 (459)

225 Vgl. *Weitbrecht/D'Antonio,* in: Handbuch Arbeitsgeber- und Wirtschaftsverbände, S. 455 (458 f.) mit dem Hinweis darauf, dass Arbeitgeber eher als Gewerkschaften Probleme damit haben, eine bestimmte Politik gegenüber ihren Mitgliedern durchzusetzen. Schließlich ist jeder Arbeitgeber rechtlich auch alleine tariffähig ist (§ 1 Abs. 2 TVG) und hat (oft) die Ressourcen zum Tarifvertragsabschluss ohne Verband.

ter sei für das kollektive Arbeitsrecht das, was für Ludwig Ehrhard der Gammler ist, er sei „der Gammler des kollektiven Arbeitsrechts".[226]

c) Finanzielle Ausstattung

Weiterer Aspekt zur Beurteilung der Durchsetzungskraft ist die finanzielle Ausstattung einer Gewerkschaft. Um selbstbewusst und kampfstark gegenüber der Arbeitgeberseite auftreten zu können, benötigen Gewerkschaften qualifiziertes Fachpersonal und eine ausreichend gefüllte gewerkschaftliche Streikkasse.[227] Überdies ist der Unterhalt von Gewerkschaftsbüros für den persönlichen Kontakt vor Ort noch immer ein wichtiger Faktor bei der Rekrutierung neuer Mitglieder sowie für den Austausch mit bestehenden Mitgliedern.[228] Die Finanzierung dieser Infrastruktur bestreiten Gewerkschaften jedoch wegen der konzeptionellen Unabhängigkeit von Staat, Parteien und Kirche allein über Mitgliedsbeiträge sowie Einnahmen aus ihrem Vermögen.[229]

Angesichts der rückläufigen Mitgliederzahlen und damit auch der Einnahmen sahen sich bereits einige Gewerkschaften zu einem als problematisch erachteten Rückzug aus der Fläche durch Ausdünnung der Gewerkschaftsbüros gezwungen.[230] Insofern nimmt die Mitgliederzahl erneut eine entscheidende Rolle ein. Diese ist essenziell, da sich – jedenfalls alle tariffähigen und damit unabhängigen – Gewerkschaften ausschließlich über Mitgliederbeiträge finanzieren und damit von einer hinreichend hohen Mitgliederzahl abhängig sind.[231]

226 *Mayer-Maly*, in: DJT 1966, S. 136 zitiert nach *Kreis*, Der Anschluss eines Aussenseiters, S. 228.

227 Vgl. *Freidank*, in: Gewerkschaften und die Politik der Erneuerung, S. 227 (227) (232); *Schnabel*, Wirtschaftsdienst 2016, 426 (430 f.)

228 Vgl. *Schnabel*, Wirtschaftsdienst 2016, 426 (431).

229 Vgl. nur *Dribbusch/Birke*, Gewerkschaften in Deutschland, S. 7, daraus bestreiten Gewerkschaften auch die Kosten für den Verwaltungsapparat) und Mitgliederleistungen, ausgenommen sind jedoch Zusatzangebote, die allein Mitgliedern exklusiv zugänglich sind, aber die Zahlung eines separaten Beitrags erfordern, z.B. ist für die Mitgliedschaft der Gewerkschaftlichen Unterstützungseinrichtung der DGB-Gewerkschaften (GUV/FAKULTA) ein Beitrag von 21 EUR im Jahr fällig, vgl. hierzu https://www.guv-fakulta.de/unsere-leistungen.html (letzter Abruf am 12.2.2022).

230 Vgl. *Schnabel*, Wirtschaftsdienst 2016, 426 (431).

231 Vgl. nur *Dribbusch/Birke*, Gewerkschaften in Deutschland, S. 7; ausgenommen sind Zusatzangebote, die allein Mitgliedern exklusiv zugänglich sind, aber die Zahlung eines separaten Beitrags erfordern, z.B. ist für die Mitgliedschaft der Gewerkschaft-

2. Notwendiger Gleichlauf von Verantwortung und Betroffenheit als „internes Kontrollelement“ gewerkschaftlicher Agitation

Nicht übersehen werden darf hierbei jedoch ein weiterer Aspekt, der neben Zahl und Stellung der Mitglieder tritt. Von besonderer Bedeutung ist, dass der Organisationsgrad vor allem unter denjenigen Arbeitnehmern hoch ist, die von den Verhandlungsergebnissen der Gewerkschaft betroffen sein werden. Es muss ein Gleichlauf von Verantwortung und Betroffenheit herrschen, da dieser der Garant für die inhaltliche Angemessenheit der Koalitionsarbeit ist. Für Arbeitgeberkoalitionen hat die Rechtsprechung dies im Zusammenhang mit der Zulassung von OT-Mitgliedschaften ausdrücklich festgestellt.[232] Die Rechtsprechung verlangt, dass eine Einflussnahme auf tarifpolitische Entscheidungen durch OT-Mitgliedern durch die Satzung ausgeschlossen wird. Die dahinterstehende Überlegung muss jedoch genauso für die Arbeitnehmerseite gelten, was die Geschehnisse in der Leiharbeitsbranche Mitte der 2000er Jahre nur zu deutlich vor Augen geführt haben.

Diese Branche war bis 2003 tarifvertraglich kaum reguliert und wies einen sehr niedrigen Organisationsgrad auf Arbeitnehmerseite auf. Sowohl Arbeitgeberverbände als auch Gewerkschaften taten sich angesichts der branchenübergreifenden Tätigkeit von Entleiherunternehmen und Leiharbeitnehmern schwer, die Zuständigkeiten zu klären und jene in die branchengeprägten Verbandsstrukturen einzuordnen.[233] Der Gesetzgeber erachtete die Reform des Arbeitnehmerüberlassungsgesetzes (AÜG) als Gelegenheit, diesen weißen Fleck auf der Tarifkarte zu beseitigen und die Tarifvertragsparteien zur Reglementierung anzuregen. Dazu ermöglichte er es, mittels Tarifvertrags von dem Grundsatz der Gleichbehandlung der Leiharbeitnehmer abzuweichen (vgl. §§ 3 Abs. 1 Nr. 3 und 9 Nr. 2 AÜG

---

lichen Unterstützungseinrichtung der DGB-Gewerkschaften (GUV/FAKULTA) ein Beitrag von 21 EUR im Jahr fällig, vgl. hierzu https://www.guv-fakulta.de/unsere-leistungen.html (letzter Abruf am 12.2.2022).

232 BAG, Urt. v. 21.11.2012 – 4 AZR 27/11, AP TVG § 3 Verbandsaustritt Nr. 16 (Rn. 14); v. 19.06.2012 – 1 AZR 775/10, AP GG Art. 9 Arbeitskampf Nr. 177, Rn. 16.v. 22. 4. 2009 – 4 AZR 111/08, AP TVG § 3 Verbandszugehörigkeit Nr. 26, Rn. 28, 37; v. 4. 6. 2008 – 4 AZR 419/07 – Rn. 65, BAGE 127, 27 = AP TVG § 3 Nr. 38; siehe auch *Mayer*, Differenzierungsklauseln, S. 226.

233 *Walser*, Einfluss der Rechtsordnung auf die Tarifbindung der Arbeitgeber, S. 81, 233; siehe auch *Preis/Ulber*, FS Kempen (2013), S. 15 (23): *„Mitgliederzahlen und tarifpolitische Durchsetzungsmacht dieser Verbände sind und bleiben trivial“.*

a.F.).[234] Die Dispositivität der Normen beschränkte sich jedoch nicht auf Fälle der beiderseitigen normativen Tarifgebundenheit. Stattdessen reichte es ebenso aus, wenn ein Tarifvertrag mit abweichenden Regeln in Bezug genommen wurde (vgl. §§ 9 Nr. 2, 10 Abs. 4 AÜG a.F.). Dies erwies sich rückblickend als problematisch. Bereits bis zum Jahresende 2003 war es zum Abschluss von vier branchenweit gültigen Tarifverträgen gekommen, die ein deutlich schlechteres Niveau aufwiesen als die Tarifabschlüsse für das Stammpersonal in den Einsatzbranchen. Grund dafür war die sehr große Bereitschaft der Gewerkschaften, den Arbeitgebern in ihren Forderungen entgegenzukommen. Die Tarifgemeinschaft Christlicher Gewerkschaften für Zeitarbeit und Personalserviceagenturen (CGZP), die den ersten Abschluss erzielt hatte, verfügte über eine kaum relevante Mitgliederzahl. Selbst nach eigenen Angaben von Ende 2008 waren in ihren Mitgliedsgewerkschaften nur 1.383 Leiharbeitnehmer organisiert, was angesichts der im Jahr 2008 durchschnittlichen beschäftigten 760.604 Leiharbeitnehmer einen Organisationsgrad von unter 0,25 % der Betroffenen bedeutete.[235] Der Gewerkschaft kam jedoch zugute, dass der ausgehandelte Tarifvertrag ohnehin nicht nach dem gesetzgeberischen Modell der §§ 4 Abs. 1, 3 Abs. 1 TVG Bedeutung erlangen musste, sondern diese vor dem Hintergrund der Tariföffnungsklausel auch über die Bezugnahme erreicht werden konnte. Es war also einer sehr kleinen Anzahl von Arbeitnehmern möglich, den Arbeitgebern das Instrument zur Unterbietung der gesetzlich festgelegten Standards an die Hand zu geben. Vor diesem Hintergrund wurden die christlichen Gewerkschaften auch als „Lohndumpingdienstleister für die Arbeitgeberseite" bezeichnet.[236] Im Jahr 2010 wurde der CGZP die Tariffähigkeit schließlich abgesprochen.[237] Das änderte aber nichts daran, dass der niedrige Abschluss der Tarifgemeinschaft 2003 zunächst auch die DGB-Gewerkschaften unter Druck gesetzt hatte, sodass diese letztlich ebenfalls den

234 BT-Drs. 15/25, S. 24, vgl. auch *Walser*, Einfluss der Rechtsordnung auf die Tarifbindung der Arbeitgeber, S. 233.

235 Vgl. BAG v. 14.12.2010 – 1 ABR 19/10, AP TVG § 2 Tariffähigkeit Nr. 6 Rn. 15 (= NZA 2011, 289); vgl. auch *Preis/Ulber*, FS Kempen (2013), S. 15 (22 f.).

236 Zit. n. *Preis/Ulber*, FS Kempen (2013), S. 15 (23); *Deinert*, NZA 2009, 1176 (1177); ebenfalls kritisch ob dieser Strukturen *Richardi*, NZA 2013, 408 (411); *Schlachter*, SR 2020, 205 (210): „wirkt […] in problematischer Weise fördernd auf einen Unterbietungswettbewerb".

237 BAG v. 14.12.2010 – 1 ABR 19/10, AP TVG § 2 Tariffähigkeit Nr. 6 Rn. 93 ff. (= NZA 2011, 289).

Forderungen der Arbeitgeber nachgegeben hatten.[238] Die DGB-Gewerkschaften wiesen zwar wesentlich höhere absolute Mitgliedszahlen auf. Hier waren jedoch die Leiharbeitnehmer, welche die Tarifabschlüsse letztlich betrafen, nur sehr spärlich vertreten, also unterrepräsentiert. Sie dürften wohl kaum in der Lage gewesen sein, auf die interne Willensbildung Einfluss zu nehmen.[239]

Insofern stellen die niedrigen Abschlüsse in der Leiharbeitsbranche ein Paradebeispiel für eine Dysfunktionalität der Tarifautonomie dar. Die fehlende Notwendigkeit, die tarifpolitischen Entscheidungen vor den tatsächlich Betroffenen zu rechtfertigen, und die fehlende Verknüpfung von Tariferfolg und Organisationsquote haben dazu geführt, dass die Angemessenheit der Tarifabschlüsse insoweit in Frage gestellt werden muss.[240] Wie sonst ließe sich erklären, dass die DGB-Gewerkschaften für die Stammbelegschaften bessere Arbeitsbedingungen aushandelten? Diese Erfahrung erinnert also daran, dass der Gleichlauf von Verantwortung und Betroffenheit ein zentrales Prinzip des deutschen Tarifrechts ist und bleiben muss. Neben der absoluten Zahl der Mitglieder ist also auch die Repräsentativität der Mitgliederbasis für die späteren Regelungsunterworfenen eine entscheidende Größe.[241]

IV. Korrelation von Geltungsgrund und Schutzwirkung der Tarifverträge

Ausgehend vom funktionalen Verständnis der Tarifautonomie[242] wird für die Beurteilung ihres Gesundheitszustands erforderlich sein, die Bedeutung der Tarifverträge für die tatsächliche Gestaltung der Arbeitsbedingungen

---

238 Vgl. *Walser*, Einfluss der Rechtsordnung auf die Tarifbindung der Arbeitgeber, S. 235.

239 Vor diesem Hintergrund plädiert etwa *Olbrich*, Tariffähigkeit, S. 38 ff., 265 dafür, dass Abweichungen von tarifdispositivem Recht de lege ferenda nur für Tarifverträge repräsentativer Vereinigungen zugelassen werden.

240 Vgl. *Richardi*, NZA 2013, 408 (410): „problematisch, wenn den Verbänden mit der Wahrnehmung der Mitgliederinteressen auch die Befugnis eingeräumt wird, über die Angemessenheit der Außenseiterinteressen zu befinden.".

241 *Dieterich*, in: GS Zachert (2010), S. 532 (542) regte insofern an, Tariferstreckungen über die Mitglieder hinaus nur noch dann zuzulassen, wenn Tariffähigkeit *und Repräsentativität* der Gewerkschaft vorliegen und so missbräuchlichen Praktiken einen Riegel vorzuschieben; vgl. *ders.*, in: Tarifgestützte Mindestlöhne, S. 103 (124); ebenso *Olbrich*, Tariffähigkeit, S. 38 ff., 265.

242 Siehe zur Bedeutung dieses funktionalen Verständnisses in übergeordneten Zusammenhängen auch *Löwisch/Rieble* TVG, Grundlagen § 34 ff.

der in Deutschland beschäftigten Arbeitnehmer zu erfassen. Während die Mitgliederzahl der Gewerkschaften, wie dargelegt, mit dem Grad an inhaltlicher Angemessenheit der Tarifverträge – man könnte auch sagen mit ihrer Qualität – korrespondiert, bestimmt der Grund ihrer Geltung im Einzelarbeitsverhältnis den Umfang und die Intensität der Schutzwirkung. Wie zu zeigen sein wird, ist diese dann am höchsten, wenn eine normative Tarifgeltung vorliegt, die auf eine korrespondierende Tarifbindung kraft Mitgliedschaft zurückgeht. Hierbei handelt es sich um das Idealbild der kollektiv ausgeübter Privatautonomie.

1. Hoher Schutzstandard bei mitgliedschaftlich veranlasster normativer Tarifgeltung

Normativ – also unmittelbar und zwingend – können Tarifbestimmungen im Einzelarbeitsverhältnis nur wirken, soweit es sich um Rechtsnormen iSv § 1 Abs. 1 TVG handelt, das Arbeitsverhältnis in den Geltungsbereich des Tarifvertrags fällt und beide Parteien an den Tarifvertrag gebunden sind (§§ 1 Abs. 1, 4 Abs. 1, 3 TVG). Im Einzelarbeitsverhältnis zwischen korrespondierend Tarifgebundenen wirken sie somit wie jedes andere Gesetz von außen auf das Vertragsverhältnis ein, ohne dass es eines weiteren Umsetzungsakts oder der individuellen Zustimmung zu den Tarifinhalten bedürfte.[243] Wie oben bereits erläutert, wirken die Tarifbestimmungen (einseitig) zwingend. Das heißt, sie verbieten jede Abweichung, die zu Lasten des Arbeitnehmers geht (Günstigkeitsprinzip, vgl. § 4 Abs. 3 TVG), sofern sie nicht im Tarifvertrag ausdrücklich gestattet ist (Öffnungsklausel). Somit wird der Arbeitnehmer einerseits geschützt, soweit dies zur Sicherung von Mindestarbeitsbedingungen erforderlich ist, und andererseits seine durch Art. 12 GG garantierte Arbeitsvertragsfreiheit so weit wie möglich erhalten.[244] § 4 Abs. 4 TVG verhindert bzw. beschränkt hinsichtlich entstandener tarifvertraglicher Rechte den auf sie bezogenen Verzicht, die Verwirkung und die Vereinbarung von Ausschlussfristen für ihre Geltendmachung.

243 Insofern werden Tarifverträge als materielle Gesetze eingeordnet, vgl. zur bewussten Formulierung als „Rechtsnorm“ bei Erlass des TVG *Herschel*, ZfA 1973, 183 (188); so auch über Jahrzehnte von der Rspr. gedeutet, vgl. BVerfG v. 24.5.1977 – 2 BvL 11/74, E 44, 322 (341): „handelt sich um Gesetzgebung im materiellen Sinne, die Normen im rechtstechnischen Sinne erzeugt“, mwN.

244 Vgl. *Franzen*, in: ErfK, TVG, § 4 Rn. 31; *Giesen*, in: BeckOK ArbR, TVG § 4 Rn. 29; *Wank*, in: Wiedemann TVG, § 4 Rn. 421.

Diese sog. „Unverbrüchlichkeit“ sichert die Position des Arbeitnehmers auch für die Zeit nach Tarifvertragsabschluss ab und schützt ihn vor dem Verlust einmal entstandener Rechte, wenn dieser Schutz auch „nur um den Preis einer partiellen ‚Entmündigung‘ zu haben“[245] ist.[246] Zuletzt stellt der Gesetzgeber mit der in § 4 Abs. 5 TVG geregelten Nachwirkung sicher, dass auch nach dem Ende des Tarifvertrags die von ihm geregelten Rechtsverhältnisse nicht „inhaltsleer“ werden und die Zeit bis zum Abschluss einer neuen kollektiven oder einzelvertraglichen Abrede überbrückt wird.[247]

2. Nachteile einer nur schuldrechtlichen Tarifgeltung

Dieser Umfang und diese Art der Einwirkung auf das Einzelarbeitsverhältnis unterscheidet die normative von der „nur“ schuldrechtlichen Tarifgeltung, die sich infolge einer individualvertraglichen (vollständigen) Bezugnahme auf den Tarifvertrag einstellt.[248] Im TVG findet die Bezugnahme keine ausdrückliche Erwähnung, insbesondere wurde die „Berufung auf den Tarifvertrag“ aus der TVVO von 1918 trotz der Aufnahme in eine Entwurffassung letztlich nicht übernommen.[249] Trotzdem ist sie allgemein anerkannt. Dies bestätigen einerseits eine Reihe sog. „gesetzlicher Zulassungsnormen“, die es tarifgebundenen Arbeitgebern sowie Außenseiter-Arbeitgebern erlauben, durch Inbezugnahme von Tarifbestimmungen von arbeit-

---

245 *Löwisch/Rieble* TVG, § 4 Rn. 657.

246 Siehe hierzu nur *Giesen*, in: BeckOK ArbR, TVG § 4 Rn. 35.

247 Mit § 4 Abs 5 TVG will der Gesetzgeber seiner Ordnungsaufgabe gerecht werden, vgl. BAG v. 18.3.1992, 4 AZR 339/91, AP TVG § 3 Nr. 13; s.a. *Franzen*, in: ErfK, TVG, § 4 Rn. 50; *Thüsing*, in: Wiedemann TVG, § 1 Rn. 54; *Wank*, in: Wiedemann TVG, § 4 Rn. 351.

248 Nachdem die Wirkung der Bezugnahme unter Geltung der TVVO 1918 noch umstritten war, ist ihre rein schuldrechtliche Natur mittlerweile anerkannt, siehe BAG 22.10.2008 – 4 AZR 784/07, AP TVG § 1 Bezugnahme auf Tarifvertrag Nr. 66; *Annuß*; ZfA 2005, 405 (409); *Franzen*, in: ErfK TVG § 1 Rn. 32, *Giesen*, ZfA 2016, 153 (159); *Henssler*, in: HMB/ Teil 10 Rn. 7; *Klumpp*, in: MHdB ArbR, § 246 Rn. 9; *Löwisch/Rieble* TVG, § 3 Rn. 575; *Oetker*, in: Wiedemann TVG § 3 Rn. 278, 285; *ders.*, in: JKOS § 6 Rn. 205; aA (Vergleich der Bezugnahme mit IPR-Rechtswahl) *v. Hoyningen-Huene*, RdA 1974, 138.

249 Noch zu finden in § 5 Abs. 3 Vorentwurf des beim Länderrat der amerikanischen Zone gebildeten Unterausschusses Arbeitsrecht vom 14.3.1947: „Berufen sich die Arbeitsvertragsparteien bei Abschluß eines Arbeitsvertrages auf einen Tarifvertrag, so wird mangels abweichender Bestimmung angenommen, daß sie sich dem Tarifvertrag in seiner jeweils geltenden Fassung haben unterwerfen wollen“.; vgl. auch *Annuß*, ZfA 2005, 405 (408).

nehmerschützenden, aber tarifdispositiven Vorschriften abzuweichen.[250] Anderseits wird die Bezugnahme mittlerweile in Gesetzen aufgegriffen, wie z.B. durch § 5 Entgelttransparenzgesetz (EntgTranspG), der zwischen tarifgebundenen Arbeitgebern (Abs. 4) und sog. tarifanwendenden Arbeitgebern (Abs. 5) eigens unterscheidet. In Arbeitsverhältnissen zwischen Tarifgebundenen haben Bezugnahmeklauseln nur deklaratorische Wirkung, während sie in Arbeitsverhältnissen mit mindestens einem Außenseiter die Anwendung der Tarifbestimmungen erst herbeiführen.[251] Statt wie ein Gesetz von außen auf das Arbeitsverhältnis einzuwirken, werden die Tarifbestimmungen im Falle einer Bezugnahme jedoch zum Inhalt des Einzelarbeitsvertrages und nehmen somit nur an dessen – schuldrechtlicher – Wirkung teil.[252] Ihre Legitimationsgrundlage ist die individuell ausgeübte Privatautonomie der Arbeitsvertragsparteien.[253]

Daraus folgt, dass die tarifvertraglich vorgegebenen Arbeitsbedingungen individuell abgeändert werden können, und zwar nicht nur zu Gunsten, sondern auch zulasten der Arbeitnehmer (keine Anwendbarkeit von § 4 Abs. 3 TVG). Außerdem kann der Arbeitgeber mit den nur schuldrechtlich partizipierenden Außenseiter-Arbeitnehmern ohne Weiteres einen Vergleich abschließen, der auch zum Verzicht auf tarifliche Rechte führt,[254] während § 4 Abs. 4 TVG die tarifgebundenen Arbeitnehmer davor schützt. Ohne eine zwingende Wirkung der durch kollektive Ausübung der Privatautonomie zustande gekommenen Bedingungen kann die strukturelle Unterlegenheit des einzelnen Arbeitnehmers gegenüber seinem Arbeitgeber

---

250 Vgl. nur beispielhaft § 7 Abs. 3 S. 1 und 3 ArbZG; § 1 Abs. 1 S. 4 WissZVG; zum Ganzen *Oetker*, in: Wiedemann TVG § 3 Rn. 447 f.

251 Vgl. nur *Franzen*, in: ErfK TVG § 3 Rn. 33.

252 Vgl. BAG v. 7.12.1977 – 4 AZR 474/76, AP TVG § 4 Nachwirkung Nr. 9; v. 24.11.2004 – 10 AZR 202/04, AP BGB § 242 Betriebliche Übung Nr. 70 (= NZA 2005, 349), II. 3. c) aa) der Gründe; *Eylert/Rinck*, RdA 2022, 146 (147); *Franzen*, in: ErfK, TVG § 3 TVG Rn. 32; *Oetker*, in: JKOS § 6 Rn. 206; *Henssler*, in: HWK, TVG § 3 Rn. 16; *Löwisch/Rieble* TVG, § 3 Rn. 583; siehe zur Wirkung als Gleichstellungsabrede unter Kap. 2 C. III. 4. a) aa).

253 So schon BAG 5.11.1963 – 5 AZR 136/63, AP TVG § 1 Bezugnahme Nr. 1; *Eylert/Rinck*, RdA 2022, 146 (147).

254 *Löwisch/Rieble*, TVG § 3 Rn. 584; *Stein*, in: Kempen/Zachert TVG, § 3 Rn. 191; unter Hinweis auf die Vertragsfreiheit *Reufels*, in: Thüsing/Braun, Kap. 8 Rn 73; differenzierend *Lorenz*, in: Däubler TVG § 3 Rn. 254: bei Bezugnahme als Gelichstellungsabrede analoge Anwendung § 4 Abs. 4 TVG, iÜ Verzicht zulässig nach allg. Grundsätze des BGB.

wieder Platz greifen.[255] Dadurch ist sowohl der Zugang zu tariflichen Arbeitsbedingungen selbst als auch die Beibehaltung der Tarifbestimmungen für Außenseiter-Arbeitnehmer Gegenstand individueller Vereinbarung und damit mit Unsicherheit behaftet.

Anschaulich wird dies etwa im Kontext von Unternehmenssanierungen und Umstrukturierungen. Hierbei dürfte es sich um das letzte praktische Anwendungsfeld von Differenzierungsklauseln handeln, die Außenseiter-Arbeitnehmer von tarifvertraglich gewährten Sonderleistungen (teilweise) ausschließen.[256] So billigte das BAG – entgegen der sonst restriktiven Linie mit Blick auf die besondere Wichtigkeit der Kalkulierbarkeit von Leistungen in der Sanierungssituation – in einem aufsehenerregenden Grundsatzurteil eine Binnendifferenzierungsklausel in einem Sanierungstarifvertrag. Dieser hatte die Höhe von Überbrückungs- und Abfindungsleistungen von der Mitgliedschaft in der Gewerkschaft zu einem in der Vergangenheit liegenden Stichtag abhängig gemacht.[257] Ebenso wenig wie die erst nach

---

255 Sehr anschaulich *Junker*, NZA 1997, 1305 (1314): „Der Betriebsrat kann jedoch die Belegschaft darauf aufmerksam machen, daß die Individualnormen des Tarifvertrags nach § 4 I 1 TVG nur zwischen den beiderseits Tarifgebundenen normativ gelten. [...] Er kann diese allgemeine Rechtsauskunft mit dem Hinweis verbinden, daß Außenseiter nicht gehindert sind, bei gleichem Lohn individualvertraglich statt der 35- die 38-Stunden-Woche zu vereinbaren, und daß dadurch Arbeitsplätze gesichert werden können. Das ArbG Marburg hat kürzlich dieser Variante der individuellen Vertragsfreiheit Raum gegeben: ‚*Für die nicht organisierten Mitarbeiter gelten die einschlägigen Tarifverträge nur aufgrund einzelvertraglicher Bezugnahme. Im Rahmen der Privatautonomie bestehen gegen eine solche vertragliche Bezugnahme keine Bedenken. Andererseits haben die Arbeitsvertragsparteien jederzeit die Möglichkeit, solche gerade nicht normativ wirkenden Regelungen durch eine Änderung des Vertrags zu verbessern oder auch zu verschlechtern ... Im Rahmen der Vertragsfreiheit durften die nicht tarifgebundenen Mitarbeiter zusammen mit dem Arbeitgeber in rechtlich unbedenklicher Weise darüber entscheiden, in welchem Umfang die einschlägigen Tarifverträge auf ihr Arbeitsverhältnis Anwendung finden.*‘"

256 Vgl. *Däubler*, KJ 2014, 372 (381); *Däubler/Heuschmid*, RdA 2013, 2, siehe Näheres unter Kap. 2 C. III IV.

257 Vgl. BAG v. 15.4.2015 – 4 AZR 796/13, AP TVG § 3 Nr. 57, im zugrundeliegenden Fall sollte zum Ausgleich der Aufhebung von manteltarifvertraglichem Sonderkündigungsschutz den organisierten Arbeitnehmern in der gebildeten Transfergesellschaft eine höhere Abfindungssumme zustehen. Es wurde ein Sanierungs-TV geschlossen und ein dem gegenüber günstigerer „Ergänzungs-TV", der seinen Anwendungsbereich jedoch auf Mitglieder beschränkte, die schon vor Abschluss des Ergänzungs-TV Gewerkschaftsmitglieder waren; siehe hierzu *Mayer*, Differenzierungsklauseln mit Stichtagsregelung, S. 33 f.; *Lorenz*, in: Däubler TVG, § 3 Rn. 218; die Praxis der Differenzierung in Sanierung und Restrukturierung ist dabei keineswegs neu, vgl. zuvor schon „§ 3. Ausgleichszahlung für ver.di-Mitglieder" im „Tarifvertrag Ausgleich strukturelles Defizit", der Gegenstand des Verfahrens BAG v. 18.3.2009 – 4

Abschluss des Tarifvertrags eingetretenen Arbeitnehmer (Gewerkschaftsmitglieder) konnten damit die Außenseiter-Arbeitnehmer an diesem Sanierungstarifvertrag bzw. den darin vorgesehenen erhöhten Leistungen partizipieren. Dies vergegenwärtigt, wie sehr der tarifvertragliche Schutz ohne normative Wirkung vom guten Willen des Arbeitgebers abhängig ist. Wenn er Außenseiter-Arbeitnehmer nicht teilhaben lassen will, muss er dies nicht. An dieser Stelle sei angemerkt, dass Außenseiter und Andersorganisierte keinen allgemeinen Anspruch auf eine Gleichbehandlung mit den Gewerkschaftsmitgliedern und damit auf die tariflichen Arbeitsbedingungen haben.[258] Selbst bei der Verrichtung gleicher Arbeit kann es grundsätzlich zu ungleicher Bezahlung zwischen Gewerkschaftsmitgliedern und Außenseiter-Arbeitnehmer kommen, die nicht im Widerspruch zu Art. 3 GG steht. Das BAG findet hierzu deutliche Worte:

> „Deshalb müssen es nicht organisierte Arbeitnehmer hinnehmen, dass Ansprüche aus nicht allgemeinverbindlichen Tarifverträgen nur tarifgebundenen Arbeitnehmern zustehen. [...] Auch nach dem Gleichheitssatz des Art. 3 GG kann der nicht organisierte Arbeitnehmer nicht die Gleichstellung mit tarifgebundenen Arbeitnehmern verlangen [...] Andernfalls wären die Koalitionen in ihrem durch Art. 9 Abs. 3 GG geschützten Bestand gefährdet, weil für die meisten Arbeitnehmer kein vernünftiger Grund mehr bestände, einer Koalition beizutreten oder ihr weiter anzugehören."[259]

Etwas Anderes ergibt sich auch nicht aus dem allgemeinen arbeitsrechtlichen Gleichbehandlungsgrundsatz, der als privatrechtliche Ausprägung des Gleichheitssatzes aus Art. 3 Abs. 1 GG[260] eine Schlechterstellung einzelner Arbeitnehmer gegenüber anderen Arbeitnehmern in vergleichbarer Lage

---

AZR 64/08, AP TVG § 3 Nr. 41 war; sowie den dem Verfahren v. 5.9.2012 - 4 AZR 696/10, AP TVG § 3 Nr. 53 zugrundeliegenden Sachverhalt.

258 Die Pflicht des Arbeitgebers zur materiellen Gelichbehandlung, die *Sinzheimer* ausweislich des § 16 seines Entwurfs für ein Arbeitstarifgesetzes vorschwebte, konnte sich nicht durchsetzen, siehe hierzu auch unter Kap. 2 C. I.; vgl. auch *Annuß*; ZfA 2005, 405 (410).

259 Zit. n. BAG. v. 21. 1. 1987 – 4 AZR 486/86, AP GG Art. 9 Nr. 46 (= NZA 1987, 357); ebenso *Däubler/Heuschmid*, RdA 2013, 1 (2); *Jacobs*, RdA 2023, 9 (12 f.); *Leydecker*, Der Tarifvertrag als exklusives Gut, S. 135.

260 Formulierung aus BAG v. 3.6.2020 – 3 AZR 730/19, AP BetrAVG § 1 Gleichbehandlung Nr. 78 Rn. 42.

aus willkürlichen oder sachfremden Überlegungen verbietet.[261] Aus dem mitgliedschaftlich ausgerichteten Konzept des TVG (§§ 3 Abs. 1, 4 Abs. 1 TVG) und dem Ausnahmecharakter der Außenseitererstreckung (wie n. § 5 TVG) folgt, dass eine Ungleichbehandlung von Organisierten und Außenseitern a priori angelegt ist.[262] Die Mitgliedschaft in der tarifschließenden Vereinigung ist ein Sachgrund für die unterschiedliche Behandlung, sodass bzgl. der Teilhabe an tariflichen Leistungen nach der Gewerkschaftszugehörigkeit differenziert werden darf.[263] Soweit es hingegen um Leistungen geht, die nicht auf einem Tarifvertrag beruhen, gilt der Gleichbehandlungsgrundsatz freilich uneingeschränkt.[264]

Die Vermeidung etwaiger Konflikte wegen einer (rechtlich zulässigen) Ungleichbehandlung innerhalb der Belegschaft und der damit einhergehenden produktionsstörenden Unruhe ist schließlich ein Grund, warum Arbeitgeber zu Bezugnahmeklauseln greifen.[265] Selbst wenn die nachfolgende Betrachtung bestätigen sollte, dass die Außenseiter-Arbeitnehmer aktuell recht leicht Zugang zu tariflichen Arbeitsbedingungen erhalten, sollte also nicht vergessen werden, dass es sich hierbei um eine freiwillige Maßnahme handelt, die vom Arbeitgeberwillen abhängt.

Ein weiteres Beispiel für die praktische Relevanz der Unterscheidung zwischen normativer und schuldrechtlicher Tarifgeltung ist der Betriebsübergang. Gem. § 613a Abs. 1 S. 2 BGB kommt es bei einem solchen zu einer Transformation der tarifvertraglich begründeten Rechte und Pflichten in das Einzelarbeitsverhältnis und somit zu einer vertraglichen Fortgeltung, sofern der Tarifvertrag zuvor normativ galt und der Erwerber nicht demselben Arbeitgeberverband angehört wie der Veräußerer.[266] In diesem Fall gilt

---

261 St. Rspr. des BAG, vgl. BAG v. 3.4.1957 – 4 AZR 644/54, AP BGB § 242 Gleichbehandlung Nr. 4, v. 28.2.1962 – 4 AZR 352/60, AP BGB § 242 Gleichbehandlung Nr. 31; v. 30.9.1970 – 4 AZR 343/69, AP BGB § 242 Gleichbehandlung Nr. 34; v. 28.3. 2007 – 10 AZR 261/06, NZA 2007, 687; v. 21.5.2014 – 4 AZR 50/13, NZA 2015, 115; v. 15.4.2015 – 4 AZR 796/13, AP TVG § 3 Nr. 57.

262 Ebenso *Annuß*, ZfA 2005, 405 (410); *Henssler*, in: HMB, Teil 10 Rn. 129; ebenso *Lorenz*, in: Däubler TVG, § 3 Rn. 216; *Reufels*, in: Thüsing/Braun, Kap. 8 Rn. 89.

263 Siehe hierzu unter Kap. 2 C. III. 4.

264 *Brecht-Heinzmann*, in: Kempen/Zachert TVG, § 3 TVG Rn. 286; *Henssler*, in: HMB, Teil 10 Rn. 128; *Reufels*, in: Thüsing/Braun, Kap. 8 Rn. 89.

265 Vgl. *E. Willemsen*, Die arbeitsvertragliche Bezugnahme, S. 27, 29: Ersparnis von „social costs"; *Gamillscheg*, Kollektives Arbeitsrecht I, S. 731.

266 Vgl. BAG v. 24.8.2011 – 4 AZR 566/09, AP TVG § 1 Auslegung Nr. 225 Rn. 20, wonach schuldrechtliche Bestimmungen von der Transformation des § 613 a Abs. 1 S. 2 BGB ausgenommen seien; v. 26.8.2009 – 4 AZR 280/08, AP BGB § 613a Nr. 376 Rn. 21; *Löwisch/Rieble*, TVG § 3 Rn. 433.

die einjährige Veränderungssperre des § 613a Abs. 1 S. 2 BGB, die Änderungen der Arbeitsbedingungen selbst bei Zustimmung des Arbeitnehmers der Nichtigkeitsfolge des § 134 BGB unterstellt.[267] Der Arbeitnehmer wird dadurch „vor sich selbst" geschützt. Demgegenüber kommt es bei der vor dem Übergang bloß schuldrechtlichen Geltung von tariflichen Arbeitsbedingungen infolge einer Bezugnahme zu einer einfachen einzelvertraglichen Weitergeltung der Bestimmungen (§ 613a Abs. 1 S. 1 BGB) ohne Veränderungssperre.[268]

Es entfallen somit bei der nur schuldrechtlichen Tarifgeltung sowohl der unkomplizierte Zugang als auch die Unverbrüchlichkeit erworbener Rechtspositionen, die den einzelnen Arbeitnehmer „vor sich selbst" schützen sollen.

3. Unklarer Schutzstandard bei „Tariforientierungen"

Wie im Folgenden noch aufgezeigt werden wird, kennt die deutsche Statistik den Begriff der schuldrechtlichen Tarifgeltung infolge vollständiger Inbezugnahme eines einschlägigen Tarifvertrages als solchen aber gar nicht. Sie arbeitet vielmehr mit dem Begriff der „Tariforientierungen".[269] Versucht man, diesen Begriff zu definieren, stößt man jedoch auf die Schwierigkeit, dass es sich dabei keineswegs um einen allgemeingültigen, feststehenden Begriff handelt,[270] mit dem stets ein fixer Schutzstandard verknüpft ist. Im Gegenteil ist der Begriff offen und vielseitig interpretierbar.

Das zeigt sich schon daran, dass sich auch Unternehmen als tariforientiert bezeichnen können, welche einen fachlich gar nicht einschlägigen Tarifvertrag zum Bezugspunkt ihrer Arbeitsverträge nehmen. Dieser kann mitunter ein ganz anderes – schlechteres – Entgeltniveau aufweisen als der fachlich und räumlich einschlägige Tarifvertrag.[271] Dies ist den Bezugnahmeklauseln als Ausdruck freier Willensbetätigung aber ebenso wenig verbo-

267 *Karthaus/Richter*, in: HK-ArbR, BGB § 613a Rn. 137; *Preis*, in: ErfK, BGB § 613a Rn. 119.

268 Unter ausdrücklicher Ablehnung einer analogen Anwendung des § 613a Abs. 1 S. 3 BGB auf Außenseiter BAG v. 29.8.2007 – 4 AZR 767/06, AP TVG § 1 Bezugnahme auf Tarifvertrag Nr. 6; vgl. auch *Löwisch/Rieble*, TVG § 3 Rn. 435; 438; *Lorenz*, in: Däubler TVG, § 3 Rn. 256.

269 Siehe unter Kap. 2 B. V.

270 Ebenso *Walser*, Einfluss der Rechtsordnung auf die Tarifbindung der Arbeitgeber, S. 67.

271 Siehe mit Beispielen *Höpfner*, ZfA 2020, 178 (182 f.)

ten wie die Bezugnahme auf einen unwirksamen Tarifvertrag.[272] Zudem ist im Falle einer bloßen „Orientierung" nichts über den Umfang der Heranziehung eines Tarifvertrags gesagt. Tarifverträgen kommt nur in ihrer Gesamtheit eine Angemessenheitsvermutung zu.[273] Es liegt in der Natur der Sache, dass es an einigen Stellen Zugeständnisse zu Lasten der Arbeitnehmer gibt, die dann an anderer Stelle wieder ausgeglichen werden. Erst das gesamte Tarifwerk weist die Ausgewogenheit auf, die der Grund für die Annahme eines fairen Interessenausgleichs ist. Das beweist anschaulich der Umstand, dass die Kontrollausnahme der §§ 307 Abs. 3 S. 2, 310 Abs. 4 BGB für in Bezug genommene Arbeitsbedingungen eines Tarifvertrags nur dann zum Tragen kommt, wenn ein in der Branche einschlägiger Tarifvertrag *vollständig* – also global – herangezogen wird.[274] Bei einer Teilverweisung wird befürchtet, dass sich der Arbeitgeber nur auf einzelne Vorschriften bezieht, die ihn begünstigen (Rosinenpickerei). In diesem Fall ist die Kontrollfreiheit nicht gerechtfertigt.[275]

Wie die letzte dezidiertere Erhebung zur Tariforientierung durch das IAB-Betriebspanel aus dem Jahr 2011 offenbarte, ist eine solche vollständige Heranziehung jedoch selten anzutreffen. Der Erhebung zufolge nahmen damals zwar rund 28 % der westdeutschen bzw. 36 % der ostdeutschen Betriebe einen Branchentarifvertrag *hinsichtlich der Entlohnung* zur Orientierung. Es waren allerdings nur rund 9 % aller Betriebe im Westen und 8 % im Osten, die daneben auch die weiteren zentralen Regelungen des Branchentarifs in ihren Betrieben anwandten und damit vergleichbare Arbeitsbedingungen wie die „formalrechtlich" tarifgebundenen Betriebe gewährten.[276]

---

272 *Eylert/Rinck*, RdA 2022, 146 (147); siehe zur Zulässigkeit der Bezugnahme auf fremde Tarifwerke – sogar für Tarifgebundene auch *Oetker*, in: Wiedemann TVG § 3 Rn. 337 ff.

273 Siehe unter Kap. 2 A. II. sowie statt aller BAG 6.5.2009 – 10 AZR 390/08, AP BGB § 307 Nr. 44 Rn. 29.

274 Vgl. BT-Drs. 14/6857, S. 54; BAG v. 3.7.2019 – 10 AZR 300/18, AP BGB § 611 Gratifikation Nr. 317 Rn. 14 (= NZA 2019, 1440 Rn. 15); v. 25. 4. 2007 – 10 AZR 634/06, AP BAT § 22, 23 Zuwendungs-TV Nr. 29 Rn. 22 (= NZA 2007, 875 Rn. 22); v. 23. 9. 2004 – 6 AZR 442/03, AP BMT-G II § 27 Nr. 1 (= NZA 2005, 475 (478); *Preis*, in: ErfK BGB § 310 Rn. 13 ff.; *Eylert/Rinck*, RdA 2022, 146 (151); kritisch *Saeidy-Nory/Wank*, RdA 2022, 1 (5 f.) (17).

275 Vgl. BAG 6.5.2009 – 10 AZR 390/08, AP BGB § 307 Nr. 44 Rn. 29; *Diehn*, NZA 2004, 129 (130); *Preis*, in: ErfK BGB § 310 Rn. 16; *Saeidy-Nory/Wank*, RdA 2022, 1 (5 f.) (17).

276 *Ellguth/Kohaut*, WSI Mitteilungen 2012, 297 (300).

Die Bedenken gegenüber der Offenheit des Begriffs der Tariforientierung werden zudem durch die 2016 veröffentlichten Ergebnisse des Forschungsprojektes „Tariforientierung: Einfluss von Tarifverträgen auf nicht tarifgebundene Unternehmen" bestätigt. Diesem zufolge lag die Bezahlung in „tariforientierten" Betrieben 2010 rund 24,6 % unter dem Branchentarif und war damit beinahe so schlecht wie in den nicht „tariforientierten" Betrieben, in denen der Branchentarif um 28,4 % unterschritten wurde.[277] Eine bloße Tariforientierung kann somit also nicht per se als gleichwertige Alternative zur normativen Tarifgeltung angesehen werden.

4. Zwischenergebnis

Die Schutzwirkung von Tarifverträgen in Bezug auf Arbeitnehmer ist somit ungleichmäßig intensiv ausgestaltet, je nachdem auf welchem Geltungsgrund sie beruht. Sie ist dann am ausgeprägtesten, wenn sie auf mitgliedschaftlich veranlasster normativer Tarifgeltung beruht.

V. Schlussfolgerungen und deren Bedeutung für den weiteren Fortgang der Untersuchung

Die im Tarifvertragsschluss zum Ausdruck kommende Selbstverantwortung wird vom Staat respektiert und durch die Bereitstellung eines speziellen Akttyps im TVG unterstützt. Der Tarifvertrag hebt sich in der Folge deutlich von „normalen" privatrechtlichen Verträgen ab.[278] Einerseits werden die Mitglieder der Tarifvertragsparteien unter Durchbrechung der Relativität von Schuldverhältnissen ohne eigene Beteiligung am Vertragsschluss und neben den Koalitionen unmittelbar und einseitig zwingend durch die Abrede gebunden. Ferner ist es den Gewerkschaften erlaubt, die Arbeitgeberseite mit für das Privatrecht unüblicher Zwangseinwirkung zum Vertragsschluss zu bewegen. Schließlich verzichtet der Staat weitgehend auf eine inhaltliche Kontrolle der Tarifverträge und beschränkt sich

277 *Berwing*, Tariforientierung, S. 88; die Studie erfolgte unter Abgleich der Daten des IAB-Betriebspanels mit denen Gehaltsdaten aus den Daten der Sozialversicherungsmeldungen durchgeführt am Institut für Mittelstandsforschung (ifm) der Universität Mannheim, vgl. *Berwing*, Tariforientierung, S. 7.

278 Vgl. BVerfG v. 18.11.1954 – 1 BvR 629/52, E 4, 96 (108): „Da der Tarifvertrag das Gebiet des privaten Vertragsrechts verläßt und als unabdingbarer Kollektivvertrag normative Wirkung äußert".

darauf, durch Schaffung vorgelagerter „Hürden" – wie der Forderung der Tariffähigkeit – die für eine interessengerechte Abrede essenzielle Parität sicherzustellen. Denn für den Fall, dass Gewerkschaften stark genug sind, ist von einer inneren Ausgewogenheit der tarifvertraglichen Absprache und damit einem besonders hohen Schutz durch Tarifverträge auszugehen. Instrumente, die zum Schutz einzelner Arbeitnehmer vor einer Fremdbestimmung durch einen überlegenen Vertragspartner bei der Ausübung seiner Privatautonomie entwickelt wurden, müssen und dürfen insofern nicht zur Anwendung kommen. Der Staat kann den tarifautonomen Regelungen vielmehr den Vorrang lassen und sich – weil er auf die Angemessenheit vertrauen kann – sogar seinerseits daran bedienen. Angesichts der zurückgenommenen Kontrolle unterscheiden sich Tarifverträge also maßgeblich von typischen (materiellen) Gesetzen.

Des Weiteren wurde offenbar, dass der grundsätzlichen Beschränkung der Normsetzungsbefugnis auf Mitglieder der Tarifvertragsparteien (vgl. §§ 4 Abs. 1, 3 Abs. 1 TVG) in diesem Zusammenhang eine entscheidende Rolle zukommt. Mit dieser Beschränkung ist vom Gesetzeber eine Art natürlicher, interner Kontrollmechanismus installiert worden:

Ausgangspunkt bildet die herausgearbeitete Erkenntnis, dass gewerkschaftliche (Mitglieder-)Stärke für die Rechtsnormsetzung essenzielle Voraussetzung ist. Der gesetzgeberischen Konzeption zufolge hängt die Mitgliederzahl wiederum von der Qualität der Arbeit der Gewerkschaft ab, da das TVG im Ausgangpunkt einen Gleichlauf von Verantwortung für Rechtsnormsetzung und Betroffenheit von Rechtsnormsetzung hergestellt. Für den Fall, dass schlechte und nicht mit dem Mehrheitswillen übereinstimmende Tarifabschlüsse erzielt werden, stehen Austritte zu befürchten, welche die Gewerkschaften wegen der Freiheit der Organisationsentscheidung dulden müssen. Anders als bei den öffentlich-rechtlichen Arbeitnehmerkammern sind Marktmechanismen schließlich nicht durch Zwang ausgeschlossen.[279] Das Prinzip der Freiwilligkeit verpflichtet die Gewerkschaft also zur fortlaufenden Ermittlung sowie bestmöglichen Beachtung und Durchsetzung des Arbeitnehmerwillens in Verhandlungen mit der Arbeitgeberseite. Vor diesem Hintergrund ist das „Außenseitertum" schließlich keine per se unerwünschte und abzulehnende Erscheinung des deutschen Tarifrechts, sondern es übt vielmehr eine wichtige (Kontroll-)Funktion aus.[280] Gewerkschaften, die langfristig keinen Erfolg bei den Arbeitneh-

279 Siehe zur Erforderlichkeit von Anreizen bei fehlendem Zwang, Kap. 2 D.
280 Ebenso *Rieble*, ZfA 2005, 245 (249) (270).

mern haben, bleiben oder werden wiederum so bedeutungslos, dass sie mangels Tariffähigkeit nicht (mehr) in der Lage dazu ist, Tarifverträge überhaupt abzuschließen. Mit Hilfe dieser Verknüpfung von Verantwortung und Betroffenheit wird somit sichergestellt, dass die durch Mitgliedschaft in der Gewerkschaft herbeigeführte Bindung an tarifvertraglich ausgehandelte Arbeitsbedingungen im Kern Freiheitsausübung im Sinne einer Selbstbestimmung darstellt und nicht in eine Freiheitseinschränkung im Sinne einer völligen Fremdbestimmung umschwenkt.

Dieses in der Theorie ausgewogene System wird allerdings durch die vorherrschende Praxis gestört, in der selbst schwach mitgliedschaftlich legitimierte Tarifverträge über Umwege eine weite Verbreitung erfahren können. Fehlt eine hinreichende mitgliedschaftliche Stärke der Gewerkschaften und damit die Parität gegenüber der Arbeitgeberseite, sind aber alle auf diese Prämisse gestützten Ableitungen – insbesondere die staatliche Zurückhaltung sowohl bei der Kontrolle der Tarifverträge bei der Erstreckung auf Dritte als auch bei der Heranziehung von Tarifverträgen als Leitlinie – in Frage zu stellen. Zugleich ist bei geringem gewerkschaftlichen Organisationsgrad davon auszugehen, dass der Idealtyp der mitgliedschaftlich veranlassten normativen Tarifgeltung, von dem der höchste Schutz ausgeht, ebenfalls eine geringere Verbreitung findet.

Aus der Menschenwürdegarantie des Art. 1 I GG iVm dem Sozialstaatsprinzip aus Art. 20 Abs. 1, 28 Abs. 1 S. 1 GG folgt ein subjektives Recht des Einzelnen auf Gewährleistung eines menschenwürdigen Existenzminimums.[281] Gelingt es den Tarifvertragsparteien nicht, dieses zu gewährleisten, ist der Staat selbst zum Handeln verpflichtet. Mit anderen Worten lässt der durch die Organisationsschwierigkeiten bedingte Rückgang des Schutzes durch Tarifverträge schließlich die Grundlage für die Subsidiarität staatlicher Regulierung von Arbeitsbedingungen entfallen. Dadurch besteht aus der Warte der Koalitionsmitglieder und Koalitionen als Grundrechtsberechtigten wiederum die Gefahr, dass der Staat materiell-inhaltliche Regelungen der Arbeits- und Wirtschaftsbedingungen selbst trifft und damit den Bereich, der zur privaten Regulierung zur Verfügung steht, verkleinert.

Im Ergebnis ist der zunehmende Außenseiter-Anteil daher nicht bloß ein Problem der Gewerkschaften, das die Mehrheit der Arbeitnehmer und Arbeitgeber sowie den Staat nicht zu kümmern braucht. Stattdessen handelt

281 Vgl. nur *Voßkuhle/Wischmeyer*, JuS 2015, 693 (694); die Berufsfreiheit aus Art. 12 Abs. 1 GG für maßgeblich haltend *Rieble*, ZfA 2005, 245 (249) (268).

es sich um ein gesamtgesellschaftliches Phänomen und Problem, das alle angeht.

B. Die Problematik abnehmender Organisationsgrade in Gewerkschaften im Lichte aktueller Zahlen

Ausgehend von der soeben erläuterten zentralen Bedeutung des gewerkschaftlichen Organisationsgrades für das Funktionieren der Tarifautonomie ist im nächsten Schritt eine tatsächliche Bestandsaufnahme zu machen. Es soll einerseits eruiert werden, wie stark die deutschen Gewerkschaften noch sind und andererseits überprüft werden, wie groß die durch Tarifverträge entfaltete Schutzwirkung noch ausfällt.

I. Deutsche Gewerkschaftslandschaft im Überblick

Insgesamt gibt es in Deutschland rund 500 Verbände, die Arbeitnehmerinteressen vertreten, wovon etwa 100 Gewerkschaften sind.[282] Im Jahr 2020 wurden vom Statistischen Bundesamt 40,69 Mio. abhängig Beschäftigte im Inland registriert (2021: 40,85 Mio.).[283] Im gleichen Jahr waren circa 7,5 Mio. Menschen in einer Gewerkschaft organsiert (in 2021 etwa 7,1 Mio.), wobei sich ein Gros davon auf die drei großen Dachverbände Deutscher

282 Vgl. *Höpfner/Lesch/ Schneider/Vogel*, Tarifautonomie und Tarifgeltung, S. 37; anders als in der Türkei gibt es in Deutschland kein staatliches Register für Gewerkschaften. In der Türkei ist es zwar ist seitdem Jahr 2012 nicht mehr erforderlich, dass Ein- und Austritt in eine Gewerkschaft notariell beglaubigt werden. Stattdessen können die Beschäftigten über ein staatliches Online-Portal die Mitgliedschaft beantragen (vgl. Art. 17 Abs. 5 TVG-T). Dieser Prozess, bei dem zunächst das Ministerium eine Benachrichtigung erhält und erst dann eine Weiterleitung an die betreffende Gewerkschaft erfolgt, erscheint aus deutscher Perspektive gleichwohl sehr befremdlich; vgl. hierzu *Birelma*, Gewerkschaften in der Türkei, S. 8.

283 Siehe unter „Eckzahlen zum Arbeitsmarkt, Deutschland", Zeile Erwerbstätige im Inland -> Arbeitnehmer, abrufbar unter: https://www.destatis.de/DE/Themen/Arbeit/Arbeitsmarkt/Erwerbstaetigkeit/Tabellen/eckwerttabelle.html (letzter Abruf am 3.1.2023); für das Jahr 2020 siehe unter https://www.destatis.de/DE/Presse/Pressemitteilungen/2021/01/PD21_001_13321.html (letzter Abruf am 25.6.2023).

Gewerkschaftsbund (DGB), ddb beamtenbund und tarifunion (dbb) und der Christliche Gewerkschaftsbund Deutschlands (CGB) verteilte.[284]

Unter dem Dach des größten Verbands von ihnen, dem 1949 gegründeten DGB, vereinen sich im Jahr 2021 noch acht Einzelgewerkschaften mit insgesamt 5,7 Mio. Mitgliedern.[285] Aus den zwischenzeitlich bis zu 17 Einzelgewerkschaften im DGB sind durch Zusammenschlüsse und Fusionen mittlerweile große Multibranchengewerkschaften entstanden, die jeweils große Organisationsbereiche abdecken.[286] Alle DGB-Gewerkschaften zeichnen sich aber nach wie vor dadurch aus, dass sie nach dem *Einheitsprinzip* organisiert sind. Dieses bildet das Gegenmodell zu dem in vielen europäischen Ländern sowie vor 1945 auch in Deutschland zu findenden Konzept der Richtungsgewerkschaften, die Arbeitnehmer nur abhängig von ihrer politischen oder weltanschaulichen Überzeugung organisieren.[287] Dieses Organisationsmodell kann eine politische Spaltung der Gewerkschaften bewirken. Weil darin einer der Gründe für die 1933 ohne große Widerstände erfolgte Zerschlagung der Gewerkschaftsbewegung durch den Nationalsozialismus gesehen wurde,[288] wurde beim „Wiederaufbau" nach dem Ende des Zweiten Weltkriegs ein Richtungswechsel vollzogen. Unter dem nun vorherrschenden Einheitsprinzip sind Gewerkschaften grundsätzlich weltanschaulich und parteipolitisch neutral ausgerichtet und gehen davon aus, ihre Arbeit im Geiste dieser Wertneutralität erfüllen zu kön-

---

284 Vgl. *Dribbusch/Birke*, Gewerkschaften in Deutschland, S. 6, wobei ihre Einschätzung, wonach Ende 2018 7,8 Mio. organisiert gewesen seien, unter Beachtung der Verluste in den drei großen Dachverbänden angepasst wurde.

285 Siehe DGB-Homepage, abrufbar unter https://www.dgb.de/uber-uns/dgb-heute/mitgliederzahlen/2020-2029 (letzter Aufruf am 3.1.2023); ergänzend *Greef*, DGB-Gewerkschaften in Zahlen 2022, abrufbar unter https://www.samuel-greef.de/gewerkschaften/ (letzter Abruf am 3.1.2023).

286 Die Mitgliedsgewerkschaften sind (in absteigender Größe): Industriegewerkschaft Metall (IG Metall), Vereinte Dienstleistungsgewerkschaft (ver.di), Industriegewerkschaft Bergbau, Chemie, Energie (IG BCE), Industriegewerkschaft Bauen Agrar-Umwelt (IG BAU), Gewerkschaft Erziehung und Wissenschaft (GEW), Gewerkschaft Nahrung GenussGaststätten (NGG), Eisenbahn und Verkehrsgewerkschaft (EVG), Gewerkschaft der Polizei (GdP); siehe hierzu Tabelle 2 bei *Dribbusch/Birke*, Gewerkschaften in Deutschland, S. 7, welche die Organisationsbereiche der Mitgliedsgewerkschaften im Einzelnen aufschlüsselt sowie die DGB Homepage, abrufbar unter https://www.dgb.de/uber-uns/dgb-heute/gewerkschaften-im-dgb (letzter Abruf am 9.2.2022).

287 Vgl. zur Gewerkschaftslandschaft in Italien *Henssler*, in: FS 100 Betriebsverfassungsrecht (2020), S. 173 ff.

288 Vgl. *Dribbusch/Birke*, Gewerkschaften in Deutschland, S. 6.

nen.[289] Selbst wenn es teilweise eine Verbundenheit zu politischen Parteien gibt, besteht formal inhaltliche wie auch finanzielle Unabhängigkeit von politischen Parteien.[290] Auch in Bezug auf den von den Gewerkschaften frei wählbaren tariflichen Zuständigkeitsbereich vollzog sich ein Wandel. In bewusster Abkehr vom Grundsatz des früheren Berufsverbands- oder auch Fachgruppenprinzips etablierte sich nach 1945 das *Industrieverbandsprinzip*, das den Gewerkschaften zu mehr Schlagkraft verhelfen sollte.[291] Nach dem Prinzip „Ein Betrieb, eine Gewerkschaft" können sich in einer Gewerkschaft alle Arbeitnehmer eines Wirtschaftszweigs – gerade unabhängig von ihrem Beruf – zusammenschließen. Zum Beispiel organisiert die Industriegewerkschaft Metall (IG Metall) nicht nur Arbeitnehmer der metallverarbeitenden Industrie, sondern auch Arbeitnehmer aus anderen, in einem metallverarbeitenden Betrieb vorzufindenden Berufen, also Elektriker, Betriebswirte, Köche in der Kantine usw.[292] Der Unterschiedlichkeit der Berufe wird dabei durch die Bildung von Fachgruppen innerhalb der Gewerkschaften Rechnung getragen.[293] Durch die Strukturierung als große Branchengewerkschaften haben sich die Gewerkschaften schließlich in die Lage versetzt, die nach dem Kriegsende forcierten Flächentarifverträge abzuschließen, die branchenweit einheitliche, sozialpartnerschaftlich festgelegte Mindeststandards etablieren sollten.[294] Insbesondere im exportorientierten und großbetrieblich geprägten Sektor des produzierenden Gewerbes lag dementsprechend lange das Rückgrat der gewerkschaftlichen Präsenz.[295] Dies galt auch für den Kernbereich des öffentlichen Dienstes.

289 *Rieble*, in: MHdB ArbR § 222 Rn. 11; *Brox/Rüthers/Henssler*, Arbeitsrecht Rn. 767; *Hromadka/Maschmann*, Arbeitsrecht II, Rn. 64.

290 *Dribbusch/Birke*, Gewerkschaften in Deutschland, S. 6; *Rieble*, in: MHdB ArbR § 222 Rn. 36; mit der unten genannten Einschränkung in Bezug auf den CGB gilt dies auch für die beiden anderen Dachverbände.

291 Mitte des 19. Jahrhunderts waren die ersten Gewerkschaften noch im Wesentlichen nach dem Berufsverbandsprinzip organisiert (wie z.B. der 1865 gegründete Zentralverband der Tabakarbeiter, der 1866 gegründete Zentralverband für Buchdrucker und der 1867 gegründete Zentralverband für Schneider), siehe zu den Entwicklungen etwa *Rieble*, in: MHdB ArbR § 222 Rn. 1 ff, insb. Rn. 11.

292 *Brox/Rüthers/Henssler*, Arbeitsrecht Rn. 767; *Hromadka/Maschmann*, Arbeitsrecht II, Rn. 64.

293 Vgl. *Rieble*, in: MHdB ArbR § 222 Rn. 30.

294 Vgl. zu der Hinwendung zum Flächentarif nur *Deinert/Walser*, Tarifvertragliche Bindung der Arbeitgeber, S. 13.

295 Sog. „1.Welt" der „drei Welten der Arbeitsbeziehungen", vgl. *Hassel/Schröder*, Gewerkschaften 2030, S. 3 f.

Heute ist gewerkschaftliche Stärke in der Fläche jedoch auch in Teilen des öffentlichen Dienstes sowie in mittelgroßen Betrieben schon nicht mehr selbstverständlich. Der sozialpartnerschaftliche Umgang wird dort durch situative Konfliktregelungen ein Stück weit abgelöst. Daneben nimmt die Relevanz von Haustarifverträgen zu.[296] In diesem Bereich ist der zweitgrößte Dachverband, der dbb, aktiv. Ihm gehören 40 Bundes- und Fachgewerkschaften und in der Mehrzahl Beamte, teilweise aber auch Tarifbeschäftigte des öffentlichen Dienstes und Beschäftigte des privaten Dienstleistungssektors an.[297] Ende 2018 belief sich die Gesamtzahl aller Mitgliedsgewerkschaften des dbb auf 1,31 Mio. Mitglieder, wovon 394.000 keinen Beamtenstatus innehatten.[298] Trotz traditionell guter Beziehungen zu CDU und CSU entspricht das Selbstverständnis des dbb dem eines parteipolitisch unabhängigen Gewerkschaftsdachverbands.

Dies ist beim dritten und kleinsten Dachverband, dem Christlichen Gewerkschaftsbund Deutschlands (CGB), anders. Der CGB, der nach eigenen Angaben nur 271.000 Mitglieder (2016) hat, strebt die Verwirklichung christlich-sozialer Werte- und Ordnungsvorstellungen im Arbeitsleben an und versteht sich somit eher als Richtungs- denn als Einheitsgewerkschaft.[299] Zweifelhafte Beliebtheit erlangten CGB-Gewerkschaften in der Vergangenheit insbesondere für den Abschluss von Tarifverträgen, mit denen das von DGB-Gewerkschaften ausgehandelte Tarifniveau unterschritten werden konnte. In mehreren Fällen gelang es den DGB-Gewerkschaften durch Initiierung des entsprechenden Verfahrens nach § 97 Arbeitsgerichtsgesetz (ArbGG), dass einzelnen CGB-Gewerkschaften die Tariffähigkeit abgesprochen wurde.[300] Die christlichen Gewerkschaften sind in dem Be-

---

296 Sog. „2.Welt" der „drei Welten der Arbeitsbeziehungen", vgl. *Hassel/Schröder*, Gewerkschaften 2030, S. 3 f.

297 Vgl. dbb-Homepage, abrufbar unter https://www.dbb.de/lexikon/themenartikel/d/dbb-mitglieder.html (letzter Abruf am 9.2.2022).

298 Die Mitgliedsgewerkschaften sind (in absteigender Größe): Verband Bildung und Erziehung (VBE), Deutsche Polizeigewerkschaft (DPolG), komba gewerkschaft (komba), Deutscher Philologenverband (DPhV), Deutsche SteuerGewerkschaft (DStG), Gewerkschaft der Sozialversicherung (GdS), Gewerkschaft Deutscher Lokomotivführer (GDL), Kommunikationsgewerkschaft DPV (DPVKOM), siehe hierzu Tabelle 3 bei *Dribbusch/Birke*, Gewerkschaften in Deutschland, S. 8, welche die Organisationsbereiche der Mitgliedsgewerkschaften im Einzelnen aufschlüsselt.

299 Vgl. *Dribbusch/Birke*, Gewerkschaften in Deutschland, S. 9; *Hromadka/Maschmann*, Arbeitsrecht II, Rn. 67.

300 So entschied etwa das BAG durch Beschluss vom 11.6.2013 (1 ABR 33/12, AP TVG § 2 Tariffähigkeit Nr. 8), dass die am 5.3.2008 gegründete Arbeitnehmervereinigung „medsonet. Die Gesundheitsgewerkschaft e. V." (Mitglied des CGB) zu keinem Zeit-

reich aktiv, den die Forschung als sog. „3. Welt“ in den „drei Welten der Arbeitsbeziehungen“ bezeichnet. Diese umfasst vor allem einen Großteil des Dienstleistungssektors und zeichnet sich angesichts einer Mitgliedererosion sowohl auf Seiten der Arbeitnehmer als auch auf Seiten der Arbeitgeber durch zunehmende Tariflosigkeit sowie eine Unterbietungskonkurrenz der Gewerkschaften aus.[301]

Daneben gibt es noch eine Reihe von unabhängigen (weil in keinem Dachverband organisierten) Einzelgewerkschaften, deren Mitgliederzahl sich Schätzungen des Wirtschafts- und Sozialwissenschaftlichen Instituts der Hans Böckler Stiftung (WSI) zufolge auf circa 280.000 Arbeitnehmer beläuft.[302] Diese zeichnen sich dadurch aus, dass sie nicht nach dem Industrieverbands-, sondern dem Berufsverbandsprinzip organisiert sind, also Arbeitnehmer bestimmter Berufsgruppen unabhängig von der Branchenzugehörigkeit aufnehmen.[303] Zu den auch als „Spartengewerkschaften“ bezeichneten Gewerkschaften zählen die Gewerkschaft der Flugsicherung (GdF), die Gewerkschaft Deutscher Lokomotivführer (GDL), der Marburger Bund, die Unabhängige Flugbegleiter Organisation (UFO), der Verband angestellter Akademiker und leitender Angestellter der chemischen Industrie (VAA) und die Vereinigung Cockpit (VC).[304] Auch wenn diese Gewerkschaften erst in den letzten zehn Jahren wieder in den Fokus der Öffentlichkeit gerückt sind, zeigt das Beispiel der GDL, dass es sich eigentlich um die tradierteste Organisation deutscher Gewerkschaften handelt. Sie wurde bereits im Jahr 1867 gegründet und schließt seit den 1960iger Jahren Tarifverträge mit der Deutschen Bahn ab.[305] Wieder andere Spar-

punkt tariffähig gewesen sei; aufsehenerregend war auch der „CGZP-Beschluss“ des BAG vom 14.12.2010 (1 ABR 19/10, AP TVG § 2 Tariffähigkeit Nr. 6), mit dem dieses entschied, dass die Tarifgemeinschaft Christlicher Gewerkschaften für Zeitarbeit und Personalserviceagenturen (CGZP – Mitglied im CGB) nicht tariffähig und weder als Gewerkschaft nach §2 Abs. 1 TVG noch als Spitzenorganisation i.S. von § 2 Abs. 3 TVG im eigenen Namen Tarifverträge abschließen könne.

301 Vgl. zu den „drei Welten der Arbeitsbeziehungen“, vgl. *Hassel/Schröder*, Gewerkschaften 2030, S. 3 f.; siehe auch unter Kap. 2 B. II. 1.; sowie bzgl. der Arbeitgeber unter Kap. 2 B.III.

302 Vgl. *Dribbusch/Birke*, Gewerkschaften in Deutschland, S. 6.

303 Vgl. *Brox/Rüthers/Henssler*, Arbeitsrecht Rn. 770.

304 Siehe hierzu und mit weiteren Beispielen *Dribbusch/Birke*, Gewerkschaften in Deutschland, S. 9 f.; bei dem Versuch, ihre Eigen- und Tariffähigkeit zu erlangen, sind auch einige Verbände gescheitert. Zu denken ist etwa an „Deutsche Feuerwehr Gewerkschaft“, „Bedienstete der technischen Überwachung“, „Union der leitenden Angestellten“, siehe hierzu *Rieble*, in: MHdB ArbR § 222 Rn. 18 f.

305 Vgl. *Rieble*, in: MHdB ArbR § 222 Rn. 18.

tengewerkschaften wie Marburger Bund, VC und UFO haben sich aus Unzufriedenheit mit der Politik von der Multibranchengewerkschaft ver.di gelöst und selbst ihre Tariffähigkeit beansprucht.[306] Mittlerweile versucht ver.di – als Reaktion auf diese Abspaltungen und zur Verhütung weiterer – eine stärker berufsgruppenorientierte Politik zu machen.[307]

Man wird jedenfalls festhalten können, dass sich der Wettbewerb zwischen den Koalitionen durch diese Zersplitterung erheblich verschärft hat. Das gilt im Besonderen in den Bereichen, in denen Privatisierung und Outsourcing Tätigkeiten aus dem Schoß des öffentlichen Dienstes entfernt haben.[308]

II. Schieflage im Verhältnis von Gewerkschaftsmitgliedern und Außenseiter-Arbeitnehmern

Um sich der Relevanz der eingangs angesprochenen Trittbrettfahrerproblematik in der aktuellen Tariflandschaft klarzuwerden, muss ein Überblick darüber verschafft werden, wie das Verhältnis von Gewerkschaftsmitgliedern und Außenseiter-Arbeitnehmern in Deutschland ist. Eine eigenständige Statistik wird hierüber nicht geführt. Da im Rahmen der vorliegenden Arbeit aber die andersorganisierten Arbeitnehmer begrifflich von den gar nicht organisierten Arbeitnehmern getrennt werden,[309] kann eine Betrachtung der Organisationsgrade und -lücken der Gewerkschaften in Deutschland – quasi im Wege eines Umkehrschusses – Aufschluss über die Größe und Zusammensetzung der Gruppe der Außenseiter-Arbeitnehmer geben oder zumindest eine Annäherung an die Größe darstellen.

1. Allgemeiner Rückgang des Organisationsgrades in deutschen Gewerkschaften

Eine Umfrage des Instituts für Demoskopie Allensbach aus dem Jahr 2021 ergab, dass die Gewerkschaften in der Gesellschaft hochgeschätzt und von vielen als wichtig erachtet werden. So erklärten etwa 74 % der Befragten,

306 *Dribbusch/Birke*, Gewerkschaften in Deutschland, S. 9 f.

307 *Dribbusch/Birke*, Gewerkschaften in Deutschland, S. 24.

308 Sog. „erste Welt" der „drei Welten der Arbeitsbeziehungen", vgl. *Hassel/Schröder*, Gewerkschaften 2030, S. 3 f.

309 Vgl. Fn. 7.

für sie mache die soziale Marktwirtschaft aus, „dass Arbeitnehmer und Arbeitgeber faire Arbeitsbedingungen und Löhne aushandeln", wobei wiederum 61% meinten, dass „Gewerkschaften, die sich wirksam für die Rechte von Arbeitnehmern einsetzen", besonders wichtig seien.[310] In einem gefühlten Gegensatz zu dieser Wertschätzung steht jedoch das Bild, das sich bei der Betrachtung der Entwicklung der gewerkschaftlichen Mitgliederzahlen zeigt. Wie der Abbildung 1 zu entnehmen ist, verlieren Gewerkschaften seit Mitte der 1990iger-Jahre kontinuierlich an Unterstützung.

Abbildung 1: Mitgliederentwicklung der Gewerkschaften in Deutschland[311]

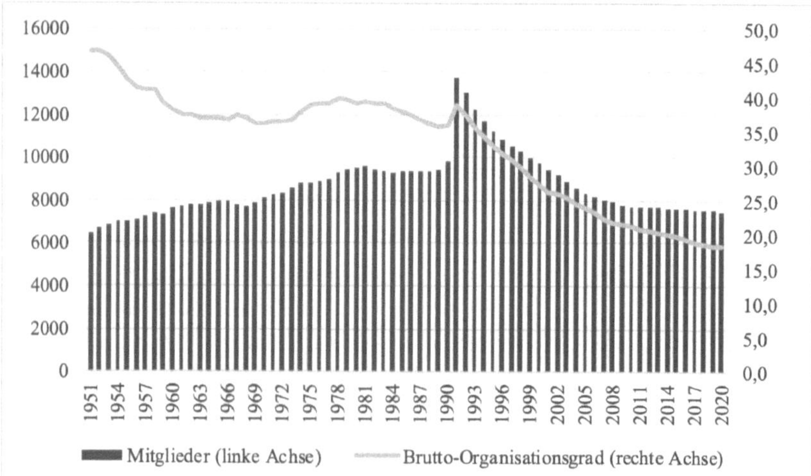

Brutto-Organisationsgrad: Gewerkschaftsmitglieder (DGB, dbb, CGB und DAG) in Prozent der Arbeitnehmer im Inland; 1951–1959: früheres Bundesgebiet ohne Saarland und West-Berlin, Gewerkschaften ohne CGB; CGB: ab 2015 eigene Schätzungen.

Mitgliederzahlen in 1000, Brutto-Organisationsgrad in Prozent

310 Vgl. Bericht des *IfD – Institut für Demoskopie Allensbach*, Soziale Marktwirtschaft – Bewährungsprobe in der Krise (2021), S. 17, 20, abrufbar unter: https://www.insm.de/fileadmin/insm-dms/text/publi- kationen/Allensbach_Umfrage_2021/12031_Sozi - ale_Marktwirtschaft_Studienbericht_29032021_1_.pdf (letzter Abruf am 11.2.2022); s.a. *Dribbusch/Birke*, Gewerkschaften in Deutschland, S. 11.

311 Entnommen aus *Höpfner/Lesch/Schneider/Vogel*, Tarifautonomie und Tarifgeltung, S. 38; ähnlich auch bei *Fitzenberger/Kohn/Wang*, ZEW-Discussion Paper, Nr. 06-066, S. 3.

Anders als einige nordische Länder[312] konnte Deutschland zugegebenermaßen noch nie mit Organisationsgraden jenseits der 50- oder gar 60%-Marke glänzen und gleichwohl wurde das „deutsche Modell" international für erfolgreich und die Tarifautonomie für funktionsfähig gehalten.[313] Der traditionell schon niedrige Organisationsgrad deutscher Gewerkschaften hat sich aber im Vergleich zu 1960 (immerhin noch 34,7 %) mittlerweile halbiert[314] und damit ein kritisches Maß erreicht.[315] Der rapide Anstieg der Gewerkschaftsmitglieder auf ganze 13,7 Mio. im Jahr nach der Wiedervereinigung (1991) ist längst wieder abgeschmolzen und die Zahl der Gewerkschaftsmitglieder hat sich bis heute auf etwa 7,1 Mio. verringert. Betrachtet man nur die DGB-Gewerkschaften so hat zwischen 1991 und 2021 eine Halbierung der Mitgliederzahl stattgefunden (von 11,8 auf 5,7 Mio.).[316] Kurzfristige Stabilisierungen ab 2006, wo man glaubte, mit einem Nettoorganisationsgrad in Höhe von 18 % den vorläufigen Tiefpunkt erreicht zu haben,[317] hatten keinen nachhaltigen Charakter. Die Auswertung der Allgemeinen Bevölkerungsumfrage der Sozialwissenschaften (ALLBUS)[318] zeigt, dass im Jahr 2021 schließlich insgesamt in Deutschland nur noch **17,4 %** aller abhängig Beschäftigten Mitglieder einer Gewerkschaft waren (Netto-Organisationsgrad)[319]. Der Wert liegt im Mittel der für 2018 (16,7 %)

---

312 Trotz des europaweiten Rückgangs der Organisationsgrade knackten Dänemark mit 69,1 %, Finnland mit 62,5 % und Schweden mit 62,9 % im Jahr 2014 noch immer die 60%-Marke, vgl. *Dieke/Lesch*, IW-Trends 3.2017, 25 (27) Tabelle 1.

313 Hierauf zu Recht hinweisend *Höpfner/Lesch/Schneider/Vogel*, Tarifautonomie und Tarifgeltung, S. 397.

314 *OECD/AIAS*, ICTWSS Database (2021), Zeile 1077 bis 1018; eine beinahe Halbierung in der Zeit von 1980 (32,5 %) bis 2018 (16,7 %) nehmen auch *Lesch/Winter*, IW-Kurzbericht 50/2021 und *Fulda*, IW-Kurzbericht 83/2022; ungenau und zu hoch gegriffen hingegen *Pionteck*, Stärkung der Tarifautonomie, S. 28, der von einem Organisationsgrad in Höhe von 45 % im Jahr 1951 ausgeht; siehe zu den Gründen für diese Entwicklung unter Kap. 2 D.

315 Zutreffend *Höpfner/Lesch/Schneider/Vogel*, Tarifautonomie und Tarifgeltung, S. 397.

316 Siehe Fn. 281 f. zur Entwicklung *Schnabel*, Wirtschaftsdienst 2016, 426 (427).

317 Siehe hierzu *Anders/Biebeler/Lesch*, IW-Trends 1.2015, 21 (24), die von einer „Trendwende" sprechen.

318 Durchgeführt und herausgegeben vom Leibniz-Institut für Sozialwissenschaften (GESIS), nähere Informationen und Ergebnisse abrufbar unter: https://doi.org/10.4232/1.13954 (letzter Abruf am 20.7.2023).

319 Bei Berechnung des Netto-Organisationsgrades werden nur abhängig Beschäftigte (= aktive Arbeitnehmer, die angaben, hauptberuflich als Beamter, Richter, Berufssoldat, Angestellter oder Arbeiter tätig zu sein) berücksichtigt, vgl. *Fulda*, IW-Kurzbericht 83/2022, S. 2; im Gegensatz dazu weist der sog. Brutto-Organisationsgrad das Verhältnis zwischen der Gesamtzahl der Gewerkschaftsmitglieder (einschließlich

und 2016 (etwa 18,5 %) festgestellten Werte und bedeutet, dass nur noch etwa jeder sechste abhängig Beschäftigte in Deutschland Mitglied in einer Gewerkschaft ist.[320] Der Außenseiter-Arbeitnehmeranteil liegt folglich bei etwa **82 %.**

2. Erkennbare Problemschwerpunkte der gewerkschaftlichen Mitgliederentwicklung

Auch wenn die rückläufige Mitgliederentwicklung ein allgemeiner Trend ist, der beinahe alle Gewerkschaften betrifft, lassen sich bei näherem Hinsehen einige branchenmäßige Unterschiede ausmachen. Daneben offenbart die lückenhafte Mitgliederstruktur, wo die Problemschwerpunkte bei der gewerkschaftlichen Mitgliederrekrutierung und -bindung liegen.[321] Beides zusammengenommen gibt Aufschluss über die „Verteilung" der Außenseiter-Arbeitnehmer in Gesellschaft und Arbeitsmarkt.

Beleuchtet man die Entwicklung der Mitgliedsgewerkschaften des DGB (vgl. Abbildung 2), wird ersichtlich, dass von den acht Mitgliedsgewerkschaften (in Hinblick auf die absoluten Mitgliederzahlen) nur die im Bereich des öffentlichen Dienstes aktiven Gewerkschaft der Polizei (GdP) und die Gewerkschaft Erziehung und Wissenschaft (GEW) etwas besser dastehen als im Jahr 2001 und sich somit vom Negativtrend abheben. Auch dieser positive Eindruck relativiert sich jedoch etwas, wenn man bedenkt, dass etwa seit dem Jahr 2009 im öffentlichen Dienst wieder ein nahezu kontinuierlicher Personalanstieg zu verzeichnen ist,[322] den die Entwicklung der Mitgliederzahlen der GdP und GEW letztlich nur „nachzeichnet". Ein besonderer Erfolg bei der Mitgliedergewinnung liegt also nicht vor.

Rentnern, Arbeitslosen, Studierenden etc.) und der Zahl der abhängig erwerbstätigen Beschäftigten aus.

320 Vgl. *Fulda,* IW-Kurzbericht 83/2022. S. 1 f.

321 Vgl. *Biebeler/Lesch*, IW-Trends 2006, 45 ff.; *Biebeler/Lesch*, Wirtschaftsdienst 2015, 710 (711 ff.); *Dribbusch/Birke*, Gewerkschaften in Deutschland, S. 7 ff; *Hassel/Schroeder*, Gewerkschaften 2030, S. 9 ff.

322 *Picard*, in: Destatis Datenreport 2021, S. 138 (146).

Abbildung 2: Mitgliederentwicklung der DGB-Gewerkschaften[323]

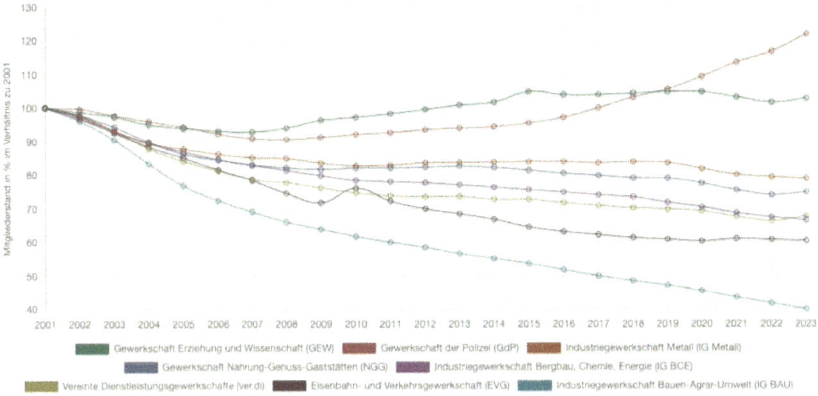

Angaben in Prozent

Am anderen Ende der Skala stehen IG BAU und EVG. Beide sind von einem massiven Mitgliederrückgang betroffen, der auch zu erheblichen finanziellen Einschnitten geführt hat.[324] Der kurze Ausreißer nach oben, den die Kurve der EVG im Jahr 2010 aufweist, lässt sich durch die Fusion der ehemals zum dbb gehörenden Verkehrsgewerkschaft Gewerkschaft Deutscher Bundesbahnbeamten und Anwärter (GDBA) mit der DGB-Gewerkschaft Transnet zur Eisenbahn- und Verkehrsgewerkschaft (EVG) erklären.[325] Im Anschluss an die Welle der Privatisierung ehemaliger staatlicher Großbetriebe und Outsourcing bei der öffentlichen Hand[326] geriet die EVG als nach dem Industrieverbandsprinzip organisierte Gewerkschaft jedoch durch die Konkurrenz erstarkter Spartengewerkschaften (in diesem Fall

323 Als Indexwert = 100 wurde das Jahr 2001 bestimmt, welches als Abschluss einer Phase von Gewerkschaftsfusionen zu sehen ist, mit der Gründung von ver.di.; Zusammenstellung von *Greef* ,DGB-Gewerkschaften in Zahlen 2022, Ziff. 3, anhand der Daten vom DGB, abrufbar unter https://www.samuel-greef.de/gewerkschaften/ (letzter Abruf am 14.2.2023).

324 Vgl. *Hassel/Schröder*, Gewerkschaften 2030, S. 8.

325 Vgl. *Greef*, DGB-Gewerkschaften in Zahlen 2022, Ziff. 3, abrufbar unter https://www.samuel-greef.de/gewerkschaften/ (letzter Abruf am 14.2.2023).

326 In etwa die Hälfte des Personalabbaus im öffentlichen Dienst (von mehr als 6,7 Mio. in 1991 auf 4,5 Mio. in 2008) ist auf die Privatisierung der Deutschen Bundesbahn und der Reichsbahn der ehemaligen DDR sowie der Deutschen Bundespost zurückzuführen, vgl. *Picard*, in: Destatis Datenreport 2021, S. 138 (146).

durch die GDL) unter Druck.[327] Die GDL, die eine deutlich höhere Konfliktbereitschaft besitzt,[328] ist bereit, Tarifkonflikte offen auszutragen und dies im Rahmen der Mitgliedergewinnung proaktiv einzusetzen. Unterm Strich ist der Mitgliederbestand der EVG im Zeitraum von 2001 bis 2021 um ganze 39,1 % zurückgegangen. Übertroffen ist dieser Verlust nur noch von dem der IG BAU, die im Jahr 2021 ganze 56,5% weniger Mitglieder als 2001 hatte.

Der Rückgang des Mitgliederbestands von ver.di in Höhe von 32,5 % mag im direkten Vergleich weniger dramatisch erscheinen. Es ist jedoch zu bedenken, dass ver.di sich erst 2001 gegründet hat, somit also seit ihrer Gründung an Boden verliert. Zudem haben die Dienstleistungsbranche sowie die Angestelltenberufe auf dem deutschen Arbeitsmarkt in den letzten Jahrzehnten erheblich an Bedeutung gewonnen. Seit der Wiedervereinigung ist der Prozess der sog. Tertialisierung weiter vorangeschritten und hat zu einer Veränderung der Wirtschaftsstruktur und damit auch Beschäftigtenstruktur geführt. Im Jahr 1991 war das produzierende Gewerbe (ohne Baugewerbe) noch für rund ein Drittel (31%) der gesamten nominalen Wertschöpfung in Deutschland verantwortlich, der Dienstleistungsbereich für 62 %.[329] Demgegenüber ist dieser Anteil des produzierenden Gewerbes im Jahr 2019 auf ein Viertel (24 %) gesunken und der Anteil der Dienstleistungsbranche an der gesamtwirtschaftlichen Bruttowertschöpfung im gleichen Jahr auf 70 % gestiegen. Im Zuge dieser Entwicklung ist die Gruppe der Angestellten stark gewachsen. Während ihr Anteil am Arbeitsmarkt im Jahr 2008 noch 57,2 % betragen hatte, machte er im Jahr 2021 ganze 71,4 % aus.[330] Setzt man die Mitgliederverluste der Gewerkschaft ver.di zu dem Anstieg der Beschäftigtenzahlen „in ihrer Zielgruppe" ins Verhältnis, erscheinen sie noch gravierender. Demgegenüber geht es der IG Metall mit einem Rückgang von „nur" 20 % und der NGG mit einem Rückgang von

327 Vgl. *Hassel/Schröder*, Gewerkschaften 2030, S. 8; Gleiches lässt sich etwa auch für den Marburger Bund feststellen, vgl. *Greef*, in: Gewerkschaften und die Politik der Erneuerung, S. 134 (139); siehe zur Problematik der autonom agierender Berufs- und Berufsgruppengewerkschaften auch *Höpfner/Lesch/Schneider/Vogel*, Tarifautonomie und Tarifgeltung, S. 185.

328 Vgl. *Höpfner/Lesch/Schneider/Vogel*, Tarifautonomie und Tarifgeltung, S. 328, Tabelle 12: Konfliktbereitschaft der Gewerkschaften: auf einer Skala bis 7 erhält die GDL eine 4,6 und die EGV eine 2,9.

329 Siehe hierzu sowie zu den nachfolgenden Zahlen *Mucha*, in: Destatis Datenreport 2021, S. 129 (132).

330 Vgl. *Fulda*, IW-Kurzbericht 83/2022. S. 2; *Lesch/Winter*, IW-Kurzbericht 50/2021, S. 2.

25 % gegenüber dem Stand von 2001 noch vergleichsweise gut (grenzwertig hingegen IG BCE: Rückgang 31,4 %). Diese Gewerkschaften sind zwar ebenfalls mit einem Mitgliederrückgang konfrontiert, es ist ihnen jedoch gelungen, diesen partiell zu stoppen und insgesamt deutlich zu verlangsamen.[331]

Bei einem Blick in das „Innenleben“ der Gewerkschaften, also ihre Mitgliederstruktur, verfestigt sich der Eindruck einer disparaten Entwicklung von Arbeitsmarktzusammensetzung und gewerkschaftlicher Mitgliederstruktur.[332] In Abbildung 3 werden beide gegenübergestellt. Hieraus geht eine Unterrepräsentation von jüngeren, weiblichen, gut qualifizierten Arbeitnehmern in Angestelltenberufen hervor.

Abbildung 3: Mitgliederstruktur der Gewerkschaften in Deutschland im Vergleich mit Anteilen der Arbeitnehmergruppen am Arbeitsmarkt in den Jahren 2018 bis 2021[333]

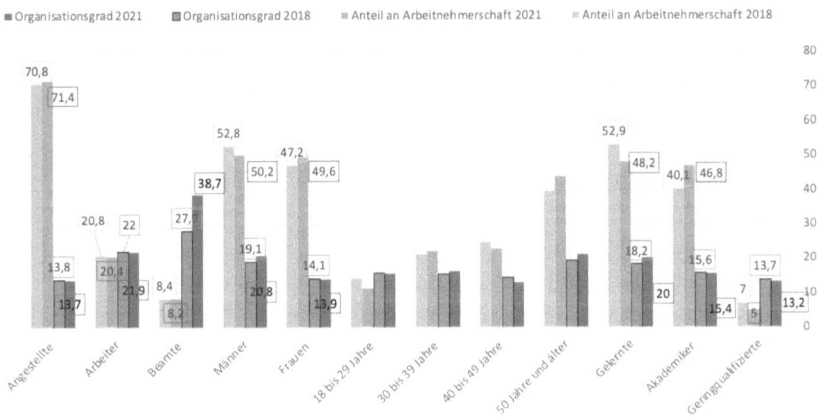

Anteil der gewerkschaftlich organisierten Arbeitnehmer in Gruppen und deren Organisationsgrad, Angaben in Prozent

Auffällig sind zunächst die Unterschiede im Hinblick auf die Art der ausgeübten Beschäftigung. Ausgerechnet die ausweislich ihres Anteiles am Arbeitsmarkt (71,4 %) besonders relevante Gruppe der Angestellten ist gegen-

331 Vgl. *Hassel/Schröder*, Gewerkschaften 2030, S. 8; in Bezug auf die IG Metall *Höpfner/ Lesch/Schneider/Vogel*, Tarifautonomie und Tarifgeltung, S. 41.

332 Statt aller *Biebeler/Lesch*, Wirtschaftsdienst 2015, 710 (711);

333 Eigene Darstellung aus Datenauswertung der ALLBUS 2021 bei *Fulda*, IW-Kurzbericht 83/2022. S. 2.

über den Beamten (Anteil an Arbeitnehmerschaft 2021: 8,2 %) und „klassischen“ Arbeitern (Anteil an Arbeitnehmerschaft 2021: 20,4 %) traditionell schlecht(er) organisiert. Sie wies im Jahr 2021 nur einen Organisationsgrad von 13,7 % auf und verschlechterte sich damit gegenüber der Erhebung von 2008 nochmals um rund 3 %.[334] Demgegenüber konnte der Organisationsgrad bei den Beamten von 27,9 % in 2018 auf 38,7 % in 2021 zulegen und ging bei den Arbeitern von 22,0 in 2018 auf 21,9 % in 2021 zumindest nur marginal zurück (siehe Abbildung 3). Das schlechte Abschneiden der Gewerkschaften bei den Angestellten wird von der Forschung auf den Umstand zurückgeführt, dass in letzteren beiden Gruppen eine größere Homogenität vorherrsche, welche sie für die Gewerkschaften leichter organisierbar mache.[335] Hinzu kommt der Umstand, dass die Dienstleistungsbranche durch eine kleinbetrieblicher(e) Struktur gekennzeichnet ist, die den Gewerkschaften einen Zugang erschwert. Je größer die Betriebe sind, desto verbreiteter ist das Vorhandensein eines Betriebsrates und auch die Gewerkschaftsmitgliedschaft innerhalb der Belegschaft.[336] So lag der Organisationsgrad abhängig Beschäftigter im Jahr 2016 in Betrieben mit unter 100 Beschäftigten nur bei 10,3 %, bei solchen mit 100 bis 499 Beschäftigten immerhin bei 19,1% und bei Betrieben mit mehr als 500 Beschäftigten sogar bei 27,1%.[337]

Erklärt wird dies durch zwei Aspekte:

Einmal wird davon ausgegangen, dass Betriebsräte als Bindeglied zu den betrieblichen Strukturen vor Ort eine wichtige Rolle bei der persönlichen Ansprache und Rekrutierung im Betrieb spielen und sich somit auf die Beitrittsneigung der Arbeitnehmer positiv auswirken.[338] Sie werden in der

---

334 Vgl. *Biebeler/Lesch*, IW-Trends 2006, 45 (52); *Anders/Biebeler/Lesch*, IW-Trends 1.2015, 21 (24) sowie Abbildung 3.

335 Vgl. *Fitzenberger/Kohn/Wang*, ZEW-Discussion Paper, Nr. 06-066, S. 8 mwN; *Schnabel/Wagner*, Industrielle Beziehungen 2006, 118 (124 f.).; *Lesch/Winter*, IW-Kurzbericht 50/2021, S. 2, siehe hierzu auch Kap. 2 D. III. 2. c) aa).

336 Zur Korrelation von Betriebsgröße und Betriebsratsverbreitung siehe Kap. 2 D. V. 1. c); vgl. – auch im Folgenden – *Biebeler/Lesch*, Wirtschaftsdienst 2015, 710 (713); *dies*, Industrielle Beziehungen 2007, S. 143 f.; *Pyhel*, Gewerkschaftliche Mitgliedschaftsloyalität, S. 198 f.; *ders.*, WSI-Mitteilung 2006, 341 (345); *Schnabel/Wagner*, Socio-Economic Review 2005, 1 (10).

337 *Hassel/Schröder*, Gewerkschaften 2030, S. 9 unter Bezugnahme auf European Social Survey 2017, so auch *Nickel*, Arbeiterschaft und Gewerkschaft, S. 172 f. mit Auswertung von DGB-Motivanalyse „Eine Sozialwissenschaftliche Intensivuntersuchung bei abhängig Erwerbstätigen“, 1970 (nicht veröffentlicht).

338 Vgl. *Schroeder*, WZB Mitteilungen 2018, 45 (46); dies wird umso wichtiger, weil viele Gewerkschaften sich aus der Fläche zurückgezogen haben, weil sie sich aus

betrieblichen Praxis von vielen Arbeitnehmern als Vertreter der Gewerkschaften wahrgenommen.[339] Betriebsräte finden sich jedoch ihrerseits eher in großen Betrieben.[340]

Im Übrigen bauen Gewerkschaften ihr Rekrutierungsstrukturen (etwa Netz an Vertrauensleuten, Gewerkschaftsbüros) zunächst in größeren oder sehr großen Betrieben auf und widmen den mittleren und kleineren Betrieben weniger Aufmerksamkeit, sodass es dort an der wichtigen persönlichen Ansprache und Betreuung der Arbeitnehmer fehlt.[341]

Diese Probleme sind auch mitursächlich für die noch immer deutliche Unterrepräsentation von Frauen in Gewerkschaften. Diese sind jenseits des öffentlichen Dienstes und einzelner privater Dienstleistungsbereiche (insbesondere in den Bereichen Erziehung und Unterricht sowie Gesundheits- und Sozialwesen) noch immer „klassische Männerdomänen".[342] Obwohl Frauen immer mehr Anteile am Arbeitsmarkt erobern, ist ihr Organisationsgrad nicht proportional dazu gestiegen. Der Anteil der Frauen an der Arbeitnehmerschaft belief sich im Jahr 2021 auf 49,6 %. Gleichwohl blieb der Organisationsgrad der Frauen mit 13,9 % deutlich hinter dem der Männer mit 20,8% zurück (siehe Abbildung 3).[343] Der Anteil organisierter Frauen hat dabei im Vergleich zu Vorjahren (2018 noch 14,1 %) sogar noch-

---

finanziellen Gründen zur Ausdünnung der Gewerkschaftsbüros gezwungen sahen, vgl. *Schnabel,* Wirtschaftsdienst 2016, 426 (431); unter expliziter Untersuchung der statistischen Relevanz der betrieblichen Interessenvertreter *Pyhel,* WSI-Mitteilung 2006, 341 (345 f.).

339 Vgl. *Pyhel,* WSI-Mitteilung 2006, 341 (342): wonach 72 % der befragten Gewerkschaftsmitglieder die Aussage, dass ihr Betriebsrat „eindeutig als Vertreter der Gewerkschaft" auftritt, mit einer der beiden positiven Kategorien einer 5-stufigen Skala von „trifft völlig zu" bis „trifft überhaupt nicht zu" einordnet, obwohl im einleitenden Text ausdrücklich auf die formale Unabhängigkeit der Betriebsräte von den Gewerkschaften hingewiesen worden sei; nur 7 % hätten die Frage mit einer der beiden negativen Vorgaben beantwortet. Wie später zu zeigen sein wird, kann das Vorhandensein eines Betriebsrates insofern als Resonanzboden für sog. soziale selektive Anreize dienen Vgl. dazu unter Kap. 2 D. III. 2. c).

340 Siehe Tabelle 6 bei *Ellguth/Kohaut,* WSI-Mitteilungen 2020, 278 (283), wonach in der Betriebsgrößenklasse 5 bsi 50 Beschäftigte nur 6 % einen Betriebsrat haben, während es in der Betriebsgrößenklasse 501 Beschäftigte und mehr ganze 86 % sind.

341 Vgl. *Nickel,* Arbeiterschaft und Gewerkschaft, S. 173.

342 Siehe hierzu – auch im Folgenden – *Schroeder,* WZB Mitteilungen 2018, 45 ff.; *Schnabel,* Wirtschaftsdienst 2016, 426 (430).

343 Dabei hat bereits eine Annäherung der Werte stattgefunden. Im Jahr 2008 betrug der Unterschied zwischen Frauen und Männern noch ganze 10,7 %, vgl. *Lesch/Winter,* IW-Kurzbericht 50/2021, S. 1; dass Frauen grundsätzlich viel schlechter organisiert sind als Männer ist dabei kein neues Phänomen, es wurde schon in den 1970 Jahren festgestellt, vgl. *Nickel,* Arbeiterschaft und Gewerkschaft, S. 172 mit

mals abgenommen, obwohl ihr Anteil an der Arbeitnehmerschaft im selben Zeitraum insgesamt um 2,4 % gestiegen ist. Die inadäquate Widerspiegelung der zunehmenden Erwerbsbeteiligung der Frauen in der gewerkschaftlichen Mitgliederentwicklung wird auf ein Zusammenspiel verschiedener Faktoren, aber vor allem auf ihre überproportional ausgeprägte Beschäftigung in betriebsrats und gewerkschaftsfreien Kleinbetrieben sowie privaten, tariffreien Dienstleistungsunternehmen und in atypischen Arbeitsverhältnissen zurückgeführt, die schwieriger organisierbar sind.[344] Insofern ist es wichtig, dass die Gewerkschaften auch unter den Teilzeitbeschäftigten nur schwach vertreten sind. Des Weiteren wird angenommen, dass Frauen sich im Durchschnitt weniger mit ihrer Erwerbsarbeit identifizieren und Gewerkschaften ferner stehen, weil sie eher als Männer Individuallösungen bevorzugen.[345]

Weitere Erkenntnis aus der Betrachtung der Mitgliederstrukturen in Gewerkschaften im Vergleich zur strukturellen Zusammensetzung des Arbeitsmarktes ist die Unterrepräsentation von Akademikern in Gewerkschaften, deren Anteil am Arbeitsmarkt fortlaufend zunimmt (2008: 29,9 %[346] – 2018: 40,0 % – 2021: 46,8 %), während der Organisationsgrad auf einem niedrigen Stand verharrt (2018: 15,6 % – 2021: 15,4 %). Je besser Arbeitnehmer qualifiziert sind, desto eher sind sie – jedenfalls in der Privatwirtschaft – in der Lage, aus eigener Kraft gute Arbeitsbedingungen auszuhandeln. Ihre starke Marktposition macht gewerkschaftlichen Rückhalt ein Stück weit entbehrlich.[347]

Zuletzt ist die Überalterung der Gewerkschaften zu erwähnen. Die jüngeren Arbeitnehmer (18 bis 49 Jahre) sind gemessen an ihrem Anteil am Arbeitsmarkt schlechter organisiert. Während der Anteil der organisierten Arbeitnehmer unter den 18- bis 29-Jährigen mit 1,72 % sehr niedrig liegt, steigt er mit 3,54 % bei den 30- bis 39-Jährigen etwas an, um dann in der Gruppe der 40- bis 49-Jährigen wieder auf 2,95 % zu fallen. Das Gros der organisierten Außenseiter gehört der Gruppe der älteren Arbeitnehmer ab

---

Auswertung von DGB-Motivanalyse „Eine Sozialwissenschaftliche Intensivuntersuchung bei abhängig Erwerbstätigen", 1970 (nicht veröffentlicht).

344 Vgl. *Hassel/Schröder*, Gewerkschaften 2030, S. 10.

345 Vgl. *Schroeder*, WZB Mitteilungen 2018, 45, der des Weiteren einen Zusammenhang mit dem Frauenanteil in Betriebsräten sieht, der die Behandlung und Kommunikation geschlechterspezifischer Themen beeinflusse.

346 Vgl. *Fulda*, IW-Kurzbericht 83/2022. S. 3.

347 *Pyhel*, Gewerkschaftliche Mitgliedschaftsloyalität, S. 188; siehe auch unter Kap. 2 D. III. 2. d).

50 Jahren an, von denen 9,21 % organisiert sind.[348] Diese Überrepräsentation älterer Kohorten kann dazu führen, dass Gewerkschaften trotz eines Bruttozuwachses keinen oder jedenfalls einen geringeren Nettozuwachs haben, weil die Neumitgliederzahlen die Anzahl der ausscheidenden Mitglieder gar nicht auszugleichen vermögen.[349] Als Beispiel kann die IG Metall dienen. Obwohl es ihr im konfliktträchtigen und streikreichen Jahr 2018 gelungen war, mit über 133.000 Eintritten ungewöhnlich viele Neumitglieder zu gewinnen,[350] konnte sie unterm Strich – also nach Abzug von Austritten und Sterbefällen – nur einen Nettozuwachs von unter 8.000 Mitgliedern verzeichnen.[351]

III. Exkurs: Bedenkliche Mitgliederentwicklung in Arbeitgeberverbänden

Wie an anderer Stelle noch auszuführen sein wird,[352] beschränkt sich die vorliegende Untersuchung auf Maßnahmen zur Mobilisierung der Außenseiter-*Arbeitnehmer*. Allerdings kann die Situation der Arbeitgeber bei der Betrachtung des Erfolgs tarifautonomer Festlegung der Arbeitsbedingungen nicht gänzlich außer Acht gelassen werden. Arbeitgebern kommt für die Frage der Reichweite von Tarifverträgen eine Schlüsselstellung zu.[353] Schließlich kommen organisierte Arbeitnehmer – selbst dann, wenn sie einen Großteil oder gar die gesamte Belegschaft ausmachen – solange nicht in den Genuss normativer Tarifgeltung, wie der Arbeitgeber nicht Mitglied

---

348 Eigene Berechnung aus Datenauswertung der ALLBUS 2021 bei *Fulda*, IW-Kurzbericht 83/2022, S. 2; die Überalterung der DGB-Mitgliedschaftsgewerkschaften stellte *Nickel*, Arbeiterschaft und Gewerkschaft, S. 171 schon zu Beginn der 1970iger-Jahre fest.

349 Vgl. *Höpfner*, ZfA 2020, 178 (184 f.).

350 Hierbei handelt es sich um 25 % mehr Neuaufnahmen als im Vorjahr und die höchste Zahl an Neuaufnahmen seit der Jahrtausendwende, vgl. Jörg Hoffmann, Jahrespressekonferenz IG Metall 2019, S. 3, abrufbar unter https://www.igmetall.de/download/v2StatementHofmann_ad8408a777936a368bb2cbd50421d3ee339e6c72.pdf (letzter Abruf 14.2.2023).

351 Vgl. *Jörg Hoffmann*, Jahrespressekonferenz IG Metall 2019, S. 3: Nach Abzug von Austritten und Sterbefällen 7.934, abrufbar unter https://www.igmetall.de/download/v2StatementHofmann_ad8408a777936a368bb2cbd50421d3ee339e6c72.pdf (letzter Abruf 14.2.2023).

352 Kap. 2 F. III.

353 Ebenso *Dorssemont/Walser*, SR 2015 (2), 41; *Schröder/Silvia*, in: Handbuch der Gewerkschaften, S. 337 (338): „Arbeitgeberverbände [sind] die Achillesferse des deutschen Modells"; *Walser*, Einfluss der Rechtsordnung auf die Tarifbindung der Arbeitgeber, S. 54, 87.

des tarifschließenden Arbeitgeberverbandes oder Partei eines entsprechenden Firmentarifvertrags wird. Wer eine funktionsfähige Tarifautonomie will, braucht also auch handlungsfähige Arbeitgeberverbände.[354]

Auch die Arbeitgeberseite bleibt von einem Mitgliederschwund indes nicht verschont. Über die Organisationsentwicklung in den circa 650 bis 750 deutschen Arbeitgeberverbänden[355] gibt es zwar keine veröffentlichten Statistiken. Auch hier deuten Schätzungen jedoch auf einen massiven Rückgang des Organisationsniveaus hin.[356] Insbesondere kleine und mittlere Unternehmen aus dem Dienstleistungsbereich (insbesondere im Bereich Digitales und Start-Ups) treten aus oder nach der Gründung gar nicht erst in Verbände ein, wohingegen große Arbeitgeber tendenziell organisiert bleiben.[357] Problematisch ist hier weniger die absolute Zahl der Mitglieder, sondern vielmehr die Relation von Voll- oder T-Mitgliedern zu Mitgliedern, die keiner Tarifbindung unterliegen (sog. OT-Mitglieder – „ohne Tarifbindung"). In vielen Verbänden bilden die T-Mitglieder, die bei Tarifabschlüssen verbandsintern mitbestimmen, sie ggf. erkämpfen und letztlich in Form von Tarifunterworfenheit die Verantwortung für sie tragen, mittlerweile die Minderheit gegenüber den OT-Mitgliedern.[358] Man spricht insofern von der Flucht in die OT-Mitgliedschaft. Zum Beispiel offenbarte eine Untersuchung der Mitgliederentwicklung in den Verbänden der Metall- und Elektro-Industrie, dass seit 2005 mehr Betriebe in die OT-Verbände eintraten als Betriebe aus den Tarifträgerverbänden austraten (siehe Abbildung 4):

354 Vgl. nur *Rieble*, ZfA 2005, 245 (249).

355 So *Deinert/Walser*, Tarifvertragliche Bindung der Arbeitgeber, S. 23 unter Verweis auf *Behrens/Helfen*, Industrielle Beziehungen 2009, 5 (7); von einer Anzahl von ca. 1.000 geht hingegen *Schnabel*, Gewerkschaften und Arbeitgeberverbände, ZAF 2005, 181 (186) aus.

356 *Deinert/Walser*, Tarifvertragliche Bindung der Arbeitgeber, S. 23; siehe auch *Rieble*, in: MHdB ArbR § 222 Rn. 28; zum Phänomen der Verbandsflucht der Arbeitgeber allgemein *Breschendorf*, Zweiteilung der Belegschaft, S. 165.

357 Vgl. *Weitbrecht/D'Antonio,* in: Handbuch Arbeitsgeber- und Wirtschaftsverbände, S. 455 (460); *Hassel/Schroeder*, Gewerkschaften 2030, S. 2.

358 *Henssler*, RdA 2021, 1 (4); ebenso *Höpfner/Lesch/Schneider/Vogel*, Tarifautonomie und Tarifgeltung, S. 42.

Abbildung 4: Mitgliederentwicklung in den Verbänden der Metall- und Elektro-Industrie Anzahl der Betriebe[359]

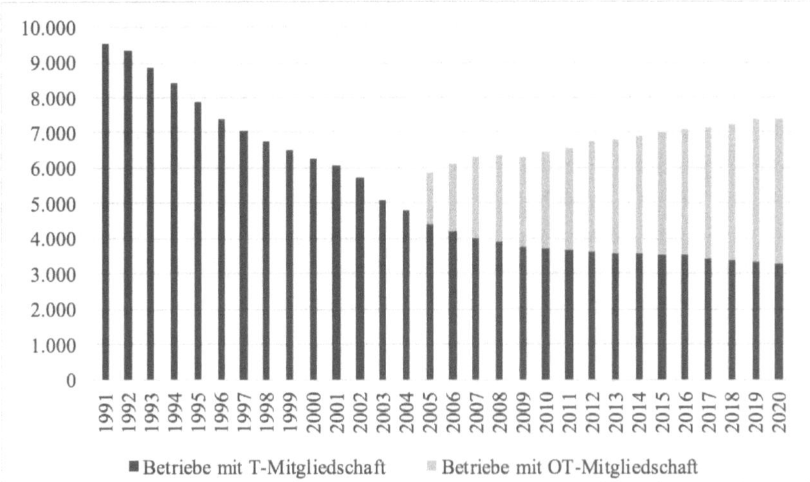

T-Mitgliedschaft: Nordmetall, NiedersachsenMetall, Metall NRW, Hessenmetall, vem.die arbeitgeber, Pfalz-Metall, ME Saar, Südwestmetall, vbm Bayern, VME Berlin und Brandenburg, VME Sachsen-Anhalt, VSME Sachsen, VMET Thüringen; OT-Mitgliedschaft: Nordmetall, Metall NRW, Hessenmetall, verm.die arbeitgeber, PfalzMetall, UV Saar, USW, Südwest, bayme Bayern, AGVT Thüringen.

Quelle: Gesamtmetall, Sonderauswertung.

Man könnte meinen, es sei erfreulich, dass die Unternehmen dem Verband bei einem solchen Statuswechsel zumindest nicht ganz den Rücken kehren bzw. neuen Unternehmen so ein niedrigschwelliger Einstieg in den Verband ermöglicht wird. In der Tat kann diese OT-Mitgliedschaft auch Vorteile haben. Zum Beispiel tragen diese Mitglieder – anders als Außenseiter-Arbeitgeber – durch ihre Beitragszahlungen zur finanziellen Stabilität der Arbeitgeberverbände bei. Diese positiven Effekte können aber den großen Nachteil dieses Modells nicht kaschieren: die OT-Mitglieder unterliegen nun mal keiner Bindung an die vom Verband ausgehandelten und abgeschlossenen Tarifverträge. Vom BAG wird diese Form der Koalitionsmitgliedschaft folglich auch nur gebilligt, wenn OT-Mitglieder satzungsgemäß von der verbandsinternen Willensbildung in tarifpolitischen Angelegenhei-

359 Entnommen aus *Höpfner/Lesch/Schneider/Vogel*, Tarifautonomie und Tarifgeltung, S. 43.

ten ausgeschlossen sind, sodass ein „Gleichlauf von Verantwortung und Betroffenheit" gegeben ist.[360]

Es soll nicht verschwiegen werden, dass das Widerstreben der Arbeitgeber, sich (in einer T-Mitgliedschaft) zu organisieren, ein Zusammenspiel mehrerer Gründe ist, deren detaillierte Untersuchung und Ausräumung anderen überlassen werden muss.[361] Im Rahmen der vorliegenden Arbeit reicht es, festzustellen, dass Arbeitgeber sich weniger wegen der unmittelbaren Mitgliedschaftskosten in Form von Beiträge gegen eine T-Mitgliedschaft im Verband entscheiden – als OT-Mitglieder zahlen sie schließlich auch –, sondern gerade wegen der damit einhergehenden Tarifbindung.[362] Denn auf Seiten der Arbeitgeber bezieht sich die Kritik an der Verbandsmitgliedschaft hauptsächlich auf die mangelnde Flexibilität und Anpassungsfähigkeit der Verbandstarifverträge an die Bedürfnisse der Unternehmen, die sich im globalen Wettbewerb schnell wandeln können. Daneben hält die Angst vor einer „Ewigkeitsbindung" vom Beitritt in eine T-Mitgliedschaft des Arbeitgeberverbandes ab.[363] Die Tarifbindung endet für Arbeitgeber nämlich nicht mit dem Austritt aus dem Arbeitgeberverband, sondern gem. § 3 Abs. 3 TVG erst mit dem Ende des Tarifvertrages. Da die Rechtsprechung die Versuche, diese Bindung zu begrenzen, ablehnt,[364] können Arbeitgeber etwa an unbefristete Manteltarifverträge nach ihrem Austritt noch jahrelang gebunden sein. Angesichts der natürlichen Akzessorietät von arbeitgeberseitiger Organisationsneigung und gewerkschaftlicher Mächtigkeit, bildet schließlich auch die Schwäche der Gewerkschaften als sozialen Gegenspieler einen Faktor in der Gemengelage. Wenn durch mitgliederschwache Gewerkschaften kein nennenswerter Druck erzeugt wird, besteht für Arbeitgeber kein Bedürfnis, sich in die T-Mitgliedschaft eines

360 vgl. BAG, Urt. v. 21.11.2012 – 4 AZR 27/11, AP TVG § 3 Verbandsaustritt Nr. 16 (Rn. 14); v. 19.06.2012 – 1 AZR 775/10, AP GG Art. 9 Arbeitskampf Nr. 177, Rn. 16.v. 22. 4. 2009 – 4 AZR 111/08, AP TVG § 3 Verbandszugehörigkeit Nr. 26, Rn. 28, 37; v. 4. 6. 2008 – 4 AZR 419/07 – Rn. 65, BAGE 127, 27 = AP TVG § 3 Nr. 38.

361 Siehe hierzu *Deinert/Walser*, Tarifvertragliche Bindung der Arbeitgeber, S. 65 ff., 349 ff. sowie passim.

362 Zutreffend *Höpfner*, ZfA 2020, 178 (195).

363 Siehe zur Kritik sowie Lösungsansätzen bespielhaft *Deregulierungskommission*, Marktöffnung und Wettbewerb, 1991, Nr. 544 ff.; *Dieterich/P.Hanau/Henssler/Oetker/Wank/Wiedemann*, RdA 2004, 65 ff.; *Franz/Neumann/Sinn*, FAZ v. 23.9.2002, S. 17; *Lieb*, NZA 1994, 337; *Junker*, NZA 1997, 1305 (1313); *Rieble*, RdA 1996, 151 ff.; siehe zur Aktualität dieser Kritikpunkte beispielhaft *Henssler*, RdA 2021, 1 (4 f.).

364 Vgl. BAG v. 1. 7. 2009 – 4 AZR 261/08, AP TVG § 3 Verbandsaustritt Nr. 14.

Verbands zu begeben, um sich davor zu schützen.[365] Vor diesem Hintergrund kann man die Schwäche der Gewerkschaften (Stichwort „Gegnerkrise") dafür (mit-)verantwortlich machen, dass immer mehr Arbeitgeber sich gar nicht organisieren oder sich darauf beschränken, die Infrastruktur, das Netzwerk und die Serviceangebote des Verbands in Anspruch zu nehmen, sich aber aus den tarifpolitischen Angelegenheiten heraushalten.[366]

Den Beitrittshindernissen auf Arbeitgeberseite lässt sich am besten durch eine Tarifpolitik entgegenwirken, die hinreichend Raum für flexible, betriebliche Lösungen lässt und der Betriebsautonomie gänzlich den Vorrang vor der Tarifautonomie einräumt (etwa durch Öffnungsklauseln und Entgeltkorridore).[367] Daneben ist der Gesetzgeber aufgerufen, die Rahmenbedingungen so anzupassen, dass die Tarifbindung nicht mehr „unabstreifbar" erscheint, sodass Arbeitgeber sich darauf leichter einlassen. Diskutiert werden insoweit verschiedenste Vorschläge von der Begrenzung der Nachbindung des ausgetretenen oder in die OT-Mitgliedschaft gewechselten Arbeitgebers nach § 3 Abs. 3 TVG auf ein Jahr (Gleichlauf mit § 613a Abs. 1 S. 2 BGB) bis zur zeitlichen Begrenzung der Nachwirkung von betrieblichen und betriebsverfassungsrechtlichen Tarifnormen nach § 4 Abs. 5 TVG (Ablösung durch Betriebsvereinbarung scheidet wegen des Tarifvorbehalts nach § 77 Abs. 3 BetrVG außerhalb der erzwingbaren Mitbestimmung aktuell aus).[368]

IV. Zwischenergebnis und Folgefrage

Da von den in Deutschland aktiv abhängig Beschäftigten, deren Zahl sich im Jahr 2021 auf 40,85 Mio. belief, nur noch 17,4 % Mitglieder einer Ge-

365 Schon *Nipperdey* konstatierte, dass sich die Organisationsneigung der Arbeitgeberseite akzessorisch zur Organisationsentwicklung auf Arbeitnehmerseite verhält; vgl. zu dem reaktionären Verhalten der Arbeitgeber aus der historischen Rückschau *Höpfner/Lesch/Schneider/Vogel*, Tarifautonomie und Tarifgeltung, S. 62; die Akzessorietät betonte unlängst auch *Hartmann*, ZfA 2020, 153 (154); die Bedeutung des gewerkschaftlichen Organisationsgrads für die Organisationsneigung der Arbeitgeber ebenfalls hochschätzend *Schlachter*, SR 2020, 205 (206); iE ebenso *Waltermann*, ZfA 2020, 211 (216 f.).

366 Vgl. *Schlachter*, SR 2020, 205; *Schröder/Greef*, in: Handbuch der Gewerkschaften, S. 123 (124); *Schroeder/Silvia*, in: Handbuch der Gewerkschaften, S. 337 (358) sehen die Beratungs- und Lobbyfunktion in den Vordergrund treten.

367 Vgl. *Weitbrecht/D'Antonio*, in: Handbuch Arbeitsgeber- und Wirtschaftsverbände, S. 455 (467 ff); dafür plädierte schon *Junker*, NZA 1997, 1305 (1313).

368 Vgl. *Bepler*, in: Verhandlungen des 70. DJT, B 1 (B57 f.); einen Überblick mwN verschaffen *Höpfner/Lesch/Schneider/Vogel*, Tarifautonomie und Tarifgeltung, S. 431 ff.

werkschaft waren, handelte sich bei rund **82 %** der abhängig Beschäftigten um Außenseiter-Arbeitnehmer. Dies entspricht einer Zahl von **33,74 Mio.** Menschen und damit einer deutlichen Mehrheit der abhängig erwerbstätigen Gesellschaft. Die Organisationslücken bei den Gewerkschaften legen nahe, dass es sich bei Außenseitern überwiegend um Angestellte in kleineren und mittleren Betrieben handelt, die tendenziell weiblich und jünger sind sowie über eine akademische Ausbildung verfügen. Es lässt sich feststellen, dass die Mitgliederstrukturen in Gewerkschaften immer weniger die Strukturen des allgemeinen Arbeitsmarktes abbilden und sich in bedenklicher Weise von den Entwicklungen ablösen. Ihre Überalterung lässt befürchten, dass sich diese Problematik beim Ausscheiden der älteren Kohorten weiter zuspitzt.

Daneben begründet die sinkende Zahl an organisierten Arbeitnehmern und Arbeitgebern die Befürchtung, dass auch die idealtypische Tarifgeltung, die auf mitgliedschaftliche Legitimation zurückgeht, erheblich abgenommen hat.

V. Geltung von Tarifverträgen in Deutschland

Soll vor diesem Hintergrund die tatsächliche Reichweite von Tarifverträgen in Deutschland näher betrachtet werden, wird standardmäßig der Grad der Tarif*bindung* als maßgeblicher Gradmesser herangezogen. Man muss sich jedoch bewusst machen, dass dieser für die Frage der Reichweite von Tarifverträgen nicht aussagekräftig ist, sofern damit die einseitige Tarifbindung einer Arbeitsvertragspartei gemeint ist oder aber er (nach aktuellem Stand) nicht messbar ist, sofern damit die beiderseitige Tarifbindung gemeint sein soll.

Tarifbindung liegt gem. § 3 Abs. 1 TVG für die Mitglieder der Tarifvertragsparteien sowie den Einzelarbeitgeber vor, der Partei eines Tarifvertrags ist. Es interessiert jedoch bei der Betrachtung der aktuellen Tarifsituation weniger, wie viele Arbeitgeber und Arbeitnehmer organisiert und damit einseitig an einen Tarifvertrag gebunden sind – dies lässt sich im Grunde auch schon aus den eben erörterten Organisationszahlen ablesen –, sondern vielmehr ist von Interesse, wie viele Arbeitsverhältnisse tatsächlich durch Tarifverträge gestaltet werden, sodass man tendenziell vom Vorherrschen angemessener Arbeitsbedingungen ausgehen kann. Mit anderen Worten geht es also um den Grad der Tarif*geltung* und nicht den der Tarif*bindung*, welcher isoliert nichts darüber aussagen kann, ob und auf welche Art und Weise die Tarifbestimmungen im Einzelarbeitsverhältnis wirken.[369] Weiterhin ist auch zu klären, welche Art der Unterstellung unter den Tarifvertrag gegeben ist. Davon hängt zum einen der Umfang der Schutzwirkung ab, die vom Tarifvertrag ausgeht.[370] Zum Anderen kann von einer echten Selbstbestimmung im Sinne der Tarifautonomie nur dann gesprochen werden, wenn der Tarifvertrag kraft Mitgliedschaft Anwendung findet und nicht dann, wenn die Bezugnahme auf ihn vom Arbeitgeber im Rahmen von AGB gestellt wurde oder der Staat den Tarifvertrag für allgemeinverbindlich erklärt hat.

1. Umfang und Verteilung der normativen Tarifgeltung in Deutschland

Bei der Bestimmung von Umfang und Verteilung der normativen Tarifgeltung werden an dieser Stelle die Daten des IAB-Betriebspanels zu Grunde gelegt. Im Rahmen des Panels wird jährlich eine repräsentative Zahl an deutschen Betrieben u.a. zu den bei ihnen vorherrschenden Beschäftigungsbedingungen befragt. Auf Grundlage der geäußerten Selbsteinschätzungen wird durch das Panel die Tarifbindung der Betriebe und die Tarifbindung der Beschäftigten ausgewiesen.[371] Da sich andere Quellen, wie z.B. die Daten des Statistischen Bundesamts, ihrerseits auf die Rohdaten des IAB-Betriebspanels beziehen[372] und damit keinen Mehrwert bieten, werden diese im Folgenden außer Betracht gelassen.

Den jüngsten Erhebungen des IAB-Betriebspanels zufolge arbeiteten im Jahr 2021 nur noch 52 % der Beschäftigten in Betrieben, in denen ein Bran-

---

369 Sofern es sich nicht um Belange handelt, die durch betriebliche Tarifnormen geregelt sind, kann der tarifgebundene Arbeitgeber mit einem tarifungebundenen Arbeitnehmer schließlich nach Belieben tarifwidrige Arbeitsbedingungen vereinbaren, vgl. *Löwisch/Rieble* TVG, § 3 Rn. 23; die verbindliche Einhaltung von Tarifverträgen ebenfalls für entscheidend haltend *Ellguth/Kohaut*, WSI-Mitteilungen 2020, 278 *Lübker/Schuten,* Taftbindung in den Bundesländern, S. 1.

370 Vgl. Kap. 2 A. IV.

371 Die Daten des Betriebspanels 2020 Ergebnisse beruhen beispielsweise auf Angaben von rund 15.500 Betrieben in beiden Landesteilen. Ihre Ergebnisse sollen aufgrund des Aufbaus der Zufallsstichprobe repräsentativ für die rund 2,1 Mio. Betriebe mit mindestens einem sozialversicherungspflichtig Beschäftigten sein (insgesamt sind in diesen Betrieben knapp 40,9 Mio. Personen beschäftigt), vgl. *Ellguth/Kohaut*, WSI-Mitteilungen 2020, 278 (279).

372 Vgl. Quellenangaben auf dem Internetauftritt des Bundesamts, abrufbar unter https://www.destatis.de/DE/Themen/Arbeit/Arbeitsmarkt/Qualitaet-Arbeit/Dimension-5/tarifbindung-arbeitnehmer.html (letzter Abruf am 2.1.2023).

chentarifvertrag (43 %) oder ein Haustarifvertrag (9 %) galt.[373] Dabei gibt es jedoch teils eklatante Unterschiede je nach Lage (West/Ost), Branche und Betriebsgröße.

a) Verteilung West – Ost

Wie oben bereits erwähnt und der nachfolgenden Abbildung 5 klar zu entnehmen, klafft zwischen den im Westen und den im Osten zu verzeichnenden Werten schon seit Beginn der Aufzeichnungen im Jahr 1995 eine deutliche Lücke. Während sich im Jahr 1995 im Schnitt etwa 53 % der westdeutschen Betriebe als an einen Branchentarifvertrag gebunden bezeichneten, waren es im Osten durchschnittlich nur etwa 28 %. Ausgehend von diesem unterschiedlichen Niveau haben beide Werte seitdem erheblich abgenommen und nähern sich einander stetig weiter an. Im Jahr 2021 wiesen laut IAB-Betriebspanel schließlich nur noch 25 % der westdeutschen und 15 % der ostdeutschen Betriebe eine Branchentarifbindung auf.[374]

Die Entwicklung der Branchentarifbindung der Beschäftigten im gleichen Zeitraum weist einen parallelen Abwärtstrend auf und steuert weiteren Tiefpunkten entgegen. Der ehemals knapp über 70 % liegende Anteil der in westdeutschen, an einen Branchentarifvertrag gebundenen Betrieben Beschäftigten ist im Jahr 2021 auf 45 % gesunken. Im Osten vollzog sich mit einem Absinken von circa 55 % im Jahr 1995 auf 34 % im Jahr 2021 eine ähnliche Entwicklung, wobei es von 2020 bis 2021 zumindest eine Steigerung um 2 % gab.[375]

373 *Ellguth/Kohaut*, WSI-Mitteilungen 2022, 328 (329).

374 *Ellguth/Kohaut*, WSI-Mitteilungen 2022, 328 (329); hinzu kamen folgende Werte für Haustarifvertragsbindung: im Westen 2 % (gesamt 27 %); im Osten 3 % (gesamt 18 %).

375 Vgl. *Ellguth/Kohaut*, WSI-Mitteilungen 2022, 328 (330); *dies.*, WSI-Mitteilungen 2020, 278 (279); mit genauen Einzelwerten ab 1996 siehe zudem Ergebnisse des IAB-Betriebspanel 2021, Grafik zu Tabelle 5, abrufbar unter http://doku.iab.de/arbeitsmarktdaten/Daten_zur_Tarifbindung.xlsx (letzter Abruf am 2.1.2023).

Abbildung 5: Branchentarifbindung der Betriebe, 1995 bis 2020[376]

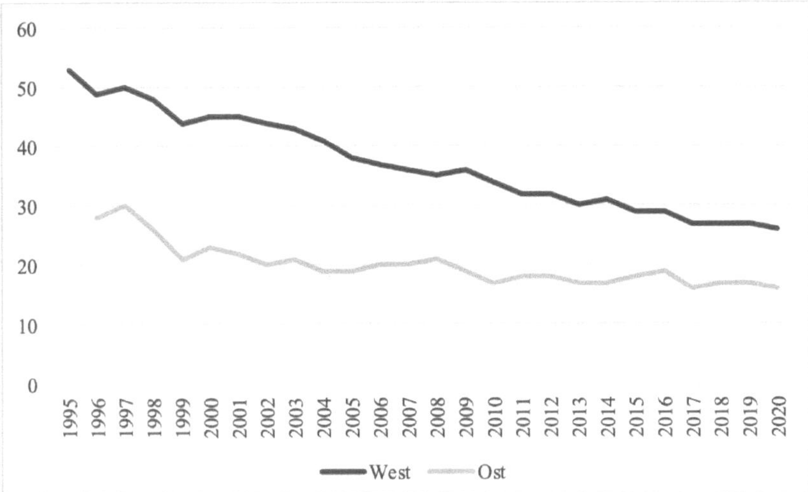

1995 Ost: keine Angabe.
Quelle: IAB-Betriebspanel, Sonderauswertung.

Anteile der branchentarifgebundenen Betriebe in Prozent

Wie der Abbildung 6 zu entnehmen ist, war es im Westen Deutschlands ab 2000 kurzzeitig gelungen, die Entwicklung der Branchentarifbindung der Beschäftigten zu stabilisieren. Nachdem zunächst eine Verlangsamung des Rückgangs erreicht wurde (2000: 63 %, 2002: 63 %, 2004: 61 %, 2006: 57 %, 2008: 55%), war im Zeitraum von 2008 bis 2010 sogar ein Zuwachs von 1% (auf dann 56 %) zu verzeichnen.[377] Ab 2010 setzte sich der Negativtrend, der im Osten in der gleichen Zeitspanne kleinschrittig, aber kontinuierlich zu verzeichnen zwar, schließlich doch bis zum aktuellen Tiefpunkt von 51 % im Jahr 2020 fort. Wie sich die im Jahr 2020 weltweit ausgebrochene Corona-Pandemie in den Zahlen niederschlägt, lässt sich zum jetzigen Zeitpunkt noch nicht abschließend feststellen. Kurzfristig konnte sich die Branchentarifbindung der Betriebe um 1 % auf insgesamt 52 % in 2021 steigern. Dann jedoch setzte die sog. „Gaskrise" ein. Da die Wirtschaft insgesamt in den Jahren ab 2020 erhebliche Einbußen zu verzeichnen hatte, ist nicht auszuschließen, dass der wirtschaftliche Druck noch mehr Arbeit-

376 Entnommen aus *Höpfner/Lesch/Schneider/Vogel*, Tarifautonomie und Tarifgeltung, S. 35.
377 Vgl. *Ellguth/Kohaut*, WSI-Mitteilungen 2020, 278 (279), insbesondere auch Abbil. 1.

geber zu Verbandsaustritten veranlasst hat, die sich in einem Rückgang der Tarifbindung niederschlagen werden.[378]

Abbildung 6: Branchentarifbindung der Beschäftigten, 1995 bis 2020[379]

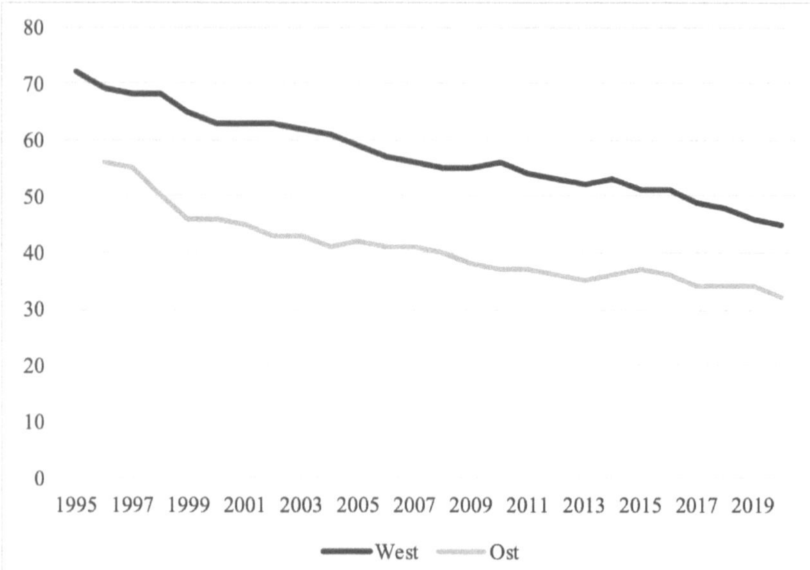

1995 Ost: keine Angabe.

Quelle: IAB-Betriebspanel, Sonderauswertung.

Anteile der Beschäftigten in branchentarifgebundenen Betrieben in Prozent

b) Verteilung nach Branche

Betrachtet man die Verteilung der tarifvertraglichen Reichweite (inkl. Haustarifverträgen) innerhalb der einzelnen Branchen näher, so fällt auf, dass es beträchtliche Unterschiede im Niveau gibt. Es herrscht eine erhebli-

---

378 So schlug z.B. *Tobias Neufeld* in einem Gastbeitrag beim Handelsblatt am 21.11.2022 unter der Überschrift „Tarifflucht: Wie Arbeitgeber in der Rezession Personalkosten senken können" (abrufbar unter: https://www.handelsblatt.com/finanzen/steuern-recht/steuern/arbeitskosten-tarifflucht-wie-arbeitgeber-in-der-rezession-personalkosten-senken-koennen/28816632.html (letzter Abruf: 2.1.2023) vor, dass sich Arbeitgeber höheren Löhnen durch Tarifflucht entziehen.

379 Entnommen aus *Höpfner/Lesch/Schneider/Vogel*, Tarifautonomie und Tarifgeltung, S. 36.

che Spannbreite vor, die von Spitzenwerten in der öffentlichen Verwaltung und Sozialversicherung (89 % der Betriebe / 98 % der Beschäftigten) und ordentlichen Werten im Baugewerbe (49 % der Betriebe / 57 % der Beschäftigten) und im Bereich Energie/Wasser/Abfall und Bergbau (44 % der Betriebe / 71 % der Beschäftigten) über eine schwächere Ausprägung in den Bereichen Gastgewerbe und Sonstige Dienstleistungen (22 % der Betriebe / 41 % der Beschäftigten), Großhandel / KFZ-Handel (18 % der Betriebe / 32 % der Beschäftigten) und Einzelhandel (17 % der Betriebe / 28 % der Beschäftigten) bis zum traurigen Tiefstand in der Branche Information und Kommunikation reicht, in der die Tarifbindung im Jahr 2021 nur bei 4 % (bezogen auf die Betriebe) bzw. 22 % (bezogen auf die Beschäftigten, hier jedoch 7 Fälle von laut Autor nicht belastbaren Angaben zu Haustarifverträgen enthalten) lag.[380]

Da in Zukunft mit einem weiteren Wachstum des Informations- und Dienstleistungssektors zu rechnen ist, alarmiert der niedrige Anteil der Tarifbindung in den dienstleistungsbezogenen Branchen besonders. Wenn man bedenkt, dass im Zuge des Strukturwandels (Stichwort Kohleausstieg und Umwandlung der Wirtschaft zur Erreichung der Klimaziele) außerdem der Rückgang von Beschäftigung in den aktuell noch stark von Tarifverträgen geprägten Industriebereichen (wie beispielsweise dem Bergbau) zu erwarten ist, dürfte der Grad der Tarifbindung bald noch weiter sinken.

c) Verteilung nach Betriebsgröße

Hierbei spielt es auch eine Rolle, dass sich die Betriebslandschaft verändert und der Großbetrieb mit 500 Beschäftigten oder mehr immer seltener wird. Gerade diese Großbetriebe weisen jedoch im Vergleich mit kleineren Betrieben eklatant öfter eine Branchentarifbindung auf. Während zum Beispiel im Jahr 2021 rund 79 % der westdeutschen und 87 % der ostdeutschen Betriebe mit 1 bis 9 Beschäftigten keiner Branchentarifbindung unterlagen, traf das nur auf 18 % bzw. 24 % der Betriebe mit 500 oder mehr Beschäftigten zu.[381] Da Betriebsgröße und Tarifbindung korrelieren, kann es sich also als Problem erweisen, dass etwa in der zukunftsträchtigem Technolo-

380 Alle Werte beziehen sich auf das Jahr 2021und sind den Ergebnissen zum IAB-Betriebspanel 2021 entnommen (Tabelle 3 und 4, auch mit weiteren Branchen), abrufbar unter http://doku.iab.de/arbeitsmarktdaten/Daten_zur_Tarifbindung.xlsx (letzter Abruf am 2.1.2023).

381 Vgl. *Ellguth/Kohaut*, WSI-Mitteilungen 2022, 328 (331).

giebranche vor allem die Neugründungen kleinerer Betriebe (Start-Ups) zu erwarten sind. Diese weisen gemäß der bisherigen Analyse nicht nur tendenziell eine geringere Tarifbindung auf, sondern haben statistisch gesehen auch seltener einen Betriebsrat.[382] Folglich dürften die im dualen System der Interessenvertretung normalerweise erwartbaren Synergieeffekte[383] ebenfalls ausbleiben. Hinzu kommt, dass Gewerkschaften in kleineren Betrieben Untersuchungen zufolge einen geringeren Einfluss haben als in größeren Betrieben[384] und Arbeitgeber seltener im Verband organisiert sind.[385]

d) Zwischenergebnis

Insgesamt lässt sich die ernüchternde aktuelle Lage (Stand 2021) wie folgt zusammenfassen: 75 % der deutschen Betriebe (West: 73 % / Ost: 82 %) geben selbst an, normativ weder an einen Branchen- noch an einen Haustarifvertrag gebunden zu sein. Damit werden die Arbeitsverhältnisse von 48 % der Beschäftigten (West: 46 % / Ost: 55 %) *nicht normativ* durch einen Tarifvertrag gestaltet.

e) Aussagekraft zum Rückgang mitgliedschaftlich verursachter Tarifgeltung?

Es lässt sich dem Vorstehenden ein Absinken des Grads an normativer Tarifgeltung entnehmen, der alarmierend scheint. Es ist jedoch zu bemerken, dass daraus nicht klar hervorgeht, inwieweit die Rückläufe unmittelbar

382 Siehe Tabelle 6 bei *Ellguth/Kohaut*, WSI-Mitteilungen 2020, 278 (283), wonach in der Betriebsgrößenklasse 5 bsi 50 Beschäftigte nur 6 % einen Betriebsrat haben, während es in der Betriebsgrößenklasse 501 Beschäftigte und mehr ganze 86 % sind.

383 Siehe zu diesem Zusammenspiel *Ellguth/Kohaut*, WSI-Mitteilungen 2020, 278 (284 f.).

384 Vgl. schon *Nickel*, Arbeiterschaft und Gewerkschaft, S. 172 mit Auswertung von DGB-Motivanalyse „Eine Sozialwissenschaftliche Intensivuntersuchung bei abhängig Erwerbstätigen", 1970 (nicht veröffentlicht); *Biebeler/Lesch*, IW-Trends 1. 2015, 21 (29) zeigen unter Auswertung von Zeitreihen von 1994 bis 2008 ebenfalls auf, dass der Organisationsgrad zwischen 1994 und 2008 über alle Betriebsgrößenklassen hinweg rückläufig war, bei den ohnehin schon mit deutlich geringeren Organisationsquoten versehenen kleineren Betrieben aber am größer ausfiel: in Kleinstbetrieben hat sich der Organisationsgrad von 15,5 % (1994) auf 7,7 % (2008) reduziert, während der Rückgang bei den Großbetrieben mit nur 5 % moderat ausfiel.

385 Vgl. nur *Hassel/Schroeder*, Gewerkschaften 2030, S. 2.

auf die Schwierigkeiten der Koalitionen bei der Mitgliedergewinnung und -bindung zurückzuführen sind, die im ersten Teil des Kapitels festgestellt wurden (vgl. Kap. 2 B. I.). Für einen solchen Rückschluss wäre es zunächst nötig, zu erfahren, wie viele der als tarifgebunden eingeordneten Beschäftigten in einem Arbeitsverhältnis tätig waren, das durch die Rechtsnormen eines Tarifvertrages unmittelbar und zwingend gestaltetet wurde. Insoweit ist die empirische Datengrundlage jedoch unzureichend.

Im Rahmen des IAB-Betriebspanels werden die Betriebe lediglich gefragt, ob in ihrem Betrieb ein Branchen- oder Haustarifvertrag *„gilt"*. Hierbei gibt es also gleich mehrere Unsicherheiten:

Einmal handelt es sich um eine freiwillige Selbsteinschätzung, die – soweit für die Verfasserin ersichtlich – keinerlei Kontrolle oder Überprüfung seitens des IAB unterliegt. Absichtliche oder versehentliche Fehler bei der Selbsteinschätzung sind folglich nicht auszuschließen. Viel wichtiger ist aber, dass im Rahmen der Fragestellung nicht zwischen einer Tarifgeltung infolge einseitiger Tarifbindung (§ 3 Abs. 2 TVG), der Tarifgeltung infolge von übereinstimmender beiderseitiger Tarifbindung (§§ 3 Abs. 1, 4 Abs. 1 TVG) und einer solchen infolge von Erstreckungsmaßnahmen nach TVG oder AEntG differenziert wird.[386] Der Anteil der Branchentarifbindung, der auf eine freiwillige Tarifbindung zurückgeht, lässt sich also nicht ermitteln. Es ist nicht einmal mit letzter Sicherheit auszuschließen, dass Arbeitgeber, die Mitglied im Arbeitgeberverband sind und den durch ihren Verband oder sie selbst ausgehandelten Tarifvertrag flächendeckend in Bezug nehmen, ankreuzen, dass in ihrem Betrieb ein Branchen- oder Haustarifvertrag „gilt". Da mit der Frage des IAB-Betriebspanels allein damit die Anwendung eines Tarifvertrages abgefragt wird, würde dies sogar nicht einmal fern liegen.[387]

Man könnte sich dem gesuchten Wert zumindest annähern, wenn man die auf hoheitliche Erstreckungen zurückgehende Tarifgeltung herausrech-

386 Die entsprechende Frage im Fragebogen des IAB-Betriebspanels von 2018 (Nr. 50) lautete: „Gilt in diesem Betrieb... ein Branchentarifvertrag? ...ein zwischen dem Betrieb und den Gewerkschaften geschlossener Haus- oder Firmentarifvertrag? ... kein Tarifvertrag?".

387 Siehe zur entsprechenden Argumentation im Kontext der Mindestlohn-RL Fn. 44.

nen könnte.[388] Auch hier fehlt es jedoch an der für eine Gegenrechnung nötigen gesonderten Auswertung dieser Erstreckungen.[389]

Anhaltspunkte zur Verbreitung der AVE gibt allein die Zahl der im Tarifregister als allgemeinverbindlich nach TVG registrierten Tarifverträge. Während diese sich zu Beginn des Jahres 1998 noch auf 588 Tarifverträge belief, lag sie im Jahr 2014 bei 496 und ist zum 1.1.2017 auf 443 gesunken.[390] Dies entsprach bei einer Gesamtzahl von Tarifverträgen von etwa 73.000 im Jahr 2016 einem Anteil von allgemeinverbindlichen Tarifverträgen in Höhe von nur noch 0,6 % und dürfte wohl maßgeblich auch auf die sinkende Zahl der Anträge auf AVE zurückzuführen sein. Im Jahr 2000 waren noch rund 136 Anträge gestellt worden, von denen 104 angenommen worden waren. Hingegen waren im Jahr 2017 bloß noch 44 Anträge gestellt worden, von denen 34 angenommen wurden.[391] Dies deckt sich mit der allgemein vorherrschenden Annahme, dass die ohnehin schon eher geringe Bedeutung der AVE trotz des Erlasses des TASG I, das deren Erlass erleichtern sollte, weiter abgenommen hat.[392] Den jüngsten Angaben des BMAS zufolge lag die Anzahl der allgemeinverbindlichen Tarifverträge zu Beginn des Jahres 2023 sogar nur noch bei 216[393], wobei die Zahl der Anträge auf AVE sich nach einem Einbruch im Krisenjahr 2020 auf nur noch 29 in den letzten beiden Jahren zumindest wieder stabilisiert hat (2021: 24; 2022: 46).

Da die AVE eines wichtigen Branchentarifvertrags auf einen Schlag eine erhebliche Zahl an Arbeitsverhältnissen erfassen kann, ist ein statistisch relevanter Einfluss der AVE auf die aus dem IAB-Betriebspanel hervorgegangenen Werte nicht automatisch abzulehnen. Allerdings ist ein deutlicher Negativtrend nicht von der Hand zu weisen. Insofern erscheint es jedenfalls sehr unwahrscheinlich, dass die durch AVE von Tarifverträgen

---

388 Damit liebe nur noch die Tarifgeltung infolge einseitiger Tarifbindung (§ 3 Abs. 2 TVG) unbereinigt.

389 Auch die ICTWSS Database (2021) der OECD/AIAS weist in der entsprechenden Spalte ExtE (= Estimate of collective bargaining coverage due to extension) keine Werte aus. Das verwundert jedoch wenig, wenn man bedenkt, dass die Daten der ICTWSS Database (2021) ihrerseits nur eine Zusammenstellung von verfügbaren Daten sind und für die Datenbank eine eigene Datenerhebung nicht vorgenommen wird.

390 Vgl. *Vogel*, Die Allgemeinverbindlichkeitserklärung, S.14 (unter Geltung des Tarifregisters aF), siehe zu den Entwicklungen von 1998 bis 2016 Abbildung im Anhang 1.

391 Vgl. *BMAS*, Verzeichnis AVE 2023, S. 4; *Vogel*, Die Allgemeinverbindlichkeitserklärung, S.15.

392 Beispielhaft *Vogel*, Die Allgemeinverbindlichkeitserklärung, S.15; *Waltermann*, ZfA 2020, 211 (212).

393 *BMAS*, Verzeichnis AVE 2023, S. 4.

herbeigeführte Tarifgeltung den Rückgang derjenigen Tarifgeltung, die auf mitgliedschaftlichen Tarifbindung beruht, übermäßig kompensiert und gewissermaßen überdeckt hat.

Langfristig wird der Mitgliederrückgang der Koalitionen die AVE überdies weiter erschweren, denn für ihren Ausspruch ist es erforderlich, dass Tarifverträge schon zuvor in ihrem Geltungsbereich eine signifikante Bedeutung erlangt haben müssen.

2. Umfang und Verteilung der schuldrechtlichen Tarifgeltung in Deutschland

Bisweilen wird der Versuch unternommen, die obigen Feststellungen zur normativen Tarifgeltung mit dem Hinweis zu entschärfen, dass sich viele der formal nicht tarifgebundenen Betriebe an Tarifverträgen „orientierten" und infolge der beinahe flächendeckenden Verwendung von einzelvertraglichen Bezugnahmeklauseln letztlich noch immer eine große Zahl an Arbeitsverhältnissen (schätzungsweise 80 - 90 %) durch Tarifverträge geprägt werde.[394] Manche gehen gar so weit, dass Tarifverträgen erst durch Bezugnahmen „die eigentliche Bedeutung" zukomme.[395]

Tatsächlich arbeiteten im Jahr 2021 von den rund 48 % der Beschäftigten ohne normative Tarifgeltung wiederum 47 % in Betrieben, die sich nach eigenen Angaben an Tarifverträgen „orientierten". Dies entspricht 22,5 % der ohne normative Tarifgeltung Beschäftigten und bedeutete eine Zunahme der Orientierungen um 2,5 % gegenüber dem Vorjahr (vgl. Abbildung 7).[396] Dies deckt sich mit der Feststellung *Berwings*, dass der Rückgang der Tarifbindung von Betrieben mit einer Zunahme an Orientierungen einhergeht.[397]

394 Vgl. *Gamillscheg*, Kollektives Arbeitsrecht I, S. 730;_*Walser*, Einfluss der Rechtsordnung auf die Tarifbindung der Arbeitgeber, S. 48, *Willemsen*, Bezugnahme, S. 27, 45 ermögliche das „Trittbrettfahren"; *Wiedemann*, RdA 2007, 65; ähnlich auch *Oetker*, in: Wiedemann TVG § 3 Rn. 34; *Richardi*, NZA 2013, 408 (409); der Wert von ca. 90 % geht zurück auf eine empirische Untersuchung *Preis*' aus den Jahren 1988/1889, deren Ergebnisse er noch immer für aktuell hält, vgl. *Preis*, in: Der Arbeitsvertrag, I B. Rn. 1, 17 ff.

395 *Ebeling*, Bezugnahme, S. 1; in diese Richtung auch *Eylert/Rinck*, RdA 2022, 146 (146).

396 Für 2021 *Ellguth/Kohaut*, WSI-Mitteilungen 2022, 328 (329); für 2020 gerundet von 19,6 %, vgl. *Kohaut*, IAB-Stellungnahme 3/2021, S. 7 und *Höpfner/Lesch/Schneider/Vogel*, Tarifautonomie und Tarifgeltung, S. 33

397 Vgl. *Berwing*, Tariforientierungen, S. 82.

Abbildung 7: Übersicht zur Tarifgeltung bei den Beschäftigten nach Geltungsgrund für die Jahre 2020 und 2021[398]

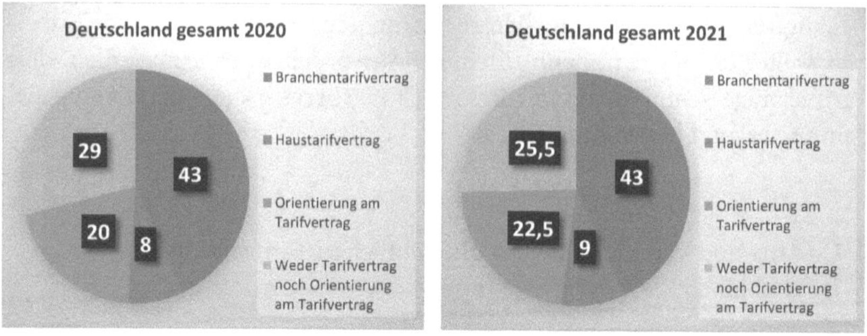

Anteile von Beschäftigten in branchentarifgebundenen, haustarifgebundenen, tariforientierten und tarifungebundenen Betrieben in Prozent

Anders als bei der Tarifbindung der Betriebe gibt es zwischen West und Ost in Punkto Tariforientierungen nur geringe Unterschiede: Im Westen arbeiten von den insgesamt 46 % der in tarifungebundenen, westdeutschen Betrieben Beschäftigten ganze 49 % in nach eigenen Angaben tariforientierten Betrieben, während im Osten von den 55% in tarifungebundenen Betrieben Beschäftigten 43 % nach eigenen Angaben in tariforientierten Betrieben tätig waren.[399] Die Tendenz zur Orientierung ist also in beiden Landesteilen in etwa gleich ausgeprägt.

Die nähere Betrachtung der Verbreitung nach Betriebsmerkmalen zeigt jedoch, dass Branchenzugehörigkeit und Betriebsgröße eine gewisse Rolle spielen. So weisen Wirtschaftszweige, in denen Gewerkschaften stark vertreten sind (so etwa die IG Metall bzgl. Investitions- und Gebrauchsgütern oder ver.di im Gesundheitswesen) eine gesteigerte Tendenz zur Tariforientierung auf. *Berwing* führt dies darauf zurück, dass nicht tarifgebundene Unternehmen eine starke Referenzklasse haben.[400] Daneben wurde ein Betriebsgrößeneffekt festgestellt. Je größer der Betrieb, desto eher nutzen

398 Angelehnt an Grafik 3 bei *Höpfner/Lesch/Schneider/Vogel*, Tarifautonomie und Tarifgeltung, S. 33, eigene Auswertung der der Daten aus IAB-Betriebspanel 2021, *Ellguth/Kohaut*, WSI-Mitteilungen 2022, 328 (329).

399 Vgl. IAB-Betriebspanel 2021, *Ellguth/Kohaut*, WSI-Mitteilungen 2022, 328 (329).

400 Vgl. *Berwing*, Tariforientierungen, S. 80, 82.

Arbeitgeber die Tariforientierung zur Vereinfachung der Lohnbuchhaltung und allgemeinen Verringerung der Komplexität im Personalwesen.[401]

VI. Schlussfolgerungen und deren Bedeutung für den Fortgang der Untersuchung

Was damit bleibt, ist die Erkenntnis, dass die Reichweite von Tarifverträgen in den letzten 25 Jahren erheblich zurückgegangen ist. Einmal steckt das Instrument der AVE in Schwierigkeiten und hat auch durch die Änderungen, die im Zuge des TASG I eingeführt wurden, keinen besonderen Aufschwung erhalten. Daneben sind immer weniger Arbeitnehmer Mitglied in einer Gewerkschaft und auch Arbeitgeber haben Organisationsprobleme, sodass der – leider nicht gesondert statistisch ausgewiesene – Anteil der mitgliedschaftlich veranlassten Tarifgeltung zwangsläufig ebenfalls gesunken ist.

Heutzutage wird der Tarifvertrag – insbesondere im öffentlichen Dienst – als „branchenspezifisches Gesetzbuch" wahrgenommen,[402] das – überspitzt formuliert – „immer da ist", von außen regelnd auf das eigene Arbeitsverhältnis einwirkt und vor allem in regelmäßigen Abständen zu einer Verbesserung der Arbeitsbedingungen führt. Man muss also längst nicht mehr organisiert sein, um in den Genuss tarifvertraglicher Leistungen zu kommen. Die eigentlich in §§ 3 Abs. 1, 4 Abs. 1 TVG angelegte Unterscheidung in die Gruppe der in der tarifschließenden Gewerkschaft organisierten Arbeitnehmer einerseits und die Gruppe der Andersorganisierten und Außenseiter andererseits[403] wird durch die beinahe flächendeckende Verwendung von Bezugnahmeklauseln weitgehend eingeebnet. Man kann insofern von einem „Gemeingebrauch am Tarifvertrag" sprechen.[404] Der festgestellte Zuwachs an Tariforientierungen kann den Verlust an Schutzwirkung, der mit dem Absinken der normativen Tarifgeltung einhergeht, nicht wettmachen. Wie oben erläutert, gehen bei nur schuldrechtlicher Wirkung des Tarifvertrages einige wichtige Vorteile, die zu Gunsten der Arbeitnehmer wirken, verloren. Zudem verbirgt sich hinter dem Begriff der Tariforientierungen gerade kein fester Schutzstandard, sodass Arbeitnehmer in Betrieben, die sich als tariforientiert bezeichnen, mitunter beinahe so schlecht dastehen

401 Vgl. *Berwing*, Tariforientierungen, S. 80, 82.
402 *Wiedemann*, in: Wiedemann TVG (7. Aufl.), Einleitung Rn. 14.
403 Siehe Monografie von *Breschendorf* „Zweiteilung der Belegschaft".
404 Wendung zit. n. *P. Hanau*, JuS 1969, 213.

können wie Arbeitnehmer in Betrieben, in denen nach eigenen Angaben kein Tarifvertrag gilt.

Es ist aber zu bedenken, dass die Sonderstellung der Tarifverträge im deutschen Recht entscheidend durch das Idealbild der mitgliedschaftlich veranlassten normativen Tarifgeltung geprägt ist. Wegen der Annahme einer innerverbandlichen Kontrolle durch Rückkoppelung mit den Arbeitnehmern, die den Verhandlungsergebnissen unmittelbar unterworfen sind, findet eine regelhafte inhaltliche Kontrolle der Tarifverträge nicht statt. Ihre Angemessenheit wird vielmehr vermutet. Erlangt der Tarifvertrag seine eigentliche Bedeutung aber durch (eventuell sogar nur lückenhafte) Inbezugnahmen, so wird dieser Mechanismus gestört. Tarifverträge scheinen einen Erfolg auf breiter Fläche zu haben, obwohl die sie legitimierenden Kräfte zusehends schwinden. Je geringer der Organisationsgrad auf Arbeitnehmerseite ausfällt, desto geringer ist ihr Einfluss beim Ringen um angemessene Arbeitsbedingungen und desto größer ist das Risiko, dass es an der notwendigen Parität zwischen Gewerkschaft und Arbeitgeberseite fehlt. Der Masse der Außenseiter-Arbeitnehmer steht weder ein innerverbandliches Stimmrecht zu, noch kann die Gewerkschaft mit ihrem Streik drohen. Damit ist der festgestellte Rückgang der gewerkschaftlichen Mitgliederzahlen maßgeblicher Grund für den Rückgang des Schutzes durch Tarifverträge in Deutschland.[405] Der Gemeingebrauch am Tarifvertrag verstellt dabei den direkten Blick auf diese Problematik, kaschiert sie gewissermaßen.[406] Er verschärft die Fehlentwicklung sogar noch, wenn sich im Folgenden feststellen ließe, dass es gerade die kostenlose Partizipation der Außenseiter-Arbeitnehmer an Tarifvertägeng ist, welcher die Arbeitnehmer von Beitritten in die Gewerkschaft abhält, die das System wieder ins Gleichgewicht bringen könnten.

C. Die Partizipation der Außenseiter-Arbeitnehmer an Tarifverträgen im Spiegel organisationspolitischer Interessen der Gewerkschaften

Bevor sich der Betrachtung der eventuell destruktiven Wirkung der kostenlosen Außenseiterpartizipation zugewandt wird, soll jedoch zunächst beleuchtet werden, welche Rolle die Partizipation von Außenseiter-Arbeit-

405 I.E. ebenso *Seiwerth*, RdA 2014, 358 (359).

406 In diese Richtung auch schon *Höpfner*, ZfA 2020, 146 (183): Tariforientierungen suggerierten tatsächlich nicht vorhandene Verankerung im Tarifsystem.

nehmern in der Organisationspolitik der Gewerkschaften selbst gespielt hat und heute noch spielt.

I. Rechtliche Rahmenbedingungen

1. Beschränkung der normativen Tarifgeltung auf Verbandsmitglieder und Arbeitgeber in der TVVO

Ausgangspunkt der Betrachtungen bilden die Bestimmungen der „Verordnung über Tarifverträge, Arbeiter- und Angestelltenausschüsse und Schlichtung von Arbeitsstreitigkeiten" vom 23. Dezember 1918 (TVVO)[407]. Mit ihrem Erlass hat sich der Staat dafür entschieden, den Tarifvertrag für die Mitglieder der tarifschließenden Verbände mit normativer Wirkung auszustatten (Verbandsprinzip).[408] Nach § 1 Abs. 1 S. 1 TVVO waren Arbeitsverträge zwischen am Tarifvertrag „beteiligten Personen" insoweit unwirksam, als sie von der tariflichen Regelung abwichen. Beteiligte waren nach § 1 Abs. 2 TVVO wiederum „Arbeitgeber und Arbeitnehmer, die Vertragsparteien des Tarifvertrags oder Mitglieder der vertragsschließenden Vereinigungen sind".[409] Auch wenn der Wortlaut zunächst in eine andere Richtung deutet, war damit geklärt, dass allein die den Tarifvertrag abschließenden (juristischen) Personen Partei des Vertrages sind und nicht etwa Verbände *und* Mitglieder oder *nur* die Mitglieder der Verbände, wie vorher diskutiert worden war.[410] Einzelne Arbeitgeber konnten danach ebenfalls tarifbeteiligt sein, wenn sie als Vertragspartei mit einer Gewerkschaft einen Haustarifvertrag abschlossen. Das galt jedoch nicht für einzelne Arbeitnehmer. Die weite Fassung des Wortlautes („Arbeitgeber *und Arbeitnehmer*, die Vertragsparteien des Tarifvertrags") wurde allein auf das Bemühen des Gesetzgebers zurückgeführt, sich möglichst kurz zu fassen, und teleologisch reduziert.[411] Damit war eine „Beteiligung am Tarifvertrag" grundsätzlich allein für Mitglieder der tarifschließenden Verbände und Arbeitgeber mit Parteistellung vorgesehen.

---

407 RGBl. Nr. 6605.

408 Vgl. *Hueck*, Recht des Tarifvertrages, S. 67, 71; *Hueck/Nipperdey*, Lehrbuch des Arbeitsrechts II/1, 3.-5. Aufl., S. 135.

409 Im Volltext in der aktuellsten Fassung aus 1928 abgedruckt bei *Oetker*, in: Wiedemann TVG Geschichte Rn. 8.

410 Vgl. zum Theorienstreit um die Frage der Parteien des Tarifvertrages *Höpfner*, Die Tarifgeltung, S. 209; im Überblick *Pionteck*, Stärkung der Tarifautonomie, S. 57 ff.

411 *Höpfner*, Die Tarifgeltung, S. 210 in Übereinstimmung mit *Hueck/Nipperdey*, Lehrbuch des Arbeitsrechts II/1, 3.-5. Aufl., S. 181.

Eine gewisse Uneinigkeit bestand jedoch zunächst über die Frage, welche Bedeutung der in § 1 Abs. 2 aE TVVO geregelten „Berufung auf den Tarifvertrag" beizumessen war. Beteiligte sollten demnach auch solche Arbeitgeber und Arbeitnehmer sein, „die den Arbeitsvertrag unter Berufung auf den Tarifvertrag abgeschlossen haben." Einige waren der Ansicht, es handele sich um ein eigenes tarifrechtliches Institut, das gleichberechtigt neben der Tarifbindung infolge von Verbandsmitgliedschaft (bzw. Vertragsparteistellung bei Einzelarbeitgebern) stehe und zu normativer Wirkung des Tarifvertrags in den entsprechenden Arbeitsverhältnissen mit Berufung führe.[412] Wohl die Mehrzahl der Stimmen lehnte dies jedoch ab und verstand die Berufung im Wesentlichen wie die heutigen Bezugnahmeklauseln. Durch diese sparten sich die Parteien des Einzelarbeitsvertrags schlicht die Arbeit des Abschreibens der Tarifbestimmungen. Es handle sich um eine einfache Verweisklausel (wie die Inbezugnahme von allgemeinen Mietbedingungen in einem Mietvertrag), die zu nichts weiter als einer schuldrechtlichen Geltung der Tarifbestimmungen führe.[413]

Damit gab es unter Geltung der TVVO also eine klare Trennung zwischen den Tarifbeteiligten einerseits, zu denen zunächst nur die Mitglieder der tarifschließenden Verbände sowie die Arbeitgber zählten, die selbst am (Haustarif-)Vertragsschluss beteiigt waren, und den übrigen Arbeitnehmern und Arbeitegbern als Außenseiter andererseits. Nicht vorgesehen war dabei die Möglichkeit, Außenseiter-Arbeitnehmer ohne staatliche Mitwirkung der normativen Wirkung von Tarifverträgen zu unterwerfen. Dies war vielmehr nur mit einer auf Antrag einer Tarifvertragspartei erklärten AVE durch den Reichsarbeitsminister gem. der §§ 2 ff. TVVO möglich.

2. Erfolglose Versuche der Außenseitereinbeziehung im Wege der „Beteiligung am Tarifvertrag"

Da die TVVO zunächst als bloßes Provisorium gedacht war, begannen bald nach ihrem Erlass die Arbeiten an einem umfassenden und dauerhaften Gesetz zur Regelung des Tarifrechts. Im Zuge dieses Prozesses wurde die schon zu Beginn des 20. Jahrhunderts intensiv erörterte Frage, inwieweit

412 So etwa auch *Wiedemann*, RdA 2007, 65 (70) mwN in Fn. 44.

413 Sehr deutlich *Nipperdey*, Beiträge zum Tarifrecht, S. 156: unpraktische und zwecklose Vorschrift; *Auerbach*, Nichtorganisierte und Tarifvertrag, S. 17:"lediglich [...] technische Vereinfachung, zu der es der positiven Gesetzesbestimmung nicht bedurfte", siehe auch S. 16, En. 39 mwN zu abweichenden Stimmen.

Außenseiter auch mit privatrechtlichen Mitteln einer normativen Wirkung unterstellt werden könnten,[414] erneut aufgegriffen. Nun wurde die sog. „Beteiligung“ von Außenseitern am Tarifvertrag erörtert, die dazu geführt hätte, dass in Deutschland eine Möglichkeit zur Partizipation der Außenseiter geschaffen worden wäre, die mit dem in der Schweiz praktizierten „Anschluss“ an den Tarifvertrag[415] vergleichbar gewesen wäre.

a) „Beteiligung“ im Entwurf des Arbeitsrechtsausschusses für ein Arbeitstarifgesetz

Gestützt auf die Vorarbeiten *Sinzheimers*[416] erarbeitete der Ausschuss für ein einheitliches Arbeitsrecht im Jahr 1921 den Entwurf eines Arbeitstarifgesetzes (ATVG-E).[417] Der Entwurf ging über den Status quo hinaus, indem er Außenseitern die Möglichkeit einräumte, durch freiwillige Unterwerfung den Status als Tarifangehörige zu erlangen und damit in gleicher Weise an die Tarifvertragsbestimmungen gebunden zu sein wie die Mitglieder der tarifvertragsschließenden Parteien oder der Arbeitgeber, der selbst Partei eines Tarifvertrags ist. Der § 11 ATVG-E fasste dies wie folgt zusammen:

> „Tarifangehörige sind, soweit der Tarifvertrag nicht eine Einschränkung vornimmt:
> 1. die Arbeitgeber, die Vertragsparteien sind;
> 2. die Arbeitgeber und Arbeitnehmer, die den am Vertrage beteiligten Vereinigungen angehören oder zur Zeit des Abschlusses des Tarifvertrages oder nach dieser Zeit angehört haben;
> ***3. Arbeitgeber und Arbeitnehmer, die nicht nach Ziffer 1 und 2 tarifangehörig sind, sich aber mit Zustimmung der Vertragsparteien der Tarifsatzung freiwillig unterworfen haben, im Zweifel vom Tage der Unterwerfung ab.***“[418]

414 Siehe unter eingehender Auseinandersetzung mit den Ansätzen *Phillip Lotmars, Otto von Gierkes* und *Erwin Jacobis* dazu *Höpfner*, Tarifgeltung, S. 116 ff.

415 Vgl. unter Kap. 4 B.

416 Vgl. die Einführung in RABl. 1921, S. 491 (491), in der er es heißt: „Der [...] Entwurf ist im Schoße des Arbeitsrechtsausschusses für ein einheitliches Arbeitsrecht auf Grund eines Entwurfes des Herrn Professor Dr. Sinzheimer [...] ausgearbeitet worden“; vgl. dazu *Sinzheimer*, Der korporative Arbeitsnormenvertrag, passim; *ders.*, Ein Arbeitstarifgesetz, passim.

417 RABl. 1921, S. 491.

418 RABl. 1921, S. 491 (491 f.) – Hervorhebung durch die Verfasserin.

Das Institut der Unterwerfung unter den Tarifvertrag sollte den Außenseitern so die punktuelle Teilnahme am Tarifgeschehen ermöglichen. Von einem Anschlusstarifvertrag[419] hätte sich dieses Instrument unterschieden. Denn es wäre kein neuer inhaltsgleicher Tarifvertrag abgeschlossen worden, bei dem der Arbeitgeber selbst Partei geworden wäre,[420] sondern er hätte durch die Unterwerfung temporär und nur in Bezug auf den konkreten Tarifvertrag die gleiche Stellung wie die Mitglieder der bestehenden Vertragsparteien einnehmen können.[421] Dann hätte auch für sie gegolten, dass im Fall der korrespondierenden Tarifangehörigkeit des Gegenübers die tarifvertraglichen Bestimmungen zum Inhalt des Einzelarbeitsvertrages werden (§ 14 ATVG-E) und abweichende Regelungen im Einzelarbeitsvertrag nur dann gültig sind, wenn der Tarifvertrag sie zulässt oder sie eine für den Arbeitnehmer günstige Änderung enthalten. Der Entwurf skizzierte als Rechtsfolge damit eine im Wesentlichen der heutigen Rechtslage entsprechende normative Tarifgeltung (vgl. §§ 3 Abs. 1, 4 Abs. 1 S. 1, Abs. 3 TVG).

Geendet hätte diese Tarifangehörigkeit der Außenseiter infolge freiwilliger Unterwerfung mit Ablauf des Tarifvertrags (§ 13 Abs. 2 S. 1 ATVG-E) oder mit Ablauf eines fixen Datums, welches für den Fall eines unbefristeten Tarifvertrags hätte festgelegt werden können. Ohne Festlegung eines früheren Zeitpunkts im Tarifvertrag hätte die Unterwerfung gem. § 13 Abs. 2 S. 2 ATVG-E spätestens drei Jahre nach dem Tag ihrer Erklärung geendet. Eine überlange Bindung, die heute viele Arbeitgeber vor einem Verbandsbeitritt zurückscheuen lässt, wäre also ausgeschlossen gewesen. Vielmehr hätten die Außenseiter Flexibilität erhalten und wären in die Lage versetzt worden, nach Ablauf des Tarifvertrages bzw. nach drei Jahren neu über eine Partizipation entscheiden zu können.

Für Aufsehen sorgte der Entwurf darüber hinaus durch § 16 ATVG-E. Dieser sah vor, dass die normative Wirkung des Tarifvertrags auch dann hätte eintreten können, wenn nur der Arbeitgeber tarifangehörig gewesen wäre. Vorausgesetzt hätte diese normative Tarifgeltung bei nur einseitiger

---

419 Im Falle eines Anschlusses gibt ein Außenseiter-Arbeitgeber eine schriftliche Erklärung gegenüber dem tarifschließenden Arbeitnehmerverband ab, die laut *Auerbach*, Nichtorganisierte und Tarifvertrag, S. 20 als Angebot auf Abschluss eines weiteren, neuen Tarifvertrags mit dem Inhalt des bisherigen aufzufassen sei, welches jedoch der Annahme durch den tarifschließenden Arbeitgeberband bedürfe; so auch *Nipperdey*, Beiträge zum Tarifrecht, S. 156.

420 Vgl. zum Institut des Anerkennungstarifvertrages *Thüsing*, in: Wiedemann TVG, § 1 Rn. 64.

421 Vgl. *Auerbach*, Nichtorganisierte und Tarifvertrag, S. 20 f.; *Nipperdey*, Beiträge zum Tarifrecht, S. 156.

Tarifangehörigkeit, dass „alle in den räumlichen und fachlichen Geltungsbereich des Tarifvertrages bestehenden tariffähigen Vereinigungen der Arbeitnehmer als Vertragsparteien an dem Tarifvertrag beteiligt sind und der Tarifvertrag diese Wirkung nicht ausschließt."[422] Im Falle des Plazets von allen im Geltungsbereich bestehenden Gewerkschaften hätten Außenseiter also auch ohne eine eigene Unterwerfung vom Tarifvertrag normativ erfasst werden können. Begründet wurde dieser weitreichende Schritt mit dem Wunsch nach einer einheitlichen Tarifgeltung im Betrieb.[423] In der Literatur stieß dieser Vorschlag indes auf Ablehnung. Als rechtssicheres und passgenaues Instrument zur normativen Erfassung von Außenseitern stehe die AVE zur Verfügung, wohingegen die Tarifgeltung nach dem Modell des § 16 ATVG-E mit erheblichen Unsicherheiten behaftet wäre. So ließe sich zum Beispiel trefflich über die Tariffähigkeit von Arbeitnehmervereinigungen streiten und es könnte diese normative Tarifgeltung durch die Neugründung einer nicht beteiligten tariffähigen Arbeitnehmervereinigung leicht wieder zu Nichte gemacht werden.[424] Existierte im maßgeblichen Geltungsbereich zudem nur eine – vergleichsweise unbedeutende – Gewerkschaft, so würde das in § 16 ATVG-E vorgesehene Verfahren nicht davor schützen, dass ein durch diese Gewerkschaft abgeschlossener Tarifvertrag ohne Weiteres einer Mehrheit von unorganisierten Arbeitnehmern übergestülpt wird.[425] Lägen die Voraussetzungen des § 16 ATVG-E vor, könnte man schließlich (ohne die benannten Unsicherheiten in Kauf nehmen zu müssen) eine AVE aussprechen, was die normative Tarifgeltung bei nur einseitiger Tarifangehörigkeit letztlich neben der AVE überflüssig mache.[426]

---

422 RABl. 1921, S. 491 (492).

423 Vgl. *Nipperdey*, Beiträge zum Tarifrecht, S. 168; auch *Annuß*; ZfA 2005, 405 (410) versteht *Sinzheimer* so, dass er mit § 16 eine Pflicht des Arbeitgebers zur „materiellen Gleichbehandlung" von unmittelbar tarifgebundenen Arbeitnehmern und Außenseitern vorsehen wollte.

424 *Hueck*, JW 1921, 613 (616 f.).

425 Dies sei insbesondere im Bereich der Landarbeiter, Heimarbeiter und Hausangestellten ein Problem, vgl. *Hueck*, JW 1921, 613 (617); *Nipperdey*, Beiträge zum Tarifrecht, S. 168.

426 *Nipperdey*, Beiträge zum Tarifrecht, S. 168; angedeutet schon bei *Hueck*, JW 1921, 613 (616); vgl. zum Ganzen auch die Kritik von *Goldschmidt* im ersten Vorentwurf einer Begründung zum Entwurf eines Gesetzes über Tarifverträge und Betriebsvereinbarungen vom Dezember 1930, abgedruckt bei *Oetker*, Die Arbeiten zur deutsch-österreichischen Tarifrechtsangleichung, S. 212 ff, insb. S. 239; *Auerbach*, Nichtorganisierte und Tarifvertrag, S. 41 f.

b) „Beteiligung" in *Nipperdeys* Abänderungsvorschlägen zum Entwurf eines Arbeitstarifgesetzes

Drei Jahre nach Veröffentlichung des Entwurfs des Arbeitsrechtsausschusses legte *Nipperdey* Änderungsvorschläge dazu vor.[427] Dabei hielt er an der Idee einer freiwilligen Unterwerfung von Außenseitern unter den Tarifvertrag grundsätzlich fest. Während er die Regelung des § 11 Nr. 3 ATVG-E beinahe unverändert in § 8 Nr. 3 ATVG-E A übernahm („Tarifangehörige sind [...] 3. Arbeitgeber und Arbeitnehmer, die sich mit Zustimmung der Parteien des Tarifvertrages dem Tarifvertrag *freiwillig durch schriftliche Erklärung* unterworfen haben"),[428] strich er jedoch aus den oben genannten Gründen die Regelung des § 16 ATVG-E, die die normative Tarifgeltung infolge einseitiger Tarifangehörigkeit vorsah.[429] Veränderungen nahm er ferner bei den Regelungen zur Beendigung der Tarifangehörigkeit infolge freiwilliger Unterwerfung vor.

Auch nach *Nipperdey's* Vorschlag würde die Tarifangehörigkeit angeschlossener Außenseiter grundsätzlich mit Auflösung des Tarifvertrages erlöschen (§ 10 Abs. 1 E-A). Den freiwillig Unterworfenen wollte er jedoch ebenso wie den aus einem tarifschließenden Verband ausgetretenen Arbeitgebern und Arbeitnehmern das Recht einräumen, ihre Tarifangehörigkeit wegen Unzumutbarkeit durch das Arbeitsgericht aufheben zu lassen (§ 10 Abs. 5 S. 2, Abs. 2).[430] Daneben etablierte er zudem noch zwei weitere Beendigungstatbestände: die Änderung des Tarifvertrages (§ 10 Abs. 5 S. 1 Var. 1) und den Widerruf der Unterwerfung ((§ 10 Abs. 5 S. 1 Var. 2). Im Falle der Änderung des Tarifvertrags wäre die Tarifangehörigkeit mit dessen Wirksamwerden erloschen, bei einem Widerruf erst in dem Zeitpunkt, zu dem der Tarifvertrag frühestmöglich von einer Partei hätte gekündigt werden können. Mit dem Widerrufsrecht erhielte der sich unterwerfende Außenseiter die Möglichkeit, sich früher vom Tarifvertrag zu lösen als ein

427 *Nipperdey*, Beiträge zum Tarifrecht, S. 107 ff.

428 *Nipperdey*, Beiträge zum Tarifrecht, S. 189 f. – Hervorhebung durch die Verfasserin zur Kenntlichmachung der Abweichung ggü. der Fassung des § 11 ATVG-E.

429 Dazu *Nipperdey*, Beiträge zum Tarifrecht, S. 168.

430 *Nipperdey*, Beiträge zum Tarifrecht, S. 157 in Anlehnung an die Kritik *Hueck's*, JW 1921, 613 (615), eine im ungünstigsten Fall 3 Jahre und 3 Monate dauernde Bindung wurde für zu lang erachtet.

austretendes Mitglied, was *Nipperdey* für eine notwendige Weichenstellung hielt.[431]

3. Nachsehen der „Beteiligung durch Tarifbeitritt“ gegenüber der Wiedereinführung der AVE bei Schaffung des TVG

Die Vorstöße des Arbeitsrechtsausschusses sowie *Nipperdeys*, welche die modernen Formen der Außenseiterbeteiligung am Tarifvertrag vorsahen, wurden bis dato nicht praktisch umgesetzt. Im Referentenentwurf des Reichsarbeitsministeriums für ein Gesetz über Tarifverträge und Betriebsvereinbarungen vom Mai 1931[432] fanden sie sich nicht wieder und durch die Gleichschaltung der Arbeitsrechtsordnung durch die Nationalsozialisten ab 1933 erübrigten sich diese Überlegungen vorerst ohnehin.[433]

Erst als nach dem Ende des Zweiten Weltkriegs wieder mit Hochdruck an dem Projekt eines freiheitlichen Tarifvertragsgesetzes gearbeitet wurde, stellte man sich erneut die Frage, wer zum Kreis der Tarifgebundenen[434] zählen sollte. Dabei stand die Wiedereinführung des umstrittenen Instituts der „Bezugnahme auf den Tarifvertrag“ in das zu schaffende TVG nicht ernstlich zur Debatte. Wie *Herschels* berichtet, sei in zahlreichen Gesprächen erhebliche Abneigung dagegen geäußert worden. Stattdessen sei man jedoch auf das Konstrukt des Beitritts zurückgekommen und habe die Aufnahme der folgenden Formulierung in das Gesetz beraten:[435]

---

431 *Nipperdey*, Beiträge zum Tarifrecht, S. 158: „Es ist nicht einzusehen, warum in diesem Fall (normaliter) eine längere Bindung bestehen soll als in dem unter a) genannten [betrifft die Ausgetretenen]. Es ist zweckentsprechender, den Außenseitern ein mit der Kündigungsfrist des TV. ausgestattetes Widerrufsrecht und außerdem das genannte außerordentliche Antragsrecht zu geben.“

432 Abgedruckt bei *Oetker*, Die Arbeiten zur deutsch-österreichischen Tarifrechtsangleichung, S. 319 ff.

433 Im Nationalsozialismus wurde das freiheitliche Tarifvertragsrecht zerschlagen und durch die gem. § 32 Abs. 2 AOG von den Treuhändern der Arbeit hoheitlich zu erlassenen Tarifordnungen abgelöst. Gewerkschaften wurden durch die Deutsche Arbeitsfront „ersetzt“, vgl. hierzu nur *Höpfner*, Tarifgeltung im Arbeitsverhältnis, S. 102 ff; *Oetker*, in: Wiedemann TVG, Geschichte Rn. 15 f.

434 Hierbei handelt es sich in der Sache um nichts anderes als eine andere Vokabel für den Begriff der Tarifunterworfenheit, von der man – wie *Herschel*, ZfA 1973, 183 (190) berichtet – jedoch wegen einer gewissen allergischen Abneigung gegenüber Begriffen, die an Herrschaft, Unterworfenheit usw erinnerten, Abstand nehmen wollte. Den Begriff der „Tarifangehörigkeit“ habe man demgegenüber für zu unpräzise gehalten und sich deshalb für die „Tarifbindung“ entschieden.

435 Vgl. Schilderungen von *Herschel*, ZfA 1973, 183 (191).

> „Arbeitgeber, die nicht dem vertragschließenden Arbeitgeberverband angehören, können mit Zustimmung der Tarifvertragsparteien dem Tarifvertrag beitreten."

Der Beitritt (oder sein Unterbleiben) sollten im Wege des Arbeitskampfes erzwingbar sein. Das mag unter Umständen auch der Grund für die Abneigung gewesen sein, welche vor allem die Arbeitgeberseite diesem Institut offenbar entgegenbrachte.[436] Sobald sich ernsthaft die Möglichkeit abzeichnete, dass das von den Alliierten zunächst abgelehnte Institut der AVE nun doch in das TVG aufgenommen werden könnte, wurde das Vorhaben des Tarifbeitritts schließlich jedoch wieder fallen gelassen.[437] Dies überrascht wenig, wenn man bedenkt, dass die am Gesetzgebungsprozess Beteiligten den Gedanken eines Tarifbeitritts in einem sachlichen Zusammenhang mit der AVE stehen sahen, obwohl er – wenn er darin überhaupt Niederschlag fand – in Gesetzesentwürfen bei der Regelung der Tariffähigkeit verortet worden war.[438] Da mit der AVE ein Instrument zur Erfassung der Außenseiter zurückkehrte, das sich obendrein in der Praxis bereits bewährt hatte, haben die Schöpfer des TVG den Beitritt als weitere Partizipationsmöglichkeit wohl für überflüssig gehalten.

Das TVG knüpft letztlich an die TVVO an, indem es eine Tarifbindung grundsätzlich allein für Mitglieder der tarifschließenden Verbände bzw. Arbeitgeber mit Parteistellung vorsieht (vgl. § 3 Abs. 1 TVG). Vorstöße, die dahin gingen, die Tariffähigkeit auch auf Arbeitgeberseite nur Verbänden einzuräumen, um dem Wesen des kollektiven Arbeitsrechts besser zu entsprechen, konnten sich ebenso wenig durchsetzen wie der Kompromissvorschlag, die Tariffähigkeit des Einzelarbeitgebers von der behördlichen Verleihung einer Konzession abhängig zu machen.[439] Nach heutiger Rechtslage tritt die normative Geltung von Tarifnormen im Ausgangspunkt überdies nur bei beiderseitiger korrespondierender Tarifbindung der Arbeitsvertragsparteien ein (vgl. § 4 Abs. 1 TVG).

Damit wurde die Teilung der Belegschaft in die Gruppe der in der tarifschließenden Gewerkschaft organisierten Arbeitnehmer einerseits und die Gruppe der Andersorganisierten und Außenseiter-Arbeitnehmer andererseits perpetuiert. Zur Gleichbehandlung kommt es nur in betrieblichen und betriebsverfassungsrechtlichen Angelegenheiten (vgl. § 3 Abs. 2 TVG).

---

436 Vgl. *Herschel*, ZfA 1973, 183 (191).

437 *Herschel*, ZfA 1973, 183 (191); *Oetker*, in: Wiedemann TVG, Geschichte Rn. 35.

438 Vgl. *Herschel*, ZfA 1973, 183 (191).

439 Vgl. *Herschel*, ZfA 1973, 183 (190).

II. Rechtliche Ausdrucksformen des gewerkschaftlichen Einbeziehungswillens im Überblick

Schon im Jahr 1902 beschrieb *Philipp Lotmar* das als „Wirkung der Tarifverträge in die Ferne“ beschriebene Phänomen, dass die von wenigen Organisierten initiierten Tarifverträge auch die Masse an Außenseiter-Arbeitsverhältnissen beeinflusst.[440] Daran änderte auch die Konzeption der tarifvertraglichen Normwirkung durch die TVVO nichts. Im Jahr 1932 konstatiert *Auerbach* im Gegenteil Folgendes:

> „Denn die Bedeutung der TVe erschöpft sich nicht in der Regelung der Arbeitsbedingungen der ihnen unmittelbar Unterworfenen, vielmehr wohnt dem TV eine starke den gesamten Arbeitsmarkt seines räumlichen und fachlichen Gebietes beeinflussende Kraft inne. *Mit magnetsicher Gewalt bestimmt er die vielen unter sich ungeordneten und mannigfach verschieden beinhalteten Arbeitsverhältnisse dazu, sich nach ihm zu richten.* Ordnung wirkt stets anziehend und richtunggebend.“[441]

Nipperdey beschreibt dies als „Expansionsdrang“ der Tarifverträge[442] – die Aufzählung derartiger Umschreibungen der Außenseiterwirkung der Tarifverträge ließe sich noch weiter fortsetzen. Sie alle bringen eines klar zum Ausdruck: schon von Beginn an beschränkte sich der Tarifvertrag in der Realität nicht darauf, allein die Arbeitsverhältnisse der Mitglieder zu regeln. Insofern darf man jedoch nicht der Fehlvorstellung unterliegen, dies sei eine von den Koalitionen a priori missbilligte, tatsächliche Fehlentwicklung – im Gegenteil waren es zunächst die Koalitionen selbst, die die Unterstellung der Außenseiter unter Tarifverträge vorangetrieben haben, um die ohne eine Bindung an angemessene Arbeitsbedingungen billigere Außenseiter-Konkurrenz auf dem Güter- oder Arbeitsmarkt gering zu halten und die durch die Tarifverträge – besonders bei den Arbeitgebern willkommene – Kartellwirkung möglichst weit zu fassen.[443] Das Interesse, möglichst auch die Außenseiter an die Tarifverträge zu binden, ist auf Seiten der Arbeitnehmer insbesondere in Zeiten der Niedrigkonjunktur und hoher Arbeitslosigkeit groß. Dann besteht nämlich die Gefahr, dass Außenseiter-

440 Vgl. *Lotmar*, Der Arbeitsvertrag I, S. 791; ähnlich auch *Sinzheimer*, Der korporative Arbeitsnormenvertrag II, S. 22: „Fernwirkung“.

441 *Auerbach*, Nichtorganisierte und Tarifvertrag, S. 28.

442 *Hueck/Nipperdey*, Lehrbuch des Arbeitsrechts II/1, S. 238.

443 Hierauf zutreffend hinweisend *Leventis*, Tarifliche Differenzierungsklauseln, S. 12; zuvor schon *Hueck/Nipperdey*, Lehrbuch des Arbeitsrechts II/1, S. 238.

Arbeitnehmer ihre Arbeitskraft zu untertariflichen Bedingungen anbieten und so die Organisierten aus ihren Arbeitsplätzen drängen.[444]

1. Außenseiterklauseln als tarifvertraglich angeordnete Gleichstellung und ihre Umsetzung mittels individualvertraglicher Bezugnahmen

Aus der Motivation heraus, ihre Mitglieder vor Benachteiligungen und Arbeitsplatzverlusten zu schützen, entwickelten sich schließlich sog. „Außenseiterklauseln" (auch „Ausdehnungsklauseln"). Mit diesen Klauseln verpflichten sich die Tarifvertragsparteien dazu, Außenseiter-Arbeitnehmer nur zu tariflichen Bedingungen anzustellen und zu beschäftigen. Sie sind also das praktische Ergebnis des gewerkschaftlichen Gleichstellungsbestrebens. Da die Tarifvertragsparteien Tarifverträge jedoch im eigenen Namen abschließen, können sie durch den Tarifvertrag über die unmittelbar geltenden Rechtsnormen nach § 1 Abs. 1 TVG hinaus keine direkten Pflichten für die Verbandsmitglieder begründen.[445] Daher handelt es sich bei den Außenseiterklauseln bloß um einen schuldrechtlich wirkenden Vertrag zu Gunsten Dritter, der den Außenseiter-Arbeitnehmern einen unmittelbaren Anspruch auf die im Tarifvertrag geregelten Arbeitsbedingungen verschafft.[446] Dieser Anspruch richtet sich (außer im Fall eines Haustarifvertrages) allerdings nicht direkt gegen den einzelnen Arbeitgeber, sondern gegen die tarifvertragsschließenden Parteien, die ihre Mitglieder mit verbandsrechtlichen Mitteln zur Gleichstellung der Außenseiter-Arbeitnehmer anzuhalten haben.[447]

Die Arbeitgeber dürften diesem Gleichstellungsauftrag nur zu gerne nachkommen, denn aus ihrer Sicht sprechen viele Gründe für eine flä-

---

444 Vgl. *Leventis*, Tarifliche Differenzierungsklauseln, S. 12.

445 Vgl. nur *Thüsing*, in: Wiedemann TVG § 1 Rn. 168.

446 BAG (GS) v. 29.11.1967 – GS 1/67, AP GG Art. 9 Nr. 13; BAG v. 23. 3. 2011 – 4 AZR 366/09, AP GG Art. 9 Nr. 146 Rn. 42; *Karakatsanis*, Die kollektivrechtliche Gestaltung von Arbeitsverhältnissen, S. 63; *Leydecker*, Der Tarifvertrag als exklusives Gut, S. 212: „Die Gewerkschaften können die Ungleichbehandlung oder die Gleichbehandlung von Arbeitnehmern anstreben. Unmittelbare praktische Auswirkungen hat dieses – überspitzt formuliert – „Wunschdenken" nur im Rahmen der normativen Tarifmacht, die allerdings im Bereich der Inhaltsnormen nicht bis zu den Außenseitern reicht."; *Oetker*, in: Wiedemann TVG, § 3 Rn. 486; *Thüsing*, in: Wiedemann TVG § 1 Rn. 168;

447 Vgl. *Henssler*, in: HMB, Kap. 10 Rn. 126; *Oetker*, in: Wiedemann TVG, § 3 Rn. 486; *Thüsing*, in: Wiedemann TVG § 1 Rn. 168.

chendeckende Verwendung von Bezugnahmeklauseln und damit eine Einebnung der aus der Organisationsentscheidung folgenden Ungleichbehandlung seiner Arbeitnehmer. Neben der bereits angesprochenen Vermeidung von Verteilungskonflikten und produktivitätsstörender Unruhe erscheint Arbeitgebern die Gleichbehandlung von organisierten Arbeitnehmern und Außenseitern sowie Andersorganisierten oft aus betriebswirtschaftlichen und praktischen Gesichtspunkten erstrebenswert. Durch die Verwendung von Bezugnahmeklauseln lassen sich die Arbeitsbedingungen unternehmensweit vereinheitlichen,[448] Verträge verschlanken und die ansonsten im Zuge von individuellen Verhandlungen wiederholt anfallenden Transaktionskosten verringern bzw. einsparen. Außerdem wird die Lohnbuchhaltung entlastet.[449] Daneben kann den praktischen Schwierigkeiten ausgewichen werden, die sich daraus ergeben, dass die Frage nach der Gewerkschafszugehörigkeit bei Vertragsschluss überwiegend als verboten betrachtet wird[450]. Wenn ohnehin alle Arbeitnehmer gleichbehandelt werden, erübrigt sie sich schlicht.[451] Hinzu kommt, dass eine freiwillige Gleichstellung aller Arbeitnehmer mittels Bezugnahme diese von der Notwendigkeit befreit, zur Erlangung tariflicher Leistungen in die Gewerkschaft einzutreten. Es wird also der Anreiz zum Beitritt in einer Gewerkschaft gesenkt und der soziale Gegenspieler nicht gestärkt, vielleicht sogar geschwächt.[452] Manch einer

---

448 *E. Willemsen*, Die arbeitsvertragliche Bezugnahme, S. 27: „Tarifeinheit im Betrieb"; ebenso *Lorenz*, in: Däubler TVG, § 3 Rn. 217.

449 *Däubler/Heuschmid*, RdA 2013, 1 (2); *Gamillscheg*, Kollektives Arbeitsrecht I, S. 731; *Lobinger/Hartmann*, RdA 2010, 235 (237); *Walser*, Einfluss der Rechtsordnung auf die Tarifbindung der Arbeitgeber, S. 327;

450 BAG v. 26.9.2001 – 4 AZR 544/00, AP TVG § 1 Bezugnahme auf Tarifvertrag Nr. 21 Gründe II. 1. c) bb) (1); BAG v. 28.3.2000 – 1 ABR 16/99, AP Nr. 27 zu § 99 BetrVG 1972 Einstellung; *Gamillscheg*, Kollektives Arbeitsrecht I, S. 195, 731; *Lobinger/Hartmann*, RdA 2010, 235 (237); *Dieterich*, in: ErfK, GG Art. 2 Rn. 97; *Reichold*, RdA 2007, 321 (327).

451 Darauf ebenfalls hinweisend *E. Willemsen*, Die arbeitsvertragliche Bezugnahme, S. 29; *Lobinger/Hartmann*, RdA 2010, 235 (237); In den Augen der Verfasserin spricht Vieles dafür, dass der Arbeitgeber jedenfalls nach Einstellung zu Zwecken der Lohnabrechnung ein berechtigtes Interesse an der Information der Mitgliedschaft hat, welches ihm die Nachfrage erlaubt, vgl. *Reichold*, RdA 2007, 321 (327). Das ändert aber nichts daran, dass es dem Arbeitgeber bei der Einstellungsentscheidung ohne eine Nachfrage an der notwendigen Kalkulationssicherheit fehlte.

452 Vgl. *Däubler/Heuschmid*, RdA 2013, 1 (2); *Walser*, Einfluss der Rechtsordnung auf die Tarifbindung der Arbeitgeber, S. 328; *Lobinger/Hartmann*, RdA 2010, 235 (237); *Lorenz*, in: Däubler TVG, § 3 Rn. 217. vgl. zum Wegfall des Organisationsanreizes eingehend unter Kap. 3 D. Darauf führt *Henssler*, in: HMB, Kap. 10 Rn. 127 auch die geringe Verbreitung der Ausdehnungsklauseln zurück.

mag es bei der Verwendung von Bezugnahmeklauseln auf diese „Demontage" des sozialen Gegenspielers sogar eigens angelegt haben.[453]

Sofern der Arbeitgeber bei Arbeitsvertragsschluss tarifgebunden ist, wird der Bezugnahmeabrede angesichts der geschilderten Interessenlage übereinstimmend die Qualität einer Gleichstellungsabrede beigemessen.[454] Anders soll dies sein, wenn der Arbeitgeber selbst Außenseiter ist, da die tarifrechtliche Gleichstellung der Arbeitnehmer dann nicht von Belang sei.[455] Das überzeugt schon deswegen nicht, weil die Arbeitnehmer bei Vertragsschluss regelmäßig gar nichts über den Organisationsstatus der Arbeitgeber wissen[456] und die Bedeutung der Bezugnahmeklausel sich nach allgemeinen Auslegungsgrundsätzen richtet.[457]

Die tarifvertragliche Verpflichtung zur Gleichstellung im Rahmen der Außenseiter-/Ausdehnungsklausel wird allgemein für zulässig gehalten.[458] Insbesondere können Außenseiter-Arbeitnehmer die damit verbundene Begünstigung gem. § 333 BGB zurückweisen. Es wurde aber in der Vergangenheit zu Recht darauf hingewiesen, dass Außenseiterklauseln eine aus Gewerkschaftssicht nicht unbedenkliche Wirkung haben.[459] Kurzfristig lässt sich damit eine Unterbietungs- oder auch „Schmutzkonkurrenz"

---

453 Diese Motivation in den Vordergrund stellend etwa BAG v. 26.9.2001 – 4 AZR 544/00, AP TVG § 1 Bezugnahme auf Tarifvertrag Nr. 21 Gründe II. 1. c) aa) (1).

454 St. Rspr. vgl. BAG 26.9.2001 – 4 AZR 544/00, AP TVG § 1 Bezugnahme auf Tarifvertrag Nr. 21; v. 19.3.2003 – 4 AZR 331/02, AP TVG § 1 Bezugnahme auf Tarifvertrag Nr. 33; v.14.12.2004 – 4 AZR 50/04, AP TVG § 1 Bezugnahme auf Tarifvertrag Nr. 34: kein Ende der Einbindung der Arbeitsvertragsparteien in die Tarifentwicklung ("Dynamik"), wenn die Tarifbindung auf Arbeitgeberseite entfällt (Rechtsprechungsänderung); sowie bereits BAG v. 4.9.1996 – 4 AZR 135/95, AP TVG § 1 Bezugnahme auf Tarifvertrag Nr. 5.

455 BAG 5.9.2012 – 4 AZR 749/10, AP TVG § 1 Bezugnahme auf Tarifvertrag Nr. 117 Rn. 12; v. 21.10.2009 – 4 AZR 396/08, AP TVG § 1 Bezugnahme auf Tarifvertrag Nr. 72 Rn. 23; v. 22.10.2008 – 4 AZR 793/07, AP TVG § 1 Bezugnahme auf Tarifvertrag Nr. 67 Rn. 13 f.; aus der Zeit vor der Rechtsprechungsänderung durch BAG v. 1.12.2004 – 4 AZR 50/04, AP TVG § 1 Bezugnahme auf Tarifvertrag Nr. 34.

456 Mit diesem Einwand vor allem *Thüsing/Lambrich,* RdA 2002, 193 (198 f.); krit. ferner *Annuß,* ZfA 2005, 405 (423 ff.); *Bayreuther,* DB 2002, 1008 (1008 f.); *ders.* RdA 2003, 306 (307 f.); *Däubler,* RdA 2002, 303 (305 f.); *Hanau* NZA 2005, 489 (490 f.); *Willemsen,* Bezugnahme, S. 142 ff.

457 Vgl. *Löwisch/Rieble* TVG, § 1 Rn. 2131kein „Sonderauslegungsrecht nur für Bezugnahmeklauseln"; siehe zum Ganzen *Oetker,* Wiedemann TVG, § 3 Rn. 303 ff., 360 ff. sowie hierzu Näheres unter Kap. 2 C. II. 4. a)

458 Vgl. Kap. 2 A. I; zur Regelbarkeit der Drittbegünstigung als Inhaltsnorm im Tarifvertrag siehe *Löwisch/Rieble* TVG, § 1 Rn. 236 mwN.

459 *Karakatsanis,* Die kollektivrechtliche Gestaltung von Arbeitsverhältnissen, S. 62 f.: ungeeignet zur Lösung des Außenseiter-Problems.

der Außenseiter-Arbeitnehmer verhindern. Eine Gleichstellung schützt also die organisierten Arbeitnehmer. Aus dem gleichen Gedanken heraus wird es mittels sog. „Zulassungsnormen“ auch ermöglicht, im Wege der Bezugnahme auf den Tarifvertrag von arbeitnehmerschützenden Vorschriften abzuweichen. Andernfalls würden die organisierten Arbeitnehmer einseitig schlechter gestellt werden.[460]

Langfristig wirkt sich die Möglichkeit zur kostenlosen Teilhabe jedoch negativ auf den Beitrittsanreiz von Außenseiter-Arbeitnehmern aus bzw. mag vielleicht sogar zum Austritt herausfordern,[461] was wiederum zu dem im Rahmen der vorliegenden Untersuchung erörterten Problem führt.

2. Antrag auf AVE zur Vermeidung potenzieller Unterbietungskonkurrenz durch Außenseiter-Arbeitnehmer

In die gleiche Richtung wie die tarifvertragliche Außenseiterklausel stieß zunächst auch das mit der TVVO im Jahr 1918 eingeführte Instrument der Allgemeinverbindlicherklärung von Tarifverträgen durch den zuständigen Minister (kurz AVE). Damit wurde ursprünglich allein das Ziel verfolgt, die Organisierten auf Arbeitgeber- und Arbeitnehmerseite vor der Unterbietungskonkurrenz der Außenseiter zu schützen.[462] Man bezog sie mit Hilfe des Staates in die normative Tarifwirkung ein, um zu verhindern, dass sie ihre Arbeitsleistung günstiger als die organisierten Arbeitnehmer anbieten und diese so aus den Stellen drängen können. Mit diesem Gedanken des Schutzes *vor* Außenseitern wurde die AVE vom zuständigen Minister sogar noch in den 1970iger-Jahren begründet.[463] Erst später rückte die der AVE heute mehrheitlich zugeschriebene Zwecksetzung, den Außenseiter-Arbeitnehmern durch die Partizipation an der Tarifnormwirkung einen arbeits-

---

460 Vgl. *Oetker*, in: Wiedemann TVG, § 3 Rn. 448.

461 Darauf führt *Henssler*, in: HMB, Kap. 10 Rn. 127 auch die geringe Verbreitung der Ausdehnungsklauseln zurück; siehe zu der destruktiven Wirkung unter Kap. 2 D. II., III.

462 Vgl. unter anderem *Gamillscheg*, Kollektives Arbeitsrecht I, S. 885; *Nipperdey*, RdA 1949, 81 (88); *Richardi*, Kollektivgewalt und Individualwille, S. 176; pointiert *Wiedemann*, RdA 1969, 321 (324); rückblickend klar herausgearbeitet bei *Höpfner*, Die Tarifgeltung, S. 466 ff.; dies letztlich ebenfalls eingestehend *Prokop*, Die Allgemeinverbindlicherklärung nach § 5 TVG, S. 201.

463 Siehe Stellungnahme in BVerfG v. 24.5.1977 – 2 BvL 11/74, E 44, 322 (331); Niederschlag findet dies auch noch in BVerwG v. 3.11.1988 – 7 C 115/86, AP TVG § 5 Mr-23.

rechtlichen Mindestschutz zu gewähren, also der Schutz *der* Außenseiter, als primäre Zwecksetzung der AVE in den Vordergrund.[464]

3. Rechtsnormen über betriebliche und betriebsverfassungsrechtliche Fragen n. § 3 Abs. 2 TVG

Zuletzt fügen sich auch die „Rechtsnormen über betriebliche und betriebsverfassungsrechtliche Fragen" (im Folgenden betriebliche Tarifnormen) des § 3 Abs. 2 TVG in diese Reihe ein. Sie gelten für alle Betriebe, deren Arbeitgeber tarifgebunden ist. Ihre in § 4 Abs. 1 S. 2 TVG angeordnete „entsprechende" unmittelbare und zwingende Wirkung weicht von dem Grundsatz der Beschränkung der Normsetzungsbefugnis der Tarifvertragsparteien auf ihre Mitglieder ab und stellt damit eine Erweiterung der Normsetzungsbefugnis auf Außenseiter-Arbeitnehmer dar.[465]

Die Außenseiter-Arbeitnehmer werden dabei entgegen der von einigen vertretenen Ansicht nicht nur mittelbar oder reflexhaft betroffen,[466] weil betriebliche Tarifnormen eine Bindung nur im „betrieblichen Rechtsverhältnis" und gegenüber tarifgebundenen Arbeitgebern normative Wirkung entfalten.[467] Diese betriebsbezogene Sichtweise mag im Wortlaut des § 3 Abs. 2 TVG einen gewissen Anklang finden,[468] demnach die betrieblichen Tarifnormen „für alle *Betriebe*, deren Arbeitgeber tarifgebunden ist", gelten, kann aber letztlich nicht überzeugen. Der Wortlaut muss vielmehr als

---

464 Vgl. *Höpfner,* Die Tarifgeltung, S. 468 f; *Prokop,* Die Allgemeinverbindlicherklärung nach § 5 TVG, S. 197 Rn. 788 mit umfangreichen Belegen zur heute vorherrschenden Betrachtungsweise (Zweck der AVE = Schutz der Außenseiter-Arbeitnehmer).

465 Teilweise wird auch von der „Allgemeinverbindlichkeit" der Normen für den betrieblichen Bereich gesprochen, vgl. *H.Hanau*, RdA 1996, 158 (160). Dies ist zwar in Bezug auf die faktische Wirkung richtig, scheint jedoch den dogmatischen Unterschied zwischen der Ausweitung der originären Normsetzungsbefugnis und der nachträglichen Erweiterung des Kreises der Tarifgebundenen zu nivellieren.

466 *Dieterich*, in: FS Däubler (1999,) S. 451 (458 f.); *Krause*, in: JKOS, § 4 Rn. 57; *Loritz,* Tarifautonomie, S. 55 ff.

467 Mit diesem Begründungsansatz für die ausschließliche Bindung der organisierenden Arbeitgeber durch Betriebsnormen operierend BAG v. 17.6. 1997 – 1 ABR 3/97, AP TVG § 3 Betriebsnormen Nr. 2; *Dieterich*, in: FS Däubler *(1999,)* S. 451 (458 f.); *Dieterich*, Die betrieblichen Normen, S. 86; *Hueck*, BB 1949, 531 (532); *Richardi*, Kollektivgewalt und Individualwille, S. 230 ff.; kritisch *Giesen*, Tarifvertragliche Rechtsgestaltung, S. 298 f.; *Höpfner*, in: HMB Teil 6 Rn. 97 ff.; *Wiedemann*, RdA 2007, 65 (68).

468 Vgl. *Schwarze*, Betriebsrat, S. 58 und *Höpfner*, in: HMB Teil 6 Rn. 99, die jedoch eine solche Begrenzung der normativen Wirkung iE beide ablehnen.

missglückt bezeichnet werden.[469] Betrachtet man nämlich die Systematik der §§ 3 und 4 TVG, so wird klar, dass § 3 TVG nur die Tatbestände der Tarifgebundenheit definieren möchte, während § 4 TVG die aus der beiderseitigen und korrespondierenden Tarifgebundenheit folgende Tarifgeltung anordnet. Würde der § 3 Abs. 2 TVG abweichend von dieser Systematik bereits die Tarifgeltung im „betrieblichen Rechtsverhältnis" anordnen, wäre die Geltungsanordnung des § 4 Abs. 1 S. 2 TVG überflüssig. Da die Belegschaft als solche auch nicht rechtsfähig ist, ließe ein solches Verständnis des § 3 Abs. 2 TVG außerdem einen Gläubiger für die tariflichen Ansprüche vermissen.[470] Zuletzt ist auch dem Hinweis auf die bloß „entsprechende Anwendung" des § 4 Abs. 1 S.1 TVG für betriebliche Tarifnormen kein überzeugendes Argument für eine bloß den Arbeitgeber betreffende Normwirkung der Bestimmungen abzugewinnen.[471] Zu Recht wurde an anderer Stelle darauf hingewiesen, dass es sich bei derartigen Verkürzungen um eine übliche gesetzgeberische Regelungstechnik zur Vermeidung von Wiederholungen handelt, mit der eine wesentliche inhaltliche Änderung des Bezugsobjekts nicht einhergeht.[472] Ohne die Verkürzung hätte die Regelung des § 4 Abs. 1 S. 2 TVG damit folgenden Inhalt: „Die Rechtsnormen des Tarifvertrages, die betriebliche oder betriebsverfassungsrechtliche Fragen ordnen, gelten unmittelbar und zwingend zwischen dem tarifgebundenen Arbeitgeber und den Arbeitnehmern, die unter den Geltungsbereich des Tarifvertrages fallen." Mithilfe der §§ 3 Abs. 2, 4 Abs. 1 S. 2 TVG entfaltet die Rechtsetzung der Tarifvertragsparteien in bestimmtem Umfang[473] somit auch gegenüber den Außenseiter-Arbeitnehmern normative Wirkung.

Auch diese Möglichkeit zur Partizipation am Tarifvertrag wurde jedoch nicht aus der Motivation heraus entwickelt, Außenseiter-Arbeitnehmer zu schützen. Die Bestimmungen der §§ 3 Abs. 2, 4 Abs. 1 S. 2 TVG sollten vielmehr allein dem Erfordernis Rechnung tragen, dass bestimmte Tatbestände im Betrieb sinnvoll nur einheitlich geregelt werden können und die Belegschaft deshalb bei diesen Fragen ohne Rücksicht auf den Organisati-

469 So bereits *Nipperdey*, RdA 1949, 81 (84); *Wiedemann*, AP TVG § 3 Betriebsnormen Nr. 5.

470 Zutreffender Hinweis von *Höpfner*, in: HMB Teil 6 Rn. 99.

471 So aber *Krause*, in: JKOS, § 4 Rn. 57; *Richardi*, Kollektivgewalt und Individualwille, S. 236; *Zöllner*, RdA 1962, 453 (458 f.).

472 *Jacobs*, Tarifeinheit und Tarifkonkurrenz, S. 114.

473 Zu dem Tatbestand der „Betriebsnormen" siehe unten Kap. 3 A. I. 2 b).

onsstatus als einheitliche Masse behandelt werden muss.[474] Während die Arbeitgeber dieses Konzept von Beginn an begrüßt haben sollen,[475] wird berichtet, dass den Gewerkschaften der Gedanke, die tariflich festgelegte Betriebsverfassung ohne Weiteres für Unorganisierte gelten zu lassen, zunächst sogar zuwider gewesen sei.[476] Sie sollen der Ansicht gewesen sein, dass in geeigneten Fällen schließlich die AVE eine Erfassung der Außenseiter-Arbeitnehmer ermögliche.[477] Diese ablehnende Haltung ist angesichts der Vereitelung der tarifvertraglichen Werbewirkung auch nur konsequent und allzu nachvollziehbar. Je mehr Vorteile des Tarifvertrages allgemein zugänglich sind, desto geringer wird der Anreiz betrachtet, zur Erlangung von ausgehandelten Vorteilen in die Gewerkschaft einzutreten.[478] In die Regelung eingelenkt haben die Gewerkschaften Schilderungen *Herschels* zufolge nur deshalb, weil sie ihre Mitglieder schützen wollten. Diese sollten keineswegs schlechter stehen als die Außenseiter-Arbeitnehmer, die ohne Erstreckung womöglich nur lückenhaft von der betrieblichen Ordnung erfasst würden.[479]

4. Zwischenergebnis

Es zeigt sich also, dass die Sogwirkung, die Tarifverträge auf die Außenseiter-Arbeitsverhältnisse entfalten, keineswegs ein Versehen war und noch weniger aus eigennützigen oder edelmütigen Motiven der Gewerkschaften

---

474 Vgl. den gewissermaßen aus erster Hand stammenden Bericht *Herschels*, ZfA 1973, 183 (191); *Franzen*, in: ErfK TVG § 3 Rn. 16; ebenso *Höpfner*, in: HMB Teil 6 Rn. 94; *Oetker*, in; Wiedemann TVG, § 3 Rn. 448; *Wiedemann*, RdA 2007, 65 (68).

475 Zum Ganzen *Herschel*, ZfA 1973, 129 (148); die Tragfähigkeit von *Herschels* Schilderungen wurde jedoch in jüngerer Vergangenheit angezweifelt.

476 Vgl. bzgl. des anfänglichen gewerkschaftlichen Widerwillens ZfA 1973, 129 (148); *Arnold*, Betriebliche Tarifnormen, S. 324 f. und *Giesen*, Tarifvertragliche Rechtsgestaltung für den Betrieb, S. 118 f. bestätigen, dass die Gewerkschaften sich zu Beginn der Gesetzgebungsarbeiten gegen eine normative Wirkung in Bezug auf Außenseiter ausgesprochen hatten und es innerhalb der Arbeitnehmerschaft kein einheitliches Meinungsbild gab.

477 Zum Ganzen *Herschel*, ZfA 1973, 129 (148).

478 Näheres dazu unter Kap. 2 D. II., III.

479 *Herschels*, ZfA 1973, 183 (191 f.); zur Kritik an der Tragfähigkeit der Aussage siehe *Höpfner*, Tarifgeltung, S. 455.

erfolgt(e).[480] Diese handeln vielmehr stets und in erster Linie als Vertreter der Mitgliederinteressen, die sich nun mal nicht durchsetzen lassen, wenn man nicht zugleich die sonstigen (Arbeits-) Marktteilnehmer und ihr Verhalten im Blick hat und – wo nötig – im Rahmen der eigenen Möglichkeiten steuert.

III. Erfolglose Versuche der Gewerkschaften zur Einschränkung der kostenlosen Partizipation der Außenseiter-Arbeitnehmer

Diese soeben geschilderte Expansionspolitik der Gewerkschaften mag in Zeiten der Niedrigkonjunktur funktionieren bzw. sinnvoll sein, wird den Gewerkschaften jedoch zum Verhängnis, sobald die Konjunktur wieder anzieht. Dann steht einer hohen Nachfrage an Arbeitskräften ein passendes Angebot oder sogar ein Unterangebot an Arbeitnehmern gegenüber. In dieser Situation können Arbeitgeber sich ein Unterschreiten des zuvor von den Gewerkschaften mühsam durchgesetzten Tariflohns gar nicht erlauben, wenn sie qualifizierte Arbeitskräfte für sich gewinnen wollen. Ist der Tariflohn zum Standard geworden, lässt sich mit der Schutzfunktion des Tarifvertrages aus Sicht der Gewerkschaften jedoch „kein Staat mehr machen." Gleiches gilt übrigens auch für den Fall, dass der Gesetzgeber seinerseits einen fixen Schutzstandard etabliert.[481] Statt weiter für die Gleichbehandlung möglichst alle Arbeitnehmer – also auch der Außenseiter-Arbeitnehmer – nach Tarif zu kämpfen, vollziehen die Gewerkschaften nun eine 180-Grad-Wendung und setzen sich für eine Differenzierung zwischen Organisierten und Außenseitern ein.[482] Den eigenen Mitgliedern Sondervorteile zu verschaffen, ist nun das Gebot der Stunde, um mit den Tarifverträgen in Zeiten der Hochkonjunktur und gesetzgeberisch veranlasstem Mindestschutz überhaupt noch eine Werbewirkung zu entfalten. Ausdruck dieses Bestrebens waren tarifvertraglich vereinbarte Absperr-, später die Tarifausschluss- und Differenzierungsklauseln, die im Folgenden beleuchtet werden sollen.

480 Ebenso *Wiedemann*, RdA 1969, 321 (325): „Die tarifliche Arbeitsverfassung kennt keinen Fall, in dem die Gewerkschaften als Hüter der Interessen der Nichtorganisierten auftreten."

481 Siehe hierzu auch unter Kap. 2 D. III. sowie F. I. 2. b).

482 Auf die Zweischneidigkeit der gewerkschaftlichen Politik zutreffen hinweisend *Hueck/Nipperdey*, Lehrbuch des Arbeitsrechts II/1, S. 238.

1. Tarifvertragliche Absperrklauseln und ihre Bewertung im Überblick

Ein früher Versuch, den Tarifvertrag gegen Außenseiter-Arbeitnehmer abzuschotten, war die Vereinbarung sog. Absperrklauseln oder auch Organisationsklauseln. Kurz gesagt verpflichten sie tarifgebundene Arbeitgeber, nur Mitglieder bestimmter Gewerkschaften anzustellen.[483] Vorbild dafür waren die sog. *Union-Security-Klauseln* („Gewerkschafts-Sicherheits“-Klauseln), die sich im angloamerikanischen Rechtskreis entwickelt haben und die Beschäftigung von Außenseitern verbieten. Es gibt sie in drei Ausprägungen:[484] Die extremste Form sind die im deutschen Recht nunmehr als Absperrklauseln bekannten *Closed-Shop-Klauseln* („Geschlossener Betrieb“-Klauseln). Diesen zufolge darf ein tarifgebundener Arbeitgeber nur Mitglieder der vertragsschließenden Gewerkschaft bzw. im Falle der abgemilderten Form irgendeiner Gewerkschaft und damit gerade keine Außenseiter-Arbeitnehmer einstellen. Daneben gibt es *Union-Shop-Klauseln* („Gewerkschaftsbetrieb“-Klauseln), die den Arbeitgeber zur Entlassung von Außenseiter-Arbeitnehmern verpflichten, die nicht innerhalb von 30 Tagen nach Einstellung Gewerkschaftsmitglieder werden, sowie *Maintenance-of-membership-Klauseln* („Aufrechterhaltung der Mitgliedschaft“-Klauseln), welche die Arbeitgeber zur Entlassung von Arbeitnehmern verpflichten, die aus der tarifschließenden Gewerkschaft austreten. Die in Deutschland gegen Ende des 19. Jahrhunderts aufkommenden und bis in die Weimarer Zeit hinein bekannten Absperrklauseln fanden jedoch insgesamt wenig und nach 1945 keinerlei Verbreitung mehr – dies wohl auch deshalb, weil das Reichsgericht (RG) sie für unzulässig erklärte, sofern der Arbeitnehmer dadurch in seinem Beruf keine Beschäftigung mehr fand.[485] Außerdem sahen sie sich dem Vorwurf ausgesetzt, auf die Außenseiter unzulässigen

483 Vgl. hierzu etwa *P. Hanau,* JuS 1969, 213 (214), *Hueck/Nipperdey,* Lehrbuch des Arbeitsrechts II/1, S. 238 sowie im Einzelnen *Hueck,* Tarifausschlußklauseln, S. 13 ff.

484 Siehe zur Entwicklung in amerikanischen Recht *Collins/Ewing/McColgan,* Labour Law, S. 478 ff; überblicksartig auch *Ackmann,* in: Einführung in das US-amerikanische Privatrecht, S. 339; zur Verwendung in der Schweiz vgl. *Geiser/Müller/Pärli,* Arbeitsrecht in der Schweiz Rn. 740; *Rehbinder,* Schweizerisches Arbeitsrecht, Rn. 501; *Schweingruber,* ZBJV 1947, 241 (243 f.).

485 Vgl. RG v. 6.4.2922 – VI 456/21, Z 104, 327 (331); *Gamillscheg,* Differenzierung, S. 9 f.; siehe zur diesem und weiteren Vorwürfen eingehend *Auerbach,* Nichtorganisierte und Tarifvertrag, S. 24 ff., der die Rspr. grundsätzlich für zutreffend hält, aber eine stärkere Berücksichtigung der Interessen der Organisierten in dieser Gemengelage erfordert, schließlich diene ein Erstarken der Organisation dem sozialen Frieden.

Organisationszwang auszuüben. Im deutschen Recht werden sie nahezu einhellig für unzulässig gehalten.[486]

2. Tarifausschlussklauseln und ihre Bewertung im Überblick

Die ebenfalls in der Weimarer Zeit aufkommenden sog. Tarifausschlussklauseln (auch „negative Differenzierungsklausel")[487] standen einer Beschäftigung von Außenseitern-Arbeitnehmern zwar nicht grundsätzlich entgegen, verboten es den tarifgebundenen Arbeitgebern jedoch unter Inaussichtstellung von Nachteilen bei Zuwiderhandlung, Außenseiter-Arbeitnehmern tarifvertragliche Arbeitsbedingungen zu gewähren.[488] Es wurde somit eine Gleichstellung verboten und ein Vergütungsabstand zwischen organisierten Arbeitnehmern und Außenseiter-Arbeitnehmern angeordnet.[489] Auch die Tarifausschlussklausel gibt es in zwei Spielarten. Einmal gibt es die sog. beschränkte Tarifausschlussklausel. Diese schließt all die Arbeitnehmer von tariflichen Leistungen aus, die nicht der tarifschließenden Gewerkschaft angehören. Sie zielt also auf Andersorganisierte und Außenseiter-Arbeitnehmer ab, wohingegen sich die allgemeine Tarifausschlussklausel allein gegen die Außenseiter-Arbeitnehmer richtet, indem sie deren Behandlung nach Tarif verbietet.[490]

Es entspricht einhelliger Ansicht, dass die Tarifausschlussklauseln nicht im normativen Teil eines Tarifvertrags vereinbart werden können. Da sie

---

486 *Gamillscheg*, Kollektives Arbeitsrecht I, S. 388ff.; *Giesen*, NZA 2004, 1317 (1317); *Heußner*, RdA 1960, 295 (295 f.); *Hensche*, in: HL-ArbR, GG Art. 9 Rn. 43; *Hueck/Nipperdey*, Lehrbuch des Arbeitsrechts II/1, S. 238; *Müller*, Gedanken zum Solidaritätsbeitrag, S. 20; aus der aktuellen Literatur siehe jeweils mit umfangreichen Nachweisen nur *Jacobs*, in: Wiedemann TVG Einl. Rn. 462; Heuschmid/Klug, in: Däubler TVG, § 1 Rn. 1050; siehe zur Unzulässigkeit Unzulässigkeit von „closed shop"-Regelungen nach Art. 11 EMRK siehe EGMR v. 11.1.2006 – 52562/99, BeckRS 2006, 16657, hierzu *Löwisch/Rieble* TVG, Grundlagen Rn. 323. TVG. In der Weimarer Zeit hielt man die Differenzierung jedoch für zulässig, vgl. RAG v.20. 2. 1932, Slg. 14, Nr. 98, S. 444 ff.; siehe zur historischen Entwicklung *Dreschers*, Entwicklung des Rechts des Tarifvertrages, S. 357 ff.; vgl. auch BVerfG v. 10.1. 1995 – 1 BvF 1/90 u.a., E 92, 26 (40f.).

487 *Löwisch/Rieble* TVG, § 1 Rn. 2147.

488 Vgl. *Bauer/Arnold*, NZA 2011, 945 (948); *Richardi*, Kollektivgewalt und Individualwille, S. 203; zur Entwicklung der Tarifausschlussklauseln siehe auch *Gamillscheg*, Differenzierung, S. 14 f.

489 Vgl. *Hueck*, Tarifausschlußklausel, S. 14.

490 Vgl. *Löwisch/Rieble* TVG, § 1 Rn. 2147.

direkt auf die Gestaltung der Arbeitsverhältnisse der Außenseiter-Arbeitnehmer abzielten und es an einem inhaltlichen Zusammenhang mit der Gestaltung der Arbeitsverhältnisse der organisierten Arbeitnehmer fehlt, können sie keine Inhaltsnormen im Sinne des § 1 Abs. 1 TVG sein.[491] Mangels Gestaltung des betrieblichen Rechtsverhältnisses scheidet auch die Vereinbarung als betriebliche Tarifnorm im Sinne des § 3 Abs. 2 TVG aus.[492] Da die Grenzen der Tarifautonomie auch für den schuldrechtlichen Teil eines Tarifvertrages gelten,[493] können diese Tarifausschlussklauseln auch dort nicht vorgesehen werden, sondern allenfalls in einer außertariflichen sonstigen Koalitionsvereinbarung auf Grundlage von Art. 2 Abs. 1 GG.[494] Ohne normative Wirkung sehen sich derartige Klauseln jedoch erheblichen praktischen Schwierigkeiten ausgesetzt. So schützen bestandssichernde Bezugnahmeklauseln die Außenseiter-Arbeitnehmer vor einem Entzug einmal eingeräumter Partizipation am Tarifvertrag und verhindern so eine Erfüllung des schuldrechtlichen Gleichstellungsverbots.[495] Da die Klausel darauf abzielt, die Chance des Außenseiter-Arbeitnehmers zum einzelvertraglichen „Gleichziehen“ mit den tarifvertraglich gewährten Arbeitsbedingungen zu verhindern, wird sie außerdem allgemein wegen Verstoßes gegen die Arbeitsvertragsfreiheit für unwirksam erachtet.[496]

---

491 So in der Sache schon BAG *(GS)* v. 29.11.1967 – GS 1/67, AP GG Art. 9 Nr. 13, juris Rn. 62; *Bauer/Arnold*, NZA 2011, 945 (948); *Deinert*, RdA 2014, 129 (130); *Hartmann/Lobinger*, NZA 2010, 421 (422); *Höpfner*, RdA 2019, 149 (150); *A. Hueck*, Tarifausschlußklausel, S. 53f.; *Gamillscheg*, Kollektives Arbeitsrecht I, S. 361; *ders.*, Differenzierung nach Gewerkschaftszugehörigkeit, S. 73; *Leydecker*, Tarifvertrag als exklusives Gut, S. 34 f.; *Löwisch/Rieble* TVG, § 1 Rn. 2147; *Mayer-Maly*, BB 1966, 1067 (1068); *Neumann*, Tarifboni, S. 92 ff.; *Hueck/Nipperdey*, Lehrbuch des Arbeitsrechts II/1, S. 166 f.; *Richardi*, Kollektivgewalt und Individualwille, S. 205; *Waltermann*, Differenzierungsklauseln, S. 68.

492 Vgl. *Richardi,* Kollektivgewalt und Individualwille, S. 205, 229.

493 Siehe hierzu unter Kap. 3 A. III.

494 Vgl. *Höpfner*, RdA 2019, 149 (150); *Löwisch/Rieble* TVG, § 1 Rn. 2148.

495 Zutreffend *Löwisch/Rieble* TVG, § 1 Rn. 2148; vgl. Kap. 3 A. III. 2 b).

496 Die schuldrechtliche Klausel ist nichtig, § 138 BGB iVm Art. 12 Abs. 1, 9 Abs. 3 GG und § 134 BGB iVm § 4 Abs. 3, allg Meinung mit unterschiedlichen Einzelbegründungen vgl. *Bauer/Arnold* NZA 2009, 1173; *Hartmann/Lobinger*, NZA 2010, 423 ff.; *Höpfner*, RdA 2019, 149 (154); *Jacobs*, in: FS Bauer (2010) 490 ff.; *Thüsing/v. Hoff*, ZfA 2008, 103; *Franzen* RdA 2006, 5 f.; *Löwisch/Rieble* TVG, § 1 Rn. 2149.

3. Tarifvertragliche Solidaritätsbeitrags-Klausel und ihre Bewertung im Überblick

Wie bereits angedeutet, ist die Idee, die destruktive Partizipation von Außenseiter-Arbeitnehmern durch eine aufzuerlegende Zahlungspflicht zu beenden, auch in Deutschland nicht gänzlich neu. In der Tarifrunde 1960/61 erhob die Industriegewerkschaft Bau – Steine – Erden (IG BSE) die Forderung, die bisher kostenlos an den Vorteilen einer tarifvertraglichen Ordnung teilhabenden Außenseiter nunmehr in die Verantwortung zu nehmen und von ihnen einen Beitrag zur Aufrechterhaltung derjenigen Ordnung zu erlangen, auf deren Vorhandensein sie sich die Außenseiter bisher einfach zu verlassen schienen.[497] Hintergrund, Inhalt und Schicksal dieser Forderung sind vor dem Hintergrund der potenziellen Gestaltung eines einzuführenden Nutzungsentgelts zwingend zu beleuchten.

a) Organisationspolitischer Hintergrund der Forderung der IG BSE nach einem Solidaritätsbeitrag

Zu Beginn der 1960iger Jahre sah sich die IG BSE einer Situation ausgesetzt, in der die Außenseiter regelhaft am Tarifvertrag partizipierten und die Werbewirkung des Tarifvertrages gen null ging.[498] Da frühere Versuche, den Tarifvertrag mit Hilfe von Absperr- oder Tarifausschlussklauseln gegen Außenseiter abzuschotten, hoch umstritten waren und sich nicht nachhaltig durchsetzen konnten,[499] blieb den Gewerkschaften nur die Verbitterung über die kostenlose Vorteilsnahme der Außenseiter-Arbeitnehmer und ihre eigene personelle Auszehrung. Von den rund 1,3 Mio. Bauarbeitern, die es 1961 schätzungsweise gab, war nur circa ein Drittel gewerkschaftlich organisiert. Die Zunahme der Beschäftigtenzahlen in der florierenden Nachkriegszeit hatte sich nicht entsprechend in den Mitgliederzahlen nie-

497 IG BSE, Protokoll 5. ordentlicher Gewerkschaftstag 1960, S. 501 (B 15); vgl. *Leber* in FAZ v. 27.11.1959, S. 4; FAZ v. 14.1.1961, S. 3; Vorstöße in diese Richtung hatte es im deutschen Rechtskreis zuvor schon bei *Melsbach*, Deutsches Arbeitsrecht, S. 132 und *Brisch*, RdA 1951, 21; *ders.*, Rechtstellung der deutschen Gewerkschaften, S. 91.

498 Siehe Kap. 1 A. I.

499 Vgl. BAG (GS) v. 29.11.1967 – GS 1/67, AP GG Art. 9 Nr. 13, juris Rn. 159; vgl. *Leydecker*, Der Tarifvertrag als exklusives Gut, S. 45; *Seitenzahl/Pütz/Zachert*, Vorteilsreglungen, S. 25.

dergeschlagen, sondern war dahinter zurückgeblieben.[500] Da man davon ausging, dass die Mehrzahl der Außenseiter mit der Politik der Gewerkschaft durchaus einverstanden war,[501] dürfte die IG BSE diese Entwicklung besonders geärgert haben. In Umfragen hatten Außenseiter-Arbeitnehmer der Gewerkschaft zufolge angegeben, dass sie nur deshalb nicht Mitglied würden, weil die Erfolge der Gewerkschaft schließlich bewiesen, dass man sie nicht brauche.[502] Dieser Eindruck – so die Vermutung der Gewerkschaft – ging wohl auf den Umstand zurück, dass die tariflichen Erfolge in der vorausgegangenen Dekade gänzlich ohne aufsehenerregende Kampfhandlungen hatten erzielt werden können.[503]

Gleichwohl hieß das nicht, dass die Gewerkschaft auf zusätzliche Mitglieder nicht angewiesen war. Schließlich musste diese Entwicklung aus Sicht der Gewerkschaften die Gefahr bergen, langfristig zusammen mit Mitgliedern auch die Kampfstärke und finanzielle Unabhängigkeit einbüßen, die beide maßgeblich von der Mitgliederzahl abhängen und für die Durchsetzungsfähigkeit der Gewerkschaft essentiell sind.[504] Somit stand aus ihrer Sicht nichts weniger als die grundlegende Fähigkeit der Gewerkschaften in Frage, gegenüber der Arbeitgeberseite eine Drohkulisse aufzubauen und letztlich auf Augenhöhe angemessene Arbeitsbedingungen überhaupt erst aushandeln zu können und damit den Markt zu ordnen.[505] Die IG BSE nahm daher Anstoß daran, dass die Außenseiter von den Früchten gewerkschaftlicher Arbeit einfach profitierten, ohne im Gegenzug einen eigenen Beitrag (monetärer oder sonstiger Art) zu deren Gelingen zu leisten – um in der Metapher zu bleiben, also ernten ohne zu säen.[506]

---

500 Einem Zuwachs von ganzen 500.000 Beschäftigten im Baugewerbe in den zehn Jahren von 1950 bis 1960 stand eine Zunahme von nur 20.000 Mitgliedern und damit eine Erhöhung der Gesamtzahl der Mitglieder auf circa 400.000 gegenüber, Zahlen entnommen aus FAZ v. 14.1.1961, S. 3; *Merker*, DB 1960, 1127; HWWA 1961, 62 (63).

501 So berichtet es *Ridder*, Rechtsgutachten Solidaritätsbeiträge, S. 1; laut FAZ v. 1.12.1961, S. 3 hätten 72 % der befragten nicht organisierten Bauarbeiter zugegeben, mit Zielen und Verhalten der Gewerkschaft einverstanden zu sein.

502 Vgl. FAZ v. 1.12.1961, S. 3.

503 Vgl. FAZ v. 14.1.1961, S. 3.

504 Vgl. zur Bedeutung dieser Parameter für die Frage der Tariffähigkeit unter Kap. 2 A. III.; vgl. auch *Hassel/Schroeder*, WSI-Report 2018, 6; *Henssler*, RdA 2021, 1 (2).

505 *Leber*, FAZ v. 27.11.1959, S. 4 macht deutlich, dass eine kostenlose Teilhabe der Außenseiter letztlich *„an den Kern und die Existenz der Gewerkschaften [rührte]"* und ihnen *„in besonderem Maße schädlich sei"*.

506 *Bachmann*, MuA 1950, 250; *Galperin*, in: FS Bogs (1959), S. 87 (99); *Gamillscheg*, Differenzierung, S. 9; *Heußner*, RdA 1960, 295; *Biedenkopf*, JZ 1961, 346 spricht

Auf dem Höhepunkt der emotional aufgeladenen und durchaus nicht nur in Gewerkschaftskreisen geführten[507] Debatte über das abfällig auch als „Schmarotzertum"[508] bezeichnete Verhalten der Außenseiter beauftragte die IG BSE im August 1960 schließlich ihren Hauptvorstand damit, Vorsorge dafür zu treffen, „daß die Ergebnisse der gewerkschaftlichen Arbeit nicht wie bisher allgemein auch den Arbeitnehmern in der Bauwirtschaft gleichermaßen zuteil werden, welche sich weigern, am Ringen der organisierten Arbeitnehmer teilzunehmen" bzw. Maßnahmen zu ergreifen, „durch die nicht nur einseitig den Gewerkschaftsmitgliedern allein Belastungen auferlegt werden, aus denen auch diejenigen, die nicht Mitglied der Gewerkschaft sind, gleichermaßen Nutzen ziehen."[509]

b) Konzept der IG BSE zur Einführung des Solidaritätsbeitrags

aa) Zielsetzung

Bei dem Versuch, diesem Auftrag zu entsprechen, stieß der Vorsitzende der Gewerkschaft und spätere Bundesminister sowie Bundestagsvizepräsident *Georg Leber* auf den Solidaritätsbeitrag in der Schweiz.[510] Diesen nahm er sich zum Vorbild für die sodann erhobene Forderung nach einem „Vorteilsausgleichsbetrag", der von den am Tarifvertrag profitierenden Außenseiter-Arbeitnehmern entrichtet werden sollte. Auch wenn die Gewerkschaft

---

gar davon, dass die Außenseiter als „Bedrohung" angesehen würden; vgl. auch *Schwaabe*, Solidaritätsbeiträge, S. 16.

507 *Biedenkopf*, JZ 1961, 346; vgl. auch entsprechende Medienberichterstattung dazu in FAZ v. 27.11.1959, S. 4; FAZ v. 04.02.1961, S. 1, 4 sowie in Fn. 526; vgl. überdies die begleitenden Erläuterungen und Stellungnahmen später auch *Leber*, SozFortort 1961, 29 ff; *ders.*, SozFortort 1961, 49.

508 Dem aus dem Recht des unlauteren Wettbewerbs bekannten Begriff haftet der Makel des Sittenwidrigen an vgl. *Zöllner*, Differenzierungsklausel, S. 19; beispielhaft für die emotionale Aufgeladenheit der Debatte *Bachmann*, MuA 1950, 56 f.; *ders.*, MuA 1950, 250 f.; kritisch ggü. dem enthaltenen Vorwurf „moralischer Schwäche der Außenseiter" *Hueck*, Tarifausschlussklausel, S. 26; die dahinterstehende Problematik ist auch unter dem Begriff des „Schwarzfahrer-/free rider Problems" bekannt, vgl. etwa *Breschendorf*, Zweiteilung der Belegschaft, S. 152; *Leydecker*, Der Tarifvertrag als exklusives Gut, S. 29; *Löwisch/Rieble* TVG, § 1 Rn. 2113.

509 Zit. n. IG BSE, Protokoll 5. ordentlicher Gewerkschaftstag 1960, S. 501 (B 15); bereits 1959 auf den Plan gebracht durch einen Vortrag des Vorsitzenden Georg Leber unter dem Titel „Auswirkungen der Rechtsentwicklung contra Gewerkschaften".

510 Siehe dazu eingehend unter Kap. 4 B.; zuvor schon „ins Spiel gebracht" durch *Birsch*, RdA 1951, 21 ff.

selbst die Bezeichnung als Solidaritätsbeitrag tunlichst vermied, konnte sie nicht verhindern, dass sich diese – insbesondere dank entsprechender Medienberichterstattung – bald als gängig etablierte. Soweit es um die Debatte der 1960iger Jahre geht, wird sich daran angeschlossen und der Einfachheit halber einheitlich der Begriff des Solidaritätsbeitrags verwendet. Mit der Erhebung des Beitrags sollten zweierlei Ziele verfolgt werden:[511]

Einerseits sollte der von der kostenlosen Teilhabemöglichkeit ausgehende Negativanreiz abgebaut werden (organisationspolitisches Element).[512] Die Überlegung ging dahin, dass der finanzielle Vorteil eines Fernbleibens verschwände oder sich zumindest erheblich reduzierte, wenn ohnehin ein Solidaritätsbeitrag entrichtet werden müsste („Vorteilsausgleich").[513] Mit Blick auf die über die unmittelbare Tarifbindung hinausgehenden zusätzlichen Vorteile einer Mitgliedschaft (wie z.B. Mitbestimmung der Tarifpolitik, kostenlose Rechtsberatung oder auch Bildungs- und Freizeitangebote) sollte der Verbleib in der Gewerkschaft bzw. ein Beitritt gegenüber dem Fernbleiben somit vorzugswürdig erscheinen. So könnten die Gewerkschaften eine ausreichende Mitgliederzahl sicherstellen und somit ihre im öffentlichen Interesse liegende Funktionsfähigkeit aufrechterhalten.[514] Andererseits entsprach die Forderung nach einem Solidaritätsbeitrag dem Wunsch nach einem Lastenausgleich für die engagierten und organisierten Arbeitnehmer. Diese könnten von ihren Lasten ein Stück weit befreit werden, wenn die Gewerkschaft auch von den profitierenden Außenseiter-Ar-

511 Vgl. *Hueck*, RdA 1961, 141 (141 f.); *ders.*, Rechtsgutachten, S. 7.

512 Diesen Aspekt betont *Ridder*, Rechtsgutachten Solidaritätsbeiträge, S. 14 besonders, indem er die Zulässigkeit von Mitteln des Koalitionszwangs von dem Bestehen eines „pathologischen Befunds" abhängig macht.

513 Den Gedanken des Vorteilsausgleichs erachtete etwa *Müller*, Solidaritätsbeiträge, S. 7 f. als zentral, diesen wollte er als Grundlage des Solidaritätsbeitrags ausreichen lassen; demgegenüber verstand *Krüger*, Sieben Thesen, S. 2 den Solidaritätsbeitrag ausdrücklich nicht als Instrument mit organisationspolitischem Anliegen. Für ihn stand das Anliegen im Zentrum die finanziellen Ressourcen zusammenzubringen, welche die Gewerkschaften als „gesellschaftliche Gebilde von öffentlicher Bedeutung" zur Erbringung ihrer Leistung benötigen.

514 Hierauf hebt v.a. *Ridder*, Rechtsgutachten Solidaritätsbeiträge, S. 15 ff. ab. Er meint, der Gedanke des Vorteilsausgleichs allein reiche als Rechtsgrundlage für den Solidaritätsbeitrag nicht aus, tragfähige Grundlage sei erst das überragende öffentliche Interesse an dem Bestehen funktionsfähiger Gewerkschaften; vgl. *Hueck*, Rechtsgutachten, S. 8.

beitnehmern Gelder erhielte. Darüber, welchem dieser beiden Ziele das Hauptaugenmerk galt, gab es jedoch keine Einigkeit.[515]

bb) Umsetzungsvorschlag

In der Schweiz ist der Solidaritätsbeitrag rechtlich sanktioniert. Wie im Einzelnen noch zu zeigen sein wird, ist dort aber weder das Gesetz noch der Tarifvertrag, der in Ausfüllung des gesetzlichen Rahmens einen Solidaritätsbeitrag vorsieht, Rechtsgrundlage der Zahlungspflicht für Außenseiter-Arbeitnehmer. Stattdessen ist die Anspruchsgrundlage eine dreiseitige Vereinbarung zwischen den beiden Tarifvertragsparteien und dem Außenseiter-Arbeitnehmer, in welcher sich der Außenseiter zur Zahlung verpflichtet.[516] Ob dies von Seiten der IG BSE rechtlich nicht zutreffend erfasst wurde oder sie einfach der Meinung war, in Deutschland lägen die rechtlichen Rahmenbedingungen anders, ist nicht bekannt. Jedenfalls wollte die IG BSE ihr Vorhaben ohne Einbeziehung des Gesetzgebers mit den vorhandenen Mitteln des Tarifrechts umsetzen.

Sie unternahm nicht den Versuch, die Beitragspflicht mittels eines einfachen Tarifvertrags durchzusetzen. Dies dürfte darauf zurückzuführen sein, dass in der Diskussion des Vorhabens erhebliche Zweifel daran geäußert wurden, dass eine die Beitragspflicht vorsehende Regelung (im Folgenden bezeichnet als SB-Klausel) mit normativer Wirkung vereinbart werden könnte.[517] Eine SB-Klausel mit schuldrechtlicher Wirkung wurde zwar für theoretisch denkbar gehalten, sah sich jedoch dem Vorwurf der praktischen Ineffektivität ausgesetzt.[518] Insofern schlug die IG BSE vor, im Wege eines Tarifvertrags zwischen Zentralverband, Hauptverband und der IG BSE eine sog. „Vorteilsausgleichskasse des Baugewerbes“ (VAK TV-E)

515 Vor allem das organisationspolitische Element im Auge hatte etwa *Gamillscheg*, Differenzierungsklausel, S. 11; demgegenüber stellte die Gewerkschaftsseite selbst den Vorteilsausgleich in den Vordergrund; im Hinblick auf die später aus den Bemühungen hervorgehenden Differenzierungsklauseln stellen vor allem auf das organisationspolitische Element ab *Zöllner*, Differenzierungsklauseln, S. 2 f.; *Hueck*; Tarifausschlußklauseln, S. 20 ff.; *Galperin*, Rechtsgutachten, S. 27 macht den Schwerpunkt von der Höhe des Beitrags abhängig: Überwiegen des organisationspolitischen Elements bei gleicher Höhe von Gewerkschaftsbeitrag und SB-Beitrag.

516 Vgl. Kap. 4 B. III.

517 Vgl. überblicksartige Darstellung der Debatte bei *BDA*, Jahresbericht 1961, S. 36 ff.; im Einzelnen dazu unter Kap. 3 A. I.

518 Siehe dazu im Einzelnen unter Kap. 3 A. III.

als gemeinsame Einrichtung gem. § 4 Abs. 2 TVG samt zugehöriger Satzung (VAK Satzung-E) zu gründen und darüber die Forderung des Solidaritätsbeitrags zu realisieren. Im Falle der Einigung wären die Vereinbarungen schon am 1. Juli 1961 in Kraft getreten. Dem Anhang sind der vollständig ausgearbeitete Entwurf des Tarifvertrages für die VAK (VAK TV-E), die Satzung der gemeinsamen Einrichtung sowie der Entwurf zweier ergänzender Vereinbarungen beigefügt.[519] Diese Dokumente regeln sämtliche Fragen von der Aufbringung der Mittel für den Beitrag über die Festlegung der Förderzwecke samt der Kontrolle der zweckentsprechenden Verwendung bis hin zu praktischen Fragen im Rahmen des Beitragseinzugs (Forderungsrechte, Umgang mit Rechtsstreitigkeiten usw.). Auf die Details wird, soweit erforderlich, im Rahmen der weiteren Erörterung einzugehen sein. An dieser Stelle reicht es, die vorliegenden Kernpunkte festzuhalten, die auch in der nachfolgenden Abbildung 8 veranschaulicht werden.

519 Vgl. Anhänge 1 bis 4.

Abbildung 8: Vorschlag der IG BSE zur Einführung eines Solidaritätsbeitrags in der Tarifrunde 1961[520]

		Verpflichte Personen		**Berechtigte Personen**			**Tatbestand**	**AGL**	**Höhe**
		Formell eingebunden.	Materiell belastet	Leistungen: TV allg.	Leistungen: SB finz.	Mitbestimmung			
AN	**M**	(+)	(-)	(+)	(+)	(+)	Bestehen eines ArbV*	VAK TV	1 %**
	aM	(+)	(+)	n.V.	(+)	(-)			
	A	(+)	(+)	n.V.	(+)	(-)			
AG	**M**	(+)	(-)	(+)	(-) / m.	(+)	Bestehen eines ArbV*	/	0
	aM	(+)	(-)	n.V.	(-) / m.	(-)		/	0
	A	(+)	(-)	n.V.	(-) / m.	(-)		/	0

M = Mitglied in tarifschließender Gewerkschaft / Arbeitgeberverband

aM = andersorganisiertes Mitglied – Mitglied in einer/m anderen als der/m tarifschließenden Gewerkschaft/Arbeitgeberverband

A = Außenseiter – in keiner/m Gewerkschaft/Arbeitgeberverband organisiert

TV allg. = Teilhabe an den Leistungen aus allgemeinen Tarifverträgen (Mantel-TV, Entgelt-TV usw.)

SB finz. = Teilhabe an durch Einnahmen aus SB-Zahlungspflicht finanzierten Leistungen

n.V. = Nach individueller Vereinbarung (also nicht automatisch)

(-) / m.. = Keine unmittelbare Berechtigung /Teilhabe an Leistungen, aber durch Ersparnis und Umlageverfahren Risikoentlastung und mittelbare Vorteilhaftigkeit

* im Geltungsbereich des VAK TV

** des steuerpflichtigen Bruttomonatslohns

Finanziert worden wäre die Kasse durch Beiträge in Höhe von 1 % des Bruttomonatslohns, die alle Arbeitnehmer der Bauwirtschaft – also auch Außenseiter und Andersorganisierte – zu entrichten gehabt hätten (vgl. § 4 VAK TV-E). Dies entsprach der Hälfte des damaligen Gewerkschaftsbeitrages.[521] Die Arbeitgeber wären zwar finanziell nicht belastet, jedoch in die Beitragsabwicklung einbezogen worden. Sie hätten den Arbeitnehmerbeitrag direkt vom Lohn einzubehalten und an die Kasse abzuführen gehabt. Beachtlich ist jedoch, dass gem. § 3 S. 2 VAK TV-E „ein Teil des Beitrages der in der Industriegewerkschaft Bau-Steine-Erden organisierten

520 Eigene Zusammenstellung anhand des Entwurfs des Tarifvertrages für die VAK (VAK TV-E), die Satzung der gemeinsamen Einrichtung sowie des Entwurfs der zweir ergänzenden Vereinbarungen.

521 Vgl. *Hueck*, Rechtsgutachten, S. 2.

Arbeitnehmer an ihre Organisation" hätte zurücklaufen sollen.[522] Die Beitragszahlung der Gewerkschaftsmitglieder an die Vorteilsausgleichskasse sollte mit der Beitragsschuld gegenüber der IG BSE verrechnet werden, sodass die in der IG BSE organisierten Arbeitnehmer letztendlich keine oder eine nur geringe Mehrbelastung zu tragen gehabt hätten. Wenn die Beiträge der Organisierten somit nur ein Durchlaufposten gewesen wären, hätte die (Haupt-)Last der Finanzierung der Vorteilsausgleichskasse folglich bei den Andersorganisierten und Außenseitern gelegen.[523] Für Andersorganisierte wäre dies besonders belastend gewesen, da es keine Berücksichtigung gefunden hätte, dass sie bereits zur Beitragszahlung an eine andere als die tarifschließende Gewerkschaft verpflichtet gewesen wären. Wenn sie die durch sie ausgewählte Gewerkschaft nicht verließen, würden sie doppelt zu zahlen haben.

Nach § 3 des VAK TV-E und § 2 VAK Satzung-E hätte die Kasse „allgemeinen sozialen Zwecken zum Wohle der Bauarbeiter" gedient. Darüber hinaus hätte die Kasse die Aufgabe gehabt, der bautechnischen Forschung und der Entwicklung von Verfahren zur Verbesserung der Arbeitsmethoden zu dienen. Ob es sich bei den Aufgaben um solche handelt, die die IG BSE sich satzungsgemäß selbst gegeben hatte, sodass mit den Außenseitermitteln allgemeine Gewerkschaftsaufgaben wahrgenommen worden wären, lässt sich nicht mehr feststellen, ist aber nicht auszuschließen. Auf diesem Wege hätte die Gewerkschaft eine Entlastung der Mitglieder (ggf. in Gestalt der Herabsetzung des Gewerkschaftsbeitrages) vornehmen können. Wohl als Beruhigungspille für die Arbeitgeber, auf deren Mitwirkung man angewiesen wäre, war die Feststellung angedacht, dass Mittel ausdrücklich nicht für „Kampfzwecke der Tarifvertragsparteien des Baugewerbes gegeneinander verwandt werden" dürfen. Die satzungsmäßige Verwendung der Mittel wäre den Tarifvertragsparteien durch eine Treuhandgesellschaft nachzuweisen gewesen. Auffällig ist zudem, dass die finanzielle Heranziehung der Außenseiter und Andersorganisierten nicht Hand in Hand mit der Einräumung von Mitbestimmungsrechten gegangen wäre. Unübersehbar

522 § 2 S. 5 der VAK Satzung-E lautet: „Von den eingehenden Beiträgen hat die Kasse einen Teil entsprechend dem Anteil der in der IG Bau-Steine-Erden organisierten Arbeitnehmer des Bauhauptgewerbes an der Gesamtzahl der Arbeitnehmer des Bauhauptgewerbes an die IG Bau-Steine-Erden abzuführen."

523 Vgl. *Hueck*, Rechtsgutachten, S. 1; HWWA 1961, 62 (63); *Kettner*, Der Arbeitgeber 1961, 104 (105); s.a. *Höpfner*, ZfA 2020, 178 (179); diese Abwicklung ist aus der Schweiz bekannt, vgl. hierzu die Beschreibung bei *Kreis,* Der Anschluss eines Aussenseiters, S. 203 zum Landesmantelvertrag im Baugewerbe.

ist zudem eine Unterrepräsentation der Arbeitgeber.[524] Diese wären nur mit 15 Delegierten in der Mitgliederversammlung vertreten gewesen, während es von Arbeitnehmerseite 30 Delegierte gegeben hätte (vgl. § 5 der VAK-Satzung-E). Ähnliches gilt für den zehnköpfigen Vorstands, der maßgeblich von der IG BSE hätte gestellt bzw. bestimmt werden sollen (vgl. § 7 VAK Satzung-E). Außenseiter-Arbeitnehmer oder Andersorganisierte hätten keine Repräsentation erhalten. Insofern hätten sie nur darauf hoffen können, dass die Mittel der Vorteilsausgleichskasse satzungsgemäß zugunsten aller Arbeitnehmer eingesetzt worden wären. Einfluss auf die Ausrichtung oder Schwerpunktsetzung der Kasse hätten sie jedoch nicht gehabt. Zudem hätte die Kontrolle über die Mittelverwendung allein den Tarifvertragsparteien oblegen (vgl. § 2 S. 4 VAK-Satzung-E).

c) Scheitern des Solidaritätsbeitrags und die Ebnung des Weges für die Differenzierungsklausel

Die von *Leber* schon 1959 grob umrissene und in Gestalt der Entwürfe zur „Vorteilsausgleichskasse des Baugewerbes" ausgearbeitete Idee eines Solidaritätsbeitrags wurde von der IG BSE in die Tarifrunde im Frühjahr 1961 eingebracht.[525] Spätestens mit der Veröffentlichung des konkretisierten Vorschlags am 3. Februar 1961 entwickelte sich in Politik und Öffentlichkeit eine bewegte Debatte über die Forderung eines Beitrags von Außenseitern als solchen sowie den konkreten Regelungsvorschlag der Gewerkschaft im Speziellen.[526] Zur Frage der Zulässigkeit eines Solidaritätsbeitrags holten sowohl die Arbeitnehmer- als auch die Arbeitgeberseite Stellungnahmen prominenter Arbeits- und Verfassungsrechtler ein. Die IG BSE stützte sich auf die Stellungnahmen des damaligen Senatspräsidenten des BAG *Dr. Gerhard Müller*,[527]ein tarifrechtliches Gutachten *Hans Galperins*[528] sowie

524 Siehe zur Bedeutung dieses Punktes für die Frage der Eigenschaft der VAK als echte gemeinsame Einrichtung iSv § 4 Abs. 2 TVG unter Kap. 3 A. II. 1.

525 Vgl. zur Entwicklung der Ereignisse FAZ v. 27.11.1959, S. 4, FAZ v. 14.1.1961, S. 3; FAZ v. 4.2.1961, S. 1.

526 Vgl. FAZ v. 4.2.1961, S. 1, v. 10.2.1961, S. 3, v. 16.2.1961, S. 3; vgl. auch Schilderung in *BDA*, Jahresbericht 1961, S. 36 ff. sowie *Biedenkopf*, JZ 1961, 346; *Merker*, DB 1960, 1127; *ders.*, DB 1961, 202; *Kauffmann*, AuR 1961, 267.; *Leber*, SozFortort 1961, 29 ff; *ders.*, SozFortort 1961, 49.

527 *Müller, Gedanken zum Solidaritätsbeitrag*, passim.

528 *Galperin*, Rechtsgutachten, passim.

die verfassungsrechtlichen Gutachten von. *Prof. Dr. Hartmut Ridder*[529] und *Prof. Dr Herbert Krüger.*[530] Im Arbeitnehmerlager ging man davon aus, dass die Forderung nach geltendem Recht umsetzbar und zulässig sei.[531]

Die Bundesvereinigung der Arbeitgeberverbände (BDA) stand der Idee deutlich ablehnend gegenüber.[532] Sie ließ die tarifrechtliche Zulässigkeit von Solidaritätsbeiträgen wiederum von *Herrn Prof. Dr. Dr. Alfred Hueck*[533] und die verfassungsrechtliche Seite von *Herrn Prof. Dr. Ulrich Scheuner*[534] begutachten. Von Seiten der Arbeitgeber formierte sich daraufhin ein massiver Widerstand gegen das Vorhaben, das man für unvereinbar mit dem „Wesen freier Organisationen" hielt und in dem man einen Schritt in Richtung der Transformation der Gewerkschaften und Arbeitgeberverbände in öffentlich-rechtliche Einrichtungen erblickte, die dann auch der Staatsaufsicht unterstehen müssten. Daneben wurde auch die Mitwirkung der Arbeitgeber an dem Prozedere sehr kritisch gesehen. Man hielt sie für eine Verletzung des Grundsatzes der Unabhängigkeit der Vertragspartner, welcher das deutsche Koalitionsrecht jedoch beherrsche. Zudem werde durch die einseitige und gezielte Belastung der Außenseiter der Grundsatz der gleichmäßigen Behandlung verletzt, den gemeinsame Einrichtungen jedoch zu beachten hätten.[535] Nach intensiver Auseinandersetzung und im Gegenzug für großzügige Lohnsteigerungen und eine Arbeitszeitverkürzung, gab die IG BSE das ursprünglich von ihr aufgestellte Junktim zwischen der Forderung eines Solidaritätsbeitrags und dem Abschluss eines neuen Tarifvertrages schließlich auf.[536] Obwohl die Idee des Solidaritätsbeitrags damit vom Tisch war, hatte man sich darauf verständigt, gemeinsam nach einer

529 *Ridder*, Rechtsgutachten Solidaritätsbeiträge, passim.

530 *Krüger*, Sieben Thesen, passim.

531 Siehe nur *Leber*, SozFort 1961, 49 bzgl. der eingeholten Gutachten; ebenfalls befürwortend *Heußner*, RdA 1960. 295 (298 f.) mit weiteren Nachweisen zum geteilten Stimmungsbild auf Arbeitgeber- und Arbeitnehmerseite Fn. 503.

532 Vgl. *Heußner*, RdA 1960, 295 (298), der berichtet, dass „die Einführung der Solidaritätsklausel in die deutsche Tarifpraxis (...) seitens der Arbeitgeber (...) gelegentlich der Erörterung eines Vorschlags der belgischen christlichen Gewerkschaften" schon im Jahr 1951 abgelehnt worden war.

533 Auszugsweise veröffentlich in RdA 1961, S. 141 sowie im Volltext in den Archiven der BDA verfügbar: *Hueck*, Rechtsgutachten, passim.

534 Unveröffentlicht, in Auszügen abgedruckt in *BDA*, Jahresbericht 1961, S. 36 ff.

535 Siehe zu den Bedenken der BDA zusammengefasst FAZ v. 16.2.1961, S. 3, FAZ v. 21.2.1961, S. 4.

536 Die IG BSE konnte in der Tarifrunde Lohnerhöhungen von durchschnittlich 10,6 % und eine Verkürzung der Arbeitszeit auf 40 h bis zum Jahr 1965 erreichen, vgl. FAZ v. 24.2.1961, S. 1 f.

Lösung für das Organisationsdilemma zu suchen.[537] Aus diesem Bemühen ging – wenn auch erst nach Streiks und lokalen Aussperrungen –[538] letztlich die Vereinbarung einer sog. Differenzierungsklausel in dem Tarifvertrag über besondere Alters- und Invalidenbeihilfen vom 10. August 1962 hervor.[539] Die Klausel sah vor, dass versorgungsberechtigte Arbeitnehmer, wenn sie Mitglied in der Gewerkschaft waren, zusätzliche Leistungen zum Altersruhegeld und zur Berufsunfähigkeits- und Erwerbsunfähigkeitsrente erhielten und bewirkte somit die ersehnte Besserstellung der Organisierten gegenüber den Außenseitern.[540]

Berichten zufolge sollen Differenzierungsklauseln der ersten Stunde zu erheblichen Erfolgen in der Mitgliederwerbung geführt haben, indem sie etwa 1964 der Gewerkschaft Textil-Bekleidung (GTB) einen Mitgliederzuwachs von 40 % beschert oder den Organisationsgrad in der Metallindustrie Mitte der 1960iger-Jahre von 20 % auf 90 % erhöht haben.[541] Während das somit offensichtlich wirksame organisationspolitische Instrument der Differenzierungsklausel seitdem in der Rechtsprechung[542] und Literatur[543]

537 Zu den Vorschlägen der Verhandlungskommission (ua Gründung eines „Sozialwirtschaftlichen Bundesausschusses für die Bauwirtschaft" und finanzielle Bevorzugung der Organisierten) siehe *Leber*, SozFort 1962, 29 ff.

538 Im Januar 1962 lehnten die Arbeitgeber, die sich der Gesamtheit der Mitarbeiter verpflichtet sahen, den Versuch, für Gewerkschaftsmitglieder ein zusätzliches Urlaubsgeld iHv 80 DM zu vereinbaren, zunächst ab, vgl. Berichterstattung SozFort 1962, 32 f.; *Becker*, SozFort 1962, 50; *Seitenzahl/Zachert/Pütz*, S. 3.

539 Abgedruckt bei *Gamillscheg*, Differenzierung, S. 111 ff.; siehe zur Geschichte auch *Gamillscheg*, NZA 2005, 146 (146).

540 *Seitenzahl/Zachert/Pütz*, Vorteilsregelungen, S. 3 f.

541 Vgl. *Seitenzahl/Zachert/Pütz*, Vorteilsregelungen, S. 32, 83.

542 Grundlegend BAG (GS) v. 29.11.1967 – GS 1/67, AP GG Art. 9 Nr. 13; aus jüngerer Vergangenheit BVerfG v. 14.11.2018 – 1 BvR 1278/16, AP GG Art. 9 Nr. 153; BAG v. 15.04.2015 – 4 AZR 796/13, E 151, 235 (= AP TVG § 3 Nr. 57); BAG v. 21.08.2013 – 4 AZR 861/11, E 44, 191 (= AP TVG § 3 Nr. 55); v. 05.09.2012 – 4 AZR 696/10, AP TVG § 3 Nr. 53; v. 18.03.2009 – 4 AZR 64/08, E 130, 43 (=AP TVG § 3 Nr. 41); v. 09.05.2007 – 4 AZR 275/06, AP TVG § 3 Verbandszugehörigkeit Nr. 23.

543 Die belegt eine Fülle einschlägiger Monographien dazu, vgl. nur aus jüngerer Zeit *Bietmann*, Differenzierungsklauseln, passim; *Borchard*, Grenzen tarifvertraglicher Differenzierungsklauseln, passim; *Breschendorf*, Zweiteilung, passim; *Leventis*, Tarifliche Differenzierungsklauseln, passim; *Leydecker*, Der Tarifvertrag als exklusives Gut, passim; *Mayer*, Differenzierungsklauseln, passim.; *Neumann*, Tarifboni, passim; *Osteroth*, Zulässigkeit tarifvertraglicher Vorteilsregelungen, passim; grundlegend zuvor schon *Gamillscheg*, Differenzierung nach der Gewerkschaftszugehörigkeit, passim; *ders.*, NZA 2005, 146 ff.; *Hueck*, Tarifausschlußklauseln, passim; *Zöllner*, Differenzierungsklauseln, passim; siehe freilich nur als Ausschnitt für die umfangreiche Erörterung dieser Frage *Bauer/C. Arnold*, NZA 2005, 1209 ff.; *dies.*,

viel Beachtung gefunden hat, geriet der Solidaritätsbeitrag demgegenüber nahezu in Vergessenheit und wurde vielerorts zur bloßen Randnotiz bei der Erörterung von Differenzierungsklauseln.[544]

4. Differenzierungsklauseln und ihre Bewertung durch die Rechtsprechung

Der Rückblick auf die Anfänge der Solidaritätsbeiträge hat offenbart, dass diese mit den Differenzierungsklauseln eine enge Verwandtschaft aufweisen. Beide Instrumente sind Ausdruck organisationspolitischer Bemühungen zur Steigerung der gewerkschaftlichen Mitgliederzahlen. Für die vorliegende Untersuchung einer möglichen „Renaissance" des Solidaritätsbeitrages als Instrument zur Stärkung der Tarifautonomie erscheint es daher lohnenswert, die Funktionsweise sowie Zulässigkeit der Differenzierungsklauseln näher zu beleuchten und auf verallgemeinerbare Aussagen zu überprüfen.

a) Spielarten der Differenzierungsklauseln im Überblick

Seit dem ersten Erfolg der Differenzierungsklausel im Jahr 1962 haben sich verschiedene Spielarten der Klausel entwickelt.

NZA 2009, 1169 ff.; *dies.*, NZA 2011, 945 ff.; *Däubler*, BB 2002, 1643 ff.; *Franzen*, RdA 2006, 1 ff.; *Giesen*, NZA 2004, 1317 ff.; *Greiner*, DB 2009, 398 ff.; *ders./Suhre*, NJW 2010, 131 ff.; *F. Hartmann/Lobinger*, NZA 2010, 421 ff.; *Höpfner*, RdA 2019, 146 ff.; *Jacobs*, FS Bauer (2010), S. 479 ff.; *Kamanabrou*, FS Kreutz (2010), S. 197 ff.; *Klebeck*, SAE 2008, 97 ff.; *Kocher*, NZA 2009, 119 ff.; *Lelley/D. Becker*, BB 2015, 1397 ff.; *Leydecker*, AuR 2006, 11 ff.; *ders.* AuR 2009, 338 ff.; *Lobinger/Hartmann*, RdA 2010, 235 ff.; *Richardi*, NZA 2010, 417 ff.; *Thüsing/v. Hoff*, ZfA 2008, 77 ff.; *Ulber/Strauß*, DB 2008, 1970 ff.; *dies.*, Anm. zu EzA GG Art. 9 Nr. 104, S. 21 ff.; *Waltermann*, Differenzierungsklauseln, passim.

544 Überblick über die Entwicklungen geben *Seitenzahl/Zacher/Pütz*, Vorteilsregelungen für Gewerkschaftsmitglieder, S. 3 ff.; nur noch als Randnotiz vermerkt ist der Solidaritätsbeitrag z.B. bei *Bietmann*, Differenzierungsklauseln im System des deutschen Tarifrechts, S. 91; *Breschendorf*, Zweiteilung der Belegschaft, S. 150; *Franzen*, RdA 2006, 1 (11); *Gamillscheg*, Kollektives Arbeitsrecht I, S. 353; *Kroll*, Der Außenseiter in der Arbeitsrechtsordnung, S. 84; *Leydecker*, Der Tarifvertrag als exklusives Gut, S. 252 f.; *S. Neumann*, Tarifboni für Gewerkschaftsmitglieder, S. 163; eine Ausnahme bildet insofern der Beitrag von *Höpfner*, ZfA 2020, 178 ff.; siehe aus verglw. jüngerer Vergangenheit etwas umfangreicher auch *Gebhardt*, Außenseiter im Arbeitskampf, S. 251 ff.

aa) Einfache Differenzierungsklauseln

Bei der eben erwähnten Klausel im Tarifvertrag über besondere Alters- und Invalidenbeihilfen handelte es sich um eine sog. einfache Differenzierungsklausel. Sie zeichnet sich dadurch aus, dass sie tarifvertragliche Zusatzleistungen ausdrücklich von der Gewerkschaftsangehörigkeit abhängig macht. Der Inhalt der Klausel erschöpft sich jedoch nicht darin, die durch §§ 4 Abs. 1, 3 Abs. 1 TVG vorgezeichnete Rechtslage schlicht zu wiederholen, sondern die Klausel erhebt die Gewerkschaftszugehörigkeit – vergleichbar mit der Festlegung sonstiger anspruchsrelevanter Tätigkeitsmerkmale oder Eigenschaften wie „Schwerstarbeiter" oder „Familienvater" – zu einer eigenständigen Anspruchsvoraussetzung.[545]

Allerdings bleibt es den Arbeitsvertragsparteien unbenommen, den Außenseiter-Arbeitnehmer einzelvertraglich mit den Organisierten gleichzustellen. Unproblematisch ist dies, wenn die Arbeitsvertragsparteien dies ausdrücklich festlegen.[546] Das kann aber ebenfalls gelten, wenn „nur" eine allgemeine Bezugnahmeklausel vereinbart ist. Die Rechtsprechung des BAG, der zufolge die Bezugnahme nur die für die allgemeine Tarifgeltung kraft Gesetzes erforderliche Mitgliedschaft, nicht aber die in der einfachen Differenzierungsklausel als anspruchsbegründendes Tatbestandsmerkmal geforderte Mitgliedschaft überwinden,[547] kann nicht überzeugen. Welche Wirkung die Bezugnahmeklausel hat, ist einzig nach dem Willen der sie vereinbarenden Arbeitsvertragsparteien im Wege der Auslegung nach §§ 133, 157 BGB zu ermitteln und nicht (auch) nach dem der Tarifvertragsparteien.[548] Die Bezugnahme ist Teil der auf Abschluss eines Arbeitsvertrages gerichteten empfangsbedürftigen Willenserklärung, sodass es im

545 Vgl. BAG *(GS)* v. 29.11.1967 – GS 1/67, AP GG Art. 9 Nr. 13, juris Rn. 64 f.; BAG v. 18.3.2009 – 4 AZR 64/08, AP TVG § 3 Nr. 41 Rn. 25; *Neumann*, Tarifboni, S. 28 mit Kritik ggü. der Annahme die Gewerkschaftszugehörigkeit solle keine konstitutive Bedeutung haben; *Richardi*, Kollektivgewalt und Individualwille, S. 204.

546 *Bauer/Arnold*, NZA 2009, 1169 (1173) schlagen etwa vor: „Im Übrigen gelten unabhängig von der Gewerkschaftszugehörigkeit des Arbeitnehmers die jeweils für den Arbeitgeber kraft Tarifbindung anwendbaren Tarifverträge in ihrer jeweils gültigen Fassung. Der Arbeitnehmer wird insoweit so behandelt, als wäre er Mitglied der tarifschließenden Gewerkschaft (...)"; ebenso *Däubler/Heuschmid*, RdA 2013, 1 (4).

547 Vgl. nur BAG v. 15.4.2015 - 4 AZR 796/13, AP TVG § 3 Nr. 57 Rn. 53; v. 18.3.2009 - 4 AZR 64/08, AP TVG § 3 Nr. 41 Rn. 27 f.

548 Abzulehnen daher LAG Hamm LAG Hamm v. 12.6.2012 - 14 Sa 1275/11, juris Rn. 136: „Die Interessen der Parteien [scil. der Arbeitsvertragsparteien] sind nicht alleiniger Maßstab der Auslegung. Die übliche allgemeine Bezugnahmeklausel begründet nur die arbeitsvertragliche Anwendung eines Tarifvertrags, nicht aber die

Rahmen der Auslegung nicht auf den subjektiven Willen des Erklärenden, sondern auf den Empfängerhorizont und damit darauf ankommt, wie der Erklärungsempfänger die Erklärung nach Treu und Glauben mit Rücksicht auf die Verkehrssitte verstehen durfte und musste.[549] Wenn die Bezugnahmeklausel – wie häufig – Bestandteil von AGB ist, die der Arbeitgeber vorformuliert hat, ist der konkrete Empfängerhorizont des Arbeitnehmers als Adressat der Willenserklärung zu abstrahieren und ausgehend von dem Wortlaut der objektive Inhalt der Bezugnahmeklausel zu ermitteln und diese so auszulegen, wie sie von verständigen und redlichen Vertragspartnern (Arbeitnehmern) verstanden wird. Dabei kommt es maßgeblich auf den erkennbar gewordenen Willen der Vertragsparteien und auf den mit der Bezugnahme verfolgten Zweck an.[550]

Dem Arbeitgeber ist aus den oben genannten Gründen regelmäßig daran gelegen, mit der Bezugnahme Betriebsabläufe zu optimieren und Konflikte zu vermeiden. Die Bezugnahme fungiert dabei als „verkürzte Absprache über den Vertragsinhalt“[551], die es erspart, den gesamten Wortlaut des Tarifvertrags in Gänze abzuschreiben[552] und bei Änderungen des Tarifvertrages stets umfangreiche neue Arbeitsverträge entwerfen zu müssen.[553] Verbreitete Motivation für die Vereinbarung einer Bezugnahme ist außerdem der Wille, die Arbeitnehmer damit von einem Beitritt in die Gewerkschaft abzuhalten. Dieses Anliegen kann jedoch nur erreicht werden, wenn Außenseiter-Arbeitnehmer wie die Gewerkschaftsmitglieder behandelt werden und nicht gezwungen sind, beizutreten, um die gleichen Rechte zu erhalten.[554] Aus der Warte der Arbeitnehmer ist die Erklärung des Arbeitgebers deshalb so aufzufassen, dass er sie vollumfänglich „wie ein Gewerkschaftsmitglied“ behandeln will. Es mag richtig sein, dass die Tarifvertragsparteien dem Merkmal der Gewerkschaftsmitgliedschaft bei Differenzierungsklauseln eine konstitutive Wirkung beimessen wollen, die

umfassende Behandlung als Gewerkschaftsmitglied […].“; mit berechtigter Kritik daran *Mayer*, Differenzierungsklauseln, S. 313; ebenso *Höpfner*, RdA 2019, 146 (149)

549 Vgl. *Oetker*, in: Wiedemann TVG, § 3 Rn. 360; allg. *Busche*, in: MüKoBGB, BGB § 133 Rn. 12.

550 Vgl. *Oetker*, in: Wiedemann TVG, § 3 Rn. 360; allg. *Busche*, in: MüKoBGB, BGB § 133 Rn. 24.

551 *Jacobs*, Tarifeinheit, S. 182; *E. Willemsen*, Die arbeitsvertragliche Bezugnahme, S. 65.

552 *B. Gaul*, NZA 1998, 9 (11); *Mayer*, Differenzierungsklauseln, S. 314.

553 BAG v. 18.3.2009 - 4 AZR 64/08, AP TVG § 3 Nr. 41 Rn. 27; *Schaub*, ZTR 2000, 259.

554 Die Bezugnahme soll die Gewerkschaftszugehörigkeit also „ersetzen“, vgl. *Löwisch/Rieble* TVG, § 3 Rn. 229; *Bauer/Arnold*, NZA 2011, 945 (948); *dies.*, NZA 2009, 1169 (1171); *Lobinger/Hartmann*, RdA 2010, 235 (237 f.).

eine Teilhabe der Außenseiter-Arbeitnehmer an der mit der Differenzierungsklausel versehenen Leistung mittels Bezugnahme gerade verhindern soll. Dies ist jedoch für die Frage, wie der Außenseiter-Arbeitnehmer eine Klausel des Inhalts „Im Übrigen gelten für dieses Arbeitsverhältnis die Bestimmungen des Tarifvertrags XY in der jeweils gültigen Fassung" verstehen muss, unerheblich. Drittinteressen kann die Vertragsauslegung nur einbeziehen, sofern zumindest der Wille einer Partei – und zwar erkennbar für die andere Partei – auf solchen Drittschutz gerichtet ist.[555] Dass der Arbeitgeber regelhaft und abgesehen von Ausnahmesituationen wie Sanierungen organisationspolitische Interessen der Gewerkschaften befördern will, ist jedoch nicht anzunehmen. Organisationspolitische Motive haben als verborgene Drittinteressen bei der Auslegung des Individualarbeitsvertrages daher grundsätzlich außen vor zu bleiben.[556] In seiner Entscheidung vom 18.3.2009[557] bleibt das BAG seinerseits eine Erklärung dafür schuldig, warum der Arbeitgeber den Außenseiter-Arbeitnehmer mit Hilfe der Bezugnahmeklausel angeblich in allen anderen Bereichen wie ein Gewerkschaftsmitglied behandeln möchte und lediglich bei Differenzierungsklauseln von dieser grundsätzlichen Gleichstellungspraxis Abstand nehmen sollte.[558] Der bloß subjektive Vorbehalt auf Seiten des Arbeitgebers kann dafür nicht genügen (vgl. § 116 BGB).[559] Jedenfalls wäre der Arbeitgeber vor diesem Hintergrund gehalten, ausdrücklich darauf hinzuweisen, wenn er angesichts einer schon bestehenden Differenzierungsklausel im Tarifvertrag von einer totalen Gleichbehandlung der Außenseiter-Arbeitnehmer absehen will.[560] Für den Arbeitnehmer ist nämlich angesichts des Wortlauts der Klausel nicht ersichtlich, dass ihm bestimmte Leistungen aus dem Tarifvertrag vorenthalten werden sollen.[561] Bei diesem Verständnis hat es auch

---

555 Vgl. *Löwisch/Rieble* TVG, § 1 Rn. 2131; *Singer,* in: Staudinger BGB, § 133 Rn. 52 mwN; st. Rspr. BGH, etwa v. 17.12.2009 – VII ZR 172/08, NJW 2010, 1592.

556 Vgl. *Giesen*, Anm. zu AP BGB § 242 Gleichbehandlung Nr. 220 (2. a.); *Höpfner*, RdA 2019, 146 (149) keine „Ausstrahlungswirkung des Tarifvertrags auf die Auslegung der Individualvereinbarung"; *Löwisch/Rieble* TVG, § 1 Rn. 2131; *Lobinger/Hartmann*, RdA 2010, 235 (236 f.); *Mayer*, Differenzierungsklauseln, S. 313 f.

557 BAG v. 18.3.2009 – 4 AZR 64/08, AP TVG § 3 Nr. 41.

558 So bereits die Kritik von *Lobinger/Hartmann*, RdA 2010, 235 (237); *Mayer*, Differenzierungsklauseln, S. 315.

559 Vgl. *Thüsing/Lambrich*, RdA 2002, 193 (199 f.); *Mayer*, Differenzierungsklauseln, S. 315.

560 Zutreffend *Lobinger/Hartmann*, RdA 2010, 235 (238).

561 *Bauer/Arnold*, NZA 2011, 945 (948); *dies.*, NZA 2009, 1169 (1171); *Franzen*, in: FS Picker (2010), S. 929 (951).

keine vorrangige Bedeutung, ob die Arbeitsvertragsparteien tatsächlich eine „Statusverleihung kraft Bezugnahmeklausel" wollen oder schlicht die tarifvertraglichen Leistungen ohne Statusfiktion gewähren wollten.[562]

Schon aus der Auslegung der Willenserklärungen der Arbeitsvertragsparteien wird regelmäßig ein Anspruch der Außenseiter-Arbeitnehmer auf die mit einer einfachen Differenzierungsklausel versehenen Tarifleistungen folgen. Sofern Zweifel über den Umfang der Bezugnahme verbleiben, gingen diese nach der Regelung in § 305c Abs. 2 BGB jedenfalls zu Lasten des Verwenders von AGB, in der Regel also zu Lasten des Arbeitgebers gehen.[563] Im Zweifel ist die Bezugnahmeklausel so auszulegen, als ersetze sie die fehlende Mitgliedschaft des Außenseiter-Arbeitnehmers in der Gewerkschaft.

Für die Gewerkschaften hat eine gleichstellende Bezugnahme faktisch negative Folgen, denn sie bedeutet, dass die einfache Differenzierungsklausel in den meisten Fällen leerläuft und ihre Zielsetzung – Steigerung der tarifvertraglichen Werbewirkung und des Beitrittsanreizes – verfehlt wird. Das ändert nichts dran, dass die Arbeitsvertragsparteien sich im Rahmen ihrer Privatautonomie darauf auch einigen können. Sie verpflichten sich ausschließlich gegenseitig und nicht etwa auch die Tarifvertragsparteien als Dritte.

bb) Qualifizierte tarifvertragliche Differenzierungsklauseln

Einen Schritt weiter gehen darum die qualifizierten Differenzierungsklauseln. Auch sie wollen den Organisierten einen tarifvertraglichen Vorteil sichern. Zusammen mit einer Zusatzleistung an die Mitglieder wird aber auch eine Regelung getroffen, die eine Gleichstellung der Außenseiter-Arbeitnehmern effektiv verhindern soll.[564] Von der qualifizierten Differenzierungsklausel, zu der man auch die bereits erörterte Tarifausschlussklausel rechnen kann,[565] gibt es aktuell zwei relevante Spielarten.

---

562 Zutreffende Analyse bei *Lobinger/Hartmann*, RdA 2010, 235 (236); *Mayer*, Differenzierungsklauseln, S. 317.

563 Seit der Grundsatzentscheidung v. 14.12.2005 – 4 AZR 536/04, AP TVG § 1 Bezugnahme auf Tarifvertrag Nr. 39 wird die Regelung des § 305c Abs. 2 BGB im Zweifel angewandt; kritisch *Oetker*, in: Wiedemann TVG, § 3 Rn. 366 ff.; wie hier *Strippelmann*, Rechtsfragen der gemeinsamen Einrichtung, S. 95.

564 BAG v. 18.3.2009 – 4 AZR 64/08, AP TVG § 3 Nr. 41 Rn. 33.

565 Vgl. nur *Richardi*, Kollektivgewalt und Individualwille, S. 204.

(1) Spannensicherungsklauseln

Eine davon ist die Spannensicherungsklausel. Sie stellt den Versuch dar, den oben geschilderten Schwierigkeiten bei der Vereinbarung einer Tarifausschlussklausel auszuweichen. Sie verzichtet dazu darauf, die Arbeitsbedingungen der Außenseiter negativ zu regeln. Stattdessen geht sie dazu über, den organisierten Arbeitnehmern im Rahmen einer Spannensicherungsklauseln positiv einen unüberwindbaren Vorsprung gegenüber den Außenseitern zuzusichern, sodass sie als tarifliche Inhaltsnorm eingeordnet werden kann.[566] Dem Arbeitgeber wird durch die Klausel ausdrücklich nicht verboten, den Außenseiter-Arbeitnehmern einen tarifvertraglichen Vorteil weiterzugeben. Tut er das aber, löst er die Pflicht aus, den Betrag, den er den Außenseitern zugewandt hat, wiederum den Organisierten *zusätzlich* zukommen zu lassen, sodass zwischen Organisierten und Außenseitern stets der vereinbarte Abstand erhalten bleibt. Nicht rechtlich, aber faktisch wird den Arbeitgebern eine Gleichstellung also unmöglich gemacht. *Höpfner* hat diesen Zusammenhang anschaulich als „infinite Erhöhungsspirale" beschrieben.[567] Die Spannensicherungsklausel hat im Hinblick auf die ausgewiesene Zielsetzung der Differenzierung also das Potential, äußerst effektiv zu sein. Denn selbst wenn der vereinbarte Abstand betragsmäßig verhältnismäßig gering ausfällt, kann durch den Mechanismus eine erhebliche Kostenlast entstehen, die den Arbeitgeber letztlich davon absehen lässt, den Außenseitern den Vorteil ebenfalls zuzuwenden. Somit kann die den Beitrittszahlen abträgliche Wirkung der arbeitgeberseitigen Gleichstellungsstrategie durchbrochen oder doch zumindest abgemildert werden. Gerade deswegen sieht sich die Spannensicherungsklausel jedoch erheblicher Kritik ausgesetzt, worauf sogleich zurückzukommen sein wird.

(2) Stichtags-/Binnendifferenzierungsklauseln

Eine weitere Variante der qualifizierten Differenzierungsklausel ist die sog. Stichtagsklausel. Diese hat sich mittlerweile zu einer eigenständigen Kate-

566 *Bauer/Arnold*, NZA 2011, 945 (948); *Richardi*, Kollektivgewalt und Individualwille, S. 205.

567 *Höpfner*, RdA 2019, 146 (150); ähnlich *Kalb*, in: FS Moll (2019) S. 327 (334): „einzelvertraglich nicht auflösbare Ungleichstellung".

gorie der „Binnendifferenzierung" entwickelt.[568] Die Binnendifferenzierung zeichnet sich dadurch aus, dass sie bei der Gewährung tarifvertraglicher Leistungen keinen Unterschied zwischen der Gruppe der Gewerkschaftsmitglieder einerseits und der Gruppe der Außenseiter andererseits macht, sondern innerhalb der Gruppe der Gewerkschaftsmitglieder differenziert. Sog. „Alt-Mitglieder", die vor einem vereinbarten Stichtag bereits organisiert waren, erhalten eine Leistung, die erst nach dem Stichtag beigetretenen „Neu-Mitgliedern" verwehrt wird. Zum Einsatz kommen diese Klauseln vor allem im Zusammenhang mit Unternehmenssanierungen. Sie tragen dem in dieser Situation gesteigerten Interesse des Arbeitgebers an Kalkulationssicherheit Rechnung.[569] In der Sanierungssituation ist es für Arbeitgeber essenziell, das Volumen von tarifvertraglich vereinbarten Transferleistungen im Vorfeld abschätzen zu können bzw. möglichst genau zu kennen. Weil dieses wiederum entscheidend von der Größe der anspruchsberechtigten Gruppe abhängt, soll diese mit Hilfe der Stichtagsklausel abschließend bestimmt werden. Durch die Unsicherheit des Leistungsbezugs auch für Mitglieder wird ein Anreiz gesetzt, frühzeitig in die Gewerkschaft einzutreten. Auch die Binnendifferenzierung hat folglich das Potential zur Stärkung der Mitgliederzahlen.

Es ist jedoch auch hier die Wechselwirkung mit Bezugnahmeklauseln zu beachten. Insbesondere wenn diese dynamisch ausgestaltet sind, ist nicht ohne Weiteres klar, dass der Außenseiter-Arbeitnehmer von den Leistungen ausgeschlossen sein soll. In dieser Sondersituation haben Arbeitgeber und Gewerkschaft tatsächlich gleichgerichtete Interessen,[570] was sie von der oben erörterten Standardkonstellation unterscheidet. Fraglich ist jedoch, ob dieser Unterschied im Gleichbehandlungswillen hinlänglich erkennbar nach außen tritt. *Mayer* weist zutreffend darauf hin, dass Arbeitnehmer ihre Bezugnahmeklauseln auch so verstehen könnten, dass sie ab Begründung ihres Arbeitsverhältnisses „durchgängig wie ein Gewerkschaftsmitglied" oder „wie ein Gewerkschaftsmitglied zum Stichtag XY" behandelt werden.[571] Mit Blick hierauf haben Arbeitgeber im eigenen Interesse bei

---

568 Dies herausarbeitend und umfassend würdigend *Mayer*, Differenzierungsklauseln mit Stichtagsregelung im Tarifvertrag, S. 45 ff., 60 sowie passim.

569 Vgl. *Höpfner*, RdA 2019, 146 (148).

570 Zutreffend *Höpfner*, RdA 2019, 146 (154).

571 *Mayer*, Differenzierungsklauseln mit Stichtagsregelung im Tarifvertrag, S. 319 mit dem Hinweis darauf, dass verschiedene Auslegungsergebnisse möglich seien; für eine konstitutive Wirkung der Differenzierung ohne Möglichkeit zur Überwindung im Wege der Bezugnahme, *Neumann*, Tarifboni, S. 29 unter Berufung auf BAG v.

der Formulierung von Bezugnahmeklauseln eine besondere Sorgfalt an den Tag zu legen und Differenzierungen in Sanierungssituationen von Beginn an auszuschließen oder aber bei nachträglichem Abschluss von differenzierenden Sanierungsverträgen eine explizite Einwilligung der Arbeitnehmer einzuholen, wie es in dem dem Urteil des BAG vom 14.4.2015[572] zugrundeliegenden Fall erfolgt ist. Andernfalls droht ihnen unter Berücksichtigung der Regelung des § 305c Abs. 2 BGB eine Vereitelung der Differenzierungswirkung und eine enorme Kostenlast.[573]

b) Ausgangspunkt: Unzulässigkeit jeglicher Differenzierung gemäß des BAG-Beschlusses vom 29.11.1967

Im Folgenden soll rekapituliert werden, inwieweit die vorstehend skizzierten Strategien von der Rechtsprechung für zulässig erachtet werden.[574] Die Differenzierungsklauseln hatten im Anschluss an die Verwerfung des Solidaritätsbeitrags bald im Fokus gewerkschaftlicher Bemühungen um Selbsterhaltung gestanden. Diese hatten Fragen über die Grundlagen der Tarifautonomie aufgeworfen, die zur Befassung der arbeitsrechtlichen Abteilung des 46. Deutschen Juristentages (DJT) im Jahr 1966 in Essen mit dem Thema „Sinn und Grenzen der Vereinbarungsbefugnis der Tarifvertragsparteien“ geführt hatte.[575] Kurz darauf hatte der Große Senat des BAG schließlich die Gelegenheit erhalten, zu der Rechtsfrage Stellung zu nehmen, ob in Tarifverträgen zwischen Organisierten und Außenseitern und Andersorganisierten differenziert werden darf. Sein daraufhin ergangener Grundsatzbeschluss vom 29. November 1967[576] sollte noch jahrzehntelang das Maß der Dinge in Sachen Differenzierungsklauseln bilden und ist da-

9.5.2007 – 4 AZR 275/06, AP TVG § 3 Verbandszugehörigkeit Nr. 23 (allerdings ohne freilich einen direkten Bezug zur eigenständigen Kategorie der Binnendifferenzierung herzustellen).

572 Vgl. BAG v. 15.4.2015 – 4 AZR 796/13, AP TVG § 3 Nr. 57 Rn. 8.

573 So schon *Mayer*, Differenzierungsklauseln, S. 321.

574 Auf eine dezidierte und gesonderte Auswertung der sehr umfangreichen Literatur zur Zulässigkeit von Differenzierungsklauseln wird verzichtet. Auf abweichende Ansichten wird aber an entsprechender Stelle bei der Prüfung des Nutzungsentgelts eingegangen.

575 Die Beratungen der Abteilung galten dem Thema „Sinn und Grenzen der Vereinbarungsbefugnis der Tarifvertragsparteien“ mit Gutachten von *Prof. Dr Hebert Krüger* und *Prof. Dr. Kurt Biedenkopf*, vgl. einen Überblick geben *Weber/Ritter*, JZ 1966, 714 (716 f.).

576 BAG *(GS)* v. 29.11.1967 – GS 1/67, AP GG Art. 9 Nr. 13, im Volltext abrufbar bei juris.

her der Ausgangspunkt der nun vorzunehmenden Auswertung.[577] Die oben bereits dargelegte natürliche Verwandtschaft von Differenzierungsklausel und Solidaritätsbeitrag zieht sich dabei durch den ganzen Beschluss. Da der Große Senat die Differenzierungsklauseln außerdem selbst als verschleierte „gewerkschaftliche Ausgleichszahlungen" betrachtete und dementsprechend darüber entschied,[578] wird man wohl sagen können, dass dieser Beschluss einer höchstrichterlichen Entscheidung über die Solidaritätsbeiträge nahekommt. Da mit dem Beschluss also nicht nur der Grundstein für die Bewertung der Differenzierungsklauseln gelegt wurde, sondern die darin herausgearbeiteten Grundsätze auch für die Frage der Zulässigkeit von Nutzungsentgelten große Bedeutung haben, sollen Fall und Argumentation des Großen Senats eingehender beleuchtet werden.

aa) Sachverhalt

Anlass für die Befassung des Großen Senats war eine Schadensersatzforderung des Arbeitgeberverbands der Bekleidungsindustrie Westfalen. Die Forderung richtete sich gegen die Gewerkschaft Textil-Bekleidung (GTB), welche die Arbeitgeber des Verbands zuvor mit einem Streik überzogen hatte, der später durch einstweilige Verfügung untersagt worden war. Gestreikt worden war zur Durchsetzung eines neuen Tarifvertrags, der unter anderem ein zusätzliches Urlaubsgeld vorsah, das die Urlaubskasse allen Arbeitnehmern zahlen sollte. Organisierte Arbeitnehmer sollten dabei jedoch

577 Erst in jüngerer Vergangenheit geriet das Thema der Differenzierungsklauseln wieder in den Fokus der Rechtsprechung BAG v. 9.5.2007 - 4 AZR 275/06, AP TVG § 3 Verbandszugehörigkeit Nr. 23; v. 18.3.2009 - 4 AZR 64/08, AP TVG § 3 Nr. 41; v. 5.9.2012 - 4 AZR 696/10, AP TVG § 3 Nr. 53; v. 21.8.2013 - 4 AZR 861/11, AP TVG § 3 Nr. 55; v. 15.4.2015 - 4 AZR 796/13, AP TVG § 3 Nr. 57; BVerfG v. 14.11.2018 - 1 BvR 1278/16, AP GG Art. 9 Nr. 153 (Nichtannahmebeschluss).

578 Vgl. nur BAG *(GS)* v. 29.11.1967 – GS 1/67, AP GG Art. 9 Nr. 13, juris Rn. 100: „daß es sich bei allen Differenzierungen und ihrer Absicherung durch Spannenklauseln um den Ausdruck *einer einheitlichen gewerkschaftlichen Grundsatzforderung,* um eine Art Ersatz für den z. Zt. nicht mehr verfolgten Solidaritätsbeitrag handelt und daß bei den Klauseln aller Arten die juristische Konstruktion völlig von der Zielsetzung ihrer möglichst großen Wirksamkeit beherrscht wird. Würde man sich darauf beschränken, die Differenzierung lediglich juristisch zu analysieren, ohne dabei der dahinterstehenden Grundsatzforderung der Gewerkschaft Rechnung zu tragen, so liefe die Erörterung Gefahr, zur Begriffsjurisprudenz zu werden und die Dynamik des kollektiven Arbeitsrechts aus dem Auge zu verlieren." – Hervorhebung durch die Verfasserin, s.a. Rn. 156.

etwa 60 DM mehr als die Außenseiter-Arbeitnehmer erhalten.[579] Während der Arbeitgeberverband mit der grundsätzlichen Erhöhung des Urlaubsgeldes einverstanden war, hatte er die zugleich vorgeschlagene Besserstellung der organisierten Arbeitnehmer ggü. den Außenseitern abgelehnt. Anstoß hatte er konkret an dem in § 4 des Gewerkschaftsentwurfs formulierten „Benachteiligungsverbot" genommen. Dieses hätte den Arbeitgebern zwar nicht verboten, auch den Außenseitern ein zusätzliches Urlaubsgeld zu zahlen. Die Klausel, die wegen ihrer Wirkung als „Spannensicherungsklausel" zu betrachten ist, hätte in diesem Fall jedoch bewirkt, dass sich automatisch der Anspruch der Organisierten um den an die Außenseiter gezahlten Betrag erhöht. Organisierte hätten somit also finanziell immer besser gestanden als Außenseiter. Wegen dieser Ungleichbehandlung hatte der Arbeitgeberverband den Tarifabschluss abgelehnt, was zum streitgegenständlichen Streik geführt hatte.[580] Nachdem bereits alle Instanzen der Arbeitgeberseite Recht und der Klage auf Schadensersatz dem Grunde nach stattgegeben hatten, weil sie den Streik um die tarifvertragliche Besserstellung als rechtswidrig erachteten, führte die Revision beider Parteien zur Anrufung des Großen Senats gem. § 45 Abs. 2 S. 2 ArbGG.[581]

bb) Entscheidungsgründe

In seiner Grundsatzentscheidung erklärte dieser die Differenzierung nach der Gewerkschaftszugehörigkeit für unzulässig und bestätigte einen „Gemeingebrauch am Tarifvertrag".[582] Seine Ablehnung stützte der Große Senat auf tarifrechtliche und verfassungsrechtliche Erwägungen gleichermaßen.

(1) Keine tarifvertragliche Beitragserhebung von Außenseitern

Mit Blick auf die Frage der tarifrechtlichen Zulässigkeit konstatierte der Senat zunächst, dass Rechtsnormen eines Tarifvertrages, die den Inhalt, den

579 Vgl. *P. Hanau,* JuS 1969, 213; BAG *(GS)* v. 29.11.1967 – GS 1/67, AP GG Art. 9 Nr. 13, juris Rn. 2.
580 Vgl. BAG v. 21.2.1967 – 1 AZR 495/65 (Vorlagebeschluss), AP GG Art. 9 Nr. 13; *Ritter,* JZ 1969, 105 (106).
581 BAG v. 21.2.1967 – 1 AZR 495/65 (Vorlagebeschluss), AP GG Art. 9 Nr. 13, juris; *P. Hanau,* JuS 1969, 213 (214).
582 Wendung zit. n. *P. Hanau,* JuS 1969, 213.

Abschluss oder die Beendigung des Arbeitsverhältnisses ordnen, zugunsten oder zu Lasten der Außenseiter ohne besondere staatliche Ermächtigung oder Mitwirkung keine Regelung treffen könnten. Im deutschem Recht erkläre sich die Rechtsschöpfungsbefugnis der Tarifparteien aus der Tarifautonomie, wobei für jede Autonomie charakteristisch sei, dass sie Recht ohne staatliche Mitwirkung nur für die Verbandsangehörigen setzen könne. Da die Außenseiter ausweislich des § 3 Abs. 1 TVG nicht zu diesen gehörten, könnten sie von Tarifnormen mit normativer Wirkung nur dann erfasst werden, wenn eine Allgemeinverbindlicherklärung vorliegt (§ 5 Abs. 4 TVG).[583] Dies gelte auch für die Rechtsnormen eines Tarifvertrages über Gemeinsame Einrichtungen, mit denen normativ wirkende Regelungen zu Lasten oder zu Gunsten der Außenseiter ebenfalls nicht getroffen werden könnten.[584] Eine „erweiterte Autonomie" der Tarifpartner für Außenseiter sei der AVE nach § 5 TVG vorbehalten.[585] Nicht verwehrt sei es den Tarifvertragsparteien hingegen, im schuldrechtlichen Teil der Tarifverträge oder in den Satzungen der tariflich geschaffenen gemeinsamen Einrichtungen Regelungen für Außenseiter zu treffen.[586] Dabei rekurriert der Senat auf den Umstand, dass es in der Vergangenheit stets zur Kompetenz der Tarifparteien gehört habe, in bestimmter Beziehung und in bestimmten Fällen mittels schuldrechtlicher Absprachen auch Außenseiterfragen zu regeln. Beispiele seien die schuldrechtlichen Wiedereinstellungsklauseln und Maßregelungsverbote zugunsten der Außenseiter nach beendetem Streik. Derartige Regelungen müssten die Gewerkschaften als Streikführer aus Gerechtigkeitsgründen treffen können, da sie schließlich die Außenseiter im Rahmen von Arbeitskämpfen für ihre Ziele einsetzen bzw. einsetzen könnten.[587]

Die streitige Differenzierungsklausel sei also nicht schon deshalb nichtig, weil sie auf Tarifabsprachen aufbaue, die in Form des Sockelbetrags für das fragliche Urlaubsgeld *auch* Regelungen für Außenseiter vorsah.[588] Die Klausel sei aber deshalb unwirksam, weil sie im Ergebnis eine „nach all-

583 BAG *(GS)* v. 29.11.1967 – GS 1/67, AP GG Art. 9 Nr. 13, juris Rn. 60 ff.

584 BAG *(GS)* v. 29.11.1967 – GS 1/67, AP GG Art. 9 Nr. 13, juris Rn. 68, 73.

585 BAG *(GS)* v. 29.11.1967 – GS 1/67, AP GG Art. 9 Nr. 13, juris Rn. 68; ausdrücklich abgelehnt BVerfG v. 5.1977 – 2 BvL 11/74, E 44, 322 (344); Dem geltenden Recht liegt in § 5 TVG auch die rechtstheoretische Vorstellung einer "erweiterten Autonomie" der Koalition, die von vornherein alle Angehörigen des jeweiligen Berufskreises erfasse, nicht zugrunde.

586 BAG (GS) v. 29.11.1967 – GS 1/67, AP GG Art. 9 Nr. 13, juris Rn. 75 ff.

587 BAG (GS) v. 29.11.1967 – GS 1/67, AP GG Art. 9 Nr. 13, juris Rn. 80.

588 BAG (GS) v. 29.11.1967 – GS 1/67, AP GG Art. 9 Nr. 13, juris Rn. 89.

gemeinen Gesetzen unzulässige Beitragserhebung" enthielte und „im Verhältnis zur Arbeitgeberkoalition die Grenze des Zumutbaren" überschreite. Differenzierungsklauseln seien daher durch die Tarifmacht der Koalitionen nicht mehr gedeckt.[589]

(aa) Der Tarifvertrag als Gemeingut

Zunächst stellte der Große Senat Differenzierungsklauseln mit einer Beitragserhebung von Außenseitern gleich. Differenzierungen mit dem Ziel des Ausgleichs für die Ausnutzung der gewerkschaftlich geschaffenen Tarifwerke stellten eine „moderne Art der Kommerzialisierung gewerkschaftlicher Tätigkeit dar", mit welcher „der Sache nach eine Art Leistung, eine Art Beitrag, eine Art Gebühr, eine Art Abgabe, eine Art Herausgabe von ungerechtfertigter Bereicherung oder ähnliches für die Inanspruchnahme gewerkschaftlicher Arbeit verlangt" werde.[590] Der Große Senat war jedoch der Ansicht, dass der Genuss der von den Gewerkschaften errungenen Fortschritte für die Außenseiter kostenlos zu sein habe. Es gebe nämlich kein allgemeines Rechtsprinzip, welches die Anlehnung an die Früchte fremder Arbeit ohne weiteres ausgleichspflichtig mache.[591] Ohne eine gewisse Freiheit auch in der Ausnutzung der Arbeit anderer sei ein Fortschritt nicht denkbar. Sofern es keine gesetzliche Ermächtigung oder eine entsprechende vertragliche Unterwerfung gebe, die dazu veranlasse, dürfe daher von niemandem ein Ausgleich verlangt werden „für das, was er seit jeher kostenlos in Anspruch nahm und daher als Gemeingut ansehen darf".[592]

Der Senat verweist insofern auf § 1 Abs. 2 letzter Satzteil der Tarifvertragsverordnung (TVVO), woraus sich ergebe, dass der Gesetzgeber schon in der Zeit von 1918 bis 1933 davon ausgegangen sei, dass eine „Berufung auf den Tarifvertrag" dem Außenseiter ohne weiteres und kostenlos möglich sei. Bewiesen werde dies durch die Rechtswirklichkeit, da sich schwache Versuche zur Verwirklichung einer Ausgleichsforderung nach 1918 nicht hätten durchsetzen können und die allgemeine Rechtswirklichkeit auch unter der Geltung des Tarifvertragsgesetzes noch bis in die jüngste Zeit die

589 BAG (GS) v. 29.11.1967 – GS 1/67, AP GG Art. 9 Nr. 13, juris Rn. 155.

590 Zit. n. BAG (GS) v. 29.11.1967 – GS 1/67, AP GG Art. 9 Nr. 13, juris Rn. 156.

591 BAG (GS) v. 29.11.1967 – GS 1/67, AP GG Art. 9 Nr. 13, juris Rn. 158; so ausdrücklich auch *Zöllner*, Differenzierungsklauseln, S. 18 f.

592 Zit. n. BAG (GS) v. 29.11.1967 – GS 1/67, AP GG Art. 9 Nr. 13, juris Rn. 158.

gleiche sei.[593] Daraus zieht der Senat den Schluss, dass der Gesetzgeber die kostenlose Ausnutzung der Gewerkschaftsarbeit gestattet habe.[594]

(bb) Keine Tarifmacht gegenüber Außenseitern zur Regelung von Beitragspflichten und zu unzumutbarem Einspannen des sozialen Gegenspielers

Den Koalitionen sei der Weg versperrt, einen Ausgleich im Wege tariflicher Regelungen einzuführen. Denn zur Kommerzialisierung gewerkschaftlicher Erfolge im Verhältnis zu Außenseitern im Wege einer Ausgleichsforderung fehle den Koalitionen die Tarifmacht. Nach demokratischen Grundsätzen seien Steuern, Beiträge und sonstige Lasten nämlich nur zulässig auf Grund eines unter parlamentarischer Kontrolle zustande gekommenen Gesetzes oder kraft rechtsgeschäftlicher Unterwerfung der auf Beitragszahlung in Anspruch Genommenen unter eine aufgestellte Beitragsregelung. An beidem fehle es, wenn die Tarifmittel gegen Außenseiter mit dem Ziel eingesetzt würden, diese zu Ausgleichsbeiträgen heranzuziehen. Mit tarifvertraglichen Mitteln könnten die Tarifparteien eine Entgeltpflicht zu ihrer Selbstsicherung also nicht einführen.[595]

Daneben zog der Große Senat außerdem noch eine weitere Grenze der Tarifmacht ein. Er meinte, eine Koalition könne von der gegnerischen Koalition nichts Unzumutbares verlangen, da § 242 BGB es verbiete, die eigenen Interessen in einer für den anderen unzumutbaren Weise durchzusetzen. Genau dies täte die Gewerkschaft aber, wenn sie von der Arbeitgeberseite fordere, bei der tariflichen Durchsetzung der Differenzierung zwischen Organisierten und Außenseitern mitzuwirken. Wegen der Unzumutbarkeit eines solchen Verlangens versage die Tarifmacht.[596] Bei der gleichen Behandlung von Organisierten und Außenseitern handele es sich nämlich mittlerweile in vielen Fällen um eine zwingende betriebliche und unternehmerische Notwendigkeit, der sich die Arbeitgeberseite nur schwer entziehen könnte. Die Gleichbehandlung in Entgeltfragen werde

593 BAG (GS) v. 29.11.1967 – GS 1/67, AP GG Art. 9 Nr. 13, juris Rn. 159 mit Verweis auf § 13 Abs. 1 S. 2, Abs. 2 S. 2 BUrlG.

594 BAG (GS) v. 29.11.1967 – GS 1/67, AP GG Art. 9 Nr. 13, juris Rn. 159; Ablehnung eines urheberrechtlichen Schutzes später bekräftigt in BAG v. 11.11.1968 – 1 AZR 16/68, AP GG Art. 9 Nr. 14 (= NJW 1969, 861 (862)).

595 BAG (GS) v. 29.11.1967 – GS 1/67, AP GG Art. 9 Nr. 13, juris Rn. 156, 161.

596 BAG (GS) v. 29.11.1967 – GS 1/67, AP GG Art. 9 Nr. 13, juris Rn. 16).

weitgehend als ein Ausdruck der sozialen Gerechtigkeit empfunden, wobei die rechtliche Sonderstellung der Organisierten in den Hintergrund trete. Verlangte man nun vom Arbeitgeber, der Gleichbehandlung entgegenzuwirken, setzte dieser den durch Gleichbehandlung erzielbaren „optimalen unternehmerischen Erfolg aufs Spiel". In der Abwägung von unternehmerischen Interessen (Gleichstellung zur Erfolgsmaximierung) und Belangen des Sozialpartners (Differenzierung zur Selbsterhaltung) hätten jedoch erstere den Vorrang zu erhalten.[597] Eine Zumutbarkeit der Klausel könne dabei auch nicht daraus folgen, dass die Differenzierung bei der Zwischenschaltung eines externen Treuhänders für die Außenseiter nicht sofort als solche erkennbar sei. Denn – so die Behauptung des Senats – „die von den Arbeitgebern finanzierte Differenzierung wird auch in diesen Fällen den Außenseitern bekannt und von ihnen als ungerecht empfunden." [sic][598] *De lege lata* hatte der Große Senat somit die tarifliche Regelbarkeit von Solidaritätsbeiträgen – denn nichts Anderes wären die angesprochenen Ausgleichszahlungen der Außenseiter zur Selbstsicherung der Koalitionen – wegen des Legitimationsdefizits und eines Verstoßes gegen § 242 BGB abgelehnt. Gleichwohl hielt er die Idee offenbar nicht für schlechterdings undurchführbar, da er fortfuhr:

> „Man mag de lege ferenda für das Verhältnis zwischen Gewerkschaft und Außenseitern in Betracht ziehen, daß ein Beitrag der Außenseiter für die Inanspruchnahme der gewerkschaftlich errungenen tariflichen Leistungen der Sache nach gerecht und billig erscheinen könnte."[sic][599]

(2) Verfassungsrechtliche Unzulässigkeit einer tarifvertraglichen Beitragserhebung von Außenseitern

Damit ist jedoch noch nicht gesagt, dass eine solche Regelung verfassungsrechtlich zulässig wäre, denn auch im Hinblick auf die Vereinbarkeit mit dem Verfassungsrecht hatte der Große Senat einige Bedenken gegen die Differenzierungsklausel. Er erachtete die streitgegenständliche Differenzierungsklausel jedenfalls wegen Verstoßes gegen das Individualgrundrecht der Koalitionsfreiheit für unzulässig. Erneut lassen sich aus den Ausführungen auch Rückschlüsse für die Bewertung von Solidaritätsklauseln ziehen.

597 BAG (GS) v. 29.11.1967 – GS 1/67, AP GG Art. 9 Nr. 13, juris Rn. 166.
598 Zit. n. BAG (GS) v. 29.11.1967 – GS 1/67, AP GG Art. 9 Nr. 13, juris Rn. 167.
599 BAG (GS) v. 29.11.1967 – GS 1/67, AP GG Art. 9 Nr. 13, juris Rn. 167.

Denn der Senat stellte bei seinen Erwägungen die Funktionsgarantie der Koalitionen in eine Abwägung mit dem – positiven und negativen – Individualgrundrecht der Koalitionsfreiheit.[600] Mit der Entscheidung über die Kollision der individuellen und kollektiven Dimension der Koalitionsfreiheit behandelte er also eine Frage, die auch bei der Bewertung der Verfassungsmäßigkeit eines Solidaritätsbeitrags zentral wäre.

Der Senat führte zunächst aus, dass mit der aus Art. 9 Abs. 3 GG hergeleiteten kollektiven Daseinsgarantie für Koalitionen untrennbar die Garantie verbunden sei, durch koalitionsmäßige Betätigung die in Art. 9 Abs. 3 GG genannten Zwecke zu verfolgen, nämlich die Arbeits- und Wirtschaftsbedingungen ihrer Mitglieder zu wahren und zu fördern.[601] Dieser Funktionsgarantie stehe jedoch die Freiheit gegenüber, jeder Koalition fernzubleiben. Entgegen der Ansicht *Nipperdeys* geht der Große Senat dabei davon aus, dass die negative Koalitionsfreiheit in gleicher Weise wie die positive Koalitionsfreiheit von Art. 9 Abs. 3 GG uneingeschränkt mitgarantiert wird und nicht bloß in Art. 2 Abs. 1 GG verankert ist. Es stellte sich davon ausgehend die Frage, ob die positive Koalitionsfreiheit Andersorganisierter und die negative Koalitionsfreiheit der Außenseiter durch eine Differenzierung als Ausdruck der Funktionsgarantie verletzt würde. Bei der Beantwortung hob der Senat maßgeblich darauf ab, ob Differenzierungsklauseln für Außenseiter eine *sozialinadäquate* Einschränkung oder Behinderung bedeuteten. Beachtlich ist insofern, dass der Senat den Differenzierungsklauseln die gleiche Zielsetzung zuschrieb wie den Solidaritätsbeiträgen. Erstere dienten einerseits der Anerkennung und dem Ausgleich für die von den Organisierten für die gewerkschaftliche Arbeit erbrachten finanziellen und sonstigen Opfer. Andererseits verfolgten sie aber auch das Ziel, Außenseiter zum Beitritt zu veranlassen.[602] Wolle man den Druck in Richtung eines Beitritts nun bewerten, um festzustellen, ob er unzulässig ist, müsse man nicht auf die Intensität, also den Grad des Drucks abstellen, sondern allein auf die Sozialadäquanz. Denn selbst, wenn die mit dem Druck verbundene Belästigung verhältnismäßig gering sein sollte, brauche niemand einen sozialinadäquaten Druck hinzunehmen.[603] Für den zu beurteilenden Fall bejahte der Große Senat das Vorliegen eines sozialinadäquaten Drucks schließlich mit dem Argument, dass es „das Gerechtigkeitsempfinden gröb-

600 BAG (GS) v. 29.11.1967 – GS 1/67, AP GG Art. 9 Nr. 13, juris Rn. 170.
601 BAG (GS) v. 29.11.1967 – GS 1/67, AP GG Art. 9 Nr. 13, juris Rn. 138.
602 BAG (GS) v. 29.11.1967 – GS 1/67, AP GG Art. 9 Nr. 13, juris Rn. 179.
603 BAG (GS) v. 29.11.1967 – GS 1/67, AP GG Art. 9 Nr. 13, juris Rn. 180.

lich [verletzt], wenn die Gewährung des Urlaubs, Urlaubsentgelts und zusätzlichen Urlaubsgeldes und ähnlicher tariflicher Leistungen von Fragen der Organisationszugehörigkeit abhängig gemacht wird."[604]

cc) Schwächen der Entscheidung

Die Entscheidung ist für die vorliegende Untersuchung sehr maßgeblich. Es wird immer wieder deutlich, dass dem Gericht auch die Solidaritätsbeiträge noch klar vor Augen standen. Unabhängig vom Ergebnis, dem man durchaus zustimmen kann,[605] fordert das Vorgehen des Großen Senats in einigen Punkten jedoch Kritik heraus.

So zieht sich durch den gesamten Beschluss ein Mangel an begrifflicher Präzision, der die Rechtsfindung den Senats verschleiert und die Aussagen schwer verallgemeinerbar macht. Beispielsweise operiert der Große Senat in seiner Entscheidung mit dem Begriff der „Tarifmacht", der jedoch kein feststehender ist. Es wird nicht deutlich, was genau der Große Senat darunter versteht.[606] Statt sich dieses mehrdeutigen Topos zu bedienen, hätte er sauber zwischen der Zuständigkeit der Tarifvertragsparteien zur Regelung der Angelegenheit (Reichweite der Autonomie), dem Umfang der Normsetzungsbefugnis sowie der inhaltlichen Rechtmäßigkeit der getroffenen Maßnahme differenzieren müssen.[607]

Diese begriffliche Schwammigkeit setzt sich fort in der Bezeichnung der Differenzierungsklausel als eine „moderne Art der Kommerzialisierung gewerkschaftlicher Tätigkeit", mit welcher „der Sache nach eine Art Leistung, eine Art Beitrag, eine Art Gebühr, eine Art Abgabe, eine Art Herausgabe von ungerechtfertigter Bereicherung oder ähnliches für die Inanspruchnahme gewerkschaftlicher Arbeit verlangt" werde.[608] Da sich diese Kategorien an Abgaben teils diametral widersprechen, kann dies nur auf eine mangelnde Auseinandersetzung des Großen Senats mit der dogmatischen Einordnung schließen lassen. Dies erweckt den Eindruck einer mehr ergeb-

604 Zit. n. BAG (GS) v. 29.11.1967 – GS 1/67, AP GG Art. 9 Nr. 13, juris Rn. 181.
605 Siehe hierzu im Einzelnen in Kap. 3.
606 Zu Recht kritisch *Höpfner*, RdA 2019, 146 (148); *Mayer*, Differenzierungsklauseln mit Stichtagsregelung, S. 58.
607 Siehe zu dieser gedanklichen Aufteilung privaten Rechtsregelns in diese drei Ebenen *Seiwerth*, Gestaltungsfreiheit in Tarifverträgen und tarifdispositives Gesetzesrecht, S. 243 sowie Kap. 2 A. I. 1.
608 BAG (GS) v. 29.11.1967 – GS 1/67, AP GG Art. 9 Nr. 13, juris Rn. 156.

nisorientierten denn dogmatisch zu 100 % stimmigen Argumentation.[609] Dieser findet eine gewisse Bestätigung in der Erörterung des Eingriffs in die negative Koalitionsfreiheit. Dabei stellt der Große Senat maßgeblich auf das angeblich „zwangsläufig" und „gröblich" verletzte „Gerechtigkeitsempfinden" der Außenseiter-Arbeitnehmer ab. Da dem Gericht jedoch weder eine empirische Erhebung über das Empfinden von Organisierten und/oder Außenseiter-Arbeitnehmern zur Verfügung stand noch es eine solche selbst durchgeführt hat, hat dieses Abheben auf Empfindungen der Arbeitnehmer höchst spekulativen Charakter. Zur Ausfüllung der schwer greifbaren, aus dem Arbeitskampfrecht entliehenen Formel der „Sozialadäquanz" kann diese Methode jedenfalls nicht beitragen.[610] Denn der Versuch, die Rechtswidrigkeit einer Maßnahme von der Verletzung des Rechtsempfindens abhängig zu machen, welches wiederum maßgeblich durch die rechtliche Erlaubtheit oder eben Unerlaubtheit beeinflusst wird, erscheint geradezu zirkulär.[611]

Im Übrigen blendet diese Sichtweise, die den Außenseiter zur „Mimose" und „ihn vor Unlustgefühlen zu bewahren zur vornehmsten Aufgabe der Rechtsordnung" macht,[612] gänzlich den Umstand aus, dass auch Organisierte über das Verhalten der Außenseiter ebenfalls Verärgerung empfinden können. Überhaupt öffnet diese gefühlsbetonte Herangehensweise, die das Maß des vorenthaltenden Vorteils für unerheblich erklärt, der Rechtsunsicherheit Tür und Tor und kann nicht zielführend sein.

dd) Ergebnislosigkeit der gegen den Beschluss gerichteten Verfassungsbeschwerde

Diese Angriffsflächen sind auch anderen nicht verborgen geblieben. Gegen die Entscheidung des Großen Senats legte die GTB Verfassungsbeschwerde ein, mit der sie die Verletzung des Art. 9 Abs. 3 GG rügte. Zu einer Sachentscheidung über die Verfassungsbeschwerde kam es jedoch nicht, da das

---

609 Ähnlich auch *Franzen*, RdA 2006, 1 (4); *Hartmann/Lobinger*, NZA 2010, 421 (422).

610 Diese Formel sieht sich ihrerseits erheblicher Kritik ausgesetzt, vgl. etwa *Hartmann/Lobinger*, NZA 2010, 421 (422), die von einer „‚Leerformel' ohne materiellen Erkenntniswert" sprechen; *Franzen*, RdA 2006, 1 (4): „freilich reichlich unbestimmt".

611 Vgl. *Gamillscheg*, NZA 2005, 146 (146): „man ist an den berühmten Münchhausenschen Zopf erinnert"; *Giesen*, NZA 2004, 1317 (1317).

612 *Gamillscheg*, NZA 2005, 146 (146).

BVerfG die Beschwerde durch Beschluss vom 4.5.1971 als unzulässig verwarf.[613] Das BVerfG war der Ansicht, dass der Gewerkschaft durch den Beschluss allein noch kein Nachteil erwachse und sie daher nicht gegenwärtig und unmittelbar betroffen sei. Die Sachentscheidung des im Ausgangsverfahren zuständigen 1. Senats des BAG, gegen die die Gewerkschaft sich im Falle des Unterliegens hätte wenden müssen, war zu diesem Zeitpunkt noch gar nicht ergangen und blieb letztlich wegen einer außergerichtlichen Einigung vollständig aus.[614] Der Umstand, dass die Grundsatzfragen so einer abschließenden Klärung entzogen waren, erfuhr genauso wie der Beschluss selbst nicht unerhebliche Kritik aus der Literatur,[615] änderte aber nichts daran, dass der Beschluss des Großen Senats für die nächsten Jahrzehnte taktangebend war in Sachen Zulässigkeit von Differenzierungsklauseln.

c) Paradigmenwechsel durch Judikate zu Differenzierungsklauseln aus der jüngeren Vergangenheit?

Ab Mitte der 2000er Jahre erlebten die Differenzierungsklauseln eine Renaissance[616] und führten dazu, dass sich das BAG mehrfach mit ihrer Zulässigkeit zu beschäftigen hatte und zumindest von dem Totalverbot abrückte.[617] Ohne eine Vorlage an den Großen Senat erklärte der 4. Senat des BAG nämlich im Jahr 2009 eine sog. einfache Differenzierungsklausel, die eine jährlich fällige Ausgleichszahlung in Höhe von 535 EUR brutto von der Mitgliedschaft des Arbeitnehmers in der Gewerkschaft ver.di abhängig

613 BVerfG v. 4.5.1971 – 1 BvR 761/67, AP GG Art. 9 Abs. 3 Nr. 19 II. der Gründe.

614 Vgl. *Bietmann*, Differenzierungsklauseln, S. 109.

615 Vgl. etwa *P. Hanau*, JuS 1969, 213 (216 ff.); *Kempen*, in: Kempen/Zachert TVG, Grundl. Rn. 216, s.a. Fn. 488 mwN; *Ritter*, JZ 1969, 105 (112 ff); drastisch *Gamillscheg*, NZA 2005, 146 (147): „unsäglicher Beschluss", Fn. 14" Biedenkopf hat ihn mir gegenüber in einem Gespräch als die „miserabelste Entscheidung des BAG" bezeichnet, die ihm bisher untergekommen sei. Und in der Tat kann man sich schwer vorstellen, ein Grundbuchrichter etwa würde sein Urteil über eine Gesamthypothek mit solcher Lyrik begründen (auch wenn man zugibt, dass Herz und Schmerz im Arbeitsrecht größeres Heimatrecht genießen als anderswo)."

616 Die IG Metall erhob im Jahr 2004 die Forderung nach „Tarifboni", die sie bei mehreren Tarifabschlüssen durchsetzen konnte; später hat sich auch ver.di dem Trend angeschlossen, siehe dazu *Neumann*, Tarifboni, S. 22 f.;

617 Eingehende Analyse der Judikate zu tariflichen Differenzierungsklauseln bei *Mayer*, Differenzierungsklauseln, S. 21 ff.

machte, für zulässig.[618] Hierbei betonte das BAG, dass eine Differenzierung zwischen Organisierten und Außenseitern dem Konzept der Totaldifferenzierung in §§ 4 Abs. 1, 3 Abs. 1 TVG entspreche und die einfache Differenzierungsklausel, die dies nur abbilde, daher nicht gegen die negative Koalitionsfreiheit verstoße. Sie sei schon strukturell nicht in der Lage, unzulässigen Beitrittsdruck auf Außenseiter auszuüben.[619] Zudem bleibe es den Arbeitsvertragsparteien unbenommen, dem Außenseiter einen Anspruch auf die mit der Differenzierungsklausel versehende Leistung einzuräumen und damit einem Gewerkschaftsmitglied gleichzustellen, sodass die Arbeitsvertragsfreiheit der Außenseiter nicht verletzt werde.[620] Seit dieser Entscheidung wird die einfache Differenzierungsklausel entweder mit Blick auf die Totaldifferenzierung in §§ 3 Abs. 1, 4 Abs. 1 TVG unabhängig vom Umfang der Differenzierung[621] oder jedenfalls dann für zulässig erachtet, wenn sie nicht an das Austauschverhältnis von Leistung und Gegenleistung angeknüpft wird und sich die Differenzierung in einem Umfang bewegt, in dem ein „unzumutbarer Beitrittsdruck" nicht in Frage kommt. Da eine betragsmäßige Grenze nicht ausgeworfen wurde, orientieren sich Verfechter der letzteren Ansicht an der Billigung einer Besserstellung von Gewerkschaftsmitgliedern, die sich auf ein Viertel der durchschnittlichen Monatsvergütung und nicht mehr als zwei Jahresmitgliedsbeiträge belief.[622] Daran angelehnt werden jedenfalls Differenzierungen bis zur Höhe eines durchschnittlichen Gewerkschaftsbeitrags in Bezug auf die negative Koaliti-

618 BAG v. 18.3.2009 – 4 AZR 64/08, AP TVG § 3 Nr. 41, von der Vorlage an den Großen Senat sah der 4. Senat deshalb ab, weil er meinte, es sei keine bindende Entscheidung über die *einfache* Differenzierungsklausel getroffen worden (vgl. Rn. 86 ff.); näher hierzu *Neumann*, Tarifboni, S. 48 ff., 105 ff.; ausdrücklich noch offen gelassen würde die Frage, ob der Auffassung des Großen Senats über die generelle Unzulässigkeit von Differenzierungsklauseln und ihrer Begründung zu folgen sei in vom BAG v. 09.05.2007 – 4 AZR 275/06, AP TVG § 3 Verbandszugehörigkeit Nr. 23.

619 BAG v. 18.3.2009 – 4 AZR 64/08, AP TVG § 3 Nr. 41 Rn. 46 ff., insb. Rn. 50.

620 BAG v. 18.3.2009 – 4 AZR 64/08, AP TVG § 3 Nr. 41 Rn. 53 ff.

621 *Jacobs*, FS Bauer (2010), S. 479 (489); *Kamanabrou*, FS Kreutz (2010), S. 197 (209); *Höpfner*, RdA 2019, 146 (152); *ders.*, ZfA 2020, 178 (201); *Neumann*, Tarifboni, S. 158.

622 Vgl. nur *Franzen*, in: ErfK TVG, § 1 Rn. 62 a; *Däubler/Heuschmid*, RdA 2013, 1 (7): „die Außenseiter sind dann so gestellt wie bisher die Gewerkschaftsmitglieder, da sie effektiv mit einem Prozent belastet werden"; *Heuschmid/Klug*, in: Däubler TVG, § 1 Rn. 1051, 1055; vom LAG Hamm (v. 12.06.2012 - 14 Sa 1275/11, BeckRS 2012, 72518) hingegen wegen Verstoßes gegen die negative Koalitionsfreiheit verworfen: eine für die Gewerkschaftsmitglieder um drei Bruttomonatsentgelte pro Beschäftigungsjahr erhöhte Abfindung in einem sozialplanähnlichen Tarifvertrag.

onsfreiheit für unproblematisch gehalten.[623] *Franzen* hat in Bezug darauf eine Größenordnung von ca. 1.300 bis 1.700 EUR pro Jahr für zulässig gehalten, als er über eine steuerliche Privilegierung des tarifgebundenen Arbeitnehmers de lege ferenda nachdachte.[624]

Demgegenüber werden qualifizierte Differenzierungsklauseln jedoch – vom Sonderfall der Sanierung abgesehen – noch immer als unzulässig bewertet. Zunächst hatte das BAG im Rahmen einer weiteren Grundsatzentscheidung aus dem Jahr 2011[625] die dort streitgegenständliche Spannensicherungsklausel für unzulässig erachtet, weil sie eine Gleichstellung der Außenseiter-Arbeitnehmer im Wege des Einzelarbeitsvertrages „rechtlich-logisch unmöglich" mache.[626] Das BAG stellte dabei maßgeblich auf die im zu beurteilenden Fall überschrittenen Grenzen der „Tarifmacht" ab und differenzierte dabei ebenfalls nicht näher zwischen der Regelungszuständigkeit, der Normsetzungsbefugnis und der inhaltlichen Rechtmäßigkeit. Da die Spannensicherungsklausel, wie oben ausgeführt, gerade so konzipiert ist, dass sie Arbeitsbedingungen der Mitglieder regelt, ist ihre Problematik bei genauerer Betrachtung nicht auf der Ebene der Zuständigkeit oder der Normsetzungsbefugnis, sondern bei der inhaltlichen Rechtmäßigkeit der Klausel zu verorten. Im Ergebnis ist dem BAG in seiner Ablehnung aber zuzustimmen. Die Spannensicherungsklausel ist als ein ungerechtfertigter Eingriff in die Vertragsfreiheit der Außenseiter-Arbeitnehmer zu betrachten und hält der Prüfung der inhaltlichen Rechtmäßigkeit nicht stand.[627] Weil der Arbeitgeber sich faktisch auf eine Gleichstellung der Außenseiter-Arbeitnehmer nicht einlassen kann (Stichwort „Erhöhungsspirale"), haben

623 Vgl. nur *Leydecker,* Der Tarifvertrag als exklusives Gut, S. 180; *Neumann,* Tarifboni, S. 156, jeweils m.w.N.; *Däubler,* BB 2002, 1643, 1647 hält sogar zwei Jahresmitgliedsbeiträge für zulässig; *Däubler/Heuschmid,* RdA 2013, 1 (7): „Unbedenklich ist es deshalb, wenn die Differenz das Doppelte des Gewerkschaftsbeitrags ausmacht; die Außenseiter sind dann so gestellt wie bisher die Gewerkschaftsmitglieder, da sie effektiv mit einem Prozent belastet werden".

624 Vgl. *Franzen*, Stärkung der Tarifautonomie, S: 26.

625 BAG v. 23. 3. 2011 – 4 AZR 366/09, AP GG Art. 9 Nr. 147.

626 BAG v. 23. 3. 2011 – 4 AZR 366/09, AP GG Art. 9 Nr. 147 Rn. 43.

627 Herausgearbeitet durch *Höpfner,* RdA 2019, 146 (154); kritisch wegen mangelnder Auseinandersetzung des BAG mit Rechtfertigungsgründen *Neumann*, in: Anm. BAG v. 23. 3. 2011 – 4 AZR 366/09, AP GG Art. 9 Nr. 147; ebenso *Franzen*, RdA 2006, 1 (8): unzulässige sog. qualifizierte mitgliedschaftsanknüpfende Klauseln"; aA *Neumann*, Tarifboni, S. 199; *Waltermann*, Differenzierungsklauseln, S. 72: keine Beeinträchtigung der individuellen Verhandlungsposition des Arbeitnehmers, weil Klausel lediglich die „kollektive Gestaltung" von Außenseiter-Arbeitsverhältnissen erfasse, dh. Gesamtzusagen oder den Einsatz von Formulararbeitsverträgen.

die Außenseiter-Arbeitnehmer keine echte Chance auf Verhandlung und Wahrnehmung ihrer Arbeitsvertragsfreiheit.[628] Eine Auseinandersetzung mit der negativen Koalitionsfreiheit der Außenseiter-Arbeitnehmer hat das BAG indes nicht vorgenommen, obwohl man wohl annehmen muss, dass dann, wenn ein „Gleichziehen des Außenseiter-Arbeitnehmers" durch Einzelarbeitsvertrag nicht mehr möglich ist, auch ein Beitrittsdruck bewirkt wird.[629]

Entgegen dem ersten Anschein lässt sich auch der weiteren Grundsatzentscheidung des BAG zu den sog. Binnendifferenzierungsklauseln aus dem Jahr 2015[630] keine allgemeingültige Billigung von qualifizierten Differenzierungsklauseln entnehmen. Das BAG entschied, dass eine Differenzierung zwischen zwei Gruppen von Gewerkschaftsmitgliedern nach der Dauer ihrer Gewerkschaftszugehörigkeit weder gegen die negative Koalitionsfreiheit von Außenseiter-Arbeitnehmern noch gegen den Gleichheitssatz verstoße.[631] Wie an anderer Stelle nachgewiesen wurde, hat das Gericht jedoch bei seiner Entscheidung verkannt, dass in der Binnendifferenzierung in der Sache auch eine Unterscheidung zwischen der Gruppe der Gewerkschaftsmitglieder und der Außenseiter-Arbeitnehmer mit dem Charakter einer einfachen Differenzierungsklausel liegt.[632] Vor dem Art. 9 Abs. 3 GG kann der mit ihr einhergehende Eingriff in die negative Koalitionsfreiheit gerechtfertigt werden (jedenfalls solange die betragsmäßigen Grenzen eingehalten werden).[633] Entscheidend für die Überprüfung von Binnendifferenzierungsklauseln ist letztlich die Vereinbarkeit mit Art. 3 GG. In seiner Entscheidung aus 2015 stellte das BAG für die Billigung der Binnendifferenzierungsklausel mit Stichtag in der Vergangenheit maßgeblich auf die

---

628 Anschaulich *Hartmann*, SAE 2011, 225 (229): „erdrosselnde Wirkung"; *Höpfner*, RdA 2019, 146 (155) „Spannenklauseln sind kein Vertrag im Wettbewerb, sondern ein Vertrag über den Wettbewerb" unter Verweis auf *Hartmann/Lobinger*, NZA 2011, 421 (424); ebenso *Franzen*, RdA 2006, 1 (8): unzulässige sog. qualifizierte mitgliedschaftsanknüpfende Klauseln".

629 Vgl. zur Problematik *Höpfner*, RdA 2019, 146 (152).

630 BAG v. 15.04.2015 – 4 AZR 796/13, AP TVG § 3 Nr. 57; die gegen diese viel kritisierte Entscheidung (vgl. nur *Greiner*, NZA 2016, 10; *ders.*, in: FS Willemsen (2018), S. 159 (163); *Steffan*, in: HMB, Teil 5 Rn. 13; *Hanau*, in: NK-ArbR, GG, Art. 9 Rn. 35; *Giesen*, ZfA 2016, 153 (192) erhobene Verfassungsbeschwerde blieb erfolglos, vgl. BVerfG v. 14.11.2018 – 1 BvR 1278/16, AP GG Art. 9 Nr. 153.

631 BAG v. 15.04.2015 – 4 AZR 796/13, AP TVG § 3 Nr. 57 Rn. 25, 37 ff., 47 ff.

632 Vgl. *Mayer*, Differenzierungsklauseln, S. 72; ebenso *Höpfner/Lesch/Schneider/Vogel*, Tarifautonomie und Tarifgeltung, S. 454; ausdrücklich anders BAG v. 15.04.2015 – 4 AZR 796/13, AP TVG § 3 Nr. 57 Rn. 27.

633 Siehe hierzu im Einzelnen *Mayer*, Differenzierungsklauseln, S. 101 ff.

Besonderheiten der Sanierungssituation ab. Die unterschiedliche Behandlung der Arbeitnehmer anhand des Stichtages sei gerechtfertigt, damit die Tarifvertragsparteien den Kreis der Anspruchsberechtigten verlässlich bestimmen und das Gesamtvolumen der tariflichen Sonderleistungen planen konnten.[634] Wenn es hingegen um „normale Tarifverträge" und die Verteilung von Leistungen geht, die aus laufenden Erträgen erwirtschaftet werden, kann dieses Argument nicht greifen. Weil die Dauer der Gewerkschaftszugehörigkeit keinen sachlich begründeten Anknüpfungspunkt für die mit der Binnendifferenzierung mit Stichtag in der Vergangenheit verbundene Ungleichbehandlung bietet, dürfte in solchen Klausen außerhalb von Sanierungssituationen ein Verstoß gegen Art. 3 GG liegen.[635]

d) Zwischenergebnis

Es lässt sich somit festhalten, dass die Differenzierungsklauseln auch unter Berücksichtigung der jüngeren Rechtsprechung nicht zur endgültigen „Abschottung" der gewerkschaftlichen Leistung gegenüber Außenseiter-Arbeitnehmern in der Lage sind. Die Werbewirkung von Tarifverträgen lässt sich damit nicht nachhaltig stärken.

5. Die Differenzierung mittels gemeinsamer Einrichtungen

Demgegenüber können sich gemeinsame Einrichtungen nach § 4 Abs. 2 TVG durchaus zur Differenzierung nach der Gewerkschaftszugehörigkeit und zum Ausschluss von Außenseiter-Arbeitnehmern eignen.

Bei gemeinsamen Einrichtungen handelt es sich um von den Tarifvertragsparteien geschaffene und von ihnen abhängige Organisationen, deren Zweck und Organisationsstruktur durch den sie ins Leben rufenden Tarifvertrag und die von den Tarifvertragsparteien verantwortete Satzung festgelegt wird. Sie erfreuen sich zunehmender Beliebtheit und werden (seit der Rentenreform 2001) oft zum Zwecke der überbetrieblichen Bünde-

634 Vgl. BAG v. 15.04.2015 – 4 AZR 796/13, AP TVG § 3 Nr. 57, Rn. 37 ff, ins. 42.; ebenso *Franzen*, NZA-Beilage 2017, 66 (70); *Höpfner*, RdA 2019, 146 (156f.); *Löwisch/Rieble* TVG, § 1 Rn. 212.

635 Ebenso *Höpfner/Lesch/Schneider/Vogel*, Tarifautonomie und Tarifgeltung, S. 455; sehr eingehend und unter Anknüpfung an den eigens entwickelten „tarifvertraglichen Gleichbehandlungsgrundsatz" *Mayer*, Differenzierungsklauseln, S. 234 ff.

lung betrieblicher Altersversorgungssysteme gegründet oder in Umstrukturierungs- und Rationalisierungssituationen als Träger einer Beschäftigungsgesellschaft etabliert.[636] Ein weiteres bekanntes Beispiel ist die Zusatzversorgungskasse des Baugewerbes („SOKA-Bau“), die der Sicherung von Urlaubsansprüchen und der Finanzierung der Berufsausbildung dient und überdies mit Hilfe einer Rentenbeihilfe einen Ausgleich für strukturbedingte Nachteile bei der Altersversorgung schafft.[637]

Die gemeinsame Einrichtung stellt eine eigene Rechtspersönlichkeit dar, welche eigene Beziehungen zu den Mitgliedern der sie kreierenden Tarifvertragsparteien unterhält. § 4 Abs. 2 TVG erstreckt die unmittelbare und zwingende Wirkung des Tarifvertrages über die gemeinsame Einrichtung auf die Rechtsbeziehungen zwischen der Einrichtung und den tarifgebundenen Arbeitnehmern und Arbeitgebern sowie auf die Satzung der Einrichtung. Jene sind sowohl zur Finanzierung der Einrichtung verpflichtet als auch zur Leistungsbeziehung von dieser berechtigt.[638] Da die Normsetzungsbefugnis der Tarifvertragsparteien jedoch die Außenseiter nicht umfasst, sind Außenseiter(-Arbeitgeber) grundsätzlich weder zur Beitragszahlung verpflichtet noch Außenseiter-Arbeitnehmer zum Leistungsbezug berechtigt.[639] An dem Fehlen des Leistungsanspruchs ändert auch die Inbezugnahme eines Tarifvertrages über die gemeinsame Einrichtung nichts, da die Arbeitsvertragsparteien nicht in der Lage sind, die gemeinsame Einrichtung als dritte Person verbindlich zu verpflichten.[640] Deshalb eignen sich die Einrichtungen im Ausgangspunkt gut zur Differenzierung.[641]

---

636 Vgl. *Thüsing/v. Hoff*, ZFA 2008, 77 (78); *Däubler/Heuschmid*, RdA 2013, 1 (2).

637 Vgl. *Thüsing*, NZA-Beilage 2017, 3 (3).

638 Siehe eingehend zur umstrittenen Frage, ob für die Entstehung der Beitrags- und Leistungspflicht eine kongruente Tarifbindung erforderlich ist, *Strippelmann*, Rechtsfragen der gemeinsamen Einrichtungen, S. 81 ff.

639 Siehe nur *Assenmacher*, Funktion und Befugnisse, S. 192; *Strippelmann*, Rechtsfragen der gemeinsamen Einrichtungen, S. 80; siehe eingehend zur umstrittenen Frage, ob für die Entstehung der Beitrags- und Leistungspflicht eine kongruente Tarifbindung erforderlich ist S. 81 ff.

640 Vgl. *Franzen*, in: ErfK, TVG § 4 Rn. 25; *Löwisch/Rieble* TVG, § 3 Rn. 690 f.; *Strippelmann*, Rechtsfragen der gemeinsamen Einrichtungen, S. 95; es kann zwar sein, dass der Bezugnahmeklausel eine arbeitsvertragliche Verschaffungspflicht des Arbeitgebers entnommen werden kann, der dann gegenüber den Tariffreien die Leistung wertgleich selbst erbringen muss (vgl hierzu *Thüsing/v. Hoff*, ZfA 2008, 77, (91)), allerdings ist bleibt die Einrichtung dennoch Leistungspflichten gegenüber den Außenseitern frei.

641 Explizit *Löwisch/Rieble* TVG, § 4 Rn. 341: „wirkt gegen Trittbrettfahrer“; ebenso *Strippelmann*, Rechtsfragen der gemeinsamen Einrichtung, S. 105; *Waltermann*, Differenzierungsklauseln, S. 89; aktuelles Praxisbeispiel ist z.B. der „Fond Wohnen und

Sie haben außerdem den Vorteil, dass dem Arbeitgeber bei einer Leistungsauskehr über die zwischengeschaltete Einrichtung der Organisationsstatus seiner Arbeitnehmer verborgen bleibt. Insofern ist er auch schwerlich in der Lage, die Bevorteilung der theoretisch allein berechtigten organisierten Arbeitnehmer durch gezielte Ausgleichsleistungen an die Außenseiter unter den Arbeitnehmern zu torpedieren. Deren Identität wird ihm schließlich ebenso wenig bekannt wie die der Organisierten.[642] Durch die Loslösung der Anspruchsabwicklung von der Betriebsebene und Ausgliederung auf die Einrichtung und die damit einhergehende Unkenntnis über den Kreis der Leistungsbezieher kann zudem der Betriebsfriede befördert werden. Die Beitragslast des Arbeitgebers bemisst sich zudem pauschal an der Lohnsumme der gesamten Belegschaft. Das hat den Vorteil, dass die Belastung unabhängig von der konkreten Zahl der Organisierten ist und den andernfalls eventuell vorhandenen Anreiz zur Kündigung von Organisierten und Einstellung von Außenseitern entfallen lässt.[643]

Eine Differenzierung mittels einer gemeinsamen Einrichtung kann freilich nur so lange funktionieren, wie es nicht zu einer AVE des Tarifvertrags über die Gemeinsame Einrichtung kommt.[644] Genau danach streben diese Tarifverträge aber oft, weil die Erfassung auch der Außenseiter essentiell für die Funktionsfähigkeit der Einrichtungen ist.[645] Ohne eine AVE droht nämlich die Gefahr, dass die tarifgebundenen Arbeitgeber, die ordnungsgemäß Beiträge abführen, auch die Leistungen an solche organisierten Arbeitnehmer mitfinanzieren, die bei nicht zahlenden Außenseiter-Arbeitgebern beschäftigt sind. Um eine solche „Subventionierung der nicht tarifgebundenen Unternehmern durch die eigenen tarifgebundenen Wettbewerber"[646] zu verhindern, verpflichten sich die Tarifvertragsparteien regelmäßig zur

Mobilität", der Mitglieder der Gewerkschaft EVG, die in Betrieben im Geltungsbereich des zugrunde liegenden Tarifvertrags der DB AG arbeiten, mit Zuschüssen zu Ausgaben in den Bereichen Wohnen und Mobilität unterstützt, vgl. https://womofonds.de/haeufig-gestellte-fragen (letzter Abruf 25.1.2023).

642 Vgl. *Däubler/Heuschmid*, RdA 2013, 1 (8), welche ferner über die praktische Anwendung dieser Gestaltung berichten; *Neumann*, Tarifboni für Gewerkschaftsmitglieder, S. 95.

643 Vgl. *Neumann*, Tarifboni für Gewerkschaftsmitglieder, S. 96.

644 So auch *Löwisch/Rieble* TVG, § 1 Rn. 578.

645 *Bötticher*, Die gemeinsamen Einrichtungen, S. 67; *Löwisch/Rieble* TVG, § 5 Rn. 24; *Sittard*, Tarifnormerstreckung, S. 124; vgl. (in Bezug auf die SOKA-Bau) *Thüsing*, NZA-Beilage 2017, 3 (3): „Sie lebt davon, dass Nicht - Tarifgebundene durch AVE einbezogen werden. Ohne staatlichen Rückenwind geht es nicht."

646 BAG v. 28.3.1990 – 4 AZR 536/89, AP TVG § 5 Nr. 25 (= NZA 1990, 781 (782)).

gemeinsamen Beantragung der AVE des Tarifvertrags über eine gemeinsame Einrichtung.[647]

Der somit vergrößerten Gruppe an Beitragszahlern steht dann jedoch auch eine vergrößerte Gruppe an Anspruchsberechtigten gegenüber, da die Außenseiter-Arbeitnehmer infolge der AVE einen Anspruch auf die Leistungen der gemeinsamen Einrichtung erwerben. Das wird jedoch in Kauf genommen, weil es oft aus wirtschaftlichen Gründen unumgänglich ist, sämtliche Arbeitgeber zur Finanzierung einer überbetrieblichen Altersversorgung oder sonstigen Versorgungsleistungen heranzuziehen. Je größer die Risikogemeinschaft ist, desto leichter lassen sich außerdem biometrische Risiken der Beschäftigten ausgleichen und versichern.[648]

Wie zentral die AVE für das Funktionieren gemeinsamer Einrichtungen ist, verdeutlicht nicht zuletzt das gesetzgeberische Einschreiten zur „Rettung“ der SOKA-Bau. Nachdem das BAG mit zwei Entscheidungen vom 21.9.2016 die Unwirksamkeit der AVE des Tarifvertrags über das Sozialkassenverfahren im Baugewerbe für die Jahre 2008, 2010 und 2014 festgestellt hatte,[649] entfiel schlagartig die Einzahlungsverpflichtung der Außenseiter-Arbeitgeber für Vergangenheit und Zukunft. Die Kassen befürchteten massive Rückzahlungsforderungen und sahen ihre Funktionsfähigkeit in Gefahr, sodass der Gesetzgeber ein „Gesetz zur Sicherung der Sozialkassenverfahren im Baugewerbe“ (SOKA-SiG) erließ und kurzerhand eine neue, eigene Rechtsgrundlage für die Einbeziehung der Außenseiter schuf.[650] Mittlerweile ist die solidarische Finanzierung der gemeinsamen Einrichtungen erleichtert worden. Mit dem TASG I wurde der Absatz 1a in § 5 TVG eingefügt. Nunmehr kann die AVE ausdrücklich zur Sicherung der Funktionsfähigkeit der gemeinsamen Einrichtungen und unter Verzicht auf das früher erforderliche 50 %-Quorum iSv § 5 Abs. 1 S. 1 Nr. 1 TVG aF erfolgen.[651]

---

647 Vgl. *Löwisch/Rieble* TVG, § 5 Rn. 26.

648 Vgl. *Löwisch/Rieble* TVG, § 5 Rn. 25.

649 BAG v. 21.9.2016 – 10 ABR 33/15 und 10 ABR 48/15, AP TVG § 5 Nr. 35.

650 Gesetz v. 16.5.2017, BGBl. 2017 I, S. 1210; vgl. zur Problematik auch *Thüsing*, NZA-Beilage 2017, 3 ff. und *Giesen*, in: MHdB ArbR II, § 153 Rn. 7 ff.; für verfassungsgemäß erklärt durch BVerfG v. 11.8.2020 – 1 BvR 2654/17, AP TVG § 1 Tarifverträge: Bau Nr. 394.

651 Es handelt sich dabei um einen Sonderfall des öffentlichen Interesses in § 5 Abs. 1 TVG, vgl. *Giesen*, in: MHdB ArbR II, § 153 Rn. 4; *ders.*, in: BeckOK ArbR, TVG § 5 Rn. 17.

6. Schlussfolgerungen zum Erfolg der Differenzierungsbemühungen und Bedeutung für die Mitgliederentwicklung der Gewerkschaften

Die vorstehenden Erörterungen haben bestätigt, was bereits vermutet wurde. Die Koalitionen haben der Gleichstellungspraxis der meisten Arbeitgeber und der umfassenden Partizipation der Außenseiter-Arbeitnehmer nichts entgegenzusetzen.[652] Die einfachen Differenzierungsklauseln sind zwar zulässig, können jedoch angesichts der außenseiterfreundlichen Auslegung der Bezugnahmeklauseln nichts bewirken. Durch sie können den Mitgliedern keine Sondervorteile eingeräumt werden, welche den Außenseiter-Arbeitnehmern nachhaltig vorenthalten werden. Das Anliegen, die Mitgliedschaft gegenüber der Außenseiterstellung als vorteilhafter erscheinen zu lassen, wird somit verfehlt. Die qualifizierten Differenzierungsklauseln, die demgegenüber das Potential haben, höchst effektiv zu sein, werden als unzulässig betrachtet. Das Potential der gemeinsamen Einrichtungen wird in der Regel nicht ausgeschöpft, da die AVE zur Finanzierung der Leistungen als unumgänglich betrachtet wird.

IV. Schlussfolgerungen und deren Bedeutung für den Fortgang der Untersuchung

Es hat sich gezeigt, dass die Einbeziehung der Außenseiter-Arbeitnehmer von Seiten der Gewerkschaften keineswegs immer nur bekämpft wurde, sondern dann, wenn sie letztlich auch den Interessen der Organisierten zugutekam, forciert wurde. Die Gewerkschaften haben konjunkturabhängig mal ein Interesse an einer Außenseiter-Partizipation und mal nicht[653] und insofern versucht, die Partizipation der Außenseiter-Arbeitnehmer so einzusetzen, dass die Beitrittsneigung der Arbeitnehmer erhalten bleibt oder gesteigert wird. Ihre dementsprechend verfolgte „Strategie von Expansion

---

652 Zu der Frage, ob ein Nutzungsentgelt *de lege lata* umsetzbar wäre, siehe unter Teil 3.

653 Auf den konjunkturabhängigen Strategiewechsel weist schon *Abg. Schönfelder (SPD)*, 44. Sitzung des Hauptausschusses am 19.1.1949, in: Feldkamp, Parlamentarischer Rat, Band 14, Teilband II, S. 1386 hin: „Sie haben Abmachungen getroffen und Tarifverträge geschlossen, und beide haben vereinbart, daß Außenseiter, die sich nicht an den Tarifvertrag halten, ausgeschlossen sein sollen. Das ist in Zeiten guter Konjunktur auf Arbeiterseite so gewesen; in Zeiten schlechter Konjunktur ist es umgekehrt gewesen."

und Exklusion"[654] erweist sich somit in der Theorie als stringent und vor allem als unmittelbare Wahrnehmung der Mitgliederinteressen. Damit stehen die gewerkschaftlicherseits vorangetriebene Partizipation von Außenseiter-Arbeitnehmern und das Verständnis der Gewerkschaften als Mitgliederverband mit dem Willen zur Verfolgung selektiver Gruppeninteressen auch nicht in Widerspruch zueinander.

In der Praxis ist diese Strategie jedoch außer Kontrolle geraten und muss wohl als gescheitert betrachtet werden. Denn diese Strategie kann nur dann funktionieren, wenn die Gewerkschaft die Partizipation der Außenseiter-Arbeitnehmer an den von ihnen ausgehandelten Tarifverträgen und ihrer sonstigen Arbeit zusammen mit dem sozialen Gegenspieler *selbständig* steuern und vor allem die Außenseiter-Arbeitnehmer vom Tarifvertrag auch wieder ausschließen kann. Genau hier liegt nun aber das Problem: die weitgehende Partizipation aller Arbeitnehmer bzw. zumindest die Möglichkeit dazu ist zum neuen Normalzustand geworden. Der Umstand, dass es sich bei den Koalitionen und ihren mannigfaltigen Leistungen in der Arbeits- und Wirtschaftsordnung um private Errungenschaften handelt, auf die der Staat gerne zurückgreift, die er aber weder personell noch finanziell unterstützt, ist in den Hintergrund geraten. Den Versuchen der Gewerkschaften, eine kostenpflichtige Mitgliedschaft bei ihnen trotz des verbreiteten „Gemeingebrauchs am Tarifvertrag" nicht obsolet erscheinen zu lassen, schob die Rechtsprechung – paradoxer Weise gerade unter Verweis auf die mittlerweile herausragende Bedeutung der Tarifverträge – in ihrem Grundsatzbeschluss des Großen Senats des BAG 1967 einen Riegel vor. In diesem tat sie nichts weniger, als den ausgleichslosen Gebrauch von Tarifverträgen für alle zu proklamieren:

> „Deshalb darf niemand von Dritten ohne gesetzliche Ermächtigung oder vertragliche Unterwerfung veranlaßt werden, für das, was er **seit jeher kostenlos in Anspruch nahm und daher als Gemeingut ansehen darf**, einen Ausgleich zu erbringen [sic]."[655]

Verbietet man den Gewerkschaften mit dieser Argumentation sowohl eine Einschränkung als auch eine Kostenpflichtigkeit der Partizipation der Au-

654 Angedeutet bei *Brisch*, Rechtsstellung der deutschen Gewerkschaften, S. 91, der von gemischten Gefühlen der Gewerkschaft spricht. Schilderungen *Herschels*, DB 1969 659 (662) zufolge hat der Gesetzgeber die Regelung des § 1 Abs. 2 TVVO auf Wunsch der Gewerkschaften nicht übernommen in das TVG.

655 BAG *(GS)* v. 29.11.1967 – GS 1/67, AP GG Art. 9 Nr. 13, juris Rn. 156 ff.

ßenseiter-Arbeitnehmer, schlägt man ihnen den Tarifvertrag als ihr wesentliches Werbemittel aus der Hand.

D. Die Partizipation der Außenseiter-Arbeitnehmer an Tarifverträgen aus rechtsökonomischer Perspektive

Welche Schwierigkeiten dieser „Gemeingebrauch" an Tarifverträgen im Hinblick auf die Mitgliedergewinnung und letzten Endes auch die Funktionsfähigkeit der tarifautonomen Regelung von Arbeits- und Wirtschaftsbedingungen überhaupt mit sich bringt, verdeutlicht eine Betrachtung der Situation aus rechtsökonomischer Perspektive.

I. Tarifverträge als Kollektivgüter im Sinne der Wirtschaftswissenschaft

Einer der Grundbegriffe der Wirtschaftswissenschaft[656] ist der des Kollektivgutes (auch „öffentliches Gut" / „public good").[657] Es zeichnet sich dadurch aus, dass es von jedermann und nicht nur von Personen genutzt werden kann, die Mitglied in der Organisation sind, die das Gut produziert. Daneben kennzeichnet es eine sog. Nicht-Rivalität bzw. Nicht-Konkurrenz im Konsum, was bedeutet, dass der Konsum des Gutes durch ein Individuum nicht zu einer Einschränkung der Gebrauchsmöglichkeit für Dritte führt.[658] Als bildliche Beispiele für Kollektivgüter werden gerne der Leuchtturm oder die Verkehrsampel angeführt, weil deren (Warn-)Funktion für jedermann sichtbar (kein Ausschluss) und zugleich die Anzahl der Nutzer unbeschränkt ist (keine Rivalität). Neben dem Straßennetz samt Warnanla-

---

656 Diese ist zu beschreiben als Sozialwissenschaft, die sich damit befasst, wie eine Gesellschaft durch Produktion und Verteilung von Gütern ihre materiellen Bedürfnisse befriedigt und damit zusammenhänge Prozesse (etwa Wirtschaftswachstum, Handel, Inflation, Arbeitslosigkeit) analysiert, vgl. *Schäfer/Ott*, Lehrbuch der ökonomischen Analyse des Rechts, S. 49.

657 Auch „öffentliche Gut" /„public good", ein instruktives Standardwerk ist – auch zu Folgendem – *Mankiw/Taylor*, Grundzüge, S. 277 ff.; *Schäfer/Ott*, Lehrbuch der ökonomischen Analyse des Rechts, S. 86 f.

658 Bei in Privateigentum stehenden Gütern liegen Ausschließbarkeit und Konkurrenz hingegen kumulativ vor.

gen werden auch die innere und äußere Sicherheit eines Staates oder das technologische Wissen einer Gesellschaft als Kollektivgüter betrachtet.[659]

Auch wenn das deutsche Recht – anders als das einiger Nachbarländer[660] – im Tarifvertrag grundsätzlich ein exklusives Gut erblickt,[661] ist dieses Modell „von der Rechtwirklichkeit ‚überrollt' worden".[662] Es wurde festgestellt, dass man längst nicht mehr organisiert sein muss, um in den Genuss tarifvertraglicher Leistungen zu kommen, denn die beinahe flächendeckende Verwendung von Bezugnahmeklauseln ebnet die natürliche, in §§ 3 Abs. 1, 4 Abs. 1 TVG angelegte Zweiteilung der Belegschaft in Organisierte und Außenseiter weitgehend ein. Letztere können regelhaft an der Aushandlung und Vereinbarung (vermutungsweise) angemessener Arbeitsbedingungen teilhaben. Staatliche Geltungserstreckungen tun ihr Übriges. Da der Tarifvertrag außerdem nicht „verbraucht" wird, wenn ein Arbeitnehmer davon profitiert (Recht wird als unerschöpfliche Ressource betrachtet), liegt neben der Nicht-Ausschließlichkeit auch eine Nicht-Rivalität vor. Praktisch handelt sich bei Tarifverträgen also um Kollektivgüter.[663]

II. Erforderlichkeit von selektiven Anreizen bei der Produktion von Kollektivgütern durch große Gruppen nach *Mancur Olson*

Kollektivgüter werden eher selten von Privaten produziert, man spricht insofern auch von einem Marktversagen.[664] Grund dafür ist der Umstand,

---

659 Vgl. nur *Kocks*, ZIB 2010, 235 (235 f.); *Schäfer/Ott*, Lehrbuch der ökonomischen Analyse des Rechts, S. 86 f.; *Sunken/Schubert*, Ökonomische Theorien der Politik, S. 142 ff.

660 Vor allem im romanischen Rechtskreis ist die sog. Erga-Omnes-Wirkung dominant, vgl. *Waltermann*, ZfA 2020, 211 (213); eingehend *Kamanabrou,* in: Erga-Omnes-Wirkung von Tarifverträgen, S. 3 (22 ff.).

661 Treffend ausgedrückt durch *Däubler/Heuschmid*, RdA 2013, 1: „doch folgt das Gesetz nicht dem Modell ‚Tarifvertrag als Gemeingut'"; ebenso *Pyhel*, Gewerkschaftliche Mitgliedschaftsloyalität, S. 47; siehe auch die Monographie von *Leydecker* dazu „Der Tarifvertrag als exklusives Gut".

662 Zit. n. *Gamillscheg*, Kollektives Arbeitsrecht I, S. 730; ebenso *Walser*, Einfluss der Rechtsordnung auf die Tarifbindung der Arbeitgeber, S. 48, *E. Willemsen*, Die arbeitsvertragliche Bezugnahme, S. 27; *Wiedemann*, RdA 2007, 65; *Ebeling*, Bezugnahme, S. 1.

663 *Pyhel*, Gewerkschaftliche Mitgliedschaftsloyalität, S. 49; *ders.* WSI-Mitteilung 2006, 341 (341); *Seiwerth*, Gestaltungsfreiheit in Tarifverträgen, S. 457; *ders.*, RdA 2014, 358 (360).

664 Vgl. *Schäfer/Ott*, Lehrbuch der ökonomischen Analyse des Zivilrechts, S. 86 f. sowie nachfolgende Fn. 665.

dass einzelne Personen in erster Linie danach streben, ihre persönliche Wohlfahrt zu maximieren. Sie wägen einzusetzende persönliche Kosten (Geld, Zeit, persönliches Engagement) gegen den erreichbaren Nutzen ab und entscheiden rational-ökonomisch darüber, ob sie ihr Interesse an Gütern artikulieren und an der Produktion durch eigenen Einsatz von Zeit und/oder Geld mitwirken.[665] Geht es um die Produktion von Kollektivgütern, von deren Nutzung man ohnehin nicht ausgeschlossen werden kann, erweist es sich bei rationaler Betrachtung als nutzenmaximierend, nicht selbst an der Produktion des Kollektivgutes mitzuwirken, sondern darauf zu warten, dass andere diese Aufgabe übernehmen, mit anderen Worten also Trittbrettfahrer[666] zu sein („collective action problem“).[667] Nach *Olson* treten die Schwierigkeiten bei der Produktion von Kollektivgütern im Besonderen bei größeren (latenten) Gruppen auf. Je größer die Gruppe sei, desto eher würden die Einzelnen zum Trittbrettfahren neigen.[668] Denn die Verweigerung eines eigenen Beitrages falle nicht nur weniger ins Gewicht als bei kleineren Gruppen,[669] sondern auch die „Verwerflichkeit“ des Trittbrettfahrens werde wegen der geringeren Sichtbarkeit seltener angepran-

---

665 Eine der wichtigsten Standardannahmen der ökonomischen Theorie ist (trotz zunehmender Kritik) noch immer die, dass die Menschen ihre eigenen, egoistischen Interessen verfolgen und dabei rational vorgehen (methodologischer Individualismus, im englischen Sprachgebrauch auch bekannt unter der Formel „REMM-Hypothese (resourceful, evaluating, maximizing man)); siehe hierzu unter Auseinandersetzung mit der Kritik *Schäfer/Ott*, Lehrbuch der ökonomischen Analyse des Zivilrechts, S. 107 ff.; siehe auch *Sunken/Schubert*, Ökonomische Theorien der Politik, S. 146; *Olson*, Logik des kollektiven Handelns, S. 2, 14.

666 Die Bezeichnung ist angelehnt an das kostenlose Mitfahren auf Straßenbahnen durch das Aufspringen auf das „Trittbrett“, vgl. *Sunken/Schubert*, Ökonomische Theorien der Politik, S. 144.

667 Maßgeblich hierzu *Olson*, Logik des kollektiven Handelns, S. 2, 14 f.; s.a *Schäfer/Ott*, Lehrbuch der ökonomischen Analyse des Zivilrechts, S. 87; zustimmend insoweit, dass die Gewerkschaften immer dem Problem der großen (latenten) Gruppen zu tun haben *Keller*, Politische Vierteljahresschrift, 1988), 388 (391). Für ihn stehen die rationalen Kosten-Nutzen-Erwägungen klar im Zentrum des Problems (vgl. 397).

668 *Olson*, Logik des kollektiven Handelns, S. 2, 8 ff., 52 ff.; vgl. dazu auch *Schmidt-Trenz*, Die Logik kollektiven Handelns bei Delegationen, 65 ff.; *Sunken/Schubert*, Ökonomische Theorien der Politik, S. 146 f.

669 Vgl. dazu auch *Sunken/Schubert*, Ökonomische Theorien der Politik, S. 147 mit folgendem Beispiel: „Beteiligt man sich nicht an einem Streik, bei dem sich aber 9995 von 10.000 Beschäftigten eines Betriebes beteiligen, so gefährdet dies nicht sonderlich den Erfolg des Streiks. [...] Die Weigerung, in einem Fünf-Personen-Betrieb an einem Streik teilzunehmen, mag hingegen den Erfolg bzw. die Erfolgswahrscheinlichkeit der Auseinandersetzung stark mindern.“

gert.[670] Daneben sei davon auszugehen, dass bei größeren Gruppen auch eine größere Meinungsvielfalt vorherrsche. Diese heterogenen Interessen in einem geordneten Prozess in Einklang zu bringen, erhöhe die Organisationkosten. Das wiederum kann sich in der Kosten-Nutzen-Analyse des Einzelnen negativ auswirken. Kollektivgüter werden daher *Olson* zufolge in großen Gruppen nur dann produziert, wenn durch Zwang zur Beteiligung Einzelner genötigt wird (wie z.B. der Bürger mit verpflichtenden Steuern und Abgaben zur Finanzierung staatlicher Leistungen wie Landesverteidigung oder Infrastruktur gezwungen wird)[671] oder aber andere selektive Anreize vorhanden sind.[672] Klassisches Beispiel für selektive Anreize sind Klubgüter, wie Streikgeld, Rechtsberatung oder Weiterbildungsangebote, deren Erhalt den Mitgliedern privater Gruppen als exklusive Sondervorteile in Aussicht gestellt werden, wenn sie sich engagieren.[673] Neben solchen finanziellen Anreizen können aber auch soziale und psychologische Faktoren, wie der Wunsch nach Prestige, Achtung und Freundschaft oder der Druck des sozialen Umfelds, Menschen dazu motivieren, bestimmte Handlungen auszuführen. Hierbei handelt es sich um sog. soziale Anreize.[674]

---

670 *Olson*, Die Logik des kollektiven Handelns, S. 61 spricht insofern von sog. „großen latenten" Gruppen.

671 Anschaulich *Olson*, Logik des kollektiven Handelns, S. 12: ‚[T]rotz der Kraft des Patriotismus, der Anziehungskraft der nationalen Ideologie, des Bandes einer gemeinsamen Kultur und der Unentbehrlichkeit eines Systems von Recht und Ordnung war in der Neuzeit kein bedeutender Staat in der Lage, sich durch freiwillige Beiträge oder Abgaben selbst zu erhalten. Philanthropische Beiträge stellen in den meisten Ländern nicht einmal eine nennenswerte Einnahmequelle dar. Steuern, definitionsgemäß Zwangszahlungen, sind notwendig. [...] Wenn der Staat mit allen ihm zur Verfügung stehenden Hilfsmitteln seine grundlegendsten und lebenswichtigen Tätigkeiten nicht ohne Zwangsanwendung finanzieren kann, darf man annehmen, daß große private Organisationen ebenfalls Schwierigkeiten haben dürften, die Einzelnen in den Gruppen, deren Interessen sie zu vertreten suchen, dazu zu bewegen, die notwendigen Beiträge freiwillig zu leisten."

672 *Olson*, Logik des kollektiven Handelns, S. 2, 32 vgl. auch *Schäfer/Ott*, Lehrbuch der ökonomischen Analyse des Zivilrechts, S. 87.

673 Vgl. *Olson*, Logik des kollektiven Handelns, S. 71 unter Bezugnahme auf die Rolle von zusätzlichen Versicherungsleistungen für Mitglieder bei der Entwicklung von kleinen lokalen zu großen national agierenden Gewerkschaften in den USA und Großbritannien. S. 132 f.; s.a. *Ebbinghaus/Göbel/Koos*, Mitgliedschaft in Gewerkschaften, S. 5.

674 Vgl. *Olson*, Logik des kollektiven Handelns, S. 59.

III. Fehlen selektiver Anreize für die Produktion von Tarifverträgen in Deutschland

Betrachtet man unter Berücksichtigung dieser Grundsätze die aktuelle Anreizsituation in Deutschland, erhält man ein ernüchterndes Bild.

1. Unmöglichkeit einer Zwangsmitgliedschaft

Zunächst kann die Anordnung einer Zwangsmitgliedschaft, wie sie etwa in den USA durch die closed-shop Regelungen in der Vergangenheit praktiziert wurde und auch *Olson* vor Augen stand,[675] für Gewerkschaften in Deutschland nicht in Frage kommen.[676]

a) Zwangsmitgliedschaft in öffentlich-rechtlichen (Arbeitnehmer-) Kammern als Instrument gegen Trittbrettfahrerverhalten

Mit dem Instrument der Pflichtmitgliedschaft kann das Trittbrettfahren effektiv unterbunden werden – jedenfalls solange man auch inaktive Mitglieder als wünschenswert betrachtet. Beispielhaft führt das BVerfG in seiner Entscheidung zur Pflichtmitgliedschaft in der IHK, die zugleich mit einer Beitragspflicht verbunden ist, aus:

> „Zwar könnte der Gesetzgeber die Pflichtmitgliedschaft in der Kammer durch ein Konzept freiwilliger Mitgliedschaft bei Erhalt der Kammern im Übrigen ersetzen. Doch sichert die Pflichtmitgliedschaft aller Gewerbetreibenden eines Bezirks die Voraussetzungen für eine partizipative Ermittlung des Gesamtinteresses nach § 1 I IHKG, bei der tatsächlich alle Betriebe und Unternehmen jedenfalls berücksichtigt werden können. **Wäre die Mitgliedschaft freiwillig, bestünde zudem ein Anreiz, als „Trittbrettfahrer" von den Leistungen der Kammer zu profitieren, ohne selbst Beiträge zu zahlen.** Die an die Pflichtmitgliedschaft gebundene Beitragspflicht trägt dazu bei, den Kammern die Erfüllung ihrer

675 Vgl. *Ebbinghaus/Göbel/Koos*, Mitgliedschaft in Gewerkschaften, S. 5.

676 Ebenso *Hueck/Nipperdey*, Lehrbuch des Arbeitsrechts II/1, S. 144; *Pyhel*, WSI-Mitteilung 2006, 341 (341).

> Aufgaben – vorbehaltlich der Angemessenheit ihrer Höhe und der ordnungsgemäßen Verwendung – zu ermöglichen."[677]

Die Zwangsmitgliedschaft in öffentlich-rechtlichen Verbänden wird gebilligt, wenn die Zwangseinwirkung der Erfüllung „legitimer öffentlicher Aufgaben" dient und verhältnismäßig ist.[678] Das gilt zum Beispiel auch für die Zwangsmitgliedschaft in den einzig verbliebenen Arbeitnehmerkammern in Bremen und dem Saarland, die einige Berührungspunkte mit dem gewerkschaftlichen Aufgabenspektrum haben. Die Arbeitnehmerkammern vertreten nach außen die Interessen der Arbeitnehmer und haben ihre Sachkenntnis in den Dienst des Staates zu stellen, indem sie vorbereitend an Gesetzgebung, Verwaltung und Rechtsprechung mitwirken. Nach innen erbringen sie Dienstleistungen auf dem Gebiet des Bildungswesens, der sozialrechtlichen Schulung, der Beratung in Rechtsangelegenheiten und in anderen Bereichen, die den Arbeitnehmern unmittelbar zugutekommen (sollen).[679] In der Arbeitnehmerkammer in Bremen sind derzeit 400.000 sozialversicherungspflichtig Beschäftigte sowie Minijobberinnen und Minijobber (qua Gesetzes) Mitglied und damit verpflichtet, den ab 1.1.2023 bei 0,14 % des Bruttomonatslohns liegenden Beitrag zu zahlen.[680] Im Saarland liegt der Beitrag sogar bei 0,15 %. Angesichts der Kappungsgrenze bei 0,15 % von 100 % der Beitragsbemessungsgröße der Deutschen Rentenversicherung liegt der Zwangsbeitrag aber höchstens bei 10,95 EUR pro Monat.[681]

Trotz erheblicher Kritik gegen die Zwangsmitgliedschaft – auch von Seiten der sich bedroht fühlenden Gewerkschaften – entschied das BVerfG mit Beschluss vom 18.12.1974, dass die Gesetze der Länder Bremen und Saarland über die Errichtung von Arbeitnehmerkammern als Körperschaften des öffentlichen Rechts mit Pflichtmitgliedschaft aller Arbeitnehmer

---

677 BVerfG v. 12.07.2017 – 1 BvR 2222/12, E 146, 164 (202 f.) Rn. 102 – Hervorhebung durch die Verfasserin.

678 BVerfG v. 12.07.2017 – 1 BvR 2222/12, E 146, 164; v. 18.12.1974 – 1 BvR 430/65 u.a., E 38, 281 (298 f.).

679 Vgl. § 4 des „Gesetz über die Arbeitnehmerkammer im Lande Bremen" vom 28.3. 2000 (Brem. GBl. S. 83) in der Fassung vom 20.10.2020 sowie § 2 des „Gesetz über die Arbeitskammer des Saarlandes" v. 8.4.1992, in der Fassung vom 15.2 2006 (Amtsbl. S. 474, 530).

680 Vgl. Internetauftritt, abrufbar unter https://www.arbeitnehmerkammer.de/ueber-uns/ueber-die-arbeitnehmerkammer-bremen.html (zuletzt abgerufen am 2.1.2023).

681 Vgl. Internetauftritt, abrufbar unter: https://www.arbeitskammer.de/ueber-uns/wer-ist-mitglied-und-welche-aufgaben-hat-die-arbeitskammer/erlaeuterungen-zum-arbeitskammer-beitrag (zuletzt aufgerufen am 2.1.2023).

mit dem Grundgesetz vereinbar sind.[682] Mit den Arbeitnehmerkammern würden Aufgaben erledigt, an denen ein gesteigertes Interesse der Gemeinschaft besteht, die aber weder allein im Wege privater Initiative wirksam wahrgenommen werden können noch zu den im engeren Sinne staatlichen Aufgaben zählen, die der Staat selbst durch seine Behörden wahrnehmen muss („legitime öffentliche Aufgaben"). Mit den oben beschriebenen Tätigkeiten der Arbeitnehmerkammer werde ein Stück staatlicher Daseinsvorsorge geleistet, die dem sozialen Schutzauftrag des Staates entsprächen. Weiterhin sei die Organisation der öffentlichen Aufgabe in einer Körperschaft mit Pflichtmitgliedschaft auch verhältnismäßig, also geeignet, erforderlich und verhältnismäßig im engeren Sinne. Insbesondere grenzten sich die Arbeitnehmerkammern trotz der Konkurrenz klar von den Gewerkschaften ab:

> „Diese Feststellung führt aber auch zu einer grundsätzlichen Überlegung: Die Gewerkschaften sind nach ihrem Ursprung Kampfverbände, entstanden aus dem Gegensatz zu den Arbeitgebern, denen gegenüber die Ansprüche der abhängigen Arbeitnehmer auf gerechten Lohn und angemessene Arbeitsbedingungen durchzusetzen waren. Ihrer ganzen Arbeit ist daher von Haus aus der Bezug auf den sozialen Gegenspieler eigen, mit dem sie verhandeln, dem sie fordernd entgegentreten, den sie gelegentlich offen bekämpfen. **Ihre Tätigkeit ist deutlich interessengerichtet.** Selbstverständlich müssen auch die Gewerkschaften angesichts der Bedeutung ihrer Tätigkeit für die gesamte Wirtschaft und ihres (auch geistigen) Einflusses auf weite Bereiche des öffentlichen Lebens bei allen ihren Aktivitäten das gemeine Wohl berücksichtigen. Trotzdem erhält ihre ganze Arbeit ihren besonderen Akzent von dem Gedanken des „Kampfes" für die Hebung der sozialen und wirtschaftlichen Stellung der Arbeitnehmer.
>
> Die Konzeption, von der aus die Arbeitnehmerkammern ins Leben gerufen worden sind, ist eine andere. **Die Initiative zu ihrer Gründung ist in Bremen wie im Saarland vom Staat ausgegangen.** Er wollte sich in ihnen ein Organ schaffen, das ihm helfen sollte, die wirtschaftliche, soziale und kulturelle Lage der sozialen Gruppe der in abhängiger Arbeit Tätigen **von einem neutralen, objektiven – d.h. nicht von vornherein interessenbestimmten – Standpunkt** aus zu sehen und auf

682 BVerfG v. 18.12.1974 – 1 BvR 430/65 u.a., E 38, 281; dies gilt auch für die gesetzliche Neufassung aus dem Jahr 2000, vgl. OVG Bremen v. 26. 10. 2004 – 1 A 282/03, NZA-RR 2005, 429.

> der so gewonnenen Grundlage die zur Wahrung und Förderung der Interessen dieser Gruppe erforderlichen Maßnahmen in Abstimmung mit den Interessen der übrigen Bevölkerungsgruppen zu treffen. Dem dienen periodisch zu erstattende allgemeine Berichte der Kammern (so der nach § 4 des saarländischen Gesetzes vorgeschriebene Jahresbericht über die wirtschaftliche, soziale und kulturelle Lage der Arbeitnehmer), periodische Mitteilungsblätter, Informationsbroschüren, Schriftenreihen u. ä. wie auch ihre Vorschläge, Gutachten und Berichte zu Einzelfragen. Der Blick der Kammern soll nach der Intention des Gesetzgebers stets auf **die Interessen der Arbeitnehmerschaft im ganzen gerichtet sein**; das Verbindende bei dieser Gruppe ist die soziale Stellung als Arbeitnehmer, ohne Rücksicht, bei welchem Arbeitgeber gearbeitet wird. Die Gegensätze, die etwa zwischen Deutschem Gewerkschaftsbund und Deutscher Angestellten-Gewerkschaft oder zwischen den einzelnen Gewerkschaften aus der besonderen Sicht ihrer Wirtschaftszweige oder Berufsgruppen bestehen können, bleiben hier von vornherein ausgeschaltet. **Die Kammerarbeit ist immer auf das Ganze von Staat und Gesellschaft bezogen, nicht auf einen sozialen „Gegner"**. Diese Heranführung an den Staat ist in Bremen besonders deutlich sichtbar. Hier nähern sich die Kammern der Stellung von Staatsbehörden. Sie können zu den von ihnen vorgeschlagenen oder begutachteten Gesetzesvorschlägen in der Bürgerschaft selbst Stellung nehmen; vor Erlaß aller ihr Arbeitsgebiet berührenden Rechtsvorschriften müssen sie gehört werden; es können ihnen sogar **echte staatliche Aufgaben in Auftragsverwaltung** übertragen werden."[683]

Damit spricht das BVerfG die entscheidenden Aspekte an, welche die funktionale staatliche Selbstverwaltung von der privaten Selbstbestimmung in Verbänden unterscheidet und sich letztlich auch in unterschiedlichen Prüfungsmaßstäben niederschlägt. Für private Verbände ist Art. 9 GG maßgeblich, der das Prinzip *freier* sozialer Gruppenbildung zu *selbst definierten Zwecken* grundgesetzlich verbürgt und auch das Recht enthält, in einer Distanz zum Staat und zu politischen Parteien eigene Vereinigungen zu gründen oder ihnen fernzubleiben.[684] Beschränkungen, die anderen Schutzzwe-

683 BVerfG v. 18.12.1974 – 1 BvR 430/65, E 38, 281 (307 f.) – Hervorhebungen durch die Verfasserin.

684 BVerfG v. 12.07.2017 – 1 BvR 2222/12, E 146, 164 (193 f.) Rn. 78; v. 1.3.1979 – 1 BvR 532/77, E 50, 290 (353 f.); v. 18.12.1974 – 1 BvR 430/65 u.a.; E 38, 281 (297 f.); v. 29.07.1959 – 1 BvR 394/58, E 10, 89 (102).

cken als den in Art. 9 Abs. 2 GG genannten dienen, können nur auf verfassungsimmanente Schranken gestützt werden.[685] Unter den Schutzbereich des Art. 9 GG können öffentlich-rechtliche Körperschaften und Anstalten der funktionalen Selbstverwaltung indes nicht gefasst werden.[686] Sowohl die Gründung der Verbände als auch die verpflichtende Einbeziehung der privaten Akteure beruht schließlich allein auf der Entscheidung des Staates, bestimmte öffentliche Aufgaben statt durch seine eigenen Behörden durch die eigens geschaffenen Verbände zu erfüllen.[687] Wesentliche Motivation ist die Eröffnung einer demokratischen Partizipationsmöglichkeit für die von der Regelung betroffene Personengruppe.[688] Öffentlich-rechtliche Körperschaften und Anstalten der funktionalen Selbstverwaltung betreiben somit – genau wie die privatrechtlichen Verbänden – Interessenvertretung unter kollektiver Mitwirkung privater Akteure. Von den durch Art. 9 GG geschützten Formen der Selbstbestimmung unterscheidet sie jedoch ihre Errichtung und Organisation – inklusive einer Festlegung der Verbandszwecke – durch den nicht grundrechtsberechtigten Staat, der beaufsichtigt, ob und wie die Erfüllung der ihnen zugewiesenen öffentlichen Aufgaben stattfindet. Das Recht, nicht durch Pflichtmitgliedschaft von „unnötigen“ öffentlich-rechtlichen Körperschaften in Anspruch genommen zu werden, kann angesichts dieser Unterschiede nicht in der Vereinigungsfreiheit des Art. 9 GG, sondern in der mit niedrigeren Rechtfertigungsschranken versehenen allgemeinen Handlungsfreiheit des Art. 2 Abs. 1 GG verortet werden.[689]

Die allgemeine Handlungsfreiheit des Art. 2 Abs. 1 GG sah das BVerfG wiederum weder durch die Errichtung der Arbeitnehmerkammern noch durch die vorgesehene Pflichtmitgliedschaft verletzt. Die Pflichtmitgliedschaft aller Arbeitnehmer bei den Kammern sei zur sachgemäßen Erfüllung ihrer Aufgaben erforderlich und die dem einzelnen Arbeitnehmer daraus

685 Statt aller *Cornils,* in: BeckOK GG, Art. 9 Rn. 22.

686 BVerfG v. 12.07.2017 – 1 BvR 2222/12, E 146, 164 (193 f.) Rn. 78; v. 18.12.1974 – 1 BvR 430/65, E 38, 281; v. 1.3.1979 – 1 BvR 532/77, E 50, 290 (353 f.); *Jarass,* in: Jarass/Pieroth GG, Art. 9 Rn. 4, 7; *Cornils,* in: BeckOK GG, Art. 9 Rn. 8.

687 Vgl. BVerfG v. 12.07.2017 – 1 BvR 2222/12, E 146, 164 (194) Rn. 78; v. 29.07.1959 – 1 BvR 394/58, E 10, 89 (102); v. 18.12.1974 – 1 BvR 430/65 u.a., 138, 281 (297f.); vgl. beispielhaft aus dem Gesetz über die Arbeitskammer des Saarlandes“ die § 16 zu „Haushaltsplan und Rechnungsprüfung“ und § 17 zur „Aufsicht“ des Ministerium für Wirtschaft und Arbeit.

688 Vgl. *Kluth,* in: Bes. Verwaltungsrecht I, Verfassungsrechtliche Maßstäbe Rn. 37.

689 Vgl. BVerfG v. 18.12.1974 – 1 BvR 430/65 u.a., E 38, 281 (298); v. 29.7.1959 – 1 BvR 394/58, E 10, 89 (99).

erwachsende Belastung zumutbar. Insbesondere könne die nach der Konzeption des Gesetzgebers durch die Arbeitnehmerkammern bezweckte neutrale, unpolitisch-objektive Vertretung der Arbeitnehmerschaft als soziale Gruppe sowie ihrer allgemeinen Interessen nur bei einer Mitgliedschaft sämtlicher Gruppenmitglieder gesichert werden. „Die Notwendigkeit, um freiwillige Mitglieder zu werben, brächte stets die Gefahr mit sich, daß die Interessen einzelner besonders aktiver Gruppen sich ungebührlich in den Vordergrund drängten und der unbefangene gleichmäßige Überblick über die Bedürfnisse aller Arbeitnehmerschichten verloren ginge. Auch die finanzielle Basis der Kammern wäre nicht mehr gesichert, wenn die – nur bei großer Mitgliederzahl mögliche – geringe Beitragshöhe beibehalten werden sollte."[690] Die Belastung aller Gruppenmitglieder mit einer Pflichtmitgliedschaft sei insofern sachlich notwendig, im Übrigen aber auch gering. Sie beschränke sich auf die Beitragszahlung und die formale Mitgliedschaft, mit der weder irgendwelche Pflichten zu aktiver mitgliedschaftlicher Betätigung noch eine Disziplinargewalt der Kammer wegen Verstößen gegen Berufspflichten der Mitglieder einhergehe.[691]

b) Freiwilligkeit als Wesensmerkmal der privaten Gewerkschaften und Hindernis für eine Zwangsmitgliedschaft

Der Blick auf die Rechtsprechung zu Arbeitnehmerkammern offenbart, dass die Zulässigkeit der Zwangsmitgliedschaft maßgeblich auf die enge Verzahnung mit der Erfüllung öffentlicher Aufgaben durch die Verbände zurückzuführen ist, die diese im Rahmen objektiv-neutraler Interessenvertretung für die Gesamtheit der Arbeitnehmerschaft vorzunehmen haben. Die staatliche Initiative und Kontrolle dieser Interessenvertretung verhindert, dass sie unter den Schutzbereich des Art. 9 GG fällt, die Beeinträchtigung des Schutzbereichs des Art. 2 Abs. 1 GG kann indes gerechtfertigt werden.

Gründung und Betätigung der Gewerkschaften stützen sich jedoch unstreitig auf das in Art. 9 Abs. 3 GG vorbehaltslos gewährleistete Grundrecht der Koalitionsfreiheit,[692] das *gegen* den Staat durchgesetzt wurde und den

690 BVerfG v. 18.12.1974 – 1 BvR 430/65, E 38, 281 (310).
691 BVerfG v. 18.12.1974 – 1 BvR 430/65, E 38, 281 (311).
692 Vgl. grundsätzlich zur privatrechtlichen Determination der Berufsverbände *Hueck/Nipperdey*, Lehrbuch des Arbeitsrechts II/1, S. 83 f.; auf diese für die Frage zulässiger

Gewerkschaften als Privatrechtssubjekten zusteht. Auch ihre zentrale Stellung im Arbeits- und Wirtschaftslebens Deutschlands, auf die noch zurückzukommen sein wird, ändert an der privaten Verfasstheit nichts. Dies muss auch *Müller*, der von der Gesamtrepräsentation der Arbeitnehmerschaft der Gewerkschaften und daraus folgenden öffentlich-rechtlichen Zügen ausgeht, letzten Endes eingestehen.[693] Da die Koalitionsfreiheit kein Spezialfall der allgemeinen Vereinigungsfreiheit aus Art. 9 Abs. 1 GG ist und somit den Schranken des Art. 9 Abs. 2 GG nicht unterliegt,[694] kann sie – jenseits bloßer Grundrechtsausgestaltung – nur auf der Grundlage kollidierenden Verfassungsrechts eingeschränkt werden.[695] Was den Schutzbereich der Koalitionsfreiheit angeht, so fallen darunter nur privatrechtliche und vor allem freiwillig gebildete Vereinigungen. Schon der Große Senat des BAG betonte 1967, dass die „Aufgabe der Koalitionen [...] – trotz ihrer außerordentlich großen Bedeutung für die Allgemeinheit – vom Grundgesetz dennoch nur *frei gebildeten* Koalitionen anvertraut"[696] ist. Eine Zwangsmitgliedschaft steht dazu in elementarem Widerspruch. Vom Parlamentarischen Rat war 1948/49 sogar erwogen worden, den Satz „ein Zwang zum Beitritt darf nicht ausgeübt werden" in Art. 9 des GG aufzunehmen. Die Freiwilligkeit der Gewerkschaftsmitgliedschaft betrachtete man als konstitutiv, wohingegen Zwangsmitgliedschaft in öffentlich-rechtlichen Körperschaften bei Geltung des Verbots ausdrücklich zugelassen werden sollte.[697] Abgelehnt

---

staatlicher Zwangseinwirkung maßgebliche Unterscheidung weist auch *Krüger*, BB 1959, 969 (971) maßgeblich hin.

693 *Müller*, Arbeitnehmerkammer 1959, 330 335)

694 Vgl. BVerfG v. 11.07.2017 – 1 BvR 1571/15 u.a, E 146, 71 (118) Rn. 143; *Höfling*, in: Sachs GG, Rn. 135; *Jarass*, in: Jarass/Pieroth GG, Art. 9 Rn. 52; nunmehr auch v. *Winkler*, in: v. Münch/Kunig GG, Art. 9 Rn. 182 (bei Bearbeitung durch Löwer noch aA mit dem Argument der systematischen Stellung (vor Abs. 3)).

695 Vgl. BVerfG v. 11.07.2017 – 1 BvR 1571/15 u.a, E 146, 71 (118) Rn. 143; v. 10.01.1995 – 1 BvF 1/90 u.a., E 92, 26 (41) unter Bezugnahme auf BVerfG v. 02.03.1993 – 1 BvR 1213/85. E 88, 103 (115) und BVerfG v. 26.06.1991 – 1 BvR 779/8584, 212 (228); s. aber auch BVerfG 27.04.1999 – 1 BvR 2203/93 u.a.,E 100, 271 (283): „ zum Schutz von Gemeinwohlbelangen eingeschränkt werden, denen gleichermaßen verfassungsrechtlicher Rang gebührt", vgl. *Höfling*, in: Sachs GG, Rn. 135; *Jarass*, in: Jarass/Pieroth GG, Art. 9 Rn. 52.

696 BAG *(GS)* v. 29.11.1967 – GS 1/67, AP GG Art. 9 Nr. 13, juris Rn. 146 – Hervorhebung durch die Verfasserin.

697 Der in der 44. Sitzung des Hauptausschusses diskutierte Text des Art. 9 Abs. 3 GG-E lautete: „(3) Das Recht, zur Wahrung und Förderung der Arbeits- und Wirtschaftsbedingungen Vereinigungen zu bilden, ist für jedermann und für alle Berufe gewährleistet. Abreden, die dieses Recht einschränken oder zu behindern suchen, sind nichtig, zu diesem Zweck getroffene Maßnahmen rechtswidrig. Ein

worden war das ausdrückliche Verbot eines Beitrittszwangs letztlich nicht deshalb, weil man eine Zwangsmitgliedschaft in Gewerkschaften billigen und von dem konstitutiven Erfordernis der Freiwilligkeit Abstand nehmen wollte. Vielmehr befürchtete man, dass die durchaus umstrittene Klausel von Gerichten gelegentlich angewandt werden könnte, „um üblich gewordene Methoden der Interessenvertretung im Arbeitskampf für unzulässigen Zwang zu erklären"[698] oder ein „gewisser rechtmäßiger Zwang, der weiter keine Konsequenzen hat, von einem Gericht als ein Zwang zum Beitritt ausgelegt und gesagt wird, e[r] ist nichtig oder rechtswidrig."[699]

Heute gehen BVerfG und BAG übereinstimmend davon aus, dass Art. 9 Abs. 3 GG auch ohne ausdrückliche Erwähnung die negative Koalitionsfreiheit der Außenseiter im Sinne eines „Fernbleiberechts" umfasst[700] und sie sowohl vor einer hoheitlich angeordneten Zwangsmitgliedschaft als auch vor der Ausübung eines nicht unerheblichen Drucks zum Beitritt bzw. zum Verbleib im Verband schützt. Das Fernbleiberecht wird aus dem dem Ko-

---

Zwang zum Beitritt darf nicht ausgeübt werden. *Ausnahmen von diesem Verbot können für öffentlich-rechtliche Berufsverbände durch Gesetz zugelassen werden.*" – Hervorhebung durch die Verfasserin; *Abg. Zinn (SPD)*, 44. Sitzung des Hauptausschusses am 19.1.1949, in: *Feldkamp*, Parlamentarischer Rat, Band 14, Teilband II, S. 1382 weist aber letztlich zutreffend darauf hin, dass öffentlich-rechtliche Körperschaften angesichts staatlich angeordneter Zwangsmitgliedschaft gar nicht in die Vereinigungsfreiheit des Art. 9 GG gehören und ihre Ausnahme in Abs. 3 daher überflüssig ist.

698 *Abg. Schmid (SPD)*, 44. Sitzung des Hauptausschusses am 19.1.1949, in: *Feldkamp*, Parlamentarischer Rat, Band 14, Teilband II, S. 1384; vgl. auch *v. Mangoldt (CDU)*, 25. Sitzung des Grundsatzausschusses am 24.11.1948, in: *Pikart/Werner*, Parlamentarischer Rat, Band 5, Teilband I, S. 692 mit Hinweis auf die Stellungnahme des Gewerkschaftsrates.

699 *Eberhard (SPD)*, 25. Sitzung des Grundsatzausschusses am 24.11.1948, in: *Pikart/Werner*, Parlamentarischer Rat, Band 5, Teilband I, S. 691; später *ders.*, 44. Sitzung des Hauptausschusses am 19.1.1949, in: *Feldkamp*, Parlamentarischer Rat, Band 14, Teilband II, S. 1381: „Die Gewerkschaften selber haben auf die Freiwilligkeit der Mitgliedschaft von jeher entscheidendes Gewicht gelegt, und es besteht keinerlei Anlaß, zu bezweifeln, daß das weiter so sein wird. Aber wir wissen auf der anderen Seite, daß die Gerichte die Neigung dazu haben, in allem Möglichen schließlich einen Zwang, einen gewissen indirekten Zwang zu sehen. Die Gewerkschaften sehen daher eine große Gefahr darin, wenn ein solcher Satz im Grundgesetz steht."

700 Vgl. BVerfG v. 14.11.2018 – 1 BvR 1278/16, AP GG Art. 9 Nr. 153 Rn. 4; v. 11. Juli 2017 – 1 BvR 1571/15 u.a., E 146, 71 (114) Rn. 130; v. 11.7.2006 – 1 BvL 4/00, AP GG Art. 9 Nr. 129 Rn. 66; v. 1.3.1979 – 1 BvR 532/77, E 50, 290 (368), auch in der Fachgerichtsbarkeit vgl. nur BAG, Beschl. v. 29. Juli 2009 – 7 ABR 27/08, NZA 2009, 1424 Rn. 18; siehe zudem zur Debatte um die Verortung der negativen Koalitionsfreiheit *Höpfner*, in: FS Moll (2019) S. 287 (287 f.) sowie *Bauer*, in: FS Moll (2019), S: 33 (34).

alitionsbegriff immanenten Merkmal des freiwilligen Zusammenschlusses abgeleitet.[701] Selbst diejenigen, die sich für eine Verortung in Art. 2 Abs. 1 GG eingesetzt haben, lehnen eine Zwangsmitgliedschaft rundheraus ab.[702] Wie oben bereits festgestellt wurde, ist die Freiwilligkeit der Mitgliedschaft in einer Gewerkschaft schließlich essenziell für die Kontrollfreiheit der privaten Rechtsetzung durch die Koalitionen und insoweit Funktionsbedingung der Tarifautonomie.

Es bleibt den Gewerkschaften angesichts dessen nur die Möglichkeit, abseits der Zwangsmitgliedschaft Anreize zu einem Beitritt in ihren Verband zu setzen. Dass es diese trotz der Garantie des Fernbleiberechts in Art. 9 Abs. 3 GG geben können (muss), war schon bei der Entstehung des Grundgesetzes anerkannt.[703] Es sei daran erinnert, dass *Abgeordneter Schmidt* in den Verhandlungen ausgeführt hat: „Solche Zusammenschlüsse lassen sich nun einmal nicht ausschließlich auf dem Grundsatz der absoluten und unantastbaren Freiwilligkeit schaffen".[704] Selbst unter Geltung des Satzes „ein Zwang zum Beitritt darf nicht ausgeübt werden" waren viele Mitglieder davon ausgegangen, dass ein „gewisser erlaubter Zwang" für die Funktionsfähigkeit der Gewerkschaften unentbehrlich ist und zulässig sein (und bleiben) soll.[705] *V. Mangoldt* hatte im Grundsatzausschuss zutreffend

---

701 Vgl. nur BAG v. 14.8.2013 – 7 ABR 56/11, AP BetrVG 1972 § 99 Eingruppierung Nr. 62; ferner BAG v. 21.1.1987 – 4 AZR 486/86, AP GG Art. 9 Nr. 46, 47; v. 21.1.1987 – 4 AZR 547/86, AP GG Art. 9 Nr. 47; v. 26.4.1990 – 1 ABR 84/87, AP GG Art. 9 Nr. 57; v. 19.9.2006 – 1 ABR 2/06, NZA 2007, 277 Rn. 12 ff.; v. 19.9.2007 – 4 AZR 711/06, AP BGB § 613a Nr. 328 Rn. 31 f.; v. 1.7.2009 – 4 AZR 261/09, AP TVG § 3 Verbandsaustritt Nr. 14 Rn. 39 ff.; v. 29.7.2009 – 7 ABR 27/08, AP BetrVG 1972 § 3 Nr. 7 Rn. 17 f., 37; v. 26.8.2009 – 4 AZR 285/08, AP TVG § 3 Nr. 45 Rn. 29; v. 21.4.2010 – 4 AZR 768/08, AP BGB § 613a Nr. 387 Rn. 51; v. 22.9.2010 – 4 AZR 117/09, AP GG Art. 9 Nr. 144 Rn. 27; v. 23.3.2011 – 4 AZR 366/09, AP GG Art. 9 Nr. 147 Rn. 21; v. 6.7.2011 – 4 AZR 494/09, AP TVG § 1 Bezugnahme auf Tarifvertrag Nr. 90 Rn. 64; v. 18.10.2011 – 1 ABR 25/10, AP BetrVG 1972 § 87 Lohngestaltung Nr. 141 Rn. 25; v. 13.3.2012 – 1 AZR 659/10, AP BetrVG 1972 § 77 Tarifvorbehalt Nr. 27 Rn. 26; die Garantie der negativen Koalitionsfreiheit in Art. 9 Abs. 3 GG insofern aus dem Merkmal der Freiwilligkeit ableitend (grdl.) *Huber*, Wirtschaftsverwaltungsrecht II, S. 386.

702 Vgl. etwa *Gamillscheg*, Differenzierung, S. 53; gegen eine hoheitlich angeordnete Zwangsmitgliedschaft auch Vgl. nur *Hueck/Nipperdey*, Lehrbuch des Arbeitsrechts II/1, S. 144.

703 Vgl. *Gamillscheg*, NZA 2005, 146 (149) sowie nachfolgende Fn.

704 *Abg. Schmid* (SPD), 44. Sitzung des Hauptausschusses am 19.1.1949, in: *Feldkamp*, Parlamentarischer Rat, Band 14, Teilband II, S. 1383.

705 Vgl. *Abg. Schrage (CDU)*, 25. Sitzung des Grundsatzausschusses am 24.11.1948, in: *Pikart/Werner*, Parlamentarischer Rat, Band 5, Teilband I, S. 692: moralische Druck auf die Schmarotzer dürfe nicht illusorisch werden; *Abg.v. Mangoldt (CDU)*, 44.

erkannt, dass von einem Tarifvertragsrecht, das Verhandlungserfolge der Gewerkschaft den Mitgliedern vorbehält, automatisch ein „gewisser Zwang [zum Beitritt ausgehen wird], der aber rechtmäßig ist".[706] Im weiteren Verlauf der Debatte stellte er klar, dass er damit keinen Zwang im Sinne einer Pflichtmitgliedschaft meint, sondern „einen gewissen Anreiz, in die Gewerkschaft einzutreten, um mit der Vorteile teilhaftig zu werden [sic]."[707]

2. Fehlen selektiver Anreize für eine Gewerkschaftsmitgliedschaft

Tatsächlich entscheiden die Arbeitnehmer nach einer „subjektiven Nutzeneinschätzung" über die Frage ihres eigenen Engagements.[708] Bereits in den 1960iger Jahren gaben 40 % der befragten ehemaligen Gewerkschaftsmitglieder an, dass sie vor allem deswegen ausgetreten seien, weil die Mitgliedschaft ihnen keinen Nutzen gebracht hätte. 33 % nannten sogar die zu teure Mitgliedschaft explizit als Beweggrund.[709] Aus heutiger Sicht interessant ist auch die kurz darauf bei der Auswertung einer DGB-Motivanalyse von *Nickel* getroffene Feststellung zu Anreizen finanzieller Art. Er konstatierte, dass „sich die materielle Lage der Organisierten von der der Nichtorganisierten nicht unterscheidet, da die Tarifverträge Allgemeinverbindlichkeit

Sitzung des Hauptausschusses am 19.1.1949, in: *Feldkamp*, Parlamentarischer Rat, Band 14, Teilband II, S. 1384: „Die Diskussion hatte schon bei der ersten Lesung im Hauptausschuß ergeben, daß von gewisser Seite Gewicht auf einen bestimmten Zwang gelegt wird. Die heutige Diskussion im Hauptausschuß bestätigt, daß man – ich drücke es [S. 571] vorsichtig aus – für eine gewisse Möglichkeit, Zwang auszuüben, eintritt."; zustimmend *Abg. Schönfelder* (SPD) aaO S. 1383: „Bestimmungen, die einen gewissen Zwang zugelassen haben, haben vielleicht dazu beigetragen, Ordnung auf manchen Wirtschaftsgebieten zu schaffen. [...] Wir glauben, daß man das auch nicht ändern soll; denn die Ordnung in der Wirtschaft und im Gewerbe steht doch schließlich höher als Eigensinn und Quertreiberei eines einzelnen."; *Abg. Schmid (SPD)*, aaO S. 571: assoziiert dies mit dem „amerikanischen closed shop System"; vgl. auch *Gamillscheg*, Differenzierung, S. 55ff., *ders.*, NZA 2005, 146 (149).

706 *Abg. V. Mangoldt (CDU)*, 25. Sitzung des Grundsatzausschusses am 24.11.1948, in: *Pikart/Werner*, Parlamentarischer Rat, Band 5, Teilband I, S. 690; von diesem „gewissen Druck auf die zum Anschluss nicht Bereiten" lesen wir schon bei RG v. 6.4.2922 – VI 456/21, Z 104, 327 (331), das diesen billigte.

707 *Abg. V. Mangoldt (CDU)*, 25. Sitzung des Grundsatzausschusses am 24.11.1948, in: *Pikart/Werner*, Parlamentarischer Rat, Band 5, Teilband I, S. 691.

708 Vgl. *Nickel*, Arbeiterschaft und Gewerkschaft, S. 153, 159; zuvor schon *van de Vall*, Gewerkschaften im Wohlfahrtsstaat, S. 126.

709 *van de Vall*, Gewerkschaften im Wohlfahrtsstaat, S. 179,181.

haben."[710] Insbesondere jüngere Gewerkschaftsmitglieder stünden der Gewerkschaftsmitgliedschaft unter Beachtung dieses Umstands kritischer und distanzierter gegenüber als langjährige Mitglieder, die sich in größerem Maße mit der Gewerkschaft persönlich identifizierten. Seit dem Beginn der 1970iger-Jahre hat sich dieser Bedeutungsverlust sozialer Anreize – insbesondere bei den jungen Arbeitnehmern – jedoch nach allgemeiner Wahrnehmung nochmal erheblich verschärft, sodass finanzielle Erwägungen bei der Kosten-Nutzen-Erwägungen bei der Beitrittsentscheidung weiter in den Vordergrund gerückt sind.[711] Wie die nachfolgende Bestandsaufnahme zeigt, ist dies jedoch eine der Beitrittsneigung der Arbeitnehmer insgesamt nicht zuträgliche Entwicklung.

a) Finanzielle Anreize

Leistungen der Gewerkschaften können nur dann eine Anreizwirkung entfalten, wenn die damit einhergehende Vorteilhaftigkeit die Nachteile (in der Rechtsökonomie auch Opportunitätskosten[712]) überwiegt. Mit anderen Worten muss eine Abwägung von Kosten und Nutzen der Gewerkschaftsmitgliedschaft einen positiven Saldo hervorbringen.

aa) Beitragszahlung als Hauptleistung der Gewerkschaftsmitglieder

Mit dem Eintritt in die Gewerkschaft geht eine Reihe an Pflichten einher. Am umfassendsten und als einzige mit einem greifbaren Wert in

710 *Nickel,* Arbeiterschaft und Gewerkschaft, S. 161.

711 Zutreffend herausgestellt durch *Höpfner,* ZfA 2020, 146 (187); *Mayer,* Differenzierungsklauseln, S. 4; *Seiwerth,* RdA 2014, 358 (362); vgl. auch *Ebbinghaus/Göbel/Koos,* Mitgliedschaft in Gewerkschaften, S. 25 mit dem Fazit der „Wertewandel hin zu einer individualistischen Orientierung [...] auch den zunehmenden Rückgang gewerkschaftlicher Organisation unter den jüngeren Kohorten [erklären]. Die einmal „verlorenen Generationen" können kaum mehr geworben werden."; für entscheidende Bedeutung finanzieller Erwägungen auch *Höpfner/Lesch/Schneider/Vogel,* Tarifautonomie und Tarifgeltung, S. 405 f.; ebenso *Keller,* Politische Vierteljahresschrift, 1988), 388 (397).

712 Vgl. *Schäfer/Ott,* Lehrbuch der ökonomischen Analyse des Zivilrechts, S. 58: „Die Kosten eines wirtschaftlichen Gutes sind gleich dem entgangenen Ertrag, den dieses Gut in der bestmöglichen alternativen Verwendung schaffen könnte." Kosten sind nicht nur in Geld zu bemessen. Wer z.B. sein Haus etwa selbst renoviert statt für Geld eine Firma zu beauftragten, „bezahlt" mit seiner Freizeit, hat also auch Kosten.

eine Berechnung einstellbar ist die Beitragszahlungspflicht der Mitglieder. Der Monatsbeitrag liegt bei vielen Gewerkschaften bei 1 % des Bruttomonatseinkommens oder etwas darüber.[713] Bei Zugrundelegung eines durchschnittlichen monatlichen Bruttolohns in Höhe von 3.975 EUR[714] beläuft sich der Mitgliedsbeitrag somit auf rund 40 EUR im Monat bzw. 477 EUR im ganzen Jahr. Der zumeist im Wege der Einzugsberechtigung eingezogene Beitrag wird automatisch angepasst, wenn es zur Tariferhöhung kommt.[715] Für Arbeitslose und Rentner (sog. inaktive Mitglieder), die zusammen circa 25 % der Mitglieder in den DGB-Gewerkschaften ausmachen,[716] gibt es Sonderregelungen. In der Regel bezahlen sie einen recht geringen Fixbetrag oder profitieren zumindest von einem reduzierten Prozentsatz. Gleiches gilt für Auszubildende oder Geringverdiener.[717]

Es ist jedoch darauf hinzuweisen, dass der Mitgliedsbeitrag im öffentlichen Dienst deutlich geringer ausfällt und zwischen 0,5 bis 0,75 % des Bruttomonatseinkommens liegt.[718] Daneben gibt es auch Gewerkschaften, die gänzlich auf eine lohnabhängige Beitragsbemessung verzichten und stattdessen einen Fixbetrag verlangen. So verfährt zum Beispiel der Marburger Bund, der Beiträge entweder gestaffelt nach Status der Arbeitnehmer (niedergelassener Arzt, Krankenhausarzt, Arzt mit Leitungsfunktion

713 Einen Monatsbeitrag von jeweils 1 % des Bruttomonatslohns haben etwa ver.di, IG Metall, NGG, EVG; etwas darüber bei IG BCE (etwas über 1 % mit Ausnahme der Beschäftigten mit einem Monatslohn bis zu 600 EUR) und IG BAU (1,15 % des Bruttoeinkommens); vgl. *Dribbusch/Birke*, Gewerkschaften in Deutschland, S. 7; *Höpfner*, ZfA 2020, 178 (199).

714 Die Angabe bezieht sich auf das Jahr 2020 und stammt aus der Verdienstübersicht des vom Statistischen Bundesamts, abrufbar unter https://www.destatis.de/DE/Themen/Arbeit/Verdienste/Verdienste-Verdienstunterschiede/verdienste-branchen.html (letzter Abruf am 9.2.2022).

715 Vgl. *Dribbusch/Birke*, Gewerkschaften in Deutschland, S. 7, die darauf hinweisen, dass die jährlichen Beitragseinnahmen der Gewerkschaften durch hohe Tarifabschlüsse stabilisiert werden können, solange die Mitgliederrückgänge moderat bleiben.

716 *Dribbusch/Birke*, Gewerkschaften in Deutschland, S. 8.

717 Siehe beispielhaft IG Metall: Für Arbeitslose pauschal 1,53 EUR und für Rentner 0,50 % des Bruttomonatseinkommens; ver.di: 0,50 % für Rentner; GdL: 0, 55 % für Rentner und 0,25 % für Auszubildende.

718 Siehe etwa GdL: 0,70 % der Beitragsgruppe; GEW: 0,75 % der Entgeltgruppe/Stufe für Angestellte im öffentlichen Dienst; GdP: ca. 1,0 % des *Netto-*, nicht Bruttoeinkommens.

usw.)[719] oder gleich mit einem auf alle anwendbaren Fixbetrag festlegt, der in NRW im Jahr 2020 zum Beispiel bei 204 EUR im Jahr lag. Aufmerken lässt auch das Beispiel der Christlichen Gewerkschaft Metall (CGM). Diese verlangte im Jahr 2020 einen einkommensunabhängigen, fixen Beitrag in Höhe von nur 20 EUR im Monat, also 204 EUR im Jahr und unterschritt den von ihrem Konkurrenten, der IG Metall, erhobenen Beitrag damit erheblich.[720] Weil das Lohnniveau in der Metall- und Elektroindustrie besonders hoch ist, hat der Beitrag der IG Metall bei Zugrundelegung des durchschnittlichen Bruttomonatsverdienstes in Höhe von 4.271 EUR im gleichen Zeitraum nämlich bei rund 43 EUR pro Monat bzw. 512 EUR im Jahr – also mehr als doppelt so hoch – gelegen.[721]

bb) Produktion des Kollektivgutes Tarifvertrag als Hauptleistung der Gewerkschaften

Von den durch Mitgliedsbeiträge und Vermögensverwaltung erzielten Einnahmen der Gewerkschaft wird das Kollektivgut „Tarifvertrag" produziert.[722] Es entfaltet Schutz und bringt angemessene Arbeitsbedingungen hervor. Eine Erhebung des WSI über die Arbeitsbedingungen Beschäftigter mit und ohne tarifvertragliche Bestimmung bestätigt, dass Tarifverträge dazu beitragen, die Stellung der Arbeitnehmer, für die sie gelten, zu verbessern. Demnach verdienen Beschäftigte, die in Betrieben ohne Tarifverträge arbeiten, gegenüber Beschäftigten, die an der Schutzwirkung von Tarifverträgen Anteil haben, durchschnittlich 800 EUR weniger im Monat, obwohl sie durchschnittlich 0,9 Stunden pro Woche mehr arbeiten.[723] Ferner wird durch Tarifverträge ein Grundgerüst für verschiedenste mit dem Arbeitsverhältnis in Zusammenhang stehender Belange geschaffen und eine Art

---

719 Die Spannweite der Beitragslast beginnt zum Beispiel im Saarland bei 50EUR im Jahr für Ärzte mit Tätigkeit im Ausland und reicht bis zu 240EUR für Leitende Krankenhausärzte.

720 Bei dem genannten Beitrag handelt es sich um einen Mindestbeitrag. Inwieweit die Arbeitnehmer von der ausdrücklich angesprochenen Option Gebrauch machen, freiwillig mehr zu zahlen, ist unklar.

721 Die Angabe zum Bruttomonatsverdienst bezieht sich auf das Jahr 2020 und ist entnommen aus *Gesamtmetall*, Die Metall- und Elektro-Industrie in der Bundesrepublik Deutschland, Zahlenheft 2021, Tabelle 9.3 abrufbar unter https://www.gesamtmetall.de/sites/default/files/downloads/zahlenheft_2021.pdf (letzter Abruf am 12.2.2022).

722 Ebenso *Pyhel*, Gewerkschaftliche Mitgliedschaftsloyalität, S. 50 f.

723 Entnommen aus *Lübker/Schulten*, Tarifbindung in den Bundesländern, S. 7.

Standard etabliert. Dabei wird auch der vom Gesetzgeber durch tarifdispositive Regelungen gelasse Spielraum sinnvoll ausgefüllt. Zusätzlich zu den unmittelbar greifbaren materiellen Vorteilen enthalten Tarifverträge also auch eine „ordnende Wirkung", an welcher die Gewerkschaftsmitglieder teilhaben. Angesichts dieser Vorteilhaftigkeit hat der Tarifvertrag das Potential, eine Anreizwirkung zu entfalten.

Dies ist grundsätzlich erfreulich, denn schließlich handelt es sich bei der Produktion des Gutes „Tarifvertrag" um die Hauptleistung der Gewerkschaften. Neben der Chance auf die normative Tarifgeltung erhalten die Arbeitnehmer mit dem Beitritt zwar auch Zugang zu einer Vielzahl von satzungsmäßig bestimmten Leistungen der Gewerkschaft. Diese können von Informationsschriften und Rechtsschutzversicherungsangeboten über die Unterstützung im Arbeitskampf und in allgemeinen Notlagen bis hin zu Treue- und Sterbegeldern sowie die Vermittlung von Versicherungsschutz in Gruppenversicherungen reichen.[724] Wie eine Untersuchung der Einnahmen- und Ausgaben-Struktur der IG Metall für die Jahre 1974 bis 1988 durch *Winkelhake* belegt hat, verwenden Gewerkschaften jedoch mit etwa 80% das Gros ihrer finanziellen Ressourcen für die Erstellung der Kollektivgüter und nur knapp 20% der Mitgliedsbeiträge auf die Leistungen, die zu den selektiven Anreizen gezählt werden können.[725]

cc) Wegfall des Anreizes wegen mangelnder Exklusivität der gewerkschaftlichen Hauptleistung

Angesichts des festgestellten Gemeingebrauchs am Tarifvertrag partizipieren die Außenseiter an der zentralen Leistung der Gewerkschaften bereits

724 Vgl. *Rieble,* in: MHdB ArbR § 224 Rn. 20; vgl. auch *Zimmer*, Gewerkschaften und die Trittbrettfahrer-Problematik, S. 11; siehe beispielhaft das Angebot von ver.di nach § 14 der Satzung; Unterstützung bei Problemen im Betrieb oder am Arbeitsplatz, kostenloser Lohnsteuerservice durch Ehrenamtliche, kostenlose telefonische Erstberatung zum Mietrecht, Infos und Beratung in Fragen rund um die Rente, pro Tag 25 EUR Krankenhaustagegeld nach Unfällen in der Freizeit (bei mindestens 48-stündigem Krankenhausaufenthalt) Unterstützung bei berufsbedingten Schadensfällen durch die GUV-FAKULTA (nur 21 EUR Beitrag pro Jahr),Informationen und Beratung für Soloselbstständige, Informationen und Beratung für Erwerbslose, kostenlose International Student Identity Card (ISIC) für Auszubildende, Studierende und Schüler https://www.verdi.de/ueber-uns/++co++591058a4-4934-11ed-9ad7-001a4a16012a (letzter Abruf 10.2.2023).

725 *Winkelhake*, Eine ökonomische Analyse deutscher Gewerkschaften, S. 107.

kostenlos. Plakativ beschreibt dies *Hartmann*: „Deren ‚Trittbrettfahrertum' ist im Grunde nichts anderes als eine informelle Partizipation an dieser Normsetzungsmacht."[726] Aus diesem Grund kann die Gewerkschaft mit ihrer Hauptleistung eine Anreizwirkung nicht entfalten.

Daran ändert auch der oben festgestellte Umstand nichts, dass die Schutzwirkung bei einer normativen Tarifgeltung größer ausfällt als bei der nur schuldrechtlichen Tarifgeltung oder partiellen „Tariforientierung".[727] Zunächst ist zu bedenken, dass Gewerkschaftsmitglieder bloß eine *Chance* auf normative Tarifgeltung erhalten. Diese kann sich nur realisieren, wenn der Arbeitgeber ebenfalls tarifgebunden ist und die Tarifbindung von Arbeitnehmer und Arbeitgeber korrespondiert, also die Gewerkschaft auch gerade mit dem fraglichen Arbeitgeber(verband) einen Tarifvertrag abgeschlossen hat.[728] Es ist angesichts der Schlüsselstellung der arbeitgeberseitigen Tarifbindung also keineswegs zwingend, dass man als Gewerkschaftsmitglied in den Genuss der normativen Tarifgeltung kommt.

Außerdem ist davon auszugehen, dass die meisten Außenseiter-Arbeitnehmer den qualitativen Unterschied von normativer und schuldrechtlicher Wirkung des Tarifvertrages entweder gar nicht wahrnehmen oder jedenfalls nicht besonders hoch schätzen.[729] Dies hat sicherlich auch damit zu tun, dass die Vorteilhaftigkeit der normativen Tarifgeltung aus rechtlichen Erwägungen resultiert, die im Alltag der Arbeitnehmer keine Rolle spielen. So dürften in der Praxis herzlich wenige Arbeitnehmer ohne konkreten Anlass über die „Unverbrüchlichkeit" von normativ geltenden Tarifbestimmungen sinnieren, die einen der wenigen Vorteile der normativen Tarifgeltung darstellt, der auch mit einer Bezugnahmeklausel nicht erlangt werden kann. Was aus Sicht der Außenseiter-Arbeitnehmer hingegen einen sichtbaren und greifbaren Vorteil darstellt, ist die Entlohnung nach Tarif. Daran haben die Außenseiter-Arbeitnehmer aber regelmäßig Teil, wenn Arbeitgeber – ob nun zur Vereinfachung der Abrechnungsprozesse und Befriedung der Arbeitnehmerschaft oder zur gezielten Verringerung des Beitrittsanreizes – in ihren Arbeitsverträgen flächendeckend Bezugnahmeklau-

---

726 Plakativ *Hartmann*, ZfA 2020, 152 (154).

727 Siehe oben unter Kap. 2 A. IV.

728 Sofern der Arbeitnehmer in der Minderheitsgewerkschaft im Betrieb organisiert ist und es zu einer Tarifkollision kommt, wirken zwar nicht die Rechtsnormen „seines" Tarifvertrages normativ, allerdings kommt den nach § 4a Abs. 4 S. 1 TVG nachgezeichneten Tarifnormen normative Wirkung zu.

729 Diese Einschätzung teilend *Höpfner*, ZfA 2020, 178 (188) (204); *Seiwerth*, Gestaltungsfreiheit in Tarifverträgen, S. 457; *ders.*, RdA 2014, 358 (361).

seln verwenden.[730] Dass Tariforientierungen oft lückenhaft ausfallen und Außenseiter-Arbeitnehmer an sonstigen vereinbarten Arbeitsbedingungen (etwa den Bestimmungen zu Urlaub, Arbeitszeit usw.) seltener partizipieren, dürfte demgegenüber in den Hintergrund rücken. Die Vorteilhaftigkeit des „Gesamtpakets" Tarifvertrag ist ohnehin schwer quantifizierbar bzw. mit einem Preisschild versehbar, welches sich dann einfach in eine Kosten-Nutzen-Rechnung einstellen ließe.

Zuletzt ist außerdem zu bedenken, dass Arbeitgeber in den Fällen, in denen eine normative Tarifgeltung kraft Mitgliedschaft überhaupt in Frage käme, tarifgebunden sind. Wenn ein tarifgebundener Arbeitgeber Bezugnahmeklauseln verwendet, erscheint es aber wiederum als sehr unwahrscheinlich, dass er nicht die Entgeltbestimmungen im Betrieb „allgemeinverbindlich" macht, die sein Verband oder er selbst im (Haus-)Tarifvertrag ausgehandelt haben.[731] Das heißt, die Schutzverluste, die oben im Zusammenhang mit „Tariforientierungen" an nicht einschlägigen, vom Niveau her schlechteren Tarifverträgen anderer Branchen beobachtet wurden, realisieren sich in diesem Fall nicht/seltener. Vermutlich tritt dieses Phänomen vor allem bei Bezugnahmen in Arbeitsverhältnissen mit nicht tarifgebundenen Arbeitgebern auf. Paradoxerweise muss der Beitritt in die Gewerkschaft zur Erlangung der normativen statt der nur schuldrechtlichen Tarifgeltung Außenseiter-Arbeitnehmern, die bei tarifgebundenen Arbeitgebern beschäftigt sind, damit noch weniger sinnvoll oder gar erforderlich erscheinen.

Gar nicht tritt diese Problematik wiederum auf, wenn die kostenlose Partizipation der Außenseiter-Arbeitnehmer am Tarifvertrag Folge staatlicher Geltungserstreckung ist. Die Tarifgeltung ist dann nicht nur normativer Art, sondern auch inhaltlich umfassend. Bei einer AVE nach TVG oder AEntG werden alle Rechtsnormen des Tarifvertrages für die in seinem Geltungsbereich bisher nicht tarifgebundenen Arbeitgeber und Arbeitnehmer verbindlich gemacht (§ 5 Abs. 4 TVG; §§ 3 Abs. 1, 7 Abs. 1, 7a AEntG). Damit kommen weder Schutzlücken wegen nur partieller Heranziehung noch solche wegen Unterstellung unter nicht einschlägige Tarifverträge in Frage. Die Außenseiter-Arbeitnehmer befinden sich also in derselben Lage wie Gewerkschaftsmitglieder.

Im Ergebnis stellt es sich für Außenseiter-Arbeitnehmer – und das ist für die hier vorliegende Betrachtung die maßgebliche Sicht – damit so dar, als erhielten sie die Hauptleistung der Gewerkschaft in gleichem Umfang

---

730 Siehe hierzu oben unter Kap. 2 A. IV. 3.

731 Vgl. *Seiwerth*, Gestaltungsfreiheit in Tarifverträgen, S. 459.

wie die organisierten Arbeitnehmer. *Hanau* brachte das Dilemma treffend auf den Punkt, als er in der Diskussion auf dem 70. Deutschen Juristentag konstatierte: „Die Gewerkschaft [ist] in der Lage eines Verkäufers, der einem Teil der Interessenten sein Produkt verkauft und dem anderen muss er es schenken. Das Geschäft wird nicht besonders laufen."[732]

dd) Kein Aufwiegen der mitgliedschaftlichen Beitragslast durch exklusive Rechte und Nebenleistungen

Mit der Gewerkschaftsmitgliedschaft gehen zwar neben der Chance auf normative Tarifgeltung noch einige weitere Vorteile einher. Trotz deren Exklusivität lässt sich damit aber der Verlust der Anreizwirkung der gewerkschaftlichen Hauptleistung nicht wettmachen.

(1) Kein materieller Wert von Mitwirkungsrechten und -pflichten

Exklusiv stehen den (Voll-)Mitgliedern einer Gewerkschaft einerseits die Mitwirkungs- und Stimmrechte zu, die sich im Einzelnen aus der Satzung ergeben. Der Einzelne kann Ämter im Verband wahrnehmen und innerhalb der von Koalitionen zwingend vorzuhaltenden demokratischen Strukturen Einfluss auf die Meinungsbildung im Verband nehmen.[733] Die Rechtsprechung geht davon aus, dass Mitwirkungsrechte in einem Verband grundsätzlich einen Vorteil darstellen.[734] Allerdings hat das BVerwG in anderem Zusammenhang bereits zutreffend darauf hingewiesen, dass der

732 *P. Hanau*, Diskussionsbeitrag in Verhandlungen des 70. DJT, Bd. II/2, S. K 162M; prägnant auch *Höpfner*, ZfA 2020, 178 (188): „Weshalb sollte der Arbeitnehmer die Tarifgeltung kaufen, wenn er sie doch vom Arbeitgeber geschenkt bekommt?"; ver.di rechnet selbst vor, dass sich eine erkämpfte Tariferhöhung von 1, 75 % bei 30 EUR monatlichem Beitrag erst nach 12-monatiger Mitgliedschaft überhaupt auszahlen kann, vgl. https://www.verdi.de/ueber-uns/++co++591058a4-4934-11ed-9ad7-001a4a16012a (letzter Abruf 10.2.2023).

733 Vgl. *Rieble*, in: MHdB ArbR § 224 Rn. 12

734 Vgl. BVerfG v. 12.7.2017 – 1 BvR 2222/12, 1 BvR 1106/13, E 146, (192) Rn. 71 – allerdings in Bezug auf Industrie- und Handelskammer: „Vielmehr liegt der stets gegebene Vorteil für ein Pflichtmitglied in den Mitgliedschaftsrechten mit der stets gebotenen rechtlichen Möglichkeit, die eigenen Interessen in das Kammergeschehen einzubringen, etwa an Abstimmungen mitzuwirken."; für einen Wert von Partizipationsmöglichkeiten auch *Freidank*, in: Gewerkschaften und die Politik der Erneuerung, S. 227 (233), allerdings unter Einordnung als „nicht-materieller" Anreiz.

„Vorteil, den ein Mitglied an der Aufrechterhaltung der Integrität seines Standes hat, [..] nicht meßbar [ist]."[735] Dies gilt genauso für Mitwirkungsrechte in privaten Verbänden, für die auch kein allgemeiner Markt besteht. Die Bewertung von Mitwirkungs- und Stimmrechten in einer Gewerkschaft ist darüber hinaus höchst subjektiv geprägt und kann von Arbeitnehmer zu Arbeitnehmer und auch zwischen Gewerkschaftsmitgliedern und Außenseitern deutlich variieren – Außenseiter-Arbeitnehmer zeigen durch ihr Fernbleiben gerade, dass sie keinen Wert darauf legen, den Kurs der Gewerkschaft mitzubestimmen.[736] Angesichts der fehlenden materiellen Greif- und Bezifferbarkeit der Mitwirkungs- und Stimmrechte scheiden diese als finanzielle Anreize aus.[737]

Im Übrigen ist zu bedenken, dass sich auf der Kehrseite aus dem Mitgliedsstatus auch Pflichten für die Arbeitnehmer ergeben, die in eine Kosten-Nutzen-Erwägung eingestellt werden müssten. Obwohl es sich bei den meisten Gewerkschaften um nichtrechtsfähige Vereine handelt,[738] entsprechen die mitgliedschaftlichen Pflichten (und Rechte) denen von Mitgliedern rechtsfähiger Vereine (vgl. § 38 BGB).[739] Neben der Beitragszahlungspflicht treffen Gewerkschaftsmitglieder somit auch Mitwirkungs- und Folgepflichten.[740] Diese verpflichten sie dazu, sich in satzungsmäßig vorge-

---

735 So in BVerwG v. 25.11.1971 – I C 48/65, E 39, 100 (107) bzgl. der Mitgliedsbeiträge in Kammern, vgl. hierzu auch *Rieger*, in: HB Kammerrecht, § 13 Rn. 15.

736 Zutreffend *Höpfner*, ZfA 2020, 178 (202); zuvor schon *Gamillscheg*, BB 1967, 45 (48); vgl. auch *Hassel/Schröder*, Gewerkschaften 2030, S. 13: insgesamt Rückgang des traditionellen Partizipationsinteresses; Beteiligung an innerorganisatorischer Willensbildung kein Beitrittsanreiz für Außenseiter-Arbeitnehmer.

737 Insoweit zutreffend *Freidank*, in: Gewerkschaften und die Politik der Erneuerung, S. 227 (233).

738 Gewerkschaften sind in der Regel als nicht rechtsfähiger Verein iSv § 54 BGB organisiert, auf die trotz der Strukturunterschied die Vorschriften zu Personengesellschaften anwendbar sein sollen, vgl. *Mugdan*, Materialien I, S. 640; *Schwennicke*, in: Staudinger BGB § 54 Rn. 5 schildert, dass der Gesetzgeber die nicht rechtsfähigen Vereine dabei absichtlich in „die für sie nicht passende Rechtsform der Gesellschaft" verwiesen habe, um insbesondere die politischen Parteien und die Gewerkschaften zur Registereintrag zu drängen, durch die sie der verwaltungsbehördlichen Kontrolle nach § 43 Abs. 3, § 61 Abs. 2 aF unterworfen worden wären („verschleiertes Konzessionssystem"). Indem sie sich als nicht rechtsfähiger Verein organisierten, entgingen die Gewerkschaften nämlich bewusst den Vereinsregeln, die sie zur Offenlegung ihrer Mitgliederzahl und -Identitäten verpflichtet hätten (vgl. BGH v. 6.10.1964 – VI ZR 176/63, AP BGB § 54 Nr. 6 (= NJW 1965, 29 (31)).

739 Vgl. *Schöpflin*, in: BeckOK BGB, § 54 Rn. 53.

740 Vgl. *Nickel*, Arbeiterschaft und Gewerkschaft, S. 158; *Rieble*, in: MHdB ArbR, § 224 Rn. 30 ff.

sehenem Umfang innerverbandlich zu beteiligen, etwa durch Ausübung der Mitbestimmungsrechte oder ggf. auch durch Übernahme eines Ehrenamts. Von zentraler Bedeutung ist hierbei die Verpflichtung, abgeschlossene Tarifverträge zu beachten und ordnungsgemäß zustande gekommenen, satzungsmäßigen Beschlüssen Folge zu leisten.[741] Soweit es um die Teilnahme an Arbeitskämpfen geht, wird zwar mitunter ebenfalls von einer Folgepflicht des Mitglieds ausgegangen.[742] Richtig erscheint jedoch der Hinweis von *Seiter* und *Rieble*, dass das Mitglied angesichts der Folgen für sein Arbeitsverhältnis selbst über die Kampfteilnahme entscheiden können muss und durch den Verband nicht mit letzter Konsequenz dazu gezwungen werden kann.[743] Jedenfalls ausscheiden muss eine Folgepflicht im Hinblick auf eine Kampfteilnahme, wenn die Kampfmaßnahme nicht rechtmäßig ist, da der Verbandsbeschluss nicht zu deliktischem Handeln zwingen kann.[744] Wiederum unstreitig treffen Gewerkschaftsmitglieder des Weiteren allgemeine Treuepflichten, die sie dazu verpflichten, sich loyal zu den Verbandsinteressen zu verhalten und für die verbandliche Zielsetzung auch nach außen einzustehen.[745] Gewerkschaftsmitgliedern ist es zwar nicht gänzlich untersagt, eine innerverbandliche Mindermeinung öffentlich kundzutun. Es ist im Konfliktfall aber ein Ausgleich mit der Meinungsfreiheit des betroffenen Mitglieds zu suchen, die somit auch Einschränkungen erfahren kann.[746]

Man könnte überlegen, ob sich die Vorteilhaftigkeit der Mitwirkungsrechte und die Nachteilhaftigkeit der Mitwirkungs- und Folgepflicht nicht ohnehin wechselseitig „neutralisieren". Jedenfalls aber sind die Pflichten genauso wie die Rechte nicht mit einem Wert bezifferbar. Insofern erscheint

---

741 Z.B. bestimmte § 4 Nr. 2 Satzung Südwestmetall 2012: „Die Mitglieder sind an die satzungsgemäß gefassten Beschlüsse des Verbandes und an die vom Vorstand abgeschlossenen Kollektivvereinbarungen gebunden."; vgl. *Rieble*, in: MHdB ArbR, § 224 Rn. 30 ff.

742 So davon scheint der BGH 19. 1. 1978 – II ZR 192/76, NJW 1978, 990 auszugehen; ebenso *Gamillscheg*, Kollektives Arbeitsrecht I, S. 459 f.

743 *Seiter*, Streikrecht und Aussperrungsrecht, S. 104 ff. (511); *Rieble* Arbeitsmarkt und Wettbewerb, Rn. 1663 ff., insbes. Rn. 1669; ders., in: MHdB ArbR, § 224 Rn. 34.

744 Vgl. KG, v. 9. 9. 1976 – 15 U 1207/76, NJW 1977, 720; implizit auch BGH 19. 1. 1978 – II ZR 192/76, AP GG Art. 9 Arbeitskampf Nr. 56; *Rieble*, in: MHdB ArbR, § 224 Rn. 35.

745 Vgl. *Rieble*, in: MHdB ArbR, § 224 Rn. 40 f.; *Thüsing/Seifert/Jänsch*, in: Görres-Gesellschaft, Staatslexikon, Solidarität, 2.5 Arbeitsrecht; allgemein zur verbandsrechtlichen Treuepflicht *Schöpflin*, in: BeckOK BGB § 38 Rn. 27.

746 Hierzu mwN *Schöpflin*, in: BeckOK BGB § 38 Rn. 27.

es richtig, beide Faktoren bei der Bestimmung finanzieller Anreize auszuklammern.

(2) Keine entscheidenden Vorteile durch sonstige gewerkschaftliche Nebenleistungen

Damit bleiben die erwähnten Nebenleistungen der Gewerkschaft übrig. Diese werden zusätzlich zur Hauptleistung erbracht. Wie *Ebbinghaus* zutreffend festgestellt hat, handelt es sich dabei jedoch „allenfalls [um] zusätzliche ‚goodies', die auch auf dem freien Markt erworben werden können. Sie wiegen finanziell nicht die Kosten einer Mitgliedschaft auf."[747] Insoweit ist zunächst zu bedenken, dass von diesen Leistungen nicht automatisch eine Anreizwirkung ausgehen muss, nur weil sie Mitgliedern exklusiv vorbehalten sind. Es ist einerseits denkbar, dass einzelne Arbeitnehmer an diesen im Gesamtpaket daherkommenden „Nebenprodukten" eventuell gar kein Interesse haben (entweder nur Interesse an Einzelleistungen oder insgesamt kein Interesse). Andererseits würde ein rational agierender Arbeitnehmer individuell gewünschte Leistungen am freien Markt besorgen und im Übrigen als Trittbrettfahrer kostenlos am Kollektivgut partizipieren, wenn die Gewerkschaft nicht entweder über ein Angebotsmonopol für die Leistungen verfügt oder konkurrenzfähige (also marktübliche oder günstigere) Preise anbietet.[748] Beides lässt sich nicht verifizieren.

Zunächst wird davon ausgegangen, dass Gewerkschaften nicht in der Lage sind, für ihre Zusatzleistungen Preise zu generieren, die deutlich unter den Marktpreisen liegen, da sie diese Leistungen nur als Nebenprodukte anbieten, während private Anbieter all ihre Ressourcen in die Bereitstellung dieser Angebote stecken.[749] Ein Blick in Vergleichsportale bestätigt dies z.B. im Hinblick auf Rechtschutzversicherungen. Diese können Arbeitnehmer bereits ab etwa 15 EUR pro Monat abschließen und dabei auch die von Seiten der Gewerkschaften üblicherweise offerierte Prüfung von Verträgen,

747 *Ebbinghaus*, in: Handbuch der Gewerkschaften (1.Aufl.), S. 174; ebenso *Pyhel*, WSI-Mitteilung 2006, 341 (341): „stehen diese in keinem rationalen Verhältnis zu den Mitgliedsbeiträgen [...]. Die Lösung des Grundproblems der Kooperationssicherung kann von solchen Anreizen nicht erwartet werden."; i.E ebenso *Höpfner*, ZfA 2020, 178 (202 f.); *Seiwerth*, Gestaltungsfreiheit in Tarifverträgen, S. 457 f.; *Zimmer*, Gewerkschaften und die Trittbrettfahrer-Problematik, S. 11.

748 Zutreffend *Pyhel*, Gewerkschaftliche Mitgliedschaftsloyalität, S. 50.

749 Vgl. *Pyhel*, Gewerkschaftliche Mitgliedschaftsloyalität, S. 51 unter Berufung auf *Eickhof*, Theorie, S. 46 und *Booth*, QJE 1985, 253 (254).

Vertragsentwürfen und Zeugnissen erhalten. Dabei profitieren sie zudem von freier Anwaltswahl und zusätzlichem Verkehrsrechtsschutz bzw. der Möglichkeit zur Kombination mit weiteren, von ihnen konkret gewünschten Wahl(versicherungs)leistungen.[750] Eine Monopolstellung hat die Gewerkschaft insofern auch nicht mehr inne. Das vormalige Vertretungsmonopol der Gewerkschaften für Streitigkeiten mit geringen Streitwerten vor dem Arbeitsgericht (vgl. § 11 Abs. 1 S. 2 ArbGG 1953[751]) ist mittlerweile aufgehoben worden. Davon abgesehen hatte das BVerfG ohnehin zutreffend entschieden, dass die Entscheidungsfreiheit der Arbeitnehmer davon nicht entscheidend beeinflusst wurde.[752]

Damit stellt die Streikunterstützung für Gewerkschaftsmitglieder die einzige Zusatzleistung der Gewerkschaft dar, die nicht am freien Markt verfügbar ist.[753] Auch sie vermag jedoch nicht besonders ins Gewicht zu fallen und eine maßgebliche Anreizwirkung zu entfalten.[754] Dies ergibt sich aus dem Zusammenspiel verschiedener Umstände. Einmal erhalten nach den meisten Satzungen nur solche Mitglieder einen Verdienstausfall, die sich aktiv an einem Arbeitskampf beteiligen und von dessen nachteiligen Folgen unmittelbar betroffen sind. Aufgrund der Arbeitskampfrisikolehre erhalten mittelbar Kampfbetroffene indes kein Streikgeld von der Gewerkschaft[755] und im Übrigen auch keine staatliche Unterstützung, da § 160 SGB III den Staat insoweit zur Neutralität verpflichtet und einen Ruhenstatbestand für Arbeitslosengeldansprüche enthält.[756] Diese Restriktionen verkleinern den

---

750 Eigene Abruf auf einem Vergleichsportal am 8.2.2023; siehe hierzu auch schon *Höpfner*, ZfA 2020, 168 (203).

751 Das Arbeitsgerichtsgesetz vom 3. September 1953 (BGBl. I S. 1267) - ArbGG - bestimmte in seinen § 11 Abs. 1 S. 2: „Vor den Arbeitsgerichten sind als Prozeßbevollmächtigte oder Beistände Rechtsanwälte nur zugelassen, wenn die Wahrung der Rechte der Parteien dies notwendig erscheinen läßt."

752 Vgl. BVerfG (v. 20.7.1971 - 1 BvR 13/69, E 297 (302) bzgl. Streitwert iHv 300 DM.

753 Vgl. *Pyhel*, Gewerkschaftliche Mitgliedschaftsloyalität, S. 51 mit dem Hinweis darauf, dass es sich um den einzigen „echten" selektiven Anreiz der Gewerkschaft handle, so auch *Kirchgässner*, Homo oeconomicus, S. 124.

754 Die Zurückhaltung teilen *Freidank*, in: Gewerkschaften und die Politik der Erneuerung, S. 227 (232); *Keller*, PVS 1988, 388 (394) und *Höpfner*, ZfA 2020, 168 (203); vgl. auch *Loritz*, in: FS Preis (2021), S. 795 (806); *Pyhel*, Gewerkschaftliche Mitgliedschaftsloyalität, S. 52; *Winkelhake*, Eine ökonomische Analyse deutscher Gewerkschaften, S. 91.

755 Vgl. *Höpfner*, ZfA 2020, 168 (203) mit umfangreichen Nachweisen zu entsprechenden Gewerkschaftssatzungen in Fn. 154.

756 Diese Vorschrift entspricht inhaltlich dem damaligen sog. Streikparagraphen § 116 AFG, der auf das Gesetz zur Änderung der Neutralität der BA bei Arbeitskämpfen v. 15. 5. 1986, BGBl. I 740 zurückgeht. Das Neutralitätssicherungsgesetz war eine

Kreis der potenziell vom Streikgeld Begünstigten unter den Gewerkschaftsmitgliedern bereits nicht unerheblich. Hinzu kommt, dass es in Deutschland zu vergleichsweise wenigen Arbeitskämpfen kommt. Im Zeitraum von 2011 bis 2020 lag die Anzahl der Streiktage nur bei 18 Arbeitstagen im Jahr pro 1000 Beschäftigten, womit Deutschland sich im unteren Mittelfeld des von Belgien mit 97 Arbeitstagen angeführten internationalen Vergleichs einordnet.[757] Weil mit den Arbeitskämpfen – auch wegen modernen Kampftechniken wie Wellenstreiks – für Arbeitgeber mitunter erhebliche finanzielle Belastungen einhergehen, halten diese Streikmaßnahmen in der Regel nur wenige Tage durch.[758] Weiter marginalisiert sich die Relevanz der Streikunterstützung als finanzieller Anreizfaktor schließlich dadurch, dass Gewerkschaften regelmäßig auch den unmittelbar kampfbeteiligten Mitgliedern keine Unterstützung zukommen lassen, wenn es sich nur um (gegenüber Vollstreiks zusehends bedeutsamere) Warnstreiks handelt.[759] Eine ökonomische Untersuchung *Winkelhakes* zur Bedeutung der Streikunterstützung bestätigt dessen geringe Anreizwirkung. Seinen Einschätzungen zufolge lag die Belastung durch Lohnausfälle bei wirklich aktiv an Streiks beteiligten Arbeitnehmern für den Zeitraum von 1960 bis 1997 bei durchschnittlich 3,09 Tagen (durchschnittliche Streikrate pro Jahr je Streikbetroffenem).[760] *Pyhel* hat darauf aufbauend eine Beispielsrechnung vorgenommen, die zeigt, dass es selbst für die geringe Zahl an Mitgliedern, die tatsächlich von Streikunterstützung profitieren, günstiger wäre, den Mitgliedsbeitrag zu sparen und den Arbeitsausfall selbst zu finanzieren. Dies stellt sich wie folgt dar:[761]

Reaktion auf einen Arbeitskampf in der Metallindustrie 1984, der vor allem mit der Forderung einer 35 Stunden-Woche für alle Tarifbezirke geführt wurde, Näheres dazu bei *Ricken*, in: MHdB ArbR, § 280. 18.

757 Damit bewegt Deutschland sich im unteren Mittelfeld der von Belgien mit 97 Arbeitstagen angeführten internationalen Vergleich, vgl. *Findert/Dribbusch/Schulten*, WSI Arbeitskampfbilanz 2021, S. 14.

758 Vgl. *Loritz*, in: FS Preis (2021), S. 795 (806).

759 So schon *Höpfner*, ZfA 2020, 168 (203).

760 Vgl. *Winkelhake*, Eine ökonomische Analyse deutscher Gewerkschaften, S. 91. Er hat zunächst einmal die deutschlandweit (alte Bundesländer) durch Streiks verlorenen Arbeitstage im Zeitraum von 1960 bis 1987 ermittelt. Hiernach liegt die durchschnittliche Ausfallzeit je Arbeitnehmer für den angegebenen Zeitraum bei 0,03 Arbeitstagen (weniger als 15 Minuten pro Jahr). *Winkelhake* berücksichtigt aber weiterhin, dass die Streikbetroffenheit der Arbeitnehmer verschiedener Regionen und Wirtschaftsbranchen stark variieren und das Streikvolumen sich auf relativ wenige Arbeitnehmer konzentriert.

761 *Pyhel*, Gewerkschaftliche Mitgliedschaftsloyalität, S. 53.

Ausgangspunkt:	3,09 Ausfalltage pro betroffenem Arbeitnehmer nach *Winkelhake*
Gegenübergestellt:	Unterstützung der IG Metall lt. Satzung für eine Streikwoche bei Bruttomonatsgehalt von 3.000 EUR:[762] - bei einer Beitragsleistung über 3 bis 12 Monate – das Zwölffache des Durchschnittbeitrages: 72 EUR pro Streiktag - bei einer Beitragsleistung über 12 bis 60 Monate – das Dreizehnfache des Durchschnittsbeitrages: 78 EUR pro Streiktag - bei einer Beitragsleistung über 60 Monate – das Vierzehnfache des Durchschnittsbeitrages: 84 EUR pro Streiktag
Ergebnis:	Selbst im günstigsten Fall erhielte der Arbeitnehmer nur 252 EUR Streikgeld. Dem steht jedoch eine Beitragslast von 360 EUR im Jahr gegenüber. Ein rechnerisch durchschnittlich an Streiks beteiligter Außenseiter-Arbeitnehmer hätte die entgangene Streikunterstützung nach 8,4 Monaten angespart.

ee) Anreiz durch „gesamtgesellschaftlich relevante Stellung" der Koalitionen?

Es ist unbestritten, dass die Arbeit der Gewerkschaften (in Zusammenwirken mit den Arbeitgeberverbänden) auf dem Arbeitsmarkt eine erhebliche Ordnungswirkung entfaltet, die über die Gestaltung von Arbeitsbedingungen mit Hilfe von Tarifverträgen hinausgeht.[763] Spätestens nach dem Ende des Zweiten Weltkriegs haben sich nicht nur die Tarifverträge,

762 Diese Beträge entsprechen auch heute noch der in § 23 der IG Metall Satzung festgelegten Sätzen, vgl. https://www.igmetall.de/service/online-services/leistungsrechner bei EIngabe von 3.000 EUR brutto (letzter Abruf 9.2.2023).

763 Vgl. oben unter Kap. 2 A. I., Kap. 3 B. II. 1 sowie (beispielhaft) *Höpfner*, Tarifgeltung, S. 235 „lässt sich nicht ernsthaft bestreiten"; *Mayer*, Differenzierungsklauseln, S. 263 „Zweifellos vereinheitlichen Tarifverträge auch unabhängig von einer konkreten Tarifbindung die Arbeitsbedingungen und schaffen sowohl für Arbeitgeber als auch Arbeitnehmer verlässliche Strukturen für die Gestaltung ihres Arbeitsverhältnisses.", jeweils mwN.

sondern auch die Koalitionen selbst zu tragenden Säulen der deutschen Wirtschafts- und Gesellschaftsordnung entwickelt,[764] in der sie eine ganze Fülle von weiteren Aufgaben wahrnehmen und aus der sie deshalb heute nicht mehr wegzudenken sind. So sind den Koalitionen umfangreiche Beteiligungsrechte bei der Ausübung staatlicher Funktionen eingeräumt, die von Antrags-[765], Anhörungs-[766] und Beratungsrechten[767] bis hin zu Vorschlags-, Benennungs- und Entsendungsrechten reichen.[768] Hervorzuheben sind hierbei insbesondere das Recht zur Entsendung von Vertretern in die staatlichen Gerichte der Arbeits- und Sozialgerichtsbarkeit[769] und in die (Selbst-)Verwaltungsgremien sowie die weitreichenden Befugnisse der Gewerkschaften in der Betriebsverfassung, die von der Entsendung eines Mitglieds in den Wahlvorstand (§ 16 Abs. 1 S. 6 BetrVG) über die Anfechtung der Betriebsratswahlen (§ 19 Abs. 2 S. 1 BetrVG) bis hin zu dem praktisch bedeutsamen Recht reichen, wegen Verstoß des Arbeitgebers gegen seine Pflichten eine Verfügung zum Tun, Dulden oder Unterlassen zu erwirken (§ 23 Abs. 3 BetrVG).[770] Große Bedeutung kommt außerdem dem Recht

---

764 Vgl. nur BGH v. 11.07.1968 – VII ZR 63/66, AP ZPO § 50 Nr. 1 (= NJW 1968, 1830 (1831): „Stellung der Gewerkschaften in den letzten Jahrzehnten grundlegend gewandelt hat. Der Gesetzgeber hat sie im Laufe der Zeit mit einer so bedeutsamen Rechtsstellung ausgestattet, daß damit eine Versagung der vollen Parteifähigkeit schlechthin nicht mehr vereinbar ist. Sie sind in unserer heutigen Gesellschaftsordnung wichtige und mit zahlreichen Aufgaben betraute Verbände."; *Jacobs*, in: Wiedemann TVG Einl. Rn. 73; *Brox/Rüthers/Henssler*, Arbeitsrecht Rn. 777; *Fahimi*, SR-Sonderausgabe Mai 2017, S. 1; trotz Kritik iE auch *Loritz*, in: FS Preis (2021), 795 ff.

765 Vgl. § 11 TVG, § 1 Abs. 5 HAG, § 33 HAG, § 11 ArbNErfG sowie Antragsrechte iRd AVE n. § 5 Abs. 1 S. 1 TVG.

766 Auch auf internationaler Ebene üben die Gewerkschaften wichtige Funktionen aus, so sind sie in internationalen Organisationen, insbesondere in der ILO und der EU vertreten, die Kommission hört die Sozialpartner vor der Unterbreitung von Vorschlägen im Bereich der Sozialpolitik (Art. 154 Abs. 2 AEUV) an und gem. Art. 154 Abs. 3 S. 1 AEUV kann eine weitere Anhörung folgen.

767 Vgl. etwa das Beratungsrecht besteht hinsichtlich der Anerkennung von Schulungs- und Bildungsveranstaltungen gem. § 37 Abs. 7 BetrVG sowie das allgemeine Beratungsrecht im Bereich der Arbeitsverwaltung, vgl. *Rieble*, in: MHdB ArbR III § 222 Rn. 48.

768 Vgl. § 5 MiLoG, § 12 Abs. 4 S. 2 Nr. 1 AEntG, § 40 Abs. 3 BBiG, § 82 Abs. 2 BBiG, § 92 Abs. 4 BBiG, § 30 Abs. 4 ArbNErfG, § 5 Abs. 1 HAG, § 22 Abs. 3 HAG, § 186 Abs. 4 SGB IX, § 203 Abs. 3 S. 1 Nr. 1 SGB IX.

769 Zu den Vorschlagsrechten für ehrenamtliche Richter §§ 20 Abs. 2, 43 Abs. 1 ArbGG, sowie §§ 14 Abs. 1, 3 SGG. Daneben stellen die Gewerkschaften Vorschlagslisten für die Beisitzer der Schieds- und Schlichtungsausschüsse auf.

770 Vgl. mit weiteren Beispielen *Rieble*, in: MHdB ArbR III § 222 Rn. 49.

der Gewerkschaften und Arbeitgeberverbände zu, Vertreter in die Mindestlohnkommission zu entsenden, welche die Anpassungen des allgemeinen gesetzlichen Mindestlohns berät und beschließt (vgl. § 5 MiLoG).

Darüber hinaus üben Gewerkschaften und Arbeitgeberverbände auch einen erheblichen Einfluss auf die Wirtschafts-, Sozial- und Kulturpolitik in der Bundesrepublik im Allgemeinen aus. Dies tun sie, indem sie den gesellschaftlichen Diskurs mit Hilfe von gezielten Forderungen gegenüber der Politik vorantreiben, rechtspolitische Stellungnahmen zu schon laufenden gesetzgeberischen Vorhaben abgeben oder Fragestellungen durch eigene Publikationen aufwerfen und umfassend beleuchten.[771] Bei all diesen Aktivitäten bringen die Koalitionen die Anliegen der Praxis der Politik zu Gehör und die von ihren Mitgliedern vermittelte besondere Sachkunde in die gesetzgeberischen Prozesse ein. Ihre Arbeit entfaltet somit eine enorme Strahlkraft in verschiedenste Lebens- und Wirtschaftsbereiche.

Man könnte überlegen, anknüpfend daran auch diese allgemeine Interessenvertretung der Gewerkschaften und ihre tragende Rolle in verschiedensten Lebensbereichen als eine Art „Leistung" zu begreifen, von der unter Umständen eine Anreizwirkung ausgehen könnte. Dagegen sprechen jedoch gleich mehrere Aspekte:

Die beschriebene Strahlkraft macht auch vor den Außenseiter-Arbeitnehmern nicht halt, sondern beeinflusst – auf Umwegen – auch deren Arbeitsverhältnisse. Wann immer die Außenseiter-Arbeitnehmer mit Einrichtungen in Kontakt kommen, deren personelle Besetzung und inhaltliche Ausrichtung durch die Gewerkschaften mitgestaltet wird, partizipieren auch diese an den „sonstigen Leistungen" der Gewerkschaft. So setzt z.B. ein einmal durch Vorschlag der Gewerkschaft als Vertreter der Arbeitnehmerseite zum Arbeitsgericht ernannter ehrenamtlicher Richter seine Expertise nicht allein zu Gunsten von organisierten Arbeitnehmern ein oder ist der Gewerkschaft irgendwie verpflichtet. Er ist vielmehr sachlich unabhängig und nur dem Gesetz unterworfen (vgl. Art. 97 Abs. 1 GG, §§ 45 Abs. 1 S. 1, 25 DriG). Das heißt, es fehlt an der für einen Anreiz nötigen Exklusivität. Hinzu kommt, dass dieser „allgemeinen Interessenvertretung" nicht zwingend eine Vorteilhaftigkeit für einzelne Arbeitnehmer innewohnt, es ist nicht mal gesagt, dass Arbeitnehmer sich darin wiederfinden, sie begrüßen oder darin ein Vorteil für sie enthalten ist. Selbst wenn man annähme, darin läge ein Vorteil, so wäre dieser jedenfalls einzelnen Arbeitnehmern nicht individuell zuordenbar. Die Partizipation der Arbeitnehmer (das gilt

771 Vgl. *Rieble*, in: MHdB ArbR III § 222 Rn. 53.

auch für Mitglieder) ist mit anderen Worten zu *unspezifisch und mittelbar* um als Gegenleistung im klassischen Sinne und individueller Vorteil Einzelner begriffen werden zu können. Insofern kann aus der „gesamtgesellschaftlich relevanten Stellung" der Koalitionen auch keine finanzielle Anreizwirkung ausgehen.

b) Zwischenergebnis

Damit kann festgehalten werden, dass eine Gewerkschaftsmitgliedschaft unter rein finanziellen Gesichtspunkten bei Zugrundelegung eines rationalen Entscheidungsverhaltens nicht erstrebenswert erscheint.

Man kommt jedoch nicht umhin, festzustellen, dass die kostenlose Verbreitung des Tarifvertrages als Kernleistung der Gewerkschaft kein gänzlich neues Phänomen ist. *Nickel* konstatierte schließlich schon 1973 die materielle Gleichstellung der Gewerkschaftsmitglieder und Außenseiter-Arbeitnehmer[772] und gleichwohl verfügten die Gewerkschaften zu dieser Zeit noch über den Rückhalt von knapp einem Viertel der Arbeitnehmerschaft.[773] Aus dieser Beobachtung ist jedoch nicht zu schließen, dass das Erklärungsmodell *Olsons* verworfen werden muss. Vielmehr hat auch er anerkannt, was man heute wohl als Stand der ökonomischen und soziologischen Forschung bezeichnen kann:[774] die Entscheidung über die Gewerkschaftsmitgliedschaft lässt sich nicht auf eine monokausale Ursache zurückführen, sondern basiert auf dem Zusammenspiel einer Vielzahl externer wie interner Faktoren, die sich mitunter auch wechselseitig bedingen. Externe Faktoren, wie die Sektorenzugehörigkeit, Betriebsgröße oder das Vorhandensein einer betrieblichen Interessenvertretung hat *Olson* nicht außen vorgelassen, sondern vielmehr in seine Erwägungen einbezogen, als er Überlegungen dazu angestellt hat, unter welchen Rahmenbedingungen Arbeitnehmer ein Bedürfnis nach dem Kollektivgut haben (Schutzbedürftigkeit) oder unter welchen Gegebenheiten Anreize besonders gut oder

772 Vgl. *Nickel*, Arbeiterschaft und Gewerkschaft, S. 161.

773 Vgl. zu den Entwicklungen im Zeitverlauf unter Kap. 2 B I., II.

774 Siehe nur *Anders/Biebeler/Lesch*, IW-Trends 1.2015, 21 (22); *Biebeler/Lesch*, Mitgliederstruktur der Gewerkschaften in Deutschland, passim; *Hassel/Schröder*, Gewerkschaften 2030, S. 13; *Biebeler/ Lesch*, Industrielle Beziehungen 2007, 133 (135) (143); *Schnabel/Wagner*, Industrielle Beziehungen 2006, S. 118 ff.; *dies.*, Socio-Economic Review 2005, 1 ff.; *Goerke/Pannenberg*, Trade union membership and work councils, S. 17 ff.; zu zentralen Mustern der „Inklusion bzw. Exklusion von Arbeitnehmerinteressen" *Ebbinghaus/Göbel/Koos*, Mitgliedschaft in Gewerkschaften, passim.

schlecht wirken können. Nur ein Beispiel dafür sind seine Erwägungen zur Korrelation von Trittbrettfahrerproblematik und Gruppengröße. Auch wenn die vorliegende Arbeit die erschöpfende Analyse aller die Beitrittsentscheidung beeinflussenden Faktoren nicht leisten kann und will, soll dieser Gedanke im Folgenden unter Berücksichtigung von Erkenntnissen zur Veränderung der makroökonomischen Faktoren auf Validität und Relevanz für die vorliegende Problematik untersucht werden.

c) Strukturelle Veränderungen des Arbeitsmarktes und rückläufige Relevanz sozialer Anreize

aa) Herausforderungen für Gewerkschaften durch strukturelle Veränderungen des Arbeitsmarktes

Die Globalisierung und damit einhergehende Standortverlagerungen des produzierenden Gewerbes ins Ausland sowie die fortschreitende Digitalisierung der Arbeitswelt haben dazu geführt, dass der Anteil der durch körperliche Arbeit geprägten Berufe in (Steinkohle-)Bergbau, Eisen- und Stahlindustrie sowie Druckindustrie und mit ihm die Zahl der im „klassischen Arbeitermilieu" Beschäftigten abgenommen und die Zahl der Angestellten in der Dienstleistungsbranche zugenommen hat (Strukturwandel).[775] Dass die im Vordringen befindliche Dienstleistungsbranche seit jeher schwieriger zu organisieren ist, lässt sich in der disparaten Entwicklung vom Arbeitsmarkanteil der Angestellten und der parallelen Mitgliederentwicklung in diesem Bereich ablesen.[776] Die recht massiven Mitgliederrückgänge der IG BCE werden zum Beispiel unmittelbar mit der Abwicklung

775 Siehe nur *Loritz*, in: FS Preis (2021), S. 795 (802); zur „Segmentierung der Arbeitsbeziehungen und Gewerkschaftslandschaft in drei Welten" siehe *Hassel/Schröder*, Gewerkschaften 2023, S. 3 ff. sowie *Schröder*, in: Gewerkschaften und die Politik der Erneuerung, S. 19 ff.; *Biebeler/ Lesch*, Industrielle Beziehungen 2007, 133 (143) zufolge verfügen Arbeiter (und Beamte) über ein „größeres Klassen- und Standesbewusstsein"; die Bedeutung des Strukturwandels für den gewerkschaftlichen Mitgliederrückgangs rückt zusehends mehr ins Bewusstsein, vgl. nur die jüngste Berichterstattung in FAZ online v. 20.7.2023, abrufbar unter https://www.faz.net/aktuell/wirtschaft/warum-betriebsraete-immer-mehr-an-bedeutung-verlieren-19047693.html (letzter Abruf am 22.7.2023).

776 Siehe dazu Auswertung in Kap. 2 B. II. 2.; so auch *Anders/Biebeler/Lesch*, IW-Trends 1.2015, 21 (22).

des Steinkohlebergbaus in Verbindung gebracht.[777] Die Gewerkschaften fassen in den kleinbetrieblich organisierten privaten Dienstleistungsbereichen schwerer Fuß als in (vormalig verbreiteten) Großbetrieben des produzierenden Gewerbes. Zum Einen lässt ein tendenziell engeres Verhältnis zwischen Arbeitgeber und Arbeitnehmer in kleineren bis mittelgroßen Betrieben Schutz und Vertretung durch die Gewerkschaften weniger erforderlich erscheinen. Zum Anderen gibt es in kleineren Betrieben seltener Betriebsräte,[778] die als Eingangstor in den Betrieb und „Steigbügelhalter" für die Gewerkschaften funktionieren können. Zuletzt macht die weniger homogene Beschäftigtenstruktur in der Dienstleitungsbranche die Rekrutierung von Mitgliedern für die Gewerkschaften aufwendiger.[779] Das Erstarken der Spartengewerkschaften, die sich auf die Verfolgung abgrenzbarer Sonderinteressen einer Berufsgruppe spezialisiert haben, bestätigt dies. Da die homogene Organisationsstruktur, die geringe Arbeitnehmerfluktuation und ein eher geringer Arbeitgeberwiderstand ein guter Nährboden für die im öffentlichen Sektor tendenziell erfolgreicheren Gewerkschaften ist, hat schließlich auch der Trend zu Privatisierung und Outsourcing im öffentlichen Sektor und das damit einhergehende Schrumpfen ehemals staatlicher Großunternehmen einen Beitrag zu den strukturellen Verschiebungen auf dem Arbeitsmarkt und den daraus resultierenden Schwierigkeiten der Gewerkschaften geleistet.[780]

Hinzu kommt, dass sowohl in der Privatwirtschaft als auch im öffentlichen Dienst neue Kommunikationsformen Einzug gehalten haben. Persönliche Gespräche, Plakate oder Versammlungen sind in den Hintergrund gerückt, während digitale Zugangsrechte der Gewerkschaften immer wichtiger geworden sind. Insbesondere seitdem das Home-Office ab 2020 zwangsläufig eine so weite Verbreitung gefunden hat, spielt sich ein Gros der Kommunikation zwischen Gewerkschaft, Betriebsrat und Beschäftigen online in E-Mails, im Intranet oder in Video-Calls ab. Untersuchungen zei-

---

777 Vgl. *Dribbusch/Birke*, Gewerkschaften in Deutschland, S. 11, in diese Richtung auch *Mayer*, Differenzierungsklauseln, S: 4.

778 Siehe oben unter Kap. 2 B. II. 2.; vgl. mit dieser Erkenntnis unlängst auch FAZ online v. 20.7.2023, abrufbar unter https://www.faz.net/aktuell/wirtschaft/warum-betriebsraete-immer-mehr-an-bedeutung-verlieren-19047693.html (letzter Abruf am 22.7.2023).

779 Vgl. etwa *Schnabel*, Wirtschaftsdienst 2016, 426 (428) mwN; zur Schwierigkeit der Organisation vieler unterschiedlicher Interessen auch *Ebbinghaus/Göbel/Koos*, Mitgliedschaft in Gewerkschaften, S. 4 Fn. 3.

780 Vgl. *Dribbusch/Birke*, Gewerkschaften in Deutschland, S. 11; *Schnabel*, Wirtschaftsdienst 2016, 426 (429).

gen jedoch, dass die Gewerkschaft oft als „Außenstehender" wahrgenommen wird und nur schwerlich einen solchen „digitalen Zugang" findet.[781]

bb) Erosion der für betriebliche Gruppendynamiken erforderlichen Strukturen

Für die vorliegende Untersuchung von besonderem Interesse ist aber vor allem die Erkenntnis, dass mit diesen strukturellen Veränderungen des Arbeitsmarktes auch die Erosion der Strukturen einhergeht, die in der Vergangenheit eine soziale Anreizbildung in der Kollegenschaft begünstigt haben. Neben der Anerkennung in außerbetrieblichen Situationen (durch die Familie oder die öffentliche Wahrnehmung) stellt die Kollegenschaft eine maßgebliche Referenzgruppe für die Zuweisung von Anerkennung in der betrieblichen Situation dar.[782] Dabei wird angenommen, dass der Nutzen der eigenen Mitgliedschaft in Form von Anerkennungsgewinnen wesentlich von der Anzahl der Kollegen abhängt, wobei die Wahrscheinlichkeit der Anerkennung wiederum mit dem Organisationsgrad der Kollegenschaft steigt, weil eine Wertschätzung regelmäßig nur von ihrerseits Organisierten zu erwarten ist.

Das gemeinsame Arbeiten an der Werkbank oder das Einfahren in eine Grube haben genauso wie die identitätsstiftende Kontinuität in den Erwerbsbiographien der Arbeitnehmer das Zugehörigkeitsgefühl innerhalb der Belegschaft eines Unternehmens gefördert[783] und in der Vergangenheit dazu geführt, dass die Gewerkschaftsmitgliedschaft „sozialer Standard" war.[784] *Nickel* berichtet bei der Auswertung der vom DGB 1970 in Auftrag gegebenen Motivanalyse, dass 27 % aller im DGB organisierten Arbeitnehmer bei dem Eintritt in das Berufsleben innerhalb eines Monats auch Mitglied einer Gewerkschaft geworden seien. Dies führt er unter anderem

781 Vgl. hierzu *Däubler,* Interessenvertretung durch Betriebsrat und Gewerkschaften im Betrieb, S. 11 f., 58 ff, passim.

782 *Hassel/Schröder,* Gewerkschaften 2030, S. 9; vgl. auch zum Folgenden *Pyhel,* WSI-Mitteilung 2006, 341 (342 ff.) unter Auseinandersetzung mit der statistischen Relevanz der „social custom theory" von *Akerlof,* The Quarterly Journal of Economics 198, S. 749 ff. und *Booth,* The Quarterly Journal of Economics, S. 253 sowie der „Theorie des sozialen Tauschs" von *Blau,* Exchange and power in social life, passim.

783 Plakativ *Seiwerth,* RdA 2014, 358 (362) mit Verweis auf die „Opelaner" und „Kruppianer".

784 Ebenso *Seiwerth,* Gestaltungsfreiheit in Tarifverträgen, S. 458; *Biebeler/Lesch,* Mitgliederstruktur der Gewerkschaften in Deutschland, S. 13

darauf zurück, dass in überwiegend gewerkschaftlich organisierten – vor allem größeren Betrieben – „der starke Gruppendruck zur Solidarisierung" gezwungen habe.[785] Auch spätere empirische Untersuchungen von *Goerke* und *Pannenberg* bestätigen die Existenz von „Gruppendruck" in bestimmten sozialen Milieus und deren Einfluss auf das individuelle Verhalten einzelner Arbeitnehmer.[786] Es wird davon ausgegangen, dass soziale Akteure in ihrem Verhalten bestimmten Strategien folgen, die sich aus sozial ererbten, relativ stabilen Verhaltensdispositionen ergeben und einen Teil des sog. Habitus, also der inneren und äußeren Grundhaltung eines Menschen, darstellen. „Mittels der Dispositionen des Habitus werden Strategien, Präferenzen und Werte entwickelt, die der jeweiligen sozialen Situation angepasst werden. Der Habitus bildet sich durch verwandtschaftliche, nachbarschaftliche und berufsbezogene Erfahrungen und Beziehungen in einem bestimmten sozialen Milieu aus. In einem sozialen Milieu befinden sich Akteure, die sich aufgrund ihrer sozialen Herkunft, ihrer alltäglichen Praxis und ihrer Position in der Sozialstruktur ähneln und darüber ähnliche Habitusdispositionen ausbilden."[787]

Angesichts des Rückzugs der Gewerkschaften sowie der strukturellen Veränderung des Arbeitsmarktes sinkt die Wahrscheinlichkeit, im persönlichen Umfeld mit Gewerkschaftsmitgliedern in Kontakt zu kommen. Das klassische „Arbeitermilieu" erodiert, sodass „Mitgliedschaft […] heute in der Regel weder vererbt [wird] noch […] ein ‚Selbstläufer' [ist]".[788] Die verbindenden Elemente der körperlich geprägten Arbeit im Großbetrieb finden sich in den im Vordringen befindlichen Angestelltentätigkeiten seltener. Verschärft durch die Zunahme von „New Work", atypischen Beschäftigungsformen[789] und der Normalisierung von Berufswechseln dürfte es heute in vielen Belegschaften an einer Gruppendynamik nach dem Vorbild

---

785 *Nickel,* Arbeiterschaft und Gewerkschaft, S. 149.

786 Siehe auch *Goerke/Pannenberg,* German Economic Review, 2004, 481 (494); *Biebeler/Lesch,* Mitgliederstruktur der Gewerkschaften in Deutschland, S.13.

787 *Meise,* in: Gewerkschaften und die Politik der Erneuerung, S. 187 (189).

788 *Hassel/Schröder,* Gewerkschaften 2023, S. 5; ebenso *Höpfner/Lesch/Schneider/Vogel,* Tarifautonomie und Tarifgeltung, S. 404: das Phänomen der in Industriebetrieben verbreiteten Mitgliedschaft in der Gewerkschaft und am besten zugleich noch in der SPD „von der Wiege bis zur Bahre" gehört längst der Vergangenheit an.

789 Die Zahl der Menschen, die in Teilzeit, befristet, geringfügig und/oder als Zeitarbeitnehmer beschäftigt sind (atypische Beschäftigung) ist in der Zeit von 1991 bis 2010 von 4,4 auf 7,9 Mio. gestiegen (plus 79,1 %), bis 2019 war sie leicht rückläufig (minus 7,7 %), vgl. https://www.bpb.de/kurz-knapp/zahlen-und-fakten/soziale-situation-in-deutschland/61708/atypische-beschaeftigung/ (letzter Abruf 8.2.2023).

industrieller Großbetriebe fehlen, die überhaupt in der Lage wäre, als Resonanzboden für soziale Anreize aus dem Kollegenkreis zu fungieren – sowohl im positiven (Ansehen und Prestige durch Gewerkschaftszugehörigkeit gegenüber der Gruppe) als auch im negativen Sinne (Ansehensverlust und „soziale Ächtung" durch die Gruppe wegen eines Trittbrettfahrerverhaltens). Angesichts der mit der Betriebsgröße auch rückläufigen betrieblichen Interessenvertretung kann auch der Betriebsrat eine solche Funktion in den betroffenen Bereichen selten(er) wahrnehmen. Die Veränderungen des Arbeitsmarktes haben somit dazu geführt, dass sich die Arbeitnehmer von der Gewerkschaft als „Massenorganisation" entfremdet haben.[790] In gewisser Weise befindet sich die Gewerkschaft damit in einer Abwärtsspirale, denn je weniger sie präsent ist, desto geringer sind soziale Anreize, wodurch wiederum die Beitrittsneigung sinkt usw.[791]

cc) Rückläufige Bedeutung sozialer Anreize infolge von Wertewandel und Individualisierungstendenzen

Zu diesen durch äußerliche Veränderungen der Arbeitsformen verursachten Herausforderungen für soziale Anreize gesellen sich ein Wertewandel und allgemeine Individualisierungstendenzen in der Gesellschaft. Der Wille und die Bereitschaft zur Interessenverfolgung in korporativen Kollektiven hat abgenommen, während die Fixierung auf die eigene Wohlfahrtsmaximierung zugenommen hat.[792] Insofern wird von einer „Gesellschaft der Singularitäten" gesprochen.[793] Betroffen sind von dieser Entwicklung nicht nur Gewerkschaften, sondern auch andere private Verbände und Vereine, wie die Kirche, politische Parteien oder Freizeit- und Sportverbände, die ebenfalls auf privates, oftmals ehrenamtliches, Engagement angewiesen

790 I.E. auch *Loritz*, in: FS Preis (2021), S. 795 (806); *Hassel/Schröder*, Gewerkschaften 2023, S. 5.

791 Zutreffend *Hassel/Schröder*, Gewerkschaften 2030, S. 9.

792 Vgl. *Schnabel*, Wirtschaftsdienst 2016, 426 (431), der jedoch darauf hinweist, dass zu der Bedeutung des Wertewandels noch erheblicher Forschungsbedarf bei Ökonomen wie Soziologen bestehe; ebenso *Ebbinghaus/Göbel/Koos*, Mitgliedschaft in Gewerkschaften, S. 25; *Franzen*, Stärkung der Tarifautonomie, S. 14; *Hassel/Schröder*, Gewerkschaften 2030, S. 13: insgesamt Rückgang des traditionellen Partizipationsinteresses; *Höpfner*, ZfA 2020, 176 (186): Korporative Strukturen „nicht en vogue".; *Mayer*, Differenzierungsklauseln, S. 4 f.

793 Vgl. *Reckwitz*, Die Gesellschaft der Singularitäten, passim; *Waltermann*, ZfA 2020, 211 (216).

sind. In diesen Kollektiven kam es in den letzten Jahren gleichfalls zu erheblichen Mitgliederverlusten sowie zu einem Rückgang an Engagement, die zumindest auch auf den Trend der „Entsolidarisierung" zurückzuführen sind.[794] So sank der Anteil der Deutschen, die entweder katholisch oder evangelisch sind, Angaben der evangelischen Kirche zufolge von 61,2 % im Jahr 2007 auf unter 50 % (49,74 %) im Jahr 2021. In beiden Kirchen erreichten die Kirchenaustritte 2021 (vorläufige) Höchststände (evangelisch: 280.000; katholisch: 359.338).[795] Bei den Parteien sieht es nicht viel besser aus. Ihre Mitgliederzahl hat sich von 2,4 Mio. im Jahr 1990 auf 1,2 Mio. im Jahr 2018 faktisch halbiert.[796] Die Abkehr von ideellen Motiven und die Konzentration auf wirtschaftliche Zweckmäßigkeitserwägungen ist insbesondere bei jüngeren Kohorten ausgeprägt,[797] was die Zukunftsfähigkeit der heute schon überalterten Gewerkschaften besonders gefährdet.[798] Daneben wird eine gewisse Korrelation mit dem Grad an beruflicher Qualifizierung angenommen und davon ausgegangen, dass gut qualifizierte Arbeitnehmer mit großer eigener Marktmacht eher individualistische Orientierungsmuster entwickeln.[799]

Angesichts dieser Entwicklungen kann *Biebeler* und *Lesch* nur zugestimmt werden, wenn diese konstatieren: „Ganz offensichtlich ziehen immer weniger Beschäftigte aus einer Mitgliedschaft einen Reputationsge-

794 Vor allem haben sich qualitative Veränderungen des Engagements feststellen lassen, vgl. auch „Zweiter Bericht über die Entwicklung des bürgerschaftlichen Engagements in der Bundesrepublik Deutschland des Bundesministeriums für Familie, Senioren, Frauen und Jugend" (Hrsg.) v. 30.3.2017, BT-Drucks. 18/11800, S. 177 ff.; siehe auch „Bericht über die Arbeit des Unterausschusses „Bürgerschaftliches Engagement" (Hrsg.) in der 19. Wahlperiode" v. 2.6.2021, S. 47; *Gensicke*, Freiwilliges Engagement in Deutschland, S. 84 f., insbes. Grafik B12; *Krimmer/Priemer*, ZiviZ-Survey 2012, S. 42 ff.

795 Vgl. https://www.ekmd.de/aktuell/nachrichten/kirchen-in-deutschland-rueckgang-der-mitgliederzahlen.html (letzter Abruf am 8.2.2023); zu beachten ist aber mit *Mayer*, Differenzierungsklauseln, S. 4, dass die zunehmenden Kirchenaustritte in den christlichen Kirchen nicht monokausal auf den Trend der Entsolidarisierung zurückgeführt werden können. Dies muss insbesondere für die jüngst gestiegene Zahl der an Austritten aus der katholischen Kirche wegen der als unzulänglich kritisierten Aufarbeitung von Missbrauchsskandalen beachtet werden.

796 Siehe zum kontinuierlichen Rückgang der Mitgliederquote in Parteien im Einzelnen *Niedermayer*, ZParl 2018, 346 ff (insb. 350).

797 Vgl. *van de Vall*, Gewerkschaften im Wohlfahrtsstaat, 1966, S. 128 f.; *Hassel/Schröder*, Gewerkschaften 2023, S. 9; zutreffend konstatiert schon durch *Höpfner*, ZfA 2020, 178 (186 f.) und *Loritz*, in: FS Preis (2021), S. 795 (805).

798 Vgl. *Schnabel*, Wirtschaftsdienst 2016, 426 (430).

799 Vgl. *Pyhel*, Gewerkschaftliche Mitgliedschaftsloyalität, S. 188.

winn, der dem Anreiz zum Trittbrettfahren entgegenwirken und die Organisationsbereitschaft steigern könnte."[800]

d) Abnehmende Bedeutung einer „Sicherungswirkung" des Tarifvertrages angesichts zunehmenden Schutzes durch den Staat

Zuletzt trägt auch der Staat ein Stück weit dazu bei, dass ein geringerer Anreiz besteht, sich gewerkschaftlich zu organisieren. So beglückt er die Außenseiter-Arbeitnehmer durch die AVE sowie die Geltungserstreckung nach AEntG kostenlos mit den Vorteilen des Tarifvertrages. Hier wird man aber immerhin noch zugutehalten müssen, dass er auf Antrag der Tarifvertragsparteien hin tätig wird, also mit und nicht gegen sie arbeitet. Anders ist dies, wenn der Staat die Vergabe öffentlicher Aufträge von einer Tariftreue der Arbeitgeber abhängig macht und sie so faktisch dazu zwingt, Tarifverträge in ihrem Unternehmen anzuwenden.[801] Schon heute gibt es in fast allen Bundesländern Tariftreuegesetze. Das Vorhaben zum Erlass eines entsprechenden Bundesgesetzes treibt das BMAS seit Ende 2022 aktiv voran.[802] Nachdem im Mai 2023 ein erster Referentenentwurf „durchgesickert" war, betonte das BMAS Medienberichten zufolge, dass es um einen internen Arbeitsentwurf und eine bereits schon wieder veraltete Momentaufnahme gehandelt habe.[803] Ein offizieller Entwurf ist noch nicht veröffentlicht. Da die weitere Ausdehnung der Tarifgeltung die Problematik des Trittbrettfahrens jedoch eher noch verschärfen wird, ist diese Maßnahme als kontraproduktiv und höchst problematisch zu bewerten. Es sollte davon Abstand genommen werden.

---

800 *Biebeler/Lesch*, Mitgliederstruktur der Gewerkschaften in Deutschland, S. 14; ebenso *Loritz*, in: FS Preis (2021), S. 795 (807).

801 Siehe zur Funktionsweise der Tariftreue im Einzelnen unter Kap. 5 B. III. 3. A).

802 Im Zeitraum vom 7.-23.12.2022 hat eine öffentliche Konsultation zur Bindung der Auftragsvergabe des Bundes an die Einhaltung von Tarifverträgen ("Bundes-Tariftreue") stattgefunden, nunmehr erarbeitet das BMAS eigenen Angaben zufolge einen Gesetzentwurf, vgl. https://www.bmas.de/DE/Arbeit/Arbeitsrecht/Staerkung-der-Tarifbindung/Oeffentliche-Konsultation-zur-Tariftreue/oeffentliche-konsultation-zur-tariftreue.html (letzter Abruf 15.7.2023); siehe hierzu auch unter Kap. 5 B. III. 3 a).

803 Vgl. beispielhaft Berichterstattung von mobifair v. 15.5.2023 unter der Überschrift „DGB-Vergabetagung: Countdown zum Bundestariftreuegesetz", abrufbar unter https://www.mobifair.eu/2023/05/dgb-vergabetagung-countdown-zum-bundestariftreuegesetz/ (letzter Abruf am 15.7.2023).

Zudem ist es für die Anreizwirkung nicht förderlich, wenn der Gesetzgeber tarifvertragliche Verhandlungserfolge – wie bei der Brückenteilzeit geschehen und für den Anspruch auf Home-Office in Arbeit – zum gesetzlichen Standard und allen unabhängig vom Organisationstatus zugänglich macht.[804] Gleiches gilt für die gesetzliche Regelung von Mindeststandards ohne tarifvertragliche Abweichungsmöglichkeit, wie sie bei Einführung des gesetzlichen Mindestlohns erfolgt ist. Diese Regulierung verkleinert den „zur tariflichen Rechtsetzung frei gelassenen Raum" und verringert das Schutzbedürfnis der Arbeitnehmer.[805] *Rieble* weist zu Recht darauf hin, dass insbesondere die Arbeitnehmer, die wegen geringer Entgeltchancen besonders schutzbedürftig sind, keinen Grund mehr zum Beitritt in die Gewerkschaft haben, wenn es das Minimum, was sie damit an Arbeitsbedingungen erreichen könnten, bereits kostenfrei vom Staat gibt.[806] Dabei erschwert die ökonomische Belastungsgrenze der Arbeitgeber es den Tarifvertragsparteien, mit dem Tarifvertrag Verhandlungsergebnisse zu erzielen, die sich von dem so eingezogenen Sockel spürbar nach oben absetzen[807] und den Tarifvertrag gegenüber dem gesetzlichen „Standard" somit in besserem Lichte erscheinen lassen.

IV. Schlussfolgerungen und deren Bedeutung für den Fortgang der Untersuchung

Eine nähere Betrachtung der Anreizsituation führt im Ergebnis also zu der ernüchternden Erkenntnis, dass wenig bis keine finanziellen Anreize für den Beitritt in die Gewerkschaft und damit für eine Unterstützung bei der Produktion des zum Kollektivgut gemachten Tarifvertrages bestehen. Entgegen der gesetzgeberischen Konzeption können die Gewerkschaften mit ihrer Hauptleistung keine Anreizwirkung entfalten und sind darauf verwiesen, dies mit der Bereitstellung von Nebenleistungen zu versuchen. Mit dessen Bereitstellung lassen sich die Kosten der Mitgliedschaft jedoch

---

804 Zutreffend *Höpfner*, ZfA 2020, 178 (188); kritisch auch *Ch. Picker*, NZA-Editorial 16/2019; *Ch. Picker*, ZfA 2019, 269 (284 f.).

805 Ebenso *Saeidy-Nory/Wank*, RdA 2022, 1 (4); Den Zusammenhang der (wirtschaftlichen) Schutzbedürftigkeit der Arbeitnehmer mit der Höhe des gewerkschaftlichen Organisationsgrades belegt beispielhaft auch die Entwicklung in der Schweiz, vgl. dazu Kap. 4 B. II. 3.

806 *Rieble*, ZfA 2005, 245 (268).

807 Mit einem berechtigten Apell für eine stärkere Beachtung betriebswirtschaftlicher Kennzahlen *Loritz*, in: FS Preis (2021), S. 795 (804).

nicht aufwiegen. Wer heute noch einer Gewerkschaft beitritt, muss entweder den Zusatzleistungen oder den „bilanziell" in die Rechnung nicht einstellbaren Mitbestimmungsrechten eine besonders hohe persönliche Bedeutung einräumen oder durch ausgeprägte soziale Anreize motiviert worden sein. Letzteres wird angesichts der für die Wirkung solcher Anreize in der Dienstleistungsbranche ungünstigen Rahmenbedingungen jedoch zusehends unwahrscheinlicher. Insgesamt hat sich der Verdacht bestätigt, dass die verbreitet wahrgenommene Möglichkeit zur kostenlosen Partizipation der Außenseiter-Arbeitnehmer durch Bezugnahmeklauseln ein Kernproblem der Gewerkschaften ist. Sie reizt zum Trittbrettfahren und gefährdet die Funktionsfähigkeit der Tarifautonomie.[808] Sie kann somit zu Recht als „Killer der Tarifbindung" bezeichnet werden.[809] Der Gesetzgeber ist aufgefordert, die Rahmenbedingungen hieran anknüpfend so zu verändern, dass es den Gewerkschaften entsprechend der ursprünglichen gesetzlichen Konzeption wieder möglich ist, Arbeitnehmer mit ihrer Arbeit für sich zu gewinnen. Der Gesetzgeber muss im Rahmen der Garantie der Koalitionsbetätigung Instrumentarien bereitstellen, die insbesondere „*unter den gegebenen sozio-ökonomischen Bedingungen* eine eigenverantwortliche und wirksame Erfüllung des Koalitionszwecks ermöglicht."[810]

E. Zusammenfassung

Die im Kapitel 2 durchgeführte Bestandsaufnahme hat ergeben, dass in der Tat eine Dysfunktionalität der Tarifautonomie, wenn nicht schon vorliegt, so doch jedenfalls unmittelbar droht. Im Zentrum der Problematik steht die weit verbreitete, aktuell kostenlose Möglichkeit der Außenseiter-Arbeitnehmer zur Partizipation an der ordnenden Wirkung des Tarifvertrages. Sie ist eine der tragenden Ursachen für die mittlerweile maßgeblich von rationalen Kosten-Nutzen Erwägungen bestimmte Entscheidung von immer mehr Arbeitnehmern, sich nicht in einer Gewerkschaft zu organisieren. Eine kostenpflichtige Mitgliedschaft erscheint jedenfalls denjenigen Arbeit-

808 i.E. ebenso *Eylert/Rinck*, RdA 2022, 146 (146); *Saeidy-Nory/Wank*, RdA 2022, 1 (3) (5); in der Sache auch *Rieble*, ZfA 2005, 245 (270 f.).

809 So *Waltermann*, ZfA 2020, 211 (213); vgl. auch *Franzen*, in: FS Preis (2021), S. 247 (248).

810 *Höfling*, in: Sachs GG, Art. 9 Rn. 80; in der Sache ebenso (wenn auch mit abweichender Herleitung) *Isensee*, in: Die Zukunft der sozialen Partnerschaft (1986), S. 159 (170 ff.); s. a. *Schwarze*, JuS 1994, 653 (657).

nehmern, die Mitbestimmungsrechte und den gesellschaftlichen Wert eines persönlichen Engagements geringschätzen, nicht mehr lohnend. Die bisherigen Betrachtungen haben deutlich gemacht, dass sowohl die Differenzierungsklausel als auch der Vorschlag eines Solidaritätsbeitrages sich letztlich als Lösungsmöglichkeit für dieses Problem verstanden haben und es sich bei diesen „Selbsterhaltungsmaßnahmen" der Gewerkschaften um zwei Seiten derselben Medaille handelt.[811] Während die Differenzierungsklauseln den Versuch unternehmen, einzelne Errungenschaften den Mitgliedern der tarifvertragschließenden Parteien vorzubehalten (Exklusivität), setzten die Solidaritätsbeiträge am Merkmal der Kostenlosigkeit an (Kommerzialisierung). Sie akzeptieren die weitreichende Partizipation der Außenseiter-Arbeitnehmer an der von den Koalitionen geschaffenen tarifvertraglichen Ordnung, wollen die teilhabenden Außenseiter jedoch in die Verantwortung nehmen, indem sie von ihnen einen Beitrag zur Aufrechterhaltung der Ordnung verlangen, die eben nicht wie ein Gesetz stets und automatisch für alle da ist, sondern privatautonom durch sie kreiert wird. Nachdem die erste Entscheidung des BAG zu Differenzierungsklauseln aus dem Jahr 2009 den neuerlichen organisationspolitischen Bemühungen der Gewerkschaften zunächst Hoffnung gemacht hatte, ist mittlerweile Ernüchterung eingetreten. Die Möglichkeiten der Differenzierungsklauseln sind begrenzt und de lege lata ausgeschöpft.[812] Sie können somit keinen nachhaltig stabilisierenden Effekt auf die Mitgliederentwicklung der Gewerkschaften bewirken und somit nicht zur Lösung des Problems beitragen.

Da es den Tarifvertragsparteien nicht möglich ist, Außenseiter-Arbeitnehmer auszuschließen, also eine Exklusivität herzustellen, lädt das Tarifsystem aktuell zum Trittbrettfahren ein. Darin liegt ein Negativanreiz, der in Kombination mit der Zunahme schwerer organisierbarer Beschäftigungsformen und einer Überalterung der Gewerkschaften zu stetig sinkenden Mitgliederzahlen und damit zu einer Kräfteverschiebung im Tarifsystem führt. Aktuell gestaltet in Deutschland eine 17,4 % große Minderheit von Arbeitnehmern die Arbeitsbedingungen der Mehrheit (mit).

Diese Entwicklung rüttelt wiederum an den Grundfesten der tarifvertraglichen Ordnung des Arbeitsmarktes, da die Parität der Tarifvertrags-

811 Vgl. *Biedenkopf*, Verhandlungen 46. DJT, S. 97 (137); siehe auch *Bötticher*, RdA 1966, 401(403) mit der Forderung, dass der „innere, um nicht zu sagen entwicklungsgeschichtliche Zusammenhang zwischen dem Solidaritätsbeitrag und der Lohndifferenzierung bloßgelegt werden soll."

812 Zutreffend konstatiert durch *Höpfner/Lesch/Schneider/Vogel*, Tarifautonomie und Tarifgeltung, S. 455; zuvor schon *Höpfner*, RdA 2019, 146 (157).

parteien und die Angemessenheit der ausgehandelten Tarifverträge maßgeblich von einer ausreichenden Mitgliederstärke der Gewerkschaften abhängen. Angesichts der fortschreitenden Erosion der Mitgliederstrukturen stehen sowohl die Zurückhaltung des Gesetzgebers bei der Kontrolle von tarifautonomen Regelungen als auch die Ausdehnung der Tarifwirkungen auf Außenseiter auf immer wackeligeren Füßen. Die Schwierigkeiten der Koalitionen schlagen sich wenig überraschend in einem kontinuierlichen Rückgang der normativen Tarifgeltung nieder, die sich im Jahr 2021 nur noch auf 52 % belief. Die Maßnahmen des TASG I haben diese Entwicklung nicht aufzuhalten vermocht, sondern wegen des mit der Erstreckung einhergehenden Wegfalls des Beitrittsanreizes nur noch weiter verschärft. Somit liegt ein „pathologischer Zustand" der Tarifautonomie vor.

F. Ausblick: Das Potential des Nutzungsentgelts für Außenseiter-Arbeitnehmer als Instrument zur Stärkung der Tarifautonomie

Erklärtes Ziel der im Rahmen der vorliegenden Untersuchung erörterten finanziellen Belastung der Außenseiter-Arbeitnehmer ist es vor diesem Hintergrund, die Vorteilhaftigkeit des Trittbrettfahrerverhaltens zu beseitigen und dafür nötigenfalls die Rahmenbedingungen der Tarifautonomie so abzuändern, dass mit Tarifverträgen die ihnen zugedachte Anreizwirkung entfaltet werden kann. Der erste Teil der Untersuchung soll mit der Betrachtung des Potentials schließen, das die Idee eines sog. „Nutzungsentgelts" für Außenseiter-Arbeitnehmer als Instrument zur Stärkung der Tarifautonomie in sich trägt.

I. Zielsetzung der Maßnahme

Endziel der Maßnahme ist eine systemgerechte Stärkung der Tarifautonomie. Die soll durch die Stärkung der Gewerkschaften erreicht werden, die wiederum die Organisation von Arbeitgebern herausfordern kann. Somit wird sich der Erfolg der Maßnahme kurzfristig anhand der Entwicklung der Mitgliederzahlen der Koalitionen und langfristig anhand der Entwicklung der mitgliedschaftlich veranlassten normativen Tarifgeltung messen lassen müssen. Im Folgenden soll diese Zielsetzung der Maßnahme näher erläutert werden.

1. Beseitigung des aktuellen Negativanreizes

Zunächst ist festzuhalten, dass die avisierte Belastung der Außenseiter-Arbeitnehmer anders als der Solidaritätsbeitrag der 1960iger-Jahre ausdrücklich nicht das Ziel verfolgt, die „schmarotzenden" Außenseiter-Arbeitnehmer für ihre Wahl der Außenseiter-Stellung in irgendeiner Art zu bestrafen. Auch kommt es nicht primär darauf an, die organisierten Arbeitnehmer zu entlasten. Sie haben sich freiwillig für den Beitritt einer Organisation entschieden und haben damit auch eine Finanzierungsverantwortung übernommen. Im Zentrum der Maßnahme steht vielmehr das organisationspolitische Anliegen, die Gewerkschaftsmitgliedschaft vom Verdikt der Unwirtschaftlichkeit und das Tarifvertragssystem von seinem strukturellen Defizit zu befreien. Aktuell profitieren die Außenseiter-Arbeitnehmer großflächig und kostenlos von dem „Erhalt" sowie der regelmäßigen Anpassung vermutungsweise angemessener Arbeitsbedingungen sowie der standardisierend-ordnenden Wirkung von Tarifverträgen. Gelänge es nun, diese unter organispolitischen Gesichtspunkten als problematisch identifizierte Partizipation so entgeltpflichtig zu machen, dass die evidente finanzielle Vorteilhaftigkeit des Fernbleibens entfiele, könnte die Entscheidung über den Beitritt in die Gewerkschaft davon losgelöst („frei") maßgeblich anhand der inhaltlichen Überzeugungskraft der Tarifvertragsparteien bzw. ihrer Arbeit getroffen werden.[813]

Dieser Vorschlag erfolgt ausdrücklich unter Berücksichtigung der privatrechtlichen Determination der Tarifautonomie als kollektiv ausgeübte Privatautonomie und der privatrechtlichen Natur der Koalitionen. Ihnen soll damit nur das zugebilligt werden, was grundsätzlich allen Teilnehmern der Privatrechtsordnung zusteht und das ist die Begrenzung der Be- und Ausnutzung von Gütern, die von ihnen eigenständig und ohne Inanspruchnahme öffentlicher Ressourcen produziert wurden. Dies ist weder mit einer Staatshilfe im Sinne einer Beihilfe zu verwechseln noch stellt dies eine ungerechtfertigte Inanspruchnahme unbeteiligter Dritter dar. Es soll lediglich – ggf. mit staatlicher Hilfe – ein fairer Ausgleich zwischen Privaten etabliert werden, wie er an den verschiedensten Stellen unserer Privatrechtsordnung vorgesehen und akzeptiert ist. So käme niemand auf die Idee, eine aufwendig erarbeitete Software eines privaten Unternehmens ohne Zahlung einer Lizenzgebühr zu benutzen oder als Grundlage für eigene Softwareentwicklungen zu nehmen und somit von den Vorarbeiten der Konkurrenz

813 In Übereinstimmung mit *Höpfner*, ZfA 2020, 178 (206).

umsonst zu profitieren.[814] Dies gilt auch für Fälle, in denen ein Standard in der Branche durchaus wünschenswert ist. Anders als das BAG in seiner Grundsatzentscheidung aus 1967 ausführt,[815] gibt es schließlich sehr wohl allgemeine Rechtsprinzipien, welche die Anlehnung an die Früchte fremder Arbeit ausgleichspflichtig machen. Sie haben z.B. in Gestalt von Patent- und Urheberrechten Niederschlag in der Zivilrechtsordnung gefunden. Wenn das BAG weiter ausführt, dass es „ohne eine gewisse Freiheit auch in der Ausnutzung der Arbeit anderer" ein Fortschritt nicht denkbar sei, verkennt es völlig, dass Fortschritt vor allem dann nicht möglich ist, wenn es in der Privatwirtschaft zu ungerechtfertigten „Ausnutzungen" kommt. Ein Beispiel bildet die gesamtgesellschaftlich ebenfalls sehr relevante Medikamentenherstellung. Ist ein Medikament für die Versorgung besonders wichtig, kann es passieren, dass der Staat ein für die Kommerzialisierung erforderliches Patent versagt oder es nur unter der Bedingung erteilt, dass alle Unternehmen kostenlos oder gegen einen viel zu geringen Kostenersatz Zugriff auf Produkte/Rezepte erhalten (vgl. Zwangslizenz nach § 24 Patentgesetz).[816] Da die oftmals sehr aufwendige und teure Entwicklung sich also nicht rentieren könnte (Einschränkung der Kommerzialisierung), wird mitunter mit der Entwicklung eben solcher Produkte trotz des großen Interesses daran nicht begonnen.[817] Dadurch bleiben wichtige Innovationen aus. Was wird daraus deutlich? Möchte der Staat, dass für die Allgemein-

---

814 Vgl. zum Schutz des Urhebers und der Leistungsschutzberechtigten *Witte/Auer-Reinsdorff*, in: IT-R-HdB, § 5 Rn. 10 ff.; anschaulich auch *Däubler*, BB 2002, 1643 (1647): „Niemand hat dagegen Bedenken, wenn es bei der Pannenhilfe des ADAC einen billigeren Tarif für Mitglieder und einen teureren für Nichtmitglieder gibt. Entgegen dem BAG bedarf es deshalb auch keiner „Rechtsfortbildung", um eine solche „Privilegierung der Mitgliedschaft zu legitimieren: Sie ist selbstverständlicher Bestandteil einer auch die Vereinigungsfreiheit anerkennenden Rechtsordnung."

815 Vgl. BAG (GS) v. 29.11.1967 – GS 1/67, AP GG Art. 9 Nr. 13, juris Rn. 158; so auch *Zöllner*, Differenzierungsklauseln, S. 18 f.

816 Vgl. etwa BGH v. 11.7.2017 – X ZB 2/17, GRUR 2017, 101 zur Erteilung einer patentrechtlichen Zwangslizenz zum weiteren Vertrieb eines HIV-Medikaments wegen öffentlichen Interesses.

817 Siehe zur hohen Bedeutung des Patentrechtsschutzes für den Forschungsprozess beispielhaft vfa v. 11.2.2015 „Patente für Arzneimittel. Schutz vor Nachahmung" abrufbar unter https://www.vfa.de/de/arzneimittel-forschung/artikel-arzneimittel-forschung/patentschutz.html (letzter Abruf am 2.3.2023); ähnlich gelagert ist das Problem der Festbeträge, welche die Krankenkassen für die Erstattung von Arztneimittelpreisen festlegen und die im Winter 2022 zu Versorgungsengpässen geführt haben, hierzu https://www.tagesschau.de/inland/innenpolitik/medikamente-mangel-103.html (letzter Abruf am 2.3.2023); vgl. im Hinblick auf das erörterte Beispiel der Software *Witte/Auer-Reinsdorff*, in: IT-R-HdB, § 5 Rn. 2: „immaterielle

heit wichtige und daher auch allen zugängliche Güter durch Private und unter ausschließlicher Aufbringung privater Geldmittel, also unabhängig von ihm, produziert werden (OB), dann kann er neben der Exklusivität nicht auch noch die Kommerzialisierung (WIE) verbieten. Dies führt zu einem Marktversagen.

Übertragen auf die Situation der Koalitionen ist die Frage des „OB" schon beantwortet. Das Grundgesetz garantiert den Koalitionen Gründung und Betätigung im Rahmen der Festlegung der Arbeit- und Wirtschaftsbedingungen in Art. 9 Abs. 3 GG. Der Gesetzgeber hat eine effektive Grundrechtsausübung zu ermöglichen, kann aber diese Aufgabe – solange die Koalitionen nicht gänzlich handlungsunfähig werden – nicht vollständig selbst an sich reißen. Betrachtet man das „WIE", so stellt man fest, dass die faktisch fast vollständige Partizipation (-smöglichkeit) der Außenseiter an dem wichtigsten Produkt der Koalitionen gewünscht ist. Sie ist dem Gesetzgeber wegen der damit einhergehenden Verbreitung von theoretisch ausgewogenen und sachnahen Regelungen sowie der damit verbundenen Entlastungswirkung grundsätzlich willkommen.[818] Solange man weiterhin zu einer Einschränkung der Arbeitsvertragsfreiheit der Außenseiter nicht bereit ist, ist die Zulassung der Partizipation auch zwingend. Mit anderen Worten heißt das, eine Exklusivität des Tarifvertrages steht nicht – wie an den Differenzierungsklauseln gesehen, auch nicht anteilig – zur Debatte.

Wenn man möchte, dass die Koalitionen als Privatrechtssubjekte weiterhin in der Lage sind, eigenständig die Aufgabe der tarifautonomen Festlegung von Arbeits- und Wirtschaftsbedingungen zu erfüllen, ist ihnen ausgehend davon also ein Schutz gegen Ausnutzung zuzugestehen bzw. bei Bedarf zu ermöglichen. Angesprochen ist damit eine Anpassung der aktuellen Ausgestaltung der Tarifautonomie in Gestalt der §§ 4 Abs. 1, 3 Abs. 1 TVG. Diese erscheint angesichts der Vereitelung der dem Tarifvertrag zugedachten Werbewirkung durch faktisch verbreitete Außenseiterpartizipation notwendig und hat gegenüber Lösungen, welche die in ihrer Angemessenheit zunehmend fragwürdigen Tarifverträge weiter auf Außenseiter ausdehnen wollen, den eindeutigen Vorteil, das Problem an der Wurzel zu packen.

Rechtsgüter werden zunehmend dort geschaffen, wo ein ausreichender Investitionsschutz gewährleistet ist".

818 Auf diesem Umstand zutreffend hinweisend *Saeidy-Nory/Wank*, RdA 2022, 1 (4 f.); siehe zur Frage des Verbots einer Bezugnahme auch unter Kap. 5 B. III. 3. b).

2. Gewährung von Hilfe zur Selbsthilfe

Die avisierte Zahlungspflicht versteht sich ferner als Hilfe zur privaten Selbsthilfe getreu dem Motto „privat vor Staat".[819] Es soll den Koalitionen die Chance eingeräumt werden, sich selbst funktionsfähig zu halten, sodass eine Übernahme der Kollektivgüterproduktion durch den Staat verhindert wird.

a) Chance zur Steigerung des gewerkschaftlichen Organisationsgrades aus eigener Kraft

Insofern sei bereits an dieser Stelle eines deutlich betont: Die Anerkennung oder Ermöglichung der Kostenpflichtigkeit der Partizipation der Außenseiter-Arbeitnehmer kann nur ein – wenn auch entscheidender – Schritt zur Stärkung der Tarifautonomie durch Stärkung der Koalitionen sein.

Daneben hat der Gesetzgeber seinerseits von der Verschärfung der Trittbrettfahrerproblematik durch die Ausdehnung von immer schwächer legitimierten Tarifverträgen abzusehen. Dabei handelt es sich nur um eine Krücke, die das System der tarifvertraglichen Regulierung des Arbeitsmarktes kurzfristig in Bewegung hält, es abstützt. Auf Dauer müssen die Tarifvertragsparteien jedoch auf eigenen Beinen stehen. Hierzu soll die avisierte Zahlungspflicht eine Chance offerieren, welche die Gewerkschaften ergreifen und umsetzen müssten.

Insofern sind vor allem diese zum Handeln aufgefordert. Sie müssen mit einer zeitgemäßen und engagierten Politik auf den Plan treten und die Arbeitnehmer mit ihrer inhaltlichen Arbeit für sich gewinnen und langfristig an sich binden.[820] Wie festgestellt wurde, ist die Erkenntnis, dass Gewerkschaften in einer Krise stecken, keine neue. Der Rückgang gewerkschaftlicher Organisationsgrade ist seit Jahrzehnten zu beobachten. Unter dem Stichwort „Union Renewal" oder „Erneuerung der Gewerkschaften" wird schon seit längerem über die Notwendigkeit der Anpassung der Gewerkschaftspolitik an die sich verändernde Arbeitswelt diskutiert.[821] Neben

---

819 Vgl. *Krüger*, Sieben Thesen, S. 3: bei Rückgriff auf den Staat komme nur „Hilfe zur Selbsthilfe" in Frage.

820 Zutreffend herausgestellt schon durch *Höpfner*, ZfA 2020, 178 (189) Zahlungspflicht sei nur „Puzzlestück".

821 Schon im Jahr 2006 veröffentlichten *Hälker/Vellay* eine Sammlung von Texten aus der internationalen Gewerkschaftsforschung unter dem Titel „Union Renewal

der innerorganisatorischen Effizienzsteigerung geht es dabei darum, neue und moderne Mobilisierungsstrategien zu finden und anzuwenden. Erste Schritte in diese Richtung wurden bereits gemacht. So hat die Gewerkschaft ver.di mit dem Organisieren am Konflikt (sog. „Organizing" von den US-amerikanischen Gewerkschaften) z.B. bereits Erfolge erzielen können.[822] Interessant ist auch die seit neuestem zu beobachtende Interaktion mit weniger korporativen Protestbewegungen, die wiederum von ver.di vorangetrieben wurde. So wurden im März 2023 Warnstreiks im Bus- und Bahnverkehr durchgeführt, die durch die Bewegung „Fridays for Future" mit einem Aufruf zum Klimastreik unterstützt wurden.[823] So können neue Zielgruppen erschlossen und Berührungsängste gegenüber Gewerkschaften niedrigschwellig abgebaut werden. Helfen könnte schließlich auch das geplante „digitale Zugangsrecht" von Gewerkschaften[824], welches den Rückgang der Gewerkschaftsbüros etwas ausgleichen und Schwierigkeiten bei der Rekrutierung in kleineren und mittleren Betrieben verringern könnte. Am wichtigsten ist aber, dass die Gewerkschaften mit ihrer inhaltlichen Arbeit überzeugen können. Sie werden insbesondere Konzepte und ansprechende Inhalte für die jüngeren und weiblichen Arbeitnehmer in Angestelltenberufen finden müssen,[825] wenn sie nicht endgültig abgehangen werden wollen. Innerhalb des vom Gesetzgeber angepassten Rahmens muss schließlich jede Gewerkschaft ihren eigenen Weg finden, es gelten Marktmechanismen. Der Gesetzgeber ist nicht gehalten, schwachen Verbänden zu Durchsetzungsstärke zu verhelfen.

– Gewerkschaften in Veränderung", vgl. *Klenke*, in: Union Renewal, S. 27 (27): „Gemeinsamer Ausgangspunkt aller Länderberichte ist ein allgemein festgestellter Machtverlust der Gewerkschaften in 1980er und 1990er Jahren, der vor allem an einer schwindenden Mitgliedschaft und einem fallenden Organisationsgrad festgemacht wird."

822 Bei dieser Strategie werden bestehende Konflikte zwischen Arbeitgebern und der Belegschaft bewusst ausgenutzt oder erst geschürt, um auf diese Weise – durchaus mit Erfolg – Mitglieder in diesem Betrieb oder Unternehmen zu rekrutieren, gewerkschaftliche Arbeitnehmervertretungen zu installieren und Tarifverträge abzuschließen vgl. *Hassel/Schröder*, Gewerkschaften 2020, S. 13; siehe zu Organizing in der Metall- und Elektroindustrie *Höpfner/ Lesch/Schneider/Vogel*, Tarifautonomie und Tarifgeltung, S. 408.

823 Vgl. FAZ v. 1.3.2023, S. 15.

824 Siehe zu dieser Forderung *Däubler*, Interessenvertretung durch Betriebsrat und Gewerkschaften im Betrieb, S. 81 f.

825 Als Positivbeispiel für einen Lernprozess aus jüngerer Zeit wird von *Schröder*, WZB Mitteilungen 2018, 45 (47) etwa der Tarifabschluss der IG Metall vom Frühjahr 2018 genannt, der Optionen für eine Arbeitszeitverkürzung zugunsten von Kinder und Pflegearbeit ermöglicht.

b) Vermeidung der Zuspitzung durch Verdichtung staatlich festgesetzter Arbeitsbedingungen

Die avisierte Zahlungspflicht wird schließlich auch deswegen vorgeschlagen, weil andernfalls eine weitere Bedrängnis der Tarifautonomie, und zwar von Seiten des Gesetzgebers einzutreten droht. Diese könnte, wie oben bereits angesprochen wurde, die für die Funktionsfähigkeit der Tarifautonomie erforderliche Mitgliedergewinnung weiter erschweren.

Gelingt es den privaten Verbänden langfristig nicht (mehr), durch die Rechtsetzung für ihre Mitglieder eine marktordnende Verbreitung angemessener Arbeitsbedingungen zu generieren, auf die sich der Gesetzgeber verlassen und ggf. zwecks Entlastung Bezug nehmen kann, wird er auf lange Sicht selbst die Aufgabe übernehmen, Arbeitsbedingungen zu gestalten. Gem. Art. 74 Nr. 11, 12 GG ist der Gesetzgeber sowohl zur Regelung des Rechts der Wirtschaft als auch der des Arbeitsrechts selbst befugt. Es besteht also ein Kompetenzparallelismus zwischen Gesetzgeber und Tarifvertragsparteien. Solange die tarifautonome Regelung der Arbeits- und Wirtschaftsbedingungen funktioniert, wird der Konflikt durch eine Subsidiarität gesetzlicher Regelungen gelöst.[826] Hierzu bekannte sich beispielsweise der § 1 Abs. 1 des nie zur Anwendung gekommenen Mindestarbeitsbedingungengesetzes von 1952[827] ausdrücklich, in dem es hieß: „Die Regelung von Entgelten und sonstigen Arbeitsbedingungen erfolgt grundsätzlich in freier Vereinbarung zwischen den Tarifvertragsparteien durch Tarifverträge."

Das Subsidiaritätsprinzip findet jedoch dort sein (vorläufiges) Ende, wo die Schutzpflichtendimension der Arbeitsvertragsfreiheit des Art. 12 GG (Sonderfall der oben erörterten Privatautonomie) sowie das Sozialstaatsprinzip des Art. 20 Abs. 1, 28 Abs. 1 S. 1 GG den Staat verpflichten, durch die Tarifautonomie nur unzulänglich geschützte Arbeitnehmer vor unerträglichen Arbeitsbedingungen zu bewahren. In dieser Situation ist der Gesetzge-

826 Vgl. *Rieble*, ZfA 2005, 245 (268); *Scholz*, in: HStR, § 175 Rn. 43 allerdings mit dem Hinweis darauf, dass es kein verfassungsrechtliches Subsidiaritätsprinzip gebe, sondern der „Staat [...] gerade auch im Licht des grundgesetzlichen Sozialstaatsprinzips durchaus konkurrierend zur sozialpolitischen Aktivität berufen und kompetent[ist]. Ein Übermaß staatlicher Zuständigkeitsentfaltung und der dieser korrespondierenden Freiheitsbeschränkungen wehrt allein das im grundgesetzlichen Rechtsstaatsprinzip mitverankerte Übermaßverbot ab."

827 Gesetz über die Festsetzung von Mindestarbeitsbedingungen (Mindestarbeitsbedingungengesetz – MiArbG) v. 11.1.1952 (BGBl. I S. 17) – außer Kraft getreten am 6. 8.2014 durch Art. 14 des Tarifautonomiestärkungsgesetzes (BGBl. I S. 1348 (1360)).

ber selbst zur Festsetzung von Mindestarbeitsbedingungen befugt.[828] Der damit verbundene Eingriff in die Tarifautonomie wird durch die Sicherung der konkurrierenden Grundrechte gerechtfertigt. Dies wäre ein klassischer Fall von Marktversagen bei der privaten Produktion von Kollektivgütern, was dazu führt, dass der Staat diese Aufgabe selbst übernimmt.[829]

Auch wenn dem Staat damit eine Festlegung von angemessenen Arbeitsbedingungen noch immer versagt bleiben muss – denn dann wäre keine praktische Konkordanz mehr hergestellt –, handelt es sich bei zunehmender staatlicher Regulierung um „den Anfang vom Ende der Tarifautonomie".[830] Denn unabhängig davon, ob der Gesetzgeber bei materiell-rechtlicher Arbeitsgesetzgebung in erster Linie besonders schutzbedürftige Arbeitnehmer in niedrigen Einkommensschichten im Blick hat, lässt sich nicht vermeiden, dass durch die Festsetzungen von Mindestarbeitsbedingungen das normalerweise in die Arme der Gewerkschaften treibende Schutzbedürfnis der Arbeitnehmer verringert und der Spielraum der Tarifvertragsparteien insgesamt eingeengt wird.[831] Zum Beispiel sollte mit dem allgemeinen gesetzlichen Mindestlohn „nur" vor unangemessen niedrigen Löhnen geschützt und ein Existenzminimum gesichert werden.[832] Das Einziehen einer solchen Grenze nach unten hat jedoch zur Verschiebung des gesamten Tarifniveaus nach oben geführt, weil sich das Entgeltniveau gelernter Kräfte von dem gesetzlichen Minimum absetzen muss. Die Tarifvertragsparteien können so vor den gesetzlichen Regelungen gleichsam hergetrieben werden, wobei die ökonomische Leistungsfähigkeit der Arbeitgeber

828 Vgl. allgemein zur Funktion des Sozialstaatsprinzips als Schranke der Tarifautonomie sowie als Grundlage für ein subjektives Recht des Einzelnen auf Gewährleistung eines menschenwürdigen Existenzminimums (iVm der Menschenwürdegarantie des Art. 1 I GG) *Voßkuhle/Wischmeyer,* JuS 2015, 693 (694); die Berufsfreiheit aus Art. 12 Abs. 1 GG für maßgeblich haltend *Rieble,* ZfA 2005, 245 (249) (268).

829 Dies hatte der Vorsitzende der IG BSE, *Georg Leber,* in SozF 1961, 49 (50) schon 1961 treffend auf den Punkt gebracht, als er formulierte: „Den Gewerkschaften sind in unserem Staate wichtige Funktionen zur Ordnung des Arbeitslebens übertragen worden. Wer nicht will, daß diese Funktionen wieder in die Hand des Staates zurückgehen, der muß den Gewerkschaften das Recht zugestehen, für ihre Existenz und Freiheit Sorge zu tragen."

830 *Rieble,* ZfA 2005, 245 (270).

831 Ebenso *Rieble,* ZfA 2005, 245 (268); *Saeidy-Nory/Wank,* RdA 2022, 1 (4).

832 BT-Drs. 18/1558, 27 f., 34 – „nur" bezieht sich auf den Aspekt des Mindestschutzes, weitere Zielsetzungen waren etwa ein „Beitrag zu fairen und funktionierenden Wettbewerbsbedingungen" und die Sicherung der „Funktionsfähigkeit bzw. der finanziellen Stabilität der Sozialversicherungssysteme"; vgl. *Fechner,* in NK ArbR, MiLoG Vorb. §§ 1 ff. Rn. 5.

den Tarifvertragsparteien ihren tarifvertraglichen Entgeltregelungen eine Grenze nach oben setzt.[833] Damit wird die Tarifautonomie überall dort, wo sie noch funktioniert, weiter in Bedrängnis gebracht. Außerdem besteht die Gefahr, dass der Gesetzgeber den Bereich von Mindestarbeitsbedingungen verlässt und schrittweise die den Tarifvertragsparteien garantierte Festlegung von *angemessenen* Arbeitsbedingungen übernimmt. Dies belegt die aktuelle Erhöhung des gesetzlichen Mindestlohns auf 12 EUR – im Übrigen unter Außenvorlassung der dafür eigentlich zuständigen Tarifkommission – nur zu deutlich.[834]

Es wäre sehr bedauerlich, wenn die besondere Sachnähe und Flexibilität, die die privaten Regelungsakteure dem Staat voraushaben und die zu dem großen Erfolg des deutschen Modells der Gestaltung der Arbeits- und Wirtschaftsbedingungen geführt haben, langfristig nicht mehr Platz greifen könnten. Man kann den Vorschlag der Maßnahme somit als ein Plädoyer für eine weiterhin private Regelung der Arbeitsbedingungen verstehen. Staatliche Unterstützung ist dabei in Kauf zu nehmen, aber nur, soweit sie zur Ermöglichung der tarifautonomen Regulierung erforderlich ist.

II. Umfang der Maßnahme

1. Tatbestandlicher Anknüpfungspunkt

Für die Umsetzung dieses Vorhabens kann der Vorschlag der IG BSE nicht einfach unbesehen übernommen werden. Die Gewerkschaft hatte vorgeschlagen, das Bestehen eines Arbeitsverhältnisses im Geltungsbereich des Tarifvertrages zum tatbestandlichen Anknüpfungspunkt der Zahlungspflicht für Außenseiter-Arbeitnehmer zu machen. Damit kann dieser Vorschlag als Versuch verstanden werden, nicht nur die Partizipation der Außenseiter-Arbeitnehmer an angemessenen Arbeitsbedingungen und der standardisierend-ordnenden Wirkung eines konkreten Tarifvertrags abzugelten, sondern – wie es *Müller* vorschwebte –[835] auch die von Gewerkschaften in Gesellschaft, Politik und Recht vorgenommene „allgemeine

833 Mit einem berechtigten Apell für eine stärkere Beachtung betriebswirtschaftlicher Kennzahlen *Loritz*, in: FS Preis (2021), S. 795 (804).

834 Vgl. Art 1 des Gesetzes zur Erhöhung des Schutzes durch den gesetzlichen Mindestlohn und zur Änderung im Bereich der geringfügigen Beschäftigung (Mindestlohnerhöhungsgesetz) v. 28.6.2023 (BGBl. I, 969).

835 Hierauf stellte Müller, Gedanken zum Solidaritätsbeitrag, S. 11 f. jedenfalls ab, soweit er die „erweiterte Möglichkeit" zur Erhebung eines Solidaritätsbeitrages beleuchtete.

Beförderung der Belange und Interessen der Arbeitnehmerschaft“ insgesamt einzubeziehen. Denn bei der Wahl dieses Anknüpfungspunktes ist keinesfalls gesagt, dass alle Außenseiter-Arbeitnehmer in diesem Bereich tatsächlich in der vorgenannten Weise am Tarifvertrag partizipieren, er also in ihrem Arbeitsverhältnis überhaupt eine Rolle spielt.

Eine tatbestandlich derart weit gesteckte Zahlungspflicht wäre jedoch zu ausufernd und kann für die Gestaltung der hier avisierten Zahlungspflicht mit der oben genannten Zielsetzung nicht übernommen werden. Dass die Gewerkschaften eine Vielzahl von „Leistungen“ erbringen, die auch den Außenseiter-Arbeitnehmern zugutekommen, soll dabei keineswegs in Abrede gestellt werden. Diese Bemühungen sind jedoch – wie oben festgestellt – weder einzelnen Gewerkschaftsmitgliedern noch einzelnen Außenseiter-Arbeitnehmern zuzuordnen. Mit anderen Worten ist ihre Partizipation daran *zu unspezifisch und mittelbar*, um sie nachträglich kommerzialisieren zu können. Soweit die Koalitionen als „tragende Elemente unserer Sozial- und Wirtschaftsordnung“[836] angesprochen werden, handelt es sich außerdem gerade nicht um die Betätigung der Koalitionen im Rahmen der mitgliedschaftlich determinierten Tarifautonomie, um deren Stärkung es vorliegend gehen soll. Anknüpfungspunkt für die hier postulierte Zahlungspflicht hat der Zielsetzung entsprechend allein die Partizipation von Außenseiter-Arbeitnehmern am Tarifvertrag zu sein, die als maßgebliches strukturelles Problem identifiziert wurde. Ein pauschales Einbeziehen aller im Geltungsbereich des Tarifvertrages Beschäftigten ist überschießend und wäre nicht zu rechtfertigen. Es muss vielmehr feststehen, dass die belasteten Außenseiter-Arbeitnehmer an den angemessenen Arbeitsbedingungen und der standardisierend-ordnenden Wirkung des Tarifvertrags auch tatsächlich teilhaben. Nur dann können sie zur Zahlung herangezogen werden.

Unter dieser Prämisse bieten sich die beinahe flächendeckend verwendeten Bezugnahmeklauseln als tatbestandlicher Anknüpfungspunkt für die Zahlungspflicht an.[837] Die über die individualvertragliche Bezugnahme herbeigeführte Partizipation am Tarifvertrag zeichnet sich gegenüber anderen Fällen der Außenseiterwirkung dadurch aus, dass sie auf eine freiwillige Entscheidung des Arbeitnehmers zurückgeht. Dabei muss zwar durchaus zugestanden werden, dass die Bezugnahmeklausel bei Arbeitsvertragsverhandlungen nur in den wenigsten Fällen wirklich zur Disposition steht, da es sich um AGB handelt. Dieser praktische Umstand kann aber nichts

836 *Müller*, Gedanken zum Solidaritätsbeitrag, S. 12.
837 So schon *Franzen*, RdA 2006, 1 (11); ebenso Höpfner, ZfA 2020, 178 (198 ff.).

daran ändern, dass formal betrachtet eine freiwillige Entscheidung zur Vereinbarung der Bezugnahmeklausel vorliegt, die auch entsprechend zu würdigen ist. Dies zeigt sich gerade im Vergleich mit den „unausweichlichen" Fällen der Außenseiterwirkung, insbesondere der AVE. Selbst wenn es richtig ist, dass die Außenseiter angesichts der Möglichkeit zur Stellungnahme im AVE-Verfahren von der AVE „nicht überfallen" werden, wie *Müller* als Befürworter eines Solidaritätsbeitrages bei AVE zu bedenken gibt,[838] so kann nicht ernsthaft behauptet werden, dass die Außenseiter der Tarifgeltung infolge ihres Widerwillens ausweichen bzw. sie gar verhindern könnten.[839] Gleiches gilt für die Geltung von betrieblichen Tarifnormen (§ 3 Abs. 2 TVG) in den Arbeitsverhältnissen von Außenseiter-Arbeitnehmern oder den durch Erstreckungen nach AEntG verbindlich gemachten Tarifnormen. Diesen können sie nicht – auch nicht durch Verhandlungsstärke im Einzelfall – entgehen. Diese „unausweichlichen" Fälle der Außenseiterwirkung hat der Gesetzgeber zudem zu bestimmten Zwecken[840] und bewusst kostenfrei installiert. Knüpfte man an die unfreiwillige Partizipation im Wege der AVE nun noch eine Zahlungspflicht, stellten sie eine noch erheblichere Beeinträchtigung der Grundrechte der Außenseiter-Arbeitnehmer dar als ohnehin schon, die weder angemessen noch im Hinblick auf die Stärkung der Tarifautonomie zielführend erscheint. Die Zahlungspflicht sollte sich stattdessen auf die Partizipation infolge von Bezugnahmeklauseln beschränken,[841] die praktisch ohnehin ein viel größeres Problem darstellen als die stetig rückläufigen Tariferstreckungen infolge von AVE[842].

---

838 *Müller*, Gedanken zum Solidaritätsbeitrag, S. 8, der deshalb dafür plädiert, auch die Partizipation infolge der AVE ausgleichspflichtig zu machen.

839 Zudem darf nicht vergessen werden, dass *Müller* seine Forderung der Abgeltung der Partizipation infolge von AVE auf Prämissen stützte, denen nach den vorliegenden Untersuchungen nicht zuzustimmen ist. Er ging davon aus, dass der Tarifausschuss, der zur damaligen Zeit je drei Vertretern der Arbeitnehmer- und Arbeitgebervertretungen enthielt, „institutionell eine Repräsentanz der Gesamtarbeitnehmerschaft und Gesamtarbeitgeberschaft" darstelle und damit auch die Außenseiter umfassen (vgl. *Müller*, Gedanken zum Solidaritätsbeitrag, S. 8). Dies ist jedoch als widerlegt zu betrachten.

840 Siehe hierzu unter Kap. 2 C. II. 3. sowie unter Kap. 3 A. I. 2. b).

841 Im Kern ebenso *Kauffmann*, AuR 1961, 267 (270): „Diese Wirkung tritt ein, ohne daß die Außenseiter hierfür einen Beitrag zu erbringen haben. Es erscheint deshalb, wenn nicht contra legem, mindestens praeter legem, von Außenseitern hierfür noch zusätzlich einen Beitrag zu fordern, wenn das Gesetz selbst die Ausdehnung des Tarifs auf Außenseiter ohne Beitrag herbeiführt."; letztlich hat auch *Müller*, Gedanken zum Solidaritätsbeitrag, S. 11 eingesehen, dass man bei Anerkennung eines „allgemeinen SolB" die Beitragserhebung für den Fall einer AVE des Tarifvertrages ausscheidet;

2. Höhe der finanziellen Belastung

Bei der Festlegung der Höhe einer solchen finanziellen Belastung der Außenseiter-Arbeitnehmer ist einiges zu bedenken, wenn diese erfolgreich als Instrument zur Stärkung der Tarifautonomie fungieren soll. Die Höhe wird einerseits darüber entscheiden, wie effektiv die Regelung sein kann, denn nur wenn es gelingt, den von der kostenlosen Partizipation im Wege von Bezugnahmen ausgehenden Fehlanreiz (nahezu) vollständig zu beseitigen, kann von der Regelung eine mitgliedschaftsfördernde Wirkung ausgehen. Gleichzeitig darf sie jedoch schon deshalb nicht zu niedrig und insbesondere nicht wesentlich niedriger als der Mitgliedschaftsbeitrag der tarifschließenden Gewerkschaft ausfallen, weil sich die Maßnahme ansonsten ins Gegenteil verkehren und zur Aushöhlung des Koalitionswesens führen könnte.[843] Tatsächlich wäre es vorstellbar, dass bei einer merklich niedriger ausfallenden Zahlungspflicht solche Arbeitnehmer aus der Gewerkschaft ausscheiden, die grundsätzlich eine ökonomische Betrachtungsweise an den Tag legen und bisher nur wegen des damit einhergehenden Vorwurfs der „Verwerflichkeit“ des Trittbrettfahrens von einem Austritt abgesehen haben. Könnten sie sich nun darauf stützen, dass sie schließlich „ihren Beitrag“ leisteten, so würde die mit der Zahlung des Nutzungsentgelts vermeintlich einhergehende Legitimität sogar eher noch zu einer Schwächung denn zu einer Stärkung führen. Dies alles spricht für eine möglichst hoch anzusetzende Zahlungspflicht.[844]

Zugleich birgt jedoch eine Überkompensation der Außenseiterpartizipation, also eine zu hohe Bemessung des Entgelts, das Risiko, die Regelung wegen eines dadurch bewirkten Verstoßes gegen die negative Koalitionsfreiheit der Außenseiter-Arbeitnehmer sowie weitere Grundrechte zu Fall zu bringen.[845] Jede Auferlegung von Belastungen, die sich nicht auf den Gesetzeszweck zurückführen lässt, stünde der Rechtfertigung der durch die Zahlungspflicht ausgelösten Grundrechtsbeeinträchtigungen schließlich wegen mangelnder Verhältnismäßigkeit im Weg.

842 Vgl. zur Entwicklung der AVE unter Kap. 2 B. V. 1.

843 Darauf hinweisend bereits *Müller*, Arbeitskammer 1959, 330 (335).

844 Für eine Belastung bis zur vollen Höhe des Mitgliedsbeitrages daher *Höpfner*, ZfA 2020, 178 (202).

845 Aus diesem Grund lehnt etwa *Rieble*, in: MHdB ArbR, § 219 Rn. 45 den Vorschlag *Höpfners*, grundsätzlich den vollen Gewerkschaftsbeitrag zu verlangen, klar ab.

Auf die Frage, wie diesem Spagat am besten Rechnung getragen wird, wird im weiteren Verlauf nochmals zurückzukommen sein, wenn Gelegenheit bestand, die vergleichbare Regelung in der Schweiz zu würdigen.

III. Adressaten der Maßnahme

Ausgehend von der oben abgesteckten Zielsetzung ist außerdem der Adressatenkreis der Regelung auszuloten. Obwohl das Ausland den Solidaritätsbeitrag sowohl für Arbeitgeber- als auch für Arbeitnehmer-Außenseiter kennt,[846] empfiehlt sich für die hier avisierte Zahlungspflicht in Deutschland ein anderer Zuschnitt. Wie die Betrachtung der Ursachen für die aktuelle Dysfunktionalität der Tarifautonomie in Kapitel 2 Abschnitt D. gezeigt hat, sind finanzielle Erwägungen nämlich allein auf Seiten der Arbeitnehmer ausschlaggebend für die Fernbleibe-Entscheidung von Außenseitern.[847] Die hohe Zahl an durchaus zahlenden OT-Mitgliedern in Arbeitgeberverbänden zeigt, dass bei Arbeitgebern sachlich inhaltliche Erwägungen sowie die mangelnde Flexibilität im Vordergrund der Entscheidung gegen eine (Voll-)Mitgliedschaft stehen. Daraus folgt, dass eine Veränderung der Organisationsentscheidung im Falle einer finanziellen Belastung auch nur bei den Außenseiter-*Arbeitnehmern* zu erwarten ist und nicht auch bei den Außenseiter-*Arbeitgebern.* Mit anderen Worten ist sie nur geeignet, der Mitgliedererosion *auf Arbeitnehmerseite* entgegenzuwirken und damit den festgelegten Regelungszweck – Stärkung der Tarifautonomie – zu befördern. Um die Arbeitgeber zu erreichen, müsste an anderen Stellschrauben angesetzt werden und zum Beispiel die „Ewigkeitsbindung" des § 3 Abs. 3 TVG „angepackt" werden. Insofern ist es konsequent, mit der hier avisierten Zahlungspflicht von vornherein auch nur die Arbeitnehmer-Außenseiter zu Adressaten einer Regelung zu machen.[848] Angesichts der natürlichen

846 Kap. 4 B. II., III., IV.; für eine Heranziehung von Arbeitgeber- *und* Arbeitnehmer-Außenseitern hin deutschen Recht *Müller*, Gedanken zum Solidaritätsbeitrag, S. 4.

847 Vgl. Kap. 2 B. III.; schon *Hueck*, Rechtsgutachten, S. 12 wies darauf hin, dass „das Problem auf der Arbeitgeberseite nicht ganz das gleiche ist."

848 So schon *Höpfner*, ZfA 2020, 178 (195); ablehnend auch *Hueck*, RdA 1961, 141 (147) und *Schwaabe*, Solidaritätsbeiträge, S. 17 allerdings vor allem deshalb, weil sie anzweifeln, dass Arbeitgeber in ausreichender Regelmäßigkeit überhaupt Vorteile aus der Arbeit der Verbände ziehen, die eine finanzielle Belastung rechtfertigen würde; aA. *Müller*, Gedanken zum Solidaritätsbeitrag, S. 14: die *allen Außenseitern* von vornherein obliegende Verpflichtung treffe auch die nichtorganisierten Arbeitgeber, weil der Rechtsgrund der Leistungspflicht in der besonderen gesellschaftlichen

Akzessorietät, die zwischen der Organisation von Arbeitgebern und der von Arbeitnehmern besteht, ist im Übrigen davon auszugehen, dass eine erstarkende Herausforderungshaltung der Gewerkschaften mittelbar auch zu einer steigenden Organisationsrate und/oder einer zunehmenden Zahl an Haustarifverträgen führen wird.[849]

Bereits an dieser Stelle sei angemerkt, dass praktische Erwägungen es erfordern könnten, in einem ersten Schritt mit einer Regelung pauschal alle im Wege einer Bezugnahme partizipierenden Arbeitnehmer zu verpflichten, um die einfache Abwicklung durch den Arbeitgeber zu gewährleisten. In diesem Fall sind die in der tarifschließenden Gewerkschaft organisierten Arbeitnehmer sowie die andersorganisierten Arbeitnehmer jedoch in einem zweiten Schritt aus der Gruppe der Belasteten auszuscheiden, da beide Gruppen durch ihr Engagement in Form von Mitgliedschaft bereits aktiv zum Funktionieren der Tarifautonomie beitragen, die im Übrigen ausdrücklich auch einen Koalitionswettbewerb zulässt.[850] Wie noch zu zeigen sein wird, gebietet es die individuelle positive Koalitionsfreiheit vor diesem Hintergrund, die Andersorganisierten von einer (anrechnungslos neben den eigenen Mitgliedsbeitrag tretenden) Belastung auszuschließen.[851] Auf die Einzelheiten wird im Rahmen der Erörterungen zum Einzugsverfahren (unter Kapitel 4 Abschnitt C. III) zurückzukommen sein. An dieser Stelle reicht die Feststellung, dass die Zahlungspflicht die organisierten Arbeitnehmer allenfalls formell erfassen, nicht aber *materiell* belasten soll.

IV. Folgen der Maßnahme

1. Forderung eines Mitbestimmungsrechts bei „Bezahl-Mitgliedschaft"

In der Debatte um die Solidaritätsbeiträge wurde von *Biedenkopf* die Forderung erhoben, den Außenseiter-Arbeitnehmern im Gegenzug für die Zahlung des Solidaritätsbeitrages eine mitgliedsähnliche Position einzuräumen. Es dürften den Außenseiter-Arbeitnehmern nicht nur die Pflichten „einer wirtschaftlichen Mitgliedschaft" auferlegt werden, nämlich die Zahlung der

Stellung der Koalitionen zu sehen sei; für die Einbeziehung der Arbeitgeber-Außenseiter auch *Heußner,* RdA 1960. 295 (298).

849 Hierauf bereits zutreffend hinweisend *Höpfner*, ZfA 2020, 178 (196).

850 Vgl. Kap. 2 A. II., III.

851 So auch *Heußner,* RdA 1960, (295 (298); *Müller*, Gedanken zum Solidaritätsbeitrag, S. 10, 14; siehe hierzu unter Kap. 4 C. III.; Kap. 5 C.

auf die wirtschaftlichen Gegenleistungen der Gewerkschaften entfallenden Mitgliedsbeiträge, ohne ihnen zugleich die Rechte einer „wirtschaftlichen Mitgliedschaft" zuzubilligen, welche die Vollmitglieder eben auf Grund der Zahlung genössen. Deshalb müsse dem Außenseiter im Falle der Zahlung neben dem Anspruch auf tarifgemäße Behandlung eine zumindest anteilige Streikunterstützung gewährt werden sowie die Teilnahme an der Entscheidung über Annahme oder Ablehnung eines Tarifangebots und über die Ergreifung von Arbeitskampfmaßnahmen (Urabstimmung) ermöglicht werden.[852] *Kempen* wurde noch deutlicher. Er war der Ansicht, die Beteiligung der Außenseiter an wesentlichen gewerkschaftlichen Entscheidungen sei Voraussetzung für die Erhebung eines Solidaritätsbeitrags, weil es ansonsten „auf eine Mitgliedschaft erster und zweiter Klasse hinaus[laufe], die mit dem in Art. 9 Abs. 3 Satz 2 GG enthaltenen gleichheitlichen Mitgliederstatus in den Koalitionen nicht mehr vereinbar wäre."[853] *Ridder* meinte schließlich, das Grundgesetz stelle Anforderungen an die innere Verfassung öffentlich wirkender Verbände hinsichtlich ihrer freiheitlich-demokratischen Struktur, welche die Bildung von „Kader[n] und rechtlosem Treibholz innerhalb einer Gewerkschaft" verbiete.[854] Während er den Ausschluss von der gewerkschaftlichen Willensbildung eindeutig für verfassungswidrig hielt, wenn sie einen (vormaligen) Außenseiter betrifft, der durch eine union-shop-Klausel zu einer Vollmitgliedschaft in die Gewerkschaft gezwungen wurde, betrachtete er den Ausschluss von Außenseitern, die infolge der Zahlungspflicht nur in einem „mitgliedschaftsähnliches Verhältnis" zur Gewerkschaft stehen, als einen Grenzfall.[855]

2. Ablehnung von Mitbestimmungsrechten für zahlende Außenseiter-Arbeitnehmer

Diese Überlegungen geben Anlass zur Klarstellung der Folgen der avisierten Zahlungspflicht der Außenseiter-Arbeitnehmer. Durch diese finanzielle Belastung wird weder eine Mitgliedschaft noch ein vergleichbares Verhältnis zwischen den betroffenen Außenseiter-Arbeitnehmern und der

852 *Biedenkopf*, JZ 1961, 346 (350).
853 *Kempen*, in: Hagemeier/Kempen/Zachert/Zilius TVG (2. Aufl.), § 3 Rn. 107; in diese Richtung auch *Biedenkopf*, JZ 1961, 346 (350 f.).
854 *Ridder*, Rechtsgutachten Solidaritätsbeiträge, S. 13.
855 *Ridder*, Rechtsgutachten Solidaritätsbeiträge, S. 13.

tarifschließenden Gewerkschaft begründet,[856] das eine solche Einräumung von Mitbestimmungsrechten rechtfertigen könnte. Auch wenn die Verfechter von Mitbestimmungsrechten für Außenseiter-Arbeitnehmer in dieser Hinsicht nicht konkreter werden, so wird man ihre Bedenken wohl bei der Frage der Koalitionseigenschaft unter dem Aspekt der demokratischen Binnenverfassung verorten müssen. Verpflichtete die Anforderung an eine demokratische Binnenverfassung der Koalitionen tatsächlich dazu, mit einer Zahlungspflicht herangezogene Außenseiter-Arbeitnehmer im Willensbildungsprozess Rechte einzuräumen, dann könnte ihr Ausschluss aus verbandsinternen Belangen den Verlust der Koalitionseigenschaft nach sich ziehen.

Bei näherer Betrachtung können diese Überlegungen jedoch nicht überzeugen. Eine Gleichstellung von Mitglied und zahlendem Außenseiter-Arbeitnehmer ist verfassungsrechtlich nicht geboten, sondern im Gegenteil mit Blick auf die den Tarifvertragsparteien in Art. 9 Abs. 3 GG garantierte Autonomie vielmehr verboten.

a) Mitgliedschaftsrechte als Voraussetzung der Normunterworfenheit

Im Ausgangspunkt würde in der Tat wohl niemand bestreiten, dass ein pauschaler Ausschluss von Mitgliedern aus dem Prozess innerverbandlicher Entscheidungsfindung mit dem Erfordernis der demokratischen Binnenverfassung nicht vereinbar ist. Es ist zwar in Kauf zu nehmen, dass die nach außen vorgenommene Interessenvertretung der Koalition sich unter Umständen nicht immer zu 100 % mit den Interessen aller Einzelmitglieder deckt. Demokratischen Anforderungen ist gleichwohl Genüge getan, wenn die innerverbandliche Minderheit die Möglichkeit hatte, ihre Wünsche zu artikulieren und um eine Mehrheit dafür zu werben.[857] Würden Mitglieder vom verbandsinternen Abstimmungs- und Entscheidungsprozess gänzlich ausgeschlossen, würde es den im Anschluss vereinbarten Tarifnormen an der nötigen Legitimation der Normunterworfenen fehlen, sie müssten als völlige Fremdbestimmung aufgefasst werden.

---

856 A.A. *Ridder*, Rechtsgutachten Solidaritätsbeiträge, S. 12, der von einem „mitgliedschaftsähnlichen" Verhältnis ausgeht, selbst wenn es keinen direkten Kontakt zwischen gibt, sondern die Geldströme über eine gemeinsame Einrichtung fließen.

857 Vgl. *Krämer*, Richtigkeitsgewähr, S. 146 ff.

b) Beschränkung der Normsetzungsbefugnis auf Mitglieder

Geht es um den Ausschluss von „bloß zahlenden Außenseitern“ aus verbandsinternen Entscheidungsprozessen, liegt der jedoch Fall anders. Ihr Ausschluss zieht keine Beeinträchtigung der Koalitionseigenschaft nach sich, was auf den kleinen, aber feinen Unterschied zurückzuführen ist, dass es sich bei den Betroffenen nun mal nicht um Mitglieder der Koalitionen handelt, für die allein das Erfordernis dieser demokratischen Beteiligung gilt. Die demokratische Binnenstruktur ist das notwendige Korrelat der Normsetzungsbefugnis und mit ihr untrennbar verbunden.[858] Da die Normsetzungsbefugnis der Tarifvertragsparteien *de lege lata* auf die Mitglieder begrenzt ist, können Außenseiter-Arbeitnehmer die Wirkungen des Tarifvertrages also theoretisch jederzeit abstreifen – selbst wenn ihr Arbeitgeber tarifgebunden ist. Können die Tarifvertragsparteien die Arbeitsverhältnisse der Außenseiter-Arbeitnehmer also nicht mit gesetzesgleicher Wirkung gestalten, sind sie aus demokratischen Gesichtspunkten auch nicht gezwungen, ihnen ein Mitspracherecht zu geben.

Praktisch dürfte es den meisten Außenseiter-Arbeitnehmern zwar schwerfallen, der „bloß“ schuldrechtlichen Wirkung des Tarifvertrages zu entgehen, da (insbesondere tarifgebundene) Arbeitgeber an dieser aus Vereinheitlichungsgründen ein gesteigertes Interesse haben und die einmal vereinbarte Bezugnahme deshalb nicht ohne Weiteres werden aufgeben wollen. Das heißt, der Außenseiter-Arbeitnehmer wäre im Zweifel auf drastische Mittel verwiesen, wenn er sich von der Tarifgeltung lösen wollte und dem Arbeitgeber ein Einverständnis zur Vertragsänderung nicht abringen könnte. Dann müsste er eine Änderungskündigung zur Beseitigung der Bezugnahmeklausel aussprechen. Diese zugegebenermaßen nicht geringen praktischen Schwierigkeiten fallen jedoch allein in die Risikosphäre des Außenseiter-Arbeitnehmers, der sich bewusst dafür entschieden hat, in dem Zustand der (potenziellen) strukturellen Unterlegenheit gegenüber seinem Arbeitgeber zu verbleiben, anstatt der Gewerkschaft beizutreten, die diese Unterlegenheit durch Assoziierung auszugleichen versucht.

858 Vgl. *Biedenkopf*, Grenzen der Tarifautonomie, S. 54: „Die Befugnis zur Regelsetzung setzt voraus, daß die Regierten auf den Inhalt der Regelung einwirken können. Nur eine demokratische Organisation des Verbandes kann eine solche Einwirkung in geordneter Form gewährleisten. Die Befugnis zur Normsetzung durch Tarifvertrag, also die Tariffähigkeit, kann deshalb auch nur unter der Bedingung demokratischer Organisation auf den Verein Gewerkschaft übertragen werden.“; ebenso *Schüren*, Die Legitimation der tariflichen Normsetzung, S. 237.

c) Gefährdung des Koalitionsstatus bei Einräumung von Mitbestimmungsrechten an Koalitionsfremde

Könnten die Außenseiter-Arbeitnehmer durch Ausübung ihrer Privatautonomie in Gestalt der freiwilligen Unterstellung unter die Wirkungen eines fremden Vertragswerks die Parteien dieses Vertrages dazu verpflichten, auf ihre Interessen schon vor und bei Vertragsschluss Rücksicht zu nehmen, so würde die Situation außerdem ad absurdum geführt. Hier gelten dieselben Erwägungen, aus denen den Außenseiter-Arbeitnehmern trotz ihrer verbreiteten Teilnahme an Arbeitskämpfen ein Recht auf Teilnahme an der Urabstimmung der Gewerkschaft versagt bleiben muss. Art. 9 Abs. 3 GG garantiert den Koalitionen die Freiheit der inneren Organisation und der unbeeinflussten Entscheidung über Arbeitskampfmaßnahmen (genauso wie über Tarifabschlüsse). Gäbe es eine bzw. würde eine Verpflichtung dahingehend eingeführt, dass die Gewerkschaft eine Einmischung in diese verbandsinternen Prozesse zu dulden hätte, läge eine Verletzung der gewerkschaftlichen Autonomie vor.[859] Schließlich wäre nicht auszuschließen, dass die Außenseiter-Arbeitnehmer, die der Verbandsgewalt nicht unterworfen wären, sich von sachfremden Erwägungen leiten lassen. Z.B. könnten sie gegen die Einleitung eines Arbeitskampfes stimmen, weil sie kein Streikgeld erhalten und im Streikfalle eine finanzielle Einbuße befürchten.[860] Das ist nicht hinzunehmen. Schließlich haben die Mitglieder das Recht zur Mitbestimmung deshalb, weil die Entscheidung für sie – die sie an verbandsrechtliche Folge- und Loyalitätspflichten gebunden sind – unmittelbare Konsequenzen hat. Die Mitglieder treffen Folgepflichten,[861] also haben sie auch Mitbestimmungsrechte. Demgegenüber können Außenseiter-Arbeitnehmer frei von jeglicher Einschränkung ihre Meinungsfreiheit sowie die allgemeine Handlungsfreiheit über ihr Verhalten ausüben.

Es zeigt sich also, dass die Beteiligungsrechte der Mitglieder unmittelbar mit dem Umstand zusammenhängen, dass sie den getroffenen Entscheidungen der Gewerkschaft nicht ohne Weiteres ausweichen können. Es

859 Ebenso *Gamillscheg*, Kollektives Arbeitsrecht I, S. 1012; *Gebhardt*, Außenseiter und Arbeitskampf, 242.

860 Vgl. *Gebhardt*, Außenseiter und Arbeitskampf, S. 241.

861 Vgl. *Gamillscheg*, Kollektives Arbeitsrecht I, S. 459 f.; so im Grunde auch angenommen von BGH v. 19.1.1978 – II ZR 192/76, AP GG Art. 9 Arbeitskampf Nr. 56; *Rieble*, in: MdHB ArbR III § 224 Rn. 32 Fn. 46 verweist als praktisches Beispiel für diese als herrschend bezeichnete Meinung auf § 4 Nr. 4 Satzung Südwestmetall 2012, hält aber selbst die von *Seiter* geforderte individuelle Kampffreiheit für gegeben, siehe Rn. 24.

soll gar nicht bestritten werden, dass sich der zahlende Außenseiter-Arbeitnehmer und die tarifschließende Gewerkschaft bei Einführung einer Zahlungspflicht weniger unverbunden gegenüberstehen als zuvor – das entspricht in gewisser Weise sogar der Zielsetzung der Maßnahme. Schließlich soll der Außenseiter sich damit auseinandersetzen, was für Rechte und Pflichten mit einer Mitgliedschaft einhergehen und sich vergegenwärtigen, wie sehr er bis dato unentgeltlich von fremder Arbeit praktisch profitiert hat. Gleichwohl kann in diesem Fall von einem mitgliedschaftsähnlichen Verhältnis nicht gesprochen werden. Eine Aufspaltung der Mitgliedschaft in wirtschaftliche und ideelle Teile lässt sich nicht vornehmen, sie ist als Ganzes zu betrachten. Die zahlenden Arbeitnehmer bleiben Außenseiter und werden – was entscheidend ist – auch nicht mit weiteren Pflichten eines Mitglieds belastet. Somit erhalten sie auch keine weiteren Rechte eines Mitglieds. Einflussnahme auf die innerverbandliche Willensbildung verbietet schon das Erfordernis der Unabhängigkeit, das durch Koalitionen zwingend zu erfüllen ist.

Dieses Ergebnis wird auch durch die Überlegung bestätigt, dass jede andere Entscheidung die Gewerkschaften in zusätzliche Bedrängnis brächte. Erhielten die Außenseiter nämlich auch noch ein Mitbestimmungsrecht, so verbesserte sich das Rechte-Pflichten-Saldo für Außenseiter-Arbeitnehmer, das mit Hilfe der finanziellen Belastung gerade ausgeglichen werden soll, doch wieder zu Gunsten der Außenseiter-Arbeitnehmer. Die Einräumung weiterer Rechte käme der Kreation einer „Mitgliedschaft light“ gleich, die den Arbeitnehmern alle Rechten gewährt, aber weniger Pflichten abverlangt. Dies würde die Tarifautonomie nicht stärken, sondern das Ziel vielmehr konterkarieren.

V. Nutzungsentgelt statt Solidaritätsbeitrag – zur Begrifflichkeit

Schließlich ist auf die Begrifflichkeit einzugehen. Die Idee, am Tarifvertrag partizipierende Außenseiter finanziell heranzuziehen, hat schon die verschiedensten Etiketten erhalten.[862] Im deutschen Rechtskreis hat der Begriff des „Solidaritätsbeitrags“ weite Verbreitung gefunden. Dieser ist jedoch in mehrfacher Hinsicht als missglückt einzuordnen. So ist der Begriff des „Solidaritätsbeitrags“ mittlerweile gewissermaßen „besetzt“. Viele dürften

862 Siehe zu Beispielen im deutschsprachigen Raum Kap. 4 B. III. 1. b); erstmals für die Bezeichnung als „Nutzungsentgelt“ *Höpfner*, ZfA 2020, S. 178 ff., passim

mit ihm als erstes die Ergänzungsabgabe zur Einkommenssteuer und Körperschaftssteuer nach § 4 Solidaritätszuschlagsgesetz 1995[863] assoziieren, die 1991 unter anderem zur Finanzierung der Kosten der deutschen Einheit eingeführt worden ist und unter dem Terminus „Solidaritätszuschlag“ bekannt ist. Vor allem aber lassen sich gegen beide Wortbestandteile des Begriffes „Solidaritätsbeitrag“ Einwände inhaltlicher Art erheben, die dafür sprechen, von der Verwendung des Begriffs im Sinne einer Formenklarheit in Zukunft abzusehen.[864]

1. Kein Appell an eine „übergeordnete Arbeitnehmersolidarität“

Was zunächst die „Solidarität“ anbetrifft, so handelt sich bei ihr um „eines jener schillernden und gängigen Worte des allgemeinen Sprachgebrauchs, das wegen seiner Dehnbarkeit, Verschwommenheit und Unschärfe einer genauen Inhaltsbestimmung schwer zugänglich, dafür aber um so geeigneter ist, als Inbegriff heterogener sozialer Anschauungen zu dienen.“[865] Den Begriff geprägt haben z.B. *Karl Marx*, der die Solidarität mit der Klassenideologie verknüpfte[866], oder die katholischen Soziallehre, die sie als allgemeingültiges Prinzip der Ordnung des menschlichen Zusammenlebens begriff.[867]

Im Rahmen der vorliegenden Arbeit soll jedoch der Blick auf die rechtlichen Fragestellungen nicht von ideellen oder politischen Ressentiments

863 Solidaritätszuschlaggesetz 1995 in der Fassung der Bekanntmachung vom 15.10.2002 ((BGBl. I, S. 4130), ursprünglich vom 24. Juni 1991 ((BGBl. I, S. 1318), zuletzt geändert durch Art. 4 Zweites Gesetz zur steuerlichen Entlastung von Familien sowie zur Anpassung weiterer steuerlicher Regelungen (Zweites Familienentlastungsgesetz – 2. FamEntlastG) vom 1.12.2020 (BGBl. I, S. 2616).

864 Anmerkung: Sofern die korrekte Wiedergabe historischer Zusammenhänge, fremder Rechtsordnungen oder fremder Meinungen in dieser Untersuchung es erfordert, wird der Begriff Solidaritätsbeitrag (oder das landestypische Äquivalent) weiterhin verwendet.

865 *Fischer*, Das Problem der Arbeitnehmersolidarität im Arbeitsrecht, S. 47.

866 Vgl. *Marx*, Das Elend der Philosophie, S.187; pointiert *Fischer*, Das Problem der Arbeitnehmersolidarität im Arbeitsrecht, S. 47: Solidarität ist für Marx das Bewußtsein des Proletariats, in der Klassensituation zu stehen und die Erkenntnis, den Ablauf des geschichtlichen Prozesses vorwärts zu treiben. Sie ist somit ein .Kampfruf der Klassenideologie.“

867 Siehe zur Vieldeutigkeit des Solidaritätsbegriffs in verschiedenen Kontexten *Kracht/Thüsing/Seifert/Jänsch/Friedrich*, in: Görres-Gesellschaft, Staatslexikon, Solidarität, passim; vgl. auch *Fischer*, Das Problem der Arbeitnehmersolidarität im Arbeitsrecht, S. 48 mwN.

verstellt werden.[868] Vor allem aber entspricht eine Verknüpfung mit dieser Ideengeschichte nicht dem Konzept, das zur Stärkung der Tarifautonomie umgesetzt werden soll. Statt einen Appell an eine übergeordnete Arbeitnehmersolidarität auszudrücken (sozialer Anreiz), soll die angedachte Heranziehung der Außenseiter allein ihre Ausnutzung des Tarifvertrags[869] abgelten und damit die Rahmenbedingungen für von Privaten zu entfaltende finanzielle Anreize verändern. Mit anderen Worten zielt die Maßnahme nicht auf eine Veränderung der inneren Haltung der Arbeitnehmer oder die Beförderung einer „sozialen Gerechtigkeit“ ab, sondern agiert wertneutral. Es muss und soll auch unter Geltung einer Zahlungspflicht nach wie vor jedem freistehen, sich – ob aus Abneigung gegen korporative Kollektive im Allgemeinen oder gegen Gewerkschaften im Speziellen oder wegen einer fehlenden inhaltlichen Übereinstimmung mit den sich anbietenden Gewerkschaften – von eben diesen fernzuhalten. Das gebietet schon die Garantie der negativen Koalitionsfreiheit. Richtig ist es gleichwohl, die Rahmenbedingungen des Tarifvertragswesens so zu ändern, dass die Gewerkschaften zumindest die Chance haben, mit ihrer privat produzierten Leistung eine finanzielle Anreizwirkung zu entfalten und ihren ebenfalls grundgesetzlich garantierten Bestand damit aus eigener Kraft zu sichern. Gelingt dies nicht, könnte die Produktion des Kollektivgutes durch die Koalitionen eingestellt werden (müssen).

Auch die IG BSE hat darauf verzichtet, von einem „Solidaritäts“-Beitrag zu sprechen, sondern stattdessen die Forderung eines „Vorteilsausgleichsbetrages“ erhoben. Da es, wie oben gezeigt wurde, auch gegenüber der Forderung und dem Lösungsvorschlag der IG BSE Abweichungen gibt, wird zur Vermeidung von Missverständnissen auch dieser Begriff nicht übernommen. Um die Anknüpfung an rationale Zweckmäßigkeitserwägungen zu verdeutlichen und überdies der Verwechselung mit dem Solidaritätszuschlag aus dem Weg zu gehen, tritt an die Stelle der „Solidarität“ nunmehr schließlich der Begriff der „Nutzung“.

---

868 Bisweilen wird die Bezeichnung als „Solidaritätsbeitrag“ auch deswegen als unzutreffend betrachtet, weil die Pflicht zur Solidarität durch die Mitgliedschaft in der Organisation erfüllt werde und nicht durch die Zahlung eines Beitrags, vgl. freie Übersetzung des Zitats *Canonica* aus *Kreis*, Der Anschluss eines Aussenseiters, S. 194: „"le devoir de solidarite est rempli par l'adhesion :i l 'organisation et non par le paiement d'une contribution".

869 Vgl. plakativ *Hartmann*, ZfA 2020, 152 (154): „Deren „Trittbrettfahrertum" ist im Grunde nichts anderes als eine informelle Partizipation an dieser Normsetzungsmacht.".

2. Kein Beitrag im privatrechtlichen oder öffentlich-rechtlichen Sinne

Daneben wird auch auf den Begriffsbestandteil „Beitrag" verzichtet. Die Bezeichnung der finanziellen Belastung als Beitrag wäre zwar in Anlehnung an den Mitgliedsbeitrag der Gewerkschaftsmitglieder zunächst nicht fernliegend. Die Verwendung könnte jedoch, den – unzutreffenden – Eindruck erwecken, dass zwischen der Gewerkschaft und den Außenseiter-Arbeitnehmern ein mitgliedschaftliches oder mitgliedschaftsähnliches Verhältnis begründet werden soll, welches eine privatrechtliche Beitragserhebung erlauben würde. Allein aus diesem Grund soll davon schon Abstand genommen werden.

Zudem ist der Beitragsbegriff ein mehrdeutiger. Neben den privatrechtlichen Vereins- und Mitgliederbeiträgen, existiert auch ein dem öffentlichen Recht entstammender Beitragsbegriff, der zusammen mit den Steuern, Sonderabgaben und Vorzugslasten (Beiträge und Gebühren) unter dem Oberbegriff der Abgaben zusammengefasst wird.[870] Vorzugslasten, also Gebühren und Beiträge, erfüllen zwar eine Ausgleichsfunktion. Sie gleichen allerdings den durch die Inanspruchnahme einer *öffentlichen Leistung* empfangenen besonderen Vorteil aus, indem sie ihn ganz oder teilweise abschöpfen bzw. den Bevorteilten zur Tragung der Kosten der öffentlichen Leistung heranziehen. Der Beitragsbegriff ist also auch insofern unpassend für die avisierte Belastung, die sich auf die „Inanspruchnahme" der privaten Leistungen der Gewerkschaften beziehen soll.

Überdies ist all den genannten Abgabenarten gemein, dass sie *durch die öffentliche Hand von Privaten* erhoben werden und das Aufkommen *in die Staatskasse oder in öffentlich-rechtlich organisierte und vom Staat beaufsichtigten Verbänden* fließt, um dem öffentlichen Gemeinwesen zur Erfüllung öffentlicher Aufgaben endgültig zur Verfügung stehen.[871] Unter das „öffentlich-rechtliche Gemeinwesen" fallen alle Arten von juristischen

870 Siehe zum System öffentlicher Abgaben *Rieger*, in: HB-Kammerrecht, § 13 Rn. 10 ff.: Steuer = einmalige oder laufende Geldleistungen, die nicht eine Gegenleistung für eine besondere Leistung darstellen, Vorzugslasten = für die Inanspruchnahme einer Gegenleistung; auch *Loritz* führte unlängst die Missverständlichkeit vor Augen als er die Belastung der Außenseiter als unzulässige „parafiskalische Sonderabgabe" bezeichnete, vgl. *Loritz*, in: FS Preis (2021), 795 (800).

871 Vgl. BFH 17.5.2021 – IX R 32/18, BB 2021, 2655 (2657) Rn. 18; *Gersch*, in: Klein AO, § 3 Rn. 8; *Schober*, in: BeckOK AO, 3 Rn. 16 f.; Anschaulich wird dies z.B. bei Betrachtung der in § 3 Abgabenordnung (AO) niedergelegten Legaldefinition von Steuern. Dabei handelt es sich um „Geldleistungen, die nicht eine Gegenleistung für eine besondere Leistung darstellen und *von einem öffentlich-rechtlichen Gemeinwe-*

Personen des öffentlichen Rechts, vornehmlich Gebietskörperschaften des öffentlichen Rechts (Bund, Länder, Gemeinden), aber auch andere Körperschaften, Stiftungen und Anstalten des öffentlichen Rechts;[872] unstreitig aber keine privaten Rechtspersönlichkeiten, also auch keine Gewerkschaften. Werden Einnahmen außerdem nicht (zumindest anteilig) in den allgemeinen Haushalt eingestellt (vgl. Art. 110 Abs. 1 GG), kann es sich weder um Steuern noch um steuerliche Abgaben mit allgemeiner Finanzierungsfunktion handeln.[873] Abgaben im öffentlich-rechtlichen Sinne unterscheiden sich damit maßgeblich von der Belastung Privater durch Private,[874] wie sie beim Gewerkschaftsbeitrag und auch bei der im Raum stehenden Belastung der Außenseiter-Arbeitnehmer durch die Gewerkschaften vonstattenginge.[875]

Wegen dieser Mehrdeutigkeit wird daher auch auf die Verwendung des Beitragsbegriffs verzichtet und stattdessen schlicht von einem Nutzungs-„Entgelt" gesprochen. Als neutrale und gleichzeitig inhaltlich prägnante Bezeichnung der avisierten finanziellen Belastung der Außenseiter-Arbeitnehmer eignet sich damit der Begriff des „Nutzungsentgelts".

---

sen zur Erzielung von Einnahmen allen auferlegt werden, bei denen der Tatbestand zutrifft, an den das Gesetz die Leistungspflicht knüpft".

872 Vgl. nur *Gersch,* in: Klein AO, § 3 Rn. 6

873 Näheres hierzu auch unter Kap. 4 V. 2.

874 BVerwG v. 17. 1. 1958 – VII C 30/57, E 6, 134 (137 f.): „Zum Begriff der öffentlichen Abgaben aller Art (Steuern, Gebühren, Beiträge) gehört es, daß sie zur Deckung des Finanzbedarfs der öffentlichen Verwaltung bestimmt sind."– Hervorhebung durch die Verfasserin; siehe im Nachgang auch BVerfG v. 12.11.1958 – 2 BvL 4/56 u.a., E 8, 274 (317): „Bei den Leistungen an die Ausgleichskassen handelt es sich **nicht um die Entrichtung von Steuern oder öffentlichen Beiträgen, Abgaben und Gebühren, da sie nicht zur Deckung des Finanzbedarfs der öffentlichen Verwaltung bestimmt sind;** der Preisausgleich ist kein Institut des Finanzrechts" – Hervorhebung durch die Verfasserin.

875 Vgl. dazu auch unter Kap. 4 C. V. 2.

Kapitel 3 – Umsetzbarkeit eines Nutzungsentgelts für Außenseiter-Arbeitnehmer in Deutschland *de lege lata*

Im letzten Kapitel wurde festgestellt, dass Schwierigkeiten bei der Mitgliedergewinnung angesichts der grundgesetzlich garantierten Freiwilligkeit der Organisationsentscheidung vom Gesetzgeber grundsätzlich hinzunehmen sind. Das gilt selbst dann, wenn diese zu nachlassendem Schutz durch flächendeckend normativ anwendbare Tarifverträge führen.[876]

Insofern ist nunmehr zunächst zu klären, ob sich das avisierte Nutzungsentgelt im Rahmen des geltenden Rechts umsetzen ließe. Wären die Gewerkschaften selbst in der Lage, die als problematisch erachtete Kostenlosigkeit der Partizipation der Außenseiter-Arbeitnehmer durch Kommerzialisierung ihrer Arbeit gegenüber profitierenden Außenseiter-Arbeitnehmern zu beenden, wäre die infolge der kostenlosen Partizipation von Außenseitern festgestellte Fehlentwicklung schließlich allein auf ihren eigenen Unwillen und damit einen außerhalb des Verantwortungsbereichs des Gesetzgebers liegenden Umstand zurückzuführen. Ein gesetzgeberisches Einschreiten ist nur dann geboten und zu rechtfertigen, wenn es sich bei den Schwierigkeiten um Folgen eines strukturellen Problems handelt, zu dessen Ausräumung der Gesetzgeber im Rahmen der Ausgestaltung der Tarifautonomie angehalten ist.[877]

A. Einführung eines Nutzungsentgelts für Außenseiter-Arbeitnehmer mit Hilfe eines Tarifvertrages

Für die Tarifvertragsparteien wäre es naheliegend, ihre Arbeit gegenüber den Außenseiter-Arbeitnehmern mit Hilfe einer tarifvertraglichen Bestimmung entgeltpflichtig zu machen. Die Bandbreite möglicher Gestaltungen

876 Sehr deutlich *Rieble*, EuZA 2012, 496 (498): Schwindende Organisationsgrade und dadurch nachlassende Tarifbindung seien „positiv zu billigende Entscheidungen – weil doch Arbeitnehmer und Arbeitgeber am besten wissen müssen, welche Arbeitsbedingungen sie wollen."; ebenso *Mayer*, Differenzierungsklauseln, S. 22.

877 Vgl. zur Handlungspflicht bei Strukturdefiziten BVerfG v. 11.7.2017 – 1 BvR 1571/15 u.a., E 146, 71 Rn. 147; zuvor schon BVerfG v. 4.7.1995 – 1 BvF 2/86 u.a., E 92, 365 (397).

ist im Ausgangspunkt groß. Die Tarifvertragsparteien können gem. §§ 1 Abs. 1, 4 Abs. 1, 3 Abs. 2 TVG Bestimmungen über den Inhalt (Inhaltsnormen) und die Beendigung von Arbeitsverhältnissen (Beendigungsnormen), über den Abschluss von Arbeitsverträgen (Abschlussnormen) sowie über betriebliche und betriebsverfassungsrechtliche Fragen (betriebliche Tarifnormen) mit normativer Wirkung vorsehen. Diese Rechtsnormen können durch die AVE (§ 5 TVG) und/oder die Abwicklung über Gemeinsame Einrichtungen der Tarifvertragsparteien (§ 4 Abs. 2 TVG) auch über den Kreis der Mitglieder hinaus erstreckt werden. Daneben können die Tarifvertragsparteien auch Vereinbarungen mit schuldrechtlicher Wirkung vorsehen.

I. Nutzungsentgelt-Klausel im normativen Teil eines einfachen Tarifvertrages

Zu Beginn der 1960iger-Jahre konzentrierte sich die Diskussion sowohl bei Differenzierungsklauseln als auch bei Solidaritätsbeiträgen oftmals auf die Frage der Vereinbarkeit dieser Maßnahmen mit höherrangigem Recht, anstatt sich mit den vorgelagerten Schritten in dem oben erörterten dreigliederigen Rechtsetzungsprozess[878] zu befassen.[879] Um im normativen Teil eines Tarifvertrages geregelt werden zu können, müsste die Nutzungsentgelt-Klausel jedoch einerseits im Zuständigkeitsbereich der Tarifvertragsparteien liegen, also von der Reichweite der Tarifautonomie erfasst sein, sich sodann unter einen vom Gesetzgeber zur Verfügung gestellten Aktstyp subsumieren lassen und erst zuletzt mit höherrangigem Recht vereinbar sein.[880]

1. Keine Zuständigkeit der Tarifvertragsparteien für ausschließliche und unmittelbare Belastung von Außenseiter-Arbeitnehmern

Bei näherer Betrachtung stellt man fest, dass sich im Hinblick auf das Vorhaben, die Gewerkschaftsarbeit gegenüber partizipierenden Außenseiter-Arbeitnehmern mittels Tarifvertrages zu kommerzialisieren, bereits auf der

878 Siehe dazu unter Kap. 2 A. I. 1.

879 Zu Recht kritisch *Bötticher*, RdA 1966, 402 (401), der ausdrücklich begrüßt, dass sich die Diskussion nach dem DJT in Essen nun mehr auf die tarifliche Zulässigkeit dieser Vorhaben konzentriert.

880 Siehe oben unter Kap. 2 A. I. 1. Zum dreigliedrigen Prozess privater Rechtsetzung.

Ebene der Zuständigkeit der Tarifvertragsparteien, also bzgl. der Reichweite der in Art. 9 Abs. 3 GG garantierten Tarifautonomie, Probleme ergeben.

a) Erforderlicher Bezug tariflicher Regelungen zur Selbstbestimmung der Mitglieder

Art. 9 Abs. 3 S. 1 GG gewährleistet für jedermann und alle Berufe das Recht, zur Wahrung und Förderung der Arbeits- und Wirtschaftsbedingungen Vereinigungen zu bilden. Die Tarifautonomie bildet das Herzstück der daraus abgeleiteten Koalitionsbetätigungsfreiheit und erklärt sich funktional über das Anliegen, bei der Einigung über die Arbeitsbedingungen die effektive Ausübung der Privatautonomie einzelner Arbeitnehmer durch Ausgleich der strukturellen Unterlegenheit gegenüber der Arbeitgeberseite zu ermöglichen. Ziel ist die Gewährleistung von *Selbst*bestimmung und die Verhinderung von Fremdbestimmung „innerhalb eines Vertrages". Bei Verhandlungen und beim Vertragsschluss berücksichtigen die Tarifvertragsparteien schließlich neben ihren eigenen auch nur die bei der Selbstbestimmung von Arbeits- und Wirtschaftsbedingungen berührten Interessen ihrer Mitglieder und bringen diese in den Ausgleich,[881] der Grund für die Angemessenheitsvermutung der Tarifverträge ist. Zutreffend konstatiert das BVerfG daher: „Art. 9 Abs. 3 GG gewährleistet den Koalitionen mit der Tarifautonomie die Erreichung ihres Zwecks, nämlich die Arbeits- und Wirtschaftsbedingungen *ihrer Mitglieder* zu wahren und zu fördern."[882]

Tarifverträge können angesichts dieser Fixierung auf Partikularinteressen auch nur als „subjektiv richtig" bezeichnet werden. Sie geben „nur" das Ergebnis eines für die Mitglieder der Tarifvertragsparteien als fair empfundenen Kompromisses wieder. Bloß als Nebeneffekt kann davon ausgegangen werden, dass dieses Ergebnis wahrscheinlich auch einen objektiv richtigen Interessenausgleich abbildet und Gemeinwohlbelange nicht übermäßig beeinträchtigt.[883]

---

881 Vgl. *Jacobs*, RdA 2023, 9 (12): Keine Pflicht zur Rücksichtnahme auf Außenseiterinteressen; *Olbrich*, Tariffähigkeit, S. 109 sowie oben unter Kap. 2 A. I., II.

882 BVerfG v. 5.1977 – 2 BvL 11/74, E 44, 322 (344) – Hervorhebung durch die Verfasserin; siehe zum Ganzen auch unter Kap. 2 A. I.

883 Zutreffend *Olbrich*, Tariffähigkeit, S. 108; jedenfalls für private Verträge zutreffend erkennend *Zöllner*, Rechtsnatur der Tarifnormen, S. 35; siehe hierzu schon oben Kap. 2 A. II. (insb. Fn 186, 200 f.); vgl. auch BAG v. 18.03.2009 - 4 AZR 64/08, AP TVG § 3 Nr. 41 Rn. 66: „Die Möglichkeit des § 5 TVG gibt aber immerhin einen Hinweis darauf, dass Tarifverträge nach der Rechtsordnung aufgrund der Rahmen-

Daraus folgt eine immanente Beschränkung des Zuständigkeitsbereichs der Tarifvertragsparteien auf ihre eigene sowie die Selbstbestimmung ihrer Mitglieder im Bereich der Wahrung und Förderung der Arbeits- und Wirtschaftsbedingungen.

b) Organisationspolitische Maßnahmen und die sachliche Reichweite der Tarifautonomie

Dies bedeutet jedoch nicht, dass die Außenseiterbelange mit tarifvertraglichen Regelungen in keiner Weise berührt werden dürfen.

Wie oben aufgezeigt wurde, widerspräche das nicht nur der Rechtswirklichkeit, sondern würde auch verkennen, dass eine gewisse Steuerung der Außenseiter von der Verfolgung der Mitgliederinteressen praktisch kaum zu trennen ist. Das BAG hat in der Vergangenheit zutreffend darauf hingewiesen, dass die sich aus Art. 9 Abs. 3 GG ergebende „Freiheit bei der Gestaltung der Arbeits- und Wirtschaftsbedingungen grundsätzlich auch Regelungen mit ein[schließt], die in besonderer Weise auf die Interessen von Koalitionsmitgliedern reagieren."[884] Es bejaht dabei, ein „aus übergeordneten Gesichtspunkten zu schützende[s] Recht der Gewerkschaften, im Rahmen der durch Art. 9 Abs. 3 GG grundrechtlich geschützten Betätigungsfreiheit um Mitglieder zu werben".[885] *Gamillscheg* geht sogar so weit, dass jede „Außenwirkung (Oberwirkung) auf den Nichtorganisierten zu unterbinden, [...] eine ernste Bedrohung der Tarifautonomie" wäre.[886]

Ein näherer Blick auf die von Seiten der Gewerkschaften forcierte Partizipation der Außenseiter-Arbeitnehmer hat bereits gezeigt, dass sich diese als Maßnahmen zur mittelbaren Stärkung der Position der Mitglieder

---

bedingungen bei Vertragsschluss und aufgrund Sachnähe der Vertragsparteien angemessene und ausgewogene Regelungen für ihren Geltungsbereich enthalten sollen, die geeignet sind, an die Stelle einer staatlichen Regelung über die betreffenden Arbeitsbedingungen zu treten. Diese Bewertung lässt sich auch weiteren gesetzlichen Bestimmungen entnehmen."

884 BAG v. 18.03.2009 - 4 AZR 64/08, AP TVG § 3 Nr. 41 Rn. 73.

885 BAG v. 18.03.2009 - 4 AZR 64/08, AP TVG § 3 Nr. 41 Rn. 73; dementsprechend hat das BAG etwa auch eine Mitgliederwerbung bei konkurrierenden Gewerkschaften für zulässig erachtet, vgl. BAG 31. 5. 2005 – 1 AZR 141/04, AP GG Art. 9 Nr. 124; allgemein BAG 20. 1. 2009 – 1 AZR 515/08, AP GG Art. 9 Nr. 137.

886 *Gamillscheg*, Differenzierung nach der Gewerkschaftszugehörigkeit, S. 95, allerdings auf Grundlage der Annahme, dass Koalitionen – das gelte gleichermaßen für Gewerkschaften und Arbeitgeberverbände – Interessen- und Berufsverbände zugleich seien.

verstehen.[887] Die vom Großen Senat des BAG in seiner Grundsatzentscheidung als Beispiel für Außenseiterklauseln angeführten „Wiedereinstellungsklauseln" sowie „Maßregelungs- und Benachteiligungsverbote" reihen sich hier in ähnlicher Weise ein. Sie gestalten die im Zuständigkeitsbereich der Tarifvertragsparteien fallenden Arbeitsverhältnisse der Mitglieder, erfassen jedoch sämtliche Arbeitnehmer – somit auch Außenseiter-Arbeitnehmer –, die sich an Arbeitskämpfen tatsächlich beteiligen.[888] Die darüber bewirkte und gegenüber Außenseiter-Arbeitnehmern im Übrigen nur schuldrechtlich wirkende[889] Begünstigung hat den positiven Nebeneffekt, die Arbeitnehmer für die zukünftige Kampfteilnahme zu motivieren[890]. Die Beteiligung einer möglichst großen Zahl an Arbeitnehmern an Arbeitskämpfen ist wichtig. Je größer der aufgebaute Druck ist, desto eher können die Gewerkschaften die Interessen ihrer Mitglieder durchsetzen. Die Klauseln mögen auf die Unterstützung der Außenseiter-Arbeitnehmer bei Arbeitskämpfen unter Umständen sogar abzielen. Das ist unter Zuständigkeitsgesichtspunkten kein Problem, da auch die Angelegenheiten der Mitglieder geregelt werden.

Gleiches gilt für die Differenzierungsklauseln. Sie fallen in den sachlichen Regelungsbereich der Tarifautonomie, da sie z.B. durch Gewährung von zusätzlichen Urlaubsgeldern für Gewerkschaftsmitglieder deren Arbeitsbedingungen unmittelbar gestalten.[891] (Leider nur) der Idee nach kann die Exklusivität der Regelungen auch einen Zulauf zur Gewerkschaft bewirken, der ihre Mitgliederzahl erhöht und sie somit in die Lage versetzt, die Förderung der Arbeits- und Wirtschaftsbedingungen der Mitglieder noch effektiver vorzunehmen. Wenn dies funktionieren würde, wäre neben der unmittelbaren Förderung des Koalitionszwecks in Gestalt von Vorteilen für

887 Siehe oben unter Kap. 2 C. II,

888 Vgl. *Ahrendt,* in Däubler TVG, § 1 Rn. 1343 f. sowie *Klein,* in: Däubler TVG, § 1 Rn. 1086; *Thüsing,* Außenseiter im Arbeitskampf, S. 104; *ders.,* in: Wiedermann TVG, § 1 Rn. 596. Mit der Entscheidung des BAG v. 21.4.1971 – GS 1/68, AP GG Art. 9 Arbeitskampf Nr. 43 ist der Bedarf an Wiedereinstellungsangeboten nach Arbeitskämpfen jedoch weitgehend entfallen. Das Gericht stellte fest, dass Aussperrungen nur suspendierenden Charakter haben und somit nicht zu einer dauerhaften Beendigung des Arbeitsverhältnisses führen. Vgl. hierzu *Hexel,* in: HMB, Teil 4 Rn. 49 f.

889 BAG 23.3.2011 – 4 AZR 366/09, AP GG Art. 9 Nr. 147; BAG (GS) 29.11.1967 – GS 1/67, AP GG Art. 9 Nr. 13; *Thüsing.,* in: Wiedermann TVG, § 1 Rn. 597; aA *Löwisch/Rieble* TVG, § 1 Rn. 2321.

890 *Gamillscheg,* Differenzierung nach der Gewerkschaftszugehörigkeit, S. 95.

891 Zutreffend *Neumann,* Tarifboni, S. 60; ähnlich *Mayer,* Differenzierungsklauseln mit Stichtagsregelungen, S. 89.

die Gewerkschaftsmitglieder zusätzlich auch eine *mittelbare* Förderung des Koalitionszwecks erreicht.

Solche „Selbstschutz- oder Stärkungsmaßnahmen" der Koalitionen können somit sachlich durchaus in den Zuständigkeitsbereich der Tarifautonomie fallen.

c) Organisationspolitische Maßnahmen und die personelle Reichweite der Tarifautonomie

Daraus folgt aber nicht automatisch, dass solche „Selbstschutz- oder Stärkungsmaßnahmen" der Koalitionen auch von der personellen Reichweite der Tarifautonomie gedeckt sind und somit insgesamt in den Schutzbereich von Art. 9 Abs. 3 S. 1GG fallen. Es gilt kein Satz, dass man „den Koalitionen in personeller Hinsicht nicht verweigern [darf], was man ihnen in sachlicher Hinsicht bereits zugestanden hat."[892] Die Koalitionen genießen, wie dargelegt, keinen Schutz um ihrer selbst Willen und können daher im Rahmen der Tarifautonomie keine Maßnahmen vorsehen, die allein ihrer Stärkung und so der nur mittelbaren Förderung der Arbeits- und Wirtschaftsbedingungen der Mitglieder dienen. Vielmehr ist angesichts des funktionalen Verständnisses der Tarifautonomie zu verlangen – was im Übrigen auch *Neumann* einsieht[893] –, dass der Bereich der Selbstregelung der Mitglieder der Tarifvertragsparteien nicht vollends verlassen wird. Die Tarifautonomie umfasst nicht das Recht, *final* und *ausschließlich* die Arbeitsverhältnisse der Außenseiter-Arbeitnehmer zu regeln. Schon 1977 stellte das BAG zutreffend fest, dass die „Begrenzung der Tarifmacht […] der historisch gewachsenen und im Grundgesetz niedergelegten Bedeutung der Koalitionsfreiheit" entspricht und sich „auch im Selbstverständnis der Koalitionen […] kein tragfähiger Anhaltspunkt für einen weitergehenden Rechtsetzungsauftrag [findet], der alle am Arbeitsleben beteiligten Personen ohne weiteres umgreift."[894] Der gerne bemühte Verweis darauf, dass die Gewerkschaften im Zuge des Stinnes-Legien-Abkommens von 1918[895] als „berufene *Vertreter der Arbeiterschaft*" [Hervorhebung durch die Verfasse-

892 So aber *Neumann*, Tarifboni, S. 80.

893 *Neumann*, Tarifboni, S. 80 f.

894 BVerfG v. 5.1977 – 2 BvL 11/74, E 44, 322 (347 f.).

895 „Vereinbarung zwischen Arbeitgeber- und Arbeitnehmerverbänden" v. 15.11.1918, RABl. 1918, S. 874 – Hervorhebung durch die Verfasserin.

rin] anerkannt worden sind, darf insofern nicht überstrapaziert werden.[896] Auch unter Geltung der TVVO, der das Abkommen als Grundlage diente[897], war eine Trennung von organisierten Arbeitnehmern und Außenseiter-Arbeitnehmern gegeben[898] und wurde von den Gewerkschaften zur Verfolgung organisationspolitsicher Interessen aufgegriffen. Selbst Maßnahmen, welche die Partizipation der Außenseiter-Arbeitnehmer forcierten, dienten letztlich der Gestaltung der Arbeitsbedingungen im Interesse ihrer Mitglieder und verfolgten nicht das Ziel, die Arbeitsbedingungen der Außenseiter-Arbeitnehmer um ihrer selbst willen zu verbessern.[899] Diesen Unterschied im Selbstverständnis belegt anschaulich auch die Äußerung des Geschäftsführers der IG-Metall in München, *Horst Lischka*. Er war mitverantwortlich für die Differenzierungsklausel, die zur Entscheidung des BAG vom 15.4.2015 geführt hatte, und erläuterte:

> „Wir sind unseren Mitgliedern verpflichtet. [...] Wenn sich durch unsere Arbeit auch die Bedingungen für andere verbessern, ist das schön. Aber das ist nicht das Ziel einer Gewerkschaft. [...] Wir haben monatelang gepredigt, dass dadurch [gemeint ist der Beitritt zur IG Metall] ein besseres Ergebnis möglich ist."[900]

Die Koalitionen sind – jedenfalls im Rahmen von Art. 9 Abs. 3 GG – darauf beschränkt, die Arbeits- und Wirtschaftsbedingungen ihrer Mitglieder zu regeln; Außenseiter-Arbeitnehmer dürfen nur mitbetroffen werden.[901] Mit anderen Worten ist die grundrechtlich garantierte Koalitionsfreiheit also

896 Ebenso *Mayer*, Differenzierungsklauseln, S. 97.

897 Vgl. *Höpfner*, Tarifgeltung, S. 97; *Neumann*, Tarifboni, S. 71.

898 Dies betonend etwa *Zöllner*, RdA 1962, 253 (254).

899 Eingehend herausgearbeitet in Kap. 2 C., insbesondere in Abschnitt II.

900 So bei *Bovensiepen/Tibudd*, SZ v. 27.3.2012, S. 40; vgl. auch BAG v. 15.4.2015 – 4 AZR 796/13, AP TVG § 3 Nr. 57 Rn. 3.

901 I.E. ähnlich *Säcker/Oetker*, Grundlagen, S.70, nach denen Art.9 Abs. 3 GG „keine originäre Zuständigkeit der Koalitionen für Koalitionsaußenseiter begründet, sondern die Einflußnahme der Koalitionen auf diesen Personenkreis [...] die unvermeidbare Folge (Reflex) einer effektiven Wahrnehmung der Interessen der Koalitionsmitglieder [ist]"; nach eingehender Auseinandersetzung mit Repräsentations- und Legitimationstheorie i.E. wohl auch *Neumann*, Tarifboni, S. 81: „Sie müssen jedenfalls auch die Wahrung und Förderung der Arbeits- und Wirtschaftsbedingungen ihrer Mitglieder im Blick haben. Überwirkungen, die diesem Aspekt weiterhin gerecht werden, können nicht mit einem Hinweis auf die Überschreitung der personellen Grenzen der Tarifautonomie für unzulässig erklärt werden."; zumindest missverständlich *Mayer*, Differenzierungsklauseln, S. 90 „Konsequent ist daher die Annahme, dass die tarifvertragliche Inhaltsfreiheit der Koalitionen

nicht „prima facie als ein alle Arbeitsverhältnisse (also auch diejenigen der Nichtorganisierten) einschließendes Mandat zur Regelung der Arbeits- und Wirtschaftsbedingungen“ zu sehen.[902]

Gegen ein solches einschränkendes Verständnis der Tarifautonomie im vorgenannten Sinne lassen sich auch nicht die Regelungen der §§ 3 Abs. 2, 5 TVG anführen.[903] Zum Einen können aus dem einfachen Recht keine zwingenden Rückschlüsse auf den Umfang der verfassungsrechtlichen Garantie gezogen werden. Zum anderen zeigt gerade das Beispiel des § 3 Abs. 2 TVG die Maßgeblichkeit der Unterscheidung zwischen einer unmöglichen finalen und ausschließlichen Regelung der Arbeitsbedingungen der Außenseiter-Arbeitnehmer und einer noch zulässigen bloß reflexhaften Betroffenheit infolge der Regelung von Mitgliederbelangen auf.

Mit dieser Norm hat der Gesetzgeber die normative Regelungsbefugnis der Tarifvertragsparteien bezüglich betrieblicher Tarifnormen auf Außenseiter-Arbeitnehmer erweitert, die bei einem tarifgebundenen Arbeitgeber beschäftigt sind.[904] Diese Erweiterung kann überhaupt nur möglich sein (zu den Einschränkungen sogleich), weil diese Befugnis eine Regelung der Außenseiter-Arbeitnehmer-Arbeitsverhältnisse nach herrschender Meinung nur insoweit zulässt, wie eine *betriebseinheitliche* Regelung sie erfordert.[905] Insoweit ist die durch Art. 9 Abs. 3 GG vorgegebene äußere Grenze der Zuständigkeit der Tarifvertragsparteien zur Tarifnormsetzung noch nicht verlassen. Schließlich regeln die Tarifvertragsparteien vorrangig im Interesse ihrer Mitglieder betriebliche und betriebsverfassungsrechtliche Fragen. Angesichts der Selbstregelung der Mitgliederangelegenheiten findet ein kontradiktorischer Interessenausgleich statt, welcher der Regelung vermutungsweise eine Angemessenheit verleiht. Die Außenseiter-Arbeitneh-

902 Formulierung nach *Cornils*, Die Ausgestaltung der Grundrechte, S. 438 f., der selbst der gegenteiligen Ansicht zuneigt; wie hier *Giesen*, Rechtsgestaltung, S. 176 ff.; *H. Hanau*, RdA 1996, 158 (166 f.).

903 In diese Richtung *Neumann*, Tarifboni, S. 74; so wohl *Bötticher*, Die gemeinsamen Einrichtungen, S. 107 ein Stück potentieller Tarifmacht der Koalitionen über die Außenseiter" – Hervorhebung im Original; ähnlich *Cornils*, Die Ausgestaltung der Grundrechte, S. 439 „personell unbegrenzte Vertragsinhaltsfreiheit“.

904 Siehe dazu oben unter Kap. 2 C. II. 3.

905 BAG v. 21. 1. 1987 – 4 AZR 547/86, AP Nr. 47 zu Art. 9 GG: „Die Erstreckung der Rechtsnormen über betriebl. Fragen auf Außenseiter ohne AVE läßt sich nur damit sachl. rechtfertigen, daß die entsprechenden Bestimmungen in der sozialen Wirklichkeit aus tatsächl. oder rechtl. Gründen nur einheitl. gelten können.“; ebenso BAG v. 27.4.1988 – 7 AZR 593/87, AP BeschFG 1985 § 1 Nr. 4; zur verfassungsrechtlichen Notwendigkeit des Erfordernisses der betriebseinheitlichen Regelung *Däubler*, in: Däubler TVG, § 1 Rn 357 f.

mer werden in diesem Fall nicht als eigenständige Gruppe getrennt von den Mitgliedern mit Regelungen bedacht, die nur für sie gelten und daher keine Angemessenheitsvermutung in sich tragen. Vielmehr werden sie nur von den für die Mitglieder verabredeten und für diese verbindlich geltenden Bestimmungen mitbetroffen, weil die Materie sich aus sachlichen Gründen auf die gesamte Belegschaft zu beziehen hat.[906] Nicht anders ist es bei § 5 TVG, der eine Ausweitung des Geltungsbereichs erlaubt, aber eben nur insoweit, als es sich tatsächlich um Rechtsnormen handelt, in welche der Gesetzgeber das in Kapitel 2 Abschnitt A. II. und III. dargelegte gesteigerte Vertrauen haben darf. Anders ließe sich die staatliche Zurückhaltung und mangelnde inhaltliche Einflussnahme bei der AVE in der Tat nicht rechtfertigen.[907] Hierauf wird noch zurückzukommen sein.

Wenn aber im Gegensatz zu den oben beschriebenen Fällen *ausschließlich* Außenseiter-Arbeitnehmer durch eine tarifliche Regelung belastet werden sollen, handelt es sich um die Lösung von „Verteilungskonflikten zu Lasten Dritter". Mangels einer Betroffenheit von Mitgliederinteressen kann in dieser Situation nicht von dem Ringen um faire Arbeitsbedingungen und dem Stattfinden eines kontradiktorischen Interessenausgleichs ausgegangen werden, der Grundlage für die Tarifverträgen zugesprochene Angemessenheitsvermutung ist.[908] Eine Lösung von „Verteilungskonflikten zu Lasten Dritter" ist von der Reichweite der funktionell dem paritätischen und kon-

906 Damit ist jedoch nur geklärt, dass die Regelungen trotz ihres Außenseiterbezugs nicht außerhalb des Zuständigkeitsbereichs der Tarifvertragsparteien liegen. Zur Frage der Normwirkung gegenüber Außenseitern siehe auch unter Kap. 2 A. I. 3.

907 Insoweit zutreffend *Cornils*, Die Gestaltung der Grundrechte, S. 439 „Auch bei der Allgemeinverbindlicherklärung läßt sich der vom Bundesverfassungsgericht konstatierte „maßgebliche Einfluß" der Koalitionen auf die Arbeitsbedingungen der Nichtorganisierten ohne eine entsprechende grundrechtlich abgesicherte Befugnis nicht überzeugend legitimieren (keine inhaltliche Gestaltungsbefugnis, kein Initiativrecht des Ministers!).", der jedoch übersieht, dass die Annahme einer auch Außenseiter-Arbeitnehmer umfassenden Regelungszuständigkeit nichts daran änderte, dass deren Interessen durch die Tarifvertragsparteien eben nicht wahrgenommen werden.

908 Vgl. *Krämer*, Richtigkeitsgewähr, S. 166; s.a. *Arnold*, Betriebliche Tarifnormen und Außenseiter, S. 234; *Waltermann*, RdA 2014, 86 (89): „Auf den Einigungsprozess beim Vertragsschluss gegründete Richtigkeitsgewähr könnte in jedem Fall von vornherein nur auf die Vertragsparteien begrenzt sein, soweit diese selbstbestimmt handeln und ihre Interessen einbringen können."; ebenso *Löwisch/Rieble* TVG, Grundlagen Rn. 179, § 1 Rn. 9; im Hinblick auf Stichtagsklauseln ähnlich *Mayer*, Differenzierungsklauseln, S. 226.

traditorischen Interessenausgleich für Mitglieder dienenden Tarifautonomie daher nicht mehr umfasst.[909]

Aus dem Vorstehenden ergeben sich unmittelbare Folgen für die Gestaltung von tariflichen Rechtsnormen iSv § 1 Abs. 1 TVG. Mit diesen können die Tarifvertragsparteien die Arbeitsbedingungen ihrer Mitglieder gestalten. Eine außerhalb des Schutzbereichs liegende ausschließliche Regelung der Außenseiter-Arbeitsverhältnisse ist ihnen demgegenüber versagt. Eine Regelung, die dies tut, lässt sich angesichts dessen schon nicht unter den Tatbestand des § 1 Abs. 1 TVG fassen. Sie ist keine wirksame Rechtsnorm eines Tarifvertrages. Im Kern hat dies *Zöllner* schon 1962 aufgedeckt, als er konstatierte: „Die Rechtssetzungsbefugnis gegenüber Außenseitern kann daher verfassungsrechtlich nur dann zulässig sein, wenn sie zum Bereich der autonomen Rechtsschöpfung zu rechnen ist [sic]."[910] Aus diesem Grund ist der Tarifausschlussklausel schließlich die tarifliche Regelbarkeit zu versagen[911] und nicht allein darauf zu verweisen, dass eine solche Klausel mangels Tarifgebundenheit keine Auswirkung auf Außenseiter-Arbeitnehmer haben kann.

d) Folgen für die Frage des Nutzungsentgelts für Außenseiter-Arbeitnehmer

Die Pflicht zur Zahlung eines Nutzungsentgelts soll den Fernbleibeanreiz beseitigen und so den Gewerkschaften bei der Mitgliedergewinnung helfen. Starke Koalitionen sind wiederum zu einem paritätischen Interessenausgleich in der Lage und können so tendenziell angemessene Arbeitsbedin-

---

909 Siehe *Löwisch/Rieble* TVG, § 1 Rn. 9, die von „systemimmanenten Funktionsgrenzen der Tarifautonomie" sprechen; i.E, ebenso BAG v. 18.3.2009 – 4 AZR 64/08, AP TVG § 3 Nr. 41 Rn. 51, allerdings unter Offenlassung der Frage, „ob eine beabsichtigte Einbeziehung eines an einer Vereinbarung nicht beteiligten Dritten als rechtswidrig oder unzulässig charakterisiert wird oder ob sie lediglich keine Bindungskraft entfaltet und „nutzlos" ist"; ähnlich auch *Giesen*, in: MHdB ArbR, § 153 Rn. 8, wonach bei Tarifregelungen mit Drittbezug nicht mehr von „Richtigkeitsgewähr", sondern von „Falschheitsgewähr" gesprochen werden müsse (in Bezug auf Regelungen des Tarifvertrags über das Sozialkassenverfahren im Baugewerbe (VTV), welche so genannte Solo-Selbständige mit einer unverhältnismäßig hohen Ausbildungsumlage belasteten); *ders.*,ZfA 2016, 153 (172); i.E. ebenso *Greiner*, NZA 2016, 10 (14); *Zöllner*, RdA 1962, 453 (459); wenn auch ohne nähere Auseinandersetzung ebenso *Höpfner*, ZfA 2020, 178 (198).

910 *Zöllner*, RdA 1962, 253 (257).

911 Vgl. Kap. 2 C. III. 2.

gungen durchsetzen. Insofern ist das Nutzungsentgelt gewerkschaftliche Selbsterhaltungsmaßnahme und als solche den mittelbar der Förderung der Arbeits- und Wirtschaftsbedingungen von organisierten Arbeitnehmern dienenden Maßnahmen zuzurechnen. Dieses Anliegen dürfen die Koalitionen jedoch nicht mit Hilfe einer einseitig Außenseiter belastenden Tarifbestimmung verfolgen. Die Tarifvertragsparteien würden nach den obigen Grundsätzen ihren Zuständigkeitsbereich verlassen.

Nutzungsentgelt-Klauseln würden wie die tariflich ebenfalls nicht regelbaren Tarifausschlussklauseln funktionieren und sich damit maßgeblich von den in die gleiche Stoßrichtung zielenden Differenzierungsklauseln unterscheiden, die Gewerkschaftsmitgliedern Zusatzleistungen gewähren und somit deren Arbeitsbedingungen direkt gestalten.[912] Das für die Zulässigkeit von Differenzierungsklauseln vorgebrachte Argument, dass die Arbeitsbedingungen der Außenseiter-Arbeitnehmer im Zuge der normativen Regelung der Arbeitsbedingungen der Mitglieder *bloß reflexhaft* und somit in zulässiger Weise berührt werden, kann vorliegend also gerade nicht zum Tragen kommen.[913]

2. Keine Normsetzungsbefugnis für Nutzungsentgelte iRv §§ 1 Abs. 1, 3 Abs. 2 TVG

Neben diesen Bedenken im Hinblick auf die mangelnde Zuständigkeit der Tarifvertragsparteien zur Regelung eines Nutzungsentgelts ergeben sich auch Probleme im Hinblick auf die Subsumtion unter einen der vom Gesetzgeber zur Verfügung gestellten Aktstypen, also auf Ebene der Normsetzungsbefugnis.

Die Koppelung der Zahlungspflicht mit einem Einstellungs- oder Beschäftigungsverbot nicht zahlender Außenseiter-Arbeitnehmer steht nicht

912 Vgl. auf diesen Unterschied stützt *Neumann*, Tarifboni für Gewerkschaftsmitglieder, S. 92 f., ins. Fn. 198 seine Annahme der Unzulässigkeit der Tarifausschlussklausel als Rechtsnorm; insofern die tarifvertragliche Regelbarkeit von „Solidaritätsbeiträgen“ zu Recht verneinend *Hueck/Nipperdey*, Lehrbuch des Arbeitsrechts II/1, S. 169.

913 In Bezug auf die Tarifausschlussklauseln zutreffend festgestellt durch *Leydecker*, Der Tarifvertrag als exklusives Gut, S. 219, 221; auf die unterschiedliche Qualität der „Nichtgewährung eines Vorteils, auf den keinerlei Rechtsanspruch besteht“ mit „Auferlegung einer Last, wie es eine Beitragsentrichtung wäre“; vgl. BAG v. 18.3.2009 – 4 AZR 64/08, AP TVG § 3 Nr. 41 Rn. 103; zuvor schon *Gamillscheg*, NZA 2005, 146 (148); so auch bereits *P. Hanau*, JuS 1969, 213 (219); in Bezug auf die Solidaritätsbeitrag zustimmend *Merker*, DB 1960, 202 (204).

zur Debatte. Die Kategorien der Abschlussnormen und Beendigungsnormen scheiden dafür daher von Beginn an aus.[914]

Es bliebe also nur zu überlegen, ob sich die Einführung einer Zahlungspflicht für Außenseiter-Arbeitnehmer als Inhaltsnorm oder Betriebsnorm eines Tarifvertrages umsetzen ließe.

a) Nutzungsentgelt-Klausel als Inhaltsnorm iSv § 1 Abs. 1 TVG?

In die Kategorie der Inhaltsnormen fallen solche Regelungen, die unmittelbar das Arbeitsverhältnis selbst betreffen und mit ihm nicht nur in einem derart losen (äußeren und zeitlichen) Zusammenhang stehen, dass sie auch Gegenstand einer gesonderten Vereinbarung sein könnten.[915] Darunter fallen klassischerweise etwa die Regelung der Entlohnungshöhe, der Arbeitszeit oder des Urlaubsentgelts,[916] an das auch die Differenzierungsklausel der Gewerkschaft Textil-Bekleidung angeknüpft hatte.[917] Auch außerhalb der unmittelbaren arbeitsrechtlichen Rechtsbeziehungen können Vertragsverhältnisse tarifvertraglich gestaltet werden, solange diese sonstigen Vertragsverhältnisse zumindest ihre Grundlage im Arbeitsverhältnis haben. Anzunehmen ist das wiederum dann, wenn die Rechtsverhältnisse ohne das Arbeitsverhältnis gar nicht oder nicht zu diesen Konditionen abgeschlossen worden wären.[918] Beispiele bilden etwa Vereinbarungen zu Werksmiet-

914 Vgl. *Faika,* Solidaritätsbeitrag, S. 86, wonach eine Beendigungsnorm ausscheide; deutlich auch *Hueck*, Rechtsgutachten, S. 13: „Es liegt auf der Hand, daß der Solidaritätsbeitrag mit Abschluß- und Betriebsnormen nichts zu tun hat."; ablehnend ggü. der Abschlussnorm auch *Schwaabe*, Solidaritätsbeiträge, S. 42 f. mit dem zutreffenden Hinweis, dass eine solche Klausel auch nur für Neuabschlüsse Relevanz haben könnte; aA *Galperin*, Rechtsgutachten, S. 31, 37, der die Solidaritätsbeitragsklausel als Anschlussnorm begriff, ihre Regelbarkeit als solche aber iE ebenfalls ablehnte.

915 *Hueck*, Rechtsgutachten, S. 14; *Klumpp*, in: MHdB ArbR, § 236 Rn. 2; *Löwisch/Rieble TVG*, § 1 Rn. 239; *Franzen*, in: ErfK TVG § 1 Rn. 40; *Krause*, in: JKOS § 4 Rn. 23.

916 Vgl. statt aller *Thüsing*, in: Wiedemann TVG, § 1 Rn. 399 ff.; plakativ auch *Bötticher*, RdA 1966, 401 (402): „Der Werbezweck dieser Sonderleistungen [durch Differenzierungsklauseln] ändert nichts an ihrer Zugehörigkeit zu den Lohn- und Arbeitsbedingungen, deren Regelung die Funktion des Tarifvertrags gemäß § 1 TVG ausmacht."

917 Vgl. Kap. 2 C. 4. b) aa).

918 *Löwisch/Rieble* TVG, § 1 Rn. 239; *Franzen*, in: ErfK TVG § 1 Rn. 40; *Krause*, in: JKOS § 1 Rn. 19; aA *Loritz*, RdA 1998, 257 (260 ff.): Tariflich sind diese Rechtsverhältnisse nicht zu gestalten, weil nicht das Arbeitsverhältnis geordnet würde.

wohnungen, Mitarbeiterdarlehen[919] oder Jahreswagen[920]. Wenn ein Arbeitnehmer hingegen bei einer Kreditaufnahme oder Wohnungsanmietung in seiner „normalen" Rolle als Konsument auftritt, ist ein hinreichender Zusammenhang zur Gestaltung der Arbeitsbedingungen nicht mehr gegeben.

aa) Keine Lohnverwendungsabrede als Inhaltsnorm eines einfachen Tarifvertrages

Vor diesem Hintergrund werden auch sog. Lohnverwendungsabreden, die dem Arbeitnehmer vorschreiben, den Arbeitslohn ganz oder teilweise zu Gunsten bestimmter Personen oder zu bestimmten Zwecken zu verwenden,[921] nicht zu den durch *Inhaltsnormen* regelbaren Bestandteilen eines Tarifvertrages gezählt.[922] In anderem Zusammenhang hat die Rechtsprechung bereits zu Recht konstatiert, dass die Gestaltung der eigenen Vermögensangelegenheiten ausdrücklich „Teil des außerdienstlichen Verhaltens" ist, das sich auf die Erbringung der arbeitsvertraglich geschuldeten Tätigkeit, die Art und Weise der Arbeitsleistung und das betriebliche Zusammenwirken mit anderen Arbeitnehmern nicht auswirkt.[923] Daraus folgt, dass das Konsumverhalten der Arbeitnehmer – nichts anderes ist die „Gestaltung der eigenen Vermögensangelegenheiten" – auch durch Inhaltsnormen eines Tarifvertrag als Instrument zur Gestaltung der *Arbeitsbedingungen* nicht geregelt werden können.[924] Dementsprechend können Arbeitnehmer mit Hilfe einer „Lohnverwendungsklausel" nach überwiegender

919 Vgl. BAG 18.6.1980 – 4 AZR 463/78 – AP TVG § 4 Ausschlußfristen Nr. 68.

920 Vgl. BAG 20.1.1982 – 5 AZR 755/79 – NJW 1982, 1830.

921 Zur Definition *Linck*, in: Schaub ArbR-Hdb, § 73 Rn. 21.

922 So schon *Hueck*, Rechtsgutachten, S. 14; *Krause*, in: JKOS § 4 Rn. 24; *Linck*, in: Schaub ArbR-Hdb, § 73 Rn. 21; *Picker*, in: MHdB ArbR, § 73 Rn. 24; wohl auch *Kauffmann*, AuR 1961, 267 (270); vgl. zur Regelung durch die Betriebsparteien BAG 18.7.2006 – 1 AZR 578/05, AP Nr. 15 zu § 850 ZPO Rn. 30.

923 BAG v. 18.7.2006 – 1 AZR 578/05, AP ZPO § 850 Nr. 15, Rn. 25; BAG 4. 11. 1981 – 7 AZR 264/79, AP KSchG 1969 § 1 Verhaltensbedingte Kündigung Nr. 4 (III. 2. b) aa) der Gründe]; vgl. ferner *P. Preis*, DB 1990, 630 (632).

924 *Hueck/Nipperdey*, Lehrbuch des Arbeitsrechts II/1, S. 408: „Der Gegenstand der Inhaltsnonnen des Tarifvertrages ist enger. Er umfaßt nur die Regelung des unmittelbaren Inhalts der Arbeitsverhältnisse, also der unmittelbaren Lohn- und Arbeitsbedingungen; er darf nicht in die Sphäre außerhalb des eigentlichen Arbeitsvertrages eingreifen."; *Löwisch/Rieble* TVG, § 1 Rn. 230; *Krause*, in: JKOS § 4 Rn. 24; dabei auf den Verhältnismäßigkeitsgrundsatzes abstellend *Ulber*, in: Däubler TVG, Einleitung Rn. 405.

Ansicht auch nicht dazu verpflichtet werden, Gewerkschaftsbeiträge durch Direktabzug vom Lohn zu entrichten.[925]

Richtigerweise muss dies aber daraus folgen, dass es in diesem Fall an der Gestaltung der arbeitsrechtlichen Rechtsbeziehung fehlt, die eine Inhaltsnorm iSd § 1 Abs. 1 TVG vornehmen muss. Dies ist ein Problem, das sich auf Ebene der Normsetzungsbefugnis abspielt. Das von manchen gegen Lohnverwendungsabreden vorgebrachte Argument, dass es den Tarifvertragsparteien bereits an der Zuständigkeit zur Regelung eines Lohnabzugs fehlt,[926] kann indes nicht überzeugen. Es ließe sich damit nicht erklären, warum durch Tarifnormen zu gemeinsamen Einrichtungen eine Beitragsbelastung der Arbeitnehmer möglich ist (hierzu sogleich unter Kap. 3 A. II. 2.). Der Gesetzgeber kann schließlich keine Normsetzungsbefugnis verleihen, die über den Zuständigkeitsbereich hinausgeht.

Unter Berücksichtigung dieser Wertungen muss daher auch dem Versuch, eine Nutzungsentgelt-Klausel als Inhaltsnorm eines einfachen Tarifvertrages zu gestalten, eine Absage erteilt werden.[927] Die Klausel würde die Arbeitnehmer verpflichten, Teile ihres Lohns an eine außerhalb des Arbeitsverhältnisses stehende, dritte Stelle zu entrichten bzw. den Direktabzug und die Weiterleitung durch den Arbeitgeber zu dulden. Damit würde es sich bei ihr in sachlicher Hinsicht um eine solche – unzulässige – Lohnverwendungsabrede handeln. Somit kann sie wegen Überschreitung der Normsetzungsbefugnis in sachlicher Hinsicht keine wirksame Inhaltsnorm eines Tarifvertrages sein.

bb) Keine Bindung der Außenseiter-Arbeitnehmer an eine Nutzungsentgelt-Klausel n. § 4 Abs. 1 oder § 5 Abs. 4 TVG

Im Übrigen könnte die Nutzungsentgelt-Klausel die Außenseiter-Arbeitnehmer mangels Tarifgebundenheit gar nicht erreichen. Die Normset-

925 *Löwisch/Rieble* TVG, § 1 Rn. 239 f., 254; *Hueck/Nipperdey*, Lehrbuch des Arbeitsrechts, II/1, S. 408; auch BAG 20.12.1957 – 1 AZR 237/56 – AP BGB § 399 Nr. 1; *Biedenkopf*, Grenzen der Tarifautonomie, S: 260 f.; zu Lohnverwendungsklauseln: *Jacobs*, in: Wiedemann TVG, Einleitung Rn. 438, 457.

926 Vgl. etwa *Hensche*, in: HK-ArbR, GG Art. 14 Rn. 27: Das Arbeitsentgelt sei in das Vermögen des Arbeitnehmers geflossen und der somit dem Zugriff der Tarifvertragsparteien grundsätzlich entzogen.

927 Ebenso bzgl. der Solidaritätsbeitragsklausel *Hueck*, RdA 1961, 141 (143); *ders.*, Rechtsgutachten, S. 14, 21; *Schwaabe*, Solidaritätsbeiträge, S. 41; gegen die Regelbarkeit einer Zahlungspflicht im Wege einer Rechtsnorm bereits *Höpfner*, ZfA 2020, 178 (198).

zungsbefugnis der Tarifvertragsparteien beschränkt sich schließlich auf ihre Mitglieder (vgl. § 4 Abs. 1 TVG).

Da die AVE nach § 5 TVG in der Lage ist, den Kreis der Tarifgebundenen auf Außenseiter-Arbeitnehmer zu erweitern, könnte man meinen, darin liege die Lösung des Problems. Zu Recht wurde dieser Gedanke jedoch in der Debatte um den Solidaritätsbeitrag zurückgewiesen und kann auch bei der Einführung eines Nutzungsentgelts nicht weiterführen.

Die AVE einer Nutzungsentgelt-Reglung würde daran scheitern, dass diese nur den Kreis der an Rechtsnormen eines Tarifvertrages Gebundenen erweitern, solche aber nicht selbst kreieren kann. Das heißt, es muss für den Ausspruch einer AVE überhaupt erstmal eine wirksame Tarifnorm für die Tarifgebundenen bestehen, deren Geltungsbereich im Wege der AVE auf Außenseiter ausgedehnt werden kann.[928] Hier zeigt sich, wie wichtig es ist, dass Rechtsnorm iSv § 1 Abs. 1 TVG nur sein kann, was sich im Zuständigkeitsbereich der Tarifvertragsparteien bewegt. Es darf keine Tarifnorm geben, welche die Mitglieder gar nicht betrifft und somit so lange bedeutungslos „vor sich hin schlummert", bis sie im Zuge der Unterstellung von Außenseiter-Arbeitnehmern schließlich ihre geplante Wirkung entfaltet.[929] Der Staat hat die Tarifnormen bei der AVE schließlich inhaltlich unangetastet zu lassen, was nur gelten kann, wenn die Tarifbestimmungen sich im Zuständigkeitsbereich der Tarifautonomie bewegen und somit die Vermutung der Angemessenheit in sich tragen. Andernfalls ist die staatliche Zurückhaltung bei der Übernahme der Normverantwortung im Zuge der AVE nicht zu rechtfertigen.

Da die Tarifvertragsparteien eine Nutzungsentgelt-Klausel jedoch nach hiesiger Auffassung als Inhaltsnorm iSv § 1 Abs. 1 TVG nicht wirksam vereinbaren können, fehlt es schlichtweg an einem „Bezugnahmeobjekt" für eine AVE. In Anbetracht des Umstandes, dass selbst nichtige Rechtsnormen durch eine AVE nicht „geheilt werden" können,[930] würde die AVE

928 Allgemein *Franzen*, in: ErfK, TVG, § 5 Rn. 7; *Löwisch/Rieble* TVG, § 5 Rn. 64; mit Blick darauf die einen „Solidaritätsbeitrag" im Wege einer AVE zu Recht ablehnend *Faika*, Solidaritätsbeitrag, S. 96; *Galperin*, Rechtsgutachten, S. 34 f.; *Hueck*, Rechtsgutachten, S. 23; *ders.*, RdA 1961, 141 (144 ff.); *Hueck/Nipperdey*, Lehrbuch des Arbeitsrechts II/1, S. 170; *Kauffmann*, in *AuR* 1961, 267 (269 f.); *Müller*, Gedanken zum Solidaritätsbeitrag, S. 4; *Ridder*, Rechtsgutachten Solidaritätsbeiträge, S. 3

929 Ebenfalls ablehnend gegenüber einem solchen Gedanken *Müller*, Gedanken zum Solidaritätsbeitrag, S. 4.

930 *Franzen*, in: ErfK, TVG § 5 Rn. 7; *Löwisch/Rieble* TVG, § 5 Rn. 88; *Sittard*, Tarifnormerstreckung, S. 133

einer Nutzungsentgelt-Klausel somit ins Leere gehen[931] bzw. sich in ihrer Wirkung nur auf die nicht unwirksamen Teile des Tarifvertrages beschränken[932]. Auf die Frage, ob an dem Ausspruch der AVE einer solchen Klausel überhaupt ein öffentliches Interesse bestehen kann,[933] kommt es somit nicht entscheidend an.

b) Nutzungsentgelt-Klausel als Betriebsnorm iSd §§ 1 Abs. 1, 3 Abs. 2 TVG

Da sich nach hier vertretener Auffassung jegliche ausschließlich Außenseiter-Arbeitnehmer belastende Tarifnormen verbieten, scheidet konsequenter Weise auch eine Umsetzung der Nutzungsentgelt-Klausel als Betriebsnorm iSv §§ 1 Abs. 1, 3 Abs. 3 TVG aus. Diese können zwar gemäß §§ 3 Abs. 2, 4 Abs. 1 S. 2 TVG auch gegenüber Außenseiter-Arbeitnehmern normative Wirkung entfalten, müssen sich jedoch ebenfalls im übergeordneten Zuständigkeitsbereich der Tarifvertragsparteien bewegen, der – wie soeben dargelegt wurde – bei Regelung eines Nutzungsentgelts für Außenseiter-Arbeitnehmer verlassen werden würde.

Selbst wenn man die Frage der Zuständigkeit anders beantwortete, bliebe das Ergebnis dasselbe, weil die Nutzungsentgelt-Klausel jedenfalls an anderen Hürden scheitern würde.

---

931 Vgl. *Löwisch/Rieble* TVG, § 5 Rn. 146.

932 Die AVE ist wirksam, wenn der übrige Tarifvertrag eine sinnvolle und in sich geschlossene Regelung darstellt, vgl. LAG Hessen v. 23.1.2017, BeckRS 2017, 107403 Rn. 120 ff.; siehe zur Debatte auch *Franzen*, in: ErfK, TVG § 5 Rn. 7 mwN.

933 Ablehnend *Hueck*, Rechtsgutachten, S. 25: „Deshalb sind staatliche Zwangsmittel zur Erhaltung oder Vergrößerung ihres Mitgliederbestandes nicht am Platz und liegen dementsprechend auch nicht im öffentlichen Interesse. Eine Allgemeinverbindlicherklärung einer Tarifbestimmung über einen Solidaritätsbeitrag würde aber einen solchen staatlichen Zwangseingriff darstellen.“, *ders.*, RdA 1961, 141 (145) unter Verweis *auf Merker*, DB 1961, 201 (204 f.).; aA *Faika*, Solidaritätsbeitrag, S. 95, der keine Probleme sieht, wenn feststeht, dass der Beitrag zur Förderung allgemeiner, sozialer Belange der Arbeitnehmer zu verwenden ist.; siehe zum Ganzen auch unter Kap. 3 A. II. 3. c) aa).

aa) Kein Bezug zu betrieblichen oder betriebsverfassungsrechtlichen Fragen

Zunächst weist das Nutzungsentgelt weder einen Bezug zu den mit Hilfe von Betriebsnormen regelbaren speziellen betrieblichen oder betriebsverfassungsrechtlichen Fragen auf,[934] noch ist seine Regelung aus sachlichen Gründen betriebs*einheitlich* erforderlich. Da die Nutzungsentgelt-Klausel nur Außenseiter-Arbeitnehmer belasten würde, würde die Belegschaft nicht als Einheit angesprochen werden, sondern die „Zweiteilung der Belegschaft"[935] dadurch sogar explizit befördert werden.

bb) Zwingende Einschränkung des Betriebsnormbegriffs

Vor allem aber könnten Außenseiter-Arbeitnehmer von einer solchen Betriebsnorm keinesfalls normativ erfasst und zur Zahlung verpflichtet werden. Diese Ansicht mag angesichts der zuvor herausgearbeiteten Aussage, dass es sich bei §§ 3 Abs. 2, 4 Abs. 1 S. 2 TVG um eine „echte Erweiterung der Normsetzungsbefugnis" in Bezug auf Außenseiter-Arbeitnehmer handelt,[936] zunächst etwas überraschen. Sie ergibt sich jedoch aus der Beachtung zwingender Einschränkungen des Betriebsnormbegriffs:

Die Ausweitung der Normsetzungsbefugnis der Tarifvertragsparteien in § 3 Abs. 2 TVG in Bezug auf die Außenseiter-Arbeitnehmer sieht sich schließlich ihrerseits erheblicher und berechtigter Kritik ausgesetzt.[937] Diese betrifft insbesondere die Vereinbarkeit mit dem Demokratie- und Rechtsstaatsprinzip, welches es erfordert, dass der Staat sich seiner Normsetzungsbefugnis nicht völlig entäußert und den Bürger nicht schrankenlos

934 Ebenso *Faika*, Solidaritätsbeitrag, S. 86; deutlich *Hueck*, Rechtsgutachten, S. 13: „Es liegt auf der Hand, daß der Solidaritätsbeitrag mit Abschluß- und Betriebsnormen nichts zu tun hat."; *Schwaabe*, Solidaritätsbeiträge, S. 40: „als für eine SB-Klausel offensichtlich unbrauchbar, die Betriebsnormen auszuscheiden"; insofern die Vereinbarkeit qualifizierten Differenzierungsklause als betriebliche Tarifnorm zu Recht ablehnend *Giesen*, NZA 2004, 1317 (1319); *Richardi*, Kollektivgewalt und Individualwille, S. 205;

935 Siehe Monografie von *Breschendorf* mit gleichnamigem Titel.

936 Vgl. Kap. 2 C. II. 3.

937 Sie zur Frage der Verfassungsmäßigkeit BA v. 7.11.1995 – 3 AZR 676/94, AP TVG § 3 Betriebsnormen Nr. 1; v. 17.6.1997 – 1 ABR 3/97, AP TVG § 3 Betriebsnormen Nr. 2; v. 26.4.1990 – 1 ABR 84/87, AP GG Art. 9 Nr. 57; *Giesen*, Tarifvertragliche Rechtsgestaltung im Betrieb, S. 224 ff., 416 ff.; *H. Hanau*, RdA 1996, 158 (165 ff.); *Oetker*, in: Wiedemann TVG, § 3 Rn. 172 ff.; *Zöllner*, RdA 1962, 453 (458 f.).

normsetzender Gewalt ausliefert, die ihm gegenüber nicht demokratisch oder mitgliedschaftlich legitimiert ist.[938] Während der Staat das bei der Erstreckung von Tarifnormen auf Dritte festzustellende „Defizit staatlicher Entscheidungsfreiheit“[939] bei der AVE durch vorgeschaltete Verfahrensvorschriften mit abgesicherter Äußerungsmöglichkeit der Außenseiter[940] sowie dem Vorbehalt der Prüfung Außenseiter belastender Normen im Einzelfall noch hinreichend ausgleicht,[941] fehlen entsprechende Absicherungen bei Betriebsnormen. Der Staat stellt nicht sicher, dass die Interessen der Außenseiter-Arbeitnehmer bei einer Erfassung von Betriebsnormen ausreichend gewahrt werden[942] und übernimmt keinerlei inhaltliche Normverantwortung.[943] Es fehlt damit an *demokratischer* Legitimation für die Erfassung der Außenseiter-Arbeitnehmer.

Ein Verstoß gegen Rechtsstaats- und Demokratieprinzip könnte verhindert werden, wenn es eine entsprechende *privatrechtliche* Legitimation gäbe. Privatrechtlich lässt sich die Erfassung der Außenseiter durch die Betriebsnormen jedoch auch nur lückenhaft erklären.

Eine Legitimation durch Beitritt zur Gewerkschaft und innerverbandliche Teilhabe am Rechtsetzungsprozess, wie sie in Bezug auf die Mitglieder für maßgeblich betrachtet wird, scheiden als Argumente augenscheinlich aus.

Während sich eine Erfassung der Außenseiter durch begünstigende Normen unter Rückgriff auf das Institut des Vertrags zu Gunsten Dritter recht einfach legitimieren lässt,[944] fällt dies in Bezug auf die Ordnungsnormen

---

938 Vgl. BVerfG v. 24.5.1977 – 2 BvL 11/74, E 44, 322 (347); v. 9.5.1972 – 1 BvR 518/62 u.a., E 33, 125 (158); schon herausgearbeitet durch Zöllner, RdA 1962, 253 (

939 Vgl. BVerfG v. 24.5.1977 – 2 BvL 11/74, E 44, 322 (348).

940 Es gibt eine schriftliche und mündliche Äußerungsmöglichkeit der Betroffenen, vgl. § 5 Abs. 2 TVG, zur Bedeutung BVerfG v. 24.5.1977 – 2 BvL 11/74, E 44, 322 (347 f.); *Löwisch/Rieble* TVG, § 5 Rn. 130.

941 Allg. Ansicht siehe BVerfG v. 24.5.1977 – 2 BvL 11/74, E 44, 322 (347 f.); bekräftigt BVerfG v. 14.6.1983 – 2 BvR 488/80, E 64, 208 (214 ff.).

942 Siehe zum Vorwurf potentiell fehlender Wahrnehmung von Außenseiterinteressen bei der Setzung von tariflichen Betriebsnormen vgl. *Krämer*, Richtigkeitsgewähr, S. 166; *H. Hanau*, RdA 1996, 158 (165); In Bezug auf diese betrieblichen Angelegenheiten zwar nahe, dass Mitglieder und Außenseiter-Arbeitnehmer gleiche oder zumindest gleichgerichtete Interessen haben, sodass in der Berücksichtigung der Mitgliederinteressen zugleich auch eine gewisse Berücksichtigung der Außenseiterinteressen liegt. Dies ist aber nicht zwingend.

943 Zutreffend herausgearbeitet durch *Höpfner*, Tarifgeltung, S. 456 f.

944 Vgl. BAG v. 23.3.2011 – 4 AZR 366/09, AP GG art. 9 Nr. 147 Rn. 42; *Giesen*, ZfA 2016, 153 (173); *Höpfner*, Tarifgeltung, S. 457; *Zöllner*, RdA 1962, 453 (459); vgl. auch Kap. 2 A. I. 1.

ungleich schwerer. Letztere wollen die Ordnung im Betrieb und auch das Verhalten der Arbeitnehmer regeln, und sehen dabei klassischerweise auch Belastungen der Arbeitnehmer vor. Teilweise können diese Belastungen sich durch einen in der Literatur entwickelten, überzeugenden Begründungsansatz rechtfertigen lassen. So wird mit guten Argumenten vertreten, dass eine Verbindlichkeit von belastenden Betriebsnormen gegenüber Außenseiter-Arbeitnehmern auch insoweit möglich ist, wie diese Gegenstände betreffen, die der Arbeitgeber im Rahmen seines Direktionsrechts nach § 106 GewO ohnehin einseitig regeln könnte. Da der Tarifvertrag mit Festlegung der Betriebsnormen somit nur den Entscheidungsspielraum des Arbeitgebers einschränkt, reicht folglich aus legitimatorischer Sicht auch seine Tarifgebundenheit des Arbeitgebers allein aus.[945] Die Bindung der Außenseiter-Arbeitnehmer an die Ausübung des Weisungsrechts ergibt sich dabei schon aus allgemeinen Vorschriften (§ 611a BGB iVm Arbeitsvertrag).[946]

Für belastende Regelungen, welche über die durch Weisungsrecht gestaltbaren Gegenstände hinausreichen, wie etwa quantitative und qualitative Besetzungsregeln, kann man auf diese Argumentation jedoch nicht zurückgreifen. Es fehlt für sie an einer Legitimation durch die Normunterworfenen Außenseiter-Arbeitnehmer. Um die §§ 3 Abs. 2, 4 Abs. 1 S. 2 TVG angesichts dieses Verstoßes gegen das Demokratie- und Rechtsstaatsprinzip vor dem Verdikt der Verfassungswidrigkeit zu bewahren, ist der Begriff der Betriebsnormen gegenständlich auf solche Belange zu beschränken, die die Außenseiter entweder begünstigen oder aber auch einseitig durch den Arbeitgeber anordnenbar wären.[947]

945 *Däubler*, in: FS Däubler (1999), S. 451 (458); *Höpfner*, Tarifgeltung, S. 458; *Kempen*, in: Kempen/Zachert TVG, § 3 Rn. 29; *Zöllner*, RdA 1962, 453 (459); aA *Hartmann*, Negative Tarifvertragsfreiheit, S. 181 f.

946 I.E. so schon *Höpfner*, Tarifgeltung, S. 459; *Richardi*, Kollektivgewalt und Individualwille, S. 237; *Rieble*, Arbeitsmarkt und Wettbewerb, Rn. 1509 f; *Zöllner*, RdA 1962, 453 (459).

947 Maßgeblich herausgearbeitet durch *Höpfner*, Tarifgeltung, S. 456: „legitimationsbezogene und verfassungskonforme Interpretation der §§ 3 Abs. 2, 4 Abs. 1 S. 1 TVG", S. 461 f.; so auch schon *Zöllner*, RdA 1962, 453 (459); jüngst ebenfalls *Jacobs*, RdA 2023, 9 (12); aA etwa *H. Hanau*, RdA 1996, 158 (172), der nicht den Betriebsbegriff, sondern nachgelagert den Anwendungsbereich der Vorschriften auf verfassungskonforme Gegenstände beschränken will.

cc) Folgen für die Frage des Nutzungsentgelts für Außenseiter-Arbeitnehmer

Unter Beachtung dieser Einschränkung kann eine Nutzungsentgelt-Klausel keineswegs Betriebsnorm sein. Sie belastet Außenseiter-Arbeitnehmer mit einer Zahlungspflicht, welche der Arbeitgeber einseitig nicht anordnen könnte.[948] Sein Weisungsrecht aus §106 S. 1 GewO beschränkt sich auf die Bestimmung von Inhalt, Ort und Zeit der Arbeitsleistung. Zusätzliche Pflichten kann er damit genauso wenig anordnen wie eine Veränderung des Synallagmas herbeiführen, indem er einfach einen Teil des Arbeitslohns einbehält und an Dritte abführt.

c) Zwischenergebnis

Somit lässt sich festhalten, dass den Außenseiter-Arbeitnehmern, deren Arbeitsverhältnis sich infolge einer Bezugnahme nach dem Tarifvertrag richtet, im Rahmen eines einfachen Tarifvertrages die Pflicht zur Zahlung eines Nutzungsentgelts nicht mit normativer Wirkung auferlegt werden kann. Eine solche Regelung läge außerhalb der Zuständigkeit der Tarifvertragsparteien und ließe sich zudem unter den Begriff der Inhalts- oder Betriebsnormen nicht fassen.

II. Nutzungsentgelt-Klausel im Tarifvertrag über eine gemeinsame Einrichtung n. § 4 Abs. 2 TVG – zum Vorschlag der IG BSE

Die IG BSE hatte wohl im Hinblick auf diese Schwierigkeiten bei dem Versuch, einen Solidaritätsbeitrag einzuführen, einen anderen Weg beschritten. Sie hat die Gründung einer Vorteilsausgleichskasse (VAK) als „gemeinsame Einrichtung iSv § 4 Abs. 2 TVG“ vorgeschlagen, die durch die Solidaritätsbeiträge der Außenseiter-Arbeitnehmer finanziert werden sollte.[949]

Es stellt sich nun die Frage, ob die avisierte Nutzungsentgelt-Regelung sich durch Zwischenschaltung einer nach dem Vorbild der VAK geschaffenen Einrichtung umsetzen ließe. Die folgende Prüfung versteht sich dabei gleichermaßen als Prüfung der aktuellen Umsetzbarkeit des Nutzungsent-

948 Näheres hierzu unter Kap. 3 A. III. 1 b).
949 Siehe im Einzelnen oben unter Kap. 2 C. III. 3.

gelts nach § 4 Abs. 2 TVG als auch als rechtliche Würdigung des Lösungsansatzes der IG BSE aus 1961.

1. VAK als gemeinsame Einrichtung iSv § 4 Abs. 2 TVG

Dafür müsste es sich bei der von der IG BSE entworfenen VAK zunächst um eine gemeinsame Einrichtung im Sinne des TVG handeln. Daran wurden in der Vergangenheit bereits Zweifel geäußert,[950] die sich darauf stützten, dass die Arbeitnehmer in den Organen der entworfenen VAK gegenüber den Arbeitgebern übermäßig vertreten gewesen wären. Daraus schloss man, dass das Erfordernis der paritätischen Trägerschaft nicht erfüllt worden wäre.[951]

Bei näherer Betrachtung muss diesen Bedenken zugestimmt werden.

Hintergrund der Forderung nach paritätischer Trägerschaft ist einerseits der Gedanke, dass die gemeinsame Einrichtung, wie schon dem Wortlaut des § 4 Abs. 2 TVG zu entnehmen ist, eine gemeinsame ist, also nicht bloß von einer Tarifvertragspartei gegründet und getragen wird, sondern von beiden und stets deren übereinstimmenden Willen zum Ausdruck bringt.[952] Daneben gilt sie dem Ausschluss unbeteiligter Dritter und der Vermeidung einer Einflussnahme eben jener auf die Einrichtung.[953] Dieses Erfordernis ist erfüllt, wenn keine anderen als die Tarifvertragsparteien Mitglieder der Kasse sind, also nur diese die Einrichtung paritätisch tragen. Das darüberhinausgehende Erfordernis einer paritätischen Verwaltung der Einrichtung lässt sich demgegenüber weder Art. 9 Abs. 3 GG noch dem TVG entnehmen.[954] Die Tarifvertragsparteien können die Binnenverfassung al-

950 Kritisch *Hueck*, RdA 1961, 141 (143); *Kettner*, Der Arbeitgeber 1961, 104 (105); Bedenken auch bei *Schwaabe*, Solidaritätsbeiträge, S. 22 und *Galperin*, Rechtsgutachten, S. 38 sowie Berichten zufolge beim BDA vgl. FAZ v. 16.2.1961, S. 3, FAZ v. 21.2.1961, S. 4.

951 Vgl. *Hueck*, RdA 1961, 141 (144); *ders.*, Rechtsgutachten, S. 16.

952 Vgl. nur *Strippelmann*, Rechtsfragen der gemeinsamen Einrichtung, S. 26; *Oetker*, in: Wiedemann TVG, § 1 Rn 787.

953 Vgl. zum Erfordernis der paritätischen Trägerschaft BGH v. 14.12.2005 – IV ZB 45/04, NZA-RR 2006, 430; BAG v. 25.1.1988 – 5 AZR 43/88 – AP GesamthafenbetriebsG § 1 Nr. 5, das „paritätische Aufsicht und Kontrolle der Tarifvertragsparteien fordert; *Bötticher*, Die gemeinsamen Einrichtungen, 129 ff.; *Löwisch/Rieble* TVG, § 4 Rn. 360; *Waltermann*, Differenzierungsklauseln, S. 88 f.; zurückhaltender *Oetker*, in: Wiedemann TVG § 1 Rn. 793: Herrschaft der Tarifparteien genüge.

954 Vgl. *Löwisch/Rieble* TVG, § 4 Rn. 357; ebenso *Strippelmann*, Rechtsfragen der gemeinsamen Einrichtung, S. 27.

so autonom festlegen. Anerkanntermaßen besteht sogar die Möglichkeit, dass in den Organen externe Dritte vertreten sind.[955] Allenfalls kann man fordern, dass die Tarifvertragsparteien die Kontrollfunktionen gemeinsam und paritätisch ausüben, um zu verhindern, dass es zu einer nicht zweckentsprechenden Verwendung der Mittel kommt.[956]

Insofern wäre es an sich nicht schädlich, dass der Vorstand, der die Verwaltung der Kasse übernommen und der nach § 7 Abs. 2 Satzung VAK-E über alle Maßnahmen zur Erfüllung des satzungsmäßigen Zweckes entschieden hätte, einseitig von der IG-Bau bestellt worden wäre. Fünf der zehn Mitglieder des Vorstandes hätten Gewerkschaftsmitglieder sein müssen. Die fünf anderen wären von der IG BSE vorzuschlagen gewesen, sodass diese praktisch über die Zusammensetzung im Wesentlichen allein entschieden hätte.[957]

Problematisch ist jedoch, dass die Arbeitgeber auch in der Mitgliederversammlung mit nur 15 Delegierten gegenüber 30 Delegierten der Arbeitnehmerseite unterrepräsentiert gewesen wären (vgl. § 5 der VAK-Satzung-E). Somit hätte die Arbeitgeberseite nicht nur bei der Verwaltung keine gleichberechtigte Mitsprache gehabt, sondern auch bei der Kontrolle, die gem. § 6 der Satzung VAK-E in den Aufgabenbereich der Mitgliederversammlung gefallen wäre. Diese hätte den Rechenschaftsbericht des Vorstands sowie den Jahresabschluss entgegenzunehmen und zu beschließen, den Haushaltsvorschlag für die Verwaltung der Kasse zu genehmigen oder eine Treuhandgesellschaft zur Prüfung des satzungsgemäßen Verhaltens des Vorstandes und der Prüfung des Rechnungswesens zu beauftragen gehabt. Angesichts der Machtverhältnisse in der Mitgliederversammlung hätte die Arbeitnehmerseite sich durchsetzen können und die Arbeitgeberseite nicht mal die Möglichkeit gehabt, einer „Übersteuerung" durch die Arbeitnehmervertreter mit einer Satzungsänderung (vgl. § 6 lit. g Satzung VAK-E) entgegenzuwirken, da dafür gem. § 33 Abs. 1 S. 1 BGB eine Zweidrittel-Mehrheit erforderlich ist.

Daneben wäre die VAK auch nicht durch Mittel der Tarifvertragsparteien paritätisch getragen, sondern durch „Drittmittel" finanziert worden.[958]

955 Vgl. BAG v. 25.1.1988 – 5 AZR 43/88 – AP GesamthafenbetriebsG § 1 Nr. 5.

956 So schon *Bötticher*, Die gemeinsamen Einrichtungen, S. 129 ff.; *Löwisch/Rieble* TVG, § 4 Rn. 36.

957 *Hueck*, Rechtsgutachten, S. 16.

958 *Faika*, Solidaritätsbeitrag, S. 113 f.

Folglich erweist es sich als erstes Problem dieses Lösungsansatzes, dass es sich bei einer nach dem Vorbild der VAK gestalteten Einrichtung nicht um eine gemeinsame Einrichtung im Sinne des TVG handeln würde.

2. Keine Sondertarifmacht für Tarifnormen über gemeinsame Einrichtungen

Der Plan der IG BSE krankte darüber hinaus jedoch an einer weiteren Stelle. Bei den gemeinsamen Einrichtungen der Tarifvertragsparteien geht es darum, dass Rechte und Pflichten im Arbeitsverhältnis, die einzelne Arbeitgeber alleine nicht oder zumindest nicht in vergleichbarer Weise gut erledigen können, stattdessen durch die Einrichtung als „Gesamtarbeitgeber“ übernommen werden.[959] Die Bestimmung des § 4 Abs. 2 TVG verschafft den Tarifvertragsparteien insoweit allerdings keine „Sondertarifmacht“, sondern eröffnet nur einen zusätzlichen Durchführungsweg für die Verfolgung der Zwecke, deren Regelung ihnen nach Art. 9 Abs. 3 GG (äußere Grenze) obliegt.[960] Die Frage ist, ob diese Grenzen der Rechtsetzung durch die Regelung eines Nutzungsentgelts in einem Tarifvertrag über eine gemeinsame Einrichtung nach dem Vorbild der VAK eingehalten werden würden.

a) Beitragszahlungspflichten als Beleg für die Eigenschaft der Tarifnormen über gemeinsame Einrichtungen als eigenständige Kategorie

Insofern müssen zunächst Einwände entkräftet werden. Es stünde der Regelung einer Zahlungspflicht nicht entgegen, dass die Subsumtion unter die Inhaltsnorm iSv § 1 Abs. 1 TVG mit Blick auf das Verbot der Lohnverwendungsabrede abzulehnen ist.[961] Denn Tarifnormen iSv § 4 Abs. 2 TVG sind nicht darauf beschränkt, sachlich nur das zu regeln, was auch Gegenstand

---

959 Vgl. BAG 25.1.1989 – 5 AZR 43/88 – BAGE 61, 29 = AP § 1 TVG Gesamthafenbetriebs G Nr. 5; *Bepler*, in: NK-ArbR, TVG § 4 Rn. 67; siehe im Übrigen oben unter Kap. 2 C. III. 5.

960 BAG v. 15.7.2020 – 10 AZR 573/18, AP TVG § 1 Tarifverträge: Bäcker Nr. 6 Rn. 47; *Löwisch/Rieble* TVG, § 4 Rn. 390 f.; Oetker, in; Wiedemann TVG, § 1 Rn. 780; *Thüsing/v. Hoff*, ZfA 2008, 77 (99); *Strippelmann*, Rechtsfragen der gemeinsamen Einrichtungen, 2016, S. 39 ff.; noch enger: *Franzen*, in: ErfK TVG § 4 Rn. 23: keine Erweiterung der Tarifmacht über die Tatbestände des § 1 Abs.1 TVG hinaus.

961 Vgl.

von Inhalts-, Abschluss, Beendigungs- oder betrieblichen Tarifnormen sein kann.

Zuzugestehen ist zwar, dass die Normen für gemeinsame Einrichtungen ebenso wie diejenigen zum Geltungsbereich und zur Geltungsdauer von Tarifverträgen in § 1 Abs. 1 TVG nicht ausdrücklich genannt werden. In der Tat war man bei Schaffung des TVG davon ausgegangen, dass in § 4 Abs. 2 TVG nur eine besondere Regelungswirkung angeordnet, aber kein gesonderter Regelungs*gegenstand* vorgesehen wird. Die gesonderte Erwähnung der Normen über gemeinsame Einrichtungen in § 4 Abs. 2 TVG erklärt sich aus dieser Warte dadurch, dass die Satzung der Einrichtung und das Verhältnis der Einrichtung zu den tarifgebundenen Arbeitgebern und Arbeitnehmern in die Normwirkung einzubeziehen gewesen sind.[962]

Mittlerweile herrscht jedoch mehrheitlich die Überzeugung vor, dass es sich bei Bestimmungen über gemeinsame Einrichtungen um eine eigene Kategorie von Tarifnormen handelt, mit der in den Grenzen des Art. 9 Abs. 3 GG Regelungen zur Organisation einer Gemeinsamen Einrichtung zur Förderung der Arbeits- und Wirtschaftsbedingungen geschaffen werden können.[963] Die Bestimmung in § 4 Abs. 2 TVG ist gerade deswegen erforderlich, weil sich die für die Schaffung und Unterhaltung einer gemeinsamen Einrichtung notwendigen Bestimmungen inhaltlich nicht durchgängig unter die in § 1 Abs. 1 TVG vorgesehenen Regelungsgegenstände fassen lassen.[964] Heute beweist die Regelung des § 5 Abs. 1 a S. 1 TVG – wenn auch sprachlich diffus[965] – zum Beispiel, dass ein Tarifvertrag über gemein-

---

962 Vgl. hierzu den Bericht von *Oetker*, in: Wiedemann TVG, § 1 Rn. 815, der jedoch selbst der Gegenmeinung folgt.

963 Vgl. BAG v. 15.7.2020 – 10 AZR 573/18, AP TVG § 1 Tarifverträge: Bäcker Nr. 6 Rn. 54; siehe im Einzelnen zur Auseinandersetzung bei *Strippelmann*, Rechtsfragen der gemeinsamen Einrichtung, S. 32, für die hier vertretende Ansicht *Hexel*, in: HMB, Teil 4, Rn. 108; *Krause*, in: JKOS, § 4 Rn. 86; *Hensche/Heuschmid*, in: Däubler TVG, § 1 Rn. 1048; *Giesen*, in: BeckOK ArbR, TVG § 4 Rn. 11; *Löwisch/Rieble* TVG, § 4 Rn. 390 f.; *Treber*, in: Schaub ArbR-HdB, § 202 Rn. 51; *Oetker*, in: Wiedemann TVG, § 1 Rn. 780; 815; *Seifert*, in: Kempen/Zachert TVG, § 4 Rn. 297, 308; *Strippelmann*, Rechtsfragen der gemeinsamen Einrichtung, S. 37.

964 So schon BAG v. 3.2.1965 – 4 AZR 385/63, AP TVG § 4 Ausgleichskasse Nr. 3 (= NJW 1965, 1624 (1624): „Bei den Regelungen nach § 4 Abs. 2 TVG über gemeinsame Einrichtungen der Tarifvertragsparteien handelt es sich freilich nicht um Normen nach § 1 Abs. 1 TVG; denn sie ordnen weder den Inhalt, den Abschluß und die Beendigung von Arbeitsverhältnissen noch betriebliche oder betriebsverfassungsrechtliche Fragen.“; unlängst bestätigt durch BAG v. 15.7.2020 – 10 AZR 573/18, AP TVG § 1 Tarifverträge: Bäcker Nr. 6 Rn. 54; ebenso *Hexel*, in: HMB, Teil 4 Rn. 108; *Oetker*, in: Wiedemann TVG, § 1 Rn. 747.

965 Vgl. *Löwisch/Rieble* TVG, § 4 Rn. 377.

same Einrichtungen ausdrücklich die Einziehung von Beiträgen durch die gemeinsame Einrichtung vorsehen und damit eine Regelung treffen kann, die den übrigen Rechtsnormkategorien verwehrt ist.

Es steht den Tarifvertragsparteien dabei grundsätzlich frei, die Details der Finanzierung der gemeinsamen Einrichtung durch Tarifvertrag und Satzung näher auszugestalten, denn bei der Verteilung der Beitragslast auf die Arbeitgeber und Arbeitnehmer handelt es sich um eine Regelung der Verteilungsgerechtigkeit, die den Tarifvertragsparteien zukommt und nur einer eingeschränkten Inhaltskontrolle des Staates obliegt.[966] Im Tarifvertrag zur Errichtung der Gemeinsamen Einrichtung wird in der Regel vereinbart, dass die Arbeitgeber die Einrichtung finanzieren. Damit ist jedoch noch nicht gesagt, dass Arbeitnehmer nicht an der Finanzierungslast beteiligt werden (können).[967] In der Praxis finden sich auch Fälle, in denen Arbeitnehmer im Wege eines Lohnabzugs ebenfalls Beiträge leisten.[968] Selbst als es unter Geltung der §§ 115, 117 Abs. 2 GewO aF[969] noch ein Verbot von Lohnverwendungsabreden gab, hielt man diese Art der Vereinbarung über die Verwendung des Lohns ausnahmsweise für zulässig. Die Förderung gemeinsamer Einrichtungen war von diesem Verbot ausdrücklich ausgenommen. Solange es zur Finanzierung einer Einrichtung dient, welche die Förderung der Arbeits- und Wirtschaftsbedingungen zum

966 Vgl. BGH Urt. v. 20.7.2011 – IV ZR 46/09, BeckRS 2011, 20836 Rn. 62; zuvor schon BGH v. 14.11.2007 – IV ZR 74/06, BeckRS 2007, 19595; s.a LAG Köln v. 2.12.2016 – 9 Sa 263/16, BeckRS 2016, 119195 Rn. 33.

967 *Strippelmann*, Rechtsfragen der gemeinsamen Einrichtung, S: 74; *Löwisch/Rieble* TVG, § 4 Rn. 390, 391; Verteilung der Last sei im Rahmen der tarifvertraglichen Gestaltungsbefugnis zu regeln BGH Urt. v. 20.7.2011 – IV ZR 46/09, BeckRS 2011, 20836 Rn. 62; LAG Köln v. 2.12.2016 – 9 Sa 263/16, BeckRS 2016, 119195 Rn. 33.

968 Vgl. etwa den dem Urteil des LAG Hessen v. 11.05.1995 – 12 Sa 1731/94, BeckRS 1995, 30866978 zugrundeliegende Fall, in dem der Beitrag an die Gemeinsame Einrichtung in Höhe von 0,85 Promille von Beschäftigten und Arbeitgeber gemeinsam aufgebracht wurden, der Arbeitgeber behielt 0,6 Pfennig pro Arbeitsstunde ein; ebenso bei

969 § 117 GewO in der Fassung vom 22.2.1999 –Nichtigkeit von Lohnzahlungsverträgen: „(1) Verträge, welche dem § 115 zuwiderlaufen, sind nichtig. (2) Dasselbe gilt von Verabredungen zwischen den Gewerbetreibenden und den von ihnen beschäftigten Arbeitnehmern über die Entnahme der Bedürfnisse der letzteren aus gewissen Verkaufsstellen sowie *überhaupt über die Verwendung des Verdienstes derselben zu einem anderen Zweck als zur Beteiligung an Einrichtungen zur Verbesserung der Lage der Arbeitnehmer oder ihrer Familien.*" – Hervorhebung durch die Verfasserin. § 117 GewO aF wurde durch das Dritte Gesetz zur Änderung der Gewerbeordnung und sonstiger gewerberechtlicher Vorschriften vom 24.08.2002 (BGBl. I S. 3412) mit Wirkung vom 01.01.2003 aufgehoben.

Gegenstand hat, ist dies auch nicht zu beanstanden.[970] Die Begründung von Beitrags- und Auskunftspflichten, die für die Funktionsfähigkeit einer solchen Einrichtung notwendig sind, dient dann mittelbar auch der Förderung der Arbeits- und Wirtschaftsbedingungen im Rahmen der tariflichen Regelungsbefugnisse gemäß §§ 1 Abs. 1, 4 Abs. 2 TVG.[971]

b) Keine gezielte Außenseiter-Belastung auf Umwegen

Wie oben bereits ausgeführt wurde, eröffnet die Kategorie der Tarifbestimmung zu gemeinsamen Einrichtungen jedoch nicht die Möglichkeit, auf Umwegen Regelungen zu treffen, die sich außerhalb der Zuständigkeit der Tarifvertragsparteien aus Art. 9 Abs. 3 GG bewegen.[972] *Ridder* äußerte die Ansicht, dass eine „gemeinsame Einrichtung" zur Realisierung des Solidaritätsbeitrages „bloß zu einer Aufblähung des Finanzvolumens führen und die Beitragsleistungen der Außenseiter für neue, überdimensionale, im Zuge der bisherigen und im Hinblick auf eine künftige organische Entwicklung nicht sachgerechte ‚gemeinsame Einrichtung' als eine Art von ‚Bußen' erscheinen lassen, wie sie von kleinen Rechtsbrechern an das Rote Kreuz u. ä. gezahlt werden müssen."[973] Dies ordnete er als einen „Mißbrauch gesetzlicher Gestaltungsmöglichkeiten" ein. „Eine Umkehr der Zweckrangfolge – Schaffung einer gemeinsamen Einrichtung primär deshalb, weil zusätzliche Einnahmen nicht anders verwandt werden dürfen –", widerspräche seiner Einschätzung zufolge dem TVG. Es lässt sich zwar nicht nachweisen, dass für die Errichtung einer gemeinsamen Einrichtung eine gewisse Notwendigkeit zur Förderung bestimmter Wohlfahrtzwecke bestehen muss,[974] wie sie *Ridder* implizit vorschwebte,[975] allerdings greifen die von ihm – und

970 iE ebenso *Schwaabe*, Solidaritätsbeiträge, S. 41 f.; vgl. *Hueck/Nipperdey*, Lehrbuch des Arbeitsrechts II/1, S.409.
971 Vgl. etwa LAG Köln v. 2.12.2016 – 9 Sa 263/16, BeckRS 2016, 119195 Rn. 28.
972 Vgl. *Löwisch/Rieble* TVG, § 4 Rn. 377; *Oetker*, in: Wiedemann TVG, § 1 Rn. 780.
973 Siehe hierzu sowie für das Folgende *Ridder*, Rechtsgutachten Solidaritätsbeiträge, S. 5.
974 In diese Richtung *Hromadka*, NJW 1970, 1441 (1443 f.), er plädiert dafür, dass die Errichtung nur im Falle der Notwendigkeit eines sozialen Lastenausgleichs möglich ist, weil die Einrichtung ansonsten „das Band des Arbeitsverhältnisses" zu durchschneiden drohe. Außerdem stelle sie eine Schwächung der Betriebsgebundenheit dar.
975 Vgl. hierzu eingehend *Strippelmann*, Rechtsfragen der gemeinsamen Einrichtung, S. 50 ff.

auch anderen –[976] geäußerten Bedenken an der von der IG BSE ersonnenen Lösung im Ergebnis durch.

Bei Umsetzung des Vorschlags der IG BSE würde schließlich unter dem „Deckmantel" der Finanzierung einer gemeinsamen Einrichtung eine Zahlungspflicht der Außenseiter-Arbeitnehmer begründet werden, die einer Regelung im einfachen Tarifvertrag aus den genannten Gründen nicht zugänglich wäre. Von den Leistungen der Einrichtung hätten organisierte Arbeitnehmer und Außenseiter-Arbeitnehmer zwar gleichmäßig partizipiert. Die Finanzierungslast wäre jedoch ungleichmäßig verteilt worden. Nur im ersten Schritt wären alle unter den Tarifvertrag fallenden Arbeitnehmer zur Finanzierung herangezogen worden. Die Einrichtung hätte die eingehenden Zahlungen der Gewerkschaftsmitglieder jedoch an die IG BSE weiterzuleiten gehabt (vgl. § 2 S. 5 VAK Satzung-E), wo sie auf die Beitragszahlungspflicht der zahlenden Gewerkschaftsmitglieder Bekundungen der IG BSE in der Presse zufolge auf die Mitgliedschaftsbeitragslast angerechnet worden wären. Mit anderen Worten wären die Gewerkschaftsmitglieder in einem zweiten Schritt entlastet worden, sodass sie „unterm Strich" keiner finanziellen Mehrbelastung ausgesetzt gewesen wären.

Die Einbeziehung der Mitglieder in die Regelung wäre also nur formeller Natur gewesen, um den offensichtlichen Vorwurf der unzulässigen Belastung der Außenseiter-Arbeitnehmer zu verschleiern, die letztlich als einzige einen materiellen Mehraufwand gehabt hätten.[977] Man kann angesichts dessen mit guten Argumenten schon die Zuständigkeit der Tarifvertragsparteien für eine solche Regelung verneinen, da ihnen eine gezielte und ausschließliche Belastung der Außenseiter-Arbeitnehmer nun einmal verwehrt ist. Der Tarifvertrag über die „gemeinsame Einrichtung" und die Satzung sind hier als Gesamtkonstrukt zu bewerten. Die Tarifvertragsparteien tragen für beides die Normverantwortung und stimmen die Maßnahmen aufeinander ab. Nur zusammen gründen und organisieren die beiden Werke die gemeinsame Einrichtung. Gem. § 4 Abs. 2 TVG erstreckt sich schließlich auch die normative Wirkung auf Tarifvertrag und Satzung. Bei der Ermittlung des Normzwecks der Regelungen sind auch die Begleitumstände ihrer Vereinbarung, insbesondere die Historie und die von der

---

976 Vgl. *Hueck*, RdA 1961, 141 (143); *Kettner*, Der Arbeitgeber 1961, 104 (105); HWWA 1961, 62 (63).

977 Vgl. *Hueck*, Rechtsgutachten, S. 18, 23 f.: „Durch eine derartige Konstruktion kann die ungleichmäßige Behandlung der beiden Gruppen vielleicht äußerlich verdeckt, aber nicht wirklich beseitigt werden."; siehe zum Unterschied ggü. der hier vorgeschlagenen gesetzlichen Regelung eines Nutzungsentgelts in Fn. 1021.

Gewerkschaft im Vorfeld klar geäußerte Zwecksetzung („Forderung nach Umsetzung eines Solidaritätsbeitrages")[978] zu berücksichtigen. Daraus geht hervor, dass die Belastung der Außenseiter-Arbeitnehmer eindeutig gewollt war. Das ganze Konstrukt der IG BSE diente nur deren Ermöglichung des „Solidaritätsbeitrages". Es widerspräche jedoch dem Zweck der gemeinsamen Einrichtungen, wenn dadurch Regelungen umgesetzt werden könnten, die ansonsten nicht normativ regelbar wären.[979] Eine solche Tarifnorm kann dann auch als Bestimmung über gemeinsame Einrichtungen nicht wirksam zu Stande kommen.

3. Keine Bindung der Außenseiter-Arbeitnehmer im Wege der AVE gem. §§ 4 Abs. 2, 5 Abs. 1 TVG

Selbst wenn man dies anders sähe, könnte die Bestimmung zur Zahlungspflicht die Außenseiter-Arbeitnehmer nicht binden, wenn es nicht zum Ausspruch einer AVE käme. Auch den Bestimmungen des Tarifvertrags zu gemeinsamen Einrichtungen kommt normative Wirkung grundsätzlich nur im Verhältnis zu Tarifgebundenen zu. Außenseiter werden zur Beitragsleistung nicht automatisch verpflichtet.[980]

In den 1960iger Jahren stellte sich noch die Frage, ob Tarifverträge über Gemeinsame Einrichtungen überhaupt für allgemeinverbindlich erklärt werden und so auch Außenseiter-Arbeitnehmer normativ binden kön-

978 Siehe hierzu nur auch *Bötticher*, RdA 1966, 401(403); *Merker*, DB 1961, 202 (202), der das Umschwenken der Umsetzungstaktik gewissermaßen als Zeitzeuge rekapituliert; siehe im Übrigen unter Kap. 2 C. III. 3.

979 Ebenso *Kolbe/Rieble* ZfA 2015, 125 (128); *Löwisch/Rieble* TVG, § 4 Rn. 390; *Oetker*, in: Wiedemann TVG, § 1 Rn. 780; grundsätzlich auch *Assenmacher*, Funktionen und Befugnisse, S. 97 ff., wohl auch *Bepler*, in: NK-ArbR, TVG § 4 Rn. 67; konkret in Bezug auf den Solidaritätsbeitrag ablehnend *Merker*, DB 1960, 202 (204); *Kauffmann*, AuR 1961, 267 (269 f.): diente „isoliert zur Verwirklichung einer Außenseiterklausel"; aA *Bayreuther/Deinert* RdA 2015, 129 (137); *Strippelmann*, Rechtsfragen der gemeinsamen Einrichtungen, S. 34 ff.

980 Vgl. *Galperin*, Rechtsgutachten, S. 37; Auf die in der Literatur umstrittene Frage, ob ein Anspruch des Arbeitnehmers gegen die gemeinsame Einrichtung (also die Leistungsbeziehung) die beiderseitige Tarifbindung von Arbeitgeber und Arbeitnehmer voraussetzt oder dafür die Tarifbindung nur des Arbeitnehmers genügt, kommt es vorliegend nicht an, vgl. dazu *Franzen* in: ErfK TVG, § 4 Rn. 25 mwN zum Streitsand.

nen.[981] Seit dem Beschluss des BVerfG vom 15. Juli 1980 ist diese Möglichkeit allgemein anerkannt.[982] Heute bestätigt dies der § 5 Abs. 1a TVG. Demnach kann ein Tarifvertrag über eine gemeinsame Einrichtung zur Sicherung ihrer Funktionsfähigkeit im Einvernehmen mit dem Tarifausschuss auf gemeinsamen Antrag der Tarifvertragsparteien für allgemeinverbindlich erklärt werden, wenn der Tarifvertrag die Einziehung von Beiträgen und die Gewährung von Leistungen durch eine gemeinsame Einrichtung mit folgenden Gegenständen regelt:

- den Erholungsurlaub, ein Urlaubsgeld oder ein zusätzliches Urlaubsgeld
- eine betriebliche Altersversorgung im Sinne des Betriebsrentengesetzes
- die Vergütung der Auszubildenden oder die Ausbildung in überbetrieblichen Bildungsstätten
- eine zusätzliche betriebliche oder überbetriebliche Vermögensbildung der Arbeitnehmer
- Lohnausgleich bei Arbeitszeitausfall, Arbeitszeitverkürzung oder Arbeitszeitverlängerung

Der von der IG BSE entworfene Tarifvertrag bezieht sich weder auf eine „gemeinsame Einrichtung“ iSd TVG noch dient er einer der genannten Zwecke. Er kann damit nicht zu den privilegierten gemeinsamen Einrichtungen gezählt werden, deren AVE erleichtert möglich ist. Das heißt jedoch nicht, dass es zu ihrem Ausspruch gar nicht kommen könnte. Es sind nur die allgemeinen Vorschriften des § 5 Abs. 1 TVG anzuwenden.[983]

a) Erforderlichkeit einer wirksamen Tarifbestimmung

Wendet man sich den Voraussetzungen für den Ausspruch einer AVE nach § 5 Abs. 1 TVG zu, so gilt zunächst das oben bereits angesprochene Problem, dass es überhaupt eine wirksame Tarifnorm geben muss, deren Geltungsbereich ausgedehnt wird. Folgt man der Ansicht, dass die Regelungen

---

981 Befürwortend *Galperin*, Rechtsgutachten, S. 37 f.; die Möglichkeit der AVE eines TV über gemeinsame Einrichtungen hingegen ablehnend *Hueck*, RdA 1961, 141 (145); kritisch auch *Kauffmann*, AuR 1961, 267 (269).

982 BVerfG v. 15.7.1980 – 1 BvR 24/74 ua, E 55, 7 [23]; BAG v. 5.12.1958 – 1 AZR 89/57, AP Nr. 1 zu § 4 TVG Ausgleichskasse Rn. 54.

983 Vgl. auch *Prokop*, Die Allgemeinverbindlicherklärung nach § 5 TVG, S. 75; selbst wenn man das Bestehen eines öffentlichen Interesses vermuten würde, ist von einer AVE abzusehen, wenn damit schwerwiegende Nachteile für Außenseiter einhergingen (dazu unter cc) (2)).

zur Finanzierung der Kasse aus Tarifvertrag und Satzung als Einheit zu betrachten sind, deren durch die Gestaltung nur verdeckter Regelungszweck in der ausschließlichen finanziellen Belastung der Außenseiter-Arbeitnehmer liegt, fehlt es bereits am Bezugsobjekt für die AVE, denn eine solche Regelung ist nicht als Tarifnorm iSv § 4 Abs. 2 TVG umsetzbar.[984]

b) Erforderlichkeit der Mitwirkung der Arbeitgeber

Darüber hinaus ist – aus praktischer Warte – zu bedenken, dass es für den Ausspruch einer AVE einerseits des Einvernehmens mit dem Tarifausschuss und andererseits eines gemeinsamen Antrags beider Tarifvertragsparteien bedarf. Das hieße, dass die Arbeitgeberseite ihren 1961 massiv geäußerten Widerwillen an der aktiven Mitwirkung an dem Projekt zur Stärkung ihres sozialen Gegenspielers überwinden müsste – einmal beim Abschluss eines solchen Tarifwerkes und dann bei der Beantragung der AVE. Seit dieser Zeit hat sich zwar die Problematik der Trittbrettfahrer in einem Maß verschärft, das auch die Arbeitgeberseite alarmieren sollte. Sie ist auf zumindest handlungsfähige Gewerkschaften angewiesen, wenn ein weiteres Übergreifen des Staates auf die Regelung der Arbeits- und Wirtschaftsbedingungen verhindert werden soll. Zugleich ist jedoch zu bedenken, dass die Koalitionen sich angesichts der rückläufigen Legitimation zunehmend Legitimitätsdebatten ausgesetzt sehen.[985] Ihr Anspruch auf die Ordnung des Arbeitsmarktes ist nicht mehr unangefochten und in einer Zeit, in der Singularisierungstendenzen korporativen Kollektiven zusetzen, ist die Sensibilität – auch in der stets mitzudenkenden öffentlichen Debatte – gegenüber einseitig Außenseiter belastenden Maßnahmen eher gestiegen als gesunken. Anders als bei den etablierten gemeinsamen Einrichtungen in der Baubranche ist bei einem Tarifvertrag zur Gründung einer „Vorteilsausgleichskasse" auch kein unmittelbarer Vorteil der Arbeitgeberseite im Sinne

984 Ebenso *Schwaabe*, Solidaritätsbeiträge, S. 49.

985 Vgl. *Höpfner/ Lesch/Schneider/Vogel*, Tarifautonomie und Tarifgeltung, S. 381 f., die konstatieren: „Es fällt auf, dass Legitimitätsdebatten seit Mitte der 1990er Jahre in kürzeren Abständen geführt wurden. [...] Dabei ist zu berücksichtigen, dass der Problemstau auf dem Arbeitsmarkt schon in den 1970er Jahren einsetzte, die verschiedenen Bundesregierungen aber davor zurückscheuten, die Zweckmäßigkeit der Tarifautonomie offen in Frage zu stellen. Dies erhöhte den Handlungsdruck späterer Regerungen und erklärt den markanten Kurswechsel der rot-grünen Bundesregierung, die Flächentarifverträge notfalls über gesetzliche Öffnungsklauseln zu flexibilisieren."

einer sachlich-inhaltlichen Regelung ersichtlich, der sie zur Mitwirkung und einer gemeinsamen Antragstellung motivieren könnte. Die Abwicklung der Urlaubsansprüche über die SOKA-Bau birgt für die Arbeitgeber zum Beispiel den Vorteil, die Finanzierungslast fair zu verteilen und zufällige Belastungen in der durch eine hohe Fluktuation gekennzeichneten Branche zu vermeiden. Ein anderes Beispiel ist die faire Verteilung der Kosten für ausbildende Betriebe. Demgegenüber ist die Zielsetzung von der IG BSE ersonnenen VAK so schwammig, dass ihr ein vergleichbarer – unmittelbarer – Vorteil für die Arbeitgeber nicht zu entnehmen ist. Hinzu kommt, dass der Große Senat des BAG die Unzumutbarkeit der Arbeitgeber an der Mitwirkung einer „Kommerzialisierung" gewerkschaftlicher Arbeit vor allem wegen mangelnder Transparenz über die Gründe der Belastung bemängelt hat.[986] Dies gilt bei der von der IG BSE vorgeschlagenen Lösung eher noch als bei der Differenzierung beim Urlaubsgeld, auf die die Entscheidung sich bezog. Insofern darf bezweifelt werden, dass die Arbeitgeber (ohne große Zugeständnisse an anderer Stelle) an einer gemeinsamen Antragsstellung mitwirken würden. Dann müsste der Lösungsansatz schon am mangelnden Antrag auf AVE scheitern.[987]

c) Ermessensentscheidung des Bundesministers als „echte Hürde"

Größte Hürde wäre aber wohl der antragsgemäße Ausspruch der AVE durch den Bundesminister. Der Gesetzgeber hat die AVE in § 5 TVG als Ermessensentscheidung gefasst („kann" in § 5 Abs. 1 S. 1 und 2 TVG). Die mit ihrem Ausspruch erzeugte Bindung der Außenseiter ist verfassungsrechtlich nur zu rechtfertigen, wenn der die Außenseiter bindende Geltungsbefehl dem Staat vorbehalten bleibt. Dieser hat also eine Entscheidungsmacht inne, die zwar keine Einmischung in der Sache legitimiert, aber einen Vorbehalt des öffentlichen Interesses beinhaltet.[988] Daraus folgt, dass der Staat nicht verpflichtet wäre, den Geltungsbereich des Tarifvertrages durch die AVE auf die Außenseiter zu erstrecken. Insbesondere enthält Art. 9

---

986 BAG (GS) v. 29.11.1967 – GS 1/67, AP GG Art. 9 Nr. 13, juris Rn. 166: „keinem Arbeitgeber zuzumuten, diesen Beitrag ohne gesetzliche Ermächtigung in der undurchsichtigen Verpackung einer Differenzierung des Urlaubsgeldes oder ähnlicher tariflicher Leistungen zu erheben."; hierauf zu Recht hinweisend *Däubler*, BB 2002, 1643 (1646).

987 Ebenso kritisch *Hueck*, Rechtsgutachten, S. 25 sowie *Merker*, DB 1960, 202 (205).

988 Vgl. BVerfG v. 10.1.2020 – 1 BvR 4/17, AP TVG § 5 Nr. 42 Rn. 17;

Abs. 3 GG „kein Gebot, jeder Zielsetzung, die Koalitionen verfolgen, zum praktischen Erfolg zu verhelfen."[989]

Selbst wenn man nach dem Vorbild der VAK eine Einrichtung kreierte, die paritätisch getragen würde, also tatsächlich eine gemeinsame Einrichtung iSv § 4 Abs. 2 TVG wäre und ein gemeinsamer Antrag der Tarifvertragsparteien vorläge, wäre es keineswegs ausgeschlossen, sondern vielmehr zu erwarten, dass der Bundesminister den Ausspruch der AVE mit dem Hinweis auf das fehlende öffentliche Interesse und die unzulässige Belastung der Außenseiter-Arbeitnehmer ablehnen würde.

aa) Zweifelhaftigkeit des öffentlichen Interesses an der AVE

Das öffentliche Interesse am Ausspruch einer AVE besteht dann, wenn die Ausweitung der Tarifbindung wesentliche Nachteile für eine erhebliche Anzahl von Arbeitsverhältnissen abzuwenden vermag, kurz gesagt also deren Vorteile die Nachteile überwiegen.[990] Um den unbestimmten Rechtsbegriff greifbarer und kontrollfähig zu machen, hat der Gesetzgeber mit dem Erlass des TASG I wiederum zwei Regelbeispiele geschaffen. Entweder muss der Tarifvertrag in seinem Geltungsbereich überwiegende Bedeutung erlangt haben (§ 5 Abs. 1 S. 2 Nr. 1 TVG) oder der Absicherung gegen Folgen wirtschaftlicher Fehlentwicklung dienen (§ 5 Abs. 1 S. 2 Nr. 2 TVG). Da von der Einschlägigkeit der Nr. 1 bei einem solch neuartigen Konstrukt nicht ohne Weiteres ausgegangen werden kann, ist sich auf Nr. 2 zu konzentrieren.

(1) Mittelbarer Vorteil für Außenseiter-Arbeitnehmer in Gestalt der „Stärkung der Koalitionen" als abwägungsrelevanter Belang?

Der Gesetzesbegründung zufolge soll der Fall des § 5 Abs. 1 S. 2 Nr. 2 TVG zum Tragen kommen, wenn die „Aushöhlung der tariflichen Ordnung zu einer Gefährdung des Arbeitsfriedens" führt oder wenn in bestimmten Regionen oder Wirtschaftszweigen die „Tarifstrukturen erodieren".[991] In erster Linie stand für den Gesetzgeber dabei das Ziel im Vordergrund, die verblie-

---

989 Vgl. BVerfG v. 10.1.2020 – 1 BvR 4/17, AP TVG § 5 Nr. 42 Rn. 17; v. 11.07.2017 – 1 BvR 1571, E 146, 71 (115).

990 Vgl. *Franzen*, in: ErfK TVG § 5 Rn. 12; *Klumpp*, in: MHdB ArbR § 248 Rn. 50; *Löwisch/Rieble* TVG, § 5 Rn. 162; *Sittard*, in: HMB Teil 7 Rn. 47.

991 BT-Drs. 18/1558, S. 49.

bene tarifliche Ordnung in Bereichen „abzustützen", in denen Tarifverträge gerade wegen niedriger Organisationsgrade keine maßgebliche Bedeutung (mehr) haben. Man könnte dies unter dem Schlagwort der Folgenbekämpfung zusammenfassen.

Wenn man davon ausgeht, dass die unzureichende Erfassung der Arbeitsmarktteilnehmer von Tarifverträgen zu Fehlentwicklungen führt, müsste sich konsequent gedacht aber auch das Ziel, die Ursache dieser Fehlentwicklung zu beseitigen – also die Bekämpfung der am Anfang stehenden Mitgliedererosion der Koalitionen –, unter Nr. 2 fassen lassen. Dafür spräche die Überlegung, dass die AVE ursprünglich mit dem Ziel geschaffen wurde, die Organisierten vor der Untergrabung der tariflichen Ordnung durch Außenseiter zu schützen.[992] Insofern könnte man meinen, dass die AVE einer Klausel, die der Unterbindung des schädlichen Trittbrettfahrerverhaltens der Außenseiter-Arbeitnehmer und letztlich die Stärkung der Koalitionen selbst zu erreichen sucht, eine Art konsequente Rückbesinnung auf die historischen Wurzeln der AVE darstellt. Der Rechtsprechung des BVerfG ist zumindest ein Hinweis darauf zu entnehmen, dass das Institut der AVE auch dem Zweck dienen soll, die Koalitionen zu stärken. Es führt aus, dass die antragsabhängige AVE sich als „ein Instrument [erweist], das die von Art. 9 Abs. 3 GG intendierte autonome Ordnung des Arbeitslebens *durch Koalitionen* abstützen soll".[993] Außerdem könnte in die Richtung argumentiert werden, dass dann, wenn die Gewerkschaften so schwach sind, dass die an die Parität anknüpfende Angemessenheitsvermutung nicht mehr greifen kann, schließlich auch der Schutz der mittelbar an den Tarifverträgen partizipierenden Außenseiter-Arbeitnehmer sinkt.

992 Vgl. nur *Gamillscheg*, Kollektives Arbeitsrecht I, S. 885; *Höpfner*, Die Tarifgeltung im Arbeitsverhältnis, S. 466; *Seifert*, in: Kempen/Zachert TVG § 5 Rn. 2; *Richardi*, Kollektivgewalt und Individualwille, S. 176; *Walser*, Einfluss der Rechtsordnung auf die Tarifbindung der Arbeitgeberseite, S. 302; siehe unter Kap. 2 C. II. 2.

993 BVerfG v. 24.5.1977 – 2 BvL 11/74, E 44, 322 (342) (= AP TVG § 5 Nr. 15) – Hervorhebung durch die Verfasserin; dies eingestehend auch *Sittard*, in: HMB Teil 7 Rn. 11; in Bezug auf den Solidaritätsbeitrag i.E. ebenso *Faika*, Solidaritätsbeitrag, S. 95, der keine Probleme sieht, wenn feststeht, dass der Beitrag zur Förderung allgemeiner, sozialer Belange der Arbeitnehmer zu verwenden ist; *Ridder*, Rechtsgutachten Solidaritätsbeiträge, S. 5: „Das erwähnte Abzugsverfahren ist demnach kein Fall der illegalen Gesetzesumgehung, sondern ein Fall eines rechtsstaatsgemäßen _„Sich-Einrichtens" unter dem Gesetz."; a.A. *Hueck*, RdA 1961, 141 (145) unter Verweis auf *Merker*, DB 1961, 202 (205), der meint „staatliche Zwangsmittel zur Erhaltung oder Vergrößerung des Mitgliederbestandes" – wofür er Solidaritätsbeiträge hält – widersprächen dem für den Ausspruch einer AVE erforderlichen öffentlichen Interesse.

Anderseits wird zu Recht darauf hingewiesen, dass es bei der Auslegung des Merkmals der Wirksamkeit der tariflichen Normsetzung in § 5 Abs. 1 S. 2 Nr. 2 TVG „nicht um ‚Bestandsschutz' gegen Mitgliederschwund und auch nicht um ‚Koalitionsstarthilfe' gehen darf.[994] Der Gesetzesbegründung ist zu entnehmen, dass mit der AVE jedenfalls keine wirkungsschwachen Tarifverträge unbedeutender Koalitionen vor dem Absturz in die Bedeutungslosigkeit geschützt werden sollen.[995] Tatsächlich trifft den Staat aus der „Bewirkungsdimension" des Art. 9 Abs. 3 GG[996] zwar die Pflicht, die Durchsetzung der Ziele der Koalitionen zu fördern. Er muss jedoch nur die Funktionsbedingungen sichern. Der Organisationsgrad einer Koalition und ihre Fähigkeit zur Anwerbung und Mobilisierung von Mitgliedern liegen allein in der Verantwortung der Koalitionen. Der Staat ist insoweit vielmehr zur (passiven) Neutralität verpflichtet.[997]

Sofern staatlicherseits gezielt Optimierungen der Rahmenbedingungen oder sonstige Fördermaßnahmen vorgenommen werden sollen, welche den Organisationsgrad der Koalitionen betreffen, handelt es sich um eine wesentliche Entscheidung mit hoher Grundrechtsrelevanz. Die Entscheidung darüber fällt nach dem Gewaltenteilungsprinzip in den Zuständigkeitsbereich des mit der höchsten demokratischen Legitimation ausgestatteten Gesetzgebers (Gesetzesvorbehalt aus Art. 20 Abs. 3 GG) und nicht in den der Exekutive.[998] Die Regelung des § 5 Abs. 1 S. 2 Nr. 2 TVG ist wiederum

994 *Klumpp*, in: MHdB ArbR § 248 Rn. 66 unter Berufung auf *Löwisch/Rieble* TVG, § 5 Rn. 208.

995 BT-Drs. 18/1558, S. 49.

996 BVerfG v. 10.1.2020 – 1 BvR 4/17, AP TVG § 5 Nr. 42 Rn. 17; *Höfling*, in: Sachs GG, Art. 9 Rn. 79; *Kemper*, in: v. Mangoldt GG, Art. 9 Rn. 141.

997 Vgl. BVerfG v. 10.1.2020 – 1 BvR 4/17, AP TVG § 5 Nr. 42 Rn. 17; v. 11.7.2017 – 1 BvR 1571 u.a., E 146, 71 (122); vgl. auch *Sittard*, in: HMB Teil 7 Rn. 12.

998 Das Bundesverfassungsgericht mehrfach geäußert, es sei "Sache des Gesetzgebers", die Koalitionsfreiheit näher auszugestalten BVerfG v. 01.03.1979 – 1 BvR 532/77 u.a.,E 50, 290 (368f.); v. 17.2.1981 – 2 BvR 384/78, E 57, 220 (245 ff.), ausdrücklich zum Wesentlichkeitsgrundsatz und Vorbehalt des Gesetzes BVerfG v. 26.6.1991 – 1 BvR 779/85, E 84, 212 (226 f.); BAG v. 23.7.2015 – 6 AZR 490/14, AP KSchG 1969 § 4 Nr. 82 Rn. 33; LAG Köln Urt. v. 2.12.2016 – 9 Sa 263/16, BeckRS 2016, 119195 Rn. 43; vgl. *Kloepfer*, NJW 1985, 2497 (2502), wonach die Gewaltenzuteilungsfunktion der Wesentlichkeitstheorie dort zum Tragen komme, wo überhaupt eine staatliche (gesetzliche, exekutive oder judikative) Entfaltung – wie hier – erlaubt ist; s.a. *Löwisch*, DB 1987, 1351 (1351), der zutreffend konstatiert, dass „die Bundesanstalt hat der Gesetzgeber darauf verpflichtet, sich der Eingriffe in den Arbeitskampf überhaupt zu enthalten und damit, wie man zu formulieren pflegt, eine sog. „passive" oder „erhöhte" Neutralität zu wahren." Zur Vorläuferregelung des § 160 SGB III dem § 116 AFG.

zu allgemein gehalten, als dass der Bundesminister gestützt darauf selbst strukturelle Veränderungen des Tarifsystems vornehmen oder unterstützen dürfte. Dies bedeutet zugleich, dass solche Fernziele wie die „mittelbare Stärkung der Koalitionen" bei der Ermittlung des öffentlichen Interesses im Rahmen von § 5 TVG nicht zu berücksichtigen sind. Eine andere Auffassung ermächtigte den Bundesminister unter Außerachtlassung des Gewaltenteilungsprinzips und unter Überstrapazierung des § 5 TVG zu grundrechtsfördernden Maßnahmen, die dem Gesetzgeber vorbehalten bleiben müssen.

Hinzuweisen ist insofern außerdem darauf, dass die Idee der finanziellen Belastung der Außenseiter-Arbeitnehmer auf die von der IG BSE vorgeschlagen Weise, also mit Hilfe einer gemeinsamen Einrichtung, bei Umsetzung die im Rahmen der vorliegenden Untersuchung verfolgte Zielsetzung („Stärkung der Tarifautonomie") in den Hintergrund drängen, ihre Erreichung sogar gar nicht fördern würde.[999] Das Nutzungsentgelt soll dabei helfen, die Fehlentwicklung zu beseitigen, die in der weitreichenden kostenlosen Außenseiterpartizipation zu erblicken ist und langfristig die Funktionsfähigkeit der Tarifautonomie beeinträchtigt. Ein Zusammenhang zwischen der Partizipation am (Mantel-/Entgelt-)Tarifvertrag – mit anderen Worten materiellen Arbeitsbedingungen nach Tarif – und einer finanziellen Belastung ist aber bei Zwischenschaltung der Einrichtung gar nicht mehr erkennbar. Der Beitrag würde vielmehr für die Finanzierung sonstiger Leistungen der gemeinsamen Einrichtung erhoben, an denen die Außenseiter-Arbeitnehmer dann partizipieren könnten.[1000] Ohne eine hinreichende Transparenz kann von dem Nutzungsentgelt jedoch schwerlich eine Steuerungswirkung im gewünschten Sinne ausgehen.

Hinzu kommt, dass bei der Frage des öffentlichen Interesses an der AVE geprüft wird, ob die Vorteile, die sich aus der Abwendung eines drohenden Nachteils für eine Vielzahl von Arbeitnehmern ergäben, die mit der AVE einhergehenden Belastungen überwiegen. Der drohende Nachteil, der in der Mitgliedererosion der Gewerkschaften (letztlich auch für die an den Tarifwirkungen partizipierenden Außenseiter-Arbeitnehmern) liegt, würde durch die AVE des Tarifvertrages über die gemeinsame Einrichtung jedoch gar nicht unmittelbar abgewandt werden. Der Zusammenhang zwischen

---

999 Ähnlich auch *Ridder*, Rechtsgutachten Solidaritätsbeitrag, S. 4.

1000 Expressis verbis in BAG v. 3. 2. 1965 – 4 AZR 385/63, AP TVG § 4 Ausgleichskasse Nr. 3 = NJW 1965, 1624 (1625): „Vielmehr handelt es sich bei diesen „Beiträgen" nur um Zahlungen, die der Aufbringung von Mitteln für tarifliche Leistungen dienen"

einer finanziellen Belastung der Außenseiter-Arbeitnehmer und der Stärkung der Koalitionen ist wegen der Zwischenschaltung der Entscheidung von eigenverantwortlichen Privatrechtssubjekten mit anderen Worten ohnehin zu mittelbar (und unsicher), als dass er bei der Betrachtung der Vorteilhaftigkeit durch den Bundesminister berücksichtigt werden könnte.

(2) Schutz der Außenseiter-Arbeitnehmer als primärer Schutzzweck

Schließlich hat die Interessenabwägung zwischen den Vor- und Nachteilen der AVE vor dem Hintergrund ihrer Schutzzwecke stattzufinden,[1001] wobei nicht von der Hand zu weisen ist, dass der Regelungszweck der AVE mittlerweile schwerpunktmäßig im Schutz der Außenseiter-Arbeitnehmer und gerade nicht (mehr) in einem Schutz *vor* schädlichem Außenseiter-Verhalten gesehen wird.[1002]

Das alles spricht dafür, den Fokus auf die unmittelbare Verbesserung des sozialen Schutzes der Außenseiter-Arbeitnehmer durch eine potenzielle AVE zu legen. Es darf aber nicht, wie durch *Sittard* im Zusammenhang der Frage des öffentlichen Interesses an der AVE eines Tarifvertrages mit einer Differenzierungsklausel geschehen,[1003] unter Verweis auf die Verfehlung des primären Schutzzweckes der AVE auf die Prüfung der Vorteilhaftigkeit der AVE – wegen Verschaffung materieller Vorteile – verzichtet werden. Auch wenn die Außenseiter-Arbeitnehmer durch die Differenzierungsklausel von einem (geringen) Vorteil ausgeschlossen würden, so erhielten sie ja bei AVE eines „normalen" Tarifvertrages das ganze Paket an materiellen Arbeitsbedingungen, die die Vermutung der Angemessenheit in sich tragen. Ebenso ist hier zu berücksichtigen, welche Vorteile sich aus einer Leistungsbeziehung zu der gemeinsamen Einrichtung ergeben könnten.

1001 Vgl. nur *Franzen,* in: ErfK, TVG § 5 Rn. 12.

1002 I.E. ebenfalls dafür plädierend, dass es nur auf die Schutzbedürftigkeit der Arbeitnehmer und nicht die Schutzbedürftigkeit der Gewerkschaft ankommt *Merker,* DB 1960, 202 (205).

1003 Vgl. *Sittard*, Tarifnormerstreckung, S. 216.

(3) Abwägung der mit der AVE unmittelbar einhergehenden Vor- und Nachteile für die Außenseiter-Arbeitnehmer

In der Abwägung des Bundesministers stünden sich somit die Verbesserung des sozialen Schutzes durch die VAK (als unmittelbarer Vorteil) und die Beitragsbelastung (als unmittelbarere Belastung) gegenüber.

Auf Seiten des Vorteils kann nur die Förderung derjenigen Belange in die Waagschale geworfen werden, denen sich die Einrichtung satzungsgemäß verpflichten würde, also die Förderung der „fachlichen Aus- und Weiterbildung, allgemeinen, staatspolitischen und gesellschaftlichen Bildung", „des Erholungszwecks von Urlaub und Freizeit", der „fachlichen Nachwuchsförderung" sowie der Förderung „sonstiger sozialer Zwecke". Bei näherer Betrachtung stellt man fest, dass damit keine maßgeblichen Belange angesprochen sind, die ohne die VAK nicht ebenso gut umgesetzt werden könnten oder bereits umgesetzt werden. Die Ziele sind bereits so allgemein formuliert, dass sie vielseitig interpretierbar und wenig verbindlich sind.[1004] Insofern muss auch berücksichtigt werden, dass es mittlerweile Zusatzversorgungskassen des Baugewerbes gibt, welche die Schwierigkeiten bei der Leistungsgewährung bzw. der fairen Finanzierung von Arbeitnehmerleistungen (wie Urlaub) in der durch hohe Fluktuation gekennzeichneten Baubranche gezielt ausräumen. Die weiteren Ziele, wie allgemeine staatspolitische und gesellschaftliche Bildung oder die Förderung der Aus- und Weiterbildung werden bereits durch den Staat im Rahmen des Schulwesens, durch dessen öffentlich-rechtliche Körperschaften (etwa IHK) oder auch bestehende gewerkschaftliche Bildungseinrichtungen abgedeckt.

Angesichts dieser Angebote ist die Bereitstellung der von der VAK übernommenen Leistungen durch eine Einrichtung der Tarifvertragsparteien nicht unbedingt erforderlich. Ebenso wenig ist klar, dass die Einrichtung nur dann funktionsfähig wäre, wenn Außenseiter-Arbeitnehmer in die Finanzierung einbezogen würden, womit in der Vergangenheit bereits die AVE begründet wurde.[1005]

Insgesamt sind die Vorteile an sozialem Schutz, die sich durch eine AVE des VAK-TV samt Satzung erreichen ließen, angesichts „der schon guten

1004 Kritisch auch *Merker*, DB 1961, 202 (202).

1005 Mit der Notwendigkeit für die Funktionsfähigkeit des öffentlichen Interesses begründete etwa BAG die Bejahung des öffentlichen Interesses in gleich mehreren Entscheidungen, vgl. BAG v. 4.1.1979 – 4 AZR 377/77, AP TVG § 5 Nr. 16; v. 28.3.1990 – 4 AZR 536/89, AP TVG § 5 Nr. 25; vgl. a. BVerfG 10.9.1991 – 1 BvR 561/89AP TVG § 5 Nr. 27.

Versorgungslage" somit nicht überzubewerten. Hierbei darf nicht vergessen werden, dass leistungsberechtigt zwar alle in den Geltungsbereich des Tarifvertrags fallenden Arbeitnehmer wären, die Finanzierungslast der VAK aber nur bei der Gruppe der Außenseiter-Arbeitnehmer läge. Insofern kann man von einer „Querfinanzierung" der Leistungen sprechen, durch die das Leistungsniveau niedriger ausfiele als bei einer gleichmäßigen Finanzierung durch alle Begünstigten, also auch die Gewerkschaftsmitglieder.

Diese Vorteile sind abzuwägen gegen die Lasten, welche die AVE des Tarifvertrages über die Einrichtung für die Außenseiter-Arbeitnehmer bedeuten würde.

Die Belastung der Außenseiter-Arbeitnehmer bestünde zwar nur in einer Beitragszahlungspflicht. Da diese sich aber auf immerhin 1 % der Bruttolohnsumme beliefe, wäre sie nicht gänzlich unerheblich. Stellt man dieser Belastung die nur geringen (unmittelbaren) Vorteile für Außenseiter-Arbeitnehmer gegenüber, so erscheinen die mit der AVE verfolgten öffentlichen Interessen nicht (deutlich) zu überwiegen.[1006]

bb) Beachtung des Erfordernisses der gleichmäßigen Behandlung

Selbst wenn man unter Berücksichtigung des Beurteilungsspielraums des Bundesministers[1007] das Bestehen eines öffentlichen Interesses annähme, läge in der erheblichen Außenseiterbelastung ein besonders gewichtiger Umstand, welcher der AVE eines Tarifvertrags über eine gemeinsame Einrichtung entgegenstehen müsste.[1008]

(1) Erfordernis der gleichmäßigen Behandlung durch die Einrichtung

Der Bundesminister, der mit der AVE die Normverantwortung übernimmt, muss die Interessen der Außenseiter bewahren,[1009] da die Tarifvertragsparteien dazu nicht (umfassend) verpflichtet sind. Während über die genaue

1006 Ablehnend auch *Hueck*, RdA 1961, 141 (145), *ders.*, Rechtsgutachten, S. 25; *Merker*, DB 1961, 2020 (205).

1007 Es gibt nur eine eingeschränkte gerichtliche Kontrolle des Beurteilungsspielraums bzgl. Dieses unbestimmten Rechtsbegriffes, vgl. mNw *Franzen*, in: ErfK, TVG § 5 Rn. 13.

1008 BAG v. 21.3.2018 – 10 ABR 62/16, AP TVG § 5 Nr. 40 Rn. 139.

1009 Vgl. nur BVerfG 10.9.1991 – 1 BvR 561/89AP TVG § 5 Nr. 27 (3. c) der Gründe); sowie maßgeblich. BVerfG v. 5.1977 – 2 BvL 11/74, E 44, 322 (348).

dogmatische Verankerung der Bindung der Tarifvertragsparteien an den Gleichheitssatz von Art. 3 Abs. 1 GG bis heute kein allumfassender Konsens hergestellt werden konnte und diese zuletzt sogar von *Jacobs* abgelehnt wurde,[1010] steht außer Frage, dass der Staat bei Erlass einer AVE nach Art. 1 Abs. 3 GG uneingeschränkt an die Grundrechte gebunden ist.[1011] Dies gilt insbesondere auch für das in Art. 3 Abs. 1 GG enthaltene Gebot, „Gleiches gleich und Ungleiches seiner Eigenart entsprechend verschieden zu behandeln".[1012] Dieser Gleichheitssatz ist verletzt, wenn eine Gruppe von Normadressaten anders behandelt wird als eine andere, obwohl zwischen den Gruppen keine Unterschiede von solchem Gewicht bestehen, dass sie eine Ungleichbehandlung rechtfertigen können.[1013]

Entsprechend entschied das BAG schon 1958, dass Organisierte und Außenseiter-Arbeitnehmer bei der Einschaltung einer gemeinsamen Einrichtung *gleichmäßig* zu behandeln sind. Es hat den Ausspruch einer AVE davon abhängig gemacht, dass „worauf allerdings mit Nachdruck hinzuweisen ist, die Tarifpartner und die Lohnausgleichskasse *den Grundsatz gleichmäßiger Behandlung* nicht nur bei der Gewährung der Unterstützungen während der witterungsbedingten Arbeitslosigkeit, sondern auch bei der etwaigen Rückvergütung nach § 6 des TV v. 25.4.55 idFv 26.5.55 streng durchführen."[1014]

Einige Jahre darauf stellte der 4. Senat des BAG schließlich auch den Zusammenhang mit dem Gleichheitssatz des Art. 3 GG bei Ausspruch der AVE ausdrücklich her.[1015] Dabei prüfte es, ob die Tarifbindung, die aus der AVE folgt (§ 5 Abs. 4 TVG), den Tarifgebundenen im Verhältnis zu

---

1010 Instruktiv *Jacobs*, in: Wiedemann TVG, Einleitung 262 ff.; *ders.*, RdA 2023, 9 ff.; eingehend auch *Mayer*, Differenzierungsklauseln, S. 152 ff.; *Möstl*, JZ 1999, 202 (204); *Wiedemann*, NZA 2018, 1587 (1592).

1011 Vgl. nur *Franzen*, in: ErfK, TVG § 5 Rn. 17.

1012 Grundlegend BVerfG v. 17.12.1953 – 1 BvR 147/52, E 3, 58 (135); für den vorliegenden Zusammenhang plakativ *Bötticher*, RdA 1966, 401 (405): „Gleichbehandlung nach allen Seiten ist es, was das Wesen der Allgemeinverbindlicherklärung ausmacht. Weshalb ja auch das Bundesarbeitsministerium sich weigerte, die Normen über die Zusatzversorgungskasse der Bauindustrie insoweit für allgemeinverbindlich zu erklären, als Sonderleistungen für langjährige Gewerkschaftsmitglieder enthalten sind."

1013 BVerfG v. 7. 5. 2013 – 2 BvR 909/06 u.a., E 133, 377 (408) Rn. 76; BAG v. 20.11.2018 – 10 AZR 121/18, AP TVG § 1 Tarifverträge: Bau Nr. 364 Rn. 64; v. 26.4.2017 – 10 AZR 856/15, AP TVG § 1 Tarifverträge: Bewachungsgewerbe Nr. 29 Rn. 31.

1014 BAG v. 5.12.1958 – 1 AZR 89/57, AP TVG § 4 Ausgleichskasse Nr. 1 (AuR 1959, 250 (253)) – Hervorhebung durch die Verfasserin.

1015 Vgl. BAG v. 2.3.1965 – 4 AZR 385/63, AP TVG § 5 Nr. 12 = NJW 1965, 1624 (1626).

den Kassen andere Rechte und Pflichten einräumt, als die Tarifbindung, die aus der Mitgliedschaft bei einer Tarifvertragspartei erwächst (§ 3 Abs. 1 TVG). Das Gericht lehnte eine Verletzung des Art. 3 GG ab und begründete dies damit, dass die für allgemeinverbindlich erklärten Tarifverträge den durch Mitgliedschaft tarifgebundenen Arbeitgebern oder Arbeitnehmern wegen ihrer Mitgliedschaft keine besonderen Rechte einräumte, welche die auf Grund der AVE Tarifgebundenen erhalten könnten. Demgegenüber erblickte es in dem – hypothetischen – Fall, dass der Tarifvertrag für Arbeitgeber mit langjähriger Mitgliedschaft bei dem tarifschließenden Arbeitgeberverband die Beiträge zu den Kassen geringer festsetzen würde, eine Ungleichheit zwischen den durch Mitgliedschaft und den durch AVE Tarifgebundenen im Hinblick auf die tariflichen Rechte oder Pflichten. Diese Ungleichheit hielt es für unvereinbar mit der AVE.[1016]

Diese Überlegungen haben mittlerweile in der Rechtsprechung zur AVE von Tarifverträgen über gemeinsame Einrichtungen einen festen Platz erhalten. So hat das BAG etwa im Zusammenhang mit der Ausdehnung der Tarifverträge über Zusatzversorgungskassen durch das SOKA-SiG entschieden, dass die Gruppen der Mitglieder und Nichtmitglieder vergleichbar seien, wenn sie beide unter einen Tarifvertrag über eine gemeinsame Einrichtung der Tarifvertragsparteien fallen. Eine Ungleichbehandlung durch das SOKA-SiG lehnte es wiederum mit dem Verweis darauf ab, dass „die tarifgebundenen Betriebe […] dieselben Beiträge leisten [müssen] wie die Nichtmitglieder." Weiter heißt es „Sie genießen ihnen gegenüber auch keine sonstigen Privilegien."[1017] Dieser Aspekt wurde schließlich auch vom EGMR betont, als es im Verfahren Geotech Kancev GmbH gegen Deutschland ausführte: „Zu berücksichtigen ist weiter, dass die Mitglieder der Vereinigungen, welche die Sozialkasse gegründet haben, weder geringere Beiträge zahlten noch sonst bessergestellt wurden als die Nichtmitglieder."[1018]

1016 Vgl. BAG v. 2.3.1965 – 4 AZR 385/63, AP TVG § 5 Nr. 12 = NJW 1965, 1624 (1626).

1017 Vgl. BAG v. 20.11.2018 – 10 AZR 121/18, AP TVG § 1 Tarifverträge: Bau Nr. 364 Rn. 65; für die Ablehnung eines Verstoßes auf die fehlende Ungleichbehandlung von tarifgebundenen und nicht-tarifgebundenen Arbeitgebern abstellend auch *Berger*, AS-Drs. 18[11]902, S. 48 (51); ähnlich auch *Giesen*, in: MHdB ArbR, § 153 Rn. 9, der es für mit dem Gleichheitssatz nach Art. 3 Abs. 1 GG nicht erklärbar hält, warum die Personengruppe der Solo-Selbständigen (= Außenseiter) überproportional zur Finanzierung von Ausbildung herangezogen werden soll.

1018 EGMR v. 02.06.2016 – 23646/09, NZA 2016, 1519 (1520) Rn. 55.

In der in Kapitel 4 Abschnitt B. noch im Detail zu betrachtenden Rechtsordnung der Schweiz ist in engen Grenzen auch die AVE von Tarifverträgen möglich, die eine Zahlungspflicht der Außenseiter-Arbeitnehmer vorsehen. Hierauf wird noch einzugehen sein. Bereits jetzt sei aber darauf hingewiesen, dass in der Schweiz nur erlaubt ist, eine gleichmäßige Verteilung der tatsächlich beim Tarifvertragsschluss entstandenen Kosten auf die Arbeitgeber einerseits und auf alle Arbeitnehmer andererseits einzuführen. Sinn dieser Beschränkung ist es, dass der in Art. 5 AVEG statuierte Gleichheitssatz, nach dem die Vertragsparteien verpflichtet sind, „die Arbeitgeber und Arbeitnehmer, auf die der Geltungsbereich des Gesamtarbeitsvertrages ausgedehnt wird, *bei der Durchführung des Vertrages gleich wie die beteiligten Arbeitgeber und Arbeitnehmer zu behandeln*“, nicht verletzt wird.[1019]

Summa Summarum ist also bei der AVE von Tarifverträgen über gemeinsame Einrichtungen vom Bundesminister dafür Sorge zu tragen, dass die davon erfassten Außenseiter im Rechtsverhältnis zur Kasse gleichbehandelt werden.

(2) Ungleichmäßige Behandlung bei Umsetzung des Vorschlags der IG BSE

Betrachtet man vor diesem Hintergrund die Pläne der IG BSE zur Erhebung eines Beitrages von den Außenseiter-Arbeitnehmern, so drängt sich ein Störgefühl geradezu auf. Bereits kurze Zeit nach dem ausdrücklichen Hinweis des BAG auf den Grundsatz der erforderlichen gleichmäßigen Behandlung in der Entscheidung aus 1958, die – das sei angemerkt – im Übrigen zu zwei Tarifverträgen der IG BSE über gemeinsame Einrichtungen ergangen war, hat die IG BSE mit der VAK eine Einrichtung entworfen, welche der Bundesminister unter Berücksichtigung dieser Vorgaben nicht für allgemeinverbindlich erklären könnte. Der Ausspruch der AVE würde zu einer ungerechtfertigten Ungleichbehandlung der Außenseiter-Arbeitnehmer (und im Übrigen auch der Andersorganisierten) führen.

Durch den staatlichen Rechtssetzungsakt der AVE würden zunächst alle unter den Geltungsbereich des Tarifvertrages fallenden Arbeitnehmer zur Finanzierung der gemeinsamen Einrichtung herangezogenen werden. Mit der AVE hätte der Staat die Normverantwortung für die Bestimmung zur gemeinsamen Einrichtung übernommen. Der Gleichheitssatz gebietet es, dass sämtliche Arbeitnehmer, die zur Einrichtung in einer Rechtsbeziehung

1019 Vgl. *Melzer*, Außenseiter und Solidaritätsbeitrag, S. 74 – Hervorhebung durch die Verfasserin; siehe hierzu Kap. 4 B. III. 2.; siehe auch Fn. 1020.

stehen, ob Mitglieder der tarifschließenden Gewerkschaft, Andersorganisierte oder Außenseiter, durch die Bestimmungen zur gemeinsamen Einrichtung grundsätzlich gleichbehandelt werden. In der Leistungsbeziehung würde dies umgesetzt werden. Sämtliche Arbeitnehmer könnten an den durch die Kasse bereitgestellten Leistungen gleichermaßen partizipieren.

Durch die satzungsgemäß vereinbarte Rückführung der von den Gewerkschaftsmitgliedern an die VAK geleisteten Beiträge an die IG BSE stünden die Beiträge der Gewerkschaftsmitglieder aber zur Finanzierung der Leistungen der VAK nicht zur Verfügung. In Anbetracht der bei der IG BSE vorgenommene Verrechnung mit der Beitragslast, würden die Gewerkschaftsmitglieder anders, nämlich besser behandelt werden. Sie würden an Leistungen partizipieren, für die sie bei der gebotenen Gesamtbetrachtung nicht zahlen.

Innerhalb der Gruppe von Arbeitnehmern wäre es somit zu Differenzierungen bei der finanziellen Belastung, mithin zu einer Ungleichbehandlung gekommen.[1020]

Wie *Hueck* zu Recht ausführt, könnte dagegen nicht eingewandt werden, dass die einseitige Belastung der Außenseiter-Arbeitnehmer nur die anderweitige Belastung der Gewerkschaftsmitglieder ausgleiche, sodass Gewerkschaftsmitglieder und Außenseiter-Arbeitnehmer „unterm Strich" doch gleichmäßig belastet würden.[1021] Einerseits würde eine solche Sichtweise übersehen, dass auch Andersorganisierte zur Zahlung verpflichtet würden, obwohl diese gegenüber ihrer Gewerkschaft bereits Beiträge leisten. Daneben würde damit ignoriert, dass die Beitragsleistung der Gewerkschaftsmitglieder an die IG BSE mit Pflicht *zur Beitragsleistung gegenüber der VAK* in keinem Zusammenhang steht. Erstere finanziert die Leistungen der Gewerkschaft und beruht auf der Satzung der IG BSE, der sich die Mitglieder durch freiwilligen Beitritt unterworfen haben.[1022] Demgegenüber dient letztere der Finanzierung einer davon wesensverschiedenen „anderen Gegenleistung", nämlich den Leistungen der VAK. Es gibt somit zwei voneinander unabhängige Leistungsbeziehungen, die nicht vermischt werden können. Die Beitragszahlungspflicht der Gewerkschaftsmitglieder ist nicht geeignet, als Argument für eine „Gleichbehandlung" von Gewerkschaftsmitgliedern und Außenseiter-Arbeitnehmern durch die VAK zu dienen.

1020 Vgl. *Hueck*, Rechtsgutachten, S. 18, 23 f.: „Durch eine derartige Konstruktion kann die ungleichmäßige Behandlung der beiden Gruppen vielleicht äußerlich verdeckt, aber nicht wirklich beseitigt werden."

1021 *Hueck*, Rechtsgutachten, S. 23.

1022 *Hueck*, Rechtsgutachten, S. 23.

Anders könnte man die Frage der Ungleichbehandlung und damit auch die der Verletzung des Gleichheitssatzes allenfalls dann beurteilen, wenn man die Augen vor dem Gesamtkonstrukt verschlösse, das hinter der Schaffung und Finanzierung der VAK steht. Denn bei ganz strenger Betrachtung ergibt sich die Besserstellung der Gewerkschaftsmitglieder schließlich nicht direkt aus den Bestimmungen zur VAK oder der AVE. Die Tarifvertragsparteien hätten sich bei Realisierung der Idee darauf beschränkt, in Tarifvertrag und Satzung zur VAK die Weiterleitung der von den Gewerkschaftsmitgliedern gezahlten Beiträge an die IG BSE vorzusehen und die Regelung zur Reduktion der Beitragslast – den zweiten Schritt – in ihren Regelungen ausgeklammert. Es ist aber davon auszugehen, dass diese Maßnahme an anderer Stelle (etwa in der Satzung der IG BSE) schriftlich fixiert worden wäre, schon um den Gewerkschaftsmitgliedern Rechtssicherheit zu geben. Um ein Geheimnis handelte es sich dabei allein schon deswegen nicht, weil die Gewerkschaft in der öffentlich geführten Debatte unverhohlen klar gemacht hatte, dass es ihr Ziel sei, einen Beitrag der Außenseiter-Arbeitnehmer einzuziehen und nicht ihren Mitgliedern über den Mitgliedschaftsbeitrag hinausgehende Lasten aufzuerlegen.

Würde der Bundesminister eine Ungleichbehandlung in dieser Fallgestaltung verneinen und die AVE aussprechen, öffnete er gewitzten Konstruktionen der Gewerkschaften Tür und Tor, die ihren Mitgliedern einfach nur in ihrer eigenen Satzung statt in der der gemeinsamen Einrichtung Entlastungen zusichern müssten. Damit wäre ein Weg gefunden worden, mit Hilfe des Staates eben jene Belastung zu erreichen, die Gewerkschaften alleine nicht zu Wege brächten. In diesem Fall hätte der Staat seine Aufgabe – die Interessen der von ihm den Regelungen der Tarifvertragsparteien unterstellten Außenseiter-Arbeitnehmer zu wahren – nicht erfüllt. Dies kann nicht überzeugen. Es ist für die Annahme einer Ungleichbehandlung in Finanzierungsfragen daher als ausreichend zu betrachten, dass die von den Gewerkschaftsmitgliedern gezahlten Beiträge der VAK entzogen und an die Gewerkschaft weitergeleitet werden.[1023]

1023 Vgl. zur AVE von Tarifverträgen mit SB-Klausel in der Schweiz: *Kreis, Der Anschluss eines Aussenseiters*, S. 222: „Nach dem Gesagten ist nicht mehr daran zu zweifeln, dass die Vorschrift, Beitragserhebung zugunsten einer einzelnen Vertragspartei sei unzulässig, mehr als nur formelle Bedeutung hat. Es würde eine unerlaubte Umgehung dieses Verbots bedeuten, zuerst zwar alle Aussenseiterbeiträge in einen paritätischen Fonds fliessen zu lassen (pro forma), dann aber die Gewerkschaft alle Eingänge aus diesem paritätischen Fonds entnehmen zu lassen, für ihre eigene Kasse."

(3) Keine Rechtfertigung der ungleichmäßigen Behandlung

Eine Rechtfertigung für diese Ungleichbehandlung ist nicht ersichtlich. Insbesondere taugt dazu auch der Verweis auf die Gewerkschaftsmitgliedschaft der Bessergestellten nicht. Anders als bei der Ungleichbehandlung durch einfachen Tarifvertrag, der nur die im Gesetz angelegte Unterscheidung zwischen Organisierten und Außenseiter-Arbeitnehmern nachzeichnet, spielt die Gewerkschaftsmitgliedschaft bei Betrachtung der Rechtbeziehung zu einer gemeinsamen Einrichtung keine entscheidende Rolle. Eine gemeinsame Einrichtung nach TVG wird durch die Tarifvertragsparteien getragen, finanzierte sich und ihre Leistungen aber allein durch die Einnahmen der an Tarifvertag und Satzung gebundenen Arbeitnehmer. Besondere Leistungen, die Grund für die mangelnde Finanzierungslast der Gewerkschaftsmitglieder wären, werden von diesen gegenüber der gemeinsamen Einrichtung nicht erbracht. Sie müssten somit ebenso durch Beitragsleistung zur Finanzierung der Einrichtungsleistungen beitragen wie die im Wege einer AVE gebundenen Außenseiter-Arbeitnehmer. Die Beziehung der an Satzung und Tarifvertrag der Einrichtung gebundenen Arbeitnehmer zur Einrichtung ist getrennt von der Beziehung zu betrachten, die einige der gebundenen Arbeitnehmer Kraft Mitgliedschaft zur tarifschließenden Gewerkschaft haben mögen. Aus diesem Grund scheidet eine Rechtfertigung der Ungleichbehandlung durch die Einrichtung wegen der Gewerkschaftsmitgliedschaft schon aus systematischen Erwägungen aus.

Zur Rechtfertigung dieser Ungleichbehandlung durch die Einrichtung könnte sich schließlich auch nicht auf die „Stärkung der Tarifautonomie" berufen werden. Wie bereits ausgeführt, ist die Zwischenschaltung der Einrichtung weder geeignet noch erforderlich, um der Mitgliedererosion der Gewerkschaften nachhaltig entgegenzuwirken und so die Tarifautonomie zu stärken. Es fehlt ein erkennbarer Zusammenhang mit der Partizipation der Außenseiter-Arbeitnehmer am Mantel-/Entgelt-Tarifvertrag mittels Bezugnahme, also mit ihrem Trittbrettfahrerverhalten, das im Zentrum der Untersuchung steht. Die Auferlegung einer zusätzlichen intransparenten Belastung würde nur dazu führen, eine unnötige zusätzliche Einrichtung zu schaffen, dessen fadenscheinige Leistungen einseitig von Außenseiter-Arbeitnehmern bezahlt würden. Die sich aus der ungleichen Verteilung der Finanzierungslast ergebende „Ungerechtigkeit" dürfte die Abneigung der

Außenseiter-Arbeitnehmer gegen Gewerkschaften mutmaßlich eher noch schüren als sie zu einem Beitritt bewegen.

Eine Rechtfertigung der Ungleichbehandlung würde damit insgesamt ausscheiden.

4. Ergebnis

Letztlich kann nach eingehender Betrachtung der Frage, ob sich die Umsetzung des Lösungsvorschlags der IG BSE zur Einführung des hier avisierten Nutzungsentgelts eignet, Folgendes konstatiert werden:

Für die Umsetzung des Nutzungsentgelts taugt die Zwischenschaltung der von der IG BSE entwickelten Kasse, die nicht mal gemeinsame Einrichtung im Sinne des § 5 TVG wäre, nicht. Selbst bei der Gestaltung einer Einrichtung mit paritätischer Trägerschaft bliebe es dabei, dass die Tarifvertragsparteien sich innerhalb ihrer Zuständigkeit aus Art. 9 Abs. 3 G als äußerste Grenze der Regelungsbefugnis bewegen müssen und ihnen eine gezielte Belastung der Außenseiter-Arbeitnehmer nicht möglich ist. § 4 Abs. 2 TVG schafft für Tarifnormen über gemeinsame Einrichtungen neue Durchführungswege, aber keine Sondertarifmacht. Bei gebotener Gesamtbetrachtung des Vorhabens der IG BSE ist unverkennbar, dass die Schaffung der Kasse nur dazu dient, Außenseiter-Arbeitnehmer mit einer Zahlungspflicht zu belasten, die sie im Rahmen eines einfachen Tarifvertrages nicht einführen könnten.

Wenn die Arbeitgeber sich einem solchen Vorhaben nicht ohnehin schon verweigerten, würde es der Bundesminister tun, sodass die Außenseiter-Arbeitnehmer mangels AVE von der Zahlungspflicht gar nicht erfasst würden. Der Bundesminister darf eine AVE mit Rücksicht auf das Gewaltenteilungsprinzip nicht dazu nutzen, organisationspolitische Maßnahmen unter Verweis auf den mittelbaren Schutz der Außenseiter-Arbeitnehmer durch Verbesserung der Mitgliedergewinnungschancen für Gewerkschaften zu fördern. Maßnahmen zur Förderung der Koalitionen und dadurch der Tarifautonomie sind höchst grundrechtssensibel und fallen in den Verantwortungsbereich des Gesetzgebers. Bei der Frage, ob die AVE im öffentlichen Interesse geboten erscheint, weil die Vorteile der AVE ihre Nachteile überwiegen, hat der Bundesminister somit nur unmittelbare Vorteile für die Außenseiter-Arbeitnehmer in die Abwägung einzustellen. Eine daran ausgerichtete Abwägung lässt die AVE der von der IG BSE avisierten Kasse nicht im öffentlichen Interesse geboten erscheinen, da die geringen Vorteile aus der Leistungsbeziehung zur Kasse die erhebliche finanzielle Belastung nicht aufzuwiegen in der Lage sind.

Erschwerend kommt der Umstand hinzu, dass die AVE bei der gebotenen Gesamtbetrachtung zu einer ungerechtfertigten Ungleichbehandlung der Außenseiter-Arbeitnehmer führen würde, die der Bundesminister nicht unterstützen dürfte. Durch die beabsichtigte AVE würde eine neue Leistungsbeziehung zur Kasse begründet, die es erfordern würde, Gewerkschaftsmitglieder, Außenseiter-Arbeitnehmer und Andersorganisierte gleichmäßig zu belasten und zur Finanzierung der Leistungen heranzuziehen. Nach dem Modell der IG BSE wären die Mitglieder der tarifschließenden Gewerkschaft jedoch zur Finanzierung der Kassenleistungen nicht herangezogen worden. Dies wäre als ungerechtfertigte Ungleichbehandlung anzusehen. An einer so bewirkten Belastung der Außenseiter-Arbeitnehmer könnte der Bundesminister jedoch nicht durch Ausspruch einer AVE mitwirken.

Nur am Rande sei hier außerdem darauf hingewiesen, dass bei Umsetzung der von der IG BSE skizzierten Lösung eine Sonderregelung für Andersorganisiert fehlte. Es käme also erschwerend auch noch die damit einhergehende Beeinträchtigung der positiven Koalitionsfreiheit der Andersorganisierten hinzu. Den diese könnten durch die Auferlegung einer neben ihren Mitgliedschaftsbeitrag tretenden Zahlungslast zum Übertritt in die tarifschließende Gewerkschaft veranlasst werden, um ebenfalls vom „Cash-Back“ der Gewerkschaft zu profitieren.

Insgesamt ist der Vorschlag der IG BSE daher weder geeignet, das Problem der kostenlosen Außenseiter-Partizipation an Tarifverträgen zu beseitigen und damit die Tarifautonomie zu stärken, noch rechtlich umsetzbar.

III. Nutzungsentgelt-Klausel im schuldrechtlichen Teil eines einfachen Tarifvertrages

Wenn die Vereinbarung einer Nutzungsentgelt-Klausel mit normativer Wirkung somit insgesamt ausscheidet, wäre zu überlegen, ob die Tarifvertragsparteien die Klausel nicht zumindest in den schuldrechtlichen Teil des Tarifvertrages aufnehmen könnten.[1024] Hier kommen grundsätzlich zwei Gestaltungen in Frage: Es wäre einmal eine Einwirkungsklausel denkbar,

1024 Dafür *Heußner*, RdA 1960, 295 (298); dies für möglich haltend Kauffmann, AuR 1961, 267 (269).

die an die Tarifvertragsparteien adressiert ist und/oder andererseits eine Verpflichtungsklausel, welche sich an die Parteien des Einzelarbeitsvertrages und damit den Außenseiter-Arbeitnehmer direkt richtet.[1025]

1. Die Nutzungsentgelt-Regelung als Einwirkungsklausel

a) Inhalt der Einwirkungsklausel

Im Rahmen der Einwirkklausel würden sich die Koalitionen zur Einwirkung auf ihre Mitglieder mit folgendem Inhalt verpflichten:[1026] Arbeitgeberverbände müssten ihre Mitglieder dazu anhalten, zusammen mit Bezugnahmeklauseln im Arbeitsvertrag die individualvertragliche Verpflichtung zur Zahlung eines Nutzungsentgelts für Außenseiter-Arbeitnehmer (durch Lohnabzug) zu vereinbaren; die Gewerkschaften müssten ihre Mitglieder dazu anhalten, nur bei Arbeitgebern anzuheuern, welche die Bezugnahme auf diese Art kostenpflichtig machen.[1027] Berechtigt und verpflichtet würden bei dieser Lösung allein die Koalitionen (auf Einwirkung), während die Parteien des Individualarbeitsverhältnisses unmittelbar nicht betroffen wären.[1028] Auf die bei einer solchen Gestaltung fehlende unmittelbare Erfassung der Außenseiter stützte etwa *Ridder* seine Zustimmung zu einer solchen schuldrechtlichen Klausel. Er meint, weil die Klausel die Außenseiter nicht direkt zur Zahlung verpflichte, sei sie – vorbehaltlich einer effektiven

1025 Vgl. für die parallele Fragestellung im Kontext von Differenzierungsklauseln *Giesen*, NZA 2004, 1317 (1318), der ebenfalls zwischen den einzelnen Adressaten differenziert.

1026 Siehe als Gedankenspiel auch bei *Hueck*, Rechtsgutachten, S. 36: Arbeitgeberverband halte Mitglieder dazu an, Solidaritätsbeitrag vom Lohn der Außenseiter-Arbeitnehmer einzubehalten und die Gewerkschaft halte die Mitglieder an, nur bei Arbeitern anzuheuern, die den Solidaritätsbeitrag abführen; so auch *Heußner*, RdA 1960, 295 (298); dies für zulässig haltend *Kauffmann*, AuR 1961, 267 (271).

1027 Dies entspräche in etwa der von *Müller*, Gedanken zum Solidaritätsbeitrag, S. 4 f. als „Außenseiterklausel bestimmter Art“ ersonnene Klausel. Diese ging jedoch noch einen Schritt weiter, weil die Arbeitgeber iRd Einwirkungspflicht auch dazu angehalten werden sollten, Außenseiter-Arbeitnehmer nur nach Tarif einzustellen.; auch *Heußner*, RdA 1960. 295 (298) meint, eine „Solidaritätsbeitragsklausel“ im Tarifvertrag könne nur eine schuldrechtliche Klausel sein, die die Verbände verpflichte, siehe dort Fn. 47; ebenso *Faika*, Solidaritätsbeitrag, S. 91.

1028 Eine Ausnahme bildete freilich ein Koalitionsvertrag, der mit Arbeitgebern direkt geschlossen würde (ähnlich wie ein Haustarifvertrag), hierauf zu treffend hinweisend *Hölters*, Harmonie normativer und schuldrechtlicher Abreden in Tarifverträgen, S. 32.

Durchführung – eine gangbare Alternative zu einer normativen Regelung einer Zahlungspflicht und insbesondere kein unzulässiger Vertrag zu Lasten Dritter.[1029] Die wechselseitige Verpflichtung der Tarifvertragsparteien zählt grundsätzlich zum Standardrepertoire von Tarifverträgen[1030] und gibt – anders als eine Verpflichtungsklausel – insofern zunächst keinen Anlass zu Zweifeln an der Vereinbarkeit in einem Tarifvertrag.

b) Ineffektivität einer Nutzungsentgelt-Klausel als Einwirkungsklausel

Allerdings sprechen gegen den Erfolg einer solchen Gestaltung ohnehin mehrere Argumente. Selbst *Müller* bezog in seinem von der Gewerkschaft beauftragten Gutachten Stellung gegen eine solche „Außenseiterklausel bestimmter Art“ und meinte, damit lasse sich der Solidaritätsbeitrag (praktisch) nicht umsetzen.[1031]

aa) Lückenhafte Erfassung von Arbeitgebern und Arbeitnehmern

Das erste Problem liegt in der Tat in der nur lückenhaften Erfassung der Arbeitgeber und Arbeitnehmer durch eine solche Einwirkklausel. Nicht ohne Grund hat sich in der Anfangszeit der Koalitionsbewegung eine bewundernswerte Fülle an dogmatischen Versuchen zur Begründung einer normativen Wirkung gefunden. Sie hatten das Anliegen, die einer effektiven tarifvertraglichen Ordnung entgegenstehende Relativität von Schuldverhältnissen zu überwinden.[1032] Ohne die Normwirkung ist eine Transformation des Vereinbarten in Einzelarbeitsverhältnisse nur über Umwege möglich und entscheidend von der freiwilligen Folgebereitschaft der Mitglieder abhängig. So verpflichtet der Anspruch des einen Verbands (Gläubiger) gegen den anderen Verband (Schuldner) auf Erfüllung der schuldrechtlichen Ver-

1029 *Ridder*, Rechtsgutachten Solidaritätsbeiträge, S. 5.

1030 Beispielhaft *Ahrendt*, in: Däubler TVG, § 1 Rn. 1124.

1031 Vgl. *Müller*, Gedanken zum Solidaritätsbeitrag, S. 4 f.

1032 Vgl. *Herschel*, ZfA 1973, 183 (187), der berichtet, dass man bei Schaffung des TVG bewusst bemüht war, Abschlussnormen aller Art in den normativen Teil des Tarifvertrags zu integrieren, weil man sich an die Schwierigkeiten in der Weimarer Zeit erinnerte, in welcher den für die Praxis wichtigen Wiedereinstellungsklauseln die normative Wirkung abgesprochen worden war; s.a. *Höpfner*, RdA 2020, 129 (141) mit den Hinweis darauf, dass sich die Vereinsmitglieder mit dem Beitritt gerade nur dem Verbandsinnenrecht unterwerfen.

einbarung nur dazu, im Rahmen des verbandsrechtlich Möglichen auf seine Mitglieder einzuwirken.[1033] Geschuldet ist dabei keineswegs ein Erfolg, sondern nur der Versuch, seine Mitglieder mit den ihm zur Verfügung stehenden Mitteln zur Tariftreue anzuhalten (Verhalten).[1034] Hierzu kann sich der Schuldner auf den vereinsrechtlichen Erfüllungsanspruch gegenüber seinen Mitgliedern berufen, welche den schuldrechtlichen Bestimmungen der vereinbarten Kollektivverträge auf Grundlage dieses Anspruchs grundsätzlich genauso Folge zu leisten haben wie den normativen.[1035] In der Theorie kann dieser vereinsrechtliche Erfüllungsanspruch mit Hilfe von Sanktionen durchgesetzt werden, die von bloßen Informationen über Verstöße gegen die Folgepflicht über die Entziehung interner Unterstützungsleistungen bis hin zum Verbandsausschluss reichen können.[1036] Aus der Vereinsautonomie (Art. 9 Abs. 1 GG) folgt dabei das Recht des Verbands, zwischen den in Frage kommenden Sanktionen frei zu wählen. Er ist also nicht gezwungen, bestimmte Einwirkungsmittel, wie Ausschluss oder Klage, gegen eigene Mitglieder anzuwenden.[1037]

Trotz dieser Rechtslage dürfte die Relativität einer schuldrechtlichen Nutzungsentgelt-Klausel ihrer Effektivität sehr abträglich sein und spätestens dann zum Hindernis werden, wenn die wirtschaftliche Lage ein Festhalten an dem im guten Willen Vereinbarten weniger attraktiv erscheinen lässt.[1038] Auf Seiten der organisierten Arbeitnehmer ist ein ausgeprägter Widerwille vor allem in Zeiten der Niedrigkonjunktur zu erwarten. Triebe

---

1033 *Klumpp*, in: MHdB ArbR § 259 Rn. 1 f.; hierauf zu Recht hinweisend *Kauffmann*, AuR 1961, 269 (271), der folgerichtig konstatiert: „Die Durchführung hängt also letzten Endes davon ab, daß die Sozialpartner in Erkenntnis ihrer wahren Interessen nicht zu einem Gegeneinander sondern einem Miteinander an die Erfüllung ihrer Aufgaben herantreten."; vgl. auch *Thüsing*, in: Wiedemann TVG, Rn. 167 f.

1034 *Walker*, in: FS Schaub (1998), S. 743 (750).

1035 Vgl. *Klumpp*, in: MHdB ArbR § 259 Rn. 4; *Rieble*, in: MHdB ArbR § 224 Rn. 31 mit dem Verweis auf § 4 Nr. 2 Satzung Südwestmetall 2012, der dies sogar ausdrücklich vorsehe: „Die Mitglieder sind an die satzungsgemäß gefassten Beschlüsse des Verbandes und an die vom Vorstand abgeschlossenen Kollektivvereinbarungen gebunden."; *Löwisch/Rieble* TVG, § 1 Rn. 1428; *Walker*, in: FS Schaub (1998), S. 743 (751).

1036 *Klumpp*, in: MHdB ArbR § 259 Rn. 4, 25; *Löwisch/Rieble* TVG, § 1 Rn. 1428, 1443.

1037 *Walker*, in: FS Schaub (1998), S. 743 (752 f.), insbesondere könne der Verband verpflichtet werden, *sein* Mitglied auf die Einhaltung des Tarifvertrages zu verklagen. Dem hat auch *Hueck/Nipperdey*, Lehrbuch des Arbeitsrechts II/1, S. 713 nicht widersprochen, sondern nur gemeint, dass eine unmittelbare Klage gegen ein Mitglied der Gegenpartei ausgeschlossen sei, vgl. a.a.O. Fn. 28.

1038 Vgl. *Müller*, Gedanken zum Solidaritätsbeitrag, S. 5; kritisch auch *Schwaabe*, Solidaritätsbeiträge, S. 53.

man das Szenario auf die Spitze, würde man von ihnen verlangen, eine Beschäftigung bei einem in diesem Sinne nicht folgsamen Arbeitgeber aufzugeben oder nicht anzutreten. Das ist in Zeiten angespannter Arbeitsmärkte mehr als fernliegend. Auf Seiten der organisierten Arbeitgeber dürfte es besonders in Zeiten der Hochkonjunktur in Betracht kommen, sich der Vorgabe des eigenen Verbands zu widersetzen, um hochqualifizierte und auf dem Markt wahrscheinlich hart umkämpfte Arbeitskräfte nicht mit der bis dato unbekannten Zusatzbelastung zu verprellen und womöglich an die Konkurrenz zu verlieren.[1039] Von Seiten der Außenseiter-Arbeitnehmer dürfte der Protest gegen die zusätzliche Belastung in Form des Nutzungsentgelts demgegenüber in Zeiten wirtschaftlichen Abschwungs am größten sein und mit massivem Druck an die Arbeitgeber herangetragen werden. Sollten eben diese ihren Verbänden in dieser Sache schließlich die Gefolgschaft verweigern wollen, dürfte wohl allenfalls die Verhängung einer verbandsinternen Disziplinarmaßnahme im Raum stehen. Es wäre nämlich schwer vorstellbar, dass die ohnehin schon gebeutelten Verbände widerspenstige Arbeitgeber ganz ausschließen, nur weil sie gegen den mutmaßlichen Widerwillen ihrer Arbeitnehmer keinen Lohnabzug zu Gunsten der Gewerkschaften durchsetzen. Die Verbände dürften vielmehr dankbar sein für jedes (Voll-)Mitglied und bestrebt sein, dieses zu behalten.[1040]

Nicht zu vergessen ist, dass außerdem die Arbeitgeber, die nicht organisiert sind, gar keiner Einwirkung von Seiten eines Verbands ausgesetzt wären.[1041] Sie dürften sich – ebenso wie die andersorganisierten Arbeitgeber – ziemlich ungerührt von der Bitte zur Einziehung eines Nutzungsentgelts zeigen, was bedeutet, dass es zu einer unvollständigen und rein zufälligen Belastung solcher Außenseiter-Arbeitnehmer käme, die bei einem im tarifschließenden Verband organisierten Arbeitgeber angestellt sind. Diese Situation wäre ungerecht,[1042] würde Protest herausfordern und somit der gesellschaftlichen Akzeptanz der finanziellen Beteiligung der Außenseiter-Arbeitnehmer entgegenlaufen. Letztlich würde dies auch das Widerstreben der im tarifschließenden Verband organisierten Arbeitgeber weiter anhei-

1039 Mit ähnlichen Überlegungen *Faika*, Solidaritätsbeitrag, S. 92.

1040 *Hueck*, RdA 1961, 141 (148); *Faika*, Solidaritätsbeitrag, S. 93; *Schwaabe*, Solidaritätsbeiträge, S. 53.

1041 Zutreffend angemerkt durch *Faika*, Solidaritätsbeitrag, S. 92.

1042 Ebenso *Hueck*, RdA 1961, 141 (148); *Hölters*, Harmonie normativer und schuldrechtlicher Abreden in Tarifverträgen, S. 32; ebenso *Schwaabe*, Solidaritätsbeiträge, S. 52, der darin sogar einen Verstoß gegen den arbeitsrechtlichen Gleichbehandlungsgrundsatz erblicken würde.

zen, die schließlich im Wettbewerb mit der nicht- oder andersorganisierten Konkurrenz keinen Nachteil hinnehmen wollen.

Somit könnte nur für den vergleichsweise kleinen Teil an Haustarifverträgen, bei denen der Arbeitgeber selbst die Parteistellung innehat, sichergestellt werden, dass Arbeitgeber sich der schuldrechtlich vereinbarten Nutzungsentgelt-Klausel nicht entziehen. Auf die viel verbreiteteren Branchentarifverträge träfe dies hingegen nicht zu. Es wäre somit keineswegs gesichert, dass es zu einer Abführung des darin vereinbarten Entgelts auch tatsächlich käme. Da es der entsprechenden Bestimmung an normativer Wirkung fehlte, hätte ein unter Verstoß gegen die Regelung – also ohne individualvertragliche Vereinbarung einer Zahlungspflicht – vorgenommene Einstellung und Beschäftigung von Außenseiter-Arbeitnehmern für das einzelne Arbeitsverhältnis auch keinerlei praktische Folgen. Selbst wenn sie wollte, könnte die tarifschließende Gewerkschaft die Umsetzung der Zahlungspflicht gegenüber dem Arbeitgeber nicht durchsetzen, da es einen Tarifbruchunterlassungsanspruch, wie ihn das BAG mit der Burda-Entscheidung gebilligt hat, im Falle von nur schuldrechtlichen Vereinbarungen nicht gibt.[1043] Mit der Entscheidung für das Verbandsprinzip wurde schließlich auch die Entscheidung gegen einen unmittelbaren Durchführungsanspruch der Gewerkschaft gegenüber dem Arbeitgeber bei schulrechtlichen (Branchen-)Tarifbestimmungen getroffen.[1044] Dass der einzelne Außenseiter-Arbeitnehmer auf eine Einhaltung dieser Bestimmung besteht, ist hingegen sehr fernliegend.

Es bleibt zu konstatieren, dass es allenfalls zu einer lückenhaften und vom guten Willen der Betroffenen abhängigen Erfassung der Arbeitsmarktteilnehmer käme, was dem Zweck der Klausel entgegenliefe.

1043 Ein absolutes Recht, welches den Unterlassungsanspruch aus § 1004 BGB bergründet, wird maßgeblich aus der normativen Wirkung in Verbindung mit der Tarifautonomie hergeleitet, vgl. BAG v. 20.4.1999 – 1 ABR 72/98, AP GG Art. 9 Nr. 89 (= NZA 1999, 887) unter II. 1. b) bb): „Geltendes Tarifrecht wird allerdings nur dann verdrängt, wenn der betreffende Tarifvertrag im Anwendungsbereich der fraglichen betrieblichen Regelung normativ gilt. Soweit diese Voraussetzung fehlt, besteht nämlich kein Geltungsanspruch des Tarifvertrages"; i.E. ebenso *Höpfner*, RdA 2020, 129 (139).

1044 Zutreffend *Richardi*, Anm. zu BAG v. 20.4.1999 – 1 ABR 72/98, AP GG Art. 9 Nr. 89 (= NZA 1999, 887) unter 2.; vgl. auch *Feudner*, BB 2007, 266 (267); *Ahrendt*, in: Däubler TVG, § 1 Rn. 1237.

bb) Unkenntnis über die Gewerkschaftszugehörigkeit der Bewerber sowie Unmöglichkeit eines einseitigen Lohnabzugs

Darüber hinaus gibt es noch einen weiteren wichtigen Punkt zu bedenken. Denn selbst dann, wenn ein tarifgebundener Arbeitgeber sich dem Druck seines Verbands ergeben und vom Lohn der Außenseiter-Arbeitnehmer das Entgelt einbehalten und abführen *wollte*, so *könnte* er dies nicht ohne Weiteres.[1045]

Allenfalls bei Neueinstellungen könnte er die Klausel im Arbeitsvertrag durchsetzen, wenn er die Klausel in die allgemeinen Geschäftsbedingungen aufnimmt, die er kraft seiner überlegenen Position stellt. Sowohl in Bezug auf sich anbahnende als auch bei laufenden Arbeitsverhältnissen dürfte er auf das Problem stoßen, dass er in der Regel keine Kenntnis über die Gewerkschaftsmitgliedschaft der Bewerber sowie der bei ihm beschäftigten Arbeitnehmer hat. Eine darauf gerichtete Frage wird im Bewerbungsprozess allgemein für unzulässig gehalten. Es wäre also unklar, wer überhaupt zur Zahlung des Nutzungsentgelts verpflichtet werden soll.

Selbst wenn der Arbeitgeber die Außenseiter-Arbeitnehmer unter seinen Beschäftigten identifiziert, ist davon auszugehen, dass diese ihre Zustimmung zu einer solchen nachträglichen Vertragsänderung verweigern würden. In diesem Fall müsste der Arbeitgeber einseitig eine Änderung der Arbeitsbedingungen dahingehend herbeizuführen, dass er fortan berechtigt wäre, vom vereinbarten monatlichen Bruttolohn einen Anteil einzubehalten und an eine dritte Stelle abzuführen. Da sich so der auszukehrende Nettolohn reduzieren würde, stellte sich diese Änderung aus Sicht der Arbeitnehmer faktisch wie eine Entgeltreduzierung dar. Weil die Verringerung des auszuzahlenden Nettobetrags durch den Abzug des Nutzungsentgelts allein auf den Willen des Arbeitgebers zurückzuführen wäre und nicht etwa auf gesetzliche Vorgaben, würde sich der Abzug maßgeblich von anderen Verringerungen der Bruttolohnsumme, etwa durch die Abführung gesetzlich vorgegebener Sozialversicherungsbeiträge und Steuern, unterscheiden. Vor diesem Hintergrund erschiene eine Änderung der Arbeitsbedingungen zwecks Abzugs des Nutzungsentgelts den betroffenen Außenseiter-Arbeitnehmern wie eine einseitige Entgeltreduzierung von Seiten des Arbeitgebers.

1045 Hierauf zutreffend hinweisend *Hueck*, RdA 1961, 141 (148); *Hölters*, Harmonie normativer und schuldrechtlicher Abreden in Tarifverträgen, S. 32.

Da hier das Synallagma von Leistung und Gegenleistung betroffen wäre, könnte der Arbeitgeber eine solche Maßnahme nicht auf sein Weisungsrecht aus § 107 GewO stützen. Einseitig kann der Arbeitgeber die einmal vereinbarten Arbeitsbedingungen nur durch Ausspruch einer Änderungskündigung (§ 2 KSchG) erreichen, an deren soziale Rechtfertigung hohe Anforderungen gestellt werden. Erforderlich ist gem. §§ 2, 1 Abs. 2 KSchG, dass die Änderung der Arbeitsbedingungen durch in der Person oder dem Verhalten des Arbeitnehmers liegende Gründe oder durch dringende betriebliche Erfordernisse, die der Weiterbeschäftigung zu den bisherigen Bedingungen im Betrieb entgegenstehen, bedingt ist. Die Einschlägigkeit dieser Gründe kann im Fall der Änderung der Arbeitsbedingungen zwecks Abzugs eines Nutzungsentgelts erheblich in Zweifel gezogen werden.[1046]

Eine verhaltensbedingte Änderungskündigung zu diesem Zweck scheidet aus, weil den Außenseiter-Arbeitnehmer durch die schuldrechtliche Tarifvereinbarung keinerlei Pflicht zur Zahlung des Entgelts träfe. Die Nichtzahlung stellte somit auch keine (erhebliche und schuldhafte) Verletzung einer vertraglichen Haupt- oder Nebenpflicht durch den Außenseiter-Arbeitnehmer dar, die aber für den Ausspruch einer verhaltensbedingten Änderungskündigung ebenso erforderlich ist wie die Erwartung, dass eine dauerhafte störungsfreie Vertragserfüllung in Zukunft nicht stattfindet und die Unzumutbarkeit der Weiterbeschäftigung zu den vereinbarten Arbeitsbedingungen über die Kündigungsfrist hinaus nach Abwägung der Interessen beider Vertragsteile vorliegt.[1047]

Weil eine personenbedingte Änderungskündigung zum Zwecke der Einführung des Nutzungsentgelts noch abwegiger ist, bliebe somit allein die Möglichkeit, eine solche Maßnahme auf betriebsbedingte Gründe zu stützen. Das setzte aber voraus, dass zunächst eine unternehmerische Entscheidung vorläge, die entweder eine Umgestaltung der Betriebsorganisation nach sich zöge (ungebundene Entscheidung aus innerbetrieblichen Gründen) oder bei Beibehaltung der bisherigen Betriebsorganisation die Veränderung des Arbeitskräftebedarfs wegen der unmittelbaren Weitergabe

1046 Ebenso *Hueck*, RdA 1961, 141 (148); aA *Heußner*, RdA 1960, 295 (299): „Es ist niemals sozial ungerechtfertigt, oder mit dem „Anstandsgefühl aller billig und gerecht Senkenden“ unvereinbar, wenn Arbeitnehmer entlassen werden, die sich im Rahmen der Betriebs- und Berufsgemeinschaft unsozial, ja sogar sittenwidrig verhalten“; für eine Verwerflichkeit des „Schmarotzens“ auch *Bachmann*, MuA 1950, 56.

1047 Exemplarisch *Zimmermann*, in: Gallner/Mestwerdt/Nägele Kündigungsschutzrecht, KSchG § 1 Rn. 193.

außerbetrieblicher unternehmensbezogener Marktfaktoren zur Folge hätte (gebundene Entscheidung aus außerbetrieblichen Gründen).[1048] So oder so muss die Entscheidung kausal sein für den (teilweisen) Wegfall des Beschäftigungsbedürfnisses des betroffenen Arbeitnehmers. Die Zahl der zur Erledigung bestimmter Aufgaben verpflichteten Arbeitnehmer müsste also größer sein als die für die Menge der zu erledigenden Aufgaben erforderliche Zahl an Arbeitnehmern.[1049] Die bloße Absicht eines Arbeitgebers, Lohnkosten zu senken, kann hingegen nicht Unternehmensentscheidung in diesem Sinne sein. Zum Ausspruch einer betriebsbedingten Änderungskündigung wäre vielmehr der Beschluss einer konkreten betrieblichen Maßnahme erforderlich, die dann eine Senkung der Lohnkosten erforderlich machen könnte. Dementsprechend hat das BAG eine Änderungskündigung zur Entgeltreduzierung auch nur in äußersten Ausnahmefällen wie der ansonsten drohenden Stilllegung des ganzen Betriebes geduldet und im Übrigen abgelehnt.[1050]

Daraus folgt, dass sich der bloße Wunsch des Arbeitgebers, den Abzug des Nutzungsentgelts und damit die faktische Entgeltreduzierung des Arbeitnehmers zu erreichen, auch nicht als betriebsbedingte Änderungskündigung umsetzen ließe. Der Abzug des Entgelts wäre nämlich weder die Folge von innerbetrieblichen Organisationsveränderungen noch von der innerbetrieblichen Umsetzung äußerer Vorgaben, die sich auf die Anpassung der Arbeitskräfte an die Arbeitsmenge beziehen. Betriebliche Belange wären vielmehr gar nicht berührt. Ohne eine entsprechende Verpflichtung

---

1048 Vgl. nur *Pfeiffer*, in: Gallner/Mestwerdt/Nägele Kündigungsschutzrecht, KSchG § 2 Rn. 43; *Zimmermann*, in: Gallner/Mestwerdt/Nägele Kündigungsschutzrecht, KSchG § 1 Rn. 663 f.

1049 *Zimmermann*, in: Gallner/Mestwerdt/Nägele Kündigungsschutzrecht, KSchG § 1 Rn. 683 f.; *Oetker*, in: ErfK KSchG § 1 Rn. 217.

1050 BAG v. 20.8.1998 – 2 AZR 84/98, AP KSchG 1969 § 2 Nr. 50 (= NZA 1999, 255) siehe II 1 d) der Gründe: „Bei der betriebsbedingten Änderungskündigung zur Entgeltsenkung ist zu berücksichtigen, daß der Arbeitgeber nachhaltig in das arbeitsvertraglich vereinbarte Verhältnis von Leistung und Gegenleistung eingreift, wenn er die vereinbarte Vergütung reduziert. Grundsätzlich sind einmal geschlossene Verträge einzuhalten und es ist anerkannt, daß Geldmangel den Schuldner nicht entlastet. Die Dringlichkeit eines schwerwiegenden Eingriffs in das Leistungs-/Lohngefüge, wie es die Änderungskündigung zur Durchsetzung einer erheblichen Lohnsenkung darstellt, ist deshalb nur dann begründet, wenn bei einer Aufrechterhaltung der bisherigen Personalkostenstruktur weitere, betrieblich nicht mehr auffangbare Verluste entstehen, die absehbar zu einer Reduzierung der Belegschaft oder sogar zu einer Schließung des Betriebes führen."; zuvor schon BAG v. 26.1.1995 – 2 AZR 428/94 , E 79, 169 (= AP KSchG 1969 § 2 Nr. 37); *Pfeiffer*, in: Gallner/Mestwerdt/Nägele Kündigungsschutzrecht, KSchG § 2 Rn. 43.

zur Zahlung eines Nutzungsentgelts abgeschlossene Arbeitsverhältnisse oder nicht entsprechend geänderte Arbeitsverhältnisse würden angesichts der nur schuldrechtlichen Wirkung der tarifvertraglichen Klausel (weiter) wirksam sein.

Folglich bleibt zu konstatieren, dass eine schuldrechtliche Einwirkungsklausel spätestens am Widerwillen der Außenseiter-Arbeitnehmer scheitern würde, da der Arbeitgeber den Lohnabzug einseitig nicht durchsetzen könnte.

c) Zwischenergebnis

Selbst wenn man eine schulrechtliche Nutzungsentgelt-Klausel in Form einer Einwirkungsklausel für wirksam vereinbar hält, weil sie eben nur die Rechte und Pflichten der Koalitionen betrifft, wäre die Adressierung an die Koalitionen zugleich auch der Grund für die mangelnde Effizienz einer solchen Klausel. Weder wäre zu erwarten, dass die Verbände die bei ihnen organisierten Arbeitgeber mit letzter Konsequenz zur Umsetzung des Nutzungsentgelts im Individualarbeitsverhältnis anhalten, noch könnten Außenseiter-Arbeitgeber unmittelbar erreicht werden. Und selbst wenn Arbeitgeber gewillt wären, den Lohnabzug umzusetzen, so könnten sie für die große Zahl an Bestandsarbeitsverhältnissen einseitig eine solche Veränderung der Arbeitsbedingungen nicht vornehmen. Es zeigt sich, dass die Klausel schuldrechtlich nicht effektiv durchsetzbar wäre.[1051]

2. Die Nutzungsentgelt-Regelung als Verpflichtungsklausel

Angesichts dieser Unzulänglichkeiten könnte man erwägen, die Außenseiter-Arbeitnehmer mit einer schuldrechtlichen Nutzungsentgelts-Klausel folgenden Inhalts direkt zu verpflichten (Verpflichtungsklausel):

> „Alle Arbeitnehmer, die weder in der tarifschließenden noch sonst einer tarifzuständigen Gewerkschaft organisiert sind, haben für den Fall, dass sich ihr Arbeitsverhältnis infolge einer einzelvertraglichen Bezugnahme im Wesentlichen nach dem Tarifvertrag AB richtet, ein Nutzungsentgelt in Höhe von X EUR an die tarifschließende Gewerkschaft A zu entrich-

1051 Ebenso *Schwaabe*, Solidaritätsbeiträge, S. 52 ff.; kritisch auch *Kauffmann*, AuR 1961, 269 (271).

ten. Die Arbeitgeber von in Satz 1 genannten Arbeitnehmern sind verpflichtet, den Betrag X monatlich vom Lohn einzubehalten und an die Gewerkschaft abzuführen. Die Arbeitnehmer sind verpflichtet, dies zu dulden."

a) Keine Regelungsbefugnis für ausschließliche und unmittelbare Belastung von Außenseiter-Arbeitnehmern im schuldrechtlichen Teil des Tarifvertrages

Bevor sich hier Einzelheiten zugewandt wird, ist jedoch vorgelagert die Frage zu klären, ob sich eine solche direkte Vereinbarung einer Zahlungspflicht für Außenseiter-Arbeitnehmer überhaupt im Rahmen der schuldrechtlichen Regelungsbefugnis der Tarifvertragsparteien bewegen würde. Im Rahmen der Debatte um den Solidaritätsbeitrag ist dieser Fragestellung nur wenig Aufmerksamkeit gewidmet worden.[1052] *Faika* begründet dies damit, dass es in Deutschland – anders als etwa in der Schweiz, wo die Vereinbarung von Solidaritätsbeiträgen als Anschlussbedingung auf vertragsrechtlicher Grundlage[1053] regelmäßig keine Schwierigkeiten bereitete – der für eine solche vertragliche Lösung erforderliche feste Wille zu enger Zusammenarbeit der Tarifvertragsparteien fehle.[1054] Er selbst lehnte eine schulrechtliche Regelung jedenfalls mit dem Hinweis darauf ab, dass sie gegen das heute abgeschaffte Verbot von Lohnverwendungsabreden in § 117 Abs. 2 GewO aF[1055] verstieße sowie dem „Verbot des Vertrags zu Lasten Dritter" widerspräche.[1056] Diese Argumente setzen das grundsätzliche Bestehen einer einen Normenkonflikt auslösenden Regelung inzident voraus. *Faika* übersieht dabei, dass schon ein Schritt davor zu klären ist, ob die Tarifvertragsparteien eine solche Regelung *in einem Tarifvertrag* überhaupt treffen können (Regelungszuständigkeit). Hiermit wurde sich in der parallel gelagerten Diskussion um die Differenzierungsklauseln auseinandergesetzt. Die Befugnis zur schuldrechtlichen Regelung von Differenzierungsklauseln im Tarifvertrag lehnten dort einige mit dem Argument ab, dass zur

1052 Diese Einschätzung teilend *Hölters*, Harmonie normativer und schuldrechtlicher Abreden in Tarifverträgen, S. 32; *Faika*, Solidaritätsbeitrag, S.93.

1053 Siehe hierzu unter Kap. 4 B. II.

1054 *Faika*, Solidaritätsbeitrag, S.93.

1055 Vgl. etwa *Faika*, Solidaritätsbeitrag, S. 90.

1056 *Faika*, Solidaritätsbeitrag, S. 90 f.; ebenso *Höpfner*, ZfA 2020, 178 (198).

Verhinderung von Umgehungen die normative und die schuldrechtliche Regelungsbefugnis deckungsgleich sein müssten.[1057]

Die Grenzen dessen, was sich in Form des durch die Rechtsordnung besonders privilegierten Tarifvertrages regeln lässt, bestimmt die Tarifautonomie als Ausschnitt aus der umfassenden Koalitionsbetätigungsfreiheit des Art. 9 Abs. 3 GG. Wie oben dargelegt wurde, umfasst diese die unmittelbare Regelung der Arbeits- und Lohnbedingungen der Mitglieder. Daneben dürfen die Tarifvertragsparteien ihre eigenen Angelegenheiten (etwa Friedenspflicht) regeln. Eine Klausel, welche die Arbeitgeber zum Abzug eines Nutzungsentgelts vom Lohn von Außenseiter-Arbeitnehmern und die Außenseiter-Arbeitnehmer zur Duldung verpflichtet, überschreitet diesen Rahmen jedoch. Einerseits ist bei der Verabredung eines Nutzungsentgelts der Zusammenhang zur Gestaltung des Arbeitsverhältnisses zu lose, um sie als Inhaltsnorm in einem einfachen Tarifvertrag zu treffen. Vor allem aber sollen mit der Regelung ausschließlich und final Außenseiter-Arbeitnehmer belastet werden, sodass auch der Bereich der Selbstregelung für die Mitglieder der Tarifvertragsparteien verlassen wird. Im Ergebnis ist damit den Vertretern der sog. „Harmonielehre", die meinen, dass „schuldrechtlicher Regelung verschlossen bleiben müsse, was normativer Regelung nicht zugänglich sei",[1058] zuzustimmen. Dies ergibt sich jedoch nicht erst aus einer Auslegung des § 1 TVG, sondern bereits aus einer Betrachtung des Schutzbereichs der in Art. 9 Abs. 3 GG niedergelegten Tarifautonomie, welche die äußere Grenze der durch Tarifvertrag regelbaren Inhalte darstellt.[1059]

1057 Zunächst eher als obiter dictum geäußerter Grundsatz *Nipperdeys*, der später vermehrt aufgegriffen wurde, vgl. *Nipperdey*, Rechtsgutachten, S. 42; *Hueck-Nipperdey*, Lehrbuch des Arbeitsrechts II/1, S. 168, 330, 337 f., 402; *Biedenkopf*, Grenzen der Tarifautonomie, S. 20f.; *ders.*, Verhandlungen 46. DJT 1966, S. 97 ff. (125f.); *Bötticher*, Die gemeinsamen Einrichtungen, S. 142, 151f.; *Giesen*, Grenzen schuldrechtlicher Vereinbarungsmacht, S. 65 ff.; *Hertenstein*, Die schuldrechtliche Regelungsbefugnis, S. 135 ff.; *Hölters*, Harmonie normativer und schuldrechtlicher Abreden in Tarifverträgen, S. 110ff.; *Loritz*, Tarifautonomie und Gestaltungsfreiheit, S. 123 ff.; *Mayer-Maly*, BB 1965, 829 (833); *ders.*, BB 1966, 1037 (1039): „materiales Verständnis des Normativen"; *Richardi* Kollektivgewalt und Individualwille bei der Gestaltung des Arbeitsverhältnisses, S. 198f., 208f.; aA *Gamillscheg*, Differenzierung, S. 78 ff.; *ders.*, BB 1967, 45 (52); wohl auch *Zöllner*, Differenzierungsklauseln, S. 39 ff.; offen gelassen in BAG v. 29.11.1967 – GS 1/67, AP Nr 13 zu Art 9 GG, juris Rn. 73 ff., insb. Rn. 80.

1058 Siehe oben Fn. 1058.

1059 Ebenso *Giesen*, ZfA 2016, 153 (175); *Höpfner*, RdA 2020, 129 (137); vgl. zur äußeren Grenze der Regelungsbefugnis *Ahrendt*, in Däubler TVG, § 1 Rn. 1189.

b) Möglichkeit zum Abschluss nichttariflicher Koalitionsverträge auf Grundlage von Art. 2 Abs. 1 GG

Damit ist aber noch nicht gesagt, dass den Koalitionen jegliche Regelung eines Nutzungsentgelts versagt bleiben muss. Es gibt zwar Vorstöße, die den Koalitionen „in ihrer Funktion als Tarifvertragsparteien" jedwede eigene Vertragsfreiheit absprechen und die schuldrechtliche Regelungsbefugnis somit auf die Gegenstände des Art. 9 Abs. 3 GG beschränken.[1060] Eine solche Verengung der Fähigkeit der Koalitionen zur privaten Rechtsetzung kann jedoch aus mehreren Gründen nicht überzeugen.

Eine derartige Sichtweise übersieht den Umstand, dass der Geltungsbefehl der §§ 4 Abs. 1, 3 Abs. 1 TVG den Koalitionen im Hinblick auf die in Art. 9 Abs. 3 GG beschriebenen Materien eine *zusätzliche bzw. weitergehende* Möglichkeit zur Rechtsetzung einräumen wollte, ohne zugleich eine Einschränkung der jedem Privatrechtssubjekt zustehenden Regelungsbefugnis aus Art. 2 Abs. 1 GG vorzunehmen.[1061] In Ausübung der allgemeinen Vertragsfreiheit nach § 311 Abs. 1 BGB und Art. 2 Abs. 1 GG können Koalitionen auch schuldrechtliche Vereinbarungen treffen, die nicht die Gestaltung der Arbeits- und Wirtschaftsbedingungen ihrer Mitglieder zum Gegenstand haben (wie zum Beispiel über Belange des Umweltschutzes). Warum man diese Möglichkeit, die tarifunfähigen Verbänden offen steht, den tariffähigen Verbänden verweigern sollte, ist nicht erklärlich.[1062] Die Koalitionen müssen dabei freilich beachten, dass sie bei Abschluss eines solchen „nichttariflichen Koalitionsvertrages"[1063] von den besonderen Privilegien der Rechtsetzung im Schutzbereich der in Art. 9 Abs. 3 GG als Ausschnitt der umfassenden Koalitionsbetätigungsfreiheit garantierten Tarifautonomie

1060 *Hertenstein*, Die schuldrechtliche Regelungsbefugnis, S. 135 f., passim; ähnlich *Giesen*, Grenzen schuldrechtlicher Vereinbarungsbefugnis, S. 65 ff.

1061 Bereits zutreffend herausgearbeitet durch *Höpfner*, RdA 2020, 129 (137); *Mayer*, Differenzierungsklauseln, S. 223.

1062 Deutlich BAG 21.5.2014 – 4 AZR 50/13, AP BGB § 242 Gleichbehandlung Nr. 220 Rn. 31: „Für die Tarifvertragsparteien gilt die allgemeine Vertragsfreiheit. Im Grundsatz ist ihre schuldrechtliche Vereinbarungsmacht unbegrenzt"; ebenso *Franzen*, in: ErfK, TVG, § 1 Rn. 80; *Heuschmid/Klug*, in: Däubler TVG, § 1 Rn. 1075; *Höpfner*, RdA 2019, 149 (150); *Nebe*, in: Däubler TVG, § 1 Rn. 28; *Löwisch/Rieble* TVG, § 1 Rn. 1284; *Mayer*, Differenzierungsklauseln, S. 223 f.; *Jacobs*, in: Wiedemann TVG, Einleitung Rn. 706; für die Zulässigkeit auch *Thüsing*, in: Wiedemann TVG, § 1 Rn. 20.

1063 Zur Begrifflichkeit *Höpfner*, RdA 2020, 129 (139); *Jacobs*, in: Wiedemann TVG, Einleitung Rn 709.

– namentlich der Durchsetzbarkeit mit Mitteln des Arbeitskampfrechts, einer Kontrollfreiheit der Vertragsinhalte wegen der Angemessenheitsvermutung und der Ausnahme vom Kartellverbot – ausgenommen sind.[1064] Ob diese schuldrechtlichen Vereinbarungen sich angesichts dessen als sinnvoll und durchsetzbar erweisen, steht auf einem anderen Blatt. Zweifel daran rechtfertigen es jedenfalls nicht, den Koalitionen die Vertragsfreiheit von vornherein abzusprechen. Wo der Schutzbereich der speziellen Koalitionsfreiheit des Art. 9 Abs. 3 GG nicht eröffnet ist, kann schließlich eine Verdrängung des grundsätzlich subsidiären Grundrechtsschutzes aus Art. 2 Abs. 1 GG nach dem lex specialis Grundsatz nicht stattfinden.[1065]

IV. Ergebnis

Damit bleibt festzuhalten, dass sich die Einführung einer Zahlungspflicht der Außenseiter-Arbeitnehmer durch Aufnahme einer Nutzungsentgelt-Klausel in den Tarifvertrag nicht (effektiv) realisieren lässt. Die avisierte unmittelbare und ausschließliche Belastung der Außenseiter-Arbeitnehmer bewegt sich außerhalb der Grenzen, welche der Art. 9 Abs. 3 GG für die tarifautonome Regulierung von Arbeitsbedingungen gesteckt hat und lässt sich daher weder im normativen noch im schulrechtlichen Teil eines einfachen Tarifvertrages regeln. Der Einführung einer Zahlungspflicht für Außenseiter-Arbeitnehmer über den Umweg einer gemeinsamen Einrichtung erscheint nicht nur rechtlich höchst fragwürdig, sondern wegen des verschleierten Zusammenhangs mit dem organisationspolitischen Anliegen auch nicht zielführend. Allenfalls könnte überlegt werden, ob sich die Verpflichtung zur Vereinbarung eines Nutzungsentgelt als sog. „Einwirkungsklausel" in den schuldrechtlichen Teil des Tarifvertrages integrieren ließe. Die Hürden in der praktischen Umsetzung verurteilen diese Idee jedoch bereits zum Scheitern.

Unbenommen bleibt es den Tarifvertragsparteien jedoch, im Rückgriff auf die auch ihnen subsidiär zustehende Vertragsfreiheit, außerhalb eines Tarifvertrages eine Abrede über ein Nutzungsentgelt zu treffen. Ob dies

---

1064 *Höpfner*, RdA 2020, 129 (139 ff.); *ders.*, RdA 2019, 149 (150); *Klumpp*, in: MHdB ArbR, § 264 Rn. 21 f.

1065 Vgl. BVerfG v. 30.11.1965 – 2 BvR 54/62, NJW 1966 491 [B. I. 2 c) der Gründe]; *Kunig/Kämmerer*, in: MK, GG, Art. 2 Rn. 156; *Mayer*, Differenzierungsklauseln, S. 223; siehe allgemein zur Verdrängung der Anwendbarkeit des Art. 2 I GG auf Tatbestände jenseits des Schutzbereichs eines speziellen Freiheitsgrundrechts *Dreier*, in: Dreier GG, Art. 2 Rn. 98; *Jarass*, in: Jarass/Pieroth GG, Art. 2 Rn. 2.

eine taugliche Lösung darstellen kann, wird im folgenden Abschnitt unter B. I. zu prüfen sein.

B. Einführung eines Nutzungsentgelts für Außenseiter-Arbeitnehmer durch Anspruchsgrundlagen außerhalb eines Tarifvertrages

Zu Beginn der 1960iger Jahre gingen die meisten Autoren davon aus, dass eine Zahlungspflicht gegenüber Außenseitern sich allein mittels Tarifvertrags oder sogar nur mittels Gesetzes umsetzen ließe.[1066] Über Anspruchsgrundlagen für einen Solidaritätsbeitrag außerhalb des Tarifvertrages oder eines neu zu schaffenden Gesetzes wurden sich eher wenig Gedanken gemacht. *Schwaabe* erklärt sogar ausdrücklich, dass seine Überlegungen zur Herleitung der Zahlungspflicht aus allgemeinen Prinzipien nicht als Suche nach einer Anspruchsgrundlage zu verstehen sei, sondern als die nach einer „innere[n] Begründung" der von ihm vorgeschlagenen tarifvertraglichen Regelung.[1067] Der Große Senat des BAG positionierte sich schließlich in seinem Grundsatzbeschluss aus dem Jahr 1967 auch klar gegen einen Anspruch der Gewerkschaften außerhalb des Tarifrechts. Stattdessen proklamierte er, wie oben dargelegt, einen Gemeingebrauch am Tarifvertrag.[1068] Es ist im Folgenden zu überprüfen, wie überzeugend die Ablehnung sonstiger Anspruchsgrundlagen außerhalb des Tarifvertrages ist.

I. Zahlungspflicht für Außenseiter-Arbeitnehmer aus nichttariflichem Koalitionsvertrag

Da bereits oben ausgeführt wurde, dass die Koalitionen sich zwar nicht im Tarifvertrag, wohl aber außerhalb davon auch über Belange verständigen können, die außerhalb der Gestaltung der Arbeitsbedingungen ihrer Mitglieder liegen, stellt sich zunächst die Frage, wie erfolgsversprechend eine Nutzungsentgelt-Klausel in einem solchen nichttariflichen Koalitionsvertrag wäre. Betroffen ist damit die oben erörterte Verpflichtungsklausel. In einem nichttariflichen Koalitionsvertrag könnten Gewerkschaft und Ar-

---

1066 Vgl. nur *Kempen*, in: Hagemeier/Kempen/Zachert/Zilius TVG (2. Aufl.), § 3 Rn. 107; *Richardi*, Kollektivgewalt und Individualwille, S. 185; *Schwaabe*, Solidaritätsbeiträge, S. 21; das gilt auch für Erörterungen jüngeren Datums, vgl. *Gebhardt*, Außenseiter im Arbeitskampf, S. 255; *Höpfner*, ZfA 2020, 178 (179 f.).

1067 *Schwaabe*, Solidaritätsbeiträge, S. 15.

1068 Vgl. Kap. 2 C. III. 4. b).

beitgeberverband sich zwar darauf einigen, dass Außenseiter-Arbeitnehmer bei Partizipation an dem von ihm ausgehandelten Tarifvertrag ein Nutzungsentgelt zu zahlen haben. Eine solche Klausel müsste jene allerdings auch wirksam binden, um als praktischer und gangbarer Weg in Betracht zu kommen.

1. Kein Vertrag zu Gunsten Dritter

Zwar kennt unsere Rechtsordnung ein explizites Verbot eines Vertrags zu Lasten Dritter nicht.[1069] Es ist jedoch anerkannt, dass Vertragsparteien im Wege eines Rechtsgeschäfts Rechtsfolgen grundsätzlich nur für sich selbst und nicht mit Wirkung für und gegen Unbeteiligte herbeiführen können.[1070] Ohne eine gesonderte Grundlage (wie etwa eine Unterwerfung) kann eine Bindung des Dritten an die rechtsgeschäftlich von anderen gesetzten Rechtsfolgen demnach nicht eintreten („pacta tertiis nec nocent nec prosunt").[1071] Der Rückgriff auf den Vertrag zu Gunsten Dritter (§ 328 BGB) scheidet in der vorliegenden Konstellation offensichtlich aus, da die Außenseiter-Arbeitnehmer durch eine Verpflichtungsklausel in dem nichttariflichen Koalitionsvertrag nur belastet würden.[1072] Es bedürfte also einer anderweitigen Unterwerfung der Außenseiter-Arbeitnehmer unter diese Bestimmung, um die Legitimationslücke zu schließen.

2. Keine Unterwerfung der Außenseiter-Arbeitnehmer durch Bezugnahme im Individualarbeitsvertrag

Eine solche Unterwerfung könnte sich nicht aus der einzelvertraglichen Bezugnahme der Außenseiter-Arbeitnehmer auf den Tarifvertrag oder die

---

1069 Insofern zu Recht kritisch gegenüber dem undifferenziert oft bemühten „Verbots des Vertrags zu Lasten Dritter" im Arbeitsrecht *Ulrici*, ZfA 2016, 377 ff., insb. (395) (397).

1070 Vgl. Kap. 2 A. I.; i.Ü. siehe nur *Gottwald*, in: MüKo BGB, § 328 Rn. 263; *Klumpp*, in: Staudinger BGB, Vor. § 328 BGB Rn. 53; *Ulrici*, ZfA 2016, 377 (395) mwN.

1071 *Enneccerus/Lehmann*, Schuldrecht, S. 148; *Flume*, Allgemeiner Teil II, S. 906; *Klein*, JZ 1997, 390 (393); *Ulrici*, ZfA 2016, 377 (395); *v. Thur*, Binding BGB-AT II, S. 168: „Fehlt es an einer solchen Beziehung [Rechtwirkungen gegen einen Dritten vermittelnde Anordnung oder Unterwerfung], so kann ein Rechtsgeschäft zwischen A und B zwar die Interessen des X schädigen, aber nicht seine Rechtslage verändern.".

1072 Ebenso *Loritz*, in: FS Preis (2021), 795 (799).

nichttarifliche Koalitionsvereinbarung ergeben. Zunächst wäre die Nutzungsentgelt-Klausel schon kein Teil des Tarifvertrages, an dem die Außenseiter-Arbeitnehmer im Wege der Bezugnahme partizipieren. Aus den oben erörterten Gründen könnte die Klausel allenfalls in einem nichttariflichen Koalitionsvertrag vorgesehen werden.

Warum Arbeitsvertragsparteien wiederum auf eine solche Zusatzvereinbarung der tarifschließenden Koalitionen Bezug nehmen sollten, ist nicht ersichtlich. Eine Bezugnahme auf eine sonstige Koalitionsvereinbarung bringt keine weiteren Vorteile, wie die Möglichkeit zur Abweichung von tarifdispositivem Recht, mit sich. Man könnte überlegen, die Verpflichtungsklausel mit einer Einwirkklausel zu kombinieren, sodass die tarifgebundenen Arbeitgeber verbandsrechtlich zu einer Bezugnahme auf die sonstige Koalitionsvereinbarung angehalten werden. Der Erfolg dieser Maßnahme darf aber in Zweifel gezogen werden. Die Arbeitgeberseite hat sich in der Vergangenheit bereits dagegen gesträubt, an der Stärkung des sozialen Gegenspielers mitzuwirken.[1073] Es ist nicht zu erwarten, dass sich dieser Widerwille aufgelöst hat. Anders als die Bestimmung in einem Tarifvertrag wäre eine Nutzungsentgeltklausel in einer nichttariflichen Koalitionsvereinbarung nicht mal mittels Streiks zu erzwingen. Damit ist sowohl ihre Vereinbarung als auch eine standardmäßige Bezugnahme der Arbeitgeber auf diese Zusatzvereinbarung eher unwahrscheinlich und keine in der Praxis vorstellbare Lösung.

Und selbst in dem unwahrscheinlichen Fall, dass die Arbeitgeber in den von ihnen gestellten Standardarbeitsverträgen eine Bezugnahme auf eine solche sonstige Koalitionsvereinbarung mit Nutzungsentgelt-Klausel aufnehmen würden, führt dies nicht automatisch zu einer Zahlungspflicht der Außenseiter-Arbeitnehmer. Im Gegenteil dürfte diese Klausel im Individualarbeitsverhältnis keine Wirkung entfalten. Grundsätzlich steht es den Arbeitsvertragsparteien frei, sich im Wege der einzelvertraglichen Vereinbarung irgendwelchen, auch räumlich und zeitlich nicht einschlägigen oder sogar unwirksamen Tarifbestimmungen zu unterstellen.[1074] Die in Bezug genommenen Tarifbestimmungen werden jedoch nicht in den Individualarbeitsvertrag einbezogen, wenn diese ihrem Inhalt nach ungewöhnlich und überhaupt nicht vorhersehbar sind. Anhand von § 305c Abs. 1 BGB ist einerseits zu prüfen, ob es sich bei der Bezugnahmeklausel insgesamt um

1073 Vgl. Kap. 2 C. III. 3.

1074 Vgl. *Eylert/Rinck*, RdA 2022, 146 (153), die allerdings bei Inbezugnahme branchenfremder und unwirksamer Tarifverträge eine Inhaltskontrolle fordern.

eine überraschende Klausel handelt und andererseits, ob eine an sich nicht überraschende Bezugnahme bestimmte, ihrerseits überraschende tarifliche Bestimmungen erfasst.[1075] Andere sehen diese Überlegungen eher beim § 310 BGB verortet.[1076]

Unabhängig von dem Standort der Prüfung ist jedenfalls das Ergebnis richtig, eine Vertragsbestimmung, die wegen der eindeutigen Außenseiterbelastung an einem Tarifvertrag und damit der Angemessenheitsvermutung keinen Anteil haben kann, über eine Bezugnahme nicht zum Inhalt des Einzelarbeitsvertrages werden zu lassen. Arbeitnehmer gehen – soweit sie sich überhaupt eine Vorstellung über die Herkunft von kollektiven Arbeitsbedingungen machen – davon aus, dass die Bezugnahme Arbeitsbedingungen von Organisierten zum Gegenstand hat und diese so gestaltet sind, dass die Arbeitnehmer, die dafür verantwortlich zeichnen, sich diesen Bedingungen auch selbst unterwerfen. Außenseiter-Arbeitnehmer verstehen die Bezugnahme daher in der Regel als Gleichstellungsabrede, sie erwarten, „wie Gewerkschaftsmitglieder" behandelt zu werden.[1077] Damit, dass in einem Vertrag der Koalitionen eine Bestimmung „schlummert", welche einerseits die Gestaltung der Arbeitsbedingungen (sachlich-inhaltlich) überhaupt nicht zum Gegenstand hat und zweitens keine Relevanz hat, bis sich ein Außenseiter-Arbeitnehmer darauf bezieht, dürfte nicht gerechnet werden. Eine solche Klausel ist daher als überraschend anzusehen und kann nicht Inhalt des Einzelarbeitsvertrages werden.[1078]

1075 Vgl. BAG v. 20.1.2021 – 4 AZR 283/20, AP TVG § 1 Tarifverträge: Metallindustrie Nr. 257 Rn. 18; v. 20.3.2019 – 7 AZR 98/17, AP TVG § 1 Tarifverträge: Telekom Nr. 19 Rn. 28 ff.; v. 24.9.2008 – 6 AZR 76/07, AP BGB § 305 c Nr. 11 Rn. 20 f.); für eine Einbeziehungs- und Inhaltskontrolle bei „ungewöhnlichem" Bezugnahmeobjekt auch *Preis*, in: ErfK, BGB, § 310 Rn. 80a; vgl. auch *Eylert/Rinck*, RdA 2022, 146 (151).

1076 So etwa *Saeidy-Nory/Wank*, RdA 2022, 1 (10 ff.).

1077 Vgl. Kap. 2 C. III. 4. a) aa).

1078 In diese Richtung auch *Giesen*, ZfA 2016, 153 (190). Selbst wenn man das anders sähe und die Klausel Vertragsinhalt würde, so könnte sie an dem Verbot der unangemessenen Benachteiligung scheitern. Da die nichttarifliche Koalitionsvereinbarung – anders als ein vollständig in Bezug genommener Tarifvertrag (vgl. beispielhaft *Eylert/Rinck*, RdA 2022, 146 (153) und siehe unter Kap. 2 A. II.) – der vollen AGB-Kontrolle unterläge und die Ausnahme des § 310 Abs. 4 S. 3 BGB nicht für Vereinbarungen gilt, die sich nicht als Ausübung der in Art. 9 Abs. 3 GG garantierten Tarifautonomie darstellen (zutreffend *Giesen*, ZfA 2016, 153 (190)), kommt die Angemessenheitsvermutung nicht zum Tragen. Demnach ist nach allgemeinen Regeln zum Schutz des strukturell schwächeren Vertragspartners eine Inhaltskontrolle vorzunehmen.

3. Ergebnis

Es bleibt festzuhalten, dass die Koalitionen eine Zahlungspflicht der Außenseiter-Arbeitnehmer für den Fall einer Partizipation am Tarifvertrag auch nicht im Wege eines nichttariflichen Koalitionsvertrages erreichen können. Eine direkte Verpflichtung der Außenseiter-Arbeitnehmer ist unmöglich, die Einwirkung auf die Vereinsmitglieder inneffektiv.

II. Zahlungspflicht der Außenseiter-Arbeitnehmer aus der „Natur der Sache"

Müller ging in der Debatte um einen Solidaritätsbeitrag im deutschen Recht in den 1960iger Jahren – soweit ersichtlich – als Einziger davon aus, dass überwiegende Gründe für eine *ipso iure* bestehende und in der „Natur der Sache" liegende Pflicht zur Zahlung eines Solidaritätsbeitrags bestünde.[1079] Er stützte diese Ansicht auf das öffentlich-rechtliche Strukturelement der Koalitionen. Diese hätten eine von der Rechtsordnung verliehene und garantierte Funktion und seien eine rechtliche Einrichtung von gesamtgesellschaftlicher Bedeutung mit öffentlich-rechtlichen Zügen. Alle unfreundlichen Worte über die Unorganisierten könnten „nicht darüber hinwegtäuschen, daß die Gewerkschaften letztlich eine Ordnung erstreben, die jeden erfaßt, den es angeht."[1080] Mit Blick auf diese Stellung und Repräsentativfunktion der Gewerkschaften[1081] sei auch ohne Vorliegen einer AVE[1082] und ohne eine Sondervereinbarung von Außenseitern ein Solidari-

1079 *Müller,* Gedanken zum Solidaritätsbeitrag, S. 7 ff.: „Daß die Außenseiter ihrerseits finanzielle Leistungen erbringen müssen, wird somit unmittelbar von der Sachlage her gefordert und damit von dem Fundamentalsatz von Treu und Glauben nicht nur gedeckt, sondern gerade auch verlangt. Der SolB findet seine Grundlage keinesfalls bloß in einem moralische Anständigkeit ausdrückenden Billigkeitsgedanken; sowie nun einmal das Institut der AVE in unserem Rechtssystem vorgesehen ist, gründet er „in der Natur der Sache".; ähnlich aber *Galperin*, Rechtsgutachten. S. 53 – dazu sogleich.

1080 Zit. n. *Müller*, Gedanken zum Solidaritätsbeitrag, S. 13.

1081 So auch *Gamillscheg*, Möglichkeiten und Grenzen gewerkschaftlicher Anerkennungsforderungen, S. 16 sowie *Zöllner,* Differenzierungsklauseln, S. 49 ff.

1082 *Müller* unterscheidet den Solidaritätsbeitrag für die Außenseiterwirkung infolge einer AVE („engere Möglichkeit", Gedanken zum Solidaritätsbeitrag, S. 6 ff.) und den Beitrag, der unabhängig von bestimmten Sachverhalten der Unterwerfung von Außenseitern „von vornherein und schlechthin von jedem Außenseiter" zu leisten

tätsbeitrag zur Unterstützung der Koalitionen zu erbringen. Dies folge aus Treu und Glauben.[1083]

Im übrigen Schrifttum stieß diese Vorstellung einer Kraft „Natur der Sache“ bestehenden Zahlungspflicht der Außenseiter jedoch überwiegend auf Ablehnung. *Hueck* war etwa der Ansicht, dass das Schweigen des Gesetzgebers, der trotz der Etablierung des Solidaritätsbeitrags im Ausland keinerlei Anstalten zur Einführung eines Solidaritätsbeitrags im deutschen Recht vorgenommen habe, dahin zu verstehen sei, dass eine qua Gesetz bestehende Pflicht nicht gewollt sei. Dass ein ipso jure bestehender Anspruch der Gewerkschaft auf eine solche Zahlung in der Tarifrechtsdogmatik über Jahrzehnte schlicht übersehen worden sei, halte er jedenfalls für sehr fernliegend.[1084] Vor allem aber kritisierten die Gegner von *Müllers* Ansicht, dass er für die Forderung der Zahlungspflicht keinen eigenständigen Rechtsgrund angebe. Sie waren der Ansicht, dass sein allgemeiner Hinweis auf Treu und Glauben als selbständiger Schuldgrund nicht ausreiche.[1085] Der Gesichtspunkt des Vorteilsausgleichs, auf den *Müller* maßgeblich abstelle, spiele rechtlich schließlich nur in ganz bestimmten Fällen eine Rolle, namentlich bei Schadensersatzansprüchen, ungerechtfertigter Bereicherung und der Geschäftsführung ohne Auftrag (GoA). Diese Sonderfälle seien jedoch bei der vorliegenden Konstellation alle nicht einschlägig.[1086] Die Mehrheit der Stimmen ging also davon aus, dass die Pflicht zur Zahlung des Solidaritätsbeitrags nicht aus allgemeinen Gründen hergeleitet werden kann.[1087]

Diese aus den 1960er-Jahren stammenden Ansichten sind nach aktuellem Kenntnis- und Rechtsstand einer absichernden Neubeurteilung zu unterziehen.

---

ist („erweiterte Möglichkeit“, S. 11 ff.). Für ihn stehen beide Optionen in einem Verhältnis sich gegenseitig ausschließender Alternativität.

1083 *Müller*, Gedanken zum Solidaritätsbeitrag, S. 12 f.: “Wegen dieser Gegebenheiten, nämlich um der hier skizzierten Seite des Koalitionswesens gerecht zu werden, erscheint der schlechthin von allen Außenseitern von vornherein zu zahlende SolB möglicherweise als eine sachgemäße und dann auch von Treu und Glauben gedeckte und geforderte Einrichtung. Die Koalitionen sind gesamtgesellschaftliche Gegebenheiten, und deswegen ist der TV von seiner Wurzel her auf umfassende Geltung angelegt.“

1084 *Hueck*, RdA 1961, 141 (146); sich dem anschließend *Faika*, Solidaritätsbeitrag, S. 97 sowie *Kauffmann*, AuR 1961, 267 (270).

1085 *Hueck*, RdA 1961, 141 (146); zustimmend *Kauffmann*, AuR 1961, 267 (270).

1086 *Hueck*, RdA 1961, 141 (146); zustimmend *Kauffmann*, AuR 1961, 267 (270), *Schwaabe*, Solidaritätsbeiträge, S. 19 und *Faika*, Solidaritätsbeitrag, S. 96 ff.

1087 Mit diesem Fazit auch *Schwaabe*, Solidaritätsbeiträge, S. 21.

1. Irrelevanz faktischer Überwirkung auf Außenseiter-Arbeitnehmer angesichts fehlenden Regelungsauftrages

Bei näherer Betrachtung stellt sich heraus, dass bereits die Prämisse der Gesamtrepräsentation angreifbar ist, soweit hieraus Verpflichtungen der Gewerkschaft zur Agitation im Interesse der Außenseiter-Arbeitnehmer hergeleitet werden soll. Unbestritten entfalten Tarifverträge eine Ordnungs*wirkung* für eine Vielzahl von Arbeitsverhältnissen. Die Arbeitsbedingungen von Außenseiter-Arbeitnehmern werden nicht nur mit Hilfe der einzelvertraglichen Bezugnahmen, sondern auch dadurch gestaltet, dass Tarifverträge als Leitbild bei der Ausfüllung von gesetzlichen Spielräumen (etwa im Rahmen von § 612 Abs. 2 BGB) herangezogen werden.[1088] Diese faktische Überwirkung ist jedoch nicht zu verwechseln mit einer bewussten Gesamtrepräsentation der gesamten Arbeitnehmerschaft durch die Gewerkschaft oder gar dem Auftrag zur Regelung der Arbeitsbedingungen der gesamten Arbeitnehmerschaft. Zöge man aus den Beobachtungen einer Überwirkung Rückschlüsse auf das rechtliche Können und Sollen, so würde man den Zusammenhang von Ursache und Wirkung verkennen.[1089] *Wiedemann* stellte schon 1969 zutreffend fest: „Indes kann niemand von sich aus durch die Berufung auf die Repräsentanz juristische Legitimation usurpieren, weil Repräsentanz kein Zurechnungs*grund*, sondern einen Legitimations*modus* bezeichnet. Das Gerieren als Repräsentant ersetzt den fehlenden Auftrag nicht."[1090]

Besonders deutlich wird dies, wenn man einen Blick auf die Verhältnisse in den USA wirft. Dort können Gewerkschaften tatsächlich tarifvertraglich von den Außenseiter-Arbeitnehmern eine sog. „agency shop fee" als „Vertretungsgebühr" verlangen.[1091] Entscheidender Unterschied ist hier jedoch, dass eine Gewerkschaft in den USA nur dann Verhandlungen aufnehmen

---

1088 Siehe zur mannigfaltigen Partizipation und Betroffenheit der Außenseiter-Arbeitnehmer unter Kap. 2 C. II., III. 4. a) aa) und D. I.; statt aller nur *Jacobs*, in: Wiedemann TVG, Einleitung Rn. 73.

1089 Zu Recht kritisch *Löwisch/Rieble* TVG, § 1 Rn. 138: „geht das an den Verfassungsvorgaben vorbei."

1090 *Wiedemann*, RdA 1969, 321 (328); plakativ auch *Merker*, DB 1960, 202 (203): „Der Umstand, daß Gewerkschaften in vielen Fällen herangezogen werden, um eine Frage vom Arbeitnehmerstandpunkt aus zu begutachtenen, besagt über ihr Gesamtvertretungsrecht ebensowenig wie die Heranziehung des Hausfrauenverbands in Ernährungs- und Preisbildungsausschüssen für eine Gesamtvertreturig aller deutschen Hausfrauen durch diesen Verein."

1091 Vgl. *Ackmann*, in: Einführung in das US-amerikanische Privatrecht, S. 339.

und mit dem Arbeitgeber einen Tarifvertrag abschließen kann, wenn sie zuvor durch Wahl der sog. *bargaining unit* im Betrieb dazu ermächtigt wurde. Um das Verhandlungsmandat zu erhalten, muss die Gewerkschaft mindestens 50 Prozent der Arbeitnehmerstimmen erhalten, sodass dem Zuschnitt der *bargaining unit* eine gesteigerte Bedeutung zukommt. Es ist dabei stets der Kreis der damit Wahlberechtigten und ihre Mehrheitsfähigkeit in dieser Gruppe zu berücksichtigen.[1092] In den USA folgt die Tarifbindung aber auch nicht dem Verbandsprinzip. Vielmehr sind an abgeschlossene Tarifverträge kraft Gesetzes alle in der jeweiligen *bargaining unit* beschäftigten Arbeitnehmer – inklusive der Außenseiter – gebunden.[1093] Um mit Arbeitnehmern – Gewerkschaftsmitgliedern wie Außenseiter-Arbeitnehmern – vom Tarifvertrag abweichende Individualvereinbarungen treffen zu können, muss sich der Arbeitgeber von der Gewerkschaft im Tarifvertrag ein solches Abweichungsrecht einräumen lassen. Andernfalls sind Individualvereinbarungen nicht erlaubt (Alleinvertretungsrecht der Gewerkschaft für die Arbeitnehmer der *bargaining unit*).[1094] Die gewählte Gewerkschaft ist insofern auch verpflichtet, in den Verhandlungen mit der Arbeitgeberseite die Interessen sämtlicher Arbeitnehmer zu vertreten und nicht nur die ihrer Mitglieder.[1095] Diese Wahl bildet damit den notwenigen Legitimationsgrund für ein an die Vertretung der Außenseiter-Arbeitnehmer geknüpftes Zahlungsverlangen in Form der „agency shop fee“. Betragsmäßig liegt die „agency shop fee“ etwas unter dem vollen Gewerkschaftsbeitrag, weil sich Außenseiter an den allgemeinen Kosten zur politischen Betätigung der Gewerkschaften nicht zu beteiligen haben.[1096]

In Deutschland ist eine solche Wahl der Gewerkschaften auf Betriebsebene weder vorgesehen noch sinnvoll, da es ein duales System gibt und

1092 Siehe zu den entgegengesetzten Inetressen der Gewerkschaften und Arbeitgeber beim Zuschnitt der unit sowie insgesamt *Ackmann,* in: Einführung in das US-amerikanische Privatrecht, S. 330.

1093 Vgl. *Ackmann,* in: Einführung in das US-amerikanische Privatrecht, S. 329 sowie 332 der jedoch darauf hinweist, dass der Begriff der „unit“ nicht gleichzusetzen sei mit dem Begriff einer deutschen Gewerkschaft, also einer regelmäßig eher großen überbetrieblichen Branchenorganisation. Die über 50.000 Local Unions operierten vielmehr meist auf lokaler, betrieblicher Ebene. Dementsprechend sei amerikanische Tarifpolitik auch im Kern eine dezentrale, betriebliche Findung der Löhne und sonstigen Arbeitsbedingungen.

1094 Vgl. *Ackmann,* in: Einführung in das US-amerikanische Privatrecht, S. 332.

1095 Vgl. *Biedenkopf,* JZ 1961, 346 (348); *Schüren,* Die Legitimation der tarifrechtlichen Normsetzung, S. 27 f. unter Berufung auf die Entscheidung des Supreme Court aus dem Jahr 1944 in der Sache Steelc v. Louisville & Nashville Railroad, 323 U. S. 192.

1096 Vgl. *Ackmann,* in: Einführung in das US-amerikanische Privatrecht, S. 339.

auf Ebene der Betriebe die Betriebsräte als Wahlorgane agieren.[1097] Die Gewerkschaften werden von Außenseiter-Arbeitnehmern also weder gewählt noch sind sie von vornherein als alle Arbeitnehmer vertretene Berufsorgane verfasst. Ein solches Verständnis wurde spätestens mit der Überwindung der damit eng verknüpften Delegationstheorie und der Rückbesinnung auf die privatrechtliche Determination der Tarifautonomie und den Charakter der Koalitionen als Mitgliederverbände abgelegt.[1098]

Ein Mandat zur rechtsverbindlichen Regelung der Gewerkschaften für sämtliche Arbeitnehmer lässt sich zudem nicht aus Art. 9 Abs. 3 GG selbst ableiten. Einen „weitergehenden [gemeint über die Mitglieder hinaus] Rechtsetzungsauftrag, der alle am Arbeitsleben beteiligten Personen ohne Weiteres umfasst“, gibt es nicht.[1099] Schon 1977 stellte das BAG zutreffend fest, dass die „Begrenzung der Tarifmacht [...] der historisch gewachsenen und im Grundgesetz niedergelegten Bedeutung der Koalitionsfreiheit“ entspricht und sich „auch im Selbstverständnis der Koalitionen [...] kein tragfähiger Anhaltspunkt für einen weitergehenden Rechtsetzungsauftrag [findet], der alle am Arbeitsleben beteiligten Personen ohne weiteres umgreift.“[1100] Letztlich musste selbst *Gamillscheg* eingestehen, dass „auch die Geschichte des Tarifrechtes [zeigt], daß der Gedanke der Repräsentation, der in der Ausdehnung tariflicher Wirkungen auf die Außenseiter steckt, stets lebendig, wenn auch nie vollkommen verwirklicht war.“[1101] Mittlerweile hat sich die Erkenntnis durchgesetzt, dass die Tätigkeit der Gewerkschaf-

1097 Insofern nicht gänzlich von der Hand zu weisen ist der Einwurf *Däublers*, Tarifvertragsrecht (3. Aufl.)., Rn. 1210: „Die uns so fremdartig erscheinende ‚Zwangsrepräsentation‘ beitrittsunwilliger Arbeitnehmer ist unserem Rechtsdenken nur auf den ersten Blick fremd; immerhin kann auch nach deutschem BetrVG ein von einer Minderheit gewählter Betriebsrat Betriebsvereinbarungen schließen, die für und gegen alle Betriebsangehörigen wirken.“

1098 Siehe hierzu unter Kap. 2 A. I. 3. b); eine umfassende Regelungskompetenz der Tarifvertragsparteien über den Mitgliederkreis hinaus auf Grundlage eines vermeidlichen Ordnungsprinzips ebenfalls ablehnend *Mayer*, Differenzierungsklauseln, S. 264 f.

1099 Vgl. BAG v. 18.03.2009 – 4 AZR 64/08, AP TVG § 3 Nr. 41 Rn. 49; zuvor schon BVerfG v. 5.1977 – 2 BvL 11/74, E 44, 322 (347 f.); ebenso *Löwisch/Rieble* TVG, § 1 Rn. 138, 669; *Biedenkopf*, JZ 1961, 349 (352) mit der konsequenten Schlussfolgerung: „In einem solchen Falle erscheint mir die Berufung auf eine ‚gewisse Repräsentanz‘ nicht auszureichen. Die Legitimation zur Einziehung eines Beitrages vom Außenseiter durch eine Minderheitsgewerkschaft kann nicht präsumiert werden, sondern, von gesetzlicher Regelung abgesehen, nur auf Abstimmung beruhen.“; ebenso *Zöllner*, RdA 1962, 453 (458).

1100 BVerfG v. 5.1977 – 2 BvL 11/74, E 44, 322 (347 f.).

1101 *Gamillscheg*, Differenzierung, S. 43.

ten sich als Verfolgung von Singularinteressen darstellt[1102] und die Berührung von Außenseiterbelangen ein Reflex eben dieser ist. Dies hat auch das BAG im Grundsatz schon im Jahr 2000 erkannt, als es feststellte:

> „Der Geltungsbereich, aber auch der sonstige Inhalt von Tarifverträgen wird – im Gegensatz zu Gesetzen – nicht primär durch Allgemeininteressen bestimmt, sondern durch Eigeninteressen der Koalition und ihrer Mitglieder [...]. Der Tarifvertrag ist das Ergebnis der Verhandlungen über widerstreitende Interessen und hat Kompromisscharakter [...]. So kann als Ergebnis einer Tarifverhandlung eine Forderung zunächst nur für eine bestimmte Gruppe realisierbar sein, nicht aber für alle denkbar Betroffenen.“[1103]

Sogar der Umstand, dass Außenseiter-Arbeitnehmer im Wege der staatlichen AVE und zur Abstützung einer Ordnungswirkung Rechtsnormen des Tarifvertrages direkt unterstellt werden können, verpflichtet die Tarifvertragsparteien nicht dazu, die Interessen der Außenseiter bei Verhandlungen als eigenständigen Belang einzubringen bzw. zu berücksichtigen. Die Wahrung der Außenseiterinteressen ist vielmehr ausdrücklich durch den Staat selbst bzw. entsprechende Verfahrensvorschriften sicherzustellen, wenn der Gesetzgeber den Anwendungsbereich auf Außenseiter-Arbeitnehmer ausweitet und gegenüber den Außenseitern die Normverantwortung dafür übernimmt.[1104]

Ohne einen Regelungsauftrag in Bezug auf die Außenseiter-Arbeitnehmer kann aber das bloße faktische Überwirken auf deren Arbeitsbedingungen keine hinlängliche Grundlage für eine Zahlungspflicht der Außenseiter-Arbeitnehmer sein.

1102 Statt aller *Scholz*, in: HStR § 175 Rn. 36: Denn aus der Sicht der staatlich-demokratischen Gesamtverantwortung und des sozialen Staatsziels repräsentieren die Koalitionen keinen vergleichbar politischen Gemeinwillen und damit auch keinen entsprechend verallgemeinerungsfähigen Gemeinwohlanspruch. Das koalitionsmäßige Ordnungsinteresse ist inso- weit lediglich partikulares Wohl, wie es sich typischerweise im Rahmen eines pluralistisch verfaßten Gemeinwesens entwickelt und wie es mit anderen Inter- essen zu konkurrieren weiß.“

1103 BAG 30. 8. 2000 – 4 AZR 563/99, AP TVG § 4 Geltungsbereich Nr. 25 (I. 2. g) der Gründe).

1104 Vgl. nur BVerfG v. 5.1977 – 2 BvL 11/74, E 44, 322 (348) und siehe oben unter Kap. 2 A. V., C. II. 2.

2. Kein Anspruch aus „Treu und Glauben“ (§ 242 BGB)

Auch der von *Müller* in diesem Zusammenhang herangezogene Gedanke von „Treu und Glauben“, der in § 242 BGB Eingang in das Gesetz gefunden hat, vermag ein Schuldverhältnis zwischen Gewerkschaft und Außenseiter-Arbeitnehmer nicht zu begründen. § 242 BGB verpflichtet den Schuldner, eine bestehende Leistungspflicht treugemäß zu erbringen, dient der Rechtsprechung als Einfallstor für Billigkeitsgedanken und ermöglicht eine Kontrolle von privater Rechtsetzung durch Verträge.[1105] Aus dem Wortlaut sowie der Stellung der Norm ergibt sich jedoch, dass diese sich allein auf die Art und Weise einer *bereits geschuldeten* Leistung bezieht. Bei näherer Betrachtung der Fälle, in denen § 242 BGB umgangssprachlich „als Anspruchsgrundlage“ herangezogen wird, zeigt sich, dass der Gedanke von „Treu und Glauben“ dabei nicht allein Schuld- bzw. Anspruchsgrundlage ist, sondern seine Anwendung das Bestehen eines anderen rechtsgeschäftlichen, rechtsgeschäftsähnlichen oder gesetzlichen Schuldverhältnisses voraussetzt.[1106]

Die gegenteilige Ansicht, dass Vertragsverhältnisse nicht bloß durch rechtsgeschäftlichen Vertragsschluss, sondern nach dem Grundsatz von Treu und Glauben (vgl. § 242 BGB) auch durch tatsächliche Vorgänge begründet werden können (sog. Lehre vom „Vertragsschluss durch sozialtypisches Verhalten“), ist mittlerweile überwunden.[1107] Diese maßgeblich

1105 Formulierung angelehnt an *Sutschet*, in: BeckOK BGB, § 242 Rn. 2; siehe dazu auch Kap. 2 A. I.

1106 BGH v. 23.4.1981 - VII ZR 196/80, NJW 1981, 1779 (1779): „Billigkeitsgesichtspunkte können zwar gem. § 242 BGB dazu führen, Ansprüche zu mindern oder gar zu versagen. Sie können jedoch nicht Ansprüche begründen, die nach Gesetz oder Vertrag nicht gegeben sind“; vgl. *Mansel*, in: Jauering BGB, BGB § 242 Rn. 2; *Kähler*, in: BeckOGK BGB, § 242 Rn. 120, 374; *Knigge*, in: Beck'sches Anwalts-Handbuch, § 3 Rn. 12; *Sutschet*, in: BeckOK BGB, § 242 Rn. 2; aA RG v. 12.3.1906 – VI 234/05, Z 63, 53 (56) Schadensersatzpflicht auch direkt aus § 242 abgeleitet.

1107 Mit Blick darauf, dass sich die Rechtswirkungen auch rechtsgeschäftlich erklären lassen, wird die Lehre als überwunden betrachtet, vgl. *Busche*, in: MüKo BGB, BGB, vor § 145 Rn. 40, § 147 Rn. 5; *Lambrecht*, Die Lehre vom faktischen Vertragsverhältnis, 1994, 125 ff.; *M. Otto*, in: jurisPK-BGB, § 145 BGB Rn. 61; im Übrigen auch von *Larenz* selbst ausdrücklich aufgegeben, vgl. *Larenz*, BGB AT, 7. Aufl. 1989, § 28 Absatz II, S. 507 ff.

von *Larenz*[1108] entwickelte und zunächst von der Rechtsprechung[1109] aufgegriffene Ansicht diente der Rekonstruktion von Zahlungspflichten bei der Inanspruchnahme bestimmter Leistungen der Massenversorgung. Um sich zur Bezahlung solcher Leistungen zu verpflichten, sei nicht erforderlich, dass der Benutzer einen rechtsgeschäftlichen Verpflichtungswillen zum Ausdruck bringt. Es reiche dazu das bei Inanspruchnahme der Leistung an den Tag gelegte „sozialtypische Verhalten". Rechtsgrund für die Zahlungspflicht sei die allgemeine Rechtsüberzeugung, dass die bewusste Inanspruchnahme von massenförmigen und typengenormten Leistungen schon als solche zu der Verpflichtung führt, die in dem Tarif oder der Satzung vorgesehenen Gegenleistungen zu erbringen.[1110]

Heute ist anerkannt, dass es im modernen Massenverkehr auf dem Boden der Rechtsgeschäftslehre – also ohne Rückgriff auf die heute aufgegebene Lehre vom Vertragsschluss durch sozialtypisches Verhalten – zum Vertragsschluss durch schlüssiges Verhalten kommen kann. In besagtem modernen Massenverkehr, also etwa bei Benutzung öffentlicher Verkehrsmittel, gebührenpflichtiger Parkplätze oder dem Bezug von Energie im Rahmen der Grundversorgung, ist es üblich, dass Leistungen zu bestimmten Bedingungen allgemein angeboten werden und von jedermann in Anspruch genommen werden können, ohne dass es hierfür einer ausdrücklichen auf den Abschluss eines Vertrages gerichteten Erklärung bedarf. Um einen nicht gewollten vertragslosen Zustand bei der zugrunde liegenden Leistung zu vermeiden, wird in der Bereitstellung der Leistung eine sog. „Realofferte" zu fixen Tarifen gesehen, welche der andere Teil durch eine Gebrauchs- oder Aneignungshandlung konkludent annehmen kann.[1111] Diese Einigung vollzieht sich nach allgemeinen Grundsätzen der

---

1108 Vgl. *Larenz,* NJW 1956, 1867; zuvor wohl schon *Tasche* „Vertragsverhältnis nach nichtigem Vertragsschluß?", in: Jher. Jb. Bd. 90, 101 [128]), laut BGH v. 14. 7. 1956 – V ZR 223/54, NJW 1956, 1475 (1476) habe dieser die Ansicht vertreten, „daß nämlich Vertragsverhältnisse nicht bloß durch rechtsgeschäftlichen Vertragsschluß, sondern nach dem Grundsatz von Treu und Glauben (vgl. § 242 BGB) auch durch tatsächliche Vorgänge begründet werden können"; wNw zur Literatur in BGH v. 14. 7. 1956 – V ZR 223/54, NJW 1956, 1475 (1476).

1109 Vgl. etwa BGH v. 14. 7. 1956 – V ZR 223/54, NJW 1956 1475 (1476) („Parkplatz"); v. 29. 1. 1957 – VIII ZR 71/56, NJW 1957, 627 (627 f.) („Stromdiebstahl"), v. 5. 2. 1957 – V BLw 37/56, NJW 1957, 787 (788) („Hoferben"); LG Bremen v. 17. 8. 1966 – 8 O 512/66, NJW 1966, 2360 (2360) („Schwarzfahrer").

1110 Vgl. *Larenz,* NJW 1956, 1897 (1899) sowie (darstellend) LG Bremen v. 17. 8. 1966 – 8 O 512/66, NJW 1966, 2360 (2360).

1111 Zum Ausdruck kommt das etwa in § 2 Abs. 2 der Verordnungen über die Allgemeinen Bedingungen für die (Grund-)Versorgung mit Energie und Wasser

Rechtsgeschäftslehre durch zwei übereinstimmende Willenserklärungen.[1112] Die Sozialtypik eines Verhaltens kann nur noch als ein an die „Verkehrssitte" (§ 157 BGB) anknüpfendes Kriterium für die Auslegung der konkludenten Willenserklärung Relevanz erlangen, nicht aber als eigenständiger Verpflichtungsgrund.[1113]

Die Verletzung einer Treuepflicht nach § 242 BGB kann somit nur innerhalb eines bestehenden Schuldverhältnisses (unter den Voraussetzungen des § 280 Abs. 1 BGB) zur Entstehung eines Schadensersatzanspruchs und damit zu einer Zahlungspflicht führen. § 242 BGB hat somit eine bloße Konkretisierungs- und Ergänzungsfunktion.[1114]

3. Kein verfassungsunmittelbarer Anspruch aus Art. 9 Abs. 3 GG

Den Koalitionen kann ein Anspruch auf die avisierte finanzielle Belastung der Außenseiter-Arbeitnehmer auch nicht mit dem Argument, dass diese Maßnahme der effektiven Wahrnehmung des gefährdeten Grundrechts auf positive Koalitionsfreiheit dient, aus Art. 9 Abs. 3 GG als verfassungsunmittelbarer Anspruch zustehen. Denn die Koalitionen sind zur Umsetzung ihrer Anliegen gegenüber Dritten auf die Wahrnehmung der gesetzgeberisch vorgenommenen Ausgestaltung der in Art. 9 Abs. 3 GG garantierten Tarifautonomie im TVG oder aber die Anwendung kodifizierter Anspruchsgrundlagen der Zivilrechtsordnung zu verweisen.

Es steht in erster Linie dem Gesetzgeber zu, „in grundlegenden normativen Bereichen, zumal im Bereich der Grundrechtsausübung, alle wesentli-

---

(StromGVV, GasGVV, AVBWasserV, AVBFernwärmeV); vgl. zu den Grundsätzen BGH v. 27.11.2019 – VIII ZR 165/18, NJW-RR 2020, 201 Rn. 10; v. 16.11.1990 – V ZR 297/89, NJW 1991, 564 (564); OLG Saarbrücken v. 5.11.1993 – 4 U 75/93 – 13, NJW-RR 1994, 436 (436); siehe hierzu auch *Busche*, in: MüKo BGB, BGB, § 145 Rn. 26.

1112 Zu einem Vertragsschluss kommt es nach allgemeiner Ansicht selbst dann, wenn der Annehmende ausdrücklich erklärt, keinen Vertrag schließen zu wollen, da die Erklärungswirkung des schlüssigen Verhaltens des annehmenden Vertragsteils den geäußerten Vorbehalt überlagert (protestatio facto contraria). Vgl. BGH v. 27.11.2019 – VIII ZR 165/18, NJW-RR 2020, 201 Rn. 10; v. 25.9.1985 – IV a ZR 22/84, NJW 1986, 177 (178); *Wendtland*, in: BeckOK BGB, § 133 Rn. 9.

1113 Vgl. hierzu *Busche*, in: MüKoBGB, § 147 Rn. 5.

1114 *Mansel*, in: Jauering BGB, § 242 Rn. 2; *Kähler*, in: BeckOGK BGB, § 242 Rn. 120, 374; *Knigge*, in: Beck'sches Anwalts-Handbuch, § 3 Rn. 12; *Sutschet*, in: BeckOK BGB, § 242 Rn. 2; aA RG v. 12.3.1906 – VI 234/05, Z 63, 53 (56) Schadensersatzpflicht auch direkt aus § 242 abgeleitet.

chen Entscheidungen selbst zu treffen",[1115] sodass verfassungsunmittelbare Ansprüche in der deutschen Rechtsordnung nur in ganz engen Ausnahmefällen möglich sind.[1116] Um einen verfassungsunmittelbaren Anspruch der Koalitionen auf einen „Vorteilsausgleich aus der Natur der Sache" aus Art. 9 Abs. 3 GG annehmen zu können, müsste ein hinreichender Grund vorliegen, der die Missachtung des gesetzgeberischen Spielraums bei der Ausgestaltung der Tarifautonomie rechtfertigt. Im Kontext des Grundrechts auf Leben und körperliche Unversehrtheit hat die Rechtsprechung entschieden, dass eine notwendige grundrechtliche Gefährdungslage erst in einer notstandsähnlichen Situation vorliegt, in der ein erheblicher Zeitdruck für einen zur Lebenserhaltung bestehenden akuten Behandlungsbedarf typisch ist.[1117] Daraus lässt sich verallgemeinernd das Erfordernis einer akuten Gefährdung des grundrechtlich geschützten Verhaltens ableiten.

Blickt man auf die Tarifautonomie in Art. 9 Abs. 3 GG, so liegt zwar der für eine notstandsähnliche Lage erforderliche Handlungsbedarf zur Stärkung der Tarifautonomie grundsätzlich vor: Das Grundrecht des Art. 9 Abs. 3 GG garantiert den Koalitionen weder Stärke noch Erfolg, gewährleistet jedoch die tatsächlich realisierbare Chance, durch ihre Tätigkeit die Arbeits- und Wirtschaftsbedingungen zu wahren und zu fördern.[1118] Es wurde bereits aufgezeigt, dass die aktuellen Rahmenbedingungen eine solche Chance nur sehr eingeschränkt bieten und es zu einer Dysfunktionalität der Tarifautonomie kommt, welche die erfolgreiche Wahrnehmung der positiven Koalitionsfreiheit gefährdet. Die Schutzpflicht des Staates gegenüber den Grundrechtsberechtigten – im Übrigen nicht nur die gegenüber den aus Art. 9 Abs. 3 GG berechtigten Koalitionsmitgliedern bzw. über Art. 19 Abs. 3 GG gegenüber den Koalitionen, sondern auch gegenüber den aus Art. 12 GG iVm dem Sozialstaatsprinzip des Art. 20 Abs. 1, 28 Abs. 1 S. 1 GG sowie der Menschenwürdegarantie aus Art. 1 GG berechtigten Außenseiter-Arbeitnehmern (Anspruch auf Gewährleistung eines wirtschaftlichen

1115 BVerfG v. 2. 3. 1993 – 1 BvR 1213/85, E 88, 103 (116).

1116 Grundsätzlich *Isensee*, in: HStR § 191 Rn. 126; das BVerfG bejaht einen verfassungsunmittelbaren Anspruch auf Krankenversorgung etwa nur bei einer durch nahe Lebensgefahr gekennzeichneten individuellen Notlage, vgl. zuletzt BVerfG v. 11.4.2017 – 1 BvR 452/17, juris mwN.

1117 Vgl. BVerfG v. 11.4.2017 – 1 BvR 452/17, juris Rn. 22; v. 26.3.2014 – 1 BvR 2415/13, juris Rn. 14.

1118 Vgl. nur BVerfG v. 10.1.2020 – 1 BvR 4/17, AP TVG § 5 Nr. 42 Rn. 17.

Existenzminimums durch Arbeit) – verpflichtet den Gesetzgeber nach hiesiger Ansicht zum Handeln.[1119]

Allerdings ist der Zeitdruck nicht so erheblich, dass eine Ausnahme vom Vorbehalt des Gesetzes gerechtfertigt wäre. Die Tarifautonomie ist zwar angeschlagen, wie auch die Absicherung des Rechts auf ein wirtschaftliches Existenzminimum durch Erlass des staatlichen Mindestlohns deutlich zeigt, jedoch noch nicht gänzlich funktionsunfähig. Innerhalb des bestehenden Tarifsystems werden Tarifverträge nach wie vor abgeschlossen, wobei diesen nicht per se und verallgemeinernd unterstellt werden kann, dass sie der Angemessenheitsvermutung wegen mangelnder Parität nicht mehr gerecht werden. Schließlich hat die Betrachtung der tatsächlichen Verhältnisse im Kapitel 2 Abschnitt B. gezeigt, dass die Schwäche der Gewerkschaften geographisch wie branchenmäßig unterschiedlich stark ausgeprägt ist. Man kann insofern nur von einer partiell eingetretenen und im Übrigen aber „nur" drohenden Funktionsstörung der Tarifautonomie sprechen. Dies reicht nicht aus, um einen verfassungsunmittelbaren Anspruch der Koalitionen zur Verwirklichung von Selbsterhaltungsmaßnahmen unter Umgehung des Vorbehalts des Gesetzes zu bejahen.

Insofern ist zu beachten, dass die Beurteilung der Frage, wann aufgrund tatsächlicher Anhaltspunkte ein legislatives Eingreifen geboten ist, auch im Hinblick auf drohende Funktionsstörungen der Tarifautonomie, dem Gesetzgeber selbst obliegt, der dabei wiederum über einen großen Einschätzungsspielraum verfügt.[1120] Durch die vorschnelle Bejahung verfassungsunmittelbarer Ansprüche der Grundrechtsberechtigten darf dieser Spielraum nicht unzulässig verengt werden. Weiterhin steht es dem Gesetzgeber frei, zu entscheiden, auf *welche Art und Weise* er eine Pflicht zur legislativen Förderung der Tarifautonomie erfüllt. Der Gesetzgeber ist nur verpflichtet, die funktionellen wie organisatorischen Voraussetzungen und Handlungsmöglichkeiten der Koalitionen auf tragfähige und funktionsgerechte Grundlagen zu stellen,[1121] nicht aber, eine ganz bestimmte Gestaltung vor-

---

1119 Hierzu allgemein *Scholz*, in: Dürig/Herzog/Scholz GG, Art. 9 Rn. 31; auch *Kloepfer*, NJW 1985, 2497 (2598 f.); vgl. zur Funktion des Sozialstaatsprinzips als Grundlage für ein subjektives Recht des Einzelnen auf Gewährleistung eines menschenwürdigen Existenzminimums (iVm der Menschenwürdegarantie des Art. 1 I GG) *Voßkuhle/Wischmeyer*, JuS 2015, 693 (694).

1120 Expressis verbis in BVerfG v. 11.7.2017 – 1 BvR 1571/15 u.a., E 146, 71 Rn. 157; vgl. auch BVerfG v. 18.12.1968 – 1 BvL 5/64, E 25, 1 (13) mwN.

1121 Vgl. BVerfG v. 10.1.2020 – 1 BvR 4/17, AP TVG § 5 Nr. 42 Rn. 17; v. 11.7.2017 – 1 BvR 1571/15 u.a., E 146, 71 Rn. 157; v. 18. 11. 1954 – BvR 629/52, E 4, 96 (106); v. 6.5.1964

zunehmen.[1122] Dies gilt um so mehr, als eine erhebliche Uneinigkeit über die Eignung verschiedener Stärkungsmaßnahmen besteht und bei Annahme eines verfassungsunmittelbaren Anspruchs auf ein Nutzungsentgelt auf beiden Seiten – sowohl bei den Gewerkschaften als auch den Außenseiter-Arbeitnehmern – vorbehaltlos gewährleistete Grundrechte betroffen wären. Der Ausgleich dieser Positionen muss einer bewussten, abwägenden Entscheidung des Gesetzgebers vorbehalten bleiben.[1123] Bestätigung findet dies in der erst kürzlich vom BVerfG erfolgten Ablehnung eines verfassungsunmittelbaren Anspruchs auf den Ausspruch einer AVE, die das Gericht unter Verweis auf die ambivalente Wirkung der AVE aussprach.[1124] Es steht somit allein dem Gesetzgeber zu, die Voraussetzungen für diese grundrechtsrelevante Maßnahme festzulegen und ist der Verwaltung überlassen, den eröffneten Beurteilungsspielraum bei der Ausfüllung der unbestimmten Rechtsbegriffe zu nutzen.

4. Ergebnis

Somit scheidet ein Anspruch der Gewerkschaften auf Zahlung eines Nutzungsentgelts „aus der Natur der Sache“ insgesamt aus. Nach hiesiger Auffassung lässt sich eine Zahlungspflicht der am Tarifvertrag partizipierenden Außenseiter-Arbeitnehmer aus der „Natur der Sache“ aus drei Gründen nicht herleiten. Einerseits fehlt es schon an einer rechtlich relevanten Repräsentation der Außenseiter-Arbeitnehmer durch die Gewerkschaften, auf die *Müller* sich maßgeblich stützt. Andererseits stellt § 242 BGB keinen eigenständigen Schuldgrund dar und zuletzt kann den Gewerkschaften ein Anspruch, der sich unmittelbar auf Art. 9 Abs. 3 GG stützt, angesichts des Vorbehalts des Gesetzes bei aktueller Sachlage (noch) nicht zustehen.

Soweit der Gesetzgeber den Gedanken des Vorteilsausgleichs in der Zivilrechtsordnung allgemein verwirklicht sehen wollte, hat er seinerseits un-

---

– 1 BvR 79/62, E 18, 18 (26); *Höfling*, in: Sachs GG, Art. 9 Rn. 79; *Kemper*, in: v. Mangoldt GG, Art. 9 Rn. 141; *Scholz*, in: Dürig/Herzog/Scholz GG, Art. 9 Rn. 167.

1122 Vgl. beispielhaft BVerfG v. 1.3.1979 – 1 BvR 532/77 u.a., E 50, 290 (269); *Scholz*, in: HStR, § 175 Rn. 17: „keine Status quo-Garantie“

1123 Vgl. bes. BVerfG v. 4.7.1995 – 1 BvF 2/86, E 92, 365 (393 f.); v. 2.3.1993 – 1 BvR 1213/8588, E 103 (114); v. 26.06.1991 – 1 BvR 779/85, E 84, 212 (225); v. 20.10.1981 – 1 BvR 404/7858, E 233 (247); v. 1.3.1979 – 1 BvR 532/77 u.a., E 50, 290 (368 f.); v. 26.5.1970 – 2 BvR 664/65, E 28, 295 (306 BVerfG v. 30.11.1965 – 2 BvR 54/62, E 19, 303 (321 f.); s.a. *Scholz*, in: Dürig/Herzog/Scholz GG, Art. 9 Rn. 353.

1124 Vgl. BVerfG v. 10.1.2020 – 1 BvR 4/17, AP TVG § 5 Nr. 42

ter Abwägung der konfligierenden Grundrechtspositionen Regelungen erlassen und tatbestandliche Voraussetzungen festgelegt.[1125] Hierzu zählen die Bestimmungen über die Geschäftsführung ohne Auftrag (GoA) §§ 677 ff. BGB, den Urheberrechtsschutz sowie die Vorschriften über ungerechtfertigte Bereicherungen. Diese Anspruchsgrundlagen sind auf ihre Einschlägigkeit hin zu überprüfen.[1126]

III. Zahlungspflicht der Außenseiter-Arbeitnehmer aus vertraglichem Schuldverhältnis mit der Gewerkschaft

Somit ist zu klären, ob zwischen den Außenseiter-Arbeitnehmern, die mit Hilfe einer Bezugnahmeklausel kostenlos an den tarifvertraglichen Leistungen partizipieren, und der tarifschließenden Gewerkschaft ein vertragliches oder gesetzliches Schuldverhältnis zustande kommt, welches Grundlage für die Forderung des avisierten Nutzungsentgelts sein könnte.

Soweit sich mit dieser Frage in der Vergangenheit auseinandergesetzt wurde, wurde dies weitgehend abgelehnt.

1. *Galperins* Idee des konkludenten Vertragsschlusses durch sozialtypisches Verhalten

Galperin plädierte jedoch für die Möglichkeit eines Schuldverhältnisses zwischen Außenseiter-Arbeitnehmern und Gewerkschaft. Dieser hielt den Abschluss eines vertraglichen Schuldverhältnisses unter Rückgriff auf die Lehre vom Vertragsschluss durch sozialtypisches Verhalten für möglich. Bei seiner Übertragung dieses Gedankens auf die Zahlungspflicht der Außenseiter-Arbeitnehmer wegen Partizipation an der Tarifleistung setzte *Galperin* aber voraus, dass der in Bezug genommene Tarifvertrag eine sog. Tarifausdehnungsklausel enthält, die dem Arbeitnehmer einen Anspruch auf

---

1125 Plakativ: *Wiedermann*, RdA 1969, 321 (336): „Wir kennen kein durchgängiges subjektives Recht an der Leistung; dem einzelnen oder einer Gruppe wird das Monopol vielmehr nur in bestimmten Grenzen zugewiesen. Werden die Bewohner einer deutschen Kleinstadt durch den Bau einer neuen Autobahnbrücke in die Lage versetzt, das sonntägliche Fußballspiel ihres Vereins mit dem „Blick von der Brücke" künftig kostenlos genießen zu können, so vermag sich weder der Verein noch die Mannschaft über eine etwaige Eingriffskondiktion Beiträge zu verschaffen."

1126 Vgl. *Hueck*, RdA 1961, 141 (147); *Schwaabe*, Solidaritätsbeiträge, S. 20.

Tarifleistungen einräumen soll, wenn er sich zur Zahlung eines Ausgleichsbetrags verpflichtet und sein Arbeitsverhältnis individualvertraglich dem Tarifvertrag unterstellt.[1127] Der Außenseiter-Arbeitnehmer, der seinem Arbeitsvertrag die tariflichen Arbeitsbedingungen zugrunde legt, nehme dann das im Tarifvertrag enthaltene Angebot durch sein schlüssiges Verhalten an und könne sich im Nachhinein auch nicht auf einen entgegenstehenden Willen berufen.[1128]

2. Ablehnung eines konkludenten Vertragsschlusses

Diese Idee vermag nicht zu überzeugen. Ein Vertragsschluss zwischen der Gewerkschaft und Außenseiter-Arbeitnehmern kann durch eine Bezugnahme des Außenseiter-Arbeitnehmers auf den Tarifvertrag im Individualarbeitsvertrag nicht begründet werden. Weder ist ein Angebot der Gewerkschaft auf Abschluss eines „Unterstellungs- oder Nutzungsvertrages“ in heutzutage üblichen Tarifverträgen enthalten noch kann im Verhalten des Außenseiter-Arbeitnehmers im Verhältnis mit seinem Arbeitgeber von einer konkludenten Willenserklärung auf Begründung eines Schuldverhältnisses mit der Gewerkschaft ausgegangen werden.

Wie oben dargelegt wurde,[1129] ist die Lehre vom Vertragsschluss durch sozialtypisches Verhalten mittlerweile überwunden. Das Vorhaben muss sich daher an der allgemeiner Rechtsgeschäftslehre messen lassen. Dieser zufolge bedarf es für einen Vertragsschluss gemäß §§ 145 ff. BGB zweier übereinstimmender, aufeinander bezogener Willenserklärungen, Angebot und Annahme, die grundsätzlich auch zugehen müssen (§ 130 Abs. 1 BGB). Der objektive Tatbestand der Willenserklärung setzt eine Erklärungshandlung in Form eines dem Erklärenden zurechenbaren äußeren Verhaltens voraus, das seinen Willen zum Ausdruck bringt, eine bestimmte – konkrete – Rechtsfolge herbeizuführen. Die erforderliche Erklärung kann ausdrücklich oder auch konkludent (schlüssig), also durch ein Verhalten erfolgen, das zwar für sich allein keinen unmittelbaren Erklärungsgehalt besitzt, unter Berücksichtigung der Begleitumstände mittelbar aber einen bestimmten Geschäftswillen zum Ausdruck bringt.[1130] Um zu klären, ob einem

---

1127 Vgl. hierzu *Galperin*, Rechtsgutachten, S. 24 ff. unter Rückgriff auf *Larenz*, NJW 1956, 1867.

1128 *Galperin*, Rechtsgutachten, S. 52 f.

1129 Vgl. Kap. 3 B. II. 2.

1130 Statt aller *Busche*, in: MüKo BGB, BGB, § 145 Rn. 5, 25 mwN.

schlüssigen Verhalten eine Willenserklärung zu entnehmen ist, sind die für die Auslegung von Willenserklärungen geltenden Maßstäbe anzuwenden. Demnach ist entscheidend, wie das Verhalten des Handelnden objektiv aus der Sicht des Erklärungsempfängers zu verstehen ist.[1131] Um eine Willenserklärung als Angebot zum Abschluss eines Vertrages gem. § 145 BGB einordnen zu können, muss sie bezüglich der wesentlichen Vertragspunkte (essentialia negotii) des angestrebten Vertragstypus (Vertragsgegenstand, Vertragsparteien, Vergütung) eine objektiv verständliche Erklärung enthalten. Dabei ist es ausreichend, wenn ein Angebotsempfänger oder ein Dritter ausdrücklich, konkludent oder aufgrund gesetzlicher Auslegungsregeln (vgl. §§ 315 ff. BGB) ein Leistungsbestimmungsrecht in Bezug auf die essentialia negotii erhält. Ein inhaltlich bestimmtes oder zumindest im vorgenannten Sinne bestimmbares Angebot zeichnet sich aber dadurch aus, dass es regelmäßig durch bloße Zustimmung („ja“ oder „einverstanden“) annahmefähig ist.[1132]

a) Kein konkludentes Angebot der Gewerkschaften an Außenseiter-Arbeitnehmer

Ausdrückliche Willenserklärungen über den Abschluss eines Vertragsverhältnisses tauschen Gewerkschaften und Außenseiter-Arbeitnehmer nicht aus.

Gleiches gilt für konkludente Erklärungen. Insbesondere unterscheidet sich die Lage zwischen Gewerkschaft und Außenseiter-Arbeitnehmern maßgeblich von den Situationen, in denen durch tatsächliche Inanspruchnahme einer Leistung im Massenverkehr konkludent ein Vertragsschluss begründet werden kann, da in dem Abschluss des Tarifvertrages als „Leistung“ der Gewerkschaft schon keine Realofferte an die Außenseiter-Arbeitnehmer gesehen werden kann. Bei Verhandlung und Abschluss von Tarifverträgen werden Gewerkschaften ausdrücklich nur für ihre Mitglieder aktiv. Der Tarifvertrag soll zwar als Anreiz für zukünftige potenzielle Mitglieder wirken und diese zur Abgabe eines förmlichen Beitrittsgesuchs gegenüber der Gewerkschaft veranlassen. In den Kategorien der Rechtsge-

---

1131 Vgl. BGH v. 16.9.2021 – IX ZR 213/20, BeckRS 2021, 30721 Rn. 10; v. 14. 10.2020 – VIII ZR 318/19, NJW 2021, 464 (466) Rn. 32; v. 30.1.2018 – VIII ZB 74/16, NJW-RR 2018, 524 (525) Rn. 19.

1132 Vgl. beispielhaft LG Düsseldorf Urt. v. 3.5.2018 – 9 S 54/17, BeckRS 2018, 13247 Rn. 22 sowie *Busche*, in: MüKo BGB, BGB, § 145 Rn. 5 mwN.

schäftslehre kann man dabei jedoch allenfalls von einer invitatio ad offerendum sprechen.

Außerdem gibt es keine allgemeinen Vorgaben, etwa zu Höhe oder Fälligkeit des Nutzungsentgelts, welche die essentialia negotii eines gewerkschaftlichen Angebots zumindest bestimmbar machen könnten. Weder sind Tarifausdehnungsklauseln, wie sie *Galperin* vorschwebten, aktuell in Tarifverträgen zu finden noch gibt es in der deutschen Rechtsordnung ein Institut, in dessen Rahmen der Außenseiter-Arbeitnehmer durch Absprache mit der Gewerkschaft direkt Leistungen – in Form der Chance auf normative Tarifwirkung – in Anspruch nehmen könnte. In der Vergangenheit wurde zwar der Versuch unternommen, das Institut des Anschlusses an den Tarifvertrag im Wege eines dreiseitigen Vertrages im deutschen Recht zu implementieren.[1133] Hätte sich dieser Vorschlag durchgesetzt, hätten die Tarifvertragsparteien – wie in der Schweiz – einen Anlass dazu, die Bedingungen eines Anschlusses zu regeln, sodass es zumindest eine gewisse Grundlage für die Annahme gäbe, die Gewerkschaft würde den Außenseiter-Arbeitnehmern unter bestimmten Bedingungen einen Vertragsschluss antragen. Dieser Vorschlag hat jedoch keine Umsetzung gefunden, vielmehr wurde im TVG der Grundsatz der Exklusivität des Tarifvertrages aufgenommen, welche der Erwartungshaltung der Außenseiter-Arbeitnehmer, am Tarifvertrag in einer den Mitgliedern gleichwertigen Art partizipieren zu können, zumindest bei objektiver Betrachtung entgegensteht. Angesichts dessen ist dem Tarifvertrag, selbst wenn er eine Gleichstellungsverpflichtung enthielte, ein verbindliches Angebot auf Begründung eines „Nutzungsverhältnisses" mit Außenseiter-Arbeitnehmern nicht zu entnehmen. Es fehlt damit schon an einem Angebotstatbestand der Gewerkschaft.

b) Keine konkludente Annahmeerklärung der Außenseiter-Arbeitnehmer

Darüber hinaus würde es auch an einer konkludenten Annahmeerklärung des Außenseiter-Arbeitnehmers fehlen. Das Verhalten der Außenseiter-Arbeitnehmer, dem hier ein Erklärungswert entnommen werden soll, ist der Abschluss einer Bezugnahmeklausel in seinem Individualarbeitsvertrag, in der eine „Inanspruchnahme" der Leistung der Gewerkschaften liegen soll. Dieses Verhalten besitzt jedoch weder für sich allein einen unmittelbaren Erklärungsgehalt, der auf Abschluss eines „Nutzungsvertrages" mit der

1133 Vgl. hierzu unter Kap. 2 C. I. 2., 3.

Gewerkschaft gerichtet ist, noch bringt es unter Berücksichtigung der Begleitumstände mittelbar einen solchen Geschäftswillen zum Ausdruck. Die tarifvertraglich vorgesehenen Arbeitsbedingungen gewährt dem Außenseiter-Arbeitnehmer sein Arbeitgeber, nicht die Gewerkschaft. Darüber hinaus beschränkt sich der in der Zustimmung des Außenseiter-Arbeitnehmers zum Arbeitsvertrag mit Bezugnahmeklausel zum Ausdruck kommende Wille auf die Übernahme von materiell-rechtlichen Arbeitsbedingungen. Es ist dabei seit Langem gängige Praxis, dass diese Übernahme der fremden Leistung kostenfrei erfolgt. In diesem Kontext muss festgestellt werden, dass die Sozialüblichkeit ein Kriterium ist, das an die „Verkehrssitte" (§ 157 BGB) anknüpft und für die Auslegung der Willenserklärung relevant ist.[1134] In Bezug auf die Annahme einer Bezugnahmeklausel sprechen die oben geschilderten tatsächlichen Umstände jedoch gerade dagegen, aus der Warte eines objektiven Dritten in der Position des Empfängers in der Willenserklärung eine konkludente Annahmeerklärung auf Abschluss eines Nutzungsvertrages mit der Gewerkschaft zu erblicken.

Somit kommt durch rein tatsächliches Verhalten zwischen der Gewerkschaft und den Außenseiter-Arbeitnehmern kein Vertrag zustande, welcher zur Zahlung eines Nutzungsentgelts verpflichten oder als Grundlage für die Berücksichtig von Erwägungen zu „Treu und Glauben" dienen könnte.

Nur am Rande sei an dieser Stelle darauf hingewiesen, dass ein konkludenter Vertragsschluss ohnehin mit Verweis auf den Vorrang der Privatautonomie abgelehnt wird, wenn über die (untechnisch gesprochen) „Erbringung der Leistung" bereits ein ausdrückliches Vertragsverhältnis mit einem Dritten geschlossen wurde.[1135] Dies ist hier der Fall, da die Mitgliedsbeziehung von Gewerkschaft und organisierten Arbeitnehmern Grundlage für die Tarifvertragsabschlüsse der Gewerkschaft (also ihre „Leistung") sind.

IV. Zahlungspflicht der Außenseiter-Arbeitnehmer aus gesetzlichem Schuldverhältnis mit der Gewerkschaft nach den Vorschriften zur GoA (§§ 677 ff. BGB)

Den Ansätzen von *Müller* (Anspruch aus Treu und Glauben) und *Galperin* (Entstehen eines Schuldverhältnisses) sind keine anderen Autoren gefolgt. Wenn überhaupt setzten sich Andere mit der Begründung eines gesetzli-

1134 Vgl mwN *Busche*, in: MüKoBGB, § 147 Rn. 5.

1135 Vgl. BGH v. 17. 3. 2004 – VIII ZR 95/03, NJW-RR 2004, 928 mwN; *M. Otto*, in: jurisPK-BGB, § 145 BGB Rn. 66.

chen Schuldverhältnisses auseinander. Weil die Gewerkschaft (zusammen mit dem Arbeitgeber-(vertreter)) zum Wohle der Gesamtheit von Arbeitnehmern und Arbeitgebern den Markt ordne und faktisch angemessene Arbeitsbedingungen für alle – also auch die Außenseiter – festlege, wurde der Konstellation etwa eine gewisse Nähe zur Geschäftsführung ohne Auftrag (GoA) nach §§ 677 ff. BGB attestiert.

Man könnte insofern überlegen, ob das Nutzungsentgelt im Rahmen eines Aufwendungsersatzanspruchs der Gewerkschaft als Geschäftsführerin gegenüber den Außenseiter-Arbeitnehmern als Geschäftsherren nach § 683 S. 1 iVm § 670 BGB realisierbar wäre. Auch in den Wirtschaftswissenschaften gab es schon Überlegungen in diese Richtung. Ausgehend von der Feststellung, dass Kollektivgüter nur selten von Privaten produziert werden, haben einige Autoren erwogen, zivilrechtliche Aufwendungsersatzansprüche anzuwenden bzw. zu schaffen, um die private Produktion öffentlicher Güter auszudehnen, anstatt diese Aufgabe dem mit Zwang agierenden Staat zu überlassen.[1136]

1. Keine Geschäftsführung der Gewerkschaft für die Außenseiter-Arbeitnehmer

Geschäftsführung ohne Auftrag setzt zunächst voraus, dass der Geschäftsführer ein Geschäft „für einen anderen" besorgt. Dies ist der Fall, wenn er das Geschäft nicht (nur) als eigenes, sondern (auch) als fremdes führt, also in dem Bewusstsein und mit dem Willen, zumindest auch im Interesse eines anderen zu handeln.[1137] Die Geschäftsbesorgung, an die hier angeknüpft wird, ist das Führen von Tarifverhandlungen und Abschließen von Tarifverträgen durch die Gewerkschaft.[1138] Die Gewerkschaft wird dabei

1136 Vgl. hierzu *Schäfer/Ott,* Lehrbuch der ökonomischen Analyse des Zivilrechts, S. 705 f. mwN.

1137 Statt aller vgl. nur *Gehrlein,* in: BeckOK BGB, § 677 Rn. 9; *Mansel,* in: Jauering BGB, § 677 Rn. 2 ff.

1138 Das bloße Verschaffen einer Position kann nicht als „Geschäft" iSd § 677 BGB angesehen werden. Vgl. LG Düsseldorf v. 03.05.2018 – 9 S 54/17, BeckRS 2018, 13247 Rn. 38 f., welches die „Stellung der Haftpflichtversicherung" als Geschäft in diesem Sinne mit dem Hinweis darauf ablehnte, dass die „Stellung einer Haftpflichtversicherung" zugunsten einer Person lediglich eine Folge bzw. die Hauptleistungspflicht der Versicherung aus einem entsprechenden Haftpflichtversicherungsvertrag sei. Dies könne nicht getrennt von dem eigentlichen Versicherungsvertrag betrachtet und als „Geschäft" eingeordnet werden.

zur Erfüllung der satzungsmäßig festgeschriebenen und ggf. durch entsprechende Beschlüsse konkretisierten Aufgabe tätig, die Interessen der Mitglieder zu fördern und insbesondere günstige Lohn-, Gehalts- und Arbeitsbedingungen durch den Abschluss von Tarifverträgen zu erzielen.[1139] Ihr Tätigwerden legitimiert sich durch die Mitglieder, welche die Gewerkschaft durch ihren Beitritt mit der Aufgabenerfüllung beauftragen und deren Interessenkreis durch die Geschäftsbesorgung der Gewerkschaft eindeutig betroffen wird. Es handelt sich also um ein sog. „auch-fremdes“ Geschäft, da die Gewerkschaft dabei sowohl in ihrem eigenen Interesse als auch in dem ihrer Mitglieder tätig wird. Der „Eigengeschäftsführungswillen“ der Gewerkschaft verhindert dabei nicht, dass man auch von einem „Fremdgeschäftsführungswillen“ in Bezug auf die Gewerkschaftsmitglieder ausgeht. Dieser doppelte Geschäftsführungswille ist bei auch-fremden Geschäften typisch.[1140]

Geschäftsherren dieser Geschäftsbesorgung sind hier aber die Gewerkschaftsmitglieder und nicht die Außenseiter-Arbeitnehmer. Eine Geschäftsbesorgung kann zwar theoretisch auch zugleich für mehrere Geschäftsherren ausgeführt werden.[1141] Die Rechtsprechung hat jedoch schon wiederholt klargestellt, dass neben dem unmittelbar Begünstigten nicht schon jeder an der Geschäftsführung mittelbar Interessierte als Geschäftsherr zu betrachten ist.[1142] Mit Ausnahme des § 3 Abs. 2 TVG, der verfassungskonform auszulegen ist, werden die Außenseiter-Arbeitnehmer bloß faktisch-mittelbar von der Tätigkeit der Gewerkschaft berührt. Sie sind also nur reflexhaft Mitbetroffene, aber keine Geschäftsherren. Selbst wenn man die Außenseiter-Arbeitnehmer daran anknüpfend als Geschäftsherren betrachten wollte, so hat die Gewerkschaft bei der Besorgung des Geschäfts jedenfalls keinen Fremdgeschäftsführungswillen in Bezug auf die Außenseiter-Arbeit-

---

1139 Vgl. beispielhaft § 2 der Satzung der IG Metall in der ab 1.1.2020 geltenden Fassung, abrufbar unter https://www.igmetall.de/download/20191231_IGM_Satzung_2020_web_4bc0a0e0054f65e751cf12b6d1b17c76d0a01873.pdf (letzter Abruf 20.2.2023).

1140 Vgl. *Gregor*, in: jurisPK-BGB, § 677 BGB Rn. 15; *Lorenz*, JuS 2016, 12 (13).

1141 Zum Beispiel ist Unfallhilfe GoA für den Verletzten, den Unterhaltspflichtigen und die Krankenkasse (vgl. etwa BGH v. 7. 11. 1960 - VII ZR 82/59, NJW 1961, 359; vgl. BGH v. 25. 11. 1976 – II ZR 201/74, NJW 1977, 530 (531): auch GoA für den Rettungspflichtigen.

1142 Vgl. BGH v. 28. 9. 2011 – IV ZR 294/10, NJW-RR 2012, 163 Rn. 6 zu behördlichen Schadensminderungsmaßnahmen bei KfZ-Unfall; v. 25.11.1981 – VIII ZR 299/80, NJW 1982, 875 (877); v. 4. 7. 1978 – VI ZR 95/77, NJW 1978, 2030 (2031); v. 22. 5. 1970 – IV ZR 1008/68, NJW 1970, 1841; vgl. auch *F. Schäfer*, in: MöKo BGB, BGB § 677 Rn. 21.

nehmer. Aus systematischen Erwägungen[1143] folgt, dass für die Annahme eines Fremdgeschäftsführungswillen einerseits das kognitive Fremdgeschäftsführungsbewusstsein und andererseits die voluntative Fremdgeschäftsführungsabsicht erforderlich sind.[1144] Während den Gewerkschaften durchaus bewusst sein dürfte, dass ihr Handeln über Umwege auch Auswirkungen auf die Arbeitsverhältnisse vieler Außenseiter-Arbeitnehmer haben dürfte, ist nicht anzunehmen, dass sie einen Willen haben, *für* die Außenseiter-Arbeitnehmer zu agieren.[1145] Wie in Kapitel 2 Abschnitt C. festgestellt wurde, ist eine Gestaltung der Arbeitsbedingungen der Außenseiter-Arbeitnehmer für die Gewerkschaften allenfalls dann von Interesse, wenn sie mit der effektiven Umsetzung der Mitgliederinteressen in irgendeiner Weise korrespondiert, nicht aber um ihrer selbst willen.[1146]

Der Annahme eines Fremdgeschäftsführungswillen steht es außerdem entgegen, wenn der Geschäftsführer – wie hier – im Rahmen einer vertraglichen Verpflichtung gegenüber einem Dritten handelt, welche das Entgelt für die Tätigkeit abschließend regelt.[1147] In der unter dem Stichwort des „pflichtengebundenen Geschäftsführers“ diskutierten Konstellation wird der Rückgriff auf Aufwendungsersatzansprüche der GoA abgelehnt und darauf verwiesen, dass ein „aus der Parteiautonomie folgende[r] Vorrang der vertraglichen Rechte“ bestehe, der „dem Ausgleich der aus der erbrachten Leistung resultierenden Vorteile Dritter, die außerhalb des Vertrags stehen“

1143 Rückschluss aus dem Vergleich mit der unechten GoA in § 687 BGB: Bei der irrtümlichen Eigengeschäftsführung (§ 687 Abs. 1) scheitert eine echte GoA am fehlenden Fremdgeschäftsbewusstsein, bei der angemaßten Eigengeschäftsführung (§ 687 Abs. 2) an der fehlenden Fremdgeschäftsführungsabsicht.

1144 Vgl. BGH v. 21. 10. 2003 – X ZR 66/01, NJW-RR 2004, 81 (82); v. 25-04-1991 – III ZR 74/90, NJW 1991, 2638 (2639); *Gregor*, in: jurisPK-BGB, § 677 BGB Rn. 13.

1145 Zutreffend *Hueck*, Rechtsgutachten, S. 32;

1146 So auch *Schwaabe*, Solidaritätsbeiträge, S. 20 „Nebenwirkung“.

1147 Im Vordingen befindliche Auffassung, vgl. BGH v. 21. 10. 2003 – X ZR 66/01, NJW-RR 2004, 81 (83) ausdrücklich in Abweichung von vorangegangener Rspr. des BGH; LG Landau (Pfalz) v. 26.10.1999 – 1 S 118/99, NJW 2000, 1046; OLG Koblenz v. 20.06.1991 – 5 U 75/91, NJW 1992,2367; LG München I v. 28.09.1977 – 15 S 2733/77, NJW 1978, 48; *Dornis*, in: Erman, BGB § 677 Rn. 14 f.; *Gregor*, in: jurisPK-BGB, § 677 BGB Rn. 15; *Schubert*, AcP 1978, 425; *ders.*, NJW 1978, 687; *Weishaupt*, NJW 2000, 1002 allerdings mit dem Plädoyer für eine teleologischer Reduktion des objektiven Tatbestandes des § 677 BGB.; a.A. BGH v. 21. 10. 1999 – III ZR 319/98, NJW 2000, 422 (423) mwN: Geschäftsbesorgung für einen anderen könne auch dann vorliegen, wenn der Geschäftsführer zur Besorgung des Geschäfts einem Dritten gegenüber verpflichtet ist; vgl. ausf. Zum Streitsand *F. Schäfer*, in: MöKo BGB, BGB § 677 Rn. 54, 126 ff.

vorgehe.[1148] Der Geschäftsherr erhalte mit der vereinbarten Vergütung die Bezahlung, die er nach der Privatrechtsordnung erwarten könne. Wolle er auch Drittbegünstigte für das Vertragsentgelt „in Mithaftung" nehmen, so müsse er ihn in die Absprache mit seinem Vertragspartner einbeziehen.[1149] Dies deckt sich mit der Überlegung, dass die GoA grundsätzlich zur Schadloshaltung des Geschäftsführers und zur Regelung vertragsloser Führung fremder Geschäfte dient.[1150] Handelt der Geschäftsführer primär im eigenen Interesse sowie zur Erfüllung einer gegenüber Dritten übernommenen Verpflichtung, ist er nicht schutzbedürftig in diesem Sinne und darauf zu verweisen, sich an den von ihm ausgewählten Vertragspartner zu halten. Mit der Einschränkung soll verhindert werden, dass der allgemeine Ausgleichstatbestand der GoA ausufernd zu Anwendung kommt.[1151]

Einen ähnlichen Gedanken gibt es in bereicherungsrechtlichen Mehrpersonenverhältnissen. Dort ist die Kondiktion entlang der Leistungsverhältnisse die Regel und der Durchgriff im Zuwendungsverhältnis die Ausnahme (vgl. §§ 816 Abs. 1 S. 2, 822 BGB). Die damit einhergehende Priorisierung der Privatautonomie überzeugt und sollte auch für das Recht der GoA gelten.[1152] Die Frage des Durchgriffs auf mittelbar Begünstigte im Wege der GoA wurde vom historischen Gesetzgeber ausdrücklich offen gelassen und ihre Beantwortung Wissenschaft und Rechtsprechung überlassen.[1153] Der Vorschlag der ersten Kommission zur Schaffung des BGB, der einen

1148 BGH v. 21. 10. 2003 – X ZR 66/01, NJW-RR 2004, 81 (83); wenn Vorschriften des öffentlichen Rechts eine erschöpfende Regelung vorsehen, ist unstreitig anerkannt, dass die Aufwendungsersatzansprüche aus GoA nicht zusätzlich zur Anwendung kommen können, vgl. etwa BGH v. 26. 11. 1998 – III ZR 223–97, NJW 1999, 858 mwN.

1149 Vgl. BGH v. 21. 10. 2003 – X ZR 66/01, NJW-RR 2004, 81 (83).

1150 Vgl. *Thole*, in: BeckOGK, BGB § 677 Rn. 2; *F. Schäfer*, in: MöKo BGB, BGB § 677 Rn. 1.

1151 Vgl. *Weishaupt*, NJW 2000, 1002 (1022); *Gregor*, in: jurisPK-BGB, § 677 BGB Rn. 15.

1152 Ebenso *Thole*, in: BeckOGK, BGB § 677 Rn. 132.

1153 Vgl. *Mugdan*, Materialien II, S. 468, wo es sogar heißt: „Die Fälle, wo dieses Bewußtsein fehlt, scheiden aber ebenso ganz aus, wie die Fälle, wo Jemand das fremde Geschäft nicht für den Anderen, sondern rechtswidrig als eigenes behandelt (§ 761), oder wo Jemand das Geschäft eines Anderen lediglich als Beauftragter eines Dritten besorgt (§ 760).; S. 1202 (Auszug der Protokolle): „Ebenso wurde beschlossen, den § 760 zu streichen, da die Klarstellung des Verhältnisses, welches entstehe, wenn Jemand ein fremdes Geschäft im Auftrage eines Dritten besorge und welches allerdings zu Zweifeln Anlaß geben könne, bei der geringen praktischen Bedeutung der welches zweckmäßig der Wissenschaft überlassen werden könne."; hierzu *F. Schäfer*, in: MöKo BGB, BGB § 677 Rn. 129.

solchen Durchgriff bei ausdrücklich darauf gerichtetem Geschäftsführungswillen noch für möglich hielt,[1154] wurde schließlich von der zweiten Kommission nicht übernommen. Somit können die am Zweck der Regelung ausgerichteten Erwägungen Platz greifen. Auch unter Berücksichtigung dieser Erwägungen ist die Gewerkschaft – jedenfalls de lege lata – mit der Forderung nach einem Entgelt allein auf ihre Mitglieder verwiesen, die ihre Tätigkeit im Zusammenhang mit Verhandlung und Abschluss von Tarifverträgen abschließend finanzieren.

2. Kein Wille der Außenseiter-Arbeitnehmer zur Geschäftsführung durch die Gewerkschaft

Der Grundsatz, dass durch die GoA die Wertungen des Vertragsrechts nicht unterlaufen und keine gesetzlichen Vertragsverhältnisse begründet werden dürfen, wo vertragliche nicht zu Stande gekommen sind, ist überdies auch in § 683 S. 1 BGB zum Ausdruck gekommen. Die Geschäftsführung müsste dem Willen und Interesse des Geschäftsherrn entsprechen, wobei anders als das Bindewort „oder" andeutet, der wirkliche und der mutmaßliche Wille nicht in einem Alternativverhältnis stehen. Vielmehr ist der mutmaßliche Wille nur dann subsidiär zu ermitteln, wenn der wirkliche Wille fehlt oder dieser nach § 105 Abs. 2 BGB unbeachtlich ist.[1155] Paradebeispiel für die Pflicht zur Beachtung dieser Schranke ist der sog. Erbensucher-Fall, in dem der BGH einem gewerblichen Erbensucher, der dem von ihm ermittelten Erben einen Vertragsschluss im Hinblick auf die vollständige Offenlegung der Nachlassangelegenheit angedient hatte, einen Aufwendungsersatzanspruch verwehrte.[1156] Unter Verweis auf die „Risikozuordnung des bürgerlichen Rechts" erklärte das Gericht zwar die Regeln der §§ 677 ff. BGB schon für unanwendbar, anstatt die Tatbestandsvoraussetzungen der GoA weiter zu konturieren und Rechtssicherheit im Hinblick auf „auch-fremde" Geschäfte zu generieren. Trotz der Kritik an diesem

1154 § 760 BGB-E I regelte wenn „jemand ein fremdes Geschäft im Auftrag eines Dritten besorgt, so wird ihm der Geschäftsherr und er Letzterem aus der Geschäftsbesorgung nicht verpflichtet, es sei denn, dass er zugleich in der Absicht gehandelt hat, als Geschäftsführer des Geschäftsherrn das Geschäft zu besorgen."

1155 Vgl. statt aller *Schäfer*, in: MüKo BGB, § 683 Rn. 17.

1156 BGH 23.9.1999 – III ZR 322/98, NJW 2000, 72 (73); ebenso BGH v. v. 18.6.2014 – III ZR 537/13, BeckRS 2014, 14132; zuletzt bestätigt durch BGH v. 19.5.2016 – III ZR 274/15, NJW-RR 2016, 842 (843) Rn. 17.

methodischen Vorgehen[1157] erscheint aber das Ergebnis richtig, einen auf einer allgemeinen gesetzlichen Grundlage beruhenden Ersatzanspruch für Geschäftsbesorgungen abzulehnen, wenn die andere Person von der Inanspruchnahme durch einen zuvor angetragenen und jederzeit möglichen Vertragsschluss bewusst abgesehen hat.[1158] Richtigerweise hat diese Person keinen Willen, der darauf gerichtet ist, dass eine andere Person für ihn die fragliche Geschäftsbesorgung vornimmt.

So liegt es auch hier. Der Außenseiter-Arbeitnehmer, der die Geschäftsbesorgung vollwertig beanspruchen möchte, kann jederzeit der Gewerkschaft beitreten und ein Rechtsverhältnis mit der Gewerkschaft begründen. Der durch den Nicht-Beitritt zur Gewerkschaft geäußerte Fernbleibewille des Außenseiter-Arbeitnehmers steht der Annahme entgegen, dass eine Geschäftsführung der Gewerkschaft seinem Interesse und Willen entspricht. Gegenteiliges folgt auch nicht aus der Bezugnahme auf die ausgehandelten und abgeschlossenen Tarifverträge, denn damit würde allenfalls dem durch die Geschäftsführung (mittelbar) zufließenden Vorteil bzw. dem Ergebnis der Geschäftsführung zugestimmt werden, nicht aber der davor liegenden Geschäftsbesorgung als solcher. Ließe man dies ausreichen, würden das Interesse des Geschäftsherrn und sein tatsächlicher oder mutmaßlicher Wille vermengt.[1159] Eine Vermutung dahingehend, dass gewollt ist, was objektiv nützlich erscheint, verbietet sich, wenn ein anderslautender Wille tatsächlich geäußert wurde.[1160] Im Einzelfall sind die Motive der fernbleibenden Außenseiter-Arbeitnehmer zwar unbekannt. Es kann jedoch nicht unterstellt werden, dass sie den Willen haben, ihre Geschäfte von einem privatrechtlichen Verband führen zu lassen, der nicht politisch neutral

---

1157 Vgl. etwa *Thole,* NJW 2010, 1243 (1245 f.); *ders,* in: BeckOGK, BGB § 677 Rn. 12; kritisch auch *Wagner,* in: Rechtswissenschaft und Literatur (2007), S. 181 (248).

1158 i.E. ebenfalls zustimmend *Thole,* in: BeckOGK, BGB § 677 Rn. 132; Vorrang des Vertragsrechts ist außerdem an diversen anderen Stellen bestätigt worden: vgl. AG Schöneberg, Urteil vom 4. 2. 1997 – 105 C 458–96, NJW-RR 1998, 412 (413) zu einem Makler, der einen Hauseigentümer ermittelt, weil er einen Kaufinteressenten an der Hand hat; vgl. LG Düsseldorf v. 03.05.2018 – 9 S 54/17, BeckRS 2018, 13247 Rn. 32 ff. zu einem Haftpflichtversicherungsvertrag sowie OLG Karlsruhe v. 18.2.2022 – 15 U 54/21, BeckRS 2022, 2187 Rn. 23 zu einem Spielervermittler, der einen Bundesliga-Profi benannt hatte, der sodann tatsächlich unter Vertrag genommen wurde.

1159 Vgl. BGH v. 25.11.1981 – VIII ZR 299/80, NJW 1982, 875 (877); zuvor schon v. 12. 1. 1955 – VI ZR 273/53, NJW 1955, 747.

1160 Plakativ *Schäfer,* in: MüKo BGB, § 683 Rn. 18: „Auch ein Sonderling, dessen Motive und Absichten für Außenstehende nicht rational erscheinen, hat bei der GoA ein Recht auf Privatautonomie."

ist.[1161] Die Voraussetzungen des § 683 S. 1 BGB liegen somit ebenfalls nicht vor.

3. Kontrollüberlegung: „Mitgliedschaft light“ bei Annahme einer GoA

Mit Rücksicht auf die Privatautonomie ist zu fordern, dass sich die GoA als Instrument des allgemeinen Interessenausgleichs auf Fälle beschränkt, in denen es keine anderslautenden ausdrücklichen Willensäußerungen gibt. Sie darf nicht „durch die Hintertür“ ungewollte Vertragsverhältnisse begründen und dem vermeidlichen Geschäftsherren Pflichten aufdrängen. Auch der Blick auf die Rechtsfolgenseite bestätigt, dass sich das Verhältnis von Gewerkschaft und Außenseiter-Arbeitnehmer nicht in das Korsett der GoA pressen lässt. Ein solches Vorgehen bedeutete große Umwälzungen im deutschen Tarifrecht.

Es ist zu bedenken, dass der Geschäftsführer einer GoA das Geschäft im Interesse und dem (mutmaßlichen) Willen des Geschäftsherrn entsprechend zu führen (§ 677 BGB), diesem die Geschäftsführung sobald wie möglich anzuzeigen und dessen Entschließung abzuwarten hat (§ 681 S. 1 BGB).[1162] Ferner wird durch eine GoA ein gesetzliches Schuldverhältnis begründet, sodass den Geschäftsführer auch die allgemeinen Sorgfaltspflichten des § 241 Abs. 2 BGB treffen und ihn zur Rücksichtnahme auf die Rechte, Rechtsgüter und Interessen des Geschäftsherrn verpflichten. Im Falle einer Verletzung haftet der Geschäftsführer gem. §§ 280 Abs. 1, 241 Abs. 2, 249 ff. BGB auf Schadensersatz. Das heißt, die Gewerkschaft wäre gezwungen, bei Verhandlung und Abschluss der Tarifvertragsverhandlungen die Interessen der Außenseiter-Arbeitnehmer einzubeziehen. Im Ergebnis wäre dies nichts anderes als eine Aufgabe der privatrechtlichen Rekonstruktion der Tarifautonomie als kollektiv ausgeübte Privatautonomie der Mitglieder und ein Schritt rückwärts in Richtung Delegationstheorie und Verständnis als Berufsverband mit umfassenden Vertretungsauftrag,[1163] den die Gewerkschaften eben so wenig wollen können wie die Arbeitgeberverbände. Zu mühsam hat sich die Erkenntnis durchgesetzt, dass die Verfolgung von

1161 So iE auch *Hueck*, Rechtsgutachten, S. 32; *Schwaabe*, Solidaritätsbeitrag, S. 20.

1162 Vgl. nur *Lorenz*, JuS 2016, 12 (14).

1163 Vgl. *Biedenkopf*, JZ 1961, 349 (352): „In einem öffentlichrechtlichen Bereich bewegt sich aber auch die Gewerkschaft, wenn sie als Repräsentation einer Gruppe auftritt, die über ihre Mitglieder hinausreicht und deren finanzielle Beteiligung sie beansprucht.“

Partikularinteressen zulässig und mit Blick auf die flexible Lösung branchenspezifischer Anforderungen auch sinnvoll ist.

Wiederum gab *Wiedemann* zu Recht zu bedenken, dass die Außenseiter-Arbeitnehmer ihrerseits ihre Unterstützung bei Streiks bzw. ihre Bereitschaft dazu nach den Grundsätzen der GoA ausgleichspflichtig machen könnten, wenn man dafür plädiere, die GoA für anwendbar zu halten.[1164]

Dieses Weiterspinnen des Gedankens zeigt, dass es nicht zielführend sein kann, die Beziehung zwischen Gewerkschaft und Außenseiter-Arbeitnehmern unter allgemeine Ausgleichstatbestände zu pressen. Man würde eine „Mitgliedschaft light" auf Grundlage eines gesetzlichen Schuldverhältnisses schaffen, welches den Willen sowohl der Gewerkschaften, nur für Mitglieder tätig zu werden, als auch den Willen der Außenseiter-Arbeitnehmer, der Gewerkschaft fernzubleiben, negieren. Außerdem würde es die gesetzliche Grundlage erheblich überstrapazieren. Solche Belastungen dürften – wenn überhaupt – nur auf spezialgesetzliche Regelungen gestützt werden, bei deren Erlass der Gesetzgeber die konkret widerstreitenden Grundrechtspositionen und das Gewicht ihrer drohenden Beeinträchtigung abgewogen und in praktische Konkordanz gebracht hat.

Somit liegt für die hier fragliche Situation schon der Tatbestand eines Aufwendungsersatzanspruchs nicht vor.

V. Zwischenergebnis

Damit lässt sich festhalten, dass sich das Nutzungsentgelt als Instrument zur Stärkung der Tarifautonomie weder als vertraglicher noch als quasi-vertraglicher Anspruch der Gewerkschaft gegen die Außenseiter-Arbeitnehmer konstruieren lässt.

VI. Zahlungspflicht der Außenseiter-Arbeitnehmer in Ansehung eines Urheberrechts am Tarifvertrag

Es bleibt zu überlegen, ob den Tarifvertragsparteien ein Urheberrecht an den von ihnen geschaffenen Tarifwerken zusteht, auf dessen Grundlage sie

1164 *Wiedemann*, RdA 1969, 321 (336).

bestimmen könnten, wer den Tarifvertrag in welcher Form nutzt.[1165] Darauf aufbauend könnte ihnen das Recht zustehen, die Partizipation von Außenseiter-Arbeitnehmern an ihren geschützten Werken zu kommerzialisieren – entweder auf Grundlage spezialgesetzlicher Anspruchsgrundlagen des Urheberrechtsgesetzes oder auf Grundlage allgemeiner Anspruchsgrundlagen des Delikts- oder Bereicherungsrechts.

1. Urheberrechtsschutz für Tarifverträge

a) Stand der Diskussion

Der Große Senat des BAG hat das Urheberrecht in seinem Grundsatzbeschluss aus 1967 kurz gestreift. Er stellte sich auf den Standpunkt, dass der Gesetzgeber die kostenlose Ausnutzung der Gewerkschaftsarbeit gestattet habe, „anstatt für deren Ausnutzung durch eine ausdrückliche Gesetzesvorschrift einen besonderen Ausgleich vorzusehen, wie er etwa vergleichbar aus dem Urheberrecht" bekannt sei.[1166] Das kann nur so zu verstehen sein, dass es für ihn völlig fernliegend war, eine Ausgleichspflicht der Außenseiter auf eine urheberrechtliche Grundlage zu stützen. Das deckt sich mit der überwiegenden Ansicht in Rechtsprechung und Literatur, die davon ausgeht, dass Tarifverträgen mit Blick auf § 5 des Urheberrechtsgesetzes (UrhG) schon kein urheberrechtlicher Schutz zukommt.[1167] Der Regelung des § 5 des UrhG zufolge sind Gesetze, Verordnungen, amtliche Erlasse und Bekanntmachungen sowie Entscheidungen und amtlich verfasste Leitsätze zu Entscheidungen als „amtliche Werke" vom urheberrechtlichen Schutz ausgenommen. Die Rechtsprechung hat wiederholt erklärt, dass es sich bei

---

1165 Eingehend hierzu *Leydecker,* GRUR 2007, 1030 ff.; im Zusammenhang mit der Frage nach einem Nutzungsentgelt *Höpfner*, ZfA 2020, 178 (195).

1166 BAG (GS) v. 29.11.1967 – GS 1/67, AP GG Art. 9 Nr. 13, juris Rn. 159); Ablehnung eines urheberrechtlichen Schutzes später bekräftigt in BAG v. 11.11.1968 – 1 AZR 16/68, AP GG Art. 9 Nr. 14 (= NJW 1969, 861 (862)).

1167 Vgl. *Dreier*, in: Dreier/Schulze UrhG § 5 Rn. 7; *Henssler*, in: HWK, TVG § 3 Rn. 18; *Höpfner*, ZfA 2020, 178 (195); *Oetker*, in: JKOS § 6 Rn. 210; *ders.*, in: Wiedemann TVG, § 3 Rn. 332; *Löwisch/Rieble* TVG, § 1 Rn. 124; *Katzenberger/Metzger*, in: Schricker/Loewenheim UrhR, UrhG § 5 Rn. 50; s.a. *Rieble* in FAZ v. 17.11.2004, S. 23, der meint „der Staat als Patron der Trittbrettfahrer versagt der schöpferischen Tarifleistung den Urheberschutz"; *E. Willemsen,* Bezugnahme, S. 47; ablehnend auch *Herberger,* ZfA 2022, 560 (568); für eine analoge Anwendung von § 5 Abs. 1 UrhG auf den normativen Teil der Tarifverträge *v. Ungern-Steinberg*, GRUR 766 (770).

Tarifverträgen um materielle Gesetze handle: „Der Tarifvertrag enthält in seinem normativen Teil Rechtsregeln, d. h. generell-abstrakte, nach Maßgabe des § 4 Abs. 3 TVG zwingende Bestimmungen für den Inhalt der von ihm erfaßten Arbeitsverhältnisse [Nachweise]. Bei der Normsetzung durch die Tarifparteien handelt es sich um Gesetzgebung im materiellen Sinne, die Normen im rechtstechnischen Sinne erzeugt."[1168] Hieran anknüpfend sollen somit auch Tarifverträge unter die Ausnahme des § 5 UrhG fallen. Im maßgebenden Urteil des BAG aus dem Jahre 1968 ist dazu zu lesen:

> „Jeder Tarifvertrag, der zustande gekommen ist, führt im Hinblick auf diese Regelung und diese Praxis ein Eigenleben und löst sich insoweit von den Tarifpartnern, die ihn vereinbart haben. Tarifverträge werden vereinbart, damit sie im Arbeitsleben angewendet werden, und zwar, wie bereits erwähnt, in der Weise, daß sie auch für die Arbeitsverhältnisse von Nichtmitgliedern der abschließenden Gewerkschaft kraft Allgemeinverbindlicherklärung zum Zuge kommen können. Daneben nehmen Arbeitsvertragsparteien zur Regelung des Einzelarbeitsverhältnisses auf den Inhalt von Tarifverträgen Bezug, was gleichfalls schon gesagt wurde. Bereits aus diesen Gründen kann ein „Quasi-Eigentum" der tarifvertragschließenden Parteien an dem Text des Tarifvertrages in der Form des alleinigen Rechts zur Veröffentlichung nicht anerkannt werden. Dieser Text muß, wenn die in dem Tarifvertrag enthaltenen Regeln angewendet werden sollen, zur Veröffentlichung jedenfalls durch diejenigen Gewerkschaften frei stehen, die zwar an dem Tarifabschluß nicht beteiligt waren, für deren Mitglieder der Tarifvertrag aber von Bedeutung ist.
> Die Vorschriften des URG rechtfertigen ebenfalls nicht die gegenteilige Ansicht. Tarifverträge sind, wie der Senat bereits wiederholt [Nachweise] ausgesprochen hat, Gesetze im materiellen Sinne. Aus dem Gesamtzusammenhang des URG, insbesondere aus dessen § 5, ergibt sich, daß Gesetze, Verordnungen, amtliche Erlasse und Bekanntmachungen sowie Entscheidungen und amtlich verfaßte Leitsätze zu Entscheidungen keinen urheberrechtlichen Schutz genießen. Gleiches muß auch für Tarifverträge gelten. Das URG läßt bei seinem allgemein gehaltenen Gesetzesbegriff keinen Unterschied zwischen Gesetzen im formellen und im materiellen Sinne erkennen. Vor allem ist auch zu beachten, daß die Ta-

1168 BVerfG v. 24.5.1977 – 2 BvL 11/74, E 44, 322 (341); v. 15.7.1980 – 1 BvR 24/74, E 55, 7 (21); BAG v. 9.3.1995 – 2 AZR 484/94, AP GesO § 9 Nr. 1 zu II. 3. der Gründe mwN; BAG v. 23.3.1957 – 1 AZR 326/56, AP TVG § 1 Nr. 8 (juris Rn. 19).

rifverträge der Allgemeinverbindlicherklärung offenstehen und deswegen von vornherein potentiell von allgemeiner Bedeutung sind."[1169]

Nur vereinzelt wird diesem Verständnis des § 5 UrhG entgegengetreten. So meint etwa *Nordemann*, dass der Wortlaut der Norm sowie Sinn und Zweck der Ausnahmeregelung in § 5 UrhG bei einer solchen Interpretation der Norm überstrapaziert würden.[1170] Der Sinn und Zweck sei darin zu sehen, dass Bürger in einem Rechtsstaat nicht vom Zugriff auf die für sie geltenden verbindlichen Normen ausgeschlossen werden dürften. Zur Rechtsbefolgung müssten sie schließlich den Inhalt der zu befolgenden Regeln kennen.[1171] Diese Zwecksetzung rechtfertige es jedoch nur, für allgemeinverbindlich erklärte Tarifverträge vom urheberrechtlichen Schutz auszunehmen. In ihrem Anwendungsbereich entfalteten allgemeinverbindliche Tarifverträge eine vergleichbare universelle Befolgungspflicht, die eine Gleichstellung mit formellen Gesetzen rechtfertige.[1172] Einfache Tarifverträge, die auch nur von Verbandsmitgliedern zwingend zu befolgen sind, müssten demgegenüber grundsätzlich urheberrechtlichem Schutz unterfallen. Es handle sich bei diesen um einen rein privatrechtlichen Vertrag und damit kein amtliches Werk. Außerdem werde den Adressaten der Befolgungspflicht der Tarifvertrag bereits durch ihre Verbände bekannt gemacht. Für eine Ausnahme vom Urheberschutz wegen des Informationsbedürfnisses von Regelungsunterworfenen sei somit kein Raum. Allenfalls könne über eine Einschränkung des Urheberschutzes nachgedacht werden, wenn der Tarifvertrag gem. § 32 Abs. 3 S. 3 UrhG veröffentlicht wird (konkludente Einräumung von Nutzungsrechten für jedermann).[1173]

Die Koalitionen selbst gehen sehr wohl von einem urheberrechtlichen Schutz ihrer Tarifverträge aus. Unter Berufung auf diesen sträuben sie sich schließlich beharrlich gegen die nun schon wiederholt und zuletzt von *Bepler* in seinem Gutachten zum DJT im Jahr 2014 vorgeschlagene

---

1169 BAG v. 11.11.1968 – 1 AZR 16/68, AP GG Art. 9 Nr. 14 (= NJW 1969, 861 (861 f.)).

1170 *J.B. Nordemann,* in: Fromm/Nordemann UrhR, UrhG, § 5 Rn. 15; ablehnend auch *Leydecker,* GRUR 2007, 1030 (1031).

1171 *J.B. Nordemann,* in: Fromm/Nordemann UrhR, UrhG, § 5 Rn. 2 unter Verweis auf BVerfG v. 29.07.1998 – 1 BvR 1143/90, GRUR 1999, 226 (230) (= NJW 1999, 414): „Ziel der Regelungen zur Gemeinfreiheit von amtlichen Werken war es seit jeher, **Publizität für alle Äußerungen der Staatsgewalt zu schaffen.** Der dem Gesetz unterworfene Bürger soll sich über Vorschriften aller Art, Entscheidungen und über sonst rechtserhebliche Unterlagen und Äußerungen in gerichtlichen und behördlichen Verfahren frei unterrichten können."

1172 *J.B. Nordemann,* in: Fromm/Nordemann UrhR, UrhG, § 5 Rn. 15.

1173 *J.B. Nordemann,* in: Fromm/Nordemann UrhR, UrhG, § 5 Rn. 15.

Verbesserung der Publizität von Tarifverträgen durch Einführung eines elektronischen Tarifregisters.[1174]

b) Stellungnahme

Nähert man sich der Fragestellung unbefangen an, so gewinnt man den Eindruck, dass sich die meisten, die sich mit der Thematik auseinandersetzen, auf das Urteil des BAG aus dem Jahre 1968 zurückziehen. Mit dem Verweis auf die Eigenschaft des Tarifvertrags als „materielles Gesetz" dürfte man es sich jedoch zu einfach machen, da dies nicht den gesamten zu prüfenden Tatbestand einbezieht.

aa) Ausgangspunkt: Schutz des Tarifvertrages als Sprachwerk iSv § 2 UrhG

Wie oben ausführlich dargelegt wurde, handelt es sich bei den Tarifverträgen um das Ergebnis privater Grundrechtsausübung. Unabhängig vom weiteren Schicksal des Tarifvertrages ist er zunächst einmal privatrechtlicher Vertrag. Als sog. Sprachwerk, das durch die kreative Gestaltung die notwendige geistige Schöpfungshöhe erlangt, fällt er damit im Ausgangspunkt unter den Schutz des Urheberrechts (vgl. § 2 Abs. 1 Nr. 1, Abs. 2 UrhG).[1175] Im Übrigen ergibt sich schon aus dem Gegenschluss zu § 5 UrhG, dass selbst Gesetze geeignet sind, zunächst als Werk im Sinne des § 2 UrhG erfasst zu werden.[1176]

bb) Keine Einschlägigkeit der Ausnahmevorschrift des § 5 UrhG für einfache Tarifverträge

Der urheberrechtliche Schutz könnte dem Tarifvertrag nur dann abgesprochen werden, wenn eine der Ausnahmen des § 5 UrhG einschlägig wäre.

1174 Vgl. hierzu *Reichold*, NJW 2014, 2534 (2538).
1175 Ebenso *Leydecker*, GRUR 2007, 1030 (1030).
1176 Vgl. *Leydecker*, GRUR 2007, 1030 (1030); *v. Ungern-Steinberg*, GRUR 766 (766).

(1) Erforderlichkeit der „Amtlichkeit“ für Ausnahme n. § 5 Abs. 1 und 2 UrhG

Dies wiederum setzt voraus, dass es sich bei Tarifverträgen um amtliche Werke im Sinne des § 5 UrhG handelt. Diese Voraussetzung gilt für beide Ausnahmetatbestände, also sowohl für Absatz 1 als auch Absatz 2. Dies ergibt sich zwar nicht unmittelbar aus dem Wortlaut des § 5 Abs. 1 UrhG, wohl aber aus der Systematik und der Gesetzesbegründung.[1177] Erster Anhaltpunkt ist die Überschrift des § 5 UrhG, die da lautet „Amtliche Werke“. Dafür spricht außerdem auch, dass Absatz 2, der sich auf Absatz 1 bezieht, von „anderen amtliche Werken“ spricht. Daraus ist zu schlussfolgern, dass die Amtlichkeit des Werkes auch schon für die in Absatz 1 genannten Beispiele konstitutiv sein soll. Eine Stütze erfährt diese Sichtweise ferner durch die Gesetzesbegründung, in der die Ausnahmevorschrift damit gerechtfertigt wird, dass die „kraft ihres Amtes zur Schaffung solcher Werke berufenen Verfasser entweder überhaupt kein Interesse an der Verwertung ihrer Leistungen hätten oder ihre Interessen hinter denen der Allgemeinheit zurücktreten müßten.“[1178] Dem liegt offensichtlich die Vorstellung zugrunde, dass bei Amtswaltern, die in Ausübung öffentlicher Aufgaben Werke schaffen, die eine Allgemeinverbindlichkeit erlangen sollen, keine besonders schützenswerte Persönlichkeitsentfaltung stattfindet oder jedenfalls dem Informationsinteresse der Öffentlichkeit pauschal Vorrang einzuräumen ist.[1179] Ein Verstoß gegen Art. 14 GG soll darin deshalb nicht liegen, weil der „Urheber“ des Werks für seine Leistung schließlich eine Besoldung erhält, die auch die Erstellung des amtlichen Werks miterfasst.[1180] Eine solche Sichtweise kann jedoch nicht aufrechterhalten werden, wenn eine Privatperson Schöpfer eines Sprachwerkes ist. Diese kann sich jedenfalls auf ihr allgemeines Persönlichkeitsrecht oder sogar weitere Grundrechte wie die Kunstfreiheit (Art. 5 GG) oder die Koalitionsfreiheit (Art. 9 Abs. 3 GG) berufen. In diesem Fall ist die Herbeiführung einer praktischen Konkordanz erforderlich, welche der Pauschalierung der Ausnahmevorschrift widerspräche. Insofern überzeugend hat die Rechtsprechung mittlerweile

---

1177 Vgl. *J.B. Nordemann,* in: Fromm/Nordemann UrhR, UrhG, § 5 Rn. 2, 11.

1178 Zit. nach BT-Drucks. IV/270, S. 39; vgl. auch *Ahlberg,* in: Möhring/Nicolini UrhR, UrhG § 5 Rn. 3.

1179 Vgl. *Leydecker,* GRUR 2007, 1030 (1031).

1180 Vgl. *Ahlberg/Lauber-Rönsberg,* in: BeckOK UrhR, UrhG § 5 Rn. 24.

bestätigt, dass § 5 Abs. 1 und 2 UrhG gleichermaßen die Amtlichkeit des Werks tatbestandlich voraussetzen.[1181]

(2) Definition der „Amtlichkeit" n. § 5 Abs. 1 und 2 UrhG

Amtlich im Sinne des § 5 UrhG sind Werke der Rechtsprechung zufolge dann, wenn sie von einem Amt herrühren, also „von den diesem Amt oder einem anderen Amt angehörenden Bediensteten stammen oder die von dem Amt nicht angehörenden Privatpersonen geschaffen worden sind, die das Amt selbst oder durch Dritte hinzugezogen hat."[1182] Ob ein amtliches Werk vorliegt, ist dabei nach den Gesamtumständen des Einzelfalls zu bestimmen, zu denen auch die Entstehung des Werks und die Art seiner Übernahme durch das Amt gehören.[1183] Letztlich ist erforderlich, dass für den Inhalt des Werks erkennbar eine mit der Erfüllung öffentlicher Aufgaben betraute Stelle verantwortlich ist.[1184] Das ist unproblematisch der Fall, wenn Werke von einer Behörde des Bundes oder der Länder, einem Kreis oder einer Gemeinde oder Körperschaften, Anstalten oder Stiftungen des öffentlichen Recht (einschließlich beliehener Personen des Privatrechts, wie zB des TÜV) herrührt.

Ein von Privatpersonen geschaffenes Werk kann einer der genannten Stellen aber auch zugerechnet werden, wenn die Behörde sich das private Werk „in irgendeiner Weise inhaltlich zu eigen macht".[1185] Um dies annehmen zu können, muss eine „gewisse, über eine bloße Hinweiskraft gegenüber nachgeordneten Behörden hinausgehende Außenwirkung" des privaten Werks erzeugt und zusätzlich mit einem Abwendungsbefehl verknüpft

1181 Vgl. BGH v. 21.1.2021 – I ZR 59/19, GRUR-RS 2021, 2840 Rn. 10; insoweit noch zustimmend *Oetker*, in: Wiedemann TVG, § 3 Rn. 333.

1182 Vgl. BGH v. 21.1.2021 – I ZR 59/19, GRUR-RS 2021, 2840 Rn. 11; 12.6.1981 – I ZR 95/79, GRUR 1982, 37 (40); v. 9.10.1986 – I ZR 145/84, GRUR 1987, 166 (167).

1183 BGH v. 30.6.1983 – I ZR 129/81, GRUR 1984, 117 (119); *Katzenberger/Metzger*, in: Schricker/Loewenheim UrhR, UrhG § 5 Rn. 28

1184 Vgl. BGH v. 30.4.2009 – I ZR 191/05, GRUR 2009, 852 Rn. 31; v. 26.4.1990 – I ZR 79/88, GRUR 1990, 1003 (1004); v. 30.6.1983 – I ZR 129/81, GRUR 1984, 117 (119); *Dreier*, in: Dreier/Schulze UrhG § 5 Rn. 5; *J.B. Nordemann*, in: Fromm/Nordemann UrhR, UrhG, § 5 Rn. 11.

1185 Vgl. BGH v. 30.4.2009 – I ZR 191/05, GRUR 2009, 852 Rn. 31, z.B. anzunehmen, wenn Private aufgrund einer vertraglichen Vereinbarung eine dem Amt originär obliegende Aufgabe erfüllen; *Ahlberg*, in: Möhring/Nicolini UrhR, UrhG § 5 Rn. 7; *J.B. Nordemann*, in: Fromm/Nordemann UrhR, UrhG, § 5 Rn. 11; *Katzenberger/Metzger*, in: Schricker/Loewenheim UrhR, UrhG § 5 Rn. 28, 38 f.

werden.[1186] Das ist z.B. der Fall, wenn Behörden von Privaten entwickelte technische Regeln zur Konkretisierung der in den Landesbauordnungen angeführten allgemeinen Regeln der Technik und der Baukunst benutzen, um Anforderungen festzulegen, die sie andernfalls selbst aufstellen könnten und müssten. Es findet in diesem Fall eine Verknüpfung des privaten Regelwerks mit öffentlich-rechtlichen Normen statt, die den Bürger beim Bauen zur Einhaltung der privat geschaffenen Regeln verpflichten.[1187] Hinzu kommen muss jedoch eine weitere Voraussetzung. Denn während es für eine Zurechnung privater Werke an eine amtliche Stelle früher ausreichte, wenn in Gesetzen, Verordnungen, Erlassen oder amtlichen Bekanntmachungen auf private Werke bloß Bezug genommen wird, ohne dass der gesamte Wortlaut dort abgedruckt wird, gilt dies heute nicht mehr. Vielmehr stellt der 2003 nachträglich in das Gesetz eingefügte § 5 Abs. 3 UrhG klar, dass es für eine Zurechnung erforderlich ist, dass Gesetze, Verordnungen, Erlasse oder amtliche Bekanntmachungen private Werke im gesamten Wortlaut wiedergeben. Andernfalls bleibt es beim Urheberrecht des privaten Schöpfers.[1188]

(3) Fehlende Amtlichkeit einfacher Tarifverträge

Es stellt sich die Frage, ob Tarifverträgen unter Berücksichtigung dieser Grundsätze ein urheberrechtlicher Schutz nach § 5 Abs. 1 oder Abs. 2 UrhG abgesprochen werden kann.

(aa) Kein amtliches Werk iSd § 5 Abs. 1 UrhG

Eine Subsumtion unter den Tatbestand des § 5 Abs. 1 UhrG scheitert bereits daran, dass Tarifverträge sich unter keinen der genannten Werktypen subsumieren lassen.[1189] Anders als das BAG in seiner oben erwähnten Ent-

1186 Zit. n. OLG Köln 19.12.1997 – 6 U 146/97, ZUM-RD 1998, 110 (111); so schon BGH v. 26.4.1990 – I ZR 79/88, GRUR 1990, 1003 (1004); v. 30.6.1983 – I ZR 129/81, GRUR 1984, 117 (119); vgl. *Katzenberger/Metzger*, in: Schricker/Loewenheim, UrhG § 5 Rn. 56.

1187 Vgl. BGH v. 26.4.1990 – I ZR 79/88, GRUR 1990, 1003 (1004).

1188 Vgl. Bt-Drs. 15/38, S. 16.

1189 Zutreffend *Leydecker*, GRUR 2007, 1030 (1031); zur Ablehnung der Ausnahme nach § 5 Abs. 2 UrhG bei nichtamtlichen Werken (hier "VOB/C") BGH v. 30.6.1983 – I ZR 129/81, GRUR 1984, 117 (119).

scheidung aus dem Jahr 1968 meint,[1190] lässt der Wortlaut des § 5 Abs. 1 UrhG sehr wohl eine Unterscheidung zwischen formellen und materiellen Gesetzen zu. In der Norm wird einmal von Gesetzen und einmal von Verordnungen gesprochen. Das widerspricht einem Verständnis des Gesetzesbegriffs in § 5 Abs. 1 UrhG dahingehend, dass sowohl formelle, also durch ein förmliches Gesetzgebungsverfahren durch das Parlament erlassene Rechtsakte, als auch materielle Gesetzte gemeint sind, zu denen die Verordnungen als Rechtsakte der vollziehenden Gewalt zählen würden. Denn in diesem Fall wäre die zusätzliche Nennung der „Verordnung" in Absatz 1 obsolet. Dies spricht dafür, dass mit „Gesetzen" im Sinne des § 5 Abs. 1 UrhG allein formelle Gesetze gemeint waren.[1191] Die privatrechtlichen Verträge zweier privater Rechtssubjekte können jedoch weder als formelles Gesetz noch als Verordnung eingeordnet werden, selbst wenn ihnen gesetzlich eine Normwirkung beigemessen wird. Das zeigt sich schon daran, dass einfache Tarifverträge – anders als formelle Gesetze und Rechtsverordnungen (vgl. Art. 82 Abs. 1 GG) – zu ihrer Wirksamkeit gerade keiner allgemeinen Bekanntgabe bedürfen.[1192]

Es besteht für Tarifverträge zwar eine Registerpflicht nach § 6 TVG, diese ist jedoch nicht konstitutiv. Bei Schaffung des TVG war durchaus darüber diskutiert worden, ob ein Tarifvertrag in Anlehnung an die frühere Gestaltung von Tarifregistern in den Ländern Bayern, Württemberg-Baden, Baden und Württemberg-Hohenzollern erst mit seiner Registrierung rechtswirksam werden sollte (vgl. § 8 Abs. 2 Lemgoer-Entwurf, § 5 Abs. 3 Stuttgarter-Entwurf). Nach erheblicher Kritik von Seiten der Koalitionen, die auf eine staatsunabhängige autonome Regelung der Arbeits- und Wirtschaftsbedingungen pochten,[1193] war von einer konstitutiven Ein-

1190 BAG v. 11.11.1968 – 1 AZR 16/68, AP GG Art. 9 Nr. 14 (= NJW 1969, 861 (861 f.)).

1191 Wie hier *Leydecker,* GRUR 2007, 1030 (1031); *v. Ungern-Sternberg,* GRUR 1977, 766 (770); a.A. *Dreier,* in: Dreier/Schulze UrhG § 5 Rn. 5; *J.B. Nordemann,* in: Fromm/Nordemann UrhR, UrhG, § 5 Rn. 15.

1192 *Bunte,* RdA 2009, 21 (26); *Koch,* in: FS Schaub (1998), S. 421 (434); *Löwisch/Rieble* TVG, § 8 Rn. 1, 13; *Oetker,* in: Wiedemann TVG, § 8 Rn. 21; *Rachor,* in: Däubler TVG, § 8 Rn. 17; *Zachert,* in: Kempen/Zachert TVG, § 8 Rn. 7

1193 Vgl. Begründung des Entwurfs eines Tarifvertragsgesetzes, aufgestellt vom Gewerkschaftsrat der Vereinten Zonen Nr. 10 mwN abgedruckt bei *Oetker,* Wiedermann TVG, Geschichte Rn. 33; ausführlich ferner *Dreschers,* Die Entwicklung des Rechts des Tarifvertrages in Deutschland, S. 216 ff.; *Nautz,* Die Durchsetzung der Tarifautonomie in Westdeutschland, passim.

tragungspflicht jedoch ausdrücklich abgesehen worden.[1194] Die in § 8 TVG vorgesehene Pflicht, die im Betrieb anwendbaren Tarifverträge im Betrieb bekanntzumachen, regelt die „innerbetriebliche Publizität" von Tarifverträgen ebenfalls nicht in einer für die Wirksamkeit der Tarifverträge relevanten Weise, sondern setzt sie vielmehr voraus.[1195] Die Normwirkung einfacher Tarifverträge beschränkt sich gem. §§ 3 Abs. 1, 4 Abs. 1 TVG grundsätzlich auf die Mitglieder der tarifschließenden Verbände. Demnach ist es ihre Sache, die Normunterworfenen verbandsintern über die Norminhalte zu informieren. Machen sie die Tarifinhalte nicht bekannt, ändert dies nichts an ihrer Wirksamkeit. Die untrennbar mit der tarifrechtlichen Bindung des Arbeitgebers an einen Tarifvertrag verknüpfte Pflicht zur innerbetrieblichen Publizität nach § 8 TVG greift für nicht tarifgebundene Arbeitgeber, die nur Bezugnahmen verwenden, ohnehin nicht.[1196] Dies ist auch nachvollziehbar, schließlich werden die Arbeitsverhältnisse von Außenseiter-Arbeitnehmer in Betrieben von Außenseiter-Arbeitgebern nicht nach § 3 Abs. 2 TVG durch den Tarifvertrag bestimmt. Aber auch tarifgebundene Arbeitgeber haben bei einem Verstoß gegen § 8 TVG allenfalls eine Inanspruchnahme durch die Koalitionen zu befürchten. Die Wirksamkeit des Tarifvertrages bleibt von dem Mangel an Publizität hingegen unberührt.[1197]

Da somit unter den Begriff „Gesetze" in § 5 Abs. 1 UrhG keine materiellen Gesetze gefasst werden können und sich Tarifverträge, die zu ihrer Wirksamkeit keiner Bekanntmachung bedürfen, unter die anderen normierten Beispiele offensichtlich nicht fassen lassen, scheidet eine Anwendung von § 5 Abs. 1 UrhG aus.

1194 Siehe zum Ganzen *Oetker*, in: Wiedemann TVG, § 8 Rn; vgl. auch *Herschel* ZfA 1973, 183 (196).

1195 Vgl.; *Löwisch/Rieble* TVG, § 6 Rn. 4; *Treber*, in: Schaub ArbR-HdB, § 197 Rn. 2.

1196 Vgl. *Bepler*, HMB Teil 3 Rn. 111; *Forst*, in: NK-ArbR, TVG § 8 Rn. 7; *Franzen*, in: ErfK, TVG § 8 Rn. 2; *Giesen*, in: BeckOK ArbR, TVG § 8 Rn. 1; *Henssler*, in: HWK, TVG § 8 Rn. 4; *Löwisch/Rieble* TVG, § 8 Rn. 4; *Oetker*, in: Wiedemann TVG, 8 Rn. 24; *Rachor*, in: Däubler TVG, § 8 Rn. 11; *Schubert*, in: JKOS, § 3 Rn. 38; *Rieble/Klumpp*, in: MHdB ArbR, § 167 Rn. 1; offengelassen in BAG 23.1.2002 – 4 AZR 56/01, AP NachwG § 2 Nr. 5; v. 27.1.2004 – 1 AZR 148/03, AP BetrVG 1972 § 112 Nr. 166; v. 5.11.1963 – 5 AZR 136/63, AP TVG § 1 Bezugnahme auf Tarifvertrag Nr. 1.

1197 Vgl. beispielhaft BAG v. 20.8.2002 – 3 AZR 14/01, AP BetrAVG § 1 Überversorgung Nr. 9; LAG Düsseldorf 14.9.1954 – 2b Sa 205/54, DB 1955, 511; LAG Düsseldorf 18.6.1962 – 6 Sa 147/62, DB 1962, 1146 (1147); *Forst*, in: NK-ArbR, TVG § 8 Rn. 14; *Franzen*, in: ErfK, TVG § 8 Rn. 1; *Henssler*, in: HWK, TVG § 8 Rn. 8; *Löwisch/Rieble* TVG, § 8 Rn. 21; *Oetker*, in: Wiedemann TVG, 8 Rn. 30; *Rachor*, in: Däubler TVG, § 8 Rn. 17; *Rieble/Klumpp*, in: MHdB ArbR, § 167 Rn. 7; *Schubert*, in: JKOS, § 3 Rn. 39.

(bb) Kein anderes amtliches Werk iSd § 5 Abs. 2 UrhG

Es bleibt zu prüfen, ob ein Rückgriff auf § 5 Abs. 2 UrhG, der den Urheberrechtsschutz für „andere amtliche Werke“ ausschließt, dazu führen kann, dass dem Tarifvertrag der Urheberrechtsschutz entzogen wird. Dabei kommt es entscheidend darauf an, ob einfache Tarifverträge die sowohl für die Einschlägigkeit von Absatz 1 als auch Absatz 2 notwendige „Amtlichkeit“ aufweisen.

a. Kein Herrühren von einer amtlichen Stelle

Unstreitig sind Tarifverträge nicht von einem Amt geschaffen (kein Herrühren), sondern von juristischen Personen des Privatrechts.[1198] Mit den §§ 3 Abs. 1, 4 Abs. 1 TVG ist den Tarifvertragsparteien auch keine „eigentlich dem Staat zustehende Aufgabe“ übertragen, wie es etwa bei der Schaffung von Werken durch private Beliehene (wie dem TÜV) der Fall ist. Die Delegationstheorie, welche diese Sichtweise gestützt hätte, ist mittlerweile überwunden.[1199] Damit könnte Tarifverträgen allenfalls unter dem Gesichtspunkt der „Zurechnung“ zu einer amtlichen Stelle ein amtlicher Charakter zukommen.

b. Keine Zurechnung zu einer amtlichen Stelle

Eine Zurechnung eines konkreten Tarifvertrages zu einer amtlichen Stelle erfolgt nicht allein dadurch, dass der Gesetzgeber den Tarifvertragsparteien einen Aktstyp zur Verfügung stellt, der ihnen abweichend von dem Grundsatz der Relativität der Schuldverhältnisse eine gesetzesgleiche Bindung Dritter an das Regelwerk erlaubt, denn die Mitwirkung des Gesetzgebers erschöpft sich bereits in der Verleihung der Normsetzungsbefugnis. Die Normverantwortung für die in einfachen Tarifverträgen vereinbarten Rechtsnormen liegt alleine bei den Tarifvertragsparteien, die ihre Legitimation durch den Beitritt der Mitglieder und nicht durch den demokratisch gewählten Gesetzgeber erhalten. Es handelt es sich, wie oben ausführlich

---

1198 Insoweit noch zutreffend *Katzenberger/Metzger*, in: Schricker/Loewenheim UrhR, UrhG § 5 Rn. 50.

1199 Vgl. Kap. 2 A. I. 3.; auf die Privatheit der Aufgabe bei Ablehnung der Ausnahme des § 5 UrhG stellt ebenfalls ab BGH v. 30.6.1983 – I ZR 129/81, GRUR 1984, 117 (119).

erörtert, um autonome Rechtsetzung, die nur staatlich anerkannt wird.[1200] Eine inhaltliche Würdigung oder gar Billigung der ausgehandelten Tarifverträge im Sinne eines „zu eigen Machens" ist der Einräumung der tarifvertraglichen Normsetzungsbefugnis in §§ 4 Abs. 1, 3 Abs. 1 TVG also gerade nicht zu entnehmen. Vielmehr ist es für das Funktionieren der grundgesetzlich garantierten Tarifautonomie gerade erforderlich, dass die Tarifvertragsparteien frei und unbeeinflusst zu einer Einigung (im Rahmen der geltenden Gesetze) gelangen.

Genauso wenig lässt sich eine „Inkorporation" privater Tarifverträge in ein amtliches Werk feststellen. Dazu wäre es erforderlich, dass einfache Tarifverträge im Volltext in einem amtlichen Werk veröffentlicht und ihm eine allgemeinverbindliche Regelungswirkung im Sinne einer „eigenverantwortlichen Willenserklärung" zugedacht wird. Dies lässt sich nicht feststellen.

Wenn die Gerichte im Einzelfall um Rechtsschutz ersucht werden, findet zwar eine nachgelagerte Überprüfung der Tarifinhalte durch einen Teil der Staatsgewalt statt. Wie oben bereits ausgeführt wurde, reicht es für eine Zurechnung aber nicht aus, wenn bloß Auszüge aus einem Tarifvertrag in einer Gerichtsentscheidung im Wortlaut aufgenommen werden.[1201] Gerichtlichen Entscheidungen zu einzelnen Tarifverträgen kann aber vor allem weder eine allgemeine Billigung noch ein „sich zu Eigen machen" des gesamten Tarifvertrages entnommen werden. Mit gerichtlichen Entscheidungen wird allenfalls einzelnen privaten Rechtsregeln bestätigt, dass sie keinen Verstoß gegen höherrangiges Recht darstellen oder – gerade gegenteilig – die Unanwendbarkeit einzelner, mit höherrangigem Recht unvereinbarer Regelungen erklärt. Damit werden selektive und einzelfallbezogene Aussagen zu Tarifverträgen getroffen, denen die für eine Zurechnung zu einer amtlichen Stelle nötige Allgemeingültigkeit in Bezug auf den gesamten Tarifvertrag fehlt.

Auch aus den Publizitätsvorschriften des TVG ergibt sich keine solche Zurechnung. Es wird zwar vom BMAS – einem Amt – gem. § 6 TVG ein Tarifregister geführt. Damit wird jedoch weder der Tarifvertrag im Volltext „veröffentlicht" noch dessen Inhalt durch „eigenverantwortliche Willenserklärung" verbindlich gemacht. Das Tarifregister dient vor allem dazu, Tarifinhalte gegenüber den Gerichten und Behörden, die tarifliche

---

1200 Vgl. Kap. 2 A.

1201 Zutreffend *Katzenberger/Metzger*, in: Schricker/Loewenheim UrhR, UrhG § 5 Rn. 37.

Rechtsnormen von Amts wegen anzuwenden haben, bekanntzumachen.[1202] Entsprechend diesem eingeschränkten Zweck beschränken sich die in das Tarifregister vorzunehmenden Eintragungen auf Daten zu Abschluss, Änderung und Aufhebung der einfachen Tarifverträge sowie ggf. des Beginns und der Beendigung einer AVE. Nach § 16 S. 2 der Durchführungsverordnung zum TVG (TVG-DV) kann beim BMAS von jedermann ein Antrag auf Auskunft über die Eintragungen gestellt werden. Der Auskunftsanspruch, den der Bürger gegen die das Tarifregister führende Behörde hat, erstreckt sich jedoch nur auf die gem. § 6 TVG und § 15 Abs. 2 TVG-DV vorgenommenen Eintragungen in das Tarifregister. Da § 16 S. 1 TVG-DV ausdrücklich zwischen dem Tarifregister und den registrierten Tarifverträgen unterscheidet, ist aus der Einschränkung in § 16 S. 2 TVG-DV zu folgern, dass über den Inhalt der registrierten Tarifverträge keine Auskunft erteilt werden muss.[1203] Auch müssen Dritten keine Fotokopien von Tarifverträgen übersandt werden.[1204] Von einer Inkorporation des Volltextes in einem amtlichen Format kann somit keine Rede sein. Ferner nimmt die Behörde durch die bloße Speicherung der Informationen zu Abschluss, Änderung und Aufhebung der Tarifverträge keine regelnde Willensäußerung vor. Weder hat ihre Eintragung konstitutive Wirkung (s.o.) noch enthält sie eine Aussage zu Tarifinhalten. Bei Eintragung in das Tarifregister nach § 6 TVG ist das BMAS schließlich darauf beschränkt, zu prüfen, ob der ihm vorgelegte Vertrag tatsächlich ein Tarifvertrag ist, also von tariffähigen Parteien abgeschlossen worden ist und normative oder schuldrechtliche tarifliche Regeln enthält. Vorschläge im Gesetzgebungsverfahren, die dahin gingen, dem BMAS ein inhaltliches Prüfungsrecht einzuräumen, wurden

---

1202 Vgl. *Löwisch/Rieble* TVG, § 6 Rn. 14 f.; 8 TVG Rn. 2; vgl. beispielhaft zum Tarifregister NRW Informationen des Ministeriums: "Sie bilden die Grundlage für die Beantwortung von Anfragen zu Tarifverträgen und deren Inhalten, als auch für arbeitsmarkt- und strukturpolitische Analysen für ganz Nordrhein-Westfalen.", abrufbar unter https://www.tarifregister.nrw.de/tarifregister (letzter Abruf 3.3.2023).

1203 Vgl. *Oetker*, in: Wiedemann TVG, § 6 Rn. 37, *Ruchor, in:* Däubler TVG § 6 Rn. 31; *Henssler*, in: HWK TVG § 6 Rn. 10; *Schubert*, in: JKOS/ § 3 Rn. 35; *Forst*, in: NK-ArbR, TVG § 6 Rn. 11; Treffend führt das Ministerium für Arbeit, Soziales und Gesundheit in NRW in Bezug auf das Tarifregister in NRW aus: „Tarifverträge werden von den Verbänden der Arbeitgeber- und Arbeitnehmerseite abgeschlossen und gelten zwingend für ihre Mitglieder. Das Verfügungsrecht für die Tarifverträge liegt bei ihnen, deshalb gibt das Tarifregister keine Tarifverträge in Volltextversion weiter, abrufbar unter https://www.tarifregister.nrw.de/tarifregister (letzter Abruf 3.3.2023).

1204 Vgl. *Oetker*, in: Wiedemann TVG, § 6 Rn. 37; *Treber*, in: Schaub ArbR-HdB, § 197 Rn. 24.

ausdrücklich abgelehnt.[1205] Dementsprechend geht von Eintragungen auch kein Vertrauen auf die Richtigkeit und Vollständigkeit aus.[1206] Die Eintragung kann das private Werk „Tarifvertrag" somit nicht zum Inhalt einer hoheitlichen Willensäußerung und damit einem amtlichen Werk machen.

Zuletzt ist auch der Führung des Tarifarchivs, in dem die gem. § 7 TVG zwecks Registrierung an die Behörde zu übersendenden Tarifverträge vom BMAS aufbewahrt werden (vgl. § 16 S. 1 TVG-DV), eine solche Wirkung nicht zu entnehmen. In das noch nicht digitalisierte[1207] Archiv und damit auch in die Tarifinhalte kann vor Ort Einsicht genommen werden, Auskünfte muss das BMAS, wie dargelegt, dazu jedoch nicht erteilen (vgl. § 16 S. 2 TVG-DV).[1208] Selbst wenn man bei großzügiger Betrachtung hierin eine „Volltextveröffentlichung" sehen wollte, so ist nicht erkennbar, in welcher Art die Behörde durch die interne Speicherung und auf Anfrage erfolgende Herausgabe eine regelnde Willensäußerung vornehmen soll. Es fehlt an der für eine Zurechnung zu einer amtlichen Stelle essenzielle Verknüpfung der der Werkinhalte mit einer zur Einhaltung der Werkinhalte verpflichtenden Bestimmung (Anwendungsbefehl). Für die einfachen Tarifverträge gilt dasselbe wie für sonstige allgemeine Geschäftsbedingungen. Als privatrechtliche Vereinbarungen werden diese selbst dann nicht amtlich, wenn sie im Bundesanzeiger veröffentlicht werden, wie es z.B. bei den Allgemeinen Deutschen Spediteurbedingungen (ADSp) oder die Verdingungsordnung für Bauleistungen (VOB) der Fall ist, da es an der Allgemeingültigkeit fehlt. Ihre Anwendbarkeit muss jeweils vertraglich vereinbart werden, die Bekanntmachung hat bloßen Hinweis- bzw. Informationscharakter.[1209]

1205 Vgl. *Dreschers,* Die Entwicklung des Rechts des Tarifvertrages in Deutschland, S. 261 ff.; *Löwisch/Rieble* TVG, § 6 Rn. 24.

1206 Vgl. BAG 5.11.1997 – 4 AZR 872/95, AP Nr. 29 zu § 1 TVG zu II. 1. der Gründe.

1207 Obwohl das BMAS mit der Einfügung von § 14 Abs. 1 DVO-TVG zum 1.4.2014 zur Durchführung eines elektronischen Tarifarchivs ermächtigt wurde, hat es dies noch nicht umgesetzt.

1208 Vgl. zur Kritik an der fehlenden Auskunftspflicht über den Inhalt *Zeibig/Zachert,* in: Zachert/Kempen TVG § 6 Rn. 4.Möglich ist allenfalls ein Auskunftsanspruch gegen das BMAS über den Inhalt des Tarifregisters mangels Sperrwirkung des § 16 TVG-DV aus § 1 Abs. 1 IFG (Gesetz zur Regelung des Zugangs zu Informationen des Bundes), der Zugang zu amtlichen Informationen verschafft, vgl. *Forst,* in: NK-ArbR, TVG § 6 Rn. 12.

1209 Für AGB so BGH v. 30.6.1983 – I ZR 129/81, GRUR 1984, 117 (119); *Marquardt,* in: Wandtke/Bullinger UrhG § 5 Rn. 20; *Katzenberger/Metzger,* in: Schricker/Loewenheim, UrhG § 5 Rn. 52.

(cc) Zwischenergebnis

Angesichts dessen kann eine Zurechnung des privaten Werkes „Tarifvertrag“ an ein Amt nicht angenommen werden. Weder der Tatbestand des § 5 Abs. 1 UrhG noch der des § 5 Abs. 2 UrhG kann damit erfüllt sein.

(4) Einschlägigkeit des § 5 Abs. 3 UrhG?

Es stellt sich daran anschließend die Frage, ob § 5 Abs. 3 S. 1 UrhG für einfache Tarifverträge einschlägig ist. Dieser sieht vor, dass das Urheberrecht an privaten Normwerken selbst dann bestehen bleibt, wenn Gesetze, Verordnungen, Erlasse oder amtliche Bekanntmachungen auf sie verweisen, ohne ihren Wortlaut wiederzugeben. Allerdings ist der private Werkschöpfer nach Satz 2 zur Erteilung einer Zwangslizenz verpflichtet. Der Gesetzgeber hat die Einfügung dieser Ausnahme wie folgt begründet:

> „Nach der im Jahre 1990 ergangenen DIN-Normen-Entscheidung des Bundesgerichtshofs (BGH GRUR 1990, 1003) kann der Verlust des Urheberrechtsschutzes auch für private Normen eintreten, wenn Gesetze oder amtliche Verlautbarungen sich diese durch Bezugnahme **in einer Weise zu Eigen machen, dass eine gewisse Außenwirkung entsteht.**
>
> In solchen Fällen der Bezugnahme öffentlicher Normen oder Verlautbarungen auf private Regelwerke besteht aber ein berechtigtes Interesse der privaten geistigen Schöpfer solcher Normen, ihr Urheberrecht zu wahren und sich insbesondere aus dem Verkauf oder der Zugänglichmachung solcher Regelwerke zu finanzieren.
>
> Dem öffentlichen Interesse ist demgegenüber genügt, wenn die in Bezug genommenen Normen für jedermann problemlos zugänglich und gegen eine angemessene Vergütung auch zu erwerben sind (Nachweis). Dies gilt allerdings nicht, soweit private Normwerke in amtliche Werke inkorporiert werden. Der Rechtsunterworfene soll hier nicht fortbestehenden Ausschließlichkeitsrechten an einem Teil der Gesetzesvorschriften ausgesetzt werden.
>
> Mit der Neuregelung soll dem berechtigten Interesse privater Gremien zur Normung Rechnung getragen und zugleich vermieden werden, dass durch die anderenfalls drohende Einschränkung der Selbstfinanzierung solcher Gremien hohe staatliche Subventionen erforderlich werden oder eine Gefahr für die Tätigkeit dieser verdienstvollen Gremien entsteht. Im Regelfall werden nämlich Gesetze, Verordnungen, Erlasse oder amtliche

Bekanntmachungen auf private Normwerke lediglich verweisen und damit der Urheberrechtsschutz erhalten bleiben."[1210]

Unter Berücksichtigung dieser Erwägungen fällt ein einfacher Tarifvertrag nicht unter diese Bestimmung. Er wird nicht von Gesetzen oder amtlichen Verlautbarungen in einer Weise zu Eigen gemacht, die ihn mit einer Außenwirkung versehen. Wie ausgeführt, reicht die bloße Einräumung der Normsetzungsbefugnis in §§ 4 Abs. 1, 3 Abs. 1 TVG nicht aus für ein „zu Eigen machen". Gleiches gilt auch für § 3 Abs. 2 TVG, da eine inhaltliche Kontrolle oder Billigung durch den Staat gerade nicht stattfindet und sich die Betriebsnormen nach hiesiger Auffassung auf Belange zu beschränken haben, die Außenseiter-Arbeitnehmer entweder begünstigen oder aber die der Arbeitgeber auch einseitig anordnen könnte.[1211] Soweit es um die hier behandelten Bezugnahmen auf Tarifverträge geht, gelten diese in den Arbeitsverhältnissen der Außenseiter allein auf Grund der Privatautonomie der Arbeitsvertragsparteien. Der Gesetzgeber hat zwar an einigen Stellen sog. „Zulassungsnormen" geschaffen und deutlich gemacht, dass eine Abweichung von arbeitnehmerschützendem Recht auch den Arbeitsvertragsparteien offensteht, wenn sie auf einschlägige Tarifverträge Bezug nehmen. Die Schaffung einer Außenwirkung oder gar inhaltlichen Billigung in Bezug auf einzelne, konkrete Tarifverträge ist jedoch damit nicht verbunden. *Giesen* bemerkt hierzu zutreffend, dass „[a]nders als zum Beispiel bei der Allgemeinverbindlicherklärung [...] die Tarifvertragsparteien hier demnach nicht an irgendeinem Normerlass über Außenseiter beteiligt [sind]. Ihre Vorschriften nehmen zwar Einfluss auf die Gesetzesanwendung. Dies geschieht aber lediglich dadurch, dass der Tatbestand der gesetzlichen Vorschrift an das Vorliegen einer Tarifnorm anknüpft. Hier bleibt es dabei, dass auf der Ebene des (regelnden) ‚Sollens' lediglich das staatliche Gesetz bestimmend ist, welches hinsichtlich des zugrunde liegenden (tatbestandlichen) ‚Seins' auf die Existenz von und die Bezugnahme auf Tarifnormen abstellt."[1212] Ob die Arbeitsvertragsmitglieder von der eröffne-

1210 BT-Drs. 15/38, S. 15 f. – Hervorhebung durch die Verfasserin.

1211 Maßgeblich herausgearbeitet v. *Höpfner*, Tarifgeltung, S. 456: „legitimationsbezogene und verfassungskonforme Interpretation der §§ 3 Abs. 2, 4 Abs. 1 S. 1 TVG", S. 461 f.; so schon *Zöllner*, RdA 1962, 453 (459); aA etwa *H. Hanau*, RdA 1996, 158 (172), der nicht den Betriebsbegriff, sondern nachgelagert den Anwendungsbereich der Vorschriften auf verfassungskonforme Gegenstände beschränken will; siehe Kap. 3 A. I. 3.

1212 IE. ebenso *Giesen*, ZfA 2016, 153 (179): „Die Vorschrift verleiht den fremden Regeln sogenannte Tatbestandswirkung, besagt aber gerade nicht, dass sie für die

ten Abweichungsmöglichkeit unter Rückgriff auf das private Normwerk, also durch privatautonome Unterwerfung, im Einzelfall Gebrauch machen oder nicht, steht ihnen völlig frei. Dies unterscheidet die bloße „Zulassung“ privatrechtlicher Bezugnahmen von den in § 5 Abs. 3 S. 1 UrhG geregelten Fällen der staatlichen „Inbezugnahme“ von privaten Normwerken.

Somit ist § 5 Abs. 3 S. 2 UrhG nicht einschlägig, wenn Tarifverträge nur wegen einer individualvertraglichen Bezugnahme von Privatrechtspersonen gelten. Außenseiter-Arbeitgeber und Arbeitnehmer sowie Andersorganisierte sind zur Befriedigung ihres Informationsinteresses darauf verwiesen, von dem allgemeinen Einsichtsrecht in das beim BMAS geführte Tarifregister Gebrauch zu machen (vgl. § 6 TVG iVm § 16 S. 1 TVG-DV), mit welchem die Rechtsprechung ein ausreichendes Maß an Publizität bis dato als sichergestellt betrachtet hat.[1213] Eine Einschränkung des urheberrechtlichen Schutzes der Tarifwerke rechtfertigt sich dadurch jedoch nicht.

cc) Abweichende Bewertung bei allgemeinverbindlichen Tarifverträgen?

Schwieriger ist die Beurteilung der Einschlägigkeit von § 5 UrhG beim Vorliegen einer AVE. Selbst *Nordemann*, der sich für den urheberrechtlichen Schutz des Tarifvertrages ausspricht, bewertet die Situation bei für allgemeinverbindlich erklärten Tarifverträgen anders als bei einfachen und lehnt einen urheberrechtlichen Schutz ab.[1214]

Das hinzutretende Element ist die Erklärung der AVE durch eine staatliche Behörde. Diese wird als „Rechtsetzungsakt eigener Art zwischen autonomer Regelung und staatlicher Rechtsetzung [gewertet], der seine eigenständige Rechtsgrundlage in Art. 9 Abs. 3 GG findet.“[1215] Der privatrechtliche Tarifvertrag erlangt durch die AVE eine verbindliche und (potenziell) unfreiwillige Außenseiterwirkung (vgl. § 5 Abs. 4 TVG), wie sie für die tatbestandlich unstreitig unter § 5 Abs. 1 UrhG fallenden Werke der Legislative typisch ist. Damit wird aus rechtsstaatlichen Gesichtspunkten in der Tat ein gesteigertes Publizitätsbedürfnis begründet, dass ohne AVE nicht

betreffende Person normativ gelten. Sie sind zu »berücksichtigen« und eben nicht »anzuwenden«.“

1213 BVerfG v. 10.9.1991 – 1 BvR 561/89, AP TVG § 5 Nr. 27 unter Verweis auf BVerfG v. 24.5.1977 – 2 BvL 11/ 74, E 44, 322.

1214 Vgl. *J.B. Nordemann*, in: Fromm/Nordemann UrhR, UrhG, § 5 Rn. 15.

1215 Grundlegend BVerfG v. 24.5.1977 – 2 BvL 11/ 74, E 44, 322 (338); zuletzt BAG v. 21.9.2016 – 10 ABR 33/15, AP TVG § 5 Nr. 42 Rn. 13.

in vergleichbarer Weise besteht. Allerdings darf auch hier nicht übersehen werden, dass der für allgemeinverbindlich erklärte Tarifvertrag durch die Erklärung weder Gesetz noch Verordnung wird, sodass § 5 Abs. 1 UrhG nicht einschlägig ist.[1216] Man könnte jedoch überlegen, ob es durch die AVE zu einer Zurechnung des vom Privaten geschaffenen Werks an die Behörde kommt, sodass es sich um ein „anderes amtliches Werk" im Sinne des § 5 Abs. 2 UrhG handelt.[1217] Dafür spricht einiges. Insbesondere umfasst die amtliche Bekanntmachung der AVE eines Tarifvertrages seit der Reform der AVE durch das TASG auch die Veröffentlichung der von der AVE erfassten Rechtsnormen des Tarifvertrags im Wortlaut (vgl. § 5 Abs. 7 S. 2 TVG). Die Veröffentlichung des Normtextes erfolgt auch aus amtlichem Interesse, weil das Rechtsstaatsgebot es gebietet, dass die Normunterworfenen ungehinderten Zugang zu den Norminhalten erhalten.

Ein Argument, was gegen die Einschlägigkeit des § 5 Abs. 2 UrhG spricht, ist hingegen der Umstand, dass das Urheberrecht an dem Werk „Tarifvertrag" dann aufgespalten würde. Im Rahmen der amtlichen Bekanntmachung werden schließlich nur Teile des Werks in einer allgemein zugänglichen Quelle abgedruckt, der schuldrechtliche Teil ist davon nicht erfasst. Es wird also nur ein Teil eines einheitlichen Gesamtwerks inkorporiert. Am Rest muss den Tarifvertragsparteien auch ein Urheberrecht erhalten bleiben, da die AVE nicht zu einer Unterworfenheit der Außenseiter darunter führt. Außerdem behalten die Tarifvertragsparteien ihre Befugnisse als „Herren des Vertrages".[1218] Sie führen ihn durch, können ihn ändern oder beenden. Zu einer AVE kann es nur mit ihrem Einverständnis kommen und auch ihre Beendigung erfolgt nur im Einvernehmen mit dem Tarifausschuss. Diese Aspekte sprechen eher gegen eine Amtlichkeit. Den Interessen der Beteiligten wird letztlich am besten damit Rechnung getragen, allgemeinverbindliche Tarifverträge als private Werke im Sinne des § 5 Abs. 3 UrhG zu betrachten, an denen ein Urheberrecht trotz amtlicher Inbezugnahme grundsätzlich zusteht.[1219] Dem gesteigerten öffentlichen In-

1216 Hierauf zutreffend hinweisend *Leydecker,* GRUR 2007, 1030 (1033); vgl. auch *Seifert,* in: Zachert/Kempen TVG § 5 Rn. 24, der annimmt, die Rechtsnormen des Tarifvertrages würden durch die AVE als Rechtsetzungsakt eigener Art ebenfalls den Charakter als Rechtsnorm eigener Art bekommen, für den § 5 Abs. 1 UrhG bei vergleichbarer Interessenlage entsprechend gelte.

1217 Für ein „zu Eigen machen" durch AVE spricht sich, wenn auch ohne Bezug zum UrhG, *Giesen,* ZfA 2016, 153 (170) aus.

1218 Ähnlich *Leydecker,* GRUR 2007, 1030 (1033).

1219 So auch *Leydecker,* GRUR 2007, 1030 (1032).

teresse am Zugang zum Werk (§ 5 Abs. 3 S. 2 UrhG) wird bereits dadurch genügt, dass „die in Bezug genommenen Normen für jedermann problemlos zugänglich und gegen eine angemessene Vergütung auch zu erwerben sind".[1220] Das Abschriftsrecht gegen Selbstkosten in § 9 Abs. 1 TVG-DV kann insofern als Umsetzung der Zwangslizenz betrachtet werden. Damit verliert der Streit für allgemeinverbindliche Tarifverträge ohnehin erheblich an Bedeutung. Man kommt nicht umhin, anzuerkennen, dass für allgemeinverbindlich erklärte Tarifverträge kein uneingeschränktes Urheberrecht genießen können.[1221]

dd) Analoge Anwendung des § 5 UrhG?

(1) Keine analoge Anwendung der § 5 Abs. 1 und Abs. 2 UrhG

Es stellt sich die Frage, ob die von einigen erwogene Analogie zu den Ausnahmetatbeständen des § 5 Abs. 1 und Abs. 2 TVG im Hinblick auf die einfachen Tarifverträge zu überzeugen vermag.

Manche lehnen eine analoge Anwendung der Vorschrift bereits grundsätzlich ab, weil es sich bei § 5 UrhG um eine Ausnahmevorschrift handelt, welche zum Verlust von Grundrechtsschutz führt und daher nicht analog angewandt werden darf.[1222] Diese Frage kann hier aber offen bleiben, da es jedenfalls an der für die Annahme einer Analogie erforderlichen vergleichbaren Interessenlage fehlt. Es besteht kein dem Interesse am Zugang zu amtlichen Werken vergleichbares, überwiegendes öffentliches Interesse an der ungehinderten Nutzung einfacher Tarifverträge durch jedermann, das es rechtfertigen würde, diesen den Urheberschutz grundsätzlich abzusprechen. Ein solches überwiegendes öffentliches Interesse ergibt sich nicht, wie das BAG meint,[1223] allein daraus, dass jeder Tarifvertrag wegen der potenziellen Möglichkeit der AVE von allgemeiner Bedeutung sei.[1224] Dies

1220 *Leydecker,* GRUR 2007, 1030 (1033).

1221 So auch *Leydecker,* GRUR 2007, 1030 (1032).

1222 So etwa BGH v. 30.6.1983 – I ZR 129/81, GRUR 1984, 117 (119); *Ahlberg,* in: Möhring/Nicolini UrhG § 5 Rn. 3 mwN; aA BGH 28.9.2006 – I ZR 261/03, GRUR 2007, 500 Rn. 17; *Katzenberger/Metzger,* in: Schricker/Loewenheim UrhR, § 5 Rn. 25; klar gegen die Analogiefeindlichkeit von Ausnahmevorschriften *Würdinger,* NJW 2023, 189 (189 f.).

1223 BAG v. 11.11.1968 – 1 AZR 16/68, AP GG Art. 9 Nr. 14 (= NJW 1969, 861 (861 f.)).

1224 Ebenso *Leydecker,* GRUR 2007, 1030 (1032).

greift zu kurz und missachtet die grundgesetzlich geschützten Interessen der Tarifvertragsparteien.

Es kann keineswegs behauptet werden, dass es den Tarifvertragsparteien gänzlich egal sei, was mit dem Tarifvertrag nach seinem Abschluss geschieht, ob er sich von ihnen ablöst und „im Rahmen seines Eigenlebens" im Arbeitsleben weiträumig Anwendung findet. Vielmehr verdeutlicht doch die vorliegende Arbeit, dass es für die Tarifvertragsparteien essenziell ist, mit ihrem Tarifvertrag eine Werbewirkung erzielen zu können.[1225] Es ist ihnen, wenn sie Wert auf Selbsterhaltung legen, vielmehr sehr wichtig, ob und wie das Ergebnis ihrer Arbeit publik wird. Dies bestätigt auch das Widerstreben der Koalitionen gegenüber der Einführung eines elektronischen Registers. Ein weiteres Indiz dafür ist der Umstand, dass es für die Tarifvertragsparteien von enormer Bedeutung ist, dass sie mit Hilfe des Antragserfordernisses selbst darüber bestimmen, ob ein Tarifvertrag allgemeinverbindlich wird. Dieses Interesse ist Teil der grundgesetzlich durch Art. 9 Abs. 3 GG geschützten Koalitionsfreiheit, welches den Tarifvertragsparteien Selbsterhaltungsmaßnahmen garantiert.[1226]

Diesem großen Interesse der Koalitionen an Schutz und Kommerzialisierung ihres privaten Werks steht kein gesteigertes Informationsinteresse der Öffentlichkeit gegenüber, das überwiegen könnte. Für den schuldrechtlichen Teil des Tarifvertrages ist dies offensichtlich und wird auch von den Befürwortern einer Analogie anerkannt. Gebunden werden nur die Tarifvertragsparteien, denen der Norminhalt bereits bekannt ist.[1227] Gleiches gilt aber auch für den normativen Teil des Tarifvertrages. Eine Pflicht zur zwingenden und unmittelbaren Befolgung der tarifvertraglichen Bestimmungen eines einfachen Tarifvertrages besteht schließlich nur für die Mitglieder der Tarifvertragsparteien. Konsequenterweise haben die Mitglieder gegen ihren Verband einen Auskunftsanspruch über den gesamten Inhalt der Vereinbarung.[1228] In Betrieben von Außenseiter-Arbeitgebern kann es ohne staatliche Mitwirkung in Gestalt einer AVE zu keiner normativen Wirkung kommen, auch nicht nach § 3 Abs. 2 TVG, der eine Tarifbindung des Arbeitgebers voraussetzt. In Betrieben tarifgebundener Arbeit-

1225 Ähnlich *Leydecker*, GRUR 2007, 1030 (1033); nicht überzeugen demgegenüber *Herberger*, ZfA 2022, 560 (568 f.).

1226 Prinzipieller Schutz der Mitgliederwerbung als koalitionsspezifischer Teil der Koalitionsbestandsgarantie, vgl. beispielhaft *Scholz*, in: Dürig/Herzog/Scholz Art. 9 Rn. 249 sowie Kap. 3 A. I. 1. b).

1227 Dies eingestehend *Oetker*, in: Wiedemann TVG § 3 Rn. 334 mwN.

1228 Vgl. *Zeibig/Zachert*, in: Zachter/Kempen TVG § 6 Rn. 5.

geber sorgen jene wegen ihrer eigenen verbandsrechtlichen Verpflichtung bereits für innerverbandliche Publizität der Tarifnormen über betriebliche und betriebsverfassungsrechtliche Fragen, sodass es einer Aberkennung des Urheberrechtsschutzes nicht bedarf, um das Informationsinteresse der Arbeitnehmer zu befriedigen. Abgesichert wird dies außerdem durch die Ordnungsvorschrift des § 8 TVG, der insoweit als Schrankenbestimmung verstanden werden kann.[1229] Den rechtsstaatlichen Mindestanforderungen des Art. 20 Abs. 3 GG, der verlangt, dass den zur Normbefolgung Verpflichteten der Norminhalt zugänglich ist, ist somit hinreichend genügt.

Auch durch die Bezugnahmepraxis ändert sich am Überwiegen des Interesses der Tarifvertragsparteien nichts. Es ist zwar richtig, dass durch die Vielzahl an Bezugnahmen in Arbeitsverträgen eine unbestimmte Vielzahl von anderen Personen, namentlich Außenseiter, Interesse an den Tarifinhalten erhält.[1230] Die Einfügung des § 5 Abs. 3 UrhG belegt jedoch, dass allein dieser Umstand nicht dazu führt, dass das Interesse des privaten Werkschöpfers an Schutz und Kommerzialisierung seines Werks hinter diesem öffentlichen Informationsinteresse zurücktritt, wie es in den pauschalen Regelungen der § 5 Abs. 1 und Abs. 2 UrhG vorgesehen ist. Es mag zwar sein, dass diese Lage von den Außenseiter-Arbeitnehmern als unbefriedigend empfunden wird, weil mit der Wahrnehmung der Einsichtsrechte in die Tarifinhalte vor Ort und innerhalb der Öffnungszeiten des Ministeriums ein gewisser Aufwand verbunden ist.[1231] Die Tarifinhalte gelten jedoch in den Arbeitsverhältnissen der Außenseiter-Arbeitnehmer nur durch privatrechtlich erzeugte Verbindlichkeit. Angesichts dessen sind solche Erschwernisse hinzunehmen. Könnte allein der Umstand, dass sich die Parteien des Einzelarbeitsverhältnisses auf eine Bezugnahme einigen, dazu führen, dass die Verträge anderer Privater, die gem. § 2 Abs. 1 Nr. 1 UrhG grundsätzlich geschützt sind, aus dem Urheberschutz ausgeschlossen werden, räumte man den Parteien des Einzelarbeitsverhältnisses die Macht ein, über fremde Grundrechtspositionen zu disponieren. Dafür fehlt es an einer ausreichenden Grundlage. Selbst wenn man annähme, ein Arbeitgeber, der

1229 Ebenso *Leydecker*, GRUR 2007, 1030 (1034).

1230 Beispielhaft zeigt dies eine Petition aus dem Jahr 2011, in der die Forderung der elektronischen Veröffentlichung aller Tarifverträge von den Tarifregistern damit begründet wurde, dass viele Arbeitsverträge Bezugnahmeklauseln enthielten, die betroffenen Arbeitnehmer jeder gegenüber der tarifschließenden Gewerkschaft Anspruch auf Mitteilung des Inhaltes des Tarifvertrages noch gegenüber dem BMAS Anspruch auf Übermittlung des Wortlauts habe. Vgl. Schilderung *Herberger*, ZfA 2022, 560 (567).

1231 In diese Richtung *Herberger*, ZfA 2022, 560 (567).

selbst Tarifvertragspartei ist, könne über das Urheberrecht an „seinem“ Tarifvertrag verfügen, so bleibt noch immer das Recht der tarifschließenden Gewerkschaft am Werk bestehen, über das der Arbeitgeber zusammen mit dem Außenseiter-Arbeitnehmer nicht verfügen kann.

Somit lässt sich im Hinblick auf einfache Tarifverträge weder ein von Beginn an fehlendes Interesse am Schutz des Werks noch das Überwiegen eines öffentlichen Informationsinteresses feststellen, wie es im Falle der hoheitlichen Regelung oder hoheitlicher Verbindlichmachung privater Regeln anzutreffen ist.

(2) Analoge Anwendung des § 5 Abs. 3 UrhG?

Es könnte allenfalls überlegt werden, ob die Regelung des § 5 Abs. 3 UrhG entsprechend auf einfache Tarifverträge angewandt werden kann. Die Ausnahme soll gelten, wenn der Staat sich ihrer bei der Ausübung hoheitlicher Befugnisse bedient. Dies ist anzunehmen, wenn er sich die „Vorarbeiten“ Privater zu Nutze macht und Ressourcen spart, die er sonst zur Erledigung der ihm zufallenden Regelungsaufgabe (eigenständige detaillierte Regelung) einsetzen müsste.[1232]

Ein solches Verhalten könnte darin gesehen werden, dass Gerichtsentscheidungen konkret auf Tarifverträge Bezug nehmen, um den Spielraum von Generalklauseln auszufüllen und z.B. eine angemessene Regelung zu finden (etwa iRv § 612 Abs. 2 BGB). Allerdings ergibt sich aus dem Wortlaut des § 5 Abs. 3 UrhG bereits, dass die Erwähnung privater Normwerke in Entscheidungen für eine Ausnahme vom Urheberrecht gerade nicht ausreichen soll. Das zeigt sich schon daran, dass die Entscheidungen in der Aufzählung des § 5 Abs. 3 S. 1 UrhG ausdrücklich weggelassen wurden, wohingegen sie in der Aufzählung des § 5 Abs. 1 UrhG aufgeführt sind. Somit hat der Gesetzgeber den Anwendungsfall der Heranziehung privater Abmachungen zur Ausfüllung richterlicher Entscheidungsspielräume gesehen und ihn bewusst im Rahmen von § 5 Abs. 3 S. 1 UrhG außen vor gelassen. Es fehlt also schon an einer planwidrigen Regelungslücke.

Gegen eine solche entsprechende Heranziehung des § 5 Abs. 3 UrhG spricht außerdem, dass die Regelung nur für die atypische Sondersituation der Inbezugnahme von DIN-Normen in Gesetzen und Verordnungen,

1232 In diese Richtung *Leydecker*, GRUR 2007, 1030 (1033).

Erlassen oder amtlichen Bekanntmachungen geschaffen worden ist. Der spezifische Normzweck steht einer analogen Anwendung entgegen.[1233]

c) Zwischenergebnis

Damit kann festgehalten werden, dass jedenfalls für die hier relevanten einfachen Tarifverträge grundsätzlich Urheberrechtschutz besteht. Tarifverträge lassen sich wegen fehlender Amtlichkeit nicht unter die Ausnahmen der § 5 Abs. 1 oder Abs. 2 UrhG subsumieren. Die Ausnahme des § 5 Abs. 3 S. 2 UrhG ist auch nicht anwendbar, wie sich auch aus dem Vergleich mit der Situation der AVE eines Tarifvertrages ergibt, die sich darunter fassen lassen kann. Der bei der AVE erfolgende Grad staatlicher Mitwirkung verdeutlicht nochmals, dass ohne eine solche Maßnahme der privatrechtliche Vertrag weder einen amtlichen Charakter erhält noch sich durch den Staat „zu Eigen gemacht" wird. Eine Ausnahme vom Urheberrechtsschutz an einfachen Tarifverträgen lässt sich zuletzt auch nicht durch die analoge Anwendung der in § 5 UrhG geregelten Ausnahmen begründen.

2. Kommerzialisierung der Partizipation der Außenseiter-Arbeitnehmer nach UrhG

Mit der Befürwortung eines urheberrechtlichen Schutzes für einfache Tarifverträge ist aber noch keineswegs die Möglichkeit einer Kommerzialisierung der Partizipation von Außenseiter-Arbeitnehmern an Tarifverträgen im Wege der Bezugnahme bejaht. Vielmehr müsste sich ein solches Recht aus einer der Anspruchsgrundlagen des UrhG ergeben.

a) Übersicht über in Frage kommende Anspruchsgrundlagen

Nach § 11 UrhG schützt das Urheberrecht den Urheber in seinen geistigen und persönlichen Beziehungen zum Werk und in der Nutzung des Werkes. Es dient zugleich der Sicherung einer angemessenen Vergütung für die Nutzung des Werkes (Beteiligungsgrundsatz). Gem. § 15 UrhG soll dem Ur-

---

1233 Vgl. *Oetker*, in: Wiedemann TVG, § 3 Rn. 333; *Schack* FS Kreutz (2010), 419 (425 f.); aA *Leydecker*, GRUR 2007, 1030 (1034)

heber einmal das ausschließliche Recht zustehen, sein Werk in körperlicher Form zu verwerten (insbesondere Vervielfältigungsrecht (§ 16), Verbreitungsrecht (§ 17), Ausstellungsrecht (§ 18)) sowie das ausschließliche Recht, sein Werk in unkörperlicher Form öffentlich wiederzugeben (Vortrags-, Aufführungs- und Vorführungsrecht (§ 19), Recht der öffentlichen Zugänglichmachung (§ 19a), Senderecht (§ 20), Recht der Wiedergabe durch Bild- oder Tonträger (§ 21), Recht der Wiedergabe von Funksendungen und von öffentlicher Zugänglichmachung (§ 22))). Er soll dabei umfassend, also auf jeder Stufe der wirtschaftlichen Nutzung seiner Werke tunlichst angemessen beteiligt werden.[1234] Sofern er anderen ein Nutzungsrecht an seinem Werk einräumt, steht dem Urheber somit eine angemessene Vergütung zu (§§ 31, 32 UrhG).

Daneben könnte auf der Suche nach einer Grundlage für einen Zahlungsanspruch der Tarifvertragsparteien gegen partizipierende Außenseiter-Arbeitnehmer noch an den § 97 Abs. 2 UrhG gedacht werden. Dieser kommt zum Tragen, wenn eine Person ein urheberrechtlich geschütztes Werk auf eine der in § 15 Abs. 1 und 2 UrhG genannten Arten verwertet, ohne dazu vertraglich oder durch Gesetz (etwa aufgrund der Schrankenbestimmungen gem. §§ 44a ff. UrhG) befugt zu sein (widerrechtlich). Damit verletzt die Person das dem Urheber vorbehaltene ausschließliche Urheberrecht. Vorrangig kann der Verletzte auf Beseitigung oder Unterlassung (§ 97 Abs. 1 UrhG) verpflichtet werden, bei Vorliegen von Fahrlässigkeit oder Vorsatz aber auch zu Schadensersatz.

b) Ungeeignetheit der §§ 32 Abs. 2, 97 Abs. 2 UrhG als Grundlagen für das avisierte Nutzungsentgelt

Schließlich müssten sich die Anspruchsgrundlagen der §§ 32 Abs. 2, 97 Abs. 2 UrhG als geeignet erweisen, um hierüber ein Nutzungsentgelt im hier avisierten Sinne – in Bezug auf Zielsetzung und Höhe – einzuführen.[1235]

1234 Vgl. aus jüngerer Vergangenheit etwa BVerfG v. 23.10.2013 – 1 BvR 1842/11, 1 BvR 1843/11, E 134, 204 (208);

1235 Hierauf zutreffend hinweisend *Höpfner*, ZfA 2020, 178 (195).

(1) Ausscheiden von im Volltext veröffentlichten/zugänglichen Tarifverträgen

Ein Vergütungsanspruch nach § 32 UrhG scheidet gem. § 32 Abs. 3 S. 3 UrhG bereits aus, wenn die Tarifvertragsparteien einen Tarifvertrag selbst publik gemacht haben. Man denke hier zum Beispiel an die Tarifverträge für den öffentlichen Dienst, die allesamt im Volltext online einsehbar sind. Hier haben die Tarifvertragsparteien ihr Werk bewusst kostenlos jedermann zur Verfügung gestellt und erhalten daher den in § 32 Abs. 1 und 2 UrhG vorgesehenen Schutz nicht.[1236]

Des Weiteren kann § 32 UrhG dann nicht zum Tragen kommen, wenn die Tarifvertragsparteien gesetzlich dazu verpflichtet sind, bestimmte Nutzungsrechte einzuräumen. Das dürfte jedenfalls für den allgemeinverbindlichen Tarifvertrag gelten, von dem erfasste Arbeitnehmer und Arbeitgeber, die keine Mitglieder der Tarifvertragsparteien sind, gem. § 9 Abs. 1 TVG-DV eine Abschrift verlangen können. Gem. §§ 9 Abs. 1 S. 2, 5 S. 2 u. 3 TVG-DV sind dafür nur die Selbstkosten zu erstatten, also die Papier- und Vervielfältigungs- oder Druckkosten sowie das Übersendungsporto. Diese Regelung darf man als Festlegung der „angemessenen Bedingungen“ in § 5 Abs. 3 S. 2 u. 3 UrhG betrachten.

Somit kommt § 32 UrhG überhaupt schon nur dann als Anspruchsgrundlage in Frage, wenn es sich um die Vergütung für die Nutzung eines nicht allgemeinverbindlich erklärten sowie nicht im Volltext veröffentlichten einfachen Tarifvertrages handelt. Der Anwendungsbereich für ein mögliches Nutzungsentgelt ist damit schon massiv verkleinert.

(2) Kein Schutz der „Benutzung“ von Werken

In diesem verkleinerten Anwendungsbereich gibt es dann ein weiteres Hindernis. Die Partizipation der Außenseiter-Arbeitnehmer an der das Arbeitsverhältnis ordnenden Tarifwirkung lässt sich nicht unter die allein dem Urheber zustehenden Nutzungs- und Verwertungsrechte fassen, an die sich eine Vergütung für die ausdrückliche oder konkludente Nutzungseinräumung nach § 32 UrhG oder aber ein Schadensersatzanspruch wegen widerrechtlicher Nutzung des Werks durch die Außenseiter-Arbeitnehmer

1236 Vgl. *J.B. Nordemann*, in: Fromm/Nordemann UrhR, UrhG, § 5 Rn. 15; *Schulze*, in: Dreier/Schulze UrhG § 32 Rn. 80.

nach § 97 Abs. 2 UrhG knüpfen müssten. Die „Benutzung" eines Werkes, also der rezeptive Genuss durch Lesen, Hören oder Anschauen, ist als solches kein urheberrechtlich relevanter Vorgang, der der Erlaubnis durch den Urheber bedürfte.[1237] Die Verwertungsrechte des Urheberrechts knüpfen vielmehr an dem diesem Benutzen vorgelagerten Handeln an: dem Vervielfältigen und Verbreiten von Werken durch einen Werkvermittler. Die Endverbraucher zahlen mittelbar für den Werkgenuss, da der Werkvermittler die für die Vervielfältigung und Verbreitung anfallenden Kosten auf den Endverbraucher umlegt („Stufensystem zur mittelbaren Erfassung des Endverbrauchers").[1238]

Durch eine individualvertragliche Bezugnahme kommt es jedoch weder zur Vervielfältigung noch zur Verbreitung des Tarifvertrages. Bei einer Vervielfältigung werden gem. § 16 UrhG Vervielfältigungsstücke des Werkes hergestellt, bei einer Verbreitung im Sinne des § 17 UrhG werden das Original oder Vervielfältigungsstücke des Werkes der Öffentlichkeit angeboten oder in den Verkehr gebracht. Eine Bezugnahme erfüllt keinen dieser Tatbestände, insbesondere wird der Wortlaut des dadurch anwendbaren Tarifvertrages gerade nicht in den Arbeitsvertrag „abgeschrieben". Vielmehr beschränken sich Bezugnahmen auf den gem. § 2 Abs. 1 S. 2 Nr. 10 NachwG auch ausreichenden „allgemein gehaltenen Hinweis" auf Tarifverträge, die auf das Arbeitsverhältnis anzuwenden sind.[1239]

Folglich fehlt es bereits an einer die Zahlungspflicht – egal ob in Gestalt einer angemessenen Vergütung oder in Gestalt von Schadensersatz – auslösenden Handlung der Außenseiter-Arbeitnehmer.

1237 Vgl. nur BGH v. 4.10.1990 – I ZR 139/89, GRUR 1991, 449 (453) (= NJW 1991, 1231): „Dies gilt für das Benutzen eines Computerprogramms ebenso wie für das Lesen eines Buches, das Anhören einer Schallplatte, das Betrachten eines Kunstwerks oder eines Videofilms."; *Kroitsch/Götting*, in: Möhring/Nicolini UrhR, UrhG § 15 Rn. 11; *Schulze*, in: Dreier/Schulze UrhG § 15 Rn. 20: Wahrnehmung sei eine Nutzung, aber durch Gesetzgeber freigegeben.

1238 Vgl. BVerfG v. 7.7.1971 – 1 BvR 775/66, E 255 (267); *Kroitsch/Götting*, in: Möhring/Nicolini UrhR, UrhG § 15 Rn. 11; *Schulze*, in: Dreier/Schulze UrhG § 15 Rn. 20.

1239 Zutreffend erfasst *Leydecker*, GRUR 2007, 1030 (1034).

(3) Kein Erfassen der „wahren Vorteilhaftigkeit" der Partizipation am Tarifvertrag

Davon abgesehen wäre auch zweifelhaft, dass die genannten Ansprüche vom Anspruchsinhalt her passend wären, um das hier avisierte Nutzungsentgelt umzusetzen. Im Mittelpunkt des Vergütungsanspruchs aus dem UrhG steht das Ansinnen, einen für die eingeräumte Nutzung, z.B. in Form von Verbreitung und Vervielfältigung, üblichen und angemessenen Gegenwert zu erbringen. Die Vergütung nach § 32 Abs. 1 UrhG wird hingegen nicht für die *Erstellung* von Werken und die damit verbundene Arbeit und Leistung im Vorfeld geschuldet.[1240] Die durch §§ 9 Abs. 1 S. 2, 5 S. 2 u. 3 TVG-DV für die Vervielfältigung verlangten Kosten wären beispielsweise völlig unzureichend (niedrig), um den mit dem Nutzungsentgelt bezweckten Erfolg zu erreichen oder auch nur zu fördern. Auch wenn man versuchen kann, Werkerstellungskosten in die Nutzungsvergütung mittelbar einfließen zu lassen, so bleibt es dabei, dass das UrhG vor allem auf bestimmte Nutzungstatbestände zugeschnitten ist, die die Erfassung der „wahren Vorteilhaftigkeit" der Bezugnahme, die das Nutzungsentgelt für Außenseiter-Arbeitnehmer absorbieren soll, nicht zutreffend erfassen können. Natürlich erspart die Bezugnahme die wiederholte Neuabfassung umfangreicher Arbeitsvertragswerke, also Transaktionskosten. Das betrifft jedoch vorwiegend die Arbeitgeberseite und nicht die hier im Fokus stehenden Außenseiter-Arbeitnehmer. Es geht bei der Verbindlichmachung eines Tarifvertrages mittels Bezugnahme außerdem nicht entscheidend um den Umgang mit irgendeiner vorformulierten Textvorlage. Der Kern des Vorteils, der mit der Bezugnahme – vor allem bei den Außenseiter-Arbeitnehmern – einhergeht, besteht vielmehr in der umfassenden und fairen Ausgestaltung der Arbeitsbeziehung durch von der Gewerkschaft im Rahmen eines paritätischen Interessenausgleichs verhandelten und ggf. auch erkämpften Arbeitsbedingungen, die sich überdies noch stetig aktualisieren und den jeweiligen Arbeitsmarkterfordernissen angepasst werden. Mit anderen Worten geht es um die Anwendung der durch erhebliche Vorarbeiten erschaffenen fremden Ordnung und der Partizipation an der Schutz*wirkung* des Tarifvertrages. Das kann das Urheberrecht nicht abbilden,[1241] da es zu gegenstandsbezogen ist.

1240 Vgl.; BGH v. 20. 1. 2011 – I ZR 19/09, GRUR 2011, 328 (332); v. 7. 10. 2009 – I ZR 38/07 2009, 1148 (1154); *Wandtke*, in: Bullinger/Wandtke UrhG, § 32 Rn. 54.

1241 Wohl ebenso *Höpfner*, ZfA 2020, 178 (195).

Ein Anspruch aus § 97 Abs. 2 UrhG scheidet schließlich auch aus, weil es an einer tatbestandlichen Verletzungshandlung fehlt und sich kein Verschulden der Außenseiter-Arbeitnehmer feststellen ließe. Bei aktueller Rechtslage wird von einem zulässigen Gemeingebrauch des Tarifvertrages ausgegangen. Im Übrigen würde sich der Anspruch nach der in der Praxis üblichen Schadensberechnung im Wege der sog. Lizenzanalogie[1242] wieder nur auf die soeben hilfsweise betrachtete nach § 32 Abs. 2 UrhG übliche Lizenzgebühr richten,[1243] die der Höhe nach gerade nicht ausreichend ist, um die durch die Partizipation am Tarifvertrag erlangten Vorteile abzubilden und zu absorbieren.

c) Zwischenergebnis

Somit bleibt festzuhalten, dass die Bezugnahme auf einen einfachen (also nicht allgemeinverbindlichen Tarifvertrag) keine tatbestandlich relevante Verwertungshandlung der Außenseiter-Arbeitnehmer darstellt, welche sie zu einer Zahlung des hier avisierten Nutzungsentgelts auf Grund des UrhG verpflichten könnte. Selbst wenn man dies anders sähe, ließe sich darüber allenfalls eine Zahlungspflicht der Außenseiter-Arbeitnehmer rechtfertigen, die so gering ausfiele, dass sie zur Beseitigung des Fernbleibeanreizes nicht geeignet wäre.

3. Zwischenergebnis

Es hat sich gezeigt, dass die vielfach vertretene Ansicht, der Tarifvertrag genieße keinen Urheberrechtsschutz, unzutreffend ist. Er ist als schöpferisches Werk geschützt und verliert diesen Schutz auch nicht auf Grund der Ausnahmeregelung des § 5 UrhG. Obwohl einfachen Tarifverträgen damit der Schutz des Urheberrechts zusteht, lässt sich das avisierte Nutzungsentgelt darauf de lege lata jedoch nicht stützen. Es fehlt an einer tauglichen Anspruchsgrundlage, mit Hilfe derer der Vorteil, den Außenseiter-Arbeitnehmer im Wege der Bezugnahme auf einen Tarifvertrag kostenlos erlangen, hinlänglich absorbiert werden könnte.

Neben all den Einwendungen rechtlicher Art darf dabei außerdem die praktische Dimension nicht ausgeblendet werden. Faktisch herrscht ver-

1242 Vgl. BGH v. 22.3.1990 – I ZR 59/88, GRUR 1990, 1008 (1009); *Specht-Riemenschneider*, in: Dreier/Schulze UrhG § 97 Rn. 82.

1243 Vgl. statt aller *Specht-Riemenschneider*, in: Dreier/Schulze UrhG § 97 Rn. 83.

breitet die Auffassung vor, dass ein Gemeingebrauch an einfachen Tarifverträgen zulässig ist. Mit freiwilliger Veröffentlichung der Volltextversionen haben die Koalitionen dazu selbst auch einen Teil beigetragen. Selbst wenn die Koalitionen nunmehr den Versuch unternähmen, gestützt auf ihr Urheberrecht Nutzungsentgelte von Außenseiter-Arbeitnehmern zu verlangen, wäre dies in Ansehung der rechtlichen Einschränkungen erstens nur lückenhaft möglich und zweitens im Hinblick auf die denkbare (zu geringe) Höhe nicht zielführend. Als Maßnahme zur Stärkung der Tarifautonomie scheidet dieser Weg daher aus.

4. Anspruch aus gesetzlichem Schuldverhältnis nach § 823 BGB oder § 812 Abs. 1 Alt. 2 BGB in Ansehung des Urheberrechts?

Die Prüfung sonstiger Ersatzansprüche, die auf eine mögliche Verletzung des Urheberrechts an Tarifverträgen abstellen, hat unter Berücksichtigung der soeben gefundenen Erkenntnisse stattzufinden, da es sich bei dem Urheberschutzrecht um ein privatrechtliches Sonderrechtsgebiet mit Vorrangwirkung handelt.[1244] Das UrhG regelt neben den materiell-rechtlichen Bestimmungen zur Begründung und zum Umfang des Urheberrechts eigenständige Anspruchsgrundlagen bei Rechtsverletzungen, Straf- und Bußgeldvorschriften sowie Sondervorschriften zur Vollstreckung, die allesamt das Ergebnis einer Abwägung des Gesetzgebers von gegenläufigen Rechtspositionen sind. Es schafft ein gegenüber § 823 Abs. 1 BGB besonderes Deliktsrecht. Das allgemeine Deliktsrecht ist im Anwendungsbereich des UrhG daher auf eine ergänzende Rolle beschränkt und kommt nur zur Anwendung, soweit es um eine Zerstörung des Werkoriginals geht.[1245] Das ist hier genauso wenig ersichtlich wie das Vorliegen eines Verschuldens von Seiten der Außenseiter-Arbeitnehmer.

Während das allgemeine Deliktsrecht im Immaterialgüterrecht auf diese Weise verdrängt wird, erklärt der Gesetzgeber das Bereicherungsrecht der §§ 812 ff. BGB in § 102a UrhG sowie § 141a PatG und anderen Normen als „Ansprüche aus anderen gesetzlichen Vorschriften“ ausdrücklich für anwendbar.[1246] Es stellt sich also die Frage, ob sich unter Berücksichtigung der obigen Erkenntnisse aus ungerechtfertigter Bereicherung nach §§ 812 ff.

1244 Vgl. *Witte/Auer-Reinsdorff*, in: IT-R-HdB, § 5 Rn. 4.

1245 Vgl. *Nordemann*, in: Fromm/Nordemann UrhG, § 97 Rn. 225; *Zurth*, GRUR 2019, 143 (143).

1246 Vgl. *Zurth*, GRUR 2019, 143 (143).

BGB ein Anspruch der tarifschließenden Gewerkschaft gegen die am Tarifvertrag parizipierenden Außenseiter-Arbeitnehmer herleiten lässt.

Eine Leistungskondiktion nach § 812 Abs. 1 S. 1 BGB scheidet schon deswegen aus, weil eine bewusste und zweckgerichtete Mehrung fremden Vermögens, also eine Leistung, im Verhältnis von Gewerkschaft zu Außenseiter-Arbeitnehmer nicht vorliegt. Die Vorteilhaftigkeit einer Behandlung nach dem Tarifvertrag stellt sich aus Sicht der Außenseiter-Arbeitnehmer[1247] als bewusste und zweckgerichtete Mehrung ihres Vermögens durch den Arbeitgeber dar, der damit seine arbeitsvertraglichen Verpflichtungen erfüllt.

Allenfalls könnte überlegt werden, ob ein Anspruch aus Eingriffskondiktion (§ 812 Abs. 1 S. 1 Alt. 2 BGB) vorliegen könnte. Diese bezweckt einen Schutz fremder Güter durch Rückabwicklung von Vermögensverschiebungen, die auf Eingriffen in fremde Rechtspositionen beruhen. Um eine Eingriffskondiktion annehmen zu können, müssten die Außenseiter-Arbeitnehmer als Bereicherungsschuldner etwas durch Eingriff in eine fremde Rechtsposition, die der Gewerkschaft als Bereicherungsgläubiger zum Haben und Nutzen zugewiesen ist (Rechtsposition mit Zuweisungsgehalt) auf dessen Kosten und ohne rechtlichen Grund erlangt haben. Da Urheberschutzrechte anerkanntermaßen Rechtspositionen mit Zuweisungsgehalt darstellen, wird mit ihrer unerlaubten Inanspruchnahme grundsätzlich die Nutzung einer fremden Rechtsposition als „etwas“ erlangt.[1248] Allerdings wurde das Vorliegen einer nach UrhG tatbestandlich relevanten Handlung bereits abgelehnt. Die Bezugnahme, deren Kodifikation gem. § 2 Abs. 1 Nr. 15 NachwG sogar zwingend vorgeschrieben ist, kann als bloße „Benutzung“ schon keinen Eingriff in den Zuweisungsgehalt eines Rechts der Gewerkschaft darstellen. Dies gilt insbesondere für die Fälle, in denen Tarifverträge ohnehin freiwillig veröffentlicht oder durch den Staat im Wege der AVE publiziert wurden, sodass ein Verzicht auf die ausschließliche Nutzung bzw. ein Rechtsgrund[1249] vorlägen, welcher der Annahme eines Bereicherungsanspruchs entgegenstünden.

Zuletzt sei nur der Vollständigkeit halber darauf hingewiesen, dass sich auf Rechtsfolgenseite wieder das Problem der nur unzureichenden Erfas-

1247 Für die Bestimmung einer Leistung ist der Empfängerhorizont maßgeblich, vgl. OLG Karlsruhe v. 18.2.2022 – 15 U 54/21, BeckRS 2022, 2187 Rn. 25; s.a. BGH, v. 25.9.1985 – IV a ZR 22/84, NJW 1986, 177 (178).

1248 Vgl. nur *Reber,* in: Loewenheim UrhR-HdB, § 86 Rn. 225; siehe allgemein zu den Voraussetzungen *Lieb,* in: MüKo BGB, § 812 R. 191 ff.

1249 Zutreffend *Hueck*, RdA 1961, 141 (147); *Schwaabe*, Solidaritätsbeiträge, S. 20.

sung der Partizipation ergeben würde, welches im Rahmen der vorangegangenen Prüfung dargelegt wurde. Der Bereicherungsanspruch gegen die Außenseiter-Arbeitnehmer wäre auf die Herausgabe des erlangten Etwas, also der Nutzung der fremden urheberrechtlichen Berechtigungen gerichtet. Dieser Anspruch wäre in Form von Wertersatz nach § 818 Abs. 2 BGB zu erfüllen, wobei wiederum auf eine angemessene fiktive Lizenzgebühr zurückgegriffen wird.[1250] Diese wurde für die vorliegenden Zwecke bereits als unzureichend befunden. In der Vergangenheit hat die Rechtsprechung überdies den Ausgleich von mit der Nutzung zusammenhängenden, sich daraus ergebenden „weiteren Vorteilen" abgelehnt. So hat es etwa zu einer „Marktchance" ausgeführt, dass es sich um einen „komplexe[n] wirtschaftliche[n] Begriff [handelt], dessen Inhalt und Umfang sich nicht allein von der Schutzrechtsstellung, sondern von weiteren wirtschaftlichen Faktoren ableitet, die keinen rechtlichen Zuweisungscharakter besitzen, sondern sich als Ausfluß der jedermann freien gewerblichen Betätigung darstellen. Damit wird durch den Begriff der "Marktchance" der Bereicherungsgegenstand aus dem durch den Inhalt der Güterzuweisung bestimmten Gebiet herausgerückt."[1251] Aus den gleichen Erwägungen kann auch die „Schutzwirkung" der Tarifverträge als von der bloßen Textnutzung abgelöster Vorteil nicht kondiziert werden. Ein Anspruch auf Herausgabe von sog. Verletztergewinnen wird ebenfalls abgelehnt. Bei § 818 Abs. 2 BGB ist nur der objektive Wert des nicht herausgebbaren Gegenstandes und nicht der Gewinn geschuldet.[1252] Ein Verletzergewinn wäre nur im Rahmen einer angemaßten Eigengeschäftsführung der Außenseiter-Arbeitnehmer gem. § 687 Abs. 2 BGB möglich,[1253] dessen Voraussetzungen (insb. Verschulden) jedoch nicht vorliegen.

1250 Vgl. BGH, Urt. v. 12.5.2016 – I ZR 48/15, GRUR 2016, 1280 Rn. 97; v. 15.1.2015 – I ZR 148/13, GRUR 2015, 780 Rn. 32; *Reber,* in: Loewenheim UrhR-HdB, § 86 Rn. 226; *Zurth,* GRUR 2019, 143 (145).

1251 BGH v. 24.11.1981 – X ZR 7/80, GRUR 1982, 301 (303).

1252 Vgl. BGH v. 24.11.1981 – X ZR 7/80, GRUR 1982, 301 (303); *Nordemann,* in: Fromm/Nordemann UrhG, § 97 Rn. 74 ff, 102a Rn. 5; *Zurth,* GRUR 2019, 143 (145).

1253 Vgl. *Nordemann,* in: Fromm/Nordemann UrhG, § 97 Rn. 74 ff, § 102a Rn. 10;

C. Zusammenfassung der Erkenntnisse und deren Bedeutung für den Fortgang der Untersuchung

Es lässt sich insgesamt Folgendes festhalten:

Der aktuell als pathologisch zu beschreibende Zustand der Tarifautonomie ist nicht auf einen bloßen Unwillen der Koalitionen zurückzuführen, der destruktiven Praxis der kostenlosen Außenseiter-Partizipation ein Ende zu setzen. Vielmehr hat sich herausgestellt, dass *de lege lata* keine Möglichkeit besteht, die als zielführend ausgemachte Kommerzialisierung der gewerkschaftlichen Arbeit gegenüber aktuell kostenlos Teilhabenden erfolgreich und in einer Art umzusetzen, die zur Förderung der Tarifautonomie geeignet ist.

Die Möglichkeit der Tarifvertragsparteien, mit Hilfe tarifvertraglicher Bestimmungen ihr Anliegen zu verfolgen, stößt schnell an Grenzen. Es hat sich gezeigt, dass Selbsterhaltungsmaßnahmen der Tarifvertragsparteien zwar durchaus von der sachlichen und personellen Reichweite der Tarifautonomie gedeckt sein können. Ihnen fehlt jedoch sowohl die Zuständigkeit als auch die Normsetzungsbefugnis für eine ausschließlich Außenseiter-Arbeitnehmer belastende Regelung. Als zielgerichtete und alleinige Regelung der Lohnverwendung von Außenseiter-Arbeitnehmern könnte sich ein Nutzungsentgelt schließlich weder auf die legitimierende Wirkung des Beitritts der Mitglieder noch die staatliche Geltungsanordnung im Rahmen von § 3 Abs. 2 TVG stützen. Eine Umsetzung des Nutzungsentgelts mit Hilfe einer AVE muss wiederum daran scheitern, dass es an der dafür notwendigen wirksamen Tarifnorm fehlt, deren Geltungsbereich erstreckt werden könnte. Zuletzt kann schließlich auch der Versuch der IG BSE, diesen Problemen aus dem Weg zu gehen, indem eine „gemeinsame" Einrichtung zwischengeschaltet wird, die allein durch Außenseiter-Arbeitnehmer finanziert wird, ebenfalls nicht als Blaupause für eine Regelung des Nutzungsentgelts im avisierten Sinne dienen. Eine solche Lösung würde sich einerseits von der Zielsetzung, die im Wege der Bezugnahme erzielte Partizipation zu „absorbieren", entfernen und andererseits an rechtlichen Hürden scheitern. Ohne eine AVE ließen sich die Außenseiter-Arbeitnehmer nicht verpflichten. Selbst wenn sich Arbeitgeber sowohl zum Abschluss eines solchen Tarifvertrages als auch zum Antrag einer AVE erweichen ließen, würde die AVE wegen fehlenden öffentlichen Interesses nicht ausgesprochen werden können.

Es bliebe den Tarifvertragsparteien zwar die Möglichkeit, eine Nutzungsentgelt-Regelung in einem nichttariflichen Koalitionsvertrag vorzusehen, jedoch hat sich gezeigt, dass diese Lösung die praktischen Hürden nicht überwinden könnte. Weil nicht sicherzustellen wäre, dass die Pflicht zur Zahlung des Nutzungsentgelts gegen den zu erwartenden Widerwillen der Außenseiter Eingang in das Arbeitsverhältnis findet, muss dieser Weg als ineffektiv bezeichnet werden und kann nicht ernsthaft als Option in Frage kommen. Unternähmen die Gewerkschaften nämlich einen Vorstoß zur Einführung des Nutzungsentgelts, ohne dass deren gleichmäßige und lückenlose Erhebung sichergestellt wäre, könnte eine Situation entstehen, die zu Verwirrung, Ungleichbehandlung und Unmut führt. Dem Anliegen der Gewerkschaften, mehr Mitglieder zu gewinnen, um ihre Funktionsfähigkeit zu sichern, würde dadurch mehr geschadet als genützt werden.

Auch auf außerhalb des Tarifvertrages liegende Anspruchsgrundlagen lässt sich die Forderung nach einem Nutzungsentgelt als Instrument zur Stärkung der Tarifautonomie nicht stützen. Weder lässt sich der im Zusammenhang mit dem Solidaritätsbeitrag bemühte Gedanke des Anspruchs „aus der Natur der Sache" als tragfähige Grundlage nutzen noch kommt ein Anspruch auf das avisierte Entgelt aus einem vertraglichen oder gesetzlichen Schuldverhältnis zwischen Gewerkschaft und Außenseiter-Arbeitnehmer in Frage. Um das zivilgesellschaftliche Zusammenleben nicht über Gebühr zu belasten, hat der Gesetzgeber die Möglichkeiten, von einem anderen ohne eine dahingehende Abrede, also allein auf der Grundlage allgemeiner Anspruchsgrundlagen, einen Vorteilsausgleich zu verlangen oder Vorteile zu kondizieren, bewusst mit einigen Einschränkungen versehen. Diese Grenzen sind zu respektieren. Es gibt zwar auch andere, deutlich konkretere Tatbestände zum Ausgleich ungerechtfertigter Vermögensverschiebungen, auch diese können jedoch im vorliegenden Fall nicht zur Anwendung kommen. So lässt sich zwar über die Frage des Urheberrechtsschutzes für Tarifverträge vortrefflich streiten, selbst im Fall seiner Befürwortung erscheint aber das Regime des Verwertungsersatzes im Urheberrecht auf die vorliegende Situation der Partizipation am Tarifvertrag nicht übertragbar. Die zu erzielenden Entschädigungen sind nicht nur von einem Verschulden abhängig, sondern auch in der Höhe viel niedriger als es für die vorliegenden Zwecke erforderlich wäre.

Zusammenfassend ist festzuhalten, dass die Gewerkschaften de lege lata nicht in der Lage sind, den von der kostenlosen Partizipation der Außenseiter-Arbeitnehmer ausgehenden Negativanreiz effektiv zu beseitigen und somit mit ihrer Hauptleistung eine Werbewirkung zu entfalten, die nötig wäre, um der Mitgliedererosion entgegenzuwirken. Es liegt somit ein strukturelles Problem vor, das nur beseitigt werden kann, wenn der Gesetzgeber die Rahmenbedingungen der Tarifautonomie anpasst. Wie dies *de lege ferenda* gelingen kann, wird Gegenstand der weiteren Untersuchung sein.

Kapitel 4 – Umsetzbarkeit eines Nutzungsentgelts für Außenseiter-Arbeitnehmer in Deutschland *de lege ferenda*

Vornehmlich von der Arbeitgeberseite war schon in der Debatte der 1960iger Jahre vorgebracht worden, dass sich die Idee des Solidaritätsbeitrages nur mit Hilfe des Gesetzgebers umsetzen lassen würde.[1254] Nachdem sich dies im Rahmen von Kapitel 3 auch für das avisierte Nutzungsentgelt bestätigt hat, wird in diesem Kapitel nunmehr der Frage nachgegangen, wie sich das Vorhaben, die durch die flächendeckenden Bezugnahmen vereitelte Werbewirkung des Tarifvertrages mit Hilfe des Nutzungsentgelts für Außenseiter-Arbeitnehmer wiederherzustellen, *de lege ferenda* gestalten lässt.

Fest steht nach hiesiger Ansicht allein, dass der Gesetzgeber die Rahmenbedingungen anpassen muss. Davon ausgehend gibt es jedoch verschiedene Abstufungen in der Intensität des staatlichen Handelns. Einerseits könnte eine „Minimallösung" gewählt werden, in der sich der Staat – sofern rechtlich zulässig – auf die Erweiterung der Normsetzungsbefugnis der Tarifvertragsparteien beschränkt, die dann selbst entscheiden könnten, ob und ggf. wie sie eine Nutzungsentgelt-Regelung einführen (hierzu unter A.). Ebenfalls mit viel Freiheit für die Privaten wäre die Überlegung verbunden, in das TVG einen Tarifanschluss nach Schweizer Vorbild einzuführen, der mit der Möglichkeit zur Regelung des Nutzungsentgelts als Anschlussbedingung kombiniert wird. Insofern wird zu prüfen sein, ob die gesetzliche Regelung in der Schweiz als Blaupause für eine gesetzliche Regelung zur Ermöglichung des Nutzungsentgelts in Deutschland dienen kann (B.). Zuletzt bliebe zu überlegen, ob und ggf. wie die Zahlungspflicht direkt im Gesetz vorgesehen werden könnte (hierzu unter C. und D.)

1254 Vgl. Kap. 2 C. III. 4.

A. Modell 1: Erweiterung der Normsetzungsbefugnis zur Ermöglichung einer Zahlungspflicht aus einfachem Tarifvertrag

Bis dato scheitert eine tarifvertragliche Nutzungsentgelt-Regelung an der fehlenden Normsetzungsbefugnis der Tarifvertragsparteien in Bezug auf Außenseiter-Arbeitnehmer. In der Literatur ist überlegt worden, ob sich diese Hürde überwinden ließe, indem der Gesetzgeber nach dem Vorbild des § 3 Abs. 2 TVG die Befugnis zur Normsetzung partiell – also nur zur Erhebung eines Nutzungsentgelts – auf Außenseiter erweitert.[1255] *Ridder* meinte, „eine dergestalt mit normativer Wirkung ausgestattete SB-Klausel [sei] die dem Wachstumsprozeß des Systems des kollektiven Arbeitsrechts unter dem GG entsprechende, am sinnvollsten und am ehesten organisch sich einfügende Lösung, die aber eben nur durch ein Tätigwerden des Gesetzgebers zu erreichen ist".[1256]

I. Gestaltungsoption zur Erweiterung der Normsetzungsbefugnis

Um diesen Lösungsansatz umzusetzen, müsste zunächst einmal das TVG geändert werden. Dies beträfe sowohl § 1 als auch die §§ 3 und 4 TVG, die jeweils einen ergänzenden Absatz bzw. Satz zu Nutzungsentgelten erhalten müssten, sodass sie zum Beispiel folgende Fassung erhielten (Ergänzungen in Fettdruck):

> § 1 Inhalt und Form des Tarifvertrags
> (1) Der Tarifvertrag regelt die Rechte und Pflichten der Tarifvertragsparteien und enthält Rechtsnormen, die den Inhalt, den Abschluß und die Beendigung von Arbeitsverhältnissen, betriebliche und betriebsverfassungsrechtliche Fragen ordnen **sowie die Erhebung von Nutzungsentgelten für die Orientierung am Tarifvertrag zum Gegenstand haben** können.
> [...]
>
> § 3 Tarifgebundenheit
> (1) Tarifgebunden sind die Mitglieder der Tarifvertragsparteien und der Arbeitgeber, der selbst Partei des Tarifvertrages ist.

1255 Sog. „kleine Lösung" bei *Höpfner*, ZfA 2020, 178 (198).
1256 Vgl. *Ridder*, Rechtsgutachten Solidaritätsbeiträge, S. 4; befürwortend auch *Faika*, Solidaritätsbeitrag, S. 98.

(2) Rechtsnormen des Tarifvertrages über betriebliche und betriebsverfassungsrechtliche Fragen gelten für alle Betriebe, deren Arbeitgeber tarifgebunden ist.
(3) Rechtsnormen des Tarifvertrages über Nutzungsentgelte, die im Falle einer individualvertraglichen Bezugnahme auf wesentliche Tarifinhalte von Arbeitnehmern erhoben werden, gelten für alle Arbeitgeber und Arbeitnehmer, deren Arbeitsverhältnis sich an dem in Bezug genommenen Tarifvertrag orientiert. Eine Tariforientierung im Sinne des S. 1 liegt bereits vor, wenn der Arbeitsvertrag auf die Vergütungsabrede eines Tarifvertrags verweist oder die vereinbarte Vergütung einer tarifvertraglichen Regelung im Wesentlichen entspricht. Die Eingruppierungsregelungen zählen, selbst dann, wenn sie sich in gesonderten Tarifverträgen finden, zur Vergütungsabrede im Tarifvertrag.
[...]

§ 4 Wirkung der Rechtsnormen
(1) Die Rechtsnormen des Tarifvertrages, die den Inhalt, den Abschluß oder die Beendigung von Arbeitsverhältnissen ordnen, gelten unmittelbar und zwingend zwischen den beiderseits Tarifgebundenen, die unter den Geltungsbereich des Tarifvertrages fallen.
(2) Die Rechtsnormen des Tarifvertrages über betriebliche und betriebsverfassungsrechtliche Fragen gelten unmittelbar und zwingend für alle Arbeitnehmer, die bei tarifgebundenen Arbeitgebern beschäftigt sind. Die Rechtsnormen des Tarifvertrages über Nutzungsentgelte gelten unmittelbar und zwingend für alle Arbeitgeber und Arbeitnehmer, deren Arbeitsverhältnis sich an dem in Bezug genommenen Tarifvertrag orientiert.
[...]

Es würde somit eine neue Kategorie von tarifvertraglichen Rechtsnormen geschaffen werden, die die Außenseiter-Arbeitnehmer unmittelbar und zwingend belastet. Die beiden Fälle der Erweiterung der Normsetzungsbefugnis auf Außenseiter-Arbeitnehmer würden somit in § 4 Abs. 2 nF übersichtlich zusammengefast werden.

II. Bewertung der Gestaltungsoption zur Erweiterung der Normsetzungsbefugnis

1. Pro: Flexibilität für die Tarifvertragsparteien

Diese Lösung wartet mit dem charmanten Vorteil auf, dass sie den Tarifvertragsparteien Flexibilität bietet. Wer eine „staatliche Hilfestellung" nicht in Anspruch nehmen will, der könnte schlicht auf eine Regelung zum Nutzungsentgelt im Tarifvertrag verzichten. Das Gesetz sähe schließlich weder eine Pflicht, überhaupt eine Regelung zum Nutzungsentgelt aufzunehmen, noch einen Minimalbetrag vor. Das heißt, bei dieser Lösung handelte es sich um eine schonende, weil zurückhaltende Ausgestaltung der Tarifautonomie.

2. Contra: Keine Erweiterung der Normsetzungsbefugnis außerhalb des Schutzbereichs aus Art. 9 Abs. 3 GG

Gegen diese Lösung sprechen jedoch – bereits unabhängig von den sogleich zu erörternden Zweckmäßigkeitserwägungen – entscheidend die Grenzen der Autonomie der Tarifvertragsparteien, die auch der ausgestaltende Gesetzgeber zu beachten hätte. Die in Art 9 Abs. 3 GG garantierte Tarifautonomie erklärt sich funktional über das Anliegen, die effektive Ausübung der Privatautonomie einzelner Arbeitnehmer durch Ausgleich der strukturellen Unterlegenheit gegenüber der Arbeitgeberseite zu ermöglichen. Wie oben bereits erläutert wurde, ist eine ausschließliche Regelung von Außenseiterbelastungen nicht mehr von der Reichweite der funktionell dem kontradiktorischen Interessenausgleich für Mitglieder dienenden Tarifautonomie gedeckt.[1257] Sie kann im Rahmen eines Tarifvertrages nicht stattfinden. Daran könnte auch der Gesetzgeber im Wege einer Ausgestaltung des Art. 9 Abs. 3 GG nichts ändern. Da die Ausgestaltung der Koalitionsfreiheit durch den Gesetzgeber unterstutzende Natur hat, sie also die Grundrechtsausübung nur ermöglichen und erleichtern möchte,[1258] bilden

1257 Siehe unter Kap. 3 A. I. 1., vgl. auch *Löwisch/Rieble* TVG, § 1 Rn. 9, die von „systemimmanenten Funktionsgrenzen der Tarifautonomie" sprechen.

1258 *Hensche*, in: HK-ArbR, GG Art. 9 Rn. 63.

die Grenzen des Grundrechts die natürlichen Grenzen einer Ausgestaltung durch den Gesetzgeber.[1259]

Die Einräumung einer Normsetzungsbefugnis in Bezug auf die Außenseiter-Arbeitnehmer, die den Tarifvertragsparteien unbesehen deren unmittelbare Belastung erlaubt, ist somit keine Maßnahme zur Ausgestaltung oder gar Stärkung der Tarifautonomie, sondern unzulässig.[1260]

3. Contra: Pflicht zur Beachtung von Außenseiter-Interessen bei Unterstellung unter die Normsetzungsmacht der Tarifvertragsparteien

Hinzu kommt ein weiteres Problem. Eine derartige Belastung müsste sich auf die Legitimation durch den Gesetzgeber stützen, da es an mitgliedschaftlicher Legitimation für diese Normsetzung fehlt. Eine privatautonome Legitimation kann sich insbesondere auch nicht aus der Bezugnahme auf den Tarifvertrag mit der Rechtsnorm ergeben, da – wie oben bereits dargelegt –[1261] eine solche Klausel überraschend wäre und schon kein Vertragsinhalt würde. Durch die Unterzeichnung des Arbeitsvertrages unterwirft der Außenseiter-Arbeitnehmer sich ihr nicht automatisch.

Würde es also der Staat sein, der den Tarifvertragsparteien eine direkte Belastung der Außenseiter-Arbeitnehmer ermöglicht, müsste er das Rechtstaatsprinzip beachten, das es ihm verbietet, den Bürger schrankenlos ihm gegenüber nicht legitimierter Rechtsetzung auszusetzen. Er müsste einen Ausgleich für das Defizit staatlicher Entscheidungsfreiheit schaffen und die Beachtung der Interessen der Außenseiter-Arbeitnehmer sicherstellen. Die dazu erforderliche präventive oder wenigstens repressive Staatsaufsicht der Tarifvertragsparteien[1262] wäre jedoch keineswegs im Sinne der unabhängigen und staatsfernen Selbstregelung, um deren Förderung willen das Nutzungsentgelt überhaupt erst eingeführt werden soll. An dieser Stelle ist zurückzukommen auf die oben erwähnte Forderung nach der Einräu-

---

1259 Vgl. *Kloepfer*, NJW 1985, 2497 (2502 f.); grundsätzlich zum Verhältnis von Schutzbereich und Ausgestaltung *Cornils*, Die Ausgestaltung der Grundrechte, S. 432.

1260 Vgl. in diese Richtung schon BAG, v. 29.11.1967 – GS 1/67 – juris Rn. 168; die Erweiterung der Normsetzungsbefugnis aus diesem Grunde ablehnend *Höpfner*, ZfA 2020, 178 (198): „würde daher außerhalb des Schutzes von Art. 9 Abs. 3 GG stehen."

1261 Vgl. Kap. 3 B. I. 2., dort zwar bezogen auf die Bezugnahme auf eine nichttarifliche Koalitionsvereinbarung; es gelten jedoch im Kern dieselben Erwägungen.

1262 Zutreffend schon *Zöllner*, RdA 1962, 453 (456); siehe hierzu auch unter Kap. 3 A. 3.

mung von Rechten für Außenseiter-Arbeitnehmer bei Auferlegung einer Zahlungspflicht.[1263] Maßgebliches Argument zur Ablehnung von Rechten für „zahlende“ Außenseiter-Arbeitnehmer war der Umstand, dass die Außenseiter-Arbeitnehmer sich der Verbandsmacht jederzeit entziehen können. Bei Unterstellung unter die Normsetzungsmacht der Tarifvertragsparteien lässt sich dies nicht aufrechterhalten. Da eine Ermessensprüfung des Ministers, wie sie bei der AVE vorgenommen wird, im Falle der Erweiterung der Normsetzungsmacht durch den Gesetzgeber wegfiele, müssten entweder sehr enge tatbestandliche Einschränkungen der gesetzlichen „Ermächtigung“ zur Fremdbestimmung über die Außenseiter-Arbeitnehmer vorgenommen werden oder den Außenseiter-Arbeitnehmern verbandsinterne Mitbestimmungsrechte oder ein Abstimmungsrecht nach US-amerikanischen Vorbild eingeräumt werden, wie es *Biedenkopf* ins Spiel gebracht hat.[1264]

Bisher war zudem angenommen worden, dass mit der Erweiterung der Normsetzungsbefugnis auf Außenseiter-Arbeitnehmer wohl auch das Gebot der Gleichbehandlung einhergehen müsste, das den Gesetzgeber selbst auch trifft.[1265] Mit der im Raum stehenden Regelung würde jedoch – gerade im Gegenteil – eine Ungleichbehandlung zwischen Mitgliedern und der Normsetzung unterworfenen Außenseiter-Arbeitnehmern erlaubt werden.

Die Fortsetzung dieses Gedankenspiels zeigt also auf, dass es mit dem System der staatsfernen Tarifautonomie im Sinne kollektiv ausgeübter Privatautonomie nicht zusammengeht, die Tarifvertragsparteien zur inhaltlich nach eigenem Gutdünken auszugestaltenden Belastung der Außenseiter-Arbeitnehmer zu ermächtigen. Dieses Vorgehen wäre keine Gestaltung der Voraussetzungen zur Ausübung von Autonomie, sondern Delegation, der Einschränkung und Kontrolle staatlicherseits auf dem Fuße folgen müssen.

1263 Vgl. *Kempen*, in: Hagemeier/Kempen/Zachert/Zilius TVG (2. Aufl.), § 3 Rn. 167; in diese Richtung auch *Biedenkopf*, JZ 1961, 346 (350 f.).; siehe unter Kap. 2 F. IV.

1264 Vgl. *Biedenkopf*, JZ 1961, 346 (352).

1265 Vgl. *Leydecker*, Der Tarifvertrag als exklusives Gut, S. 213 mwN; ähnlich auch *Zöllner/ Loritz*, Arbeitsrecht (5.Aufl.), S. 216, die hervorheben, dass das Gebot der Verwirklichung austeilender Gerechtigkeit überall dort anzunehmen sei, wo die Rechtsordnung einem Machtträger Befugnisse zur Verteilung von Vor- und Nachteilen innerhalb einer Personen- gruppe einräumt.

4. Contra: Zweifel an Akzeptanz und effektiver Umsetzung durch die Tarifvertragsparteien

Davon abgesehen sprechen auch praktische Erwägungen entscheidend gegen diese Lösung. Es wäre bei einer Gestaltung nach diesem Modell längst nicht damit getan, eine Mehrheit für die wahrscheinlich sehr umstrittene Änderung des TVG zu gewinnen. Die vielleicht noch größere Hürde läge in der Annahme dieser neuen Regelungsmöglichkeiten durch die Tarifvertragsparteien selbst. Diese müssten sich im ersten Schritt dafür entscheiden, überhaupt eine Nutzungsentgelt-Regelung zu vereinbaren und sich sodann auf eine Höhe einigen. Schon der erste Schritt kann einige Schwierigkeiten bereiten. Sofern die Arbeitgeber sich auf den Standpunkt zurückziehen würden, dass sie keineswegs an einer Stärkung ihres sozialen Gegenspielers mitwirken wollen, könnten sie die gesetzliche Neuregelung einfach leerlaufen lassen. Sicherlich könnte die Gewerkschaft dann versuchen, Druck aufzubauen und – bei Unterstellung der tariflichen Regelbarkeit – sogar einen Arbeitskampf um die Forderung führen. Das allein zeigt im Übrigen schon, welchen enormen Sprengstoff eine solche Regelung in sich trüge. Hinzu kommt, dass der Erfolg eines solchen konfrontativen Vorgehens angesichts der zunehmenden Schwäche der Gewerkschaften zumindest in Frage gestellt werden kann. Jedenfalls in den Bereichen, in denen die Stärkung besonders nötig wäre, könnte eine Regelung angesichts der Durchsetzungsschwäche der Gewerkschaften ausbleiben – was geradezu paradox wäre. Dieses Problem könnte man auch nicht dadurch ausräumen, dass man die Tarifvertragsparteien dazu verpflichtet, auf jeden Fall eine Nutzungsentgelt-Regelung vorzusehen und ihnen nur die Verabredung der genauen Höhe überlässt, denn nach zutreffender Ansicht, sind die Tarifvertragsparteien nicht verpflichtet, überhaupt einen bestimmten Tarifvertrag abzuschließen.[1266] Noch viel weniger könnten sie dann in ihrer inhaltlichen Gestaltungsfreiheit eingeschränkt werden, indem man ihnen vorschreibt, einen bestimmten Tarifinhalt zu verabreden. Dies wäre ein massiver Eingriff in ihre Tarifautonomie.

1266 Siehe nur BAG v. 25.9.2013 – 4 AZR 173/12, AP TVG § 1 Tarifverträge Musiker Nr. 26, OS 1: „Es besteht grundsätzlich keine rechtliche Pflicht einer Koalition, mit einer anderen Koalition einen Tarifvertrag zu schließen oder auch nur über einen solchen zu verhandeln. Die Annahme einer solchen Rechtspflicht bedarf einer gesonderten Anspruchsgrundlage". Gemeint ist hier eine *vereinbarte* Verpflichtung etwa aus einem vorher abgeschlossenen Tarifvertrag oder einem Vorvertrag.

Und selbst wenn die Gewerkschaft die Arbeitgeberseite im Grundsatz – und was man nicht vergessen sollte: wahrscheinlich im Gegenzug für Zugeständnisse an anderer Stelle – für eine Nutzungsentgelt-Regelung gewinnen könnte, so müsste diese auch der Höhe nach so ausfallen, dass sie nicht zum Danaergeschenk wird. Wie bereits dargelegt, darf ein Nutzungsentgelt nämlich nicht so viel niedriger als der Mitgliedschaftsbeitrag ausfallen, dass die Mitglieder schließlich austreten, ihre Pflichten abstreifen und dazu übergehen, zwecks symbolischer Unterstützung nur noch das Nutzungsentgelt zu zahlen. Die mangelnde Vorgabe der Höhe des Entgelts wäre somit auch ein Problem für die Wirksamkeit des Nutzungsentgelts als Maßnahme zur Stärkung der Tarifautonomie.

Nicht zuletzt ist auch darauf hinzuweisen, dass nicht alle Gewerkschaften zwangsläufig an einer Einführung eines Nutzungsentgelts interessiert sein müssen. Bereits in der Diskussion um den Solidaritätsbeitrag hatten sich einige DGB-Gewerkschaften der Idee dieses Beitrages gegenüber nicht gerade begeistert gezeigt. Es besteht bei dieser Thematik zudem immer die Gefahr, dass die Debatte politisch aufgeladen wird. *Merker* weist zu Recht darauf hin, dass „[s]chon der Gedanke, unfreiwillig einen Betrag unmittelbar oder mittelbar zugunsten irgendeiner Vereinigung abführen zu müssen, [...] heute bei vielen Bürgern der Bundesrepublik Zwangsvorstellungen und Reminiszenzen an gewisse vergangene Zeiten erstehen [lässt], die durch die beste juristische Konstruktion nicht beseitigt werden."[1267] Hinzu tritt der Umstand, dass – ob von Seiten der Presse oder auch konkurrierender Gewerkschaften – die Forderung eines Nutzungsentgelts als Schwäche ausgelegt werden könnte nach dem Motto „Die müssen's ja nötig haben".[1268] Von einer derartig negativen Publicity könnten Gewerkschaften sich abschrecken lassen und so die Forderung nach einem Nutzungsentgelt gar nicht erst erheben.

III. Ergebnis

Es lässt sich damit festhalten, dass die Idee, das Nutzungsentgelt durch eine Erweiterung der Normsetzungsbefugnis nach dem Vorbild des § 3 Abs. 2 TVG umzusetzen, nicht zum Erfolg führen kann. Da sich ein solches Vorhaben bereits außerhalb des Schutzbereichs des Art. 9 Abs. 3 GG bewegte, könnte ein entsprechendes Gesetz jedenfalls nicht als Ausgestaltung der

1267 *Merker*, DB 1960, 202 (203).
1268 Ebenfalls zutreffend *Merker*, DB 1960, 202 (203).

Tarifautonomie angesehen werden. Daneben würde die Umsetzung dieser Lösung in einen erheblichen Konflikt mit dem Demokratieprinzip geraten, welches es dem Gesetzgeber verbietet, den Bürger der Normsetzungsmacht Dritter zu überlassen, die ihm gegenüber nicht legitimiert sind. Zuletzt sprechen außerdem auch praktische Erwägungen gegen diesen Lösungsvorschlag. Es stünde bei seiner Umsetzung zu befürchten, dass das Instrument dort, wo es besonders dringend benötigt wird, ungenutzt bliebe oder sich bei Festsetzung zu niedriger Entgelte sogar noch als schädlich erweisen würde. Angesichts dieser Schwierigkeiten wird der Ansatz, das Nutzungsentgelt durch die Erweiterung der Normsetzungsbefugnis umzusetzen, nicht weiterverfolgt. Auf die Frage, ob die weiter betroffenen Grundrechte der Außenseiter-Arbeitnehmer zB aus Art. 9 Abs. 3 GG sowie aus Art. 12 GG verletzt wären, muss daher gar nicht eingegangen werden.

B. Modell 2: Schaffung eines Anschlusses an den Tarifvertrag nach Schweizer Vorbild

Während die finanzielle Heranziehung partizipierender Außenseiter in Deutschland bisher immer nur ein Gedankenspiel war, hat sich das Konzept in der Schweiz praktisch durchsetzen können.[1269] Dort ist seit 1956 das zuvor gewohnheitsrechtlich bekannte Institut des „Anschlusses" von Außenseitern sowohl auf Arbeitnehmer- als auch auf Arbeitgeberseite an den Tarifvertrag gesetzlich geregelt. Durch Abschluss eines dreiseitigen Anschlussvertrags zwischen den beiden Tarifvertragsparteien und dem Außenseiter können letztere „Beteiligte" des Tarifvertrags werden und wie Mitglieder an der normativen Wirkung des Tarifvertrags teilhaben. Es steht den Tarifvertragsparteien zu, im Tarifvertrag die Bedingungen für einen solchen Anschluss zu regeln, wobei sie einen Anschluss insbesondere von der Zahlung eines Solidaritätsbeitrags durch die sich anschließenden Außenseiter abhängig machen können.[1270] Es stellt sich die Frage, ob dieses

1269 Auf diese Regelungsvorbilder bereits hinweisend *Franzen*, RdA 2006, 1 (11); siehe zur Regelung in der Türkei Fn. 67.

1270 Art. 356b Abs. 2 OR lautet: „Der Gesamtarbeitsvertrag kann den Anschluss näher regeln. Unangemessene Bedingungen des Anschlusses, *insbesondere Bestimmungen über* unangemessene *Beiträge*, können vom Richter nichtig erklärt oder auf das zulässige Mass beschränkt werden; jedoch sind Bestimmungen oder Abreden über Beiträge zugunsten einer einzelnen Vertragspartei nichtig." – Hervorhebung durch die Verfasserin.

Konstrukt der Schweiz Blaupause für eine Regelung des Nutzungsentgelts für Außenseiter-Arbeitnehmer im deutschen Tarifrecht sein kann.

I. Präliminarien zum weiteren Vorgehen

Die Betrachtung des Schweizer Regelungsvorbilds verspricht, Aufschluss über rechtstechnische Umsetzbarkeit sowie den Nutzen des Entgelts im Hinblick auf die avisierte grundsätzliche Lösung der Außenseiterfrage zu geben. Allerdings hat die Bewertung des Solidaritätsbeitrages und insbesondere seiner Erfolge stets kontextual zu erfolgen, wobei sich Erkenntnisse aus fremden Rechtsordnungen nicht ohne Weiteres auf deutsche Verhältnisse übertragen lassen. So meinte etwa *Ridder*, der seinerseits von vertieften rechtsvergleichenden Ausführungen zum Schweizer Solidaritätsbeitrag absah,[1271] dass die politische Funktion und rechtliche Stellung der Gewerkschaften in der Schweiz von derjenigen der deutschen Gewerkschaften in vielerlei Hinsicht abwichen.[1272] Er machte eine „modische Überkultivierung" der Rechtsvergleichung aus und warnte vor unbrauchbaren Ergebnissen bei der Betrachtung einzelner Ausschnitte.[1273]

Im Hinblick auf die Vorsicht vor isolierten Vergleichen einzelner Bausteine ist *Ridder* sicherlich zuzustimmen. Möchte man im Rahmen eines Vergleichs beobachtete Zusammenhänge und Korrelationen beurteilen, ist es unerlässlich, auch das Gesamtbild und die rechtlichen Rahmenbedingungen zu betrachten.[1274] Daher wird im Folgenden zunächst ein Überblick über das System des kollektiven Arbeitsrechts in der Schweiz und die Rolle der Außenseiter in diesem gegeben (II. u. III.). Insbesondere wird im Hinblick auf die hier interessierende Fragestellung zu prüfen sein, wie die Koalitionen in den ausländischen Rechtsordnungen verfasst (privat oder öffentlich-rechtlich) und ihre Stellung und Aufgaben (Gesamtrepräsentation oder Repräsentation der Partikularinteressen der Organisierten) rechtlich verankert sind. Davon hängt ab, ob eine etwaige Außenseiterwirkung sich überhaupt in vergleichbarer Weise als Problem für die Gesundheit des Ta-

1271 Demgegenüber mit Bezugnahmen auf die Praxis und Handhabung im Ausland *Brisch*, RdA 1951, 21; *ders.*, Rechtstellung der deutschen Gewerkschaften, S. 91; *Hueck*, RdA 1961, 141 (145 f.).; *Heußner*, RdA 1960, 295 (298); *Kauffmann*, AuR 1961, 267 (267 ff.); *Merker*, DB 1960, 1127.

1272 *Ridder*, Rechtsgutachten Solidaritätsbeiträge, S. 3; in diese Richtung geht auch die zurückhaltende Haltung *Schwaabes*, Solidaritätsbeiträge, S. 23.

1273 *Ridder*, Rechtsgutachten Solidaritätsbeiträge, S. 3.

1274 Vgl. *Zweigert/Kötz*, Rechtsvergleichung, S. 3, 42 f.

rifvertragssystems erweist und ein Bedürfnis dafür besteht, diese rechtliche Herausforderung praktisch zu bewältigen. Ist Letzteres zu bejahen, kann sowohl die Betrachtung der technischen Gestaltung als auch des Erfolgs der rechtlicheren Sanktionierung in ausländischen Rechtsordnungen (V. u. VI.) für die Regulierung in Deutschland (hierzu unter VII.) aufschlussreich sein.

II. Rahmenbedingungen des Tarifwesens in der Schweiz

1. Grundlagen zum Schweizer Tarifrecht

Wie in der Bundesrepublik basiert die Marktordnung in der Schweiz auf einem System sozialer Marktwirtschaft, in der den wirtschaftenden Parteien so viele Freiheiten wie möglich zugestanden werden und der Staat nur eingreift, soweit die Verwirklichung sozialer Gerechtigkeit dies erfordert.[1275] Man geht (wie in Deutschland) davon aus, dass einzelne Arbeitnehmer sich gegenüber dem Arbeitgeber in einer strukturell unterlegenen Position befinden, die es ihnen erschwert, ihre Interessen gegenüber der Arbeitgeberseite durchzusetzen und die in der Bundesverfassung (BV) garantierte Vertragsfreiheit[1276] effektiv wahrzunehmen.[1277] Mit Hilfe der im schweizerischen Recht garantierten Arbeitsmarktfreiheiten, der Koalitionsfreiheit, der Tarifautonomie und der Arbeitskampffreiheit soll dieses Defizit beseitigt und ein fairer Interessenausgleich mit angemessenen Ergebnissen befördert werden.

a) Tarifautonomie und Gesamtarbeitsverträge (GAV)

Die Tarifautonomie ist der wichtigste Bestandteil der in Art. 28 BV gewährleisteten Koalitionsfreiheit[1278] und garantiert den Sozialpartnern die Zuläs-

---

1275 *Geiser/Müller/Pärli*, Arbeitsrecht in der Schweiz Rn. 39.

1276 Die Vertragsfreiheit wird als Bestandteil der in Art. 27 BV garantierten Wirtschaftsfreiheit begriffen, vgl. *Geiser/Müller/Pärli*, Arbeitsrecht in der Schweiz Rn. 731.

1277 Vgl. zur vorherrschenden Betrachtung des Arbeitsmarkts als „unvollkommenen Markt" *Geiser/Müller/Pärli*, Arbeitsrecht in der Schweiz Rn. 40, 732 ff.; *Adermatt*, in: HB koll. ArbR Teil 1 A. Rn. 2.

1278 Vgl. nur *Adermatt*, in: HB koll. ArbR Teil 1 A. Rn. 14; *Vallender/Hettich*, in: Schweizerische BV Art. 28 Rn. 21.

sigkeit und Verbindlichkeit von sog. Gesamtarbeitsverträgen (GAV), die das schweizerische Pendant zum deutschen Tarifvertrag bilden. Einfachgesetzlich geregelt sind die Gesamtarbeitsverträge im Schweizerischen Obligationenrecht (OR)[1279], welches – abgesehen von der Bundesverfassung (BV) – wichtigste Rechtsquelle des kollektiven Arbeitsrechts in der Schweiz ist.[1280] Dieses Artikelgesetz von 1911, das 1956 grundlegend überarbeitet wurde, bildet den fünften Teil des Schweizerischen Zivilgesetzbuchs (ZGB) und regelt in der Zweiten Abteilung im Zehnten Titel die Grundlagen des Arbeitsvertragsrechts.

In Art. 356 OR werden Begriff, Inhalt und Form von Gesamtarbeitsverträgen zwischen einzelnen Arbeitgebern oder deren Verbänden mit Arbeitnehmerverbänden geregelt. Gemeinhin wird angenommen, dass durch die Bestimmung drei Kategorien von Tarifnormen benannt werden: Die normativen Bestimmungen des Absatz 1 (Abschluss- und Inhaltsnormen), die schuldrechtlichen Bestimmungen des Absatz 3 Satz 1 (Einwirkungs- und Durchführungspflicht, Friedenspflicht) sowie die sog. indirekt-schuldrechtlichen Bestimmungen aus Absatz 2 und Absatz 3 Satz 2 (Solidarnormen[1281], Betriebliche Tarifnormen[1282] und Ordnungsnormen[1283], Kontroll- und Durchführungsnormen[1284]).[1285] Die normativen Bestimmungen eines Gesamtarbeitsvertrags gelten – wie in Deutschland – unmittelbar für alle Arbeitnehmer, die selber Mitglied eines vertragschließenden Verbandes

1279 Bundesgesetz betreffend die Ergänzung des Schweizerischen Zivilgesetzbuches (Fünfter Teil: Obligationenrecht) vom 30. März 1911 (Stand am 1. April 2020), [SR 220].

1280 Eine Übersicht über die gesamte Normenhierarchie im schweizerischen Recht geben *Geiser/Müller/Pärli*, Arbeitsrecht in der Schweiz Rn. 1; weitere Rechtsquellen des kollektiven Arbeitsrechts neben dem GAV sind die „vereinbarte Betriebsordnung“ als Entsprechung für die deutsche Betriebsvereinbarung (Art. 37 ff. ArG) sowie der sog. Normalarbeitsvertrag (NAV, Art. 359 OR, behördlicherseits erlassene Verordnung, die für bestimmte Arbeitnehmergruppen unmittelbar anwendbare, jedoch änderbare Arbeitsbedingungen festlegt).

1281 Verpflichten Arbeitgeber zu Leistungen zu Gunsten des gesamten Mitarbeiterkreises, wie z.B. zur Einrichtung von Bändern, Klimaanlagen, betrieblichen Kindergärten oder Eihaltung von Vorschriften bezüglich Vorbildung oder Lehrlingsskalen.

1282 Betreffen die Mitwirkung der Mitarbeiter bei Fragen der Betriebsgestaltung.

1283 Betreffen Ordnung und Verhalten der Arbeitnehmer im Betrieb, wie Vorschriften über Rauchverbot, Torkontrolle, Krankmeldewesen usw.

1284 Sollen die Durchführung des GAV sichern und verpflichten dazu zur Duldung von Kontrollen oder Leistung von Kautionen oder Konventionalstrafen (Art. 356 Abs. 3 OR).

1285 Vgl. zum Vorangegangenen samt Beispielen *Geiser/Müller/Pärli*, Arbeitsrecht in der Schweiz Rn. 822; *Rehbinder*, Schweizerisches ArbR, Rn. 537.

sind, wenn der Arbeitgeber ebenfalls am Gesamtarbeitsvertrag beteiligt ist (vgl. Art. 357 Abs. 1 OR). Obwohl sie bei der Schaffung des Obligationenrechts kurz erwogen wurde, kennt das Schweizer Kollektivarbeitsrecht somit eine umfassende „Fernwirkung" des Gesamtarbeitsvertrages auf alle Arbeitnehmer nicht.[1286] Man stützte sich bei ihrer Ablehnung auf das Argument, dass private Verbände nicht für Personen Recht setzen können sollen, die ihnen nicht als Mitglieder angehören.[1287] Regelungen des Einzelarbeitsvertrags, die gegen normative Bestimmungen verstoßen, sind nichtig, sofern es sich nicht um für den Arbeitnehmer günstige Abweichungen handelt (Günstigkeitsprinzip, vgl. Art. 357 Abs. 2 OR) oder der Gesamtarbeitsvertrag die ungünstige Abweichung ausdrücklich zulässt (Öffnungsklausel).[1288]

Ebenfalls ähnlich wie im deutschen Recht gibt es jedoch mehrere Möglichkeiten, den Anwendungsbereich des Gesamtarbeitsvertrags über die Mitglieder der GAV-Parteien hinaus zu erweitern. Dies kann etwa im Wege einer Allgemeinverbindlicherklärung (AVE) erreicht werden, die in der Schweiz eigens in einem Bundesgesetz über die Allgemeinverbindlichkeit von Gesamtarbeitsverträgen (kurz AVEG)[1289] geregelt ist oder mit Hilfe einer einzelvertraglichen Abrede (wie die deutsche Bezugnahmeklausel). Dem deutschen Recht hingegen unbekannt sind der informelle und formelle Anschluss an den Gesamtarbeitsvertrag.[1290] Auf diese Möglichkeiten, die Verbindlichkeit des Gesamtarbeitsvertrages zu generieren, wird sogleich zurückzukommen sein.

b) Koalitionsfreiheit

Die Tarifautonomie der Verbände ist nur ein Bestandteil der Koalitionsfreiheit, die – nachdem sie unter Geltung des Art. 56 BV aF noch durch

1286 *Geiser/Müller/Pärli*, Arbeitsrecht in der Schweiz Rn. 742, 837; *Rehbinder*, Schweizerisches ArbR, Rn. 539, 550; *Tschudi*, in: Beiträge zum Arbeits- und Sozialrecht, S. 263 (263) (265).

1287 Zum Gesetzgebungsprozess *Tschudi*, in: Beiträge zum Arbeits- und Sozialrecht, S. 263 (265) mwN.

1288 Vgl. nur *Rehbinder*, Schweizerisches ArbR, Rn. 539 f.

1289 Vom 28. September 1956, SR 221.215.311.

1290 Einen umfassenden Überblick über die Möglichkeiten der Einbeziehung von Außenseitern bietet *Kreis*, Anschluss eines Aussenseiters an den Gesamtarbeitsvertrag, S. 46 ff.

Auslegung ermittelt werden musste –[1291] mittlerweile ausdrücklich und gesondert von der allgemeinen Vereinigungsfreiheit in Art. 28 BV verankert ist. Art 28 Abs. 1 BV garantiert allen Arbeitnehmern, Arbeitgebern sowie ihren Organisationen das Recht, sich zum Schutz ihrer Interessen zusammenzuschließen, Vereinigungen zu bilden und solchen beizutreten (Positive Koalitionsfreiheit) oder fernzubleiben (Negative Koalitionsfreiheit).[1292] Die Koalitionsfreiheit wird also als Doppelgrundrecht verstanden, welches sowohl die individuelle als auch die kollektive Seite schützt.[1293]

aa) Ausgestaltungsbedürftiges Grundrecht

Da die Koalitionsfreiheit in erster Linie als Abwehrrecht gegen den Staat rekonstruiert wird, ist Grundrechtsverpflichteter zunächst einmal nur der Staat. Diesem ist es beispielsweise untersagt, die Koalitionsmitglieder wegen ihrer Mitgliedschaft zu benachteiligen oder gegenüber Außenseitern direkten oder indirekten staatlichen Zwang in Richtung eines Beitritts auszuüben.[1294] Zudem ist er im Arbeitskampf zu strikter Neutralität verpflichtet, kann also zum Beispiel nicht einseitig gegen Streikende vorgehen und hat sich jeglicher Förderung oder Behinderung einer Kampfpartei zu enthalten.[1295] Aus Art. 35 Abs. 3 BV ist der Staat jedoch zugleich verpflichtet, den Grundrechten auch unter Privaten Geltung zu verschaffen.[1296] Man spricht insofern von einer horizontalen Drittwirkung der Grundrechte

1291 *Faika*, Der Solidaritätsbeitrag, S. 48; *Vallender/Hettich*, in: Schweizerische BV Art. 28 Rn. 4, 13; siehe zur Herleitung des privatrechtlichen Schutzes der Koalitionsfreiheit unter der BV aF eingehend *Tschudi*, in: Beiträge zum Arbeits- und Sozialrecht, S. 207 (220 ff.).

1292 Siehe zum Schutzbereich statt aller *Adermatt*, in: HB koll. ArbR Teil 1 A. Rn. 18 ff.

1293 Vgl. *Adermatt*, in: HB koll. ArbR Teil 1 A. Rn. 10; *Vallender/Hettich*, in: Schweizerische BV Art. 28 Rn. 13, 19.

1294 *Adermatt*, in: HB koll. ArbR Teil 1 A. Rn. 20; s. zum Verständnis als Freiheitsrecht auch *Annaheim-Büttiker*, Stellung des Aussenseiter Arbeitnehmers, S. 23.

1295 Abgeleitet wird dies aus Art. 35 Abs. 2, vgl. zum Neutralitätsgebot *Adermatt*, in: HB koll. ArbR Teil 1 A. Rn. 106; dieses hat ähnlich Implikationen wie im deutschen Recht: So gibt es gem. § 13 (ehem. Art. 33 Abs. 1 lit. f) Arbeitslosenversicherungsgesetz (AVIG) im Falle von Arbeitsausfall wegen kollektiver Arbeitsstreitigkeit auch für Nichtstreikende oder Nichtausgesperrte keinen Anspruch auf Arbeitslosengeld.

1296 Art. 35 BV lautet: „1 Die Grundrechte müssen in der ganzen Rechtsordnung zur Geltung kommen. 2 Wer staatliche Aufgaben wahrnimmt, ist an die Grundrechte gebunden und verpflichtet, zu ihrer Verwirklichung beizutragen.3 Die Behörden sorgen dafür, dass die Grundrechte, soweit sie sich dazu eignen, auch unter Privaten wirksam werden."

gegenüber Privaten.[1297] Dieser Aufgabe ist der Gesetzgeber etwa durch den Schutz der (einfachgesetzlich auch im Persönlichkeitsrecht der Art. 27 und 28 ZGB zum Ausdruck kommenden[1298]) positiven Koalitionsfreiheit in Art. 336 Abs. 2 lit. a OR nachgekommen, welcher Kündigungen wegen Zugehörigkeit oder Betätigung in einer Gewerkschaft für missbräuchlich erklärt.[1299] Im Übrigen gilt, dass dort, wo der Gesetzgeber bei der Formulierung eines Tatbestands Raum für Konkretisierung offengelassen hat, (also bei Generalklauseln und unbestimmten Rechtsbegriffen) die Wertentscheidungen der Grundrechte zur Geltung zu bringen sind.[1300]

aa) Ausdrückliches Verbot von Verbandszwang

Auch die negative Koalitionsfreiheit wird durch Schutzbestimmungen im Obligationenrecht eigens abgesichert. Besonders interessant ist insoweit die Regelung des Art. 356a Abs. 1 OR. Sie erklärt GAV-Bestimmungen sowie Abreden zwischen den Vertragsparteien ausdrücklich für nichtig, soweit durch sie die Arbeitgeber oder Arbeitnehmer zum Eintritt in einen vertragschließenden Verband gezwungen werden (Verbandszwang). Ein Beispiel für derartige Abreden sind die in Kapitel 2 bereits angesprochenen sog. *Union-Security-Klauseln* („Gewerkschafts-Sicherheits"-Klauseln), die sich im angloamerikanischen Rechtskreis entwickelt haben und die Beschäftigung von Außenseitern verbieten.[1301] Weil sie auf den Außenseiter Druck in Richtung eines Gewerkschaftsbeitritts ausüben, werden die *Closed-Shop-Klauseln* in der Schweiz als Bestimmungen iSd Art. 356a Abs. 1 OR für

---

1297 *Vallender/Hettich*, in: Schweizerische BV Art. 28 Rn. 2, 14; ähnlich *Adermatt*, in: HB koll. ArbR Teil 1 A. Rn. 21; *Rehbinder*, Schweizerisches ArbR, Rn. 496: mittelbare Drittwirkung.

1298 Siehe zur Herleitung *Faika*, Der Solidaritätsbeitrag, S. 48; Koalitionsfreiheit unter Privaten ebenfalls als Aspekt des Persönlichkeitsrechts einordnend *Tschudi*, in: Beiträge zum Arbeits- und Sozialrecht, S. 207 (224) (232).

1299 Art. 336 Abs. 2 lit a OR lautet: „Die Kündigung des Arbeitsverhältnisses durch den Arbeitgeber ist im Weiteren missbräuchlich, wenn sie ausgesprochen wird: (a) weil der Arbeitnehmer einem Arbeitnehmerverband angehört oder nicht angehört oder weil er eine gewerkschaftliche Tätigkeit rechtmässig ausübt; [sic]"; vgl. zum Schutz im Privatrecht durch den Gesetzgeber *Adermatt*, in: HB koll. ArbR Teil 1 A. Rn. 21 ff.; *Geiser/Müller/Pärli*, Arbeitsrecht in der Schweiz Rn. 738.

1300 Zum Funktionsverständnis der Koalitionsfreiheit in der Schweiz *Annaheim-Büttiker*, Stellung des Aussenseiter-Arbeitnehmers, S. 24 ff., insb. S. 29.

1301 Siehe hierzu unter Kap. 2 C. III. 1.

nichtig gehalten.[1302] Die Praxis ist aber bereits vor der Revision des Obligationenrechts und Einfügung von Art. 356a Abs. 1 OR zunehmend von der Anwendung des Verbandszwangs abgewichen, da erkannt wurde, dass über einen Zwang in die Gewerkschaft gedrängte Mitglieder eine Verstärkung der Organisation „höchstens der Zahl, nicht aber der Wirkung nach" bedeuten.[1303]

bb) Zulässigkeit von Vertragszwang

Mit dem Rückzug vom Verbandszwang ging jedoch eine Annäherung an den sog. *Vertrags*zwang einher.[1304] Dieser wird durch Bestimmungen ausgeübt, die Außenseiter zum Anschluss an den Gesamtarbeitsvertrag bewegen sollen, wie zum Beispiel *gemilderte Closed-Shop-Klauseln.* Diese legen fest, dass nur Arbeitnehmer eingestellt werden dürfen, die entweder in der GAV-schließenden Gewerkschaft Mitglied oder zumindest am Gesamtarbeitsvertrag *beteiligt* sind.[1305] Derartige Bestimmungen werden heute mit Blick auf den Umkehrschluss aus Art. 356 a Abs. 1 OR so lange für zulässig gehalten, wie der durch sie entfaltete Anschlusszwang nicht einen direkten oder indirekten Verbandszwang bewirkt.[1306] Gegenüber Andersorganisierten darf ein Anschlusszwang wiederum nur dann ausgeübt werden, wenn dessen Verband die Möglichkeit eines Anschlusses an den GAV (Art. 356b Abs. 3 OR) gegeben wurde.[1307] Darauf wird später noch zurückzukommen sein.

1302 *Adermatt*, in: HB koll. ArbR Teil 1 A. Rn. 27 f.; *Gebhardt*, Außenseiter im Arbeitskampf, S. 197; *Geiser/Müller/Pärli*, Arbeitsrecht in der Schweiz Rn. 740; *Vallender/Hettich*, in: Schweizerische BV Art. 28 Rn. 14; *Rehbinder*, Schweizerisches Arbeitsrecht, Rn. 501.

1303 Zit. n. *Schweingruber*, ZBJV 1947, 241 (245), demnach sei der Wille des Außenseiters, fernzubleiben, im Allgemeinen respektiert worden, ebenso *Schweingruber/Bigler*, Kommentar GAV, Teil 1, S. 33.; die geringe Verbreitung dieser Klauseln bestätigend *Tschudi*, in: Beiträge zum Arbeits- und Sozialrecht, S. 207 (230 f.); *ders.*, in: Beiträge zum Arbeits- und Sozialrecht, S. 263 (271); *Zumbühl*, SAG 1945, 454 (455).

1304 Siehe zu Verbandszwang und Vertragszwang als Mittel zur Außenseiterunterstellung *Tschudi*, in: Beiträge zum Arbeits- und Sozialrecht, S. 263 (270 ff.); *Zumbühl*, SAG 1945, 454 (455).

1305 Siehe praktische Fallbeispiele bei *Annaheim-Büttiker*, Stellung des Aussenseiter-Arbeitnehmers, S. 7 f.

1306 Vgl. *Geiser/Müller/Pärli*, Arbeitsrecht in der Schweiz Rn. 843 f.

1307 Durch die drohende Doppelbelastung (Mitgliedschaftsbeitrag und Solidaritätsbeitrag) könnte der Andersorganisierte sonst unzulässig zum Aus- und Übertritt

c) Arbeitskampffreiheit

Letzte der drei wesentlichen Arbeitsmarktfreiheiten in der Schweiz ist die Arbeitskampffreiheit. Sie soll die Funktionsfähigkeit des kollektiven Interessensausgleichs sicherstellen, indem sie Druckausübung und damit das Erreichen von Kampfparität ermöglicht.[1308] Obwohl sie lange Zeit keinerlei ausdrückliche positivrechtliche Sanktionierung fand, bestand schon unter Geltung der alten Bundesverfassung (aBV) Einigkeit über ihre Garantie, wobei sie entweder als Teilgehalt der Koalitionsfreiheit (Art. 56 aBV) oder als Ausfluss des Prinzips der Arbeitsmarktfreiheit (Art. 34ter BV) betrachtet wurde.[1309] Ihren verfassungsrechtlichen Schutz begriff man „als Verpflichtung des Staates, den Arbeitskampf zuzulassen und diesen nicht durch Zwangsschlichtung, durch straf- oder zivilrechtliche Normen funktionsunfähig zu machen".[1310] Seit der Revision der Bundesverfassung im Jahre 1999 ist die Zulässigkeit von Arbeitskämpfen nunmehr ausdrücklich in Art. 28 Abs. 3 BV geregelt. Dieser erlaubt Streiks und Aussperrungen, sofern sie Arbeitsbeziehungen betreffen und wenn keine Verpflichtungen entgegenstehen, den Arbeitsfrieden zu wahren oder Schlichtungsverhandlungen zu führen.[1311] Zu beachten ist jedoch, dass Streiks oder Aussperrrungen, die diese Voraussetzungen nicht erfüllen, nicht automatisch rechtswidrig sind. Sie genießen nur keinem verfassungsmäßigen Schutz.[1312] Im internationalen Vergleich spielen Arbeitsniederlegungen in der Schweiz jedoch nur eine sehr untergeordnete Rolle. Bei einer Betrachtung der durch Arbeitskämpfe ausgefallenen Arbeitstage je 1.000 Arbeitnehmer (Jahresdurchschnittswerte) im Zeitraum 2007 bis 2016 ordnet sich die Schweiz mit nur einem Tag an drittletzter Stelle ein.[1313]

---

gedrängt werden, vgl. *Vischer/Müller,* in: Schweizerisches Privatrecht, Bd. VII/4, § 37, Rn. 15, 17; *Rehbinder*, Schweizerisches ArbR, Rn. 504.

1308 *Geiser/Müller/Pärli,* Arbeitsrecht in der Schweiz Rn. 743.

1309 Siehe (mit umfassenden Nw. zur Debatte um ein ungeschriebenes verfassungsmäßiges Rechts auf Streik unter Geltung der aBV) BG v. 28.6.1999, E 125 III 277 (279 f.); *Vallender/Hettich,* in: Schweizerische BV Art. 28 Rn. 4; überblicksartig dazu auch *Gebhardt,* Außenseiter im Arbeitskampf, S. 190 f. – freilich diese noch ohne Berücksichtigung der Revision der BV.

1310 Zit. n. BG v. 28.6.1999, E 125 III 277 (280).

1311 Ausgeschlossen werden so beispielsweise Streiks um Ziele, für deren Regelung allein der Richter zuständig ist oder individuelle Konflikte, vgl. *Adermatt,* in: HB koll. ArbR Teil 1 A. Rn. 74.

1312 Vgl. *Geiser/Müller/Pärli,* Arbeitsrecht in der Schweiz Rn. 890 f.

1313 *Lesch,* IW-Kurzbericht 71.2017 S. 2 Abbildung „Streiklustige Franzosen", Frankreich führt mit 123 Tagen die Tabelle an, Deutschland ordnet sich mit 7 Tagen im

Weil sich der Arbeitskampf der Rechtsprechung zufolge auf die kollektive Ebene konzentrieren soll, wird ein Individualrecht auf Streik abgelehnt. Stattdessen darf ein Streik in der Schweiz nur von einer tariffähigen Organisation getragen werden.[1314] Ferner muss er, um rechtmäßig zu sein, durch Gesamtarbeitsvertrag regelbare Ziele verfolgen, darf nicht gegen die Friedenspflicht verstoßen und auch nicht unverhältnismäßig sein.[1315] Liegen diese Voraussetzungen vor, werden die wechselseitigen Arbeitsvertragspflichten suspendiert (nach der sog. Einheitstheorie), sodass das Fernbleiben der Arbeit auch keinen wichtigen Grund zur fristlosen Kündigung darstellen kann.[1316] Obwohl ein rechtmäßiger Streik damit nur von einer Gewerkschaft organisiert werden kann, wird überwiegend angenommen, dass auch Außenseiter-Arbeitnehmer an ihm teilnehmen können müssen.[1317] Dies wird damit begründet, dass diese schließlich in der Regel auch von Gesamtarbeitsverträgen profitieren, die infolge von Streiks abgeschlossen werden. Insofern sei es nur konsequent, sie auch von dahin führenden Arbeitskämpfen nicht auszuschließen, zumal ein solcher Ausschluss mit praktischen Schwierigkeiten verbunden sein könnte.[1318] Mitunter wird eine Teilnahme der Außenseiter-Arbeitnehmer unter Verweis auf den geringen Organisationsgrad der Gewerkschaften sogar für erforderlich gehalten, um die Effektivität des Arbeitskampfes sicherzustellen.[1319]

---

unteren Drittel ein; vgl. (auch zur Bedeutung des Streiks in der Schweiz in der historischen Entwicklung) *Adermatt*, in: HB koll. ArbR Teil 1 A. Rn. 50 ff., der die Einschätzung der nunmehr geringen Bedeutung teilt.

1314 BG v. 28.6.1999, E 125 III 277 (284); *Adermatt*, in: HB koll. ArbR Teil 1 A. Rn. 66 f.; *Geiser/Müller/Pärli*, Arbeitsrecht in der Schweiz Rn. 892.

1315 Grundlegend BG v. 28.6.1999, E 125 III 277 (284); siehe zur Friedenspflicht und zur Verhältnismäßigkeit *Adermatt*, in: HB koll. ArbR Teil 1 A. Rn. 76 ff.

1316 *Adermatt*, in: HB koll. ArbR Teil 1 A. Rn. 105; *Gebhardt*, Außenseiter im Arbeitskampf, S. 191; *Geiser/Müller/Pärli*, Arbeitsrecht in der Schweiz Rn. 917.

1317 *Adermatt*, in: HB koll. ArbR Teil 1 A. Rn. 68; *Gebhardt*, Außenseiter im Arbeitskampf, S. 199; *Geiser/Müller/Pärli*, Arbeitsrecht in der Schweiz Rn. 900; *Annaheim-Büttiker*, Stellung des Aussenseiter-Arbeitnehmers, S. 78; *Rehbinder*, Schweizerisches Arbeitsrecht, S. 231; *Vischer*, WuR 1981, 5 (21); aA *Hohn*, Streikrecht und Aussperrungsrecht, S. 183 ff.

1318 *Gebhardt*, Außenseiter im Arbeitskampf, S. 199; *Geiser/Müller/Pärli*, Arbeitsrecht in der Schweiz Rn. 900; vgl. auch *Thüsing*, Außenseiter im Arbeitskampf, S. 95.

1319 *Hohn*, Streikrecht und Aussperrungsrecht, S. 185; in diese Richtung auch *Adermatt*, in: HB koll. ArbR Teil 1 A. Rn. 68: „Arbeitskämpfe sind nur erfolgreich zu führen, wenn Organisierte wie Unorganisierte die Arbeit niederlegen".

2. Koalitionen in der Schweiz

a) Organisation und Mitgliederzahlen der Schweizer Gewerkschaften im Überblick

Die Organisationsstruktur der Gewerkschaften in der Schweiz unterscheidet sich von der in Deutschland. Dort gibt es auf der Arbeitnehmerseite keinen Einheitsverband, sondern viele einzelne, branchenmäßig ausgerichtete Gewerkschaften, die sich teilweise in Spitzenverbänden zusammengeschlossen haben. Auf Seiten der Arbeitnehmer sind insbesondere der Schweizerische Gewerkschaftsbund (SGB) mit zurzeit 19 selbständigen Einzelgewerkschaften und insgesamt rund 370 000 Mitgliedern[1320] sowie der aus 10 Angestelltenverbänden zusammengeschlossene Dachverband Travail.Suisse (bis 2003 unter dem Namen Christlich Nationaler Gewerkschaftsbund (CNG)) mit insgesamt 150 000 Mitgliedern zu nennen.[1321]

Während die Mehrzahl der deutschen Gewerkschaften pauschal 1 % von der Bruttolohnsumme als Mitgliedschaftsbeitrag verlangen, finanzieren sich die Schweizer Gewerkschaften mehrheitlich durch Mitgliedsbeiträge, die nach Einkommenshöhe der Arbeitnehmer gestaffelt sind und sich teilweise durch Degressivität auszeichnen. Eine Übersicht über die relativen Mitgliederbeiträge der größeren Gewerkschaften bzgl. des Jahres 2020 (ins Verhältnis gesetzt zum Einkommen) offenbart dabei eine erhebliche Spannbreite in der Beitragshöhe: Die Beiträge reichen in der Klasse der Niedrigverdiener (20.000 Fr./Jahr) von 0,75 % bei der „Angestellte Schweiz" bis zu 1,34 % bei der Unia. Bei den Spitzenverdienern (80.000 Fr. oder mehr/Jahr) fallen die Werte demgegenüber deutlich niedriger aus und reichen von 0,19 % bei der „Angestellte Schweiz" bis zum Spitzenwert von nur 0,76 % bei der *Unia.*[1322] Andersherum fallen die Beiträge beim *Verband des Personals öffentlicher Dienste* (VPOD) gerade für Besserverdienende höher aus als für Geringverdienter (Spannbreite von 10,40 Fr./Monat bei

1320 Vgl. Homepage des SGB, abrufbar unter https://www.sgb.ch/der-sgb/wir-ueber-uns (letzter Abruf am 2.2.2021).

1321 Vgl. Homepage des Travail.Suisse, abrufbar unter https://www.travailsuisse.ch/de/about (letzter Abruf am 2. 2. 2021).

1322 Vgl. Übersicht von *Bourquin* v. 20.9.2020, abrufbar unter https://sbn-services.ch/mitgliederbeitraege-von-schweizer-gewerkschaften-und-personalverbaenden/ (letzter Abruf am 4.1.2022).

Bruttojahreseinkommen bis zu 15.500 Fr. bis zu 54,50 Fr./Monat bei Bruttojahreseinkommen von 127.001 Fr. oder höher).[1323]

Die Anzahl der Erwerbstätigen in der Schweiz ist in den letzten Jahren kontinuierlich angestiegen. Von 4,48 Mio. Erwerbstätigen bzw. 3,75 Mio. Vollzeitbeschäftigten im Jahr 2010 erhöhte sie sich auf 5,09 Mio. Erwerbstätige bzw. 4,25 Mio. Vollzeitbeschäftigte im Jahr 2020.[1324] Der Organisationsgrad in Gewerkschaften verhielt sich jedoch nicht synchron dazu, im Gegenteil: Während die Organisationsquote Erhebungen des SGB zufolge im Jahr 2009 noch bei 22,1 % lag, reduzierte sie sich bis Ende 2019 auf nur noch 17,5 %.[1325] Traditionell sind Organisationsdefizite besonders ausgeprägt bei weiblichen, jüngeren sowie ausländischen Arbeitnehmern.[1326]

Als Begründung für diese Entwicklung werden zum einen die Internationalisierung und Produktdiversifizierung genannt, die das Modell eines industrie- oder branchenweiten Gesamtarbeitsvertrages unter Druck setzen sollen.[1327] Daneben wird auch die Überholung der traditionellen Arbeitnehmerrolle sowie die Hinwendung zum Dienstleistungssektor als Herausforderung für die Gewerkschaftspolitik identifiziert, die Schwierigkeiten hat, in diesem Sektor Fuß zu fassen.[1328] Neben diese externen Faktoren treten interne Erwägungen, welche die Entscheidung der Außenseiter zum Fernbleiben von Gewerkschaften bestimmen. Hier werden grob als „ideelle Gründe“ zu umschreibende Punkte vorgebracht. So gebe es Außenseiter-Arbeitnehmer, die eine Gewerkschaftstätigkeit nicht mit ihrer religiösen oder politischen Anschauung vereinbaren könnten. Dann jene, die sich davor scheuten, von ihrem Umfeld mit der Gewerkschaft identifiziert

1323 Übersicht über Verbandsbeiträge der VPOD für den öffentlichen Dienst abrufbar unter https://vpod.ch/downloads/organisation/verbandsbeitraege.pdf (letzter Abruf am 5.1.2023).

1324 Vgl. Erwerbstätigenstatistik des Bundesamt für Statistik, abrufbar unter bfs.admin.ch (letzter Abruf am 20.9.2021).

1325 Von den ca. 4, 01 Mio. Vollzeitbeschäftigten im 4. Quartal 2019 waren 697.989 Menschen in Arbeitnehmenden-Verbänden organisiert, vgl. *Preisser*, Zur Mitgliederentwicklung der Gewerkschaften im Jahr 2019, S. 10, jedoch mit dem Hinweis, dass es sich um einen angenäherten gewerkschaftlichen Organisationsgrad handle, weil viele Verbände die Zahl der Rentner/innen nicht auswiesen und die vorliegende Zusammenstellung viele kleinere Verbände nicht berücksichtige; aA (jedoch ohne Belege) *Geiser/Müller/Pärli*, Arbeitsrecht in der Schweiz Rn. 774: 33 %.

1326 Vgl. schon *Kreis*, Der Anschluss eines Aussenseiters, S. 38.

1327 Vgl. *Geiser/Müller/Pärli*, Arbeitsrecht in der Schweiz Rn. 774.

1328 Vgl. *Adermatt*, in: HB koll. ArbR Teil 1 A. Rn. 7; *Geiser/Müller/Pärli*, Arbeitsrecht in der Schweiz Rn. 776; *Preisser*, Zur Mitgliederentwicklung der Gewerkschaften im Jahr 2019, S. 5.

zu werden, und zuletzt solche, die es aus grundsätzlichen Erwägungen ablehnen, einem Kollektiv anzugehören.[1329] Außerdem fehle es an Beteiligungsrechten innerhalb von Gewerkschaften, selbst wenn man beitrete.[1330] Angesprochen ist damit auch das Verhältnis der Basis zu den Spitzen der Organisation, welches offenbar als zu distanziert wahrgenommen wird.[1331] Daneben wird aber vor allem die rationale Kosten-Nutzenabwägung als Grund dafür angeführt, dass Außenseiter-Arbeitnehmer sich nicht organisierten oder dem Gesamtarbeitsvertrag beitreten. Sowohl Mitgliedschaft als auch Beitritt wären mit zusätzlichen Kosten verbunden, die sich nicht lohnten, wenn der Arbeitgeber ohnehin nach Gesamtarbeitsvertrag zahlt oder das Lohnniveau schon individuell zufriedenstellend ausgehandelt werden konnte.[1332] Außerdem ist der Vollständigkeit halber zu erwähnen, dass die Schweiz einen nicht geringen Anteil ausländischer Arbeitnehmer aufweist, die nur vorübergehend in der Schweiz tätig sind und vor allem deshalb kein Interesse an einem Beitritt haben, weil sie die dafür fälligen Beiträge als unnötige Verringerung des Einkommens betrachten, das sie in der Regel nach Hause schicken.[1333]

Die Betrachtung illustriert, dass auch die Gewerkschaften in der Schweiz mit strukturellen Problemen und Mitgliederschwund zu kämpfen haben.[1334] Diese haben ab Ende der 1990iger Jahre auch zu einigen Verschmelzungen von Gewerkschaften geführt,[1335] haben die Zersplitterung jedoch nicht aufgelöst.

1329 Siehe zum Ganzen *Annaheim-Büttiker*, Stellung des Aussenseiter-Arbeitnehmers, S. 5 mwN sowie *Kreis*, Der Anschluss eines Aussenseiters, S. 39 ff. mwN.

1330 *Annaheim-Büttiker*, Stellung des Aussenseiter-Arbeitnehmers, S. 5 f.

1331 *Annaheim-Büttiker*, Stellung des Aussenseiter-Arbeitnehmers, S. 5 f.; vgl. dazu auch *Kreis*, Der Anschluss eines Aussenseiters, S. 40.

1332 So berichtet von*Annaheim-Büttiker*, Stellung des Aussenseiter-Arbeitnehmers, S. 5; *Kreis*, Der Anschluss eines Aussenseiters, S. 39.

1333 Vgl. *Kreis*, Der Anschluss eines Aussenseiters, S. 39.

1334 Dies bereits 1998 konstatierend *Gebhardt*, Außenseiter S. 189 mwN; unlängst ebenso etwa *Baumberger*, Die Volkswirtschaft 2021, S. 41.

1335 Z.B. der Zusammenschluss der christlichen Verbände der Privatwirtschaft unter dem Dachverband der Travail.Suisse zur Syna (1998) und der Verbände des öffentlichen Dienstes zu transfair (2000), Zusammenschluss dreier Gewerkschaften zu Unia (2004) und damit der mitgliederstärksten Einzelgewerkschaft des SGB, hierzu *Adermatt*, in: HB koll. ArbR Teil 1 A. Rn. 7.

b) Organisationsstrukturen auf Arbeitgeberseite

Auf Seiten der Arbeitgeber beherrschen zwei Dachverbände das Bild: Einerseits sind im Schweizerischen Arbeitgeberverband (SAV) rund 90 regionale und branchenspezifische Arbeitgeberverbände sowie einige Einzelunternehmen zusammengefasst. Er vertritt über 100.000 Klein-, Mittel- und Groß-Unternehmen mit knapp 2 Mio. Arbeitnehmern aus allen Wirtschaftssektoren.[1336] Damit weist der SAV einen Organisationsgrad von rund 50 % auf.[1337]

Daneben spielt der Schweizerische Gewerbeverband (SGV) eine Rolle, der als Dachorganisation für kleinere und mittlere Unternehmen (KMU) in der Schweiz fungiert.[1338] Angesichts einer Beschäftigtenzahl von ca. 1,2 Mio. in seinen Mitgliedsunternehmen wird ihm ein Organisationsgrad von 30 % zugeschrieben.[1339] Der Verband Economiesuisse (ES), der einen Organisationsgrad von ca. 25-30 % aufweist, gilt als finanzstärkster Vertreter der Arbeitgeberseite. Er versteht sich jedoch in erster Linie als Wirtschaftsverband (so sind z.B. auch kantonale Industrie- und Handelskammern Mitglied), der sich nur im Einzelfall in Fragen betreffend den Arbeitsmarkt einmischt, aber gerade keine Gesamtarbeitsverträge abschließt.[1340] Der Organisationsgrad der Arbeitgeber variiert dabei in den einzelnen Branchen stark (siehe Abbildung 9). Während z.B. im Bereich der Finanzdienstleistungen ganze 90 % organisiert sind, bilden die Bereiche Transport und Logistik und Bildung (in privater Trägerschaft) mit nur 25 % die Schlusslichter.[1341]

1336 Vgl. Homepage des SAV, abrufbar unter https://www.arbeitgeber.ch/ueber-uns/mission-und-organisation/ (letzter Abruf am 02. Februar 2021).

1337 *Rieger*, Arbeitgeber- und Wirtschaftsverbände in der Schweiz, S. 20, 34 Fn. 58; siehe zur (lückenhaften) Erforschung des Organisationsgrads in der Schweiz generell S. 34 ff.

1338 *Geiser/Müller/Pärli*, Arbeitsrecht in der Schweiz Rn. 757.

1339 *Rieger*, Arbeitgeber- und Wirtschaftsverbände in der Schweiz, S. 20 mit dem Hinweis auf eine abweichende Selbstdarstellung, wonach 98 % aller Unternehmen der Schweiz dort vertreten seien.

1340 Vgl. *Rieger*, Arbeitgeber- und Wirtschaftsverbände in der Schweiz, S. 27 ff.

1341 *Rieger*, Arbeitgeber- und Wirtschaftsverbände in der Schweiz, S. 34.

Abbildung 9: Organisationsgrad Arbeitgeber- und Wirtschaftsverbände in der Schweiz nach Wirtschaftszweig[1342]

Organisationsgrad* Arbeitgeber- und Wirtschaftsverbände nach Wirtschaftszweig

Branche	Erwerbstätige	SAV	SGV	ES	SAV+SGV+ES
Industrie	680'000	65%	20%	55%	70%
Bau, Ausbau	360'000	65%	65%	30%	75%
Gastgewerbe, Hotels	260'000	80%	80%	35%	80%
Handel	600'000	45%	10%	35%	60%
Gesundheits- und Sozialwesen	660'000	50%	15%	10%	60%
Finanzdienstleistungen	230'000	90%	5%	90%	90%
Transport und Logistik	220'000	25%	40%	20%	55%
Bildung (private Träger)	50'000	25%	0%	10%	25%
IT, Kommunikation	170'000	40%	0%	30%	45%
Reinigung, Sicherheit	130'000	75%	70%	15%	80%
Übrige Dienstleistungen an Unternehmen	500'000	25%	20%	25%	40%
Persönliche Dienstleistungen	140'000	25%	25%	0%	30%
Freizeit, Kultur	100'000	30%	10%	0%	30%
Total		**50%**	**30%**	**28%**	**60% ****

* Anteil Beschäftigte bei Verbandsmitgliedern an allen Beschäftigten in der Branche (eigene Berechnungen).
** Gesamt-Organisationsgrad = SAV (50%) + Mitglieder von SGV, die nicht schon mit SAV gezählt sind (7%).
\+ Mitglieder von Economiesuisse, welche weder in SAV noch SGV inbegriffen sind (3%).

c) Stellung und Aufgaben im Überblick

In der Schweiz können Gesamtarbeitsverträge auf Seiten der Arbeitnehmer nur durch Gewerkschaften und auf Seite der Arbeitgeber sowohl durch Verbände als auch durch Einzelpersonen geschlossen werden (vgl. Art. 356 Abs. 1 OR). Man unterscheidet dementsprechend zwischen Verbands- und Firmenverträgen. Erforderlich ist für den wirksamen Abschluss eines Gesamtarbeitsvertrags insbesondere die Tariffähigkeit, die nur Vereinigungen zukommt, die es sich zum Ziel gesetzt haben, die Arbeits- und Wirtschaftsbedingungen ihrer Mitglieder zu verfolgen und zu wahren. Weitere Voraussetzungen sind die Wahl einer tauglichen – privatrechtlichen – Verbandsform, die personelle, finanzielle und ideelle Unabhängigkeit, insbesondere vom sozialen Gegenspieler, die Freiwilligkeit der Vereinigung, ihre Überbetrieblichkeit sowie die Arbeitskampfbereitschaft.[1343]

Den Produkten ihrer Betätigung, den Gesamtarbeitsverträgen, werden dabei weitgehend dieselben Funktionen zugeschrieben wie den deutschen Tarifverträgen: In erster Linie entfalten sie eine Schutzfunktion, sollen also die gegenüber der Arbeitgeberseite strukturell unterlegenen Arbeitnehmer bei der Erlangung angemessener Arbeitsbedingungen unterstützen. Daneben wird ihnen eine Friedenssicherungspflicht, eine politische Funk-

1342 Entnommen aus *Rieger*, Arbeitgeber- und Wirtschaftsverbände in der Schweiz, S. 34.

1343 Vgl. *Geiser/Müller/Pärli*, Arbeitsrecht in der Schweiz Rn. 759 ff.

tion (Staatsentlastung im Rahmen von Selbsthilfe der Betroffenen), eine Schrittmacherfunktion (Hervorbringung flexibler und anpassungsfähiger Regelungen)[1344] sowie ein Kartellfunktion (Eliminierung des Wettbewerbs um Arbeitsbedingungen) zugeschrieben.[1345]

d) Partnerschaftliche Förderung der Ordnungsaufgabe des GAV im Speziellen

In der Schweiz fehlte lange die gesetzliche Kodifizierung bedeutsamer Fragen des Arbeitsrechts wie z.B. des Betriebsverfassungsrechts, des Urlaubsrechts, des Kündigungsschutzes usw. Dadurch erwies es sich als besonders wichtig, die wesentlichen Arbeitsbedingungen durch die Zusammenarbeit der Koalitionen vertraglich festzulegen und Konflikten vorzubeugen.[1346] Den Gesamtarbeitsverträgen wurde insofern eine wichtige Ordnungsfunktion beigemessen, die auch nach schließlich erfolgter Kodifizierung der obigen arbeitsrechtlichen Grundlagen weiterhin Bestand hat. Es sei Aufgabe des Gesamtarbeitsvertrags, die Sozialleistungen und Konkurrenzbedingungen zu vereinheitlichen und sozialpolitische Fragestellungen anstelle des Staates einer allseits akzeptierten und möglichst umfassenden Regelung zuzuführen, die zur Aufrechterhaltung des Arbeitsfriedens und damit zum Florieren der Wirtschaft führt. Obwohl die Vertretung der Mitgliederinteressen zuvorderst Anliegen der Koalitionen sei, komme ihr mit Blick auf die erstrebte Vereinheitlichung der Arbeitsbedingungen durch den Gesamtarbeitsvertrag auch eine darüberhinausgehende öffentliche Ordnungsaufgabe zu, die dann am besten zu bewältigen sei, wenn möglichst viele Arbeitgeber und Arbeitnehmer von der durch Gesamtarbeitsverträge geschaffenen Ordnung erfasst werden.[1347]

1344 Ähnlich wie in Deutschland erfährt der GAV in dieser Hinsicht aber auch Kritik: er enge den Einzelarbeitsvertrag zu sehr ein und trage bei überbetrieblicher Geltung den Besonderheiten und der geringeren Finanzkraft kleinerer Betriebe zu wenig Rechnung, er müsse also flexibler werden, vgl. *Vischer/Müller,* in: Schweizerisches Privatrecht, Bd. VII/4, § 34, Rn. 10.

1345 Vgl. *Vischer/Müller,* in: Schweizerisches Privatrecht, Bd. VII/4, § 34, Rn. 8 ff; *Geiser/Müller/Pärli,* Arbeitsrecht in der Schweiz Rn. 787 ff.

1346 Vgl. *Melzer,* Außenseiter und Solidaritätsbeitrag, S. 25; hierauf weist auch hin *Faika,* Solidaritätsbeiträge, S. 94.

1347 Vgl. Botschaft in BGBl. 1954 I, S 125 (126); *Rehbinder,* Schweizerisches ArbR, Rn.481: in erster Linie Vertretung von Mitgliederinteressen, aber auch öffentliche Ordnungsaufgabe; ebenso *Annaheim-Büttiker,* Stellung des Aussenseiter-Arbeit-

Der Grundstein für das in der Schweiz daher sehr ausgeprägte Verständnis der Koalitionen als „Partner" wurde bereits im Friedensabkommen in der Maschinen- und Metallindustrie von 1937 gelegt.[1348] Darin kommt der Wille der Koalitionen zu friedlicher Zusammenarbeit und gemeinsamen Ordnung von Arbeitgeber- und Arbeitnehmerseite zum Ausdruck, der auch heute noch politisch einen sehr hohen Stellenwert genießt.[1349] Weiteren Niederschlag findet dieser Habitus in der durch Art. 357b Abs. 1 OR eröffneten Möglichkeit, eine Vertragsgemeinschaft zur gemeinsamen Durchführung des Gesamtarbeitsvertrages zu gründen. Die Tarifvertragsparteien können dann vereinbaren, dass ihnen gemeinsam ein Anspruch auf Einhaltung des Vertrages gegenüber den beteiligten Arbeitgebern und Arbeitnehmern zusteht, soweit es sich um folgende Gegenstände handelt:

a) Abschluss, Inhalt und Beendigung des Arbeitsverhältnisses, wobei der Anspruch nur auf Feststellung geht
b) Beiträge an Ausgleichskassen und andere das Arbeitsverhältnis betreffende Einrichtungen, Vertretung der Arbeitnehmer in den Betrieben und Wahrung des Arbeitsfriedens
c) Kontrolle, Kautionen und Konventionalstrafen in Bezug auf Bestimmungen gemäss Buchstaben *a* und *b*

Die Vertragsgemeinschaft ist nach dem „Recht der einfachen Gesellschaft" (Art. 530 ff. OR) organisiert und übernimmt die Aufgabe der Durchführung und Durchsetzung des Gesamtarbeitsvertrages. Das heißt praktisch, dass die Verbandsmitglieder zur Einhaltung des Gesamtarbeitsvertrages nicht nur gegenüber ihren Verbänden, sondern zusätzlich auch gegenüber der Vertragsgemeinschaft verpflichtet sind.[1350] Wenn diese Vertragsverletzungen gerügt werden sollen, müssen nicht alle Verbände der Vertragsgemeinschaft auf der Kläger- oder Beklagtenseite vertreten sein. In der Regel nehmen sog. paritätische Kommissionen als zur Streitschlichtung gebildete

---

nehmers, S. 3: GAV als „Form umfassender Ordnung von Arbeitsbedingungen"; *Faika*, Solidaritätsbeitrag, S. 5; *Geiser/Müller/Pärli*, Arbeitsrecht in der Schweiz Rn. 758; *Kreis*, Der Anschluss eines Aussenseiters, S. 36; *Schweingruber*, ZBJV 1947, 241 (249); *Tschudi*, in: Beiträge zum Arbeits- und Sozialrecht, S. 263 (263).

1348 Vgl. *Melzer*, Außenseiter und Solidaritätsbeitrag, S. 21, 23.

1349 Vgl. (auch zum Abkommen und seiner Rolle bei der Entwicklung des GAV) *Geiser/Müller/Pärli*, Arbeitsrecht in der Schweiz Rn. 781 ff., 785; s.a. *Kauffmann*, AuR 1961, 267 (267).

1350 Vgl. *Vischer/Albrecht*, in: ZK, Band V 2c Art. 357b Rn. 2.

gemeinsame Organe die Vertretung der Vertragsgemeinschaft nach innen und außen wahr.[1351]

Diese Organe können schließlich auch Außenseiter belangen, die nur durch AVE dem Gesamtarbeitsvertrag unterworfen sind und z.B. bei Arbeitgebern eine Prüfung der Lohnunterlagen vornehmen.[1352] Dies ergibt sich aus dem Umkehrschluss zu Art. 6 Abs. 1 S. 1 AVEG. Dieses räumt den Außenseitern, die durch AVE einem Gesamtarbeitsvertrag unterstellt werden, das Recht ein, von der zuständigen Behörde die Einsetzung eines besonderen, von den Vertragsparteien unabhängigen Kontrollorgans an Stelle der im Vertrag vorgesehenen Kontrollorgane zu verlangen. Dieses Kontrollorgan kann auch auf Antrag der Vertragsparteien eingesetzt werden, wenn sich ein am Vertrag nicht beteiligter Arbeitgeber oder Arbeitnehmer weigert, sich einer Kontrolle des paritätischen Organs zu unterziehen. Das heißt, grundsätzlich werden die Außenseiter von der Vertragsgemeinschaft kontrolliert. Gleiches gilt dem Wortlaut des Art. 357b Abs. 1 OR zufolge auch für nur „angeschlossene" Außenseiter-Arbeitnehmer und Außenseiter-Arbeitgeber, die dann als „Beteiligte" gelten.[1353]

In der Schweiz verfolgen die Koalitionen sowohl auf Arbeitnehmer- als auch auf Arbeitgeberseite unverhohlen das Ziel, den Geltungsbereich ihrer Gesamtarbeitsverträge auf möglichst viele Außenseiter auszudehnen.[1354] Dabei werden sie einerseits durch das schiere Bedürfnis zur Schaffung einer gesetzgeberisch nur lückenhaft vorgegebenen Ordnung sowie andererseits – wie die deutschen Koalitionen – nicht allein durch altruistische Motive, sondern den Willen zur effektiven Verfolgung ihrer Mitgliederinteressen angetrieben.[1355]

Die grundsätzliche Beschränkung der Normsetzungsbefugnis der Koalitionen auf die Mitglieder der GAV-schließenden Verbände scheint zur Annahme einer „Ordnungs- und Befriedungs*aufgabe*" in gewissem Widerspruch zu stehen. Es ist den Außenseitern dadurch grundsätzlich möglich,

1351 Vgl. *Geiser/Müller/Pärli*, Arbeitsrecht in der Schweiz Rn. 823 f.; *Vischer/Albrecht*, in: ZK, Band V 2c Art. 357b Rn. 12.

1352 Vgl. BG v. 15.12.1992, E 118 II, 528 (531) zu gesamtarbeitsvertraglichem Anspruch auf Lohnkontrolle gegenüber einem Außenseiter.

1353 Vgl. *Melzer*, Außenseiter und Solidaritätsbeitrag, S. 48.

1354 Laut *Schweingruber*, ZBJV 1947, 241 (243) laute die Parole auf beiden Seiten: „Kein GAV ohne Einbezug der Aussenseiter [sic]"; ebenso *Annaheim-Büttiker*, Stellung des Aussenseiter-Arbeitnehmers, S. 3; *Faika*, Solidaritätsbeitrag, S. 5, 22; *Rehbinder*, Schweizerisches ArbR, Rn. 499; *Tschudi*, in: Beiträge zum Arbeits- und Sozialrecht, S. 263 (264).

1355 Vgl. *Schweingruber*, ZBJV 1947, 241 (248 f.).

die Ordnung z.B. durch unterbietende Arbeitsangebote zu stören. Allerdings erlaubt das Schweizer Recht den GAV-Parteien, die Außenseiter mit Zwangsmitteln zur Unterstellung unter ihre Regelungen zu veranlassen. Die Kombination von Vertragszwang und Vertragsbeitritt mit normativer Wirkung ermöglicht es den Koalitionen in der Schweiz also, die umfassende Ordnung durch Gesamtarbeitsverträge mit in Deutschland unbekannten Mitteln voranzubringen. *Kreis* hält dazu zutreffend fest:

> „Die Möglichkeit des Anschlusszwangs ist eine Durchbrechung des Grundsatzes, dass private Verbände nicht für Personen legiferieren [sic] können, die ihnen nicht als Mitglieder angehören. Mit dem Gedanken der Autonomie, der Selbstgesetzgebung, lässt sich die zwingende Wirkung der GAV-Normen für die zwangsweise Angeschlossenen nicht rechtfertigen. Für sie ist der GAV Fremdgesetzgebung, Fremdgesetzgebung jedoch, die ohne jede staatliche Beteiligung und Beaufsichtigung erfolgt."[1356]

Das Bundesgericht (BG) hat ausdrücklich erklärt, dass „die günstigen Arbeits- und Lohnbedingungen, die sich der nichtorganisierte Arbeiter durch den Einzelanschluss verschaffen kann, wesentlich den Bemühungen der Arbeitnehmerorganisationen zu verdanken sind, welche bei den Verhandlungen mit der Arbeitgeberschaft die Interessen nicht nur ihrer Mitglieder, **sondern der Arbeiterklasse im allgemeinen** [sic] verfochten haben."[1357] Somit haben die Schweizer Gewerkschaften im Unterschied zu den deutschen Gewerkschaften die Aufgabe zur Regelung von Arbeitsbedingungen aller Arbeitnehmer.

3. Reichweite von GAV im Spiegel von Abdeckungsraten

Die Reichweite der Gesamtarbeitsverträge wird in der Schweiz durch den GAV-Abdeckungsgrad gemessen. Dieser drückt aus, wie viele Arbeitnehmer Gesamtarbeitsverträgen in Relation zum Kreis der potenziell unterstellbaren Beschäftigten unterstellt sind.[1358] Vom Bundesamt für Statistik (BFS) wird jede natürliche oder juristische Person (Arbeitnehmer/in oder Arbeitgeber/in) als „unterstellte Person" betrachtet, die am Gesamtarbeitsvertrag

1356 *Kreis*, Der Anschluss eines Aussenseiters, S. 156.

1357 BG v. 25.5.1948, E 74 II, 158 (168) – Hervorhebung durch die Verfasserin.

1358 *Baumberger*, Die Volkswirtschaft 2021, 41.

teilhat. Dabei spielt es also keine Rolle, ob es sich um Mitglieder der den Gesamtarbeitsvertrag schließenden Verbände oder Personen handelt, die durch eine AVE oder individuelle Anschlusserklärung in den Geltungsbereich des Gesamtarbeitsvertrags einbezogen wurden.[1359] Welcher Anteil der Tarifbindung wirklich auf eine beiderseitige Tarifgebundenheit im Sinne von Art. 357 Abs. 1 OR zurückgeht, lässt sich somit nicht genau ausmachen. Die Fälle, in denen Arbeitnehmer an den Wirkungen des Gesamtarbeitsvertrages bloß schuldrechtlich teilhaben, werden hingegen – soweit ersichtlich – gar nicht erfasst.

Der GAV-Abdeckungsgrad hat in der Schweiz verschiedene Phasen durchlaufen. Während in der Zeit von 1911 (Schaffung der einfachgesetzlichen Grundlage für Gesamtarbeitsverträge) bis circa 1930 staatliche Regelungen zum Arbeitnehmerschutz dominanter waren als die sich nur schleppend durchsetzenden Gesamtarbeitsverträge,[1360] stieg die Reichweite der Gesamtarbeitsverträge in zwei großen Wellen deutlich an: In der ersten Welle von 1936 bis 1938 auf circa 25 % Abdeckungsrate und in der zweiten Welle von 1944 bis 1948 auf circa 50% Abdeckungsrate. Von 1950 an bis zum Ende der 1980iger-Jahre konnte sich dieser Wert trotz Einbruchs der bis 1973 vorherrschenden Hochkonjunktur recht konstant bei 50 % halten.[1361] Der mit 50 % international vergleichsweise niedrige Wert wird dabei darauf zurückgeführt, dass der kollektive Schutz der Lohn- und Arbeitsbedingungen durch einen Gesamtarbeitsvertrag angesichts einer guten Beschäftigungssituation und niedriger Arbeitslosenquoten (bis Ende der 1980iger Jahre unter 1 %) lange gar nicht erforderlich gewesen sei. Die Arbeitnehmer seien insofern bereits in einer relativ starken Verhandlungsposition gegenüber den Arbeitgebern und auf eine Unterstützung durch die Gewerkschaften weniger angewiesen gewesen.[1362] Dies habe sich jedoch in den 1990iger-Jahren geändert, als die Internationalisierung und der Strukturwandel die Wirtschaft immer mehr (und nach den Rezessionen ab 1973 und in 1980/81 wiederholt) unter Druck setzten, die Arbeitslosenzahlen schließlich stiegen und zugleich auch die Mitgliederzahlen der Gewerk-

1359 Vgl. Definition in *BSF*, Erhebung der Gesamtarbeitsverträge in der Schweiz, S. 9; vgl. auch entsprechenden Fragebogen zur Erhebung, abrufbar unter https://www.bfs.admin.ch/bfs/de/home/statistiken/arbeit-erwerb/erhebungen/egs.assetdetail.5026098.html (letzter Abruf am 04. Februar 2021).

1360 Laut *Rieger*, in: HB koll. ArbR Teil 1 D Rn. 2 waren in dieser „Pilotphase" weniger als 5 % aller Arbeitnehmer dem GAV unterstellt.

1361 Zu diesen Entwicklungsphasen *Rieger*, in: HB koll. ArbR Teil 1 D Rn. 8 ff.

1362 *Lampart/Kopp*, GAV in der Schweiz, S. 5; 12 ff.

schaften sanken.[1363] Diese Entwicklung schlug sich auch in einem Absinken des GAV-Abdeckungsgrads nieder, der von 49 % in 1992 auf 45 % in 1996 zurückging.[1364] Im Zuge einer gewerkschaftlichen Gegenbewegung, die sich ab der Jahrtausendwende als Reaktion auf die verschlechterten Beschäftigungsbedingungen formiert hatte, gelang es jedoch, den GAV-Abdeckungsgrad wieder über die 50%-Marke zu heben und dort zu stabilisieren.[1365]

Auffällig ist dabei, dass die Zahl der Gesamtarbeitsverträge zwar von 646 im Jahr 1996 auf 581 im Jahr 2018 sank (siehe Abbildung 10), im gleichen Zeitraum jedoch die Zahl der den Gesamtarbeitsverträgen unterstellten Arbeitnehmer stieg. 2018 belief sie sich auf 2,1 Mio. Arbeitnehmer, was im Verhältnis zu den Vollzeitbeschäftigten im vierten Quartal 2018 in Höhe von 4,24 Mio.[1366] fast genau einer Abdeckungsrate von 50 % entspricht.[1367] Ein Blick auf die Entwicklung der Unterstellungen infolge von AVE (siehe Abbildung 11) legt dabei die Vermutung nahe, dass die Unterstellung von 50 % der Arbeitnehmer in der Schweiz maßgeblich auf die zunehmende Zahl von Unterstellungen infolge von AVE zurückzuführen ist. Zwar waren im Jahr 2018 nur rund 10 % der Gesamtarbeitsverträge mit normativen Bestimmungen für allgemeinverbindlich erklärt, doch belief sich der Anteil der infolge von AVE dem Gesamtarbeitsvertrag unterstellten Beschäftigten auf ca. 50 %.

1363 So verlor der SGB zwischen 1990 und 1999 14 % seiner Mitglieder, die Vereinigung der Angestelltenverbände 21 % und der Christlich-nationale Gewerkschaftsbund 12 %, vgl. *Adermatt*, in: HB koll. ArbR Teil 1 A. Rn. 7.

1364 Vgl. *Lampart/Kopp*, GAV in der Schweiz, S. 12.

1365 *Lampart/Kopp*, GAV in der Schweiz, S. 13 f.

1366 Vgl. Erwerbstätigenstatistik des Bundesamt für Statistik, abrufbar unter bfs.admin.ch (letzter Abruf am 20.9.2021).

1367 Hierbei sind aber auch Unterstellungen unter GAV mit nur schuldrechtlicher Wirkung berücksichtigt; die *OECD/AIAS*, ICTWSS Database (2021), gibt für 2018 einen Abdeckungsgrad (AdjCov, Zeile 2610) in Höhe von 45 % an.

Abbildung 10: Unterstellte Arbeitnehmer (und Anzahl GAV in Klammern), 1996–2018[1368]

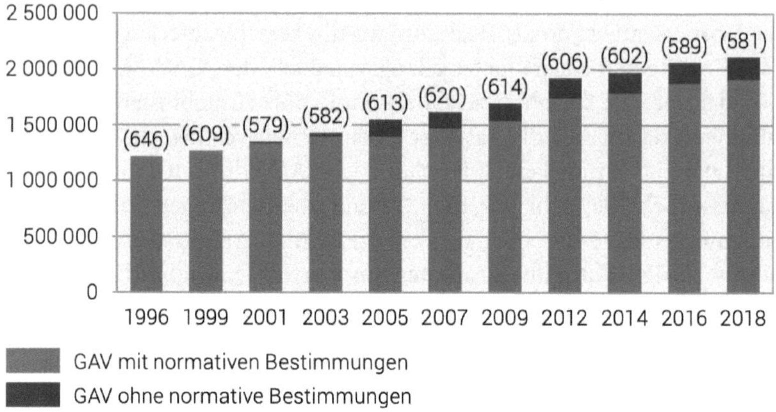

1 2001 – 2009, revidierte Zeitreihe (Quelle: EGS 2009). Dazu zählen ab 2012 die Arbeitnehmenden, die den GAV des Wirtschaftszweigs Temporärarbeit (Personalvermittlung) des tertiären Sektors unterstellt sind.

Abbildung 11: Einem allgemeinverbindlichen GAV unterstellte Arbeitnehmer (Anzahl GAV in Klammern), 2001–2018[1369]

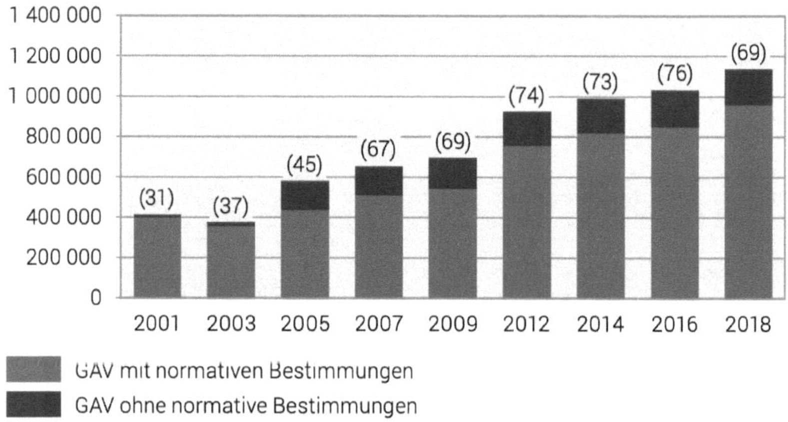

1 2001 – 2009, revidierte Zeitreihe (EGS 2009)

1368 Entspricht Abbildung G 4 in Bundesamt für Statistik (BFS), Erhebung der Gesamtarbeitsverträge in der Schweiz 2018 (2020).

1369 Entspricht Abbildung G 3 in *Bundesamt für Statistik (BFS)*, Erhebung der Gesamtarbeitsverträge in der Schweiz 2018 (2020).

Daraus folgt, dass die AVE in der Schweiz ein enorm wichtiges Instrument zur Ausdehnung der Reichweite der Gesamtarbeitsverträge und offenbar ein Grund dafür ist, dass der Abdeckungsgrad trotz des oben festgestellten Mitgliederrückgangs in den schweizerischen Gewerkschaften in den letzten 20 Jahren relativ konstant geblieben ist anstatt entsprechend abzusinken.[1370]

4. Zwischenfazit

Die bisherigen Betrachtungen haben gezeigt, dass das Tarifsystem der Schweiz dem in Deutschland im Ausgangspunkt sehr ähnelt. Es werden Koalitionsfreiheit und Tarifautonomie verfassungsrechtlich abgesichert und von privatrechtlich organisierten Mitgliederverbänden unabhängig von staatlicher Einflussnahme wahrgenommen. Im Ausgangspunkt ebenfalls vergleichbar ist die Beschränkung der privatrechtlich rekonstruierten Normwirkung auf die Mitglieder der Tarifvertragsparteien sowie der Schutz des Rechts, diesen fernzubleiben. Der gewerkschaftliche Organisationsgrad ist in der Schweiz etwa genauso schlecht wie in Deutschland. *Kreis* meinte angesichts der zahlenmäßigen Verhältnisse verdienten vielmehr die Organisierten die Bezeichnung als „Aussenseiter[sic]“ denn die „Masse der Unorganisierten“.[1371] Neben das Außenseiterproblem tritt in der Schweiz zusätzlich die besondere Zersplitterung der schweizerischen Gewerkschaften,[1372] die eine umfassende und einheitliche kollektivvertragliche Ordnung allein mit Hilfe der mitgliedschaftlich veranlassten normativen GAV-Wirkung sehr schwierig macht. Daraus folgt, dass darüber hinausgehende Erstreckungsmöglichkeiten von besonderer Wichtigkeit für das Funktionieren des Tarifsystems sind. Ein entscheidender Unterschied zum deutschen Recht ist jedoch in der Annahme des BG zu erblicken, dass die Gewerkschaften in der Schweiz eine Gesamtrepräsentationsaufgabe durchführen und Außenseiter mit erlaubtem Vertragszwang in die Gesamtarbeitsverträge drängen dürfen, um diese Aufgabe zu erfüllen.

1370 Ebenso *Baumberger*, Die Volkswirtschaft 2021, 41 (42); trotzdem wird noch Verbesserungspotential gesehen und der Abbau von Hürden für den AVE-Erlass gefordert, vgl. *Lampart/Kopp*, GAV in der Schweiz, S. 21.

1371 *Kreis*, Der Anschluss eines Aussenseiters, S. 38.

1372 Ebenso *Gebhardt*, Außenseiter im Arbeitskampf, S. 189.

III. Möglichkeiten zur Partizipation der Außenseiter am Gesamtarbeitsvertrag außerhalb des formellen Anschlusses n. Art. 356b OR

Im Folgenden soll näher beleuchtet werden, welche Möglichkeiten zur Partizipation der Außenseiter-Arbeitnehmer am Gesamtarbeitsvertrag außerhalb des formellen Anschlusses nach Art. 356b OR bestehen.

1. Partizipation der Außenseiter an der schuldrechtlichen Wirkung des GAV im Wege des informellen Anschlusses

a) Entwicklung des informellen Anschlusses im Zusammenhang mit Vertragstreue-Vereinbarungen

Wie oben erwähnt, haben die GAV-Parteien in der Schweiz – ob zu Zwecken der administrativen Verwaltungserleichterung oder zur Verhinderung von „Schmutzkonkurrenz“ durch Außenseiter – den Willen, den Anwendungsbereich ihrer Gesamtarbeitsverträge möglichst weit auszudehnen, um so die größtmögliche Ordnungswirkung zu entfalten.[1373] Das wird von der Rechtsprechung ausdrücklich als billigenswerte Zwecksetzung betrachtet.[1374] Aus diesem Bestreben entwickelten sich sog. Vertragstreue-Vereinbarungen in Gesamtarbeitsverträgen (auch Tarifausdehnungsklauseln, Gleichbehandlungsklausel, Allgemeinverbindlichkeitsklausel).[1375] Im Rahmen dieser Vereinbarungen verpflichten sich die GAV-Parteien, auf ihre Mitglieder dahingehend einzuwirken, dass sie alle Beschäftigten nach dem Gesamtarbeitsvertrag behandeln[1376] und nur Arbeitsverhältnisse mit vertragstreuen Personen abschließen und durchführen. Diese in der

---

1373 Laut *Schweingruber*, ZBJV 1947, 241 (243) laute die Parole auf beiden Seiten: „Kein GAV ohne Einbezug der Aussenseiter [sic]“; ebenso *Annaheim-Büttiker*, Stellung des Aussenseiter-Arbeitnehmers, S. 3; *Faika*, Solidaritätsbeitrag, S. 5, 22; *Rehbinder*, Schweizerisches ArbR, Rn. 499; *Tschudi*, in: Beiträge zum Arbeits- und Sozialrecht, S. 263 (264).

1374 Vgl. BG v. 13.9.1949, E 75 II, 305 (313).

1375 BG v. 28.9.2015, E 141 III, 418 (421).

1376 Etwa mit dem Wortlaut: „Die im vorliegenden GAV aufgestellten arbeitsvertraglichen Bestimmungen sind anwendbar auf sämtlicher Lohnempfänger....der dem Arbeitgeberverband angeschlossenen Firmen.“, nach *Kreis*, Der Anschluss eines Aussenseiters, S. 46.

Schweiz weit verbreiteten und auch heute verwendeten[1377] Bestimmungen wurden insbesondere in Zeiten absteigender Konjunktur eingesetzt, um die Arbeitgeber von einem Austausch der organisierten Arbeitnehmer durch günstigere Außenseiter-Arbeitnehmer abzuhalten, die keinen gesetzlichen Kündigungsschutz besaßen.[1378] Die durch die Ausdehnungsklausel erreichten Tarifwirkungen auf Arbeitsverhältnisse mit Außenseitern sind jedoch rein schuldrechtlicher Natur.[1379] Kommen tarifgebundene Arbeitgeber der Verpflichtung auf Ausdehnung des Gesamtarbeitsvertrags auf die Außenseiter-Arbeitnehmer nicht nach, sind die Außenseiter darauf angewiesen, dass die andere GAV-Partei oder die Vertragsgemeinschaft die Arbeitgeber zur Einhaltung der Ausdehnungsklausel bewegt. Denn das Bestehen eines eigenen, direkten Forderungsrechts gegenüber dem einzelnen Arbeitgeber wird gemeinhin abgelehnt,[1380] entweder mit der Begründung, dass es sich nicht um einen echten begünstigenden Vertrag zu Gunsten Dritter handle[1381], oder dem Argument, dass dem Außenseiter-Arbeitnehmer jedenfalls nicht mehr Rechte verliehen werden könnten als dem GAV-schließenden Arbeitnehmerverband zustünden, der seinerseits auf diesen Weg verwiesen wäre.[1382] Er müsste sich an die Vertragsgemeinschaft oder falls eine solche nicht vereinbart ist, an den Arbeitgeberverband wenden.

Melzer berichtet, dass die wenigsten Außenseiter sich freiwillig an den Gesamtarbeitsvertrag angeschlossen hätten.[1383] Da der Bestand des Arbeitsverhältnisses aber durch die Tariftreueklauseln von der Unterstellung unter

---

1377 Vgl. insofern BG v. 28.9.2015, E 141 III, 418 (421).

1378 *Kreis*, Der Anschluss eines Aussenseiters, S. 46; *Schweingruber/Bigler*, Kommentar GAV, Teil 1, S. 31, 33.

1379 BG v. 28.9.2015, E 141 III, 418 (421); *Bruchez*, in: HB koll. ArbR Teil 2 Art. 356b OR Rn. 12; *Kreis*, Der Anschluss eines Aussenseiters, S. 47; *Schweingruber/Bigler*, Kommentar GAV, Teil 1, S. 33.; *Vischer/Albrecht*, in: ZK, Band V 2c Art. 356b Rn. 22 f.

1380 Ausgenommen sein soll der Fall, dass es sich um einen Firmenvertrag handelt, bei dem der Arbeitgeber selbst Partei ist; *Annaheim-Büttiker*, Stellung des Aussenseiter-Arbeitnehmers, S. 11: „aufgrund der besonderen Interessenlage"; anders ist es, wenn die GAV-Bestimmungen durch Bestimmungserklärungen zum Inhalt des Einzelarbeitsvertrags werden (dazu im Folgenden, siehe Fn. 1390).

1381 BG v. 13.2.1997, E 123 III, S. 129 (131 f.); *Bruchez*, in: in: HB koll. ArbR Teil 2 Art. 356b OR Rn. 12; *Schweingruber/Bigler*, Kommentar GAV, Teil 1, S. 33; aA *Kreis*, Der Anschluss eines Aussenseiters, S. 46, der aber iE auch nur einen Anspruch gegen den Verband bejaht und einen ggü. dem einzelnen Arbeitgeber ablehnt.

1382 So *Vischer/Albrecht*, in: ZK, Band V 2c Art. 356b Rn. 23.

1383 Vgl. *Melzer*, Außenseiter und Solidaritätsbeitrag, S. 37; ebenso *Kreis*, Der Anschluss eines Aussenseiters, S. 48.

den Gesamtarbeitsvertrag abhängig gemacht wurde, lag ein Fall von Vertragszwang vor, der effektiv war.[1384] Zu den vertragstreuen Personen, die man als tarifgebundener Arbeitgeber unter Geltung einer solchen Klausel beschäftigen durfte bzw. bei denen man als tarifgebundener Arbeitnehmer eine Beschäftigung aufnehmen durfte, zählten neben den Mitgliedern der GAV-schließenden Verbände zunächst auch alle Außenseiter-Arbeitnehmer und Außenseiter-Arbeitgeber, die sich dem Gesamtarbeitsvertrag informell „angeschlossen" hatten. Ein solcher Anschluss im Sinne einer „Unterstellung" konnte/kann sich auf zwei Wegen vollziehen.

Einmal kann eine einseitige Verpflichtungserklärung des Außenseiters (auch „Anerkennungserklärung", „Empfangsbescheinigung", „Quittung", „Verpflichtungsschein") abgegeben werden, in der er die Einhaltung des Tarifs verspricht.[1385] Die Klauseln waren in der Regel kurz gehalten und umfassten nur folgende Elemente: Bestätigung des Empfangs des Gesamtarbeitsvertrages, ggf. Bestätigung der Kenntnisnahme von den GAV-Bestimmungen, und dass sie dem Arbeitnehmer verständlich sind und das Versprechen, die GAV-Bestimmungen "strikte" einzuhalten. Der Text solcher Erklärungen lautete zum Beispiel wie folgt:[1386]

„Anerkennungserklärung
Herr/ Frau/ Fräulein ______erklärt mit der Unterzeichnung dieses Formulars, ein Exemplar des Gesamtarbeitsvertrages erhalten zu haben und anerkennt, zu dessen Bedingungen angestellt zu sein.
Basel, den____ Unterschrift:_______"
„Quittung
Der unterzeichnende Arbeitnehmer der Siegfried Aktiengesellschaft in Zofingen bestätigt, ein Exemplar des Kollektiv-Arbeitsvertrages vom 23. Dezember erhalten zu haben und erklärt diesen für sich rechtsverbindlich.
Datum____ Unterschrift: _______"

Diese Form der Unterstellung war ohne Gegenzeichnung der GAV-Parteien oder des Arbeitgebers wirksam. Der Außenseiter erhielt keinerlei Rechte, sondern wurde nur seinerseits verpflichtet, den Gesamtarbeitsvertrag ein-

1384 Vgl. *Tschudi*, in: Beiträge zum Arbeits- und Sozialrecht, S. 263 (274).
1385 Vgl. *Kreis*, Der Anschluss eines Aussenseiters, S. 75 f.; *Vischer/Albrecht*, in: ZK, Band V 2c Art. 356b Rn. 24 mit dem Hinweis, dass sie auch heute noch praktiziert werden und Bedeutung habe.
1386 Entnommen aus *Kreis*, Der Anschluss eines Aussenseiters, S. 76 f.

zuhalten.[1387] Oft wurden diese „Verpflichtungserklärungen" auch den Verbandsmitgliedern zur Unterzeichnung vorgelegt. Das hatte den Zweck, sie nicht nur gegenüber dem eigenen Verband, sondern beiden GAV-Parteien gemeinsam zur GAV-Einhaltung zu verpflichten und etwaigen Schwierigkeiten aus dem Weg zu gehen, die sich aus dem Fehlen einer gemeinsamen Durchführung iSv Art. 357 b OR ergeben könnten.[1388]

Daneben hat sich auch in der Schweiz die Bezugnahme auf den Gesamtarbeitsvertrag unter dem Begriff einer „Bestimmungserklärung" oder auch der „Gestaltung entsprechend des Gesamtarbeitsvertrags" etabliert. Durch einen Vermerk wird der GAV-Inhalt auch zum Inhalt des Einzelarbeitsvertrags erklärt.[1389] Da der Außenseiter-Arbeitnehmer mit dem Abschluss eines solchen Einzelarbeitsvertrags nicht den Anschluss an den GAV erklärt, wirken die Bestimmungen des GAV in diesem Fall nicht normativ, sondern nur schuldrechtlich. Im Unterschied zur einseitigen Verpflichtungserklärung erwirbt der Außenseiter-Arbeitnehmer das Recht auf GAV-gemäße Behandlung, das er direkt gegenüber seinem Arbeitgeber geltend machen kann, ohne auf einen Umweg über die Verbände angewiesen zu sein. Zugleich kann von den Bestimmungen des Einzelarbeitsvertrages im Rahmen des allgemeinen Schuldrechts jeder Zeit auch zum Nachteil des Arbeitnehmers abgewichen werden (etwa durch Änderungskündigung).[1390] Motivation zu einer solchen Gestaltung des Einzelarbeitsvertrags kann eine im GAV enthaltene Ausdehnungsklausel sein oder aber der davon unabhängige Wille des Arbeitgebers zur Gleichbehandlung der Außenseiter (sei es zur Honorierung ihrer Arbeit oder zur Vermeidung von Unfrieden innerhalb der Be-

1387 *Kreis*, Der Anschluss eines Aussenseiters, S. 48; aktuelles Beispiel aus den Erläuterungen GAV MEM, vgl. Swissmen, Kommentar GAV MEM, S. 6 f.: „Unterstellung der organisierten und nicht organisierten Arbeitnehmenden: Es hat sich die Praxis entwickelt, die nicht organisierten Arbeitnehmenden stillschweigend dem GAV zu unterstellen, indem sie in geeigneter Form auf den neuen GAV aufmerksam gemacht werden und damit als unterstellt gelten. Entscheidend ist dabei, dass die Arbeitnehmenden vom Inhalt des neuen GAV Kenntnis erhalten und die rechtliche Verbindung dazu mit einem Verweis im Arbeitsvertrag oder mit einer besonderen Unterstellungserklärung sichergestellt wird. Wir empfehlen Ihnen deshalb eine entsprechende Gestaltung der Einzelarbeitsverträge [...] und die Abgabe der gedruckten Ausgabe des GAV an alle Arbeitnehmenden."

1388 Vgl. Kreis, Der Anschluss eines Aussenseiters, S. 48.

1389 Vgl. nur *Vischer/Albrecht*, in: ZK, Band V 2c Art. 356b Rn. 27; BG v. 28.9.2015, E 141 III, 418 (421).

1390 *Kreis*, Der Anschluss eines Aussenseiters, S. 47 f; *Vischer/Albrecht*, in: ZK, Band V 2c Art. 356b Rn. 27.

legschaft oder zur schlichten Vereinfachung administrativer Vorgänge).[1391] *Schweingruber/Bigler* weisen zudem darauf hin, dass tarifgebundene Arbeitgeber mit diesem Vorgehen auch eine individuelle Vereinbarung einer absoluten Friedenspflicht verbinden können, um das Risiko wilder Streiks zu minimieren.[1392]

b) Einführung der Kostenpflichtigkeit des informellen Anschlusses

Bald nach der „Einführung" der Tariftreueklauseln in Gesamtarbeitsverträgen stellte sich bei den Gewerkschaften die Einsicht ein, dass ein Vertragszwang, der nur auf einen Anschluss – ohne eine Kostenbeteiligung der Außenseiter – gerichtet ist, faktisch eine Privilegierung der Außenseiter zur Folge hat. Man empfand es also als problematisch, dass den Außenseitern die „Verleihung des Prädikats ‚vertragstreu'" einfach so geschenkt wurde.[1393] Sie machten diesen Status deshalb bald von einer weiteren, im Gesamtarbeitsvertrag geregelten Voraussetzung abhängig: der Zahlung eines Geldbetrages.[1394] Dieser wird häufig als Solidaritätsbeitrag bezeichnet, hat aber schon unterschiedlichste Namen erhalten wie zum Beispiel Außenseiterbeitrag, Anschlussbeitrag, Ablösungsbeitrag, Arbeitskartenbeitrag, Ausgleichsbetrag, Ausgleichssteuer, Eigenbeitrag, Friedensrappen, Kontrollkostenbeitrag, Nutzniesserbeitrag [sic], Treuetaxen, Unkostenbeitrag, Vertragsanschlussbeitrag, Vorteilsausgleichsbeitrag.[1395] Der Begriff des Solidaritätsbeitrags fungiert in der Schweiz also genau genommen als Ober- oder Sammelbegriff.[1396] Im Folgenden soll er für die Zahlungspflicht beim Anschluss an den Gesamtarbeitsvertrag verwandt werden.

Zunächst entwickelte sich zur Umsetzung dieser Zahlungspflicht ein System, bei dem nur Außenseiter-Arbeitnehmer von einem Lohnabzug betroffen waren. Die Gewerkschaft gab dafür an alle Arbeitnehmer Arbeitskarten

---

1391 Vgl. *Kreis*, Der Anschluss eines Aussenseiters, S. 47; siehe auch oben unter Kap. 4 B. III. 1. a).

1392 *Schweingruber/Bigler*, Kommentar GAV, Teil 1, S. 35.

1393 *Tschudi*, in: Beiträge zum Arbeits- und Sozialrecht, S. 263 (274); s.a. *Kreis*, Der Anschluss eines Aussenseiters, S. 199.

1394 Vgl. nur *Tschudi*, in: Beiträge zum Arbeits- und Sozialrecht, S. 263 (274); *Kreis*, Der Anschluss eines Aussenseiters, S. 198 f.

1395 Vgl. zur Terminologie mit umfassenden wN *Kreis*, Der Anschluss eines Aussenseiters, S. 194; im Ausgangspunkt auch *Melzer*, Außenseiter und Solidaritätsbeitrag, S. 9 ff.

1396 *Hug*, SAG 1974, 653 (653).

aus, die jedoch für Organisierte und Außenseiter verschiedenfarbig waren und dem Arbeitgeber die Identifikation der Außenseiter ermöglichte.[1397] Bald darauf etablierte sich ein System des einheitlichen Lohnabzugs, das z.B. wie folgt geregelt wurde: Es „wird allen dem Landesmantelvertrag unterstellten Arbeitern ein Betrag von 0,5 Prozent des Lohnes durch den Arbeitgeber abgezogen und einem zentralen paritätischen Fonds überwiesen. Der von den Organisierten stammende Anteil wird global den Gewerkschaften zurückerstattet, die die abgezogenen Beträge wieder ihren Mitgliedern zukommen lassen. Der Restbetrag praktisch also der Anteil der Nichtorganisierten, verbleibt im Fonds für die Deckung der Kosten folgender gemeinsamer Aufgaben: Vertragsvollzug, Nachwuchswerbung und Berufsbildung“.[1398] Mit dieser Zahlungspflicht wurde eine doppelte Zwecksetzung verfolgt:

aa) Austrittsverhinderung und Beitrittsanreiz

Sie erfolgte zunächst aus organisationspolitischen Gründen, denn es wurde befürchtet, mit der kostenlosen Partizipationsmöglichkeit der Außenseiter einen Austrittsanreiz für die den vollen Gewerkschaftsbeitrag zahlenden Mitglieder zu setzen.[1399] Insofern diente die Einführung der Solidaritätsbeitragspflicht einerseits dazu, eine Schwächung der Verbände durch Austritte frustrierter und sich ausgenutzt fühlender Mitglieder zu verhindern.[1400] Andererseits sollte die Zahlungsplicht für die Außenseiter einen Beitrittsanreiz setzen – die Verbände also stärken.[1401] Müssen die Außenseiter-Arbeitnehmer schließlich zur Erlangung des Arbeitsplatzes ohnehin vertragstreu sein und zahlen, dann könnte – so die Überlegung – ein Beitritt attraktiv erscheinen (Mitgliederwerbung), da sich für einen nur geringfügig höheren Beitrag schließlich neben der GAV-Wirkung auch ein Anspruch auf die weiteren Verbandsleistungen erlangen ließe.

1397 Vgl. *Faika*, Solidaritätsbeitrag, S. 59; *Melzer*, Außenseiter und Solidaritätsbeitrag, S. 84; siehe auch unten Kap. 4 B. VI.

1398 Auszug aus dem GAV im Baugewerbe vom 1. 1.1970 zitiert nach *Kreis*, Der Anschluss eines Aussenseiters, S. 203.

1399 Vgl. *Tschudi*, in: Beiträge zum Arbeits- und Sozialrecht, S. 263 (274).

1400 *Tschudi*, in: Beiträge zum Arbeits- und Sozialrecht, S. 263 (274).

1401 Vgl. *Bigler*, Christliche Gewerkschaftshefte 1962, 1 (6); *Kreis*, Der Anschluss eines Aussenseiters, S. 198; *Melzer*, Außenseiter und Solidaritätsbeitrag, S. 10.

bb) Vorteilsausgleich und Entlastung

Im Vordergrund stand jedoch der Wunsch nach einem Vorteils- und Lastenausgleich. Wie oben bereits ausgeführt, erfolgte die Einbeziehung der Außenseiter weniger aus altruistischen, sondern vielmehr aus pragmatischen und eigennützigen Motiven.[1402] Die Organisierten empfanden die Vorstellung, dass der Außenseiter ohne Weiteres an den Erfolgen teilhaben soll, die sie unter Aufwendung eigener Energie und mit Hilfe einer kostenintensiven Infrastruktur (zu Sekretariatskosten kommen die für die Installation und Unterhaltung von Kontrollorganen, Schlichtungs- und Schiedsgerichtsverhandlungen, Sitzungsgelder usw.) errungen haben, als unbefriedigend. Ein solches Verhalten der Außenseiter sei „sehr unsolidarisch".[1403] Die durch die kostenlose Partizipation der Außenseiter bewirkte, faktische Schlechterstellung der Organisierten sollte mit Hilfe des Solidaritätsbeitrags korrigiert werden.[1404] Von *Kreis* wurde der Beitrag schlagwortartig mit dem Begriff der „privatrechtlichen Vorzugslast" umschrieben.[1405] Dies beschreibt treffend den Gedanken der Kostenbeteiligung Profitierender als Gegenleistung für die Inanspruchnahme einer Leistung, die dem Solidaritätsbeitrag zugrunde liegt. Auch heute noch wird die Beitragserhebung auf den Gedanken des Vorteilsausgleichs bzw. der Aufwandsabgeltung gestützt,[1406] der zwischen den Arbeitnehmergruppen eine Solidarität entstehen lassen solle.[1407] Teilweise wird darüber hinaus eine echte Entlastung der in der tarifschließenden Gewerkschaft organisierten Arbeitnehmer angestrebt.[1408]

1402 *Tschudi*, in: Beiträge zum Arbeits- und Sozialrecht, S. 207 (227) betont so noch einmal ausdrücklich, dass die Organisierten ein eigenes Interesse an der Einbeziehung der Außenseiter in die GAV-Ordnung haben. Sie wollen verhindern, dass Außenseiter eine Unterbietungskonkurrenz betreiben.

1403 Zit. n. *Schweingruber*, ZBJV 1947, 241 (250); auch *Kreis*, Der Anschluss eines Aussenseiters, S. 41 beschreibt eine Unbeliebtheit von Außenseiter-Arbeitnehmern, denen man „mangelnde Solidarität und kurzsichtigen Egoismus" vorwerfe

1404 Vgl. *Kreis*, Der Anschluss eines Aussenseiters, S. 199 mit umfassenden Nachweisen zur Schweizer Literatur; *Tschudi*, in: Beiträge zum Arbeits- und Sozialrecht, S. 207 (228): „Die Erhebung von Beiträgen zu diesem Zweck ist weder rechtswidrig noch unsittlich"; *Zumbühl*, SAG 1945, 454 (458): „der Fachverband will durch diese ‚Ausgleichssteuer' verhüten, daß er Mitglieder verliere und womöglich neue Mitglieder – aber ohne weiteren Zwang – gewinnen".

1405 Zit. n. *Kreis*, Der Anschluss eines Aussenseiters, S. 193.

1406 Vgl. Art. 27 GAV des Solothurnischen Kantonspersonals: „gelten die Aufwändungen [sic]und Leistungen der vertragsschliessenden Personalverbände ab".

1407 Vgl. *Swissmen*, Kommentar GAV MEM, S. 11 zu Art. 4 a).

1408 Vgl. *Swissmen*, Kommentar GAV MEM, S. 11 zu Art. 4 a).

2. Partizipation der Außenseiter an der normativen Wirkung des GAV durch Allgemeinverbindlicherklärung nach AVEG

a) Behördlich ausgeweitete Normwirkung

Weitere Möglichkeit der Partizipation von Außenseitern ist die Allgemeinverbindlicherklärung des Gesamtarbeitsvertrags. Diese behördliche Ausdehnung des Geltungsbereichs kann sich auf Art. 110 Abs. 1 lit. d und Abs. 2 BV stützen und ist im AVEG einfachgesetzlich ausgeformt. Auf Antrag aller GAV-Parteien können die normativen Bestimmungen des Gesamtarbeitsvertrags auf alle Arbeitgeber und Arbeitnehmer des betreffenden Wirtschaftszweigs oder Berufs – also auch auf Außenseiter und Andersorganisierte – erstreckt werden. Es handelt sich dabei also um eine Ausdehnung des persönlichen Geltungsbereichs des Gesamtarbeitsvertrags, wobei es auf die Zustimmung des Außenseiters im Unterschied zu den sonstigen Teilhabemöglichkeiten gerade nicht ankommt.[1409] Anders als in Deutschland können nicht nur Rechtsnormen des Gesamtarbeitsvertrages ausgedehnt werden, sondern gem. Art. 1 Abs. 2 AVEG können neben den normativen auch die halbnormativen Bestimmungen zur Verpflichtung und Berechtigung der Mitglieder der GAV-Parteien (auch „indirekt-schuldrechtliche Bestimmungen") für allgemeinverbindlich erklärt werden. Dies kann insbesondere im Zusammenhang mit der finanziellen Heranziehung der Außenseiter von Bedeutung sein.

Für Außenseiter stellt sich die AVE als Rechtssetzungsakt eigener Art dar, da der Gesamtarbeitsvertrag seinen Charakter als autonome Regelung von Privatrechtssubjekten grundsätzlich behält, der persönliche Geltungsbereich des Gesamtarbeitsvertrags aber mit Hilfe der AVE als Ausdruck staatlicher Rechtssetzungsgewalt auf sie als Unbeteiligte ausgedehnt wird.[1410]

1409 *Vischer/Albrecht*, in: ZK, Band V 2c Art. 356b Rn. 94.

1410 Vgl. *Vischer/Müller*, in: Schweizerisches Privatrecht, Bd. VII/4, § 34 Rn.35; wegen der für eine hoheitliche Normsetzung typischen generellen und abstrakten Wirkung (im Verhältnis zu Außenseitern) soll gegen die AVE Rechtsschutz wie gegen einen staatlichen Rechtssetzungsakt statthaft sein, vgl. *Vischer/Albrecht*, in: ZK, Band V 2c Art. 356b Rn. 98.

b) Kritik am Institut der AVE

Bevor die AVE als festes Instrument etabliert wurde, hatte sich in der Praxis die informelle Unterstellung der Außenseiter unter den Gesamtarbeitsvertrag bereits entwickelt. Die AVE wurde zunächst als Provisorium eingeführt, sah sich jedoch erheblicher Kritik ausgesetzt. Diese richtete sich einmal dagegen, dass eine vom Willen des Betroffenen unabhängige Unterstellung des Außenseiters unter eine von anderen Privaten und ohne seine Einwirkung erlassene Ordnung stattfand. Denn auch wenn für die Verbindlichmachung dieser Regeln gegenüber dem Außenseiter ein staatlicher Mitwirkungsakt erforderlich ist, wurde die inhaltliche Angemessenheit des GAV durch die Behörden nicht geprüft.[1411] Anders als im Gesetzgebungsverfahren, wo potentiell betroffene Interessengruppen angehört werden, wurden an der AVE trotz seiner weitreichenden Auswirkungen für Außenseiter außerdem nur Verbandsmitglieder beteiligt.[1412] Weiter wurde kritisiert, dass der Gesamtarbeitsvertrag selbst im Falle einer AVE durch die Verbände vollzogen werde, die womöglich jedoch nicht in gleichem Maße wie die staatlichen Vollzugsorgane für die gleiche Behandlung der Organisierten und der Außenseiter Sorge tragen könnten.[1413] Zuletzt dürfe nicht übersehen werden, dass die AVE die Vertragsfreiheit der betroffenen Außenseiter einschränke, indem ihnen eine von den Bestimmungen des GAV über den Lohn nach unten abweichende Vereinbarung unmöglich gemacht werde.[1414] Kurzum betraf die Kritik die Rechte der Außenseiter, um deren Wahrung man bei der Unterstellung unter den Gesamtarbeitsvertrag durch behördlichen Akt fürchtete.

c) Abhängigkeit der AVE von restriktiven Voraussetzungen

Trotz dieser Bedenken wurde die AVE bei der Revision des Obligationenrechts 1956 von ihrem Status als Provisorium befreit und als fester Bestandteil in das Recht des Gesamtarbeitsvertrags integriert. Mit ihr soll die Ordnungswirkung des Gesamtarbeitsvertrags unterstützt werden. Mit

1411 *Vischer/Müller*, in: Schweizerisches Privatrecht, Bd. VII/4, § 34 Rn.36.

1412 Vgl. Botschaft des Bundesrates an die Bundesversammlung zum Entwurf eines Bundesgesetzes über den Gesamtarbeitsvertrag und dessen Allgemeinverbindlichkeit vom 29. Januar 1954, BBl. 1954 I, S. 125 (144).

1413 Vgl. BBl. 1954 I, S. 125 (144).

1414 Vgl. BBl. 1954 I, S. 125 (144).

Rücksicht auf die oben skizzierten Bedenken aus der Literatur ist ihr Ausspruch jedoch von der Einhaltung restriktiver Voraussetzungen abhängig gemacht worden.[1415]

Die AVE muss so wegen andernfalls zu erwartender erheblicher Nachteile notwendig sein (Art. 2 Abs. 1 AVEG), darf dem Gesamtinteresse nicht widersprechen (Art. 2 Abs. 2 AVEG) und setzt vor allem voraus, dass die Mehrheit der am GAV Beteiligten ihr zustimmt (Art. 2 Abs. 3 AVEG). Das Gesetz sieht hier ein dreifaches Quorum vor: Die vom GAV erfassten Arbeitgeber müssen mehr als die Hälfte der Arbeitgeber ausmachen, die durch die AVE dem GAV unterstellt würden (1), die bereits durch den GAV erfassten Arbeitnehmer müssen über 50 % der nach der AVE insgesamt erfassten Arbeitnehmer ausmachen (2) und zuletzt müssen die dem GAV bereits unterstehenden Arbeitgeber mehr als 50 % der Arbeitnehmer beschäftigen, die durch die AVE insgesamt dem GAV unterstellt würden (3). Die Quoren sind Ausdruck des Grundgedankens, dass eine Minorität nicht über eine Majorität bestimmen können soll.[1416]

Besonders interessant ist daneben die weitere Voraussetzung des Art. 2 Abs. 5 AVEG, wonach weder die positive noch die negative Koalitionsfreiheit gefährdet werden darf. Damit wird die ambivalente Wirkung der AVE anerkannt, die z.B. für die Stützung der GAV-schließenden Verbände die positive Koalitionsfreiheit anderer Verbände, die nicht GAV-Partei sind, beeinträchtigen kann (Bestandsgefährdung).[1417] Weil eine AVE erst dann zum Einsatz kommen soll, wenn alle Versuche zur freiwilligen Beteiligung von Außenseitern (erfolglos) ausgeschöpft sind, können AVE nur dann erfolgen, wenn der entsprechende GAV sowohl nicht beteiligten Verbänden als auch einzelnen Andersorganisierten und Außenseitern die Möglichkeit zum Beitritt bzw. Anschluss gewährt hat (vgl. Art. 2 Abs. 6 und 7 AVEG – „Prinzip der offenen Tür").[1418]

Erfolgt die AVE, wirken die betroffenen GAV-Bestimmungen wie zwingende Gesetzesnormen (Art. 4 AVEG). Im Falle einer Konkurrenz mit einem Kraft Mitgliedschaft geltenden GAV gehen die allgemeinverbindlichen GAV-Bestimmungen vor (vgl. Art. 4 Abs. 2 AVEG). Es gilt aber das Günstigkeitsprinzip.

1415 BBl. 1954 I, S. 125 (144); vgl. auch *Tschudi*, in: Beiträge zum Arbeits- und Sozialrecht, S. 263 (267 f.).

1416 Vgl. *Vischer/Albrecht*, in: ZK, Band V 2c Art. 356b Rn. 119.

1417 *Vischer/Albrecht*, in: ZK, Band V 2c Art. 356b Rn. 126.

1418 *Vischer/Albrecht*, in: ZK, Band V 2c Art. 356b Rn. 127 f.

d) Kostenpflichtigkeit der Partizipation im Wege der AVE

Es stellt sich die Frage, ob Außenseiter-Arbeitnehmer mit Beiträgen belastet werden können, wenn sie infolge einer AVE an der normativen Tarifwirkung teilhaben und der entsprechende GAV seinerseits eine Beitragserhebung vorsieht. Die Beantwortung dieser Frage hängt davon ab, ob die Beitragsbestimmung auch für die Außenseiter-Arbeitnehmer Wirkung entfaltet. Welche Bestimmungen der AVE zugänglich sind, regelt wiederum das Gesetz in Art. 1 Abs. 2 AVEG. Demnach können neben normativen Bestimmungen auch die halbnormativen oder „indirekt-schuldrechtlichen" Bestimmungen allgemeinverbindlich erklärt werden. Zu letzteren zählen insbesondere auch Bestimmungen, die einzelne Arbeitgeber und Arbeitnehmer zur Leistung sog. „Vollzugskostenbeiträge" verpflichten.

Unter den Oberbegriff des Solidaritätsbeitrags[1419] werden von manchen auch solche Beiträge gefasst, die Außenseiter oder Nichtorganisierte im Falle der AVE eines Gesamtarbeitsvertrags zum Ausgleich der Kosten des Gesamtarbeitsvertrags zu erbringen haben (Vollzugskostenbeiträge).[1420] Hier sollte jedoch begrifflich sauber unterschieden werden:

Mit Vollzugskostenbeiträgen sollen allein die tatsächlich anfallenden Kosten des Vollzugs des Gesamtarbeitsvertrages ausgeglichen werden. Dazu zählen vor allem die für die Kontrolle der Einhaltung des Gesamtarbeitsvertrages, für die Sitzungen der paritätischen Kommissionen, die für den Vollzug des allgemeinverbindlich erklärten Gesamtarbeitsvertrages eingesetzt sind, und die Kosten für die AVE selbst.[1421] Nur Bestimmungen über diese Kosten können gem. Art. 3 Abs. 2 AVEG für allgemeinverbindlich erklärt werden und somit eine Heranziehung von Außenseitern rechtfertigen. Dabei dürfen die Außenseiter nicht übermäßig, sondern nur mit den Kosten belastet werden, „die sich bei einer gleichmässigen Verteilung der tatsächlichen Kosten auf alle Arbeitgeber einerseits und auf alle Arbeitnehmer

1419 *Hug*, SAG 1974, 653 (653).

1420 Vgl. *Hug*, SAG 1974, 653 (653).

1421 Vgl. schriftliche Auskunft des Eidgenössisches Departement für Wirtschaft, Bildung und Forschung WBF, Staatssekretariat für Wirtschaft SECO v. 19.2.2021 sowie *Hug*, SAG 1974, 653 (655), der darauf hinweist, dass die Festlegung des Vollzugskostenbeitrags zwar theoretisch leicht, praktisch aber oft schwierig sei. Es seien in der Regel Expertisen von Treuhand-Gesellschaften nötig, um aufgrund der Buchhandlung der Gewerkschaften den Umfang billigenswerter Beiträge festzustellen.

anderseits ergeben [sic]“ (Art. 3 Abs. 2 lit. b AVEG).[1422] Demgegenüber sollen Solidaritätsbeiträge zusätzlich den Aufwand der Gewerkschaft für das Aushandeln und den Abschluss des GAV, also vorgelagerte Kosten, abdecken.[1423] Man kann den Solidaritätsbeiträgen im Sinne der Anschlussbeiträge zwar eine enge Verwandtschaft mit den Vollzugskostenbeiträgen attestieren, da beide sich an Außenseiter oder Andersorganisierte richten und dem Gedanken der gleichmäßigen Kostenverteilung auf alle letztlich vom Gesamtarbeitsvertrag Profitierenden entsprechen. Da sie jedoch nicht nur der Höhe nach unterschiedlich ausfallen und mittlerweile rechtlich unterschiedlich sanktioniert werden, verbietet sich die Gleichsetzung.[1424]

Der Begriff des Solidaritätsbeitrags ist somit weiter gefasst als der der Vollzugskostenbeiträge.[1425] Sofern ein GAV eine Regelung sowohl zu Solidaritätsbeiträgen und also auch zu Vollzugskostenbeiträgen enthält, kann nur die Regelung zu den Vollzugskostenbeiträgen allgemeinverbindlich erklärt werden. Die Regelung zu Solidaritätsbeiträgen entfaltet hingegen keine Wirkung für Außenseiter.[1426]

e) Verhältnis von AVE und privatrechtlicher Tariftreueregelung mit Solidaritätsbeitrag

Der Umstand, dass Außenseiter also im Wege der AVE umfassend am Gesamtarbeitsvertrag teilhaben können, ohne dass sie die Lasten der vollen

1422 Anschaulich hierzu *Hug*, SAG 1974, 653 (655) der meint, durch die zusätzliche Möglichkeit der Erhebung von Beiträgen für gemeinsame Einrichtungen verschwinde „die theoretisch-begriffliche Differenz betragsmäßig oftmals in einem ‚Eintopfgericht‘“.

1423 Vgl. *Vischer/Albrecht*, in: ZK, Band V 2c Art. 356b Rn. 58 ff; dazu im Einzelnen unter Kap. 4 B. V.

1424 Mit diesem Hinweis schon *Hug*, SAG 1974, 653 (653); aA *Melzer*, Außenseiter und Solidaritätsbeitrag, S. 11: Insbesondere mit der Bezeichnung "Vollzugskostenbeitrag" scheint man den wahren Charakter dieses Beitrags verschleiern zu wollen, denn in Wirklichkeit handelt es sich auch hier um einen Solidaritätsbeitrag.“.

1425 Dieses Begriffsverständnis teilend *Hug*, SAG 1974, 653 (655); *Tschudi*, in: Beiträge zum Arbeits- und Sozialrecht, S. 207 (231)

1426 Bestätigt durch schriftliche Auskunft des Eidgenössisches Departement für Wirtschaft, Bildung und Forschung WBF, Staatssekretariat für Wirtschaft SECO v. 19.2.2021; ebenso *Tschudi*, in: Beiträge zum Arbeits- und Sozialrecht, S. 207 (231); vgl. i.Ü. *Müller*, Gedanken zum Solidaritätsbeitrag, S. 9 unter Verweis auf die Botschaft des Schweizer Bundesrates (BBl. 1954 I, S. 125 (143 ff.), die die grundsätzlich kritische Haltung gegenüber der AVE in der Schweiz zum Ausdruck bringe.

Mitgliedschaft tragen müssen oder auferlegt bekommen können, ließ die Gewerkschaften fürchten, dass die AVE sich nachteilig auf die Mitgliederentwicklung auswirken könnte. Aus Sorge vor einem Mitgliederverlust bei flächendeckendem Ausspruch von AVE setzten sie sich überhaupt erst für einen spärlichen Gebrauch der AVE und die Beibehaltung und die (weitere) Verbreitung von *privatrechtlichen* Tariftreueregelungen mit Solidaritätsbeitragspflicht ein.[1427]

aa) Verfechter eines Ausschließlichkeitsverhältnisses von AVE und Anschlusszwangs mit Solidaritätsbeitrag sowie eines Nachrangs des Solidaritätsbeitrages

Nachdem sich die AVE etabliert hatte, stellte sich die Frage, wie sich das Institut zu privatrechtlichen Mitteln des als zulässig erachteten Zwangs zum Anschluss an den GAV verhält. Die Kläger im Verfahren zu BG v. 13.9.1949, E 75 II, 305 vertraten so etwa den Standpunkt, dass jedes vertragliche System eines Anschlusszwanges – sofern die Voraussetzungen einer AVE vorlägen – widerrechtlich und darum unzulässig sei. Ein privater Anschlusszwang, der mit Hilfe eines Solidaritätsbeitrags durchgesetzt werde, stelle eine Umgehung des von der Rechtsordnung vorgeschriebenen, mit allen Sicherungen versehenen Unterstellungsverfahrens (gemeint ist die AVE) dar.[1428] Letztlich wurde damit vertreten, dass zwischen AVE und Solidaritätsbeitrag ein Ausschließlichkeitsverhältnis bestehen müsse – lägen die Voraussetzungen einer AVE vor, wäre der Solidaritätsbeitrag damit unabhängig von dem tatsächlichen Ausspruch der AVE unzulässig.[1429]

1427 *Zumbühl*, SAG 1945, 454 (455).

1428 Vgl. BG v. 13.9.1949, E 75 II, 305 (310).

1429 Vgl. zu dieser Überlegung BBl. 1954 I, S. 125 (138): „Mit Rücksicht darauf, dass seit mehr als zwölf Jahren die Möglichkeit besteht, auf Grund eines besonderen behördlichen Verfahrens den Geltungsbereich von Gesamtarbeitsverträgen auf dem Wege der Allgemeinverbindlicherklärung, unter Berücksichtigung des öffentlichen Interesses und anderer schutzwürdiger Interessen, auf Aussenseiter auszudehnen, könnte man den Grundsatz der Ausschliesslichkeit der Allgemeinverbindlicherklärung aufstellen. Die Ausdehnung des Geltungsbereiches durch Vorkehren der Verbände wäre in diesem Fall vollständig zu untersagen, um lediglich den Weg der Allgemeinverbindlicherklärung offen zu lassen. Dabei könnte man sich darauf berufen, dass jene Form der Ausdehnung in der Praxis, und zwar auch im Gewand von privatrechtlichen Vereinbarungen, vielfach auf die Anwendung von direktem oder indirektem Zwang hinauslaufe."

bb) Ablehnung eines Ausschließlichkeitsverhältnisses von AVE und Anschlusszwang mit Solidaritätsbeitrag durch BG v. 13.9.1949

Diese Auffassung hat das BG jedoch nicht geteilt. Es stellte klar, dass es sich bei der AVE und dem Vertragszwang mit Solidaritätsbeitrag schlicht um verschiedene Möglichkeiten handele, mit denen das arbeitsrechtliche Ziel erreicht werden soll, eine möglichst lückenlose Erfassung der Arbeitgeber und Arbeitnehmer eines bestimmten örtlichen und sachlichen Wirtschaftsbereiches zu erhalten.[1430] Es betonte, dass es keineswegs die Absicht des Gesetzgebers gewesen sei, durch die Schaffung der AVE bis dato bestehende Zielerreichungsinstrumente auszuschalten, sondern es sich dabei lediglich um ein Entgegenkommen gegenüber den Verbänden gehandelt habe. Die AVE sei somit nur als ein Instrument geschaffen worden, mit welchem die mit Mitteln des Privatrechts oft nur schwer erreichbare Einbeziehung der Außenseiter schließlich mit Hilfe des öffentlichen Rechts doch noch sichergestellt werden könne.[1431] Angesichts der ausdrücklich abgelehnten Pflicht zur Antragstellung (bei der AVE), sei klar, dass es weiterhin den Verbänden überlassen sei, für welches Vorgehen sie sich entscheiden.

cc) Bestätigung des Nebeneinanders von AVE und Anschlusszwang mit Solidaritätsbeitrag bei Revision des AVE-Rechts

Diese Ansicht wird bei der Revision des AVE-Rechts vom Gesetzgeber ausdrücklich bestätigt, als er ausführt:

> „Gegenüber einer solchen [Ausschließlichkeits-] Lösung ist jedoch vorerst darauf zu verweisen, dass nach der bestehenden Rechtsordnung die Ausdehnung des Geltungsbereiches von Gesamtarbeitsverträgen durch Vorkehren der Verbände grundsätzlich zulässig ist, was auch durch die Rechtsprechung des Bundesgerichts bestätigt wird. Die Ausschliesslichkeit der Allgemeinverbindlicherklärung würde deshalb in einer einschneidenden Unterdrückung bisher zulässiger und verbreiteter Vorkehren bestehen. Infolgedessen würde sich die Zahl der Anträge auf Allgemeinverbindlicherklärung wesentlich erhöhen. Diesen Anträgen könnte man aber vielfach nicht entsprechen; es wäre denn, dass man auf eine

1430 Vgl. BG v. 13.9.1949, E 75 II, 305 (310); zustimmend *Zumbühl*, SAG 1945, 454 (456).

1431 BG v. 13.9.1949, E 75 II, 305 (311) unter Berufung auf die bundesrätliche Botschaft v. 10.9.1937 über die Revision der Wirtschaftsartikel der BV, BBl. 1937 II, S. 852 ff.

Reihe notwendiger Voraussetzungen verzichten wollte. Zudem ist das Bestreben der Verbände, den Geltungsbereich ihrer Verträge auszudehnen, mit Rücksicht auf das Ziel der Vereinheitlichung von Sozialleistungen und Konkurrenzbedingungen, in zahlreichen Fällen sachlich gerechtfertigt. Mit solchen Vorkehren wird Bedürfnissen der Arbeitnehmer und Arbeitgeber Rechnung getragen, die sich in der modernen Wirtschaft ergeben haben und die man nicht unberücksichtigt lassen kann. Wollte man diese Vorkehren unterbinden, so müssten in vielen Fällen die Allgemeinverbindlicherklärung oder gar staatliche Vorschriften an ihre Stelle treten. Unter diesen Umständen kann es sich lediglich darum handeln, Auswüchse des in der Praxis entwickelten Systems zu beseitigen."[1432]

dd) Zwischenergebnis

Somit bleibt festzuhalten, dass AVE und Solidaritätsbeitrag statt in einem Ausschließlichkeits- in einem Komplementärverhältnis zueinander stehen. Dies wird nicht zuletzt auch durch die Aufnahme des „Prinzips der offenen Tür" in das AVEG (vgl. Art. 2 Abs. 6 und 7 AVEG) bestätigt.[1433]

f) Schlussfolgerungen

Es hat sich gezeigt, dass der Wille der Organisierten zur Einbeziehung der Außenseiter in die tarifvertragliche Ordnung mannigfaltige Möglichkeiten zur Partizipation hervorgebracht hat. Die Kehrseite dessen ist der Umstand, dass die Bemühungen der Gewerkschaften den Außenseiter-Arbeitnehmern nahezu automatisch zugutekommen.[1434] Dies wurde als Hemmnis für die Mitgliedergewinnung und -erhaltung bei den Gewerkschaften und als Ungerechtigkeit empfunden, weshalb sich in der Praxis schon vor der Revision des Obligationenrechts eine Beteiligung der Außenseiter an den Kosten etabliert hatte. Allerdings kann sich die finanzielle Heranziehung nur teilweise auf eine belastbare Rechtsgrundlage stützen. Eindeutig ist der Fall der Partizipation infolge einer AVE. Hier können Außenseiter-Arbeitnehmer zumindest an einem Teil der Kosten – nämlich den Vollzugskosten – beteiligt werden. Damit ist die Schweiz Deutschland voraus.

1432 BBl. 1954 I, S. 125 (138).
1433 Siehe oben unter Kap. 4 B. III. 4. c) cc).
1434 Vgl. *Kreis*, Der Anschluss eines Aussenseiters, S. 216.

IV. Möglichkeit zur Partizipation der Außenseiter am Gesamtarbeitsvertrag durch formellen Anschluss n. Art. 356b OR

1. Beseitigung von Rechtsunsicherheit

Obwohl mit dem soeben erörterten informellen Anschluss sowie der Bezugnahme nach h.M. nur eine schuldrechtliche Wirkung des Gesamtarbeitsvertrages erzeugt wird[1435] und im Falle der einseitigen Verpflichtungserklärung nicht einmal Rechte verliehen werden, wird dafür von den Außenseiter-Arbeitnehmern Zahlung verlangt.[1436] Dies ist nicht unumstritten.

Kreis gehörte zu denjenigen, die diese Praxis befürworteten. Er war der Ansicht, dass hinter dem Solidaritätsbeitrag der Gedanke der Geschäftsführung ohne Auftrag stecke und auch gut qualifizierte Außenseiter-Arbeitnehmer zumindest indirekt von der Existenz und Tätigkeit der Gewerkschaften profitierten.[1437] Er meinte, dabei habe auch die bloß schuldrechtliche Partizipation der Außenseiter am Gesamtarbeitsvertrag einen realen Wert. Die ständigen Bemühungen der Gewerkschaft, die Arbeitsbedingungen der Arbeitnehmer zu verbessern, stellten eine ausgleichspflichtige Gegenleistung dar, wohingegen der Umstand, dass es im Falle von nur informellen Anschlüssen an der Vermittlung von normativer Wirkung fehle, nicht überzubewerten sei.[1438]

1435 Vgl. zur Unsicherheit aber Botschaft 1956, S. 158 (hier zitiert nach *Kreis*, Der Anschluss eines Aussenseiters, S. 67): „Die bisher verwendeten sog. Anschlussverträgen dürften ... häufig die Wirkungen abgehen, die man gerne damit verbunden sehen möchte. So ist es fraglich, ob es nach geltendem Recht ohne weiteres möglich ist, auf dem Weg des Anschlussvertrages, einzelnen Arbeitgebern und Arbeitnehmern die Stellung von Beteiligten im eigentlichen Sinn einzuräumen, ohne ihnen gleichzeitig die Eigenschaft einer Vertragspartei zu verleihen. Es ist keineswegs sicher, ob die getroffenen Vorkehren vor dem Richter Bestand hätten."; vgl. zur Frage der nur schuldrechtlichen Wirkung *Kreis*, Der Anschluss eines Aussenseiters, S. 77.

1436 Vgl. für die Vergangenheit: *Kreis*, Der Anschluss eines Aussenseiters, S. 215; auch *Hug*, SAG 1974, 653 (653) berichtet von Beitragserhebungen im Fall von informellen Anschlüssen; ebenso *Schweingruber*, ZBJV 1947, 241 (249); dass dies auch heute noch gängig ist, lässt sich etwa dem dem Urteil BG v. 28.9.2015, E 141 III, 418 zugrundeliegenden Fall (siehe (422)) entnehmen.

1437 Vgl. dazu *Kreis*, Der Anschluss eines Aussenseiters, S. 211 f.; *Schweingruber*, ZBJV 1947, 241 (250 f.).

1438 *Kreis*, Der Anschluss eines Aussenseiters, S. 215; wenn auch ohne eigene Auseinandersetzung ebenso *Vischer/Albrecht*, in: ZK, Band V 2c Art. 356b Rn.63.

Problematisch war und ist jedoch, dass auch in der Schweiz das Verbot des Vertrages zu Lasten Dritter gilt,[1439] sodass der Gesamtarbeitsvertrag den Außenseitern als Dritten ohne weitere Ermächtigung nicht einfach eine Belastung auferlegen kann. Ob in der Schweiz eine einfachgesetzliche Grundlage einschlägig sein könnte, kann nicht abschließend beurteilt werden. *Kreis* selbst geht jedenfalls nicht davon aus und gesteht ein, dass bei informellen Anschlüssen ein gesondertes Einverständnis zum Abzug eines Beitrags vom Lohn einzuholen ist.[1440] Ob dieses vorliegt, ist im Rahmen der abgegebenen Erklärungen im Wege der Auslegung zu ermitteln. Es kann jedenfalls nicht einfach unterstellt werden. Auch *Hug* weist darauf hin, dass im Fall der bloßen Unterstellung ohne schriftliche Verpflichtungserklärung Lohnzahlungsklagen von Arbeitnehmern, die sich den Abzug des Solidaritätsbeitrags vom Lohn durch ihre Arbeitgeber nicht gefallen lassen wollen, Erfolg beschieden sein dürfte.[1441]

Der Gesetzgeber war sich der Rechtsunsicherheiten bzgl. der in der Praxis gewachsenen privatrechtlichen Unterstellung der Außenseiter unter Gesamtarbeitsverträge bewusst. Bei der Revision des Obligationenrechts 1956 nutzte er die Chance, ein zum öffentlich-rechtlichen Instrument der AVE komplementäres Institut zur privatrechtlichen Ausdehnung des Geltungsbereichs des Gesamtarbeitsvertrages auf Außenseiter zu schaffen. Zur Beseitigung der Rechtsunsicherheit etablierte er den formellen Anschluss an den Gesamtarbeitsvertrag, den er zudem mit normativer Wirkung ausstattete.[1442] In Art. 356b OR heißt es seitdem:

> „Einzelne Arbeitgeber und einzelne im Dienst beteiligter Arbeitgeber stehende Arbeitnehmer können sich mit Zustimmung der Vertragsparteien dem Gesamtarbeitsvertrag anschliessen und gelten als beteiligte Arbeitgeber und Arbeitnehmer. Der Gesamtarbeitsvertrag kann den Anschluss näher regeln.
>
> Unangemessene Bedingungen des Anschlusses, insbesondere Bestimmungen über unangemessene Beiträge, können vom Richter nichtig erklärt oder auf das zulässige Mass beschränkt werden; jedoch sind Bestimmungen oder Abreden über Beiträge zugunsten einer einzelnen Vertragspartei nichtig."

1439 Siehe zu den Grundsätzen unter Kap. 4 B. II.

1440 *Kreis*, Der Anschluss eines Aussenseiters, S. 216; die Einschlägigkeit einer GoA lehnt er zuvor ab, siehe S. 212; schon *Schweingruber*, ZBJV 1947, 241 (250) berichtet vom Abschluss sog. „Nebenverträge" mit dem Außenseiter.

1441 *Hug*, SAG 1974, 653 (655).

1442 *Kreis*, Der Anschluss eines Aussenseiters, S. 70.

Kreis betont zu Recht, dass dieser formelle Anschlussvertrag „nicht vom Gesetzgeber ‚erfunden' [wurde und] keine künstliche Schöpfung, sondern – wie der GAV selbst – ‚ein Kind der Praxis'" ist. Er konstatiert: „Der Gesetzgeber zog nur nach, nahm mit dem Anschluss nur eine bereits in der Rechtswirklichkeit gewachsene und laufend verfeinerte, höchstrichterlich anerkannte Einrichtung ins Gesetz auf und regelt dabei klar ihre Rechtswirkungen."[1443] Damit vollzog der Gesetzgeber eine „Emanzipation des Vertragsrechts vom Verbandsrecht", da er Verbandsmitgliedschaft und Vertragsbeteiligung voneinander trennte.[1444]

Die sich in der Praxis herausgebildeten Partizipationsmöglichkeiten von Außenseitern (wie die Unterstellungserklärung) fanden bei der Kodifikation des Anschlusses keine Berücksichtigung. Es wird davon ausgegangen, dass diese Instrumente weiterhin und neben dem formellen Anschluss zulässig sind. Der formelle Anschluss habe nur deswegen als einziger eine Regelung erfahren, weil ihm – im Unterschied zum informellen Anschluss – von Gesetzes wegen eine normative Wirkung zukommt, die sich – wie ausgeführt – rein privatrechtlich nicht konstruieren lässt.[1445]

2. Voraussetzung und Wirkung des formellen Anschlusses

Der formelle Anschluss verlangt also den Abschluss eines dreiseitigen und schriftlichen Vertrags (mit eigenhändiger Unterschrift) zwischen den beiden GAV-Parteien und dem Außenseiter (vgl. Art. 356c Abs. 1 OR). Dieser bildet dann auch die Rechtsgrundlage für den ggf. im Zusammenhang mit dem Anschluss erhobenen Solidaritätsbeiträg und räumt diesbezügliche Bedenken aus der Welt. Im Gegenzug für die Zahlungspflicht verleiht der formelle Anschluss dem Außenseiter die Chance auf die normative Tarifwirkung. Er erhält in Bezug auf den konkreten Vertrag die Stellung eines Mitglieds der tarifschließenden Gewerkschaft. Wenn sein Arbeitgeber organisiert und er dem Gesamtarbeitsvertrag angeschlossen ist, wirken die normativen GAV-Bestimmungen auch in seinem Arbeitsverhältnis unmit-

1443 *Kreis*, Der Anschluss eines Aussenseiters, S. 66.
1444 *Kreis*, Der Anschluss eines Aussenseiters, S. 68, der jedoch der Ansicht ist, die normative Wirkung dürfte nicht überschätzt werden (siehe S. 84).
1445 So auch *Vischer/Albrecht*, in: ZK, Band V 2c Art. 356b Rn. 20 f.

telbar und einseitig zwingend. Insbesondere sind widersprechende Abreden des Einzelarbeitsvertrages zu Lasten des Arbeitnehmers nichtig.[1446]

Ob ein formeller Anschluss oder ein informeller Anschluss oder gar eine einseitige Verpflichtungserklärung vorliegt, ist im Wege der Auslegung zu ermitteln.[1447] Der Außenseiter-Arbeitnehmer soll dabei ein Angebot abgeben, wobei die Verweisung auf Art. 356b OR nicht erforderlich, aber zu empfehlen ist. Im Anhang ist das Muster abgedruckt, was *Kreis* als ideale, weil unzweideutige Anschlussempfehlung ansieht.[1448] Er skizziert das Verfahren des Anschlusses für Außenseiter-Arbeitnehmer folgendermaßen:

> „Bei Stellenantritt händigt der AG dem AN ein Exemplar des GAV und drei darin enthaltene, abreissbare Formulare Anschlusserklärung aus. Der AN unterschreibt alle drei Formulare. Der AG behält das eine für sich, die beiden andern sendet er an die - zur Erteilung bzw. Verweigerung der Zustimmung bevollmächtigte - Paritätische Kommission. Diese bringt auf einer der Anschlusserklärungen ihre Gegenzeichnung (d.h.: die Zustimmung der GAV-Parteien zum Anschluss) an. Sie sendet dieses Exemplar dem AN, dem Vertragspartner der GAV-Parteien im Anschlussvertrag. Das zweite Exemplar behält sie für sich. Das hat den Vorteil, dass sie so die von ihr benötigten Personalien des angeschlossenen Aussenseiters zur Hand hat."

Die Zustimmung der GAV-Parteien soll zeitlich auf die Anschlusserklärung des Außenseiters folgen, damit sie ihre Funktion sichern kann. Der Zustimmungsvorbehalt dient schließlich dazu, den GAV-Parteien eine Ablehnungsmöglichkeit und damit ein Mindestmaß an Verfügungsmacht über ihre Leistung „Gesamtarbeitsvertrag" einzuräumen.[1449] Auch wenn *Kreis* davon abrät, meint er, die GAV-Parteien können ihre Zustimmung auch schon im Vorfeld und generell im Gesamtarbeitsvertrag erklären, wenn die Zustimmung vorbehaltlos und unwiderruflich abgegeben worden ist.[1450] Auch an anderer Stelle wird angenommen, dass Ausdehnungsklauseln im Gesamtarbeitsvertrag als Angebot auf Abschluss eines formellen Anschluss-

1446 *Tschudi*, in: Beiträge zum Arbeits- und Sozialrecht, S. 263 (273); vgl. auch *Melzer*, Außenseiter und Solidaritätsbeitrag, S. 37.

1447 *Kreis*, Der Anschluss eines Aussenseiters, S. 94.

1448 Siehe Anhang 5.

1449 Vgl. *Kreis*, Der Anschluss eines Aussenseiters, S. 100, 103: „unerwünschte Elemente vom Vertrag fernzuhalten - Aussenseiter etwa, bei denen es zum vornherein äusserst unwahrscheinlich erscheint, dass sie den GAV einhalten werden."

1450 Vgl. *Kreis*, Der Anschluss eines Aussenseiters, S. 104.

vertrages verstanden werden könnten, sodass der Außenseiter-Arbeitnehmer es in der Hand hätte, durch einseitige Annahmeerklärung die normative Tarifwirkung in der Zukunft herzustellen.[1451]

Da der angeschlossene Außenseiter-Arbeitnehmer jedenfalls kein Mitglied der Gewerkschaft wird, erhält er auch keine innerverbandlichen Beteiligungsrechte, kann also auf die Norm*inhalte* keinen Einfluss nehmen.[1452] Sofern solche gebildet bzw. eingesetzt sind, kann er sich allenfalls an die mit der Durchführung des Gesamtarbeitsvertrags beauftragten Gremien, wie die Paritätische Kommission, wenden und von ihr Unterstützung in der Durchsetzung seiner Rechte erbitten. Bzgl. der AVE ist zwar anerkannt, dass sie nicht erfolgen kann, wenn die Rechtsgleichheit der Unterworfenen beeinträchtigt wird. Daraus wird jedoch nicht abgeleitet, dass es erforderlich wäre, den Außenseitern die gleichen Rechte wie den Organisierten zu verschaffen, um eine AVE zu ermöglichen. Es sei vielmehr zu akzeptieren, dass den Außenseitern Rechte, die an die Verbandsmitgliedschaft anknüpfen, auch bei Zahlung des Beitrags vorenthalten bleiben.[1453] Anders wird dies jedoch im Fall des Anschlusses von Verbänden beurteilt (dazu sogleich).

Die im Wege des formellen Anschlusses erlangbare normative Wirkung dauert so lange an, wie der Gesamtarbeitsvertrag in Kraft ist und der Anschluss andauert. Er kann gem. Art. 356c OR schriftlich gekündigt werden. Sofern der Anschluss nicht auf bestimmte Zeit abgeschlossen und der Anschluss- oder Gesamtarbeitsvertrag nichts anderes vorsieht, kann er von jeder Vertragspartei mit Wirkung für alle anderen jederzeit auf sechs Monate gekündigt werden.[1454] Daneben kann der Anschluss jederzeit einvernehmlich durch die drei Vertragsparteien aufgehoben werden. Es soll dann keine Nachwirkung eintreten, sondern dir normative Wirkung umgehend enden.[1455] Dann entfällt auch die Zahlungspflicht des Außenseiter-Arbeitnehmers.[1456]

1451 *Bruchez*, in: HB koll. ArbR Teil 2 Rn. 11; *Vischer/Albrecht*, in: ZK, Band V 2c Art. 356b Rn. 23.

1452 Vgl. *Faika*, Solidaritätsbeitrag, S. 32.

1453 *Zumbühl*, SAG 1945, 454 (460).

1454 Entgegen des Wortlauts ist die Kündigung nicht erst nach einem Jahr möglich, vgl. *Kreis*, Der Anschluss eines Aussenseiters, S. 119.

1455 *Kreis*, Der Anschluss eines Aussenseiters, S. 122.

1456 *Melzer*, Außenseiter und Solidaritätsbeitrag, S. 72.

V. Solidaritätsbeitrag als Bedingung eines Anschlusses n. Art. 356b Abs. 2 OR

Die GAV-Parteien können die Bedingungen für einen solchen Anschluss näher regeln und ihn z.B. von der Zahlung eines Solidaritätsbeitrages abhängig machen. Der Gesetzgeber ermöglicht ihnen also Regelungen mit „Lastenwirkung für Dritte". *Kreis* meint sogar, dass die Möglichkeit, sich anschließenden Außenseitern Pflichten aufzuerlegen, dem formellen Anschlusses überhaupt erst praktische Relevanz verleihe, wohingegen die durch den formellen Anschluss erzielbare die Normwirkung „beinahe Nebensache" sei.[1457]

1. Schuldner des Solidaritätsbeitrags

In der Schweiz können Solidaritätsbeiträge sowohl von angeschlossenen Arbeitnehmern als auch angeschlossenen Arbeitgebern eingefordert werden.[1458] Es herrscht die Überzeugung vor, dass es sich bei der Beitragspflicht ihrem Zweck nach um eine persönliche Leistungspflicht handelt.[1459] Das bedeutet, dass z.B. die Beiträge angeschlossener Außenseiter-Arbeitnehmer nicht einfach durch den Arbeitgeber übernommen werden dürfen. Sofern dieser dies systematisch und regelhaft tue (etwa durch eine flächendeckende Lohnerhöhung mit dem alleinigen Ziel der Befreiung von dieser Belastung und nicht etwa der Honorierung von Leistungen), umgehe er die Höchstpersönlichkeit der Leistungspflicht und begehe eine gegen Treu und Glauben verstoßende Verletzung des Gesamtarbeitsvertrages.[1460]

1457 *Kreis*, Der Anschluss eines Aussenseiters, S. 84.

1458 Siehe nur *Kreis*, Der Anschluss eines Aussenseiters, S. 195; *Melzer*, Außenseiter und Solidaritätsbeitrag, S. 103.

1459 Vgl. *Melzer*, Außenseiter und Solidaritätsbeitrag, S. 70: „Die Eigenart des Solidaritätsbeitrages wie überhaupt aller Beiträge bedingt eine persönliche Leistungspflicht, so daß man diese ·stets als stillschweigenden Vertragsinhalt zu betrachten hat."; zustimmend *Kreis*, Der Anschluss eines Aussenseiters, S. 216.

1460 So *Kreis*, Der Anschluss eines Aussenseiters, S. 217; ähnlich *Melzer*, Außenseiter und Solidaritätsbeitrag, S. 69.

2. Höhe des Solidaritätsbeitrags

a) Schaffung der Generalklausel Art. 356b Abs. 2 S. 2 OR

Die Höhe der Solidaritätsbeiträge ist in der Schweiz nicht allgemein festgeschrieben oder formal limitiert. *Zumbühl* berichtete im Jahr 1945, dass der Beitrag sich für Arbeitnehmer in der Regel auf 60 Fr. im Jahr und für Arbeitgeber auf 60 Fr. Grundbetrag im Jahr zuzüglich 4 % der Lohnsumme des Vorjahres belaufe.[1461] Diese Größenordnung bestätigten auch andere Autoren.[1462] Obwohl eine konkrete Regelung kurz erwogen wurde, fand letztlich nur die generalklauselartige Umschreibung, dass die Beiträge nicht „unangemessen" sein dürfen, Eingang in das Gesetz (vgl. Art. 356b Abs. 2 S. 2 OR). Dies wurde kritisiert, da man das Problem des Außenseiterschutzes aus politischen Gründen – man ging davon aus, sich niemals auf eine konkrete Zahl einigen zu können – auf den Richter ausgelagert und damit nur verschoben habe. In Anbetracht des Umstands, dass Richter unbillige Bedingungen, insbesondere überhöhte Beiträge, aufheben oder auf angemessene Grenzen reduzieren können, sind der Vereinbarungsbefugnis der Vertragsparteien faktisch aber doch Grenzen gesetzt.[1463]

b) Schaffung einer 2/3-Grenze durch die Rechtsprechung

Diese stieß auf Kritik, weil es den Richtern überantwortet wurde, im Einzelfall über die zulässige Höhe zu befinden und die Vertragsfreiheit der GAV-Parteien mit der negativen Koalitionsfreiheit der Außenseiter in Ausgleich zu bringen.[1464] Nachdem das Schweizer Bundesgericht (BG) in seiner ersten Entscheidung zu den Solidaritätsbeiträgen gegen einen Beitrag „ungefähr in Höhe eines bei den in Betracht fallenden Organisationen üblichen Mitgliedschaftsbeitrages" nichts einzuwenden gehabt hatte,[1465] korri-

1461 *Zumbühl*, SAG 1945, 454 (455).

1462 Vgl. *Faika*, Solidaritätsbeitrag, S. 58 (aus dem Jahr 1966): die Höhe des Solidaritätsbeitrags variiere je na.ch der Einkommenshöhe und dem von den Organisierten zu entrichtenden Verbandsbeitrag. Sie betrage in den meisten Fallen 60 bis 7 Fr. jährlich oder 5 bis 6 Fr. im Monat. In extremen Fällen würden jährliche Solidaritätsbeiträge von maximal 84 Fr. und minimal 20 Fr. jährlich erhoben.

1463 Vgl. BG v. 28.9.2015, E 141 III, 418 (421).

1464 Deutlich *Kreis*, Der Anschluss eines Aussenseiters, S. 183: „Flucht in die Generalklausel".

1465 BG v. 25.5.1948, E 74 II, S. 158 (169).

gierte es diesen Kurs kurz darauf – freilich jedoch ohne die grundsätzliche Zulässigkeit des Solidaritätsbeitrags in Frage zu stellen. Seit der Entscheidung vom 13. September 1949 darf als ausschlaggebendes Kriterium für die Festsetzung der Höhe des Solidaritätsbeitrages nur der Gesichtspunkt des billigen Vorteilsausgleiches herangezogen werden.[1466] Damals billigte das BG bei einem Mitgliedsbeitrag der vertragsschließenden Gewerkschaft iHv 80 Fr. einen Solidaritätsbeitrag, der sich auf 60 Fr. belief.[1467] Gemeinhin wird daraus abgeleitet, dass Solidaritätsbeiträge (höchstens) bis zur Grenze von **2/3 des entsprechenden Mitgliedschaftsbeitrages** zulässig sind.[1468]

c) Stichprobenartige Überprüfung in der Praxis

Im Jahr 1966 berichtete *Faika,* die Höhe des Solidaritätsbeitrags variiere je nach der Einkommenshöhe und dem von den Organisierten zu entrichtenden Verbandsbeitrag und betrage in den meisten Fällen 60 bis 72 Fr. im Jahr bzw. 5 bis 6 Fr. im Monat. In extremen Fällen würden jährliche Solidaritätsbeiträge von maximal 84 Fr. und minimal 20 Fr. jährlich erhoben.[1469] Eine stichprobenartige Auswertung aktueller GAV in der Schweiz (siehe nachfolgende Abbildung 12) hat bestätigt, dass diese Größenordnung auch heute noch gilt.

1466 BG v. 13.9.1949, E 75 II, 305 (318 f.), siehe hierzu im Einzelnen unter II. 7.

1467 BG v. 13.9.1949, E 75 II, 305 (318); laut BG v. 28.9.2015, E 141 III, 418 (422) habe das Gericht in jüngerer Vergangenheit einen Solidaritätsbeitrag gebilligt, der sich auf einen Betrag von 10 Fr. im Monat belief;

1468 Vgl. *Faika*, Solidaritätsbeitrag, S. 58; *Heußner,* RdA 1960. 295 (298); in diese Richtung auch schon zuvor *Tschudi*, in: Beiträge zum Arbeits- und Sozialrecht, S. 207 (228); aA *Hug*, SAG 1974, 653 (654): zulässig sei höchstens die Hälfte des Mitgliedschaftsbeitrags.

1469 *Faika*, Solidaritätsbeitrag, S. 58.

Abbildung 12: Übersicht zur Höhe des Solidaritätsbeitrags in der Schweiz (stichprobenartig, eigene Zusammenstellung)

Verband / GAV	Stand der Angabe	Höhe des Beitrags	Spannbreite Mitgliedschaftsbeiträge der tarifschließenden Gewerkschaft[1470]
GAV der Maschinen-, Elektro und Metall- Industrie	2021	5 Fr. / Monat	**Angestellte Schweiz:** 12, 50 Fr. / Monat **Unia:** 22,30 – 50,80 Fr. / Monat **Syna:** 20, 25 – 39, 75 Fr. / Monat **KFMV:** 14, 17 / Monat **SKO:** k.A.
GAV Berner Spitäler und Kliniken	2023	3 Fr. / Monat	**SBK:** 7,80 – 24,60 Fr. / Monat[1471]
GAV Bernischer Langzeitpflege-Institutionen	2022	4 Fr. / Monat	**SBK:** 7,80 – 24,60 Fr. / Monat **VPOD:** 10, 40 – 54,50 Fr. / Monat

Bisweilen finden sich bei den Mitgliedsbeiträgen der Gewerkschaften gesonderte Befreiungen für Personen in Ausbildung, geringem Arbeitspensum oder geringem Einkommen.[1472] Vergleicht man die Höhe des Solidaritätsbeitrages mit den Mitgliedschaftsbeiträgen der den GAV schließenden Gewerkschaften, so fällt auf, dass ersterer sich ganz überwiegend auf merklich weniger als 50 % des Minimal-Gewerkschaftsbeitrages beläuft. Da sich der Mitgliedsbeitrag bei den Schweizer Gewerkschaften oft je nach Einkommenshöhe degressiv verringert und nicht für alle Arbeitnehmer gleich hoch ist,[1473] erweist sich ein Vergleich der Belastung der zur Zahlung des absoluten Solidaritätsbeitrages verpflichteten Außenseiter-Arbeitnehmer mit der Kostenbelastung im Falle einer Mitgliedschaft abstrakt aber nur als eingeschränkt möglich.

1470 Angaben der Zusammenstellung von *Bourquin* v. 20.9.2020e entnommen, abrufbar unter https://sbn-services.ch/mitgliederbeitraege-von-schweizer-gewerkschaften-und-personalverbaenden/ (letzter Abruf am 4.1.2022) oder den Gewerkschaftswebsiten, sie beziehen sich jeweils auf die Zahlen für die ordentlich Mitgliedschaft, Spannbreiten gelten bei fehlen einer abweichenden Angabe als Staffelung nach Einkommenshöhe.

1471 Spannbreit bezieht sich auf den Anstellungsgrad (0-1ß %, 11-50%, 51- 100 %), vgl. https://www.sbk-be.ch/de/mitglieder/mitgliederbeitraege.html (letzter Abruf 5.1.2023).

1472 Vgl. Art. 29 GAV Solothurnisches Kantonspersonal: Befreiung für Praktikanten, Lehrlinge und Arbeitnehmer mit versicherungspflichtigem Lohn unter 1.000 Fr.; Art. 4 Abs. 1 GAV MEM Befreiung für unterstellte Arbeitnehmer mit weniger als 12 Wochenstunden.

1473 Siehe oben unter Kap. 4 B. II. 2.

3. Einzug des Solidaritätsbeitrags

a) Statusneutraler Einzug des Solidaritätsbeitrages von allen Arbeitnehmern

Aus administrativen Gründen[1474] wird der Solidaritätsbeitrag in der Schweiz mittlerweile in einem ersten Schritt durch den zum Inkasso ermächtigten Arbeitgeber vom Lohn aller Arbeitnehmer einbehalten, die bei einem tarifgebundenen oder angeschlossenen Arbeitgeber beschäftigt sind und an einen Verwaltungsfonds abgeführt.[1475] Das hat den Vorteil, dass der Arbeitgeber so nicht erfährt, wer von seinen Beschäftigten organisiert ist, sodass Maßregelungen oder Diskriminierungen der Organisierten ausgeschlossen werden.[1476] Wie oben bereits ausgeführt, tritt die Pflicht zur Zahlung des Solidaritätsbeitrages zusammen mit der Maßgabe im Gesamtarbeitsvertrag auf, nur vertragstreue Arbeitnehmer anzustellen bzw. nur bei vertragstreuen Arbeitgebern anzuheuern.[1477] Die nicht organisierten Arbeitgeber und Arbeitnehmer haben die insofern von ihnen geforderte Vertragstreue durch Besitz eines sog. Solidaritätsausweises (früher Arbeitskarte[1478]– siehe Abbildung 11) nachzuweisen, den sie nach Anschluss an den Gesamtarbeitsvertrag und nach Zahlung des Beitrages erhalten. In der Praxis erhalten Arbeitnehmer den Ausweis idR mit der Lohnabrechnung im

1474 So etwa ausdrücklich geregelt in Art. 4 Abs. 2 GAV MEM; vgl auch *Swissmen*, Kommentar GAV MEM, S. 11 zu Art. 4, b).

1475 Laut *Swissmen*, Kommentar GAV MEM, S. 11 zu Art. 4, c)

1476 Vgl. *Swissmen*, Kommentar GAV MEM, S. 10 zu Art. 3: „Die Gewährleistung der beidseitigen Koalitionsfreiheit bedeutet, dass sowohl die Freiheit einem Arbeitnehmerverband anzugehören, als auch die Freiheit ihm fernzubleiben, geschützt sind. Indem der Solidaritätsbeitrag gleichermassen bei organisierten und nichtorganisierten Arbeitnehmenden abgezogen wird, besteht keinerlei Verpflichtung, im Betrieb mitzuteilen, ob man einem Arbeitnehmerverband angehört oder nicht."

1477 Vgl. beispielsweise Art. 1 Abs. 2 GAV MEM: „Grundsätzlich sollen alle Arbeitnehmenden im Sinne des Arbeitsgesetzes, ungeachtet ihrer Stellung und Funktion, dem GAV unterstellt werden" iVm Art. 4 Abs. 1 GAV MEM: „Die dem GAV unterstellten Arbeitnehmenden mit wenigstens 12 Wochenstunden, die keinem Arbeitnehmerverband angehören, leisten einen Solidaritätsbeitrag".

1478 Diese erstmals 1946 durch das Einigungsamt Neuenburg eingeführten Karten wurden durch die paritätischen Berufskommissionen für alle Arbeitnehmer eines angeschlossenen Unternehmens – verschiedenfarbig je nach Organisationsstatus – in dreifacher Ausfertigung ausgestallt. Ein Exemplar erhielt der Arbeitgeber, der die Karten aller Arbeitnehmer karteimäßig zu führen hatte, eines der Arbeitnehmer und eines verblieb bei der Kommission. Vgl. hierzu mit einigen Beispielen zur Historie der Arbeitskarte *Faika*, Solidaritätsbeitrag, S: 59 f.

Januar oder Februar des auf ein Abrechnungsjahr folgenden Jahres, wobei der Ausweis als „Wertpapier“ fungiert und die Entrichtung des Solidaritätsbeitrages für das vorangegangene Jahr bestätigt.[1479]

Abbildung 13: Arbeitskarte / Ausweis über die Zahlung des Solidaritätsbeitrags für Beschäftigte bei an den GAV MEM angeschlossene Arbeitgeber[1480]

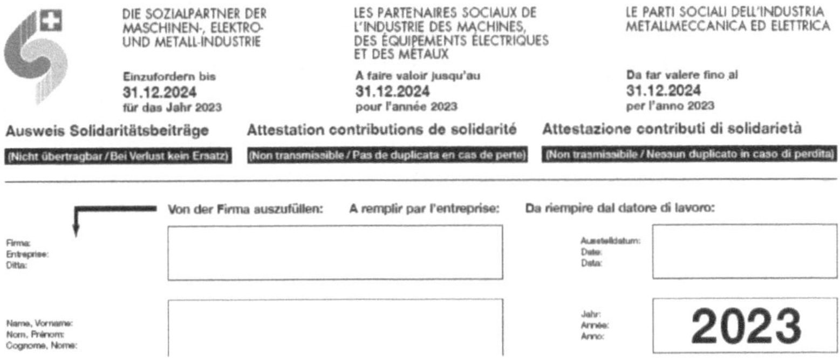

DIE SOZIALPARTNER DER MASCHINEN-, ELEKTRO- UND METALL-INDUSTRIE

LES PARTENAIRES SOCIAUX DE L'INDUSTRIE DES MACHINES, DES ÉQUIPEMENTS ÉLECTRIQUES ET DES MÉTAUX

LE PARTI SOCIALI DELL'INDUSTRIA METALMECCANICA ED ELETTRICA

Einzufordern bis **31.12.2024** für das Jahr 2023

A faire valoir jusqu'au **31.12.2024** pour l'année 2023

Da far valere fino al **31.12.2024** per l'anno 2023

Ausweis Solidaritätsbeiträge | **Attestation contributions de solidarité** | **Attestazione contributi di solidarietà**

(Nicht übertragbar / Bei Verlust kein Ersatz) | (Non transmissible / Pas de duplicata en cas de perte) | (Non trasmissibile / Nessun duplicato in caso di perdita)

Von der Firma auszufüllen: A remplir par l'entreprise: Da riempire dal datore di lavoro:

Firma: Entreprise: Ditta:

Ausstelldatum: Date: Data:

Name, Vorname: Nom, Prénom: Cognome, Nome:

Jahr: Année: Anno: **2023**

Auch die in der tarifschließenden Gewerkschaft organisierten und bei einem angeschlossenen Arbeitgeber beschäftigten Arbeitnehmer müssen den Solidaritätsbeitrag zunächst entrichten und erhalten somit den Ausweis, der den Abzug des Solidaritätsbeitrags von ihrem Lohn bestätigt. Auch für sie handelt es sich dabei um ein wichtiges Dokument, denn sie können durch Vorlage des Ausweises bei ihrer Gewerkschaft innerhalb einer bestimmten Frist (bei der *Unia* z.B. bis zum 31. Dezember) eine Rückerstattung des Beitrags sowie die durch die Solidaritätsbeiträge der Außenseiter-Arbeitnehmer und Andersorganisierten finanzierte Zuwendung erhalten (dazu sogleich unter Kap. 4 B. V. 4.).

1479 *Tschudi*, in: Beiträge zum Arbeits- und Sozialrecht, S. 207 (227); *Müller*, Gedanken zum Solidaritätsbeitrag, S. 1; zu der praktischen Abwicklung sieh nur Angaben der Gewerkschaften Unia und Angestellte Schweiz auf ihren Websites, abrufbar unter https://www.unia.ch/de/arbeitswelt/von-a-z/industrie/mem-industrie/solidaritaetsbeitrag und https://angestellte.ch/was-ist-ein-solidaritaetsbeitrag (letzter Abruf 17.11.2024).

1480 Abrufbar unter https://unia.ch/de/arbeitswelt/von-a-z/industrie/mem-industrie/solidaritaetsbeitrag (letzter Abruf 17.11.2024).

b) Praktische Schwierigkeiten des Beitragseinzugs

Auch in der Schweiz hat es sich jedoch als Problem erwiesen, dass der Erzwingung zur Zahlung eines Solidaritätsbeitrags als Anschlussbedingung rein *faktisch* Grenzen gesetzt sind. So machen *Schweingruber/Bigler* es als Problem aus, dass niemand eine Umgehung des Arbeitgebers durch Selbstzahlung oder entsprechende Lohnerhöhung verhindern kann.[1481] Eine Lösung hierfür wurde – soweit ersichtlich – bisher nicht gefunden.

Die von *Kreis* vorgeschlagene Lösung, bei einem regelhaften Verhalten des Arbeitgebers eine gegen Treu und Glauben verstoßende Verletzung des Gesamtarbeitsvertrages durch ihn anzunehmen,[1482] erscheint für die Praxis wenig griffig und dürfte kaum justiziabel sein. Es dürfte so schon daran scheitern, dass die Gewerkschaft (mangels Auskunftspflicht des Arbeitgebers) keine Möglichkeit hat, zu erkennen oder gar nachzuweisen, dass der Arbeitgeber die Zahlungspflicht der Arbeitnehmer „systematisch und regelhaft" durch entsprechende Lohnerhöhungen auszuhebeln versucht. Die Kompetenzen der Vertragsgemeinschaft zur Kontrolle der Arbeitgeber ist wiederum auf gesetzlich fest umrissene Tatbestände beschränkt, auf die nicht zurückgegriffen werden kann. Selbst wenn eine regelhafte Erhöhung der Löhne unstreitig wäre, so ist nicht erkennbar, wie dem Arbeitgeber unter Ausschluss sämtlicher Alternativen der Wille nachgewiesen werden können soll, diese Maßnahme einzig zu dem Zweck vorgenommen zu haben, den Solidaritätsbeitrag auszuhebeln. Nur in dem Fall, in dem der Beitrag eher gering (etwa 5 Fr.) ausfällt oder eine krumme Zahl aufweist und die Erhöhung genau gleich ausfällt, erschiene das zu erwartende Argument, dass es sich bei der Lohnerhöhung um eine Honorierung der Leistung, den Ausgleich der Inflation oder Weitergabe einer guten wirtschaftlichen Entwicklung handelt, wenig glaubwürdig. Aber praktisch wäre damit nichts gewonnen.

Es bleibt damit dabei, dass in der Schweiz bis dato keine taugliche Lösung für diese Problem gefunden wurde. Vielleicht besteht daran auch kein gesteigertes Interesse, schließlich soll der Aspekt der Mitgliederwerbung in der Schweiz nicht im Vordergrund stehen, sodass es für die Verbände weniger von Belang sein dürfte, ob der Außenseiter-Arbeitnehmer „wirtschaftlich getroffen" und dadurch eine Steuerungswirkung ausgelöst wird. Statt beim Einzug des Beitrags anzusetzen, scheinen die Gewerkschaften

1481 *Schweingruber/Bigler*, Kommentar GAV, Teil 1, S. 34.
1482 Siehe unter Fn. 1460.

vielmehr über die Verwendung der eingenommenen Gelder eine Anreizwirkung entfalten zu wollen (also bei der Frage der Verwendung).

4. Verwendungsmöglichkeiten des Solidaritätsbeitrags

a) Vorgaben des Art. 356b Abs. 2 S. 2 2. HS OR

Die einzige gesetzliche Vorgabe zur Mittelverwendung findet sich in Art. 356b Abs. 2 Hs. 2 OR. Dieser sieht die Nichtigkeit von solchen Bestimmungen oder Abreden über Beiträge vor, die zugunsten einer einzelnen Vertragspartei getroffen werden.[1483] Das heißt, die eingenommenen Gelder dürfen somit nicht einfach an die Gewerkschaften selbst gehen und zu deren allgemeiner Finanzierung dienen. „Es würde [vielmehr] eine unerlaubte Umgehung dieses Verbots bedeuten, zuerst zwar alle Aussenseiterbeiträge in einen paritätischen Fonds fliessen zu lassen (pro forma), dann aber die Gewerkschaft alle Eingänge aus diesem paritätischen Fonds entnehmen zu lassen, für ihre eigene Kasse."[1484] Darüber hinaus steht es den GAV-Parteien in der Schweiz grundsätzlich frei, über die Verwendung der eingenommenen Gelder nach eigenem Gutdünken zu entscheiden. Sie sollen in erster Linie zur Deckung der anteilig auf die Außenseiter entfallenen GAV-Durchführungs- und Kontrollkosten verwandt werden. Die danach verbleibenden Überschüsse dürfen aber auch für sonstige Projekte aufgewandt werden, die im Zusammenhang mit dem Gesamtarbeitsvertrag stehen, solange die Außenseiter-Arbeitnehmer daran partizipieren können (z.B. zur Förderung der Berufsbildung).[1485]

Angesichts des Verbots der Verbandsfinanzierung gründen die GAV-Parteien zur Einnahme und Verwaltung der eingenommenen Gelder eigenständige Rechtspersönlichkeiten, in der Regel einen Verwaltungsfonds in der Organisationsform eines Vereins oder einer einfachen Gesellschaft (nach Art. 530 ff. OR).[1486] Im Gesamtarbeitsvertrag wird dann von den Par-

1483 Mit dieser Beschränkung soll der Beitrag vor dem Verdikt der „Sittenwidrigkeit" bewahrt werden, vgl. *Zumbühl*, SAG 1945, 454 (455) (460).

1484 *Kreis*, Der Anschluss eines Aussenseiters, S. 222; ebenso *Faika*, Solidaritätsbeitrag, S. 63.

1485 Vgl. *Faika*, Solidaritätsbeitrag, S. 63; *Tschudi*, in: Beiträge zum Arbeits- und Sozialrecht, S. 207 (228).

1486 Vgl. *Faika*, Solidaritätsbeitrag, S. 63; beispielhaft: Art. 4 Abs. 5 GAV MEM, S. 9: „Der Fonds wird als Verein (Art. 60 ff. ZGB) geführt. Die Vereinsversammlung sowie der Vorstand bestehen aus max. 2 Delegierten pro Arbeitnehmer-vertrags-

teien festgesetzt, welche Leistungen der Fonds finanzieren soll. Der aktuelle Gesamtarbeitsvertrag der Maschinen-, Elektro- und Metall-Industrie (GAV MEM) setzt dies in Art. 4 Abs. 4 beispielsweise wie folgt um:

> „Die Vertragsparteien führen einen Fonds zur Verwaltung der Solidaritätsbeiträge. Der Fonds finanziert insbesondere:
>
> - **Rückerstattungen an die Mitglieder der Arbeitnehmervertragsparteien**
> - Zuwendungen an die Mitglieder der Arbeitnehmervertragsparteien zu deren teilweisen Entlastung bei ihren Mitgliederbeiträgen
> - Beiträge an die Arbeitnehmervertragsparteien an deren Kosten für die Durchführung des GAV
> - Beiträge an die Arbeitnehmervertragsparteien an deren Kosten für den
> - Aufbau gemeinsamer neuer Projekte oder Strukturen (z.B. MEM-Passerelle 4.0)
> - Beiträge an die paritätische Schulung der Vertragsparteien für Arbeitnehmervertreterinnen und Arbeitnehmervertreter in den Betrieben (AAA)
> - die Herausgabe des GAV
> - die Unterlagen zur Information der Lernenden über den GAV."[1487]

b) Rückerstattungen an Mitglieder der tarifschließenden Gewerkschaft als echte Mehrleistungen

Bemerkenswert ist hierbei insbesondere, dass die Außenseiter-Arbeitnehmer durch den Solidaritätsbeitrag in der Schweiz nicht nur an den Transaktionskosten des Gesamtarbeitsvertrages beteiligt werden können, sondern mit Hilfe der eingenommenen Gelder auch eine darüberhinausgehende Entlastung der Mitglieder vorgenommen werden kann bzw. praktisch vor-

---

partei und max. 5 Delegierten des ASM [Arbeitgeberverband]. Ungeachtet der Anzahl Delegierter gelten in der Vereinsversammlung und dem Vorstand folgende Stimmrechte: 1 Stimme pro Mitglied der Arbeitnehmervertragsparteien (gesamthaft 5 Stimmen), 5 Stimmen ASM. Die Vereinsversammlung und der Vorstand sind beschlussfähig, wenn gesamthaft 5 Mitglieder, darunter der ASM, vertreten sind. Beschlüsse in der Vereinsversammlung und im Vor- stand werden grundsätzlich mit dem Quorum der doppelten 2/3-Mehrheit gefasst, das heisst, sowohl auf Arbeitnehmr- wie auch auf Arbeitgeberseite müssen 2/3 der anwesenden Stimmen zustimmen."

1487 Vgl. Art. 4 Abs. 5 GAV MEM, (S. 9) – Hervorhebung durch die Verfasserin.

genommen wird. Bei Vorlage des „Solidaritätsausweises“ erhalten die in der tarifschließenden Gewerkschaft organisierten Arbeitnehmer nämlich „zur Reduktion ihrer Mitgliedschaftslasten eine Zuwendung aus dem Solidaritätsbeitragsfonds, die je nach Höhe ihres Verbandsbeitrages abgestuft wird“.[1488] Dies geht über den bloßen Ausgleich des in der Regel auch von ihnen abgeführten Solidaritätsbeitrags hinaus. Diese Zuwendungen stellen vielmehr eine *echte Mehrleistung* für die in der tarifschließenden Gewerkschaft organisierten Arbeitnehmer dar. Der Zuwendungsbetrag berücksichtigt jeweils die Höhe des individuellen Mitgliedschaftsbeitrages. So stellt die vergleichsweise teure Gewerkschaft *Unia* für ihre Mitglieder zum Beispiel für das Jahr 2022 eine Rückerstattung iHv 200 bis 307 Fr. in Aussicht, was angesichts des Solidaritätsbeitrag im betreffenden Jahr iHv nur 60 Fr. eine Zuwendung von 140 – 247 Fr. bedeutet.[1489] Die im Vergleich zur *Unia* deutlich günstigere Gewerkschaft *Angestellte Schweiz* kann demgegenüber nur eine Rückerstattung von insgesamt 182 Fr. anbieten, also nach Abzug der 60 Fr. für den Solidaritätsbeitrag des Vorjahres eine Zuwendung von bis zu 122 Fr. je nach individuellem Mitgliedsbeitrag.[1490]

c) Kontrolle der Mittelverwendung

Die korrekte Verwendung der aus dem Einzug des Solidaritätsbeitrages erlangten Mittel wird in der Regel durch die Revisionsstelle vorgenommen, welche die GAV-Parteien im Gesamtarbeitsvertrag oder dem Anhang dazu bzw. den Bestimmungen zum Solidaritätsbeitragsfonds festlegen. Die Revisionsstelle stellt den GAV-Parteien jährlich die von ihr geprüften Jahresabrechnungen zur Verfügung und kann extern[1491] oder sozusagen intern durch einen der am GAV beteiligten Verbände wahrgenommen werden.[1492] Gesetzliche Vorgaben zur Revisionsstelle oder zum Umfang ihrer Prüfungs-

1488 *Swissmen*, Kommentar GAV MEM, S. 11 zu Art. 4, d).

1489 Vgl. Informationen auf der Unia-Website, abrufbar unter https://www.unia.ch/de/arbeitswelt/von-a-z/industrie/mem-industrie/solidaritaetsbeitrag (letzter Abruf 5.1.2023).

1490 Vgl. Informationen auf der Angestellte Schweiz-Website, abrufbar unter https://angestellte.ch/fokus/details/mem-solidaritaetsbeitrag (letzter Abruf 5.1.2022).

1491 Vgl. z.B. die Bestimmungen in Art. 7 des GAV Bernischer Langzeitpflege-Institutionen, abrufbar unter: https://www.dedica.ch/wAssets/docs/gav/GAV-Langzeitpflege-01.01.2022.pdf (letzter Abruf am 5.1.2023).

1492 Beispiel hierfür ist die Abrede zum GAV Kantonsspital Baselland / Psychiatrie Baselland, vgl. Ziff. 2, abrufbar unter https://syna.ch/nordwestschweiz/images/

kompetenz gibt es nicht.[1493] Sie besteht jedoch ausschließlich aus Mitgliedern der GAV-Parteien. Angeschlossene Außenseiter-Arbeitnehmer finden darin keine Vertretung. Sie können gegen Entscheidungen der Revisionsstelle (idR Paritätische Kommission) allenfalls das vertragliche Schiedsgericht anrufen, wenn der Gesamtarbeitsvertrag dies vorsieht.[1494]

5. Zulässigkeit des Solidaritätsbeitrags als Bedingung eines Anschlusses iSv Art. 356b Abs. 2 OR

a) Beitragserhebung von Außenseitern

aa) Prämisse: Unzulässigkeit von Verbandszwang, aber Zulässigkeit von Anschlusszwang

Bei der Erörterung der Zulässigkeit der Beitragserhebung von Außenseitern sind zwei Formen von Zwang grundsätzlich zu unterscheiden. Einerseits gibt es den sog. Verbandszwang, der – wie oben ausgeführt – vor allem in Gestalt von Absperrklauseln auftritt und die Arbeitnehmer direkt zum Eintritt in die Gewerkschaft veranlassen will. Dieser Verbandszwang wird in der Schweiz für unzulässig gehalten. Früher stützte man dies auf den darin enthaltenen Verstoß gegen die guten Sitten und das Recht der Persönlichkeit,[1495] heute oft auf einen Verstoß gegen Bestimmungen iSd Art. 356a Abs. 1 OR.[1496]

Von diesem Zwang zum Eintritt in den Verband ist der Vertragszwang als Zwang zum Anschluss an den Vertrag zu unterscheiden.[1497] Ein solcher wird durch die Vertragstreuevereinbarungen in Gesamtarbeitsverträgen

Nordwestschweiz/Regionale-GAV/SpitalBL_Reglement_Solidaritätsbeitrag.pdf (letzter Abruf am 5.1.2022).

1493 So ausdrücklich Regierungsratsbeschluss Kanton Sollothurn 2018/1230 v. 14.8.2018, S. 3.

1494 Vgl. *Faika*, Solidaritätsbeiträge, S. 61.

1495 BG v. 26.11.1925, E 51 II, 525; v. 27.3.1928, E 54 II, 142 (146 f.); erstmals auch unter dem Aspekt der negativen Koalitionsfreiheit BG v. 13.9.1949, E 75 II, 305 (315); vgl. auch *Tschudi*, in: Beiträge zum Arbeits- und Sozialrecht, S. 263 (270) mwN.

1496 BG v. 28.9.2015, E 141 III, 418 423); *Adermatt*, in: HB koll. ArbR Teil 1 A. Rn. 27 f.; *Gebhardt*, Außenseiter im Arbeitskampf, S. 197; *Geiser/Müller/Pärli*, Arbeitsrecht in der Schweiz Rn. 740; *Vallender/Hettich*, in: Schweizerische BV Art. 28 Rn. 14; *Rehbinder*, Schweizerisches Arbeitsrecht, Rn. 501.

1497 Teilweise wird der Anschlusszwang wiederum von der milderen Form des Unterwerfungszwangs unterschieden, vgl. BG v. 28.9.2015, E 141 III, 418 (423).

ausgelöst, die Einstellung oder Fortsetzung des Arbeitsverhältnisses von dem Anschluss an den Gesamtarbeitsvertrag und der Zahlung eines Solidaritätsbeitrags abhängig machen.[1498] Er wird für zulässig gehalten, wie die Worte des Bundesgerichts anschaulich verdeutlichen:

> „Denn Zwang zum Eintritt in einen bestimmten Arbeitnehmerverband und Zwang zum Anschluss an einen von diesem mit einem Arbeitgeberverband abgeschlossenen GAV sind zwei grundverschiedene Dinge, die keineswegs einer analogen Behandlung rufen. Insbesondere ist nicht einzusehen, wieso ein Arbeitnehmer durch die Notwendigkeit des Anschlusses an ein Vertragswerk, das auch in seinem Interesse geschaffen worden ist, in seinen Persönlichkeitsrechten verletzt werden könnte, bzw. wieso ein solcher Anschlusszwang etwas Sittenwidriges darstellen sollte. Seitdem die AVE von GAV möglich ist, muss sich ein Aussenseiter damit abfinden, dass ihm ein GAV aufgezwungen wird. Ob dies seitens der Behörde geschieht oder der Aussenseiter durch kollektiven Zwang genötigt wird, den GAV für sich als verbindlich anzuerkennen, kommt im Schlussergebnis auf dasselbe heraus."[1499]

bb) Zulässigkeit in Abhängigkeit von der Beitragshöhe

Aus dem Vorstehenden folgt, dass es in der Schweiz zulässig sein kann, durch eine Tarif- bzw. Vertragstreuevereinbarung gepaart mit der Pflicht zur Zahlung eines Solidaritätsbeitrages einen Vertragszwang auszuüben.[1500] Das BG fällte dazu kurz hintereinander zwei richtungsweisende Urteile, in denen es die Voraussetzungen der Zulässigkeit näher herausarbeitete.

1498 Vgl. unter Kap. 4 B. II. 1. b), IV.; siehe auch BG v. 28.9.2015, E 141 III, 418 (423).

1499 BG v. 13.9.1949, E 75 II, 305 (316).

1500 BG v. 13.9.1949, E 75 II, 305 (316 f.): „Wie jedoch das Bundesgericht in BGE 74 II 167 ff. bereits entschieden hat, ist eS wenigstens grundsätzlich in rechtlicher Beziehung nicht zu beanstanden, wenn die Zulassung von Aussenseitem zu einem GAV von der Entrichtung eines Solidaritätsbeitrages abhängig gemacht wird [...] Diese Überlegungen sind in grundsätzlicher Beziehung unanfechtbar und lassen daher die Heranziehung der Aussenseiter zu gewissen finanziellen Leistungen im Sinne eines Lastenausgleiches als berechtigt erscheinen, so dass sich gegen das Prinzip des Solidaritätsbeitrages nichts einwenden lässt."

(1) BG v. 25.5.1948 – Grundsatz der Abhängigkeit vom Mitgliedschaftsbeitrag im tarifschließenden Verband

Zunächst hat das Gericht in seinem Urteil vom 25. Mai 1948 erklärt, dass es rechtlich nicht zu beanstanden sei, wenn die Einzelunterziehung eines nichtorganisierten Arbeitnehmers unter einen Gesamtarbeitsvertrag durch Tarifbestimmung von der Entrichtung eines Solidaritätsbeitrags abhängig gemacht wird.[1501] Dies beruhe auf der Überlegung, dass die günstigen Arbeits- und Lohnbedingungen, die sich der nichtorganisierte Arbeiter durch den Einzelanschluss verschaffen kann, wesentlich den Bemühungen der Arbeitnehmerorganisationen zu verdanken seien, welche bei den Verhandlungen mit der Arbeitgeberschaft die Interessen nicht nur ihrer Mitglieder, sondern der Arbeiterklasse im Allgemeinen verfochten hätten. Dazu in die Lage versetzt würden die Arbeitnehmerorganisationen durch den persönlichen und finanziellen Einsatz ihrer Mitglieder. Die nichtorganisierten Arbeiter, die hingegen keinerlei Beiträge leisteten, sollten nun „wenigstens für die Vorteile, deren er durch den Einzelanschluss teilhaftig wird, gleichfalls eine Gegenleistung, eben in der Form des Solidaritätsbeitrages, aufbringen."[1502]

Das Gericht erkennt dabei, dass die Erhebung eines solchen Beitrages, der in der Regel sogar etwas höher als der Mitgliedschaftsbeitrag ausfalle, „unbestreitbar" für den nichtorganisierten Arbeitnehmer einen „gewissen Anreiz" bedeute, sich dem vertragsschließenden Verband anzuschließen, der sich faktisch auch als Verbandszwang auswirken könnte.[1503] Solange sich die Belastung aber ungefähr in der Höhe eines bei den in Betracht fallenden Organisationen üblichen Mitgliedschaftsbeitrages bewege, sodass der Außenseiter-Arbeitnehmer ohne ernstliche Opfer finanzieller Natur dem Verband fernbleiben kann, sei die im Persönlichkeitsrecht des Art. 28 ZGB garantierte Freiheit der Organisationsentscheidung nicht beeinträchtigt und die Beitragserhebung demnach zulässig.[1504]

1501 So ausdrücklich BG v. 25.5.1948, E 74 II, 158 (167 f.).
1502 BG v. 25.5.1948, E 74 II, 158 (168).
1503 BG v. 25.5.1948, E 74 II, 158 (168 f.).
1504 BG v. 25.5.1948, E 74 II, 158 (169).

(2) Korrektur durch BG v. 13.9.1949 – Grundsatz der Zweckproportionalität

Diese großzügige Linie hat das BG aber kurz darauf korrigiert und stattdessen für die Beurteilung der Zulässigkeit von Solidaritätsbeiträgen den Grundsatz der Zweckproportionalität aufgestellt.

Es kritisierte unter Beibehaltung der prinzipiellen Billigung des Solidaritätsbeitrags[1505] die alleinige Fixierung auf den Mitgliedschaftsbeitrag bei der Prüfung der Angemessenheit. Diese Betrachtungsweise lasse außer Acht, dass die Organisierten schließlich für die geleisteten Beiträge einen Gegenwert erhielten, welche sich nicht allein auf die Vorteile des in Rede stehenden Gesamtarbeitsvertrags beschränke, sondern auch darüberhinausgehende „direkte und indirekte vorteilhafte Auswirkungen der Mitgliedschaft verschiedenster Art" umfasse.[1506] Diese weitergehenden – den Außenseiter-Arbeitnehmern unzugänglichen – Vorteile dürften bei der Bemessung des Solidaritätsbeitrags ebenso wenig mit einbezogen werden wie der Anteil am Mitgliedschaftsbeitrag, der dazu diene, weitere, vertragsfremde Ziele allgemeiner wirtschaftlicher, sozialer, kultureller und politischer Art zu verfolgen.[1507]

Das Gericht stellte klar, dass der Beitrag der Höhe nach (als Mittel) im richtigen Verhältnis zum Zweck seiner Erhebung zu stehen habe, um insgesamt zulässig zu sein. Die Intention der Gewerkschaften, durch die Annäherung des Solidaritätsbeitrags an den Mitgliedschaftsbeitrag ein Abwandern der Mitglieder zu verhindern und eine Werbewirkung zu Gunsten des vertragsschließenden Verbands zu entfalten (kurzum Mitgliederwerbung), sei dabei ein grundsätzlich zulässiger Nebenzweck, der aber keineswegs in den Vordergrund rücken dürfe.[1508] Hauptzweck der Beitragserhebung habe stets die Einhaltung der Berufsordnung durch Unterstellung möglichst vieler Berufsangehöriger und der Lastenausgleich durch Kostenbeteiligung zu sein und nicht die Mitgliederwerbung.[1509] Sobald nun die Belastung durch einen Solidaritätsbeitrag (ggf. zusammengenommen mit dem Mit-

1505 BG v. 13.9.1949, E 75 II, 305 (316 f.).
1506 BG v. 13.9.1949, E 75 II, 305 (318 f.).
1507 BG v. 13.9.1949, E 75 II, 305 (318 f.).
1508 Vgl. auch *Tschudi*, in: Beiträge zum Arbeits- und Sozialrecht, S. 263 (278), der in der Stärkung der Verbände eine „rechtlich irrelevante Nebenwirkung" erblickt, die aber trotz der Annäherung des praktischen Resultats an den Verbandszwang nicht als solcher zu behandeln sei.
1509 BG v. 13.9.1949, E 75 II, 305 (313) (Mit der gleichen Zweckpriorisierung *Tschudi*, in: Beiträge zum Arbeits- und Sozialrecht, S. 263 (278).

gliedschaftsbeitrag bei einem anderen Verband) den Mitgliedschaftsbeitrag beim vertragschließenden Verband übersteige, stelle der Zweck der Mitgliederwerbung den billigenswerten Hauptzweck jedoch in den Hintergrund. Die durch einen derart hohen Beitrag entfaltete Werbewirkung laufe „im praktischen Ergebnis geradezu auf einen psychologischen Zwang zum Eintritt in den vertragschliessenden Verband" hinaus[1510] und sei bezogen auf den Hauptzweck deshalb nicht mehr „zweckproportional". Er verstoße gegen die als Teil des Persönlichkeitsrechts des Außenseiter-Arbeitnehmers in Art. 28 ZGB garantierte Entschlussfreiheit und müsse außerdem unter dem Gesichtspunkt der guten Sitte als unzulässig betrachtet werden.[1511] Da diese Ausgestaltung den Solidaritätsbeitrag der – bereits für unzulässig erachteten –[1512] Absperrklausel annähere, sei es nur richtig, diesen dann auch rechtlich entsprechend zu behandeln.[1513]

Zusammengefasst bedeutet dies, dass für die Höhe des Solidaritätsbeitrags nur das Prinzip des billigen Vorteilsausgleichs bestimmend sein und der Beitrag den Wert der dem Außenseiter-Arbeitnehmer durch den GAV vermittelten Vorteile nicht offensichtlich übersteigen darf.[1514]

(3) Folgen für die Frage der Umlagefähigkeit von Kosten

Unter Beachtung dieser Grundsätze erklärte das BG folgende Kosten im Rahmen des Solidaritätsbeitrags für umlagefähig:[1515]

- Kosten der administrativen Leistungen, welche für die Durchführung des Vertragswerkes notwendig sind, so insbesondere die Ausstellung und Kontrolle der Arbeitskarten, sowie die Vornahme von Kontrollen über die Einhaltung der Vertragsbedingungen in den einzelnen dem Vertrag

1510 BG v. 13.9.1949, E 75 II, 305 (320).

1511 BG v. 13.9.1949, E 75 II, 305 (320); i.E. ebenso, in der Begründung aber leicht abweichend *Tschudi*, in: Beiträge zum Arbeits- und Sozialrecht, S. 207 (231): Ihm zufolge seien Solidaritätsbeiträge, die über die das zur Deckung der Kontrollkosten erforderliche Maß hinausgingen, nicht wegen Verstoßes gegen das Persönlichkeitsrecht, wohl aber wegen Verstoßes gegen die Verbandsfreiheit unwirksam.

1512 Vgl. BG v. 13.9.1949, E 75 II, 305 (315).

1513 BG v. 13.9.1949, E 75 II, 305 (320).

1514 BG v. 13.9.1949, E 75 II, 305 (320).

1515 BG v. 13.9.1949, E 75 II, 305 (321).

unterstehenden Arbeitsverhältnissen (Kontroll- und Durchführungskosten)[1516]

- Kosten für die Vorbereitung des Gesamtarbeitsvertrages, vor allem die zu dessen Zustandekommen notwendigen, oft langwierigen Unterhandlungen für die vertragschließenden Organisationen (Vorbereitungskosten).
- Kosten für die Erreichung der wirtschaftlichen Potenz der Gewerkschaft, die den GAV-Abschluss erst ermöglicht hat. Nur durch die langjährige Beitragsleistung und die Organisationsarbeit ihrer Mitglieder und Organe könne die Gewerkschaft schließlich die nötigen finanziellen Mittel und den wirtschaftspolitischen Einfluss erlangen, der nötig sei, um eine Verbesserung der Lohn- und Anstellungsbedingungen durchzusetzen, die sämtlichen Berufsangehörigen zugute kommt. An diesen Kosten sei der angeschlossene Außenseiter-Arbeitnehmer zumindest anteilig zu beteiligen (Mächtigkeitskosten).[1517]

b) Beitragserhebung von Andersorganisierten

aa) Grundsätzliche Zulässigkeit

Was die Beitragserhebung von andersorganisierten Arbeitnehmern angeht, so billigt das BG auch diese im Ausgangspunkt. Die von einer Doppelbelastung ausgehende (und auch vom Gericht erkannte) Anreizwirkung auf andersorganisierte Arbeitnehmer, aus ihrer Gewerkschaft aus- und in die tarifschließende überzutreten, sei erst dann als Beeinträchtigung der Entschlussfreiheit zu begreifen, wenn sie ein „ernstlich ins Gewicht fallendes Opfer" bedeute.[1518] Es sei somit nicht zu beanstanden, wenn die Mitglieder anderer Verbände, sofern sie niedrigere Mitgliederbeiträge zu entrichten haben, eine gewisse Differenz in der Form von Solidaritätsbeiträgen der Vertragsgemeinschaft bezahlen müssen. Solange eigener Mitgliedschaftsbeitrag und Solidaritätsbeitrag zusammen genommen nicht höher ausfielen als

---

1516 Hier weist das Gericht darauf hin, dass die Heranziehung der Außenseiter zur Deckung der Kontrollkosten sogar bei allgemein verbindlich erklärten GAV stattfinde, was vom Bundesgesetzgeber für zulässig erachtet würde, der seinerseits Einschränkungen von Grundrechten nur vornehme, wo es unvermeidbar sei, vgl. BG v. 13.9.1949, E 75 II, 305 (321).

1517 BG v. 13.9.1949, E 75 II, 305 (322).

1518 So schon BG v. 25.5.1948, E 74 II, 158 (170); bestätigt und fortgeführt durch BG v. 13.9.1949, E 75 II, 305 (327).

der Mitgliedschaftsbeitrag des tarifschließenden Verbands, sei darin auch keine Belastung zu erblicken, die fast zwangsläufig zu einem Mitgliederverlust und damit auch zur Bedrohung der Existenz des Konkurrenzverbands führe.[1519]

bb) Einschränkungen

Diese Grundsätze sind jedoch mit einigen Einschränkungen versehen worden.

(1) Keine Beitragspflicht ggü. Andersorganisierten bei Verweigerung des GAV-Anschlusses für den Konkurrenzverband (Art. 356b Abs. 3 OR)

Die Zulässigkeit einer Beitragserhebung steht nämlich unter der Voraussetzung, dass der tarifschließende Verband dem Verband eines andersorganisierten Arbeitnehmers den Anschluss an den fraglichen GAV nicht unzulässig verweigert. Hier schlägt sich eine Besonderheit des Schweizerischen kollektiven Arbeitsrechts nieder. Dieses wird zwar im Grundsatz von der Privatautonomie (insbesondere der Abschluss-, Partnerwahl- und Inhaltsfreiheit) beherrscht, auf die sich die Verbände als inländische juristische Personen des Privatrechts auch berufen können,[1520] gleichwohl kennt es einen Anspruch von Konkurrenzverbänden auf Anschluss an einen Gesamtarbeitsvertrag, was eine Einschränkung dieser Privatautonomie darstellt. Um zu verhindern, dass es zu einer zu großen Vervielfältigung der sozialen Akteure kommt, welche der Qualität und Wirksamkeit des sozialen Dialogs schaden könnte, wird das Recht, an Tarifverhandlungen teilzunehmen, Gesamtarbeitsverträge zu schließen und vor allem auch solchen Verträgen beizutreten, allerdings nicht uneingeschränkt jeder beliebigen Gewerkschaft gewährt, sondern nur solchen, die als Sozialpartner anerkannt sind, weil sie die Kompetenz zum Abschluss von Tarifverträgen haben ("Tariffähigkeit"), örtlich und sachlich zuständig sowie ausreichend

1519 So schon BG v. 25.5.1948, E 74 II, 158 (171); bestätigt und fortgeführt durch BG v. 13.9.1949, E 75 II, 305 (327).BG v. 13.9.1949, E 75 II, 305 (327); aus jüngerer Zeit BG v. 28.9.2015, E 141 III, 418 (421).

1520 Siehe zum Schutzbereich der Wirtschaftsfreiheit *Vallender*, in: Schweizerische BV Art. 27 Rn. 44, 46.

repräsentativ sind und sich überdies loyal verhalten.[1521] Art. 356b Abs. 3 OR bestimmt schließlich, dass andersorganisierte Arbeitnehmer nicht zum Anschluss an fremde GAV gezwungen werden dürfen, sofern ihrer Gewerkschaft die Beteiligung am Gesamtarbeitsvertrag nicht offensteht. Diese Bestimmung dient in erster Linie dem Schutz von Minderheitsorganisationen, die einen Prestigeverlust erleiden könnten, wenn ihre eigenen Mitglieder in einen fremden GAV gezwungen werden. Daneben soll die Verbandsvielfalt erhalten bleiben, die durch übermäßige Anreize zum Austritt aus kleinen und Beitritt zu großen Gewerkschaften bedroht würde.[1522] Letztlich soll mit der Regelung überdies die individuelle Vereinigungsfreiheit der Andersorganisierten abgesichert werden, die „das Recht [umfasst], den Verband zu wählen und zu finanzieren, den er für am besten geeignet hält, seine Interessen zu vertreten, und umgekehrt das Recht, sich nicht an den Kosten eines Tarifvertrags zu beteiligen, an dessen Ausarbeitung seine Organisation nicht mitwirken kann."[1523]

Ausgehend von diesen grundsätzlichen Erwägungen hat das BG im Jahr 2015 entschieden, dass Art. 356b Abs. 3 OR es andersorganisierten Arbeitnehmern erlaubt, sich der Erhebung des Solidaritätsbeitrags zu widersetzen, wenn die Gewerkschaft, der er angehört, die Voraussetzungen für die Anerkennung als Sozialpartner erfüllt und die Parteien des GAV den Beitritt dieses Verbands zum Vertrag dennoch ablehnen. Darin erblickte es nämlich den Fall unzulässigen Unterwerfungszwangs.[1524]

(2) Vertretungs- und Teilhaberechte beigetretener Verbände

Für den Fall, dass es zu einem Anschluss anderer Verbände an den Gesamtarbeitsvertrag kommt, verlangt das BG ein Mitspracherecht des beigetretenen Verbands in den Gemeinschaftsorganen des Gesamtarbeitsvertrages, da eine zahlenmäßig relevante Minderheit ein Recht auf Vertretung und Mitsprache haben müsse.[1525]

1521 BG v. 28.9.2015, E 141 III, 418 (424 ff.).

1522 Vgl. BG v. 28.9.2015, E 141 III, 418 (424); s.a. *Kreis*, Der Anschluss eines Aussenseiters, S. 171.

1523 BG v. 28.9.2015, E 141 III, 418 (424).

1524 BG v. 28.9.2015, E 141 III, 418 (425) – allerdings mit Zurückverweisung zur Klärung des Anschlussanspruchs der Minderheitsgewerkschaft.

1525 BG v. 13.9.1949, E 75 II, 305 (328).

c) Pflicht zur politischen Mäßigung oder Neutralität der begünstigten Verbände?

Teilweise wurde der Solidaritätsbeitragspflicht entgegengehalten, dass sie dazu zwinge, einen politisch nicht neuralen Verband indirekt zu stärken, was unzulässig sei.[1526] Diese Ansicht kann sich in der Tat auf vorangegangene Urteile des BG stützen, denn im Zusammenhang mit der Frage der Zulässigkeit von Verbandszwang war der mangelnden Neutralität des Verbands eine entscheidende Bedeutung zugekommen. In seinem Urteil vom 26.11.1952 hatte es so beispielsweise noch ausgeführt: „Der beklagte Verband bekennt sich also zum sozialistischen Ideal der Vergesellschaftung der Produktion und bezeichnet mit als Verbandszweck die Vorbereitung und Förderung derselben. [...] Der Charakter der Beklagten bleibt daher ein politisch nicht neutraler, auch wenn ihre Tätigkeit sich zur Zeit auf die Verfechtung politisch neutraler Arbeiterinteressen beschränken sollte. Bei dieser Sachlage verstiess es aber gegen die guten Sitten, wenn die Beklagte den politisch anders orientierten Kläger durch Androhung der Verdrängung zum Beitritt veranlassen wollte. Denn die Förderung politischer Ideen soll vom Standpunkt der guten Sitten aus nicht mit Zwangsmassregeln sondern nur im Wege der Aufklärung und des freien geistigen Meinungsaustausches verfolgt werden."[1527]

Das BG wischte die Bedenken im Hinblick auf die Unterstützung eines politischen Verbands durch Zahlung des Solidaritätsbeitrags gleichwohl beiseite. Für das Gericht war dabei nicht die Frage der politischen Neutralität entscheidend,[1528] sondern der Umstand, dass es sich bei dem zu beurteilenden Sachverhalt gerade nicht um eine Absperrklausel handele, wie sie dem oben erwähnten Urteil zugrunde lag. Es handele sich bei einer etwaigen mit der Zahlung herbeigeführten Stärkung des begünstigten Verbands lediglich um eine Reflexwirkung, die rechtlich irrelevant sei.[1529] *Zumbühl*, der die politische Neutralität des mit dem Solidaritätsbeitrag mittelbar

---

1526 So das BG v. 13.9.1949, E 75 II, 305 (323) unter Verweis auf vgl. *Zumbühl*, SAG 1945, 454 (457).

1527 BG v. 26.11.1925, E 51 II, 252 (531).

1528 Anders *Zumbühl*, SAG 1945, 454 (457), der bei fehlender politischer Neutralität einen Verstoß gegen die guten Sitten annehmen will, selbst wenn im Übrigen kein Missverhältnis zwischen Zweck und Mittel bestehe (der Beitrag also nicht zu hoch ist).

1529 BG v. 13.9.1949, E 75 II, 305 (323 f.) unter Verweis auf *Nägeli*, Tarifgemeinschaft, Anschluss und Reversvertrag, in „Individuum und Gemeinschaft", Festschrift zur Fünfzigjahrfeier der Handelshochschule St. Gallen (1949), S. 424.

gestärkten Verbands im Gegensatz dazu für grundsätzlich erforderlich hält, meint wiederum, der Beitrag könnte auch bei Fehlen dieser Neutralität zulässig sein, sofern für die Außenseiter zumindest die Möglichkeit bestehe, dem Beitrag durch Beitritt in einen neutralen, auf den Gesamtarbeitsvertrag verpflichteten Verband zu entgehen. Diese Sichtweise ist mit der Existenz des Instituts des Beitritts von Verbänden zum Gesamtarbeitsvertrag verknüpft, den das deutsche Tarifrecht nicht kennt.

VI. Verbreitung des Solidaritätsbeitrages als Bedingung für den formellen Anschluss und sein Erfolg als Werbemittel

Die Datenlage zur Verbreitung von Solidaritätsbeiträgen in der Schweiz ist schlecht. In ihrer Anfangszeit bestand noch nicht mal eine Registerpflicht, die Überblick über die Gesamtzahl der Gesamtarbeitsverträge verschafft hätte. Somit wurden auch einzelne Bestimmungen nicht systematisch erfasst. Allerdings bemühte sich das Bundesamt für Industrie, Gewerbe und Arbeit unter freiwilliger Mitwirkung der Berufsverbände um die Erfassung von Gesamtarbeitsverträgen. Ende des Jahres 1960 umfasste die dortige Sammlung nahezu 1.700 Gesamtarbeitsverträge, wobei die Zahl der daran beteiligten Arbeitnehmer schätzungsweise 900.000 umfasste. Das entsprach in etwa 3/5 aller damals unselbständig Erwerbstätigen (ohne Landwirtschaft). Etwa 41.000 Arbeitnehmer unterfielen Gesamtarbeitsverträgen, die grundsätzlich die Zahlung eines Solidaritätsbeitrages vorsahen, wobei 7.800 Arbeitnehmer (etwa 1/5) – in erster Linie solche aus dem Metallgewerbe – den Solidaritätsbeitrag tatsächlich entrichtet haben sollen. Daneben fand der Solidaritätsbeitrag in der Schweiz Mitte des 20. Jahrhunderts vor allem in den Branchen Buchdruckergewerbe, Wellpapierindustrie, Schreiner- und Zimmereigewerbe, Maler- und Gipsergewerbe in der West- und Nordwestschweiz Anwendung.[1530] Obwohl die Entrichtung von Solidaritätsbeiträgen durch die Außenseiter in den Gesamtarbeitsverträgen einiger Berufszweige somit eine Zeit lang verhältnismäßig häufig vorgesehen war, wurde die zahlenmäßige Bedeutung dieses Rechtsinstitutes bezogen auf das gesamte

1530 Daneben fand der Solidaritätsbeitrag in der Schweiz Mitte des 20.Jahrhunderts vor allem in den Branchen Buchdruckergewerbe, Wellpapierindustrie, Schreiner- und Zimmereigewerbe, Maler- und Gipsergewerbe Anwendung, vgl. im Einzelnen *Bigler*, Gewerkschaftliche Rundschau 1961, 201 (204 f.); *ders.*, Christliche Gewerkschaftshefte 1962, 1 (9 f.).

schweizerische GAV-System sehr gering angesetzt.[1531] Im Verhältnis zu den 1960 insgesamt an bestehenden (bzw. erfassten) Gesamtarbeitsverträgen beteiligten Arbeitnehmern, machten die 7.800 Solidaritätsbeiträge zahlenden Arbeitnehmer beispielsweise nur etwa 1 Prozent aus.[1532]

Diese geringe Verbreitung und Bedeutung des Solidaritätsbeitrages wurde einmal auf praktische Schwierigkeiten bei ihrer Erhebung zurückgeführt. Die Einbeziehung der Arbeitgeber in die Abführung des Beitrags stieß einerseits auf den Widerstand selbiger und andererseits soll es auch den Gewerkschaften unlieb gewesen sein, dass Arbeitgeber über die Zahlungspflicht Kenntnis über die Gewerkschaftszugehörigkeit der Arbeitnehmer und damit unter Umständen auch die Kampfstärke der Gewerkschaft erhielten.[1533] Dies erklärt sich dadurch, dass in den Anfängen des Arbeitskartensystems für organisierte Arbeitnehmer blaue und für Außenseiter-Arbeitnehmer rote Karten ausgegeben wurden, sodass dem Arbeitgeber die Unterscheidung offenbar wurde.[1534] Dadurch hatte die Kontrollstelle, die meist identisch war mit dem Gewerkschaftssekretariat, „einen hervorragenden Überblick über die Namen, Adressen und Organisationszugehörigkeit der in den einzelnen Vertragsfirmen beschäftigten Arbeitnehmer."[1535] Erst die später eingeführte Praxis des statusneutralen Abzugs von allen Arbeitnehmern hat dieses Problem entschärft. Wegen der vorbezeichneten Hindernisse und Bedenken habe eine „namenhafte Gewerkschaft" in der Schweiz jedenfalls schon 1951 beschlossen, auf die Forderung nach der Erhebung von Solidaritätsbeiträgen zu verzichten, was mitursächlich gewesen sein mag für die insgesamt mäßige Verbreitung.[1536]

Es fällt außerdem auf, dass sich vor allem der formelle Anschluss mit Solidaritätsbeitragspflicht nur sehr zögerlich verbreitet hat. Nach übereinstimmenden Berichten mehrerer Autoren hat der förmliche Anschluss in der Praxis allenfalls für die Außenseiter-Arbeitgeber Bedeutung erlangen können. Die Außenseiter-Arbeitnehmer sind hingegen weiterhin durch die Abgabe der „herkömmlichen Unterziehungserklärungen" – also informell

---

1531 Vgl. etwa *Faika*, Solidaritätsbeiträge, S. 69; ebenso *Melzer*, Außenseiter und Solidaritätsbeiträge, S. 107; *Schwaabe*, Solidaritätsbeiträge, S. 32.

1532 Zu sämtlichen vorgenannten Zahlen *Bigler*, Gewerkschaftliche Rundschau 1961, 201 (204 f.); *ders.*, Christliche Gewerkschaftshefte 1962, 1 (9 f.).

1533 *Bigler*, Gewerkschaftliche Rundschau 1961, 201 (205); *ders.*, Christliche Gewerkschaftshefte 1962, 1 (11); ebenso *Melzer*, Außenseiter und Solidaritätsbeiträge, S. 107.

1534 Vgl. *Faika*, Solidaritätsbeitrag, S. 59; *Melzer*, Außenseiter und Solidaritätsbeitrag, S. 84.

1535 So *Melzer*, Aussenseiter und Solidaritätsbeiträge, S. 93.

1536 *Bigler*, Gewerkschaftliche Rundschau 1961, 201 (205).

– dem Gesamtarbeitsvertrag unterstellt.[1537] *Faika* meint, man könne eine Änderung dieser Praxis de lege lata auch deshalb nicht erwarten, weil „ nach der Interessenlage der Arbeitnehmerverbände die normative Wirkung des Arbeitgeberanschlusses zwar erwünscht ist, im Hinblick auf die außenseiterischen Arbeitnehmer aber die vertragsrechtliche Unterwerfung als ausreichend erscheint, da deren rechtliche Gleichstellung mit den Verbandsmitgliedern vermieden werden soll."[1538]

Angaben zum aktuellen Verbreitungsgrad von Solidaritätsbeiträgen in der Schweiz fehlen. Wie die stichprobenartige Überprüfung der Höhe des Solidaritätsbeitrages aber offenbart hat, ist der Solidaritätsbeitrag ein nach wie vor praktisch zur Anwendung kommendes Institut.[1539] Auch wenn Beiträge der Höhe nach recht gering ausfallen, kann bei einer großen Zahl unterstellter Arbeitnehmer pro Jahr eine nicht unerhebliche Summe an Einnahmen erzielt werden. So werden auf Grundlage des GAV Staatspersonal des Kanton Soluthurn jährlich allein 650.000 Fr. eingenommen, obwohl der Solidaritätsbeitrag für unterstellte Arbeitnehmer dort nur 5 Fr. pro Monat beträgt.[1540]

Soweit in der Schweizer Literatur jedoch der Erfolg der Solidaritätsbeiträge als Werbemittel betrachtet wird, fällt das Fazit allgemein recht ernüchternd aus. Es heißt dazu, dass die Verbände „wesentliche Erfolge bei der Mitgliederwerbung" nicht haben verzeichnen können, was darauf zurückgeführt wird, dass sich die nichtorganisierten Arbeitnehmer „verhältnismäßig schnell" an die Entrichtung des Solidaritätsbeitrages gewöhnt hätten.[1541] *Gerlach*, der den Zusammenhang zwischen Ideologie und Organisation in einer breit angelegten Studie zu Schweizer Gewerkschaften und Arbeitgeberverbänden durchgeführt hat, konstatiert zu den Solidari-

---

1537 *Kreis*, Der Anschluss eines Aussenseiters, S. 69; 90 *Faika*, Solidaritätsbeitrag, S. 36; *Tschudi*, in: Beiträge zum Arbeits- und Sozialrecht, S. 263 (272).

1538 *Faika*, Solidaritätsbeitrag, S. 36; *Kreis*, Anschluss eines Aussenseiters, S. 90.

1539 Siehe oben unter Kap. 4 B. V. 2. c).

1540 Vgl. zu dem Einnahmenvolumen *Moser*, Solunthurner Zeitung v. 7.11.2018 „Solidaritäts-Fünfliber: Ein Skandal für die SVP – Ratsmehrheit und Regierung um Normalität bemüht", abrufbar unter: https://www.solothurnerzeitung.ch/solothurn/kanton-solothurn/solidaritats-funfliber-ein-skandal-fur-die-svp-ratsmehrheit-und-regierung-um-normalitat-bemuht-ld.1325417 (letzter Abruf 5.1.2023); siehe zur Höhe des Solidaritätsbeitrages § 7 des GAV Staatspersonal, allerdings handelt es sich um einen öffentlich-rechtlichen GAV.

1541 Siehe etwa *Faika*, Solidaritätsbeitrag, S. 60; etwas optimistischer *Kauffmann*, AuR 1961, 267 (267): „In der Schweiz ist die Erhebung eines SB von Nichtorganisierten *mit Erfolg* in einigen Wirtschaftszweigen zu finden." – Hervorhebung durch die Verfasserin.

tätsbeiträgen Folgendes: „Eindeutig einen selektiven Anreiz stellten einzig die Solidaritätsbeiträge der unorganisierten Arbeitnehmer dar, die jedoch nur in einigen Verträgen mit bereits gut organisierten Betrieben enthalten waren, weshalb sie, wenn überhaupt, nur zu sehr wenigen Eintritten führten, die für die Gesamtentwicklung der Mitgliederzahl des STFV nicht relevant waren."[1542] Auch *Melzer* hat berichtet, dass der Erfahrung nach ein „Arbeitskartensystem" nicht eingeführt werden könne, wenn der Anteil der Organisierten auf Arbeitgeber- und Arbeitnehmerseite nicht über 50% liegt.[1543] Damit kann das System nicht dazu dienen, schon geschwächten Gewerkschaften zu Stärke zu verhelfen.

VII. Erkenntnisse aus der Betrachtung der Schweizer Verhältnisse für die Gestaltung eines Nutzungsentgelts als „Anschlussbedingung" im deutschen Recht

Im Kontext der Debatte um die Stärkung der Tarifautonomie ist in jüngerer Vergangenheit die Frage, ob sich die Einführung eines Tarifvertragsanschlusses nach Schweizer Vorbild empfiehlt, wieder aufgegriffen worden.[1544] Wenn man überlegt, ob das deutsche Tarifrecht den Beitritt zum Tarifvertrag bereits kennt, so stößt man auf die Regelung des Nachzeichnungsrechts in § 4a Abs. 4 TVG. Die Nachzeichnung kann eine Gewerkschaft verlangen, deren Tarifvertrag nach der Kollisionsregel des § 4a Abs. 2 S. 2 TVG nicht zur Anwendung kommen kann.[1545] Wird das Recht geltend gemacht und ausgeübt, gelten die Rechtsnormen des betreffenden Tarifvertrags gem. § 4a Abs. 4 S. 3 TVG für die Mitglieder der nachzeichnenden Gewerkschaft in denjenigen Betrieben normativ, in welchen der Tarifvertrag der nachzeichnenden Gewerkschaft gem. § 4a Abs. 2 S. 2 unanwendbar ist.[1546] Diese Regelung soll jedoch nur verhindern, dass Mitglieder der Minderheitsgewerkschaft in einen tariflosen Zustand geraten, soweit „ihr" Tarifvertrag nicht zur Anwendung kommt. Schuldrechtliche Regelungen sind davon also nicht betroffen.[1547] Das Institut der Nachzeichnung kann somit nicht mit dem „Beitritt zum Tarifvertrag", wie die Schweiz ihn kennt,

1542 *Gerlach*, Ideologie und Organisation, S. 526.
1543 *Melzer*, Außenseiter und Solidaritätsbeiträge, S. 89.
1544 In diese Richtung schon *Rieble*, ZfA 2005, 245 (271); s.a. *Höpfner*, ZfA 2020. 178 passim.
1545 Vgl. BT-Drs. 18/4062, S. 9.
1546 *Giesen*, in: BeckOK ArbR, TVG § 4a Rn. 24.
1547 *Giesen*, in: BeckOK ArbR, TVG § 4a Rn. 26a; *Franzen*, in: ErfK, TVG § 4a Rn. 24.

verglichen werden. Ein Institut, das es einzelnen Außenseiter-Arbeitnehmern ermöglicht, eine normative Tarifgeltung zu erlangen, gibt es aktuell nicht.

Nach Betrachtung der Schweizer Verhältnisse muss man jedoch zu dem Schluss kommen, dass ein solches Institut auch nicht eingeführt werden sollte – jedenfalls nicht als Antwort auf die Frage, wie sich das Nutzungsentgelt für Außenseiter-Arbeitnehmer als Instrument zur Stärkung der Tarifautonomie einführen lässt. Diese Ablehnung basiert sowohl auf rechtlichen wie praktischen Erwägungen. Die Idee, eine Stärkungsmaßnahme so umzusetzen, dass sie in den Händen der Betroffenen liegt, ist zunächst begrüßenswert. So ansprechend diese Vorstellung, den Privaten nach ordoliberalem Staatsverständnis nur die Werkzeuge für die Selbsthilfe in die Hand zu legen und auf den zweckentsprechenden Gebrauch zu vertrauen, auch sein mag – in der Praxis begegnet diese Lösung einigen Problemen. Entscheidend ist nämlich, dass alle drei Parteien – also tarifschließende Gewerkschaft und tarifschließender Arbeitgeberverband und Außenseiter-Arbeitnehmer – sowohl das Institut des formellen Anschlusses als solches als auch die Möglichkeit zur Erhebung eines Entgelts annehmen müssen.

1. Contra: Gefahr der Bedeutungslosigkeit des kostenpflichtigen Anschlusses bei Fortbestehen der kostenlosen Bezugnahmemöglichkeit

a) Keine „Zugwirkung" der Chance auf normative Tarifgeltung

Aus der Perspektive des Außenseiter-Arbeitnehmers spricht für diese freiwillige Unterwerfung unter eine solche Zahlungspflicht im Wege eines Anschlussvertrages wenig. Freilich bekäme er die Chance auf normative Tarifgeltung. Davon dürfte aber angesichts der augenscheinlichen Geringschätzung eben jener bei den Außenseiter-Arbeitnehmern keine besonders große Zugkraft ausgehen.[1548]

Für den Fall, dass der Arbeitgeber seinerseits Außenseiter ist und der Außenseiter-Arbeitnehmer im laufenden Arbeitsverhältnis Kenntnis von diesem Umstand hat, fällt auch dieser geringe Anreiz weg, da schon klar ist, dass sich die Chance auf normative Tarifgeltung, die er durch einen Anschluss gewinnen könnte, – zumindest in diesem Zeitpunkt – gar nicht realisieren könnte. Damit könnte der Außenseiter-Arbeitnehmer auch im Falle eines kostenpflichtigen Anschlusses nicht besser dastehen als er es

1548 Ebenso bereits *Höpfner*, ZfA 2020, 178 (204).

unter Geltung einer kostenlosen Bezugnahme auf den Tarifvertrag ohnehin schon tut.

b) Keine automatische Kostenpflichtigkeit bei Bezugnahme

Und damit gelangt man zum „Knackpunkt" dieses Lösungsansatzes. Solange im deutschen Recht die vollständige Bezugnahme auf den Tarifvertrag parallel zu einem formellen Anschluss an den Tarifvertrag weiterhin zulässig und vor allem weiterhin kostenfrei wäre, dürften sich herzlich wenige Außenseiter-Arbeitnehmer zu einem aus ihrer Sicht nicht lohnenswerten, sondern vielmehr nachteiligen Anschluss freiwillig entscheiden. Die Schweiz kann entscheidend davon profitieren, dass der Solidaritätsbeitrag sich schrittweise vor seiner gesetzlichen Einführung in der Praxis entwickelt und etabliert hat, sodass seine Zahlung – jedenfalls bis vor einigen Jahren – weitgehend anstandslos akzeptiert wurde. Auch für die Schweiz wurde jedoch berichtet, dass der Anschluss nicht freiwillig, sondern nur wegen Ausübung des – in Deutschland unzulässigen – Vertragszwangs erfolgt ist.

Der formelle Anschluss hat in der Schweiz außerdem deswegen keine nennenswerte Bedeutung erlangt, weil alle anderen Partizipationsmöglichkeiten auch bei seiner gesetzlichen Einführung weiterhin unberührt und zulässig blieben. Richtig ist zwar, dass Solidaritätsbeiträge bisweilen auch bei informellen Anschlüssen gezahlt werden. Dies ist jedoch – man erinnere sich an die Debatte vor Erlass der gesetzlichen Regelung –[1549] nicht unumstritten gewesen. Hinzuweisen ist in diesem Zusammenhang auf eine Entscheidung des BG vom 28.9.2015. Demnach sei es „anerkannt, dass eine vertragliche Bestimmung, die die Erhebung eines Solidaritätsbeitrags vorsieht, auch im Falle einer indirekten Unterstellung unter einen GAV gültig ist, da es sich wie bei einer formellen Unterstellung um einen Vorteilsausgleich handelt." Art. 356b Abs. 2 OR über die zulässigen Modalitäten des Beitrags sei dann „analog anwendbar".[1550]

Diese Bestätigung der Praxis, auch bei informellen Anschlüssen eine Zahlungspflicht von Außenseiter-Arbeitnehmern zu bejahen, erscheint ohne nähere dogmatische Begründung jedoch fragwürdig, kann sie doch die oben erörterten, gegen eine generelle Kostenpflichtigkeit bei nur in-

1549 Vgl. oben unter Kap. 4 B. II. 1. b).
1550 BG v. 28.9.2015, E 141 III, 418 (422).

formellen Unterstellungen vorgebrachten Bedenken nicht ausräumen. Das Bemühen einer Analogie überzeugt nicht, da es an einer entsprechenden Regelungslücke fehlt. Schließlich hat das Gesetz bewusst nur den Fall geregelt, in dem der Arbeitnehmer durch seine Erklärung die mit dem höchsten Schutzstandard versehene normative GAV-Geltung erhält.[1551] Dass eine vergleichbare Interessenlage besteht, kann sich also gar nicht niederschlagen und ist ohne Belang.

Man könnte allenfalls überlegen, ob sich diese Aussage des BG auf eine großzügige Auslegung von Unterstellungserklärungen stützen lässt. Da es in der Schweiz gängige Praxis zu sein scheint, dass man auch für informelle Unterstellungen unter den GAV als Außenseiter-Arbeitnehmer ausgleichspflichtig ist, könnte die Erklärung, sich zu unterstellen, vom Empfängerhorizont aus als Einverständnis zu einer Beitragspflicht verstanden werden. Auch diese Lösung erscheint jedoch recht konstruiert.

Überdies gibt es in der Schweiz verschiedene Gestaltungen der SB-Klauseln in Gesamtarbeitsverträgen, die Solidaritätsbeiträge verlangen. Es gibt allgemeine Klauseln, die alle Arbeitnehmer zur Zahlung verpflichten, die in den Geltungsbereich des Gesamtarbeitsvertrages fallen und solche, die ausdrücklich einen Ausgleich nur für den Fall einer formellen Unterstellung regeln, also nur bei Verschaffung normativer Tarifgeltung greifen. Wenn man so will, wird im Fall der zweiten Klauselgestaltung ein besonderes Tatbestandsmerkmal der Zahlungspflicht geschaffen, das eine Hürde für die Annahme einer Zahlungspflicht im Fall der bloß informellen Unterstellung im Wege individualvertraglicher Unterstellungserklärungen darstellt.

Dass eine Bezugnahme im Individualarbeitsvertrag allein nicht ausreicht, um bei informellen Anschlüssen eine Zahlungspflicht zu begründen, zeigt auch der vom BG zu beurteilende Fall selbst. Dort enthielt der Gesamtarbeitsvertrag nämlich eine Regelung, die es dem tarifgebundenen Arbeitgeber gebot, nur solche Arbeitnehmer einzustellen und zu beschäftigen, die sich bereit erklären, einen Arbeitsvertrag abzuschließen, „der den GAV integriert, und [die] **insbesondere damit einverstanden sind, dass ein Solidaritätsbeitrag von ihrem Lohn abgezogen wird.**“[1552] Das bedeutet, es wird im Rahmen der Unterstellung explizit eine Zustimmung zur Zahlung eingeholt. Unter der Voraussetzung kann ein informeller Anschluss eine

1551 *Kreis,* Anschluss des Aussenseiters, S. 84 f.

1552 BG v. 28.9.2015, E 141 III, 418 (423) – Hervorhebung durch die Verfasserin.

Zahlungspflicht begründen,[1553] nicht aber durch bloße Bezugnahme oder Unterstellungserklärung auf den Gesamtarbeitsvertrag mit Solidaritätsbeitragsregelung.

Was das deutsche Recht angeht, so wurde schon geklärt, dass eine Bezugnahme auf einen Tarifvertrag mit Nutzungsentgelt-Regelung nicht automatisch als Zustimmung zum Lohnabzug ausgelegt werden kann.[1554] Selbst im Rahmen einer dynamischen Bezugnahme könnte sich eine Zahlungspflicht so nicht konstruieren lassen, denn nach zutreffender Ansicht, sind die Willenserklärungen der Arbeitsvertragsparteien so auszulegen, dass der Außenseiter-Arbeitnehmer „wie ein Gewerkschaftsmitglied" behandelt wird. Aus diesem Grund torpedieren die Bezugnahmeklauseln die Differenzierungsklauseln.[1555] Aus dem gleichen Grund können sie nicht zu der Anwendbarkeit einer Tarifbestimmung führen, welche eine Zahlungspflicht allein für Außenseiter-Arbeitnehmer bedeuten würde.

Jedenfalls bliebe es den Arbeitsvertragsparteien unbenommen, im Arbeitsvertrag ausdrücklich klarzustellen, dass die vereinbarte Bezugnahme nicht als Anschluss an den Tarifvertrag zu verstehen sein soll. Arbeitgeber dürften einer solchen Klarstellung gegenüber nicht abgeneigt sein, schließlich würde die normative Wirkung, die der Anschluss auslöste, ihre Bewegungsfreiheit einschränken.

2. Contra: Fragwürdigkeit der Zustimmung von Seiten der Tarifvertragsparteien

Es ist überdies nicht unwahrscheinlich, dass die Tarifvertragsparteien dem Institut des Anschlusses als solchem mit Skepsis begegnen und es unter Umständen leerlaufen lassen würden.[1556]

1553 I.E. musste der Arbeitnehmer den Beitrag zwar nicht zahlen. Dies hatte jedoch einen anderen Grund. Er war Mitglied in einer anderen als der tarifschließenden Gewerkschaft, welcher der Beitritt zum GAV entgegen des „Gebots der offenen Tür" verweigert worden war. Eine doppelte Belastung (Gewerkschaftsbeitrag und Solidaritätsbeitrag) wird den Andersorganisierten aber nicht zugemutet.

1554 Siehe hierzu schon Kap. 3 A. II 1.

1555 Vgl. Kap. 2 C. III 4. a) aa).

1556 Zutreffend *Müller*, Gedanken zum Solidaritätsbeitrag, S. 5.

a) Erfordernis einer ausgeprägten partnerschaftlichen Zusammenarbeit

Es wurde bereits darauf hingewiesen, dass es für eine tarifvertragliche Lösung der Außenseiterfrage den Willen zu einer gemeinsamen und dauerhaften Zusammenarbeit der Tarifvertragsparteien benötigt.[1557] *Faika* weist zu Recht darauf hin, dass es hier Unterschiede zwischen Deutschland und der Schweiz gibt. In der Schweiz hat die große Zurückhaltung des Gesetzgebers bei der arbeitsrechtlichen Regulierung zur gemeinsamen partnerschaftlichen Zusammenarbeit gezwungen. In dieser Lage bereitet auch die Vereinbarung der Bedingungen des Anschlusses an den Gesamtarbeitsvertrag regelmäßig keine besonderen Schwierigkeiten. Das ist jedoch ein Schweizer Spezifikum.[1558]

b) Widerstand von Seiten der Gewerkschaften selbst

Manche Gewerkschaften könnten zudem eine staatliche Hilfestellung dieser Art mit der Argumentation ablehnen, sie bedürften dieser nicht. Es stünde ihnen frei – ob nun aus Angst vor mangelnder Effektivität und weiterer Auszehrung oder aus Prinzip – eine Anschlussregelung im Tarifvertrag gar nicht erst zu fordern oder den Antrag eines Außenseiter-Arbeitnehmers auf Anschluss abzulehnen. In der Schweiz wurde der formelle Anschluss der Außenseiter-Arbeitnehmer schließlich von den Gewerkschaften torpediert. Sofern die Außenseiter-Arbeitnehmer nämlich für ein Entgelt, das niedriger ausfällt als der Mitgliedschaftsbeitrag, an der normativen Wirkung teilhaben könnten und zugleich noch von dem Vorwurf des Schmarotzens befreit mit „weißer Weste“ dastünden, könnte das Institut eine unerwünschte negative Sogwirkung auslösen. Es könnten dann solche Mitglieder, die vorwiegend zum Erhalt der Chance auf normative Wirkung und/oder wegen Drucks aus dem sozialen Umfeld Mitglied sind, auf den Anschluss umschwenken, weil sich dieser nun „mehr lohnt“. Ebenso könnten Außenseiter-Arbeitnehmer diese Variante der „Tarifbindung light“ dem

1557 S.a. Kap. 3 A. II. 1.

1558 Vgl. *Faika*, Solidaritätsbeiträge, S. 94; in Deutschland gibt es allenfalls im Rahmen der sog. „konzertierten Aktionen“ Strukturen zur planvollen Zusammenarbeit unter staatlicher Anleitung, diese sind jedoch als Instrumente zur Krisenbewältigung nicht auf Dauer angelegt, sondern situationsbezogen vgl. hierzu *Höpfner/ Lesch/ Schneider/ Vogel*, Tarifautonomie und Tarifgeltung, S. 258 ff.

Beitritt vorziehen.[1559] Das Problem der Schwäche der Gewerkschaft würde damit also nicht gelöst, sondern eher noch verschlimmert.

c) Widerstand von Seiten der Arbeitgeberverbände – kein „Quid pro Quo"

Gleiches gilt für den tarifschließenden Arbeitgeberverband, dessen Zustimmung für einen Anschluss von Außenseiter-Arbeitnehmern ebenfalls erforderlich wäre. Man kann überzeugt davon ausgehen, dass eine Beseitigung des Fernbleibeanreizes auf lange Sicht unbedingt auch im Interesse der Arbeitgeber ist, da bei einer fortschreitenden Erosion der Gewerkschaften eine weitere Verkleinerung des zur tarifautonomen Regulierung zur Verfügung stehenden Bereichs zu erwarten steht. Gleichwohl dürfte es bei Arbeitgebern einen gewissen Widerwillen hervorrufen, an der Stärkung des sozialen Gegenspielers auf diese Art und Weise mitzuwirken.

Selbst wenn Gewerkschaften eine Regelung für Anschlüsse von Außenseiter-Arbeitnehmern im Tarifvertrag vorsehen wollten, belegen die Erkenntnisse aus der Schweiz, dass es dort, wo die Gewerkschaften schwach sind, tatsächlich nicht zu solchen Regelungen kommt. Gewerkschaften können dies gegenüber Arbeitgebern also nicht durchsetzen. Es ist dabei nicht zu vergessen, dass in der Schweiz der Anschluss sowohl für Außenseiter auf Arbeitgeber- als auch auf Arbeitnehmerseite möglich ist. Das heißt, es kann damit auch unter den Arbeitgebern die normative Tarifgeltung ausgeweitet werden. In dieser Situation erscheinen sowohl tarifvertragliche Regelungen einer Anschlussbedingung als auch die Zustimmungserteilung naheliegender, da sich Gewerkschaften und Arbeitgeberverband in einer „quid pro quo-Situation" befinden und *wechselseitig* unterstützen können.

Bei der hier in Rede stehenden Gesetzesänderung läge der Fall jedoch anders. Es ginge einzig darum, das Nutzungsentgelt für Außenseiter-*Arbeitnehmer* umzusetzen, indem dieses mit dem Institut des Anschlusses kombiniert wird. Da die Ursachen für eine fehlende Koalitionsmitgliedschaft auf Arbeitgeberseite anders liegen und nicht davon auszugehen ist, dass eine Pflicht zur Zahlung eines Nutzungsentgelts Außenseiter-Arbeitgeber zu einer Vollmitgliedschaft im Arbeitgeberverband oder zum Abschluss eines Haustarifvertrages bewegt, wären sie von der Maßnahme nicht erfasst.[1560] Anders als in der Schweiz, bestünde somit nicht die Möglichkeit, mit Hilfe

1559 Demgegenüber meint *Höpfner*, ZfA 2020, 178 (197), dies könnte als eine Art „Einstieg in das Tarifsystem" fungieren.

1560 Vgl. dazu oben Kap. 2 E. II. 2.

des Anschlusses an den Tarifvertrag die Kartellwirkung des Tarifvertrages auch unter den Arbeitgebern auszuweiten. Arbeitgeber haben also kein vergleichbar großes Interesse an einer Nutzungsentgeltregelung sowie dem Abschluss von Anschlussverträgen.

Selbst wenn also die Außenseiter-Arbeitnehmer sowie die tarifschließende Gewerkschaft bereit wären, einen Anschlussvertrag abzuschließen und erstere den Tarifvertragsparteien den Abschluss eines Anschlussvertrages antrügen, so könnten die Arbeitgeber sich diesem Anliegen einfach verweigern und damit den Erfolg der Maßnahme vereiteln.

d) Kein Zwang zur Annahme der Anschlusserklärung

Solche Ablehnungen von Anträgen auf Abschluss eines Anschlussvertrages könnte der Gesetzgeber auch nicht mit einem gesetzlich angeordneten Kontrahierungszwang für die Tarifvertragsparteien verhindern. Dem deutschen Recht ist der Kontrahierungszwang zwar nicht völlig fremd, ihm wird jedoch angesichts der Privatautonomie aus Art. 2 Abs. 1 GG, die einfachgesetzlich in § 311 BGB vorausgesetzt wird, mit großer Zurückhaltung begegnet. Die in den vorgerannten Bestimmungen garantierte Abschlussfreiheit umfasst neben der Freiheit zur Auswahl des Vertragspartners vor allem auch die freie Entscheidung darüber, ob überhaupt eine Bindung durch Vertragsabschluss eingegangen wird (negative Vertragsbegründungsfreiheit).[1561] Soweit ein Koalitionszwang im deutschen Recht ausnahmsweise für zulässig befunden wird, handelt es sich um Sonderkonstellationen, etwa zur Sicherstellung der Versorgungssicherheit. Dabei handelt es sich um die auf einer besonderen gesetzlichen Anordnung außerhalb des BGB (Sonderprivatrecht) beruhende Verpflichtung zum Abschluss eines privatrechtlichen Vertrages,[1562] die nicht primär dem Interesse individueller Frei-

---

1561 *Nipperdey*, Kontrahierungszwang und diktierter Vertrag, S. 4 f. bezeichnete die Abschlussfreiheit gar als „ursprünglichste" Form der Vertragsfreiheit; vgl. *Busche*, in: MüKo BGB, BGB Vorb. § 145 Rn. 11 ff.; vgl. aus jüngerer Vergangenheit zum Recht, vom Vertragsschluss ohne Begründung Abstand nehmen zu dürfen OLG Düsseldorf v. 17.12.2019 – I- U 21/19, NJW-RR 2020, 402 Rn. 19 mwN.

1562 So etwa in §§ 10, 14 Abs. 1 AEG, §§48 ff. BRAO, §§6 Abs. 1, 10 Abs. 1 EnWG, §§ 19, 20 (iVm. §33) GWB, § 21 Abs. 2 S. 2 LuftVerkG, §§22, 47 PBefG, § 5 PflVG, § 11 Abs. 2, 3 PostG, § 2 StrEG, § 19 Abs. 1, 2 TKG iVm. § 9 Abs. 1 TKV, §§ 33, 35 f. TKG, § 61 UrhG sowie in § 6 Abs. 1 und § 11 Abs. 1 WahrnG, vgl. *Busche*, Privatautonomie und Kontrahierungszwang, S. 299.

heitssicherung und Bedürfnisbefriedigung dient, sondern vielmehr der Verwirklichung eines gesondert festgelegten Allgemeininteresses.[1563]

Dieser besondere Kontrahierungszwang lässt sich wiederum in drei Untergruppen einteilen: den Zwang zur Leistungssicherung (insbesondere in der Daseinsfürsorge), den Zwang zur wirtschaftspolitischen Zweckverfolgung (zur Umsetzung wirtschaftspolitischer Lenkungsziele wie der Verhinderung des Missbrauchs einer marktbeherrschenden Stellung) und den Zwang mit multifunktionaler Zwecksetzung (Mischung von leistungssichernden und wirtschaftspolitischen Motiven).[1564] *Busche* fasst die Intention hinter derartigen besonderen Kontrahierungspflichten wie folgt zusammen: Er soll als „gemeinwohlorientierte Inpflichtnahme einzelner Privatrechtssubjekte [...] Ausdruck des mit dem Selbstbestimmungsprinzip konkurrierenden Prinzips der Gerechtigkeit" sein und als eine „der Sozietätsgebundenheit des Individuums geschuldete Gegengewichtsbildung gegen sozial nicht verantwortbare oder nicht tolerierbare Fehlfunktionen autonomer Rechtsgestaltung der Privatrechtssubjekte verstanden werden." Bei der Rechtfertigung des mit dem Zwang verbundenen Grundrechteingriffs soll dem Gesetzgeber ein weiter Einschätzungs- und Handlungsspielraum zukommen, der erst überschritten ist, wenn die ergriffene Maßnahme schon bei ex-ante-Betrachtung völlig ungeeignet und objektiv untauglich erscheinen muss.[1565]

Auch unter Beachtung der vorstehenden Ausnahmen erscheint die Anordnung eines Kontrahierungszwangs zwischen Tarifvertragsparteien und einem einen Anschluss antragenden Außenseiter-Arbeitnehmer jedoch höchst fragwürdig. Es ist anerkannt, dass die Tarifvertragsparteien im Rahmen ihrer koalitionsspezifischen Betätigung als Privatrechtssubjekte handeln, die sich auf die Vertrags- und damit insbesondere auch die Abschlussfreiheit berufen können. Sie sind (vorbehaltlich einer gesonderten vertraglichen Vereinbarung) weder verpflichtet mit einer anderen Partei Verhandlungen aufzunehmen noch einen Tarifvertrag abzuschließen.[1566]

1563 Vgl. *Busche*, Privatautonomie und Kontrahierungszwang, S. 575 ff.

1564 *Busche*, in: MüKo BGB, BGB Vorb. § 145 Rn. 14 ff.

1565 *Busche*, Privatautonomie und Kontrahierungszwang, S. 600 f.

1566 BAG v. 9. 12. 2009 – 4 AZR 190/08, AP TVG § 3 Nr. 48 Rn. 51: „Diese (gemeint ist die durch Art. 9 III GG gewährleisteten Abschlussfreiheit der Tarifvertragsparteien) umfasst auch das Recht, die Regelung von Arbeits- und Wirtschaftsbedingungen durch Tarifverträge überhaupt, mit einem bestimmten Gegenspieler oder unter bestimmten Bedingungen abzulehnen."; s.a. *Nebe*, in Däubler TVG, § 1 Rn.126, 149; *Richardi*, in: KirchenArbR, § 10 Rn. 3.

Es besteht keine öffentlich-rechtliche Pflicht zum Abschluss von Tarifverträgen.[1567] Demnach könnte auch eine Verpflichtung, welche die Koalitionen dazu anhält, aktiv an der Erstreckung der normativen Wirkung der von ihnen ausgehandelten Tarifverträge auf Außenseiter mitzuwirken, in Ansehung ihrer positiven Koalitionsfreiheit aus Art. 9 Abs. 3 GG nicht vorgesehen werden. Selbst wenn man sich auf den Standpunkt stellte, dass die Sicherung der Tarifautonomie und damit die im Allgemeininteresse liegende faktische Ordnung der Arbeits- und Wirtschaftsbedingungen als multifunktionale Zwecksetzung für einen Kontrahierungszwang gelten könnte, so müsste das Anliegen jedenfalls auf der Ebene der Rechtfertigung zurückgewiesen werden, da es schwerwiegende und multiple Grundrechtsverletzungen mit sich brächte, während es gleich geeignete, aber weniger eingreifende Mittel zur Zielerreichung[1568] gäbe.

3. Contra: Keine „Förderung" des freiwilligen Anschlusses der Außenseiter-Arbeitnehmer mit Hilfe einer Absperrklausel im deutschen Recht

Auch auf der Seite der Außenseiter-Arbeitnehmer könnte es Widerstand geben. Wie oben erörtert, ist das Institut des Anschlusses in der Schweiz mit der Ausübung eines Anschluss- oder Vertragszwangs verbunden. Außenseiter-Arbeitnehmer werden zum Anschluss gedrängt, indem ihre Beschäftigung – Neueinstellung oder Fortdauer – von der Erklärung der Tariftreue abhängig gemacht wird. Dies lässt sich im deutschen Recht nicht umsetzen.[1569]

Mit Blick auf den Zwang des Außenseiters stehen die umfassenden Kündigungsschutzvorschriften „im Weg". Die – von der Privatautonomie grundsätzlich gedeckte – Weigerung, sich dem Tarifvertrag anzuschließen, kann nicht als Kündigungsgrund iSv § 1 Abs. 1 KSchG fungieren. Eine etwaige moralische Verwerflichkeit der Außenseiter-Rolle spielt hier keine Rolle (siehe dazu auch oben unter Kap. 3 A. III. 1. b). Haltungsfragen können eine verhaltens- oder personenbedingte Kündigung schließlich nur in Ausnahmefällen rechtfertigen, wie etwa im Fall der politischen Betätigung in einer verbotenen oder verfassungsfeindlichen Partei.[1570] Die bloße Wei-

1567 BVerfG v. 26.06.1991 – 1 BvR 779/85, E 84, 212 (224): „Darin sollen die Vereinigungen nach dem Willen des Gesetzgebers frei sein."
1568 Vgl. hierzu unter Kap. 4 C., Kap. 5 B. III.
1569 Ebenso *Schwaabe*, Solidaritätsbeiträge, S. 22, 57.
1570 Vgl. BAG v. 12.5.2011 – 2 AZR 479/09, AP BGB § 123 Nr. 69 Rn. 22.

gerung eines freiwilligen und für die Abwicklung des Arbeitsverhältnisses nicht notwendigen Anschlusses an den Tarifvertrag durch einen Außenseiter-Arbeitnehmer dürfte dafür hingegen nicht ausreichen.

Dies zeigt auch ein Blick ins Antidiskriminierungsrecht des Allgemeinen Gleichbehandlungsgesetzes (AGG), welches bei Einstellungen zu beachten ist und dessen Wertungen bei der Überprüfung von Kündigungen anhand der Maßstäbe des KSchG als Konkretisierungen der Sozialwidrigkeit Berücksichtigung finden (vgl. § 2 Abs. 4 AGG).[1571] Die §§ 1, 2 AGG verbieten eine Diskriminierung wegen der Weltanschauung beim Zugang zu Beschäftigung Das BAG versteht dabei unter den Begriffen Religion und Weltanschauung „eine nur mit der Person des Menschen verbundene Gewissheit über bestimmte Aussagen zum Weltganzen sowie zur Herkunft und zum Ziel des menschlichen Lebens. Die Religion legt eine den Menschen überschreitende und umgreifende (‚transzendente') Wirklichkeit zugrunde, während sich die Weltanschauung auf innerweltliche (‚immanente') Bezüge beschränkt."[1572] Da auch gesamtgesellschaftliche Theorien wie der Marxismus[1573] oder die Anthroposophie[1574] darunter subsumiert wurden, liegt es zumindest nicht fern, das Merkmal weit im Sinne einer „Überzeugung" zu verstehen und hierunter auch die gelebte Einstellung zur Gewerkschaftsbewegung zu fassen.[1575] Die beharrliche Beibehaltung der Außenseiterstellung aus ideellen Gründen ist schließlich auch eine innere Haltung, die auf grundsätzlichen Erwägungen zur Interessenverfolgung im gesellschaftlichen Zusammenleben beruht und nach außen gelebt wird.[1576]

1571 Ist das KSchG persönlich und sachlich anwendbar, sind der Tatbestand und die Rechtfertigungsgründe des Benachteiligungsverbots (§§ 1–10) bei der Sozialwidrigkeit der Kündigung nach § 1 KSchG zu prüfen, st. Rspr., vgl. zuletzt BAG v. 16.5.2019 – 6 AZR 329/18, AP SGB IX 2018 § 164 Nr. 1Rn. 38.

1572 BAG v. 22.3.1995 – 5 AZB 21/94, AP ArbGG 1979 § 5 Nr. 21; s.a. LAG München v. 10.1.2012 – 7 Sa 851/11, BeckRS 2014, 71543 Rn. 73: „Der Begriff der Weltanschauung meint eine nichtreligiöse Sinndeutung der Welt im Ganzen, getragen von einem mit dem einer Religion vergleichbaren Geltungsanspruch.".

1573 ArbG Berlin 30. 7.2009 – 33 Ca 5772/09, NZA-RR 2010, 70.

1574 BVerfG 16.5.1996 – 1 BvR 1087/91, E 93, 1.

1575 In die andere Richtung zu verstehen LAG München v. 10.1.2012 – 7 Sa 851/11, BeckRS 2014, 71543 Rn. 73 ff., demnach das Bekenntnis zu bestimmten Prinzipien des kollektiven Arbeitsrechts keine „Weltanschauung" sei.

1576 Auch wenn man natürlich eingestehen muss, dass die Frage, ob die Haltung aus ideellen oder finanziellen Gründen eingenommen wird, praktisch schwer zu klären sein wird und der Nachweis einer Haltung im Fall des Unterlassens grundsätzlich schwieriger auszumachen ist.

Für diese solche weite Auslegung spricht auch die Verwendung des Begriffs in anderen Zusammenhängen (Systematik). Zum Beispiel sind in Art. 14 EMRK neben der Religion die „politischen oder sonstigen Anschauungen" zusammen genannt und auch in Art. 21 Abs. 1 EU-GRC sind die „politische oder sonstige Anschauung" neben der Religion und der Weltanschauung aufgeführt, was gleichfalls eher gegen ein enges Verständnis des Begriffs der Weltanschauung spricht.[1577] Zudem benutzen die anderen sprachlichen Fassungen der dem AGG zugrunde liegenden Rahmenrichtlinie[1578] überwiegend den weiten Begriff der Überzeugung.[1579] Die ähnlich gelagerte Frage, ob die Zugehörigkeit zu einer Partei und das Eintreten für entsprechende Ziele zur Weltanschauung zählt, hat das BAG zuletzt ausdrücklich offengelassen.[1580]

Hier zeigt sich also ein praktischer Unterschied zwischen der Schweiz und Deutschland. *Faika* weist insofern auch darauf hin, dass sich das Institut des privatrechtlichen Anschlusses in der Schweiz nur deshalb so entwickeln konnte, weil es einen geringen bis gar nicht vorhandenen Kündigungsschutz gab.[1581] Dies hat das Bedürfnis nach einer Ausweitung des Gesamtarbeitsvertrages auf Außenseiter-Arbeitnehmer zur Verhinderung von Schmutzkonkurrenz befördert und mit Hilfe der Tariftreueregelung und Vertragszwang zur einer Verbreitung der Solidaritätsbeiträge beigetragen, die im deutschen Recht so nicht vorstellbar ist.

VIII. Ergebnis

Damit ist insgesamt festzuhalten, dass die Schweizer Regelung des Tarifanschlusses nicht als Blaupause für eine Änderung des TVG dienen kann, die das Ziel verfolgt, das hier avisierte Nutzungsentgelt umzusetzen und die Tarifautonomie als kollektiv ausgeübte Privatautonomie zu fördern.

1577 Vgl. *Däubler*, in: Däubler/Beck AGG, § 1 Rn. 73.

1578 Gleichbehandlungsrahmenrichtlinie des Rates v. 27.11.2000 – 2000/78/EG.

1579 Vgl. zu den einzelnen Sprachfassungen *Däubler*, in: Däubler/Beck AGG, § 1 Rn. 65 ff; herauf ebenfalls hinweisend *Schlachter*, in: ErfK AGG § 1 Rn. 8; für irrelevant hält dies LAG München v. 10.1.2012 – 7 Sa 851/11, BeckRS 2014, 71543 Rn. 74 ff.

1580 Vgl. BAG v. 12.5.2011 – 2 AZR 479/09, AP BGB § 123 Nr. 69 Rn. 38: „kann unterstellt werden, dass die Zugehörigkeit zu einer Partei oder das Eintreten für deren Ziele das in § 1 AGG genannte Diskriminierungsmerkmal der ‚Weltanschauung' betrifft".

1581 Vgl. etwa *Melzer*, Außenseiter und Solidaritätsbeitrag, S. 15 f.; *Schwaabe*, Solidaritätsbeiträge, S. 31.

C. Modell 3: Einführung einer Zahlungspflicht für Außenseiter-Arbeitnehmer im TVG

I. Plädoyer für die direkte Regelung der Zahlungspflicht im Gesetz

Aus den vorbezeichneten und erschöpfend dargelegten Gründen ergibt sich die Notwendigkeit einer direkten und zwingenden Regelung des Nutzungsentgelts für Außenseiter-Arbeitnehmer im Gesetz. Diese Lösung vermeidet einerseits grundlegende Umwälzungen des deutschen Tarifsystems, welche mit den anderen beiden Vorschlägen verbunden wären. Sie ließe den Status der Gewerkschaften als Mitgliederverbände sowie die aus der privatrechtlichen Rekonstruktion der Tarifautonomie folgende Beschränkung der Zuständigkeit auf die Mitglieder unangetastet. Zugleich böte die gesetzliche Regelung die Gewähr dafür, dass das Nutzungsentgelt auch tatsächlich eingeführt und in alle Richtungen so grundrechtsschonend wie möglich ausgestaltet wird.

Um (Kompetenz-) Konflikte zu vermeiden, die bei der Vereinnahmung der abgeführten Nutzungsentgelte durch den Staat zwingend entstünden,[1582] befürwortet die Verfasserin dabei ausdrücklich die endgültige Abführung der von den Außenseiter-Arbeitnehmern eingenommenen Gelder an die tarifschließende Gewerkschaft. Unter Berücksichtigung des bereits in Kapitel 2 Abschnitt F. herausgearbeiteten Anforderungsprofils könnte eine mögliche Ergänzung des TVG – etwa in § 4b TVG n.F. – somit folgende Fassung erhalten:

> **§ 4b Nutzungsentgelte bei Bezugnahmen**
> (1) Arbeitnehmer, deren Arbeitsbedingungen sich im Wesentlichen nach einem Tarifvertrag richten (Tariforientierung), haben für diese Partizipation am Tarifvertrag ein Nutzungsentgelt an die tarifschließende Gewerkschaft zu entrichten. Für eine Tariforientierung im Sinne des Satz 1 reicht es bereits aus, wenn der Arbeitsvertrag auf die Vergütungsabrede eines Tarifvertrags verweist oder die vereinbarte Vergütung der tarifvertraglichen Regelung im Wesentlichen entspricht. Arbeitnehmer, die Mitglied in einer Gewerkschaft sind, haben Anspruch auf zeitnahe Rückerstattung des nach Satz 1 gezahlten Nutzungsentgelts.
>
> (2) Die Höhe des Nutzungsentgelts richtet sich nach dem Gewerkschaftsbeitrag der tarifschließenden Gewerkschaft und beträgt 80 v. 100

1582 Siehe zur Problematik der nichtsteuerlichen Sonderabgaben unter Kap. 2 F. V. 2. sowie eingehend unter Kap. 4 C. V. 2.

des Beitrages, den der Arbeitnehmer im Falle der Mitgliedschaft in der tarifschließenden Gewerkschaft zu entrichten hätte. In Fällen, in denen die Zahlung des vollen Nutzungsentgelts nach Satz 1 eine unzumutbare finanzielle Härte darstellen würde, kann das zu zahlende Nutzungsentgelt auf Antrag auf bis zu 20 v. 100 des Beitrags gesenkt werden, den der Arbeitnehmer im Falle der Mitgliedschaft in der tarifschließenden Gewerkschaft entrichtet hätte (Härtefallregelung). Einzelheiten des Entgelteinzugs samt Härtefallregelungen sowie der Entgeltrückerstattung werden durch Rechtsverordnung des Bundesministeriums für Arbeit und Soziales im Einvernehmen mit dem Bundesministerium der Finanzen geregelt.

II. Maßgaben für die Höhe des Nutzungsentgelts

Die Frage der Belastungshöhe war bisher offengelassen worden[1583] und wird durch den vorstehenden Vorschlag an die Höhe des Mitgliedsbeitrages gekoppelt. Diese Maßgabe geht im Einzelnen auf folgende Überlegungen zurück:

Die Analyse des Status Quo in Kapitel 2 hat gezeigt, dass die Beitragshöhe zwischen den deutschen Gewerkschaften zum Wettbewerbsfaktor gemacht wird. Das heißt einerseits, dass das Nutzungsentgelt keine fixe Höhe haben darf, denn andernfalls würden die Unterschiede bei der Beitragsstruktur der Mitglieder nivelliert werden.[1584] Während manche Gewerkschaften nur einen geringen Fixbetrag verlangen, richtet sich die Beitragshöhe bei anderen nach dem Bruttomonatsgehalt und variiert somit in der Höhe teilweise sehr.[1585] Andererseits verbietet sich aus diesem Grund auch die Festsetzung eines festen Prozentanteils des Bruttomonatslohns. Dadurch könnte es schließlich vorkommen, dass Außenseiter-Arbeitnehmer deutlich mehr bezahlen als organisierte Arbeitnehmerkollegen. Auf diese Weise würde aber nicht nur der Negativanreiz absorbiert, sondern aktiv ein erheblicher Anreiz zum Beitritt in die Gewerkschaft geschaffen werden. Dies gilt es unter Berücksichtigung des Neutralitätsgebots zu vermeiden, worauf noch zurückzukommen sein wird.[1586]

1583 Vgl. Kap. 2 F. II. 2.
1584 Zutreffend herausgestellt schon durch *Höpfner*, ZfA 2020, 178 (199).
1585 Siehe hierzu unter Kap. 2 D. III. 2 a).
1586 Siehe hierzu unter Kap. 5 B. III. 1. b).

Des Weiteren hat sich bei der Betrachtung der Schweizer Verhältnisse bestätigt, dass eine finanzielle Belastung, welche deutlich geringer ausfällt als die der Gewerkschaftsmitglieder, nicht in der Lage ist, eine positive Entwicklung der Mitgliederzahlen zu bewirken. Es überzeugt daher, sich der ursprünglichen Rechtsprechung des Schweizer BG anzuschließen, welches eine Belastung, die sich ungefähr in der Höhe eines bei den in Betracht fallenden Organisationen üblichen Mitgliedschaftsbeitrages bewegt, für zulässig erachtet hat.[1587] Das Umschwenken des BG auf den Grundsatz der Zweckproportionalität durch die Entscheidung vom 13.9.1949 ist untrennbar mit einer Entwertung des organisationspolitischen Zwecks des Solidaritätsbeitrages in der Schweiz verbunden. In den Augen des BG sollte der Hauptzweck der Beitragserhebung von da an stets die Einhaltung der Berufsordnung durch Unterstellung möglichst vieler Berufsangehöriger und der Lastenausgleich durch Kostenbeteiligung sein und nicht die Mitgliederwerbung.[1588]

Es zeigt sich also, dass die Beschränkung auf bestimmte umlagefähige Posten unter einer anderen Prämisse stattfand, als sie für das hier avisierte Nutzungsentgelt vorlägen. Weiteres Argument, das gegen diesen Ansatz spricht, ist außerdem das rein praktische Problem, dass die Kosten der Vertragsanbahnung, des Vertragsabschlusses sowie der Durchführung von Tarifverträgen ohne eine Offenlegung der Buchführung der Gewerkschaften schwerlich ermittelbar und bezifferbar wären.[1589] Der Mitgliedsbeitrag ist hingegen in der meist veröffentlichten Satzung einfach zugänglich hinterlegt und kann somit ohne größeren Aufwand als Anknüpfungspunkt für die Bemessung des Nutzungsentgelts dienen. Eine Orientierung daran hat zugleich den Vorteil, dass kein Sonderrecht für Außenseiter-Arbeitnehmer geschaffen werden kann, wie es etwa bei einer Festsetzung der Entgelthöhe durch die Gewerkschaft nach Vorbild der Türkei der Fall wäre.[1590]

Die vorliegend vorgeschlagene Beschränkung auf 80 v. 100 des Mitgliedsbeitrages,[1591] den die Außenseiter-Arbeitnehmer im Falle der Mitgliedschaft

---

1587 BG v. 25.5.1948, E 74 II, 158 (169).

1588 BG v. 13.9.1949, E 75 II, 305 (313); mit der gleichen Zweckpriorisierung *Tschudi*, in: Beiträge zum Arbeits- und Sozialrecht, S. 263 (278).

1589 Darauf hat bereits zutreffend hingewiesen *Höpfner*, ZfA 2020, 178 (194).

1590 Vgl. Art. 39 Abs. 5 des Gesetzes Nr. 6356 über Gewerkschaften und Tarifverträge vom November 2012, das die Höhe der finanziellen Belastung der Satzungsmacht der tarifschließenden Gewerkschaft überlässt. Siehe zur Handhabe in der Türkei auch Fn. 69.

1591 Weitergehend, weil für die Zulässigkeit eines Beitrages etwa in Höhe des hälftigen Gewerkschaftsbeitrages. hingegen *Müller*, Gedanken zum Solidaritätsbeitrag, S. 9.

in der tarifschließenden Gewerkschaft zu zahlen hätten, ist schließlich als „Sicherheitsabstand" und als ein gewisses Entgegenkommen gegenüber den Stimmen zu verstehen, die kritisieren, dass eine Belastung in Höhe des vollen Beitrags die sonstigen Vorteile außer Acht lasse, welche die Gewerkschaftsmitglieder für ihren Beitrag erhalten.[1592] Die Untersuchung in Kapitel 2 Abschnitt D. hat zwar ergeben, dass von den Mitgliedschaftsrechten aktuell keine finanzielle Anreizwirkung ausgeht. Gleichwohl dürfen sie im Gesamtbild nicht gänzlich unberücksichtigt bleiben. Bei einem Anstieg der Streiktage (Vollstreik) könnte etwa die selektive Leistung der Streikunterstützung an Bedeutung gewinnen. Angesichts des Umstandes, dass etwa 80 Prozent der Mitgliedsbeiträge mittelbar oder unmittelbar für die „Produktion" der Tarifverträge verwandt werden, erscheint diese Summe im Ergebnis als sachgerechter und fairer Anknüpfungspunkt für die Belastung der Außenseiter-Arbeitnehmer.

Wie die nachfolgenden Berechnungsbeispiele zeigen, kann sich die Höhe des Nutzungsentgelts bei der hier vorgeschlagenen Ausgestaltung flexibel an die in Deutschland vorhandenen verschiedenen Beitragsarten anpassen und verhindert damit effektiv, dass das Nutzungsentgelt weder wesentlich höher noch wesentlich niedriger ausfällt als der Mitgliedsbeitrag in der tarifschließenden Gewerkschaft:

Beispielrechnungen Nutzungsentgelt

Variante 1: Variabler Mitgliedsbeitrag
Die tarifschließende Gewerkschaft ist ver.di. Mitglieder haben einen Monatsbeitrag iHv 1 % des Bruttomonatseinkommens als Beitrag zu zahlen.
Bei Zugrundelegung eines monatlichen Bruttolohns in Höhe von 3.500 EUR des Arbeitnehmers A beläuft sich der Mitgliedsbeitrag somit auf 35 EUR pro Monat bzw. 420 EUR im ganzen Jahr.
Das Nutzungsentgelt beliefe sich für A als Außenseiter auf 80 v. 100, also auf 28 EUR pro Monat bzw. 336 EUR im Jahr.

Variante 2: Fixer Mitgliedsbeitrag
Tarifschließende Gewerkschaft ist der Marburger Bund. Dieser verzichtet gänzlich auf eine lohnabhängige Beitragsbemessung und verlangt

1592 Vgl. für die Schweiz BG v. 13.9.1949, E 75 II, 305 (318 f.); parallel als Argument gegen eine Differenzierungsklausel im Umfang des Gewerkschaftsbeitrages *Hueck*, Tarifausschlußklausel, S. 44 f.

stattdessen einen Fixbetrag iHv 18,50 EUR pro Monat bzw. 222 EUR pro Jahr (Stand 2023).[1593]
Das Nutzungsentgelt beliefe sich auch hier auch 80 v. 100 und somit im vorliegenden Fall auf 14,80 EUR pro Monat bzw. 160 EUR pro Jahr.

Hinweis für beide Varianten:
Für Auszubildende oder Geringverdiener sehen die meisten Gewerkschaftssatzungen Erleichterungen in Form geringerer Mitgliedschaftsbeiträge vor.[1594] Diese Belastungsgerechtigkeit würde sich für den Fall, dass der Arbeitnehmer Auszubildener, Geringverdiener oder ggf. gänzlich beitragsbefreiter Student wäre, auch auf das Nutzungsentgelt übertragen.

III. Durchführung der Entgeltabführung

1. Bisher erörterte Lösungen

Bisher wurden verschiedene Durchführungswege erörtert, wobei sich zwei Obergruppen bilden lassen: Die selektive Abführung nur für die Außenseiter-Arbeitnehmer und die pauschale Abführung für alle bei einem Arbeitgeber beschäftigten Arbeitnehmer unabhängig vom Organisationsstatus.

a) Selektive Abführung (nur für Außenseiter und ggf. Andersorganisierte)

So wurde beispielweise von *Heußner* vorgeschlagen, dass die Außenseiter-Arbeitnehmer ihrem Arbeitgeber eine Einziehungsvollmacht erteilen, sodass dieser den Solidaritätsbeitrag direkt vom Lohn der betroffenen Arbeitnehmer einbehält und ihn an die Gewerkschaft oder an eine von den Tarifvertragsparteien gesondert gebildete Tarifgemeinschaft abführt.[1595] Die organisierten Arbeitnehmer wären also von der Regelung gar nicht berührt worden. Bei Andersorganisierten wäre der Berechnung der von diesen an ihre Gewerkschaft abzuführende Mitgliedsbeitrag zu berücksichtigen gewe-

1593 Vgl. Angaben des Marburger Bundes, abrufbar unter https://www.marburger-bund.de/nrw-rlp/landesverband/mitgliedschaft/marburger-bund-nrw/rlp-mitgliedsbeitraege-2023 (letzter Abruf am 2.7.23023).

1594 Siehe beispielhaft IG Metall: Für Arbeitslose pauschal 1,53 EUR und für Rentner 0,50 % des Bruttomonatseinkommens; ver.di: 0,50 % für Rentner; GdL: 0, 55 % für Rentner und 0,25 % für Auszubildende.

1595 *Heußner*, RdA 1960, 295 (298).

sen. Er überlegt, dass z.B. bei einem Mitgliedbeitrag der tarifschließenden Gewerkschaft in Höhe von 90 DM die Außenseiter-Arbeitnehmer 60 DM zu zahlen hätten und die Andersorganisierten einen gestaffelt geringeren Beitrag: bei eigenem Verbandsbeitrag bis zu 40 DM = 50 DM, bei bis zu 50 DM Verbandsbeitrag = 40 DM, bei bis zu 60 DM Verbandsbeitrag = 30 DM, bei bis zu 70 DM Verbandsbeitrag = 20 DM, bei über 70 DM Verbandsbeitrag = 10 DM.[1596]

b) Pauschale Abführung (für alle Arbeitnehmer)

Diese selektive Abführung hat jedoch einen entscheidenden Nachteil: Sie kann nur funktionieren, wenn dem Arbeitgeber die Identität der bei ihm beschäftigten Außenseiter sowie Andersorganisierten und damit im Umkehrschluss auch die Identität der Gewerkschaftsmitglieder bekannt ist. Dabei handelt es sich jedoch um höchst sensible Informationen. Auch wenn Maßregelungen auf Grund der Gewerkschaftsmitgliedschaft verboten sind, befürchten noch immer viele Arbeitnehmer eben solche, wenn ihr Organisationsstatus bekannt wird. Die Entscheidung über die Offenbarung dieser Information muss den Arbeitnehmern selbst überlassen werden. Bleibt dieser Grundsatz unangetastet, kann aber die selektive Lösung nicht funktionieren.[1597] Der Arbeitgeber müsste demzufolge pauschal für alle Arbeitnehmer das Entgelt abführen. Auch hier kommt wiederum die direkte Abführung an die tarifschließende Gewerkschaft oder aber eine Gemeinsame Einrichtung der Tarifvertragsparteien in Frage. Unlängst wurde überdies von *Höpfner* das Finanzamt als unabhängige Verrechnungsstelle als Alternative ins Spiel gebracht. Er meint, es bedürfe einer von beiden Parteien unabhängigen Stelle, die die Entgeltabrechnung mit möglichst wenig bürokratischem Aufwand durchführen könne.[1598]

Egal welche Stelle die Gelder zunächst erhielte, es müsste von dort jedenfalls die Weiterleitung des von den organisierten Arbeitnehmern gezahlten Entgelts an ihre jeweilige Gewerkschaft erfolgen, um eine tatsächliche wirtschaftliche Mehrbelastung der organisierten Arbeitnehmer zu vermeiden. Ihre Einbeziehung in das Verfahren erfolgt nur zum Schutz der Identität und damit allein aus praktischen Gründen. Um diese Rückabwicklungen

1596 *Heußner*, RdA 1960, 295 (298).
1597 Zutreffend herausgestellt durch *Höpfner*, ZfA 2020, 178 (208).
1598 *Höpfner*, ZfA 2020, 178 (209).

vornehmen zu können, muss bei der verantwortlichen Stelle überdies eine Vielzahl von Informationen zusammenlaufen.

2. Bewertung

a) Keine leichtfertige Offenlegung der Mitgliederidentitäten gegenüber den Arbeitgebern

Zunächst ist klarzustellen, dass solche Lösungen ausscheiden sollten, die dem Arbeitgeber automatisch ein Lagebild über die Organisationsstärke seiner sozialen Gegenspieler im Betrieb verschafft. Wie oben bereits im Einzelnen dargelegt,[1599] handelt es sich bei der Zahl und Verteilung der Mitglieder um maßgebliche Größen bei der Beurteilung der Verhandlungsstärke der einzelnen Gewerkschaften. Von ihnen hängt ab, welche Mittel eine Gewerkschaft zur Einigung mit der Arbeitgeberseite einzusetzen in der Lage ist. Der Ungewissheit des sozialen Gegenspielers über die tatsächliche Durchsetzungskraft und demnach in Frage kommende Kampfmittel kann in einer konkreten Verhandlungssituation wiederum ausschlaggebende Bedeutung zukommen. Dementsprechend umfasst die in Art. 9 Abs. 3 GG garantierte koalitionsspezifische Betätigungsfreiheit auch das Recht, Angaben über die Zahl und Verteilung der Mitglieder der Arbeitgeberseite in einer konkreten Verhandlungssituation vorzuenthalten.[1600] Friktionen drohen hier, seitdem die Tarifeinheit im Betrieb nach § 4a TVG die Feststellung der Mehrheitsverhältnisse erfordert. Das BVerfG erkennt das Risiko, im arbeitsgerichtlichen Beschlussverfahren gem. §§ 2 a Abs. 1 Nr. 6, 99 ArbGG die Mitgliederzahl und damit die Kampfstärke im Betrieb offenbaren zu müssen und stuft es als zusätzliche Beeinträchtigung der koalitionsspezifischen Betätigungsfreiheit ein. Deshalb verlangt es, dass das Beschlussverfahren möglichst so zu führen ist, dass die Mitgliederstärke der Gewerkschaften nach Möglichkeit nicht offengelegt wird.[1601] Weigert sich etwa eine der beteiligten Gewerkschaften im Verfahren (berechtigterweise), ihre Mitgliederzahlen offenzulegen oder wird eine entsprechende Angabe bestritten, kann auf den neu in das Arbeitsgerichtsgesetz eingefügten § 58 Abs. 3 ArbGG zurückgegriffen werden. Es prüft dann ein Notar die Mitglie-

---

1599 Vgl. Kap. 2 A.

1600 BAG v. 18.11.2014 – 1 AZR 257/13, AP GG Art. 9 Nr. 150 (= NZA 2015, 306).

1601 BVerfG v. 11.7.2017 – 1 BvR 1571/15 u.a., E 146, 71 (= AP GG Art. 9 Nr. 151) Rn. 170, 173, 197 ff.

derverhältnisse und stellt über das Ergebnis eine Bescheinigung aus, sodass die namentliche Nennung und Offenlegung der konkreten Kampfstärke im Betrieb verhindert werden kann.[1602] Dem würde es widersprechen, wenn der Arbeitgeber im Zuge der Nutzungsentgelt-Abwicklung nun ohne weitere Hürden und genauestens über die Organisationslage in Kenntnis gesetzt würde. Damit würde das Ziel, mit der Einführung des Nutzungsentgelts die Parität der Verhandlungspartner und damit die Funktionsfähigkeit der Funktionsautonomie sicherzustellen, gewissermaßen konterkariert.

Die selektive – nur für die Außenseiter-Arbeitnehmer vorgenommene – Abführung des Nutzungsentgelts ist unter Berücksichtigung dieser praktischen Folgen keine Ideallösung. Dies gilt unabhängig von der Frage, an wen der Arbeitgeber das Entgelt abführt.

b) Keine leichtfertige Offenlegung der Identität Andersorganisierter gegenüber der tarifschließenden Gewerkschaft

Demgegenüber erscheint die pauschale Abführung des Nutzungsentgelts (für alle Arbeitnehmer) direkt an die tarifschließende Gewerkschaft zunächst unkompliziert und zweckmäßig.[1603] Es ist bei dieser Lösung allerdings zu bedenken, dass zwar nicht der Arbeitgeber, dafür aber die tarifschließende Gewerkschaft Informationen über die Organisationsstruktur im Unternehmen erhielte. Die angedachte Weiterleitung der Entgelte Andersorgansierter an die Konkurrenzgewerkschaften zur Verrechnung mit den Mitgliedschaftsbeiträgen hätte sinnlogisch zur Voraussetzung, dass die tarifschließende Gewerkschaft zunächst die Zahl und Identität der Andersorganisierten erheben müsste. Angesichts des Wettbewerbs unter den Koalitionen haben diese ohnehin schon ein natürliches Interesse an den Mitgliederzahlen anderer Gewerkschaften. Dieses dürfte sich jedoch mit der gesetzlichen Einführung der Tarifeinheit im Betrieb in § 4a TVG nochmals erheblich gesteigert haben, da nunmehr die Tarifanwendung im Betrieb davon abhängt, dass man die Mehrheit der Organisierten in seinen Reihen vereint. Mit der Kenntnis fremder Organisationsgrade ließe sich von Seiten

1602 BVerfG v. 11.7.2017 – 1 BvR 1571/15 u.a., E 146, 71 (= AP GG Art. 9 Nr. 151) Rn. 199; vgl. zum Ganzen auch BT-Drs. 18/4062, S. 16; *Koch*, in: ErfK, ArbGG § 99 Rn. 6 mit dem Hinweis, dass dieser Weg über eine (mittelbare) Beweisführung durch öffentliche Urkunden auch schon aus datenschutzrechtlichen Gründen (§ 28 VI Nr. 3 BDSG) geboten ist.

1603 So auch *Hueck*, RdA 1961, 141 (142).

einer Gewerkschaft taktieren und gerade bei knappen Mehrheitsverhältnissen kann sie Auswirkungen auf das gewerkschaftliche Verhalten im Betrieb haben. Zudem spielte eine solche Lösung der tarifschließenden Gewerkschaft die Kontaktdaten für massive Abwerbemaßnahmen in die Hände, was in Ansehung der positiven Koalitionsfreiheit der Andersorganisierten und der anderen Konkurrenzgewerkschaften unzulässig sein könnte. Der tarifschließenden Gewerkschaft sind diese Informationen grundsätzlich nicht leichtfertig zu überlassen.[1604]

c) Erfordernis der Zwischenschaltung eine übergeordnete Stelle

Aus dem Vorangegangenen folgt, dass nur eine pauschale Abführung an eine übergeordnete Stelle in Betracht kommt. Hier ließe sich an eine gemeinsame Einrichtung der Tarifvertragsparteien denken (§ 4 Abs. 2 TVG). Allerdings sind diese außerhalb der Baubranche lange nicht flächendeckend zu finden. Dies könnte sich als praktisches Hindernis erweisen, weil man die Tarifvertragsparteien zu ihrer Einrichtung nicht zwingen könnte. Überdies wäre es möglich, dass die Verbände infolge der paritätischen Trägerschaft doch wieder Zugriff auf die sensiblen Informationen über den Status der Arbeitnehmer erhielten. Das gilt sowohl für die Kenntnis des Arbeitgebers von der Identität der Gewerkschaftsmitglieder als auch die Kenntnis von Arbeitgeber und Gewerkschaft über die Identität der Andersorganisierten, denen gegenüber Erstattungen vorzunehmen wären. Die Bedenken, die auch gegen eine Direktabführung an die Gewerkschaft sprechen, greifen auch hier durch. Diese Lösung muss ausscheiden.

Dagegen spricht auch der oben bereits erörterte Umstand, dass eine Finanzierung von Leistungen der gemeinsamen Einrichtung durch Außenseiter-Arbeitnehmer die Zielsetzung, die Partizipation an Tarifverträgen mit materiell-inhaltlichen Regelungen „abzugelten", nicht entspricht und zur Stärkung der Tarifautonomie nicht besonders geeignet ist. *Ridder* hatte seinerzeit überlegt, dass die gemeinsame Einrichtung Aufgaben übernehmen könnte, die sonst durch die Gewerkschaften direkt erfüllt worden wären, sodass die Einnahmen aus dem Solidaritätsbeitrag „im Ergebnis auch eine andere Verteilung in der Verwendung des Aufkommens an gewerkschaftlichen Mitgliedsbeiträgen oder eine Herabsetzung des Mitgliedsbeitrages

1604 Ebenfalls kritisch *Höpfner*, ZfA 2020, 178 (209).

ermöglichen können."[1605] Ein solches Vorgehen würde aber voraussetzen, dass die Gewerkschaft sowohl bereit wäre, Aufgaben an die Einrichtung zu übertragen, als auch willig und in der Lage wäre, den Mitgliedsbeitrag entsprechend herabzusetzen. An beidem darf ernstlich gezweifelt werden. Wie dargelegt, benötigt die Gewerkschaft etwa 80 % der Einnahmen aus den Mitgliedschaftsbeiträgen zur Bereitstellung „ihrer Hauptleistung" inklusive des Aufbaus und Erhalts der sozialen Mächtigkeit. Sämtliche im Zusammenhang mit ihrer Infrastruktur und den Tarifverhandlungen und -abschlüssen stehenden Aufgaben könnte sie keinesfalls an die gemeinsame Einrichtung übertragen. Gleiches gilt für die Streikkasse, die benutzt wird, um gegen den Partner der gemeinsamen Einrichtung im Arbeitskampf vorzugehen. Damit blieben nur weitere „Nebenleistungen", wie zum Beispiel Fortbildungsangebote. Selbst wenn die Gewerkschaft diese Aufgaben an die gemeinsame Einrichtung auslagerte, rechtfertigte dies angesichts der finanziell untergeordneten Bedeutung keine entscheidende Reduktion der Mitgliedschaftsbeiträge. Außerdem darf nicht vergessen werden, dass es sich um eine paritätisch von Gewerkschaft und Arbeitgeberverband getragene Einrichtung handelte. Letztere dürften sich nicht dazu einspannen lassen, an der Auslagerung ureigener gewerkschaftlicher Leistungen an eine sog. „gemeinsame" Einrichtung mitzuwirken.

Diese Argumente sprechen dafür, eine neutrale und von den Verbänden unabhängige Stelle mit der Abwicklung zu betrauen.

3. Eigener Lösungsvorschlag

Als praxisgerechte Lösung empfiehlt sich angesichts dieser Bedenken eine Einbindung der Finanzbehörden in die Entgeltabführung von Privat an Privat, wie sie schon in anderen Zusammenhängen, wie z.B. bei den milchwirtschaftlichen Ausgleichsabgaben, praktiziert wird.[1606]

a) Statusneutrale Abführung an die Betriebstättenfinanzämter durch die Arbeitgeber

In einem ersten Schritt würde der Arbeitgeber für alle Arbeitnehmer, die unter den Tatbestand der gesetzlichen Neuregelung fallen, also unabhängig

1605 Vgl. *Ridder*, Rechtsgutachten Solidaritätsbeiträge, S. 4.

1606 Vgl. unter Kap. 4 C. V. 2. a); erstmals in den Raum gestellt durch *Höpfner*, ZfA 2020, 178 (209).

von deren Organisationsstatus, das gesetzlich vorgesehene Entgelt zusammen mit den Lohnsteuerabzügen beim Betriebsstättenfinanzamt anmelden und an dieses abführen. Dabei handelt es sich um eine Vorauszahlung auf das Nutzungsentgelt, zu dessen Entrichtung materiell-rechtlich nicht die Arbeitgeber, sondern allein die Arbeitnehmer verpflichtet sind (hierauf wird nachfolgend zurückzukommen sein). Für welche Arbeitnehmer die Zahlungspflicht gilt, wird für den Arbeitgeber leicht ersichtlich sein, da ein in allgemeiner Form gehaltener Hinweis auf die auf das Arbeitsverhältnis anwendbaren Tarifverträge gem. § 2 Abs. 1 Nr. 15 Nachweisgesetz (NachwG) zu den wesentlichen Vertragsbedingungen des Arbeitsverhältnisses zählt, die schriftlich niederzulegen sind. Die Bezugnahme auf einen Tarifvertrag kann zwar formfrei vereinbart werden, der schriftliche Nachweis darüber ist aber innerhalb eines Monats anzufertigen und vom Arbeitgeber auszuhändigen. Er dürfte also einen Überblick über die Verwendung von Bezugnahmeklauseln haben. Sofern die Höhe des Nutzungsentgelts sich nicht ohne weiteres ermitteln lässt, etwa weil die Satzung der tarifschließenden Gewerkschaft ausnahmsweise nicht öffentlich zugänglich ist, so ist dem Arbeitgeber ein Auskunftsanspruch gegenüber der tarifschließenden Gewerkschaft gesetzlich zuzubilligen, damit er die Höhe der Belastung ohne größeren Aufwand ermitteln kann.

Auch vom Lohn der in der tarifschließenden Gewerkschaft organisierten Arbeitnehmer sowie von Andersorganisierten müssten zunächst Abzüge vorgenommen werden, da jede andere Abwicklung die Aufgabe ihrer zu schützenden Identität bedeutete. Sollte sich in der politischen Debatte herausstellen, dass die Vorbehalte gegen eine Offenlegung der Gewerkschaftsmitgliedschaft doch nicht so erheblich sind, könnte auf die vergleichsweise komplizierte hier vorgeschlagene Abzugsmethode zu Gunsten einer Zahlungspflicht nur der Außenseiter-Arbeitnehmer verzichtet werden.

b) Eintragung der Gewerkschaftsmitgliedschaft in die ELStAM-Daten als Alternative?

Es wurde von anderer Seite die Idee aufgeworfen, die Gewerkschaftsmitgliedschaft zu den Lohnsteuermerkmalen auf der Lohnsteuerkarte hinzuzufügen, sodass sich eine Abführung der Zahlung für organisierte Arbeitnehmer von Beginn an vermeiden ließe.[1607] Vorbild hierfür wäre die Möglichkeit, einen steuerlichen Freibetrag eintragen zu lassen, durch den das zu

1607 *Höpfner*, ZfA 2020, 178 (209).

versteuernde Einkommen und damit auch die einzubehaltende Lohnsteuer monatlich sinkt. Der Antrag darauf kann schon ab dem 1. Oktober für das folgende Jahr und noch bis Ende November des laufenden Jahres gestellt werden, wobei die Arbeitnehmer schon ab dem ersten Monat des maßgeblichen Jahres bzw. ab dem auf die Antragstellung folgenden Monat von den geringeren Abzügen profitieren können (vgl. § 39a Abs. 2 S. 3 EStG).

Gegen eine Eintragung der Gewerkschaftsmitgliedschaft spricht jedoch entscheidend, dass der Arbeitgeber durch das elektronische Abrufverfahren jederzeit Zugriff auf die ELStAM-Daten (kurz für Elektronische Lohnsteuerabzugsmerkmale) auf der elektronischen Variante der Lohnsteuerkarte hat und auf diese Weise also auch Kenntnis von der Mitgliedschaft erhält. Das ist unerlässlich, wenn ein Abzug des Nutzungsentgelts von Beginn an verhindert werden soll. Damit könnte diese Option also allenfalls als freiwillige ausgestaltet sein, was wiederum eine Lückenhaftigkeit der Regelung nach sich zöge. Es ist außerdem nicht auszuschließen, dass die Arbeitnehmer sich von „dieser Option“ trotz der Freiwilligkeit gedrängt fühlen könnten, ihren Organisationsstatus zu offenbaren.

Ein weiteres Problem wäre der Umstand, dass es so zu Situationen kommen könnte, in denen es über einen längeren Zeitraum hinweg nicht zur Nutzungsentgeltabführung kommt, obwohl der Arbeitnehmer zwischenzeitlich aus der tarifschließenden Gewerkschaft ausgetreten ist und somit als Außenseiter-Arbeitnehmer zur Zahlung verpflichtet wäre. Dies wiederum bedeutete aufwendige, nachträgliche Entgelteinziehung.[1608] Man könnte allenfalls versuchen, dem mit der Installation einer Pflicht zur sofortigen Aktualisierung des Merkmals bei Wegfall der tatsächlichen Voraussetzungen entgegenzuwirken, wie sie auch für andere genehmigte Lohnsteuer-Ermäßigungen gilt.

Damit bliebe aber noch immer das größte Problem dieser – nur auf den ersten Blick besonders charmant erscheinenden – Lösung: Wenn das Finanzamt Arbeitnehmern auf deren Antrag hin einen Steuerfreibetrag gewährt, sind diese (bis auf wenige Ausnahmen)[1609] verpflichtet, für das abgelaufene Jahr unaufgefordert eine Einkommensteuererklärung abzugeben. Eine solche Verpflichtung wäre eine erhebliche zusätzliche Belastung –

1608 Gem. § 39 a Abs. 5 EStG kann das Finanzamt, wenn zu wenig Lohnsteuer erhoben worden, weil ein Freibetrag unzutreffend als Lohnsteuerabzugsmerkmal ermittelt worden ist, einen Fehlbetrag vom Arbeitnehmer nachfordern, wenn er 10 EUR übersteigt.

1609 Z.B. gilt eine solche, wenn im Kalenderjahr nur geringer Arbeitslohn erzielt wurde (im Jahr 2022 gilt dies bei einem 13.150 EUR übersteigenden Lohn).

sowohl für die betroffenen Arbeitnehmer als auch für die Finanzämter, die sich in diesem Fall voraussichtlich einem sprunghaften Anstieg an Erklärungsabgaben gegenübersähen. Man könnte zwar überlegen, ob die Pflicht zur Steuererklärung auch bei Eintragung der Gewerkschaftsmitgliedschaft gelten oder ausnahmsweise entfallen sollte. Dafür spräche, dass es sich bei dem Nutzungsentgelt nicht um eine Steuer, sondern um eine private Belastung handelt.[1610] Andererseits wäre die Regelung einer Steuererklärungspflicht bei Verzicht auf Abzüge wegen Eintragungen in den ELStAM-Daten nur konsequent. Wenn die Abwicklung des Nutzungsentgelts in die Hände des Staates gelegt werden soll, so müssen diese auch mit Kontrollbefugnissen ausgestattet werden.

Letztlich könnte die Option zur Eintragung der Gewerkschaftsmitgliedschaft aus den vorgenannten Gründen ohnehin nur freiwillig sein, sodass es so oder so eine andere Möglichkeit zur „Ausscheidung" der organisierten Arbeitnehmer geben muss.

c) Wege zur Herstellung der Belastungsfreiheit organisierter Arbeitnehmer

Um eine Belastungsfreiheit der zunächst von der Entgeltabführung betroffenen organisierten Arbeitnehmer zu erreichen, wurde in der Literatur eine Rückerstattung im Zusammenhang mit der jährlichen Einkommensteuererklärung bzw. der daraus resultierenden Festsetzung der Einkommensteuer vorgeschlagen.[1611] Bei Erklärungsabgabe könnte der Arbeitnehmer die Gewerkschaftsmitgliedschaft für das vergangene Jahr nachweisen und bekäme dann das entrichtete Nutzungsentgelt erstattet.

aa) Schwierigkeiten bei Erstattungen im Wege der Einkommensteuererklärung

Gegen eine solche Handhabe sprechen jedoch zwei Überlegungen:

Zum einen würde dies bedeuten, dass die Arbeitnehmer für einen über ein Jahr hinausreichenden Zeitraum eine finanzielle Mehrbelastung hinzunehmen hätten. Beläuft sich der Mitgliedbeitrag der tarifschließenden Gewerkschaft – wie es oft der Fall ist – auf 1 % des Bruttomonatslohns und das Nutzungsentgelt demzufolge auf 80 % des Bruttomonatslohns würde sich

1610 Vgl. Kap. 2 F. V. sowie Kap. 4 V. 2.
1611 Vgl. *Höpfner*, ZfA 2020, 178 (209).

diese Belastung (bei Zugrundelegung des Durchschnittseinkommens in Deutschland im Jahr 2022) im Bereich von etwa 380 EUR bewegen. Auch wenn dieser Betrag in das Vermögen der Arbeitnehmer zurückgelangt und bei einem Erstattungsanspruch gegenüber dem Finanzamt auch mit einem werthaltigen Anspruch auf zukünftige Leistung gesichert wäre, so wäre damit eine erhebliche Einschränkung der wirtschaftlichen Verfügungsmacht verbunden.

Zum anderen ist zu bedenken, dass viele Arbeitnehmer gar keine Steuererklärung abgeben. Gem. § 25 Abs. 3 Satz 1 EStG muss zwar grundsätzlich jeder Steuerpflichtige für den abgelaufenen Veranlagungszeitraum eine Steuererklärung abgeben. Bei vollständigem oder teilweisem Bezug der Einkünfte aus nichtselbstständiger Arbeit und vorgenommenem Lohnsteuerabzug, gilt eine Abgabepflicht jedoch nur unter bestimmten Voraussetzungen (vgl. hierzu § 46 Abs. 2 EStG), etwa bei Erzielung von Nebeneinkünften mit Lohnsteuerabzug nach Steuerklasse VI, bei Bezug von mehr als 420 EUR Lohnersatzleistungen[1612] (z.B. Arbeitslosengeld I, Elterngeld, Kurzarbeitergeld usw.), Beantragung von Freibeträgen (etwa für Werbungskosten, Sonderausgaben oder außergewöhnliche Belastungen, siehe oben) oder z.B. bei Veranlagungen von Eheleuten, wenn der Arbeitslohn eines Ehegatten nach Steuerklasse V oder VI versteuert wird. In den übrigen Fällen greift die Abgeltung durch den Lohnsteuerabzug gem. § 46 Abs. 4 EStG. Viele „ganz normale" Arbeitnehmer, deren Lohnsteuerabzug nach Steuerklasse I vorgenommen wird und die keine über den sog. Arbeitnehmerpauschbetrag von 1.230 EUR (vgl. § 9a S. 1 Nr. 1 lit. a EStG für das Jahr 2023) hinausreichenden Werbungskosten oder sonstige außergewöhnliche Sonderausgaben aufzuweisen haben, werden oft auf die freiwillige Abgabe einer Einkommensteuererklärung verzichten. Dies verdeutlichen Angaben des statistischen Bundesamts: Danach gab es in Deutschland im Jahr 2018 rund 26,3 Mio. unbeschränkt Steuerpflichtige, die ausschließlich Einnahmen aus nichtselbständiger Arbeit und eventuell Kapitaleinkünfte erzielten. Davon ließen sich jedoch nur 14,3 Mio. zur Einkommensteuer veranlagen.[1613]

Wenn man die Belastungsfreiheit der organisierten Arbeitnehmer nur im Zuge der jährlichen Einkommensteuerveranlagung ermöglichte, würde

---

1612 Diese sind zwar steuerfrei, unterliegen aber dem Progressionsvorbehalt und sind damit für die Berechnung der korrekten Lohnsteuer im Veranlagungszeitraum relevant.

1613 Angaben abrufbar unter https://www.destatis.de/DE/Themen/Staat/Steuern/Lohnsteuer-Einkommensteuer/im-fokus-steuererklaerung.html (letzter Abruf am 26.2.2023).

dies bedeuten, dass man eine Vielzahl von Arbeitnehmern zu Steuererklärungen drängen würde, die sie sonst gar nicht abgeben würden. Es hat sich bereits im Zusammenhang mit der Neuordnung der Grundsteuer und dem damit massiv gestiegenen Steuererklärungsaufkommen eine Überlastung der Finanzämter und eine Welle der Unzufriedenheit in der Bevölkerung eingestellt.[1614] Es ist nicht auszuschließen, dass eine sprunghafte Erklärungszunahme durch Arbeitnehmer im Zusammenhang mit einer Rückerstattung von Nutzungsentgelten ebenfalls zu Überlastungen führen würde und gleichzeitig die Einführung des Nutzungsentgelts von Anfang an durch die faktische Abgabepflicht für die organisierten Arbeitnehmer negativ konnotiert wäre.

bb) Automatisierte Erstattungen in halbjährlicher Abrechnung

Vorzugswürdiger erscheint angesichts dieser Bedenken die Einführung eines (fast) automatischen Erstattungsverfahrens in halbjährlicher Abrechnung.

(1) Zuständigkeit der Oberfinanzdirektionen bzw. Landesämter für Steuern

Zuständig für die Abwicklung von Erstattungen sowie die Verwaltung und Auszahlung der eingenommenen Nutzungsentgelte sollte nicht das Betriebsstättenfinanzamt selbst sein, bei dem der Arbeitgeber die Nutzungsentgelte angemeldet und abgeführt hat. Unter Umständen unterscheidet sich dieses vom Wohnortfinanzamt des Arbeitnehmers, was zu praktischen Schwierigkeiten führen könnte. Zielführender erscheint es, die eingenommenen Nutzungsentgelte auf einem oder mehreren Konten zu sammeln und die zugehörigen Informationen samt Zugriff auf die Gelder an die

1614 Laut Berichterstattung des ZDF v. 8.1.2023 unter dem Titel „Überlastete Finanzämter. Steuerzahler warten länger auf Bescheid" erklärte Florian Köbler (Chef der Deutschen Steuergewerkschaft): „Die Finanzverwaltung steht kurz vor dem Kollaps. Die Gründe sind vielfältig. Aber der Hauptgrund ist die Erklärung.", abrufbar unter: https://www.zdf.de/nachrichten/wirtschaft/finanzverwaltung-grundsteuer-steuergewerkschaft-ueberlastung-100.html (letzter Abruf am 26.2.2023); über Verärgerung der Bürger berichtet zB das Handesblatt v. 22.8.2022 unter dem Titel „Wie Finanzämter und Politik die Grundsteuerreform auf die Bürger abwälzen", abrufbar unter https://www.handelsblatt.com/politik/grundsteuer-2022-wie-finanzaemter-und-politik-die-grundsteuerreform-auf-die-buerger-abwaelzen/28609744.html (letzter Abruf am 1.7.2023).

Landesmittelbehörden der Finanzverwaltung, also die Oberfinanzdirektionen (OFD) bzw. Landesämter für Steuern, zu übergeben (vgl. z.B. § 7 Abs. 2 Landesorganisationsgesetz NRW. Diese sollten die Aufgaben von Erstattung und Verwaltung der eingenommenen Gelder bündeln und dabei die örtlichen Finanzämter von zusätzlichen Aufgaben freihalten. Die örtlichen Betriebsstättenfinanzämter wären damit nur für die Bearbeitung der Anmeldung und Entgegenahme der Nutzungsentgelte zuständig. Zur Umsetzung dieses Vorschlages wäre eine Aufgabenübertragung an die Landesmittelbehörden der Finanzverwaltung, also die Oberfinanzdirektionen (OFD) bzw. Landesämter für Steuern, gem. § 8a Abs. 1, 3 Gesetz über die Finanzverwaltung erforderlich.

(2) Einrichtung einer Datenschnittstelle für halbjährliche Abgleiche und Abrechnungen

Durch die zuständige Stelle bei den Landesmittelbehörden der Finanzverwaltungen sollte jeweils für die zurückliegenden sechs Monate im Juli und Januar ein Datenabgleich stattfinden, im Zuge dessen ermittelt wird, welche Arbeitnehmer, für die Nutzungsentgelte abgeführt wurden, in der tarifschließenden oder einer anderen fachlich zuständigen Gewerkschaft organisiert waren und damit eine Erstattung zu erhalten haben. Zwischenzeitliche Austritte können angesichts des mit nur 6 Monaten kürzeren Bemessungszeitraums schneller berücksichtigt werden, was aufwendige Rückforderungen bei unterjährigen Änderungen verhindern würde.

Die für den Abgleich notwendigen Daten (insb. Steuer-ID) der mit der Zahlungspflicht für Nutzungsentgelt belasteten Arbeitnehmer liegen den Landesmittelbehörden der Finanzverwaltungen größtenteils bereits vor. Zum Abgleich benötigten sie nur zusätzlich von den Gewerkschaften Angaben zu ihren Mitgliedern. Es sollte eine Datenschnittstelle eingerichtet werden, welche einen fortlaufenden Datenaustausch oder jedenfalls einen Datenaustausch zum Stichtag zwischen den Behörden und den Gewerkschaften ermöglicht, in dessen Rahmen Letztere mitteilen, wer bei ihnen organisiert ist und die vergangenen sechs Monate organisiert war.

Die Mitteilung der Gewerkschaft könnte von der Einholung einer Erlaubnis gegenüber den Mitgliedern abhängig gemacht werden, um den Eingriff, der durch diese Mitteilungspflicht in das Recht auf informationelle Selbstbestimmung einhergeht, abzumildern. Ohne eine Nachweiserbringung gegenüber der Landesfinanzbehörde wäre aber auch eine Rückerstattung nicht möglich. Außerdem ist die Offenbarung gegenüber einer staatlichen Behörde nicht vergleichbar mit der Verpflichtung, die Gewerkschaftsmitgliedschaft in die ELStAM-Daten einzutragen, die oben abgelehnt wurde. Es droht in diesem Fall gerade keine Offenlegung des Organisationsstatus gegenüber dem Arbeitgeber. Damit ist von Seiten des Arbeitgebers auch keine Benachteiligung oder Maßregelung zu erwarten. Ferner ist davon auszugehen, dass von Seiten des Staates mit der Information über die Gewerkschaftsmitgliedschaft sorgfältig und diskriminierungsfrei umgegangen wird. Für den Fall, dass die Landesfinanzbehörden als zentrale Schnittstellen fungieren, die über sämtliche Informationen (Name, Steuer-ID, Bruttolohnsumme, Kontoverbindung, Organisationsstatus) der Arbeitnehmer verfügen, gäbe es außerdem keine Probleme im Hinblick auf die Erstattung an Andersorganisierte, deren Mitgliedschaft die entsprechenden Gewerkschaften den Landesfinanzbehörden ebenfalls zentral bestätigen würden. Es würden also alle Gewerkschaften an dem Meldesystem teilnehmen.

Bedenken gegenüber mangelnder Sorgfalt des Staates im Umgang mit den sensiblen Informationen stünden der Mitteilung der Gewerkschaftsmitgliedschaft zuletzt ebenfalls nicht entgegen. Vielmehr ist die Übermittlung der Gewerkschaftsmitgliedschaft und die Übermittlung von Nachweisen an die Finanzverwaltung aus anderen Zusammenhängen bekannt und etabliert. Gewerkschaftliche Mitgliederbeiträge können schließlich gem. § 9 Abs. 1 S. 3 Nr. 3 EStG als Werbungskosten geltend gemacht werden.[1615] Bei näherer Betrachtung hätte also der mit einer Verpflichtung zur Mitteilung einhergehende Eingriff kein besonderes Gewicht. Durch die Förderung der Tarifautonomie wäre er überdies gerechtfertigt, worauf im Einzelnen noch zurückzukommen sein wird.

Wie erwähnt, benötigte die zuständige Landesfinanzbehörde für automatisch veranlasste Erstattungen eine Kontoverbindung der gewerkschaftlich organisierten Arbeitnehmer. Soweit der Arbeitnehmer bereits zuvor eine Steuererklärung abgegeben hat, verfügt die Finanzverwaltung über diese Information. Andernfalls wäre sie darauf angewiesen, dass der Arbeitnehmer oder mit seinem Einverständnis die Gewerkschaft diese Information übermittelt, denn die seit dem Jahr 2018 für Banken gesetzlich verpflichtende Verknüpfung von IBAN und Steuer-ID hat sich noch nicht flächendeckend durchgesetzt. *De lege ferenda* könnte zusammen mit der Verpflichtung zur Zahlung des Nutzungsentgelts auch die Pflicht zur Übermittlung einer IBAN eingeführt werden, die angesichts der Schwierigkeiten

1615 Vgl. nur *Straßburger*, in: BeckOK EStG, § 9 Rn. 338.1.

bei der Auskehr staatlicher Hilfsleistungen in der Corona-Pandemie und im Zusammenhang mit dem sog. „Heizkostenzuschuss“ bereits gefordert wurde.[1616] Durch das Steuerumgehungsbekämpfungsgesetz[1617] hat der Gesetzgeber jedenfalls erst unlängst erweiterte Mitwirkungspflichten sowohl für Steuerpflichtige als auch Dritte (Banken) geschaffen, durch welche die Finanzbehörden Steuerschlupflöcher künftig wirksamer erkennen können sollen. Seit 2018 müssen Finanzinstitute demnach für jeden Verfügungsberechtigten und jeden wirtschaftlich Berechtigten im Sinne des Geldwäschegesetzes auch die Adressen und die in § 154 Abs. 2a AO bezeichneten Daten in einem Datenblatt festhalten. Davon umfasst ist auch die Steuer-ID (vgl. § 139b AO), die so mit der IBAN verknüpft wird. Im Rahmen der Legitimationsprüfung haben die Finanzinstitute neben Ausweisdaten nun schließlich auch die Steuer-ID einzuholen (und bei Bestandskunden nachzupflegen). Neu eingeführt wurde darüber hinaus in § 139b Abs. 10 AO die Möglichkeit der *freiwilligen* Übermittlung einer IBAN an das Bundeszentralamt für Steuern. Das heißt, Arbeitnehmer könnten die Information auch übermitteln, ohne eine Steuererklärung abgeben zu müssen.

Auch wenn einige in der zunehmenden Digitalisierung der Verwaltung die Gefahr eines Überwachungsstaates sehen,[1618] wird der Prozess als solcher sich nicht mehr aufhalten lassen. Die Verknüpfung von Steuer-ID und IBAN wäre nur ein weiterer Baustein in diesem Prozess. Das „registerübergreifende Identitätsmanagement“ wird aktuell weiter vorangetrieben und wird zukünftig dafür sorgen, dass Daten den betroffenen Personen zugeordnet und Verwechslungen vermieden werden.[1619] Einzelheiten der Datenübermittlung wären durch Gesetz mit Verordnungsermächtigung auszugestalten.

1616 Im Sommer 2020 wurde die „Modernisierung“ der staatlichen Register in die Liste der Programme aufgenommen, die der Koalitionsausschuss im Sommer 2020 zur Bekämpfung der Corona-Folgen beschlossen hat, vgl. Ergebnis Koalitionsausschuss v. 3.6.2020, „Corona-Folgen bekämpfen, Wohlstand sichern, Zukunftsfähigkeit stärken“, S. 10, abrufbar unter https://www.bmwk.de/Redaktion/DE/Downloads/E/eckpunktepapier-corona-folgen-bekaempfen.pdf?__blob=publicationFile&v=6%20%3C24.2.2022%3E (letzter Abruf 26.2.2022).

1617 Gesetz zur Bekämpfung der Steuerumgehung und zur Änderung weiterer steuerlicher Vorschriften (Steuerumgehungsbekämpfungsgesetz – StUmgBG) v. 23.6.2017, BGBl. I, S. 1682.

1618 Instruktive Auseinandersetzung mit diesen Bedenken bei *Bull*, DÖV 2022, 261 ff.

1619 Vgl. Antwort der Bundesregierung auf eine Kleine Anfrage der Abgeordneten Dr. Konstantin von Notz u.a. (Bündnis 90/Die Grünen), BT-Drs. 19/20288 v. 22.6.2020; siehe zu den Neugestaltungsplänen im Einzelnen *Bull*, DÖV 2022, 261 (263).

Auf Grundlage der bei den Landesfinanzbehörden zusammenlaufenden Informationen könnten diese schließlich die Rückerstattungen an Organisierte vornehmen und die danach übrigbleibenden Entgelte von Außenseiter-Arbeitnehmern an die tarifschließende Gewerkschaft ausschütten. Durch dieses Vorgehen erhielte der Arbeitgeber keinerlei Einsicht in den Organisationsstatus seiner Arbeitnehmer. Zugleich wäre sichergestellt, dass die tarifschließende Gewerkschaft die Nutzungsentgelte der partizipierenden Außenseiter-Arbeitnehmer erhielte, ohne zugleich Informationen zur Identität sowohl der Außenseiter-Arbeitnehmer als auch der Andersorganisierten zu erhalten. Damit wäre den wechselseitigen Interessen bestmöglich Rechnung getragen.

cc) Rückerstattungen an Andersorganisierte nur unter bestimmten Voraussetzungen?

Heußner hatte vorgeschlagen, dass Andersorganisierte nur in Höhe ihres eignen Mitgliedbeitrages entlastet werden.[1620] Bei seiner Berechnung hätten die Andersorganisierten jedoch unterm Strich genau so viel zu zahlen, wie die Mitglieder der tarifschließenden Gewerkschaft.

Eine solche Beschränkung der Rückerstattungen der Nutzungsentgelte an Andersorganisierte überzeugt nicht. Ein solches Vorgehen würde bei ausreichend großer Differenz zwischen den beiden Mitgliedsbeiträgen eine doppelte Belastung bedeuten, von der ein Übertrittanreiz ausgeht, der nicht mit der positiven Koalitionsfreiheit vereinbar ist. Die Andersorganisierten leisten schließlich schon einen Beitrag zum Funktionieren der Tarifautonomie. Der von *Heußner* skizzierte Eingriff in deren positive Koalitionsfreiheit ließe sich mit dem Ziel der Stärkung der Tarifautonomie nicht mehr rechtfertigen, er wäre vielmehr unangemessen.

Es ist zwar nicht von der Hand zu weisen, dass eine komplette Erstattung des Nutzungsentgelts bei Nachweis der Organisation in irgendeiner Gewerkschaft einen gewissen Wettbewerb auslösen könnte. Manch ein Arbeitnehmer könnte sich überlegen, in eine Gewerkschaft mit geringem Mitgliedsbeitrag einzutreten, um von der größeren Belastung des Nutzungsentgelts frei zu sein. Besonders großes Missbrauchspotential ist jedoch nicht erkennbar, schließlich würden Gewerkschaften wohl nur solche Arbeitnehmer aufnehmen, die in ihrem satzungsgemäßen Zuständigkeitsbereich (inhaltlich und räumlich) beschäftigt sind. In diesem Fall wäre es

1620 *Heußner*, RdA 1960, 295 (298) siehe hierzu oben unter Kap. 4 C. III. 1. a).

begrüßenswert, dass die Arbeitnehmer sich organisiert haben. Innerhalb einer Branche ist legitimer Tarifwettbewerb – auch über die Beitragshöhe – wiederum hinzunehmen.

Schließlich ist auch keine Differenzierung danach vorzunehmen, ob Andersorganisierte in einer tariffähigen und tarifzuständigen Gewerkschaft organisiert sind. Es bestünde bei einer solchen Unterscheidung die Gefahr, dass man kleinere und neu gegründete Gewerkschaften unangemessen benachteiligen würde.

Neben diesen rechtlichen Erwägungen sei überdies angemerkt, dass mit derlei Einschränkungen ein erheblicher administrativer Mehraufwand verbunden wäre, da es dann erforderlich wäre, die nicht am Tarifvertragsabschluss beteiligten Gewerkschaften „zu sortieren" und zu ermitteln, bei welchen Andersorganisierten der Mitgliedsbeitrag in Abzug gebracht werden darf und bei welchen nicht. Dies wäre nicht nur bürokratisch sehr aufwendig, sondern würde es außerdem erfordern, dass noch mehr Informationen verarbeitet werden, obwohl dies nicht zwingend erforderlich wäre. Eine Einschränkung der Erstattungsmöglichkeiten für Andersorganisierte ist damit also insgesamt abzulehnen. Sämtliche in einer deutschen Gewerkschaft organisierten Arbeitnehmer könnten das Nutzungsentgelt erstattet bekommen.

IV. Kontrolle der Entgeltabführung und Folgefragen

Neben der eigentlichen Abführung sind auch weitere praktische Fragen zu bedenken, die mit der Kontrolle sowie der Behandlung der abgeführten Entgelte verbunden sind.

1. Kontrolle der Entgeltabführung

Die Zahlungspflicht müsste mit einer Kontrollmöglichkeit verbunden sein, wenn sie nicht in der Bedeutungslosigkeit verschwinden soll. Als Negativbeispiel dafür können die Nachweispflichten dienen, die ein Schattendasein führten, bis mit der Novelle des Nachweisgesetzes im August 2022 ein Bußgeldtatbestand eingeführt wurde, der ihnen schlagartig die notwendige Aufmerksamkeit sicherte.

2. Auswahl eines Kontrollorgans

Eine Kontrolle ist in zwei Richtungen erforderlich: Einmal ist sicherzustellen, dass bei Vorliegen der Bezugnahme auf einen Tarifvertrag auch tatsächlich eine Abführung des Entgelts an die Landesmittelbehörden der Finanzverwaltung erfolgt. Zudem besteht ein Interesse daran, zu verhindern, dass der Arbeitgeber die Steuerungswirkung durch eigene Übernahme der Zahlung vereitelt.

a) Gewerkschaft als Kontrollorgan

Man könnte überlegen, ob die tarifschließende Gewerkschaft Kontrollbefugnisse erhalten sollte, da sie schließlich diejenige ist, zu deren Gunsten Nutzungsentgelte eingezogen werden. Hier schlagen jedoch dieselben Bedenken durch, die schon gegen einen Direkteinzug der Gewerkschaft gesprochen haben. Eine Kontrolle würde voraussetzen, dass die Gewerkschaft Einsicht in alle Arbeitsverträge erhält, was weder praktisch noch zulässig wäre. Besonders befremdlich wäre ein solch tiefer Einblick in Unternehmensinterna und personenbezogene Daten der Arbeitnehmer, wenn in einem Unternehmen gar keine Mitglieder der Gewerkschaft beschäftigt wären. Die Gewerkschaft erweist sich somit für diese Aufgabe als ungeeignet, was jedoch nicht heißt, dass sie nicht an anderer Stelle noch tätig werden kann. Darauf wird zurückzukommen sein.

b) Betriebsrat als Kontrollorgan

Prädestiniert für eine derartige Kontrollaufgabe wäre hingegen der Betriebsrat. Bereits heute schon hat der Betriebsrat gem. § 80 Abs. 1 Nr. 1 BetrVG „darüber zu wachen, dass die zugunsten der Arbeitnehmer geltenden Gesetze, Verordnungen, Unfallverhütungsvorschriften, Tarifverträge und Betriebsvereinbarungen durchgeführt werden.“ Zur Durchführung dieser Aufgabe erhält er gem. § 80 Abs. 2 S. 2 BetrVG die notwendigen Unterlagen vom Arbeitgeber zur Verfügung gestellt und kann insbesondere Einsicht nehmen in Listen über die Bruttolöhne und -gehälter. Dieses Recht bezieht sich aktuell nur auf Arbeitnehmer im Sinne des BetrVG und klammert leitende Angestellte damit aus.[1621] Ein großer Teil der Belegschaft wäre jedoch schon einmal abgedeckt. Fraglich wäre, ob man die Bestimmung zur Zahlung des Nutzungsentgelts automatisch unter den § 80 Abs. 1 Nr. 1 BetrVG fassen könnte oder dies ausdrücklich regeln muss. Dem Wortlaut zufolge erfasst die Vorschrift schließlich nur die Einhaltung zugunsten der Arbeitnehmer geltenden Gesetzen. Auch wenn das Nutzungsentgelt mit der Stärkung der Tarifautonomie ein im Interesse der Arbeitnehmer liegendes Anliegen verfolgt, dürfte es schwerlich ohne Weiteres als Gesetz aufgefasst werden, welches Arbeitnehmern (zusätzliche) Rechte einräumt. Insofern müsste die Kontrollbefugnis für Nutzungsentgelte wohl ausdrücklich geregelt werden.

Wegen der jetzt schon bestehenden Strukturen zur Kontrolle - auch von Arbeitsverträgen - ist der Betriebsrat jedoch gleichwohl bestens geeignet, die Aufgabe der Kontrolle der Entgeltabführung zu übernehmen. Die Informationen werden zunächst nur intern „verarbeitet", wobei ein direkter Zusammenhang mit der Gewerkschaft nicht gegeben ist. Der Betriebsrat könnte sowohl überprüfen, ob der Arbeitgeber wegen Erfüllung des Zahlungstatbestandes überhaupt zur Zahlung des Nutzungsentgelt verpflichtet ist, als auch die Frage klären, ob der Arbeitgeber dieser Pflicht (hinlänglich) nachkommt. Verstöße hätte der Betriebsrat dann wiederum gegenüber den Landesmittelbehörden der Finanzverwaltung anzuzeigen, die diese in einen Prüfungsbericht einfließen lassen würden, der Grundlage für die klageweise Geltendmachung der ausstehenden Entgelte sein könnte.

Problem bei der Übertragung der Kontrollbefugnisse an den Betriebsrat ist, dass auch diese „in Schwierigkeiten" stecken. Die neusten Erhebungen des IAB-Betriebspanels offenbaren, dass keineswegs von einer flächendeckenden Betriebsratsabdeckung ausgegangen werden kann. Wie die Tarifgeltung korrelieren Existenz eines Betriebsrates und Betriebsgröße miteinander: Während von den Betrieben mit 5 - 50 Beschäftigten nur 5 % einen Betriebsrat haben, steigt diese Zahl bei Betrieben mit 501 oder mehr Beschäftigten auf ganze 85 % (siehe im Einzelnen Grafik 14).

1621 *Kania*, in: ErfK, BetrVG § 80 Rn. 27.

Abbildung 14: Betriebe mit Betriebsrat und Beschäftigte mit Betriebsrat im Jahr 2020[1622]

	Gesamtdeutschland		**Westdeutschland**		**Ostdeutschland**	
	Betriebe mit Betriebsrat	**Beschäftigte in Betrieben mit Betriebsrat**	**Betriebe mit Betriebsrat**	**Beschäftigte in Betrieben mit Betriebsrat**	**Betriebe mit Betriebsrat**	**Beschäftigte in Betrieben mit Betriebsrat**
5 - 50 Beschäftigte	5	7	5	7	4	8
51 - 100 Beschäftigte	29	29	28	29	29	30
101 - 199 Beschäftigte	45	47	45	47	47	47
200 - 500 Beschäftigte	64	66	65	67	62	63
501 u. m. Beschäftigte	81	86	81	86	(82)	(86)
Insgesamt (Betriebe ab 5 Beschäftigte)	**8**	**38**	**8**	**39**	**8**	**34**
Nachrichtlich:						
Betriebe ab 21 Beschäftigte	23	50	23	51	23	46
Betriebe ab 51 Beschäftigte	41	61	41	62	41	57

Basis: privatwirtschaftliche Betriebe ab fünf Beschäftigte ohne Landwirtschaft und Organisationen ohne Erwerbszweck.
Werte in Klammern nicht belastbar aufgrund geringer Fallzahl

Angaben in Prozent

Insofern besteht die Gefahr, dass die Kontrolle lückenhaft wäre, wenn sie allein in die Hände von Betriebsräten gelegt würde. Das heißt, für Betriebe ohne Betriebsrat muss es eine Auffangkompetenz anderer Kontrollorgane geben.

c) Auffang-Kontrollorgane

Die Wahrnehmung der Aufgaben könnte in betriebsratslosen Betrieben in die Hände der Stellen gelegt werden, die in regelmäßigen Abständen Betriebsprüfungen durchführen.

aa) Kontrollorgan Finanzamt

Das Finanzamt führt Betriebsprüfungen (auch Außenprüfungen, vgl. §§ 193 ff. AO) durch, im Zuge derer sie die Buchhaltung von Unternehmen auf ordnungsgemäße Abführung von Steuern prüft. Dies umfasst auch die Umsatzsteuer (möglich sind auch Umsatzsteuer-Sonderprüfung oder Umsatzsteuer-Nachschau) und die Lohnsteuer (hier ist eine Lohnsteuer-Außenprüfung möglich). Insbesondere bei der Lohnsteuer-Außenprüfung könnte man das Nutzungsentgelt hinzufügen und die Prüfung auf die Kontrolle der ordnungsgemäßen Abführung des Nutzungsentgelts erweitern.

1622 IAB-Betriebspanel 2020, abrufbar unter http://doku.iab.de/arbeitsmarktdaten/Daten_zur_Tarifbindung.xlsx (letzter Abruf 24.11.2021).

Dies wäre jedoch nur bedingt geeignet, die Problematik zu lösen. Gerade die kleinen Unternehmen, die tendenziell nicht über einen Betriebsrat verfügen und für die ein Kontrollbedürfnis besteht, werden im Vergleich zu Großbetrieben und Konzernen, die sich circa alle fünf Jahre einer Prüfung zu unterziehen haben,[1623] viel seltener, im Schnitt nur alle 50 bis 100 Jahre, geprüft. In der Regel bedarf es dazu eines konkreten Anlasses (etwa Unstimmigkeiten in den Steuererklärungen). Anhand des Zufallsprinzips werden nur 5 % der Betriebe ausgewählt. Im Jahr 2020 wurden so z.B. 17,4 % der Großbetriebe, aber nur 2,3 % der Kleinbetriebe und 0,8 % der Kleinstbetriebe geprüft (siehe Abbildung 15).

Abbildung 15: Anzahl der Betriebe nach Größenklassen im Berichtszeitraum 1. Januar 2020 bis zum 31. Dezember 2020[1624]

Größenklasse	gesamt Anzahl	darunter geprüft Anzahl	darunter geprüft Anteil in Prozent
Großbetriebe (G)	196.211	34.164	17,4
Mittelbetriebe (M)	820.030	40.594	4,9
Kleinbetriebe (K)	1.253.383	29.382	2,3
Kleinstbetriebe (Kst)	6.140.037	48.509	0,8
Summe	**8.409.661**	**152.649**	**1,8**

Quelle: Bundesministerium der Finanzen

Damit würden immer noch einige Unternehmen nicht erfasst werden.

bb) Rentenversicherungsträger als Kontrollorgan

Seit 1999 prüfen die Deutsche Rentenversicherung Bund, die Deutsche Rentenversicherung Knappschaft-Bahn-See und die Regionalträger als Rentenversicherungsträger[1625] in alleiniger Zuständigkeit die ordnungsgemäße Abführung der Beiträge zur Kranken-, Pflege-, Renten- und Unfallversicherung sowie zur Arbeitsförderung, die Umlagen, den Wertguthaben-

1623 Eine Vorgabe zur Feinmaschigkeit der Prüfung gibt es z.B. nur gem. § § 4 Abs. 2 S. 1 der Betriebsprüfungsordnung nur für Großbetriebe.

1624 Vgl. Tabelle 2 des BMF-Monatsberichts Oktober 2021, abrufbar unter https://www.bundesfinanzministerium.de/Monatsberichte/2021/10/Inhalte/Kapitel-3-Analysen/3-2-steuerliche-betriebspruefung-2020-pdf.pdf?__blob=publicationFile&v=1 (letzter Abruf 17.11.2024).

1625 Vgl. *Wagner*, in: BeckOK SozR, SGB IV § 28p Rn. 7.

Insolvenzschutz und die Künstlersozialabgabe.[1626] Die entsprechenden Betriebsprüfungen finden in der Regel im Vierjahres-Turnus statt (vgl. § 28p Abs. 1 S. 1 Hs. 2 SGB IV), wobei der Arbeitgeber gem. § 28p Abs. 1 und 5 SGB IV i.V.m. § 98 Abs. 1 S. 3 SGB X sämtliche für die Betriebsprüfung erforderlichen Entgeltunterlagen der Beschäftigten zur Verfügung zu stellen hat. Angesichts der Kontrolldichte böte es sich also eher an, die Abführung des Nutzungsentgelts mit in die Belange der Betriebsprüfung der Rentenversicherungsträger zu nehmen. Fraglich wäre nur, ob diese bereit wäre, sich mit der Übernahme dieser mit ihren Aufgaben nicht in inhaltlichem Zusammenhang stehenden Zusatzaufgaben einverstanden zu erklären.

cc) Zoll als Kontrollorgan

Überlegenswert wäre insofern noch die Ansiedlung beim Zoll. Die Zollverwaltung führt, ebenso wie die Finanzverwaltung, Außenprüfungen durch. Diese können gem. Art. 78, 13 ff. ZK iVm §§ 193 ff. AO und bei exportkontrollrechtlicher Relevanz auch gem. § 23 AWG bei allen Personen durchgeführt werden, die unmittelbar oder mittelbar an den Einfuhr- oder Ausfuhrgeschäften beteiligt waren und deshalb Unterlagen und Informationen zu diesen Geschäften besitzen. Hierzu passt die Kontrolle der Abführungen des Nutzungsentgelts nicht. Dem Zoll werden jedoch in zahlreichen Einzelbestimmungen darüberhinausgehende Prüfungskompetenzen für andere Belange eingeräumt.[1627] Dies betrifft auch die Kontrolle der Einhaltung arbeitsrechtlicher Vorschriften, wie § 6b Abs. 1 des Arbeitnehmerrechte-Sicherungs-Gesetzes Fleischwirtschaft (kurz GSA Fleisch – Überwachung der Einschränkung des Fremdpersonaleinsatzes) und § 14 Mindestlohngesetz (MiLoG – Überprüfung der Mindestlohnzahlungspflicht) beispielhaft belegen.[1628] Regelungsvorbilder hierfür waren wiederum die Vorschriften der §§ 17 – 20 AEntG,[1629] die ausdrücklich auch Einsichtsrechte in Arbeitsverträge, Niederschriften nach § 2 des Nachweisgesetzes und andere Geschäftsunterlagen vorsehen, die mittelbar oder unmittelbar Auskunft über die Einhaltung der Arbeitgeberpflichten ermöglichen (vgl. § 17 S. 1 Nr. 1 AEntG). Auch nach dem Schwarzarbeiterbekämpfungsgesetz haben Arbeit-

1626 Siehe hierzu *Brand*, NZS 2013, 641.

1627 Vgl. hierzu unter *Pfeil/Mertgen*, in: Compliance, I. Betriebsprüfungen durch den Zoll Rn. 1 f.

1628 Siehe zudem den umfangreichen Katalog der Prüfungsaufgaben in § 2 Abs. 1 S. 1 Schwarzarbeitbekämpfungsgesetz (SchwarzArbG).

1629 Vgl. *Franzen*, in: ErfK, MiLoG § 14 Rn. 1.

geber auf Verlangen Unterlagen zur Einsichtnahme vorzulegen, aus denen Umfang, Art und Dauer der Beschäftigungsverhältnisse abgeleitet werden können (z.B. Lohn- bzw. Meldeunterlagen, Gehaltsabrechnungen; vgl. § 4 SchwarzArbG).

Vorbild für eine Ausweitung der Kontrolle der Zollbehörden auf die ordnungsgemäße Abführung des Nutzungsentgelts könnte der § 15 MiLoG sein, der dem Zoll für die Kontrolle der Vorschriften zum Mindestlohn die gleichen Befugnisse wie bei der Bekämpfung der Schwarzarbeit einräumt. Die Vorschriften des Schwarzarbeitsbekämpfungsgesetzes gelten im Wesentlichen entsprechend. Prüfungen der „Finanzkontrolle Schwarzarbeit der Zollverwaltung" können dabei sowohl als verdachtsunabhängige Spontanprüfungen, als Initiativprüfung aus Anlass eigener Risikoeinschätzungen – insbesondere in von Schwarzarbeit besonders betroffenen Branchen – als auch als hinweisbezogene Prüfmaßnahmen vorgenommen werden. Zuletzt wurde mit der rund 7.000 Mitarbeiter starken Behörde die Kontrolldichte nochmals von 44.702 Prüfungen von Arbeitgebern im Jahr 2020 auf 53.182 Prüfungen im Jahr 2022 erhöht.[1630] Der Umstand, dass das Hinweisgeberschutzgesetz zeitnah zur Einführung von internen und externen Meldestellen führen wird, könnte eine Verfolgung von Verstößen gegen arbeitgeberseitige Abführungspflichten noch effektiver machen.

d) Zwischenergebnis

Damit bleibt festzuhalten, dass sich für die Kontrolle der Entgeltabführung am besten der Betriebsrat eignet, dessen Befugnisse auf § 80 BetrVG idealerweise noch ausdrücklich auf die Kontrolle der Abführung des Nutzungsentgelts zu erweitern wäre. Diese Kontrolle ist durch Befugnisse der Rentenversicherungsträger oder der Zollbehörden zu ergänzen, die beide die Kontrolle der Entgeltunterlagen auf ordnungsgemäße Einhaltung gesetzlich vorgeschriebener Zahlungspflichten bereits kennen und deren Befugnisse zu erweitern wären. Während die Vorgabe der turnusgemäßen Betriebsprüfungen einerseits für die Rentenversicherungsträger spricht, würde die Regelungsmaterie wiederum eher dafür streiten, die Aufgabe beim Zoll

1630 Vgl. Angaben der Pressestelle v. 17.2.2023, abrufbar unter https://www.zoll.de/SharedDocs/Pressemitteilungen/DE/Jahresbilanzen/2023/z99_jahresstatistik_fks_2022.html;jsessionid=8263CC3B102E7B7B9CCAA1F3E88DFD6E.internet721 (letzter Abruf am 27.2.2023).

anzusiedeln. Einzelheiten hierzu wären im Rahmen des Gesetzgebungsprozesses mit den Betroffenen auszuloten.

3. Haftung für das Nutzungsentgelt

Es ist überdies zu bedenken, wie Streitigkeiten, die anlässlich des Einbehalts und der Weiterleitung des Nutzungsentgelts potenziell entstehen können, zu lösen wären. Hier stellt sich die Frage, wie der Abzug des Nutzungsentgelts vom Bruttolohn arbeitsrechtlich zu behandeln ist und ob sich Anleihen aus anderen Rechtsgebieten nehmen lassen, die ebenfalls Lohnabzugsverfahren kennen (Sozialversicherungsrecht, Steuerrecht).

a) Einwand der Leistung an Erfüllungs statt bei korrekter Abführung durch den Arbeitgeber

Hierbei gilt es zu vermeiden, dass der Arbeitgeber, der das Nutzungsentgelt ordnungsgemäß abführt, sich zusätzlich einem durchsetzbaren Anspruch des Arbeitnehmers auf Zahlung des Nettolohns ausgesetzt sieht, der dem Arbeitnehmer ohne Abzug des Nutzungsentgelts zugestanden hätte. Eine ähnlich gelagerte Problematik gibt es für den Fall, dass der Arbeitgeber die eigentlich vom Arbeitnehmer zu entrichtende Lohnsteuer oder den Arbeitnehmeranteil des Gesamtsozialversicherungsbeitrags vom Bruttolohn in Abzug bringt und abführt (vgl. § 38 Abs. 1 EStG).[1631] Hier fallen die Person, die eine Belastung wirtschaftlich zu tragen hat (Arbeitnehmer), und die, die die Schuld an den Fiskus zu begleichen hat (Arbeitgeber), auseinander.

Für den Fall des Abzugs des Gesamtsozialversicherungsbeitrags vom Bruttolohn gestehen BAG und das BSG dem Arbeitgeber einen „besonderen Erfüllungseinwand" zu. Dem sich aus dem Arbeitsverhältnis ergebenden Lohnanspruch des Arbeitnehmers dürfe der Arbeitgeber den arbeitsrechtlichen Einwand entgegenhalten, dieser sei in Höhe des vom Beschäftigten zu tragenden (hälftigen) Teils des zu zahlenden (vollen) Pflichtbeitrags durch die Zahlung des Arbeitgebers an die Einzugsstelle als Leistung an Erfüllungs statt erloschen. Insoweit sei dann Lohn vom Arbeitnehmer nicht mehr zu beanspruchen und vom Arbeitgeber nicht

1631 Vgl. dazu *Rolfs*, RdA 2013, 350 (351).

mehr zu zahlen.[1632] Diese Argumentation ist dem Steuerrecht entnommen, wo der Reichsfinanzhof schon 1925 davon ausging, dass der Arbeitgeber seiner Lohnzahlungspflicht im Wege einer „mittelbaren" Zahlung an den Staat nachkomme, die er „für Rechnung des Arbeitnehmers" zur Tilgung von dessen Steuerschuld verwende.[1633] Der Einbehalt des Arbeitgebers für Rechnung des Arbeitnehmers (vgl. § 38 Abs. 3 S.1 EStG) dient der Vorbereitung der Abführung, mit der der Arbeitgeber schließlich in treuhänderischer Stellung die Leistungspflicht des Arbeitnehmers erfüllt (vgl. § 41a EStG).[1634] Wenn der Arbeitgeber also vor der Zivilgerichtsbarkeit auf Zahlung des vollen Lohns in Anspruch genommen wird, so reicht es, wenn er eine mögliche Steuerschuld nachvollziehbar darlegt und den Arbeitnehmer im Übrigen auf den Anspruch auf Erstattung zu viel gezahlter Steuern verweist, den er gegen den Staat hat (vgl. allgemein § 37 Abs. 2 AO).[1635] Die das steuerrechtliche Verhältnis betreffenden Fragen (etwa zur Ermittlung des bemessungsrelevanten Einkommens oÄ) werden dann in einem vor den Finanzgerichten zu führenden Verfahren geklärt.

Es erscheint naheliegend, diese Lösung auch auf die Abführungspflicht für das Nutzungsentgelt zu übertragen. Der Arbeitgeber, der ordnungsgemäß abführt, könnte dem Arbeitnehmer einen besonderen Erfüllungseinwand in Anlehnung an die Leistung an Erfüllungs statt (vgl. § 362 BGB) entgegenhalten. Mitunter wird die Übertragung der für das Steuerrecht entwickelten Lösung, also des Verweises auf einen Erstattungsanspruch gegenüber dem Finanzamt und der Möglichkeit zur Überprüfung der Rechtsauffassung auf dem Finanzrechtsweg, für das Sozialversicherungsrecht zwar abgelehnt. Dies wird jedoch vor allem damit begründet, dass es für zu Unrecht entrichtete Beiträge gegenüber dem Sozialversicherungsträger gerade keinen solchen Erstattungsanspruch gebe wie im Steuerrecht und dem

1632 Vgl. BAG v. 20. 4. 2011 – 5 AZR 184/10, AP SGB IV § 28g Nr. 5 Rn. 16; v. 30. 4. 2008 – 5 AZR 725/07, AP SGB IV § 28g Nr. 4 Rn. 18; BSG v. 29. 6. 2000 – B 4 RA 57/98 R, BSGE 86, 262, 268 = NZS 2001, 370; i.E. ebenso *Ramrath*, Anm. zu BAG v. 30. 4. 2008 – 5 AZR 725/07, AP SGB IV § 28g Nr. 4, der meint, eine Vertragsauslegung würde ergeben, dass der Anspruch des Arbeitnehmers auf den Bruttolohn erfüllt ist, wenn der Arbeitgeber diese Abzüge vorgenommen und die Beträge abgeführt hat und dem Arbeitnehmer den verbliebenen Teil, den so genannten "Nettolohn" auszahle (Erlöschen nach § 362 Abs. 1 BGB).

1633 Vgl. RFH, Gutachten vom 3. 2. 1925 – I D 3/24, RFHE 15, 239 ff. (juris).

1634 Vgl. BAG v. 21.12.2016 – 5 AZR 266/16, AP EStG § 38 Nr. 12 Rn. 16 f.; GS v. 7. 3. 2001 – GS 1/00, AP BGB § 288 Nr. 4 (III. 3. b) der Gründe).; vgl. auch LAG Rheinland-Pfalz v, 26.3.2021 – 1 Sa 241/20, juris Rn. 21.

1635 Vgl. BAG v. 21.12.2016 – 5 AZR 266/16, AP EStG § 38 Nr. 12 Rn. 20.

Arbeitnehmer mit dem bloßen Verweis auf die sozialgerichtlichen Rechtsbehelfe der gebotene Rechtsschutz entzogen würde.[1636] Der Sozialversicherungsträger hat gem. § 26 Abs. 2 SGB IV nämlich nicht zu erstatten, wenn er in der Zeit bis zur Geltendmachung des Erstattungsanspruchs aufgrund der fraglichen Beiträge oder für den Zeitraum, für den sie entrichtet worden sind, Leistungen erbracht hat. Inwieweit dieser Einwand im Hinblick auf das Sozialversicherungsrecht überzeugt, kann hier offenbleiben, denn er würde jedenfalls nicht für einen Abzug des Nutzungsentgelts gelten. Zu Unrecht abgeführte Entgelte würden regelhaft – im Idealfall sogar automatisch – erstattet werden, sodass die Situation eher mit der im Steuerrecht als mit der im Sozialversicherungsrecht vergleichbar wäre. Das BAG hat außerdem betont, dass von der Erfüllungswirkung der arbeitgeberseitigen Abführung der Beiträge allenfalls dann abzusehen sei, wenn für den Arbeitgeber aufgrund der für ihn zum Zeitpunkt des Abzugs bekannten Umstände eindeutig erkennbar gewesen sei, dass eine Verpflichtung zum Abzug nicht bestand.[1637] Solange dem Arbeitgeber also nicht in geeigneter Weise nachgewiesen wird, dass der Arbeitnehmer keinesfalls von einer Zahlungspflicht betroffen sein kann, könnte er sich auf die Erfüllungswirkung durch Abführung des Nutzungsentgelts berufen.

b) Subsidiärhaftung des Arbeitgebers

Für den Fall des Nutzungsentgelts würde es sich außerdem anbieten, in Anlehnung an das Steuerrecht (vgl. §§ 38 Abs. 2 Satz 1, 42d Abs. 3 EStG)[1638] und im Unterscheid zum Sozialversicherungsrecht[1639] eine Subsidiärhaftung des Arbeitgebers einzuführen. Der Arbeitgeber soll zwar einerseits

1636 So *Rolfs*, RdA 2013, 350 (351 ff.): „Anspruch" des Arbeitgebers gegen den Beschäftigten auf den von diesem zu tragenden Teil des Gesamtsozialversicherungsbeitrags (Arbeitnehmeranteil) stelle einen echten Anspruch i.S. von § 194 Abs. 1 BGB und nicht lediglich einen „besonderen Erfüllungseinwand" dar. In der Regel (§ 28g Sätze 2 und 3 SGB IV) sei dieser Anspruch auf Duldung des Beitragsabzugs und damit auf eine besondere Form der Unterlassung gerichtet, in den Ausnahmefällen des § 28g Satz 4 SGB IV auf Zahlung.

1637 Vgl. BAG v. 30. 4. 2008 – 5 AZR 725/07, AP SGB IV § 28g Nr. 4 Rn. 18.

1638 Vgl. zur Pflicht bzgl. der Einkommensteuer §§ 38 Abs. 2 Satz 1, 42d Abs. 3 EStG

1639 Den Sozialversicherungsträgern steht demgegenüber kein Zahlungsanspruch gegen den Arbeitnehmer zu, da der Beschäftigte zur Abführung der Arbeitnehmeranteile zwar berechtigt (§ 28 m Abs. 3 SGB IV), aber nicht verpflichtet ist. Stattdessen trifft die Pflicht zur Zahlung der Sozialversicherungsbeiträge allein den Arbeitgeber (vgl. § 28e Abs. 1 SGB IV).

nicht über die Gebühr belastet werden, weil er allein aus administrativen Gründen in die Abwicklung einbezogen wird. Andererseits ist der Arbeitnehmer für den Fall, dass der Arbeitgeber das Nutzungsentgelt nicht vorschriftgemäß vom Lohn einbehält und abführt, zu schützen. Der Außenseiter-Arbeitnehmer wäre im Rahmen der Gesamtschuldnerschaft nur dann in Anspruch zu nehmen, wenn der Arbeitgeber das Nutzungsentgelt nicht vorschriftsmäßig vom Arbeitslohn einbehalten hat oder wenn der Arbeitnehmer weiß, dass der Arbeitgeber das einbehaltene Nutzungsentgelt nicht vorschriftsmäßig abgeführt hat (dies würde aber nicht gelten, wenn der Arbeitnehmer den Sachverhalt der zuständigen Finanzbehörde unverzüglich mitgeteilt hat).

c) Sicherstellung der Durchsetzbarkeit der Entgeltabführung – Verbot von Umgehungen?

Das Nutzungsentgelt kann als Instrument zur Stärkung der Tarifautonomie nur dann funktionieren, wenn die Durchsetzbarkeit der Abführung gesichert ist. Wie in der Schweiz wäre die Pflicht zur Zahlung des Nutzungsentgelts damit persönliche Leistungspflicht des Außenseiter-Arbeitnehmers und dürfte nicht vom Arbeitgeber übernommen werden.

Ein Hindernis auf dem Weg zur effektiven Durchführung könnte jedoch die Umgehung der Zahlungspflicht durch den Arbeitgeber allein oder im Zusammenwirken mit den betroffenen Außenseiter-Arbeitnehmern sein. So beklagten auch Schweizer Wissenschaftler, dass nicht zu verhindern sei, dass der Arbeitgeber den Lohn der Außenseiter-Arbeitnehmer schlicht um den Betrag des Solidaritätsbeitrags erhöht, damit eine wirtschaftliche (Mehr-)Belastung der Außenseiter-Arbeitnehmer verhindert und so die Steuerungswirkung ausgehebelt wird. Bereits in diesem Zusammenhang wurde darauf hingewiesen, dass es äußerst schwer ist, dem Arbeitgeber nachzuweisen, dass er grundsätzlich zulässige und eigentlich wünschenswerte Lohnerhöhungen einzig zu dem Zweck vorgenommen hat, das Nutzungsentgelt als Steuerungsinstrument zu untergraben.[1640]

Davon abgesehen erscheint es unwahrscheinlich, dass die Arbeitgeber eine solche Mehrbelastung freiwillig übernehmen würden. Ihre Unkenntnis über die Identität der bei ihnen beschäftigten Außenseiter-Arbeitnehmer würde eine gezielte Kompensation an diese verhindern, deren Zulässigkeit

---

1640 Vgl. unter Kap. 2 B. IV. 2.

vor dem Hintergrund des arbeitsrechtlichen Gleichbehandlungsgrundsatzes ohnehin fragwürdig wäre.[1641] Somit müssten die Arbeitgeber wohlbemerkt ohne erkennbare Gegenleistung und nur „aus Prinzip" sämtlichen Arbeitnehmern eine Erhöhung von ca. 0,6 - 0,75 % des Bruttolohns zukommen lassen, was eine erhebliche Belastung bedeuten würde.

Sollten sich Arbeitgeber im Einzelfall dennoch für eine kompensierende Lohnerhöhung (an alle!) entscheiden, spricht vieles dafür, dass diese in Deutschland auch zulässig wäre. Im Ausgangspunkt gilt, dass die Privatautonomie es den Vertragsparteien erlaubt, ihre Vertragsbeziehungen so zu gestalten, wie es ihnen beliebt und zur Erreichung ihrer Ziele alle zulässigen rechtlichen Mittel einzusetzen, es sei denn die Vereinbarung verstößt gegen ein gesetzliches Verbot (§ 134 BGB). Weil ein vom Gesetz missbilligter Erfolg auch nicht durch eine Umgehung erreicht werden darf, sind dabei auch Geschäfte, die – ohne das Gesetz unmittelbar zu verletzten – durch ihre Gestaltung den Zweck der Rechtsnorm vereiteln, als Gesetzesumgehung nach § 134 BGB nichtig.[1642] Man könnte also überlegen, ob sich aus diesem „Verbot von Umgehungsgeschäften" nicht die Unwirksamkeit von Vereinbarungen zur Aushebelung des Nutzungsentgelts ergeben könnte.

Eine große praktische Schwierigkeit dürfte jedoch in der Auslegung der möglicherweise durch eine Vereinbarung ausgeschalteten Nutzungsentgelt-Regelung liegen.[1643] Es wäre nach allgemeinen Regeln zu ermitteln, wie weit die zwingende Wirkung der die Zahlung des Nutzungsentgelts anordnenden Norm reichen würde und ob der durch das in Frage stehende Geschäft erzielte Erfolg von ihrem Sinn und Zweck entsprechend missbilligt würde.[1644] Hierbei wäre zu differenzieren:

1641 *Vischer/Albrecht*, in: ZK Art. 356b Rn. 74 erblicken z.B. in einer Zahlung des Arbeitgebers anstelle/für die Außenseiter-Arbeitnehmern einen Verstoß gegen den arbeitsrechtlichen Gleichbehandlungsrundsatz, wenn den organisierten Arbeitnehmer nicht gleichzeitig auch angeboten wird, einen Teil des Mitgliederbeitrags zu übernehmen.

1642 S. n. BGH v. 6.12.1990 – IX ZR 44/90, NJW 1991, 1060 (1061) m. umfassenden Rspr.-Nachweisen, *Armbrüster*, in: MüKo BGB, BGB § 134 Rn. 19; *Arnold*, in: *Erman*, BGB § 134 Rn. 23; *Wank*, in: Wiedemann TVG § 4 Rn. 403.

1643 Bei dem Verbot von Umgehungsgeschäften handelt es sich nach heute überwiegender Ansicht nämlich um eine Frage der Auslegung von Gesetzen und kein gesondertes Rechtsinstitut, vgl. *Armbrüster*, in: MüKo BGB, BGB § 134 Rn. 22; *Deinert*, in: Däubler TVG, § 4 Rn. 575; *Wank*, in: Wiedemann TVG § 4 Rn. 403; siehe zum Streitstand *Armbrüster*, in: MüKo BGB, BGB § 134 Rn. 18 ff.

1644 Vgl. *Armbrüster*, in: MüKo BGB, BGB § 134 Rn. 19; *Arnold*, in: *Erman*, BGB § 134 Rn. 13, 24; *Deinert*, in: Däubler TVG, § 4 Rn. 575; *Wank*, in: Wiedemann TVG § 4 Rn. 403.

Es könnte die Auslegung entweder ergeben, dass die Norm eine bestimmte Geschäftsform verbieten möchte oder aber die Verwirklichung eines praktischen Erfolgs überhaupt. Die Nichtigkeitsfolge des § 134 BGB würde nur dann eintreten, wenn der Gesetzeszweck anders als durch Nichtigkeit nicht zu erreichen wäre.[1645] Es ist insofern anerkannt, dass der objektive Verstoß gegen den umgangenen Rechtssatz ausreichend ist und es auf eine Absicht oder das Bewusstsein zur Umgehung nicht ankommt.[1646]

Die Missbilligung von Änderungsverträgen zur Lohnerhöhung dürfte einer Nutzungsentgelts-Regelung nicht zu entnehmen sein. Es handelt sich bei diesen also um eine zulässige Geschäftsform.

Es bliebe damit zu überlegen, ob der Erfolg einer solchen Vereinbarung dem Zweck der Regelung derart zuwiderliefe, dass ihre Nichtigkeit erforderlich würde. Zweck der Nutzungsentgelt-Regelung ist es, den aktuellen Negativanreiz zu beseitigen, der von der weitgehenden kostenlosen Partizipation der Außenseiter-Arbeitnehmer am Tarifvertrag ausgeht und das Fernbleiben wirtschaftlich attraktiver macht als den Beitritt. Das erfordert es grundsätzlich, dass die Außenseiter-Arbeitnehmer durch das Nutzungsentgelt wirtschaftlich selbst belastet werden. Auch wenn dies im Falle einer Kompensationsleistung durch den Arbeitgeber verhindert würde, kann dieser Umstand nicht zu einer Nichtigkeit jeglicher Lohnerhöhungen führen. Eine solche Nichtigkeit würde den Interessen der Arbeitnehmer, die letzten Endes durch die Tarifautonomie gefördert werden sollen, zuwiderlaufen. Angesichts der Entbehrlichkeit eines Umgehungswillens würde eine solche Auslegung jegliche Lohnerhöhungen blockieren, was widersinnig wäre. Die Auslegung der Nutzungsentgelt-Regelung kann also nicht dazu führen, dass die Vereinbarung zur Kompensation der Mehrbelastung infolge der angeordneten Zahlungspflicht als unwirksames Umgehungsgeschäft angesehen werden kann.

Freilich könnte auch ein ausdrückliches Verbot von Vereinbarungen erlassen werden, die die Steuerungswirkung des Nutzungsentgelts durch kompensierende Lohnerhöhungen aushebeln. Regelungsvorbilder dafür sind vorhanden. § 75d S. 2 HGB enthält beispielsweise ein Verbot von Vereinbarungen, die den Zweck haben, die gesetzlichen Vorschriften über das Mindestmaß der Entschädigung durch Verrechnungen oder auf sonstige

---

1645 Vgl. *Armbrüster*, in: MüKo BGB, BGB § 134 Rn. 24; *Arnold*, in: *Erman*, BGB § 134 Rn. 24 f.

1646 BGH v. 6.12.1990 – IX ZR 44/90, NJW 1991, 1060 (1061) m. umfassenden Rspr.-Nachweisen; *Arnold*, in: *Erman*, BGB § 134 Rn. 25; *Sack/Seibl*, in: Staudinger BGB, § 134 Rn. 145; *Vossler*, in: BeckOGK BGB, § 134 Rn. 79.

Weise zu umgehen. Bei einem solchen ausdrücklichen Umgehungsverbot käme es – abweichend von einer erst infolge der Auslegung eines Rechtssatzes erreichbaren Nichtigkeit – auch auf die subjektive Komponente an, die den Tatbestand des Verbots verengt.[1647] Es wäre also eine Umgehungsabsicht erforderlich. Insofern kann nur auf die zur Situation in der Schweiz getätigten Ausführungen verwiesen werden. Es dürfte dem Arbeitgeber praktisch nicht nachzuweisen sein, dass er bei einer – bei lebensnaher Betrachtung natürlich ohne ausdrücklichen Hinweis auf das Nutzungsentgelt – erfolgten Lohnerhöhung einen Vereitelungswillen aufgewiesen hat.[1648]

Davon abgesehen dürfte es für den Einwand der Nichtigkeit nach § 134 BGB kaum einen praktischen Anwendungsfall geben. Wer sollte die Nichtigkeit der kompensierenden Lohnerhöhung praktisch geltend machen? Einzig denkbare Konstellation wäre die Klage eines organisierten Arbeitnehmers gegen eine gleichheitswidrige Lohnerhöhung nur eines Teils der Arbeitnehmer. Eine bloß auf die Außenseiter-Arbeitnehmer bezogene Lohnerhöhung scheidet aber aus den oben genannten Gründen (regelmäßig fehlende Kenntnis über den Status der Arbeitnehmer) aus. Im Übrigen würde eine solche Klage wohl darauf gerichtet sein, dem organisierten Arbeitnehmer ebenfalls eine entsprechende Lohnerhöhung zukommen zu lassen und nicht dazu führen, dass der Außenseiter die Belastung am Ende selbst trägt.

Festzuhalten bleibt damit, dass eine praktisch in den wenigsten Fällen zum Tragen kommende Umgehung des Nutzungsentgelts durch eine kompensierende Lohnerhöhung des Arbeitgebers zulässig wäre.

d) Sanktionen bei Nichtabführung

Die oben erörterte Frage, wie solche Fälle aufgedeckt oder am besten gleich verhindert werden können (Kontrolle), fällt eng zusammen mit der Folgefrage, wie Verstöße zu sanktionieren sind. Gegen die schweizerische Praxis, in der die Weigerung des Arbeitnehmers zu einer Maßregelung bis zur

1647 Vgl. auch § 8 FernUSG.

1648 Der Umstand, dass eine Nichtigkeit aus § 134 BGB in einem Verfahren von Amts wegen zu berücksichtigen ist, ändert nichts an der der Darlegungs- und Beweislastverteilung bzgl. der zugrundeliegenden Tatsachen. Diese trifft die Partei, die sich auf die Unwirksamkeit des Geschäfts beruft, vgl. *Seibl/Fischinger/Hengstberger*, in: Staudinger, BGB § 143 Rn. 94, 166.

Kündigung führen kann,[1649] dürften unter der Ägide des deutschen Rechts jedenfalls ernsthafte Zweifel aufkommen.[1650] Zu überlegen wäre aber, ob die Nichtabführung mit einem Bußgeld oder sogar einer Strafbarkeit belegt werden könnte. Vorbild wäre hier der § 266a Abs. 1 StGB, der für Arbeitgeber, die vorsätzlich der Einzugsstelle Beiträge des Arbeitnehmers zur Sozialversicherung einschließlich der Arbeitsförderung vorenthalten, eine Freiheitsstrafe bis zu fünf Jahren oder eine Geldstrafe in Aussicht stellt.

V. Verwendungsfreiheit der von den Gewerkschaften eingenommenen Nutzungsentgelte

Schließlich sind die Verwendungsmöglichkeiten der eingenommenen Nutzungsentgelte zu klären. In der oben vorgeschlagenen gesetzlichen Regelung ist bewusst eine Weiterleitung der Nutzungsentgelte der Außenseiter-Arbeitnehmer an die tarifschließende Gewerkschaft vorgesehen. Diese würde die Gelder ohne Auflagen zu ihrer freien Verwendung erhalten und könnte damit zum Beispiel auch Sonderleistungen für ihre Mitglieder finanzieren.

1. Einschränkungen der Mittelverwendung nach Schweizer Vorbild?

In der Schweiz ist die direkte Weiterleitung der Gelder an die Gewerkschaft zwar verboten. Allerdings hängt diese Einschränkung entscheidend damit zusammen, dass mittlerweile die Stärkung des Gesamtarbeitsvertrages als solchem und nicht der Koalitionen im Fokus steht. Davon abgesehen, gibt es trotz des Verbots Wege, die Mitglieder mit den Einnahmen der Außenseiter-Arbeitnehmer zu entlasten.[1651]

Es ist also auch in der Schweiz nicht zwingend, dass die Mittel nur für Leistungen verwandt werden, an denen die Außenseiter-Arbeitnehmer direkt teilhaben. Hieraus ergeben sich also keine zwingenden Erwägungen, die für eine Einschränkung der Mittelverwendung im deutschen Recht sprechen.[1652]

1649 Vgl. oben in Kap. 4 B. II. 1. b) bb), IV.
1650 Siehe oben unter Kap. 3 A. III. b); aA *Heußner,* RdA 1960, 295 (298 f.).
1651 Siehe zum „cash-back-Verfahren" in der Schweiz unter Kap. 4 V. 4.
1652 I.E. ebenso *Höpfner,* ZfA 2020, 178 (195).

2. Besondere Anforderungen wegen des Charakters als „nichtsteuerlichen Sonderabgabe"?

Gegen eine solche Verwendungsfreiheit ließe sich schließlich auch nicht einwenden, dass sich das Nutzungsentgelt an die besonderen Vorgaben für sog. nichtsteuerliche Abgaben zu halten hätte, wie es offenbar *Loritz* meint. Dieser erblickt in der finanziellen Belastung von partizipierenden Außenseiter-Arbeitnehmern eine unzulässige sog. „parafiskalische Sonderabgabe".[1653] Dies bedarf der Einordnung.

a) Kategorie der nichtsteuerlichen Sonderabgabe

Oben wurde bereits festgestellt, dass es sich beim avisierten Nutzungsentgelt nicht um eine steuerliche Abgabe, sondern um eine Belastung Privater handeln würde, da die Einnahmen dem Gemeinwesen nicht zur Erfüllung öffentlicher Aufgaben zur Verfügung stünden, sondern an die tarifschließenden – privaten – Gewerkschaften gingen.[1654] Daran ändert auch die rechtstechnische Einbeziehung des Staates nach der nunmehr vorgeschlagenen Ausgestaltung nichts, denn es würde sich allenfalls um bei staatlichen Stellen „durchlaufende Posten" handeln. So stellte das BVerwG schon 1958 zu sog. Ausgleichsabgaben im Bereich der Milcherzeugung Folgendes fest:

> „Es bedarf zunächst der Klarstellung, daß es sich bei den im Rahmen des milchwirtschaftlichen Ertragsausgleichs erhobenen Ausgleichsabgaben weder um Steuern noch um öffentliche Beiträge oder Abgaben i.S. des Finanzrechts handelt. **Zum Begriff der öffentlichen Abgaben aller Art (Steuern, Gebühren, Beiträge) gehört es, daß sie zur Deckung des Finanzbedarfs der öffentlichen Verwaltung bestimmt sind.** Die Ausgleichsabgaben dienen jedoch dem Ertragsausgleich innerhalb der Privatwirtschaft.
> Die öffentliche Verwaltung spielt dabei nur eine vermittelnde Rolle. Die geleisteten Ausgleichsabgaben bedeuten für den Haushalt des Bundes

1653 *Loritz,* in: FS Preis (2021), 795 (800).
1654 Vgl. Kap. 2 F. V. 2.

oder der Länder keine effektiven Einnahmen, sondern sind **nur durchlaufende Posten.**“[1655]

Instruktiv sind auch die Aussagen zur Zahlungspflicht von Unternehmen auf Grundlage des Investitionshilfegesetzes[1656]. Diese ordnete die Rechtsprechung ausdrücklich nicht als Steuer ein. Die Investitionshilfe weise zwar einige einer Steuer verwandte Züge auf, ihr wahrer Rechtscharakter bestehe aber in der Umlenkung von Investitionsmitteln von Privat an Privat, woran auch die Einbindung des Staates bei der Mitteleinziehung und -weiterleitung nichts ändere:

> „Obwohl die Aufbringungsschuldner zunächst die öffentlich-rechtliche Pflicht haben, den auf sie entfallenden Betrag zu zahlen, münden ihre Leistungen doch schließlich in privatrechtliche Beziehungen in Form aktienrechtlicher Beteiligungen oder verbriefter Gläubiger-Schuldnerbeziehungen ein; letztlich stehen dabei Leistungen der Aufbringungsschuldner und Gegenleistungen der begünstigten Unternehmen einander gegenüber. Dies alles zeigt, daß die Investitionshilfe sich ihrem Wesen nach von einer Steuer unterscheidet. Die Investitionshilfe wird auch nicht etwa dadurch zu einer Steuer, daß Finanzbehörden bei ihrer Aufbringung mitwirken. Diese können auch zu anderen als finanzhoheitlichen Zwecken tätig werden. Dem Gesetzgeber konnte es sachgerecht erscheinen, die Finanzbehörden einzuschalten, weil sich die Mitwirkung der Industrie- und Handelskammern im Aufbringungsverfahren als undurchführbar erwies.“[1657]

Gleiches entschied die Rechtsprechung auch für die Vielzahl von anderen „preisausgleichenden Regelungen“, die es in der Vergangenheit in verschiedensten Wirtschaftszweigen gab.[1658] Bei diesen Belastungen handelt es sich um sog. nichtsteuerliche Abgaben.

1655 BVerwG v. 17. 1. 1958 – BVerwG VII C 30/57, NJW 1958, 1551 (1551) – Hervorhebung durch die Verfasserin.

1656 Regelung durch das Gesetz über die Investitionshilfe der gewerblichen Wirtschaft vom 7. Januar 1952 (BGBl. I S. 7) - IHG, abgeändert durch Gesetze vom 22.8. 1952 (BGBl. I S. 585) und vom 30.3.1953 (BGBl. I S. 107) – Hintergrund des Gesetzes war, dass es im Kohlenbergbau und der eisenschaffenden Industrie, die beide noch an Höchstpreise gebunden waren, an notwendigen Investitionsmitteln fehlte, worin die Gefahr eines Sinkens der Produktion gesehen wurde.

1657 BVerfG v. 20.7.1954 – 1 BvR 459/52, E 4, 7 (13)

1658 BVerwG v. 17. 1. 1958 – VII C 30/57, E 6, 134 (137 f.): „Preisausgleichende Regelungen stellen sich vielmehr als eine besondere Art der Ausgleichsmaßnahmen dar, die dem Recht der Wirtschaftslenkung in mannigfacher Form geläufig sind vgl.

Für nichtsteuerliche Sonderabgaben ist charakteristisch, dass das damit erzielte Aufkommen zwar nicht direkt in den Staatshaushalt zur Finanzierung des Gemeinwesens fließt, aber in von der öffentlichen Hand verwaltete Sonderfonds. Erst von dort aus wird es zur Erfüllung der mit der Sonderabgabe verfolgten Zwecke an Private abgegeben. Hierbei nimmt die öffentliche Hand nicht nur Aufsichtsaufgaben wahr, sondern hat auch Zugriff auf die Finanzströme und übt eine eigene Entscheidungskompetenz aus.[1659] Weitere Besonderheit der nichtsteuerlichne Sonderabgaben ist ihre Grundlage. Der Gesetzgeber stützt sich bei ihrem Erlass auf Kompetenzen zur Regelung bestimmter Sachmaterien, die ihrer Art nach nicht auf Abgabenerhebung bezogen sind. Sie werden also – anders als Steuern und steuerliche Sonderabgaben – nicht aus einer eigenen gesetzgeberischen Abgabenkompetenz (also nach Art. 105 ff. GG) erhoben.

Die nichtsteuerlichen Sonderabgaben sollen jedoch eine Ausnahmeerscheinung bleiben, weil die mit einer solchen Sonderabgabe in die Pflicht Genommenen regelmäßig zugleich Steuerpflichtige sind und als solche unter Wahrung der Steuergerechtigkeit und der Gleichmäßigkeit der Besteuerung zur Finanzierung der die Gemeinschaft treffenden Lasten nur nach ihrer individuellen und damit relativ gleichen Leistungsfähigkeit herangezogen werden dürfen.[1660] Wenn der Staat nun bestimmte öffentliche Aufgaben nicht aus Steuergeldern finanziert, sondern durch eine zusätzliche Belastung einzelner Bürger oder Gruppen (neben ihrer Steuerlast), so besteht die Gefahr einer Aufhebung der Lastengleichheit.[1661]

Außerdem wird befürchtet, dass die detaillierten Regelungen des Grundgesetzes zur Besteuerungskompetenz und der bundesstaatlichen Finanzverfassung ausgehöhlt würden, wenn Bund und Länder unter Berufung auf ihre Sachgesetzgebungskompetenzen nach Belieben nichtsteuerliche Sonderabgaben erlassen und so ausgestalten könnten, dass sie auch an die Stelle von Steuern treten könnten – ohne sich an die entsprechenden Regeln

z.B. den in § 3 Abs. 3 des Zuckergesetzes und in § 11 des Getreidegesetzes vorgesehenen Frachtausgleich, den Ertragsausgleich gemäß § 12 des Milch- und Fettgesetzes (vgl. BVerwGE 6, 134), den Ertragsausgleich für Ölmühlen (vgl. BVerwGE 6, 282) sowie den Marktausgleich und die marktstützenden Maßnahmen nach §§ 3 und 4 des Fischgesetzes".

1659 Dies für maßgeblich haltend BVerfG v. 8.4.1987 – 2 BvR 909/82 u.a., E 75, 108 (147 f.); BGH v. 25.6.2014 – VIII ZR 169/13, BeckRS 2014, 14028 Rn. 16, 20.

1660 Vgl. u. a. BVerfG v. 17.1.1957 – 1 BvL 4/54, E 6, 55 (70); v. 24.6.1958 – 2 BvF 1/57, E 8, 51 (68 f.).

1661 BVerfG v. 10.12.1980 – 2 BvF 3/77, E 55, 274 (302) mwN.

zu halten.[1662] Die Kompetenzordnung des Grundgesetztes habe schließlich auch eine grundrechtssichernde Funktion, da der Bürger nur die kompetenzgemäße Auferlegung von Geldleistungspflichten hinzunehmen habe.[1663] Daneben bestimmten die Grundrechte und sonstige Verfassungsgrundsätze „die Grenzen für die Ausnutzung einer durch das Grundgesetz gewährten Gesetzgebungskompetenz".[1664] Unter Beachtung dieses Grundrechts-Kompetenz-Zusammenhangs und zur Vorbeugung einer Aushöhlung detaillierter Regelungen des Grundgesetzes zur Besteuerungskompetenz werden der Befugnis des Gesetzgebers zur Auferlegung von nichtsteuerlichen Sonderabgaben folgende enge Grenzen gezogen („materielle Begrenzung aus kompetenzrechtlichen Gründen"):

Nichtsteuerliche Sonderabgaben dürfen erstens nicht zur Erzielung von Einnahmen für den allgemeinen Finanzbedarf eines öffentlichen Gemeinwesens erhoben werden und das Aufkommen aus derartigen Abgaben somit nicht zur Finanzierung allgemeiner Staatsaufgaben verwendet werden. Der Gesetzgeber darf sich der Abgabe vielmehr nur im Rahmen der Verfolgung eines besonderen Sachzwecks bedienen, der über die bloße Mittelbeschaffung hinausgeht. Mit einer Sonderabgabe darf zweitens nur eine homogene Gruppe belegt werden, die in einer spezifischen Beziehung zu dem Zweck steht, der mit der Abgabenerhebung verfolgt wird. Zuletzt muss das Abgabenaufkommen dann wiederum gruppennützig verwendet werden. In diesem Zusammenhang fällt nun auch das von *Loritz* aufgebrachte Stichwort der „parafiskalischen Sonderabgabe". Das BVerfG führt schließlich in der von *Loritz* zur Untermauerung angeführten Entscheidung zur früheren Berufsausbildungsabgabe aus: „Es ist dem Gesetzgeber verfassungsrechtlich versagt, eine öffentliche Aufgabe nach seiner Wahl im Wege der Besteuerung oder durch Erhebung einer "parafiskalischen" Sonderabgabe zu finanzieren."[1665]

1662 BVerfG v. 10.12.1980 – 2 BvF 3/77, E 55, 274 (298 ff.).

1663 BVerfG v. 10.12.1980 – 2 BvF 3/77, E 55, 274 (302); v. 8.11.1972 – 1 BvL 15/68 u.a.; E 34, 139 (146)

1664 BVerfG v. 10.12.1980 – 2 BvF 3/77, E 55, 274 (302); v. 20.7.1954 – 1 BvR 459/52 ua E 4, 7 (15).

1665 BVerfG v. 10.12.1980 – 2 BvF 3/77, E 55, 274 (300).

b) Nutzungsentgelt als unzulässige nichtsteuerliche Sonderabgabe?

Von den soeben skizzierten sog. nichtsteuerlichen Abgaben würde sich die avisierte Belastung der Außenseiter-Arbeitnehmer jedoch bei der hier vorgeschlagenen Ausgestaltung maßgeblich unterscheiden.

aa) Keine nichtsteuerliche Sonderabgabe

Loritz war somit gleich zweimal im Irrtum: Einerseits billigte das BVerfG, anders als er meinte, die von ihm beispielhaft ins Feld geführte Berufsausbildungsabgabe aus kompetenzrechtlicher Sicht, hielt sie somit für eine zulässige nichtsteuerliche Sonderabgabe.[1666]

Andererseits wäre die avisierte Zahlungspflicht für Außenseiter-Arbeitnehmer keine unzulässige parafiskalische Sonderabgabe mit Finanzierungscharakter, an deren verfassungsrechtliche Zulässigkeit die soeben erörterten strengen Anforderungen gestellt werden müssen. Zu dem bei der Erhebung von nichtsteuerlichen Sonderabgaben typischerweise drohenden Konflikt mit den Regelungen der Finanzverfassung könnte es bei der Regelung eines Nutzungsentgelts schon nicht kommen, denn das Nutzungsentgelt würde von vornherein keiner Mittelbeschaffung dienen – weder für den Staat noch die Gewerkschaft –, sondern wäre vielmehr nur Mittel zum Zweck der Stärkung der Tarifautonomie durch Beseitigung des Negativanreizes gegenüber den Außenseiter-Arbeitnehmern. Die Nutzungsentgelte würden von Privaten aufgebracht und an Private weitergeleitet werden.[1667] Die Gelder würden selbst bei einer abwicklungstechnischen Einschaltung des Staates tatsächlich und rechtlich von den allgemeinen Staatsfinanzen getrennt in dessen Zugriffsbereich kommen. Ein Einsatz des Geldaufkommens zur Befriedigung des allgemeinen Finanzbedarfs des Staates ist ausgeschlossen. Weiter könnte der Staat über die Mittelverwendung innerhalb des Zwecks auch nicht in eigenem Ermessen entscheiden. Vielmehr steht die Entscheidung über die Verwendung der Gelder der Außenseiter-Arbeitnehmer allein der Gewerkschaft zu und die staatliche Stelle wäre an die Vorgaben zur

1666 Ausdrücklich BVerfG v. 10.12.1980 – 2 BvF 3/77, E 55, 274 (308): „Die Berufsausbildungsabgabe nach § 3 Abs. 1 Satz 1 APlFG stellt sich - gemessen an den dargelegten Kriterien - nicht als Steuer, sondern als zulässige Sonderabgabe dar", das Gesetz scheiterte aus anderen Gründen.

1667 Vgl. zur Ablehnung der Sonderabgabeneigenschaft bei der EEG-Umlage BGH v. 25.6.2014 – VIII ZR 169/13, BeckRS 2014, 14028 Rn. 13 ff.

Mittelweitergabe ohne eigene Entscheidungsspielräume gebunden. Damit wäre eine weitergehende Begrenzung der Nutzungsentgelt-Regelung aus Kompetenzgründen, wie sie für die nichtsteuerlichen Sonderabgaben gilt, weder erforderlich noch angezeigt.[1668]

bb) Hilfsweise: Erfüllung der strengen Voraussetzungen für nichtsteuerliche Sonderabgaben

Selbst wenn man dies anders sähe, wären jedenfalls die engen Zulässigkeitsvoraussetzungen für nichtsteuerliche Sonderabgaben durch das avisierte Nutzungsentgelt erfüllt.

(1) Inanspruchnahme einer abgrenzbaren homogenen Gruppe

Zunächst handelt es sich bei den in Anspruch genommenen Außenseiter-Arbeitnehmern um eine abgrenzbare, homogene Gruppe. Eine gesellschaftliche Gruppe kann mit einer nichtsteuerlichen Sonderabgabe in Anspruch genommen werden, wenn sie durch eine gemeinsame, in der Rechtsordnung oder in der gesellschaftlichen Wirklichkeit vorgegebene Interessenlage oder durch besondere gemeinsame Gegebenheiten von der Allgemeinheit und anderen Gruppen abgrenzbar ist, wenn es sich also um eine in diesem Sinne homogene Gruppe handelt.[1669] Das heißt, der Gesetzgeber darf für eine beabsichtigte Abgabenerhebung nicht beliebig Gruppen nach Gesichtspunkten normativ bilden, die nicht in der Rechts- und Sozialordnung materiell vorgegeben sind.[1670] Wie im Zuge der Untersuchung mehrfach dargelegt wurde, ist „die Arbeitnehmerschaft“ seit Beginn des Tarifwesens in die Gruppen der Organisierten und der Außenseiter gespalten. Diese „Totaldifferenzierung“ findet sich auch in §§ 3 Abs. 1, 4 Abs. 1 TVG und ist allgemein anerkannt. Somit greift der Gesetzgeber mit der Inanspruchnahme der Außenseiter-Arbeitnehmer auf eine vorhandene abgrenzbare Gruppe zurück.

1668 Vgl. zur Zulässigkeit der Künstlersozialabgabe auf Grundlage des Art. 74 Nr. 12 GG BVerfG v. 8.4.1987 – 2 BvR 909/82, E 75, 108 (146 ff.).

1669 Vgl. BVerfG v. 10.12.1980 – 2 BvF 3/77, E 55, 274 (305 f.); v. 19.12.1967 – 2 BvL 4/65, E 23, 12 (23 f.); v. 5.3.1974 – 1 BvL 27/72, E 37, 1 (16).

1670 BVerfG v. 10.12.1980 – 2 BvF 3/77, E 55, 274 (306).

(2) Sachnähe der belasteten Gruppe zum durch Abgabenerhebung verfolgten Zweck

Des Weiteren wird eine spezifische Beziehung zwischen dem Kreis der Abgabepflichtigen und dem mit der Abgabenerhebung verfolgten Zweck verlangt.[1671] Diese wird dann angenommen, wenn die mit der Abgabe belastete Gruppe dem mit der Abgabenerhebung verfolgten Zweck evident nähersteht als jede andere Gruppe oder die Allgemeinheit der Steuerzahler. Aus der Sachnähe der Abgabepflichtigen zum Abgabezweck muss sich folglich eine besondere Gruppenverantwortung für die Erfüllung der Aufgabe ergeben, die mit der außersteuerlichen Abgabe finanziert wird. Ausgeschieden werden sollen dabei solche öffentlichen Angelegenheiten, deren Erledigung nur mit von der Allgemeinheit zu erbringenden Mitteln, also im Wesentlichen mit Steuermitteln, finanziert werden sollen.[1672]

Auch dieses Kriterium wäre erfüllt. *Loritz* meint, der Staat dürfe die „Aufgabe der Stärkung der Tarifautonomie" nicht den Außenseiter-Arbeitnehmern auferlegen und lehnt die Gruppenverantwortlichkeit ab.[1673] Richtig ist zwar, dass die Verantwortung für die Mitgliederstärke der Koalitionen in erster Linie bei eben diesen und die Verantwortung für das Funktionieren des Tarifvertragssystems beim Staat liegt. Oben wurde jedoch nachgewiesen, dass die Gewerkschaften bei aktueller Ausgestaltung des Tarifrechtes nicht in der Lage sind, das Problem der fehlenden Anreize zu beheben. Vor allem aber liegt die Aufgabe hier nicht primär in der Generierung von finanziellen Mitteln, wie es bei den Ausgleichsabgaben oder den Investitionshilfemaßnahmen charakteristisch ist. Bei diesen nichtsteuerlichen Sonderabgaben wurden durch Private Aufgaben erfüllt. Dafür wurden Finanzmittel generiert. In dieser Situation erscheint es zweckmäßig, zu prüfen, ob die Aufgabe keine solche ist, die durch Steuermittel und damit von allen finanziert werden soll.

Diese Konstellation lässt sich wiederum nicht mit der vorliegenden Situation vergleichen, weshalb die Einordnung in die Kategorie einer nichtsteuerlichen Abgabe schließlich auch nicht passend ist. Denn die Nutzungsentgelte werden nicht primär deshalb aufgebracht, damit die

1671 BVerfG v. 10.12.1980 – 2 BvF 3/77, E 55, 274 (306); vgl. BVerfG v. 10.5.1960 – 1 BvR 190/58, E 11, 105 (116); v. 27.1.1965 – 1 BvR 213/58 u.a., E 18, 315 (328); v. 5.3.1974 – 1 BvL 27/72, E 37, 1 (16) mwN.

1672 BVerfG v. 10.12.1980 – 2 BvF 3/77, E 55, 274 (306); vgl. BVerfG v. 19.12.1967 – 2 BvL 4/65, E 23, 12 (23).

1673 Vgl. *Loritz,* in: FS Preis (2021), 795 (800 f.).

Gewerkschaften besser ausgestattet und so für die Regelung der Arbeits- und Wirtschaftsbedingungen mit dem Gegenspieler besser gerüstet sind, wenn dies auch Nebeneffekt sein mag. Für ihre finanzielle Ausstattung sind die Gewerkschaften ausdrücklich selbst verantwortlich. Es gilt sogar ein staatliches Beihilfeverbot. Der Staat darf gerade keine Steuergelder in die Gewerkschaften leiten, um ihnen bei der Erfüllung dieser Aufgabe zu helfen, die sie nicht für alle Steuerzahler, sondern nur für ihre Mitglieder erfüllen.[1674] Die Aufbringung der Finanzmittel von Außenseiter-Arbeitnehmern ist schlicht der Veränderung der Rahmenbedingungen geschuldet, welche die Funktionsfähigkeit der Tarifautonomie sichern soll. Dass durch die Beseitigung des Fernbleibeanreizes Mittel zur Verfügung stehen, ist Nebenfolge.

Insbesondere übersieht *Loritz*, dass es nicht darum geht, per se alle Außenseiter-Arbeitnehmer zu belasten. In Anspruch genommen werden vielmehr nur diejenigen, die im Wege der Bezugnahme von dem privat produzierten Gut „Tarifvertrag“ profitieren. Es liegt somit eine Anknüpfung an das Trittbrettfahrerverhalten dieser Außenseiter-Arbeitnehmer vor, die es nicht nur erlaubt, sondern sogar erfordert, dass (nur) an diese Gruppe herangetreten wird. Dies entspricht eben jener Bestimmung des "Sachnähe"-Begriffs nach materiell-inhaltlichen Kriterien und unter Berücksichtigung der Lebenswirklichkeit, welche die Rechtsprechung (und auch *Loritz*) verlangen. Wenn man das Nutzungsentgelt trotz der oben geäußerten Bedenken also an den Voraussetzungen für nichtsteuerliche Sonderabgaben messen will, so wäre das Erfordernis der Sachnähe zu bejahen.[1675]

(3) Gruppennützliche Verwendung der Mittel

Zuletzt läge auch die geforderte gruppennützliche Verwendung der Mittel vor. Die außersteuerliche Belastung von Angehörigen einer Gruppe setzt voraus, dass zwischen den Belastungen und den Begünstigungen, die die Sonderabgabe bewirkt, eine sachgerechte Verknüpfung besteht. Das ist der Fall, wenn das Abgabeaufkommen im Interesse der Gruppe der Abgabepflichtigen, also "gruppennützig" verwendet wird. Dafür genügt es, wenn es überwiegend im Interesse der Gesamtgruppe verwendet wird.[1676] "Fremd-

1674 Siehe hierzu unter Kap. 5 B. IV. 1. b) bb).

1675 In diese Richtung auch *Krüger*, Sieben Thesen, S. 4.

1676 BVerfG v. 10.12.1980 – 2 BvF 3/77, E 55, 274 (307 f.); BVerfG v. 27.01.1965 – 1 BvR 213/58 u.a., E 18, 315 (327 f.); v. 5.3.1974 – 1 BvL 27/72, E 37, 1 (16 f.) jeweils mwN.

nützige" Sonderabgaben können dagegen nur dann ausnahmsweise zulässig sein, wenn die Natur der Sache eine finanzielle Inanspruchnahme der Abgabepflichtigen zugunsten fremder Begünstigter aus triftigen Gründen eindeutig rechtfertigt.[1677]

Für den Fall, dass das Aufkommen aus dem Nutzungsentgelt einer gemeinsamen Einrichtung der Tarifvertragsparteien zur Erbringung von satzungsgemäß festgeschriebenen Leistungen überlassen würde, bestünde daran ganz offensichtlich keinerlei Problem, da die Außenseiter-Arbeitnehmer daran partizipierten. Dies wäre ebenso gegeben, wenn die Gelder an die Gewerkschaft weitergeleitet werden und ihr dort zur freien Verfügung stehen. Denn finanziell gut ausgestattete Gewerkschaften sind um so besser dazu in der Lage, die angemessenen Arbeitsbedingungen auszuhandeln und im Wege des Tarifvertragsschlusses mit den Arbeitgebern festzulegen, von denen die in Anspruch genommenen Außenseiter-Arbeitnehmer mittels Bezugnahme profitieren. Somit wäre die gruppennützliche Verwendung anzunehmen. Eine „gruppennützige" Verwendung der Abgabe liegt nicht erst vor, wenn das Abgabeaufkommen im spezifischen Interesse jedes einzelnen Abgabepflichtigen verwendet wird, sondern es genügt, wenn es überwiegend im Interesse der Gesamtgruppe verwendet wird.[1678]

3. Ergebnis

Somit sprechen die besseren Argumente dafür, eine Einschränkung der Mittelverwendungsfreiheit nicht zu verlangen, sondern die Entgelte der Außenseiter-Arbeitnehmer der Gewerkschaft zur freien Verwendung weiterzuleiten. Einerseits unterscheidet sich das avisierte Nutzungsentgelt als Instrument zur Stärkung der Tarifautonomie maßgeblich von den mit dem Solidaritätsbeitrag in der Schweiz verfolgten (Primär-)Zweck, der dort zu Einschränkungen bei der Verwendung der Mittel veranlasst hat. Andererseits ergeben sich keine gesteigerten Anforderungen aus der Rechtsprechung zu nichtsteuerlichen Sonderabgaben, da das Nutzungsentgelt sich auch im Falle der staatlichen Einbindung in den Abzugsprozess von diesen unterscheidet.

1677 BVerfG v. 10.12.1980 – 2 BvF 3/77, E 55, 274 (308); v. 10.5.1960 – 1 BvR 190/58 u.a., E 11, 105 (116) jeweils mwN.

1678 BVerfG v. 10.12.1980 – 2 BvF 3/77, E 55, 274 (308f.).

D. Ergebnis der konzeptionellen Überlegungen

Nach eingehender Untersuchung der Optionen zur Gestaltung eines Nutzungsentgelts zur Stärkung der Tarifautonomie *de lege ferenda* hat sich gezeigt, dass weder der vorgeschlagene Weg, die Normsetzungsbefugnis der Tarifvertragsparteien partiell zu erweitern, noch die Idee, nach Schweizer Vorbild einen Anschluss an den Tarifvertrag mit der Option auf normative Tarifgeltung einzuführen, um darüber das Nutzungsentgelt vorzusehen, zielführend sind. Beide Wege wären mit tiefgreifenden Änderungen des Tarifwesens verbunden, die – wie im Falle der partiellen Erweiterung der Normsetzungsbefugnis – unzulässig oder doch mit erheblichen Unsicherheiten im Hinblick auf den Erfolg dieser Maßnahmen verbunden wären. Insbesondere hat sich offenbart, dass sich die Rechtslage in der Schweiz, in der den Gewerkschaften eine Gesamtrepräsentation aller Arbeitnehmer zugeschrieben und zur Erfüllung der Ordnungsfunktion des Gesamtarbeitsvertrages das Mittel des Vertragszwangs an die Hand gegeben wird, doch in erheblicher Weise vom deutschen Tarifsystem unterscheidet. Auch wenn sich das Schweizer Anschlusssystem für die vorliegenden Zwecke nicht als Blaupause eignet, hat dessen Betrachtung jedoch zugleich wichtige Erkenntnisse zu Fehlern bei einer finanziellen Heranziehung von Außenseiter-Arbeitnehmern hervorgebracht. Ein Beispiel hierfür ist die zu geringe Höhe der Belastung, die dazu geführt hat, dass eine Anreizwirkung vom Schweizer Solidaritätsbeitrag nicht ausgehen konnte.

Letztlich ist die überzeugendste Lösung zur Einführung eines Nutzungsentgelts für Außenseiter-Arbeitnehmer dessen direkte gesetzliche Regelung, von der Gewerkschaftsmitglieder und Andersorganisierte nur im ersten Schritt miterfasst werden. Einziehung und halbjährliche Rückerstattung sollten durch eine neutrale staatliche Stelle vollzogen werden, um die Identität der organisierten Arbeitnehmer wie auch der Außenseiter-Arbeitnehmer zu schützen. Der dazu ausgearbeitete Regelungsvorschlag (Modell 3) soll Grundlage der im nächsten Abschnitt folgenden Untersuchung der verfassungsrechtlichen Zulässigkeit eines solchen Nutzungsentgelts für Außenseiter-Arbeitnehmer sein.

Kapitel 5 – Verfassungsmäßigkeit eines Nutzungsentgelts für Außenseiter-Arbeitnehmer in Deutschland *de lege ferenda*

Es stellt sich nun die Frage, ob die in Kapitel 4 erarbeitete Gestaltung des Nutzungsentgelts nach Modell 3 mit höherrangigem Recht vereinbar wäre.

A. Klärung des Prüfungsmaßstabes

Bevor sich der Prüfung selbst zugewandt werden kann, ist zunächst der Prüfungsmaßstab zu bestimmen. Das Gesetz, mit welchem ein Nutzungsentgelt für Außenseiter-Arbeitnehmer eingeführt wird, könnte als Gesetz zur Umsetzung der in Kapitel 1 bereits erwähnten Mindestlohn-RL aufgefasst werden, welche den Mitgliedstaaten mit einer tariflichen Abdeckungsrate von unter 80 % Fördermaßnahmen aufgibt.[1679] Es stellt sich insofern die Frage, ob das Gesetz überhaupt am nationalen Verfassungsrecht zu messen wäre.

I. Kontrollmaßstab bei der Überprüfung von Rechtsakten im Kontext des Unionsrechts

Denn ist eine Materie vollständig unionsrechtlich determiniert, kann sie nur anhand des Unionsrechts, insbesondere der Unionsgrundrechte, nicht aber am Maßstab von nationalen Grundrechten überprüft werden.[1680] Die Kontrolle der Rechtsakte obliegt den nationalen Fachgerichten in Kooperation mit dem EuGH, der im Rahmen von Vorabentscheidungsverfahren gem. Art. 267 AEUV über die Auslegung der Verträge sowie über die Gültigkeit und die Auslegung der Handlungen der Organe, Einrichtungen oder sonstigen Stellen der Union zu entscheiden hat. Die Erhebung einer Verfassungsbeschwerde beim BVerfG kann in dieser Situation grundsätzlich nur unter dem Gesichtspunkt der Verletzung des Grundrechts auf

---

1679 Siehe oben unter Kap. 1 B. III.

1680 Statt aller nur BVerfG v. 15.12.2015 – 2 BvR 2735/14, E 140, 317 (334) Rn. 36.

den gesetzlichen Richter (Art. 101 Abs. 1 S. 2 GG) Erfolg haben, wenn ein letztinstanzliches Fachgericht die Vorlagepflicht nach Art. 267 Abs. 3 AEUV verletzt hat. Abgesehen davon findet eine verfassungsrechtliche Kontrolle von unionsrechtlich determinierten Akten nur bei Durchbrechung des Anwendungsvorrangs statt, wofür sich drei Fallgruppen etabliert haben: Bei generellem Absinken des Grundrechtsschutzes auf Unionsebene (Solange-Rechtsprechung I und II)[1681], bei Verletzung der Verfassungsidentität (Identitätskontrolle)[1682] und bei kompetenzüberschreitendem Handeln der Unionsorgane (ultra-vires-Kontrolle).[1683] An diesem Kontrollmaßstab ändert auch die neuste, teilweise als Solange III bezeichnete Rechtsprechung des BVerfG[1684] nichts. Das BVerfG hat insoweit „nur" entschieden, dass die Anwendung des Unionsrechts durch nationale Stellen (insbesondere die Fachgerichte) *anhand der Unionsgrundrechte* geprüft werden kann, wenn die Grundrechte des Grundgesetzes im Wege des Anwendungsvorrangs verdrängt werden. Es bleibt in diesem Fall aber dabei, dass die Grundrechte des Grundgesetzes kein Kontrollmaßstab sein können.

Anders ist dies nur, wenn das Unionsrecht den Mitgliedstaaten einen Gestaltungsspielraum belässt, also keine vollständige Harmonisierung fordert. In diesem Fall kann die Überprüfung der Ausübung und Anwendung des Gestaltungsspielraums (Regelung über Mindestharmonisierung hinaus) anhand der Grundrechte des Grundgesetzes vorgenommen werden.[1685]

II. Kontrollmaßstab für ein Gesetz zur Einführung eines Nutzungsentgeltes für Außenseiter-Arbeitnehmer

Das Gesetz, mit welchem ein Nutzungsentgelt für Außenseiter-Arbeitnehmer eingeführt wird, könnte als Gesetz zur Umsetzung der Mindestlohn-RL aufgefasst werden, sodass es von dem Grad der Harmonisierung abhin-

1681 Maßgeblich hier BVerfG v. 29.5.1974 – 2 BvL 52/71, E 37, 271 ff.; v. 22.10.1986 – 2 BvR 197/83, E 73, 339 ff.; v. 7.6.2000 – 2 BvL 1/97, E 102, 147 ff.; v. 15.12.2015 – 2 BvR 2735/14, E 140, 317.

1682 BVerfG v. 30.6.2009 – 2 BvE 5/08 ua., E 123, 267 ff.; v. 15.12.2015 – 2 BvR 2735/14, E 140, 317.

1683 BVerfG v. 12.10.1993 – 2 BvR 2134/92 ua., E 89, 155; v. 30.6.2009 – 2 BvE 5/08 ua., E 123, 267 ff.; v. 6.7.2010 – 2 BvR 2661/06, E 126, 286; v. 14.1.2014 – 2 BvR 2728 ua., E 134, 366 und v. 21.6.2016 – 2 BvR 2728/13 u.a., E 142, 123); v. 5.5.2020 – 2 BvR 859/15 u.a., E 154, 17.

1684 BVerfG v. 06.11.2019 – 1 BvR 16/13, E 152, 152 ff.; v. 06.11.2019 – 1 BvR 276/17, E 152, 216 ff.; v. 01.12.2020 – 2 BvR 1845/18 ua, E 152, 182 ff.

1685 Siehe nur v. 06.11.2019 – 1 BvR 276/17, E 152, 216 ff.

ge, ob es überhaupt an Grundrechten des Grundgesetzes überprüft werden kann.

1. Gesetz zur Einführung eines Nutzungsentgeltes für Außenseiter-Arbeitnehmer als die Mindestlohn-RL umsetzendes Gesetz?

Zielsetzung des Gesetzes zur Einführung des Nutzungsentgeltes wäre es, die Tarifautonomie zu stärken. Indem der Staat den aktuell bestehenden und strukturell bedingten Fernbleibeanreiz beseitigt, ermöglicht er es den Gewerkschaften, durch ihre Arbeit Arbeitnehmer für sich zu gewinnen und zu halten.[1686] Durch diese Maßnahme soll Hilfe zur Selbsthilfe ermöglicht werden, die auf lange Sicht dazu führen kann und soll, dass die Tarifvertragsparteien für eine Vielzahl von Arbeitsverhältnissen angemessene Arbeitsbedingungen festsetzen und der Staat nicht verpflichtet ist, diese durch Gesetzgebung selbst vorzuschreiben. Da sich die Tarifautonomie funktional als Schutzinstrument versteht,[1687] ist in dem Ansinnen, die Tarifautonomie zu stärken, somit mittelbar auch der Gedanke des Arbeitsnehmerschutzes enthalten.

Damit gibt es gewisse Übereinstimmungen zwischen der Stoßrichtung eines Gesetzes zur Einführung eines Nutzungsentgelts und der Stoßrichtung der Mindestlohn-RL. Es wird zwar weder im Richtlinientext noch in den zugehörigen Erwägungsgründen direkt von der Stärkung der Tarifautonomie gesprochen. Es sollen jedoch „Tarifvertragsverhandlungen zur Lohnfestsetzung" gerade deswegen gefördert werden[1688], weil man davon ausgeht, dass Tarifverhandlungen auf sektoraler und branchenübergreifender Ebene ein wesentlicher Faktor zur Erreichung eines angemessenen Mindestlohnschutzes für Arbeitnehmer sind.[1689] Es wird insofern als Problem begriffen, dass die Gewerkschaftsmitgliedschaft zurückgegangen sei, sodass traditionelle Tarifverhandlungsstrukturen in den letzten Jahrzehnten untergraben worden seien. Ausdrücklich sieht Art. 4 Abs. 1 der Mindestlohn-RL schließlich das Ergreifen von Fördermaßnahmen durch die Mitgliedstaaten vor, „um die tarifvertragliche Abdeckung zu erhöhen und die Ausübung des Rechts auf Tarifverhandlungen zur Lohnfestsetzung zu erleichtern". Darüber hinaus verpflichtet Art. 4 Abs. 2 der Mindestlohn-

1686 Siehe hierzu bereits unter Kap. 2 F. I.
1687 Siehe hierzu unter Kap. 2 A. I.
1688 Vgl. Erwägungsgrund 16, 18.
1689 Vgl. Erwägungsgrund 13.

RL jeden Mitgliedstaat, in dem die tarifvertragliche Abdeckung unterhalb einer Schwelle von 80 % liegt, zur Festlegung eines Rahmens, „der die Voraussetzungen für Tarifverhandlungen schafft, entweder durch Erlass eines Gesetzes nach Anhörung der Sozialpartner oder durch eine Vereinbarung mit diesen."

Insofern kann man Art. 4 der Mindestlohn-RL durchaus so verstehen, als verpflichte er die Mitgliedstaaten zur Stärkung der Tarifautonomie, die Grundlage für das Aushandeln und Abschließen von Tarifverträgen ist. In diesem Lichte erschiene das Gesetz zur Einführung eines Nutzungsentgelts eindeutig als Umsetzungsgesetz.

2. Argumente für eine gleichwohl am Maßstab des Grundgesetzes vorzunehmende Kontrolle

Gleichwohl sprechen entscheidende Gesichtspunkte dafür, das Gesetz zur Einführung des Nutzungsentgelts trotzdem anhand der Grundrechte des Grundgesetzes zu überprüfen.

a) Kompetenzwidriges Handeln der EU

Einer der Gründe sind Zweifel an der Rechtmäßigkeit der Mindestlohn-RL. Wenn die EU mit dem Erlass der Mindestlohn-RL „ulta vires" gehandelt hat, ist der Weg für eine Kontrolle von Umsetzungsakten anhand des Grundgesetzes eröffnet.[1690]

aa) Wahl der falschen Kompetenzgrundlage

In Anbetracht der soeben vorgenommenen Betrachtung der Zielsetzung der Richtlinie drängt sich die Frage geradezu auf, warum die EU die Richtlinie auf Bestimmungen des Art. 153 Abs. 2 UAbs. 1 lit. b in Verbindung mit Abs. 1 lit. b des Vertrags über die Arbeitsweise der Europäischen Union (AEUV) gestützt hat, der zum Erlass von Richtlinien auf dem Gebiet der „Arbeitsbedingungen" ermächtigt. Unabhängig von den vorstehenden Überlegungen erscheint bereits der Wortlaut des Art. 153 Abs. 1 Uabs. 1 lit. b

1690 Vgl. *Klumpp*, EuZA 2021, 284 (297).

AEUV mit dem Begriff „Arbeitsbedingungen" mit Blick auf die in Art. 4 Mindestlohn-RL niedergelegte Förderpflicht der Mitgliedstaaten hinsichtlich Tarifvertragsverhandlungen extrem (über-)beansprucht. Wie bereits von *Franzen* und *Klumpp* an anderer Stelle nachgewiesen wurde, behandelt die mit Art. 4 der Mindestlohn-RL auferlegte Förderpflicht bezüglich Tarifvertragsverhandlungen schließlich keine unmittelbar das Arbeitsverhältnis betreffenden Fragen, sondern die Tarifvertragsparteien und ihre Beziehung.[1691]

Nach überwiegender Ansicht fällt jedoch grundsätzlich das gesamte kollektive Arbeitsrecht[1692] und somit auch Belange, welche die Bestimmung der Rahmenbedingungen der kollektiven Interessenvertretung betreffen, unter den Tatbestand des Art. 151 Abs. 1 Uabs. 1 lit. f AEUV (Vertretung und kollektive Wahrnehmung der Arbeitnehmer- und Arbeitgeberinteressen). Für den Erlass des Art. 4 der Mindestlohn-RL hätte sich also auf den Tatbestand des Art. 153 Abs. 1 Uabs. 1 lit. f AEUV gestützt werden müssen anstatt auf den eng auszulegenden Tatbestand[1693] des Art. 153 Abs. 1 Uabs. 1 lit. b AEUV.[1694] Dazu hätte die EU jedoch nach Art. 153 Abs. 2 Uabs. 3 AEUV iVm Art. 289 Abs. 2 AEUV für Art. 153 Abs. 1 Uabs. L lit. b AEUV ein besonderes Gesetzgebungsverfahren mit einstimmiger Beschlussfassung des Rates und Anhörung des Parlaments vornehmen müssen, anstatt ein ordentliches Gesetzgebungsverfahren iSv Art. 294 AEUV durchzuführen.[1695]

Es ist somit schon die falsche Kompetenzgrundlage gewählt worden.

1691 Vgl. *Franzen,* ZfA 2021, 157 (170); *Klumpp*, EuZA 2021, 284 (298).

1692 *Franzen*, in: EuArbRK, AEUV Art. 153 Rn. 33; *Krebber,* in Calliess/Ruffert, AEUV Art. 153 Rn. 20; *Ales*, in: Ales/Bell/Deinert/Robin-Olivier, TFEU, Art. 153Rn. 29; *Benecke,* in: Grabitz/Hilf/Nettesheim, AEUV Art. 153 Rn. 104 (Stand: April 2015, 56): Tarifvertragsrecht falle unter Art. 153 Abs. 1 lit. f AEUV; ähnlich *Kocher*, in: Frankfurter Kommentar, AEUV Art. 153 Rn. 52; *Langer*, in: von der Groeben/Schwarze/Hatje, AEUV Art. 153 Rn. 29, 47.

1693 Greift dort nicht ein, wo andere Katalogtatbestände des Art. 153 Abs. 1 Unterabs. 1 AEUV tatbestandlich einschlägig sind, vgl. *Eichenhafer*, in: Streinz EUV/AEUV, AEUV Art. 153 Rn. 17; *Krebber,* in: Calliess/Ruffert, AEUV Art. 153 Rn. 25; *Langer*, in: von der Groeben/Schwarze/Hatje, AEUV Art. 153 Rn. 20; *Rebhahn/Reiner*, in: Schwarze/Becker/Hatje/Schoo, AEUV Art. 153 Rn 38.

1694 Für die Einschlägigkeit *Franzen,* ZfA 2021, 157 (170); *Klumpp,* EuZA 2021, 284 (297).

1695 Hierauf zutreffend hinweisend *Franzen,* ZfA 2021, 157 (172).

bb) Kompetenzschranke des Art. 153 Abs. 5 AUEV

Darüber hinaus ist zu beachten, dass für beide erörterten Tatbestände die Kompetenzschranke des Art. 153 Abs. 5 AEUV gilt, die Regelungen des Koalitionsrechts, des Streikrechts sowie des Aussperrungsrechts den Mitgliedstaaten vorbehält. Es ist umstritten, ob das durch Art. 4 der Mindestlohn-RL betroffene „Tarif- oder Koalitionsvertragsrecht" unter das „Koalitionsrecht" zu fassen ist, sodass die EU keine Regelung dazu hätte treffen dürfen.[1696]

Einige lehnen dies mit Verweis auf den Wortlaut des Art. 153 Abs. 5 AEUV sowie systematische Zusammenhänge ab. Zwischen den Begriffen des „Koalitionsrechts" und des „Kollektivvertragsrechts" werde schließlich an anderer Stelle im Unionsrecht auch unterschieden.[1697] Bei Einbeziehung des Tarifvertragsrechts in die Kompetenzschranke würde außerdem der Tatbestand des Art. 153 Abs. 1 lit. f AEUV praktisch leerlaufen, da mit der „Vertretung und kollektiver Wahrnehmung von Interessen" nichts anderes als die Betätigung von Koalitionen nach außen und die Durchführung von Kollektivverhandlungen gemeint sein könne.[1698] Dagegen spreche außerdem der Umstand, dass es eine so enge Verbindung zwischen Kollektivvertragsrecht und Arbeitskampfrecht wie in Deutschland nicht in allen Mitgliedstaaten der EU gibt.[1699]

Demgegenüber sehen andere das Koalitionsvertragsrechts trotz fehlender ausdrücklicher Erwähnung im Wortlaut der Ausnahmevorschrift als davon umfasst an. Sie meinen, der Begriff des „Koalitionsrechts" schließe das Kollektivvertragsrecht und damit das Tarifrecht als davon nicht zu trennenden Bestandteil ein.[1700] Gerade die Förderpflicht des Art. 4 der

1696 Eingehend hierzu *Schmidt,* Die europäische Tarifordnung, S. 331 ff.

1697 Etwa *Franzen,* in: EuArbRK, AEUV, Art. 153 Rn. 50; *Benecke,* in: Grabitz/Hilf/Nettesheim, AEUV Art. 153 Rn. 104, die darauf hinweisen, dass die Koalitionsfreiheit in der Grundrechtecharta Teil der Vereinigungsfreiheit nach Art. 12 I GRC geregelt sei, während die Kollektivvertragsfreiheit in Art. 28 GRC verortet sei. Weitere Beispiele bildeten die Gemeinschaftscharta der sozialen Grundrechte mit den Nr. 11 und 12 sowie der Art. 156 Abs. 1 AEUV, welcher im siebten Gedankenstrich deutlich zwischen dem Koalitionsrecht und dem Recht auf Kollektivverhandlungen unterscheide.

1698 *Benecke,* in: Grabitz/Hilf/Nettesheim, AEUV Art. 153 Rn. 104; *Langer,* in: von der Groeben/Schwarze/Hatje, AEUV Art. 153 Rn. 47.

1699 *Franzen,* in: EuArbRK, AEUV, Art. 153 Rn. 50; *Benecke,* in: Grabitz/Hilf/Nettesheim, AEUV Art. 153 Rn. 104.

1700 So etwa *Eichenhofer,* in: Streinz EUV/AEUV, AEUV Art. 153 Rn. 13; *Klumpp,* EuZA 2021, 284 (297); *Krebber,* in: Calliess/Ruffert, AEUV, Art. 153 Rn. 12; *Rieble/Kolbe,*

Mindestlohn-RL zeige doch auf, dass die Grenze zwischen dem Koalitionsrecht als Organisationsrecht, das unstreitig unter die Ausnahme fällt, und dem Koalitionsrecht als Betätigungsrecht fließend und nur schwer zu ziehen sei. Soweit schließlich Tarifvertragsverhandlungen gefördert werden sollen, sei (jedenfalls in Deutschland) ein enger Bezug zum Streik- und Aussperrungsrecht, also Arbeitskampfrecht, gegeben, das in Art. 153 Abs. 5 AEUV eigens genannt ist.[1701] Auch das Argument der im übrigen Unionsrecht unterschiedlichen Handhabe der Begriffe des Koalitions- und Koalitionsvertragsrechts trage nicht. Auch der Begriff der „Arbeitsbedingungen“ aus Art. 153 Abs. 1 Uabs. 1 lit. b AEUV sei wenig konturiert. Er umfasse sowohl Bedingungen der tatsächlichen Arbeit als auch Arbeitsvertragsbedingungen, wobei es im primären und sekundären EU-Recht unterschiedliche Akzentuierungen gebe. Bedenkt man dies, dann könne man im Kontext des Art. 153 Abs. 5 AEUV aus dem Verweis auf die unterschiedliche Verwendung der Begriffe „Koalitionsrecht“ und „Koalitionsvertragsrecht“ kein entscheidendes Argument gegen die Einbeziehung des Tarifvertragsrecht in die Ausnahme ziehen.[1702]

Der zweiten Ansicht ist in der Gesamtwürdigung der Vorzug zu geben. Aber selbst, wenn man die Ausnahme in Art. 153 Abs. 5 AEUV eng auslegen würde, bliebe es dabei, dass die EU-Kommission jedenfalls die falsche Kompetenzgrundlage gewählt hätte. Da die EU mit dem Erlass der Mindestlohn-RL also „ulta vires“ gehandelt hat, ist der Weg für eine Kontrolle von Umsetzungsakten anhand des Grundgesetzes eröffnet.

b) Kontrolle des Gestaltungsspielraums bei mindestharmonisierenden Maßnahmen anhand des nationalen Verfassungsrechts

Ein Rückgriff auf die Grundrechte des Grundgesetzes ist jedoch auch unabhängig davon möglich, ob Art. 4 der Mindestlohn-RL ohne Kompetenz der EU erlassen wurde, denn ausweislich Art. 16 Abs. 2 der Mindestlohn-RL sowie Art. 153 Abs. 2 Uabs. L lit. b, Abs. 4 AEUV handelt es sich

EuZA 2008, 453 (464); *Schmidt,* Die europäische Tarifordnung, S. 337; *Vogt,* EuZA 2023, 50 (64).

1701 Vgl. *Eichenhofer,* in: Streinz EUV/AEUV, AEUV Art. 153 Rn. 13; *Klumpp,* EuZA 2021, 284 (297); *Krebber,* in: Calliess/Ruffert, AEUV, Art. 153 Rn. 12; *Rieble/Kolbe,* EuZA 2008, 453 (464); *Vogt,* EuZA 2023, 50 (64).

1702 *Klumpp,* EuZA 2021, 284 (297) unter Verweis auf *Eichenhofer,* in: Streinz EUV/AEUV, AEUV Art. 153 Rn. 17.

dabei um eine mindestharmonisierende Maßnahme.[1703] Es ist regelmäßig davon auszugehen, dass die EU mit der Wahl der Richtlinie als Rechtsform keine vollständige Vereinheitlichung eines Regelungsgegenstandes erstrebt, sondern den Mitgliedstaaten Gestaltungsspielräume belässt. Dafür spricht bereits Art. 288 Abs. 3 AEUV, wonach die Richtlinie den Mitgliedstaaten zur Erreichung der verbindlichen Ziele die Wahl der Form und der Mittel überlässt (Unterschied zur Verordnung nach Art. 288 Abs. 2 AEUV).[1704]

So liegt der Fall auch hier. In den Erwägungsgründen der Mindestlohn-RL wird ausdrücklich betont, dass die Autonomie der Sozialpartner, die „ihr Recht auf Tarifverhandlungen einschließt und jede Verpflichtung zum Abschluss von Tarifverträgen ausschließt“, respektiert werden soll und „der Schwellenwert von 80 % tarifvertraglicher Deckung nur als ein Indikator verstanden werden [soll], durch den die Verpflichtung zur Erstellung eines Aktionsplans ausgelöst wird.“[1705] Zwingende Vorgaben zur inhaltlichen Ausgestaltung der Fördermaßnahmen werden in Art. 4 Mindestlohn-RL hingegen nicht gemacht. Damit wird den Vorgaben von Art. 153 Abs. 4 AEUV genügt, wonach die aufgrund dieses Artikels erlassenen Bestimmungen die anerkannte Befugnis der Mitgliedstaaten, die Grundprinzipien ihres Systems der sozialen Sicherheit festzulegen, nicht behindern dürfen. Zudem betont Art. 16 Mindestlohn-RL die Zulässigkeit abweichender, günstigerer Bestimmungen. Daraus wird ersichtlich, dass den Mitgliedstaaten nur ein verbindliches Ziel, nämlich die Schaffung der Voraussetzungen für Tarifverhandlungen, vorgegeben wer sollte, während ihnen die Wahl der Mittel zur Erreichung dieses Ziel freistehen.

Durch das deutsche TVG – insbesondere der Ermöglichung der Rechtsnormwirkung von Tarifverträgen – ist der von der Richtlinie geforderte Rahmen, der die Voraussetzungen für Tarifverhandlungen schafft, bereits gegeben. Die Einführung eines Nutzungsentgelts stellt insofern eine zusätzliche Maßnahme zur Förderung der Tarifautonomie und Optimierung des vorhandenen Regelungsrahmens dar. Angesichts der ihr innewohnenden Verbindlichkeit geht sie über die von der Richtlinie geforderte Vereinbarung eines bloßen „Aktionsplans zur Förderung von Tarifverhandlungen“ weit hinaus und stellt damit insgesamt eine über die geforderte Mindestharmonisierung hinausgehende Maßnahme dar, bei deren Erlass der deutsche Gesetzgeber seinen Umsetzungsspielraum wahrnimmt. Nach allgemeinen

1703 Ebenso *Franzen*, ZfA 2021, 157 (168); *Klumpp*, EuZA 2021, 284 (304).
1704 Vgl. BVerfG v. 6.11.2019 – 1 BvR 276/17, E 152, 261 (231) Rn. 38.
1705 Erwägungsgrund 25.

Grundsätzen ist das Gesetz zur Einführung des Nutzungsentgelts daher anhand des nationalen Verfassungsrechts zu überprüfen.

III. Ergebnis

Somit ist festzuhalten, dass ein Gesetz zur Einführung eines Nutzungsentgelts für Außenseiter-Arbeitnehmer am Maßstab der Grundrechte des Grundgesetzes überprüft werden kann.

B. Nutzungsentgelt-Regelungen und negative Koalitionsfreiheit der Außenseiter-Arbeitnehmer

Im Mittelpunkt der bisherigen Debatte um Solidaritätsbeiträge im deutschen Recht stand die Frage, ob das Recht auf negative Koalitionsfreiheit der Außenseiter-Arbeitnehmer beeinträchtigt wird. Es wird der nachfolgenden Untersuchung die mittlerweile ganz herrschende Meinung zugrunde gelegt, dass die negative Koalitionsfreiheit in Art. 9 Abs. 3 GG verankert ist und das dort garantierte Fernbleiberecht sowohl Arbeitnehmer als auch Arbeitgeber vor einer hoheitlich angeordneten Zwangsmitgliedschaft in einer Koalition schützt.[1706] Dabei wird die insbesondere von *Nipperdey* vertretene Ansicht, dass positive und negative Koalitionsfreiheit nicht gleichrangig geschützt seien, weil sie sich diametral entgegenstünden, abgelehnt. Er meinte, damit nicht jeder „moralische Druck der Gewerkschaft" als adäquates Mittel zur Förderung der positiven Koalitionsfreiheit ausscheide, sei nur die positive Koalitionsfreiheit in Art. 9 Abs. 3 GG garantiert, während die negative Koalitionsfreiheit nur über Art. 2 Abs. 1 GG am

1706 Hierzu schon unter Kap. 2 D. III. 1 b); siehe zuletzt BVerfG v. 14.11.2018 – 1 BvR 1278/16, AP GG Art. 9 Nr. 153 Rn. 4; v. 11. Juli 2017 – 1 BvR 1571/15 u.a., E 146, 71 (114) Rn. 130; v. 11.7.2006 – 1 BvL 4/00, AP GG Art. 9 Nr. 129 Rn. 66; v. 1.3.1979 – 1 BvR 532/77, E 50, 290 (368), auch in der Fachgerichtsbarkeit vgl. schon BAG (GS) v. 29.11.1967 – GS 1/67, AP GG Art. 9 Nr. 13, juris Rn. 146: „Aber auch das bloße Fernbleiben von Koalitionen jeglicher Art gehört zu den Rechten, die nach Art. 9 Abs. 3 GG dem einzelnen gewährleistet sind."; s.a. BAG v. 29. Juli 2009 – 7 ABR 27/08, NZA 2009, 1424 Rn. 18; zur Debatte um die Verortung der negativen Koalitionsfreiheit *Höpfner*, in: FS Moll (2019) S. 287 (287 f.) sowie *Bauer*, in: FS Moll (2019), S. 33 (34).

grundgesetzlichen Schutz teilnehme.[1707] Dem haben sich weder die Rechtsprechung noch die Literatur mehrheitlich angeschlossen. Während zur Einschränkung eines in Art. 2 Abs. 1 GG verorteten Fernbleiberechts noch „die Rechte anderer" (z.B. der Koalitionen) ausreichten, ist Art. 9 Abs. 3 GG schrankenlos gewährleistet und kann somit nur durch Belange mit Verfassungsrang eingeschränkt werden. Durch den Schutz in Art. 9 Abs. 3 GG ist das Fernbleiberecht unmittelbar gegen privatrechtliche Abreden oder Maßnahmen geschützt (vgl. Art. 9 Abs. 3 S. 2 GG).[1708]

I. Eingriff in das Fernbleiberecht der Außenseiter-Arbeitnehmer durch Nutzungsentgelte

1. Festlegung des Prüfungsmaßstabs

Es ist klar, dass die negative Koalitionsfreiheit nicht schon durch jede Benachteiligung der Außenseiter-Arbeitnehmer verletzt sein kann, da eine Schlechterstellung bereits im Tarifvertragssystem selbst vorgesehen ist (vgl. §§ 4 Abs. 1, 3 Abs. 1 TVG). Ausgehend davon wird die Frage, ob die negative Koalitionsfreiheit verletzt ist, in der Regel als quantitatives Problem begriffen und versucht, das Ausmaß an Benachteiligung oder Belastung zu ermitteln, das zur Ausübung unzulässigen Zwangs führt.[1709]

a) Druckbestimmung des Großen Senats mit Hilfe der Sozialadäquanz

In seinem Grundsatzurteil zu Differenzierungsklauseln[1710] argumentierte der Große Senat des BAG durchweg mit wenig greifbaren Allgemeinplätzen und empirisch nicht belegten Größen, als er einen Eingriff in Art. 9 Abs. 3 GG davon abhängig machte, ob der Druck auf den Außenseiter „sozialinadäquat" sei. Wegen seiner Undurchsichtigkeit müsse das zusätzliche Urlaubsgeld das Gerechtigkeitsempfinden der Außenseiter „zwangsläufig"

1707 *Hueck/Nipperdey*, Lehrbuch des Arbeitsrechts II/1, S. 118; vgl. auch *Heiseke*, RdA 1960, 299 (302).

1708 Vgl. *Höpfner*, in: FS Moll (2019) S. 287 (288).

1709 Vgl. etwa *Biedenkopf*, Verhandlungen 46. DJT, S. 97 (126 f.); s.o. zur parallel gelagerten Fragestellung bei den Differenzierungsklauseln in Kap. 2 C. III. 4.

1710 BAG *(GS)* v. 29.11.1967 – GS 1/67, AP GG Art. 9 Nr. 13, siehe unter Kap. 2 C. III. 4. b).

und „gröblich“ verletzen. Es kam also hiernach nicht auf die Höhe des Urlaubsgeldes oder anders gesagt das Maß des den Außenseitern vorenthaltenden Vorteils an.[1711]

b) Kritik am Kriterium der Sozialadäquanz und die de facto Abkehr davon

Mittlerweile hat die Rechtsprechung sich von dieser Leerformel gelöst. Sie versucht, die Belastung quantifizierbar zu machen und zieht in der Sache eine Erheblichkeitsschwelle ein. Bloße Anreize zum Beitritt, ein Bedürfnis hiernach oder ein nur indirekter Druck sollen auch vor dem Hintergrund der negativen Koalitionsfreiheit zulässig sein, weil diese nur „faktische Auswirkungen“ darstellten, die das Grundrecht „nicht unmittelbar rechtlich treffen“.[1712] Bisher wurde diese Hürde – soweit ersichtlich – noch nie übersprungen,[1713] was auch ihrer flexibel einsetzbaren Schwammigkeit geschuldet sein könnte. Im Rahmen der Rechtsprechung zu tarifvertraglichen Differenzierungsklauseln hat sich inzwischen aber zumindest die praktische Formel herausgebildet, dass ein unzulässiger Beitrittszwang gegenüber einem bloßen hinzunehmenden Anreiz wohl dann vorliegt, wenn der Einzelne faktisch nicht mehr frei über eine Mitgliedschaft/Nichtmitgliedschaft entscheiden kann, weil der Beitritt bei wirtschaftlicher Betrachtung *die einzig vernünftige Handlungsoption* darstellt.[1714] Um dieses Kriterium des „erheblichen Beitrittsdrucks" zur Bewertung des Nutzungsentgelts juristisch operabel zu machen, müsste somit auf die oben ermittelten Vor- und Nachteile der Gewerkschaftsmitgliedschaft und deren Bezifferbarkeit zurückgegriffen werden[1715] und sie dem Nutzungsentgelt gegenübergestellt werden.

c) Eigene Bewertung

Die Überlegungen der Rechtsprechung erscheinen zweckmäßig, sofern es sich um einen mittelbar-faktischen Eingriff in die negative Koalitionsfrei-

1711 Vgl. nur *Gamillscheg*, NZA 2005, 146 (146).

1712 Vgl. BVerfG v. 11.7.2006 – 1 BvL 4/00, AP GG Art. 9 Nr. 129, v. 24.5.1977 – 2 BvL 11/74, NJW 1977, 2255 (2258); grundlegend BAG (GS) v. 29.11.1967 – GS 1/67, AP GG Art. 9 Nr. 13.

1713 Zuletzt erneut abgelehnt bei BVerfG v. 14. 11.2018 – 1 BvR 1278/16, AP GG Art. 9 Nr. 153 Rn. 4 mwN zu bisherigen ablehnenden Entscheidungen.

1714 Vgl. oben in Kap. 2 C. III. 4. sowie *Höpfner*, ZfA 2020, 178 (201); *ders.*, in: FS Moll (2019) S. 287 (294).

1715 Vgl. Kap. 2 D. III. 2.

heit handelt. Sie stellen jedoch nur einen Teilausschnitt dar und können nicht als universeller Prüfungsmaßstab für den Eingriff in die negative Koalitionsfreiheit gelten. Es ist stattdessen nach der Art des Eingriffs zu unterscheiden.

aa) Erfordernis einer Eingriffsschwelle bei mittelbar-faktischen Eingriffen durch den Staat

Die bisherige Debatte zur Verkürzung des Fernbleiberechts der Außenseiter durch Maßnahmen zur Koalitionsstärkung (durch Solidaritätsbeitrag, Differenzierungsklausel, Tariftreue) konzentrierten sich beinahe ausschließlich auf die Frage, ob ein Beitrittsdruck ausgeübt wird, der die beschriebene Erheblichkeitsschwelle überschreitet.[1716] Hierbei wird übersehen, dass es eine ganze Bandbreite denkbarer grundrechtsverkürzender staatlicher Aktivitäten gibt und dieser Prüfungsmaßstab keineswegs zwingend ist.

(1) Grundsätze

Ausgangspunkt jeglicher Überlegungen hinsichtlich der Prüfung eines Grundrechtseingriffs hat der Begriff des klassischen Eingriffs zu sein. Diesem zufolge liegt ein Eingriff nur dann vor, wenn die Maßnahme kumulativ die folgenden Merkmale aufweist: Finalität, Rechtsförmigkeit, Unmittelbarkeit und imperativer Charakter.[1717] All diese Merkmale wurden jedoch durch Etablierung des mittlerweile anerkannten sog. „modernen Eingriffsbegriffs" aufgeweicht bzw. erweitert.[1718] Dies erfolgte, um auch neuere staatliche Handlungsformen angemessen würdigen zu können, denn nunmehr wird in jedem staatlichen Handeln ein Grundrechtseingriff erblickt, welches dem Einzelnen ein geschütztes Verhalten ganz oder teilweise unmöglich macht.[1719] Nunmehr gilt, dass der Staat unabhängig von der Form seiner Handlungen die Vermeidung des Eintritts jedweden grundrechtswidrigen Zustandes schuldet, sodass er auch für sämtliches

1716 Eine Ausnahme bildet insoweit *Höpfner*, ZfA 2020, 178 (205).
1717 Siehe nur BVerfG v. 26. 6.2002 – 1 BvR 670/91, E 105, 279 (300).
1718 Vgl. etwa *Hillgruber*, in: HStR § 200 Rn. 89; *Voßkuhle/Kaiser*, JuS 2009, 313 (313).
1719 Statt aller *Dreier*, in: Dreier GG, Vorb. Art. 1 Rn. 124 ff.; *Hillgruber*, in: HStR § 200 n. 89 f.

ihm zurechenbares Erfolgsunrecht rechtfertigungspflichtig sein soll.[1720] Die staatliche Rechtfertigungspflicht wird damit weit gefasst und beschränkt sich nicht nur auf solche Eingriffe, die in einem staatlicherseits geforderten Verhalten des Normadressaten liegen. Stattdessen umfasst sie auch Eingriffe, die durch einen komplexen Geschehensablauf unter Einbeziehung des zwischengeschalteten Verhaltens weiterer Privatpersonen *bei Dritten* entstehen. Für derartige Situationen hat sich der Begriff der faktisch-mittelbaren Beeinträchtigung mit eingriffsgleicher Wirkung etabliert.[1721] Mit dieser Ausweitung des Eingriffsbegriffs ging zudem ein Perspektivwechsel einher: Das Vorliegen eines rechtfertigungsbedürftigen Eingriffs bestimmt sich seitdem „nicht mehr ausschließlich nach dem rechtsförmigen Willen des Staates zur Grundrechtsbeschneidung, sondern hängt von der nachteiligen Wirkung staatlichen Handelns auf das jeweilige Schutzgut ab".[1722]

Zusammengefasst bedeutet dies also Folgendes: Ob ein Eingriff nach dem modernen Eingriffsbegriff vorliegt, beurteilt sich in erster Linie nach dem Vorliegen nachteiliger Wirkungen staatlichen Handelns auf ein Schutzgut. Liegen nachteilige Wirkungen vor, ist weiter Voraussetzung, dass sie dem Staat zurechenbar sind. Weil der Staat aber weder verpflichtet noch gehalten ist, *jegliche Grundrechtsgefährdung* mit absoluter Sicherheit auszuschließen, wird bei der Frage des Zurechnungszusammenhangs eine Schwelle eingezogen, ohne dessen Überschreiten man davon ausgeht, dass es sich bei den nachteiligen Wirkungen um bloße sozialadäquate Lasten aller Bürger handelt, die diese unabhängig von ihren grundrechtlichen Abwehrrechten zu tragen haben.[1723] Dem entspricht es, wenn das BVerfG im Hinblick auf einen Eingriff in Art. 12 GG betont, dass „der Abwehrgehalt der Grundrechte auch bei faktischen oder mittelbaren Beeinträchtigungen betroffen sein [kann], wenn diese in der Zielsetzung und in ihren Wirkungen Eingriffen gleichkommen. Durch die Wahl eines solchen funktionalen Äquivalents eines Eingriffs entfällt die Grundrechtsbindung nicht. An der für die Grundrechtsbindung maßgebenden eingriffsgleichen Wirkung einer staatlichen Maßnahme fehlt es jedoch, wenn mittelbare Folgen ein bloßer Reflex einer nicht entsprechend ausgerichteten gesetzlichen Regelung sind."[1724]

1720 *Hillgruber,* in: HStR § 200 Rn. 91.

1721 BVerfG v. 26. 6.2002 – 1 BvR 670/91, E 105, 279 (300 f.); *Hillgruber,* in: HStR § 200 Rn. 91; *Voßkuhle/Kaiser,* JuS 2009, 313 (313).

1722 *Hillgruber,* in: HStR § 200 Rn. 91.

1723 BVerfG v. 8.8.1978 – 2 BvL 8/77, E 49, 89 (141 f.); *Hillgruber,* in: HStR § 200 Rn. 94.

1724 BVerfG v. 11.7.2006 – 1 BvL 4/00, E 116, 202 (222) mwN.

(2) Übertragung auf Art. 9 Abs. 3 GG

Der letzte Punkt erlangt im Rahmen des vorliegend zu betrachtenden Fernbleiberechts eine besondere Bedeutung. Denn in Anbetracht des Vorstehenden erweist sich das bislang herangezogene Kriterium des „sozialinadäquaten Beitrittsdrucks“ als die im Rahmen der negativen Koalitionsfreiheit eingezogene Schwelle, mit der man die ausufernde Annahme rechtfertigungsbedürftiger Eingriffe zu vermeiden versucht.[1725] Dass es dafür ein Bedürfnis gibt, illustriert die besondere Bedeutung von Anreizen im Tarifrecht:

Denn mit Blick auf die Funktionsvoraussetzungen der Tarifautonomie kann nicht schon jede Anreizbildung, die mit staatlicher Gesetzgebung im Bereich des Tarifrechts möglicherweise reflexhaft einhergeht bzw. vom Staat geduldet wird,[1726] als Grundrechtseingriff begriffen werden. Wie oben erläutert wurde, verlieren die Verbände als Produzenten eines öffentlichen Gutes an Attraktivität und langfristig auch die Fähigkeit, diese Kollektivgüter hervorzubringen, wenn sie keinerlei selektive Anreize setzen (dürfen).[1727] Demgegenüber ist jedoch auch die Freiheit der Entscheidung, kein Mitglied zu werden, wegen der Korrektivfunktion der Außenseiter-Arbeitnehmer sowie eingedenk der historischen Entwicklung sehr bedeutsam für das Funktionieren der Tarifautonomie.[1728] Beide Aspekte müssen in gesunden Einklang gebracht werden, was jedoch nicht immer einfach ist. Der Umstand, dass die Ein- bzw. Austrittsmotive von Arbeitnehmern und Arbeitgebern vielschichtig und individuell sind, macht mögliche Implikationen seiner Maßnahmen für den Gesetzgeber nicht immer leicht erkennbar.[1729] Fest steht jedenfalls, dass das Bedürfnis nach Stärkung der eigenen Position durch die Kollektivierung der Interessen zurückgeht, umso engmaschiger der durch den Gesetzgeber gewährte Arbeitnehmerschutz ist. Insofern hat jede gesetzgeberische Maßnahme, die zuvörderst zur Regelung sachlich-inhaltlicher Fragen des Arbeitsrechts ergriffen wird, das Potential, zumindest reflexhaft ebenfalls Einfluss auf die Organisationsentscheidung

---

1725 Maßgeblich herausgearbeitet durch *Höpfner,* in: FS Moll (2019) S. 287 (296); *ders.*, Verfassungsrechtliche Grenzen, S. 10 ff.

1726 Zum Grundrechtseingriff durch Unterlassen *Hillgruber,* in: HStR § 200 Rn. 81.

1727 „Trittbrettfahrerproblem“ vgl. *Olson*, Logik des kollektiven Handelns, S. 47 ff.; siehe auch *Gamillscheg*, Differenzierung, S. 7 ff.; *Seiwerth,* RdA 2014, 358 (360 ff.); eingehend unter Kap. 2 D.

1728 *Bieback/Kocher*, in: Tarifgestützte Mindestlöhne, S. 43 (58) (75); *Höpfner*, Verfassungsrechtliche Grenzen, S. 11; eingehend erläutert unter Kap. 2 A.

1729 Siehe insofern (den Versuch einer) Motivanalyse bei *van de Vall,* Gewerkschaften im Wohlfahrtsstaat, S. 114 ff., 177 ff.

der Grundrechtsträger zu nehmen. Die in diesem Zusammenhang notwendige Ausscheidung bloßer Beeinträchtigungen anhand der Bestimmung des Beitrittsdrucks sieht sich zwar wegen ihrer Unschärfe ihrerseits Kritik ausgesetzt,[1730] ist im Grundsatz jedoch ebenso sinnvoll wie das Verlangen nach einer berufsregelnden Tendenz im Rahmen von Art. 12 GG.[1731]

bb) Kein Erfordernis einer Eingriffsschwelle bei unmittelbar-finalen Eingriffen durch den Staat

Aus dem Vorstehenden folgt aber zugleich, dass es des Rückgriffs auf eine Eingriffsschwelle zur Ausscheidung irrelevanter Reflexe dann nicht bedarf, wenn ein Zurechnungszusammenhang unzweifelhaft erkennbar ist. Das ist der Fall, wenn ein staatliches Handeln *unmittelbar* – also ohne die Zwischenschaltung privater Dritter – und *final* – also entsprechend der staatlichen Zwecksetzung der Maßnahme – Wirkungen auf ein grundrechtliches Schutzgut hat. Dann kann der Staat sich der Rechtfertigungslast nicht entziehen. Es ist in diesen Fällen vielmehr stets und ohne weitere Voraussetzungen ein Eingriff anzunehmen.[1732]

2. Pflicht zur Zahlung des Nutzungsentgelts als unmittelbarer und finaler Eingriff

Wendet man diesen Prüfungsmaßstab auf die hier favorisierte Einführung einer Zahlungspflicht für Außenseiter-Arbeitnehmer im Gesetz nach Modell 3 an, so findet man durchaus Argumente, die gegen die Annahme eines rechtfertigungsbedürftigen Eingriffs sprechen. Die Maßnahme würde zwar unmittelbar wirken und unverhohlen das Ziel verfolgen, dass Außenseiter-Arbeitnehmer ihre Fernbleibeentscheidung überdenken. Die gesetzgeberische Maßnahme zielt damit final auf eine Beeinflussung der Beitrittsent-

1730 Vgl. etwa *Jacobs*, in: Wiedermann TVG, Einl. Rn. 128 f.

1731 Zu dieser Funktion der berufsr. Tendenz *Voßkuhle/Kaiser*, JuS 2009, 313 (314); die Parallelität eingehend herausarbeitend *Höpfner*, Verfassungsrechtliche Grenzen, S. 9 ff.

1732 Für eine uneingeschränkte Rechtfertigungsbedürftigkeit bei Finalität bereits *Höpfner*, in: FS Moll (2019) S. 287 (294); *ders.*, Verfassungsrechtliche Grenzen, S. 9 ff.; in Bezug auf Tariftreue angeklungen auch bei *Hartmann*, Negative Tarifvertragsfreiheit, S. 349.

scheidung ab. Allerdings sollen nur aktuelle Fehlanreize beseitigt und keine neuen Positivanreize geschaffen werden. Statt die Entscheidungsfreiheit der Arbeitnehmer einzuschränken, soll im Gegenteil die Entscheidung über die Gewerkschaftsmitgliedschaft von ökonomischen Zwängen befreit und so eine freie Entscheidung ermöglicht werden.[1733]

Andererseits ist der Übergang von der bloßen Herstellung von Entscheidungsfreiheit zum Eingriff in die Entscheidungsfreiheit fließend. Die avisierte Stärkung der Tarifautonomie kann schließlich nur dann eintreten, wenn sich der Organisationsgrad der Gewerkschaften steigern lässt. Das langfristige Ziel, den Arbeitnehmern auf diesem Wege angemessene Arbeitsbedingungen zu sichern, tritt gegenüber dieser Beeinflussung der Organisationsentscheidung in den Hintergrund. Die besseren Argumente sprechen daher dafür, angesichts dieser unmittelbaren Regelung des Nutzungsentgelts nach Modell 3 unabhängig von der Ausgestaltung und insbesondere Höhe des Entgelts einen Eingriff in die negative Koalitionsfreiheit anzunehmen.

3. Zwischenergebnis

Somit läge durch das Gesetz zur Einführung einer Nutzungsentgeltzahlungspflicht ein rechtfertigungsbedürftiger Eingriff in die negative Koalitionsfreiheit der Außenseiter-Arbeitnehmer vor.

II. Rechtfertigung des Eingriffs – formelle Verfassungsmäßigkeit

Das Gesetz zur Einführung des Nutzungsentgelts als Instrument zur Stärkung der Tarifautonomie könnte sich auf die in Art. 74 Abs. 1 Nr. 12 GG geregelte Kompetenz zur „Regelung des Arbeitsrechts“ stützen.[1734] Ein Rückgriff auf die Kompetenz des Bundesgesetzgebers zur Regelung von Zahlungspflichten (Art. 70 ff. und Art. 105 Abs. 2 GG) wäre nicht erforderlich.

1733 So erstmals *Höpfner,* ZfA 2020, 178 (205).
1734 Vgl. Kap. 4 C. V. 2.

III. Rechtfertigung des Eingriffs – materielle Verfassungsmäßigkeit

Grundrechtseingriffe werden materiell-rechtlich diszipliniert durch das Erfordernis einer Zweck-Mittel-Relation (Verhältnismäßigkeit). Es bedarf eines legitimen Ziels, zu dessen Erreichung grundrechtlicher Schutz reduziert wird (Mittel). Ziel und Mittel müssen in angemessenem Verhältnis zueinander stehen.[1735] Kurz gesagt müsste die Einführung der Nutzungsentgelt-Regelung einen verhältnismäßigen Eingriff in das Grundrecht darstellen.

1. Verfolgung eines legitimen Zwecks mit legitimen Mitteln

Sofern das Grundgesetz Eingriffsziele nicht ausnahmsweise selbst vorgibt (wie bei Art. 11 Abs. 2 GG), kommt zunächst jede legitime Staatsaufgabe als Ziel in Betracht. Anders als bei den nur fakultativen Staatsaufgaben kann ein Ziel, dass der Erfüllung grundrechtlicher Schutzpflichten dient, mit einer gewissen „legitimatorischen Rückendeckung" aufwarten.[1736] In einem solchen Fall spricht der erste Anschein für die Legitimität der Zielsetzung.

a) Stärkung der Tarifautonomie als grundsätzlich legitimer Zweck

In die vorbehaltlos gewährleistete negative Koalitionsfreiheit kann nur zum Schutz anderer Güter mit Verfassungsrang eingegriffen werden. Die gesetzliche Regelung zur Einführung eines Nutzungsentgelts hätte das Ziel, die Tarifautonomie zu stärken, indem sie den aktuell bestehenden und strukturell bedingten Fernbleibeanreiz beseitigt und es den Koalitionen somit ermöglicht, durch ihre Arbeit Arbeitnehmer für sich zu gewinnen und zu halten. Durch die Rechtsprechung ist die „Förderung der Tarifautonomie" wiederholt als legitimes Ziel für grundrechtseinschränkende Maßnahmen akzeptiert worden.[1737] Wie schon mehrfach ausgeführt, ist der Gesetzgeber befugt und bei struktureller Schwäche aus dem Untermaßverbot sogar verpflichtet, Maßnahmen zur Wahrung der Tarifautonomie zu treffen, wenn strukturell bedingte Ungleichheiten der Tarifvertragsparteien auftreten, die

1735 Statt aller *Isensee*, in: HStR § 191 Rn. 132.

1736 *Isensee*, in: HStR § 191 Rn. 134.

1737 Vgl. nur BVerfG v. 11.07.2017 – 1 BvR 1571/15 u.a., E 146, 71 (119) Rn. 144; v. 26.06.1991 – 1 BvR 779/85, E 84, 212 (224).

ein ausgewogenes Aushandeln der Arbeits- und Wirtschaftsbedingungen nicht mehr zulassen und auch durch die Rechtsprechung nicht mehr ausgeglichen werden können. Der Staat ist aus Art. 9 Abs. 3 GG verpflichtet, ein Tarifvertragssystem bereit zu stellen, in dem die Tarifvertragsparteien sich paritätisch gegenübertreten und in einem kontradiktorischen Interessenausgleich Arbeitsbedingungen vereinbaren können, die die Vermutung der Angemessenheit in sich tragen. Da die Garantie der individuellen positiven Koalitionsfreiheit sinnlogisch den Bestand und die Betätigungsfreiheit von Koalitionen voraussetzt, die ihrerseits von einer ausreichenden Mitgliederbasis abhängen, geht es also um die Stärkung der positiven Koalitionsfreiheit. Insoweit weist die positive Koalitionsfreiheit auch eine funktionale Garantie auf.[1738]

b) Illegitimität des Mittels wegen eines Verstoßes gegen das Neutralitätsgebot?

Wie erwähnt, wird der Terminus des legitimen Ziels sehr weit gefasst. Einschränkend wird jedoch zumindest verlangt, dass die Ziele sich „als Emanation des Wohles der Allgemeinheit ausweisen“ und nicht „Partei- und Klientelinteressen verhaftet sind“.[1739] Es stellt sich insofern die Frage, ob das Ziel „Förderung der Tarifautonomie“ in der vorliegenden Ausgestaltung auch legitim wäre. Dies könnte unter Umständen deshalb in Zweifel gezogen werden, weil die gesetzgeberische Maßnahme gezielt auf die grundgesetzlich garantierte freie Entscheidung über den Koalitionsbeitritt bzw. -austritt einwirken möchte. Das ganze Konzept des Nutzungsentgelts baut darauf auf, dass Außenseiter-Arbeitnehmer veranlasst werden, beizutreten, sodass die Mitgliederzahl angehoben und der tarifautonome Prozess so insgesamt in Schwung gebracht wird. Da der Staat sich also eine finale Förderung des Gewerkschaftsbeitritts zum Ziel gesetzt hat, könnte unter Umständen das Gebot staatlicher Neutralität verletzt sein, was die Illegitimität des verfolgten Zwecks zur Folge hätte.

1738 *Heiseke*, RdA 1960, 299 (302) unter Verweis auf *Huber*, Wirtschaftsverwaltungsrecht II, S. 444 ff.

1739 So *Isensee*, in: HStR § 191 Rn. 135.

aa) Neutralitätsgebot aus Art. 9 Abs. 3 GG als objektives Verfassungsprinzip

In Kapitel 2 sowie an verschiedenen weiteren Stellen der vorliegenden Untersuchung wurde bereits festgestellt, dass den Staat aus Art. 9 Abs. 3 GG eine paritätsorientierte Neutralitätspflicht trifft. Diese hat zwei Ausprägungen:

Einerseits ist der Staat von Verfassungs wegen zur passiven Neutralität gegenüber den Koalitionen, ihren Organisationsformen, ihren Funktionen und ihren freiheitlich-interessengemäßen Betätigungen generell verpflichtet.[1740] Völlig anerkannt ist diese Ausprägung des paritätsbezogenen Neutralitätsgebots etwa im Arbeitskampfrecht, wo der Grundsatz gilt, dass der Staat sich der Einflussnahme in Arbeitskämpfe und Tarifverhandlungen zu enthalten hat.[1741] Er darf keine der beteiligten Akteure, also weder Arbeitgeber- noch Arbeitnehmerseite, gezielt bevorzugen, entlasten oder sonst wie fördern. Was früher durch § 116 Arbeitsförderungsgesetz (AFG) geregelt war, findet heute beispielsweise in § 160 SGB III Niederschlag. Diese Regelung suspendiert den Arbeitslosengeldanspruch für mittelbar kampfbetroffene Arbeitnehmer, der andernfalls der Arbeitnehmerseite einen Vorteil verschaffen würde.[1742] Andere Beispiele sind die Zurückhaltung bezüglich

1740 Vgl. *Scholz,* in: HdStR § 175 Rn. 20, 48 mwN; *Löwisch,* DB 1987, 1351 (1351); *Säcker,* Gruppenparität und Staatsneutralität, S. 27 ff.; siehe auch Kap. 2 A. I. II.

1741 Vgl. BSG v. 5.6.1991 – 7 RAr 26/89, AP AFG § 116 Nr. 2; v. 4.10.1994 – 7 KlAr 1/93, AP AFG § 116 Nr. 3; *Linsenmaier,* in: ErfK, GG Art. 9 Rn. 148; *Löwisch/Rieble,* TVG, Grundl. Rn. 552 f; *Scholz,* in: Dürig/ Herzog/Scholz GG, Art. 9 GG Rn. 283 ff.; *Seiter,* Staatsneutralität im Arbeitskampf, passim, sowie insb. S. 109.

1742 Diese Vorschrift entspricht inhaltlich dem damaligen sog. Streikparagraphen § 116 AFG, der auf das "Gesetz zur Sicherung der Neutralität der Bundesanstalt für Arbeit bei Arbeitskämpfen“ v. 15. 5.1986, BGBl. I S. 740 (Neutralitätssicherungsgesetz) vom 15. 5. 1986 zurückgeht. Das Neutralitätssicherungsgesetz war eine Reaktion auf einen Arbeitskampf in der Metallindustrie 1984, der vor allem mit der Forderung einer 35 Stunden-Woche für alle Tarifbezirke geführt wurde. Der damalige Präsident der Bundesanstalt für Arbeit Franke wies die Arbeitsämter an, den rund 315.000 mittelbar betroffenen Arbeitnehmern, die Entgeltersatzleistung zu versagen. Der prozessuale Erfolg der IG Metall vor den Sozialgerichten führte dazu, dass die Bundesanstalt für Arbeit ca. 200 Mio. DM KuG an mittelbar betroffene Arbeitnehmer zahlen musste. Siehe zum Ganzen *Waas,* BeckOK ArbR, GG Art. 9 Rn. 80 ff.

des organisatorischen Aufbaus der Koalitionen[1743] oder bei der Kontrolle tarifvertraglicher Normsetzung.[1744]

Diese Zurückhaltung bedeutet jedoch nicht, dass der Staat eine völlige Passivität oder Indifferenz gegenüber den Koalitionen und ihren Betätigungen an den Tag legen muss. *Scholz* führt zutreffend aus, dass die „grundgesetzliche Wirtschafts- und Arbeitsverfassung keinen Grundsatz des „laissez-faire" [kennt]; folglich kann auch für die Koalitionen kein entsprechend totaler Freiheitsraum reklamiert werden. Im Gegenteil: Der Staat ist sogar – auch und namentlich im Rahmen seiner Neutralitätspflicht – dort zur aktiven Regelung berechtigt, wo es um die Funktionsfähigkeit des Koalitionsverfahrens insgesamt geht („positive Neutralitätspflicht")."[1745]

Auf die Einhaltung des staatlichen Neutralitätsgebots hat der Einzelne kein subjektives Recht, vielmehr ist es – so wie auch das Neutralitätsgebot im Rahmen des Art. 4 GG –[1746] Teil des objektiven Gewährleistungsgehalts von Art. 9 Abs. 3 GG und damit ein objektives Verfassungsprinzip.[1747] Somit ist der einzelne Grundrechtsträger darauf verwiesen, einen Verstoß der verpflichteten drei Staatsgewalten gegen das Neutralitätsprinzip im Rahmen einer Verfassungsbeschwerde wegen eines Eingriffs in ein eigenes subjektives (Grund-)Recht durch einen konkreten Rechtsakt zu rügen.

Ausgehend davon ist zu prüfen, ob das Gesetz zur Einführung eines Nutzungsentgelts für Außenseiter-Arbeitnehmer dem Neutralitätsgebot genügt und sich als legitime Maßnahme zur Stärkung der Tarifautonomie erweist.

1743 Das BVerfG betonte insofern jüngst, dass die Selbstbestimmung über ihre innere Ordnung ein wesentlicher Teil der Koalitionsfreiheit ist. Sie umfasst insbesondere auch die Entscheidung über die Abgrenzung nach Branchen oder Fachbereichen bzw. das gesamte eigene Profil, vgl. BVerfG, Urt. v. 11. Juli 2017 – 1 BvR 1571/15 ua, E 146, 71 Rn. 132 f.; daneben darf der Staat etwa nach dem Industrieverbandsprinzip organisierte Gewerkschaften nicht gegenüber nach dem Berufsverbandsprinzip organisierten bevorzugen oder benachteiligen, vgl. *Greiner*, NZA 2012, 529 (531 f.); *Höpfner*, in: HMB, Teil 2 Rn. 13; *ders.*, Tarifgeltung, S. 243 ff.

1744 Vgl. hierzu Kap. 2 A II.

1745 *Scholz*, in: HdStR § 175 Rn. 48; ebenso *Franzen*, Stärkung der Tarifautonomie, S. 58; *Höpfner*, Verfassungsrechtliche Grenzen, S. 20; auch *Ricken*, in: MHdB ArbR § 280 Rn. 18 „fördernden" Neutralität".

1746 Siehe zur parallel gelagerten Problematik bei Art. 4 GG *Germann*, in: BeckOK GG, Art. 4 Rn. 79, der staatliche Neutralität in religiösen Fragen als „objektive Dimension der Religions- und Weltanschauungsfreiheit" begreift.

1747 Maßgeblich herausgearbeitet durch *Höpfner*, Verfassungsrechtliche Grenzen, S. 20.

bb) Keine direkte oder indirekte staatliche Finanzierung der Koalitionen durch Ermöglichung des Nutzungsentgelts

Eine Ausprägung des Neutralitätsgebots ist die Pflicht, die Unabhängigkeit der Koalitionen von Staat, Kirche und politischen Parteien, die konstitutiv für die Anerkennung als Koalition im Sinne von Art. 9 Abs. 3 GG ist, unangetastet zu lassen. Bei finanzieller Unterstützung von Dritten besteht die Gefahr, dass anstelle der Mitgliederinteressen die Vorgaben der externen Dritten verfolgt werden, welche finanzieren. Aus dem Neutralitätsgebot lässt sich somit ein „Beihilfeverbot" ableiten,[1748] welches dann tangiert wäre, wenn der Staat seine Position als Unabhängiger verließe und die Koalitionen direkt oder indirekt finanzierte. Vor diesem Hintergrund ließen sich auch erhebliche Bedenken gegen die von *Franzen* vorgeschlagene steuerliche Erleichterung für Gewerkschaftsmitglieder[1749] erheben. Bei Umsetzung dieser Lösung wäre es zur Verringerung der Steuereinnahmen gekommen, wobei die Gelder den organisierten Arbeitnehmern zur Verfügung gestanden hätten, um die Gewerkschaften mit Beiträgen zu finanzieren. Auch wenn es damit nicht zu einem direkten Geldfluss vom Staat zu den Gewerkschaften gekommen wäre, so hätte die Annahme einer mittelbaren finanziellen Unterstützung zumindest nicht gänzlich ferngelegen.[1750]

Anders läge der Fall hingegen bei Einführung eines Nutzungsentgelts durch Gesetz. Dieses Entgelt wäre von einer Privatrechtsperson an eine andere zu entrichten. Der Staat würde weder auf Einnahmen verzichten noch einzelne Gewerkschaften oder deren Mitglieder bezuschussen. Selbst wenn der Staat in den Abwicklungsprozess eingebunden wäre, käme es zu keinerlei Vermögensverschiebung zwischen Staat und Gewerkschaften. Man könnte allenfalls überlegen, ob der Staat zur Deckung der administrativen Kosten einen geringen Pauschalbetrag von den Einnahmen der Außenseiter-Arbeitnehmer erhalten sollte, bevor er die Gelder an die tarifschließenden Gewerkschaften weiterleitet. Bei einer solchen Ausgestaltung

1748 So schon *Höpfner*, Verfassungsrechtliche Grenzen, S. 20; *Löwisch/Rieble*, TVG, § 2 Rn. 104; *Rieble*, Arbeitsmarkt und Wettbewerb, Rn. 1881, 1883.

1749 Konkret: die Herausnahme des Gewerkschaftsbeitrags aus dem Pauschbetrag nach § 9a EStG, vgl. hierzu *Franzen*, Stärkung der Tarifautonomie durch Anreize zum Verbandsbeitritt, S. 36 f., 70.

1750 Mit zutreffender Kritik *Höpfner*, Verfassungsrechtliche Grenzen, S. 17 ff.; *ders.*, ZfA 2020, 178 (191).

scheidet die Verletzung des Neutralitätsgebots unter dem Gesichtspunkt des Beihilfeverbots in jedem Fall aus.[1751]

cc) Kein Eingriff in das Kräfteverhältnis der Koalitionen untereinander

Gleiches gilt für den Aspekt des Verbots von Eingriffen in das Kräfteverhältnis der Koalitionen untereinander. Dieses gebietet es, einseitige Bevorzugungen von Seiten des Staates zu unterlassen. Der Wettbewerb zwischen mehreren Gewerkschaften soll sich grundsätzlich unbeeinflusst von staatlicher Einmischung vollziehen. Insofern ist sicherzustellen, dass die Ausgestaltung der Nutzungsentgeltregelung es nicht einzelnen Gewerkschaften ermöglicht, mit der Höhe des Entgelts Wettbewerb zu betreiben, oder zur einseitigen Förderung bereits etablierter großer Gewerkschaften führt.

Während sich ein Wettbewerb mit dem Entgelt durch eine Gestaltung ausschließen lässt, die sowohl für einen prozentual zur Bruttolohnsumme berechneten Beitrag als auch für Fixbeträge eine angemessene Höhe vorgibt, ist der Vorwurf der Perpetuierung von Organisationsverhältnissen nicht so leicht auszuräumen. Wenn Andersorganisierte für die Bezugnahme auf einen anderen Tarifvertrag ein Entgelt zu entrichten haben, so geht dies jedenfalls mit einem Imageverlust für die Konkurrenzgewerkschaft einher. Mit Einführung einer Verrechnungslösung ließe sich dieser auch nicht ausräumen. Ob die andersorgansierten Arbeitnehmer nach dem dadurch aber herbeigeführten finanziellen Ausgleich dennoch veranlasst würden, in die große Einheitsgewerkschaft zu wechseln, die den Branchentarifvertrag vereinbart hat, lässt sich nicht mit letzter Bestimmtheit sagen. Es kann aber festgehalten werden, dass der Staat bei einer flexiblen Regelung zur Beitragshöhe und bei Sicherstellung einer Verrechnung eine Benachteiligung kleinerer Gewerkschaften jedenfalls nicht aktiv fördert. Die Entscheidung der Andersorganisierten ist auch nicht Gegenstand der finalen gesetzgeberischen Maßnahme. Da der Gesetzgeber bei Umsetzung der oben beschriebenen Maßnahmen alles dafür tun würde, den Koalitionswettbewerb unbeeinflusst zu lassen, ist auch in dieser Hinsicht der Vorwurf eines Verstoßes gegen das Neutralitätsgebot nicht berechtigt.

1751 I.E. so bereits *Höpfner*, ZfA 2020, 178 (191).

dd) Keine Finalität der Maßnahme – zum Konflikt von negativer und positiver Koalitionsfreiheit

Zuletzt ist die Verfolgung eines legitimen Zwecks mit legitimen Mitteln auch nicht allein deswegen abzulehnen, weil das avisierte Gesetz im Zuge der Förderung der positiven Koalitionsfreiheit final auf die negative Koalitionsfreiheit einwirkt. Es ist zwar richtig, dass Art. 9 Abs. 3 GG beide Ausprägungen der Koalitionsfreiheit gleichrangig schützt. Das hatte schon der Große Senat des BAG festgestellt.[1752] Daraus folgt, dass ein Gebot der staatlichen Neutralität gegenüber beiden Spielarten der Koalitionsfreiheit besteht. Die Problematik dieses Gebots liegt nun darin, dass „jede Maßnahme, die zugunsten einer der beiden Freiheiten ausfällt, spiegelbildlich negative Auswirkungen auf die komplementär gelagerte Freiheit [hat]."[1753] Eine Gesetzgebung, die, statt in erster Linie materiell-inhaltliche Regelungen im Arbeitsrecht zu treffen, gezielt die Förderung der positiven Koalitionsfreiheit zum Gegenstand hat, stellt sich vor diesem Hintergrund also als besondere Herausforderung dar. Gebietet ihm einerseits die negative Koalitionsfreiheit die Zurückhaltung, verpflichtet ihn die positive Koalitionsfreiheit zum Handeln.

Kollidieren eine Handlungspflicht und eine Unterlassungspflicht, muss es dem Gesetzgeber jedoch freistehen, beide Positionen im Rahmen einer Abwägung in einen Ausgleich zu bringen. Dabei verfügt er über eine weite Einschätzungsprärogative. Wenn er also zum Schutz kollidierender Rechtsgüter mit Verfassungsrang tätig wird, darf das Tangieren des Neutralitätsgebots gegenüber beiden Grundrechtsausprägungen nicht schon die Illegitimität der Zwecksetzung zur Folge haben. Vielmehr ist eine Abwägung beider Interessen im Sinne einer praktischen Konkordanz im Rahmen der Verhältnismäßigkeitsprüfung vorzunehmen. Dabei können dann auch Eignung und Erforderlichkeit der Maßnahme Berücksichtigung finden, die über die Schwere eines möglichen Eingriffs entscheiden.

1752 BAG (GS) v. 29.11.1967 – GS 1/67, AP GG Art. 9 Nr. 13, juris; so ausdrücklich auch OLG Düsseldorf v. 12.7.2016 – VI – Kart 3/16 (V), NZKart 2016, 380 (385).

1753 *Höpfner*, Verfassungsrechtliche Grenzen, S. 19; siehe zur Gleichrangigkeit bezüglich verschiedenen religiös-weltanschaulichen Positionen nur BVerfG v. 19.12.2000 – 2 BvR 1500/97, E 102, 370; v. 26.6.2002 – 1 BvR 670/91, E 105, 279; v. 24.9.2003 – 2 BvR 1436/02, E 108, 282; jüngst wieder BVerfG v. 27.1.2015 – 1 BvR 471/10, E 138, 296; v. 27.6.2017 – 2 BvR 1333/17, E 153, 1; *Germann*, in: BeckOK GG, Art. 4 Rn. 79; *Di Fabio*, in: Dürig/Herzog/Scholz GG, Art. 4 Rn. 19.

c) Zwischenergebnis

Damit bleibt festzuhalten, dass die Nutzungsentgeltregelung mit der Stärkung der Tarifautonomie ein legitimes Ziel verfolgen würde. Daran ändert auch der „Unterzweck", final auf die Beitrittsentscheidung der Außenseiter-Arbeitnehmer einzuwirken, nichts.

2. Eignung von Nutzungsentgelten zur Zweckerreichung

Darüber hinaus müsste die Nutzungsentgelt-Regelung auch geeignet sein, diesen Zweck zu fördern. Sie müsste also das Potential besitzen, die Mitgliedererosion bei den deutschen Gewerkschaften aufzuhalten oder gar umzukehren.

Die Frage, welche Faktoren die Entscheidung der Arbeitnehmer über Beitritt oder Fernbleiben beeinflussen, wurde in Kapitel 2 Abschnitt D. ausführlich beleuchtet. Hierbei hat sich offenbart, dass die Frage der finanziellen Rentabilität eine entscheidende Rolle dabei spielt, dass ein Großteil der Arbeitnehmer es vorzieht, nur schuldrechtlich an Tarifverträgen zu partizipieren, statt beizutreten und eine Chance auf die normative Tarifgeltung zu erhalten. Anders gesagt, ist der Umstand, dass es sich finanziell mehr lohnt, Außenseiter zu bleiben, einer der ausschlaggebenden Umstände für die aktuelle Erosion der Mitgliederstrukturen deutscher Gewerkschaften. Bei dem Nutzungsentgelt handelt es sich um eine Maßnahme, die die finanzielle Vorteilhaftigkeit der Außenseiterstellung auf Arbeitnehmerseite beseitigt und eine von *zwingenden* wirtschaftlich-rationalen Zweckmäßigkeitserwägungen befreite Entscheidung ermöglicht. In dieser Situation wird es den Gewerkschaften ermöglicht, mit ihren Inhalten zu überzeugen, so wie es im TVG ursprünglich auch vorgesehen war. Damit wählt die geplante Maßnahme den passenden Ansatzpunkt und erscheint als geeignet, das Anwachsen der Mitgliederzahl der Gewerkschaften systemverträglich zu fördern.

3. Erforderlichkeit von gesetzlich geregelten Nutzungsentgelten zur Zweckerreichung

Die Nutzungsentgelt-Regelung müsste erforderlich sein, es dürfte also kein gleich geeignetes, aber milderes Mittel zur Stärkung der Tarifautonomie geben.

a) Die bundesweite Tariftreueregelung als milderes, gleich geeignetes Mittel?

Zu den Maßnahmen, die das BMAS im Rahmen des TASG II umsetzen will, gehörte ursprünglich eine bundesweite Tariftreueregelung. Nunmehr wird dieses Gesetzvorhaben durch ein eigenständiges Gesetz verwirklicht.

Es stellt sich die Frage, ob es sich bei einer bundesweiten Tariftreueregelung um ein milderes, gleich geeignetes Mittel handelt.

aa) Vorhaben des BMAS – Ausweitung der Tarifgeltung als Anreiz zum Beitritt in den Arbeitgeberverband und Stärkung der Tarifautonomie

Tariftreueregelungen blicken in Deutschland schon auf eine mehr als zwanzigjährige Geschichte zurück und sind mittlerweile in vierzehn Bundesländern Bestandteil landesrechtlicher Vergabegesetze.[1754] Bereits im Jahr 2002 wurde auf Initiative Bayerns der Versuch unternommen, eine bundesweite Regelung zu schaffen,[1755] der jedoch erfolglos blieb. Der Bundesrat hatte die notwendige Zustimmung zu dem vom Bundestag verabschiedeten „Gesetz zur tariflichen Entlohnung bei öffentlichen Aufträgen und zur Einrichtung eines Registers über unzuverlässige Unternehmen“ (BTTG) nicht erteilt.[1756] Von Hause aus haben die Tariftreueregelungen ihren Platz im öffentlichen Vergaberecht und wollen „sicherzustellen, dass es bei der öffentlichen Auftragsvergabe nicht zu Wettbewerbsverzerrungen aufgrund so genannter Dumpinglöhne kommt. Zudem sollen die Arbeitnehmer vor Sozial- und Lohndumping geschützt und die sozialen Sicherungssysteme stabilisiert werden.“[1757] Berichten der OECD zufolge machte die Vergabe öffentlicher

1754 Vgl. dazu *Schulten / Pawicki*, WSI-Mitteilung 2008, 184 (184); international haben sie sogar schon eine viel längere Tradition, siehe dazu *Kämmerer / Thüsing*, in: Tarifautonomie im Wandel, S. 213 (236); einen aktuellen Überblick über die Landesregelungen (allerdings ohne Berücksichtigung der Änderung des BerlAVG) gibt mobilfair unter http://www.mobifair.eu/wp-content/uploads/2019/07/Vergleich-LTtrG-Stand-07.2019-komplett-mf.pdf (letzter Abruf 16.4.2023).

1755 Vgl. BR-Drs. 438/00.

1756 Vgl. BT-Drs. 14/7796, 14/8285, 14/8896; Protokoll 778. BR Sitzung, S. 399.

1757 Zit. n. Entwurfsbegründung zu § 5 NTVergG, LT-Drs. 17/259, S. 13; diese vom Landtag Niedersachsens für die Tariftreueregelung 2013 geäußerte Zielsetzung entspricht auch der der anderen Bundesländer ihren Tariftreueregelungen sowie der des gescheiterten Bundesgesetzes, vgl. BT-Drs. 14/7796, S. 1, 6; *Becker/Terwiesche*, in: TBP TVgG, § 1 Rn. 33 ff.; *Hempel*, Die Tariftreueerklärung, S. 16 f.; *Kämmerer/Thüsing*, in: Tarifautonomie im Wandel, S. 213 (227 ff.).

Aufträge in Deutschland in 2019 rund 15 % des BIP aus.[1758] Auch wenn diese Schätzung von einigen für zu hoch gegriffen gehalten wird,[1759] ist die Steuerungsmacht, die die öffentliche Hand als Nachfrager von Dienstleistungen am Markt innehat und somit auch das Gestaltungspotential einer Bundestariftreueregelung, erheblich.[1760]

Bundesarbeitsminister *Hubertus Heil* will diese Steuerungsmacht gezielt einsetzen. Von der Wiederbelebung der Idee einer bundesweiten Tariftreueregelung verspricht er sich explizit eine „Stärkung der Tarifbindung".[1761] Es solle ein „Paket zur Tarifbindung" geschnürt werden, um die Sozialpartnerschaft angesichts einer zurückgehenden Tarifbindung zu erneuern. Es heißt im Ergebnisbericht zum „Zukunftsdialog Neue Arbeit – Neue Sicherheit": „Es sollen neue Anreize für eine Mitgliedschaft in Arbeitgeberverbänden und Gewerkschaften gesetzt werden."[1762] Unter dieser Vorrede erklärt das BMAS nachfolgend seine einzelnen Projekte, zu denen auch die bundesweite Tariftreueregelung zählt. Damit werde sichergestellt, „dass tarifgebundene Unternehmen im Wettbewerb um öffentliche Aufträge nicht das Nachsehen haben gegenüber Unternehmen, die nur deshalb günstiger sein können, weil sie auf niedrigere Löhne und schlechtere Arbeitsbedingungen setzen."[1763] Bei Zusammenschau von Vorrede und Projektbeschreibung liegt es sehr nahe, dass das BMAS mit der Koppelung der umfangreichen Vergaben der öffentlichen Hand an die Tariftreue das Ziel verfolgt, die Attraktivität der Mitgliedschaft im Arbeitgeberverband und der daraus folgenden Tarifbindung zu erhöhen. Unterstrichen wird die Priorität dieses Vorhabens unter möglichen Gesetzeszielen noch durch die vom VG Düsseldorf angestellte Überlegung, dass die Motivation, mit Hilfe von Tariftreueregelungen einen Mindestschutz für Arbeitnehmer als sachlich-inhaltliche Regelung zu

---

1758 *European Commission*, PPI 2017, S. 8, Tabelle 2; *Sack et al.*, Öffentliche Auftragsvergabe, S. 14.

1759 Vgl. *Krause*, Weiterentwicklung des Tariftreuerechts, S. 11: 400 Mrd. EUR.; ebenso *Sack et al.*, Öffentliche Auftragsvergabe, S. 14; deutlich nach unten abweichend bei gleichzeitigem Hinweis auf die Unzulänglichkeit der Datengrundlage, BT-Drs. 19/20209, S. 3f.: 64,5 Mrd. EUR.

1760 Dies gilt trotz des Umstands, dass 2/3 der Vergaben auf Ebene der Länder und Kommunen erfolgen, da der Bund den Rechtsrahmen dafür gestalten kann.

1761 Vgl. ZEIT ONLINE vom 9. Februar 2020, abrufbar unter: https://www.zeit.de/wirtschaft/2020-02/hubertus-heil-oeffentliche-auftraege-tarifbindung-spd (letzter Abruf am 16.4.2023); zuvor schon *BMAS*, Ergebnisbericht, S. 13.

1762 *BMAS*, Zukunftsdialog Neue Arbeit. Neue Sicherheit, S. 26.

1763 *BMAS*, Zukunftsdialog Neue Arbeit. Neue Sicherheit, S. 26.

befördern, seit Schaffung einer Untergrenze durch den allgemeinen gesetzlichen Mindestlohn in den Hintergrund getreten sein dürfte.[1764]

Zur Beförderung dieser Zielsetzung sollen in Zukunft nur noch Unternehmen öffentliche Aufträge erhalten können, welche sich zur Einhaltung eines vom Ministerium als maßgeblich erklärten „Tariftreuetarifvertrags" bereit erklären. Es würde also zum Erhalt öffentlicher Aufträge nicht nur die Einhaltung bereits bestehender, autonom begründeter Tarifbindung verlangt, sondern eine neue Verpflichtung etabliert. Damit ginge die Neuregelung über die gem. § 128 Abs. 1 GWB bereits verlangte „deklaratorische Tariftreue" hinaus, der zufolge Unternehmen auch bei der Ausführung öffentlicher Aufträge Mindestarbeitsbedingungen gewähren müssen, die in anderen Rechtsquellen (wie z.B. in § 1 MiLoG oder in einem nach § 5 TVG allgemeinverbindlichen Tarifvertrag) verbindlich vorgegeben sind.[1765] Man spricht deswegen auch von *konstitutiver* Tariftreue. Einige sind noch immer der Auffassung, es handle sich dabei um „nichts anderes als die Wahl einer anderen Rechtsform für die Erstreckung eines Tarifvertrags auf Außenseiter",[1766] denn wie bei der AVE werde der Anwendungsbereich des im Rahmen der Tariftreueregelung als verbindlichen festgelegten Tariftreuetarifvertrag über die originär Tarifgebundenen hinaus erweitert und die Tarifbindung somit auf Außenseiter „erstreckt".[1767] Dies erweist sich beim näheren Hinsehen als unzutreffend, denn bei einer konstitutiven Tariftreueregelung handelt es sich allenfalls um den Initiator für eine „rechtsgeschäftliche Geltungserstreckung". Durch sie wird der öffentliche Auftraggeber verpflichtet, mit dem Auftragnehmer einen Vertrag zugunsten Dritter iSv § 328 BGB (VzD) abzuschließen. Dadurch steht jedoch lediglich die Generierung einer *schuldrechtlichen* Verpflichtung zur Gewährung des

1764 In diese Richtung VG Düsseldorf VG Düsseldorf Beschl. v. 27 August 2015, NZBau 2015, 643 (654 f.); vgl. auch im Hinblick auf § 7 AEntG *Hartmann*, ZfA 2020, 348 (377).

1765 Weil der § 128 Abs. 1 GWB den Unternehmen auch im Rahmen des Vergabeverfahrens keinerlei neue Verpflichtungen auferlegt, an die sie nicht ohnehin schon gebunden wären, kann die Regelung als deklaratorisch bezeichnet werden. Dennoch ist sie nicht überflüssig, denn sie integriert diese Verpflichtungen in das Vergaberecht und dessen Sanktionssystem und sichert ihre Einhaltung somit zusätzlich zu den fachgesetzlichen Mechanismen vergaberechtlich ab Vgl. bzgl. dieses Terminus *Löwisch/Rieble* TVG, § 5 Rn. 447.

1766 Zit. n. *Piertoth/Barczak*, RdA 2016, 209 (210).

1767 *Piertoth/Barczak*, RdA 2016, 209 (210); *Scholz*, RdA 2001, 193 (198) „rechtspolitischer Formenmissbrauch"; kritisch auch *Hartmann*, Negative Tarifvertragsfreiheit, S. 349; differenzierter hingegen *Greiner*, ZTR 2013, 647 (648).

Tariflohns und mitnichten die Erzeugung einer (umfassenden) normativen Tarifbindung im Raum, wie sie im Falle einer AVE oder Erstreckung nach AEntG erzeugt wird (vgl. dazu § 5 Abs. 4 TVG, § 8 Abs. 1 AEntG).[1768] Möchte ein Unternehmer einen öffentlichen Auftrag erhalten, muss er sich dadurch zwingend mit vorgegebenen Vertragsbedingungen einverstanden erklären, denen zufolge er als Auftragnehmer (Versprechensgeber) dem öffentlichen Auftraggeber (Versprechensempfänger) verspricht, im Falle eines Zuschlags den im Rahmen der Auftragsausführung eingesetzten Arbeitnehmern (Dritten) mindestens eine bestimmte Entlohnung zu gewähren. Mit dem Zuschlag kommt dieser VzD zu Stande, der als echter VzD dem einzelnen Arbeitnehmer ein auf diese Entlohnung gerichtetes Forderungsrecht einräumt.[1769]

bb) Kein milderes Mittel – erhebliche verfassungsrechtliche Bedenken gegen die Tariftreue

Trotz dieser Einschränkung (nur schuldrechtliche statt normative Tarifwirkung) wären mit der Einführung einer bundesweiten konstitutiven Tariftreueerklärung für die Unternehmen erhebliche Einschränkungen verbunden.

(1) Beeinträchtigung der Arbeitsvertragsfreiheit der Arbeitgeber

Das BVerfG selbst ging bei seiner Prüfung der Verfassungsmäßigkeit der Berliner Tariftreueregelung im Jahr 2006 zutreffend davon aus, dass durch diese in die Arbeitsvertragsfreiheit der Arbeitgeber aus Art. 12 Abs. 1 GG eingegriffen wird. Auch wenn sich das Gesetz regelungstechnisch nicht an

---

1768 Vgl. OLG Koblenz v. 19. 2.2014 – 1 Verg 8/13, NZBau 2014, 317 (319); *Hempel*, Die Tariftreueerklärung, S. 20; *Kempen*, in: Sicherung tariflicher Mindeststandards, S. 51; *Kruse*, Weiterentwicklung des Tariftreuerechts, S. 27; *Löwisch*, DB 2004, 814 (817); in diese Richtung auch *Bayreuther*, in: MüKoWettbR III, § 131 GWB Rn. 131.

1769 Zur Abgrenzung zum unechten VzD im Wege der Auslegung grundsätzlich *Gottwald*, in: MüKoBGB, § 328 Rn. 9, 32 ff.; für die Auslegung im vorgenannten Sinne wohl OLG Koblenz v. 19.2.2014 – 1 Verg 8/13, NZBau 2014, 317 (319); *Kempen*, in: Die Sicherung tariflicher Mindeststandards, S. 46 (49 ff).; *Krause*, Weiterentwicklung des Tariftreurechts, S. 27; offen gelassen bei *Hempel*, Die Tariftreueerklärung, S. 20; aA (unechter VzD) wohl *Löwisch*, DB, 2004, 814 (817); *Kämmerer/Thüsing*, in: Tarifautonomie im Wandel, S. 213 (234) unter Hinweis darauf, dass ein subjektives Recht nicht gewollt war, BT-Drs. 14/7796, S. 7.

sie, sondern an die öffentlichen Auftraggeber richtet, ziele es darauf ab, die Arbeitgeber bei der Gestaltung ihrer arbeitsvertraglichen Beziehungen zu einem bestimmten Verhalten zu veranlassen. Der Inhalt der vom Auftragnehmer abzuschließenden Arbeitsverträge unterliege damit nicht mehr der freien Entscheidung der Auftragnehmer, sondern werde mittelbar durch die Tariftreueregelung vorgegeben. Da diese Einflussnahme auf die Gestaltung der Arbeitsbedingungen mehr als nur reflexartige, faktische Folge eines anderen Zielen dienenden Gesetzes sei, sei die Schwelle zum Eingriff überschritten.[1770] Das BVerfG meint, dieser Eingriff lasse sich rechtfertigen. Es weist darauf hin, dass der Unternehmer selbst entscheide, ob er sich diesen Vertragsbedingungen unterwirft. Der Umstand, dass die im Raum stehende Verpflichtung zur zusätzlichen (Aufstockungs-)Leistung an die Arbeitnehmer auf der freiwilligen unternehmerischen Entscheidung beruhe, verleihe dem Eingriff ein geringeres Gewicht. Außerdem diene die Tariftreue dem legitimen Ziel, als wünschenswert angesehene soziale Standards zu erhalten und die bei hoher Arbeitslosigkeit oder bei niedrigen Löhnen verstärkt in Anspruch genommenen Systeme der sozialen Sicherheit zu entlasten, und stelle im Vergleich zum Mittel der hoheitlichen Verbindlichmachung von Tarifstandards im Wege der AVE das mildere Mittel dar.[1771] Außerdem diene die Regelung dem Ziel, die im öffentlichen Interesse liegende autonome Ordnung des Arbeitslebens durch die Koalitionen abzustützen.[1772]

An dieser Argumentation dürfte jedoch nicht mehr festzuhalten sein, wenn man sich die praktisch weitreichenden Folgen der Regelung für Unternehmen und die geänderte Zwecksetzung vor Augen führt. Im Falle einer Verweigerung der Tariftreuerklärung können Unternehmen an allen Vergabeverfahren, die dem Anwendungsbereich der Tariftreueregelung unterfallen, nicht mehr (erfolgreich) teilnehmen. Dies beträfe im Falle einer generellen Tariftreueregelung sämtliche Aufträge öffentlicher Auftraggeber über die Beschaffung von Leistungen, die die Lieferung von Waren, die Ausführung von Bauleistungen oder die Erbringung von Dienstleistungen zum Gegenstand haben (vgl. §§ 99, 103 GWB). Nach dem Vorbild der Landesregelungen dürften zwar auch in einer Bundesregelung Schwellenwerte eingeführt werden, unterhalb derer die Regelungen nicht greifen.[1773]

1770 Vgl. zutreffend BVerfG v. 11.7.2006 – 1 BvL 4/00, E 116, 202 (222 f.).

1771 Vgl. BVerfG v. 11.7.2006 – 1 BvL 4/00, E 116, 202 (223).

1772 Vgl. BVerfG v. 11.7.2006 – 1 BvL 4/00, E 116, 202 (224.

1773 Vgl. insofern Staffelregelung in § 2 Abs. 2 BTTG, BT-Drs. 14/8896 S. 3; laut Medienangaben soll beim neuen Anlauf für ein BTTG die Schwelle bei einem Auftragswert iHv 10.000 EUR liegen, vgl. hierzu den Bericht des Handelsblatt vom

Diese dienen jedoch vordringlich der Vermeidung unverhältnismäßig hoher bürokratischer Belastungen bei Aufträgen im „Bagatellbereich" und liegen in den Ländern teilweise bei nur 3.000 EUR.[1774] Damit kann die Rechtsfolge des faktischen Vergabeausschlusses im Falle der Verweigerung der Tariftreuerklärung recht schnell eintreten. In Bereichen, in denen die öffentliche Hand als Nachfrager eine monopolartige Stellung innehat (wie zum Beispiel im Straßenbau), kann angesichts dessen von einer Entschlussfreiheit des Unternehmers und einem Eingriff mit eher geringem Gewicht keine Rede mehr sein.[1775] Wie oben bereits erläutert wurde, ist zudem die Zielsetzung des Arbeitnehmerschutzes durch Gewährleistung von Mindestarbeitsbedingungen weggefallen. Es verbleibt damit bei der Zielsetzung, die Tarifbindung durch Ausweitung der Tarifgeltung zu stärken. Insoweit erweist sich die Tariftreue auch im Vergleich zur AVE jedoch keineswegs als milderes Mittel, da Letztere durch die Regelung eines zwingenden Initiativrechts der Tarifvertragsparteien und weiterer Verfahrensrechte den Interessen der Koalitionen und ihrer Autonomie Rechnung trägt, während die Tariftreueregelung diese gerade missachtet. Ob eine Stärkung unter Beeinträchtigung der Koalitionsfreiheit erforderlich ist, wird nicht mehr durch die Koalitionen selbst, sondern die Vergabestelle bestimmt, die das Vorhandensein eines öffentlichen Interesses an der privatrechtlichen Erstreckung nicht im Einzelfall prüft.[1776]

(2) Beeinträchtigung der Koalitionsfreiheit

Zu diesem nicht gerechtfertigten Eingriff träte der Eingriff in die Koalitionsfreiheit der betroffenen Außenseiter-Arbeitgeber hinzu. Das BVerfG lehnte in seiner Tariftreue II-Entscheidung zwar bereits die Berührung des Schutzbereichs der negativen Koalitionsfreiheit ab, weil ein spezifisch

---

08.5.2023 zu dem im Mai 2023 öffentlich gewordenen Referentenentwurf des BMAS, abrufbar unter https://www.handelsblatt.com/politik/deutschland/tariftreuegesetz-bundesauftraege-ab-10-000-euro-nur-an-tarifgebundene-firmen/29138944.html (letzter Abruf am 15.7.2023).

1774 Bremen, Hamburg oder Hessen haben gar keine Schwellenwerte, im Übrigen erstreckt sich die Spannbreite von 3.000 EUR Auftragswert bis zu 25.000 EUR in NRW u. Saarl.; teilw. liegt die Schwelle für Bauleistungen auch bei 50.000 EUR.

1775 Ebenso *Hartmann*, Negative Tarifvertragsfreiheit, S: 357; *Höpfner/ Lesch/Schneider/Vogel*, Tarifautonomie und Tarifgeltung, S. 429.

1776 Ebenfalls kritisch *Hartmann*, Negative Tarifvertragsfreiheit, S: 359; *Höpfner/ Lesch/Schneider/Vogel*, Tarifautonomie und Tarifgeltung, S. 429.

koalitionsrechtlicher Aspekt nicht betroffen sei.[1777] Die geschah jedoch bei Vorliegen einer anderen Sachlage. Nunmehr liegt der Fall anders, da die Maßnahme nach Verlautbarungen des BMAS allein und final auf die Beeinflussung der Organisationsentscheidung abzielen würde. Berücksichtigt man diese Neuausrichtung der Maßnahme durch das BMAS, entfällt die üblicherweise bei faktisch-mittelbaren Eingriffen auftretende Zurechnungsproblematik, sodass sich die Maßnahme zumindest der Kontrolle im Wege der Rechtfertigung nicht entziehen könnte.[1778]

Daneben würde auch in die positive Koalitionsfreiheit der Koalitionen und Koalitionsmitglieder[1779] eingegriffen, die einen nicht als repräsentativ anerkannten Tarifvertrag abgeschlossen haben, der den Tariftreuetarifvertrag unterbietet. Das BVerfG zog sich seinerzeit darauf zurück, dass mit der Pflicht zur Befolgung eines anderen Tarifvertrages kein rechtliches Hindernis zum Abschluss von Tarifverträgen errichtet und der Abschluss konkurrierender Tarifverträge auch nicht faktisch unmöglich gemacht werde.[1780] Es ist zwar zutreffend, dass ein Abschluss konkurrierender Tarifverträge weiter möglich bleibt und es auch nicht zu einer echten Verdrängung dieser weiterhin gültigen Tarifverträge wie bei § 4 a Abs. 1 S. 2 TVG, § 5 Abs. 4 S. 2 TVG oder § 8 Abs. 2 AEntG kommt,[1781] in der eindeutig ein Eingriff in die Koalitionsfreiheit zu erblicken ist.[1782] Allerdings gehen von der avisierten repräsentativitätsgestützten Tariftreueregelung dennoch grundrechtsrelevante (Vor-)Wirkungen aus, die zur Annahme eines Eingriffs führen. Denn die Regelung würde das als Teilbereich der Betätigungsfreiheit geschützte Recht auf Anwendung abgeschlossener Tarifverträge, die Freiheit

1777 Vgl. BVerfG v. 11.7.2006 – 1 BvL 4/00, E 116, 202 (218 f.): „Das Grundrecht der negativen Koalitionsfreiheit schützt nicht dagegen, dass der Gesetzgeber die Ergebnisse von Koalitionsvereinbarungen zum Anknüpfungspunkt gesetzlicher Regelungen nimmt, wie es besonders weitgehend bei der vom BVerfG für verfassungsrechtlich zulässig angesehenen Allgemeinverbindlicherklärung von Tarifverträgen geschieht."

1778 Siehe zur Bedeutung der Finalität für die Eingriffsbestimmung oben unter B. I. 1.; vgl. konkret zum Eingriff durch Tariftreuregelung *Kohl,* Zulässigkeit, S. 33 ff., insb. S. 40 f. mwN.

1779 Richtigerweise weist *Sittard,* Tarifnormerstreckung, S. 58 darauf hin, dass mit derartigen Beeinträchtigungen der kollektiven positiven Koalitionsfreiheit auch eine Beeinträchtigung der *individuellen positiven* Koalitionsfreiheit einhergeht.

1780 Vgl. BVerfG v. 11.7.2006 – 1 BvL 4/00, E 116, 202 (220).

1781 Vgl. mit umfassendem Überblick über das Meinungsbild zu dieser Frage *Kohl,* Zulässigkeit, S. 46 ff., insb. S. 48 f.

1782 Anerkannt für § 4 A TVG in BVerfG, Urt. v. 11. Juli 2017 – 1 BvR 1571/15 ua., E 146, 71 (116 Rn. 135).

der eigenen Organisation und Ausrichtung des Verbands sowie die Chance, sich unbeeinflusst von staatlichen Vorgaben in dem daraus resultieren Koalitionswettbewerb durchzusetzen, beeinträchtigen.[1783] Die Bundestariftreueregelung würde die latente Gefahr bergen, dass Koalitionen aus Sorge um die faktische Entwertung erzielter Abschlüsse das eigene Profil und die eigene satzungsmäßige Zuständigkeit von vornherein anders abstecken und einige Bereiche im Hinblick auf ein erwartetes Unterliegen gegenüber Tarifverträgen größerer Koalitionen von Beginn an ausklammern. Die bloße Möglichkeit partieller Entwertung der eigenen Verhandlungsergebnisse könnte somit unter Beeinträchtigung der garantierten Organisationsfreiheit Entscheidungen zur tarifpolitischen Ausrichtung und Strategie beeinflussen.[1784] Da außerdem die Koalitionsvielfalt, der Koalitionswettbewerb und damit in den Grenzen des Zulässigen insbesondere auch der *Unterbietungs*wettbewerb durch Art. 9 Abs. 3 GG geschützt sind, ist auch die Erwartung, mit seiner Tarifpolitik erfolgreich zu sein. als Teil der Konnexität von verbandsinterner Organisationsentscheidung und Markterfolg geschützt.[1785] Diesen Zusammenhang unterbräche eine Tariftreueregelung, die eine Auswahl bestimmter Tarifwerke vornimmt und die Übrigen im vergaberechtlichen Kontext entwertet. Darin liegt ein rechtfertigungsbedürftiger Eingriff in den Koalitionswettbewerb.[1786]

cc) Fehlende Eignung einer Tariftreueregelung zur Stärkung der Tarifautonomie

Die folglich keineswegs mildere Alternative der Tariftreueregelung sieht sich zu alledem auch noch dem Vorwurf mangelnder Eignung ausgesetzt. Denn die Tariftreue verfolgt ebenso wie die AVE den Ansatz, die Tarifautonomie durch eine Ausweitung der Tarifgeltung zu stärken. Wie bereits verschiedentlich angemerkt, handelt es sich bei diesem Ansatz jedoch um eine ungeeignete Symptombekämpfung, die überdies eine weitere Verschlechterung des Zustands der Tarifautonomie zu bewirken droht. Je umfangreicher nämlich die kostenlose Partizipation der Außenseiter aus-

1783 Vgl. zur Garantie des Selbstbestimmungsrechts und des Unterbietungswettbewerbs BVerfG, Urt. v. 11. Juli 2017 – 1 BvR 1571/15 ua., E 146, 71 (115 Rn. 133 f.).

1784 Diese Implikation muss auch *Krause*, Weiterentwicklung des Tariftreuerechts, S. 44 eingestehen.

1785 Ähnlich *Greiner*, ZfA 2012, 483 (501), der dies als „Pluralismuschance" bezeichnet.

1786 Vgl. *Kohl*, Zulässigkeit, S. 48 ff.

fällt, desto geringer ist der Anreiz, sich zu organisieren. Von derartigen Zwangsmaßnahmen, die – wie oben dargelegt – außerdem erheblichen verfassungsrechtlichen Bedenken ausgesetzt sind und einen Schritt zur weiteren Verstaatlichung der Tarifautonomie darstellten, ist damit tunlichst Abstand zu nehmen.[1787]

b) Einschränkung oder Verbot der Bezugnahme als milderes, gleich geeignetes Mittel?

Ausgehend von der These, dass die kostenlose Partizipation der Außenseiter-Arbeitnehmer eine maßgebliche Ursache der Mitgliedererosion ist, wäre theoretisch die Einschränkung der Partizipation, also eine Rückführung auf das im TVG angelegte Modell der Exklusivität von Tarifinhalten für Organisierte, eine weitere Option zur Lösung des Problems. Damit würde gesetzgeberisch umgesetzt werden, was die Tarifvertragsparteien mit den Tarifausschlussklauseln vergebens versucht haben. Auch diese hatten das Ziel, dass tarifvertragliche Arbeitsbedingungen im Grundsatz nur den Organisierten zugutekommen.

Erste Schritte in diese Richtung wurden mit der Einschränkung der Tarifdispositivität arbeitsrechtlicher Gesetze bereits unternommen.[1788] So können z.B. im Bereich des § 1 Abs. 1b S. 3 ff. AÜG n.F.[1789] vom Gesetz abweichende Vereinbarungen nur noch durch Tarifvertrag getroffen werden und auch der seit 2019 geltende § 9a Abs. 6 TzBfG zur Brückenteilzeit lässt Abweichungen zuungunsten der Arbeitnehmer nur durch Tarifvertrag und nicht mehr durch Bezugnahme auf einen Tarifvertrag zu (so beispielsweise noch in § 8 Abs. 4 S. 4 TzBfG). Im Eckpunktepapier zur Weiterentwicklung des Mindestlohns und zur Stärkung der Tarifbindung kündigten BMAS und BMF überdies an, diese Einschränkung ausweiten und vorsehen zu wollen, sodass grundsätzlich nur noch im Sinne des § 3 Absatz 1

1787 Im Ergebnis ebenso *Höpfner/ Lesch/Schneider/ Vogel*, Tarifautonomie und Tarifgeltung, S. 471; *Kohl*, Zulässigkeit, S. 54 f.

1788 Der Gesetzgeber hat dabei explizit die Stärkung der Tarifbindung im Blick gehabt, vgl. etwa *BMAS*, Weißbuch, Arbeiten 4.0, S. 13, 193; weiter ausgearbeitet in *BMAS/ BMF*, Eckpunkte zur Weiterentwicklung, S. 6 f.

1789 Ziel der Reform des AÜG im Jahr 2017 war es auch, die Bedeutung tarifvertraglicher Vereinbarungen als wesentliches Element einer verlässlichen Sozialpartnerschaft zu stärken, vgl. BT-Drs. 18/9232, 1.

TVG tarifgebundene Arbeitgeber mittels Tarifvertrags von tarifdispositivem Arbeitnehmerschutzrecht abweichen dürfen.[1790]

Diese partielle (nur auf die Ausnutzung der Dispositivität bezogene) Einschränkung der Bezugnahme hat zwar auf den ersten Blick das Potential, die Verbandsmitgliedschaft attraktiver zu machen. Dies gilt jedoch vor allem für die Arbeitgeberseite, die ein gesteigertes Interesse daran haben dürfte, von arbeitsrechtlichen Schutzvorschriften zu Lasten der Arbeitnehmer abweichen zu können. Betrachtet man die Situation aus der hier durchgehend maßgeblichen Warte der Arbeitnehmer, hat diese Lösung jedoch erhebliche Nachteile. Würde die Abweichung zuungunsten der Arbeitnehmer flächendeckend nur tarifvertraglichen Abreden erlaubt, könnte es nämlich zu einer einseitigen Belastung der organisierten Arbeitnehmer kommen.[1791] Diese könnten von nachteiligen Regelungen des Tarifvertrags getroffen werden, während ihre Außenseiter-Kollegen davon verschont blieben. An der dieser Situation könnten auch an anderer Stelle des Tarifvertrags vorgesehene Leistungen nichts ändern, die den Organisierten unter Umständen zur Kompensation der Schlechterstellung zugedacht werden. Denn an diesen Leistungen würden die Außenseiter-Arbeitnehmer über eine allgemeine Bezugnahmeklausel in ihrem Arbeitsvertrag wiederum teilhaben. Wie oben bereits dargelegt wurde, ist es abgesehen von Sanierungsfällen schwer möglich, Außenseiter-Arbeitnehmer von tarifvertraglichen Vorteilen auszuschließen.[1792] Es entstünde also die paradoxe Situation, dass die organisierten Arbeitnehmer schlechter stünden als die Außenseiter, die ohne Inkaufnahme von Nachteilen an allen Vorteilen des Tarifvertrags teilhätten.

Es zeigt sich also, dass die Möglichkeit, die Tarifdispositivität auch durch Bezugnahme ausnutzen zu können, nicht die Außenseiter, sondern vielmehr die Organisierten schützt.[1793] Ihre Einschränkung dürfte Arbeitnehmer eher dazu anregen, von einem Beitritt abzusehen bzw. auszutreten, als sie zu einem Beitritt motivieren. Sie würde somit der übergeordneten

1790 *BMAS/BMF*, Eckpunkte zur Weiterentwicklung, S. 6 f.

1791 Hierauf zutreffend hinweisend *Seiwerth*, Gestaltungsfreiheit in Tarifverträgen und tarifdispositives Recht, S. 465: „faktisch eine Differenzierungsklausel zu Lasten der organisierten Arbeitnehmer".

1792 Vgl. Kap. 2 C. III.

1793 Zutreffend herausgestellt durch *Wiedemann*, RdA 1969, 321 (325); zustimmend *Giesen*, ZfA 2016, 153 (184).

Zielsetzung – Stärkung der Tarifautonomie – zuwiderlaufen.[1794] Im Übrigen sieht sich die Einschränkung der Abweichungsmöglichkeit im Wege der Bezugnahme verfassungsrechtlichen Bedenken ausgesetzt. Von namhafter Seite wird darin ein Eingriff in die Arbeitsvertragsfreiheit und die negative Koalitionsfreiheit des Außenseiters sowie ein Verstoß gegen den Gleichheitssatz des Art. 3 Abs. 1 GG erblickt.[1795]

Man könnte vor dem Hintergrund dieser Schwierigkeiten auch überlegen, die Bezugnahme ganz zu verbieten.[1796] Es hat sich erwiesen, dass ihr flächendeckender Einsatz die Funktionsfähigkeit der Tarifautonomie bei aktueller Gestaltung des Tarifvertragssystems beeinträchtigen kann. Der Staat könnte aus seiner Schutz- und Ausgestaltungspflicht heraus aktiv werden und diesen strukturellen Fehler beheben. Hier dürften sich die gegen eine partielle Einschränkung der Bezugnahmemöglichkeit vorgebrachten Bedenken (ausgenommen die bzgl. des Gleichheitsverstoßes) aber nur noch weiter verschärfen. Mit einem völligen Verbot wäre jedenfalls ein schwerwiegender Eingriff in die Arbeitsvertragsfreiheit verbunden, sodass man dieses jedenfalls nicht als *mildere* Alternative zum Nutzungsentgelt betrachten kann.[1797]

Unabhängig davon, ob die davon ausgehenden Grundrechtseingriffe sich angesichts der Alternativen zur Stärkung der Tarifautonomie mit eben jener rechtfertigen ließen – was nach den bisherigen Feststellungen nicht der Fall sein dürfte –, stellt sich außerdem die Frage, ob ein Verbot wirklich zielführend wäre. Denn im Grunde genommen ist es erstrebenswert, möglichst viele Arbeitnehmer dem Schutz der Tarifverträge zu unterstellen und so die Zahl derjenigen zu erhöhen, die von der sachnahen und sachkundigen Regelung der Arbeitsbedingungen profitieren, die im Ausgangspunkt die Vermutung der Angemessenheit in sich tragen und oftmals besser ausfallen als die staatlicherseits gewährten Mindestarbeitsbedingungen. Angesprochen ist hiermit die Ordnungs- und Verteilungswirkung der Tarifverträge, deren

1794 Kritisch auch *Seiwerth*, Gestaltungsfreiheit in Tarifverträgen und tarifdispositives Recht, S. 465.

1795 Vgl. *Höpfner*, Verfassungsrechtliche Grenzen der Privilegierung tarifgebundener Arbeitgeber, S. 28 ff.; *Franzen*, ZfA 2016, 25 (39ff.); *Löwisch*, BB 2018, 3061 (3065); a.A. *Kingreen*, Exklusive Tariföffnungsklauseln, S. 34 ff.; *ders.*, NZA 2021, 1; *Waltermann*, ZfA 2020, 211 (223 f.); *Deinert/Maksimek/SuttererKipping*, Die Rechtspolitik des Sozial- und Arbeitsrechts, S. 554.

1796 Vgl. als Gedankenspiel bei *Däubler/Heuschmid*, RdA 2013, 1 (3); *Lorenz*, in: Däubler TVG, § 3 Rn. 217 meint, die Tarifvertragsparteien könnten den Gebrauch von Bezugnahmeklauseln selbst untersagen.

1797 Ebenso *Höpfner*, ZfA 2020, 178 (197).

möglichst große Verbreitung sowohl vom Gesetzgeber (vgl. § 1 S. 2 AEntG) als auch den Koalitionen selbst eigentlich gewollt ist[1798] und durch das Verbot der Bezugnahme beeinträchtigt würde. Dieses würde außerdem in Bereichen wie dem öffentlichen Dienst, in denen Tarifverträge – oftmals „nur" durch Bezugnahmen – wie ein „branchenmäßiges Gesetzbuch" gelten, zu erheblichen praktischen Schwierigkeiten führen. Es müsste unter erheblichem administrativem Aufwand ein Regelungsapparat geschaffen werden, der den Wegfall der umfassenden tarifvertraglichen Gestaltungen auffängt. Dies würde den Gestaltungsspielraum für die Tarifvertragsparteien wiederum einschränken und wäre der tarifautonomen privaten Förderung der Arbeits- und Wirtschaftsbedingungen abträglich.

Das Verbot einer Bezugnahme könnten die Arbeitsvertragsparteien außerdem umgehen, indem sie den Text des Tarifvertrags schlicht abschreiben, sofern die Tarifvertragsparteien ihn zugänglich machen und auf ihren urheberrechtlichen Schutz verzichten. Dies wäre zwar zugegebenermaßen (insbesondere vor dem Hintergrund von Aktualisierungen) mit einem erheblichen administrativen Aufwand verbunden, aber nicht unmöglich. Zudem dürfte eine effektive Kontrolle privater Verträge auf ggf. eigens verbotene Umgehungen praktisch nicht darstellbar sein. Zuletzt ist nicht zu erwarten, dass sich die Außenseiter-Arbeitgeber allein zur Ersparnis der „Abschreibarbeit" in den Verband begeben würden. Solange also nicht die Koalitionen selbst den Zugriff auf ihre Tarifverträge massiv beschränken, wäre eine effektive Stärkung der Koalitionen damit nicht zu erreichen.

Es erscheint damit insgesamt weder erstrebenswert noch durchführbar, das mittlerweile fest verwurzelte Institut der einzelvertraglichen Bezugnahme aus der Arbeitsrechtspraxis in Deutschland zu verbannen. Ein Antasten der Bezugnahmemöglichkeit wäre weder milder noch zur Zielerreichung gleich geeignet.

c) Gesetzliche Ermöglichung der Differenzierungsklauseln

Ein anderer Weg zur – zumindest partiellen – Einschränkung der Außenseiter-Partizipation wäre die gesetzliche Ermöglichung der Differenzierungsklauseln, wie sie eine Gruppe von Professoren unter der Führung

1798 Siehe dazu Kap. 2 C II.; vgl. auch *Höpfner/ Lesch/Schneider/Vogel,* Tarifautonomie und Tarifgeltung, S. 448, die Bezugnahmeklauseln ebenfalls als sinnvolles Instrument betrachten.

von *Deinert* im Mai 2021 vorgeschlagen hat. Durch eine Änderung des § 1 Abs. 2 TVG soll es den Tarifvertragsparteien zukünftig erlaubt werden, einfache Differenzierungsklauseln und Spannensicherungsklauseln zu vereinbaren.[1799] Hier liegt der Fall schon weniger eindeutig als bei den soeben erörterten Alternativen, da sowohl die Differenzierungsklauseln als auch die Nutzungsentgelte den Ansatz finanzieller Anreize verfolgen und somit beide geeignet sind, das Ziel zu fördern.

Das Nutzungsentgelt hat gegenüber den Differenzierungsklauseln aber den entscheidenden Vorteil, dass die Arbeitgeber dadurch nicht immer neuen Zusatzbelastungen ausgesetzt werden, die sich in ihrer wirtschaftlichen Leistungsfähigkeit eventuell gar nicht abgebildet finden.[1800] Die Differenzierung arbeitet schließlich mit der Gewährung von Sondervorteilen, die den Organisierten *zusätzlich* zu einem unter Umständen schon guten Lohnniveau gewährt werden. Diese werden typischerweise an die gesamte Belegschaft weitergegeben. *Deinert* weist zwar darauf hin, dass bei einer Neuregelung des § 1 Abs. 2 TVG nF die Bezugnahme auf den Tarifvertrag nicht mehr ausreichen soll, um den Außenseiter-Arbeitnehmern einen Anspruch auf die mit der Differenzierungsklausel versehenen Leistungen zu verschaffen. Wie dies gelingen soll, ist aber nicht klar. Die Wirkung der Bezugnahme richtet sich noch immer nach der Auslegung der Willenserklärungen, denen rückwirkend kein anderer Gehalt zukommen kann als im Moment ihrer Abgabe. Eine Änderungskündigung ließe sich ohne triftigen Grund nicht rechtswirksam aussprechen.[1801] Damit wäre eine einverständliche Änderung der Bezugnahmeklausel mit ausdrücklicher Ausnahme der Gleichstellung in Bezug auf die mit der Differenzierung versehenen Leis-

1799 § 1 Abs. 2 TVG-E soll lauten: „1 Tarifliche Rechte können den Mitgliedern der tarifvertragschließenden Gewerkschaft vorbehalten bleiben. 2 Durch Tarifvertrag kann die Mitgliedschaft in der tarifvertragschließenden Gewerkschaft zur tatbestandlichen Voraussetzung von tariflichen Rechten erhoben werden (einfache Differenzierungsklausel). 3 Weiter kann durch Tarifvertrag geregelt werden, dass Arbeitgeber, die nicht gewerkschaftlich organisierten Arbeitnehmern tarifliche Rechte kollektiv gewähren, den in der tarifvertragschließenden Gewerkschaft organisierten Arbeitnehmern in angemessenem Umfang zusätzliche tarifliche Rechte als Vorteil gewähren müssen (Spannenklausel). (...)“, siehe *Deinert,* Die verfassungsrechtliche Zulässigkeit von Differenzierungsklauseln. Möglichkeiten und Inhalt einer gesetzlichen Gestaltung, Vortrag auf der Tarifrechtlichen Tagung 2021 des HSI am 27.5.2021, abrufbar unter: https://www.boeckler.de/pdf/v_2021_05_27_deinert.pdf (letzter Abruf am 6.2.2022).

1800 Vgl. *Loritz*‘ Apell für eine stärkere Beachtung der betriebswirtschaftlichen Kennzahlen der tarifunterworfenen Unternehmen in: FS Preis (2021), S. 795 (804).

1801 Vgl. Kap. 3 A. III. 1.

tungen erforderlich. Hierzu müssten aber sowohl die Arbeitgeber, die zurzeit um Fachkräfte buhlen und diese nicht nur abschrecken, sondern auch in die Hände der Gewerkschaften treiben könnten, als auch die Arbeitnehmer, die bei aktueller Marktlage auf Gleichstellung pochen könnten, bereit sein. Hierbei sollte sich in Erinnerung gerufen werden, dass Arbeitgeber die Gleichstellung aller Arbeitnehmer im Betrieb mittels Bezugnahme nicht nur deswegen anstreben, weil sie von Gewerkschaftsbeitritten abhalten wollen. Die Senkung des Beitrittsanreizes ist eher ein willkommener Nebeneffekt zu der primär erstrebten Erleichterung der bürokratischen Abläufe und der Vereinheitlichung von Arbeitsbedingungen im Betrieb.[1802] Hinzukommend bestünde aus Sicht der Arbeitgeber das Risiko, dass es zu der durch die Gleichstellung gerade zu vermeiden gesuchten produktionsstörenden Unruhe in den Betriebsabläufen käme, wenn sie auf die unterschiedliche Behandlung der Gewerkschaftsmitglieder und Außenseiter-Arbeitnehmer mittels nachträglicher Vertragsänderung dringen.

Selbst wenn die automatische Gleichstellung verhindert werden könnte, wären mit der effektiven Differenzierung (ohne Zwischenschaltung einer gemeinsamen Einrichtung) die Organisationsverhältnisse und damit die Kampfstärke der Gewerkschaftsmitglieder im Betrieb offenbart, auf deren Geheimhaltung die Gewerkschaften ansonsten so pochen. Jedenfalls bliebe es den Arbeitgeber in dieser Situation unbenommen, den nun identifizierten Außenseiter-Arbeitnehmern schlichtweg individualvertraglich den Anspruch auf die mit der Differenzierungsklausel versehene Leistung einräumen. Es besteht also das Risiko, dass alle Arbeitnehmer Anspruch auf die Sonderleistungen haben. Das kann zur Überforderung der faktischen Leistungsfähigkeit der Unternehmen und letztendlich zu einer Abkehr von der Tarifbindung führen. Denn die Sorge vor oder die Erfahrung der Außerachtlassung des tatsächlichen, wirtschaftlichen Leistungsvermögens dürfte neben den schwierigen Ausstiegsmöglichkeiten aus der Tarifbindung eines der wichtigsten Argumente sein, die aus der Warte der Arbeitgeberseite gegen den Einstieg in die oder für den Ausstieg aus der Tarifbindung sprechen.[1803] Dabei reicht es schon aus, wenn die Unternehmen den Eindruck gewinnen, dass sie im Falle der Tarifbindung nur immer höher steigenden Forderungen der Arbeitnehmerseite ausgesetzt werden, ohne dass die Gegenseite die Grenzen des wirtschaftlich Darstellbaren beachtet.

1802 Vgl. Kap. 2 C. II.
1803 Vgl. Kap. 2 B. III.

Es zeigt sich also, dass die Differenzierung sowohl dann, wenn sie eine Gleichstellung der Arbeitnehmer im Betrieb verhindern würde, als auch in dem Fall ihres Gelingens für die Arbeitgeber mit Risiken verbunden ist, die sie unter Umständen sogar in eine OT-Mitgliedschaft oder die Außenseiterstellung drängen. Vor dem Hintergrund, dass eine Stärkung der Tarifautonomie nur gelingen kann, wenn Arbeitgeber- und Arbeitnehmerkoalitionen Hand in Hand arbeiten und beide vital sind, ist von einer Maßnahme, die zwar die Arbeitnehmerkoalitionen stärken, die Arbeitgeberkoalitionen aber schwächen könnte, Abstand zu nehmen.

Hier zeigt sich außerdem der entscheidende Vorteil des Nutzungsentgelts: Dieses lässt die Bezugnahmeklauseln unangetastet, da es gerade tatbestandlich daran anknüpft. Die aus Arbeitgeberperspektive wichtige Gleichstellung der Außenseiter ist weiterhin möglich. Zugegebenermaßen hat der Arbeitgeber auch bei der Einführung eines Nutzungsentgelts einen Mehraufwand, da er den Lohnabzug durchführen muss. Die dazu erforderlichen administrativen Maßnahmen sind jedoch überschaubar und fallen – im Gegensatz zur etwaigen individualvertraglichen Einräumung von Ansprüchen auf Sonderleistungen an Außenseiter-Arbeitnehmer – nur einmalig an und laufen danach im Automatismus der Lohnprogramme. Angesichts der Erfüllungswirkung der Abführung des Nutzungsentgelts[1804] wären sie keinen Ansprüchen der Außenseiter-Arbeitnehmer auf Lohnzahlung ohne Abzug ausgesetzt.

Insgesamt ist das Nutzungsentgelt die Maßnahme, von der die fairste Lastenverteilung ausgeht. Es werden weder den Mitgliedern in dem verzweifelten Versuch, sie in der Gewerkschaft zu halten, weitere Vorteile eingeräumt, die die reelle Leistungsfähigkeit des Arbeitgebers übersteigen können, noch die von Arbeitnehmer- wie Arbeitgeberseite – grundsätzlich – erstrebenswerte Gleichstellung verhindert oder zumindest erschwert. Es sollte nicht vergessen werden, dass die organisierten Arbeitnehmer für ihren Mitgliedschaftsbeitrag auch ohne Sondervorteile bereits einen Gegenwert erhalten: die (Chance auf) normative Tarifgeltung. Der Kern des Problems liegt insoweit nicht in der Streubreite der Tarifverträge in verschiedenste gesellschaftliche Bereiche, die die Sonderstellung der Koalitionen in der Rechtsordnung nur in willkommener Art untermauert. Kern des Problems ist die Kostenlosigkeit der Tarifgeltung für die Außenseiter. Damit geht die fehlende Wahrnehmung der Arbeit der privatrechtlichen Gewerkschaften und die fehlende Wertschätzung dieser Leistung einher,

---

1804 Vgl. Kap. 4 C. IV 3. a).

die von vielen nicht als private Errungenschaft erkannt wird. Der richtige Ansatzpunkt muss also bei den Außenseitern liegen. Diese müssen vor Augen geführt bekommen, dass gute Arbeitsbedingungen mit sich ständig nach oben anpassenden Lohnerhöhungen „nicht vom Himmel fallen" oder vom Staat gewährt werden, der nur Mindestarbeitsbedingungen vorgibt. Das Nutzungsentgelt ist hierzu das richtige Instrumentarium und gegenüber der Differenzierungsklausel insbesondere deswegen besser geeignet, weil es auch nur die Außenseiter-Arbeitnehmer wirtschaftlich belastet und nicht diejenigen, die sich bereits im Rahmen der Tarifautonomie engagieren (Tarifgebundene).

d) Zwischenergebnis

Es hat sich gezeigt, dass es insgesamt keine gleich geeigneten und zugleich milderen Mittel zur Stärkung der Tarifautonomie gibt. Mit anderen Worten ist die gesetzliche Nutzungsentgeltreglung für Außenseiter-Arbeitnehmer also auch als erforderlich zu betrachten.

4. Angemessenheit von Nutzungsentgelten

Zuletzt müsste das avisierte Gesetz zur Einführung eines Nutzungsentgelts nach Modell 3 auch angemessen, also verhältnismäßig im engeren Sinne, sein, da der Grundrechtseingriff nicht außer Verhältnis zum verfolgten Zweck stehen darf. Insoweit sind die Stärkung der Tarifautonomie (Zweck) gegen den Eingriff in die negative Koalitionsfreiheit der Außenseiter-Arbeitnehmer durch Auferlegung des Nutzungsentgelts (Mittel) gegeneinander abzuwägen, wobei der Grundsatz der praktischen Konkordanz zu beachten ist.[1805]

1805 Dem Grundsatz der praktischen Konkordanz zufolge ist die Einschränkung eines schrankenlos gewährten Grundrechtes stets nur insoweit möglich ist, wie diese Einschränkung nötig ist, um einem anderen Grundrecht oder Verfassungsprinzip die Entfaltung zu gewährleisten. Die sich gegenüberstehenden Verfassungswerte haben jeweils ihre größtmögliche Entfaltung und Wirksamkeit zu erlangen. Vgl. nur BVerfG v. 23.10.2013 – 1 BvR 1842/11, E 134, 204 (223) Rn. 68; für eine Auflösung des Grundsatzes in der Verhältnismäßigkeitsprüfung *Kalenborn,* JA 2016, 6 (12) mwN für kritische Stimmen in der Literatur.

a) Abstrakte Wertigkeit von Mittel und Zweck

Die negative Koalitionsfreiheit weist als Grundrecht, in das eingegriffen wird, eine hohe abstrakte Wertigkeit auf. Es ist in Art. 9 Abs. 3 S. 1 GG garantiert und vorbehaltlos gewährleistet. Somit kann es nur durch Zwecke mit Verfassungsrang eingeschränkt werden.[1806] Überdies handelt es sich, wie oben festgestellt wurde, bei dem durch die negative Koalitionsfreiheit geschützten Außenseitertum nicht um eine per se als unerwünscht zu bewertende Erscheinung, sondern vielmehr ein wichtiges internes Kontrollelement im System der tarifautonomen Festlegung von Arbeits- und Wirtschaftsbedingungen durch Private.[1807]

Auf der anderen Seite handelt es sich bei der Stärkung der grundgesetzlichen garantierten Tarifautonomie um ein legitimes Ziel von erheblichem Gewicht. Die Tarifautonomie ist als Teil der in Art.9 Abs. 3 GG garantierten positiven Koalitionsfreiheit (Ausschnitt der Betätigungsfreiheit) vorbehaltlos gewährleistet, also ein Zweck mit Verfassungsrang. Sie ermöglicht den Arbeitsmarktteilnehmern ein weitgehend autonomes Aushandeln der Arbeits- und Wirtschaftsbedingungen unter Zurückhaltung des Staates und spielt eine herausragende Rolle in der deutschen Wirtschaftsordnung.[1808]

Wie in Kapitel 2 und 3 herausgearbeitet wurde, erodiert die für das Funktionieren der Tarifautonomie essenzielle Mitgliederbasis der Gewerkschaften jedoch schon seit geraumer Zeit und bringt das System in Schieflage. Mit einem Außenseiteranteil von ca. 82 % unter den Arbeitnehmern hat diese Entwicklung einen traurigen Höhepunkt erreicht. Es hat sich ferner gezeigt, dass der vorherrschende Gemeingebrauch an Tarifverträgen keineswegs geeignet ist, diese Entwicklungen als unbedenklich erscheinen zu lassen, sondern vielmehr zur Verschärfung des Problems abnehmender Organisationsgrade in den Gewerkschaften beiträgt. Angesichts dieser Schwäche ist der deutsche Gesetzgeber zur Stärkung der Tarifautonomie in besonderem Maße aufgerufen. Ihn treffen im Hinblick auf das Untermaßverbot Verpflichtungen aus dem Grundgesetz gegenüber den organisieren Arbeitnehmern und den Gewerkschaften, denen er eine effektive Wahrnehmung der positiven Koalitionsfreiheit ermöglichen muss (Bewirkdimension des Art. 9 Abs. 3 GG) sowie gegenüber sämtlichen Arbeitneh-

1806 Vgl. oben unter Kap. 5 B. vor I.
1807 Siehe hierzu insbesondere Kap. 2 A. III. 2.
1808 Siehe zur besonderen Funktion und Bedeutung (auch für Außenseiter) unter Kap. 2 A. I., II.

mern, denen er aus dem Sozialstaatsprinzip der Art. 20 Abs. 1, 28 Abs. 1 S. 1 GG iVm Art. 1 Abs. 1 GG die Garantie eines menschenwürdigen Existenzminimums schuldet.[1809] Damit besteht eine ausgeprägte Handlungspflicht für den Staat.

b) Konkrete Bewertung

Im Rahmen der konkreten Wertigkeit gilt es die konkrete Schwere des Eingriffs und den zu erwartenden Grad der Zweckerreichung festzustellen.

aa) Grad der Zweckerreichung

Betrachtet man zunächst den zu erwartenden Grad der Zielerreichung, so hat Ausgangspunkt der Überlegungen die im Rahmen der vorangegangenen Untersuchung erlangte Erkenntnis zu sein, dass der aktuell vorherrschende kostenlose Gemeingebrauch an Tarifverträgen sich beitrittshindernd auswirkt und das Problem abnehmender Organisationsgrade der Gewerkschaften in Zukunft wohl weiter zuspitzen wird. Sobald die Parität in den Tarifvertragsverhandlungen jedoch nicht mehr gegeben ist, kann die Angemessenheitsvermutung nicht mehr greifen und das über Umwege verbreitete Tarifergebnis kann nicht mehr die gewünschte Schutzwirkung entfalten. Ausgehend davon ist ein erfolgsversprechender Ansatz zu Stärkung der Tarifautonomie verstanden als kollektiv ausgeübte Privatautonomie also nicht in einer Ausweitung der immer schwächer legitimierten Tarifverträge auf Außenseiter, sondern stattdessen in der Vitalisierung der Mitgliederbasis zu suchen.[1810] Genau diesen Ansatz verfolgt wiederum das Nutzungsentgelt für Außenseiter-Arbeitnehmer, welches den Fernbleibeansatz beseitigen und so die Mitgliederwerbung durch Tarifverträge wieder möglich machen soll. Da sich die Mehrzahl der Arbeitnehmer, wie oben festgestellt wurde, bei der Entscheidung über den Gewerkschaftsbeitritt von Kosten-Nutzen-Erwägungen leiten lassen, würde damit an entscheidender Stelle angesetzt werden. Es erweist sich dabei als entscheidender Vorteil der hier vorgeschlagenen Lösung, dass mit ihr die Ursache der aktuellen Dysfunktionalität der Tarifautonomie angegangen würde, anstatt erneut

1809 Vgl. zu den Zusammenhängen Kap. 2 A.; siehe auch unter Kap. 3 B. II. 3.
1810 Vgl. Kap. 2, insbesondere Abschnitt B., D. und F.

nur die Symptome zu bekämpfen, wie es etwa die Maßnahmen des TASG I versucht haben.

Es wird mit der Einführung des Nutzungsentgelts durch den Gesetzgeber zur Beseitigung der Kostenlosigkeit der Partizipation also der richtige Ansatzpunkt gewählt und zugleich ein Weg verfolgt, der zur nachhaltigen und systemverträglichen Stärkung der Tarifautonomie besonders geeignet ist. Es ist daher von einem hohen Grad an Zweckerreichung auszugehen.

bb) Schwere des Eingriffs

Demgegenüber weist die Pflicht zur Zahlung eines Nutzungsentgelts für die Außenseiter-Arbeitnehmer und damit der Eingriff in die konfligierende Position der negativen Koalitionsfreiheit aus Art. 9 Abs. 3 S. 1 GG bei der hier vorgeschlagenen Ausgestaltung der Nutzungsentgeltregelung nur eine geringere bis mittlere Intensität auf:

Zunächst müssen bei der hier avisierten Ausgestaltung der Regelung nicht schlichtweg alle Außenseiter-Arbeitnehmer in der Branche, sondern nur diejenigen das Nutzungsentgelt zahlen, die angesichts der Tariforientierung tatsächlich kostenlos von der gewerkschaftlichen Leistung partizipieren. Die tatbestandliche Anknüpfung an die Bezugnahme reduziert den Kreis der Betroffenen also zielgerichtet auf diejenigen Außenseiter-Arbeitnehmer, welche sich bei Zugrundelegung der Erkenntnisse aus der rechtsökonomischen Untersuchung gerade wegen der finanziellen Vorteilhaftigkeit für die Außenseiter-Stellung entschieden haben dürften.[1811] Die 10-20 % der Außenseiter-Arbeitnehmer, die keine Bezugnahmeklauseln in ihren Arbeitsverträgen haben,[1812] scheiden hingegen gänzlich aus. Zugleich bedeutet dies, dass die Belastung für Außenseiter-Arbeitnehmer nicht unausweichlich ist, sondern immer von der – in der Theorie – freiwillig gewählten Partizipation am Tarifvertrag abhängt.

Darüber hinaus wird durch die vorgeschlagene Regelung kein explizites „Außenseiter-Recht“ geschaffen. Vielmehr stellt die Koppelung der Entgelthöhe an die Höhe des Mitgliedsbeitrages in der tarifschließenden Gewerkschaft sicher, dass Orientierungspunkt der Belastung immer eine Zahlungspflicht ist, welche die Gewerkschaften ihren eigenen Mitgliedern ebenfalls zumutet. Sofern die Gewerkschaften Bestimmungen zur Herstellung der Belastungsgerechtigkeit vorsehen – etwa in Form von reduzierten Beitrags-

1811 Vgl. Kap. 2 D.
1812 Vgl. Kap. 2 B. IV.

sätzen für Geringverdiener oder Studierende oder durch Koppelung an das Bruttomonatsgehalt –, findet dies auch bei der Bemessung des Nutzungsentgelts automatisch Niederschlag und sorgt für die Angemessenheit der Belastungshöhe. Für den Fall, dass die Zahlung des Nutzungsentgelts im Einzelfall gleichwohl eine besondere Härte darstellen würde, sähe das Gesetz wiederum eine Härtefallregelung vor, auf dessen Grundlage eine erhebliche Reduzierung der Entgelthöhe bewirkt werden kann. Damit wird auch besonderen Fallgestaltungen Rechnungen getragen.

Schließlich gewährleistet die gewählte Gestaltung, dass wirklich nur der aktuelle, von der kostenlosen Partizipationsmöglichkeit ausgehende Fernbleibeanreiz beseitigt und keine darüberhinausgehende Belastung der Außenseiter-Arbeitnehmer begründet wird, von der ein erheblicher Druck zum Beitritt in die tarifschließende Gewerkschaft ausgehen könnte. Hierfür wurde ein „Sicherheitsabschlag" in Höhe von 20 % eingepreist, der sicherstellt, dass zu den Mitgliedern der tarifschließenden Gewerkschaft wirtschaftlich immer noch ein relevanter Abstand gewahrt bleibt. Durch den Wegfall des Negativanreizes wird die geschützte Freiheit der Entscheidung über einen Koalitionsbeitritt also nur von womöglich als zwingend empfundenen wirtschaftlichen Zweckmäßigkeitserwägungen befreit und im Übrigen unangetastet gelassen. Damit einher geht eine finanzielle Belastung, die sich der Höhe nach regelmäßig unterhalb von 1 % des Bruttogehalts bewegen wird.[1813] Angesichts dessen stellt ein Beitritt in die tarifschließende Gewerkschaft, der noch teurer wäre, aber aus Sicht der die normative Tarifwirkungen geringschätzenden Außenseiter-Arbeitnehmer keine relevanten Vorteile mit sich brächte,[1814] nicht die einzig vernünftige Alternative dar. Die Belastung bewegt sich vielmehr innerhalb der Spannbreite, welche bei der Bewertung von Differenzierungsklauseln mehrheitlich für zulässig gehalten wird.[1815]

c) Abwägung der widerstreitenden Belange

Diese widerstreitenden Belange sind gegeneinander abzuwägen.

Betrachtet man zunächst nur die abstrakte Wertigkeit der Positionen, so lässt sich allenfalls ein geringer Abwägungsvorsprung der positiven Koaliti-

---

1813 Vgl. zur Berechnung unter Kap. 4 C. II.
1814 Vgl. zur Kosten-Nutzen-Rechnung unter Kap. 2 D. III.
1815 Vgl. dazu unter Kap. 2 C. III. 4.

onsfreiheit und damit der Stärkung der Tarifautonomie feststellen. Insofern ist zu beachten, dass beide Positionen Verfassungsrang haben und von gesteigerter Bedeutung für das Funktionieren der deutschen Arbeitsmarktordnung sind. Das leichte Übergewicht der positiven Koalitionsfreiheit ist aufgrund der Schutzbereichsverstärkung durch das Sozialstaatsprinzip bedingt.[1816]

Unter Berücksichtigung der konkreten Eingriffsintensität sowie dem konkreten Grad der Zielerreichung fällt die Abwägung jedoch insgesamt zu Gunsten der positiven Koalitionsfreiheit, also der Stärkung der Tarifautonomie, aus. Die Freiheit der Außenseiter-Arbeitnehmer, einer Gewerkschaft fernzubleiben, wird nicht in schwerwiegender Art und Weise tangiert. Das Fernbleiben ist noch immer möglich, nur finanziell nicht mehr so attraktiv wie es bei aktueller Ausgestaltung der Rahmenbedingungen ist. Unter Berücksichtigung der Prämisse, dass eine Anpassung der Rahmenbedingungen durch den Gesetzgeber angesichts der aktuellen Schwäche der Tarifautonomie unausweichlich ist, stellt die Einführung des Nutzungsentgelts in der hier vorgeschlagenen Gestaltung schließlich die geeignetste Lösung dar. Sie setzt an der Wurzel des Problems an (Kostenlosigkeit der Außenseiter-Partizipation), wurde so grundrechtsschonend wie möglich ausgestaltet und vermeidet ein Umschwenken der „Neutralisierung" des Fernbleibeanreizes in die Einführung eines aktiven Beitrittsanreizes, der eine schwerwiegende Beeinträchtigung des Fernbleiberechts darstellen würde.

Zugleich ist mit hoher Wahrscheinlichkeit von einer Stärkung der Tarifautonomie und damit einer Zielerreichung auszugehen. Ob die Mitgliederzahlen sich durch diese Maßnahme tatsächlich bzw. in welchem Umfang sie sich steigen werden, lässt sich im Vorhinein zwar nicht sicher voraussagen. Festgehalten werden kann jedoch an dieser Stelle, dass mit der Einführung des Nutzungsentgelts ein erfolgsversprechender Anknüpfungspunkt gewählt wurde, welcher die aktuell feststellbaren Einflussfaktoren bei der Organisationsentscheidung der Arbeitnehmer eingehend berücksichtigt. Die verbleibende Unsicherheit betreffend den Erfolg der Maßnahme ist schließlich hinzunehmen, da es dem Gesetzgeber unter Berücksichtigung des Neutralitätsgebots untersagt ist, mehr als nur eine Anpassung der defizitären Rahmenbedingungen vorzunehmen. Letztendlich kann eine Steigerung der Mitgliederzahlen nur eintreten, wenn die Gewerkschaften mit ihrer inhaltlichen Arbeit auch wirklich überzeugen. Hierbei handelt es sich

1816 Vgl. dazu oben unter Kap. 2 C. 4. c).

aber um außerhalb des gesetzgeberischen Verantwortungsbereichs liegende Umstände.

Angesichts der vorstehenden Erwägungen lässt sich insgesamt festhalten, dass sich die Einführung eines Nutzungsentgelts für Außenseiter-Arbeitnehmer als legitimes, geeignetes und erforderliches Mittel zur Stärkung der Tarifautonomie erweist, welches zum damit verbundenen Eingriff in die negative Koalitionsfreiheit der Außenseiter-Arbeitnehmer auch nicht außer Verhältnis steht. Vielmehr erweist sich die Maßnahme als angemessen.

5. Ergebnis

Im Ergebnis wäre der mit der gesetzlichen Einführung eines Nutzungsentgelts verbundene Eingriff in die negative Koalitionsfreiheit der Außenseiter-Arbeitnehmer also durch die Stärkung der Tarifautonomie gerechtfertigt.[1817]

C. Nutzungsentgelt-Regelungen und die positive Koalitionsfreiheit

Die Kritik am Solidaritätsbeitrag aus verfassungsrechtlichen Gründen beschränkt sich jedoch nicht allein auf die Außenseiter-Arbeitnehmer. Man sah in der Vergangenheit auch die positive Koalitionsfreiheit der Andersorganisierten bzw. iVm Art. 19 Abs. 3 GG auch die der anderen Gewerkschaften als betroffen an.[1818] Die positive Koalitionsfreiheit umfasst auch das Recht, in der ausgewählten Koalition zu verbleiben und nicht zum Austritt oder Übertritt in eine andere gedrängt zu werden.[1819] Im Hinblick auf den

---

1817 IE wie hier *Höpfner,* ZfA 2020, 178 (204 ff.); für eine Vereinbarkeit der Solidaritätsbeiträge mit der neg. Koalitionsfreiheit *Heußner,* RdA 60, 295 (298); *Ridder,* Solidaritätsbeiträge, S. 3 ff., 11 ff.; differenzierend: *Faika,* Solidaritätsbeitrag, S. 103 ff., 105 sowie *Müller,* Solidaritätsbeitrag, S. 16 f.: zulässig, soweit sich die Belastung in Höhe von etwa der Hälfte des entsprechenden Organisationsbeitrages hält; ähnlich *Schwaabe,* Solidaritätsbeiträge, S. 30 f.; a.A. wohl *Biedenkopf,* Verhandlungen 46. DJT, S. 97 (137); *Hueck,* Tarifausschlussklausel, S. 58 f.; *ders.,* RdA 1961, 141 ff.; *Richardi,* Kollektivgewalt und Individualwille, S. 185 ff.; *Scholz,* in: Dürig/Herzog/Scholz GG, Art. 9 Rn. 233; *ders.,* Koalitionsfreiheit, S. 280; *Zöllner,* Differenzierungsklauseln, S. 53.

1818 Vgl. etwa *Galperin,* Rechtsgutachten, S. 28, *Schwaabe,* Solidaritätsbeiträge, S. 35 sowie Nachweise in Fn. 1817.

1819 Siehe nur BVerfG v. 11.7.2017 – 1 BvR 1571/15 u.a., E 146, 71 (114) mwN; *Höpfner,* Tarifgeltung, S. 355 f.; *Klumpp,* in: MHdB ArbR, § 237 Rn. 26; *Linsenmaier,* in: ErfK, GG Art. 9 Rn. 30; *Neumann,* Tarifboni, S. 187.

Solidaritätsbeitrag sah man jedoch die Gefahr, dass Andersorgansierte zum Austritt aus der freiwillig gewählten Koalition und zum Übertritt in die tarifvertragsschließende Koalition gedrängt werden, um der (Mehr-)Belastung durch zwei Beiträge zu entgehen.[1820] In der Tat würde eine Regelung, welche die Andersorganisierten einer endgültigen doppelten finanziellen Belastung aussetzen würde, als Maßnahme gem. Art. 9 Abs. 3 S. 2 GG unwirksam sein.[1821]

Bei Umsetzung des hier entwickelten Modell 3 würde eine solche endgültige finanzielle Mehrbelastung der Andersorganisierten jedoch effektiv ausgeschlossen werden. Sie würden allein aus den oben eingehend erörterten administrativen Gründen im ersten Schritt in die Nutzungsentgeltregelung einbezogenen werden.[1822] Da sie genauso wie die Mitglieder der tarifschließenden Gewerkschaft eine Erstattung erhalten und somit letzten Endes das Nutzungsentgelt nicht zu tragen haben würden, würde weder ein relevanter Anreiz zu Aus- noch zum Übertritt gesetzt werden. Insofern sei betont, dass die Andersorganisierten bei Übertritt in die tarifschließende Gewerkschaft der gleichen temporären Einschränkung ihrer Verfügungsgewalt über das abgeführte Nutzungsentgelt ausgesetzt wären wie die Mitglieder der tarifschließenden Gewerkschaft. Somit liegt der Schwerpunkt der Beeinträchtigung nicht etwa in der Einwirkung auf die positive Koalitionsfreiheit der Andersorganisierten bzw. ihrer Gewerkschaften im Sinne eines Übertrittanreizes, sondern vielmehr bei der unter die allgemeine Handlungsfreiheit des Art. 2 Abs. 1 GG fallenden Beeinträchtigung der wirtschaftlichen Verfügungsfreiheit der Andersorganisierten über ihren Arbeitslohn, auf die unter Abschnitt G. zurückzukommen sein wird.

Ein Eingriff in die positive Koalitionsfreiheit der Andersorganisierten aus Art. 9 Abs. 3 GG bzw. der anderen Gewerkschaften aus Art. 9 Abs. 3 GG i.V.m. Art. 19 Abs. 3 GG ist damit abzulehnen.

1820 Vgl. *Kettner*, Der Arbeitgeber 1961, 104 (106).

1821 Siehe hierzu Kap. 4 C. III., 1 a) cc); den Schutz des Koalitionspluralismus sowie des Verbleiberechts in gebildeten Koalitionen betonte schon BAG v. 29.11.1967 – GS 1/67, AP Nr 13 zu Art 9 GG, juris Rn. 145; wie hier *Franzen*, RdA2006, 1, (11); *Höpfner*, ZfA 2020, 178 (206); *ders.*, Tarifgeltung, S. 355 f.; *Hueck*, RdA 1961, 141 (147); *Kettner*, Der Arbeitgeber 1961, 104 (106); *Müller*, Solidaritätsbeitrag, S. 10; *Neumann*, Tarifboni, S. 172; *Schwaabe*, Solidaritätsbeiträge, S. 36.

1822 Siehe unter Kap. 4 C. III.

D. Nutzungsentgelt-Regelungen und die Arbeitsvertragsfreiheit

Des Weiteren liegt auch ein Konflikt des avisierten Nutzungsentgelts mit der nach Art. 12 Abs. 1 GG gewährleisteten Berufsfreiheit der Außenseiter-Arbeitnehmer, insbesondere der dort garantierten Arbeitsvertragsfreiheit, nicht vor. Weder würden die Arbeitsvertragsbedingungen unmittelbar noch nach den Grundsätzen für eingriffsgleiche Beeinträchtigungen mittelbar-faktisch durch die gesetzliche Zahlungspflicht beeinträchtigt.

Durch die Regelung des Nutzungsentgelts sollen die Arbeitsvertragsparteien – anders als bei der Tariftreueregelung, für die das BVerfG eine eingriffsgleiche Beeinträchtigung bejahte – nicht zu einer bestimmten Gestaltung ihrer arbeitsvertraglichen Beziehungen veranlasst werden. Der Umstand, dass Bezugnahmeklauseln zum tatbestandlichen Anknüpfungspunkt der Zahlungspflicht für Außenseiter-Arbeitnehmer gemacht werden, reicht allein nicht aus, um eine Beeinflussung der Arbeitsbedingungen durch den Gesetzgeber anzunehmen.

Somit fehlt es bereits an einem Eingriff, der aber im Übrigen auch aus den gleichen Gründen, die schon unter Kap. 5 B. III. ausführlich dargelegt wurden, gerechtfertigt wäre.[1823]

E. Nutzungsentgelt-Regelungen und Eigentumsfreiheit

Die Eigentumsfreiheit der Außenseiter-Arbeitnehmer aus Art. 14 GG wird durch die avisierte Nutzungsentgelt-Regelung ebenfalls nicht verletzt.

Zum durch Art. 14 GG geschützten Eigentum gehören alle vermögenswerten Rechte, die das Privatrecht einem privaten Inhaber „nach Art eines Ausschließlichkeitsrechts" in der Weise zuordnet, „dass er die damit verbundenen Befugnisse nach eigenverantwortlicher Entscheidung zu seinem privaten Nutzen ausüben darf."[1824] Das Vermögen, also die Gesamtheit aller Rechte, einschließlich gesicherter Erwartungen, Chancen und Bewertungen, ist dagegen nicht geschützt. Es ist der „Inbegriff aller geldwerten Güter einer Person", doch selbst kein Recht.[1825] Weil diese nicht mittels

1823 So bereits *Höpfner*, ZfA 2020, 178 (207 f.).

1824 BVerfG v. 9.1.1991 – 1 BvR 929/89, E 83, 201 (209); v. 8.5.2012 – 1 BvR 1065/03 u.a., E 131, 66 (79); vgl. statt aller *Depenheuer/Froese*, in: v. Mangoldt/Klein/Starck GG Art. 14 Rn. 113; *Wieland*, in: Dreier GG Art. 14 Rn. 48 f.

1825 St. Rspr. vgl. schon BVerfG 20.7.1954 – 1 BvR 459/52 ua E 4, 7 (17); v. 8.4.1997 – 1 BvR 48/94, E 95, 267 (300).

eines bestimmten Eigentumsobjekts zu erfüllen sind, sondern aus dem fluktuierenden Vermögen bestritten werden, schützt das Grundrecht des Art. 14 GG nach ständiger Rechtsprechung nicht vor der Auferlegung von Geldleistungspflichten. Etwas anderes kommt nur dann in Betracht, wenn die Geldleistungspflichten den Betroffenen übermäßig belasten und seine Vermögensverhältnisse so grundlegend beeinträchtigen, dass sie eine erdrosselnde Wirkung haben.[1826]

Nach diesen Maßstäben wäre die Eigentumsfreiheit der Außenseiter-Arbeitnehmer durch die Einführung der Zahlungspflicht in Form des Nutzungsentgelts nicht betroffen.[1827] Die Pflicht knüpfte zwar an den Lohn der Außenseiter-Arbeitnehmer als „etwas Erworbenen" an. Da die Geldleistungspflicht allerdings aus fluktuierendem Vermögen zu erfüllen wäre, wäre der Schutzbereich nicht betroffen.[1828] Anhaltspunkte für eine erdrosselnde Wirkung sind bei einer solch geringen Belastung nicht gegeben. Selbst wenn man einen Eingriff annähme, wäre dieser durch die Stärkung der Tarifautonomie gerechtfertigt (vgl. wiederum Ausführungen zur Rechtfertigung unter Kap. 5 B. III.).

F. Nutzungsentgelt-Regelungen und die Meinungsfreiheit

Es stellt sich die Frage, ob durch die Zahlungspflicht die Meinungsfreiheit der Außenseiter-Arbeitnehmer aus Art. 5 Abs. 1 GG verletzt sein könnte.

Biedenkopf erblickte in der ideellen Seite einer unfreiwilligen Gewerkschaftsunterstützung in Form des Solidaritätsbeitrages ein Problem und argumentierte in diese Richtung. Er meinte, der Zwang, eine konfessionelle Gewerkschaft zu unterstützen, sei mit der Meinungsfreiheit unvereinbar.[1829] Ähnliches findet sich auch bei *Gamillscheg,* der meint, das Problem werde brennend beim Solidaritätsbeitrag, „denn wenn eine Gewerkschaft den Anspruch erhebt, alle darzustellen, und dafür einen Beitrag fordert, muß sie auch für alle eine geistige, ideelle Heimat sein können".[1830] *Gamillscheg* hat

1826 BVerfG v. 6.9.1999 – 1 BvR 1013/99, NJW 2000, 649; v. 08.4.1997 – 1 BvR 48/94, E 95, 267 (300); v. 25.02.1960 – 1 BvR 239/52, 10, 354 (371); BVerfG 20.7.1954 – 1 BvR 459/52 ua E 4, 7 (17)

1827 Zutreffend herausgestellt durch *Höpfner,* ZfA 2020, 178 (208).

1828 Vgl. Beispielhaft zur Beitragszahlungspflicht an gemeinsame Einrichtungen wegen AVE mwN BAG v. 22.09.1993 – 10 AZR 371/92, AP TVG § 1 Tarifverträge: Gerüstbau Nr. 2.

1829 *Biedenkopf,* JZ 1961, 349 (353).

1830 *Gamillscheg,* Differenzierung nach der Gewerkschaftszugehörigkeit, S. 64.

– unter Annahme einer Gesamtrepräsentation nur allzu nachvollziehbar – verlangt, dass die Gewerkschaften eine konfessionelle und politische Neutralität aufweisen. Dies sei die Kehrseite der „Würde", im Staatsgefüge eine bedeutende Rolle spielen zu dürfen, in der sie „nicht nur als Interessenvertreter ihrer Mitglieder, sondern als Sprachrohr der Arbeiterschaft insgesamt auftreten".[1831] Ähnlich klingen schließlich auch die von *Müller* schon 1959 erhobenen und von *Merker* 1960 aufgegriffenen Bedenken, die dahingehen, dass eine Anerkennung des Solidaritätsbeitrages den Gewerkschaften eine gewisse Mäßigung auf dem Gebiet der politischen Betätigung auferlege, um einen Missbrauch der Gelder zu verhindern.[1832]*Merker* meint, mit einer finanziellen Unterstützung gehe auch eine ideelle Belastung des Rechts auf freie Entfaltung der Persönlichkeit und freie politische Betätigung einher.[1833]

Allein aus der Zahlungspflicht ergibt sich jedoch noch kein Eingriff in die Meinungsfreiheit. In Bezug auf die Aussage *Gamillschegs* ist zu sagen, dass es schon an der von ihm aufgestellten Prämisse seiner Aussage[1834] fehlt, dass sich Gewerkschaften bei der Erhebung des Solidaritätsbeitrages nämlich auf ihre Aufgabe zur Repräsentation der gesamten Arbeitnehmerschaft stützen. Ohne Gesamtvertretung kann keine Berücksichtigung der Außenseiterbelange gefordert werden. Entscheidend ist aber, was auch *Merker* erkennt, dass die geäußerten Bedenken zur ideellen Belastung durch eine Zahlungspflicht bei der negativen Koalitionsfreiheit des Art. 9 Abs. 3 GG zu verorten sind. In dem in Art. 9 Abs. 3 GG verankerten Recht auf negative Koalitionsfreiheit ist auch das Recht auf negative Meinungsfreiheit in Bezug auf die Gewerkschaft eingepreist. Das hat der Große Senat des BAG in seiner Grundsatzentscheidung bereits zutreffend herausgestellt, als es ausführte:

> „Aber auch das bloße Fernbleiben von Koalitionen jeglicher Art gehört zu den Rechten, die nach Art. 9 Abs. 3 GG dem einzelnen gewährleistet sind. Ein solches Fernbleiben kann die verschiedensten Gründe haben. Ursache dafür kann sein, daß jemand an sich durchaus koalitionswillig ist, jedoch den vorhandenen Koalitionen deshalb ablehnend gegenübersteht, *weil er deren Ideologie, deren Ziele oder sonstige Dinge nicht billigt,* aber trotz gegebener Koalitionswilligkeit keine Koalition findet, die ihm

1831 *Gamillscheg*, Differenzierung nach der Gewerkschaftszugehörigkeit, S. 45, 64.
1832 *Merker*, DB 1960, 1127 (1128); *Müller*, Arbeitskammer 1959, S. 330 ff.
1833 *Merker*, DB 1960, 1127 (1128).
1834 Siehe *Gamillscheg*, Differenzierung nach der Gewerkschaftszugehörigkeit, S. 46.

> zusagt. Das Fernbleiben kann aber auch auf Koalitionsunwilligkeit beruhen, z. B. auf Gleichgültigkeit, mangelnder Solidarität oder auf finanziellen Erwägungen, so vor allem dann, wenn ein Arbeitnehmer glaubt, er komme auch ohne die Leistung von Gewerkschaftsbeiträgen automatisch weitgehend in den Genuß der von den Gewerkschaften errungenen sozialen Fortschritte (in der Sprache der Gewerkschaften: "Schmarotzer", "Trittbrettfahrer").
> [...]
> Wollte man, wie das nach Art. 9 Abs. 3 GG unumgänglich ist, dem Koalitionspluralismus dadurch Rechnung tragen, daß man dem Koalitionswilligen den Schutz des Art. 9 Abs. 3 GG einräumt, dem Koalitionsunwilligen dagegen die Berufung auf ein aus Art. 9 Abs. 3 GG sich ergebendes Fernbleiberecht verwehren, so würde das zur Rechtsunsicherheit und vor allem zu einem nicht mehr tragbaren Einbruch in die Intimsphäre des einzelnen führen: Würde er offenbaren, daß er im Grunde koalitionswillig ist, aber keine ihm zusagende Gelegenheit dazu hat, so müßte ihm das Individualgrundrecht der positiven Koalitionsfreiheit aus Art. 9 Abs. 3 GG zugestanden werden; müßte er offenbaren, daß er koalitionsunwillig ist, daß er "schmarotzen" und "trittbrettfahren" will, so würde man ihm Unzumutbares ansinnen.
> Der Große Senat vertritt daher die Ansicht, daß dem Individualgrundrecht der positiven Koalitionsfreiheit notwendig das Individualgrundrecht der negativen Koalitionsfreiheit entspricht und daß das Individualgrundrecht der negativen Koalitionsfreiheit den vollen Schutz des Art. 9 Abs. 3 Satz 1 und Satz 2 GG genießt."[1835]

Ist aber die ideelle Seite des Fernbleibens bereits durch Art. 9 Abs. 3 GG geschützt, kann nach dem Spezialitätsgrundsatz auf Art. 5 GG kein Rückgriff mehr genommen werden. Im Übrigen wäre ein Eingriff durch die Stärkung der Tarifautonomie nach den obigen Erläuterungen unter Kap. 5 B. II., III. gerechtfertigt.

G. Nutzungsentgelt-Regelungen und allgemeine Handlungsfreiheit

Des Weiteren ist zu klären, ob die allgemeine Handlungsfreiheit der organisierten Arbeitnehmer oder der Außenseiter-Arbeitnehmer durch Auferlegung der Pflicht zur Zahlung des Nutzungsentgelts verletzt würde.

1835 BAG v. 29.11.1967 – GS 1/67, juris Rn. 146 f. – Hervorhebung durch die Verfasserin.

I. Allgemeine Handlungsfreiheit der Außenseiter-Arbeitnehmer

Der Schutzbereich der allgemeinen Handlungsfreiheit als Auffanggrundrecht ist gegenständlich nicht beschränkt. In ihn fällt jedes menschliche Verhalten ohne Rücksicht darauf, welches Gewicht ihm für die Persönlichkeitsentfaltung zukommt.[1836] Das Grundrecht des Art. 2 Abs. 1 GG schützt insofern auch davor, durch die Staatsgewalt mit einem finanziellen Nachteil belastet zu werden, der nicht in der verfassungsmäßigen Ordnung begründet ist,[1837] denn als Ausfluss der allgemeinen Handlungsfreiheit schützt Art. 2 Abs. 1 GG auch die Freiheit im wirtschaftlichen Verkehr.[1838]

Im Hinblick auf die Außenseiter-Arbeitnehmer greift jedoch der Grundsatz der Subsidiarität. Als „Auffanggrundrecht" ist die allgemeine Handlungsfreiheit subsidiär gegenüber allen speziellen Freiheitsrechten. Das heißt, wenn ein Eingriff in den Schutzbereich eines besonderen Freiheitsrechts vorliegt, kann die allgemeine Handlungsfreiheit nicht zur Anwendung kommen.[1839] Das gilt selbst dann, wenn dieser Eingriff gerechtfertigt und der Betreffende daher in dem speziellen Grundrecht nicht verletzt ist.[1840]

Da oben festgestellt wurde, dass durch die Belastung mit dem Nutzungsentgelt ein – gerechtfertigter – Eingriff in die negative Koalitionsfreiheit der Außenseiter-Arbeitnehmer vorliegt, bleibt vorliegend also kein Raum für die Prüfung eines Eingriffs in die allgemeine Handlungsfreiheit nach Art. 2 Abs. 1 GG durch dieselbe Maßnahme.

II. Allgemeine Handlungsfreiheit der organisierten Arbeitnehmer

Anders stellt sich dies für die Mitglieder der tarifschließenden Gewerkschaft sowie die andersorganisierten Arbeitnehmer dar. Wie oben dargelegt wurde,[1841] liegt ein Eingriff in die positive Koalitionsfreiheit der organisierten Arbeitnehmer nicht vor. Somit greift der Subsidiaritätsgrundsatz hier nicht ein.

1836 BVerfG v. 6.6.1989 – 1 BvR 921/85, E 80, 137 (152); *Lang*, in: BeckOK GG, Art. 2 Rn. 19; *Rixen*, in: Sachs GG Art. 2 Rn. 52.

1837 St. Rspr. vgl. BVerfG v. 12.7.2017 – 1 BvR 2222/12 u.a., E 146, 164 196); v. 14.12.1965 – 1 BvR 413/60 u.a., E 19, 206 (215 f.); v. 10.3.1998 – 1 BvR 178/97, E 97, 332 (340).

1838 BVerfG v. 23.4.1986 – 2 BvR 487/80, E 73, 261 (270) mwN.

1839 St. Rspr. vgl. BVerfG v. 16.03.1971 – 1 BvR 52/66 u.a., E 30, 292 (336); v. 21.10.1981 – 1 BvR 52/8158, E 58, 358 (363); *Lang*, in: BeckOK GG, Art. 2 Rn. 19.

1840 Statt aller siehe *Rixen*, in: Sachs GG Art. 2 Rn. 137.

1841 Vgl. Kap. 5 C.

Da die organisierten Arbeitnehmer bis zum Zeitpunkt der Rückerstattung der auch von ihnen gezahlten Nutzungsentgelte in der wirtschaftlichen Verfügungsmacht über dieses Geld eingeschränkt sind, liegt ein Eingriff in die allgemeine Handlungsfreiheit zunächst vor.

Allerdings ist auch die Handlungsfreiheit auf wirtschaftlichem Gebiet nur in den Schranken des zweiten Halbsatzes des Art. 2 Abs. 1 GG gewährleistet, vor allem denen der verfassungsmäßigen Ordnung. Das heißt, der Gesetzgeber ist befugt, ordnend und klärend in das Wirtschaftsleben einzugreifen, und kann in diesem Zusammenhang auch Geldleistungen auferlegen. Nach ständiger Rechtsprechung des BVerfG berührt eine staatlicherseits auferlegte Zahlungspflicht zwar die wirtschaftliche Freiheit des Einzelnen, sie verletzt aber nicht den durch Art. 2 Abs. 1 GG geschützten Bereich, wenn dem Betroffenen angemessener Spielraum verbleibt, sich wirtschaftlich frei zu entfalten. Dieser Spielraum ist gegeben, soweit die Belastung ihrerseits verhältnismäßig ist.[1842]

Gemessen an diesen Grundsätzen ist eine Verletzung der allgemeinen Handlungsfreiheit der organisierten Arbeitnehmer abzulehnen. Die Dispositionsbefugnis über die abgeführten Nutzungsentgelte wird Ihnen lediglich temporär entzogen. Soweit sie dadurch in ihrer allgemeinen Handlungsfreiheit eingeschränkt werden, ist dies durch die Stärkung der Tarifautonomie gerechtfertigt, die ein legitimes Ziel darstellt. Dabei ist die Einführung eines Nutzungsentgelts gemäß dem Modell 3 – wie oben ausgeführt – geeignet und erforderlich, um dieses Ziel zu befördern. Hervorzuheben ist an dieser Stelle insbesondere, dass eine gesetzliche Regelung des Nutzungsentgelts, welche sich allein an Außenseiter-Arbeitnehmer richtet und die organisierten Arbeitnehmer damit ausklammert, keine gleich geeignete, mildere Alternative zur Zielerreichung darstellen würde, da sie die Aufgabe der zu schützenden Identität der Organisierten bedeutete. Die vorgeschlagene Ausgestaltung dient also gerade dem Schutz der Organisierten und der Bewahrung ihrer Identität, um sie vor etwaigen Maßregelungen oder Benachteiligungen durch ihre Arbeitgeber zu schützen.

Schließlich ist der Eingriff von geringem Gewicht. Die organisierten Arbeitnehmer verlieren keineswegs endgültig die Verfügungsmacht über die abgeführten Nutzungsentgelte. Sie sind lediglich bis zum Zeitpunkt der Rückerstattung daran gehindert, damit zu wirtschaften. Der ausgearbeitete Vorschlag beachtet dabei den Grundsatz der Belastungsgleichheit

---

1842 BVerfG v. 8.4.1987 – 2 BvR 909/82, E 75, 108 (154); v. 5.4.1978 – 1 BvR 117/73, E 48, 102 (115 f.); v. 16.5.1961 – 2 BvF 1/60, E 12, 341 (347 f.).

und sieht keine Belastung vor, die der Höhe nach geeignet wäre, die freie wirtschaftliche Entfaltung in beachtlichem Maße zu verhindern. Insofern ist zu beachten, dass es sich um Beträge handeln würde, die regelmäßig unter 1 % des individuellen Bruttogehalts liegen. Auch nach Abzug des Nutzungsentgelts verbleibt den organisierten Arbeitnehmern also ausreichend wirtschaftlicher Entfaltungsspielraum. Im Übrigen wird auf die Ausführungen zur Rechtfertigung unter Kap. 5 B. II., III. verwiesen.

H. Nutzungsentgelt-Regelungen und allgemeiner Gleichheitssatz

Die Belastung der Außenseiter-Arbeitnehmer mit dem Nutzungsentgelt dürfte zuletzt auch nicht gegen den Gleichheitssatz des Art. 3 Abs. 1 GG verstoßen, der die Ungleichbehandlung von wesentlich Gleichem sowie die Gleichbehandlung von wesentlich Ungleichem verbietet.

I. Ungleichbehandlung der zur Zahlung des Nutzungsentgelts herangezogenen Arbeitnehmer

Wenn man die Gruppe der von der Zahlungspflicht im ersten Schritt erfassten Arbeitnehmer als wesentlich gleich betrachtet,[1843] würde die endgültige Belastung nur einer Teilmenge – der Außenseiter-Arbeitnehmer – mit dem Nutzungsentgelt zunächst eine Ungleichbehandlung darstellen. Die im ersten Schritt in das Abzugsverfahren einbezogenen organisierten Arbeitnehmer würden schließlich eine Rückerstattung erhalten und wären letzten Endes wirtschaftlich nicht mehr belastet.[1844]

Da auch andere Freiheitsrechte durch die Regelung beeinträchtigt werden, ist hinsichtlich der Rechtfertigung der Ungleichbehandlung die neue Formel anzuwenden, die über das Erfordernis eines sachlichen Grundes

1843 Es ist zu beachten, dass bereits die Gruppenbildung – also sowohl die Festlegung des gemeinsamen Oberbegriffs als auch die der Differenzierungskriterien – Elemente der Wertung enthält und keine bloße Frage der Logik ist, vgl. *Heun*, in: Dreier GG, Art. 3 Rn. 25. Die Gruppe der zu vergleichenden Arbeitnehmer wird vorliegend durch die tatbestandliche Anknüpfung der Nutzungsentgeltregelung indiziert.

1844 Siehe hierzu auch die Ausführungen unter Kap. 3 A. II. 3. c) bb) (2); aA wohl *Heußner*, RdA 1960, 295 (299) mit dem Argument, dass die Mitglieder der tarifschließenden Gewerkschaft „den Ausgleichsbeitrag ebenfalls in Form des Verbandsbeitrags entrichten müssen".

hinausgeht und an die Prüfung der Rechtfertigung letztlich die gleichen Maßstäbe anlegt wie an die Rechtfertigung von Eingriffen in Freiheitsrechte.[1845]

II. Rechtfertigung der Ungleichbehandlung

Diese Ungleichbehandlung von Außenseiter-Arbeitnehmern und organisierten Arbeitnehmern müsste gerechtfertigt sein.

Die Beanspruchung der Außenseiter-Arbeitnehmer ist durch das Vorliegen eines legitimen Zwecks, die Geeignetheit und die Erforderlichkeit der Maßnahme gedeckt. Dies wurde oben bereits umfänglich erörtert und gilt an dieser Stelle gleichermaßen (vgl. Kap. 5 B. III.). Insofern ist hervorzuheben, dass die partizipierenden Außenseiter-Arbeitnehmer als mit der Zahlung endgültig belastete Gruppe dem mit der Erhebung verfolgten Zweck der Stärkung der Tarifautonomie angesichts ihres Trittbrettfahrerverhaltens näherstehen als jede andere Gruppe. Ihr Verhalten ist in erheblichem Maß mitursächlich für das Problem der Schwäche der Tarifautonomie, sodass es sachlich angezeigt ist, diese Gruppe mit einer Belastung zulässigerweise in Anspruch zu nehmen.[1846]

Ferner ist zu beachten, dass die Außenseiter-Arbeitnehmer aktuell keinen über eine Kontrollfunktion hinausgehenden Beitrag zur Funktionsfähigkeit der Tarifautonomie leisten, während die organisierten Arbeitnehmer durch ihr finanzielles und persönliches Engagement im Rahmen der Mitgliedschaft bereits einen erheblichen Beitrag leisten. Unter Berufung auf das Ziel der Stärkung der Tarifautonomie kann daher nur den Außenseiter-Arbeitnehmern, nicht aber den organisierten Arbeitnehmer die wirtschaftliche Verfügungsmacht über die Nutzungsentgelte endgültig entzogen werden.[1847]

1845 Siehe zur Entwicklung der Rspr. vom Willkürverbot zum Gebot verhältnismäßiger Gleichheit – alte und neue Formeln statt aller *Nußberger*, in: Sachs GG Art. 3 Rn. 8 ff.

1846 In diese Richtung ebenfalls *Krüger*, Sieben Thesen, S. 4; siehe zum Zusammenhang von Gruppenverantwortlichkeit und Vereinbarkeit mit dem Gleichheitssatz BVerfG v. 10.12.1980 – 2 BvF 3/77, E 55, 274 (306); vgl. dazu auch oben unter Kap. 4 C. V. 2. b).

1847 Die organisierten Arbeitnehmer sind wiederum unbedingt von der endgültigen Belastung mit dem Nutzungsentgelt zu befreien, da andernfalls deren Freiheitsrechte verletzt würden (Verstoß gegen Art. 9 Abs. 3 S. 2 GG), siehe oben unter Kap. 5 C.

Zur Angemessenheit der Regelung trägt schließlich bei, dass es innerhalb der Gruppe der am Tarifvertrag partizipierenden Außenseiter-Arbeitnehmer zu keinen weiteren Unterscheidungen kommt. Vielmehr werden sie durch die Regelung gleichmäßig – also unabhängig davon, ob sie bei einem tarifgebundenen oder einem Außenseiter-Arbeitgeber beschäftigt sind – von der Zahlungspflicht erfasst.[1848] Im Übrigen greifen auch hier dieselben Überlegungen zur Angemessenheit, wie sie bereits unter Kap. 5 B. III. 4. dargelegt wurden.

Im Ergebnis ist damit die Ungleichbehandlung der Außenseiter-Arbeitnehmer durch die Förderung der in Art. 9 Abs. 3 GG verankerten Tarifautonomie gerechtfertigt.[1849]

Ein Verstoß gegen Art. 3 Abs. 1 GG läge somit nicht vor.

I. Gesamtergebnis und Ausblick

Im Zuge der Untersuchung ist deutlich geworden, dass die abnehmenden gewerkschaftlichen Organisationsgrade sowie der Rückgang der normativen Tarifgeltung Symptome eines strukturellen Defizits im deutschen Tarifsystem sind. Dieses besteht in der den Außenseiter-Arbeitnehmer offenstehenden Möglichkeit zur kostenlosen Partizipation an Tarifverträgen (Gemeingebrauch), welche das Entfalten eines Beitrittsanreizes durch eben diese Tarifverträge verhindert. Während es Aufgabe der Koalitionen ist, durch ihre Inhalte im Wettbewerb mit anderen Koalitionen zu überzeugen, fällt es dem Gesetzgeber zu, die notwendigen Rahmenbedingungen für eine tarifautonome Festlegung der Arbeits- und Wirtschaftsbedingungen zur Verfügung zu stellen und nötigenfalls zu aktualisieren. Dem gleich aus mehreren Gründen zur Stärkung der schwächelnden Tarifautonomie berufenen deutschen Gesetzgeber kommt somit die Aufgabe zu, die im Rahmen der vorliegenden Arbeit als problematisch entlarvte Außenseiter-Partizipation einzuschränken und das Entstehen der gesetzlich vorgesehenen Werbewirkung des Tarifvertrages so wieder zu ermöglichen (vgl. Kapitel 2 und 3).

Die Frage, wie dies gelingen kann, wurde eingehend und unter Einbeziehung der Lösungen ausländischer Rechtsordnungen beleuchtet (siehe

1848 Vgl. BAG (GS) v. 29.11.1967 – GS 1/67, AP GG Art. 9 Nr. 13, juris Rn. 160, das eine Gestaltung de lege ferenda für gleichheitswidrig hielt, wenn eine gesetzliche Regelung nur einen Teil der Außenseiter erfassen würde.

1849 Ebenso *Faika*, Solidaritätsbeitrag, S. 91 f.

hierzu Kapitel 4). Im Ergebnis überzeugt es, die schon im Jahr 1961 vorgebrachte Idee der finanziellen Heranziehung von nachweislich an den Tarifwirkungen partizipierenden Außenseiter-Arbeitnehmer nunmehr umzusetzen und somit der als kollektiv ausgeübte Privatautonomie verstandenen Tarifautonomie eine Chance zur Selbsthilfe an die Hand zu geben. Diese Lösung ist nicht nur praktisch umsetzbar, sondern – wie sich in Kapitel 5 nun gezeigt hat – auch verfassungsrechtlich zulässig. Man könnte zwar ob der mit einer Nutzungsentgelt-Regelung einhergehenden finalen Einwirkung auf die Beitrittsentscheidung der Außenseiter-Arbeitnehmer einen Eingriff in die in Art. 9 Abs. 3 GG verankerte negative Koalitionsfreiheit der Außenseiter-Arbeitnehmer annehmen. Dieser wäre jedoch durch die damit bezweckte Förderung der Tarifautonomie als Ausschnitt der positiven Koalitionsfreiheit zu rechtfertigen. Gleiches gilt für die Ungleichbehandlung der Außenseiter-Arbeitnehmer, welche die Nutzungsentgeltregelung angesichts des zwingenden Ausscheidens der organisierten Arbeitnehmer von der Belastung mit sich brächte. Schließlich sind die organisierten Arbeitnehmer zwar wegen der vorübergehenden Einschränkung ihrer wirtschaftlichen Dispositionsbefugnis von einem Eingriff in ihre in Art. 2 Abs. 1 GG garantierte allgemeine Handlungsfreiheit betroffen. Dieser ist jedoch nur von geringer Intensität und vor dem Hintergrund der notwendigen Wiederherstellung der Funktionsfähigkeit des Tarifvertragssystems, welches die organisierten Arbeitnehmer für die Wahrnehmung ihrer positiven Koalitionsfreiheit benötigen, ebenfalls zu rechtfertigen.

Eingriffe in weitere Grundrechte, insbesondere in die in Art. 12 Abs. 1 GG geschützte Arbeitsvertragsfreiheit, lägen bei der hier vorgeschlagenen Gestaltung hingegen nicht vor. Insbesondere bleibt die sehr weit verbreitete Bezugnahme auf Tarifverträge weiterhin und vor allem auch ohne die wirtschaftliche Mehrbelastung der Arbeitgeber möglich. Den Arbeitgebern würde also keine weitere Veranlassung gegeben, der Tarifautonomie den Rücken zu kehren. Ferner würde die staatsentlastende und allgemein begrüßte arbeitsmarktordnende Wirkung der Tarifverträge erhalten bleiben.

Dies bildet wiederum einen entscheidenden Vorteil des hier vorgeschlagenen Nutzungsentgelts als Instrument zur Stärkung der Tarifautonomie gegenüber den anderen, aktuell diskutierten Instrumenten für ein zweites Gesetz zur Stärkung der Tarifautonomie bzw. gegenüber einem Bundestariftreuegesetz. Entscheidend ist, dass das vorgeschlagene Nutzungsentgelt das Problem an der Wurzel packt, anstatt es durch weitere Erstreckungsmaßnahmen weiter zu verschärfen. Auf diese Weise könnte der stets herausfordernde Balanceakt zwischen der staatlichen Pflicht zur Ermöglichung einer effektiven Grundrechtswahrnehmung (positives Neutralitätsgebot) und dem Verbot zum Eingriff in den Tarifwettbewerb (negatives Neutralitätsgebot) gelingen und dem bewährten Modell der kollektiv ausgeübten Tarifautonomie eine reelle Chance auf Fortbestand eingeräumt werden.

Die Einführung eines Nutzungsentgelts für Außenseiter-Arbeitnehmer durch den Gesetzgeber kann freilich aber nur ein Baustein sein für die Revitalisierung der Tarifautonomie. Innerhalb der gesetzgeberisch angepassten Rahmenbedingungen bedarf es vor allem einer zielgruppenorientierten und modernen Tarifpolitik der Gewerkschaften. Diese tragen die Verantwortung dafür, Arbeitnehmer mit ihrer Arbeit nachhaltig für eine Mitgliedschaft zu begeistern. Zugleich darf nicht vergessen werden, dass die Herausforderungshaltung der Gewerkschaften nur ein – wenn auch entscheidender – Faktor ist, der Arbeitgeber zum Verbandsbeitritt oder Tarifvertragsabschluss bewegt. Flankiert werden muss die Einführung eines Nutzungsentgelts für Außenseiter-Arbeitnehmer daher mit Maßnahmen, welche Beitrittshürden auf Arbeitgeberseite abbauen. Denn erfolgreich kann das Modell Tarifautonomie nur dann sein, wenn es zwei handlungsfähige Akteure gibt, die sich paritätisch gegenübertreten und beide an einer verbindlichen Regelung zu fairen Bedingungen interessiert sind.

Kapitel 6 – Zusammenfassung der Ergebnisse

1. Die Tarifautonomie erklärt sich funktional durch das Anliegen, die strukturelle Unterlegenheit einzelner Arbeitnehmer bei Verhandlungen der Arbeitsbedingungen mit dem Arbeitgeber auszugleichen und so eine effektive Wahrnehmung der Privatautonomie auf kollektiver Ebene zu ermöglichen. Die Gewährleistung der effektiven Wahrnehmung der Privatautonomie ist dabei Endzweck und nicht bloß Durchgangsziel auf dem Weg zur Schaffung von Vereinbarungen im Interesse des Gemeinwohls. Es fällt dem Gesetzgeber zu, den für das Funktionieren dieser Selbstbestimmung erforderlichen Rechtsrahmen bereit zu stellen und notwendigenfalls anzupassen. (S. 57 – 70)

2. Angesichts dieser Zwecksetzung und der privatrechtlichen Determination ist die Funktionsfähigkeit der Tarifautonomie aufs Engste mit der Mitgliederstärke der Koalitionen verknüpft. Der Respekt vor privatautonom zustande gekommenem Recht und der Legitimation durch die Mitglieder ist zugleich entscheidend für die Sonderstellung, die Tarifverträge in der Rechtsordnung einnehmen, sowie die Zurückhaltung des Staates bei deren Kontrolle. (S. 70 – 88)

a) Die Gewerkschaften agieren als Interessenvertreter ihrer Mitglieder und prüfen als solche jede Regelung in einem Tarifvertrag, die potenziell die Interessen ihrer Mitglieder beeinträchtigt, auf ihre Angemessenheit. Die Freiwilligkeit der Beitrittsentscheidung sowie die demokratische Binnenstruktur der Gewerkschaften sichern dabei ab, dass die Gewerkschaften tatsächlich im Interesse der Mehrheit ihrer Mitglieder agieren. Angelehnt daran wird davon ausgegangen, dass das von den Tarifvertragsparteien erzielte Verhandlungsergebnis subjektiv richtig ist und die Interessen beider Seiten sachgerecht zum Ausgleich bringt („Angemessenheitsvermutung").

b) Der Staat respektiert diese Grundrechtsausübung und nimmt Tarifverträge von staatlicher Kontrolle weitgehend aus. Eine vorgelagerte Kontrolle oder Genehmigung der Tarifinhalte findet nicht statt. Vielmehr trägt der Staat dem sich aus dem Rechtsstaatsprinzip ergebenden Grundsatz, dass Bürger nicht schrankenlos der normsetzenden Gewalt autonomer Gremien ausgeliefert werden dürfen, die ihm gegenüber nicht demokratisch bzw. mitgliedschaftlich legitimiert sind, dadurch Rechnung, dass er die Normsetzungsbefugnis der Tarifvertragsparteien auf ihre Mitglieder beschränkt. Bei der repressiven Kontrolle durch die Gerichte sind die Regelungsprärogative und die freiwillige Unterwerfung der Mitglieder unter die Normsetzung zu beachten.

c) Mit dem Vertrauen darauf, dass Tarifverträge das Ergebnis eines kontradiktorischen Interessenausgleichs von sachnahen Parteien sind, rechtfertigt sich schließlich auch die vom Gesetzgeber vorgesehene Privilegierung des Tarifvertrags, die in den gesetzlich geregelten Fällen zur Unterschreitung des gesetzlich angeordneten Schutzniveaus berechtigt (vgl. nur § 622 Abs. 4 BGB, § 7 ArbZG, § 13 BurlG). Mit Aufhebung der Unabdingbarkeit der arbeitnehmerschützenden Bestimmungen fährt der Gesetzgeber seine Kontrolle privater Rechtsetzung zurück.

d) Zentrale Voraussetzung für diese staatliche Zurückhaltung ist die Annahme, dass tariffähige Gewerkschaften stark genug sind, um die Unterlegenheit der einzelnen Arbeitnehmer tatsächlich auszugleichen, sodass es auf kollektiver Ebene zu einem paritätischen Interessenausgleich mit der Arbeitgeberseite kommen kann. Vitale Gewerkschaften sind somit Voraussetzung für eine funktionsfähige Tarifautonomie.

e) Die Zahl der Mitglieder von Gewerkschaften ist wiederum entscheidender Faktor für ihre Vitalität und Durchsetzungsstärke. Wegen des Erfordernisses der Unabhängigkeit von Gewerkschaften entscheidet die Mitgliederzahl über die Finanzkraft der Vereinigung. Je größer diese ist, desto besser sind der Verwaltungsapparat und Streikkassen ausgestattet, auf die während der Arbeitskämpfe zurückgegriffen werden kann. Auch wenn sich mittlerweile Außenseiter-Arbeitnehmer vermehrt an Arbeitskämpfen beteiligen, ist die Anzahl der Gewerkschaftsmitglieder für das Mobilisierungs- und Druckausübungspotential einer Gewerkschaft in Tarifauseinandersetzungen immer noch von großer Bedeutung.

f) Erfahrungen aus der Niedriglohnbranche, in der die Gewerkschaften nur schwer Fuß fassen, zeigen schließlich, wie wichtig es ist, dass ein Gleichlauf von Normverantwortung und Normbetroffenheit herrscht. Nur dann rechtfertigt sich das Vertrauen in einen Interessenausgleich, der angemessene Arbeitsbedingungen hervorbringt, die staatlicher Kontrolle nicht bedürfen.

g) Angesichts der Funktion der Tarifautonomie als Instrument zur Selbsthilfe einzelner Arbeitnehmer bei der Vereinbarung angemessener Arbeitsbedingungen ist ihr Erfolg daran zu messen, wie gut es gelingt, Arbeitnehmern durch Tarifverträge zur selbstbestimmten Festlegung angemessener Arbeitsbedingungen zu verhelfen und sie so im Ergebnis zu schützen. Wie festgestellt wurde, korrespondieren Mitgliedschaft in einer

Gewerkschaft und Schutzwirkung der Tarifverträge miteinander. Denn der durch einen Tarifvertrag entfaltbare Schutz des Arbeitnehmers ist dann am effektivsten, wenn eine korrespondierende, beiderseitige Tarifbindung infolge von Mitgliedschaft vorliegt. In diesem Fall gilt ein einschlägiger Tarifvertrag normativ. Es ist davon auszugehen, dass der Tarifvertrag in seiner Gesamtheit für das Arbeitsverhältnis ausgewogene Regelungen enthält, die von branchenkundigen und sachnahen Tarifvertragsparteien getroffen wurden. Die Normwirkung ermöglicht die unmittelbare Erfassung der Gewerkschaftsmitglieder und verhindert nachträgliche Schlechterstellungen der einzelnen Arbeitnehmer (Günstigkeitsprinzip und Unverbrüchlichkeit). Man kann hier vom „Idealtypus" der normativen Tarifgeltung sprechen. Die nur schuldrechtliche Tarifgeltung schützt die Arbeitnehmer hingegen nicht in vergleichbarer Weise. Die tarifvertraglichen Arbeitsbedingungen stehen zur Disposition der Arbeitsvertragsparteien, sodass sich die Unterlegenheit einzelner Arbeitnehmer wiederum auswirken kann. Der Begriff der „Tariforientierung" ist darüber hinaus keiner, mit dem ein fester Schutzstandard verknüpft ist. Es können sowohl branchenfremde Tarifverträge herangezogenen werden als auch nur einzelne Tarifbestimmungen. Untersuchungen zeigen, dass die Bezahlung in „tariforientierten" Betrieben deutlich unter dem Branchentarif liegt und damit beinahe so schlecht wie in den nicht „tariforientierten" Betrieben liegen kann. Eine bloße Tariforientierung kann somit nicht per se als gleichwertige Alternative zur normativen Tarifgeltung angesehen werden.

3. Fehlt es an der Prämisse, also der hinreichenden mitgliedschaftlichen Stärke der Gewerkschaften, sind alle auf die Besonderheit der Tarifautonomie gestützten Ableitungen – insbesondere die staatliche Zurückhaltung sowohl bei der Kontrolle der Tarifverträge bei der staatlicherseits beförderten Erstreckung auf Dritte als auch bei Heranziehung als Leitlinie – in Frage zu stellen. Zugleich ist davon auszugehen, dass der Idealtypus der mitgliedschaftlich veranlassten normativen Tarifgeltung, von dem der höchste Schutz ausgeht, eine geringere Verbreitung findet. Angesichts der Begriffsoffenheit kann der Verweis auf eventuell verbreitete Tariforientierungen die Bedenklichkeit dieser Entwicklung nicht entschärfen. (S. 88 – 99)

4. Die Betrachtungen der gewerkschaftlichen Mitgliederzahlen und sowie der Zahlen zur Tarifgeltung in Deutschland zeigen, dass die auf Mitgliedschaft aufbauende Tarifautonomie aktuell in einer solchen Krise steckt. (S. 102 – 133)

a) Im Jahr 2021 waren nur noch 17,4 % der Prozent aller abhängig Beschäftigten Mitglieder einer Gewerkschaft (Netto-Organisationsgrad), im Umkehrschluss also etwa 82, 6 % sog. Außenseiter-Arbeitnehmer. Dabei handelt es sich vorwiegend um weibliche, jüngere Arbeitnehmer in Angestelltenberufen.

b) Der Anteil der mitgliedschaftlich veranlassten Tarifgeltung wird zwar nicht gesondert statistisch ausgewiesen, allerdings ist den Erhebungen des IAB-Betriebspanels zu entnehmen, dass immer weniger Arbeitsverhältnisse normativ durch Tarifverträge bestimmt werden. Unter anderem kann das auf die Schwierigkeiten der AVE zurückgeführt werden, die auch im Zuge des TASG I nicht gänzlich ausgeräumt werden konnten. Daneben zeigen jedoch auch die Organisationsprobleme der Gewerkschaften und Arbeitgeberverbände Wirkung. Schließlich verknüpfen §§ 4 Abs. 1, 3 Abs. 1 TVG Organisationsstärke und normative Tarifgeltung miteinander.

c) Auf den ersten Blick nicht ins Bild zu passen, scheint die Zunahme von Tariforientierungen, die sich parallel beobachten lässt. Längst muss man in Deutschland nicht mehr organisiert sein, um in den Genuss tarifvertraglicher Leistungen zu kommen. Die eigentlich in §§ 3 Abs. 1, 4 Abs. 1 TVG angelegte Unterscheidung in die Gruppe der in der tarifschließenden Gewerkschaft organisierten Arbeitnehmer einerseits und die Gruppe der Andersorganisierten und Außenseiter-Arbeitnehmer andererseits wird durch die beinahe flächendeckende Verwendung von Bezugnahmeklauseln weitgehend eingeebnet. Man kann insofern von einem „Gemeingebrauch am Tarifvertrag" sprechen. Das kann den Verlust an Schutzwirkung, der mit dem stetigen Absinken der normativen Tarifgeltung einhergeht, jedoch nicht wettmachen. Besinnt man sich auf die Wichtigkeit der Mitgliederbasis für die Sonderstellung der Tarifverträge, erscheint diese Entwicklung sogar im Gegenteil alarmierend. Die Abnahme der gewerkschaftlichen Mitgliederstärke heißt, dass die die Tarifverträge legitimierenden Kräfte diametral zu ihrem sogar leicht zunehmenden faktischen Erfolg auf breiter Fläche schwinden. Je geringer der Organisationsgrad auf Arbeitnehmerseite ausfällt, desto geringer ist jedoch auch der Einfluss der Gewerkschaften beim Ringen um angemessene Arbeitsbedingungen und desto größer ist das Risiko, dass es an der notwendigen Parität zwischen Gewerkschaft und Arbeitgeberseite fehlt. Der Masse der Außenseiter-Arbeitnehmer steht weder ein innerverbandliches Stimmrecht zu noch kann die Gewerkschaft mit ihrem Streik drohen.

5. Diese kostenlose Partizipation der Außenseiter-Arbeitnehmer an Tarifverträgen ist jedoch keine a priori von den Gewerkschaften missbilligte

Entwicklung. Vielmehr zeigt eine nähere Betrachtung der gewerkschaftlichen Organisationspolitik, dass Gewerkschaften die tarifvertraglich bewirkte Einbeziehung sowie der Ausschluss der Außenseiter-Arbeitnehmer von den Tarifwirkungen seit jeher als Instrument zur Verfolgung der Mitgliederinteressen eingesetzt haben. Wird in Zeiten schlechter Konjunktur tendenziell eine Gleichstellung der Außenseiter-Arbeitnehmer forciert, um diesen eine Unterbietung und damit die Verdrängung organisierter Arbeitnehmer aus ihren Arbeitsplätzen zu verhindern, tritt in Zeiten der Hochkonjunktur das Interesse an der Besserstellung der Gewerkschaftsmitglieder in den Vordergrund. (S. 134 – 191)

6. In der Praxis ist die Strategie von Inklusion und Exklusion der Außenseiter-Arbeitnehmer jedoch außer Kontrolle geraten und muss wohl als gescheitert betrachtet werden. Denn diese Strategie kann nur dann funktionieren, wenn die Gewerkschaft die Partizipation der Außenseiter-Arbeitnehmer an den von ihnen ausgehandelten Tarifverträgen und ihrer sonstigen Arbeit zusammen mit dem sozialen Gegenspieler *selbständig* steuern und vor allem die Außenseiter-Arbeitnehmer vom Tarifvertrag auch wieder ausschließen kann. Genau hier liegt nun aber das Problem: die weitgehende Partizipation aller Arbeitnehmer bzw. zumindest die Möglichkeit dazu ist zum neuen Normalzustand geworden. Der Umstand, dass es sich bei den Koalitionen und ihren mannigfaltigen Leistungen in der Arbeits- und Wirtschaftsordnung um private Errungenschaften handelt, auf die der Staat gerne zurückgreift, die er aber weder personell und finanziell unterstützt, ist in den Hintergrund geraten. Den Versuchen der Gewerkschaften, eine kostenpflichtige Mitgliedschaft bei ihnen trotz des verbreiteten „Gemeingebrauchs am Tarifvertrag" nicht obsolet erscheinen zu lassen, schob die Rechtsprechung – paradoxer Weise gerade unter Verweis auf die mittlerweile herausragende Bedeutung der Tarifverträge – in ihrem Grundsatzbeschluss des Großen Senats des BAG 1967 einen Riegel vor. Niemand dürfte von Dritten ohne gesetzliche Ermächtigung oder vertragliche Unterwerfung zu einem Ausgleich für das herangezogen werden, was „er seit jeher kostenlos in Anspruch nahm und daher als Gemeingut ansehen darf".[1850] Nachdem die erste neuere Entscheidung des BAG zu Differenzierungsklauseln aus dem Jahr 2009 zunächst Hoffnung gemacht und die organisationspolitischen Bemühungen der Gewerkschaften beflügelt hatte, ist mittlerweile Ernüchterung eingetreten. Es ist klar geworden, dass Differenzierungsklauseln – abgesehen von Sanierungssituationen –

1850 BAG (GS) v. 29.11.1967 – GS 1/67, AP GG Art. 9 Nr. 13, juris Rn. 156 ff).

keine praktische Relevanz gewinnen konnten bzw. können. Einfache Differenzierungsklauseln sind zwar zulässig, dafür aber nicht effizient. Die qualifizierten Differenzierungsklauseln haben das Potential, höchst wirksam zu sein. Sie sind jedoch wegen Verstoßes gegen die Arbeitsvertragsfreiheit und, abhängig von der Höhe der Differenzierung, auch gegen die negative Koalitionsfreiheit der Außenseiter-Arbeitnehmer unwirksam. Damit bleibt für eine Differenzierung nur der Weg über eine gemeinsame Einrichtung der Tarifvertragsparteien. Sobald der entsprechende Tarifvertrag aber für allgemeinverbindlich erklärt wird, wie es angesichts der notwendigen Einbeziehung der Außenseiter in die Finanzierung üblich ist, fällt auch diese Möglichkeit weg. Man kann also konstatieren, dass die Möglichkeiten der Gewerkschaften, die kostenlose Partizipation der Außenseiter-Arbeitnehmer zu unterbinden, sehr begrenzt sind. (S. 166 – 191)

7. Verbietet man den Gewerkschaften aber eine Einschränkung der Partizipation der Außenseiter-Arbeitnehmer, schlägt man ihnen den Tarifvertrag als ihr wesentliches Werbemittel aus der Hand und bringt diese in ernsthafte Schwierigkeiten bei der Mitgliedergewinnung. Wie schon *Olson* nachgewiesen hat, bedarf es jedoch für die Produktion von Kollektivgütern, zu der auch die Tarifverträge zählen, selektiver Anreize. Die Anreizsituation in Deutschland spricht jedoch aus der Perspektive rational-ökonomisch agierender Arbeitnehmer gegen den Beitritt in eine Gewerkschaft. Eine Betrachtung der Gründe für die abnehmenden Mitgliederzahlen in Gewerkschaften belegen, dass die Bedeutung finanzieller Kosten-Nutzen-Entscheidungen – insbesondere bei jüngeren Arbeitnehmern – hoch ist und angesichts der Individualisierungstendenzen der Gesellschaft zuletzt noch zugenommen hat. Da aber an der Hauptleistung der Gewerkschaften – dem Aushandeln und Abschluss von Tarifverträgen – gänzlich umsonst partizipiert werden kann, erscheint ein kostenpflichtiger Beitritt in die Gewerkschaft zur Erlangung sonstiger Rechte, mit denen wohlbemerkt auch zusätzliche Pflichten einhergehen, nicht lohnend. Einzig die Streikunterstützung ist ein Gut, für das die Gewerkschaft ein Angebotsmonopol innehat und von dem theoretisch eine Anreizwirkung ausgehen könnte. Diese spielt jedoch angesichts der geringen Ausfalltage durch Vollstreiks keine entscheidende Rolle für einen Großteil der Arbeitnehmer. Somit stehen Außenseiter-Arbeitnehmer bei rein rationaler Betrachtung und unter Außenvorlassung objektiv im Wert nicht bestimmbarer ideeller Vorteile besser da als Gewerkschaftsmitglieder. Im deutschen Tarifrecht besteht somit ein Trittbrettfahrerproblem, das die Funktionsfähigkeit der Tarifauto-

nomie und Produktion des Kollektivgutes Tarifvertrag erheblich gefährdet. (S. 193 – 230)

8. Der aktuell als pathologisch zu beschreibende Zustand der Tarifautonomie ist nicht auf einen bloßen Unwillen der Koalitionen zurückzuführen, der destruktiven Praxis der kostenlosen Außenseiter-Partizipation ein Ende zu setzen. Vielmehr hat sich im Zuge der Untersuchung herausgestellt, dass *de lege lata* keine Möglichkeit besteht, die als zielführend ausgemachte Kommerzialisierung der gewerkschaftlichen Arbeit gegenüber aktuell kostenlos teilhabenden Außenseiter-Arbeitnehmern umzusetzen. Dieses Anliegen lässt sich weder auf eine tarifvertragliche Bestimmung noch auf allgemeine oder spezielle zivilrechtliche Anspruchsgrundlagen stützen bzw. mit einer solchen effektiv gestalten. (S. 257 – 375)

a) Die Möglichkeit der Tarifvertragsparteien, mit Hilfe tarifvertraglicher Bestimmungen eine Zahlungspflicht für Außenseiter-Arbeitnehmer einzuführen, stößt schnell an Grenzen. Es hat sich gezeigt, dass Selbsterhaltungsmaßnahmen der Tarifvertragsparteien zwar durchaus von der sachlichen und personellen Reichweite der Tarifautonomie gedeckt sein können, den Tarifvertragsparteien jedoch die Zuständigkeit und die Normsetzungsbefugnis für eine *ausschließlich* Außenseiter-Arbeitnehmer *belastende Regelung* fehlt. Für die avisierte Regelung eines Nutzungsentgelts steht keine Rechtsnorm-Kategorie zur Verfügung, insbesondere kann eine Lohnverwendungsabrede keine Inhaltsnorm im Sinne des § 1 Abs. 1 TVG sein. Auch als betriebliche Tarifnorm gem. § 3 Abs. 2 TVG ist sie nicht umsetzbar. Schließlich können weder eine AVE, für die es eine wirksame Tarifnorm als „Bezugsobjekt" braucht, noch die Zwischenschaltung einer gemeinsamen Einrichtung nach dem Konzept der IG BSE diese Probleme aus der Welt räumen. Die Bestimmung des § 4 Abs. 2 TVG verschafft den Tarifvertragsparteien keine „Sondertarifmacht", sondern eröffnet nur einen zusätzlichen Durchführungsweg für die Verfolgung der Zwecke, deren Regelung den Tarifvertragsparteien nach Art. 9 Abs. 3 GG (äußerte Grenze) obliegt.[1851] Bei gebotener Gesamtbetrachtung des Vorhabens der IG BSE ist unverkennbar, dass die Schaffung der Kasse nur dazu dienen sollte, Außenseiter-Arbeitnehmer mit einer Zahlungspflicht zu belasten, die sie im Rahmen eines einfachen Tarifvertrages nicht einführen könnten. Man kann

1851 BAG v. 15.7.2020 – 10 AZR 573/18, AP TVG § 1 Tarifverträge: Bäcker Nr. 6 Rn. 47; *Löwisch/Rieble* TVG, § 4 Rn. 390 f.; Oetker, in; Wiedemann TVG, § 1 Rn. 780; *Thüsing/v. Hoff*, ZfA 2008, 77 (99); *Strippelmann*, Rechtsfragen der gemeinsamen Einrichtungen, 2016, S. 39 ff.; noch enger: *Franzen*, in: ErfK TVG § 4 Rn. 23: keine Erweiterung der Tarifmacht über die Tatbestände des § 1 Abs.1 TVG hinaus.

insoweit schon die Zuständigkeit der Tarifvertragsparteien ablehnen. Wenn die Arbeitgeber sich einem solchen Vorhaben nicht ohnehin schon verweigerten, würde es jedenfalls am Bundesminister scheitern, der die für eine Erfassung der Außenseiter-Arbeitnehmer erforderliche AVE aussprechen müsste. Diese wäre im öffentlichen Interesse nicht geboten. (S. 257 – 301)

b) So wie eine Gestaltung mit normativer Wirkung, scheidet auch eine schuldrechtliche Regelung eines Nutzungsentgelts im Tarifvertrag aus. Die Grenzen dessen, was sich in Form des durch die Rechtsordnung besonders privilegierten Tarifvertrags regeln lässt, bestimmt die Tarifautonomie als Ausschnitt aus der umfassenden Koalitionsbetätigungsfreiheit des Art. 9 Abs. 3 GG. Wie oben dargelegt wurde, umfasst diese die unmittelbare Regelung der Arbeits- und Lohnbedingungen der Mitglieder. Eine Klausel, welche die Arbeitgeber zum Abzug eines Nutzungsentgelts vom Lohn von Außenseiter-Arbeitnehmern und die Außenseiter-Arbeitnehmer zur Duldung verpflichtet, überschreitet diesen Rahmen jedoch. Im Ergebnis ist damit den Vertretern der sog. „Harmonielehre", die meinen, dass „schuldrechtlicher Regelung verschlossen bleiben müsse, was normativer Regelung nicht zugänglich sei", zuzustimmen. Dies ergibt sich jedoch nicht aus einer Auslegung des § 1 TVG, sondern aus einer Betrachtung des Schutzbereichs der in Art. 9 Abs. 3 GG niedergelegten Tarifautonomie, welche die äußere Grenze der durch Tarifvertrag regelbaren Inhalte darstellt. Es bliebe zwar die Möglichkeit, eine Nutzungsentgelt-Regelung in einem nichttariflichen Koalitionsvertrag vorzusehen, jedoch hat sich gezeigt, dass diese Lösung die praktischen Hürden nicht überwinden könnte. Es könnte nicht sichergestellt werden, dass die Pflicht zur Zahlung des Nutzungsentgelts gegen den zu erwartenden Widerwillen der Außenseiter Eingang in das Arbeitsverhältnis findet. Damit muss dieser Weg als ineffektiv bezeichnet werden und kann nicht ernsthaft als Option in Frage kommen. Unternähmen die Gewerkschaften nämlich einen Vorstoß zur Einführung des Nutzungsentgelts, ohne dass deren gleichmäßige und lückenlose Erhebung sichergestellt wäre, könnte eine Situation entstehen, die zu Verwirrung, Ungleichbehandlung und Unmut führt. Dem Anliegen der Gewerkschaften, mehr Mitglieder zu gewinnen, um ihre Funktionsfähigkeit zu sichern, würde dadurch mehr geschadet als genützt werden. (S. 302 – 315)

c) Auch auf allgemeine oder spezielle zivilrechtliche Anspruchsgrundlagen außerhalb des Tarifvertrages lässt sich ein Anspruch der Gewerkschaft gegen die Außenseiter-Arbeitnehmer auf Zahlung eines Nutzungsentgelts nicht effektiv bzw. zielführend stützen. Dabei hat sich insbesondere der im Zusammenhang mit dem Solidaritätsbeitrag bemühte Gedanke der

Gesamtrepräsentation der Arbeitnehmer durch die Gewerkschaften nicht als tragfähige Grundlage erwiesen, denn eine Gesamtrepräsentation hat – sofern man sie denn überhaupt annehmen will – keine rechtliche Relevanz. Ohne einen dahinterstehenden Regelungsauftrag ist sie nicht mehr als eine Beschreibung einer Beobachtung. Darauf gestützte Billigkeitserwägungen können allein keine Anspruchsgrundlage für einen gegenüber den Außenseiter-Arbeitnehmern erhobenen Zahlungsanspruch bilden. Bei derzeitiger Ausgestaltung des Tarifwesens kann außerdem auch nicht von einem konkludenten Abschluss einen „Nutzungsvertrages" zwischen Gewerkschaft und Außenseiter-Arbeitnehmern ausgegangen werden. Es fehlt bereits an einem Angebotstatbestand von Seiten der Gewerkschaft; auch eine Annahmeerklärung der Außenseiter-Arbeitnehmer lässt sich unter Berücksichtigung gängiger Auslegungsgrundsätze für Willenserklärungen nicht annehmen. Unter Heranziehung der GoA oder der Kondiktion im Bereicherungsrecht lässt sich der Vorteil der Außenseiter-Arbeitnehmer ebenfalls nicht kommerzialisieren. Der Gesetzgeber hat die Möglichkeit, ohne eine dies anordnende Abrede von einem anderen auf Grund von allgemeinen Wertungen einen Vorteilsausgleich zu verlangen oder Vorteile zu kondizieren, bewusst mit einigen Einschränkungen versehen, um das Zusammenleben nicht über Gebühr zu belasten. Diese Grenzen sind ebenso zu respektieren wie die bewusste Fernbleibeentscheidung der Außenseiter-Arbeitnehmer, welche nicht durch die Konstruktion eines Vertragsverhältnisses zur Gewerkschaft „durch die Hintertür" negiert werden darf. Es gibt zwar auch andere, deutlich konkretere Tatbestände zum Ausgleich ungerechtfertigter Vermögensverschiebungen, auch diese können jedoch im vorliegenden Fall nicht zur Anwendung kommen. So lässt sich zwar über die Frage des Urheberrechtsschutzes für Tarifverträge trefflich streiten, selbst im Fall seiner Befürwortung erscheint aber das Regime des Verwertungsersatzes im Urheberrecht auf die vorliegende Situation der Partizipation am Tarifvertrag nicht übertragbar. Die zu erzielenden Entschädigungen sind nicht nur von einem Verschulden abhängig, sondern auch in der Höhe viel niedriger als es für die vorliegenden Zwecke erforderlich wäre. (S. 316 – 372)

9. Da die Gewerkschaften *de lege lata* nicht in der Lage sind, die kostenlose Außenseiter-Partizipation, welche sie in Schwierigkeiten bringt, zu beenden, liegt ein strukturelles Problem vor. Es ist erforderlich, dass der Gesetzgeber eine Rechtsgrundlage schafft, die die Mittelbarkeit der Vermögensverschiebung von Gewerkschaft zu Außenseiter-Arbeitnehmer überwindet und den Ausgleich für die kostenlose Partizipation von Außenseiter-Arbeitnehmern am Tarifvertrag ermöglicht. Die Pflicht zur Förde-

rung der Koalitionsfreiheit hat sich bereits zur staatlichen Schutzpflicht verdichtet, die immer dann auf den Plan tritt, wenn Grundrechte in der sozialen Realität zur Unwirksamkeit zu verkümmern drohen. (S. 233 – 254; S. 375 – 379)

10. Ausscheiden muss bei der Suche nach einer Lösung die in der Literatur angestoßene Idee, die Normsetzungsbefugnis der Tarifvertragsparteien gesetzgeberisch zu erweitern und ihnen die eigenständige Erhebung und Regelung eines Nutzungsentgelts gegenüber Außenseiter-Arbeitnehmern im TVG zu erlauben („Modell 1"). Davon abgesehen, dass diese Lösung die Gefahr mit sich brächte, dass sie gerade dort, wo die Gewerkschaften die Stärkung benötigten, leerläuft, weil diese das Ansinnen gegenüber der Arbeitgeberseite nicht durchsetzen könnten, verließe eine solche Regelung den Bereich der Ausgestaltung der Tarifautonomie. Wie bei der Betrachtung der Regelungsmöglichkeiten *de lege lata* nachgewiesen wurde, ist die Vereinbarung von ausschließlich außenseiterbelastenden Regelungen vom Schutzbereich der Koalitionsbetätigungsfreiheit des Art. 9 Abs. 3 GG nicht mehr gedeckt. Im Übrigen läge ein Verstoß gegen das Demokratie- und Rechtsstaatsprinzip vor, die es dem Gesetzgeber verbieten, den Bürger der Normsetzungsgewalt von Privaten auszusetzen, die ihnen gegenüber nicht mitgliedschaftlich oder demokratisch legitimiert sind. (S. 380 – 386)

11. Auch die Wiederbelebung der Idee des Tarifbeitritts, die *Sinzheimer* und *Nipperdey* in den 1920iger Jahren bereits diskutiert haben (S. 136 – 140), und ihre Kombination mit einer Zahlungspflicht nach dem Vorbild der Schweizer Praxis zur Erhebung von Solidaritätsbeiträgen („Modell 2") erweisen sich bei näherer Betrachtung nicht als zielführend. (S. 387 – 464)

a) In der Schweiz ist die Erhebung eines Entgelts von Außenseiter-Arbeitnehmern, die am Tarifvertrag partizipieren, gesetzlich ermöglicht und die sich bereits zuvor entwickelte Praxis damit anerkannt worden. Als Blaupause für eine Regelung des Nutzungsentgelts in Deutschland kann die Regelung des Art. 356b Abs. 2 OR dennoch nicht dienen. Das Institut des „Anschlusses" an den GAV hat in der Schweiz keine praktische Wirkung erlangen können, da schuldrechtliche – mitunter auch kostenlose – Bezugnahmen auf den GAV weiterhin zulässig waren. Außerdem wurde zwar durch die Rechtsprechung ein Solidaritätsbeitrag, der bis zu 2/3 des Mitgliedsbeitrages beträgt, gebilligt. Dieser Spielraum wird jedoch – soweit ersichtlich – nirgendwo ausgeschöpft. Solidaritätsbeiträge belaufen sich in der Schweiz nur auf geringe Beträge (um die 5 Fr. pro Monat). Dies hat damit zu tun, dass sie in erster Linie von dem Konzept des Lastenausgleichs motiviert sind und die Kosten des Zustandekommens des GAV sowie seiner Durchführung durch die dem deutschen Tarifrecht unbekannte „Paritätische Kommission“ abgelten sollen. Die geringe Höhe des Solidaritätsbeitrages in der Schweiz ist mit ein Grund dafür, dass sich „wesentliche Erfolge bei der Mitgliederwerbung“ dadurch nicht haben verzeichnen lassen. (S. 389 – 452)

b) Es wäre insofern zu erwarten, dass das Institut des Nutzungsentgelts als Anschlussbedingung auch in Deutschland wenig Erfolg haben würde, solange man die Bezugnahme auf Tarifverträge weiterhin erlaubte. Ein entsprechendes Verbot wäre jedoch mit einem schwerwiegenden Eingriff in die Arbeitsvertragsfreiheit verbunden, der sich angesichts der zur Verfügung stehenden milderen Alternativen mit der Stärkung der Tarifautonomie nicht rechtfertigen ließe. Da ein Kontrahierungszwang zum Anschluss an den Tarifvertrag sich nicht überzeugend begründen ließe, bestünde zudem die Gefahr, dass die Arbeitgeberseite „Anträge“ von Außenseiter-Arbeitnehmern einfach leerlaufen ließe. Damit würde der Anschluss an den Tarifvertrag und mit ihm das Nutzungsentgelt nicht die notwendige Relevanz erlangen. (S. 452 – 464)

12. Es bleibt schließlich die von der Verfasserin präferierte Möglichkeit, die Pflicht zur Zahlung eines Nutzungsentgelts für Außenseiter-Arbeitnehmer unmittelbar durch das Gesetz selbst vorzusehen („Modell 3“). Sofern die Tarifvertragsparteien darauf beharren, dass die Identität der Gewerkschaftsmitglieder im Unternehmen geheim zu bleiben hat, wären in einem ersten Schritt alle Arbeitnehmer, deren Arbeitsvertrag eine Bezugnahmeklausel enthält, zur Duldung des Abzugs des Nutzungsentgelts durch den Arbeitgeber verpflichtet. Gewerkschaftsmitglieder und Andersorganisierte könnten sich das Geld jedoch von der staatlichen Einzugsstelle erstatten lassen, während die Einnahmen der Außenseiter-Arbeitnehmer an die tarifschließende Gewerkschaft zur freien Verwendung weitergereicht würden. (S. 464 – 508)

13. Ein solches Gesetz zur Einführung eines Nutzungsentgelts für Außenseiter-Arbeitnehmer ist auch nach Erlass der sog. Mindestlohn-Richtlinie im Oktober 2022 an den Grundrechten des Grundgesetzes zu messen, da die EU beim Erlass der Mindestlohn-RL „ulta vires“ gehandelt hat. Selbst wenn man das anders sähe, ist zu beachten, dass die Richtlinine den Mitgliedstaaten einen sehr weiten Spielraum überlässt, auf welche Art und Weise die Tarifvertragsverhandlungen gefördert werden. Damit ist der Weg für eine Kontrolle von Umsetzungsakten anhand des Grundgesetzes eröffnet. (S. 509 – 517)

14. Bei der Überprüfung der Vereinbarkeit eines Nutzungsentgelts mit den Grundrechten steht die negative Koalitionsfreiheit aus Art. 9 Abs. 3 GG im Fokus. Das dort garantierte Fernbleiberecht schützt sowohl Arbeitnehmer als auch Arbeitgeber vor einer hoheitlich angeordneten Zwangsmitgliedschaft in einer Koalition. Es ist klar, dass die negative Koalitionsfreiheit nicht schon durch jede Benachteiligung des Außenseiter-Arbeitnehmers verletzt sein kann, da eine Schlechterstellung bereits im Tarifvertragssystem selbst vorgesehen ist. Ausgehend davon wird die Frage, ob die negative Koalitionsfreiheit verletzt ist, in der Regel als quantitatives Problem gegriffen und versucht, das Ausmaß an Benachteiligung oder Belastung zu ermitteln, das zur Ausübung unzulässigen Zwangs führt. (S. 517 – 554)

a) Der Große Senat argumentierte durchweg mit wenig greifbaren Allgemeinplätzen und empirisch nicht belegten Größen, als er einen Eingriff in Art. 9 Abs. 3 GG davon abhängig machte, ob der Druck auf den Außenseiter „sozialinadäquat" sei. Wegen seiner Undurchsichtigkeit müsse da zusätzliche Urlaubsgeld das Gerechtigkeitsempfinden der Außenseiter „zwangsläufig" und „gröblich" verletzten. Es kam also hiernach nicht auf die Höhe des Urlaubsgeldes oder anders gesagt das Maß des vorenthaltenden Vorteils an. Die Überlegungen der Rechtsprechung erscheinen zweckmäßig, sofern es sich um einen mittelbar-faktischen Eingriff in die negative Koalitionsfreiheit handelt. Sie stellen jedoch nur einen Teilausschnitt dar und können nicht als universeller Prüfungsmaßstab für die Beeinträchtigung der negativen Koalitionsfreiheit gelten.

b) Es wurde nachgewiesen, dass es des Rückgriffs auf eine solche Eingriffsschwelle zur Ausscheidung irrelevanter Reflexe dann nicht bedarf, wenn ein Zurechnungszusammenhang unzweifelhaft erkennbar ist. Das ist der Fall, wenn ein staatliches Handeln *unmittelbar* – also ohne die Zwischenschaltung privater Dritter – und *final* – also entsprechend der staatlichen Zwecksetzung der Maßnahme – nachteilige Wirkungen auf ein grundrechtliches Schutzgut hat. Dann kann der Staat sich der Rechtfertigungslast nicht entziehen. Es ist in diesen Fällen vielmehr stets und ohne weitere Voraussetzungen ein Eingriff anzunehmen.

c) Dies kann auch beim Gesetz zur Einführung eines Nutzungsentgelts für Außenseiter-Arbeitnehmer angenommen werden. Dieses würde die Außenseiter-Arbeitnehmer direkt belasten und dabei unverhohlen das Ziel verfolgen, Einfluss auf die Organisationsentscheidung der Arbeitnehmer zu nehmen. Auch wenn nur aktuelle (negative) Fehlanreize beseitigt und keine neuen Positivanreize geschaffen werden sollen, legt es die gesetzgeberische Maßnahme eindeutig darauf an, mehr Arbeitnehmer zum Beitritt zu bewegen, was das Fernbleiberecht betrifft. Das langfristige Ziel, den Arbeitnehmern auf diesem Wege angemessene Arbeitsbedingungen zu sichern, tritt demgegenüber in den Hintergrund. Unabhängig von der Ausgestaltung und insbesondere Höhe des Entgelts liegt angesichts dieser unmittelbaren und finalen Regelung des Nutzungsentgelts ein Eingriff in die negative Koalitionsfreiheit vor. Die ideelle Seite des Fernbleibens ist dabei ebenfalls durch Art. 9 Abs. 3 GG geschützt, sodass nach dem Spezialitätsgrundsatz ein Rückgriff auf das Grundrecht der Meinungsfreiheit aus Art. 5 GG ausgeschlossen ist (S. 518 – 524, S. 557).

15. Der Eingriff in die negative Koalitionsfreiheit ist jedoch gerechtfertigt durch das legitime Ziel der Stärkung der Tarifautonomie. Auch wenn der Staat grundsätzlich zur Neutralität verpflichtet ist (allgemeines Verfassungsprinzip), darf er Maßnahmen zur Förderung der positiven Koalitionsfreiheit ergreifen, welche die negative Koalitionsfreiheit der Außenseiter-Arbeitnehmer tangieren. Der Staat muss keine völlige Passivität oder Indifferenz gegenüber den Koalitionen und ihren Betätigungen an den Tag legen, sondern ist im Gegenteil – auch und namentlich im Rahmen seiner Neutralitätspflicht – „dort zur aktiven Regelung berechtigt, wo es um die Funktionsfähigkeit des Koalitionsverfahrens insgesamt geht („positive Neutralitätspflicht").“[1852] Da weder der Vorschlag eines Bundestariftreuegesetzes noch die Einschränkung oder das Verbot der einzelvertraglichen Bezugnahme auf Tarifverträge oder eine gesetzliche Regelung zu Differenzierungsklauseln gleich geeignet und zugleich milder sind als die Regelung eines Nutzungsentgelts, kann der Gesetzgeber sich im Rahmen seiner Einschätzungsprärogative für die Umsetzung dieser Maßnahme entscheiden. Zuletzt wäre das avisierte Gesetz zur Einführung eines Nutzungsentgelts auch angemessen, also verhältnismäßig im engeren Sinne, da der Grundrechtseingriff bei Umsetzung des Gestaltungsvorschlages nach Modell 3 nicht außer Verhältnis zum verfolgten Zweck stünde. (S. 525 – 554)

16. Die in Art. 12 Abs. 1 GG geschützte Arbeitsvertragsfreiheit sowie die in Art. 9 Abs. 3 GG (iVm Art. 19 abs. 3 GG) garantierte positive Koalitionsfreiheit der andersorganisierten Arbeitnehmer und Gewerkschaften wären bei der hier vorgeschlagenen Gestaltung nicht berührt, da die Bezugnahme weiter zulässig wäre und eine Doppelbelastung organisierter Arbeitnehmer mit Übertrittswirkung ausgeschlossen würde. Eine Beeinträchtigung der Eigentumsfreiheit der Außenseiter-Arbeitnehmer durch die Einführung der

---

1852 *Scholz,* in: HdStR § 175 Rn. 48; ebenso *Franzen,* Stärkung der Tarifautonomie, S. 58; *Höpfner,* Verfassungsrechtliche Grenzen, S. 20; auch *Ricken,* in: MHdB ArbR § 280 Rn. 18 „fördernden" Neutralität".

Zahlungspflicht in Form des Nutzungsentgelts scheidet ebenfalls aus, da die Geldleistungspflicht aus fluktuierendem und durch Art. 14 Abs. 1 GG nicht geschütztem Vermögen zu erfüllen wäre. (S. 554 – 556)

17. Demgegenüber wären die allgemeine Handlungsfreiheit iSv Art. 2 Abs. 1 GG der von der Zahlungspflicht erfassten organisierten Arbeitnehmer sowie das allgemeine Gleichbehandlungsgebot des Art. 3 GG zunächst betroffen. Da die Beeinträchtigung durch die damit bezweckte Förderung der Tarifautonomie als Ausschnitt der positiven Koalitionsfreiheit gerechtfertigt wäre, läge eine Verletzung dieser Grundrechte jedoch im Ergebnis nicht vor. (S. 559– 562)

18. Insgesamt wäre das vorgeschlagene Gesetz zur Regelung des Nutzungsentgelts für Außenseiter-Arbeitnehmer als Instrument zur Stärkung der Tarifautonomie somit verfassungsmäßig. (S. 564 – 567).

Anhang

Anhang 1: Tarifvertrag über die Vorteilsausgleichskasse (VAK) des Baugewerbes[1853] *(kurz VAK TV-E)*

§ 1 Geltungsbereich

§ 2 Vorteilsausgleichskasse des Baugewerbes
Als gemeinsame Einrichtung der Tarifvertragsparteien besteht innenhalb des Baugewerbes die Vorteilsausgleichskasse (VAK).

§ 3 Zweck der Vorteilsausgleichskasse
Die Kasse dient allgemeinen sozialen Zwecken zum Wohle der Bauarbeiter, insbesondere der Berufsbildung und der Ausgestaltung von Urlaub und Freizeit. Einzelheiten werden durch die Satzung der VAK bestimmt.
Über die Vorteilsausgleichskasse läuft ein Teil des Beitrages der in der Industriegewerkschaft Bau-Steine-Erden organisierten Arbeitnehmer an ihre Organisation.

§ 4 Aufbringung der Mittel
Der Arbeitgeber hat 1% vom Lohn des Arbeitnehmers einzubehalten und an die Kasse abzuführen. Die Kasse hat das unmittelbare Recht, den Beitrag zu fordern.
Der Beitragseinzug erfolgt nach einem besonderen Tarifvertrag. Den Bestimmungen des Absatz 1 ist Rechnung getragen, wenn der Arbeitgeber für die Beitragsabführung die betriebliche lohnsteuerpflichtige Bruttolohnsumme als Berechnungsgrundlage zugrunde legt.

§ 5 Laufdauer
Dieser Tarifvertrag tritt am 1. Juli 1961 in Kraft. Er kann mit einer Frist von 12 Monaten zur Jahresmitte, erstmalig zum 30. 6. 1964, gekündigt werden.

1853 Abgedruckt bei *Schwaabe*, Solidaritätsbeiträge, S. 59.

Anhang 2: Satzung der Vorteilsausgleichskasse[1854] *(kurz VAK Satzung-E)*

§1 Name, Sitz, Geschäftsjahr

Die Kasse wird als gemeinsame Einrichtung gemäß § 4 Abs. 2 des Tarifvertragsgesetzes errichtet auf Grund des Tarifvertrages über eine Vorteilsausgleichskasse zwischen dem Zentralverband, dem Hauptverband und der Industriegewerkschaft Bau-Steine-Erden.

§ 2 Vereinszweck

Die Kasse dient den Arbeitnehmern im Baugewerbe

1. zur fachlichen Aus- und Weiterbildung
2. zur allgemeinen, staatspolitischen und gesellschaftlichen Bildung
3. zur Förderung des Erholungszwecks von Urlaub und Freizeit
4. zur fachlichen Nachwuchsförderung
5. zu sonstigen sozialen Zwecken

Darüber hinaus hat die Kasse die Aufgabe, der bautechnischen Forschung und der Entwicklung von Verfahren zur Verbesserung der Arbeitsmethoden zu dienen.

Die Mittel der Kasse dürfen nicht für Kampfzwecke der Tarifvertragsparteien des Baugewerbes gegeneinander verwandt werden.

Die satzungsmäßige Verwendung der Mittel ist den Tarifvertragsparteien durch eine Treuhandgesellschaft nachzuweisen.

Von den eingehenden Beiträgen hat die Kasse **einen Teil entsprechend dem Anteil der in der IG Bau-Steine-Erden organisierten Arbeitnehmer des Bauhauptgewerbes an der Gesamtzahl der Arbeitnehmer des Bauhauptgewerbes an die IG Bau-Steine-Erden abzuführen.**

§ 3 Mitgliedschaft

Mitglieder der VAK sind:

Zentralverband

Hauptverband

IG Bau-Steine-Erden

Die Mitglieder üben ihre Mitgliedschaftsrechte durch Delegierte aus.

1854 Abgedruckt bei *Schwaabe*, Solidaritätsbeiträge, S. 59 ff.

§ 4 Organe

Die Organe der Kasse sind

a) die Mitgliederversammlung

b) der Vorstand

§ 5 Mitgliederversammlung

Die Mitgliederversammlung setzt sich aus den in § 3 genannten Organisationen zusammen.

Den Arbeitgeberorganisationen stehen je 15 Delegierte, der IG Bau-Steine-Erden 30 Delegierte zu.

§ 6 Aufgaben der Mitgliederversammlung

Die Mitgliederversammlung hat folgende Aufgaben:

a) Entgegennahme des Rechenschaftsberichtes des Vorstandes und Entgegennahme und Beschlußfassung über den Jahresabschluß

b) Entlastungserteilung für den Vorstand

c) Genehmigung des Haushaltsvorschlages für die Verwaltung der Kasse

d) Entscheidung in allen Angelegenheiten, in denen im Vorstand kein Mehrheitsbeschluß zustande kommt

e) Wahl der Mitglieder des Vorstandes sowie Wahl der stellvertretenden Mitglieder des Vorstandes

f) Bestellung einer Treuhandgesellschaft zur Prüfung des satzungsgemäßen Verhaltens des Vorstandes und der Prüfung des Rechnungswesens

g) Satzungsänderungen

§ 7 Vorstand

Der Vorstand besteht aus 10 Mitgliedern.

Davon werden fünf, die Mitglieder der IG Bau-Steine-Erden sind, auf deren Vorschlag gewählt, fünf weitere sind unabhängige Persönlichkeiten des öffentlichen Lebens, die der Sozialpolitik nahestehen; sie werden von der IG Bau-Steine-Erden vorgeschlagen.

Der Vorstand entscheidet über die Maßnahmen, die zur Erfüllung der satzungsmäßigen Zwecke notwendig sind.

§ 8 Geschäftsstelle
Der Vorstand kann eine Geschäftsstelle einrichten.

Anhang 3: Zusatzvereinbarung 1 zum Tarifvertrag über die Vorteilsausgleichskasse (VAK) des Baugewerbes[1855]

Für die Laufdauer des Vertrages über eine Vorteilsausgleichskasse (VAK) wird folgende

Vereinbarung

abgeschlossen:

1. Die Tarifvertragsparteien verpflichten sich, in wirtschaftlichen und sozialen Fragen zusammenzuarbeiten und gemeinsame baugewerbliche Interessen auch nach außen gemeinsam - oder wenn es zweckmäßiger ist alleine - zu vertreten.
2. Die Tarifvertragsparteien verpflichten sich, alle auftretenden Meinungsverschiedenheiten nach Möglichkeit friedlich zu erledigen. Während der Laufdauer des Tarifvertrages über eine Vorteilsausgleichskasse besteht ein Schlichtungsabkommen. Dieses Schlichtungsabkommen sieht ein Schiedsgericht vor, dem ein unparteiischer Vorsitzender vorzusitzen hat.
3. Die Tarifvertragsparteien nehmen in Aussicht, dazu verfügbare Mittel der Urlaubskasse, der Lohnausgleichskasse und der Zusatzversorgungskasse des Baugewerbes in marktinitiativer Weise für bauwirtschaftliche Zwecke zu verwenden. Dies insbesondere auch, um in konjunkturschwachen Zeiten eine kontinuierliche Beschäftigung des Baugewerbes ermöglichen zu helfen.

Anhang 4: Zusatzvereinbarung 2 zum Tarifvertrag über die Vorteilsausgleichskasse (VAK) des Baugewerbes[1856]

Für die Laufdauer des Vertrages über eine Vorteilsausgleichskasse (VAK) wird folgende

Vereinbarung

1855 Abgedruckt bei *Schwaabe*, Solidaritätsbeiträge, S. 61.
1856 Abgedruckt bei *Schwaabe*, Solidaritätsbeiträge, S. 61.

abgeschlossen:

Sollte aus dem Tarifvertrag über eine Vorteilsausgleichskasse oder dem dazu abgeschlossenen Verfahrungstarifvertrag ein Arbeitgeber des Baugewerbes wegen der Einbehaltung des VAK-Beitrags an die VAK von einem Gericht zum Schadenersatz an den Arbeitnehmer rechtskräftig verurteilt werden, so hat die VAK und die IG Bau-Steine-Erden als Gesamtschuldner dem Arbeitgeber den ihm entstehenden Schaden einschließlich gerichtlicher und außergerichtlicher Kosten zu ersetzen.

Anhang 5: Musteranschlusserklärung Schweiz[1857]

„Anschlusserklärung Name . . . Vorname

Strasse u. Nr. . . .

PLZ und Wohnort

Beschäftigt bei ...

schliesst sich im Sinn von Art. 356b OR dem Gesamtarbeitsvertrag zwischen... einerseits und . . . anderseits, geschlossen am ... , wie auch den bereits beste- henden und allfälligen künftigen zugehörigen Regelementen und Zusätzen an.

Falls die Paritätische Kommission diesem Anschluss zustimmt, gelten die Art. . . . bis . . . des vorliegenden GAV für den unter zeichneten AN genau gleich wie für die Mitglieder der vertragschliessenden Gewerkschaften. Namentlich sind Abreden im Einzelarbeitsvertrag, die für den AN ungünstiger lauten als die in Art.... bis •.• des GAV festgelegten Arbeitsnormen, ungültig und werden ersetzt durch die entsprechenden Bestimmungen des GAV.

Für den AN günstigere Abreden sind jedoch gültig.

Der unterzeichnete AN nimmt davon Kenntnis, dass er - da er keinen Gewerk- schaftsbeitrag bezahlt, aber trotzdem vom Vertrag profitiert - monatlich einen Solidaritätsbeitrag von Fr. 7. - - an die Vertragsgemeinschaft zu entrichten hat (vgl. Art. . .. des GAV). Er ermächtigt seinen Arbeitgeber, ihm diesen Beitrag an jedem Zahltag vom Lohn abzuziehen.

Der unterzeichnete AN nimmt ferner Kenntnis davon, dass zwischen den Par- teien dieses GAV die absolute Friedenspflicht vereinbart worden ist, und dass infolgedessen jede den Arbeitsfrieden störende Massnahme

1857 *Kreis,* Der Anschluss eines Aussenseiters, S. 95.

[Streik, Sperre, Pressepolemik etc.) unzulässig ist. Er unterzieht sich persönlich dieser Frie- denspflicht. Zwecks Sicherstellung der Einhaltung dieser Verpflichtung er- mächtigt er seinen AG, ihm vom er sten und zweiten Zahltag je Fr. 100. -- abzuziehen und als Kaution auf ein gesperrtes, auf den Namen des AN lauten- des Sparheft bei der Kantonalbank . . . in .. . zu hinterlegen (vgl. Art. . .. des GAV). Verfügungsberechtigt über diese Hinterlage ist allein das Paritätische Schiedsgericht. Sie verfällt, wenn der unterzeichnete AN sich in irgendeiner Weise an Störungen des Arbeitsfriedens beteiligt. Andernfalls erhält er die Kaution bei Beendigung des Anschlussverhältnisses samt Zinsen zurück.

Dieser Anschluss entfaltet - vorbehaltlich der Zustimmung der Paritätischen Kommission - Wirkungen ab dem Zeitpunkt der Unterzeichnung durch den AN. Ort: . . . Datum: . . . Unterschrift des AN: . ..

Die Paritätische Kommission hat am . . . diesem Anschluss zugestimmt. Stempel: . . . Unterschrift des Präsidenten: ...“

Literaturverzeichnis

Adomeit, Klaus: Rechtsquellenfragen im Arbeitsrecht, München 1969 (zitiert: *Adomeit*, Rechtsquellenfragen, S.).

Ahlberg, Hartwig / Götting, Horst-Peter (Hrsg.): Urheberrecht Kommentar, 4. Auflage, München 2018 (zit.: *Bearbeiter*, in: Möhring/Nicolini UrhR, Gesetz § Rn.).

Ahlberg, Hartwig / Götting, Horst-Peter / Lauber-Rönsberg, Anne (Hrsg.): BeckOK Urheberrecht, 36. Auflage, München 2022 (zitiert: *Bearbeiter*, in: BeckOK UrhR § Rn.)

Akerlof, George: A Theory of social custom of which unemployment may be one consequence, in: The Quarterly Journal of Economics 1984, S. 749 – 775.

Ales, Edoardo / Bell, Mark / Deinert, Olaf / Robin-Oliver, Sophie (Hrsg.): International and European Labour Law. Article-by-Article Commentary, Baden-Baden 2018 (zitiert: *Bearbeiter*, in: Ales/Bell/Deinert/Robin-Olivier, Regelungsakt, Art. Rn.)

Andelewski, Utz Aeneas: Staatliche Mindestarbeitsbedingungen. Die Möglichkeiten des Staates zur Setzung von Mindestarbeitsbedingungen unter besonderer Berücksichtigung des Falls der partiellen Machtlosigkeit von Arbeitnehmerkoalitionen, Berlin 2001.

Anders, Carsten / Biebeler, Hendrik / Lesch, Hagen: Mitgliederentwicklung und politische Einflussnahme: Die deutschen Gewerkschaften im Aufbruch?, in: IW-Trends 1.2015, S. 21 – 34.

Annaheim-Büttiker, Esther: Die Stellung des Aussenseiter-Arbeitnehmers im System des Gesamtarbeitsvertrages, Basel 1990.

Annuß, Georg: Tarifbindung durch arbeitsvertragliche Bezugnahme?, in: ZfA 2005, S. 405 – 457.

Arnold, Christian: Betriebliche Tarifnormen und Außenseiter. Zur Legitimation der tarifvertraglichen Regelungsbefugnis, Berlin 2007.

Assenmacher, Simon: Funktionen und Befugnisse der Gemeinsamen Einrichtungen der Tarifvertragsparteien, Münster 2003 (zit. *Assenmacher*, Funktion und Befugnisse, S.)

Auer-Reinsdorff, Astrid / Conrad, Isabell (Hrsg.): Handbuch IT- und Datenschutzrecht, 3. Auflage, München 2019 (zitiert: *Bearbeiter*, in: IT-R-HdB, § Rn.).

Auerbach, Hakon: Nichtorganisierte und Tarifvertrag. Unter Berücksichtigung der kommenden Tarifrechtsreform, Halle 1932 (zitiert: *Auerbach*, Nichtorganisierte und Tarifvertrag, S.).

Bach, Helena / Lesch, Hagen / Vogel, Sandra: Die Legitimität der Tarifautonomie in Deutschland. Wirtschaftspolitische Lehren aus historischen Debatten von 1918 bis heute, IW-Analysen 148, Köln 2022 (zitiert: *Bach/Lesch/Vogel*, IW-Analysen 148, S.).

Bachmann, Herbert: Die Diskussion. Koalitionsrecht – Koalitionszwang. Eine Nachlese, in: Mensch und Arbeit (MuA) 1950, S. 250-251.

Bachmann, Herbert: Koalitionsrecht und Schmarotzrecht. Erwiderung auf den Artikel „Koalitionsfreiheit oder Koalitionszwang" von Dr. v. Sivers, in: Mensch und Arbeit (MuA) 1950, S. 56-57.

Bauer, Jobst-Hubertus: Empfiehlt es sich für den Gesetzgeber, die Tarifbindung zu stärken?, in: *Gallner, Inken / Henssler, Martin / Eckhoff, Frank / Reufels, Martin (Hrsg.)*, Dynamisches Recht, Herausforderungen im Arbeitsrecht, Gesellschaftsrecht und Insolvenzrecht. Festschrift für Wilhelm Moll zum 70. Geburtstag, München 2019, S. 33-48 (zitiert: *Bauer*, in: FS Moll (2019), S. 33 (S.)).

Bauer, Jobst-Hubertus / Arnold, Christian: Differenzierungsklauseln – Entscheidung des Großen Senats auf der Kippe?, in: NZA 2009, S. 1169 – 1174.

– Rote Karte für qualifizierte Differenzierungsklauseln, in: NZA 2011, S. 945 – 949.

Baumberger, Daniel: Gesamtarbeitsverträge trotzen dem Strukturwandel, in: Die Volkswirtschaft (7) 2021, S. 41 – 43.

Bayreuther, Frank / Deinert, Olaf: Der Einbezug arbeitnehmerloser Betriebe in gemeinsame Einrichtungen der Tarifvertragsparteien, in: RdA 2015, S. 129 – 140.

– Tarifautonomie als kollektiv ausgeübte Privatautonomie. Tarifrecht im Spannungsfeld von Arbeits-, Privat- und Wirtschaftsrecht, München 2005 (zitiert: *Bayreuther*, Tarifautonomie als kollektiv ausgeübte Privatautonomie, S.)

– Gleichstellungsabrede im tarifgebietsübergreifenden Unternehmen, in: RdA 2003, S. 306 – 310.

– Dynamische Verweisung auf einschlägige Tarifverträge in Vertragstexten des tarifgebundenen Arbeitgebers: typischerweise Gleichstellungsabrede – Auslegungsgrundsätze, in: DB 2002, S. 1008 – 1010.

Becker, R.: Was haben die Arbeitgeber der Bauindustrie abgelehnt?, in: Sozialer Fortschritt (SozFort) 1962, S. 50 – 51.

Behrens, Marin / Helfen, Markus: Innerverbandliche Heterogenität und die Vertretungswirksamkeit deutscher Arbeitgeberverbände, in: Industrielle Beziehungen (16. Jhg. Heft 1) 2009, S. 5 – 24.

Belling, Detlev W.: Die Verantwortung des Staates für die Normsetzung – Zur Grundrechtstreue und Legalitätskontrolle von Tarifnormen –, in: ZfA 1999, S. 547 – 615.

Bepler, Klaus: Tarifverträge und der Gleichheitssatz, in: *Klapp, Micha / Linck, Rüdiger / Preis, Ulrich / Reinhard, Barbara / Wolf, Roland (Hrsg.)*, Die Sicherung der Kollektiven Ordnung. Festschrift für Ingrid Schmidt, München 2021, S. 67 – 83.

– Stärkung der Tarifautonomie – Welche Änderungen empfehlen sich? Gutachten B zum 70. Deutschen Juristentag 2014, in: *Ständige Deputation des Deutschen Juristentags (Hrsg.)*, Verhandlungen des 70. Deutschen Juristentags. Hannover 2014. Band I (Gutachten). München 2014, S. B1 – B120 (zitiert: *Bepler*, Verhandlungen 70. DJT, B S.).

Berwing, Stefan: Tariforientierung in Deutschland Zwischen Tariflandschaft und Tarifödnis, Mannheim 2016 (zitiert: *Berwing*, Tariforientierung, S.).

Biebeler, Hendrik / Lesch, Hagen: Organisationsdefizite der deutschen Gewerkschaften, Wirtschaftsdienst 2015, S. 710 – 715.

– Zwischen Mitgliedererosion und Ansehensverlust: Die deutschen Gewerkschaften im Umbruch, in: Industrielle Beziehungen 2007, S. 133 – 153.

– Mitgliederstruktur der Gewerkschaften in Deutschland, IW-Trends 2006, S. 45 – 58.

Biedenkopf, Kurt: Grenzen der Tarifautonomie, Karlsruhe 1964 (zitiert: *Biedenkopf*, Grenzen der Tarifautonomie).

Biedenkopf, Kurt: Sinn und Grenzen der Vereinbarungsbefugnis der Tarifvertragsparteien. Arbeitsrechtliches Gutachten, in: *Ständige Deputation des Deutschen Juristentags (Hrsg.)*, Verhandlungen des 46. Deutschen Juristentags. Essen 1966. Band I (Gutachten) Teil 1, München und Berlin 1966, S. 97 – 167 (zitiert: *Biedenkopf*, Verhandlungen 46. DJT, (S.).

– Zum Problem der negativen Koalitionsfreiheit, in: JZ 1961, S. 346 – 354.

Bietmann, Andreas: Differenzierungsklauseln im System des deutschen Tarifrechts, Baden-Baden 2010.

Bigler, F. Walter: Außenseiterschutz und Solidaritätsbeiträge, in: Christliche Gewerkschaftshefte 1962, S. 1 – 12.

– Die schweizerischen Regelungen über die Solidaritätsbeiträge, in: Gewerkschaftliche Rundschau 1961, 201 – 206.

Binding, Karl (Hrsg.): Der Allgemeine Teil des Deutschen Bürgerlichen Rechts. Zweiter Band: Die rechtserheblichen Tatsachen, insbesondere das Rechtsgeschäft. Zweite Hälfte. Systematisches Handbuch der Deutschen Rechtswissenschaft., Berlin 1918 (zitiert: *Bearbeiter*, in: Binding BGB-AT II, S.).

Birelma, Appkan: Gewerkschaften in der Türkei, April 2019 (abrufbar unter http://library.fes.de/pdf-files/id/ipa/15398.pdf (letzter Abruf am 20.7.2023).

Blau, Peter M.: Exchange and power in social life, New York 1964.

Boecken, Winfried / Düwell, Franz Josef / Diller, Martin / Hanau, Hans (Hrsg.): Gesamtes Arbeitsrecht, 1. Auflage, Baden-Baden 2016 (zitiert: *Bearbeiter*, in: NK-ArbR, Gesetz, § Rn).

Booth, Alison L. : The free rider problem and a social custom model of trade union membership, in: The Quarterly Journal of Economics (QJE) 1985, S. 253 – 261.

Borchard, Axel: Verfassungsrechtliche und einfachgesetzliche Grenzen tarifvertraglicher Differenzierungsklauseln, Baden-Baden 2009.

Bötticher, Eduard: Die gemeinsamen Einrichtungen der Tarifvertragsparteien, Heidelberg 1966 (zitiert: *Bötticher*, Die gemeinsamen Einrichtungen, S.).

– Tarifvertragliche Vereinbarungen im Dienste der organisationspolitischen Zwecke einer Tarifvertragspartei. Noch einmal zur Differenzierung tariflicher Leistungen nach der Gewerkschaftszugehörigkeit, in: RdA 1966, S. 401 – 407.

Brand, Jürgen: Die sozialversicherungsrechtliche Betriebsprüfung durch die Träger der Rentenversicherung, in: NZS 2013, S. 641 – 647.

Brecht-Heitzmann, Holger / Kempen, Ernst Otto / Schubert, Jens M. / Seifert, Joachim (Hrsg.): TVG. Tarifvertragsgesetz. Kommentar für die Praxis, 5. Auflage, Frankfurt am Main, 2015 (zitiert: *Bearbeiter*, in: Kempen/Zachert TVG, § Rn.).

Brentano, Lujo: Die Arbeitergilden der Gegenwart. Zweiter Band. Zur Kritik der englischen Gewerkvereine, Leipzig 1872 (zitiert: *Brentano*, Arbeitergilden der Gegenwart II, S.).

Breschendorf, Peter: Zweiteilung der Belegschaft. Chancen und Risiken einer Differenzierung nach der Gewerkschaftszugehörigkeit, Berlin 2009 (zitiert: *Breschendorf*, Zweiteilung der Belegschaft, S.).

Brisch, Ulrich: Das Verhältnis der Gewerkschaften zu Nichtorganisierten im schweizerischen Kollektivrecht, in: RdA 1951, S. 21 – 22.

– Die Rechtsstellung der deutschen Gewerkschaften, Göttingen 1951 (zitiert: *Brisch*, Rechtsstellung der deutschen Gewerkschaften, S.).

Brox, Hans (Begr.) / Rüthers, Bernd / Henssler, Martin: Arbeitsrecht, 20. Auflage, Stuttgart 2020 (zitiert: *Brox/Rüthers/Henssler*, Arbeitsrecht Rn.).

Bruhn, Claus-Jürgen: Tariffähigkeit von Gewerkschaften und Autonomie. Eine Kritik an der Mächtigkeitslehre des Bundesarbeitsgerichts, Berlin 1993 (zitiert: Bruhn, Tariffähigkeit, S.).

Bull, Peter: Die Nummerierung der Bürger und die Angst vor dem Überwachungsstaat, in: DÖV 2022, S. 261 – 274.

Bundesministerium für Arbeit und Soziales (BMAS): Verzeichnis der für allgemeinverbindlich erklärten Tarifverträge, 01. April 2022, abrufbar unter https://www.bmas.de/DE/Arbeit/Arbeitsrecht/Tarifvertraege/tarifvertraege.html

– Zukunftsdialog Neue Arbeit. Neue Sicherheit. Anpacken. Ergebnisbericht, Handlungsempfehlungen, Berlin September 2019 (zitiert: *BMAS*, Ergebnisbericht, S.).

– Arbeit weiter denken. Weißbuch Arbeiten 4.0, Potsdam März 2017 (zitiert: *BMAS*, Weißbuch Arbeiten 4.0., S.).

Bundesministerium für Arbeit und Soziales (BMAS) / Bundesministerium der Finanzen (BMF): Eckpunkte zur Weiterentwicklung des Mindestlohns und Stärkung der Tarifbindung, Berlin März 2021 (zitiert: *BMAS/BMF*, Eckpunkte zur Weiterentwicklung, S.).

Bundesvereinigung der Deutschen Arbeitgeberverbände (BDA; Hrsg.): Jahresbericht. 1. Dezember 1960 – 30. November 1961, S. 36 – 38.

Bunte, Ann Christin: Die Auslage von Tarifverträgen, in: RdA 2009, S. 21 – 31.

Burkiczak, Christian: Grundgesetz und Deregulierung des Tarifvertragsrechts. Gebietet Art. 9 Abs. 3 GG die zwingende Wirkung von Tarifverträgen (§ 4 Abs. 1 und 3 TVG) und den Tarifvorrang (§ 77 Abs. 3 BetrVG)? Zugleich ein Beitrag zur Grundrechtsdogmatik, Berlin 2006 (zitiert: *Burkiczak*, Grundgesetz und Deregulierung des Tarifvertragsrechts, S.).

Busche, Jan: Privatautonomie und Kontrahierungszwang, Tübingen 1999.

Canaris, Claus-Wilhelm: Wandlungen des Schuldvertragsrechts- Tendenzen zu seiner "Materialisierung", AcP 2000, S. 273 – 364.

– Grundrechte und Privatrecht, in: AcP 1984, S. 201 – 246.

Collins, Hugh / Ewing, K.D. / MCColgan, Aileen: Labour Law, New York 2012.

Cornils, Matthias: Die Ausgestaltung der Grundrechte. Untersuchungen zur Grundrechtsbindung des Ausgestaltungsgesetzgebers (zitiert: *Cornils*, Die Ausgestaltung der Grundrechte, S.).

Däubler, Wolfgang: Interessenvertretung durch Betriebsrat und Gewerkschaften im digitalen Betrieb, Frankfurt am Main 2022 (zitiert: *Däubler*, Interessenvertretung durch Betriebsrat und Gewerkschaften, S.).

– Privatautonomie oder demokratische Tarifautonomie?, in: KJ 2014, 372 – 383.

– Tarifliche Leistungen nur für Gewerkschaftsmitglieder?, in: BB 2002, S. 1643 – 1648.

Däubler, Wolfgang / Heuschmid, Johannes: Tarifverträge nur für Gewerkschaftsmitglieder?, in: RdA 2013, S. 1 – 9.

Däubler, Wolfgang / Beck, Thorsten: Allgemeines Gleichbehandlungsgesetz mit Entgelttransparenzgesetz. Berliner LADG. Handkommentar, 5. Auflage, Baden-Baden 2022 (zitiert: *Bearbeiter*, in: Däubler/Beck AGG, § Rn.).

Däubler, Wolfgang / Hjort, Jens Peter / Schubert, Michael / Wolmerath, Martin: Arbeitsrecht. Individualarbeitsrecht mit kollektivrechtlichen Bezügen. Handkommentar, 5. Auflage, Baden-Baden 2022 (zitiert: *Bearbeiter*, in: HK-ArbR, Gesetz § Rn).

Däubler, Wolfgang (Hrsg.): Tarifvertragsgesetz mit Arbeitnehmer-Entsendegesetz, 5. Auflage, Baden-Baden 2022 (zitiert: *Bearbeiter*, in: Däubler TVG, § Rn.).

Däubler, Wolfgang (Hrsg.): Tarifvertragsrecht. Ein Handbuch, 3 Auflage, Baden-Baden 1993 (zitiert: *Däubler*, Tarifvertragsrecht (3. Aufl.). S.)

Deinert, Olaf: Gesetzliche Anreize für die Verbandsmitgliedschaft zur Stärkung der Tarifbindung, in: SR-Sonderausgabe Mai 2017, S. 24 – 32.

– Negative Koalitionsfreiheit Überlegungen am Beispiel der Differenzierungsklausel, in: RdA 2014, S. 129 – 135.

Deinert, Olaf / Maksimek, Elena / Sutterer-Kipping, Amélie: Die Rechtspolitik des Sozial- und Arbeitsrechts, Frankfurt am Main 2020 (zitiert: *Deinert/Maksimek/SuttererKipping*, Die Rechtspolitik des Sozial- und Arbeitsrechts, S.).

Deinert, Olaf / Walser, Manfred: Tarifvertragliche Bindung der Arbeitgeber. Bindungswille und -fähigkeit der Arbeitgeber und ihrer Verbände als juristisches und rechtspolitisches Problem, Baden-Baden 2015 (zitiert: *Deinert/Walser*, Tarifvertragliche Bindung, S.).

Diehn, Thomas: AGB-Kontrolle von arbeitsrechtlichen Verweisungsklauseln, in: NZA 2004, S. 129 – 135.

Dieke, Saskia / Lesch, Hagen: Gewerkschaftliche Mitgliederstrukturen im europäischen Vergleich: Ergebnisse des European Social Survey, in: IW Trends 3. 2017, S. 25 – 41.

Diekhoff, Ludwig, Tarifauschlußklausel und Koalitionsfreiheit, in: DB 1959, S. 1141 – 1142.

Dieterich, Thomas: Die betrieblichen Normen nach dem Tarifvertragsgesetz vom 9. 4. 1949, Heidelberg 1964.

Dieterich, Thomas: Verfassungsmäßigkeit tarifgestützter Mindestlöhne bei Zeitarbeit, in: Bieback, Karl-Jürgen / Dieterich, Thomas / Hanau, Peter / Schäfer, Claus (Hrsg.), Tarifgestützte Mindestlöhne, Baden-Baden 2007, S. 103 –126 (zitiert: *Dieterich*, in: Tarifgestützte Mindestlöhne, S. 103 (S.)).

– Tarifautonomie und Gesetzgebung. Ein verfassungsgeleitetes Kompetenzverhältnis, Frankfurt am Main 2003 (zitiert: *Dieterich*, Tarifautonomie und Gesetzgebung, S.).

– Die grundrechtsdogmatischen Grenzen der Tarifautonomie in der Rechtsprechung des Bundesarbeitsgerichts, in: Wank, Rolf / Hirte, Heribert / Frey, Kaspar / Fleischer, Holger / Thüsing, Gregor (Hrsg.), Festschrift für Herbert Wiedemann zum 70. Geburtstag, München 2002, S. 229 – 249 (zitiert: *Dieterich*, in: FS Wiedemann (2002), S. 229 (S.)).

Dieterich, Thomas / Hanau, Peter / Henssler, Martin / Oetker, Hartmut / Wank, Rolf / Wiedemann, Herbert: Empfehlungen zur Entwicklung des Tarifvertragsrechts, in: RdA 2004, S. 65 – 78.

Dietz, Rolf: Die Berufung auf den Tarifvertrag, Bonn 1933 (zitiert: *Dietz*, Berufung, S.).

Dorndorf, Eberhard: Arbeitskampf als Tarifpolitik und Ultima-ratio-Prinzip, in: AuR 1990, S. 65 – 77.

Dorssemont, Filip / Walser, Manfred: Die Tarifbindung der Arbeitgeber – Ausgewählte juristische Faktoren mit fördernder oder schwächender Wirkung auf die Tarifbindung, in: SR 2015, S. 41 – 59.

Dreier, Horst (Hrsg.).: Grundgesetz. Kommentar. Band I. Präambel, Art 1-19, 3. Auflage, Tübingen 2013 (zitiert: *Bearbeiter*, in: Dreier GG Art. Rn.).

Dreier, Thomas / Schulze, Gernot (Hrsg.): Urheberrechtsgesetz. Urheberrechts-Diensteanbieter-Gesetz. Verwertungsgesellschaftengesetz. Kunsturhebergesetz, 7. Auflage, München 2022 (zitiert: *Bearbeiter*, in: Dreier/Schulze UrhG § Rn.).

Dreschers, Martin: Die Entwicklung des Rechts des Tarifvertrags in Deutschland. Eine rechtshistorische Untersuchung über den Verlauf der Durchsetzung des Kollektivvertragsgedankens, Frankfurt/Main 1994 (zitiert: *Dreschers*, Entwicklung des Rechts des Tarifvertrages, S.).

Dribbusch, Heiner / Birke, Peter: Gewerkschaften in Deutschland: Herausforderungen in Zeiten des Umbruchs, Berlin 2019 (zitiert: *Dribbusch/Birke*, Gewerkschaften in Deutschland, S.).

Ebbinghaus, Berhard / Göbel, Claudi / Koos, Sebastian: Mitgliedschaft in Gewerkschaften. Inklusions- und Exklusionstendenzen in der Organisation von Arbeitnehmerinteressen in Europa, Mannheim 2008.

Ebbinghaus, Bernhard: Die Mitgliederentwicklung deutscher Gewerkschaften im historischen und internationalen Vergleich, in: *Schröder, Wolfgang / Weßels, Bernhard. (Hrsg.)*, Die Gewerkschaften in Politik und Gesellschaft der Bundesrepublik Deutschland, Wiesbaden 2003, Ein Handbuch, S. 174 – 203 (zitiert: *Ebbinghaus*, in: Handbuch der Gewerkschaften (1.Aufl.), S. 174 (S.)).

Ebeling, Ralph: Die Bezugnahme auf Tarifverträge im Arbeitsvertrag, Regensburg 2003.

Ehlers, Dirk / Fehling, Michael / Pünder, Hermann: Besonderes Verwaltungsrecht, Band 1: Öffentliches Wirtschaftsrecht, 4. Auflage, Karlsruhe 2019 (zitiert: *Bearbeiter*, in: Bes. Verwaltungsrecht I, Abschnitt Rn.).

Ehrenzeller, Bernhard / Schindler, Banjamin / Schweizer, Rainer J. / Vallender, Klaus A. (Hrsg.): Die schweizerische Bundesverfassung. St. Galler Kommentar, Band 1: Art. 1-80, 3. Auflage, Zürich ua. 2014 (zitiert: *Bearbeiter*, in: Schweizerische BV Art. Rn.)

Eichenhofer, Eberhard: Entwurf einer EU-Richtlinine über angemessene Mindestlöhne, in: AuR 2021, S. 148 – 156.

– Statthaftigkeit eines EU-Rechtsrahmens für gesetzliche Mindestlöhne nach dem Entwurf der Kommission über eine Richtlinie für angemessene Mindestlöhne, Rechtsgutachten, Berlin 31.3.2021.

Eickhof, Norbert: Eine Theorie der Gewerkschaftsentwicklung, Tübingen 1973 (zitiert: *Eickhof*, Theorie, S.).

Ellguth, Peter / Kohaut, Susanne: Tarifbindung und betriebliche Interessenvertretung: Ergebnisse aus dem IAB-Betriebspanel 2021, in: WSI-Mitteilungen 2022, S. 328 – 336.

– Tarifbindung und betriebliche Interessenvertretung: Ergebnisse aus dem IAB-Betriebspanel 2020, in: WSI-Mitteilungen 2021, S. 306 – 314.

Enderlein Wolfgang: Zur Richtigkeitsgewähr der tarifvertraglichen Einigung als Leitgedanken des Arbeitskampfrechts, in: RdA 1995, S. 264 – 280.

Engel, Christoph: Rationale Rechtspolitik und ihre Grenzen, in: JZ 2005, S. 581 – 590.

Engels, Andreas: Verfassung und Arbeitskampfrecht. Verfassungsrechtliche Grenzen arbeitsgerichtlicher Arbeitskampfjudikatur, Berlin 2008 (zitiert: *Engels,* Verfassung und Arbeitskampfrecht, S.).

Englberger, Josef: Tarifautonomie im Deutschen Reich, Berlin 1995.

Enneccerus, Ludwig / Lehmann, Heinrich: Lehrbuch des bürgerlichen Rechts, begr. v. Enneccerus, Ludwig / Kipp, Theodor / Wolff, Martin, II. Band: Recht der Schuldverhältnisse, 15. Auflage, Tübingen 1958 (zitiert: *Enneccerus/Lehmann*, Schuldrecht, S.).

Epping, Volker/ Hillgruber, Christian: BeckOK Grundgesetz, 55. Auflage, München 2023 (zitiert: *Bearbeiter*, in: BeckOK GG, Art. Rn.).

EU Parlament / EU Rat / EU Kommission (Hrsg.): Europäische Säule sozialer Rechte, Luxemburg November 2017 (doi:10.2792/107529) (zitiert: *EU*, Europäische Säule sozialer Rechte, S.).

European Commission: Public Procurement Indicators 2017. DG GROW, G - Single Market for Public Administration G4 - Innovative and eProcurement, Brüssel, Juli 2019 (zitiert: *European Commission*, PPI 2017, S.).

European Foundation for the Improvement of Living and Working Conditions (Eurofound): Industrial relations: Developments 2015–2019, Challenges and prospects in the EU series, Luxembourg 2020 (zitiert: Eurofound, Industrial relations).

Eylert, Mario / Rinck, Ursula: Arbeitsvertragliche Bezugnahme auf Tarifverträge – eine aktuelle Bestandsaufnahme, in: RdA 2022, S. 146 – 159.

Fahimi, Yasmin: Tarifautonomie – Tragende Säule der Wirtschaftsordnung, in: SR-Sonderausgabe Mai 2017, Sonderausgabe aus Anlass des 7. Tarifsymposiums der Bauwirtschaft: „Stärkung der Tarifautonomie", S. 1.

Faika, Siegfried: Der Solidaritätsbeitrag der nichtorganisierten Arbeitnehmer im schweizerischen und deutschen Recht, Freiburg i. br. 1966 (zitiert: *Faika*, Solidaritätsbeitrag, S.).

Farthmann, Friedhelm: Rechtsprobleme zur Einziehung des Gewerkschaftsbeitrags durch den Arbeitgeber, in: AuR 1963, S. 353 – 360.

Feldkamp, Michael F. (Bearb.): Der Parlamentarische Rat 1948–1949. Akten und Protokolle. Band 14: Hauptausschuß. Teilband II, München 2009 (zitiert: *Feldkamp*, Parlamentarischer Rat, Band 14, Teilband II).

Feudner, Bernd W.: Durchsetzung von Tarifverträgen durch die Gewerkschaften, in: BB 2007, S. 266 – 268.

Fitzenberger, Bernd / Kohn, Karsten / Wang, Qingwei: The Erosion of Union Membership in Germany: Determinants, Densities, Decompositions, in: ZEW-Discussion Paper, Nr. 06-066, Mannheim 2006 (zitiert: *Fitzenberger/Kohn/Wang*, ZEW-Discussion Paper, Nr. 06-066, S.).

Flume, Werner: Allgemeiner Teil des bürgerlichen Rechts. Zweiter Band: Das Rechtsgeschäft, 4. Auflage, Berlin u. a., 1992 (zitiert: *Flume*, Allgemeiner Teil II, S.).

– Rechtsgeschäft und Privatautonomie, in: *Caemmerer, Ernst von (Hrsg.)*, Hundert Jahre deutsches Rechtsleben. Festschrift zum hundertjährigen Bestehen des Deutschen Juristentages 1860-1960, Karlsruhe, 1960, S.135–238 (zitiert: *Flume*, in: FS DJT (1960), S. 100 (S.)).

Forst, Gerrit: Leiharbeitnehmer im Betriebsübergang, in: RdA 2011, 228 – 236.

Franzen, Martin: Attraktivität der Tarifbindung und Stärkung der Tarifautonomie, in: Brose, Wiebke / Greiner, Stefan / Rolfs, Christian / Sagan, Adam / Schnieder, Angie / Stoffels, Markus / Temming, Felipe / Ulber, Daniel (Hrsg.): Grundlagen des Arbeits- und Sozialrechts. Festschrift für Ulrich Preis zum 65. Geburtstag, München 2021, S. 247 – 258 (zitiert: *Franzen*, in: FS Preis (2021), S. 247 (S.)).

– Der Vorschlag der EU-Kommission für eine Richtlinie über angemessene Mindestlöhne vom 28.10.2020 – kompetenzrechtliche und anwendungsbezogene Fragen, in: ZfA 2021, S. 157 – 176.

– Stärkung der Tarifautonomie durch Anreize zum Verbandsbeitritt, Frankfurt am Main 2018 (zitiert: *Franzen*, Stärkung der Tarifautonomie, S.).

– Tarifautonomie und die gesetzlichen Regulierungen der Jahre 2014/15. in: NZA-Beilage 2017, S. 66 – 71.

– Verfassungsrechtliche und konzeptionelle Fragen der AVE – Reform durch das Tarifautonomiestärkungsgesetz, in: SR-Sonderausgabe Mai 2017, S. 14 – 23.

– Tarifdispositive Gestaltung einer Höchstüberlassungsdauer nach AÜG, in: ZfA 2016, S. 25 – 45.

– Gesetzesbindung im Tarifrecht, in: Lobinger, Thomas (Hrsg.): Festschrift für Eduard Picker zum 70. Geburtstag am 3. November 2010, Tübingen 2010, S. 929 – 952 (zitiert: *Franzen*, in: FS E. Picker (2010), S. (S.).).

– Vorteilsregelungen für Gewerkschaftsmitglieder, in: RdA 2006, S. 1 – 12.

Franzen, Martin / Gallner, Inken / Oetker, Hartmut (Hrsg.): Kommentar zum europäischen Arbeitsrecht, 4. Auflage, München 2022 (zitiert: *Bearbeiter*, in: EuArbRK, Regelungsakt, Art. Rn.).

Freidank, Johannes: Drei Dimensionen der Mitgliedergewinnung: Anreize und deren Wirkung, in: *Greef, Samuel / Kalass, Viktoria / Schröder, Wolfgang* (Hrsg.), Gewerkschaften und die Politik der Erneuerung – Und sie bewegen sich doch, Düsseldorf 2010, S. 227 – 244 (zitiert: *Freidank*, in: Gewerkschaften und die Politik der Erneuerung, S. 227 (S.).

Frieling, Tino / Jacobs, Matthias / Krois, Christopher: Arbeitskampfrecht. Handbuch für Wissenschaft und Praxis, München 2021 (*Bearbeiter*, in: ArbKampfR-HdB, § Rn.).

Frindert, Jim / Dribbusch, Heiner / Schulten, Thorsten: WSI Arbeitskampfbilanz 2021, WSIReport Nr. 74, Düsseldorf April 2022 (zitiert: *Findert/Dribbusch/Schulten*, WSI Arbeitskampfbilanz 2021, S.).

Fulda, Carolin Denise: Gewerkschaften: Weniger Repräsentativität durch Strukturdefizite?, IW-Kurzbericht 83/2022 vom 05.10.2022.

Gallner, Inken / Mestwerdt, Wilhelm / Nägele, Stefan (Hrsg.): Kündigungsschutzrecht. Handkommentar, 7. Auflage, Baden-Baden 2021 (zitiert: *Bearbeiter*, in: Gallner/Mestwerdt/Nägele, Kündigungsschutzrecht, Gesetz § Rn.)

Galperin, Hans: Organisationszwang und Koalitionsfreiheit, in: *Jantz, Kurt / Neumann-Duesberg, Horst / Schewe, Dieter (Hrsg.)*, Sozialreform und Sozialrecht. Beiträge zum Arbeits- und Sozialversicherungsrecht und zur Sozialpolitik. Festschrift für Walter Bogs, S. 87-105, Berlin 1959 (zitiert: *Galperin*, in: FS Bogs (1959), S. 87 (S.).

Galperin, Hans: Vereinsautonomie und Kontrahierungszwang im Koalitionsrecht, in: DB 1969, S. 704 ff.

– Rechtsgutachten, Bremen 1961.

Gamillscheg, Franz: Ihr naht euch wieder, schwankende Gestalten – „Tarifbonus" für Gewerkschaftsmitglieder, in: NZA 2005, S. 146 – 150.

– Kollektives Arbeitsrecht. Ein Lehrbuch. Band I: Grundlagen/Koalitionsfreiheit/Tarifvertrag/Arbeitskampf und Schlichtung, München 1997 (zitiert: *Gamillscheg*, Kollektives Arbeitsrecht I, S.).

– Nochmals – Zur Differenzierung nach der Gewerkschaftszugehörigkeit, in: BB 1967, S. 45 – 53.

– Die Differenzierung nach der Gewerkschaftszugehörigkeit, Berlin 1966 (zitiert: *Gamillscheg*, Differenzierung, S.).

– Die rechtlichen Möglichkeiten und Grenzen gewerkschaftlicher Anerkennungsforderungen. Vortrag gehalten auf Wunsch der Gewerkschaft Textil-Bekleidung am 16. September 1965 in Düsseldorf, Düsseldorf 1966.

Gauch, Peter / Schmid, Jörg (Hrsg.): Kommentar zum schweizerischen Zivilrecht. Zivilgesetzbuch. Obligationenrecht. Nebengesetze., Teilband V 2c. Der Arbeitsvertrag. Art. 356-360f OR, 4. Auflage, Basel und Genf 2006 (zitiert: *Bearbeiter*, in: ZK, Bd. V 2c, Art. Rn.).

Gaul, Björn: Die einzelvertragliche Bezugnahme auf einen Tarifvertrag beim Tarifwechsel des Arbeitgebers, in: NZA 1998, S. 9 – 17.

Gebhardt, Katharina: Außenseiter im Arbeitskampf in Deutschland und im Ausland. Eine Untersuchung unter Berücksichtigung der tarifrechtlichen Behandlung der Außenseiter, Frankfurt am Main 1999 (zitiert: *Gebhardt*, Außenseiter, S.).

Geiser, Thomas / Müller, Roland / Pärli, Kurt: Arbeitsrecht in der Schweiz, 4. Auflage, Bern 2019 (zitiert: *Geister/Müller/Pärli*, Arbeitsrecht in der Schweiz Rn.).

Gensicke, Thomas: Freiwilliges Engagement in Deutschland. Freiwilligensurvey 2009, Wiesbaden 2015.

Gerlach, Thomas: Ideologie und Organisation. Arbeitgeberverband und Gewerkschaften in der Schweizer Textilindustrie 1935 bis 1955. Eine Studie zur Logik kollektiven Handelns, Stuttgart 1995 (zitiert: *Gerlach*, Ideologie und Organisation, S.).

Gesellschaft für Sozialen Fortschritt e.V. – Redaktion: Die Entscheidung der Arbeitgeberverbände, in: Sozialer Fortschritt (SozFort) 1962, S. 31 – 32.

Giesen, Richard: Fremdbestimmung durch Tarifvertrag, in: ZfA 2016, S. 153 – 196.

– Anmerkung zum Urteil des BAGl v. 21.5.2014 – 4 AZR 50/13, in: AP BGB § 242 Gleichbehandlung Nr. 220.

– Grenzen schuldrechtlicher Vereinbarungsmacht über Unternehmerverhalten, in: Ausweitung der Tarifmacht – Zugriff auf Unternehmensautonomie und Marktverhalten. 8. Ludwigsburger Rechtsgespräch. Ludwigsburg, 18. November 2011, München 2012, S. 57 – 73 (zitiert: *Giesen*, Grenzen schuldrechtlicher Vereinbarungsmacht, S.).

– Tarifbonus für Gewerkschaftsmitglieder?, in: NZA 2004, S. 1317 – 1320.

– Tarifvertragliche Rechtsgestaltung für den Betrieb. Gegenstand und Reichweite betrieblicher und betriebsverfassungsrechtlicher Tarifnormen, Tübingen 2002.

Goerke, Laszlo / Pannenberg, Markus: Trade union membership and work councils in West Germany, Tübinger Diskussionsbeiträge, No. 311, Tübingen 2007.

– Norm-based trade union membership. Evidence for Germany, in: German Economic Review, 2004 (4), S. 481 – 594.

Görres-Gesellschaft / Verlag Herder (Hrsg.): Staatslexikon. Recht. Wirtschaft. Gesellschaft, Band 5: Schule – Virtuelle Realität, 8. Auflage, Freiburg 2021 (zitiert: *Bearbeiter*, in: Görres-Gesellschaft, Staatslexikon, Stichwort).

Grabitz, Eberhard / Hilf, Meinhard / Nettesheim, Martin (Hrsg.): Das Recht der Europäischen Union, Band I: EUV/AEUV, 77. Ergänzungslieferung, München September 2022 (zitiert: *Bearbeiter*, in: Grabitz/Hilf/Nettesheim, Rechtsakt Art. Rn.)

Greef, Samuel: Neue Konkurrenz in der Tarifpolitik: Der Marbuger Bund, in: Greef, Samuel / Kalass, Viktoria / Schröder, Wolfgang (Hrsg.), Gewerkschaften und die Politik der Erneuerung – Und sie bewegen sich doch, Düsseldorf 2010, S. 134 – 146 (zitiert: *Greef*, in: Gewerkschaften und die Politik der Erneuerung, S. 134 (S.).

Greiner, Stefan: Stichtagsklauseln zur Außenseiterdifferenzierung in der Restrukturierungssituation – verfassungsrechtlich betrachtet, in: Bepler, Klaus / Hohenstatt, Klaus-Stefan / Preis, Ulrich / Schunder, Achim (Hrsg.): Arbeitsrecht bei Änderung der Unternehmensstruktur. Festschrift für Heinz Josef Willemsen zum 65. Geburtstag, München 2018, S. 159 – 172 (zitiert: *Greiner*, in: FS Willemsen (2018), S. 159 (S.)).

– Stärkung der Taftbindung durch Betriebsnormen?, in: ZfA 2017, S. 309-335.

– Weil nicht sein kann, was nicht sein darf…" – die Entscheidung des BAG vom 15.4.2015 zu tarifvertraglichen Stichtagsklauseln, in: NZA 2016, S. 10 – 15.

– Vergaberegeln im öffentlichen Personennahverkehr – ein Angriff auf die Tarifautonomie, in: ZTR 2013, S. 647-652 (zitiert: *Greiner*, ZTR 2013, 647 (S.)).

– Die Ausgestaltung eines "Tarifeinheitsgesetzes" und der Streik am Frankfurter Flughafen, in: NZA 2012, S. 529 – 535.

Greiner, Stefan / Pionteck, Alexander: Aktuelle Rechtsentwicklung der arbeitsvertraglichen Bezugnahme auf Kollektivverträge, in: SR 2019, S. 45 – 60.

Grunewald, Barbara / Maier-Reimer / Westermann, Harm Peter (Hrsg.): Erman. BGB. Handkommentar mit AGG, EGBGB, ErbbauRG, LPartG, ProdHaftG, VBVG, VersAusglG, WEG und ausgewählten Rechtsquellen des IPR, 16. Auflage, Köln 2020 (zitiert: *Bearbeiter*, in: Erman, Gesetz § Rn.).

Gsell, Beate / Krüger, Wolfgang / Lorenz, Stephan / Reymann, Christoph (Gesamt-Hrsg. Zivilrecht): beck-online. Großkommentar. BGB, München 2023 (zitiert: *Bearbeiter*, in: BeckOGK BGB, § Rn.).

Hagemeier, Christian / Kempen, Otto Ernst / Zachert, Ulrich / Zilius, Jan (Hrsg.): Tarifvertragsgesetz. Kommentar für die Praxis, 2. Auflage, Köln 1984 (zitiert: *Bearbeiter*, in: *Hagmeier/Kempen/Zachert/Zilius* TVG (2. Aufl.), § Rn.).

Hainke, Stefan: Vorgeschichte und Entstehung der Tarifvertragsverordnung vom 23. Dezember 1918, Kiel 1987 (zitiert: *Hainke*, Vorgeschichte und Entstehung der Tarifvertragsverordnung, S.).

Hamm, Christoph: Beck'sches Anwalts-Handbuch, 12. Auflage, München 2022 (zitiert: *Bearbeiter*, in: Beck'sches Anwalts-Handbuch, Abschnitt Rn.).

Hanau, Hans: Zur Verfassungsmäßigkeit von tariflichen Betriebsnormen am Beispiel der qualitativen Besetzungsklauseln, in: RdA 1996, S. 158 – 181.

Hanau, Peter: Diskussionsbeitrag, in: *Ständige Deputation des Deutschen Juristentags (Hrsg.)*, Verhandlungen des 70. Deutschen Juristentags. Hannover 2014. Band II/ 2 (Sitzungsberichte – Diskussion und Beschlussfassung). München 2014, S. B1 – B120 (zitiert: *Hanau*, Diskussionsbeitrag in Verhandlungen 70. DJT, Bd. II/2, K S.).

– Die Rechtsprechung des BAG zur arbeitsvertraglichen Bezugnahme auf Tarifverträge. Wem sie nützt, wem sie schadet und wie man das ändern kann, in: NZA 2005, S. 489 – 494.

– Die Entwicklung der Betriebsverfassung, in: NZA 1993, S. 817 – 822.

– Gemeingebrauch am Tarifvertrag? – BAG (GS), AP Art. 9 GG Nr. 13, in: JuS 1969, S. 213 –220.

Hartmann, Felix: Reichweite und Grenzen der normativen Tarifwirkung, in: ZfA 2020, S. 152 – 177.

– Negative Tarifvertragsfreiheit im deutschen und europäischen Arbeitsrecht, Tübingen 2014 (zitiert: *Hartmann*, Negative Tarifvertragsfreiheit, S.).

– Die Unwirksamkeit tarifvertraglicher Spannensicherungsklauseln, in: SAE 2011, 225 – 231.

Hartmann, Felix / Lobinger, Thomas: Die Arbeitsvertrags- und Wettbewerbsfreiheit als Grenze tarifvertraglicher Vorteilsregelungen, in: NZA 2010, S. 421 – 427.

Hassel, Anke / Schroeder, Wolfgang: Gewerkschaften 2030. Rekrutierungsdefizite, Repräsentationslücken und neue Strategien der Mitgliederpolitik, WSI-Report Nr. 44, Düsseldorf November 2018 (zitiert: *Hassel/Schröder*, Gewerkschaften 2030, S.).

Hau, Wolfgang / Poseck, Roman (Hrsg.): Beck'scher Online-Kommentar BGB, 66. Edition, München 2023 (zitiert: *Bearbeiter*, in: BeckOK BGB, Gesetz § Rn.).

Heiseke, Jürgen: Negative Koalitionsfreiheit und tarifliche Schutzklauseln, in: RdA 1960, S. 299 – 303.

Hekimler, Alpay: Tarifvertragssystem in der Türkei, in: Hekimler, Alpay / Ring, Gerhard (Hrsg.): Tarifrecht in Europa, Baden-Baden 2012, S. 367 – 403.

Hempel, Deike: Die Tariftreueerklärung im Lichte des deutschen und europäischen Arbeitsrechts, Berlin 2011 (zitiert: *Hempel*, Die Tariftreueerklärung, S.).

Henssler, Martin: Stärkung der Tarifbindung durch den Gesetzgeber?, in: RdA 2021, S. 1 – 8.

– Klassenkampf statt Co-Management? – Betriebsverfassung in Italien – zugleich ein rechtsvergleichend geschärfter Blick auf die Besonderheiten der deutschen Betriebsverfassung, in: Gräfl, Edith / Lunk, Stefan / Oetker, Hartmut / Trebinger, Yvonne (Hrsg.): Festschrift 100 Jahre Betriebsverfassung, München 2020, S. 173 – 190 (zitiert: *Henssler*, in: FS 100 Betriebsverfassungsrecht (2020), S.).

Henssler, Martin / *Willemsen*, Heinz Josef / *Kalb, Heinz-Jürgen (Hrsg.)*: Arbeitsrecht Kommentar, 8. Auflage, Köln 2018 (zitiert: Bearbeiter, in: HWK, Gesetz Rn.)

Henssler, Martin / Moll, Wilhelm / Bepler, Klaus (Hrsg.): Der Tarifvertrag. Handbuch für das gesamte Tarifrecht, 2. Auflage, Köln 2016 (zitiert: *Bearbeiter*, in: HMB Teil Rn.)

Henssler, Martin / Braun, Axel (Hrsg.): Arbeitsrecht in Europa, 3. Auflage, Köln 2011 (zitiert: *Bearbeiter*, in: ArbR in Europa, Land Rn.).

Herberger, Marie: Tarifverträge und Transparenz Herausforderungen in Zeiten der Digitalisierung, in: ZfA 2022, S. 560 – 578.

Herberger, Maximilian / Martinek, Michael / Rüßmann, Helmut / Weth, Stephan / Würdinger, Markus (Hrsg.): juris PraxisKommentar BGB. Band 1 – Allgemeiner Teil, 10. Auflage, 2023 (zitiert: *Bearbeiter*, in jurisPK BGB, § Rn.).

Herschel, Wilhelm: Zur Präzisierung des Koalitionsbegriffs, in: AuR 1978, S. 321 – 325.

– Zur Entstehung des Tarifvertragsgesetzes, in: ZfA 1973, S. 183 – 200.

– Die individualvertragliche Bezugnahme auf einen Tarifvertrag, in: DB 1969, S. 659 – 663.

– Gratifikationsrückzahlung und Tarifvertrag. Zugleich ein Beitrag zu den Zulassungsnormen und zur Berufung auf den Tarifvertrag, in: DB 1967, S. 245 – 249.

Hertenstein, Florian: Die schuldrechtliche Regelungsbefugnis der Tarifvertragsparteien. Unter besonderer Berücksichtigung schuldrechtlicher Verpflichtungen des Arbeitgebers zu einem unternehmerischen Verhalten, Frankfurt am Main u.a. 2017 (zitiert: *Hertenstein*, Die schuldrechtliche Regelungsbefugnis, S.).

Heußner, Hermann: Die Sicherung der Koalition durch sogenannte Solidaritätsbeiträge der Nichtorganisierten, in: RdA 1960, S. 295 – 299.

Höfling, Wolfram / Burkiczak, Christian: Das Günstigkeitsprinzip – ein grundrechtsdogmatischer Zwischenruf, in: NJW 2005, S. 469 – 473.

Holler, Daniel Eginhard: Die Ordnungsfunktion des Tarifvertrags, Baden-Baden 2020.

Hölters, Wolfgang: Harmonie normativer und schuldrechtlicher Abreden in Tarifverträgen, Berlin 1973.

Höpfner, Clemens: Partizipation und Kostenausgleich: Nutzungsentgelt für Tarifverträge, in: ZfA 2020, S. 178 – 210.

– 100 Jahre Tarifvertragsverordnung. Ein Meilenstein in der deutschen Arbeitsrechtsgeschichte, in: ZfA 2019, S. 108 – 162.

– Die Binnendifferenzierung im System tarifvertraglicher Differenzierungsklauseln, in: RdA 2019, S. 146 – 157.

– Inhalt und Umfang der negativen Koalitionsfreiheit, in: *Gallner, Inken / Henssler, Martin / Eckhoff, Frank / Reufels, Martin (Hrsg.)*, Dynamisches Recht, Herausforderungen im Arbeitsrecht, Gesellschaftsrecht und Insolvenzrecht. Festschrift für Wilhelm Moll zum 70. Geburtstag, München 2019, S. 287 – 300 (zitiert: *Höpfner*, in: FS Moll (2019), S. 287(S.)).

– Verfassungsrechtliche Grenzen der Privilegierung tarifgebundener Arbeitgeber (zugleich vwb Studie), München April 2019 (zitiert: *Höpfner*, Verfassungsrechtliche Grenzen, S.).

– Die Tarifgeltung im Arbeitsverhältnis. Historische, ökonomische und legitimatorische Grundlagen des deutschen Koalitions- und Tarifvertragsrechts, Baden-Baden 2015 (zitiert: Höpfner, Tarifgeltung, S.).

Höpfner, Clemens / Lesch, Hagen / Schneider, Helena / Vogel, Sandra: Tarifautonomie und Tarifgeltung, Die Legitimation und Legitimität der Tarifautonomie im Wandel der Zeit, Berlin 2021 (zitiert: *Höpfner/Lesch/Schneider/Vogel*, Tarifautonomie und Tarifgeltung, S.).

Hromadka, Wolfgang / Maschmann, Frank: Arbeitsrecht Band 2.Kollektivarbeitsrecht + Arbeitsstreitigkeiten, 8. Auflage, Heidelberg 2020 (zitiert: *Hromadka/Maschmann*, Arbeitsrecht II, S.).

Huber, Ernst Rudolf: Wirtschaftsverwaltungsrecht. Zweiter Band, 2. Auflage, Tübingen 1954 (zitiert: *Huber*, Wirtschaftsverwaltungsrecht II, S.).

Hueck, Alfred: Die Frage der Zulässigkeit von Solidaritätsbeiträgen nach geltendem deutschem Recht, in: RdA 1961, S. 141 – 149.

– Rechtsgutachten erstattet für die Bundesvereinigung der Deutschen Arbeitgeberverbände, Köln über die tarifrechtliche Zulässigkeit der Erhebung eines Solidari-tätsbeitrages, München 1961 (zitiert: *Hueck*, Rechtsgutachten, S.).

– Tarifausschlußklausel und verwandte Klauseln im Tarifvertragsrecht, München und Berlin 1966 (zitiert: *Hueck*, Tarifausschlußklausel, S.).

– Normen des Tarifvertrages über betriebliche und betriebsverfassungsrechtliche Fragen BB 1949, S. 530 – 532.

– Das Recht des Tarifvertrages unter besonderer Berücksichtigung der Verordnung vom 23. Dezember 1918, Berlin 1920 (zitiert: *Hueck*, Recht des Tarifvertrages, S.).

– Der Entwurf zu einem Arbeitstarifgesetz, in: JW 1921, S. 613 – 617.

Hueck, Alfred / Nipperdey, Hans Carl: Lehrbuch des Arbeitsrechts. Zweiter Band. Erster Halbband (II/1), 3.–5. Auflage 1932 (zitiert: *Hueck/Nipperdey*, Lehrbuch des Arbeitsrechts II/1, 3.-5. Aufl., S.).

Hueck, Alfred / Nipperdey, Hans Carl: Lehrbuch des Arbeitsrechts. Zweiter Band Kollektives Arbeitsrecht. Erster Halbband (II/1), 7. Auflage, Berlin 1966 (zitiert: *Hueck/ Nipperdey*, Lehrbuch des Arbeitsrechts II/1, S.).

Hug, Klaus: Was sind eigentlich Solidaritätsbeiträge?, in: Schweizerische Arbeitgeber-Zeitung (SAG) 1974, S. 653 – 655.

IG Bau – Steine – Erden, Hauptvorstand (Hrsg.): Protokoll über den 5. Ordentlichen Gewerkschaftstag der Industriegewerkschaft Bau – Steine – Erden für die Bundesrepublik Deutschland. Niedersachsenhalle. Hannover vom 14. Bis 20. August 1960, Frankfurt am Main 1960.

Isensee, Josef: Die verfassungsrechtliche Verankerung der Tarifautonomie, in: Walter-Raymond-Stiftung (Hrsg.): Die Zukunft der sozialen Partnerschaft, München 1986, S. 159 – 193 (zitiert: *Isensee*, in: Die Zukunft der sozialen Partnerschaft (1986), S. 159 (S.)).

Isensee, Josef / Kirchhof, Paul (Hrsg.): Handbuch des Staatsrechts der Bundesrepublik Deutschland, Band IX: Allgemeine Grundrechtslehren 3. Auflage, Heidelberg 2011 (zitiert: *Bearbeiter*, in HStR § Rn.).

– Handbuch des Staatsrechts der Bundesrepublik Deutschland. Band VIII. Grundrechte: Wirtschaft, Verfahren, Gleichheit, 3. Auflage, Heidelberg 2010 (zitiert: *Bearbeiter*, in HStR § Rn.).

Jacobs, Matthias: Jacobs: Zur Grundrechtskontrolle von Tarifverträgen, in: RdA 2023, S. 9 – 22.

– Die tarifliche Differenzierung nach der Gewerkschaftszugehörigkeit, in: *Baeck, Ulrich / Hauck, Friedrich / Preis, Ulrich / Rieble, Volker / Röder, Gerhard / Schunder, Achim (Hrsg.)*: Festschrift für Jobst-Hubertus Bauer zum 65. Geburtstag, München 2010, S. 479 – 494 (zitiert: *Jacobs*, in: FS Bauer (2010), S. (S.)).

– Tarifeinheit und Tarifkonkurrenz, Berlin 1999.

Jacobs, Matthias / Krause, Rüdiger / Oetker, Hartmut / Schubert, Claudia: Tarifvertragsrecht, München 2013 (zitiert: *Bearbeiter*, in: JKOS § Rn.).

Jarass, Hans D. / Kment, Martin (Hrsg.): Grundgesetz für die Bundesrepublik Deutschland. Kommentar, 17. Auflage, München 202 (zit.: *Bearbeiter*, in: Jarass/Pieroth GG, Art. Rn.).

Jauering BGB (Begr.) → siehe unter *Stürner, Rolf (Hrsg.)*: Jauering Bürgerliches Gesetzbuch mit Rom-I-VO, Rom-II-VO, Rom-III-VO, EG-UnthVO/HUntProt und EuErbVO. Kommentar.

Jellinek, Georg: System der subjektiven öffentlichen Rechte, 2. Auflage, Tübingen 1919.

Junker, Abbo: Zukunft der Tarifautonomie: Rechtliche und Rechtspolitische Herausforderungen, in: ZfA 2016, S. 81 – 98.

– Individualwille, Kollektivgewalt und Staatsintervention im Arbeitsrecht, in: NZA 1997, S. 1305 – 1319.

– Der Flächentarifvertrag im Spannungsverhältnis von Tarifautonomie und betrieblicher Regelung, in: ZfA 1996, S: 383 – 417.

Kalb, Heinz Jürgen: Differenzierung mit Maß – Tarifliche Vorteile für Gewerkschaftsmitglieder, in: Eckhoff, Frank / Gallner, Inken / Henssler, Martin / Reufels, Martin (Hrsg.): Dynamisches Recht. Herausforderungen im Arbeitsrecht, Gesellschaftsrecht, Insolvenzrecht. Festschrift für Wilhelms Moll zum 70. Geburtstag, München 2019, S. 327 – 338 (zitiert: *Kalb*, FS Moll (2019), S. 327 (S.).).

Kalenborn, Tristan: Die praktische Konkordanz in der Fallbearbeitung, in: JA 2016, S. 6 – 12.

Kamanabrou, Sudabeh: Erga-Omnes-Wirkung von Tarifverträgen in: *Kamanabrou, Sudabeh (Hrsg.)*: Erga-Omnes-Wirkung von Tarifverträgen, Berlin 2011, S. 3 – 120.

– Darf´s ein bisschen mehr sein? – Zur Wirksamkeit von Tarifausschlussklauseln, in: Hönn, Günther / Oetker, Hartmut / Raab, Thomas (Hrsg.): Festschrift für Peter Kreutz zum 70. Geburtstag, Köln 2010, S. 197 – 209 (zitiert: *Kamanabrou*, FS Kreutz (2010), S. 197 (S.)).

Kämmerer, Axel / Thüsing, Gregor: Neue Wirkungen des Tarifvertrags: Möglichkeiten eines Tariftreuegesetzes, in: Thüsing, Gregor (Hrsg.), Tarifautonomie im Wandel. Beiträge zum Tarif-, Arbeitskampf- und Koalitionsrecht, Baden-Baden 2003, S. 213 – 238 (zitiert: *Kämmerer/Thüsing*, in: Tarifautonomie im Wandel, S. 213 (S.)).

Kämmerer, Axel / Kotzur, Markus (Hrsg.): Grundgesetz-Kommentar, Band 1: Präambel, Art. 1-69 GG, 7. Auflage, München 2021 (zitiert: *Bearbeiter*, in: v. Münch/Kunig GG, Art Rn.).

Kampeter, Steffen: Für eine veränderte Arbeitsordnung in einer digitalen Arbeitswelt, in: SR 2017, S. 196 – 204.

Karakatsanis, Alexander: Die kollektivrechtliche Gestaltung von Arbeitsverhältnissen und ihre Grenzen, Heidelberg 1963 (zitiert: *Karakatsanis*, Die kollektivrechtliche Gestaltung von Arbeitsverhältnissen, S.).

Kauffmann, Hermann: Zum Anspruch auf einen Solidaritätsbeitrag gegen Außenseiter (Zugleich eine rechtsvergleichende Betrachtung), in: AuR 1961, S. 267 – 272.

Keller, Berndt: Olsons „Logik des kollektiven Handelns". Entwicklung, Kritik – und eine Alternative, in: Politische Vierteljahresschrift (PVS) 1988, S. 388 – 406.

Kempen, Ernst Otto: Tariftreueerklärungen, in: Peter, Gabriele / Kempen, Otto Ernst / Zachert, Ulrich (Hrsg.), Die Sicherung tariflicher Mindeststandards, Baden-Baden 2004, S. 46-80 (zitiert: *Kempen*, in: Die Sicherung tariflicher Mindeststandards, S. 46 (S.)).

– Staatliche Schutzpflicht gegenüber der Tarifautonomie? Das Beispiel des § 3 ASAV, in: Heinze, Manfred / Schmitt, Jochem (Hrsg.), Festschrift für Wolfgang Gitter zum 65. Geburtstag, Wiesbaden 1995, S. 427-445 (zitiert: *Kempen*, in: FS Gitter (1995), S. 427 (S.)).

Kempen/Zachert TVG → siehe unter *Brecht-Heitzmann, Holger.*

Kettner, H.-J.: Nochmals – der Zwangsbeitrag der Nichtorganisierten, in: Der Arbeitgeber 1964, S. 104 – 106.

Kiel, Heinrich / Lunk, Stefan / Oetker, Hartmut (Hrsg.): Münchener Handbuch zum Arbeitsrecht, Band 3: Kollektives Arbeitsrecht I, 4. Auflage, München 2019 (zitiert: *Bearbeiter*, in: MHdB ArbR § Rn.).

Kingreen, Thorsten: Verfassungsrechtliche Zulässigkeit exklusiver Tariföffnungsklauseln. Zugleich ein Beitrag zur Dogmatik der negativen Koalitionsfreiheit, in: NZA 2021, S. 1 – 8.

– Exklusive Tariföffnungsklauseln. Einfach-rechtliche Ausgestaltung und verfassungsrechtliche Zulässigkeit, Frankfurt am Main 2020 (zitiert: *Kingreen*, Exklusive Tariföffnungsklauseln, S.).

Kirchgässner, Gebhard: Homo oeconomicus. Das ökonomische Modell individuellen Verhaltens und seine Anwendung in den Wirtschafts- und Sozialwissenschaften, 4. Auflage, Tübingen 2013 (zitiert: *Kirchgässner*, Homo oeconomicus, S.).

Kirchhof, Ferdinand: Private Rechtsetzung, Berlin 1987 (zitiert: *Kirchhof*, Private Rechtsetzung, S.)

Kirchhof, Gregor / Kulosa, Egmont / Ratschow, Eckart (Hrsg.): BeckOK EStG, 15. Auflage, München 2023 (zitiert: *Bearbeiter*, in: BeckOK EStG, § Rn.).

Kittner, Michael: Klassen-Kompromiss zur Unzeit – Stinnes-Legien-Abkommen 1918, in: Soziales Recht 2019, S. 118 – 127.

Klebeck, Ulf: Atypische Differenzierungsklauseln, in: SAE 2008, 97 – 105.

Klein, Andreas: Haftungsbeschränkungen zugunsten und zu Lasten Dritter und ihre Behandlung in der Schuldrechtsreform, in: JZ 1997, S. 390 – 393.

Klein, Franz (Begr.): Abgabenordnung einschließlich Steuerstrafrecht, 16. Auflage, München 2022 (zitiert: *Bearbeiter*, in: Klein AO, § RN.).

Klenke, Olaf: Neue Aussichten für Gewerkschaftsbewegung – Vergleiche zwischen sechs Ländern (Zusammenfassung von Originaltitel: *Fairbrother, Peter / Yates, Charlotte*: Changing Prospects for Trade Unionism. Comparisons between six Countries, London 2002), in: *Hälker, Juri / Vellay, Claudius (Hrsg.)*: Union Renewal – Gewerkschaften in Veränderung, Texte aus der aktuellen internationalen Gewerkschaftsforschung, Düsseldorf 2006, S. 27 – 33 (zitiert: *Klenke*, in: Union Renewal, S. 27 (S.)).

Kloepfer, Michael: Arbeitsgesetzgebung und Wesentlichkeitstheorie – Zur Verfassungspflicht einer Gesetzgebung insbesondere im Arbeitskampfrecht, in: NJW 1985, S. 2497 – 2505.

Klumpp, Steffen: Der Kommissionsvorschlag zu einer Mindestlohnrichtlinie, in: EuZA 2021, 284 – 310.

Kluth, Winfried (Hrsg.): Handbuch des Kammerrechts, 3. Auflage, Baden-Baden 2020 (zit.: *Bearbeiter*, in: HB Kammerrecht, § Rn.).

Koch, Ulrich: Der fehlende Hinweis auf tarifliche Ausschlussfristen und seine Folgen, in: Schlachter, Monika / Ascheid, Reiner / Friedrich, Hans-Wolf (Hrsg.), Tarifautonomie für ein neues Jahrhundert, Festschrift für Günter Schaub, München 1998, S. 421 – 442 (zitiert: *Koch*, in: FS Schaub (1998), S. 421 (S.)).

Kocks, Alexander: Die Theorie der globalen öffentlichen Güter. Forschungsstand und Perspektiven, in: Zeitschrift für Internationale Beziehungen (ZIB) 2010, S. 235 – 266.

Kohl, Franziska: Zulässigkeit der Einführung eines generellen repräsentativitätsgestützten Ta-riftreueverlangens durch Bundesgesetz – Eine Betrachtung im Lichte der Tarifautonomie, Münster 2020 (unveröffentlicht) (zitiert: *Kohl*, Zulässigkeit, S.).

Koenig, Ulrich (Hrsg.): Abgabenordnung. §§ 1 bis 368. Kommentar, 4. Auflage, München 2021 (zitiert: *Bearbeiter*, in: Koenig AO § Rn.).

Kohaut, Susanne: Entwicklung der Tarifbindung, in: IAB-Stellungnahme 3/2021 v. 23.6.2021, S. 1 – 9.

Krämer, Daniel: Die Richtigkeitsgewähr des Tarifvertrags, Berlin 2015 (zitiert: *Krämer*, Richtigkeitsgewähr, S.).

Krause, Rüdiger: Weiterentwicklung des Tariftreuerechts, Berlin 2019 (zitiert: *Krause*, Weiterentwicklung des Tariftreuerechts, S.).

– Perspektiven für die Weiterentwicklung des Tariftreuerechts, in: AuR 2020, S. 152 – 157.

Kreis, Peter: Der Anschluss eines Aussenseiters an den Gesamtarbeitsvertrag. Untersuchungen zum Art. 356 b OR, Zürich 1973 (zitiert: *Kreis*, Der Anschluss eines Aussenseiters, S.)

Krimmer, Holger / Priemer, Jana: ZiviZ-Survey 2012. Zivilgesellschaft verstehen, 2013.

Kroll, Axel: Der Außenseiter in der Arbeitsrechtsordnung. – Eine verfassungsrechtliche Untersuchung des tarif- und arbeitskampfrechtlichen Rechtsstatus des nichtorganisierten Arbeitnehmers –, Hattingen 1972 (zitiert: *Kroll*, Der Außenseiter in der Arbeitsrechtsordnung, S.).

Krüger, Herbert: Sieben Thesen zur verfassungsrechtlichen Problematik des sogenannten „Solidaritätsbeitrags", 1960 (zitiert: *Krüger*, Sieben Thesen, S.).

– Die negative Organisationsfreiheit, in: BB 1959, S. 969 – 972.

– Sinn und Grenzen der Vereinbarungsbefugnis der Tarifvertragsparteien. Verfassungsrechtliches Gutachten, in: *Ständige Deputation des Deutschen Juristentags (Hrsg.)*, Verhandlungen des 46. Deutschen Juristentags. Essen 1966. Band I (Gutachten) Teil 1, München und Berlin 1966, S. 7 – 96.

Lambrecht, Peter: Die Lehre vom faktischen Vertragsverhältnis, Tübingen 1994.

Lampert, Daniel / Kopp, Daniel: GAV in der Schweiz: Probleme, Handlungsbedarf, Lösungen (zugleich SGB – USS Dossier Nr. 95), August 2013.

Larenz, Karl: Allgemeiner Teil des bürgerlichen Rechts, 7. Auflage, München 1989 (zitiert; *Larenz*, BGB AT, 7. Aufl. 1989, § S.).

– Die Begründung von Schuldverhältnissen durch sozialtypisches Verhalten, in: NJW 1956, S. 1857 ff.

Leber, Georg: Unsere Zeit erfordert neue Formen der Politik, in: Sozialer Fortschritt (SozFort) 1962, S. 29 – 31.

– Die Notwendigkeit eines Vorteilsausgleichs für nichtorganisierte Arbeitnehmer, in: SozFort 1961, S. 49 – 51.

Lelley, Jan Tibor / Becker, Dorina: Gewerkschafter-Boni bei Restrukturierung – was ist erlaubt?, in: BB 2015, 1397 – 1401.

Leonardi, Salvo: Gewerkschaften und Wohlfahrtsstaat: Das Gent-System, in: WSI-Mitteilung (2) 2006, S. 79 – 85.

Lesch, Hagen: Das Stinnes-Legien-Abkommen: Vorbild für eine Erneuerung der Sozialpartnerschaft?, in: Industrielle Beziehungen 2019 (3), S. 326 – 341.

– Internationaler Arbeitskampfvergleich, IW-Kurzberichte 71/2017.

Lesch, Hagen / Winter, Luis: Gewerkschaften: Strukturdefizite verstärken sich, IW-Kurzbericht 50/2021 vom 22. Juli 2021.

Leventis, Georg: Tarifliche Differenzierungsklauseln nach dem Grundgesetz und dem Tarifvertragsgesetz, Berlin 1974.

Leydecker, Philipp: Differenzierungsklauseln – Ein Schlusspunkt?, in: AuR 2012, 195 – 201.

– Differenzierungsklauseln – Eine Zwischenbilanz, in: AuR 2009, 338 – 344.

– Das Urheberrecht am Tarifvertrag, in: GRUR 2007, 1030 – 1034.

– Der Tarifvertrag als exklusives Gut. Die rechtliche Zulässigkeit und Erstreikbarkeit von Differenzierungsklauseln, Berlin 2005 (zitiert: *Leydecker*, Der Tarifvertrag als exklusives Gut, S.).

Lieb, Manfred: Mehr Flexibilität im Tarifvertragsrecht? "Moderne" Tendenzen auf dem Prüfstand, in: NZA 1994, 337 - 342.

– Die Rechtsnatur der Allgemeinverbindlicherklärung von Tarifverträgen als Problem des Geltungsbereichs autonomer Normensetzung, München 1960 (zitiert: *Lieb*, Die Rechtsnatur von Allgemeinverbindlicherklärungen, S.).

Lobinger, Thomas: Stärkung oder Verstaatlichung der Tarifautonomie?, in: JZ 2014, S. 810 – 821.

Lobinger, Thomas / Hartmann, Felix: Einfache Differenzierungsklauseln als Prüfstein interessengerechter Vertragsauslegung und konsistenter Systembildung – Zugleich eine Besprechung des Urteils BAG v. 18. 3. 2009 – 4 AZR 64/08, in: RdA 2010, 235 – 241.

Loewenheim, Ulrich / Leistner, Matthias / Ohly, Ansgar (Hrsg.): Urheberrecht. UrhG. KUG. VGG. Kommentar, 6. Auflage, München 2020 (zitiert: *Bearbeiter*, in: Schricker/Loewenheim, UrhG § Rn.).

Loewenheim, Urlich (Hrsg.): Handbuch des Urheberrechts, 3. Auflage 2021, München 2021 (Zitiert: *Bearbeiter*, in: Loewenheim UrhR-HdB, § Rn.).

Lorenz, Stephan: Grundwissen- Zivilrecht: Geschäftsführung ohne Auftrag (GoA), in: JuS 2016, S. 12 – 15.

Loritz, Karl-Georg: Rechtliche und tatsächliche Ursachen sinkender Tarifbindung, in: *Brose, Wiebke / Greiner, Stefan / Rolfs, Christian/ et al. (Hrsg.)*, Grundlagen des Arbeits- und Sozialrechts. Festschrift für Ulrich Preis zum 65. Geburtstag, München 2021, S. 795 – 809 (zit.: *Loritz*, in: FS Preis (2021), 795 (S.).

– Die Koppelung der Arbeitsentgelte an den Unternehmenserfolg, in: RdA 1998, S. 257 – 265.

– Tarifautonomie und Gestaltungsfreiheit des Arbeitgebers. Dargestellt anhand der gewerkschaftlichen Forderungen nach tarifvertraglicher Regelung der Bemessungsvorgaben bei der Deutschen Bundespost, Berlin 1990 (zitiert: *Loritz*, Tarifautonomie und Gestaltungsfreiheit, S.).

Lotmar, Philipp: Der Arbeitsvertrag nach dem Privatrecht des Deutschen Reiches. Erster Band, Leipzig 1902 (zitiert: *Lotmar*, Der Arbeitsvertrag I, S.).

Löwisch, Manfred: Neues Teilzeitrecht, in: BB 2018, S. 3061 – 3068.

– Landesrechtliche Tariftreue als Voraussetzung der Vergabe von Bau- und Verkehrsleistungen, in: DB 2004, S. 814 – 819.

– Die Neuregelung der Neutralität der Bundesanstalt für Arbeit und die arbeitskampfrechtliche Parität nach der Rechtsprechung des Bundesarbeitsgerichts, in: DB 1987, S. 1351 – 1358.

Löwisch, Manfred / Rieble, Volker (Hrsg.): Tarifvertragsgesetz. Kommentar, 4. Auflage, München 2017 (zitiert: *Löwisch/Rieble* TVG, § Rn.)

Lübker, Malte / Schulten, Thorsten: Elemente qualitativer Tarifpolitik Nr. 90. Tarifbindung in den Bundesländern, Entwicklungslinien und Auswirkungen auf die Beschäftigten, 4. Aufl., Düsseldorf 2022.

Mankiw, N. Gregory / Taylor, Mark P.: Grundzüge der Volkswirtschaftslehre, 8. Auflage, Stuttgart 2021 (zitiert: *Mankiw/Taylor,* Grundzüge, S.).

Marx, Karl: Das Elend der Philosophie, Berlin 1917.

Maunz, Theodor / Dürig, Günter (Begr.): Grundgesetz. Kommentar, 100. Ergänzungslieferung, München Januar 2023 (zitiert: *Bearbeiter,* in: Dürig/Herzog/Scholz GG, Art. Rn.).

Mayer-Maly, Theo: Leistungsdifferenzierung und Tarifmachtbegrenzung, in: BB 1966, S. 1067 – 1070.

– Gemeinsame Einrichtungen im Spannungsfeld von Tarifmacht und Organisationspolitik, in: BB 1965, 829 – 834.

Mayer, Felix: Differenzierungsklauseln mit Stichtagsregelung im Tarifvertrag. Zugleich ein Beitrag zum tarifrechtlichen Gleichbehandlungsgrundsatz, Berlin 2022 (zitiert: *Mayer*, Differenzierungsklauseln, S.).

Meise, Stephan: Habitustheoretische Analyse innergewerkschaftlicher Machtverhältnisse, in: Greef, Samuel / Kalass, Viktoria / Schröder, Wolfgang (Hrsg.), Gewerkschaften und die Politik der Erneuerung – Und sie bewegen sich doch, Düsseldorf 2010, S. 187 – 206 (zitiert: *Meise,* in: Gewerkschaften und die Politik der Erneuerung, S. 187 (S.).

Melsbach, Erich: Deutsches Arbeitsrecht. Zu seiner Neuordnung, Berlin und Leipzig 1923 (zitiert: *Melsbach,* Deutsches Arbeitsrecht, S.).

Melzer, Wolfgang: Außenseiter und Solidaritätsbeitrag im Schweizerischen Recht, Köln 1962 (zitiert: *Melzer,* Außenseiter und Solidaritätsbeitrag, S.).

Merker, Paul: Nochmals der Solidaritätsbeitrag, in: DB 1961, S. 202 – 205.

– Einführung eines Solidaritätsbeitrags für Außenseiter?, in: DB 1960, S. 1127 – 1129.

Möstl, Markus: Anmerkung zum Urteil des BAG v. 25.2.1998 – 7 AZR 641/96, in: JZ 1999, 202 – 204.

Mronz, Dieter: Körperschaften und Zwangsmitgliedschaft. Die staatsorganisatorisch- und grundrechtliche Problematik der Zwangsverbände aufgezeigt am Beispiel von Arbeitnehmerkammern, Berlin 1973 (zitiert: *Mronz,* Körperschaften und Zwangsmitgliedschaft, S.).

Mucha, Tanja: Wirtschaft und öffentlicher Sektor. 4.1 Volkswirtschaftliche Gesamtrechnungen, in: *Statistisches Bundesamt (Destatis, Hrsg.)*, Datenreport 2021 v. 10.3.2021 (Onlineveröffentlichung, abrufbar unter https://www.destatis.de/DE/Service/Statistik-Campus/Datenreport/Downloads/datenreport-2021-kap-4.pdf?__blob=publicationFile; letzter Abruf am 18.7.2023), S. 129 – 137 (zitiert: *Mucha*, in: Destatis Datenreport 2021, S. 129 (S.).

Mugdan, Benno: Die gesammten Materialien zum Bürgerlichen Gesetzbuch für das Deutsche Reich, Band I – Einführungsgesetz und Allgemeiner Theil, Berlin 1899 (zitiert: *Mugdan*, Materialien I, S.).

Müller-Glöge, Rudi / Preis, Ulrich / Schmidt, Ingrid (Hrsg.): Erfurter Kommentar zum Arbeitsrecht, 23. Aufl., München 2023 (zit.: *Bearbeiter*, in: ErfK Gesetz § Rn.)

Müller, Gerhard: Gedanken zum Solidaritätsbeitrag, Frankfurt am Main 1960 (zitiert: *Müller,* Solidaritätsbeitrag, S.).

– Tendenzen im Koalitionsrecht nach der Rechtsprechung des Bundesarbeitsgerichts, in: Arbeitskammer 1959, S. 330 – 336.

Müller, Torsen / Schulten, Thorsten: Die europäische Mindestlohn-Richtlinie – Paradigmenwechsel hin zu einem Sozialen Europa, in: Wirtschaft und Gesellschaft (WuG) 2022, S. 335 – 364.

Nautz, Jürgen P.: Die Durchsetzung der Tarifautonomie in Westdeutschland, Frankfurt am Main 1985.

Neumann, Sebastian: Tarifboni für Gewerkschaftsmitglieder. Zur Zulässigkeit tarifvertraglicher Differenzierung nach der Gewerkschaftszugehörigkeit, Berlin 2012 (zitiert: *S. Neumann*, Tarifboni, S.).

Nickel, Walter: Zum Verhältnis von Arbeiterschaft und Gewerkschaft. Eine soziologische Untersuchung über die qualitative Struktur der Mitglieder und des Mitgliederpotentials der Gewerkschaften in der Bundesrepublik Deutschland, Köln 1972 (zitiert: Nickel, Arbeiterschaft und Gewerkschaft, S.).

Niedermayer, Oskar: Parteimitgliedschaften im Jahre 2017, in: Zeitschrift für Parlamentsfragen (ZParl) 2018, S. 346 – 371.

Nikisch, Arthur Phillip: Arbeitsrecht. II. Band. Koalitionsrecht, Arbeitskampfrecht und Tarifvertragsrecht, 2. Auflage, Tübingen 1959 (zitiert: *Nikisch*, Arbeitsrecht II, S.).

Nipperdey, Hans Carl: Das Tarifvertragsgesetz des Vereinigten Wirtschaftsgebietes, in: RdA 1949, S. 81 – 89.

– Beiträge zum Tarifrecht, Mannheim, Berlin ua. 1924.

– Kontrahierungszwang und diktierter Vertrag, Jena 1920.

Nordemann, Axel / Nordemann, Jan Bernd / Czychowski, Christian (Hrsg.): Urheberrecht. Kommentar zum Urheberrechtsgesetz. Verlagsgesetz. Einigungsvertrag (Urheberrecht). EU Portabilitätsverordnung, begründet von *Fromm, Friedrich Karl / Nordemann, Wilhelm (Begr.)*, 12. Auflage, Stuttgart 2018 (zit.: *Bearbeiter*, in: Fromm/Nordemann UrhR, UrhG, § Rn.).

OECD / AIAS: Institutional Characteristics of Trade Unions, Wage Setting, State Intervention and Social Pacts (ICTWSS Database), Paris 2021, abrufbar unter http://www.oecd.org/employment/ictwss-database.htm (letzter Abruf am 11.03.2021) (zitiert: *OECD/AIAS*, ICTWSS Database (2021)).

OECD: Negotiating Our Way Up: Collective Bargaining in a Changing World of Work, Paris 2019.

Oetker, Hartmut: Die Arbeiten zur deutsch-österreichischen Tarifrechtsangleichung. Materialien und Entwürfe, Goldbach 1998 (zitiert: *Oetker*, Die Arbeiten zur deutsch-österreichischen Tarifrechtsangleichung, S.).

Olbrich, Hanna: Die Tariffähigkeit von Arbeitnehmervereinigungen, Berlin 2018 (*Olbrich*, Tariffähigkeit, S.).

Olson, Mancur: Die Logik des kollektiven Handelns. Kollektivgüter und die Theorie der Gruppen, Tübingen 1968 (zitiert: Olson, Die Logik kollektiven Handelns, S.).

Omlor, Sebastian / Rieble, Volker: Staudinger BGB – Bürgerliches Gesetzbuch – Buch 2: Recht der Schuldverhältnisse. §§ 244-248, PrKG, 16. Auflage, Berlin 2021 (zitiert: *Bearbeiter*, in: Staudinger BGB, § Rn.).

Ossenbühl, Fritz / Richardi, Reinhard: Neutralität im Arbeitskampf. Zur Neufassung des § 116 AFG, Köln ua. 1987 (zitiert: *Ossenbühl/Richardi,* Neutralität im Arbeitskampf, S.).

Osteroth, Philipp: Zur Zulässigkeit tarifvertraglicher Vorteilsregelungen für Gewerkschaftsmitglieder, Hamburg 2012.

Pechstein, Matthias / Nowak, Carsten / Häde, Ulrich (Hrsg.): Frankfurter Kommentar EUV/GRC/AEUV, Band III: AEUV Artikel 101-2015, Tübingen 2017 (zitiert: *Bearbeiter*, in: Frankfurter Kommentar, Regelungsakt, Art. Rn.).

Pessinger, Sascha: Tarifliche Sonderzahlungen im Spiegel der Rechtsprechung, in: ZTR 2021, S. 119 – 127.

Pfeil, Julia / Mertgen, Bettina: Compliance im Außenwirtschaftsrecht. Zoll, Exportkontrolle, Sanktionen, 2. Auflage, München 2023 (zitiert: *Pfeil/Mertgen*, in: Compliance, Abschnitt Rn.).

Picard, Stefanie: Wirtschaft und öffentlicher Sektor. 4.2 Öffentliche Finanzen und öffentlicher Dienst in: *Statistisches Bundesamt (Destatis, Hrsg.)*, Datenreport 2021 v. 10.3.2021 (Onlineveröffentlichung, abrufbar unter https://www.destatis.de/DE/Service/Statistik-Campus/Datenreport/Downloads/datenreport-2021-kap-4.pdf?__blob=publicationFile; letzter Abruf am 18.7.2023), S. 138 – 147 (zitiert: *Picard*, in: Destatis Datenreport 2021, S. 138 (S.).

Picker, Christian: Kein Rechtsanspruch auf Homeoffice!, in: NZA-Editorial 16/2019.

– Rechtsanspruch auf Homeoffice?, in: ZfA 2019, S. 269 – 290.

Picker, Eduard: Der Arbeitskampf in der Rechts- und Wirtschaftsordnung - Zu einer Dogmatik des Arbeitskampfrechts - Teil III: Grundsätze eines systemhomogenen Arbeitskampfrechts, in: ZfA 2011, S. 443 – 552.

– Arbeitsrecht als Privatrecht – Zur Leitidee der frühen Arbeitsrechtsdogmatik bei Philipp Lotmar und Erwin Jacobi –, in: Annuß, Georg / Picker, Eduard / Wißmann, Hellmut (Hrsg.), Festschrift für Reinhard Richardi zum 70. Geburtstag, München 2007, S. 141 – 172 (zitiert: *E. Picker*, in: FS Richardi (2007), S. 141 (S.).

– Tarifmacht und tarifvertragliche Arbeitsmarktpolitik. Höchstarbeitszeitregeln als Prüfstein für das Verständnis von Koalitionsfunktion und Tarifautonomie, in: ZfA 1998, S. 573 – 714.

– Die Tarifautonomie in der deutschen Arbeitsverfassung, ursprünglich in: *Walter-Raymond-Stiftung (Hrsg.)*, Tarifautonomie – Informationsgesellschaft – globale Wirtschaft – Neue Fragen und Herausforderungen (1997), vorliegend als Einzelnachdruck des Beitrags in: *Walter-Raymond-Stiftung (Hrsg.)*, Kleine Reihe, Heft 27, Köln 2000 (zitiert: *E. Picker*, Tarifautonomie in der deutschen Arbeitsverfassung, S.).

– Die Regelung der „Arbeits- und Wirtschaftsbedingungen“ Vertragsprinzip oder Kampfprinzip?, in: ZfA 1986, 199 – 339.

Pieroth, Bodo / Barczak, Tristan: Tariftreueregeln am Maßstab der Koalitionsfreiheit, in: RdA 2016, S. 209-214 (zitiert: *Pieroth/Barczak*, RdA 2016, 209 (S.)).

Pikart, Eberhard / Werner, Wolfram (Bearb.): Der Parlamentarische Rat 1948 – 1949. Akten und Protokolle. Band 5: Auschuß für Grundsatzfragen, Teilband I, Boppard am Rhein 1993 (zitiert: *Pikart/Werner*, Parlamentarischer Rat, Band 5, Teilband I).

Pionteck, Alexander: Stärkung der Tarifautonomie, Berlin 2021.

Poscher, Ralf: Die Koalitionsfreiheit als ausgestaltungsbedürftiges und ausgestaltungsfähiges Grundrecht. Arbeitskämpfe um Ausgründungen und Umstrukturierung, in: RdA 2017, S. 235 – 245.

Preis, Peter: Die verhaltensbedingte Kündigung (1 und 2), in: DB 1990, S. 630 – 634.

Preis, Ulrich: Grundfragen der Vertragsgestaltung im Arbeitsrecht, Neuwied u.a. 1993 (zitiert: *Preis*, Grundfragen der Vertragsgestaltung, S.).

Preis, Ulrich (Hrsg.): Der Arbeitsvertrag, 6. Auflage, Köln 2020 (zitiert: *Bearbeiter*, in: Der Arbeitsvertrag, Abschnitt Rn.).

Preis, Ulrich / Ulber, Daniel: Die Verfassungsmäßigkeit des allgemeinen gesetzlichen Mindestlohns. Rechtsgutachten auf Ersuchen der Hand-Böckler-Stiftung, Köln 2014 (zitiert: *Preis/Ulber*, Verfassungsmäßigkeit Mindestlohn, S.).

Preis, Ulrich / Ulber, Daniel: Funktion und Funktionsfähigkeit der Tarifautonomie, in: *Schubert, Jens M. (Hrsg.)*, Anforderungen an ein modernes kollektives Arbeitsrecht. Festschrift für Otto Ernst Kempen, Baden-Baden 2013, S. 15 – 37 (zitiert: *Preis/Ulber*, in: FS Kempen (2013), S. 15 (S.)).

Preisser, Matthias: Zur Mitgliederentwicklung der Gewerkschaften im Jahr 2019 (zugleich Dossier Nr. 142 des Schweizerischen Gewerkschaftsbundes), September 2020.

Prokop, Felix: Die Allgemeinverbindlicherklärung nach § 5 TVG. Eine verfassungsrechtliche Untersuchung der Änderungen durch das Tarifautonomiestärkungsgesetz 2014, Baden-Baden 2017 (zitiert: *Prokop*, Die Allgemeinverbindlicherklärung, S.).

Pyhel, Jörn: Gewerkschaftliche Mitgliedschaftsloyalität. Eine empirische Analyse der IG Metall-Mitgliederbindung in der Fahrzeugindustrie und im Maschinenbau, Kassel 2008 (zitiert: *Pyhel*, Gewerkschaftliche Mitgliedschaftsloyalität, S.).

– Warum ist man Gewerkschaftsmitglied? – Determinanten der Mitgliedschaftsneigung, in: WSI Mitteilungen 2006, S. 341 – 345.

Reckwitz, Andreas: Die Gesellschaft der Singularitäten. zum Strukturwandel der Moderne, 3. Auflage, Berlin 2017.

Rehbinder, Manfred: Schweizerisches Arbeitsrecht, 15. Auflage, Bern 2002.

Reichert, Friedhelm: Vergaberechtlicher Zwang zur Zahlung von Tariflöhnen. Die sogenannten „Tariftreueerklärungen" und ihre Vereinbarkeit mit deutschem und europäischem Wirtschafts- und Vergaberecht, Berlin 2006 (zitiert: *Reichert*, Vergaberechtlicher Zwang, S.).

Reimann, Mathias: Einführung in das US-amerikanische Privatrecht, 2. Auflage, München 2004 (zitiert: *Bearbeiter*, in: Einführung in das US-amerikanische Privatrecht, S.).

Richardi, Reinhard: Verbandsmitgliedschaft und Tarifgeltung als Grundprinzip der Tarifautonomie, in: NZA 2013, S. 408 – 412.

– Verbandsmitgliedschaft und Tarifgeltung als Grundprinzip der Tarifautonomie, in: NZA 2013, 408 – 412.

– Tariffähigkeit und Erfordernis der sozialen Mächtigkeit, in: RdA 2007, S. 118 – 121.

– Anm. zu BAG v. 20.4.1999 – 1 ABR 72/98, AP GG Art. 9 Nr. 89.

– Kollektivvertragliche Arbeitszeitregelung. Fremdbestimmung durch Kollektivnorm oder Regelung der Arbeitsbedingungen für ein rechtsgeschäftliches Dienstleistungsversprechen?, in: ZfA 1990, S. 211 – 243.

– Das Ordnungsmodell des Tarifvertragssystems und der Arbeitskampf Kritische Auseinandersetzung mit dem Warnstreikurteil des Bundesarbeitsgerichts vom 12-9-1984, in: JZ 1985, S. 410 – 421.

– Koalitionsgewalt und individuelle Koalitionsfreiheit, in: AöR 1968, S. 243 – 269.

– Kollektivgewalt und Individualwille bei der Gestaltung des Arbeitsverhältnisses, München 1968 (zitiert: *Richardi,* Kollektivgewalt und Individualwille, S.).

Richardi, Reinhard (Hrsg.): Arbeitsrecht in der Kirche. Staatliches Arbeitsrecht und kirchliches Dienstrecht, 8. Auflage, München 2020 (zitiert: *Richardi*, KirchenArbR § Rn.).

Ridder, Helmut: Gestattet das Grundgesetz für die Bundesrepublik Deutschland die Erhebung sogenannter Solidaritätsbeiträge?: Rechtsgutachten, dem Hauptvorstand der Industriegewerkschaft Bau-Steine-Erden, Frankfurt a.M. erstattet, Bonn 1961 (zitiert: *Ridder*, Rechtsgutachten Solidaritätsbeiträge, S.).

Rieble, Volker: Besprechung: Sudabeh Kamanabrou, Erga-Omnes-Wirkung von Tarifverträgen [2011], in: EuZA 2012, S. 496 – 505.

– Zulässigkeit des Lokführer-„Funktionseliten"-Streiks. Anmerkung zum Urteil des Hessischen LAG vom 2.5.2003 – 9 Sa Ga 638/03, BB 2003, 1229, in: BB 2003 (23), S.1227 – 1229.

– Der Tarifvertrag als kollektiv-privatautonomer Vertrag, in: ZfA 2000, S. 5 – 27.

– Arbeitsmarkt und Wettbewerb – Der Schutz von Vertrags- und Wettbewerbsfreiheit im Arbeitsrecht, Berlin u. Heidelberg 1996.

– Krise des Flächentarifvertrages?, in: RdA 1996, S. 151 – 158.

Rieble, Volker / Kolbe, Sebastian: Gemeinsame Einrichtungen als soziale Selbstverwaltung, in: ZfA 2015, S. 125 – 165.

Rieble, Volker / Kolbe, Sebastian: Vom Sozialen Dialog zum europäischen Kollektivvertrag?, in: EuZA 2008, S. 453 – 481.

Rieger, Andreas: Arbeitgeber- und Wirtschaftsverbände in der Schweiz (zugleich UniA Working Paper), Bern Juni 2021.

Ritter, Ernst-Hasso: Anmerkung zu BAG v. 21.2.1967 – 1 AZR 495/65, in: JZ 1969, 105 – 113.

Rolfs, Christian / Giesen, Richard / Kreikebohm, Ralf / Meßling, Miriam / Udsching, Peter (Hrsg.): Beck'scher Onlinekommentar Sozialrecht, 62. Edition, München 2021 (zitiert: *Bearbeiter*, in: BeckOK SozR Gesetz § Rn.).

Rolfs, Christian / Giesen, Richard / Kreikebohm, Ralf / Meßling, Mirian / Udsching, Peter: Beck'scher Online-Kommentar Arbeitsrecht, 68. Edition, München 2023 (zitiert: *Bearbeiter*, in: BeckOK ArbR Gesetz § Rn.).

Rolfs, Christian: Der Abzug der Arbeitnehmeranteile vom Bruttolohn, in: RdA 2013, S. 350 – 357.

Rudowski, Lena: Abnehmender Organisationsgrad der Arbeitnehmer als Herausforderung für den Gesetzgeber – oder die Gewerkschaften?, in: NZA 2021, S. 315 – 318.

Rüthers, Bernd: Funktionswandel in der Tarifautonomie, in: *Walter-Raymond-Stiftung (Hrsg.)*, Die Zukunft der sozialen Partnerschaft, Köln 1986, S.43-66 (zitiert: *Rüthers*, in: Zukunft der sozialen Partnerschaft, S. 43 (S.).

Sachs, Michael (Hrsg.): Grundgesetz. Kommentar, 9. Auflage, München 2021 (zit.: *Bearbeiter*, in: Sachs GG Art. § Rn.).

Sack, Detlef / Schulten, Thorsten / Sarter, Eva Katharina / Böhlke, Nils: Öffentliche Auftragsvergabe in Deutschland. Sozial und nachhaltig?, Baden-Baden 2016 (zitiert: *Sack et al.*, Öffentliche Auftragsvergabe, S.).

Säcker, Jürgen: Gruppenparität und Staatsneutralität als verfassungsrechtliche Grundprinzipien des Arbeitskampfrechts, Heidelberg 1974 (zitiert: *Säcker*, Gruppenparität und Staatsneutralität, S.)

– Gruppenautonomie und Übermachtkontrolle im Arbeitsrecht, Berlin 1972 (zitiert: *Säcker*, Gruppenautonomie und Übermachtkontrolle, S.).

Säcker, Jürgen / Meier-Beck, Peter / Bien, Florian (Hrsg.): Münchener Kommentar zur Wettbewerbsrecht, Band 3 (Vergaberecht I), 2. Auflage, München 2018 (zitiert: *Bearbeiter*, in: MüKoWettbR III, § Gesetz, Rn.).

Säcker, Jürgen / Oetker, Hartmut: Grundlagen und Grenzen der Tarifautonomie – erläutert anhand aktueller tarifpolitischer Fragen –, München 1992 (zitiert: *Säcker/Oetker*, Grundlagen, S.).

Säcker, Jürgen / Rixecker, Roland / Oetker, Hartmut / Limberg, Bettina (Hrsg.): Münchener Kommentar zum Bürgerlichen Gesetzbuch, Band 1: §§ 1-240 BGB, AllgPersönlR, ProstG, AGG, 9. Auflage, München 2021 (zitiert: *Bearbeiter*, in: MüKo BGB, Gesetz § Rn.).

Saeidy-Nory, Sarah / Wank, Rolf: Auslegung und Inhaltskontrolle von AGB bei der Bezugnahme auf Tarifverträge, in: RdA 2022, S. 1 – 18.

Schäfer, Hans-Bernd / Ott, Claus: Lehrbuch der ökonomischen Analyse des Zivilrechts, 6. Auflage, Berlin 2020 (zitiert: *Schäfer/Ott*, Lehrbuch der ökonomischen Analyse des Zivilrechts, S.).

Schaub, Günter: Die arbeitsvertragliche Bezugnahme von Tarifverträgen, in: ZTR 2000, 259 – 262.

Schaub, Günter (Begr.) / Koch, Ulrich (Hrsg.): Arbeitsrecht von A – Z. verständlich, übersichtlich, klar, 27. Auflage, München 2023 (zitiert: *Bearbeiter*, in: ArbR A-Z, Stichwort).

Schaub, Günter (Begr.): Arbeitsrechts-Handbuch. Systematische Darstellung und Nachschlagewerk für die Praxis, 19. Auflage, München 2021 (zitiert: *Bearbeiter*, in: Schaub ArbR-HdB, § Rn.).

Scheuner, Ulrich: Der Inhalt der Koalitionsfreiheit. Rechtsgutachten zur Verfassungsbeschwerde der IG Metall gegen das Urteil des Bundesarbeitsgerichts vom 31.Oktober 1958, erstattet dem Arbeitgeberverband der Metallindustrie in Schleswig-Holstein e.V., veröffentlicht in Sammelband von Weber, Werner / Scheuner, Ulrich / Dietz, Rolf: Koalitionsfreiheit. Drei Rechtsgutachten, Berlin und Frankfurt a.M. 1961 (zitiert: *Scheuner*, Der Inhalts der Koalitionsfreiheit, S.).

Scheuner, Ulrich: Unveröffentlichtes Rechtsgutachten zur Einführung eines Solidaritätsbeitrages unter verfassungsrechtlichen Gesichtspunkten, Auszüge veröffentlicht in: Bundesvereinigung der Deutschen Arbeitgeberverbände (Hrsg.), Jahresbericht der Bundesvereinigung der Deutschen Arbeitgeberverbände. 1. Dezember 1960-30.November 1961, Bad Godesberg 1961, S. 36 f. (zitiert, *Scheuner*, Unveröffentlichtes Gutachten, auszugsweise in Jahresbericht BDA 1960, S. 36).

Schlachter, Monika: Rechtliche Anreize zur Tarifbindung im Ausland – Modell für Deutschland?, in: SR 2020, S. 205 – 216.

Schmidt, Daniel: Die deutsche Tarifordnung im europäischen Mehrebenensystem. Eine dogmatische und methodische Untersuchung der Einflussmöglichkeiten des Völker- und Unionsrechts auf Teile der deutschen Tarifordnung, Baden-Baden 2023 (zitiert: *Schmidt,* Die deutsche Tarifordnung, S.).

Schmidt-Rimpler, Walter: Zum Vertragsproblem, in: *Baur, Fritz/Esser, Josef/Kübler, Friedrich u. a. (Hrsg.)*, Funktionswandel der Privatrechtsinstitutionen. Festschrift für Ludwig Raiser zum 70. Geburtstag, Tübingen, 1974, S. 3–26 (zitiert: *Schmidt-Rimpler*, in: FS Raiser (1974), S. 3 (S.)).

– Grundfragen zur Erneuerung des Vertragsrechts, AcP 1941, S. 130–197.

Schmidt-Trenz, Hans-Jörg: Die Logik des kollektiven Handelns bei Delegation: das Organisationsdilemma der Verbände am Beispiel des Beitragszwangs bei der Industrie- und Handelskammer, Tübingen 1996.

Schnabel, Claus: Gewerkschaften auf dem Rückzug? Mythen, Fakten und Herausforderungen, in: Wirtschaftsdienst (96. Jhg. Heft 6) 2016, S. 426 – 432.

– Gewerkschaften und Arbeitgeberverbände: Organisationsgrade, Tarifbindung und Einflüsse auf Löhne und Beschäftigung, in: ZAF (Heft 2/3) 2005, S. 181 – 196.

Schnabel, Claus / Wagner, Joachim: Who Are the Workers Who Never Joined a Union? Empirical Evidence from Western and Eastern Germanym in: Industrielle Beziehungen (13. Jhg. Heft 2) 2006, S. 118 – 131.

– Determinants of trade union membership in West Germany: evidence from micro data, 1980-2000, in: Socio-Economic Review 2005 (Heft 3), S. 1 – 24.

Schneider, Helena / Vogel, Sandra: Tarifbindung der Beschäftigten in Deutschland: Eine Auswertung des Sozioökonomischen Panels (zugl. IW-Report, No. 17/2018), Köln 2018.

Scholz, Rupert: Koalitionsfreiheit als Verfassungsproblem, München 1971 (zitiert: *Scholz,* Koalitionsfreiheit, S.).

Schröder, Wolfgang: Defizit mit Folgen: Den deutschen Gewerkschaften fehlen Frauen, in: WZB Mitteilungen 2018, S. 45 – 47.

– Funktion von Gewerkschaften in drei Welten, in: Greef, Samuel / Kalass, Viktoria / Schröder, Wolfgang (Hrsg.), Gewerkschaften und die Politik der Erneuerung – Und sie bewegen sich doch, Düsseldorf 2010, S. 19 – 36 (zitiert: *Schröder*, in: Gewerkschaften und die Politik der Erneuerung, S. 19 (S.).

Schröder, Wolfgang / Greef, Samuel: Struktur und Entwicklung des deutschen Gewerkschaftsmodells: Herausforderung durch Sparten- und Berufsgewerkschaften, in: Schröder, Wolfgang (Hrsg.), Handbuch Gewerkschaften in Deutschland, 2. Auflage, Wiesbaden 2014, S. 123 – 145 (*Schröder/Greef*, in: Handbuch der Gewerkschaften, S.)

Schröder, Wolfgang / Silvia, Stephen J.: Gewerkschaften und Arbeitgeberverbände, in: Schröder, Wolfgang (Hrsg.), Handbuch Gewerkschaften in Deutschland, 2. Auflage, Wiesbaden 2014, S. 337 – 362 (zitiert: *Schroeder/Silvia*, in: Handbuch der Gewerkschaften, S.).

Schröder, Wolfgang / Weßels, Bernhard: Die deutsche Unternehmerverbändelandschaft: vom Zeitalter der Verbände zum Zeitalter der Mitglieder, in: Schröder, Wolfgang / Weßels, Bernhard (Hrsg.), Handbuch der Arbeitgeber- und Wirtschaftsverbände, 2. Auflage, Wiesbaden 2017, S. 3 – 28.

Schubert, Werner: Der Tatbestand der Geschäftsführung ohne Auftrag, in: AcP 1978, S. 425 – 455.

– Grenzen der Geschäftsführung ohne Auftrag, in: NJW 1978, S. 687 – 689.

Schulten, Thorsten / Pawicki, Michael: Tariftreueregelungen in Deutschland – Ein aktueller Überblick, in: WSI-Mitteilungen 2008, S. 184-190 (zitiert: *Schulten/Pawicki*, WSI-Mitteilungen 2008, 184 (S.)).

Schulten, Thorsten / WSI-Tarifarchiv: Tarifpolitischer Jahresbericht 2021. Tarifpolitik im zweiten Jahr der Corona-Pandemie, Düsseldorf Februar 2022.

Schüren, Peter: Die Legitimation der tariflichen Normsetzung. Untersuchung zur Teilhabe der tarifunterworfenen Gewerkschaftsmitglieder an der tarifpolitischen Willensbildung in Deutschland und den Vereinigten Staaten von Amerika, München 1990 (*Schüren*, Die Legitimation der tarifrechtlichen Normsetzung, S.).

– Tarifgeltung für Außenseiter? - "No Taxation without Representation", in: RdA 1988, S. 138 – 149.

Schwaabe, Helmut: Die Zulässigkeit von Solidaritätsbeiträgen im Arbeitsrecht, München 1962 (zitiert: *Schwaabe*, Solidaritätsbeiträge, S.)

Schwarze, Jürgen / Becker, Ulrich / Hatje, Armin / Schoo, Johann (Hrsg.): EU-Kommentar, 4. Auflage, Baden-Baden 2019 (zitiert: *Bearbeiter*, in: Schwarze/Becker/Hatje/Schoo, Rechtsakt, Art. Rn.).

Schwarze, Roland: Die verfassungsrechtliche Garantie des Arbeitskampfes - BVerfGE 84, 212, in: JuS 1994, S: 653 – 659.

– Der Betriebsrat im Dienst der Tarifvertragsparteien, Berlin 1991.

Schweingruber, Edwin: Entwicklungstendenzen in der Praxis des Gesamtarbeitsvertrags (Schluss), in: ZBJV 1947, S. 241 – 261.

Schweingruber, Edwin / Bigler, F. Walter: Kommentar zum Gesamtarbeitsvertrag mit Einschluss der Allgemeinverbindlicherklärung, 3. Auflage, Bern 1985 (zitiert: *Schweingruber/Bigler*, Kommentar GAV, Teil S.).

Schweizerischer Gewerkschaftsbund (SGB; Hrsg.): Handbuch zum kollektiven Arbeitsrecht, Basel 2009 (zitiert: *Bearbeiter*, in: HB koll. ArbR Teil Rn.).

Seitenzahl, Rolf / Zachert, Ulrich / Pütz, Heinz-Dieter: Vorteilsregelungen für Gewerkschaftsmitglieder, Köln 1976 (zitiert: *Seitenzahl/Zachert/Pütz*, Vorteilsregelungen, S.).

Seiter, Hugo: Staatsneutralität im Arbeitskampf: Systematische Darstellung der mit § 116 AFG zusammenhängenden Rechtsfragen auf der Grundlage des Neutralitätsgesetzes von 1986, Tübingen 1987 (zitiert: *Seiter*, Staatsneutralität im Arbeitskampf, S.).

– Streikrecht und Aussperrungsrecht: ein Arbeitskampfrechtssystem auf der Grundlage subjektiv-privater Kampfrechte, Tübingen 1975.

Seiwerth, Stefan: Die Gemeinwohlbindung der Koalitionen und des Tarifvertrags, in: RdA 2017, S. 373 – 379.

– Gestaltungsfreiheit in Tarifverträgen und tarifdispositives Gesetzesrecht. Die Begrenzung individueller und kollektiver Vertragsfreiheit durch dispositives und zwingendes Gesetzesrecht, Baden-Baden 2017 (zitiert: *Seiwerth*, Gestaltungsfreiheit, S.).

– Das „Genter System" als Mittel zur Stärkung der Tarifautonomie?, in: NZA 2014, S. 708 – 712.

– Schwäche oder Stärkung der Tarifautonomie aus rechtsökonomischem Blickwinkel: vitale Mitgliedschaft und Anreize oder Perspektive Staat vor Privat?, in: RdA 2014, S. 358 – 365.

Sinzheimer, Hugo: Ein Arbeitstarifgesetz. Die Idee der sozialen Selbstbestimmung im Recht, München, Leipzig 1916 (zitiert: *Sinzheimer,* Ein Arbeitstarifgesetz, S.).

– Der korporative Arbeitsnormenvertrag. Eine privatrechtliche Untersuchung, Erster Teil, Leipzig 1907 (zitiert: *Sinzheimer,* Der korporative Arbeitsnormenvertrag, S.).

Sittard, Ulrich: Voraussetzungen und Wirkungen der Tarifnormerstreckung nach § 5 TVG und AentG. Zugleich ein Beitrag zur Debatte um staatliche Mindestlöhne, Köln 2010 (zitiert: *Sittard,* Tarifnormerstreckung).

Söllner, Alfred: Grundriß des Arbeitsrechts, 10. Aufl., München 1990 (zitiert: *Söllner,* Arbeitsrecht, S.).

Spelge, Karin: Stufenzuordnung nach Höher- und Rückgruppierung - Ewige Quelle der Unzufriedenheit? - Teil 1. Zugleich ein Beitrag zur Frage der Grundrechtsbindung der Tarifvertragsparteien, in: ZTR 2020, S. 127 – 135.

Steinz, Rudolf (Hrsg.): EUV/AUEV. Vertrag über die Europäische Union. Vertrag über die Arbeitsweise der Europäischen Union. Charta der Grundrechte der Europäischen Union, 3. Auflage, München 2018 (zitiert: *Bearbeiter*, in Steinz, Rechtsakt, Art. Rn.).

Stern, Klaus (Hrsg.): Das Staatsrecht der Bundesrepublik Deutschland, Band IV/1. Die einzelnen Grundrechte. Der Schutz und die freiheitliche Entfaltung des Individuums, München 2006 (zitiert: *Bearbeiter*, in: StaatsR IV/1 §, S.).

Stieper, Malte / Klumpp, Steffen / Singer, Reinhard / Herrler, Sebastian (Hrsg.): Staudinger BGB - Buch 1: Allgemeiner Teil: §§ 90-124; §§ 130-133 (Sachbegriff, Geschäftsfähigkeit, Willenserklärung, Anfechtung, Auslegung), 14. Auflage, Berlin 2012 (zitiert: *Bearbeiter*, in: Staudinger BGB, § Rn.)

Streinz, Rudolf (Hrsg.): EUV / AEUV. Beck'sche Kurzkommentare, 3. Auflage, München 2018 (zit.: *Bearbeiter,* in: Streinz EUV/AEUV, AEUV Art. Rn.)

Strippelmann, Hagen: Rechtsfragen der gemeinsamen Einrichtung, Berlin 2016.

Stürner, Rolf (Hrsg.): Jauering Bürgerliches Gesetzbuch mit Rom-I-VO, Rom-II-VO, Rom-III-VO, EG-UnthVO/HUntProt und EuErbVO. Kommentar, 18. Auflage, München 2021. (zitiert: *Bearbeiter*, in: Jauering BGB, § Rn.).

Sunken, Jochen / Schubert, Klaus: Ökonomische Theorien der Politik. Eine Einführung, 2. Auflage, Wiesbaden 2018.

Swissmem (Arbeitgeberverband der Schweizerischen Maschinenindustrie; Hrsg.): Gesamtarbeitsvertrag der Maschinen-, Elektro- und Metallindustrie 2018-2023, abrufbar unter https://www.swissmem.ch/de/themen/der-gav.html), Zürich Juni 2018 (zitiert: GAV MEM).

Terwiesche, Michael / Becker, Michael / Prechtel, Ulf (Hrsg.): TVgG Kommentar – TVgG der Länder – Mindestlohn, Sozialstandards, Rechtsverordnungen. Kommentar, München 2018 (zitiert: *Bearbeiter,* in: TBP, § Rn.).

Thole, Christoph: Die Geschäftsführung ohne Auftrag auf dem Rückzug – Das Ende des „auch fremden" Geschäfts?, in: NJW 2010, S. 1243 – 1248.

Thüsing, Gregor: Die Entscheidungen des BAG vom 21.9.2016 (10 ABR 33/15, NZA-Beil. 2017, 12 und 10 ABR 48/15, BeckRS 2016, 74224), die Antwort des Gesetzgebers und Handlungsperspektiven für die Praxis, in: NZA-Beilage 2017, S. 3 – 12.

Thüsing, Gregor / Braun, Axel (Hrsg.): Tarifrecht. Handbuch, 2. Auflage, München 2016 (zitiert: *Bearbeiter,* in: Thüsing/Braun, Kap. Rn.).

Thüsing, Gregor / Lambrich, Thomas: Arbeitsvertragliche Bezugnahme auf Tarifnormen – Verbandsaustritt, Verbandswechsel, Betriebsübergang, in: RdA 2002, 193 – 213.

Thüsing, Gregor / von Hoff, Konrad: Leistungsbeziehungen und Differenzierungen nach der Gewerkschaftszugehörigkeit bei Gemeinsamen Einrichtungen, in: ZfA 2008, S. 77 – 108.

Tschudi, Hans Peter: Koalitionsfreiheit und Koalitionszwang (1948), in: *Saladin, Peter / Vischer, Frank (Hrsg.)*, Hans Peter Tschudi. Beiträge zum Arbeits- und Sozialrecht. Gesammelte Schriften. Festgabe zum 70. Geburtstags des Verfassers, Bern 1983, S. 207 – 232 (zitiert: *Tschudi*, in: Beiträge zum Arbeits- und Sozialrecht, S. 207 (S.)).

– Gesamtarbeitsvertrag und Aussenseiter (1953), in: *Saladin, Peter / Vischer, Frank (Hrsg.)*, Hans Peter Tschudi. Beiträge zum Arbeits- und Sozialrecht. Gesammelte Schriften. Festgabe zum 70. Geburtstags des Verfassers, Bern 1983, S. 263 – 282 (zitiert: *Tschudi*, in: Beiträge zum Arbeits- und Sozialrecht, S. 263 (S.)).

Ulber, Daniel: Tarifdispositives Gesetzesrecht im Spannungsfeld von Tarifautonomie und grundrechtlichen Schutzpflichten, Berlin 2010 (zitiert: *Ulber,* Tarifdispositives Gesetzesrecht, S.).

Ulber, Daniel / Strauß, Sandy: Anmerkung zum Urteil des BAG v. 23.3.2011 – 4 AZR 366/09, in: EzA GG Art. 9 Nr. 104, S. 21 – 55.

Ulber, Daniel / Strauß, Sandy: Differenzierungsklauseln im Licht der neuen Rechtsprechung zur Koalitionsfreiheit – Zugleich Besprechung von LAG Niedersachsen vom 11.12.2007 – 5 Sa 914/07 und LAG Köln vom 17.1.2008 – 6 Sa 1354/07, in: DB 2008, S. 1970 – 1974.

Ulrici, Berhard: Der Vertrag zu Lasten Dritter in der Arbeitsrechtswissenschaft, in: ZfA 2016, S. 377 – 404.

Unbekannt: Um den Solidaritätsbeitrag der Arbeitnehmer, in: Hamburgerisches Welt Wirtschafts-Archiv (HWWA), 1961, S. 62-66 (zitiert: HWWA 1961, 62 (S.).

van de Vall, Mark: Die Gewerkschaften im Wohlfahrtsstaat, Opladen 1966.

Vischer, Frank: Der wilde Streik, WuR 1981, S. 20 – 30.

Vischer, Frank: Streik und Aussperrung in der Schweiz, WuR 1981, S. 5 – 20.

Vogel, Sandra: Die Allgemeinverbindlicherklärung im Tarifvertragssystems. Wirkung und Bedeutung der Reform von 2014, Köln 2019 (zitiert: *Vogel,* Die Allgemeinverbindlichkeitserklärung, S.).

Vogt, Katharina: Mindestlohn ohne Kompetenz – Die Unvereinbarkeit der Richtlinie über angemessene Mindestlöhne in der Europäischen Union mit Art. 153 Abs. 5 AEUV, in: EuZA 2023, S. 50 – 65.

von der Groeben, Hand / Schwarze, Jürgen / Hatje, Armin (Hrsg.): Europäisches Unionsrecht, 7. Auflage, Baden-Baden 2015 (zitiert: *Bearbeiter*, in: von der Groeben/Schwarze/Hatje, Rechtsetzungsakt, Art. Rn.).

von Hoyningen-Huene, Gerrick: Die Bezugnahme auf den Tarifvertrag - ein Fall der Tarifbindung, in: RdA 1974, S. 138 – 152.

von Lojewski, Werner: Solidaritätsbeitrag und Ordnungsfaktor, in: Sozialer Fortschritt (SozFort), S. 81-82.

von Münch, Ingo / Kunig, Philip (Begr.): Grundgesetz-Kommentar → siehe unter *Kämmerer, Axel / Kotzur, Markus (Hrsg.)*: Grundgesetz-Kommentar.

Von Ungern-Sternberg, Joachim: Werke privater Urheber als amtliche Werke, in: GRUR 1977, S. 766 – 773.

Voßkuhle, Andreas / Wischmeyer Wischmeyer, Thomas: Grundwissen – Öffentliches Recht: Das Sozialstaatsprinzip, in: JuS 2015, S. 693 – 695.

Wagner, Gerhard: Gesetzliche Schuldverhältnisse, in: *Willoweit, Dietmar (Hrsg.)*, Rechtswissenschaft und Rechtsliteratur im 20. Jahrhundert, München 2007, S. 181 – 252 (zitiert: *Wagner*, in: Rechtswissenschaft und Literatur (2007), S. 181 (S.).

Walser, Manfred: Einfluss der Rechtsordnung auf die Tarifbindung der Arbeitgeberseite, Frankfurt am Main 2015.

Walser, Manfred: Stärkung der Tarifautonomie! Aber wie?, in: SR-Sonderausgabe Mai 2017, S. 2 – 13.

Waltermann, Raimund: Attraktivität von Tarifbindung – Zur Zukunftsfähigkeit der deutschen Tarifautonomie, in: ZfA 2020, S. 211 – 238.

– Differenzierungsklauseln in der auf Mitgliedschaft aufbauenden Tarifautonomie, Frankfurt am Main 2016 (zitiert: *Waltermann,* Differenzierungsklauseln, S.).

– Ist die Allgemeinverbindlicherklärung erfolgversprechend reformiert?, in: RdA 2018, S. 137 – 151.

– Entwicklungslinien der Tarifautonomie, in: RdA 2014, S. 86 – 93.

– Stärkung der Tarifautonomie – Welche Wege könnte man gehen?, in: NZA 2014, S. 874 – 879.

– Zu den Grundlagen der Rechtsetzung durch Tarifvertrag, in: Köbler, Gerhard / Heinze, Meinhard / Hromadka, Wolfgang (Hrsg.): Europas universale rechtsordnungspolitische Aufgabe im Recht des dritten Jahrtausends. Festschrift für Alfred Söllner zum 70. Geburtstag, München 2000, S. 1251 – 1277 (zitiert: *Waltermann,* in: FS Söllner (2000), S.*)*.

Wandtke, Artur-Axel / Bullinger, Winfried (Hrsg.): Praxiskommentar Urheberrecht. UrhG, UrhDaG, VGG, InsO, ULlaG, KUG, EVtr, InfoSoc-RL, Portabilitäts-VO, 6. Auflage, München 2022 (zitiert: Bearbeiter, in: Wandtke/Bullinger UrhG § Rn.).

Weber, Ulrich / Ritter, Ernst-Hasso: Der 46. Deutsche Juristentag, in: JZ 1966, S. 714 – 719.

Weishaupt, Arnd: Zur Geschäftsführung ohne Auftrag bei vertraglicher Pflichtbindung des Geschäftsführers, in: NJW 2000, S. 1002 – 1003.

Weitbrecht, Hansjörg / D'Antonio, Oliver: Arbeitgeberverbände in der Tarifpolitik und im tarifpolitischen System der Bundesrepublik, in: *Schroeder, Wolfgang / Weßels, Bernhard* (Hrsg.), Handbuch Arbeitsgeber- und Wirtschaftsverbände in Deutschland, 2. Auflage, Wiesbaden 2017, S. 455 – 486 (zitiert: *Weitbrecht/D'Antonio,* in: Handbuch Arbeitsgeber- und Wirtschaftsverbände, S. 455 (S.)).

Wiedemann, Herbert: Zur Architektur der Tarifautonomie, in: NZA 2018, 1587 – 1593.

– Tarifautonomie heute, in: BB 2013, S. 1397 – 1402.

– Der nicht organisierte Arbeitnehmer im kollektiven Arbeitsrecht, in: RdA 2007, S. 65 – 70

– Anm. zu BAG v. 01.08.2001 – 4 AZR 388/99, in: AP TVG § 3 Betriebsnormen Nr. 5.

– Die deutschen Gewerkschaften – Mitgliederverband oder Berufsorgan? Gedanken zur Stellung der Gewerkschaften gegenüber der nichtorganisierten Arbeitnehmerschaft, in: RdA 1969, S. 321 – 336.

Wiedemann, Herbert (Hrsg.): Tarifvertragsgesetz mit Durchführungs- und Nebenvorschriften, 8. Auf., München 2019 (zitiert: *Bearbeiter,* in: Wiedemann TVG, § Rn.).

Wiedemann, Herbert (Hrsg.): Tarifvertragsgesetz mit Durchführungs- und Nebenvorschriften. Kommentar, 7. Auflage, München 2007 (zitiert: Bearbeiter, in: Wiedemann TVG (7. Aufl.), § Rn.).

Wiegand, Wolfgang (Hrsg.): Obligationenrecht. Besonderer Teil, Band 7, Der Arbeitsvertrag, Vierter Teilband, in: Chappuis, Christine / Grisberger, Daniel / Hofer, Sibylle et al. (Hrsg.), Schweizerisches Privatrecht, 4. Auflage, Basel 2014 (zit.: *Bearbeiter*, in: Schweizerisches Privatrecht, Bd. VII/4, § Rn.).

Wiesenthal, Helmut: Gewerkschaften in Politik und Gesellschaft: Niedergang und Wiederkehr des „Modells Deutschland", in: Wolfgang Schröder (Hrsg.), Handbuch Gewerkschaften in Deutschland, 2. Auflage, Wiesbaden 2014, S. 395 – 421.

Willemsen, Eva Maria: Die arbeitsvertragliche Bezugnahme auf den Tarifvertrag bei Tarifwechsel, Berlin 2009 (zitiert: *E. Willemsen*, Die arbeitsvertragliche Bezugnahme, S.).

Winkelhake, Olaf: Eine ökonomische Analyse deutscher Gewerkschaften unter besonderer Berücksichtigung der Möglichkeiten von free rider-Verhalten, Frankfurt am Main 1994 (zitiert: *Winkelhake*, Eine ökonomische Analyse deutscher Gewerkschaften, S.).

Wissenschaftliche Dienste. Deutscher Bundestag: Steuervergünstigungen für tarifgebundene Unternehmen. Verfassungsrechtliche Aspekte (WD 6 – 3000 – 147/18), Berlin März 2019 (zitiert: *Wissenschaftliche Dienste*, Steuervergünstigungen, S.).

Würdinger, Markus: Die Analogieverbotsfalle bei Ausnahmevorschriften, in: NJW 2023, S.189 – 191.

Zeiss, Christopher: Sichere Vergabe unterhalb der Schwellenwerte, 3. Auflage, Köln 2016 (zitiert: *Bearbeiter,* in: Sichere Vergabe, Kap., Abschnitt).

Zimmer, Lena Maria: Gewerkschaften und die Trittbrettfahrer-Problematik. Eine qualitative Analyse gewerkschaftlicher Mitgliedermotive, Hamburg 2012 (zitiert: *Zimmer*, Gewerkschaften und die Trittbrettfahrer-Problematik, S.).

Zöllner, Wolfgang: Privatautonomie und Arbeitsverhältnis. Bemerkungen zu Parität und Richtigkeitsgewähr beim Arbeitsvertrag, AcP 1976, S. 221 – 246.

- Tarifvertragliche Differenzierungsklauseln, Düsseldorf 1967 (zitiert: *Zöllner*, Differenzierungsklauseln, S.).
- Die Rechtsnatur der Tarifnormen nach deutschem Recht, Wien und Manz 1966 (zitiert: *Zöllner*, Rechtsnatur der Tarifnormen, S.).
- Tarifmacht und Außenseiter, in: RdA 1962, S. 453 - 459.

Zöllner, Wolfgang/Loritz, Karl-Georg: Arbeitsrecht, 5. Auflage, München 1998.

Zumbühl, Robert: Die Heranziehung der Außenseiter zu Beiträgen an die Berufsgemeinschaft, in: SAG 1945, S. 454 - 460.

Zurth, Patrick: Bereicherungsrechtliche Implikationen im Immaterialgüterrecht, in: GRUR 2019, S. 143 - 150.

Zweigert, Konrad / Kötz, Hein: Einführung in die Rechtsvergleichung, 3. Auflage, Tübingen 1996.